人文通史

[美] 坎宁安（Lawrence S. Cunningham）

[美] 赖　希（John J. Reich）　　　　著

[美] 菲奇纳－拉瑟斯（Lois Fichner-rathus）

朱婳玥　译

 华东师范大学出版社

·上海·

华东师范大学出版社六点分社　策划

"观乎人文，以化成天下"
——《人文通史》与普遍世界历史叙事

复旦大学思想史研究中心　白钢

《人文通史》原名 Culture and Values: A Survey of the Western Humanities，是一种具有代表性的美国艺术人文类通史教程。不同于一般的文化史或世界史写作，本书的底色是西方艺术史，配之以相应的社会史、哲学史、思想史材料，以展现"西方人文"所包涵的"文化与价值"。就历史跨度而言，本书所述从史前时期直至当代，当得"通史"之名。就篇幅而言，14 世纪之后的部分，占到全书内容的一半以上，可以清晰地看出，编者的重点关注所在。

尽管标题将全书的主旨限定于西方人文传统，但其所指的"西方"，近于雅斯贝尔斯在其名著《历史的起源与目标》中对"西方"一词的使用，在雅斯贝尔斯那里，"轴心时代"的三大核心区为中国、印度

与"西方"，在此意义上的"西方"[1]，事实上意味着作为整体的地中海文明，或说，地中海文明共同体。

因而，本书的内容，不但包含希腊、罗马、基督教传统，即通常意义上"西方"文化 – 文明之源流，也涉及美索不达米亚、埃及与前爱琴海文明（第一章），以及阿拉伯文明（第七章），并在第七章中专门设了"伊斯兰与西方文化"这一专题加以讨论，这是较之狭义西方人文概念的带有积极意义的拓展。

本书的导言部分，直以"艺术"为题，讨论了一系列与艺术、艺术品、具体艺术形式（绘画、音乐、文本等）之观待鉴赏相关的问题。这一风格上略显突兀的导论，表明本书原先的定位是以艺术史为内核的文化史 – 文明史。也正是出于这种定位，本书对于诸多文化历史现象的

---

[1]　"直至今日，人类一直靠轴心期所产生、思考和创造的一切而生存。每一次新的飞跃都回顾这一时期，并被它重燃火焰。自那以后，情况就是这样，轴心期潜力的苏醒和对轴心期潜力的回忆，或曰复兴，总是提供了精神动力。对这一开端的复归是中国、印度和西方不断发生的事情。"参阅雅斯贝尔斯，《历史的起源与目标》，魏楚雄、俞新天译，北京：华夏出版社，1989，页 14。

认识与表述，其底色是审美，而非思辨。这并不意味着全书缺少思辨，而是表明，审美的意趣对于本书是根本性的，其对于历史事件的评价乃至对于思辨作品的兴趣，也是从审美的立场流出的，典型的例子是，第十六章中对康德、黑格尔的简要评说，与对 19 世纪艺术作品与艺术风格的丰富讨论，形成了鲜明对比。

因而，本书的历史叙述，更多地强调历史的连续性而非其断裂，凸显文化或人文元素在历史中的正面价值，而略于经济、政治、社会维度的演化，以及上述维度所必然包含的矛盾张力乃至对抗冲突。第十八章"战争中的世界"是一个例外，作者不得不处理与战争和政治相关的一系列内容，但又有意识地回避遮掩了诸多艺术派别与现实政治运动-社会思潮的关联（如达达主义、未来主义、先锋派艺术、毕加索本人与社会主义运动的关系，只在对包豪斯的描述中隐约地提到其因共产主义倾向被纳粹查封）。显然，这是一部对历史充满"温情与敬意"的作品，虽然从更为冷峻的立场出发，未免会觉得温情太过而不敢直面问题，例如，对于 17-19 世纪的殖民史以及有关这一历史的反思，几乎被排除在本书的视野之外，似乎其从未发生，也从未对人类的精神产生过实质性的影响。

相对于麦克尼尔的名著《西方的兴起》提出的历史分段论，公元前 3000 年—公元前 500 年为"中东统治的时代"，公元前 500—公元 1500 年为"欧亚文明的均势"，16 世纪以来则是"西方统治的时代"，以凸显 16 世纪以降西方占据世界体系之主导地位所具有的文明论意味，本书则更强调西方文化-文明的长时段延续性，一种以希腊-罗马-基督教为核心，吸纳统合美索不达米亚、埃及、阿拉伯元素的"西方"传统，从而呼应于书的标题：尽管有诸多的价值（Values），但又同属于一种文化（Culture），这种在诸多价值中呈现的文化，便是人文（Humanities）。如雅斯贝尔斯所尝试的那样，以作为整体的地中海文明指代"西方"，构建一种超越具体文明的精神统一性，以之与具有精神统一性的中国与印度文明相对应，一方面是其卓识所在，另一方面又不可避免地落入自相矛盾的境遇。

相对于中华文明与印度文明，作为整体的地中海文明的特殊之处在于，它并不具有某种一以贯之的主体文明，而是在不同的历史阶段由不同的文明担当地中海世界的主导者暨文明中心，从而形成了围绕此地区领导权以大约八百年到一千年为一周期、以东西为分野的文明竞争格局：公元前 3000—前 2000 年，以东部的美索不达米亚文明与埃及文明为中心；公元前 2000—前 1000 年，以美索不达米亚文明为中心；公元前 1000—前 350 年，希伯来文明、伊朗文明、希腊文明实现轴心突破，东部的伊朗文明与西部的希腊文明由外围上升为中心；公元前 350—公元 500 年，以西部的希腊 – 罗马文明为中心；公元 500—1300 年，以东部的阿拉伯文明为中心；公元 1300 年至今，以西欧文明为中心。16 世纪以来西欧文明的崛起及其所主导和演化的现代世界体系，一度似乎意味着这种主导权斗争的终结乃至历史的终结，但进入 21 世纪后旧世界体系的加速失效进而失序，则又表明，这一斗争仍在继续，历史远未终结。

如果说，对于任何一个文明共同体的演化轨迹的讨论，都必然需要引入"他者"以作对比参鉴，那么地中海文明，不但作为整体与中华文明、印度文明互为"他者"，其内部更是充满了各种"他者"（异质性）元素，从而特为充分地展现了文明间互动的魅力与张力。因而，如果地中海文明确乎存在某种精神统一性，它也不应被称作"西方"。地中海文明共同体，至少较之"西方"，更适合作为这种精神统一性的命名。[1]

因而，相对于具体的材料择选、编撰、呈现，本书最大的价值在于，展现了通过一系列核心理念与价值观构建某种普遍世界历史 – 世界文明史叙事的理路与能力。对于正在进行自主知识体系构建的汉语学界，这是特别需要参考借鉴的经验。

16 世纪以来，囊括全球的世界体系，在精神层面留下的最深刻印迹，便是形成了一种普遍性的世界历史叙事与解释体系。如果说，一种以亚欧大陆为主体的大规模政治 – 经济 – 文化互动不但存在于 16 世纪之前，更可以上溯到公元前 3000 年，因而指向一种长达 5000 年的世界体系，那么这种世界体系更大程度上是"自在的"存在，虽有实体，却尚未拥有与之相应的自我意识。近代以来将人类历史作为一个整体加以考察的历史科学与历史哲学的兴起，填补了这种自我意识的缺失，标志着世界体系从"自在"

---

[1] 在更严格的地理意义上，或许应将之命名为"红海 – 地中海 – 黑海文明共同体"，正如印欧语系在更严格的意义上应被命名为"吐火罗 – 凯尔特语系"（参照德语学界所流行的"印度 – 日耳曼语系"的表述）。

阶段向"自为"阶段的决定性跨越。有关 5000 年世界体系的认知，正是这种自我意识发展的产物。

西方将自己在世界体系中的主导地位，嵌入它所构建的普遍世界历史叙事乃至一切普遍性话语中。这就决定了，有关普遍世界历史的解释体系 – 知识体系，既包含着极丰富宝贵的历史信息与内在真理性，又带有根深蒂固的傲慢与偏见，空前广阔的世界视野与空前扭曲的世界认知深深地纠缠在一起。西方中心主义赋予欧洲的特殊历史经验以普世 – 永恒的外观，形成了一整套带有自我扩展机制的概念表述与分析框架（如民族国家，市民社会，国家 – 社会的对立），使得非西方民族对于自我历史与现实的认知也不得不依赖这套概念体系。

这种西方中心主义内嵌于世界历史解释体系乃至整体性现代知识体系中的格局，使得对西方中心主义的超越，必须伴随对于 16 世纪以来的种种概念范畴、研究范式、学科建构——它们在过去的数个世纪中已经渐渐成为一切其他讨论的基础和前提——进行系统性的反思、审视、扬弃、重构。即便考虑到知识迭代加速的趋势，这也仍是一项需要数代人全身心投入的浩大工程。

面对一种带有西方中心主义的扭曲偏见但又包含着极丰富信息与内在真理性的世界历史解释体系，最软弱怯懦也最廉价的批评，就是因为这一体系的偏见而拒绝一切它的合理成分。那本质上就是退回到蒙昧主义，用蒙昧拒绝一切对于自己不熟悉领域的解释可能（如同部落主义对于全球化的拒绝一样）。在所有对西方中心主义的批评中，蒙昧主义是最为其所钟爱的一个，因为客观上，这是一种另类的辩护。以西方中心主义对待其他文明所使用的方式去贬低西方文明及其源头，本质上是一种颠倒的西方中心主义。这种颠倒恰恰是它依然在发生作用的证明。

对内嵌西方中心主义的现代普世主义的超越，不但应揭露这种"虚假普遍性"中的特殊性——即现代普世主义表面机制（现代化）之下潜藏的内在特殊性机制（西方化），更要发掘出"虚假特殊性"中的普遍性——即非西方文明所包含的普遍性印迹，以及从具体经验上升为规律的构建普遍性的能力。

周易之《象传》，常以"文明"一词形容离卦，以离火之象，表达如阳光般平等周遍、无私无碍、明丽美好的状态，如《大有·象》："其德刚健而文明"，《明夷·象》："内文明而外柔顺"。《贲》卦之《象》

辞，则不但提到了"文明"，也出现了对于"人文"的描述："刚柔交错，天文也；文明以止，人文也。观乎天文，以察时变；观乎人文，以化成天下。""化成天下"之说，也见于《离·象》："重明以丽乎正，乃化成天下。"这一意义上的"人文"与"化成天下"，并非孤立，恰能在希腊传统以 paideia[教化] 为核心的古典理想中寻到共鸣。[1]

中国自主知识体系在精神上的真正成熟，在于能够超越对西方主导的世界历史 – 世界文明史体系的固执或颠倒，生成一种新体系，它能吸纳以往各种文明研究成果，超越一时一地之狭隘认识，能对世界各种文明的特质、成就、命运及彼此关联，做出更合理、更整全、更高明的解释，"观乎人文，以化成天下"。

2023 年 9 月 23 日

---

[1] 古希腊语 paideia 一词，包含着教导（拉丁语 e-ducatio，德语 Er-ziehung）、教养（古希腊语 τύπος "类型"，παράδειγμα "原型，典范"，德语 Bildung）、教育（拉丁语 cultura，cultura animi "精神的培育"）、教化（古希腊语 ψυχαγωγία "心灵感化"）四重维度，作为 paideia 之汉语译名的"教化"，包含着体现"教"之精神的"导""养""育""化"四重内涵，归之于"教化"，以其堪为"教导""教养""教育"之共同作用的果实。参阅白钢，《〈教化〉，德国古典人文主义的高峰与终结》，耶格尔（Werner Jaeger）著、陈文庆译《教化：古希腊文化的理想》（三卷）中译本导言，第一卷《古风时代的希腊与雅典精神》，上海：华东师范大学出版社，2021，页 1-16，相关论述见页 4-6。

人文艺术：导论

想要将各种艺术视为一个整体，方法之一是考虑到广泛的交互体验。比如，宗教礼拜仪式是在反映社群宗教情感的建筑环境下，用音乐（至少部分用到）颂扬书面文学。其中会涉及视觉艺术、文学和音乐。虽然礼拜仪式整合了各种艺术，但每一种艺术，单独考量的话，都有其特色，使其自成一格。当然，在歌剧或音乐视频中也可以看到同样的整合。

音乐主要是时间性的艺术，也就是说，当有人演奏乐器和演唱歌曲时，就有了音乐。演奏一结束，音乐也就停止了。

视觉艺术和建筑是空间艺术，具备持久性。当宗教仪式结束后，人们仍然可以走进建筑来欣赏它，或惊叹于其中的绘画、雕塑，或欣赏建筑的装饰细节。

文学由于记录在书本上，从而具有了恒久特性，尽管有些文学作品不是用来读的，而是用来听的。莎士比亚写剧本不是为了让人们阅读，而是为了让观众观看和聆听表演。但是书籍具有恒久性，因为它不仅可以在特定的环境中阅读，还可以随心所欲地阅读。因此，继续以宗教仪式为例，除了公共礼拜用途外，人们也可以因为诗意或热爱而阅读诗篇。

这同样适用于从摇滚音乐会到大型歌剧等一切形式：艺术作品可以被视为一个综合的整体。同样，我们可以把这些艺术分开来考量。毕竟，人们绘画、作曲或写诗，都是将其作为独立的体验来享受的。当然有时候两种（或更多）艺术可能会被结合在一起，虽然初衷并非如此，例如作曲家为诗配曲，或艺术家在文学中找到灵感，或者举个更复杂的例子，当芭蕾舞受到文学的启发，并在艺术家营造的背景或布景下跳舞，此时舞蹈及作为其灵感来源的文学都得到了升华。

无论我们是单独来看艺术还是综合来看，有一点不言而喻：艺术是人类创造力和人类天才的产物。当我们谈到文化时，我们不是在谈论一些陌异的或阳春白雪的东西；我们谈的是人类的创造物。丛林是大自然的产物，而花园是文化的产物：人类的聪明才智改变了植物的世界。

本书中，我们讨论了几个世纪以来经久不衰的一些人类文化作品。我们常把这些作品称为杰作，但这又是什么意思呢？这一问题之所以复杂，是因为人们的品位和态度一直在变化。两百年前，中世纪的教堂并不被欣赏，人们称它为哥特式，是因为觉得它野蛮粗鄙；而如今，我们称这样的建筑为杰作。我们可以粗略地说，艺术杰作是一切具备充盈意义的作品。

具备充盈意义，不仅意味着这件作品体现了技艺和想象力，还意味着其存在本身就是某个时代的精华之凝结，并作为灵感的源泉溢出到其他时代。纵观西方人文成就的历史，显而易见，人类天才的某些产物被后人视为灵感之源；它们具备充盈的意义。因此，罗马人在建筑方面的成就——万神殿圆顶，既象征着他们的建筑技艺，也成为此后西方主要圆顶建筑的参照标准。7世纪的君士坦丁堡（圣索菲亚大教堂），15世纪的佛罗伦萨（大教堂），16世纪的罗马（圣彼得教堂）和18世纪的华盛顿特区（国会大厦）都能找到与万神殿圆顶的呼应。

充盈意义的概念为我们研究人文传统及其成就提供了一条线索。诚然，概而言之，这样的研究分为两步，我们在本书中试图将其综合为一个整体。

作品本身

在这一层面，我们问的是事实问题，并提出了观察问题：这件作品是什么，它是如何完成的？这些问题不仅包括基本信息，比如，这是何种视觉艺术（雕塑，绘画，马赛克）？或者，它的形式要素是什么（几何风格？颜色鲜艳？线条分明？等等），还包括其功能性问题：这件作品是在歌颂政治？为了某个赞助人？为了某所教堂？因而，我们观察艺术品，就是要问关于它的形式和功能的问题。

这一点很重要。当我们在博物馆里欣赏一幅画或一件雕塑时，我们可能会感到非常愉快，但如果我们能透过该作品的创作背景来审视它，而不仅仅将其视作一件展品，那么这种乐趣会更加强烈。简言之，询问作品的形式和功能，就相当于询问其创作背景。在阅读某些文学作品（如《伊利亚特》或《罗兰之歌》）时，我们应该大声朗读，因为在其原始形式中，它们是被写出来供人吟诵的，而不是在纸上默读。

作品与历史

人类过去的成就向我们揭示了早期文化的许多异同之处。通过研究古雅典流传下来的悲剧戏剧，我们得以窥见经过索福克勒斯或欧里庇得斯话语过滤的雅典人的问题、关注点和愿望。通过这样的研究，我们既能了解到雅典文化，也能了解人类如何面对正义、忠诚和责任等亘古不变的问题。从这个意义上说，我们是在与先人进行跨时代的对话。在研究古代文化时，我们看到了自己的文化根基。

要开展这样的项目，需要我们自发地审视艺术，细读文学作品，不偏不倚地看待其形式和功能，其过去和现在。不过，音乐需要特殊对待，因为它是最抽象的艺术（我们如何谈论那些不是用来看而是用来听的东西？），也是最具时间性的艺术。基于这个原因，下面会对音乐做稍微的延伸来帮助大家理解。

如何看待艺术

任何翻阅标准艺术史的人都可能被讨论内容的复杂性弄得不知所措。从洞穴壁画、巨型山体雕刻，到小巧精致的珠宝或细密画，所有这些都是艺术，因为它们是人类为表达其思想或情感而手工制作的。我们怎么看待它们，很大程度上取决于我们的教育和文化偏见。我们可能会觉得一些现代艺术丑陋、愚蠢或令人困惑。我们可能会认为所有的艺术都是阳春白雪或精英主义的，尽管我们喜欢某些电影（电影是一种艺术），以至于反复观看。来自不熟悉传统的艺术可能乍看起来很奇怪，仅仅因为我们没有判断其好坏的参照点。

我们的生活与艺术如此紧密相关，以至于我们常常意识不到艺术对我们的影响有多大。我们每天都受到平面艺术（电视广告，杂志广告，光盘封面，商店陈列）的轰炸；我们用艺术，用我们的房间装饰风格和服装风格，来表达我们是谁，我们看重什么。在所有这些方式中，我们用艺术符号来表达我们的信念、我们的立场，以及我们希望别人如何看待自己。网络上的各种网站用视觉线索轰炸我们，试图让我们停下来，看看它们提供或讨论的内容。

艺术史不过是记录，记录人们如何用自己的头脑和想象力来表征他们是谁，他们重视什么。如果某个时代的某个社会斥巨资建造和装饰教堂（如 12 世纪的法国），而另一个社会花同样的钱造宫殿（如 18 世纪的法国），我们就能看出他们最看重的分别是什么。

人类艺术的复杂性使其难以解释。在看待不同文化或不同时代的艺术时，这种难度更是会增加。我们可能会赞美埃及建筑的宏伟壮阔，但却很难理解为什么要这么煞费苦心来崇拜死者。当我们面对另一个时代的艺术（甚至是我们自己的艺术）时，我们可以针对自身、针对艺术提出许多问题，这些问题可能会帮我们更好地理解。

这件艺术品的目的是什么？

这本质上是创作背景问题。博物馆里的大多数宗教画，最初都是用于特定场合下在教堂里观看。想象它们原初的背景，有助于我们理解其宗教虔敬目的，而当它们挂在博物馆墙上被展览时，这一目的就消失了。因此，询问原初的背景，有助于我们进一步询问，这幅画实际上到底是虔诚之作，还是一种教学工具，抑或是服务于其他目的。

创作背景至关重要。公共建筑上的壁画是给大众看的，而贵族家宅的壁画，则是给一小撮精英观众看的。同样，官方赞助下创作的艺术，与那些非官方艺术，也要用不同的方式解读。最后，艺术可能是纯粹的装饰，也可能有着说教目的，但是（这里有一个悖论）纯粹的装饰性艺术可能给我们带来教益，而说教艺术可能最终只沦为装饰。

这件艺术品希望传达什么信息（如果有的话）？

这个问题关乎智识或情感背景。丧葬雕塑可以反映生者的哀思，纪念逝者的功绩，确证生者对死后生活的信仰，抑或兼而有之。如果把艺术看作各种式样的话语，那么我们可以针对任何艺术作品询问：它在表达什么？

艺术家的努力可能是为了某个理想（"我希望画出世界上最美丽的女人"，或者"我希望人们觉得我的画栩栩如生"，或者"我希望我的雕塑能让人们去爱、去恨、去悲伤"），为了阐明某种思想的力量，或者为了宗教或巫术意图而捕获精神世界的力量。

艺术家创作作品很可能仅仅是为了展示创造力，或拓展艺术的界限。有个关于毕加索的故事，一位女士说她10岁的孩子画得比他好，毕加索回答说："恭喜你，夫人。你的孩子是个天才。"我们知道，毕加索十多岁就可以用摄影般的写实来绘画了。毕加索说，在他漫长的一生中，他努力学习如何用孩童般的新鲜视野和天真率直来绘画。

这件艺术品是如何创作出来的？

这个问题探讨了艺术家以何种材料和技艺化素材为艺术。本书将谈到不同的艺术技艺，如青铜铸造、蚀刻或板面画；在此我们提出一个更普遍的观点：学会鉴赏艺术家的技艺，是为艺术本身的价值而欣赏艺术的第一步——培养艺术眼光。这需要将所见之物视为精雕细琢之物。

我们可能会远观总览整幅画作，但仔细观察局部细节，会发现正是通过颜色和线条的巧妙处理才营造出了整体效果。

这件艺术品是什么结构？

这个问题涉及艺术家如何构建作品。许多文艺复兴时期的绘画都使用金字塔结构，把主要人物置于金字塔顶端，将次要人物置于底部。有些画假定在画面外正发生某些事情（如隐匿的光源）；立体派绘画则试图同时呈现一个物体在不同角度下的视图。而在其他时候，艺术家可以通过明暗移动或者强烈的明暗对比，运用色彩处理来增强构图，比如巴洛克绘画中的明暗对比法。在所有这些情况下，艺术家想要的不仅仅是描绘一个场景；当我们沉浸于绘画、雕塑或电影时，它们会激发我们的想象力和智识能力。

显然，构图并不局限于绘画。电影制作人用特写镜头或跟踪镜头来构图，就像雕刻家雕刻物体的正面或侧面视图一样。因为所有这些技巧都是为了让我们以一种特定的方式来看待事物，只有思考构图，我们才能开始思考艺术家做了什么。如果不考虑构图，我们看到的只是艺术品的表面价值，也不会培养我们对艺术品的鉴赏力。现代的许多图像是通过电脑合成的。

我们应该注意艺术作品中的哪些元素？

对这个问题的回答，是对我们以上所述的一个总结。在不考虑特殊情况的前提下，我们应该从以下三个方面来评判艺术。

形式元素：这是何种艺术品？使用了什么材料？结构组成是什么？就纯粹的形式而言，与同一艺术家或另一艺术家的类似作品相比，这件作品看起来如何？

象征元素：这件艺术品想表达什么？旨在说教、宣传、愉悦心情还是别的什么？艺术作品中的形式元素多大程度上促成了象征元素？

社会元素：这件艺术品是在什么背景下创作的？谁资助的，为何资助？它为谁服务？在这个层次上，许多不同的哲学开始发挥作用。马克思主义评论家可能就阶级意识或经济因素来评判一件作品，而女性主义评论家可能会问这件作品是肯定女性，还是充当奴役或剥削的代理人。

把自己局限在对艺术品的形式评价上是可能的（这件作品的工艺和构图做得好吗？），但这样就不能完全公允地反映艺术家想表达的东西。相反，纯粹从社会理论的角度来评判每一件作品,而不考虑艺术作品的概念,艺术就会被简化到政治或哲学之列。为了更全面地欣赏艺术,需要统筹考虑所有这些元素。

艺术赏析练习

当我们观看一件艺术作品时,我们需要考虑作品的主题(所描绘的内容)、艺术元素(线条、形状等)、作品的象征意义(可能的弦外之音),以及作品创作的社会和文化环境。

作品的构成,即视觉元素的组织,同样也很重要。试看达·芬奇的《岩间圣母》(图 12.4A)。

主题

对圣母玛利亚与圣婴、年幼的施洗者约翰以及岩间天使的具象描绘。

艺术元素

艺术元素包括:线条;形状、体积和质量;光线和明暗度;颜色;质地;空间;时间和运动。

构图

达·芬奇,《岩间圣母》,1483 年。画板油画,转移到画布,199×122 厘米。法国,巴黎,卢浮宫。

背景:落日余晖,幽深岩窟。

中景:岩缝里穿凿而出的花草植物,树冠一样的岩层,环绕于人物四周。

前景:四个人物被安置在岩石边,自然的花草点缀其间。圣母坐在中央,形成一个中心。她右手伸向年幼的施洗者约翰,约翰单膝跪着,看着坐在玛利亚左手前面的圣婴。耶稣以四分之三的侧影坐在画面中,正对着玛利亚的祝福左手。而右侧坐在地上的天使,则指着约翰看着前方。人物形成一个金字塔形或三角形结构,而圣母玛利亚位于顶端(见第 502 页图 12.4B)。

在《岩间圣母》中，光线是最重要的元素，影响着全局。画中的光线非常强烈，像是从左上角画布外照过来的。光线显出了一切轮廓；它照亮并使观众的注意力集中在人物身上。光线影响色彩，创造出了人物的温暖感觉，与背景的幽深岩窟形成鲜明对比。这种对光的运用被称为明暗对比法，即一种颜色亮度值从极暗到极亮的对比。明暗对比营造了氛围、人物形体和体积，以及他们所占的空间，就像是真实的人物存在于寥廓景色中。

象征主义

圣母玛利亚头上没有圣光，也没有皇冠，被描绘成一位普通的母亲，而不是天后，这反映了达·芬奇的人文主义观点。许多象征主义的诠释都是基于主要人物之间的互动，但它们并未得到佐证。有人认为，当玛利亚伸手去摸她儿子时，她手指的紧张预示着她无法保护他免受伤害。她若有所思的表情和低垂的眼帘增添了一种几乎阴沉的基调，与人物间活泼的互动形成对比。

社会因素

离开佛罗伦萨，受到米兰公爵卢多维科·斯福尔扎聘雇几年后，达·芬奇在米兰创作了《岩间圣母》。这幅画是受圣灵感孕修会委托为圣弗朗西斯科教堂的一间礼拜堂所作的祭坛画。

如何聆听音乐

这本书中专门介绍音乐的章节是为那些没有受过乐理或实践训练的读者设计的。毕竟，比起理解如《俄狄浦斯王》或拜占庭马赛克等艺术，聆听和感受重要的音乐，并不需要更专业的知识。事实上，许多人购买各种形式的录制音乐，或喜欢在广播中收听音乐，却对音乐是如何编制或演奏的一无所知。

听众的简单快乐与作曲家、演奏者的复杂技巧之间的差距，往往妨碍了对音乐史及其与其他艺术之间关系的进一步把握。本节旨在帮助弥合这一差距，而不试图提供过多的技术信息。在简要介绍音乐在西方文化中的作用之后，我们将探究音乐作品的语言：既包括具体的术语，如升调和降调，也包括更普遍的概念，如旋律线和音色。

西方文化中的音乐

音乐的起源尚是个谜，无论是对古代乐器的挖掘和对演奏者的描绘，还是现代社会的证据，都没有踪迹可寻。据推测，和早期的洞穴壁画一样，音乐也是用于某种巫术或仪式。如今，音乐仍然是大多数宗教仪式的重要组成部分。希伯来圣经多次提到音乐的力量，尤其是著名的耶利哥之战的故事，很明显，在历史上，音乐在犹太人的神圣和世俗生活中都扮演了重要的角色。

到了西方文化发展的第一个主要时期——古希腊时期，音乐已成为一门科学，一门艺术。它保留了在宗教仪式上的重要性；事实上，根据希腊神话，是众神发明了音乐。与此同时，不同音高之间的理论关系引起了哲学家的注意，如毕达哥拉斯（约前 550 年）将宇宙的根本一致性描述为"天体的和谐旋律"。公元前 4 世纪晚期的思想家，如柏拉图和亚里士多德，强调音乐的力量对人类情感和行为的影响。因此，对希腊人来说，音乐代表了一种宗教、智识和道德的力量。现在，在我们的世界，音乐仍被用来影响人们的情感，无论是激昂的进行曲、庄严的挽歌，还是许多现代流行音乐的爱欲倾向（柏拉图肯定会坚决反对）。

几乎所有从中世纪留存下来的音乐，还有艺术，都是宗教性的。流行的世俗音乐当然存在，但因为 11 世纪前还没有发明真正的记谱法，它们已经无迹可寻了。西方和东方（拜占庭）的教会仪式都围绕着单一的音线唱圣歌，这种音乐被称为单音音乐（monophonic，源自古希腊语中的"单音"一词）。大约在记谱法被发明出来后，作曲家开始关注多个音符同时发声的可能性，也就是我们所说的和声。由几条单独的旋律线一起发声的音乐（如现代弦乐四重奏或爵士乐）直到 14 世纪才开始流行起来。复调的逐渐引入也许是音乐史上最重要的发展，因为作曲家不仅开始横向思考（即有旋律地），也开始纵向思考，也就是从和声上思考。在这一过程中，音乐表达的可能性得到了极大丰富。

聆听体验

理查德·瓦格纳，最伟大的作曲家之一，这样描述音乐表达普遍情感的力量：

> 音乐表达的是永恒的、无限的和理想的东西。它表达的不是这个或那个人在这种或那种情况下的激情、爱或渴望，而是表达激情、爱或渴望本身；这种情感表现在其无限多样的动机中，这是音乐独一无二的特色，是任何其他语言都无法表达的。

然而，对于那些不习惯认真聆听的人来说，正是这种体验的广度让人难以认同。我们可以理解喜悦或悲伤的场景。然而，理解喜悦和悲伤本身，则要更加艰难。

有很多方法可以让聆听体验变得更有收获，更愉快。下列方法并不适用于每个人，但时间证明，它们对许多刚接触音乐的人欣赏音乐很有帮助。

1. 在听你选的曲子之前，先问自己几个问题：这首曲子的历史背景是什么？它是为普通大众还是为精英阶层而作的？

作曲家是否有特定的任务？例如，如果这首曲子是为了在教堂里演奏而作，那它应该与一套舞蹈有很大不同。有时演奏的地点会影响曲子的声音：为哥特式教堂的弥撒谱曲的作曲家会利用建筑物的声学特性加强他们音乐的共鸣。

要用什么样的力度来演奏音乐？这符合作曲家的意图吗？特别是中世纪音乐的演奏者，常常不得不重谱许多缺失或不确定的地方。即使在后来的传统中，有时也只能做到接近原声。18世纪歌剧界的超级明星是阉伶歌手，男性歌手在进入青春期前接收阉割手术，保留了女高音的声音；同时代人形容他们的声音无与伦比，转音灵活。这种在我们看来十分畸形的习俗，在19世纪被废止了，即使是最狂热的音乐学

家如今也无法再现，只能另寻替代品。阉伶歌手是一个极端的例子，但它证明，即使竭尽全力，现代表演者也不可能总能再现原声。

曲子有配词吗？如果有，请在听之前先读一遍歌词；一次只关注一件事是最容易的。如果歌词是翻译过来的，你用的版本抓住原词的精髓了吗？译者有时为了传达古老的音乐感，会把一首简单流行的歌词译得古旧、晦涩。如果这些歌词你难以理解，那么对于作曲家来说，它们可能会显得同样难以理解。

这首曲子是否分成几个小节？如果是，为什么？各个小节的关系是由纯粹的音乐因素（乐曲的结构）决定，还是由外部因素决定，比如歌曲的歌词或弥撒的各个部分？

最后，综合以上考量，你希望音乐听起来是什么样的呢？你初步的思考应该已经为你的音乐体验做好了准备。如果还没有，那么回过头去重新考虑一下这些要点吧。

2. 当你听音乐时，尽可能全神贯注。除非全身心地投入，否则从一首陌生的音乐中你可能一无所获。在开始听之前，通读一遍歌词，自问一些初步的问题，而不是在音乐播放时这样做。如果有歌词，留意它，但不要让它分散你对音乐的注意力。

集中注意力并不总是容易的，

特别是当你主要习惯于把音乐作为背景来听时，但是，有一些方法可以帮助你集中注意力。为了避免视觉上的干扰，眼睛盯住你身边的一些细节，如墙上的某个标记、某人衣服上的图案、某本书的封面。起初这看起来很刻意，但过一会儿，你的注意力就转移到音乐上来了。如果你感觉注意力在消退，不要拿起杂志或四处张望；有意识地把注意力转移到音乐上，并试着分析你听到了什么。这符合你的期望吗？作曲家是如何达到某种效果的？通过不同的乐器音色吗？有没有重复的构思或曲调？

与文学或视觉艺术不同，音乐是在时间的维度上发生的。当你阅读时，你可以倒回去查看参考资料，或是提醒自己某个角色的身份。看一幅画时，你可以随时从某个细节转移到整体画作上来。而听音乐的时候，你的注意力节奏受控于作曲家。一旦你没跟上某段节奏，你没法倒回去再来重新跟上它；你得试着重听，跟着音乐的节奏走，而这需要你再次集中注意力。

另一方面，在现在这样容易获得录音的时代，同样的曲子可以反复聆听。即使是最富经验的音乐家也不可能在没听过几次的情况下就完全掌握一些音乐作品。事实上，

"艺术"音乐区别于更"流行"的音乐作品的特点之一，就是越听越有收获。因此，在第一次听的时候，要尽量抓住整体情绪基调、结构和音符特点，并注意下次听时要特别关注的点。如果音乐风格听起来陌生或遥远，不要气馁，做好准备去熟悉一些你所学的各个时期的音乐作品。

当你习惯了认真聆听，你会注意到作曲家们为赋予作品形式而使用的某些模式。它们根据当时的音乐风格而变化；本书描述了各个时期的音乐特点。因此，在回应音乐所表达的一般情感时，你应该尽力关注那些确定作品时间的具体特点。

3. 听完曲子后，问问自己：音乐的哪些特征表明了其创作时期？是因为使用的力（声音或乐器）吗？这首曲子是如何构曲的？作曲家有没有使用重复的手法？音乐的情感基调有变化吗，如果有，曲终时是否又回到了最初的基调？用了什么样的旋律？它是连续的还是分成了一系列短乐节？如果有文本，那么音乐是如何与文本联系起来的呢？它们好理解吗？它们是否符合作曲家的意图？如果不是，为何如此？

音乐有没有让你想起同一时期的文学和视觉艺术？你能想象在什么样的建筑里演奏它吗？这首曲子

所创作的社会背景，揭示了当时社会的什么呢？

最后，问自己一个最难的问题：音乐表达了什么？瓦格纳把音乐的意义描述为"异质的、任何其他语言都无法表达的"。关于音乐的意义，并不存在标准的字典式解释，听众必须自己解释他们所听到的。我们都理解满足或绝望等词的一般意义，但音乐却能区分它们之间的无数细微差别。

音乐中的概念

在谈论艺术时，人们自然而然会倾向用一种艺术形式的术语来描述另一种艺术形式。因此，大多数人都知道"丰富多彩的"的故事或一幅"静谧"的蓝色色调绘画意味着什么。使用隐喻性的语言有助于描述那些用其他方式通常很难区分的特征，但要注意使其保持在一般性理解的范围之内。

旋律线

音乐中的线一般指一系列音符在时间上的推进，即旋律。音乐中的旋律是一系列相互关联的音调，构成一套完整的音乐思想。旋律线的长短、形状各不相同，可以由几个较小的乐节组成。旋律可以或快或慢，或平稳或抑扬。有些旋律经过精心设计，均衡而匀称，有些则是不规则、不对称的。旋律线就像绘画中的线条、故事或戏剧中的情节线一样，决定了一首乐曲的基本特征。

音质

一首乐曲的谐和统一取决于所用声音或乐器的数量。因此，中世纪的单音音乐只使用单音，音质是最单薄的。与此相反的是 19 世纪的歌剧，有时会同时配备六个独奏者，一个合唱团，再加上一个大型管弦乐队。不消说，音质的薄厚本身并无好坏之分，只是简单的音乐描述而已。

作曲家有多种方式来控制作品的谐和统一感。同时听到的旋律数量可多可少，例如，一段完整的管弦乐高潮后跟着一段长笛。然而，音质中最重要的因素是独立旋律的组合数量；由两个或多个独立旋律组成的演奏（或歌唱）称为对位。另一个影响音质的因素是音符的垂直排列：六个相近的音符在低音阶上演奏，会比六个分布更广的音符听起来更厚重。

音色

音乐的音色或音质取决于所用的乐器或声音。格雷高利圣咏是单一音色的，使用单一的旋律线。现代交响乐团，从双簧管或小号明亮的声音，到大提琴或号角深沉圆润的声音，都有大量的音色范围可以动用。日本和中国音乐中使用的不同乐器，会产生截然不同的音色。一些作曲家兴致益然地研究利用乐器组合能产生的音色范围；毫不奇怪，浪漫主义音乐提供了最丰富多彩的实例。

媒介

媒介是表现音乐的方法。音乐作品可以为钢琴独奏、弦乐四重奏、交响乐团或作曲家选择的任何其他组合而作。其首要因素，一个是作品中音色的重要性，另一个是音乐素材的长短和严肃性。但一首小提琴独奏曲很难使听众专注地听上半小时，尽管不是不可能。还有一个因素是演奏的实用性。使用大型或罕见乐器组合的曲子，不大可能频繁编排。在 19 世纪，作曲家经常选择一种可以在家里演奏的媒介，从而创造了大量的钢琴文献。

形式

形式是相对于物质（媒介）或音色而言的，音乐作品外在的、可见的（或可听见的）形态。这种结构可以通过多种方式创建。巴洛克时期的作曲家按照多样性统一的原则进行创作。在大多数巴洛克时期的乐章中，主要的旋律思想在音乐中不断地复现，而音质保持着谐和统一。许多古典音乐的形式基础是对比，即两种或两种以上不同性质的旋律（震撼和轻柔，或华丽和感伤）首先单独编排，然后发展、组合，而后再分开。浪漫主义，尽管保留了基本的古典形式，却常把对比这一概念推向极端。某些类型的音乐作品规定了它们自己的形式。写安魂曲弥撒的作曲家显然不能像为交响乐团谱曲的作曲家那么自由地尝试形式上的变化。乐曲歌词强烈地暗示着音乐的结构，尽管并非强加。的确，巴洛克时期的音乐有着明显的统一感，以至于巴洛克歌剧中的咏叹调，即使旋律的基调或情感发生了变化，也不可避免地会以重复开头的音乐和歌词结束。

因此，音乐和其他艺术一样，包含了上述导论中描述的一般概念。牢固掌握它们，才能理解几个世纪以来各种艺术的变化和发展，以及这些变化是如何反映在艺术形式的相似性或差异性上的。人文的概念意味着，各种艺术的发展和变化不是彼此孤立的，也不是孤立于世界的。正如本书所揭示的，它们相互交融，并与西方思想和历史的总体发展交融。

如何阅读文学作品

"阅读文学"让人联想到这样一幅画面：一个人坐在扶手椅上，戴着眼镜，鼻子埋在厚厚的书卷里，比如说，托尔斯泰的《战争与和平》。事实是，本书中提及的相当数量的文学作品根本就不该这样阅读。一旦意识到这一点，阅读就变成了一种练习，其中，不同的阅读方法可以极大地帮你获得愉悦，促进你的理解。当我们思考各种文学形式，并扪心自问，这些作者最初打算如何理解它们时，这一点就变得清晰起来。让我们考虑一下本书将要研究的一些文学形式，以便更具体地说明这一点。

戏剧文学

戏剧是最典型的在静静阅读文本外还有其他要求的文学体裁。古代的、中世纪的、伊丽莎白时代的，或者现代的戏剧，都是用来表演的，用鲜活的声音来诠释剧作家剧本中的东西。当我们第一次接触到莎士比亚时，会觉得他的语言既陌生又生硬，而当我们听到一个懂语言又热爱语言的人说出莎士比亚的话时，那些语言就变得掷地有声，字字珠玑。

还有一点：直到最近，大多数戏剧都是在几乎没有布景的舞台上演出的，在灯光、戏剧设备等方面也显然极为有限。因此，早期剧本包含了大量的描述性文本，这些描述在现代剧院里（更不用说在电影中）可以由当前技术提供。莎士比亚让笔下角色说："瞧，清晨披着金色的氅篷，踏着高山的露珠从东方走来。"而放到现在，作家可能会简单地指示灯光师让太阳升起来。

在接触戏剧文学时，既要注意它的口语层次，同时也要意识到，戏剧语言反映了剧作家的意图，即把话语表演出来。戏剧语言是用来聆听和观看的。

史诗

像戏剧一样，史诗有很强的口头文化背景。在荷马的《伊利亚特》形成目前形式之前，它是由专业的游吟诗人背诵下来的。同样，《罗兰之歌》在其创作的几十年间，可能有很多人听过，但读过的人并不多。即使是更有自觉意识的文学史诗也会与史诗的口头背景相呼应；维吉尔以"我吟唱的是战争和人的故事"开始了他优雅的《埃涅阿斯纪》，而不是"我写的是战争和人的故事"。

由此得出的实践性结论是，当人们富有节奏地大声朗读这些长篇诗歌故事时，它们就会呈现出更大的力量。

诗歌

在诗歌的总标题下，有一个非常复杂的主题。要明智地处理诗歌，就需要探究我们处理的是哪种诗歌。歌曲的歌词是诗歌，但听人唱比在书中读要好。另一方面，某些类型的诗歌在页面上有着特定的编排方式，如果不在印刷品中看到，其力量或魅力就会大减。此外，有些诗是为个人读者写的，有些则是为群体写的公共作品。举例来说，爱情十四行诗和《圣经》中的诗篇有很大不同。两者都是诗歌，但前者表达了一种私人情感，而后者可能需要在礼拜仪式中发挥最大力量。

在诗歌中，语境就是一切。一旦我们发现一首诗属于哪一类，我们就能更好地欣赏它：配乐的？写在纸上的？属于贵族知识分子圈子的？作为国家、民族或宗教遗产的一部分？作为一种宣传，一种抗议，或表达深切的情感？

然而，从根本上说，诗歌是对语言的精细运用。诗人是文字的创造者。当我们对自己说，这句话说得再好不过，这就是我们对一首诗最大的赞赏。一首真正的诗是不能赞一词，不能转述或注释的。诗歌语言，即使是长诗，也是用词精炼的。我们可以通过简单的实验来理解这一点：拿但丁在《神曲》中的一段描绘来举例，试着稍作改动，看你能否描述得更好。但丁（或写下《坎特伯雷故事》总序的乔叟）的天才之处在于他能用几句诗勾勒出一个丰满的人物。

你可以通过以下网址，更多地了解"如何阅读一首诗"。

http://www.poets.org/viewmedia. php/prmMID/19882

散文

作家埃利·威塞尔曾说，上帝造了人，因为他喜欢好故事。叙事和人类历史一样久远。《十日谈》和《坎特伯雷故事》背后的故事已被证明不仅存在了几个世纪，而且存在于迥然不同的文化环境中。人们讲故事是为了引出道德榜样，为了教育或警示，但总的来说，讲故事是因为我们喜欢听故事。我们读小说是为了进入一个新的世界，就像看电影一样，暂时脱离我们生活的平凡乏味的世界。故事和电影的区别在于，人可以在故事中流连忘返，而电影，镜头过去了就过去了。

有些散文显然不是虚构的。它

可以是奥古斯丁《忏悔录》那样的自传体，也可以是萨特试图解释存在主义的哲学文章。我们如何理解这种写作呢？首先，要愿意当一个聆听者。其次，随时准备判断：这段话是真的吗？我可以对它提出什么反对意见吗？等等。第三，以开放的态度坦诚，我们实际上可以从中学到一些东西。

最后一点是态度。我们生活在这样一个时代，我们的很多认识来自电视里简短的声音片段，我们读到的很多东西都是通过报纸、杂志和廉价的平装书获得的，而阅读——真正的阅读——需要我们严于律己，培养一种更从容的方式来对待这种艺术。速读晨报体育版是有好处的；但这么读诗或读短篇小说却是无益的。学着放慢脚步，以一种悠闲的节奏阅读可能需要时间（亚里士多德说，悠闲是文化的基础），但如果我们学会这样做，我们就教会了自己一种技能，这将使我们的生活更加丰富。一个好的思维练习是问问自己，读电子书是否是一种不同于读纸质书的练习。

如何阅读地图

地图可以发挥多种功用。在古代，世界地图（mappa mundi）反映了人们设想的已知世界的大小。在军事战役中，地图可用来说明敌军位置和军队行军前的障碍。今天的大多数地图显示的是政治和自然边界，或更具实践意义的从一地到另一地的路线图。

本书中的地图有着更具限定性的用途。其目的在于阐明文中的要点。例如，当文中提到古希腊世界时，地图向我们展示了其范围。带着问题意识来阅读地图，将会使人受益良多：

· 地图与文本有何关系？地图上提供的信息是否增强了文本中的讨论？地图是否对前面章节的讨论有所启发？

· 地图如何表现书中讨论的思想或艺术风格的力量和运动？

· 如果地图显示某一运动的扩张，那么关于该运动之外的区域我们能讨论些什么？

最后，把每张地图看作另一种文本，而不仅仅是一幅插图，这是非常有益的。以此方式，我们很快就能学会阅读地图而不是看地图。

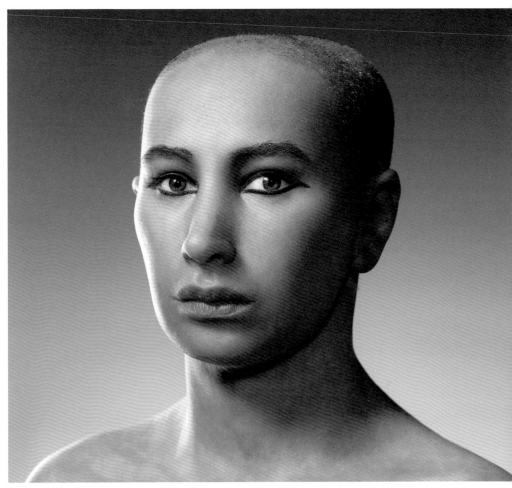

图 1.1　**图坦卡蒙国王面部复原**。这尊硅胶半身像被认为是埃及法老图坦卡蒙的精确面部复原像，他于 3300 年前左右早逝，死时年约十八九岁。半身像的制作基于图坦卡蒙木乃伊的计算机断层扫描。

第一章

开端

导引

2005年1月5日，在图坦卡蒙死后大约3300年，其真身木乃伊被小心翼翼地从埃及卢克索的帝王谷陵墓中移出，进行计算机断层扫描。这已不是科学家、考古学家及博物馆工作人员首次运用科技手段去破解这位传奇少年王图坦卡蒙的统治及早逝之谜了。早在三十多年前，这具木乃伊就曾两度接受X光扫描，部分原因是试图破解年轻法老的死亡之谜。图坦卡蒙8岁加冕，19岁便暴毙而亡。这些早期的X光片显示，图坦卡蒙颅骨底部有一处小孔，因此有人怀疑他死于谋杀。这一次，关注的焦点及结论均发生了变化。时任开罗最高文物委员会秘书长哈瓦斯（Zahi Hawass）博士宣布："图坦卡蒙并未被人袭击后脑。"科学家们推断，早期X光片上标记的伤患很可能是因为墓穴发现者在摘除黄金面具时操作不当造成的。不过他们还发现了其他线索：图坦卡蒙左大腿严重骨折，皮肤被刺穿。众所周知，这场意外发生于图坦卡蒙离世前数日，扫描小组的一些专家推测，该处骨折及其造成的血孔，

可能导致了严重的细菌感染，进而致其死亡。若非如此，这位年轻法老本该纯然无恙，他身体健壮，有着好牙口，身高约168厘米，不存在任何营养不良抑或罹患疾病的迹象。

解剖学、病理学及放射学等领域专家组成的科学家团队，花了2个月时间，分析了计算机断层扫描所得的1700张高分辨率三维立体图像。随后艺术家与学者也轮番上阵。三支分别来自埃及、法国和美国的独立团队，对图坦卡蒙生前的相貌发表了看法：头骨稍长（他们说在正常范围之内）、嘴唇丰厚、下巴后缩以及似乎是家族遗传的醒目龅牙。通过计算机断层扫描来复原埃及已故名人的样貌尚属首次，但绝非最后一次。

尽管此次探秘显然耗资不菲，但埃及政府仍通过这些图像获得了经济盈利。他们敲定了发布时间：与"图坦卡蒙和法老的黄金时代"世界巡展同步。除了这些扫描及复原图像，展览还将特别展出图坦卡蒙的钻石皇冠、纯金棺椁，以及从

图坦卡蒙墓和其他各大陵墓中发掘出来的近二百件物品。如果历史能够预示我们，我们对埃及事物"探求无厌"，那么像之前的一场图坦卡蒙陵墓珍宝展一样，此次巡展也注定观者云集。

凝视图坦卡蒙的图像，其目光令人神摇意夺。恍惚间，似乎令人忘却，这只是一幅电脑生成的渲染图，与我们在电子游戏中看到的图像并无不同。它赋予了图坦卡蒙这个名字一张栩栩如生的面孔。未知之物变成有形之物，传说变成现实。关于我们，关于人之欲求乃至人之本性，这样一种迷恋又揭示了什么？或许，是我们渴望与人类先祖建立起人性（humanness）的联结纽带，熔古铸今，对其自我认知，对其遗产——哲学、宗教、文学、艺术以及建筑——探幽知微，发掘贯通古今的人文纽带。

史前

考古学家已挖掘出比图坦卡蒙时代早数千年甚至数万年的文化残片。科学家们确信，早在这位赫赫有名的法老出生前 15 万年，我们的智人祖先，就已行走于陆地。或许有些不可思议，但早在图坦卡蒙使用黑色颜料来装饰眼睛的十万年以前，就已经有人在史前小作坊里调配颜料了。

"石器时代"一词让人联想到的画面是我们的祖先身披动物皮毛，围坐在洞穴里的篝火旁，周围的世界榛榛狉狉，威胁着他们的生存。我们也许并不认为他们是智慧的、具备反思能力的，除了饮食起居和基本生存以外，还有其他什么更高的需求。但他们的确有自己的信仰和仪式，的确创造了艺术与音乐。他们具备自我意识。尽管当时还没有文字，他们也想将人文瑰宝流传百世，告诉后人他们是谁，他们做了什么，他们有何重要性。

史前艺术和文化——创造于有文字可考的历史之前——可以划分为三个阶段，对应于石器时代的三个阶段：旧石器时代（约前2000000—前10000年）、中石器时代（约前10000—前5500年），以及新石器时代（约前5500—前2500年）。石器时代的考古发现包括洞穴壁画、浮雕、石雕、象牙雕和骨雕以及乐器。原始艺术作品以抽象的动物和人类形象为特点。最早的人类在大自然的空间中发掘栖身之所——野居穴处、岩下而居、构木为巢。除了这些现成的居所，他们也会想方设法创造栖居地。然而，人类在想出远程运输建材之法前，只能就地取材。一万五千年前，人类将长毛猛犸象骨骸拖到安全的地方，堆成穹顶状建筑，并在入口处饰以獠牙。作家霍华德·布鲁姆（Howard Bloom）打趣道："猛犸象在前，建筑在后。"（图1.2）总的来说，遗存下来的石器时代建筑寥寥无几。

图 1.2　猛犸象骨屋、象牙以及沥青坑，约公元前 15000 年。该展品陈列于伊利诺伊州芝加哥菲尔德自然历史博物馆。象骨屋位于乌克兰荒烟蔓草处，由数千块猛犸象骨骸建造而成。房屋的建造者仅需数日的齐心合作，便可将几百块巨大的骸骨拖回来，然后堆砌成一处舒适的栖身之所。

旧石器时代的发展

旧石器时代始于工具制作。证据显示，比智人更早的人类祖先已经开始使用石器，但智人造出了复杂的工具，如石锤、凿子以及带有燧石刃的斧头和兵器。这些工具在切割及采集可食植物以及打猎时都极其有用。人类利用燧石发现了火种。控制火、利用火，同时保留火种，三者合在一起，构成了物质文化的源头。

这类工具对于人类生存的重要性显而易见。然而，最近在南非洞穴的一项发现表明，一些技术革新可能被用作他途。智人显然在 10 万年前就开始调配颜料。[1] 他们将一种

史前

前30000年	前8000年	前2300年
旧石器时代	新石器时代	
发现首个丧葬仪式。 人类在洞穴壁上创作绘画及浮雕，刻小雕像。 打猎获取主要食物来源。 使用石头制作工具和兵器。	出现了农业；动物被驯化，使用牛拉犁。 形成定居社群。 农民制造并使用陶器。 出现了大规模的建筑和雕像。 使用青铜制作工具和兵器。	

---

[1]　罕什伍德（C. S. Henshilwood）等，《南非布隆伯斯洞穴一处拥有 10 万年历史的赭石加工作坊》（A 100,000-year-old ochre-processing workshop at Blombos Cave），载《科学》（Science）第 334 期，No.6053（2011）：219-222。

彩色土壤和氧化铁一起捣碎并研磨，形成叫做赭石的橙棕色粉末。然后将其溶于水中，混合调配成颜料，最后用一支骨制的小铲子将其从一个超大的鲍鱼贝（图1.3）中舀出。这种颜料可能用于护肤或者装饰。

旧石器时代的许多了不起的洞穴壁画都是在西班牙北部及法国西南部偶然发现的。在拉斯科（Lascaux），有四个孩子在地面上发现了一个洞口，他们继续探索时，发现了一些栩栩如生的画作，上面画有美洲野牛、马及其他牲畜，估计创作于15000年以前。起初，由于这些画作形象逼真、色泽鲜艳，故被视为伪造品，但是通过地质学方法，已证实这些画作的真实性。

旧石器时代最为壮丽的壁画之一便是"公牛洞廊"（图1.4），发现于法国南部拉斯科的一处洞穴。惟妙惟肖的动物——公牛、驯鹿以及野马跃然于洞壁之上，它们成群结队，向四面八方奔去。作者大胆自信地使用黑色线条简单地勾勒出这些野兽的轮廓，并利用研磨过的赭石和红色颜料作为阴影渐变进行细节填充。同时运用大量的素材和技巧以营造出自然之感。将未经加工的大块颜料抹到岩壁表面，并用手指或棍来涂色。壁画的某些部分还显示出他们使用了"喷漆"技术：

图1.3　盛有赭石的鲍鱼贝，约前10万年，南非，司蒂尔湾，布隆伯斯洞穴（Blombos Cave）。含有赭石的混合物液化后的残留物，厚约5毫米。人类在这个鲍鱼贝里调配出第一种已知的颜料。照片由德里科（Francesco d'Errico）和罕什伍德（Christopher Henshilwood）拍摄。版权归挪威卑尔根大学所有。

图1.4　公牛洞廊，约前15000—前13000年。这些洞穴壁画也许与史前仪式有关，可能还涉及音乐。一些研究者认为，选择这些洞穴是由于其声学特性，同时这些壁画蕴含某种神秘的意涵，与旧石器时代中狩猎采集阶段的狩猎活动有关。

利用镂空的骨头或芦苇，将经过研磨的干颜料吹喷开来。尽管工具简陋，出来的效果却匠心独妙。透视后缩法（一种透视技术）与造型技术（使用光和影的分层来营造数量繁多的错觉）的结合运用——虽然较为粗糙和基础——使得这些动物栩栩如生。

早期的人类为什么会创作这些壁画？无从知晓。不过这些壁画不

图 1.5 骨笛，约 35000 年前，法国，伊思图瑞兹（比利牛斯山脉）。秃鹰翅骨，中空，长21.2 厘米。法国，圣日耳曼莱昂，国家考古博物馆。

可能仅仅用于装饰。这些壁画位于洞穴深处，几乎无人能接触，远离人类的栖居地。早期绘画被新作所覆盖，作者似乎并没有考虑作品的统一性；研究者认为，后来的艺术家怀着对已有壁画的敬意来增添新的内容。有人推测，从墙壁和天花板上的壁画判断，这里是一个类似于圣殿的地方，用来举行与捕猎相关的宗教仪式。石器时代的人们是否相信将猎物画在洞壁上，可以保证他们在生活中也成功捕获猎物？

考古学上的一些证据也表明了旧石器时代的音乐与艺术之间的关联。在洞穴壁画附近发现了几支带有指孔的古

代长笛，由骨头和象牙雕琢而成，距今至少 35000 年（图 1.5）[1]。这个洞穴是否就是旧石器时代的音乐厅呢？由于壁画出现在洞穴深处，有一位科学家推断他们为了音响上的共鸣选了这个地方，后来出于仪式庆典的需要，创作了背景壁画。经过雕凿的洞穴就是天然的音响，能够将音乐节奏和人声放大。我们可以想象出，在神秘的洞穴内，在火把照耀之下，伴随着鼓笛声声，早期人类在这些壁画前载歌且舞，声音穿梭回荡在每个角落。

史前的艺术家们还创造了一些小雕像，被最早发现它们的考古学家称为"维纳斯"。其中最著名的便是"维伦多夫的维纳斯"（图 1.6），根据其位于奥地利的出土所在地而命名。这座小石雕高

图 1.6 维伦多夫的维纳斯，约前 28000—前 23000 年，奥地利，维伦多夫。石灰岩，高 10.8 厘米。奥地利，维也纳，自然历史博物馆。这个小雕像是旧石器时代众多大地之母女神的代表之一。与生育和分娩有关的身体部位受到强调。

1 康纳德（N. J. Conard）、马利纳（M. M. Malina）以及蒙策尔（S. C. Münzel），《新长笛记录了德国西南部最早期的音乐传统》（New flutes document the earliest musical tradition in southwestern Germany）。载《自然》第 460 期，2009，第 737-740 页。

约 10 厘米，与其他一些可能代表着大地之母或生育女神的女性人物具有相似特征：与胳膊、腿部和头部等部位相比，它身上与生育和分娩相关的部位更为突出夸张。这是否表现出了对物种生存的重视？又或许他们创造出这样一位育龄女性的形象是作为护身符来保佑土地肥沃，以求食物供应充足？不管怎样，早期的人类创造出自己的人物形象，或许还有自己的宗教，以应对——和控制——这些未知的事物。

新石器时代的发展

在新石器时代，生活开始变得更加稳定，不再那么难以捉摸。人类驯化了植物并驯养了动物，开始以食物的生产代替食物的采集。耕作技术的提升使得部落可以存储粮食，不用完全寄望每年都能丰收。新石器时代末期，有一些地方开始种植玉米、南瓜和大豆之类的农作物。大约公元前 5000 年时，人类发明了陶器，而不久之后，金属开始取代石头充当工具和武器的主要材料。最先使用的金属就是铜，但是没多久就发现铜和锡的混合物能制造出更坚固的金属——青铜。青铜被广泛使用，青铜时代由此得名。这个时代从公元前 3000 年左右一直持续到公元前 1000 年左右，直到铁

器出现。一些地区出现了文字。人类开始往城镇迁徙，同时开始建造一些具有代表性的建筑纪念碑。

耶利哥是在中东约旦峡谷的高原上建造的，绿洲环绕。随着耶利哥繁荣发展，居民们觉得要保护自己以及水源免受四处流荡的游牧者侵扰，于是他们建立了第一座已知的石塔。这是一座高约 9 米的圆形塔楼（图 1.7），内部有楼梯可直通塔顶，塔身由石头堆砌而成，没有使用任何砂浆。该塔能用作瞭望台来观察入侵者，或作为高地防御——或两者兼具。耶利哥约在公元前 7000 年成为荒城，但是另一次深层发掘表明，曾有第二波定居者占领此地。在房屋地板下发现了用灰泥进行面容复原的头骨（图 1.8）。头骨刻画出来的个性细节表明这是原

图 1.7 **在居住地墙体上建造的石塔**，约前 8000—前 7000 年，耶利哥。耶利哥城属于新石器时代，其护城墙使用干砌石堆砌而成。

始肖像，也许是祖先的肖像。

新石器时代最负盛名的纪念碑是位于英国南部的巨石阵（图1.9）。它由两个同心的巨石环构成，呈 U 型相互环绕。这些巨石重达数吨，无论从石阵使用的材料还是蕴含的智慧来讲，都是新石器时代人类能力的一种体现。虽然有考古学家和天文学家认为该遗迹是用来测量太阳和月亮的移动轨迹、记录日月食的观测台，但巨石阵的真正作用至今仍是个谜。无论它的意义和用途何在，它的存在已足以让人为之神往。

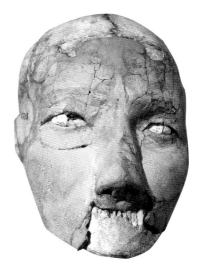

图 1.8　经过面容复原的人类头骨，约前7200—前6700年，耶利哥。面部特征按照真人实际比例，用灰泥塑形并经过涂色，嵌有贝壳。约旦，安曼，考古博物馆。这些耶利哥复原头骨个体特质鲜明，与敬奉祖先有关。

图 1.9　巨石阵，约前 1800—前 1400 年，英格兰，威尔特郡，索尔斯堡平原。高 732 厘米，宽 2957 厘米。尽管人们认为巨石阵可能与观测天象和太阳历有关，但其具体用途至今仍是个谜。

比较与对比 |||||||||||||||||||||||||||||||||||||

远古世界的神秘女性

奥地利、保加利亚、叙利亚、埃及、厄瓜多尔、印度、中国、西伯利亚以及苏丹——这些地方有何共同之处？在他们的史前遗址之上均出现了各个版本的大地之母或生育女神，这就表明在极为早期的文化当中，女性神灵在诸神中占据至高地位。

她们虽然千差万别，但又存在千丝万缕的联系。她们的头部和面部相对较小，且与身体的其他部位相比，刻画得非常浅陋。另外，在几乎所有例子当中，这些女性的四肢要么短粗或细长，要么干脆没有（图1.10）。以此推断，这些小雕像可能与生育能力有关，若非如此，通过女性身体与生育相关的属性被强调或放大的事实，也肯定表露出了对于女性身体孕育生命之奥秘的着迷。

除了这些基本的共同点以外，这些小雕像的主要区别体现在风格或功能上。它们大多都很小巧，这说明它们可能是用作随身携带的护身符。比如基克拉迪群岛神像、在现如今的苏丹出土的古努比亚雕像（图1.11）以及在

王朝统治以前的埃及出土的"鸟

图 1.10　女性雕像，前 4300—前 4000 年，土耳其。上色黏土。高 10.4 厘米，宽 4.7 厘米，厚 4.2 厘米。纽约布鲁克林博物馆。

图 1.11　女性雕像，前 7000—前 6000 年，叙利亚。硬石雕刻，高 6.4 厘米。私人藏品。

形女"（图 1.12）等雕像都非常简约或抽象，以现代审美来看依然不失魅力。而另一些雕像，如保加利亚的"帕扎德基克女士"（图1.13）则专注于装饰性细节刻画。

考古学家和艺术史学家就这些雕像的意义争论不休，但是谁都无法下定论。它们或许是用于某些仪式，又或许仅仅是个摆设。但既然它们在数量上远远多于男性（史前艺术中女性雕像远远多于男性雕像），那么有一点是非常明确的：女性身体象征力量。

图 1.12　女性雕像，前 3500—前 3400 年，埃及。上色赤陶。高 29.2 厘米，宽 14 厘米，厚 5.7 厘米。纽约布鲁克林博物馆。

图 1.13　帕扎济克女人，约前 4500 年，保加利亚。陶器（烧制黏土），高 19 厘米。奥地利，维也纳自然历史博物馆。这一至尊女神像饰有双螺纹状的雕刻线条，在古代象征着重生。

欧洲的新石器时代，与公元前5000年左右中东文明的兴起重叠。"文明"这一术语的定义相当广泛，不能简单去定义。符合"文明"这一标签的社会，通常具有以下全部或部分特点：

· 某种形式的都市生活，包括建造永久居所，即城市。

· 一个管理政治关系的政府系统。

· 不同社会阶层的发展，通过财富和职业这两个关联因素而彼此区分。

· 用于商品生产的工具和专业技能，促使制造业和贸易业兴起。

· 某种形式的书面交流，以便分享和保存信息。

· 一个宗教信仰的共享体系，该体系中的领导人或祭司通常在社区事务中担任重要角色。

文明并不能保证大多数人都能以文明行事。正如20世纪所展现出来的那样，一些史上最文明的社会却给人类制造了无数苦难。

我们自身的文明起源要追溯至古代全球范围内的文化发展，包括在美索不达米亚的底格里斯河和幼发拉底河的新月沃地，以及在埃及尼罗河的沃土带建立的伟大河流文化。水为人类提供了食物，而对于爱琴海的古代文化来说，水则为其提供了与未知世界的其他地区进行贸易和交流的机会。

美索不达米亚

文明始于现今伊拉克所在的这片土地，在这里，底格里斯河和幼发拉底河交汇流入波斯湾，滋养出肥沃的土地。新月沃地地势平坦，极难防守。在这片土地上发生的关于古代文明的故事，便是统治民族更替的故事，每个统治民族都有各自的语言、宗教、习俗和艺术。

美索不达米亚的历史可划分为两个主要阶段：苏美尔人时期（约前3500—前2350年）和闪米特人时期（约前2350—前612年，即尼尼微陷落之时）。他们在族源及语言上均不相同，Semitic[闪米特]一词源于Shem[闪]，这是诺亚一个儿子的名字，作为这群人的总称，通常泛指说闪米特语的族群。在古代世界，这些人包括阿卡德人、巴比伦人、亚述人和腓尼基人。犹太人是闪米特族群中最知名的，他们的传统语言希伯来语同属闪米特语系；他们同样起源于美索不达米亚地区（关于犹太人的早期历史，详见第五章）。阿拉伯语以及包括马耳他语在内的其他地中海语言都属于闪米特语系。

苏美尔

两河流域的聚居耕作，催生了最早的苏美尔人社群（地图 1.1）。那里由于土势平坦，需要修建堤坝和运河来灌溉耕地、在雨季控制洪水，并为余下日子预先做好水源供应。这种大规模工程需要大量人力，所以小村庄通常会合并为城镇。

神庙是苏美尔人城镇生活的中心，是特定城镇守护神的圣地。苏美尔人的神灵主要是自然的化身（图 1.14）：天空和大地、太阳和月亮、闪电和风暴。安努是天空之神，南

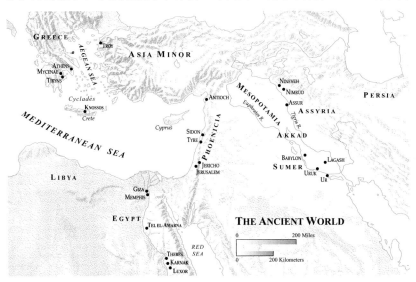

地图 1.1　远古世界地图

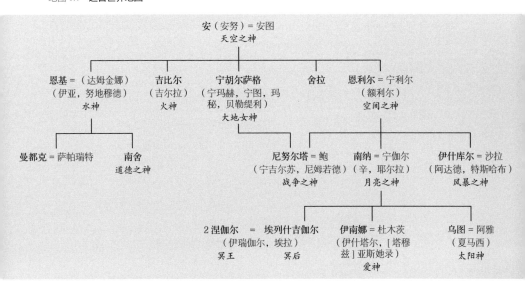

图 1.14　**苏美尔众神**。引自"美索不达米亚众神一览图"。© 2000 by Ian Lawton.

纳是月亮之神，阿布是植物之神。主要宗教节日均与季节有关，主题都围绕着祈求粮食丰收的仪式。最著名的是新年祭典，庆贺这一关键时刻：寒冷荒芜的冬天（与生育之神塔穆兹一年一度的生命周期结束有关）逐渐远去，富饶多产的春天（通过塔穆兹与女神伊南娜的神圣婚姻而重生）悄然而至。

在乌鲁克这样的城市，统治权主要掌握在祭司手中，他们同时掌管经济及宗教事宜。国王则作为神在地上的代表，但与埃及法老不同，国王在人们心中既不神圣，也不是祭礼的中心。他守护的主要是子民的精神和身体健康——为他们信仰的神明建造更恢宏的庙宇，或是兴建精妙的灌溉系统以保生计。虽说国王并不以获取个人财富、名垂千古或是神圣地位作为目标，但他们确实拥有强大的权力。

乌鲁克白庙（图 1.15A 和 1.15B）以其白色外墙得名，是这片地区最早的、保存得最好的神庙之一。它蠹立在一座金字形神台上，神台约 12 米高，每个角都指向罗经点。白庙虽则雄伟，但在规模上不及后来建造的金字形神塔（希伯来人称之为巴别塔，人类骄傲的象征，高约 80 米）。苏美尔人相信，神灵会降临神庙，面见祭司。他们称这些圣殿为候神室。

阿斯马尔遗址一座阿布神庙底下发现的祈祷雕像（图 1.16），突显了宗教在苏美尔社会的重要地位。这些雕像是朝拜者的替身，当朝拜者不在时，代替他们向神祈祷。它们高度不一，有的 30 厘米不到，有的 76 厘米出头，由石膏雕刻而成，机警的眼睛由贝壳和黑色石灰岩镶

图 1.15A　白庙和塔庙，约前 3200—前 3000 年，伊拉克，乌鲁克（如今的瓦尔卡）。Ziggurat 意为"尖塔"或"山顶"，是神庙坐落的高台的名称。美索不达米亚人认为他们的神会从天上降临并在此地显露真身。

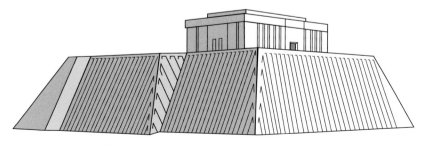

图 1.15B　白庙和塔庙的复原图。白庙和塔庙因其白色外墙而得名。

图 1.16 **阿布神庙的雕像**，约前 2700 年（苏美尔人，早王朝时期），泰尔·阿斯玛尔，镶嵌有贝壳和黑色石灰岩的石膏像，男性雕像高 72 厘米，女性雕像高 59 厘米。伊拉克巴格达国家博物馆。虔诚祈祷像被置于神庙中，作为那些无法到场的朝拜者的替身。

嵌而成。这些雕塑呈圆柱形，人物都笔直站立，双手握于胸前，手中所执细颈瓶现已缺失。男女雕像区别明显：男性留着固定风格的长胡子和长头发，身着齐膝裙，裙边以锯齿状线条装饰；女性身着长裙，一侧肩膀裸露，另一侧着披肩。尽管雕像是石膏材质，但苏美尔人主要用黏土来制作雕像，因为当地黏土资源丰富。正如我们所见，他们都是陶艺专家，当同时代的埃及人只会用石头时，他们就已能够用砖块建造纪念性建筑了。人们相信苏美尔人利用粮食换取金属、木材和石料，并以这些材料丰富其艺术作品库。苏美尔人的艺术作品库包括一些奇幻异兽，例如创作音乐的动物、长胡子的公牛，以及有着牛头或蝎身的人兽混合物。这些物件极尽奢华，用嵌有青金石的锻金来装饰。出土于苏美尔皇室陵墓遗迹，一些学者认为与丧葬仪式有关。

苏美尔人在很长一段时间里一直是美索不达米亚的主要统治力量，但也并不是只有他们。北边的闪族人变得越来越强大，他们最终建立了一个统治整个美索不达米亚的帝国，并同化了苏美尔文化。

苏美尔文化发展到这一阶段，其间最重要的成就就是发明了第一套文字系统，即楔形文字（图 1.17）。约在公元前 4000 年中期，最早的文

图 1.17 **早期的文字形式。左图：** 泥板，约前 3200 年，伊拉克基什。石灰岩。长 4.5 厘米，宽 4.3 厘米，厚 2.4 厘米。法国，巴黎，卢浮宫。这块泥板上刻着最早的文字样本之一，记录了一份奴隶名字清单，泥板右上方的手代表他们的主人。**中图：** 石灰岩浅浮雕细节，约前 2065—前 1785 年（中王国时期），靠近埃及底比斯市白色卡纳克神庙。此象形铭文是献给生育之神阿蒙－敏的。注意上面一行从右往左第四个符号——"生命"之符——"生命十字章"。**右图：** 赤陶泥板，约前 2550 年，苏美尔。法国，巴黎，卢浮宫。这个铭文的楔形文字记录的是用银币支付的房屋与土地的销售票据。注意，这些楔形文字与象形文字已不再相似。

字形式发展于乌鲁克（即如今伊拉克南部的瓦尔卡），这是美索不达米亚最早的定居地之一。楔形文字由一系列简化图形符号（象形文字）组成，代表特定物品或想法，比如，一条腿要么指代腿，要么指代走路这个概念。这些符号先画在松软的黏土泥板上，然后被烧制硬实。之后象形符号演变成一系列楔形标记，通过削尖的芦苇压刻到黏土上。楔形文字系统方便又经济，而且雕刻好的黏土泥板极易保存。文字记录的出现使贸易往来和信息记录成为可能。这个高度有序的社会带来了经济的日益繁荣，一些有影响力的城市开始发展壮大。

使用楔形文字撰写的音乐文本，表明美索不达米亚在音乐理论和实践方面有着丰富的传统。可靠证据显示，他们创造了相互关联的音阶系统——每个八度包含七个音高。

吉尔伽美什史诗

苏美尔最著名的国王吉尔伽美什于公元前 2700 年左右统治乌鲁克。他在统治期间大造城墙，但他

美索不达米亚

	前 3500 年	前 2332 年	前 2150 年	前 1600 年	前 612 年	前 559 年	前 330 年	636 年
	苏美尔人	阿卡德人	新苏美尔人与巴比伦人	赫梯人与亚述人	新巴比伦人	阿契美尼德人	希腊－罗马与萨珊人	
	出现第一批城市，其中最大的城市在乌鲁克。发展了楔形文字。建造了第一批塔庙和神殿。第一批体现皇室权威的宫殿。吉尔伽美什统治。	萨尔贡统一了美索不达米亚。整个地区都使用阿卡德语。留存至今最早的空心青铜铸像。	阿卡德帝国垮台。乌尔国王统一了美索不达米亚。苏美尔语成为主要语言。在乌尔建造了金字形神塔。汉谟拉比将 282 条法律汇编成法典。	赫梯人洗劫了巴比伦，但随后离开了美索不达米亚。亚述人控制了主要的贸易路线。残暴的帝王建造了坚固奢华的宫殿。亚述帝国陨落。	新巴比伦国王控制着前亚述帝国。尼布甲尼撒二世重建巴比伦。空中花园成为世界七大奇迹之一。波斯国王塞勒斯攻占巴比伦并建立阿契美尼德王朝。	塞勒斯大帝的统治及波斯帝国的扩张。埃及落入阿契美尼德人手中。大流士一世和薛西斯在珀塞波利斯建造了巨大的宫殿群。阿契美尼德人的防线被亚历山大大帝攻破。	亚历山大将美索不达米亚和波斯合并为希腊－罗马帝国。萨珊人挑战罗马在亚洲的统治。新波斯帝国建立。萨珊人在 400 年后被阿拉伯人驱逐出美索不达米亚。	

更多是因为一个神话传说而出名，这个传说后来还演化成第一部史诗巨作——《吉尔伽美什史诗》。这部史诗被刻在 12 块黏土泥板上流传至今，时间可追溯至约公元前 2000 年——包括在尼尼微的亚述巴尼帕图书馆发现的 14 号泥板，即"大洪水泥板"（图 1.18）。普遍认为这首史诗最初由苏美尔人以楔形文字撰写，经阿卡德人、巴比伦人和亚述人改写。

史诗开头讲述了国王吉尔伽美什的家世及其在乌鲁克的统治。吉尔伽美什功绩赫赫，被视为一个富有勇气的智慧者，但他的子民不喜欢他，认为他残忍暴虐。诸神注意到百姓的不满，就为吉尔伽美什这位勇武的国王创造了一个势均力敌的对手——恩启都（Enkidu）。与吉尔伽美什不同，恩启都非常善良。他住在一片密林之中，与飞鸟走兽为伍，未曾受文明负面后果的影响。然而吉尔伽美什开始意识到诸神要给予的教训，他先发制人，派出萨姆海特（Shamhat）——一个来自乌鲁克神庙的女人，让她

与恩启都在森林里交欢七天六夜使他开化。经此一事，动物们纷纷抛弃恩启都，于是他只好前往城市。当恩启都在乌鲁克见到吉尔伽美什时，他大胆向这位国王提出摔跤搏斗。虽然这似乎是一个相当糟糕的提议，但恩启都的力量和勇气却让吉尔伽美什刮目相看，最终两人成为最亲密的朋友。恩启都的善良和慷慨启发了向来傲慢残暴的吉尔伽美什：要成为一个更好的人，一位更加亲切仁慈的统治者。

两人随后展开的一系列传奇经历使吉尔伽美什声名大振，几近不朽。有一次，他们杀死了诸神领地的雪松林守护者洪巴巴。伊南娜女神（Inanna，后被称作 Ishtar[伊什塔尔]）迷恋上了吉尔伽美什，然而她的示爱却遭到了拒绝。为了报复，她怂恿其父安努派出天牛袭击吉尔伽美什，然而这位勇敢的帝王用自己的高超武艺和过人胆识宰杀了这头神兽。

在杀死神牛之后，恩启都向吉

图 1.18 《吉尔伽美什史诗》14 号泥板，前 700—前 600 年，伊拉克，尼尼微（库扬吉克）。黏土泥板碎片，长 15.24 厘米，宽 13.33 厘米，厚 3.17 厘米。英国，伦敦，大英博物馆。14 号泥板是在亚述国都尼尼微城的亚述巴尼帕图书馆发现的 12 块泥板之一。

尔伽美什讲述了自己的噩梦：诸神认为恩启都应该死去，以作为对这次杀戮以及吉尔伽美什的傲慢自大的惩罚。诸神将夺走吉尔伽美什最珍视的人。恩启都开始病入膏肓，总是梦到他死后在地狱会遭遇的恐怖事情。

阅读材料 1.1 《吉尔伽美什史诗》
恩启都关于死后的梦，3 号泥板

　　恩启都独自卧病在床，向吉尔伽美什畅叙衷肠："亲爱的朋友，昨夜，我又做梦了。天堂在呻吟，大地在回应；我独自站立在一个威严的生物面前；他的脸阴郁得像暴风雨中的黑鸟。他用利爪向我发起了进攻，他猛地抓起了我，用爪子困住我直到我窒息；而后他将我的双臂幻化成了长满羽毛的翅膀。他将目光转向我，带领我离开，去到黑暗女神爱尔卡拉的宫殿，去到那间有进无出的房屋，走上了一条不归路。"

　　"屋里的人们坐在黑暗之中，尘土便是它们的食粮，黏土便是他们的荤肉。他们的着装像鸟儿一样，用翅膀作为遮盖，他们看不到光，只能静坐于黑暗之中。我进入到那个房屋，看到大地之王，他们的王冠被永久没收；还有那些所有曾经顶配皇冠在古代统治过世界的统治者和王子们。"

《吉尔伽美什史诗》，N.K. 桑达斯（1960 年企鹅经典系列，1972 年第三版）英译。版权归桑达斯所有，1960，1964，1972。经企鹅出版集团许可。

　　恩启都的去世让吉尔伽美什伤心欲绝，这让他看到现实，意识到死亡并不遥远，于是他开始追求永生。他踏上了一条艰险的旅途，一路上遇到了很多人，都劝他放弃永生，把握当下所拥有的生活。

阅读材料 1.2 《吉尔伽美什史诗》
酒馆老板西杜里给吉尔伽美什的忠告
吉尔伽美什，你游荡到何方？
你所寻求的生命终不能如愿以偿。
当诸神创造人类，
就从未考虑人类的死亡，
生命掌握在他们手上。
你，吉尔伽美什，愿你饱腹，
愿你日夜欢乐。
每日享有欢乐的盛宴，
日夜的歌舞与狂欢！
让你的衣服光鲜靓丽，
沐浴梳洗于清水之中，
留心守护牵你手的婴孩，
让你的妻子欣喜地躺在你怀中，
因为这便是人类的使命。

里德（Patrick V. Reid）编，《西方宗教思想读本：远古世界》（*Readings in Western Religious Thought: The Ancient World*）。纽约、新泽西州莫瓦市：保罗传道会出版社，1987，第 17 页。

　　最终，吉尔伽美什来到乌特纳批诗提（Utnapishtim）的家，此人为人正派，曾依照诸神的指令建造方舟，并从持续了七天六夜的洪水中救出自己的亲人、工匠以及该地区所有的野兽，事后被诸神赐予永生。乌特纳批诗提向吉尔伽美什讲述了自己的故事。

阅读材料 1.3 《吉尔伽美什史诗》
大洪水

　　迎着黎明第一道曙光，黑色的云从地平线升起；在风暴之神阿达德的驾乘之地，雷声轰鸣。风暴传令者赛拉特和哈尼什，领头出现在山川和平原的前面。而后深渊之神纷纷现身；涅伽尔将海域之下的堤坝拔出，战争之神尼努尔塔推翻了堤坝，而七位地狱判官安努纳奇，举起了他们的火把，愤怒的火焰照亮了整片大地。当风暴之神将白昼化为黑夜，当他将大地像手中之杯一样捏碎，绝望之息弥漫了整片天空。一整日，暴风雨在所到之地肆虐地收集愤怒，再像潮水一般倾倒给人类；人类在地面上无法看清自己的兄弟，即使在天堂也无法辨清。甚至是神，也对这场洪水感到恐惧，他们逃向安努的苍穹，那里有最高的天空；他们靠墙蹲下，像狗一样蜷缩着。而后拥有甜美嗓音的天后伊斯塔用如同女性分娩时的痛苦般的声音喊道："啊，往日时光已归为尘土，只因我下令招致了罪恶；为何我要在众神之中传令制造这种罪恶呢？我下令用战争来毁灭世界，但是我将他们引带到世上，难道他们不是我的子民吗？如今，他们如同鱼卵一般浮游在海上。"这位伟大的天堂及地狱之神哭泣了，他们都沉默了。

《吉尔伽美什史诗》，N.K. 桑达斯英译。

　　14 号泥板记录得很详细：船周长 120 腕尺，内部有很多小隔间，发船之后，封上后入口。乌特纳批诗提讲述的洪水故事与《圣经·创世记》中诺亚的故事惊人相似，或许正是后者的出处。《吉尔伽美什史诗》与《圣经》有着相似的描述：建造大船，暴雨来临，派出鸟儿探查洪水是否消退，以及大船在山上着陆。这场洪水指的可能就是美索不达米亚的某个历史事件。

　　乌特纳批诗提因为自己的英雄壮举和虔诚而被诸神赐予永生。他为吉尔伽美什设定了一项六天七夜不睡觉的挑战，以证明其值得永生的回报。吉尔伽美什几乎马上就睡着了，当他正要空手离开乌特纳批诗提时，他收到了一份临别礼物：关于到何处找寻一种能让他重返年轻的植物的指南。吉尔伽美什将石头绑在脚上，并沿着海底走着，最终找到了那株多刺的植物，不料被一条海蛇偷走。

　　吉尔伽美什回到乌鲁克静待死亡，他已疲惫不堪，不再抵抗，但愈发智慧。他还得到了诸神之父恩利尔的宽慰。总的来说，吉尔伽美什确实天赋出众：智慧、勇气、战无不胜的武艺以及治理有方。这一切将使他成为后人无法超越的典范。但吉尔伽美什最终还是迎来了死亡。

阅读材料 1.4 《吉尔伽美什史诗》
吉尔伽美什之死

　　这位帝王已经躺下，并将不再醒来，
　　这位库拉布君王（注：吉尔伽美

什的头衔之一）将不再醒来；

他战胜过邪恶，却不再归来；

虽有强健臂膀，却不会再次醒来；

纵有过人智慧与清秀面庞，他也
不再归来；

他消失于山野，不再归来；

躺于命运之榻，他不再醒来，

纵有五彩之榻，他也不再归来。

《吉尔伽美什史诗》，N.K. 桑达斯英译。

与古埃及人不同，美索不达米亚人将生活视为一场持续的斗争，而唯一的去路——死亡，却黯淡无望。对于埃及人而言，如果自身正直，可期望在死后过上快乐生活，而对于美索不达米亚人而言却只有永恒的黑暗。

《吉尔伽美什史诗》触及了关于人性的普遍主题——一些人高于其他人；对自然及事物的自然秩序的漠视；简单生活的好处和回报，以及爱、陪伴、食物及饮料所带来的愉悦；对死亡的恐惧；以及对人类无法企及的近乎不朽的名望与荣耀的渴望。吉尔伽美什受到激励去充分过好其所拥有的生活——把握当下（也就是罗马人后来所说的"及时行乐"）——不受那些遥不可及的事物的影响。

阿卡德人与巴比伦人的文化

《吉尔伽美什史诗》将历史与神话故事元素结合，讲述了约公元前 2700—前 2500 年发生在强大的美索不达米亚城市中一位苏美尔国王的故事。吉尔伽美什的时代结束后不久，在大约公元前 2350—前 2150 年之间，整个美索不达米亚地区落入闪族国王萨尔贡及其后裔的控制。阿卡德时期（因萨尔贡的首府阿卡德而得名）的艺术延续了苏美尔时代的潮流，尽管对于人类成就的肯定淡化了对于诸神的完全服从。在尼尼微发现的一个疑似萨尔贡肖像的铜制头像（图 1.19）是艺术史上第一个已知的真人大小的空心铸像。它曾是一座完整雕像的一部分，但后来遭到损坏；眼眶处深深的凿痕表明这些划痕与战争有关。

图 1.19 一位阿卡德统治者，约前 2200 年，伊拉克，尼尼微（库扬及克）。青铜，高 30.7 厘米。伊拉克，巴格达，国家博物馆。作为现存最早的空心雕像。该青铜头像或许是萨尔贡国王全身像的一部分。眼部原本由宝石或半宝石材料镶嵌而成，现已损毁。

即便如此，这尊头像仍然透露出这位国王的权力、威严和优越。在阿卡德人相对较少的现存作品之中，"纳拉姆辛胜利石碑"（图1.20）是最为突出的作品之一。这块浮雕纪念的是萨尔贡的孙子兼继承者纳拉姆辛的伟大战功。如浮雕所示，国

图 1.20 **纳拉姆辛胜利石碑**，约前 2300—前 2200 年（阿卡德人），伊朗，苏萨古城。罗斯灰岩，200.7×104.1 厘米。法国，巴黎，卢浮宫。纳拉姆辛国王在庇护之神的象征之下一路凯歌向山上挺进，所到之处，敌人尽俘。这座雕像中使用了概念表现法。

王在身形上比其他人物稍大，他登上顶峰，将敌人狠狠践踏于脚下。伴随他左右的是一队前行的士兵，他们长矛直立，姿态与倒下的敌人成鲜明对比。一名战俘挣扎着想要将矛从颈部拔出，另一名则跪地求饶，还有一名头朝下摔落山崖。浮雕右侧的混乱状态与左侧整齐划一的行军形成鲜明对照。一切都发生在生育之神伊师塔和正义之神沙玛什的天体形态的注视之下。

艺术家在国王及士兵的塑造上使用了概念表现法。也就是说，所有身体部位都得到特征鲜明的呈现，但不像某一时刻呈现在人眼中那样。概念表现法将正面图与侧身图混合搭配：观察者可以看到侧面视角的双腿、正面视角的躯体形成的三角形，以及侧面视角的头部和正面视角的眼睛。如果要在上面寻找自然主义手法，会发现那是为敌人准备的，他们以各种扭曲的姿势死去。概念表现法这种传统手法的使用，或许是为了表达敬意。

因为来自伊朗的古蒂人的入侵，阿卡德人的统治迎来了陡然而暴力的结局。然而，苏美尔各城市联合起来反击报复，该地区重归他们的统治。他们建立了新的苏美尔国家，但又是典型的短命王朝。

汉谟拉比法典

到了公元前 1800 年左右，美索不达米亚又形成了独立的城邦；巴比伦便是其中之一。汉谟拉比作为这个城邦最著名、最强大的国王，以

巴比伦这个名称统一了这片地区，成立了中央集权的政府，并把从各区收集上来的当地法律汇编成一本统一的法典，

图 1.21 刻有《汉谟拉比法典》石碑的上半部分，约前 1760 年，伊朗，苏萨。玄武岩，碑身高 223.52 厘米。法国，巴黎，卢浮宫。作为巴比伦的传奇立法者，汉谟拉比立于神沙玛什的王座前，表明神认可汉谟拉比的权威。《汉谟拉比法典》用楔形文字刻于石碑之上。

这部法典代表着通过立法来实现社会公正的一次早期尝试。这是文明发展的重大进步。这座汉谟拉比法典石碑（图 1.21）正是《汉谟拉比法典》的实物载体。玄武岩石碑底部的三分之一刻着铭文，顶部则刻着侧着身的汉谟拉比，他面前是端坐的太阳神沙玛什。同纳拉姆辛的胜利石碑一样，这样一种显现意在宣示这种人类行为受到了神的认可。让人惊叹的是法典里的法律条款包罗万象，从家庭纠纷、医疗纠纷到犯罪行为，都有非常具体的处罚条例。

亚述人

在公元前 1550 年，巴比伦被

阅读材料 1.5 《汉谟拉比法典》

部分条款选摘，包括"以眼还眼，以牙还牙"

131. 倘若某男子指控妻子与他人同寝，但无抓获之实，则妻子需以神之名发誓并回自己的家。

142. 倘若妻子憎恨其夫，声言："你不配拥有我。"那就调查她的过去，看她是否有任何不到之处；若她一直循规蹈矩并无过错，而其丈夫长期在外厮混并对其极尽羞虐，则判定该女子无过。她可自带嫁妆回其父家。

145. 倘若丈夫因妻子不能生育而决意纳妾，则他可纳一小妾并带其回家。小妾不可凌驾于正妻之上。

162. 倘若妻子为丈夫育有子女，妻子身死，则其父不可索回嫁妆。嫁妆归其子女。

191. 弄坏他人眼睛的人，也要被弄坏眼睛。

200. 打掉同等地位者牙齿之人，其牙齿也应被打掉。

206. 倘若某人在争吵中打伤别人，他应发誓："我并非有意打他。"他应负责医药费。

219. 倘若医生用青铜刀为自由人受重伤的奴隶动手术，并致使奴隶死亡，他必须赔偿一个同等价值的奴隶。

220. 倘若医生用青铜刀为奴隶割（眼部）脓疮时弄坏了奴隶的眼睛，他必须赔偿奴隶价格的一半。

《汉谟拉比法典》，哈勃（Robert Francis Harper）英译，1904 年。

曾经的游牧民族加喜特人占领。后来，加喜特人反过来落到了亚述人手中——凶猛的亚述战士征服了这个地区，并缔造了一个庞大的帝国。在公元前 1000—前 612 年期间，亚述人在美索不达米亚的势力达到巅峰；与此同时，在爱琴海周边一片小得多的土地上，希腊文化开始萌芽。

亚述纳西尔帕二世（Ashurnasirpal II，前 883—前 859 年）执政期间，在位于底格里斯河河畔的亚述首都尼姆鲁德（Nimrud）建了一座恢宏的防御宫殿建筑群。宫殿内部的石膏墙壁上装饰着华丽的浮雕，上面有各种各样暴力的场面——战争、狩猎、垂死的战士、受折磨的动物。浮雕拓展了早期美索不达米亚艺术的风格语汇。其中一小块描述了正在狩狮的亚述纳西尔帕二世（图 1.22），上面的人物充满活力、敏捷如风，动态刻画栩栩如生。这些亚述艺术家尝试把一个人物放在另一个人物前，以便在浅窄的空间里更好地突显出深度，比如石碑的左边是拿盾牌的士兵，右边则是朝向一致的马匹。与纳拉姆辛胜利石碑使用概念化的表现方式不同，这些士兵的表现方式就如同人眼所见的那样——几乎是整个轮廓。这就是所谓的"视觉表现"。值得注意的是，重复的图像同时讲述了两个故事。我们看到正中央的国王在马车上面向后方，用他的弓箭射中了一只狮子。在右边的浮雕则看到同一只死狮子位于马蹄的践踏之下。

公元前 612 年，尼尼微城落入巴比伦人手中——他们曾断断续续

图 1.22　亚述纳西尔帕二世猎狮图，前 883—前 859 年，亚述纳西尔帕二世宫殿，伊拉克，尼姆鲁德。19 号板，雪花石膏材质，223.5×88.9 厘米。英国，伦敦，大英博物馆。以人类与动物的暴力为主题，是亚述浮雕的特征 。

被亚述人统治。不久后，亚述帝国覆灭。巴比伦的国王们建立巴比伦城，作为美索不达米亚的首都，并统治了一百余年，直到公元前520年被波斯人征服。新巴比伦王国就是这一时期的名称。它之所以闻名，有两个截然不同的原因：一是希伯来人在此被囚禁50年之久；二是国王尼布甲尼撒建造的巴比伦空中花园，世界七大奇迹之一。

波斯

在居鲁士大帝（前590—前529年）领导的波斯向帝国发展之时，巴比伦不过是越来越多的战争受害者之一。公元前6世纪，波斯人基本征服了埃及；不到一个世纪，他们就准备把希腊也纳入其战略领地。

波斯帝国的扩张从南亚一直延伸到欧洲东北部，要是在公元前480年决定性的萨拉米斯海战中，希腊人没有战胜波斯人，他们还将染指欧洲东南部。居鲁士的继任者一直扩张帝国版图，直到公元前330年亚历山大大帝打败大流士二世。

位于古代波斯帝国首都珀塞波利斯的城堡，是一座由宫殿式住宅、政务大楼、华丽的楼梯以及以精美浮雕装饰表面的圆柱大厅所构成的大型综合建筑。皇家观众厅关于游行队伍的浮雕带（图1.23），展示了与亚述图像截然不同的技术。波斯浮雕刻得更深；也就是说，人物相对背景更明显。他们更加栩栩如生，更加丰满。这位艺术家极为注重细节：画中人物的服装各不相同，区

图1.23　在皇家观众厅展示的游行浮雕（细节），约前521—前465年，伊朗，珀塞波利斯。石灰岩，高约254厘米。通过使用视觉表现和概念表征的方式刻画了到珀塞波利斯宫廷拜访的高官。

分出波斯贵族、守卫者和波斯附属国的政要。虽然队列整齐有序，但一些人物在空间中的扭曲和转向，使得在视觉上没那么单调。波斯艺术的另一个特点是奇特的动物形态和风格化的花饰。

公元前 525 年，波斯帝国征服了文明萌芽已历 3000 年的埃及王国。

古埃及

就像美索不达米亚地区一样，地形是埃及文明发展的主要决定性因素。由于尼罗河沿岸降雨稀少，农业依赖于一年一度的洪水泛滥以及治水能力。下埃及地处尼罗河三角洲，地势较低，宽阔平坦，靠近地中海地区。上埃及对外接触更少，那里有一片狭长的沃土，被高耸的悬崖和沙漠包围，绵延 1250 英里（2000 公里），主要位于尼罗河沿岸。古埃及的总面积只比马里兰州稍微大一点。

古埃及祭司曼涅托（Manetho）在公元前 280 年用希腊文写就的《埃及史》（*History of Egypt*），将埃及漫长的历史跨度划分为 31 个朝代。现代学者沿用了这一体系，将历代埃及王朝划分为四部分，并将在此之前的时期称为前王朝时期。这四个主要的划分时段及其起讫日期分别为：古王国时期，始于公元前 2575 年；中王国时期，始于公元前 2040 年；新王国时期，始于公元前 1550 年；晚期，始于公元前 1185 年，终于公元前 500 年埃及被波斯帝国占领。这些时期根据骚动和混乱的间隔时间来划分。

古埃及

	前 3500 年	前 2575 年	前 2040 年	前 1550 年	前 1070 年	30 年
	前王朝时期及早王朝时期	古王国时期	中王国时期	新王国时期	第一个千禧年	
	发明象形文字。上埃及与下埃及统一。伊姆霍特普在萨卡拉为国王左塞尔建造了第一座金字塔。	首次将死者制成木乃伊。建造了吉萨金字塔。采用艺术准则为法老建造雕塑，传达神圣王权的永恒本质。	底比斯成为埃及统一后的首都。引入了岩凿殡葬群复合体。埃及人与地中海东部文明建立了贸易关系。	财富促进艺术和建筑繁荣发展。哈特谢普苏特作为法老王统治了长达 20 年之久，这是历史记载的第一位女性君主。埃赫那吞创立了一神教。回归到多神教和图坦卡蒙的统治。	公元前 343 年，波斯人统治了埃及。公元前 332 年，亚历山大大帝征服了埃及。亚历山大港作为新的海滨首府，面向地中海和希腊化世界。公元前 30 年，埃及成为罗马帝国的一个行省。	

在古埃及晚期的最后几个世纪里，埃及遭到尼罗河上游努比亚人的入侵，埃及人把这些黑人称为古实人。他们在公元前755年侵占了上埃及，随后在公元前720年侵占了下埃及，努比亚人及其继承者——纳巴泰人，在外族统治时期帮助保存了埃及文化。

除了历史悠久，埃及文化最显著的特点是它的统一连贯性。自希腊人起不断变化的西方文明——至今仍是西方文化的特点——与数千年来埃及艺术、宗教、语言以及政治结构的相对不变，形成鲜明对比。当然，即使是埃及人也受到了外界的影响，国内外的事件也影响了他们的世界观。从古王国充满活力、乐观积极的精神面貌，到新王国对于逃避残酷现实生活的死亡观，可以看出埃及人的悲观情绪可能在滋长。尽管如此，埃及人仍然顽强抵抗着变革。尤其是他们的艺术，依旧保守并固守传统。

在这片土地上，自然分隔的上埃及和下埃及之间早已出现彼此独立局面，国家的团结依靠唯一的统治者——法老王牢牢控制一个强大的中央政府来维持。法老是世俗和精神世界的绝对统治者，不过保护信仰和仪式的职责则落到了神职人员的官僚机构中，他们的影响力随着时间的推移而扩大。

埃及宗教

诸神、法老及来世，与埃及宗教密不可分。与美索不达米亚人一样，埃及人崇拜多神，但不同的是，他们视法老为神的化身。

埃及万神殿中的主神是太阳神阿蒙拉，他在宇宙的原始混沌中建立秩序，创造了世界。然后，他创造了第一代诸神（图1.24），这些不朽的后裔包括奥西里斯（秩序之神，掌管文明）、塞特（混乱之神，杀死其兄弟奥西里斯并碎尸）、伊希斯（哀悼女神，奥西里斯的妹妹，她把哥哥的尸体拼接起来，使其复活，然后与他结为夫妻）、荷鲁斯（天空之神，奥西里斯与伊希斯的后代）。法老被视为女神哈索尔的子嗣，哈索尔是太阳神拉的女儿。法老生前受天空之神荷鲁斯的庇佑，死后则受地狱统治者奥西里斯的庇佑。在埃及艺术中，法老常戴着标志性的奥西里斯保龄球瓶式王冠，这与上埃及的王冠相似（如图1.26所示）。

埃及宗教最令人瞩目之处是相信来世。关于人进入冥界后有可能继续拥有与生前类似的生活体验的观念，激励他们行正义之举，也促使他们建造设施齐全的奢华墓穴，以求满足一切死后可能的需求。并

图 1.24　**古埃及诸神：职司与形象**

阿蒙 Amun	诸神之王	男性，羊头人身或者头戴鸵鸟毛帽子
阿努比斯 Anubis	死神	男性，胡狼头、人身形象
阿顿－拉 Aten–Ra	太阳神的一种形态，埃赫那吞治下被奉为唯一的神	日轮形象，光线降于手上
阿图姆 Atum	造物之神	男性，头戴双冠
哈索尔 Hathor	荷鲁斯之妻；守护女神；同时也是爱与欢乐女神	女性，头顶牛角和日轮
荷鲁斯 Horus	天空之神	男性，鹰头人身形象
伊希斯 Isis	奥西里斯的妹妹及妻子，荷鲁斯的母亲；守护女神，会施法帮助穷人	女性，头饰的形状是皇冠或牛角围绕着太阳圆盘
玛亚 Ma'at	拉神的女儿；真理、正义、和谐之神	女性，头戴羽饰
奥西里斯 Osiris	死亡之神；冥界的统治者	男性，身穿斗篷，头戴锥形羽毛头饰
普塔 Ptah	创造之神，根据一个创世神话，普塔说话而造就这个世界	男性，携一根权杖，身着白色斗篷
拉 Ra	太阳神；古埃及中最重要的神	男性，鹰头人身，头顶日轮
塞特 Seth	奥西里斯的兄弟；混乱与邪恶之神，对埃及的和谐构成威胁	男性，头部为不明动物，人身
托特 Thoth	众神的文书；给埃及人带来了象形文字	男性，朱鹮头人身，手拿调色板写作

非所有埃及人都拥有宏伟的坟墓，但他们都希望在死后能继续生活。精心的葬礼仪式就是为逝者参加审判准备的。

有圣书之称的《亡灵书》描述了葬礼仪式及其意义。主持仪式的是奥西里斯神。他在伊希斯的帮助下复活，成为生者和死者的保护神。其重生与尼罗河一年一度且对农业至关重要的洪水有着神圣的相似性。祭拜伊希斯在埃及成为一场重要且持久的祭仪；甚至在庞贝古城的古罗马废墟中也发现了一座伊希斯神庙。解锁埃及人象形文字书写体系，使得我们能够了解这些文本的含义。

罗马人与埃及人之间有一段影响深远的历史；古埃及覆灭后，罗马帝国将之作为一个行省，甚至还在那里建了寺庙。此后埃及一直受到忽视，直到 18 世纪晚期，法国皇帝拿破仑在 1799 年领导的一次远征，才让欧洲人开始对这里的异国文化产生了浓厚兴趣。就在那时，人们发现了罗塞塔石碑，这是一块巨石，上面刻有三种文字：古代象形文字、通俗体文字（一种晚期埃及语）和希腊文字。商博良（1790—1832 年）将这些象形文字与更好辨认的希腊文进行对比并译解。

价值观念 ||||||||||||||||||||||||||||||||||||

正义之道，走向光明

早期埃及人的信仰认为只有法老才能重生，死后还有来世。几个世纪以后，法老独有的特权范围扩及祭司、法老宫廷以及他们的家属。《亡灵书》——也被称为走向光明之书——是一本汇集了咒符、咒语和宣言的小册子，帮助人们经由冥界进入来世。对于逝者来说，路途中最重要的环节就是面对冥界之神奥西里斯的审判。其中有一个篇章，一位叫胡纳弗（Hunefer）的埃及官员被胡狼头人身的阿努比斯神审判（图1.25）。胡纳弗必须声明自己并没有犯过42宗罪里的任何一种（其中一些罪名在下方列出）；他的无罪声明得到了证实，因为要把他的心放在真理之羽的天平上称量，如果心更轻，就能证明他的正义。但是如果心更重——这就是“一颗沉重的心”这一表达的起源——那么他的灵魂将永远消失。

我没有对人民犯下罪行，
我没有虐待过牲畜，

我没有在真理之地留下罪孽。
我没有觊觎不该知晓之事，
我没有伤天害理。
我没有索取超过自己应得之物，
我没有让伟大的统治者训斥过，
我没有咒骂过神灵，
我没有打劫过穷人。
我没有做过神灵所憎恶之事，
我没有诽谤过主人及其仆人。
我没有造成痛苦，
我没有惹人流眼泪，
我没有自杀，
我没有下令去杀人，
我没有让任何人遭受痛苦。
我没有损坏庙里的祭品，
我没有偷吃神灵的供品，
我没有偷过死者的饼。
我没有与别人交媾或玷污自己。
我没有增加或减少测量尺寸，
我没有减少土地面积，
我没有在田里偷懒，
我没有给天平增重，
我没有在磅秤的铅锤上弄虚作假，
我没有从儿童口中抢牛奶。

利希泰姆（Miriam Lichtheim），《古埃及文学（第二卷）：新王国时期》（*Ancient Egyptian Literature, Vol. II: The New Kingdom*）。加州大学伯克利分校和洛杉矶：加利福尼亚大学出版社，1976，第125页。

图1.25　《胡纳弗的最后审判》，出自埃及底比斯（今卢克索）的胡纳弗墓穴，约前1300—前1290年（第十九王朝）。绘于莎草纸卷，高34.3厘米，英国，伦敦，大英博物馆。

古王国

埃及文化的第一个黄金时代出现在古王国，但是尼罗河沿岸的埃及历史还要再往前追溯。这片领域被分成两个王国：上埃及和下埃及。这两个王国的统一经历了数个世纪，纳尔迈王的调色板（图1.26）上专门记录了这一特定的事件。

这块类似于埃及化妆品调色板的石板上面有浅浅的坑可用于混合颜料，然后涂在眼睛的周围——正如当今运动员所做的那样，减弱阳光对眼睛的刺激。纳尔迈调色板的尺寸及上面的图案表明它有着仪式性而非实用性用途。调色板两面的浅浮雕都刻有图像以及纳尔迈的形象。背面刻着的是纳尔迈头戴埃及王冠（保龄球瓶形状），准备处死被他抓着头发的一名俘虏。在他右边，一只猎鹰——天空之神荷鲁斯——栖息在一簇纸莎草茎之上，而草茎则生长在一个人头底座之上。纸莎草是下埃及的象征，荷鲁斯在俘虏的脖子上系了一根绳；也许此人就是被纳尔迈击败的下埃及统治者。调色板另一面，图案分为独立的三层，宽度各不相同。调色板中间的镂空部分画着两条细长交叉的动物脖子，被两个人用绳套驯服。纳尔迈位于最上方区域，视察着敌人的尸体：他们的头颅被砍下，整齐地摆放在双腿中间。这已不是我们第一次看到这种记载王室征服的纪念碑，上面描绘了残酷的细节；在阿卡德人的纳拉姆辛胜利石碑（图1.20）上可以看到类似的版本。两个纪念碑中的国王都占据主宰位置，体型大于周围的人物，但是在纳尔迈调色板中国王还被描绘为一个神。在调色板两面的顶部，刻画的是女神哈索尔，女性脸庞和牛角标示出她的身份。

图 1.26　纳尔迈调色板，约前 3200 年。主视图（左）及后视图（右）。石板材质，高 63.5 厘米，宽 42 厘米。埃及，开罗博物馆。这块化妆调色板两面的浅浮雕，很可能有着仪式性用途，用于纪念下埃及和上埃及统一归纳尔迈王统治。

纳尔迈的体型大于周围的人物，体现出他神圣的统治地位。艺术家使用了概念表现形式：在浅浮雕上以侧面视角刻画纳尔迈的头部、臀部和脚部，用正面视角刻画纳尔迈的眼睛和上半身。纳尔迈的肌肉组织是利用雕刻的线条来体现的，看上去更像是模板风格而非真实的细节。这位艺术家严格遵循持续了三千多年之久的艺术惯例。艺术史学家潘诺夫斯基（Erwin Panofsky）发现这种严格的惯例反映了埃及人的信仰和他们对生活的态度："不为变化，而为恒定，不朝着此在的象征，而为实现无限的永恒。"

建筑

纳尔迈调色板是在一座神庙中发现的，两面镌刻的浮雕图像要么是为了记录重大的历史事件，要么是为了精心塑造一个作为绝对统治者的国王形象，其统治权力由神赋予。不论是何种目的，都与其他一些埃及雕塑不同，与体现埃及人执着于来世的葬礼仪式无关。

巨型墓穴是彰显埃及人信仰和法老荣耀最宏伟的纪念碑。左塞尔阶梯金字塔（图 1.27）是最早的墓穴之一，设计者是皇家建筑师伊姆霍特普，第一位载入史册的艺术家。跟当今许多炙手可热的建筑师一样，伊姆霍特普的才华被捧上神坛，死后更是被奉为神明。左塞尔金字塔乍看像一座塔庙，矩形塔身由大到小层层往上叠，就像一个婚礼蛋糕。但一个重要的区别是：塔庙是庙宇，金字塔是墓穴。左塞尔金字塔是殡葬群的中心装饰部分，此外还包括殡葬神庙及围绕着一座大型庭院的其他建筑群。神庙底部是多个房间组成的巨大地下网状结构，也许是

作为左塞尔来世的宫殿。

古埃及最著名的遗迹是吉萨金字塔群（图 1.28）——法老胡夫、哈夫拉和门卡乌拉的陵墓群。庞大的规模和简洁抽象的结构，体现了埃及人在设计和大规模工程上的超凡技艺——这些成就是用奴隶的血汗筑成的，虽然最近的考古发掘表明这些金字塔实际上可能是农民在农歇期建造的。不管怎样，埃及金字塔

图 1.27 伊姆霍特普，左塞尔阶梯金字塔，约前 2630—前 2611 年（第三王朝）。埃及，萨卡拉。

图 1.28 埃及吉萨金字塔群。从下往上分别是：门卡乌拉，约前 2490—前 2472 年；哈弗拉，约前 2520—前 2494 年；胡夫，约前 2551—前 2528 年。金字塔群只是庞大的墓葬群的一部分，另外还有庙宇和仪式堤道。

以及其他所有艺术作品几乎都是为了延续社会上层阶级的记忆，并见证了一种没有奴隶就不可能实现的生活方式。但是我们对这些奴隶或是这些在农场劳作的埃及穷人知之甚少。许多奴隶被俘虏后就被迫在政府的采石场和庙宇的庄园里劳作。随着时间的推移，奴隶的后代可以参军；他们可以作为职业军人在埃及的社会中占有一席之地。建造金字塔是一件费心而复杂的苦差事。金字塔的核心结构采用现场开采的石头，面层材料采用尼罗河对岸的石灰石（如今早已被侵蚀殆尽）。石灰石块要在旱季开采；当洪水来临时就把石头运到河对岸并切割成想要的形状，然后将石块拖至相应的位置。金字塔的内部包含一个由画廊、通风井和房间组成的空间网络，其中一个房间保存着法老的木乃伊遗体，围绕在四周的宝藏将伴随他进入来世。法老们意图把这些庞大的建筑物作为自己永生的休息地以及让自己名垂千古的纪念碑。他们在某种程度上确实做到了：4500 年之后他们的名字仍被世人记住——他们的金字塔仍然高耸于平地之上，象征着古埃及的恒久特性。但这些金字塔却不能守护他们的尸体和宝藏。醒目的金字塔引起人们对塔中宝藏浮想联翩，很快盗墓贼就凿开了金字塔，对里面进行了洗劫，这种事有时甚至在墓室被封后不久就会发生。在中王国时期，埃及人设计了更为坚固的居所供灵魂栖息。

雕塑

最早期的埃及雕塑实物非常小巧——小塑像、象牙雕塑、陶瓷。古王国时期出现了真人大小的立体雕像。哈夫拉建造了吉萨三大金字塔中的第二座，他与埃及最著名的雕塑——狮身人面像（图 1.29）有关，后者是这座陵墓的守护者。人面体现出来的淡漠冷静也许是对法老的刻

图 1.29　**狮身人面像**，约前 2520—2494 年（第四王朝）。埃及，吉萨。砂岩材质，高 19.8 米，长 72.2 米。这座巨型狮身人面像是哈夫拉殡葬群的一部分；可能是法老的风格化雕像。

画，人面置于狮身之上，更是让1500年后的古希腊人产生了深刻的印象。希腊人把它视为神秘莫测的神圣象征。斯芬克斯（sphinx）经常被希腊艺术用作主题，还出现在希腊神话中，最经典的故事就是俄狄浦斯解答了斯芬克斯谜题，从而让底比斯这座希腊城市幸免于难。

哈夫拉的面貌还通过另外一些雕像保存下来，比如其中一个是用闪长岩（一种灰绿色岩石）雕刻而成，他坐在一个装饰着莲花和纸莎草——象征着上埃及和下埃及——的宝座上（图1.30）。艺术家按照石块的整体形状来创作这座雕像。哈夫拉的双腿和躯干紧贴宝座，手臂和拳头紧贴身躯。这样做保留了一种坚硬感，让人确信雕塑能够完好无损。最多也就是一些小部件被折损。牢固性是这类雕像的基本要求，因为它们都是作为灵魂的替代居所创造的，以防死者的木乃伊遗体被分解。哈夫拉是根据一种特定的比例标准来呈现，凭借的是关于骨骼部位的预定准则，而非视觉事实。（埃及艺术中的自然主义具有间歇性，在中王国时期和阿玛纳时期更为明显。）他正襟危坐，目视

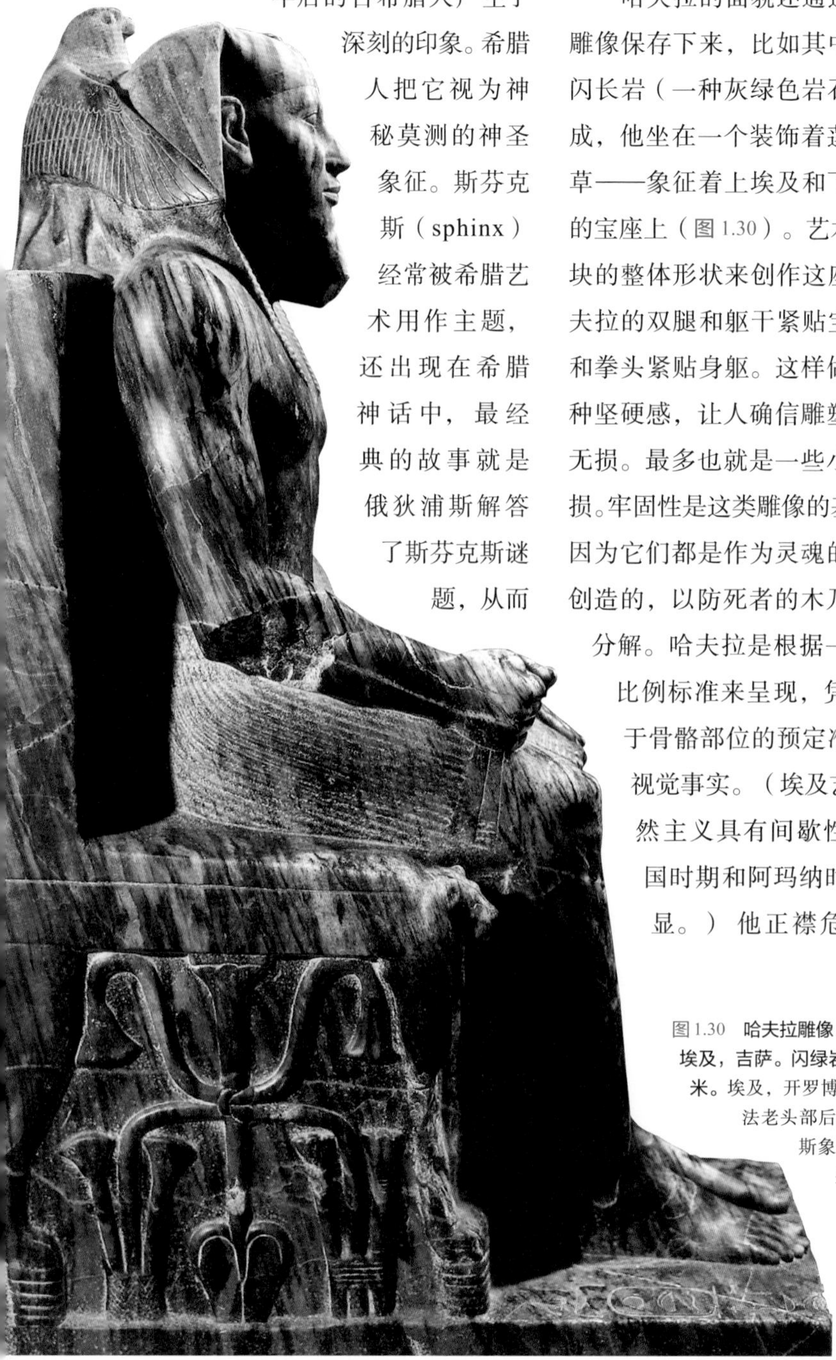

图1.30　哈夫拉雕像，约前2500年，埃及，吉萨。闪绿岩，高167.6厘米。埃及，开罗博物馆。栖息在法老头部后方的鹰神荷鲁斯象征着法老的神圣力量。

前方，让人联想到美索不达米亚虔诚祈祷者凝视的目光。哈夫拉具备传统的法老特征：精致的褶裥短裙、优雅地披在肩上的亚麻头饰，以及细长的胡子（男性和女性法老的面部均有雕刻），但有一部分已经裂开了。雕刻家所刻画的骨骼和布料很真实，细节之处非常精准，但是把法老的特征理想化了：这不是一个人的肖像，而是一种神能的概念，栖息于法老头部后方的鹰神荷鲁斯象征了这种神能。这种冷静甚至是冷漠的表情格外引人注目。

中王国

古王国艺术表现出的自信肯定情绪，在公元前 2200 年的动乱期戛然消失。地区分歧强化了本土统治者拥地而治的权力。到了中王国时期，法老、祭司和贵族面对未来时无法再完全相信神意。中王国艺术在两个方面体现了这种新的不确定性：古王国逐渐成为黄金时代的象征，艺术家试图在作品中重现崇高祥和，在严格的惯例主义主流外进行一些尝试。同时，阴郁的情感表现及皇家画像流露出来的敏感，揭示了这个时代不安的精神状态。中王国的法老几乎得时刻紧绷神经。

中王国建筑的一个特点是岩凿陵墓，可能是为了防盗。陵墓用原生岩石凿刻而成，入口处有一个醒目的连梁柱结构柱廊，通向一个圆柱式门厅，同一轴线上还有一个房间。大厅和墓室的墙壁都饰有浮雕和绘画，不少作品都具备古王国少见的生动感。

新王国

中王国覆灭后，埃及的统治权落入外族人希克索斯人手里，他们有着叙利亚和美索不达米亚血统。青铜时代的武器车马，都通过他们引入埃及。埃及人最终推翻了他们，开启了新王国时期。这是埃及历史上最重要的时期之一，以扩张主义、财富增长、经济政治稳定为标志。

新王国艺术结合了古王国和中王国的特点。最初几个世纪的不朽形式与中王国时期的自由表达彼此结合。虽然圆雕保留了牢固性和持久感，且风格几乎没有变化，但绘画和浮雕表现出了一定的生命力。

埃及最重要的遗迹仍与死亡或祭拜逝者有关。新王国时期出现了一种新的建筑设计——祭庙。祭庙和岩凿陵墓一样用原生岩石凿刻而成，但有着截然不同的功能：法老生前，用于供奉神灵、法老和王后；法老死后，用于纪念和供奉法老。

时代的声音 ||||||||||||||||||||||||||||||||||||||

给儿子的忠告

忠告性质的文字在古埃及非常普遍，往往被视为过美好生活的指南。通常情况下，它们会由父亲传给儿子。它们提供的建议涉及方方面面——避免自傲和暴饮暴食，追寻社会和谐和公正。以下一系列忠告是中王国时期的大臣普塔霍特普（Ptahotep）写给他儿子的。

1. 不要因为你的学识而变得傲慢，要像讨教博学的人一样讨教无知的人，因为你还没有掌握技能的极限［最高限度］，也没有一个匠人（完全）掌握了他的技艺……雄辩的口才比孔雀石（注：一种由铜变成的天然绿色半宝石）还难找到，然而我们却能从在磨盘旁工作的女性奴隶口中听见。

2. 如果你陷入一场争论，对方比你级别更高，垂下你的手臂并向他鞠躬；如果你不同意他的观点，他是不会和你站在一边的。不要公然反驳他的观点，不要在意他对你的恶言恶语；这意味着当你用自控面对他的长篇大论时，人们会视他为庸人。

3. 如果你陷入一场争论，对方是和你平级的人，你要保持沉默，以你的德行对抗他的恶语相向；人们会纷纷赞扬听了污言秽语而不动怒的人，你在地方执法官的心中会有一个公正的名声。

4. 如果你陷入一场争论，对方是个地位卑微的人，不要因此而气势

汹汹；随他去，他会把自己驳倒。不要为了缓解你的情绪而质疑他，不要把情绪发泄在你的对手身上，因为缺乏理解力的人很可怜，他会自己毁了自己；人们会按你所想行事，你会因地方执法官不赞同你的对手而获得胜利。

5. 如果你是一个掌控大众命运的头领，行一切美好之事，直至你的治下毫无缺陷……真理是伟大的，而且（它的）有效性也是持久的；这点从冥神时期起就毋庸置疑。

6. 不要在人们心中唤起恐惧感，因为上帝也会因此被驱逐。

……

11. 只要你还活着，就要追逐你的欲望，不要过度表现；不要减少追逐欲望的时间，因为浪费时间是对灵魂的亵渎；不要用整个白天的时间管理家庭，只用（必要的）时间。得到财富后，追逐欲望，因为一个懒懒散散的人不会从财富中得益。

……

14. 至于那些一心听从于胃的人，他用对自我的厌恶……代替了爱的位置；他的心是悲凉的，而他的身体没有经过洗礼。快乐的人拥有上帝赐予的心，而听从于胃的人只有敌人。

……

23. 不要重复诽谤之言；你不应该听到这些，因为它是暴脾气的产物。（仅仅）重复你看到的事情，而不是你道听途说的。

|||||||||||||||||||||||||||||||||||||||||||||||||||||||||||||||||||||||||||

......

25. 一个整天一本正经的人永远不会

开心，而一个整天吊儿郎当的人永远难以成家。

碎片文字来自巴黎国家图书馆所藏纸莎草纸文献。来源：《古埃及文献》（*The Literature of Ancient Egypt*），辛普森（William Kelly Simpson）编，纽黑文、伦敦：雅鲁大学出版社，1973。

图 1.31　哈特谢普苏特女王神庙，约前 1480 年，埃及，底比斯。一些哈特谢普苏特雕像上饰有与男性法老雕像上同样的象征性假胡须。

　　女法老哈特谢普苏特的神庙（图 1.31）是新王国时期最为雄伟的神庙之一。这座神庙背靠雄壮的峭壁，共有三个层级，各层之间由长长的坡梯连接，从谷底一直延伸到顶部的石柱柱廊。尽管现在的台阶和周围一样荒芜，但在哈特谢普苏特在位期间，上面布满了新奇的花草。神庙最高一层耸立着数座哈特谢普苏特的正面雕像，它们身姿笔挺，或坐或站。神庙的内部也同样有奢华的装饰，包括 200 座巨大的雕像以及着色的浮雕。尽管可以从各个雕像上辨认出哈特谢普苏特的面孔，但在一定程度上，她的雕像依然是典型的传统非写实风格。其中有不少雕像将她刻画为男性。与男性法老一样，她穿着短褶裙，戴着国王头饰和假胡须。在另外的雕像上，她被塑造成一个女性的形象，有着苗条身段、胸脯以及一张精致独特的瘦削脸庞。在她丈夫死后，哈特谢普苏特以代子摄政的名义登上了王位，她的儿子当时因年纪太小而无法继承父亲的法老位。然而，她最终夺取了法老的称号，统治了埃及二十多年。神庙中旨在为她的行为开脱的浮雕，刻画了她的父亲图特摩斯一世在众神的注视下封她为王的场景。我们也见过其他的君主把他们的丰功伟绩呈现为神灵的庇护，比如纳拉姆辛（图 1.20）和汉谟拉比（图 1.21）。哈特谢普苏特的儿子图特摩斯三世继任法老，并销毁了其母亲的雕像。

拉美西斯二世于公元前 1279 年至前 1213 年统治埃及王朝，他下令建造了新王国时期最令人叹为观止的神庙建筑群以及威严的雕像——越高大越好。如同哈特谢普苏特的石凿神庙一样，位于阿布辛贝的神庙（图 1.32）也是在当地的天然岩石悬崖上凿刻出来的。入口两侧有高达近 20 米的拉美西斯坐姿雕像。想象一下法老从王座上站起来，这一定是令人惊叹的一个场景。神庙内，沿着第一个房间的墙壁，雕刻有奥西里斯冥神形象的拉美西斯巨型雕塑。它们就像无声而强大的哨兵面对面矗立着。沿着一条中轴线而建的内室一直深入到岩石内部约 60 米深处。室内墙壁上刻画的着色浮雕，描绘了拉美西斯四处征战以及与众神交流的场景。嵌入岩石的阿布辛贝神庙规模如此之庞大，要想移动它简直不可思议。

图 1.32 拉美西斯二世神庙，约前 1275—前 1225 年。最初位于埃及阿布辛贝；现因纳赛尔湖的建造而搬迁。高约 19.8 米（巨型雕塑）。拉美西斯二世在努比亚的阿布辛贝建立了石凿神庙以颂扬自己作为埃及王朝领袖作出的丰功伟绩。入口处的 4 座高大坐姿雕像刻画了法老的形象。在阿斯旺水坝建造期间，为避免被水库彻底淹没，神庙进行了整体搬迁。

但是神庙确实被转移了。20 世纪 60 年代，埃及计划兴建阿斯旺水坝，该项目建成的水库会淹没神庙以及其他遗迹。阿布辛贝神庙被移动了 200 多米；相对规模较小的典德尔神庙（埃及于 1965 年赠予美国，现存于纽约的大都会艺术博物馆）也免遭淹没的命运。

卡纳克的阿蒙拉神庙（图 1.33）代表另一类型的建筑群。与哈特谢普苏特女王神庙和拉美西斯神庙不同，阿蒙拉神庙的建立是为了祭祀诸神，而且包括拉美西斯在内的后继法老都对其进行了扩建。巨大的遗迹（几乎占地 100 多公顷）被近 8 米高的城墙围绕。建筑群入口处

图 1.33 阿蒙拉神庙的多柱式大厅，约前 1290—前 1224 年（第 19 王朝），埃及，底比斯，卡纳克。卡纳克神庙多柱式觐见厅内的巨型廊柱上刻着凹浮雕，使得廊柱表面得以保持光滑。共使用了两种形式的廊柱，一种状如盛开的花朵（或钟形），另一种则是闭合的花蕾状。

是一扇庞大的石门，名为庙门。进门先是露天庭院，然后进入一个多柱式大厅——仅供法老和祭司入内的觐见厅。大厅之外是一个昏暗的仪式厅——圣所。卡纳克建筑群中的多柱式大厅放在今天也会令人惊叹。廊柱共 134 根，有的高达 20 多米；它们支撑着大量的过梁，而过梁支撑着房顶。在竖直的廊柱和过梁之间是柱头，常被雕刻成闭合花蕾或盛放花朵的形状。廊柱表面刻满了凹浮雕，上面有数字、象形文字、漩涡花饰和装饰性图案。

阿玛尔纳革命：埃赫那吞和奈费尔提蒂的统治

公元前 14 世纪中叶，法老阿蒙霍特普四世（约前 1379—前 1362 年）就宗教和政治进行激进改革。埃及众多的神明，几乎通通被阿蒙霍特普四世废除。他宣布太阳神是唯一真神，是唯一可以崇拜的神（以日轮为标志性形象）。变革远不止如此；他改名埃赫那吞，宣称自己是太阳神之子及太阳神唯一的合法先知。他还将首都从新王国伊始至今的底比斯往北迁至阿玛尔纳。埃赫那吞统治时期被称为阿玛尔纳革命。

埃赫那吞对太阳神的敬拜，淋漓尽致地体现在一首保存至今的赞美诗上。

阅读材料 1.6　埃赫那吞

节选自《致太阳神》

当光辉如您初登神座

高耸于天域，

哦 永生之神，

生命方得伊始！

如今从东方缓缓升起并播撒阳光，

世界沐浴在您的光明之下。

您如此威严，令人惊叹，使人着迷，如

此显赫，

君临天下，

然您的光辉，轻触人间，盈满土地

恩泽众生。

以太阳之名，您降下最久远的恩泽，

为您的儿子

您所深爱的。

您虽远在天边，然您的光辉恩泽大地；

您让每一个追随您的人，

脸庞都映出灿烂的阳光。

《古埃及文献》（*Ancient Egyptian Literature*），福斯特（John Lawrence Foster）英译，得克萨斯大学出版社，2001 年。

　　凭着对一神论的热诚，埃赫那吞取缔了所有不是供奉太阳神的神庙，并下令把前主神阿蒙拉的名字彻底清除。

　　除了在宗教上发起了巨变，埃赫那吞还抛弃了古老的艺术传统，并树立了一种截然不同的风格，尽管这种风格持续时间很短。新风格用曲线和柔和的、有机的艺术形式嘲讽了中古王国时期艺术传统的僵化。埃赫那吞雕像（图 1.34）流畅的身体轮廓以及细长的下颌、厚嘴唇

和厚眼皮，都与先前的国王雕塑形象形成了鲜明的对比。埃赫那吞的躯干似乎有些女性化，或者说至少是双性共存：细腰；肥臀；窄斜肩；细长手臂。

　　阿玛尔纳时期最令人惊叹的作品之一，就是埃赫那吞的妻子奈费尔提蒂王后的半身像（图 1.35）。从侧面看，由她沉重的皇冠、摇曳生姿的脖颈和娇美的上背部形成的弧线只能用优雅两字来形容。奈费尔提蒂的精致面容经过细致入微的逼真刻画，让我们可以想象她是怎样一个博人眼球的美女（她的名字意为"美人已至"）。

　　王室成员的形象塑造，在一幅描绘埃赫那吞、奈费尔提蒂和他们三个女儿的小型凹浮雕（图 1.36）中有

图 1.34　埃赫那吞的柱式雕像，约前 1356 年。埃及，卡纳克，阿蒙拉神庙。砂岩，着色，高 400 厘米。埃及，开罗博物馆。埃赫那吞颠覆了政治、宗教和艺术传统。

图 1.35　奈费尔提蒂女王半身像，约前 1344 年。着色石灰岩，高 50 厘米。德国，柏林，古埃及博物馆。

了讨人喜欢的变化。如此的亲密场景在以往法老的形象中从未出现过。尽管头顶上有太阳神的圆盘发出光芒照向这一家人以使这个场景神圣化，埃赫那吞在这座浮雕中给人的感觉就是一个父亲的形象。他用手臂轻轻抱着其中一个女儿并亲吻她。奈费尔提蒂让一个孩子坐在膝盖上，另一个则坐在她的肩上。后者很明显是年龄最小的一个，她像普通的孩子一样，玩弄着母亲皇冠上悬挂的一个物件。

埃赫那吞的激进改革并没有持续多久。在他死后，改革就被废止了；就好像时光倒流一般。他的继承者重新定都底比斯，修复了供奉阿蒙拉的神庙并回归到前朝更为严格刻板的艺术风格。随着埃赫那吞的去世，埃及历史上的一神论也随之消亡。他的单一神灵统治宇宙的信仰对祭司来说是种威胁，恪守古老的多神崇拜传统对他们而言有既得利益。不足为奇的是，埃赫那吞的继承者给他贴上了异教徒和狂热分子的标签，并把他的名字从所有保存下来的遗迹上清除。

图 1.36　埃赫那吞、奈费尔提蒂和他们的三个孩子，约前 1370—前 1350 年，埃及，阿玛尔纳。石灰岩浮雕，32.5×39 厘米。德国，柏林，古埃及博物馆。王室一家沐浴在太阳神日轮的照耀下。对太阳神的崇拜是埃赫那吞改革的中心。这种极度安逸和自然主义的风格是阿玛尔纳时期的典型特征。

图坦卡蒙及后阿玛尔纳时期

埃赫那吞的宗教政策以及阿玛尔纳艺术风格很快遭到颠覆。然而，埃赫那吞的直接继承者图坦卡蒙留名至今的原因，不是因为他废除了前朝的改革，也不是因为他短暂人生当中所做的任何事。他之所以出名，是因为 1922 年 2 月 17 日，人们在他未被破坏的墓中发现了完好无损的珍宝。墓中奢华的纯金物件展现了阿玛尔纳时期艺术的勃勃生机，但是当时回归保守主义的苗头已经出现。

图坦卡蒙珍宝之重要性，主要并不在于它们揭示了艺术的发展趋势。墓地的发现意义重大，是源自另外一个原因。我们对古代世界文化的认知，一直在被考古学家的发现所改写；他们的许多发现都是微小的，但是有些发现却非常重大。发掘图坦卡蒙墓穴这个例子说明，发掘遗迹就是在发现过去，意义重大。

图坦卡蒙——著名的少年国王——死时大约 18 岁。直到 1922 年，他的墓穴才被发现。当时以卡特（Howard Carter）为首的一个英国考古团队出土了一批纯金物件，其中许多镶嵌着半宝石（图 1.37）。到目前为止，最令人惊叹的发现是

三口嵌套的金棺材，最后一口中装有少年法老的木乃伊；三口棺材总共重达 250 磅（一只黑熊的体重）。

图 1.37　图坦卡蒙墓穴前厅西侧的珍宝，约前 1334—前 1325 年，埃及，底比斯，帝王谷。这张照片展示了 1922 年 11 月 26 日，卡特打开通往图坦卡蒙墓穴前厅的门时所看到的景象。里面的物品包括动物形状的三张镀金长榻以及右后侧的法老金质御座。藏有图坦卡蒙木乃伊的墓也在三个月后被打开。

图 1.38　最里面的图坦卡蒙国王的棺材，约前 1370—前 1352 年，埃及，底比斯，图坦卡蒙墓穴。镶嵌半宝石的黄金，高 187.3 厘米。埃及，开罗博物馆。三个嵌套的棺材总重相当于一只普通的黑熊，其中最小的棺材里存放着图坦卡蒙的木乃伊。

最里面的棺材（图 1.38）细节之处令人印象深刻：图坦卡蒙的雕像由锤炼的金子制成，并镶嵌着绿松石、天青石、玛瑙（一种棕红色的半宝石），他的眼睛由

霰石（一种矿物质）和黑曜石（黑色的火山玻璃）制成。他弯曲的手臂和手势显示了王室的特征。棺材内就是图坦卡蒙被上等亚麻布包裹着的躯体，面部还有一个纯金面罩，镶嵌着宝石，散落在头部和肩膀周围。卡特描述了此次发掘带来的震撼："当最后一副棺材被打开，大家都惊得目瞪口呆。映入我们眼帘的是如此壮丽的一幅场景：一个用最精湛技艺打造的少年国王金质雕像，填满了石馆最内层的全部空间。"

图坦卡蒙之后，埃及艺术的早期传统，包括它们的僵化特征，重新出现了。尽管埃及王朝逐渐衰落，之前备受珍视的永恒氛围又持续了1000年之久，几乎未有任何改变。

文学

古埃及的许多艺术作品和建筑都保存至今，但是现存的文学作品就仅仅是一些散落在各地的碎片文字。流传至今的旧王国时期的作品就只有诸如《亡灵书》之类的宗教文本，以及其他旨在帮助灵魂通往来世的文本了。然而，新王国时期的抒情诗和叙事诗为我们刻画了一个更为丰富和多样化的文学传统。

写在纸莎草纸上的《莱顿赞美诗》可以追溯到公元前约1238年的拉美西斯二世统治时期。其中一首赞美诗中，作者颂扬了作为主神的太阳神阿顿的自我创造，称其"擅长错综复杂的技艺"。这首赞美诗的前面几行承认了神的形式从根本上说是不可知的。

阅读材料 1.7 《莱顿赞美诗》

节选自《神是工匠大师》

神是工匠大师；
    然无人能刻画他的形。
在神独自冥想的静默黑暗中
    美丽的身形初次显现；
他创造了自己的形象，
    打造了自己的塑像——
一个强大的形象（然而他不失亲切，
    他的心向他的子民敞开）。

情诗是这个时期的文学作品当中最令人愉悦和通俗易懂的了。它们真实地反映了在一种称为爱的游戏中，人们所经历的喜和愁。它们展现的情感主题有浪漫和风情，也有撩人及纯粹的爱欲。

阅读材料 1.8 情诗

《我的爱人，我多想滑入水池》

我的爱人，我多想滑入水池，
    在池边与你比肩沐浴。
只为了你，我会穿上新的孟斐斯泳衣
    全亚麻制，颇有女王风范——
来吧，看看它在水中的风采！

阅读材料 1.9 情诗

摘自《我的爱人，独一无二，无与伦比》

她亭亭玉立，

是光彩照人的典范，

她的眉毛闪烁着，映照着

会跳舞的眼睛。

甜蜜如那双唇，侃侃而谈

（但从不喋喋不休）

还有她那长脖颈的可爱线条，引向

（歌的曲调也引向那里）

那酥胸，泛出波光粼粼

映照出侧面头发留下的蓝色阴

影……

（谁能紧紧抱住她的胴体

就能最终感受到

什么是完美的欢愉）

史前爱琴海

铜器时代的爱琴海区域孕育了三大文明：基克拉迪文明、米诺斯文明和迈锡尼文明。基克拉迪文明兴起于铜器时代爱琴海上的一个列岛（岛屿群）。这个列岛位于希腊沿海和

阅读材料 1.10　情诗

《我想我要回家直挺挺躺着》

我想我要回家直挺挺躺着，

假装得了绝症。

这样邻居们都会跑来看我，

我的爱人，也许，也是其中一员。

当医生气得咬牙切齿时

她会露出怎样的微笑！——

她完全知晓是什么让我这么痛楚。

小亚细亚沿海之间。在南爱琴海的克里特岛上，米诺斯文明——欧洲大陆上第一个伟大文明——欣欣向荣，直至被自然灾害摧毁。在希腊大陆上，迈锡尼人——古希腊人的先辈——修建了巨大的城堡，用金子来奢华地装饰墓穴。在他们消亡几个世纪以后，希腊诗人荷马用他描绘希腊和特洛伊战争的史诗杰作《伊利亚特》让迈锡尼人名传后世。他的惊叹"遍地黄金的迈锡尼"也

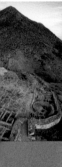

史前爱琴海

前 3000 年	前 2000 年	前 1600 年	前 1400 年	前 1200
基克拉迪岛和克里特岛上的聚居地和墓葬展现了繁荣的文化和经济。 基克拉迪是爱琴海大理石产业的中心。 基克拉迪的雕塑家雕刻放置于墓地的小雕像，用来陪伴死去的人去往来世。	克里特人在岛上建立了宫殿建筑群。它们在公元前1600年左右被大火烧毁。 大约公元前1600年，火山喷发毁灭了锡拉岛。 克里特岛上的克诺索斯宫殿被重建；它非常巨大且错综复杂，是传说中的米诺斯国王的寝宫以及米诺陶洛斯（人身牛头怪物）的迷宫。 文字的发展：线性文字。	迈锡尼文明在希腊大陆欣欣向荣。 权力精英的井状墓穴中有金质面具和其他物件。 迈锡尼人占领克里特。 爱琴海文明的中心从克里特岛转移到大陆。	迈锡尼人修建大型加固宫殿城堡和蜂巢形状的墓穴。 迈锡尼和特洛伊之战发生于约1250年。 迈锡尼宫殿的毁灭发生于约前1200年。 说希腊语的多里安人在希腊大陆确立了自己的地位。	

启发了考古学家的探索，使得他们
最终找到了这个辉煌文明的遗迹。

基克拉迪人

人们对于基克拉迪文明知之甚
少。与所有的史前文明一样，他们
没有留下文字记录。基克拉迪岛屿
上的人们使用青铜工具并制造了颇
具想象力的绘制陶器。但是，他们
最著名也最怪异的作品是那些抽象
的大理石小雕像（图1.39），数量巨
大，且很多情况下是陪葬物。这些
雕像的高度短则几英寸，长则几乎
与人齐高；平均高度大约1英尺。
大部分的雕像是女性而且裸体居多，
雕刻得非常粗线条——只是一些几
何图形，偶尔加上一些雕刻出来的
细节。

雕像狭长身躯体现出的极简主
义风格——瘦长的手臂和腿，较小
的头部，前突的乳房以及代表下体
的三角形——显示了它与之前我们
见过的大地女神或丰收之神雕塑（图
1.6 至 1.10）之间的联系。事实上，
我们并不清楚这些雕塑是否代表女
神，以及为什么要制作这些雕塑，
或者它们有什么用途。演奏乐器的
男性雕像（图1.40）也有出现在墓中，
说明音乐是殡葬仪式的一部分或者
可能作为来世的娱乐。它们同样也
被刻画成简单抽象的形状。

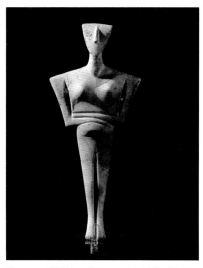

图1.39　**女性雕像**，约前2000年，希腊，锡罗斯。
高22.8厘米。希腊，雅典，国家考古博物馆。像
上述这个女性雕塑样式的小雕像，在墓地和聚居
地周围都有大量出现。尚不清楚它们代表凡人女
性还是女神，或者两者皆有。

图1.40　**男性竖琴演奏者**，约前2600—前2300年，
希腊，克罗斯岛。大理石，高22.8厘米。希腊，
雅典，国家考古博物馆。看起来非常现代化的竖
琴演奏者雕塑是由抽象的形状构成的。它的用途
尚未完全揭晓，但是这个演奏者可能是在为一个
往生的观众表演。

在对基克拉迪最南端锡拉岛上的阿克罗蒂里进行挖掘后，发现了非凡的湿壁画，它们在公元前1638年左右的一次火山喷发后被保存在火山碎屑中（图1.41）。《春天湿壁画》也许是艺术史上第一个专为内部装饰而绘制的纯风景画。艺术家并没有尝试去精确描绘布满多叶植物和花朵的丘陵地貌。我们看到的是色彩和花样，绵延起伏的形状以及能够提振心情的有韵律的线条。飞翔滑行的鸟儿以及两只几乎亲吻的鸟儿完美地体现了无忧无虑的氛围。

从政治上来说，当锡拉火山爆发时，这个岛屿最有可能是克里特人在克里特岛上的一个卫星城。在克里特岛北海岸克诺索斯的宫殿装饰中，有与《春天湿壁画》对等的

图1.41　《燕子风景》（《春天湿壁画》），约前1650年，希腊，锡拉岛，阿克罗蒂里，德尔塔2房。湿壁画高250厘米，中心墙长260厘米，边墙长222厘米和188厘米。希腊，雅典，国家考古博物馆。在基克拉迪的锡拉岛上发现的湿壁画也许是已知最早的纯装饰性风景画。

一幅壁画。

米诺斯人

基克拉迪文明孕育于爱琴海最小岛屿上的小型聚居地。然而，克里特岛上有许多宫殿，它们当中有一个特别著名，那就是位于克诺索斯的传奇国王米诺斯的宫殿，这座宫殿是米诺斯文明鼎盛时期，在一座废弃的宫殿上重建而成的。

在希腊神话中，米诺斯是欧罗巴和宙斯的子嗣，宙斯化身一头白牛诱拐了欧罗巴。作为克里特国王，米诺斯建造了一个带有迷宫（由他的建筑师代达罗斯设计）的豪华宫殿。迷宫里关着米诺斯妻子帕西法厄与一头公牛所生的怪物——米诺陶洛斯。传说，雅典的埃勾斯国王每年会向米诺斯进贡七对童男童女，他们会被送入迷宫供米诺陶洛斯享用。这种血腥的牺牲习俗一直延续，直到埃勾斯和海神波塞冬的儿子忒修斯主动前往杀死怪兽。忒修斯与新的一批贡品一起被送往克诺索斯，在国王的女儿阿里阿德涅（她早已爱上忒修斯）的帮助下，在迷宫中央米诺陶洛斯的巢穴里将它杀死。然后他与阿里阿德涅以及雅典

的童男童女一起逃离了迷宫。忒修斯后来将阿里阿德涅遗弃在基克拉迪群岛上的纳克索斯岛上，但是狄俄尼索斯神在那里发现并安慰了她。（20世纪初，作曲家理查德·施特劳斯写了一部喜歌剧——《阿里阿德涅在纳克索斯》。）

米诺斯、米诺陶洛斯和迷宫的神话告诉了我们什么呢？希腊人将克诺索斯视为一个繁荣的城邦，权势显赫、冷酷无情的国王在此统治克里特。到公元前5世纪雅典进入它的黄金时代时，克诺索斯遗留下来的（荷马称之为"百城克里特"）

仅仅只是传奇罢了。希腊人从来没有去寻找这个传奇的根，但这也不足为奇。毕竟，考古学是一门相对现代的学问，而且没有迹象表明他们对过去的经典老古董有严肃的热情。几个世纪以来，人们认为米诺斯和他的迷宫是一个没有任何事实依据的经典传说。但是看一眼克诺索斯宫殿的平面图（图1.42），你就会发现那是一个杂乱无序拓展的建筑群，中间是一个供列队和游戏的庭院，周围是建筑物。按照建筑群的布局来看，我们只能用迷宫来形容它们。

图 1.42　**克诺索斯（克里特岛）宫殿平面图**，约前 1700—前 1370 年，希腊。迷宫般的设计可能孕育了米诺陶洛斯的传说，它是牛头人身的怪物，在米诺斯国王宫殿的迷宫中游荡，吞食希腊的孩子。

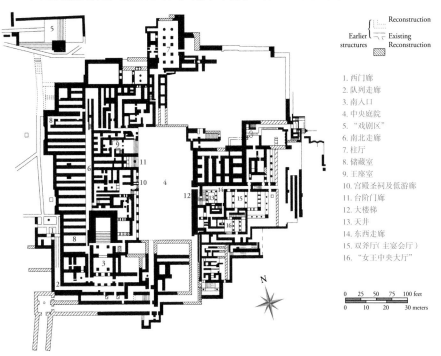

Reconstruction

Earlier structures　Existing Reconstruction

1. 西门廊
2. 队列走廊
3. 南入口
4. 中央庭院
5. "戏剧区"
6. 南北走廊
7. 柱厅
8. 储藏室
9. 王座室
10. 宫殿圣祠及低游廊
11. 台阶门廊
12. 大楼梯
13. 天井
14. 东西走廊
15. 双斧厅（主ըة会厅）
16. "女王中央大厅"

0　25　50　75　100 feet
0　10　20　30 meters

克诺索斯的考古挖掘

19 世纪 70 年代，德国商人兼业余考古学家谢里曼（Heinrich Schliemann）证明了特洛伊战争的故事——以及发起战争的迈锡尼人——绝不仅仅是传说而已。那么，位于克诺索斯，富有神秘色彩的米诺斯国王宫殿是不是有可能也真实存在呢？

1894 年，英国考古学家埃文斯（Arthur Evans）首次来到克里特岛寻找铜器时代遗留下来的东西。在克诺索斯，他发现了古老遗迹的痕迹，其中一些已被业余考古爱好者发掘。他于 1899 年返回克里特，1900 年又一次返回并携带了挖掘许可证。1900 年 3 月 23 日，在克诺索斯的正式挖掘工作开启。仅仅几天时间，人们就确信：这些发现展现了一个比迈锡尼文明还要古老的文明。考古发现的品质很高，令人称奇：陶器、湿壁画、铭文碑，等等。埃文斯在克诺索斯的发现（还有后来别的考古学家在克里特岛的其他地方的发现）有力地证实了关于克里特繁荣文明的传说。然而这些发现绝不仅仅只是给米诺陶洛斯的传说添加了真实的历史背景而已。事实上，埃文斯发现了一整个文明，并以国王的名字将该文明命名为米诺斯文明。据说埃文斯曾经谦虚地说："我的所有考古成就都归功于两件事情：我是近视眼，所以我不得不凑近看每一样东西；另外，我的理解能力很弱，所以我从不着急下判断。"

事实上，他的发现有着极其重大的意义。他对发现物（尤其是陶器）所做的最初归类，对所有关于米诺斯文明的研究产生了深远的影响。埃文斯把克里特的铜器时代历史划分成三个主要阶段——前米诺斯文明、中米诺斯文明和后米诺斯文明——并把每个主要阶段进一步划分为三个阶段。每个阶段的准确起始时间还有争议，但是埃文斯之后的所有考古发掘都证实了他对于主要事件发生次序的重建是正确的。

米诺斯宫殿中的生活与艺术

米诺斯文明早期，人们在克里特岛南部和西部分散聚居，并与埃及和美索不达米亚有了往来。大约公元前 2000 年，这些分散的市镇被遗弃了，大型城市中心开始形成，标志着中期米诺斯文明的起步以及该文明的第一次大发展——即宫殿的兴建。它们不仅仅是作为王室成员的奢华之家，而且具有小型城市的功能。公元前 1600 年左右的某天，始于旧宫殿时期的这些建筑被一场可能由地震引发的大火摧毁，但是后来重建后规模甚至更大。晚期米诺斯文明的这些宫殿代表了米诺斯文明的鼎盛时期，其中最著名的一座位于克诺索斯（图1.43）；另一些在斐斯托斯（Phaistos）、玛利亚（Malia）和札克罗（Kato Zakros）。

宫殿的主要建筑都是围绕一个长方形的露天庭院而建的。这些建筑包括国王和王后的寝宫、王座室、接待和国宴厅、圣祠、宗教仪式处、行政室以及供奴隶和工匠干活的区域。建筑群也包括供仆人居住的居所以及供贵族和宗教领袖居住的私人房屋。虽然从平面图来看，建筑群杂乱无章，但其实不然：有着类似或者相关功能的房屋是建在一起的。一排又一排的储藏室里，都是盛满谷物和酒的大容器。它们被埋在地下，以便于储存和自然冷藏。宫殿地下是由陶瓦制成的供水系统，可以提供活水，非常壮观。宫殿的设计使得它冬暖夏凉。

除了彰显高标准生活的便利设施，宫殿建筑的规模及其复杂性很适合一个海上强国的形象。建筑从中央庭院往四周及上方拓展。宫殿的部分地方有三层高，可以经缓缓上升的楼梯通行。楼梯上有光井——从上至下贯穿大楼并能够给低层照明的竖井（图1.44）。从楼梯井和整个宫殿内都可以看到典型的米诺斯廊柱。它们由木头雕刻而成，因此没能保存下来。但我们知道这些廊柱是从上到下逐渐变细的，它们的底部是最窄的。这种比例与美索不达米亚、埃及以及后来的希腊标准廊柱正好相反。垫子状的柱头笼罩着漆成亮红色或蓝色的奇特柱身。

图1.43 **克诺索斯（克里特岛）宫殿复原图，约前1700—前1370年，希腊。**每个克里特宫殿都有一个南北走向的庭院，西面是国宴厅，东面是王室居住区。

图1.44 **通往宫殿居住区的楼梯，约前1700—前1370年，希腊，克诺索斯（克里特岛）。**一些大楼有几层，可以通过楼梯抵达，并有天井照明。跟埃及（以及之后的希腊）廊柱不同，米诺斯廊柱是上粗下细。此图显示的柱子是重建的。

宫殿厚墙粗糙的石造部分隐藏在画着风景画的灰泥之后。这些风景画栩栩如生，五彩缤纷。在锡拉岛上发现的《春天湿壁画》就是其中之一。大部分壁画描绘的是宫殿所在岛屿的风貌——鱼，海里的哺乳动物以及沿海的植物——但是其他的画，比如那幅跳跃牛背的湿壁画（图1.45），很明显是在描绘一个典礼或者仪式。当一头牛一跃而起，前后腿张开时，三个年轻人上演了大胆的壮举。一个人握住牛角，另一个人翻过牛背，第三个人以体操运动员的满分动作安全着地。尽管他们的身躯和飘逸的黑发看起来一模一样，但是那两个白皙皮肤的是女孩，那个深色皮肤的是男孩。这种区分性别的方式在古代艺术作品中是很普遍的：男性皮肤看起来是黝黑的，那是因为他们在户外待的时间更长。他们在做什么以及为什么这么做？跳跃牛背可能是一种仪式或者成年礼；我们知道米诺斯人会宰杀牛用来血祭。这种行为看起来不是特别危险吗？那么我们是不是就会情不自禁地想：如果到访克里特岛的人看到这样的跳跃牛背仪式——有些情况下肯定酿成了死亡惨剧——他们回去讲述所见所闻时会不会就埋下了米诺陶洛斯传奇的种子呢？

不像在美索不达米亚和埃及，我们既没有证据显示克里特岛上有神庙，也没有迹象表明米诺斯人创造了任何形式的大型雕像。只发现了一些小雕像；其中比较独特的一个叫"司

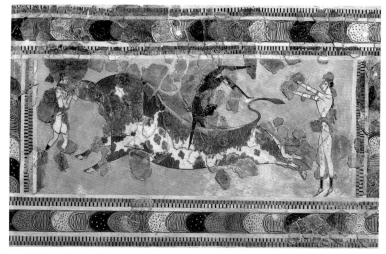

图1.45 《驯牛图壁画》，约前1400—前1370年，希腊，克诺索斯（克里特岛）。湿壁画，高81.3厘米，包括镶边。希腊，伊拉克利翁，考古博物馆。跳越牛背可能是一种成年礼或是血祭仪式的一部分。年轻女子的皮肤是白皙的，而年轻男子的皮肤是黝黑的，这是一种常见的区分性别的传统。

蛇女神"（图1.46）。围绕着这个小雕像代表谁以及埃文斯考古团队发现的雕像残片是如何复原的这两个问题，有一些小的争议。这个女性雕像身上穿着一条层叠的长裙，臀部有围裙遮盖，而上身裸露。尽管她的衣服似乎是米诺斯风格，她裸露的胸部引来了这样一个问题: 她是生育女神吗? 如果不是, 她是其他神吗, 或者也许是一个女祭司?

图 1.46 司蛇女神，约前 1600 年，希腊，克诺索斯（克里特）宫殿，储藏室。彩瓷，高34.3 厘米。希腊，伊拉克利翁，考古博物馆。这座女性雕像裸露的胸部很有可能展现了其与史前世界其他大地母神之类的女神之间的关联，尽管服装体现了米诺斯风格。

尽管宫殿的统治者似乎是男性，但是研究发现米诺斯人崇拜与生殖有关的女神，并且宫殿的选址与岛的地形相关。这个岛的形状类似女性的身躯。因为缺乏可解读的文字，对于米诺斯宗教，我们知之甚少。

线性文字 A 和线性文字 B

在米诺斯文明晚期，有证据表明克里特和迈锡尼文明在希腊大陆上有文化交流，包括艺术风格上的交流。在公元前第二个千年，出现了两种米诺斯书写体系，并在宫殿中的行政和宗教事务中使用。线性文字 A 至今没有破解，但是 1952 年，温特里斯（Michael Ventris）发现线性文字 B——一种写成文字的音节语言——从克里特传到迈锡尼，并且属于希腊语的一种早期版本。

克里特岛的衰落

米诺斯在区域的政治和军事影响力在晚期大不如前，而且有可靠证据表明，在公元前 1450 年，迈锡尼人占领了克里特岛以及克诺索斯宫殿。几个世纪以前，在克里特岛上建起新宫殿的同时，迈锡尼人也住进了他们自己的宫殿。到公元前 1500 年，一个不同于米诺斯文明的迈锡尼文明开始在大陆上蓬勃发展。到公元前 1200 年左右克诺索斯最终被完全摧毁时，迈锡尼人已经在大陆上建立起了巨大的加固城堡。

迈锡尼人

迈锡尼人的起源不为人知，但是我们知道他们早在公元前 2000 年就来到了希腊大陆，说的是希腊语。他们最大的聚居地位于迈锡尼城邦，故此得名迈锡尼人。迈锡尼文明的中心大部分在希腊南部被称为伯罗奔尼撒的地方，尽管在较远的北方也有一些聚居地，其中最重要的两个就是雅典和底比斯。迈锡尼人精于制造青铜武器，在陶器、金属制品和建筑方面也颇具有才能。很明显，米诺斯人影响了他们的艺术和文化，但到公元前 1400 年，迈锡尼人已经成了爱琴海区域的领导者。迈锡尼商人走遍了整个地中海，从埃及和近东往西远至意大利；他们的帝国变得更加繁荣和强大。其中一次成功的远征是公元前 1250 年左右针对小亚细亚海岸的特洛伊，原因可能是两者之间的贸易纠纷。经过一段很短的时期（约前 1200 年），迈锡尼帝国倒下了，它的主要中心被摧毁，且大部分都被遗弃了。敌人的入侵、内部摩擦以及自然灾害都在猜测之列，但是迈锡尼文明的倒下还是一个未解之谜。

施利曼与迈锡尼的发现

与米诺斯人一样，迈锡尼人早在他们的实物遗迹被挖掘前，就已经因为希腊神话而为人们熟知；他们因跨越爱琴海远征特洛伊的传说而著名。特洛伊战争（约公元前 1250 年）以及它的后续影响为后期的希腊作品提供了素材——最著名的要数荷马创作的两部史诗：《伊利亚特》和《奥德赛》——但是很长一段时间，人们认为这场战争，甚至特洛伊本身只是神话而已。

施利曼（Heinrich Schliemann）终其一生致力于证明这些传奇故事是基于事实而创作。施利曼于 1822 年生于德国，当他还是小孩子的时候，他父亲就把荷马的诗介绍给了他。施利曼被其中无与伦比的形象描写所征服。他下定决心要发现荷马口中的特洛伊，证明诗人是正确的。施利曼做生意赚了钱，提前退休，干起了第二事业，并把他之前赚到的钱都花在了他的理想上。经过一段时间的学习和旅行，他于 1870 年开始在罗马的伊利昂地下开挖，他相信荷马所写的特洛伊的遗址就在那里。3 年之后，他不仅发现了古城的墙壁和大门，还发现了大量的金银铜器。

成功发现特洛伊使施利曼受到巨大的鼓舞，于是他继续执行第二个任务：发现向特洛伊人宣战的迈锡尼人。1876 年，他开始在迈锡尼的城墙内挖掘。就在那里，他几乎立即发现了王室墓葬圈，内有相当大数量的金质珍宝。荷马对迈锡尼的描述"遍地黄金"让施利曼相信他发现的王室墓穴是阿伽门农的，他是特洛伊战争中迈锡尼军队的统帅。我们现在知道他的发现要追溯到更早的时期，而且后来在迈锡尼以及其他大陆遗迹上的挖掘提供了关于迈锡尼历史更为准确的图片。但这并没有削弱施利曼的成就；无论他的方法多么不科学，他终究证明了铜器时代的一个希腊文明的真实存在，这个文明的光辉程度更胜于传说。他为探索过去开辟了新的纪元。

迈锡尼艺术与建筑

与米诺斯人一样，迈锡尼人也建造了巨型宫殿建筑群。但与克里特宫殿不同，他们的宫殿是加固的。没有克里特岛天然的大海屏障，迈锡尼人时常要面对陆上侵略者的威胁。他们的应对策略就是建造大型防御工事，比如梯林斯（荷马称之为"城墙里的梯林斯"）以及迈锡尼的城堡（图 1.47）。城墙厚度达 6 米，这等规模的防御工事让迈锡尼的毁灭变得难以理解。城墙的块石砌体是如此巨大，以至于希腊人后来认为这些城墙是巨人族——独眼巨人修建的。艺术史学家仍然沿用蛮石圬工之类的字眼来描述这些城堡的材质和建造技巧。

尽管城堡必须建得牢不可破，但建筑师们仍想尽办法使其更加美观。虽然几乎没有画作留存，但我

图 1.47　**迈锡尼城堡遗迹**，约前 1600—前 1200 年，希腊，迈锡尼。迈锡尼人住在大型防御工事围绕的巨大宫殿建筑群中。我们可以在这张迈锡尼城堡照片右侧发现施利曼墓葬圈 A，就在前景通道尽头处的狮门内。

们知道有些房内有湿壁画装饰。大多数出土雕像都是小型的，但在通往迈锡尼城堡的其中一条通道，即所谓的狮门（图 1.48）内，我们可以看见一个大型雕像。

实际的入口是典型的梁柱结构：两个硕大的承重柱支撑着一条厚重的石头过梁。在入口周围垒起了一排排石头，一些被斜着切割的石块

形成了一个拱门，中间是个空心的减压三角形（有这个称谓是因为这个设计减轻了梁柱结构中过梁所产生的重量）。此处的这个减压三角形内部是一块刻着浮雕的三角形状石块。两只面对面的石狮子的前爪安放在米诺斯风格的柱子基座上，它们倾斜的身躯对应着三角形的对角线。石狮子的头部是几块石头拼成的圆雕，放在最顶端，不过现在已经消失了。尽管这些雕像并非完好无损，但高浮雕的尺寸以及刻画得栩栩如生的肌肉还是组成了一幅令人敬畏的景象，让侵入者感受到了城墙内军队的强大实力。

梁托技巧用于建造圆形坟墓的穹顶，成效惊人。那些蜂巢形状的墓室完全被土覆盖，因此从外面看来，它们就像普通的土丘。阿特柔斯宝库（图 1.49）就是此种建筑的一个典型。施利曼如此命名该墓室，是因为他相信它是传说中的希腊国王阿特柔斯的墓。这个墓室分为两个部分：地道，即通往地下墓地的狭窄通道；以及圆形建筑物，即墓室。穹顶由上百块石头垒砌而成，形成一圈圈逐渐缩小的同心圆。墓室形状由石匠精准把控。墓室高达 13 米，

图 1.48 狮门，约前 1300 年，希腊，迈锡尼。过梁上的雕像：高 290 厘米。在梁柱结构入口上方的减压三角形中有一块浮雕，刻画了两只面对面的狮子，它们的头部比较威严，是附在浮雕上的圆雕。

图 1.49　**阿特柔斯宝库**，约前 1300—前 1250 年，希腊，迈锡尼。这个圆顶或者蜂巢墓穴让施利曼惊叹，使得他相信这一定是传奇国王阿特柔斯的墓——但实际上并不是。

占地广阔，是一个建筑伟绩，一度再无人做到，直到罗马人用混凝土建造了万神庙的穹顶。

　　荷马对迈锡尼的描述得到了施利曼的佐证。他在狮门内一个小土丘里那些更简单、更不起眼的坟墓中发现了数量极大的精加工的金质物件。圆顶坟墓，与比它们出现更早的埃及金字塔一样，早在现代考古挖掘之前就被洗劫过。考古学家称这个墓穴土丘为墓葬圈 A，里面最著名的发现是一些墓葬金面具，其中一副施利曼认为属于阿伽门本人（图 1.50）。

图 1.50　**墓葬面具**，约前 1600—前 1500 年，希腊，迈锡尼，墓葬圈 A。金箔，高 26 厘米。希腊，雅典，国家考古博物馆。在墓葬圈 A 中王室成员的井状墓穴中发现了一批精美的金制品，让诗人荷马对这个城邦的描述——"遍地黄金的迈锡尼"——增添了几分可信度。

史前

语言和文学

— 石器时代的文明基本上没有文字，但是人们似乎会用一些符号来记录事件或者传递想法。

美术、建筑和音乐

— 洞穴岩壁上的绘画和浮雕以及轻便的小型雕像，显示了早期人类刻画周围世界的能力和欲望。

— 用骨头和象牙雕刻的带指孔的长笛，表明有人会演奏音乐，也许是用于某些仪式。仪式地点可能是能产生声学共鸣的艺术空间。

— 房子是用猛犸象骨建成的，包括以巨大象牙做框的拱形门道。

— 在约公元前 7500 年的中东耶利哥聚居地，有一片由不含灰浆的琢石建成的堡垒墙和 9 米高的塔。在同一个地方，面部用灰泥复原的人类头骨被放置于房屋的地板底下。

— 陶器大量出现，展现出绘画和烧制的技巧。

— 在新石器时代晚期，巨大的石雕出现，包括史前巨石柱，它们的复杂设计可能是为了充当太阳历。

— 在爱琴海，代表女性的雕像与简易坟墓中的死者葬在一起。

哲学和宗教

— 旧石器时代的艺术，以及音乐传统的迹象，都支持仪式的存在。然而，至今仍不清楚这些仪式到底是什么样的，以及艺术在里面起了什么作用。

— 物件和装饰品与死者一起埋葬，表明人们相信有来世。

— 耶利哥聚居地发现的灰泥头骨可能与一种信仰有关，这种信仰认为祖先是人类世界和未知的来生世界的沟通者。

— 大量裸体女性小雕像表明人们对母神的崇拜，可能与生育仪式有关。

美索不达米亚

语言和文学

— 在苏美尔，图画文字被使用在商业和行政业务方面的早期文献里。到公元前 3000 年左右，这些图画符号简化成了楔形的文字，形成了楔形文字体系。

— 苏美尔国王和英雄吉尔伽美什的生平在一部史诗中得到颂扬，这部史诗是古代历史上第一部文学作品。

美术、建筑和音乐

— 苏美尔人建造了顶上有神庙的神塔。

— 神庙中有小雕像群；在富人的坟墓中埋有金子做的奢华物品和精心打造的木制物件，上面镶嵌着天青石、贝壳以及其他半宝石材料。

— 真人大小、中空的铜铸雕像展现了精湛成熟的金属制造技艺。

— 亚述国王在建有防卫墙的城堡里建造了装饰奢华的大型宫殿群。

— 浮雕雕像以军事行动获胜的画面为载体颂扬了国王由诸神赐予的权力。

— 巴比伦的尼布甲尼撒王建造了世界七大奇迹之一的空中花园，可能是最早的园林建筑之一。

— 波斯人在珀塞波利斯建造了一个城堡。这是一个宏伟的建筑群，包括行政建筑、宗教结构以及装饰着浮雕和建筑雕塑的仪式举行地。

— 王室墓葬中有乐器存在，乐手的形象也出现在艺术作品里。石碑上用楔形文字刻的音乐文本，展现了丰富且高度发展的理论和实践。

哲学和宗教

— 美索不达米亚文明是多神论信仰，且多数神与自然有关。

— 美索不达米亚人相信他们的神就在他们上方，而且会降临在神台上高耸的塔庙中与祭司碰面。苏美尔人把这些圣祠称为候神室。

古埃及

语言和文学

— 公元前 3400 年左右，埃及语言发展为书面文字——象形文字。这是一种由非写实的图画文字组成的复杂书写体系，它在人们发现罗塞塔石碑后被破解。

— 最早的埃及文献都有宗教的神圣目的，但是在中王国时期，文学作品拓展到了叙事、诗歌、情歌、历史、传记、科学文本和教育文学。

— 《通往永生之旅》(也称《亡灵书》)——放置在墓室中——是一本装饰华丽的纸莎草纸卷轴，书上记有被认为能协助逝者轻松通过冥府的必要咒语。

美术、建筑和音乐

— 埃及人创造了叙事绘画和浮雕、塑像以及巨型雕像。在他们的大部分历史当中，人物画像都依照严格的绘图标准绘制。

— 第一个名字被记录下来的艺术家——伊姆霍特普——要追溯到埃及的旧王国时期。他是建造左塞尔阶梯金字塔的著名建筑师。

— 吉萨的三座大金字塔，即壮观的法老墓，是在短短 75 年里建成的。

— 中王国和新王国时期，在埃及的岩石峭壁上凿刻出来的墓和神庙取代了金字塔墓。

— 阿蒙霍特普四世（埃赫那吞）废除了古老的艺术传统，创立了一种全新但短暂的艺术风格。曲线和柔软渐进的形状是对传统的几何形状准则的反叛。

— 里拉琴、管乐器和长笛在内的乐器都在墓室中出现，它们和描绘乐手的湿壁画一起，显示了音乐与埃及人的生活和仪式紧密相关。

哲学和宗教

— 多神崇拜几乎贯穿埃及的整个历史。

— 主神、亚神和自然神受到崇拜；他们被认为创造了世间的一切，激发了神话故事和宗教仪式的灵感，影响了所有埃及人的日常生活。

— 埃及人痴迷于永生和来世的可能性。尸体用木乃伊保存下来，殡葬仪式的目的是给逝者提供死后继续过类似现世生活的途径。

史前爱琴海

语言和文学

— 线性文字 A 是古代克里特的一种主要用于印章的象形文字；线性文字 B 是希腊语的前身，最开始出现在克里特，然后传到了迈锡尼。目前只有线性文字 B 被破解。

美术、建筑和音乐

— 基克拉迪文明创造了富有想象力的陶器和大量简单抽象风格的裸体女性小雕像。

— 描绘演奏竖琴和双长笛的乐手的基克拉迪小型雕像出土于墓穴，说明音乐是殡葬仪式的一部分。

— 公元前 2000 年，克里特岛上的克诺索斯建有迷宫般复杂蔓延的宫殿，殿墙上装饰有湿壁画，描绘了越牛背的仪式、女神以及自然界生机勃勃的场景。

— 迈锡尼人制造了墓葬面具和五花八门的金制品并把它们放置在井状墓穴里的逝者身旁；迈锡尼人也修建了有梁托和穹顶的大型蜂巢状墓室。

— 在迈锡尼和梯林斯建有带防御墙的堡垒。

哲学和宗教

— 因为缺少破译的文字，米诺斯宗教仍然是个谜。然而，与其他史前文明一样，女性小雕像可能与崇拜大地母神或者生育女神有关。

— 一幅米诺斯湿壁画中的越牛背仪式可能描绘了生殖、启蒙或者血祭仪式。

— 在迈锡尼墓地发现的精心打造的豪华金银制品说明了人们关于来世的信仰。

图 2.1　斐拉克曼，《阿喀琉斯之盾》，1821 年。镀银，直径 90.7 厘米。英国，伦敦，王室藏品。

第二章

希腊的崛起

导引

除了名字，我们对荷马一无所知。我们不知道他的模样，无法确切知道他在哪里出生，也没有确切证据证明我们现在阅读的《伊利亚特》和《奥德赛》是他的杰作。但是，有这么一个人，他用独一无二的声音将过去几代游吟诗人讲述的可以追溯到公元前8世纪的英雄时代故事，编织成了一部恢宏的叙事史诗，并世世代代记录、传颂、纪念下去。依据法典，《伊利亚特》的15693行诗每四年就要在雅典吟诵一次。而这位"不朽的诗人"荷马，被视为史诗的作者。

荷马的史诗强调了迈锡尼文明对希腊人的重要性，强调了他们的身份塑造和自我意识的形成。这些诗歌向我们展现了人与他们信仰的神之间的关系，以及天数与命运之间的博弈。天数是神定的，而命运是由具有自由意志的个人的行为所塑造的。《伊利亚特》和《奥德赛》中的英雄人物身上融入了荷马对人类境遇的思考，战争带来的破坏和和平带来的安全都影响着人类的境遇。这些反思在《伊利亚特》卷18对阿喀琉斯之盾的描述中得到了生动的体现，这个盾牌是火神赫菲斯托斯亲自锻造的。盾牌的意象是在世界和人类生活背景之下的希腊文化和价值观的缩影。在我们的想象中，我们仿佛看到了地、海、空；日、月、星；以及"住满凡人的两座宏伟城邦"。其中一个城邦遭遇了围攻，里面的居民与敌军陷入了战争，尸横遍野。在另一个没有战争困扰的城邦，生活则继续：人们举行婚礼；法理纷争在宫廷公平处理；人们犁地、收割，采集葡萄酿酒。两种情况的并置似乎是在意指人性的这两种互不相连的方面将会持续下去，不可协调。

荷马关于盾牌的精湛描写，使各种各样的实体复制品得以成型。斐拉克曼（John Flaxman）就锻造还原了这样一面盾牌（图2.1），并于1821年在英国国王乔治四世的加冕典礼国宴上献给他。阿喀琉斯的"坚不可摧的盾牌"，就这样被送给了"丢失美国的国王"也即乔治三世的儿子和继任者。

早期希腊

西方文化主要借鉴了古希腊人城邦生活的成就：艺术、政治、哲学、历史……然而，希腊从根本上说是一个农耕社会。正如荷马对阿喀琉斯之盾的描写所暗示的，大多数城邦视农耕和农产品为整个社会最重要的东西。雅典男子 18 岁时就要发誓遵守城邦法律，保卫谷物、葡萄、无花果和橄榄（图 2.2）。

生存依赖健康的饮食。希腊人的饮食以简单的谷类食物为主。他们食用未发酵的面包，生面团里常混有各式香草和调味料（百里香、迷迭香、橄榄），而甜面包中有葡萄干和无花果干。据一位古代美食家所说，雅典人对面包有 72 种不同选择。

希腊人以淀粉为主食，添加各式佐料：豆类和小扁豆、橄榄、洋葱和通常由羊奶制成的奶酪。家贫者很可能主要以这种简单食物加上鳀鱼和沙丁鱼过活，就着水（诗人品达口中"最可口的饮料"）吃下。

富裕的食客可以用风靡地中海地区的上等橄榄油提升食物风味，并享用优质水果，这也是雅典的特产。野兔、野鸡等野味很受欢迎，但总的来说，肉类即便对富人也很稀罕。在荷马笔下的英雄盛宴上，勇士们屠宰整只公牛，在炭上烘烤，这对当时大多数受众来说只能是梦想。鱼类更为常见。新鲜的地中海金枪鱼和从黑海进口的金枪鱼干，还有鱿鱼和虾，都很受欢迎。

希腊人喝酒前会用水稀释，还常常添加蜂蜜和香料。他们把酒装在涂有防水松脂的罐中出口——这就是如今希腊人仍在饮用的松香味葡萄酒的起源。

图 2.2 安提美尼斯（Antimenes），《人们收获橄榄》，约前 520 年。黑绘式双耳壶，高 40.64 厘米。英国，伦敦，大英博物馆。希腊陶器上的图案有神话和历史主题，也有日常生活主题。如今所知的关于希腊的很多事物，如盔甲、乐器样式以及农耕方式和织布机等，都源于彩陶上的绘画。

希腊早期史

随着地中海地区铁器时代的到来，公元前 1000 年左右成为最主要的历史转折点之一。雅典在铁器时代到来前长期是一个迈锡尼城邦，但在公元前 5 世纪，它将成为希腊智慧与文化的中心，为西方文明奠基。

迈锡尼人有自己的文字，他们

是技艺高超的建筑师和金属加工者。但公元前 1100 年左右，当他们的文明以一种突然且暴力的方式结束时，这些文化遗产也就消失了。随之而来的，是一个动荡的、混乱不堪的世纪——古希腊的黑暗时代。铁器时代的人们不得不自寻出路，从零开始发展文明的几乎所有方面——有组织的政府和社会、文字和文学、宗教和哲学、艺术和建筑。追寻他们的这些最初尝试，就是见证西方文明的诞生。

早期希腊的历史自然地被划分为三个阶段，每个阶段都有其独特的艺术成就。在铁器时代起初的约三百年里，文化发展缓慢。希腊人与地中海其他地区联系有限，过着相对孤立的生活。然而，被视为西方文学开篇巨制的两部史诗《伊利亚特》和《奥德赛》，就是在这个阶段希腊诗人传唱的故事中找到素材的。由于诗歌的主题是英雄主义，希腊的铁器时代早期也被称为英雄时代。因为花瓶上抽象装饰图案的盛行，这一时期的艺术风格被称为几何风格。但需要指出的是，随着英雄叙事史诗的创作，希腊人也同时回归到了在艺术作品中对人体的呈现。

希腊的旅行者和商人大约在公元前 8 世纪初就已开始探索东边和西边的大陆。他们出航建立了诸多殖民地，遍布从埃及到黑海的地中海地区。在接下来的 150 年（约前 750—前 600 年），也就是殖民时代中，希腊人接触到了新事物；他们采用了腓尼基人的字母；艺术方面借鉴了美索不达米亚和埃及的装饰图案及艺术风格，表现在东方化时期中。在古风时代（约前 600—前

希腊的崛起

	前 1100 年	前 1000 年	前 750 年	前 600 年	前 480 年
	黑暗时代	英雄时代	殖民时代	古风时代
	迈锡尼帝国瓦解。 希腊分裂为包括雅典、底比斯和斯巴达在内的城邦。希腊与外界失去联系。 普遍贫穷。	雅典铁器时代文明的发展。荷马生活的年代。 希腊人开始在东方和意大利殖民。 奥林匹克运动会起源于公元前 776 年。	希腊人扩大贸易网：从埃及到黑海，殖民地遍及地中海。 希腊人采用腓尼基人的字母表。 大型无支撑雕像的发展。 长笛和弦乐器的发展。	公元前 594 年，梭伦改革雅典宪法。 雅典力量的扩大和波斯帝国的扩张。 小亚细亚的雅典城邦反抗波斯统治。 波斯战争爆发；公元前 480 年大流士一世的军队在马拉松战败。 薛西斯大军赢得温泉关战役，洗劫了雅典，但是希腊人在萨拉米斯海战中击败了波斯人。

480 年），这些外来文化的影响被 吸收，真人大小的雕像出现，第一批大型庙宇开建。古风时代是希腊文化最初五百年的一个巅峰，但也正是在这个时期，希腊与波斯发生了一系列战争，从根本上撼动了希腊。随着希腊取得了对抗波斯的最终胜利，他们与外部世界的关系出现了关键性转折，也为接下来的古典时期铺平了道路。

英雄时代
（约前 1000—前 750 年）

在迈锡尼人制霸时期，希腊的大部分地区处于统一领导下的联合状态。随着迈锡尼的衰落，铜器时代的社会秩序崩溃。希腊分裂为一些独立的地区，以地形为分界——

如山脉和在崎岖地势上纵横交错的高山丘陵。每一个在地理上隔离的地区都建立起了一个城市中心，并由此控制周边乡村。就这样，雅典成为阿提卡地区的统治力量；底比斯统治维奥蒂亚地区；斯巴达控制拉科尼亚，等等（见地图 2.1："古希腊"）。这些独立的、自治的城市叫作城邦。它们是其所在地区所有政治、宗教、社会以及艺术活动的中心。居民对于自己所在的城邦会有一种忠诚感，这种忠诚度远远强于他们对山另一边的希腊同胞可能有的那种广义的归属感。城邦之间激烈的竞争导致了激烈的、毁灭性的对抗。希腊的城邦政治架构有利有弊：一方面，它促成了空前密集的思想和文化发展；另一方面，

地图 2.1 **古希腊**

它形成了一种只要一丝煽动就能引起内乱的趋势。

　　尽管城邦之间常常会发生矛盾，居民还是称他们自己为赫勒人（赫勒是希腊的古称）并且都讲希腊语——将他们和外人区分开来的共同语言。他们共享圣所，比如德尔斐神庙，他们聚在一起进行 泛希腊（全希腊）运动会；第一届古代奥运会于公元前 776 年举办（图 2.3）。在希腊因遭受非希腊语族群（希腊人眼中的"蛮族"）入侵而生死存亡之际，城邦会联合起来。

宗教

　　希腊早期的社会和文化生活分化，对其宗教和神话故事的特征有显著影响。大量民间故事、原始习俗和传统宗教仪式在英雄时代涌现，但从未被整合成一个一体化信仰体系。每个城邦都有自己的神话传统，有的可追溯到铜器时代的希腊，有的在与邻邦的交往过程中受到影响。诗人和艺术家可自由选择形式，也许是符合他们喜好的，抑或是有助于他们表达想法的。希腊宗教始终不变的是它的矛盾：对于同一个基本的故事，常常有难以调和的各种版本。希腊神的特征似乎总是令人费解且自相矛盾。比如，神王宙斯，众神和人类之父，他代表着神和人

图 2.3　刻画赛跑的泛雅典娜节双耳细颈瓶，约前 6 世纪。高 61.8 厘米，直径 41 厘米。丹麦，哥本哈根，国家博物馆。在很多希腊城邦举办的竞技性比赛吸引了来自各个城邦的参与者。其中包括体育竞技——我们现在会把它们与奥运会联系在一起——但是最早的竞技涉及诗歌和音乐比赛。胜利者的奖励往往是一个泛雅典娜节双耳细颈瓶——一个盛满宝贵的油的含两个把手的瓶。

都应该遵守的客观道德准则；他推行公正，监督对于犯错者的惩罚（见图 2.5）。然而，也正是这个威严的统治者，常涉及暧昧和诱奸，表现得不成体统甚至滑稽可笑。希腊人怎么能信仰这样一个连自己的道德准则都如此马虎的道德领袖？这些矛盾对于希腊人来说显而易见，但对他们而言，宗教的用途是阐述自己的生活，而不是寻求神的指引。最明显的例子之一，是希腊诗人刻

画的阿波罗和狄俄尼索斯的权能的反差,这两位是对他们而言最重要的神。阿波罗代表逻辑与秩序,这是思维的力量;狄俄尼索斯是情感之神,如果受到他的过度影响,可能会导致暴力和社会的无序。通过对这两种力量的崇拜,希腊人承认了人性中显然存在的两面性,并试图平衡二者。后来,希腊人尝试将这些矛盾的信仰转变为一种接近有序的体系。

宙斯统治奥林匹斯山,其他主神在此围绕着他(图2.4)。他的妻子赫拉是婚姻与道德女神,也是家庭的守护者。他的女儿雅典娜象征着智慧与理解,但也是女战神。阿芙洛狄忒是爱神;她的情人阿瑞斯是战争之神;等等。但是希腊人想象力的宽度和广度完全超越了这种分类。希腊人喜欢好故事,所以不符合上述归类的故事得以继续流传。

因此,希腊诸神有很多意义,但这些意义与其他西方宗教中诸神所代表的非常不同。没有一个希腊神,哪怕是宙斯,代表着至善。在道德衡量标准的另一端,希腊的神中也没有与犹太-基督教中共有的撒旦对应的至恶。希腊人借助诸神解释自然现象以及他们在自己身上发现的心理特征。同时,他们以另一种方式用天神和女神来提高各自城邦的荣誉,如雅典人对于雅典娜女神的热忱与崇拜。人类的道德问题需要靠人类自己而不是神来解决。希腊人将艺术和文学作为一种寻找解决措施的方法,而不是依靠祈祷。

图 2.4　**古希腊主神**

宙斯	众神之王;波塞冬和哈得斯的兄弟;天空之神
赫拉	宙斯的姐姐及妻子;主宰婚姻的女神
波塞冬	宙斯和哈得斯之兄;海神
赫菲斯托斯	宙斯与赫拉之子,阿芙洛狄忒之夫;主宰火和金属锻造的神
阿瑞斯	宙斯与赫拉之子,阿芙洛狄忒的情人;战神
阿波罗	宙斯与勒达(提坦之女)之子;阿耳特弥斯的孪生哥哥;预言、光和音乐之神;太阳神
阿耳特弥斯	阿波罗的孪生妹妹;狩猎女神;月亮女神
得墨忒耳	宙斯的姐姐;农业、丰收女神
阿芙洛狄忒	宙斯与仙女狄奥妮之女;赫菲斯托斯之妻;厄洛斯(其父是阿瑞斯)之母;特洛伊战争中的勇士埃涅阿斯(其父是凡人安喀塞斯)之母;爱与美的女神
雅典娜	宙斯之女,完全长成的她从宙斯脑袋里蹦出;智慧和战争女神;雅典的守护者
赫耳墨斯	宙斯和仙女迈亚之子;众神之信使和旅人之向导
狄俄尼索斯	非奥林匹斯神;宙斯和凡人塞默勒之子;酒神
哈得斯	非奥林匹斯神;宙斯和波塞冬的兄弟;冥神

荷马史诗

在希腊历史的开端,有两部史诗,就连爱争论的希腊人都将其重要性上升到民族的高度——事实上，它们具有世界性的价值。那就是《伊利亚特》和《奥德赛》，它们长久以来一直受到最高的评价。荷马是这两部史诗公认的作者，人们普遍认为他不仅是西方文学传统的先驱，也是最伟大的作家之一。然而，尽管荷马在文学领域的天资毋庸置疑，人们对于他本身知之甚少。事实上，很多围绕荷马史诗及其作者的问题和理论，都被普遍加上了"荷马问题"的标签。

古希腊人并不确定《伊利亚特》和《奥德赛》的作者究竟是谁以及生活在何时何地，甚至不确定作者是否为同一个人。传统上一般认为史诗是盲诗人荷马所写；几乎每个叫得上号的城邦都自称是荷马的出生地。关于荷马的生活年代，有各种理论猜测，范围从公元前1250年左右的特洛伊战争到此后五百年之间。

关于荷马的身份乃至荷马是否存在这样的问题，至今仍困扰着学者。但不论如何，如今大多数专家都应该会同意《伊利亚特》和《奥德赛》的创作过程极其复杂。每一部史诗基本上都由若干更简短的民间故事组成，经过一个世纪甚至更长时间才演变成我们现在看到的作品。

几乎可以确定的是，这些史诗创作于文字传入希腊之前，并通过口述世代传承。游吟诗人很可能掌握了大量现成素材，如民间传说、老套的故事以及一整套重复短语与描述。在缺乏文字记录的情况下，这些作品不是固定不变的，每个传诵者会在史诗中融入一些个人的东西。不过两部荷马史诗在风格和结构上表现出了明显的统一性。

这些流行故事的第一个成果出现在公元前800年左右，但此后一个多世纪里仍没有一部最终定稿形成。两部史诗的第一个书面定本大概出现于公元前6世纪末以后。公元前2世纪，亚历山大城的一位抄写员制作了现代学者使用的版本。

那么，我们究竟该把荷马置于这个漫长发展阶段的哪个时期呢？或许他是将单独的故事串联成一部完整作品的先驱；或许他在公元前800年后的某段时间里，对他掌握的大量民间故事在艺术形式上进行了统一。《伊利亚特》和《奥德赛》之间的不同使一些评论家受到启发，认为两部史诗的创作或发展源自两个不同的人，但这仅仅是推测。也许最好的方法就是学习古希腊人，让自己满足于这样一个想法：在这些诗篇发展阶段的某个时期，它们曾受到西方文学传统中第一位伟大作家想象力的启迪。我们并不需要彻底弄清这究竟发生在哪个确切时期。

比较与对比 ||||||||||||||||||||||||||||||||||

从人到神，从神到人

19 世纪初，法国最有影响力的画家之一借用了荷马的作品。虽然只是一个小小的插曲，却激发画家在画布上描绘下鼎鼎大名的宙斯的脸庞。

> 她沉到他身旁，左臂抱着他的膝，伸右手触碰他的下巴，向这位克洛诺斯之子、神王宙斯请愿。（《伊利亚特》卷 1）

安格尔（Jean-Auguste-Domi-nique）刻画了这位令人敬畏的诸神之王和天空之主，王座上的宙斯一只手举起并环握着神王权杖，另一只手随意搭在一团积云之上。他目光坚定，体格健硕。他力大无穷，

图 2.5　菲狄亚斯（Phidias），希腊奥林匹亚宙斯神庙的宙斯巨像，前 435 年。

图 2.6　安格尔，《朱庇特和忒提丝》，1811 年，油画，327×260 厘米。法国，艾克斯，格拉内博物馆。

看上去坚如磐石。但他真是如此吗？一位美丽的女子蜷在他的膝旁。她是阿喀琉斯的母亲忒提丝，她担心自己正在与特洛伊人血战的儿子，希望宙斯采取一定干预；她不能把阿喀琉斯的生命交给命运。忒提丝恳求宙斯，小心地抓着他的胡子。这是他无法抗拒的一种姿态。

奥林匹亚宙斯神庙的宙斯巨像（图 2.5），是安格尔作品《朱庇特和忒提丝》（图 2.6）中宙斯（罗马名为朱庇特）形象的灵感来源。这座雕像由象牙和黄金制成，高 13 米，是世界七大奇迹之一。但除了一些小型复制品，其最终成品未

‖‖

能保存下来。安格尔的画创作于1811年，在当时不见经传，被放在他的工作室里冷落了将近四分之一个世纪，直至被法国政府买下。

　　而在大西洋另一边，在安格尔创作了这幅画后的第12年，美国国会打算在华盛顿特区国会大厦的大厅里制作一尊华盛顿雕像。美国雕塑家格里诺（Horatio Greenough）被选来完成这项工程。他曾在罗马学习，作品也受到古典理想的启发。当格里诺在1840

图 2.7　**格里诺，《乔治·华盛顿》，1840年。**史密森尼美国艺术博物馆。大理石制品，345.4×259×209.6 厘米。华盛顿，美国国家历史博物馆。

年交付这尊美国国父的纪念作品时，他没有想到它会受到如此冷遇。赤裸上身的华盛顿化身宙斯（图2.7），招来冷嘲热讽。一些人认为很可笑，而更多的人觉得可恶无礼。即便把这座雕塑从国会大厦的显眼处转移到外边的草坪，人们依然嘲讽不断；当时一个家喻户晓的笑话，就是华盛顿在伸手拿他的衣服，而这些衣服正在附近建筑里展览。国会显然很关心第一任总统的形象——无论是其表面形象还是譬喻意义。这座雕像在史密森尼城堡首次展出受到冷遇后，1964 年被转移到现今的美国国家历史博物馆。格里诺创作的华盛顿雕像不禁使人好奇：这位美国第一任总统对于这尊把他神化的雕像会有什么样的看法？要是华盛顿本人应该会坚决拒绝这个提议，而其他人或许不会。说到将第一总统神化的作品，不得不提创作于圆形大厅穹顶的画作《华盛顿成圣》（图2.8）。作者布伦米迪（Constantino Brumidi）保留了华盛顿的服装，却把他描绘成一个神——或至少是美化成了一个典范。华盛顿在祥云环绕中主持会议，一道金色的天光穿破云朵。他身边环绕着自由和胜利/荣誉的化身，13位美丽的少女，象征着美国建国之初的13个州。与宙斯对应，华盛顿身边也有相应的同伴：穹顶下的6组人物象征着包括战争、科学、商业和农业在内的各个主题。希腊和罗马万神殿的访客伴随着他们的化身和代表：密涅瓦（希腊的雅典娜，智慧女神）将知识传授给本杰明·富兰克林、罗伯特·富尔顿和塞缪尔·莫尔斯；克瑞斯（希腊的德墨忒耳，农业女神）坐在一台麦考密克收割机

上。此外，维纳斯（希腊的阿佛洛狄忒）在海神（波塞冬）督导下手持横越大西洋的电缆，火与锻冶之神伏尔甘（希腊的赫菲斯托斯）在他的铁砧上锻造了一座大炮和一台蒸汽机。

美国的祖先们建立的民主是基于共同治理这一起源于古希腊的指导原则。但象征意义与行动同样重要：美国首都华盛顿特区的建筑与古典神庙建筑如此相似绝非偶然，而华盛顿作为一个在美国人心中有着神一般声望的人，会被描述为宙斯的善面化身同样不足为奇。

图2.8　布伦米迪，《华盛顿成圣》（局部），1865。华盛顿，国会大厦天顶湿壁画。

两部史诗的叙事都从口头传说演变而来并反映了现实。在情节方面偶尔会有些小小的矛盾。作者常常会重复语句、诗行，甚至整个章节，这也是便于记忆的一个策略。所有主要人物都被赋予了标准化的形容词，即"称谓"，这些形容词始终和他们的名字一起出现，如阿喀琉斯是"步履敏捷的"；奥德赛是"狡黠的"。

战火中的英雄世界通过使用精心制作的明喻，将故事的事件与早期铁器时代的日常生活相比拟，让诗歌的读者更容易理解。例如，希腊军队的集结就好比一群苍蝇在牛奶桶里嗡嗡作响。

虽然两部史诗同属一类传统，但表达的精神有所不同。《伊利亚特》是阴沉、紧绷、直接的。它的主题集中，情节更容易理解，比起离题随意的《奥德赛》更容易去解析。但是《奥德赛》并非次要作品；要说有任何区别的话，那就是它所涉及的范围以及人文面更广，设计也更为巧妙。

《伊利亚特》和《奥德赛》的韵律

《伊利亚特》和《奥德赛》是用英雄诗体写成的，它通常与希腊和拉丁语史诗中的韵律或节奏联系在一起。在希腊语和拉丁语中，"韵律"指"六音步长短短格"。六音步，指的是六个音，它与我们称之为六边形的几何图形有着相同词根。因此，一句诗的长短格都由六个音组成。长短短格指的是一个包含三个音节的诗歌的韵脚；第一个是长重音节，下面两个是较短或较轻的。

六音步长短短格并不十分适合英语，所以英语中很难找到类似的例子。其中一个例外是朗费罗（Henry Wadsworth Longfellow）于1847年首次出版的诗歌《伊凡吉林》（"Evangeline"）。其中两行如下：

This is the forest primeval.
The murmuring pines and the hemlocks,
Bearded with moss, and in garments green, indistinct in the twilight,...
[这原始森林中，潺潺的松与杉，暗淡的暮色下，苔藓的须鬓绿……]

让我们把这些诗句根据韵脚重音的音节分开。如果你大声朗读，不要重读那些标粗的音节；只要自然地阅读，台词的节奏自然就会出来。

This is the / **forest** prim- / **ev**al.
The / **mu**rmuring /
pines and the / **hem** locks,
Bearded with / **moss**, and in /
garments / **green**, indis-
/ **tinct** in the/ **twi** light,...

你会注意到每一行的结构都不是完美的六音步长短短格（在《伊利亚特》和《奥德赛》中也并非完全一致）。尽管中间有一些变化，每行诗都像是在掌声中开始，然后平滑地进入节奏当中。第一行有五个长短格，而最后一个韵脚则有两个重音音节。那个韵脚被称为长长格。第二行同样以一个长长格结尾；它由重音或重音音节组成，后面跟着一个没有重音的音节。这个韵脚叫长短格。荷马也采取了同样的手法——将长长格和长短格相结合。这种变化激发了读者的兴趣，并起到了强调作用。

这里摘录的《荷马史诗》并未能按照六音步长短短格进行翻译处理。要想按照六音步长短短格进行翻译非常困难。这些摘录有些是篇章台词，有些则是散文。但都无法体现原音。

《伊利亚特》

《伊利亚特》中的情节发生在希腊围攻伊利昂或特洛伊的最后一年。读者在中段直入主题。在恰当的时候点明了围攻理由：特洛伊的王子帕里斯出使斯巴达期间，与国王墨涅拉俄斯的妻子海伦私奔（墨涅拉俄斯的父亲是阿特雷斯，他的哥哥是阿伽门农——他们的名字均

与第一章提到的迈锡尼陵墓与宝藏有关）。两兄弟带领着一千艘船前往特洛伊城夺回海伦，打响了特洛伊战争。这场战事尽管贯穿了整首诗，却并非《伊利亚特》的首要主题，这个主题在卷1开篇就已点出。史诗开篇向激发他灵感的女神祈求："歌唱吧女神，歌唱珀琉斯之子阿喀琉斯招灾的愤怒，给希腊人带来了无穷尽的灾难，把众多豪杰强健的魂魄打入冥府，使他们的躯体为野狗和各类飞禽所吞噬。"这些句子奠定了作品的悲剧气氛。

《伊利亚特》的主题是阿喀琉斯的愤怒及后果。其中信息是直接的：我们必须要应对自身行为所带来的后果，并意识到一旦举止不慎，不仅我们将会自食其果，也许更严重的是我们所爱之人也要一同受苦。尽管《伊利亚特》的背景是基于英雄甚至是神话，但人类责任的主题却是相通的。在战争与死亡的场景中，现实主义与我们的切身经验相关联，这也是英雄战争对史诗文学的吸引力之所在。这首诗以平白直叙的方式讲述了阿喀琉斯灾难性的过失。开场是希腊军队指挥官阿伽门农与他强大的盟友阿喀琉斯发生了争吵，阿喀琉斯对阿伽门农傲慢的声明感到不满。在一次公开争吵后，阿喀琉斯决定撤回自己的军事

支持以惩罚阿伽门农，并退回到自己的营帐中，指望缺少了他的帮助，希腊人将无法战胜特洛伊人。而接下来的战斗证明了他是正确的；特洛伊人痛击希腊人，并杀死了不少的主力将领。

阅读材料 2.1　荷马史诗

《伊利亚特》卷 16

帕特罗克洛斯冲向赫克托耳，
受怒气激挑，意欲击捣，但后者的快
马载他出逃，
犹如乌黑的大地承受风暴，
受它的挤迫，
在一个收获的秋日，
宙斯用最猛的雨水
泼浇，痛恨凡人的作为，泻发怒火，
只因在肆无忌惮的集会，
他们通过歪逆的举措，
摈弃公理，不思神明的惩报，
因此所有的河流其时洪水滔滔，
峡沟里浪涛汹涌，冲毁山坡道道，
泻入黑蓝的大海，发出巨响轰隆，
从山上飞流直下，荡毁凡人的劳作。
就像这样，特洛伊驭马响声轰隆，
撒蹄疾跑。

然而，
帕特罗克洛斯截离最前面的营伍，
转身将他们逼向船舶，不让急于
回返的对手溜进城堡，冲闯在
海船、河流之间，傍临墙高，
杀敌甚众，为许多死去的伙伴仇报。
他先杀普罗努斯，用闪亮的枪矛，扎在
胸口上，此处未被战盾护保，
酥软了他的肢腿，
轰然倾倒。帕特罗克洛斯复又扑向

塞斯托耳，厄诺普斯之子，
缩蜷在战车里，
避躲，吓得迷迷糊糊，缰绳从手上脱落。
帕特罗克洛斯逼近出枪，捅入
下颚的右边，在齿行之间穿过，
然后将他挑勾起来，提过马车的杆道，
像个渔人，
在突兀的岩壁上稳坐，
用渔线和闪亮的
铜钩出水钓起神圣的海鲜一条；就像
这样，他把对手拉出战车——嘴里衔
咬闪亮的枪矛
甩手一抛，头脸朝下扑倒，命息随之
离飘。
……
破毁勇力的死亡将他的躯体蒙罩。
其后，他杀了厄鲁马斯、
安福忒罗斯、厄帕尔忒斯、
达马斯托耳之子特勒波勒摩斯、
厄基俄斯、普里斯、
伊菲俄斯、欧伊波斯和阿耳格阿斯之
子波鲁墨洛斯，
任其挺尸在丰腴的土地上，一个接着
一个放倒。

[译注] 引自荷马，《伊利亚特》，陈中梅译，南京：译林出版社，2017。下引《伊利亚特》均为此本，略有改动。

阿伽门农最终（卷 9）承认自己过于专横（尽管他并未正式道歉），通过中间人给阿喀琉斯送了许多厚礼，希望他能携手作战，拯救希腊于危难中。然而阿喀琉斯却拒绝了他的示好，依然怒火中烧，而希腊仍处于战火中，伤亡人数不断增加。在他怒气未消之时，他的挚友帕特罗克洛斯，穿上了阿喀琉斯的盔甲伪装成他，带领战士们参加战斗。帕特罗克洛斯不断地屠杀特洛伊战士。卷16描述了这场战争最写实残酷的场面。

当阿喀琉斯的挚友帕特罗克洛斯被特洛伊领袖赫克托耳杀死之后，他开始了复仇之战。他对阿伽门农的怒气转移到了特洛伊人——尤其是赫克托耳身上。

在杀死了赫克托耳之后（卷22），阿喀琉斯还对其尸体进行凌虐，以减轻他因为帕特罗克洛斯死亡所产生的负罪感（图2.9）。最后，特洛伊国王普里阿摩斯，即赫克托耳的父亲，在深夜潜入希腊营地请求归还他儿子的尸体（卷24）。在与普里阿摩斯会面之后，阿喀琉斯最终承认并接受了生命的悲剧本质以及死亡的不可避免。他怒气全消，并将死对头的尸体归还。《伊利亚特》以"驯马者"赫克托耳的葬礼仪式结束。

即便只从这篇简短的摘要，也可清楚地看到人类行为与后果的直接关联。诸神现身于《伊利亚特》，并经常在行动中发挥作用，但神之干预无法阻止阿喀琉斯为自己无理的愤怒付出代价。此外，阿喀琉斯的罪行并非违背了神圣的道德准则，而是违背了人类的行为准则。包括帕特罗克洛斯在内的所有同伴都意识到他的无理取闹。

因此，打从一开始，古希腊的道德观就与犹太 – 基督教的传统形成了鲜明的对比。众神并不处于荷马时代的宇宙中心；相反人类至少在一定程度上控制了自己的命运。人类即便无法选择死亡的时间，但至少可以选择自己的生活方式。人类生活的评判标准是由人类同胞建立的。在《伊利亚特》中，诸神作为神之裁判：他们观察行动并作出评论，有时会执行规则，但他们不会影响历史进程。然而人类并非总能完全意识到自己行为的后果。事实上，他们往往更愿意相信事情是"根据神的旨意"发生，而

图 2.9 狄俄斯福斯画家，细颈有柄长油瓶，瓶身刻画了阿喀琉斯拖着赫克托耳的尸体，约前 500 年。黑绘，高 21 厘米。法国，巴黎，卢浮宫。阿喀琉斯在杀死赫克托耳后拖着他的尸体，为特洛克洛斯之死报仇。挥着翅膀的女神伊丽丝请求他将赫克托耳的尸体归还给赫克托尔的父母。

不是因为自己的行为而导致。然而，众神却没有这样的权力。在《奥德赛》卷 1 开头有一段话非常了得，我们透过坐在奥林匹斯山进行晚宴的宙斯的视角看到这个世界："多么愚蠢的人类啊！他们不公正地谴责诸神！这是他们命中注定的苦难，但是由于自身的愚蠢，他们给自己带来了远超于他们所命定的苦难。然后他们把这一切归罪于诸神。"

《奥德赛》

《奥德赛》主要讲述奥德修斯在特洛伊战争后返回伊萨卡王国。

价值观念

命运、机遇与运气

希腊人对于人类的生命冥冥中受命运驱使的程度看法不一。荷马提到分配给每人最终命运的命运三女神（摩伊拉）：克洛托纺织生命之线，拉克西斯负责测量长度，阿特洛波斯在人死亡之时剪断纺线（图 2.10）。

荷马和后来的希腊人似乎都不清楚摩伊拉与其他诸神的关系。一位叫赫西俄德的作者将她们描述为宙斯和忒弥斯（正义之神）的女儿，而柏拉图则称她们为阿南刻（必然性之神）的女儿。有时候命运是一股拥有着无限力量的驱动力，使得人类和包括宙斯在内的诸神都感到畏惧。在其他情况下，宙斯可能会代表个体干预命运；甚至人类有时也能成功地逆转他们的命运。

希腊人也承认宇宙还存在另一股强大的力量，那就是纯粹的机运。机运女神堤喀（或福尔图娜），可能赐予人类大量的益处，但她是随机赠予的。她的象征——一双翅膀，一个轮子，以及一个旋转的球——显示了她的变化无常。随着晚期希腊传统宗教信仰的普遍减弱，堤喀因其力量而受到尊崇。

罗马人采用了希腊的摩伊拉女神（以命运三女神的形式），但他们更注重运气，以福尔图娜女神的名义进行祭拜。她出现在许许多多人类需要一些好运的相关处境中，尽管她也可能带来坏运气。举几个例子，福尔图娜·维特利希代表打胜仗，福尔图娜·阿诺那利亚代表丰富的收获，福尔图娜·瑞达克斯则代表平安归家。

图 2.10　阿特洛波斯剪断生命之线。浅浮雕。奥茨（Tom Oates）摄。

返程耗费十年，相当于特洛伊战争的耗时。一路上荆棘满途、险象丛生，比如遇到了独目巨人和众多怪物，一位魅惑女巫和多情女子，一座漂浮岛，还参观了冥府。但奥德修斯直到卷5才出现，前4卷讲述他的儿子想要更多地了解这位素未谋面的父亲：他正好出生在奥德修斯受命参加特洛伊战争那一天，而现在已经20岁了。可以唤作"特勒马科斯游历记"的章节，描述了他拜会其他从特洛伊战争中活着回来的希腊领导人，包括墨涅拉俄斯和海伦。他们向特勒马科斯讲述了其父的英雄事迹，以及有人看到他生还。如果《伊利亚特》的主题是阿喀琉斯的愤怒及其后果，那么特勒马科斯寻父的主题就是奥德修斯的失踪及其后果。这四卷让我们了解到宫廷中发生的事：奥德修斯的妻子珀涅罗珀被众多追求者纠缠，而且快要被他们吃穷了，更糟的是他们想让珀涅罗珀宣布奥德修斯已死并再婚，以夺取伊萨卡王国的王位。特勒马科斯试图驱逐他们。

阅读材料 2.2　荷马史诗

《奥德赛》卷1，368-380行

追求我母亲的人等，你们放肆、蛮傲，
眼下，让我们进餐，享受快乐逍遥，
不要喧嚷，须知此事佳好，能够聆听
一位像他这样出色的歌手，声音如神

嗓一样美妙。
明天，让我们大家前往集会商讨，
举行会议，届时我将直言相告，
要你们离开我的房宫，去别处宴肴，
吃耗自己的财产，轮番，挨户转倒。
但是，倘若你们以为蹭下去有利、更
好，食糜别人的家产，无须偿报，那
就继续折腾，啖耗。我要呼唤神明，
他们长生不老，希愿宙斯作主，给予
应报。
如此，你们会死在这座房居，把性命
白白送掉。

[译注] 引自荷马，《奥德赛》，陈中梅译，南京：译林出版社，2017。下引《奥德赛》均为此本，略有改动。

然而，这些追求者们丝毫不惧怕特勒玛科斯的威胁。在卷2开头，其中一位追求者——安提诺乌斯对特勒马科斯及其母亲珀涅罗珀进行了猛烈抨击。他痛骂珀涅罗珀让他们在宫殿中备受煎熬；她设计害得他们陷入绝境，对他们背信弃义。

阅读材料 2.3　荷马史诗

《奥德赛》卷2，85-105行

鲁莽的特勒马科斯，大言不惭，真能！
你在瞎说什么，羞辱，
试图让舆论不利我们！
然而，你没有理由责难阿开亚求婚者，
错在你亲爱的母亲，她的诡诈超人。
眼下已是第三个年头，
很快将进入第四年，
她一直在钝锉阿开亚人胸中的心魂。

她使所有的人怀抱希望，对每个人应
承，送出信息，给我们，
心里想的却是别的念头横生。
她还构设诡计，蕴谋心胸，
安置一架偌大的织机，在她的房宫，
开始编制一件宽长精美的织物，
话对我们：
"年轻人，追求我的人们，既然卓越
的奥德修斯
已经死去，你们何不等等，尽管急于
娶我，待我做完此事，
使织工不致半途而废不成。
我为莱耳忒斯制作披裹，
为一位英雄，以便当死亡，当那份注
定的悲苦将他逮住的时候，
邻里的阿开亚女人不致讥责于我，
让一位能征惯战的斗士死后无有织布
裹身。"
她言罢，说动了我们高傲的心魂。
她白天忙碌在偌大的织机前，从那以
后，
夜晚则就着火把，将织物拆散从头。
如此三年，她瞒过我们，
使阿开亚人信以为真。
随着第四年的临来，季节的转动，
月份消逝，日子一天天移走，
一个知晓全部内情的女子抖出隐秘，
告诉我等，
我们现场揭穿，
正当她拆散绚美织物的时分。
就这样，她违心背意，只好完成。

　　这些追求者们意识到特勒马科
斯的愤怒，知道他想要杀掉他们；
他们必须先下手为强。特勒马科斯
走到海边祈祷自己出海寻找父亲下
落时能得到诸神的庇佑。雅典娜听

到了他的祈祷，并伪装成导师与他
交谈。她说他身上有着他"父亲的
精神"，她会像"从前"与他父亲
并肩作战那样陪着他一同出航。

阅读材料 2.4　荷马史诗
《奥德赛》卷 2，276-284 行
儿子少有能和他们的父亲一样，
多数不如，只有少数能比父亲高强。
不过，既然你不会是个卑劣者，不会
头脑简单，
奥德修斯的心智并非全然不在你的身
上，
所以你有希望，把这件事情做完顺当。
现在，甭管这伙愚蠢的求婚人，甭管
他们的目的和计划，因为他们既不明
智，亦非公正无邪，
不知死亡和乌黑的命运确已
站等近旁，在将来的一天都将死亡。

　　特勒马科斯出海航行了，但他
的旅程不仅仅是打听消息；这也是
他成为男子汉的游历。他将会回到
伊萨卡岛，而这些追求者会变得更
强大、更愤怒。他需要别人的帮助。
只要找到他的父亲他就无惧了。

　　与此同时，奥德修斯与海中女
神卡吕普索在一起了七年。尽管他
们睡在一起，而奥德修斯也向她保
证说她比他的妻子更美，但奥德修
斯还是想回家。唯一的问题是他被
俘虏了：他既没有船员也没有船。
雅典娜请求宙斯介入，让奥德修斯
脱离卡吕普索的控制；宙斯同意了，

并派信使赫耳墨斯去查看情况。宙斯对赫耳墨斯说的话，框定了奥德修斯在返回伊萨卡岛途中游荡在无名海域时将要遭受的悲惨经历。

阅读材料 2.5　荷马史诗

《奥德赛》卷 5，29-42 行

赫耳墨斯，既然作为信使，在其他事上，
去吧，对发辫秀美的女仙传送我们不争的决议，
让心志刚忍的奥德修斯还乡，归途中
既无神灵，亦无会死的凡人导航，
乘用编绑的船筏，吃苦受难，
登临丰肥的斯开里亚，在第二十天上，
在那法伊阿基亚人的国度，
宗源与神祇亲旁。
他们会由衷地爱戴，仿佛他是仙家，
送他回去，走船返航，回到亲爱的故乡，
给他大量的青铜、黄金，还有衣裳，
比奥德修斯能从特洛伊争获的还多，
倘若他能归返，无有痛伤，带着战礼，
他的分享。
此事注定这样，他将眼见亲朋，
回抵顶面高耸的房居，回抵故乡。

在卷 9 开头，奥德修斯到了费阿刻斯地区并向国王讲述了自己的见闻和遭遇。呈现给读者的是奥德修斯用自己的话来描述的这些考验。其中一些冒险的象征主义手法很有意思。比如食莲者给他的水手们提供了一种植物（也许是大麻），可让他们忘记故乡。奥德修斯朝他们喊道："船上的全体人员；都来清理这片海滩，绝对不能尝这些莲花，否则你就会把家都给忘了。"这位英雄一心只想过回原本的生活，守护他的王国。

在诗的最后半节奥德修斯最终回到家中，但他把自己伪装起来。他没有向忠诚的妻子珀涅罗珀透露自己的身份，他在特勒马科斯协助下杀死了全部追求者。直到诗篇的最后荷马才让我们看到期待已久的爱情场面——夫妻二人相认了。最后的结局就是：奥德修斯和他的父亲拉厄耳忒斯以及他的妻子珀涅罗珀终于团聚。和平取代战争，和谐取代纷争，等级取代骚乱，创造取代破坏。诸神可以对人类进行断言和暗示，但人类的生活却是由自己决定和引领。《奥德赛》以雅典娜（作了伪装）的话语作为结尾。

阅读材料 2.6　荷马史诗

《奥德赛》卷 24，541-548 行

雅典娜于是发话奥德修斯，灰眼睛的女神：
"莱耳忒斯之子，宙斯的后裔，多谋善断的奥德修斯
听闻，停止攻击，罢息这场恶斗纷争，
以免克罗诺斯之子、沉雷远播的宙斯
对你怒恨。"
雅典娜言罢，奥德修斯心里高兴，服从。
帕拉斯·雅典娜让双方永结和好。
立发誓盟，她，带埃吉斯的宙斯的女儿，
幻取门托耳的形象，摹仿他的话声。

正如早期的希腊人所教导的那样，《荷马史诗》是历史的支柱，并不断地提醒着文化的价值。在雅典每四年就要诵读一次《荷马史诗》，学童们也把《伊利亚特》和《奥德赛》的诗句牢记在心。他们强化了这种根植于与英雄们同宗同源的、坚定的希腊认同感。

几何艺术

荷马时代的希腊艺术有两个重要特点：人类形象的回归以及采用了来自东方文化的图案和风格——当时古希腊人开始探索周边区域并与其进行贸易往来。对于视觉艺术和建筑的首次革新带有试探性；毕竟上漆、雕刻或是工程建筑等技术已在黑暗时期彻底失传。

在雅典狄甫隆墓地发现的一个作为陵墓标志的大陶瓶是最早的希腊艺术作品之一，瓶身上有人类形象，这也是一个几何风格的样本（图2.11）。陶瓶高逾108.3厘米，形状是一个双耳喷口杯。除了瓶底（底座）大面积的黑色，瓶身用几何图案作为装饰，其中一些图案的灵感可能来自编织篮的图案——Z字形、三角形、钻石形以及最顶部的曲流形（一种迷宫式的设计）。两个厚耳环围裹在瓶身最宽的部分，周边是

抽象图案。所绘图像与陶瓶的用途有关；这个陶瓶以及其他类似的陶瓶底部都有开洞，以便将供品倒入，然后渗入地下供奉死者。上方环带里，一个男人躺在一个葬礼棺材上，旁边女人们在为他哀悼。在他上方飘浮着矮而厚的U形物体，画着格子图案，代表被抬起的裹尸布，底

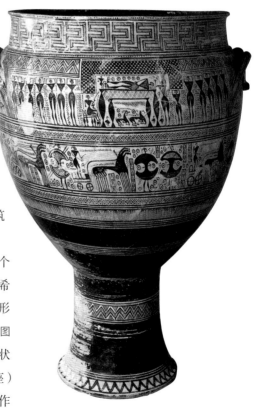

图 2.11　在希腊雅典狄甫隆墓地发现的几何图案双耳喷口杯，约前 740 年。赤土陶器，高 108.3厘米，直径 74 厘米。纽约大都会艺术博物馆。瓶身上描绘的一场葬礼和陵墓所在地说明它原来是一个陵墓标志。陶瓶底部是开口的，也许是为了让前来吊唁的人所倒的酒液渗进地下。希腊艺术的几何时期就是根据这个时代陶瓶的几何图案而命名的。

比较与对比 ||||||||||||||||||||||||||||||||||

解密珀涅罗珀

《伊利亚特》和《奥德赛》中有一些著名修饰语。阿喀琉斯是"脚步轻快的",雅典娜是"眼睛明亮的",而大海是"暗酒色的"。荷马笔下的奥德修斯是个实干家,且性急鲁莽;珀涅罗珀作为他的妻子和王后,则心思细密,谨小慎微。在《荷马史诗》所有人物中,用于奥德修斯身上的修饰语最多;比如,他历经波折、非常坚忍,兼具智慧、勇敢、狡黠,还是出色的故事讲述者。

大多数传统阐释认为,珀涅罗珀长久受苦;她的丈夫消失了20年——10年陷于特洛伊战争,另外10年在努力尝试返乡——而她则专心打理王国事务,阻挡那些想取代奥德修斯成为伊萨卡统治者的追求者。她等待着丈夫,却不知他是否会归来,于是她想出一个妙计来拖延这种看似不可避免的情形(嫁给其中一位一直扰乱宫廷的追求者)。她告诉追求者待她织好公公葬礼上用的寿衣后,就会在他们中选择一位。但他们没想到,珀涅罗珀白天织寿衣,晚上就把线拆开。在荷马笔下,珀涅罗珀没有表现出一丝的不忠和不坚定。压倒性的婚姻和家庭价值——父权秩序——掩盖了珀涅罗珀的情感状况。即使两人重聚之后,珀涅罗珀也没有因奥德修斯的长期离开而责怪他。当她得知眼前这个人就是奥德修斯时,她的心马上就融化了,甚至为自己没有第一眼认出他而道歉:

> 他言罢,夫人心力消散,双膝软酥,
> 听知确切的话证,从奥德修斯的说诉,
> 冲跑上去,泪水涌注,展臂抱住
> 奥德修斯的脖子,说话,亲吻他的头颅:
> "别生我的气,奥德修斯,既然在所有别的事上,
> 凡人中你最明达事故。神明给我们悲苦,
> 对我们忌妒,以为我们总在一起,
> 共享青春,直到跨入老年的门槛入户。
> 所以不要责备,不要对我愤怒,
> 因为初见你时,不曾一如现在,迎你回府。
> 我总是害怕,怕在心灵深处,
> 担心有人临来,用花言巧语
> 迷糊,须知许多人谋思,巧

设计谋邪毒。"（卷 23）

其他的诗人和作家更全面地描述了珀涅罗珀的为人，以及她对丈夫及其经历和不朽事迹的感受。罗马诗人奥维德在《古代名媛》中以珀涅罗珀的口吻给奥德修斯写了一封信，信中她向奥德修斯知会了这些烦人的追求者，说他们"扮演着国王的角色"并挥霍他的财富。珀涅罗珀说她永远属于他，但她也说他"草率离开"，甚至暗示他可能和这些追求者也没有什么不同：

> 我为何要将你和皮桑杜鲁斯、波吕玻斯、可怕的梅东，以及贪婪的欧律马科斯和安蒂诺俄斯相提并论，因为你草率离开，这些人正在侵吞你的血汗。

17 世纪的英国诗人吉力格鲁（Anne Killigrew），也写了一封珀涅罗珀给奥德修斯的信。在第一行中，珀涅罗珀请求她"最亲爱的君主"赶快回来，这样她就不必为他的离开而难过不已。但在第二节中，她分享了一些萦绕心头的感受：

> 有时我想，（但也是最残酷的

> 想法，）
> 因你的离去，你这种自我也是有过错的：
> 你被那个迷人的女子俘虏了，
> 当你点燃了特洛伊战火，
> 你也点燃了自己，
> 而你现在与她一起
> 开始了自己多情的生活，
> 忘掉了你的妻子，将她轻视。

在 20 世纪，帕克（Dorothy Parker）的诗《珀涅罗珀》想象了珀涅罗珀会如何打发等待奥德修斯的时光，以及她可能掩藏在心里的思想和情感：

> 在太阳的路径上，
> 在微风的脚步声中，
> 世界和天空是一体的，
> 他将驾着银海，
> 他要剪掉那灿烂的波浪，
> 我将坐在家中，摇摇晃晃；
> 起来，留心邻居的敲门声；
> 煮我的茶，剪我的线；
> 将我床上的亚麻布漂白。
> 他们会称他为勇敢。

你认为珀涅罗珀作为一个诗歌主题有何魅力？这些诗人在写作时，用这些性别化表征对主流性别意识作了怎样的暗示？是反映了当时的观点，还是意图颠覆？

时代的声音 ||||||||||||||||||||||||||||||

荷马世界里的生与死

荷马在《伊利亚特》中对阿喀琉斯的盾牌描述就是一种艺格敷词的例子，这是一种文学手法，通过细致地描述一件艺术品，让人眼前浮现出清晰的视觉图像。他与我们分享了两个城市——以及人类经验的正反面：战争的现实破坏性以及和平时期的创造性与生产性潜力。在火神赫菲斯托斯为阿喀琉斯打造的盾牌上它们融合为一，表明这两者截然不同，但又相互关联、不可避免：战争的破坏为英雄主义和发挥人类潜能极限提供了机会；而和平为有序的生活、文化以及追求社会理想提供了机会。因此，盾牌不仅是世界的一个缩影，同时也体现了《伊利亚特》和《奥德赛》之间截然不同的主题。

在一个城市中正在举行婚礼和婚宴，而双方关于谋杀一名亲属的赔偿问题由一群长老解决；这是司法系统在发挥作用。但是在另一个城市，居民们正遭受敌军的围攻：

> 城民们没有屈服，而是武装起来，
> 准备伏杀。
> 他们的爱妻和年幼的孩子们站守
> 墙上，连同上了年纪的老汉，
> 其余的
> 出战城防；
> ……
> 争斗和混乱介入人群，
> 还有致命的死难
> 后者抓住一个刚刚负伤的活人，

> 然后是一个
> 未伤的兵壮，
> 拎起一具尸体的腿脚，
> 在屠杀中拖拉，
> 肩上的衣服猩红，
> 透沾凡人的血浆。
> 她们拼搏斗打，鲜活的凡人一样，
> 互抢尸体，倒地的人们，
> 被对方夺杀。

（《伊利亚特》卷 18，598-601、622-628 行）

尽管这场战争血腥可怕，但这一章剩余的大部分内容都描述了风平浪静的时光——秩序井然、丰收富裕以及由和平带来的欢乐生活：

> [赫法伊斯托斯]
> 他还铸出一片果园，
> 挂满长垂的结实丰硕，
> 绚美，以黄金镌铸，
> 葡萄呈现紫蓝色的深熟，
> 枝蔓顺爬，依附银质的杆柱。
> 他还描出一道沟渠，
> 用幽暗的金属，以一条白锡
> 的篱栏圈围四周，
> 只有一条小径通入园圃，
> 采摘者由此出入，摘取收获。
> 姑娘和小伙们提用
> 柳条编织的篮筐，
> 带着孩子般的喜悦纯真，
> 搬运甜美的熟果。
> 他们中有一年轻的乐手，
> 弹拨声音清脆的竖琴，
> 曲调迷人，

||||||||||||||||||||||||||||||||||||||||||||||||||||||||||||||||

唱响利诺斯的行迹，亮开
动听的歌喉，众人随声附和，
号喊阵阵，
迈出轻快的舞步，

踏出齐整的节奏。

（《伊利亚特》卷 18，654—669 行）

下露出他的尸体。下方的环带描绘的是一个送葬队伍，包括马车以及手持苹果核状盾牌的男人，这些人头部和腿部突出。男性和女性之间存在区别（死者大腿根部有男性生殖器，女性在腋窝处有乳房），但总体来说他们都是以相同的刻板几何图案行进的。这些人物是正面楔形躯干、腿部和手臂侧面轮廓，以及头部侧影和正面眼睛的熟悉组合，即概念表现形式。

在几何艺术中，陶瓶绘画是最主要的流派，不过人类形象——在公元前 8 世纪期间再现——在小青铜雕塑和象牙雕像也有描绘。

殖民时代（约前 750—前 600 年）

在荷马时代和希腊艺术几何时期，各个城邦由一小群贵族统治，他们把财富和权力集中在自己手中。随着几个世纪的和平发展带来了进一步的繁荣，统治阶级越来越关心他们各自城邦的形象。他们不仅仅是军事领袖，也是艺术的赞助人。

城邦的成功引发了骄肆和竞争。在公元前 8 世纪，奥林匹亚、德尔斐和其他圣地开始举行各种各样的活动，运动员和诗人——纷纷代表自己所在的城邦——争夺荣誉和最佳称号。

随着与希腊人的贸易来往以及近东人口的增加，经济上的成功成为城邦发展的一个至关重要因素。公元前 600 年前，独立的城邦开始铸造自己的货币。然而，政治权力仍然掌握在少数世袭的贵族手中，打击了城市人口的快速增长。财富积累和人口过剩的问题引出一个合理的方法：殖民化。

整个公元前 8 世纪到公元前 7 世纪，雄心勃勃的希腊人纷纷出国，要么是为了寻找财富，要么是为了巩固财富。殖民地建立在位于希腊南部和东部的埃及和黑海，西边的则是意大利和西西里。其中一些城邦，比如西西里的锡拉库扎或是意大利南部的锡巴里斯，甚至比殖民者们的母邦更为富有和强大。不可避免的是，这些殖民者不仅夺走了他们城邦的文化，也夺走了城邦之间的竞争力，且往往引发了灾难性的结果。

最重要的殖民浪潮从东部蔓延到了小亚细亚的海岸。殖民者在那里与近东的人民建立了贸易联系，包括腓尼基人和波斯人。在希腊内部，东扩对生活和艺术产生了重大影响。在经历了近300年的文化隔离之后，在那片被群山和大海阻隔的土地上，希腊人与古代近东丰富而复杂的文化进行了面对面的交流。殖民者见识到了全新的、不同的思想和艺术风格，并由商人带回到希腊。越来越多的东方艺术作品——诸如象牙、珠宝、金属制品以及更多的物品——被送回希腊的各个城邦以及在意大利的殖民地。因为与美索不达米亚和埃及等地文化交流的影响是如此之大，公元前7世纪被称为东方化时期。

东方化艺术

东方文化对希腊艺术的影响从生动描绘在陶器上的奇珍异兽可见一斑，这让人联想到美索不达米亚和埃及的人兽混合。尤其是科林斯，它主导了早期彩绘陶瓷出口贸易。这个城邦非常富有，因为它位于连接伯罗奔尼撒半岛与希腊大陆的地

峡之上，一个开展贸易的绝佳地理位置。科林斯的艺术家们开发了一种充满活力的黑绘陶瓶，瓶身上满是东方主题的图案，比如狮身人面像、长翅膀的人类、复合型野兽以及花卉样式，排列成带状，几乎覆盖了整个瓶身表面。陶瓶通常运用白色、黄色和紫色颜料来强调细节，营造出大胆夺目的效果（图2.12）。科林斯陶器作坊的生意非常红火，雅典亦是如此。在古风时期，雅典陶艺家和画家是这一工艺的主力军。

图2.12　绘有动物形象的科林斯式黑绘陶瓶，约前625—前600年。赤土陶器，高29.4厘米。意大利，西西里，锡拉丘兹，考古博物馆。黑绘技术和动物以及花卉图案是希腊陶器风格东方化的特点。通过使用尖锐的工具在黑色釉面上刻画出细节。

不仅在整个希腊都发现了科林斯陶瓶，甚至远至意大利、埃及和近东地区，乃至俄罗斯都有遗迹出土。谁不想拥有一个优雅的细颈瓶

用于承装香水、油或化妆品，一眼就能认出是产自科林斯的？科林斯在公元前 7 世纪和前 6 世纪早期展现的政治影响力和经济实力，在一定程度上也归因于这些小罐及其式样所带来的商业成功。

雅典人超越了科林斯人的装饰美学，带来了两种有趣的艺术形式：关注人类形象和故事叙述。随着雅典人逐渐提高了陶瓶绘画及其式样的市场占有率，科林斯的地位开始下降，于是这两个城邦之间的贸易竞争也日趋激烈，从而引发了伯罗奔尼撒战争，带来了毁灭性的冲突。

古风时期（约前 600—前 480 年）

公元前 7 世纪早期，世袭贵族逐渐失去领导地位。在雅典，立法者和诗人梭伦（前 659—前 559 年）在公元前 594 年改革了法律制度，并将公民分为四个阶级，其成员全都可以参加公民大会和民众法庭。在经济扩张中致富的商人阶级，通过对心怀不满的受压迫下层阶级实行资本化而获得权力。这些新统治者被称为"僭主"（tyrant），不过该词并非像现代语境中那样含贬义。其中最出名的是庇西特拉图，他从公元前 546 年到前 528 年统治雅典。许多僭主都是艺术的赞助者，他们

无意中促进了艺术的革命性变化。

古风艺术

东方特别是埃及文化的影响，框定了希腊人早期对于真人尺寸雕像的创作尝试。在公元前 7 世纪中叶，埃及法老普萨美提克一世将土地赐给了埃及第一批希腊移民，而希腊最早期的石头雕像与大致同时期的埃及祭仪雕像非常相似，这绝非巧合。尽管到公元前 600 年（古风时期的开端），希腊绘画和雕塑的整体特征已经产生变化，希腊艺术家们摒弃了抽象的设计和刻板的埃及传统，开始关注自然风格。早期的青铜雕像、石头雕刻或陶瓶上所绘人像都使用了简图形式，风格固定化。古风时期的艺术家们思考的是这类问题：人类究竟长什么样？如何运用透视法和缩短法？外观的真正本质是什么？艺术家们开始以真实还原本质的方式重塑人类形象，而不仅仅是模仿前人的标准模式，这在历史上尚属首次。

人们通常会认为古风时期的艺术作品在公元前四五世纪的古典时期或说黄金时代日趋完善，而不是去欣赏这些作品本身具有的开创性品质。作为希腊文化发展中最具创造力的时期之一，其活力被严重低估了。实际上，就某些方面来说，

这种冒险精神以及对于新形式和新思想的追求，令古风时期的成就更让人感到振奋；也许正如诗人史蒂文森（Robert Louis Stevenson）所说，满怀希望的旅途要比到达目的地更快乐。

雕像

古风时期第一尊真人大小的大理石雕像，具有两个有别于传统埃及样式的特点：男性躯体完全是在裸体的情况下雕刻出来的，而且不像哈夫拉雕像（见图1.30）那样按石头原本的形状来雕刻。但是《纽约青年雕像》（图2.13）仍然体现了埃及人的影响：一只脚向前迈进，双拳紧握并贴在身体两侧，风格固定化的肌肉细节以及扁平的脸部。青年雕像（kouros）是为寺庙或墓碑而雕刻出来的诚心祈求的人像。《克罗伊索斯青年雕像》（图2.14）是在希腊阿纳瓦索斯一处墓穴充当标志的一尊青年雕像，墓主是一位叫克罗伊索斯的阵亡士兵，这尊雕像的创作比《纽约青年雕像》晚了大约70年，它展示出在这段时间里自然主义的显著进步：身形和比例更加真实，脸部肌肉及披肩发的垂坠感也更加栩栩如生。更准确的对胸部、腹股沟、膝盖和脚踝的刻画，取代了《纽约青年雕像》的模式化肌肉

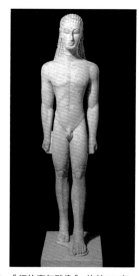

图2.13 《纽约青年雕像》，约前600年。大理石，194.6厘米。纽约大都会艺术博物馆。早期希腊艺术家雕刻的人像采用了埃及标准的姿势，不过也有些明显区别：他们是利用原石雕刻出真人大小的人体雕像，以裸体形式呈现。

图2.14 《克罗伊索斯青年雕像》，约前530年。大理石，193厘米。希腊，雅典，国家考古博物馆。这尊葬礼雕像底座的铭文告诉世人，雕像是为了纪念一位在战斗中英勇牺牲的战士而建造。尽管他的站姿仍显刻板，但整体来看还是呈现出了更自然的形态。

群线条描绘方式。虽然一些惯例得到保留，但这尊雕像给人一种活力感。克罗伊索斯略带笑意的嘴唇成了古风时期雕像的标准特点，让雕塑显得栩栩如生。

《荷犊的男子》（图 2.15）的创作时期介于这两尊青年雕像之间，约在公元前 560 年，残骸出土于雅典卫城。人与兽之间的衔接简单直接，构图考究而完美：小牛犊被挂在男子的脖子和肩膀上，他们的头部紧密连在一起。男子手臂构成的斜线以及两条牛腿在男子胸前构成一个突出的 X 形。与青年雕像不同的是，这个荷犊男子不是裸体，尽管他的衣服是透明的，以突显身形。从他脸上的胡须可知这是一名成年男子；这位艺术家已经摒弃了青年雕像典型的青年形象。男子的嘴唇上扬，像是在微笑，尽管按我们的定义这根本算不上微笑。学者们认为，这种所谓的"古风式微笑"象征着石头刻画的是活生生的人。

在卫城上还发现了古风风格的女性人物雕像。当波斯人在公元前 480 年洗劫雅典之时，他们摧毁了庙宇，并破坏了大量雕塑。雅典人打败波斯人之后重返故里，虔诚地埋葬了这些碎片。这尊《身着长外衣的少女立像》（图 2.16）以其身上的女式长外衣而得名，她的人像还

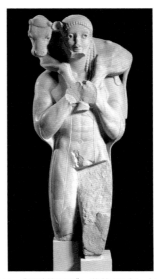

图 2.15　《荷犊的男子》，约前 550 年。大理石，高 165 厘米。希腊，雅典卫城博物馆。通过一层薄薄的紧身织物可以看到逼真的肌肉组织，组合到一尊荷犊男子雕像上。由人物与动物四肢形成的斜线所构成的交叉点，表明艺术家有独到的构图眼光。"古风风格的微笑"表明这尊雕像的主题是一个活生生的人。

图 2.16　《身着长外衣的少女立像》，前 530 年。大理石，122 厘米。希腊，雅典卫城博物馆。这尊雕像以羊毛裙或女式长外衣命名，属于女神雕像的 4 种服饰之一。她断掉的手臂向前伸出，很可能本来拿着与她属性有关的物品。颜料的痕迹让它的外观栩栩如生，据此可以得知希腊人给他们的雕像上色了。

原度极高，因为埋藏在地下，大部分用于修饰其外表的颜料得以保存。这座少女立像也是一尊祈愿雕像，不过与青年雕像不同，她们身上穿着衣服。研究人员最近断定这尊少女立像是一位女神的形象，她向前伸出的断臂原本应该拿的是能标志其身份的物件。

浮雕

寺庙中放置了独立式雕像，但是浮雕的工艺被广泛用于装饰墓碑和修饰寺庙。浮雕雕刻于石板之上；艺术家将材料凿去，使得图像突出于背景。在高凸浮雕中，突出于背景的图像厚度至少是石板厚度的一半；将大量石材凿去之后所呈现的画像几乎是三维立体的。而浅浮雕中的雕刻则更为精细，并且保留了石材的平坦表面。在第三章可以看到，建筑雕塑经常采取浮雕的形式。用作墓碑的雕刻石板，如阿里斯提昂石碑（图 2.17），就常常刻有浅浮雕。值得注意的是，这座石碑所使用的概念表现程度与美索不达米亚以及埃及浮雕不同。在这里，艺术家是以完整连贯的侧面来表现对象。这是视觉表现的一个例子。可以注意到细节以及纹理的对比：战士们身穿护胫，柔软的外衣外面套了一件坚硬的护甲，在他的头部和青铜

图 2.17　亚里斯多克勒斯（Aristokles），阿里斯提昂石碑，约前 510 年。大理石，高 243.8 厘米（不含底座）。希腊，雅典，国家考古博物馆。这座雕像采用了视觉表现法：身体的所有部位都连贯地以侧面形式来表现。纹理的对比引人注目，比如在士兵坚硬的护甲之下显露出一些轻柔的衣物褶皱。

头盔之间还戴了一顶有软垫的帽子。

走向古典时期

《克雷提奥斯少年像》（图2.18）标志了古风风格晚期以及古典风格早期之间的一个转折点：在古代艺术中，首次出现了雕像的动作既不是向前看也不是向前踏步。他的头部和身体上部稍微呈扭转之势；当做出这个动作之时，他的重量从一条腿转移到另一条腿上，而臀部的位置也会相应改变。在解决了如何真实地刻画出站立式人物形象的问题之后，这位雕塑家解决了一个更为复杂的新问题——刻画出运动中的人物形象。这一突破性的结果将带领古典时期的裸体英雄形象走向完美。

古风雕塑的范围极广，他们最好的作品传达出制造者解决了新的艺术挑战之后的兴奋感。艺术家们懂得了如何更为真实地去刻画一个站立的人物形象；然后他们就转为去刻画一个运动中的人物形象。这一突破性的结果将带领古典时期的裸体英雄形象走向完美。

陶瓶绘画

在公元前6世纪中叶，陶瓶绘画也有了重大的创新。埃克塞基亚斯改进了黑绘技艺，他将黑绘运用

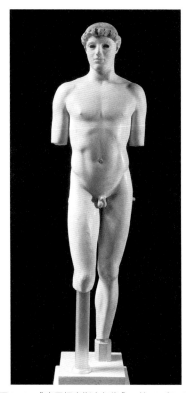

图2.18 《克雷提奥斯少年像》，前490年。出自雅典卫城，大理石，高116.8厘米。希腊，雅典卫城博物馆。古风式微笑被一种更为自然的表情所取代，在扭转身躯的同时真实地展现了随之而动的臀部和腹部肌肉。这座石刻的表面非常精美，并对皮肤、肌肉和骨骼进行了区分。

到红色的背景上，并将细节雕刻出来，或是利用尖锐的工具在陶瓶表面进行刻画。黑绘与红底的结合是通过三个独立且专门的窑炉烧制来实现的，在这个过程中要么引入氧气，要么就将氧气保留在窑炉当中。这个陶瓶使用相对粗糙的黏土烧制而成，瓶面上的图像则刷了一种由优质黏土和水所构成的混合物（称为滑片）。在连续的烧制阶段，陶

瓶和人像出现了不同的反应：瓶身仍是赤陶红色，但是图像却变成了黑色。在完成了上述步骤之后，就能将精妙的细节加上。

在弗朗索瓦陶瓶（图2.19）上可以看到黑绘技艺的多面性，这是一个早期实例，由陶艺家（埃尔戈提谟斯，这位艺术家使用陶轮制作器皿）和画家（克利提亚斯）共同署名。这个大型双耳喷口杯是在意大利伊特鲁里亚墓地发现的，它上面的图像也是以带状或是按区域分布的——正如图2.12科林斯式陶瓶的式样——但是与模式化的装饰不同，弗朗索瓦陶瓶的特点是生动精彩地描绘了神话人物及其战斗场面，其中包括英雄阿喀琉斯。只有瓶身最底部的区域体现了东方化的风格，上面绘有奇珍异兽。

埃克塞基亚斯给黑绘技术带来了真正的突破，他对艺术形式的掌控能力在当时无人能出其右。他的绘画技术和表达能力在另一个陶瓶创作中得以体现，这个作品的主题出自《伊利亚特》——大埃阿斯和他的堂兄弟阿喀琉斯在掷骰子（图2.20）。不同于弗朗索瓦陶瓶还沿用了概念表现形式的老传统，埃克塞基亚斯创作的主人公几乎是以整体轮廓的形象展现的。在侧面轮廓中呈现的杏仁状眼睛是唯一没有使用

图2.19　埃尔戈提谟斯（ergotimos）和克利提亚斯（Kleitias），弗朗索瓦陶瓶，前570—前560年。黑绘陶器，高66厘米，直径57厘米。意大利，佛罗伦萨，国家考古博物馆。这个黑绘双耳喷口杯是用于混合酒水，可能是为了婚礼而制作，因为其中一个彩绘环带描绘的是珀琉斯（一个凡人）与忒提丝（她是女神以及阿喀琉斯的母亲）的婚姻——这是希腊神话中唯一的"混合婚姻"。其他的环带区域也展示了英雄片段——包括捕杀卡吕冬野猪以及在帕特罗克洛斯葬礼上的战车竞逐游戏。

图2.20　埃克塞基亚斯，阿喀琉斯和埃阿斯掷骰子，约前540—前530年。双耳陶罐，高61厘米。梵蒂冈博物馆。身兼陶工和画家，埃克塞基亚斯利用人像作品与这个器皿的形状相呼应，创作出统一的作品。他掌握了无与伦比的黑绘技术。

光学方法的特征。画面里两个人都俯身在一张小桌子上，长矛搭在肩上。戴着头盔的阿喀琉斯在左边；他们的盾牌则放在身后，像是抵靠着墙壁。这是堂兄弟之间的平静一刻，然而这种靠运气取胜的游戏具有预见性：埃阿斯将会把阿喀琉斯的尸体带离战场。

埃克塞基亚斯是这个陶瓶的制作者，瓶上的图案也是他所画，器皿的形状与所绘场景之间的流畅关系揭示了这一事实。这幅图像被画在花瓶最宽的部分，而男性背部曲线则呼应了把手和颈部逐渐变细的瓶身。同样地，由相互交叉的矛所形成的 V 字形对应了陶罐逐渐朝底座变细的趋势。

但是不管埃克塞基亚斯在给人物着色方面有何等成就，这种黑绘最终还是阻碍了艺术家们开发自然主义的潜力。不过，在公元前 530 年左右，红绘技术得以发展，于是，陶瓶绘画达到巅峰。烧制的过程仍然相同，但不再使用泥釉在陶瓶上画出图像（即在红色背景之上画出黑像），画家们先将图像的轮廓勾勒出来，然后将除了图像之外的其他地方都画好（即整个背景）。这种反向操作衍生了在黑色背景之上的红像。这种红黏土图案制造出一种中性色域，这样就可以使用刷子

来描绘出更多的细节，而不必使用雕刻的手法。欧弗洛尼奥斯陶瓶（图 2.21）让人一看就能得出红绘技术优于黑绘技术。这个容器的主题是萨尔珀冬之死，他在特洛伊战场上被阿喀琉斯最好的朋友帕特罗克洛斯所杀。上面描绘了萨尔珀冬在帕特罗克洛斯手中倒下的那一瞬间，荷马使用明喻的手法将战争的暴力场面与自然和普通生活的心理图像——人们所向往且认为理所当然的熟悉事物的常态——进行对比。

图 2.21　**欧弗洛尼奥斯**（Euphronios）**与尤西特奥斯**（Euxitheos），**《萨尔珀冬之死》**，约前 515 年。赤土陶器，高 45.7 厘米，顶部直径 55.1 厘米。意大利，罗马，国立伊特鲁里亚博物馆。红绘技术比黑绘技术更具灵活性，能让图案显得更加自然。它以中性颜色为基底，上面可以绘制丰富而精致的图案。这只由陶艺家尤西特奥斯和画家欧弗洛尼奥斯创作并署名的杯状双耳喷口杯，很长时间里收藏于纽约大都会艺术博物馆。在该博物馆藏品的获取手段遭到强烈质疑之后，双耳喷口杯被送到了意大利。现展览陈列于罗马国立维拉朱利亚博物馆。

阅读材料 2.7　荷马史诗

《伊利亚特》卷 16，481–486 行

[帕特罗克洛斯]扎捣贴卷的横膈膜，缠托心脏的动跳。

他随即倒下，似一棵橡树或白杨倾倒，或像一株参天的巨松，耸立山坳，被工匠砍落，用锋快的斧斤，备作造船的木料；就像这样，他躺倒在地，驭马和战车前头，呻吼，双手抓起血染的泥膏。

欧弗洛尼奥斯描绘了死后的萨尔珀冬被两个长着翅膀的人带到了地下世界，他们分别是许普诺斯（睡眠之神；与催眠一词同源）和桑纳托斯（死神）。信使之神赫耳墨斯监视着整个场面；他手中握着代表他身份的物品——名为"墨丘利的节杖"的魔法棒。这些角色以自然主义的姿势呈现：长着翅膀的两位神为侧面像，而萨尔珀冬是正面像（尽管他的腿和手臂自然地弯曲着）。艺术家用细致的线条，勾勒出了人物的肌肉、翅膀、盔甲和服装。萨尔珀冬披散的头发和从几处伤口流出的血液，运用了色彩绘法。尤西特奥斯花瓶的静态感荡然无存。画面与壶形的关系也值得注意——就像对称构图一样。

尽管还有一些艺术家继续创作黑绘作品（甚至有人在陶器的一面使用黑绘，另一面用红绘，但到了古风时期末，几乎所有的艺术家都转向了红绘风格。古风末期的花瓶画家，属于最伟大的红绘艺术家之列。像欧弗洛尼奥斯花瓶这样的作品经久不衰，具有纪念碑式意义，已不仅仅是一只花瓶。

庙宇建筑

埃及的某些建筑元素影响着希腊的建筑师，但在古风时期，希腊庙宇形成了其基础的建筑风格，这种风格与希腊人在地中海和近东地区旅行时所看到的建筑风格大相径庭。最早的希腊寺庙要么是木材修建的，要么像苏美尔人的庙宇一样用泥砖修建，全都没能保存下来。到公元前 6 世纪，更耐久的材料得以应用，例如在爱琴海群岛（纳索斯和帕洛斯）和大陆上所挖掘到的石灰岩和大理石。

古风时期希腊庙宇的建筑模型以迈锡尼建筑的"中央大厅"为基础。中央大厅是一个长方形的接待厅，有一个由两根圆柱支撑的门廊。在典型的希腊神庙平面图（图 2.22）中，中心部位即是这种基础形状，它还包含一个门廊；一个内堂或内殿（一个摆放着神庙供奉的神像的大房间）；还有一个后殿（一个朝后的门廊）。圆柱围绕着这组中心房间，形成"列柱廊"；围柱式神

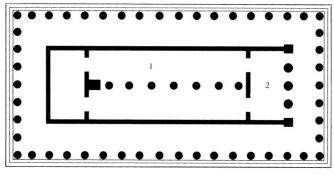

1. Cella with central row of columns
2. Pronaos with three columns in antis

图 2.22 **典型的希腊围柱式神庙平面图。**典型的希腊神庙为长方形结构，内部有一间圣屋（即内殿），周围是圆柱。内殿摆放着神庙所供奉的神像。

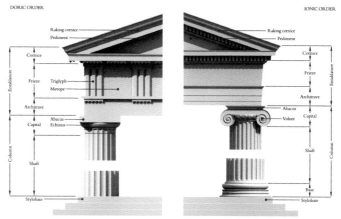

图 2.23 **多立克柱式和爱奥尼亚柱式正面图。**多立克柱式和爱奥尼亚柱式是希腊三种建筑风格中的两种。（第三种是科林斯柱式，很少使用，但后来深受罗马建筑师们的喜爱。）两者的区别主要是柱顶和雕带。图为伯奇（John Burge）所绘。

庙有一排绕内堂和内殿排列的圆柱，而双列柱廊式的神殿则有两排圆柱。一座标准神庙的长度大约是其宽度的两倍（尽管早期的庙宇更长、更窄）；神庙长边圆柱的数目是短边的两倍。这种强迫性的布局规则反映了希腊人对完美或理想的全新意识，是希腊雕塑在建筑设计和比例上的重要特点。

希腊人用来制定比例和具体设计细节的一套系统，被称为希腊建筑规则。其中最常见的两种规则是多立克柱式和爱奥尼亚柱式（图2.23）；多立克柱式流行于希腊大陆，爱奥尼亚柱式则流行于小亚细亚（又称爱奥尼亚）和爱琴海群岛。这两款样式有时交错运用，而且也不是其发源地区所独有的。

比较：多立克柱式和爱奥尼亚柱式

多立克柱式和爱奥尼亚柱式有共同的特点。两者都是连梁柱，其柱为圆柱，其梁由两部分组成——柱顶过梁和雕带。这两种横向的建筑元素，连同檐口（三角形框架下端边缘）一起，构成了柱上楣构。这个三角形框架的倾斜边称为斜檐；在两种柱式的宽三角（即山形墙）内，都刻有浮雕。在两种柱式中，圆柱都立于一个基座之上，即柱座。柱身通常由较小的鼓形圆柱块堆砌而成，从上至下雕刻着垂直的条纹，被称为"凹槽"（多立克柱式有20条凹槽，相交成直角；爱奥尼亚柱式有24条凹槽，全部由细长的垂直带隔开）。两种柱式的柱身上都有柱顶，柱顶托着梁。然而，从这里开始，两种柱式的风格就有了很大不同。让我们从下往上看。

多立克柱式的圆柱直接立于柱座之上；而在爱奥尼亚柱式中，柱身则有一个错综复杂的底座。多立克柱式的柱顶像一个被压扁的垫子，或者扁平的凸盘；爱奥尼亚柱式的柱顶由一种独特的卷轴花样或涡形花样组成。多立克柱式的柱顶过梁是一块表面平整的板面；在爱奥尼亚柱式中，这个元素被分成三块较薄的突出水平条带。除了柱顶之外，两种柱式最明显的区别是雕带。在多立克柱式中，雕带上的三竖线花纹和墙面交替排列，绕了神庙整整一周；三竖线花纹是三个垂直的条形，之间隔着两个凹槽，墙面通常刻有装饰浮雕，但在示例图中显示为空白。在爱奥尼亚柱式中，雕带（示例图中也显示为空白）并没有被分隔开，因此可以在上面连续地雕刻浮雕。

这两种柱式产生了不同的效果。多立克柱式神庙彰显了素雅庄重；没有进行细节装饰，让人们更加关注神庙本身的宏伟。另一方面，爱奥尼亚柱式神庙则通过华丽的装饰和绝美的雕刻，传达出一种轻松和精致的感觉。爱奥尼亚柱式神庙的表面和它的结构设计一样重要。

赫拉一世神庙（即意大利帕埃斯图姆的长方形会堂）就是早期多立克柱式建筑的一个例子（图2.24）。这座巨大的矩形建筑保存下来的只有它的围柱柱廊（围绕着内殿的一排圆柱），以及圆柱上的柱上楣构。从建筑的平面看，其设计与典型的神庙中央房间有所不同：赫拉神庙的门廊有三根（而不是两根）圆柱，

图 2.24　赫拉一世神庙（长方形会堂），前 540—前 530 年（东北朝向）。意大利，帕埃斯图姆。赫拉神庙是现存最早的希腊神庙之一。凸肚状的圆柱和扩散的柱顶是古风时期多立克柱式建筑的典型特征。神庙可能曾装饰有三竖线花纹和墙面组成的多立克式雕带，但是这些装饰都没有保存下来。

并由七根圆柱将内殿划分成两个区域，没有后门廊。长边圆柱的数量与短边的比例是 2∶1。尽管雕带和山形墙上的雕刻并没有保存下来，但有凹槽的圆柱和柱顶都充分显示了神庙采用的是多立克柱式。赫拉一世女神庙的柱身很厚，往上到顶部逐渐变细（与克里特圆柱正相反），中鼓略微鼓起。这种鼓起叫做"凸肚"。设计的总体印象是粗壮的，而且由于圆柱之间的距离太近而显得有些沉重；在后来的神庙里，柱子将更少，间隔将更宽，效果会更优美。

音乐和舞蹈

　　希腊音乐的历史，要比视觉艺术和建筑更难重现。尽管史料频繁提到音乐表演，说明音乐在希腊生活的各个方面都扮演着重要的角色，但只有不到 12 个希腊音乐片段幸存下来，而且无法通过当时的乐谱来真正地演奏这些音乐片段。

　　对希腊人来说，音乐与神有关。雅典娜创造了长笛，赫耳墨斯创造了一个龟壳里拉竖琴；安菲翁从赫耳墨斯那里学会了弹奏里拉竖琴，并用琴声指挥石头动起来，建成了底比斯城；俄耳甫斯的歌声打动了树木，驯服了野兽。人们齐唱颂歌来纪念各种各样的神：通过唱赞歌来表达对阿波罗和妹妹阿尔忒弥斯两兄妹拯救人类远离灾难的感谢，或者向他们进行庄严的祷告；在公众庆典中，人们齐唱酒神赞歌（即赞美酒神狄俄尼索斯的大合唱）来纪念这位神。音乐也是德尔斐运动会和奥林匹克运动会的一项特色。

在《伊利亚特》卷9，当阿伽门农的大使来到"神圣的阿喀琉斯"的帐篷前时，他们听见这位伟大的英雄在唱着《男人的名誉》，同时弹奏着"声音清澈、精细打造的精美七弦竖琴"。事实上，有证据表明早期的希腊音乐主要是歌唱，而乐器（图2.25）主要是用来为演唱者伴奏的。我们比较确定的第一位作曲家是忒潘德（Terpander），他来自爱琴海的莱斯博斯岛，生活于公元前6世纪上半叶。他为基萨拉创作了七音符音阶——基萨拉是一种精心制作的七弦里拉琴——来为歌唱伴奏。简单的里拉琴（依照赫耳墨斯的发明而制作）相对来说比较小，很容易拿住，并且有一个由整只龟壳制成的音盒，以及由山羊角或弯曲的木头制成的侧边。相比之下，基萨拉则有一个更大的音盒，由木头、金属甚至象牙做成，配以宽大而中空的侧边，能让声音产生更大的共振。音乐家在演奏时必须站着；乐器由带子支撑，演奏者便能空出双手。当时还有一种乐器叫轴管，是一种类似于现代双簧管的双簧乐器。就像基萨拉和里拉琴一样，轴管通常被歌手用来伴唱；一些歌词流传了下来。

约到了古风时期，纯粹的乐器音乐开始出现。我们知道，在公元前586年，萨卡达斯的阿格斯（Sakadas of Argos）为在德尔斐举行的皮提亚运动会创作了一首轴管演奏曲——这首名曲相当受欢迎，流行了几个世纪。这是历史上第一首标题音乐作品，它围绕着太阳神阿波罗打败了盘守在德尔斐神谕所的龙蛇守卫的神话而展开。除

图2.25　**古希腊的音乐教学**。在这幅红绘瓶画上，画着轴管和基萨拉，还有学生们学习音乐的场景。

了后来的体育竞赛，皮提亚运动会还有诗歌和音乐比赛；萨卡达斯（Sakadas）是第一个赢得胜利的人，他总共三次获奖。

音乐理论

据我们所知，早期的希腊音乐是单音音乐，也就是说，它们由基于音符的单一旋律组成，这些音符排列出不同音程，组成音阶系统。音乐由一系列不同的音阶或模式创作而成，每种音阶或调式都有自己的名称和特点（见第三章）。根据哲学家柏拉图和亚里士多德在公元前4世纪提出的乐性说，每个调式的名称代表着同名部族的特点和气质（例如，多利安调式以伯罗奔尼撒半岛上的多利安人命名，弗里吉亚调式和吕底亚调式以小亚细亚的部族命名）。以特定调式创作的音乐是如此强大，以至于它可以以一种特定的方式影响人类的行为。例如，多利安调式激发了坚定、有力甚至是好战的感觉，而弗里吉亚调式产生了激情和感性的情感。

对音乐理论的理解在当时被认为是良好的通识教育的基础。大量关于音乐理论的著作应运而生，在柏拉图和亚里士多德的著作中，音乐理论在哲学上的暗示变得明显起来；通过这些文献，早期音乐的部分信息得以保存。但对舞蹈的描写很少见于文献，尽管荷马在《伊利亚特》卷18对阿喀琉斯盾牌的记述中，详细描述了一个舞蹈场景。

阅读材料2.8　荷马史诗

《伊利亚特》卷18，383-605行

著名的强臂神工精心铸出舞场一座，
像似当年代达洛斯的杰作，在广袤的
克诺索斯，他为发辫秀美的阿里娅德
奈建筑。
年轻的小伙子在场上跳舞，
带着姑娘们
她们的聘礼是众多的壮牛，
互相牵着腕手。
姑娘们身穿细密的麻纱长裙，
小伙们穿着
精工织纺的短套，闪出橄榄油的光泽；
姑娘们头戴美丽的花环，小伙们佩挂
黄金的匕首，由垂悬的银带系住。
他们时而灵巧地转起圈子，
摆开轻盈的腰步
似一位陶工弯腰劳作，试转轮盘，
探估它的运作，贴握在掌中，
时而又跳排出行次，奔跑着穿插走动。
人群熙攘，拥站在舞队周围，
嬉笑着观注；
舞者中活跃着两位杂耍的高手，
翻转腾跃，和导着歌的节奏。

文学

我们对荷马时代至古风时期这段期间文学发展的认识十分有限。赫西俄德是一个例外，他可能生活在公元前8世纪晚期，著有描写世界起源的诗作《神谱》，以及现实主义长诗《工作与时日》。《工作与时日》描写的是生活在皮奥夏的贫穷、受压迫（抑郁）农民的悲惨生活，那里的气候"冬天严酷，夏天闷热，没有舒服的时候"。

赫西俄德的两部主要作品之间的联系，在《神谱》开篇的一段中能看出端倪。在这段文章中，缪斯女神出现在了正在放羊的诗人面前，并为他的新事业开辟了道路。

阅读材料 2.9　赫西俄德
《神谱》，22-34行
从前，缪斯女神教给赫西俄德美妙的歌，
当时他正在神圣的赫利孔山牧羊。
女神们首先对我说了这些话：
"奥林波斯的缪斯，执神盾宙斯的女儿们，
荒野的牧人啊，可鄙的家伙，只知吃喝的东西！
我们能把种种谎言说得如真的一般。
但只要乐意，我们也能述说真实。"
伟大宙斯的言辞确切的女儿们这样说。
她们为我从开花的月桂摘下美好的杖枝，
并把神妙之音吹进我心，
使我能够传颂将来和过去。
她们要我歌颂永生的极乐神族，
总在开始和结束时来咏唱她们。

[译注] 引自吴雅凌，《神谱笺释》，北京：华夏出版社，2010。下引《神谱》均为此本，略有改动。

以下是赫西俄德对宇宙起源以及诸神宗谱的描述——涵盖了从温和到可怕的情节。下面这段诗描述了泰坦巨神以及宙斯所领导的奥林匹斯山诸神之间的权位争夺战，请边读边思考。

阅读材料 2.10　赫西俄德
《神谱》，687-692、701-712行
这时，宙斯不再抑制内心的激情，
顿时胸中充满豪气，便要使出浑身解数。他同时从天空和奥林波斯山
一路接连不断地扔出闪电。串串霹雳
直中目标，伴随电光雷声从他矫健的手中
频频飞出，引着火焰处处盘旋。
……
举目看那火光，侧耳听那声响，
仿佛大地和高高的广天撞在一起：
大地若崩溃于天空下，或天空
坍塌在大地上，声响也不过如此。
神们鏖战也发出一样大的声响。
大风同时震摇地面，搅乱尘烟，
还有响雷、闪电和燃烧的霹雳，
伟大宙斯的箭矢。大风传送厮杀与喧嚷，
在两军之间的阵地，可怕的轰隆声
响彻这场殊死之战，双方力以尽竭。
这时战局渐显端倪。在此之前，
双方不停地相互攻击，激战连绵。

这场惨烈战争的结果是建立了希腊人所生活的社会秩序。赫西俄德将先祖们一代又一代对立与联合的历程编织成一幅精美画卷，其间

还穿插着一些典型或不典型的家庭争执。

公元前 8 世纪，希腊人扩大与东西方国家贸易往来的同时，也受到了多种文化传统的影响。尽管在很多方面，赫西俄德的《神谱》是一部希腊诗歌，但它也包含近东国家尤其是埃及和巴比伦王国的创世史诗元素。

随着古风时期的到来，一股新思潮使视觉艺术发生了革命性改变，也带来了新的诗歌风潮。这种新的载体就是抒情诗。

抒情诗

抒情诗的出现，就像其他艺术的发展一样，是时代的一个标志。荷马的英雄史诗是为贵族统治阶层而创作的，他们热衷于阿伽门农和阿喀琉斯这类强大首领的故事，也有闲暇去听这些英雄的伟大事迹和小道消息。抒情诗——通常有里拉琴伴奏——的重点则是诗人的个人感受、情感和观点，而不是英雄的战斗和冒险。公元前 6 世纪的作家毫不犹豫地告诉我们，他们对生活、死亡、爱情、酗酒，或者其他任何闪现在脑海的东西的感受。

萨福比其他任何希腊抒情诗诗人都更能抓住一代又一代人的心。她是第一位留下文学作品来反映她个人经历的女性。萨福的诗零散地保存了下来，她的生活情况不详，亦存在很多争议。

阅读材料 2.11 萨福

《致吾爱》

之子之幸更胜仙，堪羡，堪羡。

之子与汝同席，眼波寄幽怀，但闻汝之巧笑，吾心颤颤只为汝。

凝汝须臾怒如焚兮，苦不堪言，耳不能闻。

吾身颤袅汗如雨兮，面如秋草，形同枯槁，虽生而犹死。[1]

拉蒂摩尔（Richard Lattimore）英译，"Like the very gods in my sight is he"。

萨福于公元前 630 年出生在莱斯博斯岛，大部分时间也在岛上度过。她把妻子和母亲的角色（她曾在作品中提到有一个女儿）与诗人和教师的角色结合在一起；在她的一生中，她受到广泛尊重，被一群年轻女性追捧，她们可能是来莱斯博斯岛完成学业的，就像美国作家过去常去巴黎求学那样。她们可能会一直待到适婚年龄；萨福的一些诗歌反映了女孩们离别自己的伙伴，走向婚姻生活之际，苦乐参半的感受。

萨福和她的学生之间的感情深刻而真诚，这也反映在她的诗中。她们之间的感情充满争议：她和她所指导的年轻女性之间是否存在同性恋关系？这样的关系如果发生在年长男性与年轻男性之间，就不是不寻常或不可接受的。他们之间也保持着这样的关系，直到青年男子成家立室。

萨福的诗也提到过男性，但只是在因女伴们离开而宣泄感情的时候。她探索了自己内心激情的深度，并通过描述它们，揭示了女性和她自己情感的各个维度。

萨福诗歌的主要主题是爱，但她的作品也描写了孤独和海誓山盟之间的鲜明对比和同样的痛苦折磨。这类诗歌表现了出于深刻理解才作出的无奈放弃。

阅读材料 2.12　萨福

《时日》

暗香满怀的少女，缪斯珍贵的礼物，
还有那悦耳的七弦琴声，令人妒羡，
怎奈往昔之躯垂垂老矣，但愁云鬓改，
脚力蹒跚不由己，
曾几何时，疾步如飞似鹿飞奔，
浮生难免老，去日不可追。
据说黎明女神，用玉臂洒出朝霞，
将其所爱提托诺斯带到世界的尽头，
待他形残身老，头鬓皓然，英姿不再，
只能任由他——神仙妻子的凡人丈夫
老朽不死，孤独终老。

巴恩斯通（Willis Barnstone）英译。

就像当时的雕塑家和画家需要通过分析人体来理解身体构造一样，萨福也向她自己和我们展示了人类复杂的内心情感世界。

哲学

在诗人通过诗歌表达私密的内心世界时，理性哲学也蓬勃发展起来，它挑战了荷马和赫西俄德的宗教信仰和传统，并对神以人类形式出现的观念嗤之以鼻。哲学家诗人（兼宗教评论家）克洛丰的色诺芬尼（前 560—前 478 年）挪揄道，一旦马和牛有手可以画，他们就会画出像马和牛一样的神。

"哲学"一词字面上的意思是

"对智慧的爱"，但在西方传统中，它通常指的是对人类经历的本质和最终意义的探究。它包含的分支有逻辑学（对合理推论结构的研究）、形而上学（对事实本源的研究）、认识论（知识的理论）、伦理学（道德哲学）、美学（艺术哲学，更广泛而言，品位的哲学）和政治哲学。

古风时期的哲学家们在历史上第一次背离了宗教教义。取而代之的是，他们利用人类理性的力量来研究世界是如何形成、解释它如何运作，以及理解人类在其中的地位。

前苏格拉底学派

公元前 6 世纪，各种流派的哲学思想发展起来，统称为"前苏格拉底学派"。这些早期的哲学家生活在苏格拉底（前 469—前 399 年）和他的学生柏拉图（前 427—前 347 年）这两位最伟大的希腊哲学家之前。然而，这些公元前 6 世纪的哲学家除了身处同一时代之外，几乎没有什么共同之处。因此，重要的是要记住，"前苏格拉底学派"这个词并不单指某一种哲学体系。许多所谓的前苏格拉底哲学家对世界的起源和自然的运作进行了研究，在我们看来，他们探讨的更像科学问题而非哲学问题。不同学派主要是通过运用逻辑和理论推理来解决关于世界和人类存在的实际问题。与后来的哲学家不同，这些哲学家们没有前人的基础来建立自己的思想或方法。他们在前进的过程中开创了自己的学科理论。

最早的哲学学派是由唯物主义者发展起来的，他们试图用一个或多个地球元素来解释所有的自然现象。米利都的泰勒斯（前 624—前 546），被誉为"第一位西方哲学家"，他认为水是形成不断变化的自然世界的唯一元素。尽管他的认知有限且最终被证明是错误的，但他认为世界是自然进化而非神所创造的理论，是革命性的，并且标志着与荷马时代世界观的决裂。泰勒斯反驳了希腊普遍认为自然力量是神的杰作的观点。相反，他认为自然和人类驱动的事件有具体而科学的解释：自然现象不是宙斯在发脾气，而是不可测的气候造成的；《伊利亚特》中的战争不是神之间的矛盾引起的，人类的本性才是战争的原因。泰勒斯还准确地预测了日食，并运用数学方法计算出埃及金字塔的高度。或许更重要的是，他开启了希腊人在市场和其他公共区域自由讨论思想的传统。知识交流不再局限于受过教育的精英和祭司阶层。

阿克拉伽斯的恩培多克勒（前 490—前 430）提出了四元素论——

火、土、气、水——并利用它们的关系来描述自然现象和人类行为。元素周期性的结合（通过爱与和平）或分离（通过冲突和战争）解释了万物和国家是如何诞生、成长、衰退和死亡的。克拉佐美奈的阿那克萨哥拉（前 500—前 428），假设了无数的小粒子，无论它们有多小，总是含有一种占主导地位的物质（例如，骨头或水），以及少量杂散的其他物质。阿那克萨哥拉声称，大自然的统一源自理性的力量。

对后来的哲学思想影响最大的前苏格拉底学派哲学家是毕达哥拉斯（前 570—前 500/前 490 年）。出于政治原因，他离开了自己的出生地——位于爱琴海的斯莫斯岛，定居在意大利南部的希腊殖民地克罗顿，在那里创立了自己的哲学学派。这一学派后来演变为一种非常排外、控制严格、神秘的兄弟会组织：他要求他的追随者们过纯洁而虔诚的生活，视道德、秩序理念与和谐为宇宙的力量。在政治上活跃的毕达哥拉斯教派和克罗顿地区人民之间的分歧演变为暴力冲突，导致了许多追随者的死亡。毕达哥拉斯选择了逃离，在另一个城市度过了他的最后几年。

后来毕达哥拉斯的追随者对他的学说进行了补充，所以很难知道

毕达哥拉斯的哪些原则是出自他本人。他的主要宗教学说是相信灵魂的轮回，相信一切生灵之间都有亲属关系，这些教义也衍生了一个以他的名字命名的宗教教派。作为一名哲学家，毕达哥拉斯认为宇宙是和谐的，而作为一名数学家（一个众所周知的几何图形定理以他的名字命名），他说宇宙中的所有事物都可有序排列、计数。他发现了构成音阶的频率的数值比率。我们现代的音阶是由一个八度音阶（8 个音调的跨度）组成，将其分解会发现最终来源便是他的理论研究。受此启发，毕达哥拉斯继续宣称，数学关系代表了宇宙和道德的基本原理，即所谓的"天体音乐"。即使在今天，机械唯物论者仍继续寻找万物之理，即用一个单一的原理或理论概括以宏大规模运行的现象——包括组成整个宇宙的星系和能量——以及以最小规模运行的现象，包括构成原子的微粒和力量。即便是爱因斯坦，为了找出这条理论也是历经周折，花了近 60 年的时间。

与毕达哥拉斯对宇宙和谐的信仰不同，二元论者声称存在两个独立的宇宙：我们周围的世界是一个不断变化的世界，而另一个理想的世界完美且恒定不变，只有通过智慧才能实现。这个学派的主要支持

者是来自以弗所的赫拉克利特（前540—前480年），他总结出了自然因为不可预测因而也不可知的性质，概括成一句经常被引用的谚语："人不能两次踏入同一条河流。"换句话说，河水会流动并且生机勃勃，比如水分子、浮游植物和游来游去的鱼，让河水的特点时时发生变化；但是尽管发生了变化，河流的本质依旧相同。赫拉克利特认为永恒是一种错觉，唯一不变的就是变化。此外，他不认为这种变化是随机的。他认为变化根据他所谓的宇宙秩序"逻各斯"来决定。

与前辈们试图理解物质的基本性质不同，赫拉克利特引发人们关注物质变化的过程；他提出最基本的要素就是火，因为火不停地变化：

这个世界，对于一切存在物都是一样的，它不是任何神所创造

的，也不是任何人所创造的；它过去、现在、未来永远是一团永恒的活火，在一定的分寸上燃烧，在一定的分寸上熄灭。

另一方面，来自爱利亚的巴门尼德（出生于前510年左右）甚至声称，真实的存在只有通过理性才能把握，它完美无瑕且恒久不变，超越时间和运动。我们的错误印象源自我们的感官，它们有缺陷且容易出错。因此，我们通过感官所认知的世界，包括时间和变化的过程，都是虚假的错觉。巴门尼德在一首诗中阐述了他的想法，这首诗共分三个部分：序言、真理之路（留存至今最长的前苏格拉底文本残篇之一），以及意见之路。

巴门尼德的学生芝诺（约前495—前430年）提出了一些复杂的悖论或者哲学问题，以支持巴门尼德的理论；芝诺悖论后来还被柏拉

阅读材料 2.13　**巴门尼德**

"真理之路"

来吧，让我来告诉你，而你要谛听并传扬我的话，只有哪些探寻之路是可以思考的：

一条路——[它]存在，[它]不可能不存在，

这是皈依之路（因为它伴随着真理）；

另一条路——[它]非存在，[它]需定非存在。

我向你指出，

这是完全不可认知的一条路，

因为你无法认识非存在

（这是不可行的），

也不能指出非存在。

因为能被思考的和能存在的是在那里的同一事物。

要注视那些事物，它们尽管遥远，

然而牢牢地存在于思维中；

因为你不能将存在者从存在者的紧密联系中割裂，

它不会以任何方式在任何地方分崩瓦解或者聚合。

对我来说都是一样的，

无论从哪一点开始，
因为我将会再返回那里。
那能够被谈论、被思考的必定是存在者，
因为它就在那里存在，
而无物非存在，
那就是我要求你思考的。
因为（我约束）
你走上那第一条探寻之路，
之后还有这一条路，
路上凡人一无所知，
两头彷徨，无可奈何。
这种心理引导着他们纷乱的思维，他们受到左右
如同耳聋目瞽、无所适从、没有鉴别力的一群人，
那些人认为存在和非存在是同一的
而又不是同一的；
而一切的道路向回逆转了方向。
因为永远不会实现的是，
不存在的事物存在，
而你一定要让思想离开这条探寻之路，
也不能让习惯支配你，
走上这条诸多经验的路，
运用毫无目标的眼睛，
鸣响的耳朵和舌头；

而要以推理判断我告诉你的
带有争议的不信任。
可以讲述的途径只留下一条：
[它]存在；
在这条[路]上有很多标志：
存在者不是生成的，也不会消亡；
完整，单一，不动，完满；
[它]既非曾经存在，也非将要存在，
因为[它]现在作为整体存在
是一体的、连续的；而你要找出存在的什么本源呢？
[它]是以什么方式，从何处生成发展的呢？至于非存在，
我也不允许你言谈或思考；因为非存在不能被谈及或思考。
而如果它是由无物中产生出来的，
是什么样的需要能使它迟一点而不是早一点地产生？
所以[它]必然是完全存在，
或者根本不存在。
信任的力量也不会让任何东西从它之外的存在者生成；
因此不论是存在者的产生
或是[它的]灭亡，正义女神都不会松开她的绑缚听之任之，
而是会牢牢抓住[它]不放。

[译注] 引自巴门尼德，《巴门尼德著作残篇》，李静滢译，广西：广西师范大学出版社，2011。

图和亚里士多德拿来讨论。

前苏格拉底哲学的最后一大学派——或许也是最重要的学派，是留基伯及其学生德谟克利特（前460—前370年）领导的原子论派。他们相信，不可改变的终极存在由原子——极其微小、难以察觉、不可分割的粒子——以及虚空构成，这些粒子在虚空中自由移动。（当今所使用的 atom[原子]一词是直接采用了希腊语 atomos，意为"不可分割的"。不过我们现在都知道

原子可以被分为许多微粒、力以及其他有待发现的物质。）他们进一步认为原子是永恒且非创造性的——永不消失。原子以多种多样的方式结合在一起组合成物体——这一巧妙的概念预言了分子的发现。原子论在后来罗马时代的伊壁鸠鲁主义哲学中依然存在，并演变成19世纪约翰·道尔顿早期的原子理论。1905年，爱因斯坦进行了实验，为分子的存在提供了重要的证据；更晚近的还有物理学家海森堡（1901—1976年）以量子力学上的发现震惊了科学世界，他就是从古希腊原子论者中获得了最初的灵感。

前苏格拉底学派的思想只余断简残篇，但是他们更关注人类而非神灵，他们的影响绵延千年，从古代雅典到欧洲文艺复兴时期，再到18世纪的理性时代。他们对人类思想进化的贡献，可以总结为由普罗塔戈拉（约前485—前415年）提出的一个众所周知的说法：“人是万物的尺度，是存在者存在的尺度，也是不存在者不存在的尺度。”下一章我们将会讲到普罗塔戈拉这位古希腊黄金时代的哲学家。

希罗多德：希腊第一位历史学家

在公元前5世纪初，希腊人面临着对他们文明的最大威胁。他们成功地应对了挑战，并促成了与古风文明的决定性断裂。

公元前499年，在雅典的支持下，小亚细亚的希腊城邦奋起反抗波斯统治者。波斯国王大流士一世成功地镇压了这次反抗；随后，他针对那些曾向东部城邦提供帮助的雅典内陆城邦发起一场惩罚性的军事远征。在公元前490年，大流士一世大举率兵进攻希腊；让人意想不到的是，在马拉松战役中波斯人被雅典人击败。在公元前486年大流士一世驾崩后，他的儿子薛西斯一世在公元前480年发起了一场规模更大、攻势更猛的战争。薛西斯一世在温泉关击败了斯巴达人，然后又攻击并洗劫了雅典。当城邦沦陷之时，雅典人开始准备船只，听从神谕，上了自己的船，因为神谕要求他们“依靠自己的木制舰船”。最终，他们在不远处发生的萨拉米斯海战中将波斯海军打得一败涂地。公元前479年，波斯人在普拉提亚和米卡列经历了陆地和海上战败之后彻底惨败而回。

希罗多德（前484—前420年）被称为“历史之父”，在他的九卷本《历史》中可以看到关于古风时期末希波战争的详细描述。人们对于希罗多德的研究方法及贡献争论不休，但有一点可以肯定：他是西方传统中第一位全身心投入历史写作的作家；他有条理地收集信息；他是一个了不起的故事作者，他能通过频繁而有趣的离题，让读者对主要叙述保持兴趣。

对我们而言，希罗多德并不是所谓的科学历史学家——他有着显而易见的缺陷。他从未真正理解军事战略中的微妙难解之处。他几乎总是从人物心性角度来分析事件，对于基础性的政治或经济原因几乎不感兴趣。不过他也有很多优点。尽管他的主题涉及希腊人与外邦人之间的冲突，但他依然非常公正，不带民族主义偏见。他敏锐的观察力，支撑了他对周围世界以及对人类同胞天生的好奇心。最重要的是，尽管各类史料版本存在冲突，他还是记录了尽可能多的信息。他还尝试对资料来源的可靠性进行合理的评估，以便日后的读者能够形成自己的观点。

希罗多德对希腊人战胜波斯人的分析是基于一种坚定的哲学——实际是神学——信仰，即敌人被打败是因为他们在道义上是错误的。他们的过错在于狂妄自大、野心过大以及羞辱牺牲将领的行为。而希腊人的胜利则是正义战胜强权的一个实例，同时证明诸神会保佑正义得胜。希罗多德在《历史》卷7中提到，波斯国王薛西斯的叔叔阿尔达班斯在公元前480年警告他不要入侵希腊。

希罗多德还描述了另一场狂妄自大的莽撞场景，薛西斯下令要将莱奥尼达斯的遗体碎尸万段，他是温泉关战役的领袖。但是莱奥尼达斯的手下赶在这场惨剧发生前将他的遗体夺回。

在希腊人最终将波斯击败的事迹当中可以学到道德和政治上的教训。也许正义是其中一个因素，但希腊人胜利的部分原因在于他们面临共同敌人时紧密团结在一起。温泉关战役发生在公元前480年8月；莱奥尼达斯率领自己的300名斯巴达勇士以及其他城市的数千名士兵把守通往那个城邦的道路。波斯人袭击了希腊人，莱奥尼达斯和他的军队坚守了六天；估计在很短时间内牺牲了约有2万波斯人以及2500名希腊人。当莱奥尼达斯意识到波斯人将从后方偷袭之后，他让几千名战士全都撤退，只留下所有的斯巴达勇士；他和这300名勇士浴血奋战后壮烈牺牲。

随后，古希腊人在决定性的海战中击败波斯人，开启了希腊历史上最伟大的时期——古典时期，或说黄金时代。

阅读材料 2.14　希罗多德

《历史》卷 7

国王在那里等候了整整四天，一直料想希腊人会逃跑的；但是到了第五天，薛西斯看到他们并未撤走，以为他们留守在那里只不过是轻率和鲁莽，不由得怒火中烧，命令米底人和基西亚人出击，要他们生擒敌人并将敌人带到他的面前来。米底人冲上前去向希腊人发起进攻，许多人倒下了；另一些人接着前去进攻，希腊守军虽然死伤惨重，但并没有被击溃。不过，希腊人向所有人尤其是向国王本人证明，异族军人数虽多，可其中真正的勇士却寥寥无几。这场战斗持续了一整天。

米底人遭受到如此沉重的打击，便退下阵来；取代他们的是由海达涅斯所率领的波斯人，国王称其为"不死军"。薛西斯认为，至少他们会很快解决这场战斗的。但是，他们和希腊人交手之后，也是一筹莫展，打的情况和米底士兵没有什么区别。原来，两军在狭窄的地方交战，波斯人所使用的枪比希腊人的枪要短些，因此他们根本无法利用他们在数量上的优势。然而，拉栖代梦人的作战方式却特别引人注目：他们的战术素养要比他们的敌人高出许多。他们有许多战术，其中有一种叫作"回马枪"——他们转身佯装逃走，异族人不知是计，就大喊大叫着追上前来，当他们眼看就要追上的时候，斯巴达人就转过身来向异族人发起反击，这样一来，就歼灭了大量异族军士。在交战中斯巴达人同样也有伤亡，但人数很少。最后，波斯人发现，他们无论是列队进攻还是用其他方式进攻，都无法取得山隘

的方寸之地，他们只得退回自己的营盘。

据说在交锋的过程中，国王薛西斯由于替自己的军队担忧，曾经三次从他观战的王座上跳下来。

翌日，双方再战，但是异族军队也没有取得比第一天更好的战果。异族人作战的时候，以为希腊人数量这样少，又伤兵满营，肯定再也无法抵挡他们了。但是，希腊人却按城邦列阵，依次轮流出战。

……

日出之际，薛西斯行过灌奠之礼，等到市场上人满之时，再发起进攻。薛西斯这样做，是采纳了爱菲阿尔特的建议。因为下山的路比绕道上山更为直接，也近得多。于是薛西斯和他所统率的异族军就开始进攻了；但是，列奥尼达所统率的那些希腊人，决心战死，于是现在他们就不断向前推进，比前几天走得更远，直达山隘的宽阔地带。原来，他们此前一直据守城墙，都是退守到山隘最狭窄的地方与敌人作战的。但现在他们是走出峡谷，在外面接战，他们杀死许多异族人。异族的军官手持皮鞭，在军队的后面，不停地挥舞着驱赶全军前进。异族军当中有许多人被逼入海中溺死，但是他们相互践踏而死的人还要多得多，而且没有人在意死者究竟是谁。希腊人既然知道自己必定要死于从山后迂回而来的敌人之手，因此他们竭尽平生之勇，与异族人展开了殊死搏杀。

这时候，大多数希腊人的枪已经折断了，于是他们就用短剑来刺杀波斯人。在这场血战中，英勇奋战的列奥尼达阵亡了；一同阵亡的还有其他许多著名的斯巴达人。由于他们的盛

德丰功，我得知了他们的名字，正如我确知所有这300人的名单一样。在这次交战中，波斯人方面也有不少知名之士阵亡，其中有大流士的两个儿子，阿布罗科米斯和海柏兰提斯，他们都是阿坦涅斯的女儿弗拉塔谷涅所生。这位阿坦涅斯是国王大流士的兄弟，是阿尔萨美斯的儿子海斯塔斯皮斯的儿子。当他把他的女儿许配给大流士的时候，他把他的全部家产都给她作陪嫁了，因为她是他的独生女儿。

薛西斯的两个兄弟就在这里阵亡了。为了争夺列奥尼达的遗体，波斯人和拉栖代梦人之间展开了一场激烈的厮杀。希腊人英勇战斗，杀退了敌人的四次进攻，最后才把他的遗体带走。当爱菲阿尔特率领波斯人到来的时候，这场混战终告结束。希腊人知道身后的敌人逼近了，自那时起，战斗的形势发生了改变，因为希腊人又撤回山隘狭窄区域，进入墙内，除了底比斯人之外，全体将士都肩并肩据守在一个小山之上，严阵以待；小山就在隘路的入口处，而在那里现在立有一座石狮以纪念列奥尼达。在这里，手里还有短剑的，就用短剑来防卫；没有短剑的，就用双拳和牙齿来自卫，直到最后异族人使用大量投射武器，有的人从正面进攻摧毁城墙，有的人迂回包抄，把他们团团围住，这才压倒了他们。

全体拉栖代梦人和塞斯皮亚人就这样壮烈牺牲了。然而，在他们当中，据说最勇敢的是一个名叫狄耶涅凯斯的斯巴达人。关于他有这样一个说法：在他们和波斯人交战之前，有一个特拉齐斯人告诉狄耶涅凯斯说："敌人人数极多，当他们弯弓射箭时，大量的箭簇竟可以把天上的太阳遮蔽起来。"狄耶涅凯斯听了这话，毫无惧色，反而对波斯人的人数众多表示轻蔑。他说："我们的特拉齐斯朋友给我们带来了好消息。如果波斯人遮蔽了太阳，那么我们就可以在阴凉地，而不用在烈日的照射下和他们交战了。"狄耶涅凯斯还讲过其他同样性质的话，人们至今还记忆犹新。

据说，勇名仅次于狄耶涅凯斯的，是一对拉栖代梦人，他们兄弟二人，名叫阿尔弗尤斯和玛尔罗，他们都是奥尔西番图斯的儿子。在塞斯皮亚人当中，获得最高称誉的，是哈玛提达斯的儿子，一个名叫狄泰兰布斯的人。

所有的阵亡者，都安葬在他们牺牲的地方。为了纪念他们以及那些在列奥尼达命令大家离开之前战死的人，在那里立了一块碑，碑上刻有这样的铭文：

来自伯罗普斯之地的四千战士在这里奋勇抗击三百万敌军。

这是纪念全军的铭文。另外还有专为纪念斯巴达人而刻写的一则铭文：

来往的过客啊，请去告诉拉栖代梦人，说我们遵从他们的命令，长眠在这里。

这是为纪念拉栖代梦人的铭文。而下面的铭文则是纪念那位预言家的：

英雄麦吉斯提亚斯，在这里奋战牺牲，死于渡过斯伯凯乌斯河的波斯人之手。这位智慧的预言家虽早知道死期将至却耻于逃遁，不忍离开斯巴达的国王。

[译注] 引自希罗多德，《历史》（详注修订本），徐松岩译，上海：上海人民出版社，2018。

总览 希腊的崛起

语言和文学

— 诗人荷马生活在公元前 8 世纪。他记叙特洛伊战争的史诗《伊利亚特》和《奥德赛》是在真实事件发生的数个世纪以后，根据游吟诗人们代代相传的短歌所创作，并于公元前 6 世纪被书写成文字。

— 赫西俄德的《工作与时日》描述了希腊的农耕价值观，以及一名农夫经受的考验、磨难和生活给他的回馈。赫西俄德还写了《神谱》，一部描写世界起源的诗。

— 古希腊人于公元前 700 年左右采用了腓尼基字母。

— 在古风时期，抒情诗取代了荷马英雄诗；莱斯博斯岛的萨福是第一位留下了描述个人经历的文学记录的女性。

— 希罗多德（前 484—前 420 年），人称"历史之父"，著有九卷本的《历史》。

美术、建筑和音乐

— 公元前 8 世纪，希腊人重新开始表现人物形象，先是陶器上的绘画，然后是小型青铜雕像。因为当时十分流行在瓶身上绘制抽象图案，所以这一时期被称为几何风格时期。

— 与近东的文化接触使得东方的手工艺品被引入希腊；在希腊艺术的东方化时期，借鉴自美索不达米亚和埃及的图案与风格随处可见。

— 公元前 6 世纪中叶，随着第一批希腊人在埃及定居，最早的真人大小希腊石雕出现了，而且和埃及的祭祀雕像十分相似。

— 古风时期出现了真人大小的裸体男子人物形象，艺术家们开始采用写实手法展现人体，并加以笑容让人物形象显得更加真实。

— 在建筑领域，古风时期的标志是几座主要围柱式神庙的修建，以及多立克柱式和爱奥尼亚柱式的发展。

— 雅典人于公元前 6 世纪中期发明了黑绘人物瓶画，埃克塞基亚斯是该领域最为杰出的大师；红绘人物瓶画出现在公元前 530 年左右。

— 克雷提奥斯少年像中引入的"对偶倒列"手法和微侧的头部，标志着希腊艺术古风时期的结束和古典时期的开端。

— 古希腊音乐由一系列不同的模式和音阶风格谱成；从某种程度上说，每种模式都足以影响人类行为。

— 基萨拉（一种七弦里拉琴）和竖笛（一种双簧乐器）于公元前 675 年出现，和大多数乐器一样用来为歌者伴音；纯乐器音乐于古风时期末被引入。

— 涌现了大量关于音乐理论的文献；毕达哥拉斯发现了音乐和声之间的数字关系和现代音阶。

宗教和哲学

— 古希腊人探寻自然现象的神性和自身心理特质的解释。

— 希腊神话并不提供核心信息；相反，同一个故事会有多种不同的版本。希腊神话和宗教由传说、原始习俗和传统习俗构成。

— 人们常常说希腊人将他们的神变成人，将人变成神；神和人之间的区别只是神是永生的。

— 苏格拉底和柏拉图之前的哲学家们都用逻辑和理论推理来解决关于世界和人类经验的问题，统称前苏格拉底哲学家。前苏格拉底哲学流派包括唯物主义、毕达哥拉斯哲学、二元论和原子论。

— 前苏格拉底哲学家更注重人而非神；普罗塔戈拉曾经说过："人是万物的尺度，是存在者存在的尺度，也是不存在者不存在的尺度。"

图 3.1　克雷西勒斯（Cresilas），《伯里克利》，前 2 世纪。大理石，58.5 厘米。英国，大英博物馆。
这尊雅典政治家伯里克利的半身雕像据说出自意大利罗马郊区的哈德良庄园。

目　录

第六章 早期基督教：拉文纳和拜占庭 251

第七章 阿拉伯文明 285

第八章 中世纪文化的兴起 315

第九章 中世纪盛期 357

第十章 14世纪：蜕变之时 397

第十一章 15世纪 443

第三章

古典希腊和希腊化时期

导引

公元前458年，埃斯库罗斯首次凭借他著名的《俄瑞斯忒亚》三联剧在戏剧比赛中获奖时，剧中讲述的故事——阿伽门农王与神样的阿喀琉斯、血亲复仇与神的愤怒——已经流传数百年之久，在希腊人中家喻户晓。其实这并不是埃斯库罗斯第一次获奖。公元前472年，他凭借一部主题更贴近家乡的剧作《波斯人》获得过同样的奖项。这部剧于希腊人打败薛西斯一世八年后首次上演，是现存最早的埃斯库罗斯戏剧作品，也是我们所掌握的唯一描述历史事件的希腊悲剧。三十多年后，希罗多德多方收集信息著成《历史》一书，而埃斯库罗斯则是亲历那段历史的人。他和他的兄弟参加了马拉松战役，他的兄弟在战争中死去。十年后，埃斯库罗斯再次参加了具有决定性的萨拉米斯海战，这一战将这场旷日持久的战争的势头交到了希腊人手中。正如希罗多德对希波战争的描述一样，埃斯库罗斯也通过剧中角色——薛西斯一世的先父大流士的鬼魂的声音，将波斯人的失败归结为傲慢引发的

众神之怒。（傲慢主题也是《俄瑞斯忒亚》三联剧中第一部《阿伽门农》中的暗流。）

除了描述战争环境的残酷，《波斯人》还颂扬了希腊联盟的力量和精神，赞美了雅典——这座刚刚进入黄金时期，满载荣耀与决心重建神庙和民主价值的城邦。最先发起战后运动的是治邦者伯里克利（图3.1），在他的领导下，希腊达到了艺术、文学和哲学的顶峰。值得一提的是，伯里克利也作为赞助人参与了《波斯人》的演出事务。他支付了合唱团的筹备开支和其他城邦没有涵盖的制作支出，通过这样做为城邦和人民贡献力量。伯里克利十分富有，有足够的实力这样做。为此他得到的回报是受到精英阶层尊崇。

《俄瑞斯忒亚》上演博得满堂彩后几年，埃斯库罗斯逝世。他的墓志铭并没有提"希腊悲剧之父"之类的赞誉。相反，上面刻着这样一段战士的碑文："墓碑下安睡着雅典人埃斯库罗斯，欧福里翁之子，在丰饶的格拉死亡战胜了他。但马

拉松的战场证明了他的勇敢，长发的波斯人对此深有体会。"

古希腊的古典文明

希波战争的胜利给希腊带来了积极乐观和团结一致的新气象。神明的力量看上去保佑了正义战胜邪恶。人类成就的可能性是无穷尽的。从公元前479年至公元前323年亚历山大大帝逝世，在这段古典时期希腊人的成就极大增长了希腊人的骄傲和自信。这段时期代表着人类文明的一个巅峰，并持续地激励着后世的文化。

公元前5世纪后半叶，雅典的古典文明达到了巅峰。这段时期产生了无可比拟的丰富艺术和思想成就，被称为希腊的黄金时期。古希腊人在戏剧与史学、城市规划与医药、绘画与雕刻、数学与政府管理方面无疑是领先的。他们对西方文化发展的贡献不仅奠定了人类后继成就的基石，其本身的重要性和独特性亦经久不衰。希腊悲剧至今仍被人们拜读和观看，因为这些作品和其他传统西方戏剧一样，给人以丰富的感受和思想上的满足。

古典理想

据历史记载，希腊未能在平静中扎根。黄金时代的雅典人并没有生活在宁静思索的环境中，而是生活在充满不安与暴力的世界。他们无法将高贵的理想付诸实践，无法与其他希腊人和平相处——这可悲的天性中的黑暗面成了他们独立性的关键因素。公元前431年，雅典人与其他地区的希腊人交战，并于公元前404年战败。在这样的背景下，希腊人对秩序的追求显得更加有意义。相信对理性和秩序的追求可以获得成功，赋予了古典时期的繁多产出一个共同的理想。这个古典理想的中心原则是：可以为存在立序并掌控存在，人类有能力克服自然界的混乱，并建立一个平衡的社会。为了实现这种平衡，个人行为应该受到合理的限制，不约束自己的人负有狂傲之罪——就像薛西斯犯下了狂傲之罪，而他最终也付出了代价。生活的目标应该是一个完美的平衡：一切都恰到好处，没有多余。"一切都不为过"成了当时希腊最有名的谚语之一，"适度"一词也经常出现在各种文本中。

古典希腊人对秩序的重视影响了他们的精神态度。他们相信通过了解个人行为的缘由，尤其是了解自己行为的动机，就能企及秩序。因此对于人类理性力量和自我认知力量的信仰变得和对神的信仰一样重要。古典时期建成的最伟大的古希腊神庙——雅典卫城（图3.2）之冠帕特农神庙，除了用来祭奠女神雅典娜，还用来颂扬雅典和人类的成就。即便是在最黑暗的年代，古典希腊人也从没丢弃人类重要的能力，以及更重要的人类潜能——这种观点在数个世纪后再次兴起，激励着后人，对我们现在的时代依然产生着影响。

前半个古典时期，希腊的政治文化中心是雅典。公元前479年希波战争结束后，雅典人成了希腊世界最强大的。原因之一是他们在击败波斯人的战争中起了决定性的作用。另一个原因是他们自公元前6世纪末建立起来的民主政治体系十分稳定且行之有效。所有男性雅典公民都被赋予了参与治理城邦的权利和义务，不管是参与公民大会（其指导委员会是五百人议会），还是作为个人治安官。他们均有资格加入陪审团。

提洛同盟

战争结束后，希腊城邦迅速结成一个联盟，以防卫外来入侵者。盟邦缴纳的资金被存放在提洛岛，一个供奉太阳神阿波罗的中立小岛。这个联盟就是提洛同盟。

很快，同盟中的一些重要成员，

图3.2 雅典卫城。希腊，雅典。前480年，伯里克利组织重建了在第二次波斯人入侵时惨遭洗劫的雅典卫城。帕特农神庙在右上方，小一些的雅典娜神庙在右下方。注意，帕特农神庙并没有建在卫城的中心，而是建在最高点上，这样从下方就能很容易看到它。

古典希腊和希腊化时期

前500年	前450年	前404年	前323年	前146年
古典时期			希腊化时期	
	黄金时代	古典晚期		
提洛同盟成形；雅典帝国开始形成。伯里克利成为雅典统治者。提洛同盟的金库转移到雅典。	伯里克利委托设计雅典卫城。伯里克利完全统治雅典，直至在一场毁灭雅典的瘟疫中死去（前429年）。前431年，伯罗奔尼撒战争爆发。	前404年，斯巴达打败雅典。前404—前103年，三十僭主统治雅典。前339年，苏格拉底被处死。前359—前336年，底比斯崛起，腓力二世统治马其顿帝国	亚历山大大帝的继承者们争夺权力。别迦摩成为独立王国。前197—前159年，欧迈尼斯二世统治别迦摩。罗马洗劫科林斯。希腊沦为罗马的一个行省。	

包括底比斯、斯巴达，还有雅典在贸易上的老对手科林斯开始怀疑联盟并没起到太多保护希腊城邦的作用，却大大增强了雅典的力量。他们认为雅典人逐渐把一个自由独立的城邦联盟变成了向雅典俯首称臣的帝国。这种怀疑很快得到证实。公元前 454 年，同盟金库从提洛岛转移到雅典。本该用于同盟城邦福利的资金，被用于建设雅典，包括修建帕特农神庙。而征用资金的负责人就是雅典人的领袖伯里克利。（他于公元前 461 年当权，此后一直连任至公元前 429 年去世；这段时期也被称为伯里克利时代。）随着对提洛岛金库的质疑加剧，联盟逐渐瓦解。希腊城邦分裂了。一方是雅典和仍然留在联盟的城邦，另一方是其他希腊城邦。冲突已无可避免。斯巴达人被说服，领导反对联盟发起了挑战希腊"帝国计划"的战争。这场战争被斯巴达及其支持者以家园之名命名为伯罗奔尼撒战争。战争始于公元前 431 年，持续十年之久，最终于公元前 421 年迎来了来之不易的停战协议。但不久后，雅典人为了补充国库，极不审慎地无故攻打富庶的西西里岛。这次远征是一次彻底的失败，大量雅典士兵被杀死或俘虏。当公元前 411 年战争再起时，雅典军队已大不如前。公元前 404 年，雅典帝国走向终结。在一次包围战中，大量民众横死街头，雅典不得不无条件向斯巴达和他的联盟投降。

随着雅典的衰落和伯罗奔尼撒战争的结束，希腊的政治和文化生活不再由雅典人主导。

修昔底德

我们对伯罗奔尼撒战争及其重要性的了解，要归功于亲历这段惨烈历史的伟大史家修昔底德（前 460—前 400/396 年）的记述。他没有用离题的逸闻轶事（希罗多德有此好）取悦读者，而是探寻历史真相并以此论证人类行为的共性。修昔底德在战前曾积极参与雅典政事。公元前 424 年，他被推选为将军，负责保卫希腊北部城市安菲波利斯，抵御斯巴达人侵袭。但在他上任之前，安菲波利斯人就跟斯巴达人商定了投降条款。雅典领导层把城邦失守归罪于他，将他逐出雅典，直到公元前 404 年斯巴达人掌管雅典后，他才得以返回。

修昔底德想以《伯罗奔尼撒战争史》记录下战争全过程，但很可能未完成就去世了，书中所载止于公元前 411 年末。该书具有极高的史料价值，但修昔底德想做的不仅仅是记录一场战争。他还分析了人类的动机和反应，以便后人了解战争爆发的原因，从而更好地了解自身。作为一名被驱逐的雅典人，修昔底德得以从双方视角观察战争。他的描写准确客观。例如在第三章，他记录了伯罗奔尼撒同盟大会的一次会议。其中最出彩的是科林斯人煽动斯巴达人攻打雅典的一段讲话，透露了伯罗奔尼撒同盟攻打雅典的原因是雅典军事实力太强。科林斯人故意贬损斯巴达军事力量不如雅典，以刺激后者发动战争。

阅读材料 3.1 修昔底德

摘自《伯罗奔尼撒战争史》卷1，"拉刻岱蒙的伯罗奔尼撒同盟大会"

雅典人热衷于革新，其特点是敏于构想，并立即付诸实施。而你们的天性就是要维持现状，总是缺乏革新意识，在被迫行动时也从未取得过足够大的成就。其次，雅典人的冒险之举超过了他们的实力，他们的胆量超出了他们的判断，危难之中他们仍能保持自信。而你们的习惯是想做的总是少于你们的实力所能做到的；你们总是不相信自己的判断，哪怕这个判断已经得到你们的认可；你们还总是认为危险是不可解除的。而且，他们的果断和你们的迟疑形成对照；他们总是在海外，你们总是在家乡。因为他们希望远离家乡而扩大其所得，而你们认为任何迁动会使你们既得的东西发生危险。他们在胜利时马上乘胜前进，在受到挫折时也决不退缩；他们认为他们要为城邦的事业慷慨捐

躯；他们注意培养自己的智慧以为城邦尽心效力。对他们而言，未能实现的计划就是无可争议的失败，一次冒险事业的成功只是他们即将获得成功中的一小部分，但如果他们失败了，就马上又充满新的希望。因为只要他们能够做到，想得到一样东西就要得到它，按照他们的方法迅速采取行动。因此，他们一生都是在艰难险阻中度过的，他们忙于收获，却没有机会享受；履行他们的义务是他们唯一的休假时间；对他们而言，和平而安宁的生活比之艰苦的攻城拔寨是更大的不幸。一言以蔽之，雅典人的性格是自己生来就不享受和平安宁的生活，也不让别人过上和平安宁的生活。

这就是你们的对手雅典人的性格。但是，拉刻岱蒙人啊，你们还是迟疑不决。你们难道看不出，长久的和平只能与这样的城邦维持：他们毫不迟疑地公正使用武力，他们决不服从于非正义。

[译注]引自修昔底德，《伯罗奔尼撒战争史》（详注修订本），徐松岩译，上海：上海人民出版社，2017。下引《伯罗奔尼撒战争史》均为此本，略有改动。

会议召开的时候，碰巧有两名雅典使者前来办公务。听到了这样的煽动演讲，他们马上要求在大会上发言。不是要宣扬雅典多么无辜，而是要求他们克制敌意行为。使者提醒斯巴达，打败波斯人是雅典的贡献，尽管他们已经"不想再不断地提起这件事"。在复述完雅典的英雄事迹后，使者还问："雅典怎

么会是你们的敌手呢？"

阅读材料 3.2 修昔底德

摘自《伯罗奔尼撒战争史》卷1，"拉刻岱蒙的伯罗奔尼撒同盟大会"

你们知道，我们在马拉松前线单独迎击异族人；他们第二次来犯，当我们在陆地上不能抵御他们的时候，我们就登上舰船，和我们全体人民一起，参加了在萨拉米斯的战役。就是这次战役打退了波斯人，使他们不能逐一征服伯罗奔尼撒诸邦，使他们不能以其舰队来袭掠这些城邦。波斯人当时的舰队规模之大，使你们这些城邦的任何联合自卫都是不可能的。关于这一点，最好的证据来自侵略者自己。他们在海战失败后，意识到其军队元气大伤，于是以最快的速度撤走了其大部分的军队。

这就是那场战争的结果。它清楚地证明，决定希腊命运的是海军。对于这个结果，我们有三个非常有益的贡献：我们提供了最多的舰船，我们派出了最有才智的指挥官，我们表现了最忠诚的爱国精神。在全部400艘战舰中，有将近三分之二是我们提供的。指挥官是泰米斯托克利，在海峡的战役中，他是主要的指挥官。他是我们事业的公认的救星。事实上，你们自己也因为这一点在接待泰米斯托克利时，比接待任何外宾都要尊敬些。我们表现出来的大无畏的爱国精神是举世无双的。我们的后方没有援军，我们的前方各邦都被奴役了；我们放弃了自己的城市，牺牲了自己的财产（而没有抛弃我们其余的同盟者，也没有遣散他们，使他们无法为

我们服役），我们有一种精神，登上船舰，迎接危险；对于你们不及早前来援助，我们毫无怨言。因此，我们认为，我们所付出的，丝毫不少于我们所得到的。你们所离开的城市都是你们的家园，你们有希望重新享有它们……我们给自己留下的城市不再是一个城市，我们冒着生命危险，为的是一个仅仅在虚无缥缈的希望中存在的城市。

最后，斯巴达人、科林斯人，以及他们的联盟投票决定对雅典宣战。他们将取得胜利，雅典则再次被洗劫，而这一次是被自己的同胞。但这座"不再是一个城市"的城市、"仅仅在虚无缥缈的希望中存在的城市"，在希波战争后得到了复兴。在修昔底德的描述中，伯罗奔尼撒战争爆发前雅典的复兴要归功于伯里克利。伯里克利在阵亡将士葬礼上的演讲也被记录下来。跟传统的葬礼演讲不同，伯里克利用这篇演讲赞颂雅典。演讲发表于战争期间，所以伯里克利的目的除了颂扬为国捐躯的将士，还想提醒活着的士兵他们在为家园和国家而战。

伯里克利死于公元前429年的一场瘟疫，他没有看到雅典权力的陨落。在伯里克利统治期间，他始终贯彻着自己的理想——将被波斯人摧毁的雅典建成一座荣耀之城（图3.3）。

图 3.3　**伯里克利时代的雅典**（前 443—前 429 年）

城市面积	7 平方英里（约 1813 公顷）
城市人口	100000–125000
地区人口 （阿提卡）	200000–250000
政治机构	公民大会、500 人议会、 十将军委员会
经济	海上贸易、手工业（织物、陶器）、 农耕（橄榄、葡萄、小麦）
文化生活	历史（修昔底德）； 戏剧（埃斯库罗斯、索福克勒斯、 欧里庇得斯、阿里斯托芬）； 哲学（苏格拉底）； 建筑（伊克蒂诺、卡利克拉特、奈 西克勒斯）； 雕塑（菲迪亚斯）
主要建筑	帕特农神庙、卫城山门 （雅典卫城的另一座主要建筑伊瑞 克提翁神庙并不是在伯里克利生前 开始修建的）

阅读材料 3.3　修昔底德
摘自《伯罗奔尼撒战争史》卷 2，"伯里克利的葬礼演说"

　　我们的宪法没有照搬任何毗邻城邦的法律，相反，我们的宪法却成为其他城邦模仿的范例。我们的制度之所以被称为民主制，是因为城邦是由大多数人而不是由极少数人加以管理的。我们看到，在解决私人争端的时候，所有的人依法都是平等的；在公共生活中，优先承担公职所考虑的是一个人的才能，而不是他的社会地位，他属于哪个阶级；任何人，只要他对城邦有所贡献，绝对不会因为贫穷而湮没无闻。我们在政治生活中享有自由，我们的日常生活也是如此，当我们的街坊邻居为所欲为的时候，我们不至于因此生气，也不会相互猜疑，

相互监视，甚至不会因此而常常给他们难看的脸色，尽管这种脸色不会对他们造成实际的伤害。我们在私人关系上宽松自在，但是作为公民，我们遵守法律。对当权者和法律的敬畏使我们如此。我们不但服从那些当权者，我们还遵守法律，尤其是遵守那些保护受伤害者的法律，不论它们是成文法，还是虽未写成文字但违反了就算是公认的耻辱的法律。

　　另外，我们安排了种种娱乐活动，以使人们从辛苦劳作中得到精神的恢复。在整个一年之中，我们都举行各种常规的竞赛和祭祀活动；在我们的家庭中，有华丽而风雅的设施，每天怡娱心目，祛除心中的烦闷。我们的城邦如此伟大，全世界的各种产品都流向我们这里。因此，对雅典人而言，享用其他地方的产品，就如同享受本地出产的美好果实一样。

　　至于我们的军事政策，也在以下几个方面优于我们的敌人。我们的城邦对全世界是开放的，我们从未通过排外条例，以防止外人趁机探访或观察，尽管敌人的耳目不时地从我们的自由开放中捞取好处。

　　……

　　我们勇敢无畏地冲入每一片海洋，攻入每一块陆地；我们在各地所造成的不幸，或所布施的恩德，都为后世留下了不朽的纪念。这就是雅典，就是这些人为它勇敢作战、慷慨捐躯的一个城邦，因为他们只要想到脱离这个城邦，就会不寒而栗；而每一位有幸还活着的人，都应当甘愿为城邦忍受一切痛苦。

　　正是这个原因，我详细讲述了我

们城邦的特性，我要向你们说明，我们的奋斗目标比其他不具备这些优点的人们所追求的目标要更为远大；同时我刚才用确凿的证据表达了对他们的荣耀的赞颂。

伯里克利与雅典卫城

伯里克利战后大修建的核心，是用巨大的岩石缔造雅典卫城——"高处的城市"。这一傲视整个城邦的神圣遗址是雅典人生活的中心。它可以追溯到迈锡尼时代，因为位高易守，人们在这里建起了堡垒。在古风时期，这里修建了一系列神庙，但最后一座也于公元前480年被波斯人破坏。公元前449年，当时最伟大的雕刻家兼伯里克利的朋友——菲迪亚斯（Phidias）开始指挥卫城的修建工作。

帕特农神庙（图3.4）是伯里克利监管修建的第一座神庙，也是雅典卫城重建孕育的瑰宝。帕特农（Parthenon）一词意为女神之殿，这里供奉着雅典娜女神。神庙于公元前447年至前438年建成，装饰雕刻于公元前432年完成。甚至比奥林匹亚的宙斯神庙——那里供奉着巨大的象牙和黄金雕刻的众神之王宙斯像——还要大。帕特农神庙

图3.4　**伊克蒂诺与卡利克拉特，希腊雅典卫城帕特农神庙，前447—前438年。**帕特农神庙一直保持大致完整，直到1687年土耳其军队占领了雅典，并在神庙里存放火药。后来火药库被包围他们的威尼斯军队的炮弹点燃，在神庙里爆炸。尽管遭到破坏，帕特农神庙仍是西方建筑史上最有影响力的建筑之一。

是建筑史上最有影响力的建筑之一。

帕特农神庙建筑

帕特农神庙是多立克柱式建筑最杰出的代表，尽管其部分装饰采用爱奥尼亚柱式。帕特农神庙是一座围柱式神庙。典雅的圆柱环绕着两个内殿，内殿中供奉着宝藏和一座 12 米高的象牙和黄金打造的雅典娜神像。神庙的比例基于精确测算，非常协调。神庙长侧面有 17 根圆柱，短侧面 8 根。神庙的设计看上去十分朴素，严格的垂直元素上面搭建水平的柱上楣构。但独具匠心的设计避免了单调和沉重的视觉感受，赋予建筑丰富和典雅的气息。这座建筑的线条很少是严格垂直或水平的。像早期的多立克柱式一样，帕特农神庙的圆柱底部三分之一最厚，往上逐渐变细，名为凸肚状设计。所有圆柱都朝着彼此略微倾斜（经测算，如果再向上延伸 2.4 千米，这些圆柱就会碰到一起），大小也并不一致。周围的圆柱更厚，彼此靠得更近，柱上楣构也向外倾斜。看起来平整的地板其实不是平的，而是中间凸出，高于四边。出现不规整的缘由我们不得而知，但有说法认为是为了弥补视觉上的错觉，因为从远处看，直线会是弯的。这些设计十分微妙，肉眼几乎无法察

觉。古希腊人对秩序的追求，也从设计的完美执行可见一斑。

帕特农神庙雕塑

菲迪亚斯受命于伯里克利，主管帕特农神庙的雕塑项目。他把主要精力放在了雕刻雅典娜神像上，但他的助理谨遵他的风格——特点是精致、紧贴身形体态的无比逼真的垂褶、纹理构造的对比、通过雕塑表面刻印的深浅表现光影，以及流畅的线条——完成了其他雕刻。

与其他多立克柱式神庙一样，帕特农神庙的雕刻装饰也仅限于雕带式和山形墙式。外面的雕带是多立克柱式，内殿内面顶部雕带是爱奥尼亚柱式。多立克雕带的主题是史诗神话阿庇泰人与半人马的战争、希腊人与亚马逊人的战争，还有神与巨人的战争——都隐喻了希腊人与波斯人的战争。夹在三竖线花纹装饰之间的方形墙面，雕刻起来十分不便，不像爱奥尼亚柱式提供了连续的空间。柱间墙面上最流畅的构图之一，是一个阿庇泰人抓住一个半人马的头发，双方彼此反向拉扯，弓身朝向两边（图 3.5）。阿庇泰勇士身后的斗篷呈现出多层 U 形垂坠，帮助视线像钟摆一样在两个人物间转换。从整体上看，双方构成了一个完美的反向运动圆，仿若

一个编排好的舞蹈动作，要在运动与束缚之间创造完美的平衡。

帕特农神庙的装饰雕塑采用了多种雕刻技术。比如雕刻着阿庇泰与半人马的柱间墙就结合了中度浮雕和高浮雕，有些还是全角度雕刻。山形墙也采用了全角度雕刻。东面山形墙的雕刻主题是雅典娜女神的诞生。西面的山形墙则讲述了雅典娜和波塞冬争当雅典守护神的故事。

雅典娜诞生时现身的三位女神的神像（图3.6）构成了一个人像组，被雕刻在东面山形墙的一处外角面上。这面山形墙浮雕如此精妙，让人不由猜想它是由菲迪亚斯本人亲自设计，甚至亲自雕刻完成的。浮雕的人体和衣物采用了极致写实手法，有些细节甚至连站在下面的观看者都看不到。人物身体很有质感且浑然一体，人体姿态轻松而自然。衣服的褶皱十分真实，包裹着腿部

图 3.5 一面雕刻着阿庇泰人和半人马战斗的柱间墙，前447年—前438年。位于希腊雅典卫城帕特农神庙南面。潘泰列克大理石高浮雕，120×125厘米。英国，伦敦，大英博物馆。雕刻描述了传说中古希腊的阿庇泰人与半人马之间的争斗。半人马被邀请参加阿庇泰人的婚礼，酒后撒野，要绑架新娘。阿庇泰人打败了半文明半野蛮的半人马，象征着希腊人战胜了波斯人。

的衣襟略为沉重，自然垂落，同时上半身衣物轻盈有致地搭在身体上，形成真实的对比感。惟妙惟肖的线条与褶皱打造出了前所未有的视觉感受。线条柔和地勾勒出了人物的轮廓，并流畅地在人物之间转移，创造出了一幅动态流转的构图。在

图 3.6 《三女神》，前438—前432年。雅典卫城帕特农神庙东面山形墙浮雕，希腊潘泰列克大理石，约123×233厘米。英国，伦敦，大英博物馆。从流畅覆盖在身体上的栩栩如生的衣服皱褶，以及视觉上的统一感，可以看出雕刻者的技术十分精湛。这座雕塑组的整体形状是一个长斜边三角形，跟帕特农神庙东面山形墙右角的形状相契合。三位女神注视着这面三角形山形墙顶端刚刚诞生的雅典娜。

这种质朴的写实主义手法中，又融入了典型的古典时期讲求比例与平衡的理念，因此这组雕刻是融理想主义与自然主义于一体的完美作品。

帕特农神庙最杰出的雕塑是一组160米长的爱奥尼亚浮雕雕带。学者们普遍认同雕带的主题表现的是每四年举行一次的泛雅典娜节日中的行进队列。雕带从神庙西面尽头处开始雕刻，从讲述队列集合开始，往南北两个方向延伸，模拟了通往卫城的行进道路。途经卫城山门、帕特农神庙，最后抵达供奉着古老的木制雅典娜女神像的伊瑞克提翁神庙。行进的队伍——骑手和马、战车、乐师和祭祀的动物——他们跟着大祭司停停走走（图3.7）。

雕带的东面——即神庙的前部——雕刻着神、女神以及尊贵的客人们在等待队伍到达。他们互相之间比画着手势，仿佛正在交谈；有一个场景是阿弗洛狄忒引着她儿子厄洛斯的目光朝着她所指的游行队伍方向看——这是很容易联想到的母子场景。细节的自然主义和动作的流畅打造出了一幅生动又可信的场面：众神仿佛跟普通观众一样，观看着祭奠某位神的人类活动。值得注意的是，考虑到光线在雕刻形状和柱体排列上产生的光学效果，以及凸起的柱基，雕带上浮雕的深度并不统一。雕带上部的浮雕比下部的刻得更深。想象一下站在地面仰望内殿上方的雕带，如果浮雕的深度一

图3.7 骑手组，前438—前432年，希腊雅典卫城帕特农神庙北面雕带上的图案。大理石浮雕，高100厘米。英国，伦敦，大英博物馆。帕特农神庙这块爱奥尼亚式雕带描述了泛雅典娜节游行活动。浮雕在动与停方面的动态感，令人信服地展示了一支拥挤的行进队伍的曲折动态。

致，就会很难看到雕带上部的人物。越往上方浮雕越突出，才能让人看到整块雕带的全貌。

帕特农神庙的雕塑是希腊珍贵艺术宝库中的一颗明珠，也引发了许多争议。19世纪初，英国大使埃尔金伯爵出使当时占据希腊的奥斯曼帝国，从神庙中带走了大量的雕带和其他雕刻装饰；现在这些雕塑收藏在大英博物馆，被称为埃尔金伯爵大理石。人们围绕着大理石的文化财产问题和归还问题展开了激烈的讨论。有观点认为希腊不管是在过去还是现在都没有能力保护好文物，而这些文物不只是希腊人的遗产，还是全人类的遗产。但自从2009年雅典新卫城博物馆开馆，并被誉为"现代建筑中最美的展览场地"后，一些人对此观点进行了激烈反驳，其中最有名的当数希钦斯在其文章《帕特农大理石：理应物归原主》中的观点。希钦斯认为，在希腊陷于动荡，遭受着"不断的战争、占领、破坏"之时，大理石雕塑的确存在危险，但现在这些情况已经不存在了。所以他相信希腊对帕特农雕塑拥有"自然权利"。你觉得呢？

伊瑞克提翁神庙

雅典卫城是古风时期修建雅典娜女神神庙的地点，一度被波斯人夷为平地。伯里克利的重建项目包含一座新的神庙——伊瑞克提翁神庙（图3.8）。这座神庙也建在卫城，并具有多种功能——用于举行各种

图3.8　**希腊雅典卫城伊瑞克提翁神庙的女像柱，前430—前106年。**伊瑞克提翁神庙与众多其他卫城建筑一样是用来纪念雅典娜的。神庙里供奉着泛雅典娜节日祭祀的雅典娜木雕像。多重水平结构说明神庙的地基不平整，庙里有许多房间，包括墓室、神龛和其他圣地。

宗教活动，并供奉着数位神明。

伊瑞克提翁神庙于公元前421年开始兴建，完成于公元前406年。修建过程中遇到了大量设计挑战。地基高低不平。神庙结构必须能容纳多个神龛。其中一个神龛将供奉古老的雅典娜木雕，它是帕特农神庙雕带上所描绘的泛雅典娜节日的中心。此外还将供奉波塞冬、古希腊神话中的雅典国王厄瑞克透斯、传说中的雅典英雄布特斯、锻造之神赫菲斯托斯。这项设计还包含一个确切的地址，古希腊人相信当年海神波塞冬在此地踢到一块岩石，岩石中便冒出了盐泉水，还留下了他的三叉戟的印记。这个传说在帕特农神庙的西面山形墙上也有记述。神庙中还要囊括一位早期的雅典国王（可能是传说中的刻克洛普斯）的坟墓。这些要求加上不平整的地形，需要极具创意的建筑解决方案才能实现。神庙的设计需建立在不同水平线上，有四道出口，四个方向各一道。跟帕特农神庙严格的规则性相比，伊瑞克提翁神庙的不规则性令人震惊。

神庙的装饰雕刻细致又精巧，几乎堪称纤巧。其中最有名的是南面的少女门廊，雕刻成少女形象的圆柱撑起了屋顶，意喻撑起了整个城邦。优雅的人物形象散发出庄严

和平静的气息。人物的身体采用了均衡构图手法，让一条腿轻微地弯曲。这些少女雕像围成一组，共同发挥着支柱功能。她们的衣服上还刻出了皱褶。但艺术家仍然通过体形和长袍的轻微差别把她们区别开来。女像柱是将建筑的结构功能隐藏在形式背后的最充分的尝试。（大英博物馆收藏着一座女像柱，其余的女像柱收藏于雅典卫城博物馆，现在神庙中的女像柱是复制品。）

雅典娜胜利神庙

雅典卫城最受欢迎的神庙也许是雅典娜胜利神庙（图3.9），一座精巧的爱奥尼亚柱式建筑实例。它的部分雕饰描绘了希波战争中至关重要的马拉松战役。4根巨大的爱奥尼亚石柱矗立在神庙的前后入口，

图 3.9 **雅典娜胜利神庙**，希腊，雅典卫城，约前427—前424年。长8.2米，宽5.8米。这座小型爱奥尼亚柱式神庙坐落在卫城入口处，供奉胜利女神尼姬。神庙的部分雕饰纪念了公元前490年希腊军队在马拉松战役中大败波斯军队。

神庙则矗立在矮墙边上，俯瞰着帕特农神庙和卫城下方的城市。

雅典娜神庙中刻有古典时期最令人惊叹的一些精美浮雕。帕特农神庙的建筑师之一卡利克拉特也负责了雅典娜神庙的雕塑，创造了精细、充满质感、线条流畅的雕刻。这些特征在《三女神》和《胜利女神调整凉鞋带》（图3.10）中显而易见。极致的自然主义不只体现在雕刻上，还体现在雕刻的主题上：女神侧身系紧松掉的鞋带，这是每个凡人都曾碰到的小麻烦。

希腊古典时期的视觉艺术

追求自然主义是希腊古典时期视觉艺术的核心。公元前5世纪中叶，雕刻者们不断地探索用动态的方式来展现人体，《克雷提奥斯少年像》（图2.18）就是很好的例子。同时他们探索使人体身形比例完美化的方法，寻找数字比例协调的参照物和适中、平衡、规则的模本。画家们调试出了更多接近于自然的颜色，并采用透视缩短法来尝试将现实中的人物描绘得更加栩栩如生。这些发展都源于对世界更仔细的观察、对潜在的普遍和谐的追求，以及尽可能完善自身的渴望。

古典雕刻

在公元前5世纪中期最杰出的雕刻作品中，有两座青铜勇士雕像是20世纪80年代，从意大利东南海岸打捞起来的载货沉船中找到的。它们是两尊从希腊运往罗马的里亚切青铜像，当时的希腊雕塑深受人们喜爱，被争相复制。可惜的是，许多现存的希腊青铜雕塑只是它们的罗马大理石复制品，因为大量青铜被熔化用作其他用途（例如制造武器、钱币、建筑材料）。要找到原貌尚存甚至完好如初的青铜雕塑极其不易。《里亚切青铜武士像》（图3.11）的雕刻者身份不明，但他的作

图3.10 《胜利女神调整凉鞋带》，约前420年。出自希腊雅典卫城的雅典娜胜利神庙南护墙，前420年左右。大理石浮雕，高96厘米，宽56厘米，厚18厘米。希腊，雅典卫城博物馆。护墙浮雕上装饰着长着翅膀的胜利女神，雕像捕捉了女神平常而相当富有人性的一幕——调整可能松掉的凉鞋带。长袍几乎是透明的，让人感觉衣服面料极薄。

品继承了克雷提奥斯的少年雕像上所体现的创新精神。它更大胆地采用了均衡构图法，刻画出的人物形象更加栩栩如生，动作更加自信，与周围的空间更加契合。

尽管雕像《掷铁饼者》（图3.12）的青铜原版已经失传——现存版本是它的大理石复制品——但我们仍然知道雕刻者的名字：米隆。米隆

图 3.12 米隆，《掷铁饼者》，前450年左右一尊青铜雕像的罗马复制品。大理石，高155厘米。意大利，罗马国家博物馆（马西莫宫）。凌乱的短发和鼓起的肌肉，辅以紧绷的姿态和冷静的面部表情，是古典时期早期的特征。作品捕捉的是运动员比赛的一瞬间。他的躯干像一支箭，紧绷的双臂像一张弓。

图 3.11 《里亚切青铜武士像》，约前460—前450年，发现于意大利里亚切附近海域。青铜，高198.1厘米。意大利，雷焦卡拉布里亚，国家考古博物馆。雕像被几百年前的一位潜水员在意大利东南海岸发现，共两尊，图为其中之一。它们可能在运往罗马买主的途中，遇上了凶险的波涛，跌入海里。武士像没有成品配件，如盾、头盔和矛，但在其他方面是完整的。它有镶入式眼睛、银牙和睫毛，还有铜制的嘴唇。

是公认的古典时期早期最杰出的雕刻大师之一。他的《掷铁饼者》是享誉世界的希腊艺术品。这尊雕像取材自奥运会上的一项比赛——掷铁饼。艺术家捕捉到了一位年轻力壮的运动员比赛的一瞬间：他的手臂摆到身后停住，准备将铁饼往前扔出；他的脸全神贯注地转向身后，肌肉紧绷以积蓄力量；他的躯干和手臂呈弧形，仿佛箭在弦上。这是一个爆发前蓄势待发的动作。跟许多古典时期希腊艺术品一样，动与

静、情感释放与克制间有一种平衡。

波利克里托斯与比例法则

当菲迪亚斯率领一支艺术家队伍设计帕特农神庙的雕像时，同时代的艺术家阿戈斯的波利克里托斯也在设计一个可以用来打造完美、理想的人体形象的公式——比例法则。他最喜欢用的材质是青铜，最喜欢塑造的人物形象是运动员。我们主要是从罗马复制品中了解到他的作品。如果说菲迪亚斯喜好物体的外观和物体表面受光和线条影响产生的可变性和流动性，那么波利克里托斯喜爱的就是物体的核心。如果说菲迪亚斯的作品倾向于感性，那么波利克里托斯的作品就彰显着理性与理智。

波利克里托斯的《法则》不是凭空出现的，它的基础是和声比例，并归纳出了一个精确的数学公式。第二章提到，毕达哥拉斯总结出音乐的和声关系可以用数学来表达。《法则》认为完美的人体雕塑可以通过严格应用身体各部分的比例来实现。波利克里托斯的著作已佚，但曾被几位重要的作家引用，包括历史学家老普林尼（见第 4 章）和古罗马哲学家医生盖伦（129—约 200 年）。

波利克里托斯最有名的作品是

《荷矛者》（图 3.13）。他把比例法则应用到了这尊雕像上。虽然这样做缺少了菲迪亚斯那般的率性，但却创造出了一个具有神一般的美与力量的人物形象。跟《克雷提奥斯少年像》和《里亚切青铜武士像》一样，这尊雕像也采用了构图均衡法或重心转移法。但在《荷矛者》中，波利克里托斯进一步完善了动与静

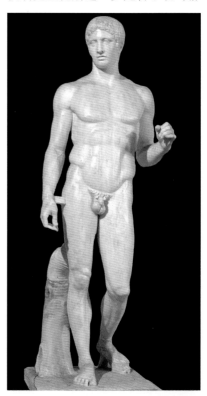

图 3.13 波利克里托斯，《荷矛者》，一尊青铜雕像的罗马复制品（出自意大利庞贝古城体育场），前 450—前 440 年。大理石，高 210.8 厘米。意大利，那不勒斯，国家考古博物馆。为了雕刻出完美的男性身体，波利克里托斯测算出了一套与数学和谐有关的比例法则。这尊雕像集中体现了对运动（或情感）与克制之平衡的控制，也反映了古希腊人推崇的人类行为典范。

之间的平衡。人像重心落于右脚，牢牢固定在地面，形成一种强烈的垂直感，与放松的右手互为呼应。与之相对平衡的是膝盖弯曲的放松的左脚，以及手肘弯曲的紧绷的左手臂。一紧一松的四肢通过对角线让身体达到平衡。放松的手臂对应放松的腿，紧绷的手臂对应紧绷的承重腿。对角部位的和谐平衡让雕像显得轻松自然，遮盖了构图工艺的严格性。

阅读材料 3.4 盖伦

《论希波克拉底与柏拉图的学说》，第 5 章
[艺术中的美源于]各部分的相称，如手指间的相称，所有手指与手掌、手腕相称，手掌和手腕、前臂相称，前臂与上臂相称，以及事实上万事万物的相称，正如波利克里托斯的《法则》中所写的那样……波利克里托斯根据该书的信条创造了一个雕像，并将其命名为《法则》，以支持他的同名著作。

瓶画

古典时期视觉艺术中占主导的自然主义也体现在了瓶画上。尼俄伯画者——双耳喷口杯描述了阿波罗和阿尔忒弥斯因为善生育的尼俄伯自我吹嘘而杀死了她的孩子们，故此得名——受那个时代的板面画启发，用整个杯体来排列这个故事（图 3.14）。画在底部的细线表示起伏的地面，人物分布在露出地表的岩石上下。人物在空间中扭曲转动，有着各自的动作。这是对基于光线感知的自然主义的一次庄严尝试，尽管人物的整体比例未能让人产生进一步的前景和背景感。在空间中令人信服地安排人物的能力，随着后来透视法的发展才出现。

在古典时期，白底绘画的引入，为精致的图像提供了中性背景，并伴有鲜艳的色彩。这种技术可能模仿了失传的墙画或板面画。因为白底绘画耐久性差，所以通常用在非日用性的陶器上。当时最惊人的作品之一是长颈油瓶，这是一种陪葬，画着哀悼或墓地场景。所谓"芦苇画师"绘制的长颈油瓶（图 3.15）上

图 3.14 尼俄伯画师，《阿波罗和阿尔忒弥斯杀死尼俄伯的孩子们》，前 450 年。意大利，奥维托。雅典黏土，红绘（白色高光）双耳喷口杯，高 54 厘米，直径 56 厘米。法国，巴黎，卢浮宫。图中人物分布在不同的水平位置，为的是展现自然地貌。画中极力创造的三维空间感反映了当时板面画的风格，而这些板面画皆已失传。

画着一个女人，手搭着坟墓，面前坐着的阵亡战士是她的丈夫。画中的人物既冷静庄严，又情感丰富。战士看上去绝望而疲惫，反映了公元前5世纪末，卷入伯罗奔尼撒战争的希腊人在伤亡与日俱增情况下的真实情感。对死亡的密切反应，以及总体上对人的关怀超过了对理想的渴望，是公元前5世纪许多艺术品的特征。

图 3.15　芦苇画师，《坐在自己墓中的战士》，前 410—前 400 年。黏土，白底长颈油瓶，高 47.8 厘米，颈部直径 13 厘米。希腊，雅典，国家考古博物馆。白底绘画陶器在经过煅烧后，会被涂上几种色彩。长颈油瓶是陪葬用的祭奠用品。图中的女士在哀悼伯罗奔尼撒战争中战死的丈夫。

希腊古典时期的哲学

西方的哲学传统真正形成是在雅典——从苏格拉底公开质疑传统价值观，鼓励城邦公民进行哲学辩论，而他的学生柏拉图相信理念与善存在于包括国家在内的所有形式中，现实是理念的影像；到柏拉图的学生亚里士多德相信可以通过观察物质世界并从中寻得真相，来理解事物的真正本质——实在。

新世纪的智慧与文化精神在雅典发生的一件事中已见端倪。公元前 339 年，哲学家苏格拉底以不敬神和领导年轻人质疑权威的罪名被处死。但苏格拉底的思想——关怀个人命运和质疑传统价值——不会被轻易扼杀。他的思想发展壮大，主导了公元前 4 世纪的文化。

普罗塔戈拉

至于神，我无法知道他们是否存在。

——普罗塔戈拉

一群后来被称为智术师的哲学家经常造访雅典。他们和宇宙论者一样对自然的杰作充满兴趣，但他们主要关注人类世界。他们关注道德伦理、心理学、政治哲学和知识理论，譬如人如何获得认知以及是否能够知晓实在。同时他们也是游荡于希腊的专业教师。作为推理和辩论大师，他们为想提高子女教育的富庶家庭有偿授课。

公元前 5 世纪最有名的智术师是阿布德拉的普罗塔戈拉（约前 485—前 410 年）。尽管著作已佚，但他的一些观点通过其他作家的引用流传了下来。普罗塔戈拉有一句名言："人是万物的尺度。"对艺术家和自然科学家来说，这句话的意思是人视自身为美的标准，或者人以自身为尺度来衡量其他事物的轻重大小。哲学家柏拉图对这句话的理解是，并不存在绝对的认知，每个人对世界的理解和别人一样是合理的。因为柏拉图相信客观真实的存在（不管人是否能认知），所以他反对普罗塔戈拉的这种观点。

普罗塔戈塔吹嘘他是如此擅长辩论，甚至可以"让弱的战胜强的"。这是一句令人震惊的言论，因为它意味着依赖理性辩论来筛选出事实和正义的做法，可以被一个聪明的演讲者，一个擅长诡辩的人所破坏。我们可以问：我们自己是否也是如此？真理是否总能在辩论中胜出，还是狡猾的辩论者常常占尽优势？毕竟，像律师就要受雇为争论双方，甚至为他们认为有罪的罪犯辩护。即使事实于己不利，律师仍然需要显得有说服力。诡辩术仍然在大行其道。

苏格拉底

苏格拉底是希腊历史上最重要，也是最难以被彻底理解的人物之一。大量的希腊哲学、后世哲学和文化都受到他生平和教导的启发。苏格拉底并没有留下什么著作，我们对他的了解大多来自他的弟子柏拉图

的记述。柏拉图出生于公元前469年，他的父亲是雕刻师，母亲是接生婆。晚年时他称自己继承了母亲的职业，当了一名"思想的接生婆"。他最初对自然科学产生了兴趣，但很快转而关注人类行为和道德。跟智术师派不同，他并没有靠教学挣钱，也没有建立学派。他经常在雅典游走，在市场或体育场等公共场所和私人集会与人交谈和辩论，对传统观念提出接连不断的质疑——正如他自己所形容的，"听凭论辩的指引"。

苏格拉底逐渐获得了一批热情的追随者，主要是年轻人。同时因为他挑战已有的道德体系，并毫不妥协地向持有这些道德观念的人提出质疑，所以也树立了很多敌人。苏格拉底是一个不卑不亢的人，他对真理的追求无可避免地暴露了敌人的无知。他的支持者中有人曾经参与过雅典三十僭主政变。所谓的三十僭主统治只从公元前404年持续到公元前403年。随着这些僭主的死亡或被驱逐，这段统治很快画上了句号。

民主的回归给了苏格拉底的敌人把恨意发泄到跟暴君"合作"过的人身上的机会，因此，公元前399年，苏格拉底被推上了审判席。从某种程度上来说，这场审判的本

意只是做做样子，投票判他死刑的人并没有想过会真的执行死刑。苏格拉底的朋友催促他尽快逃狱，当局也给了他不少机会。可是出于自身道德力量和对城邦法律的尊重，苏格拉底并没有这样做。在和朋友做了最后的交谈之后，他服下毒芹汁而死。

苏格拉底树敌众多，因为他向遇到的人询问美德的本质，询问公正、虔敬和勇气这些具体德性时，这些人的智慧受到了挑战。这些人在政治、诗歌和手工艺方面颇有些建树，就认为自己可以对其他领域的事夸夸其谈——正如现今有的明星为自己不了解的产品站台。在审判中，苏格拉底谈起中伤他的言论的由来。他说有一次他的朋友凯勒丰去德尔斐神庙询问女祭司苏格拉底是不是世界上最有智慧的人？女

阅读材料 3.5　柏拉图

摘自《申辩》

你们看我为什么说这些。我想要告诉你们，对我的诬蔑是从何而起的。听到这话，我就自己寻思："神说的究竟是什么，这到底是什么哑谜？我自己知道，我没有大智慧，也没有小智慧。那么他说我最智慧，到底是说的什么意思呢？而神不会说假话，因为这不是神的做法。"在好长时间里，我都不明白他说的到底是什么。随后，我很不情愿地转向下面这样的探讨。我去拜访一个据说很智慧的人，好像在那里就可以证明那说法是错的，回应神谕说："你说我是最智慧的，但这个人比我更智慧。"

于是我仔细审视了他——他的名字我不必说，雅典的人们，那是一个政治家——我观察了他并且和他对话之后，得到这么个印象：我看到，虽然别的很多人觉得他很智慧，特别是他自己，但其实不然。随后，我试着告诉他，虽然他认为自己是智慧的，其实他不智慧。结果，我遭到他和在场很多人的忌恨。我离开那里，寻思，我比这个人更智慧。也许我俩都不知道美好和善好，但是那个人认为自己知道他不知道的事，而我既然不知道，也就不认为我知道。我觉得好像在这件事上总比他智慧一点，即我不知道的事，我就不认为我知道。我离开那儿，到另外一个看起来更智慧的人那里去，事情看来是一样的，于是我就遭到那人和别的很多人的忌恨。

在这之后，我拜访了一个又一个人，痛苦而恐惧地看到，我被人们忌恨，然而在我看来，完成神给的任务一定先于所有别的事——为了考察他的神谕，就要去找所有好像有知识的人。天狗在上，雅典的人们——而我必须对你们说真话——我经历的就是这类的事。我按照神的说法考察之后，那些声名显赫的人在我看来是最无能的，而另外那些看上去更一般的人却好像更明智些。我必须告诉你们，我的奔波真是干苦活，我这才觉得那个神谕变得不可驳斥了。在这些政治家之后，我去拜访一些诗人，包括悲剧

诗人、酒神的赞美诗人，还有别的诗人，自以为我在那里就可以当场发现，我比他们无知。我拿起在我看来他们最用心写的诗，细细询问，他们说了什么，也看我能从他们那里学到些什么。诸位，我简直羞于说出真相。而我必须讲出来。当时在场的人谈到他们花心血写的诗歌，没有几个人不比诗人自己说得好。于是，很快我就也明白诗歌了，作诗不是靠智慧作的，而是靠某种自然，被灵感激发，就像先知和灵媒一样：他们是说了很多很美的话，但是他们并不理解自己所说的。我明白了，诗人所感到的，也是他们的这种感觉。同时，我也看到，他们因为诗歌，就认为自己在别的事情上也是最智慧的人，虽然其实不是。于是我离开了他们，结果认为自己更高明，就像我比政治家高明一样。

最后我走到匠人们当中。我知道，我是所谓的什么也不知道，而我也知道，我会发现他们知道很多美好的事情。这一点我没弄错，他们知道

我所不知道的，在这一点上比我智慧。但是，雅典的人们，在我看来，这些能工巧匠和诗人们有一样的毛病——因为能漂亮地完成自己的技艺，他们一个个就自以为在别的事情上，哪怕天下大事上，也是最智慧的——他们的这种自以为是遮蔽了那智慧。我从那个神谕的角度问我自己，我究竟是愿意这样是我所是，既不像他们的智慧那样智慧，也不像他们的愚蠢那样愚蠢，还是像他们那样，兼有二者。我对我自己和神谕回答说："是我所是"对我更好些。由于这种省察，雅典的人们，我遭到了很多人的忌恨，是最苛刻和最沉重的忌恨，因而其中也就出现了很多诬蔑，于是人们用这么个名儿来说我："智慧的"。每一次，在场的人都认为，我在什么问题上驳斥别人，我在那个问题上就是智慧的。而其实，诸位，神才真是智慧的，他在那个神谕里表明的是这个，人的智慧价值很小，几乎什么也不是。

[译注] 引自柏拉图，《苏格拉底的申辩》，吴飞译，北京：华夏出版社，2007。

祭司回答说："没有人比他更有智慧。"这句话可以理解为对苏格拉底特殊才智的认同，也可以理解为对全人类的贬低。因为苏格拉底认为自己并不智慧，所以他把这句话当成待解之谜。阅读材料中是柏拉图《申辩》中记录的苏格拉底的发言。

苏格拉底的弟子们通过记述他的生平和学说来追忆苏格拉底，但只有两名弟子的作品保存了下来。

一位是希腊历史学家色诺芬，他的《苏格拉底的申辩》《会饮》和《回忆苏格拉底》非常有趣，虽然有些浅略。另一位是柏拉图。他和他的学生亚里士多德一起，引领了整个西方文明的智识传统。

柏拉图

柏拉图的对话录声称记录下了苏格拉底的教导。大部分对话是苏

格拉底在与对手辩论，表达自己的观点。柏拉图的苏格拉底刻画有多少历史真实性，又有多少虚构成分？这个问题几乎与荷马身份问题一样充满争议。现代观点总的认为，柏拉图在早期对话中记录了自己老师的观点和理论，而在后期对话中，他将苏格拉底变成了自己观点的发言人。但毫无疑问，苏格拉底的生活与死亡，给柏拉图留下了深刻烙印。他写了三部描述苏格拉底最后日子的作品：《申辩》记录了苏格拉底的自我辩护；《克里托》记录了狱中的苏格拉底解释自己为何不逃跑；《斐多》讲述苏格拉底死前最后一天跟朋友讨论灵魂的不朽与他的死亡。

苏格拉底死后，震惊于这场判决的柏拉图离开雅典，在外游历数年。公元前387年，他回到雅典，创办了柏拉图学园。这是西方文明史上第一所致力于教育和研究的机构，也是大学的先驱。学园课程专注于数学、法律和政治理论，目的是为城邦培养有用的专家。公元前368年，柏拉图受邀至西西里实践其政治理论，意图将叙拉古变为一个模范王国，把年轻的狄奥尼修斯二世变为一位哲人王。遗憾的是，这次尝试失败了。公元前366年，柏拉图回到雅典。除了公元前362

年再次前往叙拉古并又一次失望而归外，他的余生皆在雅典教书写作度过，直至公元前347年逝世。

柏拉图的大量著作都在处理政治理论和理想社会的建设。其思想的最大特点是对理念的信奉。根据理念论，还存在着一个更高维度的完美理念，我们身处的世界的所有现象均是该完美世界的苍白影像。

为了给我们一个更形象的表述，柏拉图在《理想国》中提出了"洞穴喻"（图3.16）。他让我们想象一群囚犯被锁在一个地底监狱。他们一辈子见到的都是火光照亮的物体投射在墙上的影子。他们知道的唯

图3.16　**柏拉图的"洞穴喻"**。柏拉图用"洞穴喻"来比喻人类因迷信和谎言而对事实产生的误解。他认为在理性和理智之光下蓬勃发展的哲学家的天职是教育他人，并把他人从妨碍认清事实的谬论中解放出来。

一事实就是墙上的影子。如果能够猜出接下来会出现什么样的影子，他们就会认为自己很聪明。他们几乎没有想象力，被别人的观点统治着。想象一下如果有一名囚犯被放出去，走到地面，面对光明会怎样？他的眼睛首先会看不见。然后他会

适应，可能会怀疑他所看到的东西。他可能会被通过理性获取的新知吓到，尤其是当迷信和谬误被打破时，于是他可能会希望回到洞里。但最后他会真正地看清楚，并欣赏这通过理性和才智感知到的真实世界的充实与温暖。这就是哲学家的任务，

阅读材料 3.6　柏拉图

《理想国》卷 7，洞穴喻

　　"接着，"我说，"关于教育或缺乏教育，请你把我们的本性比作处于这么一种状态。想象人们在岩洞一般的地下住宅中，漫长的人口面对阳光，有整个洞穴那么宽，这些人从小就在这里，腿上和脖子上都绑着锁链，以致他们始终待在一个地方，只能看到身前的东西，因为他们受锁链的束缚而无法掉过头来；在他们的后上方，远离他们的身后，燃烧着一团火光，在这团火和这些被绑着的人们之间有一条通往上方的道路，想象，沿着这条路筑有一堵矮墙，就像那些变戏法的人用的、摆在观众面前的屏障，在这上面他们展示戏法。"

　　"我想象到了，"他说。

　　"想象，沿着这堵矮墙，有一批人正在搬运各种各样的道具，它们都高出这墙，包括一些人的雕像和其他用石头或木头雕制的动物，以及各种人工产品，自然，在搬运东西的过程中，一些人在说话，另一些则默默无语。"

　　"按你所述，这真是一幅奇怪的景象，"他说，"和一批奇怪的囚犯。"

　　"就像我们，"我说。"首先，你难道认为这样的人，就他们自己以及相互之间来说，除了那些被火光投射到他们对面洞壁上的影子外，他们还看到过其他什么东西？"

　　"怎么可能，"他说，"如果他们只能一动不动地把头对着这个方向，终身如此？"

　　"那些被沿墙搬运的东西又如何呢？难道这不是同样的情形？"

　　"还能如何？"

　　"如果说，他们现在能相互交谈，你会不会认为，他们会根据自己所看到的东西如此称呼它们？"

　　"必然如此。"

　　"如果这个监狱还有从对面洞壁传来的回声，那又如何呢？当那些沿墙而走的人中有人在说话，你认为，他们会相信说话的是别的什么东西，而不是眼前这个沿墙而走的影子？"

　　"宙斯在上，我可不认为如此，"他说。

　　"不管怎样，"我说，"这样的人不会相信，除了这些道具的影子外，真理是别的什么东西。"

［译注］引自柏拉图，《理想国》，王扬译，北京：华夏出版社，2012。

他们没有被谬误的脚链锁住，他们要教育他人，并把他人从禁锢的思维中解放出来。阅读材料3.6是洞穴喻中的一段对话。

苏格拉底之死让柏拉图对民主政体实现正义的能力持怀疑态度。在《理想国》（又译《王制》）中，柏拉图提出一个国家有养育的需要、保护的需要和统治的需要，这些分别要由生产者、护卫和哲人－王来提供。他写道：或者是哲人必须当王，或者是君王必须成为哲人，哲人对形式的认识赋予他智慧统治所需的知识，以及为国家最大利益进行统治所需的德性。个人如何认识理念呢？通过仔细挑选有才华的男女，加以严格的教育。能完成这整个过程的少数人，有资格在国家中担当理性在一个有序的灵魂中所扮演的角色。在有序的灵魂中，由勇敢支撑的理性管理着激情与欲望。同样，在有序的国家中，由忠诚的护卫者支持的哲人应该管理那些追求物质繁荣的人。哲人和政治家不一样，不会为了获得权力或者谋取个人利益而治理国家。真正的哲学家会花时间沉思形式；他们治理，是出于德性赋予的使命。

柏拉图对理想社会的愿景对很多人来说过于专制，包括严苛的孩童教育、音乐诗歌审查和废除私产。

可是公平地说，我们应该牢记柏拉图的作品并非金科玉律，而是引领我们思考应该如何生活。此外，公元前5世纪末民主政府的弊端已暴露无遗，如果柏拉图恢复平衡的努力显得矫枉过正，部分原因也是因为公元前4世纪古希腊政治持续的混乱。

亚里士多德

柏拉图最出色的学生亚里士多德（前384—前322年）发展了老师的学说。最初是竭诚信奉，后因基础思想的巨大分歧，在最后的20年里转变为批判。公元前335年，亚里士多德创办了与柏拉图学园竞争的吕克昂学园，开创了一个与柏拉图不同的影响深远的哲学派系。19世纪的英国诗人柯勒律治说过这样一句基于事实的名言：一个人生来要么是柏拉图主义者，要么是亚里士多德主义者。

吕克昂学园的运营具有典型的亚里士多德式效率。上午，亚里士多德给全日制学生上课。很多学生从希腊其他地区慕名而来听他的课，在他的指导下从事研究。下午学生们就到图书馆或博物馆做研究，或者为学园收集地图资料，而亚里士多德则到公共场所去演讲。他习惯在学园的小路上一边散步，一边交谈，因此其学派也被称为逍遥学派。

作为一名哲学家，亚里士多德十分擅长将学说系统化。他对当时所有的严肃课题都有论述，对学说的分类放到今天依然很合理，尽管心理学和哲学如今已从哲学中分离出来，独立成为重要学科。亚里士多德最艰深的作品当数《形而上学》，他在书中阐述了自己跟柏拉图最大的分歧——在理念论上的分歧。柏拉图的理念论假想了一个更高维度的存在，由此将我们感知到的表象事实和只能通过哲学思考了解到的

阅读材料 3.7　亚里士多德
《尼各马可伦理学》卷7，"快乐的本质"

　　所以幸福是完善的和自足的，是所有活动的目的。

　　不过，说最高善就是幸福似乎是老生常谈。我们还需要更清楚地说出它是什么。如果我们先弄清楚人的活动，这一点就会明了。对一个吹笛手、一个木匠或任何一个匠师，总而言之，对任何一个有某种活动或实践的人来说，他们的善或出色就在于那种活动的完善。同样，如果人有一种活动，他的善也就在于这种活动的完善。那么，我们能否认为，木匠、鞋匠有某种活动或实践，人却没有，并且生来就没有一种活动？或者，我们是否更应当认为，正如眼、手、足和身体的各个部分都有一种活动一样，人也同样有一种不同于这些特殊活动的活动？那么这种活动究竟是什么？生命活动也为植物所有，而我们所探究的是人的特殊活动。所以我们必须把生命的营养和生长活动放在一边。下一个是感觉的生命的活动。但是这似乎也为马、牛和一般动物所有。剩下的是那个有逻各斯的部分的实践的生命。（这个部分有逻各斯有两重意义：一是在它服从逻各斯的意义上有，另一则是在拥有并运用努斯的意义上有。）实践的生命又有两种意义，但我们把它理解为实现活动意义上的生命，这似乎是这个词的较为恰当的意义。如果人的活动是灵魂的遵循或包含着理性的实现活动；如果一个什么什么人的活动同一个好的什么什么人的活动在根源上同类（例如一个竖琴手和一个好竖琴手，所有其他例子类推），且后者的德性上的优越总是被加在他那种活动前面的（一个竖琴手的活动是演奏竖琴，一个好竖琴手的功能是出色地演奏竖琴）；如果是这样，并且我们说人的活动是灵魂的一种合乎逻各斯的实现活动与实践，且一个好人的活动就是良好地、高尚[高贵]地完善这种活动；如果一种活动在以合乎它特有的德性的方式完成时就是完成得良好的；那么，人的善就是灵魂的合德性的实现活动，如果有不止一种的德性，就是合乎那种最好、最完善的德性的实现活动。不过，还要加上"在一生中"。一只燕子或一个好天气造不成春天，一天的或短时间的善也不能使一个人享得福祉。

[译注] 引自亚里士多德，《尼各马可伦理学》，廖申白译注，北京：商务印书馆，2003。下引《尼各马可伦理学》均为此本。

真正事实区分开来。此外，关于理念的知识取决于前世的记忆。

亚里士多德则相反，他认为理念实存于周边事物中，由此消除了两种实在间的分界线。他在《形而上学》中探讨了神的本质，将之描述为"思考自身的思想"和"不动的推动者"。在《物理学》中，他进一步探讨了由这种至高存在统治的物质世界的本质。这本书讨论了构成宇宙的物质和物质运行的规则。

在《尼各马可伦理学》中，亚里士多德认为人类生活的终极目标是幸福或说"人的繁荣发展"。他所说的幸福不只是快乐或免于匮乏。因为人是理性存在，要想繁荣发展，就必须用理性引导行为。亚里士多德也知道，人还需要朋友、家庭和物质满足。他相信人是理性存在，也是政治存在，所以完整的人类生活只存在于政治共同体中。他视政治科学为主导科学，因为如果没有政治秩序，人类的情况会比野兽还糟糕。亚里士多德说："完善后的人类是最好的动物，但如果离开了法律和公正，就会成为最不耻和野蛮的动物，只剩下兽欲和暴饮暴食。"他在阅读材料的文字中还阐述了自己对幸福本质的理解，其中有一句名言："孤燕不报春。"

亚里士多德还有其他许多重要作品，比如《修辞学》讲述了演讲的理想模式，《诗学》讲述了诗的理想模式及著名的悲剧定义。简单来说，亚里士多德的悲剧公式是这样的：一个高贵的悲剧英雄，个性中有一些未曾觉察的悲剧性缺陷，最后以悲惨结局告终，包括变得穷困潦倒甚至死去。观众通过与悲剧角色的各种情感或智识联系，经历了一次灵魂的净化，称作宣泄。有批评家抱怨亚里士多德只是在用他的个人公式总结当时的希腊悲剧。这样说并不公平，因为亚里士多德很可能是在为未来的悲剧作家写作，展望了应然而非实然。

亚里士多德对后世影响广泛，尽管偶有中断。马其顿的腓力二世聘请他为年轻的亚历山大上课，但几乎没对这位日后的征服者产生什么影响。亚里士多德的作品后来失传，直到公元前1世纪才重见天日，被罗马政治家和思想家西塞罗引用。在中世纪，亚里士多德的作品被译成拉丁文、阿拉伯文，并成为基督教神学的哲学基础。阿奎那将亚里士多德哲学和基督教教义进行结合后的理论，至今仍是罗马天主教官方的哲学立场。在哲学、神学领域以及作为整体的科学和智识思考上，亚里士多德的诸多首创在文艺复兴早期被重新发现，至今仍在发挥影响。只有这样的人才能被但丁称为"一切有识之士的老师"。在亚里士多德死后 2000 年里，仅有达·芬奇的创意才智堪与其匹敌。

希腊古典时期的音乐

毕达哥拉斯将音乐的和弦与自然的和谐联系起来，并构建了一个数学公式来解释这种关系。harmony[和谐]一词源于希腊语，字面意思是结合在一起。在音乐领域，古希腊人使用 harmony 一词来描述各种音阶，但没有证据显示希腊音乐已经发展出了现代意义上的和声——使用关联的音高（音调和音符）或和弦（一组音符）。

柏拉图和亚里士多德都在自己的理想城邦里给了音乐一席之地，主要是因为他们发现了音乐和道德发展之间的关系。作为一名数学家，亚里士多德相信不同的音高之间有数字联系，音乐家们可以使用它们来谱曲，用以模拟最高境界的理性和美德——正如波利克里托斯相信他可以通过理性和才智推算出来的和谐原则创造出完美的人体雕塑。亚里士多德还相信精神品质的教育，认为音乐具备影响人类行为的力量。因此，他认为音乐学习对希腊人的生活和教育至为关键。

柏拉图同样认为，参与各种音乐活动，可以使性格更坏（所以他主张禁止某些种类的音乐）或更好。

尽管音乐在希腊的生活和思想

阅读材料 3.8　亚里士多德

《政治学》，1340a 与 1340b

音乐的节奏和旋律反映了性格真相：愤怒与和顺的形象，勇毅与节制的形象，以及一切和这些相反的形象，其他种种性格或情操的形象——这些形象在音乐中表现最为逼真。凭各自的经验，显知这些形象渗入我们的听觉时，实际激荡着我们的灵魂而使它演变。

由以上经验，我们阐明了音乐确实有陶冶性情的功能。它既然具备这样的功能，就显然应该列入教育科目而教授给少年们。

中十分重要，但古希腊音乐的原貌和谱曲方法很难重现，也难以被彻底理解。毕达哥拉斯归纳了音符之间的数字关系，将基础的八度音阶

阅读材料 3.9　柏拉图

《普罗塔戈拉》，326a-b

这些作品中有许多警言，还有不少古代好男子的外传、颂赋和赞歌，使得这孩子受到激发要摹仿[他们]，渴望成为这样的人。音乐老师则涉及其他诸如此类的东西，致力于[孩子们的]节制，以免青少年有失体统。

除了这些，当孩子们学会弹基塔拉琴之后，老师们要进一步教他们另一些好诗人——抒情诗人的诗作，给

基塔拉琴作品配上诗作，强迫孩子们的灵魂熟悉节律以及和音，让他们更温雅，养成善于更富有节律、更富有和音的言和行。毕竟，人的一生都需要富有节律和富有和音。

[译注] 引自柏拉图，《柏拉图四书》，刘小枫编/译，北京：生活·读书·新知三联书店，2015。

划分成更小的音程，并以它们在八度音阶中离最低音符的位置命名。这些音程构成了一系列比例，或称调式。每个调式关联一种特定的情感特征。多利亚调式严肃激昂；弗里吉亚调式充满激情；混合吕底亚调式哀怨而忧郁。

希腊音乐的基本单元是四度音阶，即四个音高为一组。两个外音，相隔正好四个音阶；内音音域很广。两个四度音阶结合形成一个调式。多利亚调式就是由下面两个四度音阶组成的。

吕利底亚调式由两个不同的四

度音阶组成。

调式的起源和互相之间的关系

尚不明确，即使在古代这个问题也很有争议。中世纪教堂音乐也采用数学结构体系，甚至沿用了一些希腊调式的名字，但同一个名字对应的是完全不同的调式，这又给探究调式的起源增加了一层迷雾。

公元前 5 世纪，音乐一边在戏剧表演中扮演重要角色，一边被引入诗文之中。音乐节奏伴以诗词或舞步，与二者紧密捆绑。钹或手鼓之类特殊乐器被用来标记节奏型。古希腊作曲家经常探讨希腊语言和口音给创作带来的问题。后来乐器音乐超越了伴奏，变得非常流行。

虽然线索不多，但一套记谱法被保留了下来。这套记谱法可能借鉴自腓尼基人和希腊字母表。它最初是用来标记弹里拉琴时，手指在琴弦上的位置，有点像现在的吉他谱。后来经过调整，被用于声乐和非弦乐，例如管乐。现存最早的乐谱实例可以追溯到公元前 250 年左右。

希腊古典时期的戏剧

公元前 5 世纪，希腊经历了一段动荡期，从波斯战争后的欢欣到公元前404年陷入自我怀疑与质疑。这段时期似乎不太可能产生才华横溢的戏剧作品，然而在这些年专门为雅典酒神剧场而创作的戏剧中，古典文学却达到了前所未有的高度。三位悲剧大师——埃斯库罗斯、索福克勒斯、欧里庇得斯——不仅引领了当时人们思想的发展，还创造出了戏剧史上有名的剧目。

酒神戏剧节

　　悲剧并不是公元前5世纪出现的，它是由从前歌颂酒神的赞美诗——酒神赞歌演变而来的，同时赞歌中的宗教本质也被保存了下来。（就像埃及神奥西里斯一样，酒神也经历过死去和重生，纪念他的节日可能跟早期埃及的纪念日有关。）去剧场如同去参加宗教仪式，剧场被视为神圣之地。纪念酒神的节日每年有两次，现存雅典古典时期的作品都是为了在其中一次节日中表演而创作的，整个城邦的人都会来观看。人们修建了巨大的剧场来容纳众多的观众，其中位于埃皮达鲁斯考古遗址的一座有55排，可以容纳12000位观众（图3.17）。这座剧场的建筑师是小波利克里托斯，有历史学家认为他是著名的《法则》的作者波利克里托斯的侄子。楔形的座位排列在半圆形的剧场，从上往下以锥形向地面延伸，抵达圆形的舞台。剧场后面是一座叫"景物"的房子，用来作为背景幕布和演员化妆室。

　　参加节日的剧作家每人提交三

图 3.17　**小波利克里托斯，希腊，埃皮达鲁斯剧场遗址，约前 350 年。** 希腊人将剧场建在山坡上，以便让层层石梯可以俯瞰中间的圆形舞台。埃皮达鲁斯剧场可以容纳 12000 位观众。

联剧和一部轻快的萨堤尔剧，在一天内轮番演出。三联剧有时是一个三部曲故事，更多时候是三个主题呼应的不同故事。剧情常取材于神话，表演风格严肃庄严。演员某种意义上是酒神的祭司，戴着面具、穿着精致服装和厚底鞋。节日临近结束时，还会评选颁奖。

希腊合唱团：从酒神赞歌到戏剧

　　合唱团在古典希腊戏剧中占有重要的一角，他们演唱的酒神赞歌是悲剧发展的开端。在早期戏剧中，例如埃斯库罗斯所写的戏剧中，合唱团被安排在舞台中央。后来在索福克勒斯的《俄狄浦斯王》中，合唱团不再直接出现在舞台上，而是以观众的角度点评剧中主要角色的行为，并采用人性化的语言来描述非凡的境况和情感。再后来到了欧里庇得斯时期，戏剧冲突取代了长诗和哲学思索，合唱团就扮演了渲染戏剧氛围的重要功能：强调人物行动，用唱颂歌将戏剧划分为不同片段。有时候颂歌的主题和故事情节没有直接联系。

现存古典时期悲剧的文本，只体现了当时戏剧表演的冰山一角。台词（或者至少部分台词）保存了下来，但唱歌时的伴奏、表演的伴奏、随着音乐起舞的优美舞步，以及在秀丽的自然美景中、在上万观众面前进行表演的壮丽场面——这些只能在我们的想象中重现。值得一提的是，古典时期过去约 2000 年后，佛罗伦萨的人文主义者们对真实还原古典戏剧——包括音乐、表演、舞蹈——产生了浓厚兴趣，最后他们还创作起了剧本。德国作曲家瓦格纳创造了总体艺术这一概念，把所有的艺术都糅合到了戏剧作品里。

雅典悲剧作家

即使一些残存下来的希腊戏剧已经丢失，但我们保存了只言片语。这些剧作者不同的世界观生动地反映了公元前 5 世纪雅典命运的改变。

埃斯库罗斯

最早的剧作家埃斯库罗斯死时，古典时期早期的崇高理想尚未被后来的事件撼动。他的作品表现出对人类弱点和权力之危险的深刻了解（前文提到过，他曾经参加过公元前 490 年的马拉松战役），以及他对正义和理性终将胜利的笃信。在埃斯库罗斯的剧中，认识并恪守道德的过程是痛苦的，取得进步和自我认知只能经历磨难，并要依照宙斯的意愿。在《阿伽门农》开场，合唱团告诉我们同样的道理。

尽管剧情充满暴力和血腥，但

阅读材料 3.10　埃斯库罗斯

《阿伽门农》，250-255 行

惩戒神会让遭不幸的人
学会变聪明。未来的事情
随它去吧，发生了便知晓。
预知等于预先受痛苦。
黎明后真相自会变明了。
但愿今后能诸事顺利。

[译注] 引自埃斯库罗斯，《埃斯库罗斯悲剧》（《古希腊悲剧喜剧全集》第 1 册），张竹明、王焕生译，南京：译林出版社，2007。下引《阿伽门农》《报仇神》等埃斯库罗斯悲剧均为此本。

埃斯库罗斯的哲学本质上是乐观的。也许他最让人印象深刻的是《俄瑞斯忒亚》。这部唯一完整留存下来的三联剧，于公元前 458 年在雅典戏剧节上获头奖。该剧作的主题是文明的进步，讲述了从原始的血债血偿，过渡到由公正的司法体系来引导理性而文明的社会。

三联剧第一部《阿伽门农》讲

述了残酷的血亲正义与杀人罪责。阿伽门农王在带领希腊人打败特洛伊人后，回到家乡阿尔戈斯。十年前，他在远征前被迫选择要么因潮汐的障碍而放弃出征，要么牺牲女儿伊菲吉妮娅以求得一条捷径。（这个桥段听起来太戏剧化，但它象征着公共和个人责任之间的冲突。）经过再三犹豫和自我怀疑，阿伽门农选择牺牲自己的女儿。副歌描述了这一暴力行径，并揭示了在阿伽门农前面等待着他的命运。

　　特洛伊战争结束后，归家的阿

阅读材料 3.11　埃斯库罗斯
《阿伽门农》，218—226 行
当他被戴上命运的辕轭，
他的心骤然变得不虔诚、
不洁净，也不敬畏神明，
改变了主意，胆大无顾忌。
狂妄的迷乱常激励凡人，
给人坏主意，灾难的源泉。
由此他甘愿做一个献祭者，
祭献亲女儿，
拯救那场为一个女人而进行的战争，
为舰队顺利起行作祭祀。

伽门农付出了代价：其妻克吕泰墨斯特拉联合情人埃癸斯托杀死了他。表面动机是为女儿报仇，但还有一个同样强烈的可耻动机，就是让埃癸斯托取代阿伽门农作为丈夫和国王。埃斯库罗斯以此告诉世人，"一命抵一命"会产生连锁反应：为了惩罚罪恶

而实施的罪恶，同样应该受到惩罚。如果阿伽门农杀了自己的女儿理应遭到报应，那克吕泰墨斯特拉杀夫同样如此。暴力只会催生更多暴力。

　　第二部《奠酒人》展示了这一原则在阿伽门农和克吕泰墨斯特拉之子俄瑞斯忒斯身上起作用的结果。在外流亡数年后，俄瑞斯忒斯回到阿尔戈斯，在姐姐厄勒克特拉怂恿下，杀了母亲，为父报仇。尽管再一次杀戮除了让俄瑞斯忒斯双手染血，起不到任何作用，但古老原始的仇杀模式让他必须这么做。他很快遭了报应。愤怒女神从他家就开始缠着他，把他逼疯了。

　　愤怒女神在第三部剧结尾变成了欧墨尼得（"仁慈之人"），在这部剧中她们有了名字。在埃斯库罗斯对俄瑞斯忒斯一家人悲剧的解读中，他清楚地表明只有理性和信仰的力量才能终止暴力。（雅典娜说过："我身处我的荣耀之中！是的，我热爱劝导。"）在经历了痛苦的徘徊后，俄瑞斯忒斯最后来到了雅典。在雅典娜的主持下，他站在雅典陪审团面前，阐述自己复仇的动机，接受弑母罪的审判。

　　复仇女神坚持血债血偿，但阿波罗为俄瑞斯忒斯辩护。邦民陪审团进行投票表决，结果有罪与无罪票数相等。雅典娜抽出决定性的无

罪票，为长久的血仇画上了句号。劝导和理性的力量，驱散了表面上无可避免的暴力和前期剧情的绝望，为原始的混乱带来了文明和秩序。此后，正如雅典娜所说，杀人罪将受雅典司法体系的审判。

尽管之前剧目都很恐怖，此剧

阅读材料 3.12　埃斯库罗斯

《报仇神》，458-469 行

他返回家来，却悲惨地被杀死。
是我的那个心灵乌黑的母亲把他杀死，
用精心织造的罗网
把他罩住，浴室可证明那凶杀。
我因此长期流亡，后来返回家，
杀死了我的母亲，我决不否认，
为我那无比亲爱的父亲报仇恨。
洛克西阿斯共同参与了这件事，
警告我的心会忍受针刺般痛苦，
如若我不处罚那场凶杀的罪魁。
请判断我的行为是否正确，
我甘愿接受你的任何判处。

结尾还是释放了积极信号。埃斯库罗斯申明了自己的信念：理性和秩序可以带来进步。他以巧妙手法将整个三联剧由黑暗逐渐导向光明，并以雄浑的语言配合宏大的构思。粗犷的语言风格有时让人费解，但

阅读材料 3.13　埃斯库罗斯

《报仇神》，681-684 行

阿提卡人民，请听我的法规，
你们这是第一次审判流血案。
这个陪审法庭将永远存在，
永远存在于埃勾斯的人民中间。

也是剧情所需。多层次形象和复杂表述营造出了巨大的情感张力。

索福克勒斯

索索福克勒斯的一生（前 496—前 406 年）跨越了公元前 5 世纪的荣耀与灾难。他是三大悲剧诗人中最幸运、最成功的，也是伯里克利的好友。据说他写了 123 部剧，但仅有 7 部留存，且都是晚期作品。其中体现的人生观远不如埃斯库罗斯积极。索福克勒斯的哲学观很难从作品中捕捉，因为他更侧重探究和发展剧中人物的个性，而非表达观点。总的来说，他的作品结合了个人过错导致的悲剧结局和对人类集体能力和尊严的信仰。

他的《安提戈涅》生动展现了人为错误的后果。这部剧于公元前 440 年首演，讲述俄狄浦斯之子波吕涅克斯率军攻打底比斯身死，被国王克瑞翁定为叛国，禁止埋葬。波吕涅克斯的妹妹安提戈涅没有遵守命令，声称她对宗教和家庭的责任大于对国家的责任。被激怒的克瑞翁下令处死安提戈涅。但安提戈涅立场坚定，为自己的决定骄傲，并进一步控告了克瑞翁的暴行。

后来克瑞翁改变了想法，但已经太迟了：安提戈涅，以及克瑞翁的儿子（已经和安提戈涅订婚）、

价值观念 ||||||||||||||||||||||||||||||||||

公民自豪感

亚里士多德的名言"人是居住在城邦里的动物"——有时也译作"人是政治动物"——概括了希腊人对于城邦（城市）的态度。关注政治、宗教、文化生活和其他方面——运动、娱乐、公正——城邦代表着每位公民生活的中心力量。

希腊人将他们的城邦视为他们的文化与"野蛮人"的文化之间的重要区别，因为有了城邦他们就能作为有责任的个人，参与社会事务。可是只有成年男性公民才能参与社会事务，女性公民在公共生活中几乎没有重要性，奴隶和外邦居民更是被彻底排除在外。

如果说城邦促进了希腊文化的至高成就，那么公民自豪感也最终招来了一系列破坏性的城邦间敌对，结束了希腊的独立。为了对抗波斯人而建立的希腊联盟很快随着伯罗奔尼撒战争的阴霾逼近而土崩瓦解。即便面对马其顿国王腓力二世的攻打，希腊的各个城邦仍然内讧不止，未能在危机面前结成统一战线。

以单个城市作为政治和文化生活中心的概念在意大利文艺复兴时期再次回潮。当时佛罗伦萨、锡耶纳、米兰、威尼斯和维罗纳都把自己视为独立的城邦，有着各自的艺术和社会风格。甚至像乌尔比诺这样的小城也效仿古典时期的希腊城邦，把自己视为独立的政治和艺术之城。和希腊时代一样，公民自豪感导致了各城市之间的冲突，使得意大利人在面对法国军队或神圣罗马帝国的入侵时无能为力。

阅读材料 3.14　索福克勒斯

《安提戈涅》，555-574 行

安提戈涅：除了把我捉来杀了，你还
　　　　　想干什么？

克瑞翁：这样就够了，不要别的。

安提戈涅：那你还拖拉什么？
　　　　　你的话我一句
　　　　　也不爱听，但愿我永远不爱听；
　　　　　同样，我的话你也一定不爱听。
　　　　　安葬自己的哥哥是我的光荣，
　　　　　我还能从哪里赢得更大的光荣？
　　　　　如果不是胆怯封住了大家的嘴，

他们都会承认自己赞成我的行为。
　　　　　可是，国王有权想说什么说什么
　　　　　想做什么做什么，且不说许多别
　　　　　的特权。

克瑞翁：忒拜人中只你有这种看法。

安提戈涅：他们也有这种看法，只是
　　　　　在你面前不说。

克瑞翁：但是，行动脱离大家，你不
　　　　　觉得羞耻吗？

安提戈涅：礼敬自己的兄弟，没什么
　　　　　可耻。

[译注] 引自索福克勒斯，《索福克勒斯悲剧集》（《古希腊悲剧喜剧全集》第 2 册），张竹明译，南京：译林出版社，2007。下引《安提戈涅》《俄狄浦斯王》等索福克勒斯悲剧均以此本，略有改动。

妻子都自杀了。克瑞翁的固执和错误判断给安提戈涅和他自己带来了悲剧。他最后只能伏在儿子的尸体上痛不欲生。

比起同时代其他剧作家，索福

阅读材料 3.15　索福克勒斯

《安提戈涅》，1394-1402、1467-1471 行

克瑞翁：哎呀！

　　　　这心灵愚昧的罪过呀，

　　　　这致命固执的罪过呀，

　　　　你们瞧，这杀人者

　　　　和被杀者都是亲人。

　　　　不幸呀！我的决定结出的苦果呀！

　　　　哎呀，孩子呀，你年纪轻轻就夭折了，

　　　　哎呀呀，哎呀呀！

　　　　你死了，去了，

　　　　怪我糊涂呀，你没有错。

在说完这些话之后，一名信使给克瑞翁带来了新的噩耗——他的妻子也自杀了。这使他悲痛万分，可信使并没有安慰他，因为他也认为克瑞翁难辞其咎。克瑞翁祈祷能够死去，但这时歌队长唱道：他的悲痛没有解药。

克瑞翁：克瑞翁：来吧，来吧！

　　　　给我带来末日的，

　　　　我最好的命运啊，你快出现吧！

　　　　来吧，来吧！

　　　　别让我再看见明天的亮光！

歌队长：这是以后的事情。眼前的事

　　　　情需要我们处理，

　　　　以后的事情留待天神来掌管。

克瑞翁：后面这句话也反映了我的愿望，

　　　　我和你一起祈求它。

歌队长：别再祈祷了，有死的凡人

　　　　都逃不过注定的苦难。

克瑞翁问"不知此后可以倚靠谁"。他哀嚎"我手上的事情全办糟了"，"还有一个无法忍受的命运沉重地压在我的头上"。

歌队这样回应他，本段剧目就此落幕：

　　　　智慧是幸福的最主要部分，

　　　　对神的虔敬一定不能违背，

　　　　傲慢者的出言狂妄

　　　　必遭神的有力打击。

　　　　这种教训使人老来变得智慧。

克勒斯更强调谎言不受人控制，而由命运和诸神操控。他是最具传统宗教观的悲剧作家，坚信人类必须敬畏看不见或无法理解的力量。他最著名的作品《俄狄浦斯王》被视为自古典时期以来，希腊悲剧的代表作。亚里士多德在《诗学》中将其作为探讨悲剧本质的样板。剧中故事发生的时间、地点、行为、不可阻挡的情节推进、无法避免的深刻悲剧结局以及优美的诗文，使《俄狄浦斯王》成为当之无愧的经典。

俄狄浦斯是底比斯的国王，他弑父娶母的巨大悲剧，是随着剧情展开，在他追寻真相和血的正义时向他揭示的，而观众早已知晓这一切。俄狄浦斯在最初几幕戏中出场，对抗降临城邦的毁灭性瘟疫。他询问先知，被告知只有杀死前任国王拉伊奥斯的凶手受到惩治，国家才能恢复安宁。俄狄浦斯向人民承诺

他会不惜一切抓住凶手，将其正法。在说这些话的时候，他并不知道自己就是那个凶手，所以观众能听出一番特别的意味，这种文学手法叫做戏剧反讽。俄狄浦斯一开始就在不知情的情况下犯下了将导致他毁灭的罪孽。他对代表底比斯人民的合唱团下指令，要求他们提供一切关于凶手的线索。

观众们知道未来将印证俄狄浦斯所说的话，他口中凶手的下场将会是他自己的下场，而俄狄浦斯却毫不知情，这一幕无疑让人感到难受。后来，在与盲人预言家忒瑞西阿斯交流时，预见到未来之事的忒瑞西阿对俄狄浦斯说：

当俄狄浦斯知道了自己父母是谁，知道他出生的时候有预言说他长大后会杀了父母，母亲怕预言成

阅读材料 3.16　索福克勒斯

《俄狄浦斯王》，215-241 行

你们中有谁知道拉布达科斯之子
拉伊奥斯是被什么人杀死的，
我命令他把全部案情报告给我。
如果他担心告发后因为有牵连
自己也受到告发，我可以让他放心：
他会受到宽大处理，最多被驱逐出境。
如果有人知道凶手是一个外邦人，
来自境外，也请说出来，
我会给他奖赏，外加对他心怀感激。
但是，如果你们不说，
如果有人因为害怕
企图包庇朋友或自己，不顾我的命令，
那么我的办法如下，你们大家必须听着：
在我统治的这个王国里，不论什么地方，
我要你们弃绝这个罪人，不论他是谁，
不收容他，不和他说话，
不和他一起祈祷，不和他一起祭神，
也不为他举行净罪仪式；
大家都不让他进屋，既然他是
污染我们的毒源，正如皮提亚的
神谕新近向我宣示时给他定性的。
因此我要这样来彰明天意帮助死者：
我诅咒这隐蔽的犯罪人，
不论他是单独行动还是带别人一起干的，
愿他罪恶的生命在极端的不幸中灭亡。
如果我知道谁是凶手，
却把他藏在我的宫殿里，
我愿受到刚才对凶手一样的诅咒。

阅读材料 3.17　索福克勒斯

《俄狄浦斯王》，404-412 行

既然你还骂我是瞎子，因此我也要对你说：
你虽然有眼睛，但是看不见自己的不幸，
看不见自己住在哪里，和谁住在一起。
你知道是从哪个根上长出来的？你无意中成了
自己已死的和活着的亲属的仇人。
有朝一日母亲的诅咒和父亲的诅咒
将一起紧追不舍，驱赶你离开这方土地，
你现在看得清楚的双眼那时一片漆黑。

真所以把他遗弃等死，知道了他在不知情的情况下杀了自己的父亲，然后又和以为他已经死了的母亲结了婚时，他挖掉了自己的双眼。

俄狄浦斯的故事是极端的、畸

阅读材料 3.18　索福克勒斯

《俄狄浦斯王》，1148-1152 行

哎呀，哎呀！一切都应验了。

天光啊，现在让我看你最后一眼！

我被发现，生于不该生的父母，

娶了不该娶的人，杀了不该杀的人。

形的。但全世界人们对它及相关作品的喜爱可能是由于俄狄浦斯的行为虽然触犯了社会的禁忌，但仍然值得同情。他是一位悲剧英雄。和其他人一样，俄狄浦斯既有优点也有缺点。尽管他的人生走向了毁灭，但他怀抱希望。他既自信又聪明，但事实证明光有这些还不够。考虑到俄狄浦斯的处境，与其谴责他，不如站在他的角度，问问自己："遇到他那样的情况我会怎么做？"戏剧结束的时候，俄狄浦斯再次被流放。克瑞翁对他说："你的力量已经终结，你的余生将不会再拥有任何力量。"但我们不愿相信。我们不相信俄狄浦斯会随波逐流，在命运的暴虐中堕落。相反，我们希望他可以重拾自己的人生，重新成为更好的人。

在后来的戏剧《俄狄浦斯在科罗诺斯》中，他果然不负众望。这位在《俄狄浦斯王》开场时高呼着"我来了——你们都认识我，全世界都知道我的名字：我是俄狄浦斯"的悲惨国王，这位承受着真相带来的痛苦并从痛苦中认识到自我的国王，再次回归成为一名充满智慧的伟大统治者。

但为何俄狄浦斯要承受他行为带来的痛苦？他并不知道杀掉的人是他父亲，娶的是他母亲。然而命运在发生之前早已被预言；一切随着命运的安排展开。从某种意义上说，这部戏剧想说明人类无法逃脱自己的命运，但亦要为招致命运的行为负责。结局也许是注定的，但我们要如何走向它，展现了我们的真实性格。《俄狄浦斯王》中的悬念和令人着迷的细节，也正好是一个犯下错误之人的心理侧写。

亚里士多德在《诗学》里讨论过情节与角色，分析过悲剧的本质和悲剧英雄。他还理论化地论述了观众在认识到剧中角色悲惨遭遇的普遍性之后，所产生的怜悯与害怕——他们认识到这样的事可能发生在任何人身上，并不是因为"恶行与堕落，而是因为犯了过错"。

亚里士多德认为悲剧人物的毁灭是个性缺点和错误判断的结果。索福克勒斯看到他的角色俄狄浦斯

阅读材料 3.19 亚里士多德

摘自《诗学》，14章

组织情节要注重技巧，使人实时不看演出而仅听叙述，也会对事情的结局感到悚然和产生怜悯之情——这些便是在听人讲述《俄底浦斯》的情节时可能体验到的感受。

[译注] 引自亚里士多德，《诗学》，陈中梅译注，北京：商务印书馆，1996，第105页。

的个性缺点了吗？俄狄浦斯的骄傲、探寻真相时的执拗，还有易怒的个性，都导致了最后可怕的真相揭开时他的毁灭。他个性中的缺点，或者说弱点，战胜了他的优点——聪明、具有公民奉献精神、坚毅、心怀希望。他的人格具有多面性，也正是他人格的多面性导致了他的悲剧。此外，最后造成他悲剧的某些因素是他和所有人类都无法理解和控制的，这些因素由人类活动之外的定律操控。所以索福克勒斯才强调了角色与命运之间的关系。

欧里庇得斯

俄狄浦斯从伟大走向堕落的故事对雅典人的重要性，在欧里庇得斯（前484—前406年）的作品中得以全面彰显。欧里庇得斯比索福克勒斯稍年轻，其作品描写了公元前5世纪末战乱年代的疲乏和幻灭。在所有悲剧作家中，欧里庇得斯的

观点最接近我们的时代，因为他重视事实，立志揭露社会、政治和宗教中的丑恶。

尽管欧里庇得斯承认自然界中存在难以理解的力量，可以拟人化为诸神的形象，但他并不认为他们值得尊敬或崇拜。这种怀疑主义导致他被控不虔敬。欧里庇得斯的戏剧经常将角色推向忍耐的极限；而人物的反应体现了对心理事实的关注。他的作品还展现了对生活在男权社会的女性所遭遇问题的深刻理解和同情，比如他的角色美狄亚和淮德拉就挑战了大量雅典社会的基本规范。

欧里庇得斯最痛恨的是战争以及战争带来的毫无意义的苦难。跟其他剧作家一样，欧里庇得斯的戏剧主题也来自传统神话，但当演员的台词在听众耳边响起时，一定会让他们产生感同身受的联想。欧里庇得斯的戏剧《请愿妇女》写于公元前421年左右，当时拖延十年无果的战争好不容易进入休战。这部作品的主题是讲述雅典国王忒修斯把在底比斯战死的七位将领的尸体，带回雅典给他们的家属埋葬的故事。忒修斯最初拒绝了家属的要求，但后来在母亲的谆谆教诲下改变了主意。

忒修斯明白了母亲所说的话是

阅读材料 3.20　欧里庇得斯

《请愿妇女》，293—319 行

埃特拉：啊，可怜的女人们！

忒修斯：你并非她们的亲人呀！

埃特拉：我的孩子，我可以说一句于
　　　　你和城邦都有益的话吗？

忒修斯：女人们的话其实有不少是明
　　　　智的。

埃特拉：但是，心里藏着的这话，我
　　　　犹豫不敢说。

忒修斯：不，将有益的话瞒着朋友是
　　　　可耻的。

埃特拉：那么我就不再沉默了，
　　　　免得过后
　　　　责备自己今天胆小不敢说话，
　　　　我也不会因怕人说
　　　　"女人的话说得再好听
　　　　也是没用的"
　　　　而不提出我有益的忠告。
　　　　我首先吩咐你，我的孩子，
　　　　注意谛听神意，
　　　　别因为轻视了它而自遭灭亡。
　　　　别的事你都明智，单这件事你错了。
　　　　此外，如果是受欺凌的人敢作敢为
　　　　不是义务的话，我也就忍住不说
　　　　一句了；
　　　　如今这将给你带来荣誉，
　　　　也使我敢于劝告你，我的儿啊，
　　　　用你的力量压制
　　　　那些阻挡埋葬死人阻挡
　　　　给死人举行丧礼的蛮横之徒，
　　　　制止他们弄乱全希腊的礼法。
　　　　因为，把人们维系在城邦里的纽带
　　　　正是这个：严格地遵守法律。
　　　　一定有人会说，你在有机会为雅典
　　　　赢得荣冠的时候，却因胆怯
　　　　没敢动手，你虽曾和一只野猪

搏斗过，吃过一次并不大的苦，
但是到了要你面对头盔和枪尖
努力争斗的时候，你却被发现是
一个懦夫。

———

[译注] 引自欧里庇得斯，《欧里庇得斯悲剧
（中）》（《古希腊悲剧喜剧全集》第 4 册），
张竹明译，南京：译林出版社，2007。下引《请
愿妇女》均为此本。

为了人民、诸神、家庭以及国家的
荣耀。于是他同意冒着危险去底比
斯，把战死将领的尸体带回故乡。
但他告诉母亲，他需要就此事进行
公开投票，让人民来决定他们是否
愿意送自己的战士和儿子们去冒这
趟险。

阅读材料 3.21　欧里庇得斯

《请愿妇女》，339—355 行

同时我也明白你对我的劝告，你是说
逃避危险不合我的人生态度。
我做过许多好事，它们向希腊人表明了
我的习惯：永远惩罚罪恶。
所以我不可能拒绝艰难困苦。
你是我的生身母亲，比谁都关心我的
安全；
在你叮嘱我承担艰苦的时候，
我的仇人们将说我什么呢？
我就去要回死人，用言语说服，
说服不成再用武力强迫，
这样做不会引起神的嫉妒。
但这里我还需要全城邦的赞同。
我想做什么虽然会得到赞同，
但是，申述了理由我就能得到人民更
大的支持。
须知，我统一了这国土，使它成了
自由的城邦，有平等的表决权。

欧里庇得斯将《请愿妇女》作为宣扬希腊民主制的讲坛。之后忒修斯和底比斯信使展开辩论。信使传达了克瑞翁对归还阵亡将领尸体给他们的母亲，以及国王统治和人民统治何种更优的立场。忒修斯认为自己在辩论中占了上风。

阅读材料 3.22　欧里庇得斯

《请愿妇女》，429-455 行
对城邦没有什么比僭主更有害的了，
城邦有僭主，首先就没有公共的
法律，他一个人统治着，把法律掌握在
自己的手里，于是平等不复存在。
法律订成条文后，穷人
和富人便有了同等的权利，
弱者如果受到富人的辱骂，
就可以用同样的辱骂回敬他。
弱小者有理可以胜过强大者。
从这句话里你也可以看到自由："谁有
对城邦有利的主张要向公众提出的？"
想要说话的人都可以出名，不想说话的
都可以不做声。城邦里有什么比这更
平等的？
此外，在人民当家作主的城邦，
人们喜欢年轻的市民多，而在一人
为王的国家这都被认为是可恨的；
国王担心失去独裁的权力，把他认为
有头脑的优秀人物都给杀了。
试问，城邦怎能变得强盛？
如果有人排除勇敢者摘去年轻人，
像摘掉春天原野上的花朵那样，
人们怎能挣钱养活子女呢，
如果他们的辛苦只落得增加僭主的财
富？
人们又怎能在家中教养女儿谨守贞洁，

如果只是为了满足僭主享乐的欲望，
为了给父母带来悲哭？我宁愿死了，
如果我的女儿要在暴力下出嫁。

尽管忒修斯后来与底比斯战士摆开战斗阵势，但他成功把阵亡士兵的尸体带回了家。那些未能带回的，也郑重给予安葬。此后欧里庇得斯又用大量笔墨描写了失去孩子（国家的未来）的悲痛，他的戏剧无疑是大胆的反战宣言。戏剧最后用了阿尔戈斯国王伊菲斯一段激动和痛苦的恳求来结束，他的儿子也和其他战士一起战死在了底比斯。

阅读材料 3.23　欧里庇得斯

《请愿妇女》，1080-1090 行
若是我们能有两次青年和老年，
那么，若是谁犯了错误，
他就有机会在第二次生活中改正前次
的错误了。
我曾因为看见别人生儿育女，
也渴望自己有孩子，却被这渴望给毁了。
若是我有过一回经验，尝到过
父亲失去儿子的滋味，就不会
渴望生子，不会遭到眼下这不幸了：
我曾有过一个年轻的儿子，
十分勇敢，如今还是失去了。

这部剧首演时，观众们无需提示就能想到在战争中失去丈夫和儿子的女人们的悲痛，以及导致了多年无果的伯罗奔尼撒战争的政治冲突。

如果说埃斯库罗斯对人类进步

的信仰更加高尚，那么欧里庇得斯则更加现实。尽管在他的时代，他的作品并不流行，但后来欧里庇得斯却成为三位悲剧作家中作品最被广泛阅读的一位。所以他的很多作品都得以保存下来（共19部）。这些作品涉及广泛的情感表达，从浪漫喜剧《海伦》和《在陶里斯的伊菲格尼亚》到他最后一部完整作品，令人不安的《酒神的伴侣》。在这部作品中，欧里庇得斯这位讲求理性的人探索了理性作为生活唯一指导的不足，他承认情感的力量压过了古典理想中典型的秩序与平衡，他显然是在为自己的时代代言。

阿里斯托芬与希腊喜剧

欧里庇得斯不是唯一一位强调战争无用的诗剧作家。阿里斯托芬（前450—前385年）结合政治讽刺、让人印象深刻的漫画讽刺、污言秽语式幽默以及性暗讽的手法，创作出了公元前5世纪雅典最杰出的喜剧诗。

阿里斯托芬于公元前414年创作的《鸟》描写了两个厌倦了战争和苛捐杂税的雅典人决定离开家乡，寻找更美好的家园。他们加入了鸟群，在空中建立了一个新城邦叫空中鸟儿国。可是这个新国度阻挡了人类祭祀烟火飘向上天的道路，切断了人与神之间的联系。所以神不得不做出让步，最后宙斯把自己的王权交给了鸟儿们。

这是喜剧性的空想，但他几年之后（前411年）创作的《吕西斯忒拉忒》，则用喜剧的形式讲述了一个严肃主题：长期拖延无果的战争以及陷入冲突中的人没有能力找到停战之法。阿里斯托芬在书中把女人描写为秘密武器。吕西斯忒拉忒鼓动女人用身体作为武器，用禁欲来结束战争，她把这个主意告诉朋友，虽然一开始她的朋友并不确定是否想要这么做。除了性罢工，雅典女人还占领了卫城的金库，从而剥夺了男人最想要的两件东西——女人和维持战争的金钱。这次行动很快蔓延开来，希腊的女人都拒绝跟丈夫同床，直到他们肯议和。被戏弄的雅典男人感到十分沮丧，于是最终让步，召来了斯巴达的外交大使议和。最后的结局是雅典人和斯巴达人为了庆祝新的和平一起欢快地跳舞。阿里斯托芬认为，男人用战争来取代性，那么性或许也可以取代战争。

古典时期末期

当伯罗奔尼撒战争以雅典人的失败告终后，希腊先是由获胜的斯

阅读材料 3.24 阿里斯托芬

《吕西斯忒拉忒》，124-127、129-134、
138-140、152-161 行

吕西斯忒拉忒：我们有办法迫使男人
　　　　们议和。
　　　　女士们，采用坚定的自我控制来
　　　　绝对禁止。

[暂停]

克伊莱克：禁止什么？

吕西斯忒拉忒：绝对禁止性！

[妇女们纷纷散去]

　　　　别走啊？你们要去哪儿？

[冲入人群中]

　　　　怎么了？你怎么吓成这样！

　　　　真让人扫兴！

　　　　你的脸色怎么这么苍白？

　　　　你怎么还哭了？

　　　　怎么回事？

克伊莱克：恐怕我做不到，对不起
　　　　还是继续打仗吧！

米尔希莉：我也是，对不起
　　　　还是继续打仗吧！

克伊莱克：[挤进吕西斯忒拉忒和米
　　　　尔希莉之间]还是用别的办法吧。
　　　　别的任何办法都可以，只要你开口
　　　　让我下火海都行
　　　　可是
　　　　只有那事不行——哪有这种事，
　　　　吕西斯忒拉忒！

克伊莱克：试想一下
　　　　如果我们努力禁止……你说的那
啥，
　　　　问题不是我们能不能做到，
　　　　而且这法子是否有效？

吕西斯忒拉忒：当然！具体这样做：
　　　　我们涂脂抹粉，打扮得漂漂亮亮，
　　　　在屋里穿上薄薄的短上衣，极尽
　　　　魅惑——
　　　　然后
　　　　走到男人身边，他们会迅速注意
　　　　到我们，
　　　　疯狂地想亲热——
　　　　可我们要拒绝，我们禁欲。
　　　　这样很快他们就会去议和了。

巴达人领导，后由底比斯人领导（俄狄浦斯、克瑞翁和安提戈涅的家乡）。可是不久后，希腊城邦再次遭到外族的侵扰——这次是腓力二世（前359—前336年）领导的马其顿军队。这次希腊城邦没能再结成联盟，被腓力攻陷并统治，之后又由他的继承人亚历山大三世统治（前336—前323年），也就是著名的亚历山大大帝。

　　伯罗奔尼撒战争结束后，雅典人坚信的理想在冰冷的事实面前被击得粉碎。这也反映在了艺术上：讲求完美人体形态的古典时期艺术典范被打破，取而代之的是不以抽象规范为依据，而以真实世界为依据的艺术范式。这种转变带来的是在外观和人类情感表达上的显著的写实主义。

古典时期末的雕塑

　　古典时期末掀起了更人性化、更自然的重在表达的风潮。慵懒的肉感体态和优雅的比例取代了波利

克里托斯树立的健壮肌肉体态风格。
普拉克西特列斯就是新风格的主要
支持者之一，他的阿芙洛狄忒雕像
（图3.18）是当时最有名的作品之一。
这座雕像存放在位于尼多斯（今土
耳其境内）的一座神庙，人们不远
千里赶到这里，就为了一睹其美好。
这座城市因这座女神全裸雕像而闻
名，它是第一座被放进宗教场所的
裸体雕像。通常神庙里的雅典娜和
宙斯雕像壮观而雄武——有些高达
12 米——看起来非凡且让人望而生
畏。与此不同，普拉克西特列斯的
阿芙洛狄忒则在做着普通人做的事。
她把衣服放在一个大水罐上，准备
走进浴盆里。

　　图片中的雕像并非原版。跟本
章中大多数雕像图片一样，它属于
罗马复制品。但这座雕像的原版是
大理石，不是青铜。普拉克西特列
斯十分擅长雕刻，大理石是他最喜
爱的材质。现今保存的他的《赫耳
墨斯和小酒神》（图3.19），是那个
时代希腊雕刻艺术家的作品中，唯
一毫无争议的原版作品。普拉克西
特列斯将坚硬的石头表面雕刻成惟
妙惟肖肉体的能力无人能及。我们
只需将他的人体雕刻作品与《拿长
矛的人》进行对比，就能看出古典
时期雕刻的变化。《赫耳墨斯》经
过精心雕刻，肌肉呈写实状态，说

图 3.18　普拉克西特列斯，《尼多斯的阿芙洛狄
忒》，罗马大理石复制品，前 350—前 340 年。
高 203.2 厘米。梵蒂冈博物馆。普拉克西特列斯
的阿芙洛狄忒入浴雕像是第一座女神全身裸体雕
像。人们从四面八方前来观看这座雕像，惊叹于
普拉克西特列斯的才华，他能将冰冷坚硬的大理
石雕刻成栩栩如生的人像。

图 3.19　普拉克西特列斯，《赫耳墨斯和小酒神 》，
前 330—前 270 年。希腊奥林匹亚赫拉神庙复制
品，由利西普斯的儿子或孙子复刻。帕罗斯岛大
理石，高 215 厘米。希腊，奥林匹亚考古博物馆。
普拉克西特列斯作品修长瘦削的比例和明显的摇
摆，与波利克里托斯的比例法则和构图平衡法有
着显著区别。

明以自然为写照的风格取代了严格
按照《法则》的原理设计的人体风格。
这位信使之神用左手抱着还是婴孩
的酒神，衣物遮盖的树干支撑着其
左臂。他的右手上臂以下已损毁，
呈往前伸的姿势。据说在幼年酒神
张望的方向，是赫耳墨斯拿着的一
串葡萄。

　　普拉克西特列斯在描绘纹理变
化方面的技巧出神入化。无论是结
实健壮的男子肌肉，柔软、肉乎乎
的儿童肌肤，还是无瑕皮肤上粗糙
卷曲的毛发，又或是沿着身体垂下
的层层叠叠的衣服，他都能雕刻得
惟妙惟肖。赫耳墨斯的体形简单优
雅，是因为雕像的重心从右腿转移
到了左臂，左臂靠树干支撑。这种
倾斜的姿势叫做 S 曲线，因为身体
的轮廓围绕着想象中的垂直中心轴
形成了一个 S 形。

　　这件作品最值得注意的，也
许是雕像包含的情感。古典时期雕
像的冷漠感转变成了两位神之间的
动人一幕。赫耳墨斯逗弄孩子时的
脸部表情既骄傲，又乐在其中。而
酒神则表现出通常婴孩会有的姿
态——迫不及待地伸出双手去抓想
吃的东西。虽然动作和表情的刻画
尚有一些限制，但这些限制无疑也
在逐渐消除。在希腊化时期，古典
时期讲求的平衡不再重要，而普拉

克西特列斯雕刻中的情感表达也将
达到新的高度。

　　利西普斯是继普拉克西特列斯
之后，最重要和最具创新精神的雕
刻家。他引入了新的比例法则，创
造出更苗条优雅的人体雕塑。与波
利克里托斯的健硕不同，又借鉴了
普拉克西特列斯的流畅感。最重要
的是他创造了人物的空间动态概念。
在此之前的雕塑都是二维视角，即
是说整件作品只能从正前方观赏。
但利西普斯的《刮汗污的运动员》（图
3.20）不是这样。人物的手臂在空间
里绕成了一个圈。雕像刻画的是一
名运动员在用像小刀的钝器刮汗污。
观赏者们必须绕着雕像走一圈才能
看清所有的细节。雕像不再限于一
个平面，跟《赫耳墨斯》的 S 曲线

图 3.20　利西普斯，《刮汗污的运动员》，一座青
铜雕像的罗马复制品，前 330 年。大理石，高 205
厘米。梵蒂冈博物馆。该雕像展现了一名运动员
用刮身器或像小刀的钝器刮身上的汗污。

身形类似，《刮汗污的运动员》几乎是螺旋状围绕着垂直中心轴。

利西普斯的声誉几乎无可超越。《刮汗污的运动员》在多年后仍被视为一件令人叹为观止的艺术作品。罗马艺术史作家普林尼还讲述了一个关于这座雕像的有趣故事。

事实上，利西普斯的作品广受赞誉，甚至连亚历山大大帝——征服了波斯和埃及，并将希腊文化传播到近东的马其顿国王——都将他任命为宫廷雕刻家。据称利西普斯是唯一一位可以为亚历山大大帝雕刻肖像的雕刻家（图 3.21）。

古典时期末期的建筑

古典时期末期也是建筑的创新期。奥林匹亚和德尔斐修建了更多圣殿，罗德岛、尼多斯、普里埃内也纷纷采用古典时期的城镇规划原则，为新的城市建设构建蓝图。公元前 4 世纪也以产生了新的希腊建筑造型而闻名，包括圆形建筑（图 3.22）。当时最有名的建筑恐怕要数以弗所的阿耳忒弥斯神庙。这座神庙于公元前 356 年被烧毁，此后又按原来规模重建。虽然公元前 4 世纪的希腊人不再如前人那般笃定自信，但他们的文化依然不乏想法和灵感。即便雅典已经失去了政治和商业上的重要地位，但雅典的伟大

创新者们的思想却开始影响越来越多的人。马其顿国王将希腊文化传播到了整个地中海地区。

亚历山大死后（前 323 年夏），其帝国分裂为一个个独立小国，但

图 3.21　《亚历山大大帝头像》，前 3 世纪。大理石，30 厘米。希腊，佩拉考古博物馆。厚重凌乱的头发和头的角度，符合当时文献关于一个丢失的亚历山大全身像的记载，所以被认定为利西普斯的作品。

图 3.22　福西亚的提奥多鲁斯，圆形建筑，前375 年。希腊，德尔斐。这座部分还原的德尔斐圆形建筑是希腊建筑史上第一座圆形神庙。神庙外部由 20 根多立克式圆柱围绕支撑，内部由 10根科林斯圆柱支撑屋顶。

这进一步促进了希腊文化的传播。叙利亚的西流基王朝和埃及的托勒密王朝是伯里克利时代雅典的真正传承者。甚至远在印度的雕刻家和城镇规划者，都受到了公元前四五世纪的雅典思想影响。此后，古典希腊的文化成就在罗马被吸收并重生。同时，在希腊化时期，即亚历山大大帝死后至公元前 146 年罗马人征服希腊这段时期，这些成就迎来了新的转变。

希腊化时期

亚历山大死后，他的将领们未能就继承人的人选达成一致，导致马其顿帝国四分五裂。其中四个最重要的王国——叙利亚（西流基王国）、埃及、帕加马和马其顿（地图3.1）——很快形成针锋相对的局面，最后都被罗马征服。但它们各自以自己的方式传播着希腊文化，因此这段时期被命名为希腊化时期（动词 hellenize，意为传播希腊影响力）。

在所有希腊文化学术中心中，最大的位于埃及城市亚历山大港。亚历山大的前私人事务官兼保镖托勒密国王，在那里开办了一个很大的学术机构，名叫缪斯神庙。缪斯神庙中的图书馆藏有用希腊文写的一切重要资料，当时的官方数据显示，有多达 70 万本。公元前 47 年，凯撒大帝围城之时图书馆被烧毁，这无疑是西方文化史上最惨痛的知

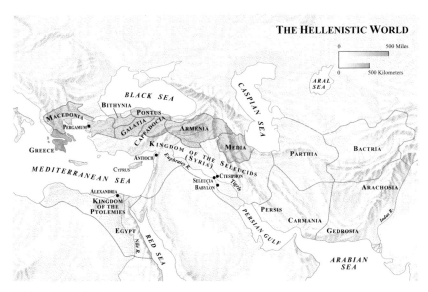

地图 3.1　**希腊化世界**

识损失之一。

在小亚细亚和更东边的叙利亚，新王国的希腊化统治者以希腊文学艺术抵御外来文化。帕加马和叙利亚首都安提俄克开办了图书馆，并鼓励希腊哲学家到访授课。这样一来，希腊的思想开始传播向远方，甚至到达远东以东。最早的纪念性佛像——由于是在印度的犍陀罗行省发展起来的，故以犍陀罗命名——就采用了希腊的风格和技术。有一本经典佛教书籍《弥兰陀王问经》，记录了希腊裔国王弥兰陀和一位佛教高僧的思想交流，最后国王皈依了佛教——这是希腊思想未能说服其受众的一个例子。

然而，不管文学和哲学能对保持希腊文化的重要地位起多大作用，希腊化统治者最重视的还是视觉艺术。他们由此开启了希腊艺术最后的辉煌期。亚历山大去世后，关于他生平的记忆，仍旧深刻影响着这个世纪。他一往无前的勇气和雄心、他英雄的个性、他努力创造的新世界——这一切造就了一种敢于冒险和尝试的精神。

古典时期的普遍精神是秩序。在希腊化时期，艺术家开始发掘自由的快乐。古典时期的艺术冷静而克制，希腊化时期的艺术则感性而有表现力。古典时期的艺术家追求清晰与平衡，即使是在表现暴力场景时，而希腊化时期的艺术家允许自己表现极度的混乱，包括强烈的明暗对比和永恒的运动。最初用来形容17世纪奢华欧洲艺术的"巴洛克"一词也用来形容希腊化时期的艺术，这并不奇怪。创新艺术家们的作品是为了新主顾而打造，而大多数古典时期的艺术品是为国家打造，所以当时创作的主题和灵感是宗教和政治。

随着马其顿帝国的分裂和帕加马、安提俄克等小国的繁荣，一批有权势的统治者和富裕的商人涌现出来。他们定制丰富的艺术品来装点城市或私人宫殿、别墅。

艺术家们不再为人类和诸神创作，而是为买主创作。他们的买主鼓励他们发展新技术，并超越竞争对手的成就。与此同时，艺术家们社会角色的转变导致了其作品功能的转变。古典时期的建筑师们致力于神庙和宗教场所的建设，而希腊化时期则以市场和剧场闻名，当然还有科技类建筑，例如雅典的风之塔（一个融日晷、钟塔和风向标功能为一体的建筑）和亚历山大港的灯塔（137米高，毁于地震）。在希腊化的亚洲富庶城市中，最富有的要数阿塔利德斯王朝统治的帕加马。帕加马于公元前3世纪初建立，并在欧迈尼斯二世（前197—前159年）统治期间达到鼎盛时期。帕加马的上城——或称上卫城——是受到雅典卫城启发而修建的，但城里不只有神庙，还有皇家住所、市场、一座藏有20万册书的图书馆、一座能容纳1万名观众的古代最陡峭的坡座剧场（图3.23），等等。在建筑群之中一座高高的山顶上，坐落着帕加马最重要的宗教圣殿——宙斯祭坛（图3.24）。

欧迈尼斯二世于公元前180年修建宙斯祭台以纪念他的父亲阿塔罗斯一世打败高卢人。祭台的底座用巨大的雕带装饰，内容是众神与巨人之间的战争。神气活现的宙斯大概象征着得胜的帕加马国王。从高浮雕饰带所刻画人物扭曲的身形、动作和脸部表情的紧张感，可以看

图3.23　土耳其帕加马剧场遗址，前3世纪兴建，前2世纪扩建。帕加马的上城以雅典卫城为模板修建，包括神庙、市场、皇宫。图中的户外剧场是古代最陡峭的坡座剧场。

图3.24　重建后的宙斯祭台西面，土耳其帕加马，前175年。德国，柏林，国家博物馆。祭台修建在山顶平台上，是爱奥尼亚式柱廊结构。祭台四周是一段约120米长的雕带，讲述了众神与巨人之战，暗喻阿塔罗斯国王对高卢人的胜利。

出战争的动人心魄和猛烈程度（图 3.25）。这一场面带来的巨大情感冲击，可能会让我们忽略了去欣赏艺术家们精湛的技艺，有些艺术家还

时代的声音 |||||||||||||||||||||||||||||||||||||||||

鞋匠肯多

赫罗达斯是公元前 3 世纪的希腊诗人，他的哑剧可能是为公共表演而写。以下摘自他的作品。

肯多：

快活地走着：打开了凉鞋的抽屉。

快看啊，梅特罗；这鞋底难道不是制作得最完美的鞋底吗？你也看看鞋跟，女人；看看它是如何支撑，如何连接到鞋带上的；每个部件不相上下：都如此完美。瞧这颜色！——愿女神保佑你愉快地生活！——再也找不到比这更好的。这颜色！金黄和蜡光都比不上！此外，这皮革，做鞋的肯多去了堪达斯买的。这另一种颜色！可不便宜。我向神庄严地发誓，女人，很好地维护过，丝毫差错也没有。——如果不是这样，愿肯多再也不知道生活和欢乐的滋味。——它差点让我倾家荡产！因为皮革商贪得无厌啊。他们没出多少力气，但我们的艺术作品还得依靠他们，鞋匠日日夜夜承受着可怕的折磨。我晚上也坐在凳子上，工作到疲惫不堪，直到听见破晓的喧哗都还没睡。还不止这些：我养着十三个工人，因为我自己的孩子们不工作。就算宙斯哭着求他们，他们也只会反复唱诵："你带了什么来？你带了什么来？"他们在别的地方舒服地躺着，像小鸟一样温暖着他们的腿。但俗语说得好，只有钱才能付账单，发牢骚不管用。所以梅特罗，如果这双鞋你不喜欢，你就再多看几双，看到你相信肯多没有说大话为止。

皮士多士，把架子上的鞋都拿过来。你们今天一定要满意而归，女士们。这里有各种新款都有：西科恩式、阿尔塔式、系带拖鞋、粗麻凉鞋、爱奥尼亚凉鞋、夜晚拖鞋、高跟鞋、阿尔甘凉鞋，还有红色的——说吧，你们最喜欢哪些款式。（狗——和女人——怎么吞得下这么多鞋匠说的材质啊？）

一个女人：

你穿着走得挺好那双多少钱？不要开价太高把我们吓跑！

肯多：

如果你喜欢，你开个价，我们再商量。把这双鞋卖给你的人不会欺骗你。女人，如果你看得起鞋匠做的东西，你开的价钱——看在住着狐狸的那座灰色神庙的份上，要让拿工具的人吃得起面包。（噢，赫耳墨斯！如果现在做不成生意，我们就快揭不开锅了！）

赫罗达斯，《鞋匠肯多》（"Kerdo the Cobbler"），豪尔（George Howe）和哈勒（Gustave Adolphus Harrer）英译。

图 3.25　雅典娜大战阿尔库俄纽斯，前 180 年。土耳其，帕加马，宙斯祭台雕带场景局部。伯罗奔尼撒大理石浮雕，高 2.3 厘米，长 110 米。德国，柏林，国家考古博物馆。宙斯祭台浮雕所描述的战争场景展现了极度的肢体暴力和痛苦。雅典娜抓着巨人阿尔库俄纽斯的头发，也就是他的力量来源，把他从地面提起。巨人的母亲大地女神盖亚在下面焦急地观望。

是从雅典请来的。然而，人物的动作绝非随意，石块表面也经过精心处理，以体现出人物头发、皮肤、衣物、铁器等等的质感。宙斯祭台是希腊化时期艺术准则和实践的最完整示范，是一项宏伟甚至堪称壮阔的工程，旨在震撼最广大的人心。它的特色还在于其独立雕像，例如《拉奥孔》（图 3.26）。这座著名雕像刻画的是特洛伊祭司拉奥孔因为试图警告他的人民不要将希腊人留

下的木马带进城内，而遭到神的惩罚。为了让他闭嘴，阿波罗派了两条海蛇去勒他和他的两个儿子。这件大型雕像的构图堪称一绝，三个人物被扭曲的蛇连在一起，在蛇的缠绕下痛苦地彼此拉扯着。

到了希腊化时期末，艺术家和公众似乎都有点厌倦了丰富的细节和精致的雕刻，古典时期的一些准则又重新流行起来。与此同时，罗马逐个征服了希腊王国并将其并入

帝国，吸收了希腊文化的罗马开创了集古典时期与希腊化时期之大成、融合意大利本土文化的新文化，并流传到了后世。

图 3.26　罗德岛的阿萨那戈拉斯、阿格桑德尔、波里多罗斯，《拉奥孔和他的儿子们》，前 1 世纪早期。罗马复制品，大理石，高 210 厘米。梵蒂冈博物馆。罗马诗人维吉尔《埃涅阿斯纪》中讲述了一个故事：海蛇勒住特洛伊祭司拉奥孔和他的两个儿子，报复他们通知特洛伊人小心特洛伊木马。雕像人物痛苦地挣扎着，试图从海蛇的死亡之绞中挣脱出来。拉奥孔和宙斯祭台雕带上挣扎的阿尔库俄纽斯风格相似，引起了学者们的注意。

总览 古典希腊和希腊化时期

语言和文学

— 《俄瑞斯忒亚》三联剧的创作者埃斯库罗斯于公元前458年在酒神戏剧节上第一次获奖。

— 索福克勒斯的《安提戈涅》于公元前440年上演。

— 索福克勒斯于公元前429年创作了《俄狄浦斯王》。

— 欧里庇得斯于公元前421年创作了《请愿妇女》。

— 修昔底德于公元前420年至公元前199年写下了《伯罗奔尼撒战争史》。

— 阿里斯托芬于公元前414年创作了《鸟》。

— 阿里斯托芬于公元前411年创作了《吕西斯忒拉忒》。

美术、建筑和音乐

— 克雷提奥斯的少年雕像中采用的构图均衡法，以及人物侧视的头部，标志着希腊艺术从古风时期进入了古典时期。

— 米隆于公元前450年创作了掷铁饼者。

— 伊克蒂诺和卡利克拉特于公元前448年至公元前432年设计建造了帕特农神庙；菲迪亚斯完成了神庙的雕塑。

— 波利克里托斯提出了雕像的比例法则；伊克蒂诺运用数学公式实现了协调的神庙设计；波利克里托斯于公元前440年创作了《荷矛者》。

— 伯里克利重建了惨遭波斯人洗劫的雅典卫城。

— 科林斯式柱头在建筑中得到应用。

— 公元前400年，音乐主导了戏剧演出；乐器音乐在公元前4世纪变得流行。

— 古典时期末期出现了更接近真人的神灵和英雄雕像，比如利西普斯雕刻的健壮但疲惫的赫拉克勒斯。

— 公元前323年至公元前146年出现了圆形建筑和其他形状的新建筑。

— 希腊化时期的雕塑愈加写实，通常用普通人作为雕刻的主题，描述暴力和动作场面。《拉奥孔和他的儿子们》于公元前150年完成。

宗教和哲学

— 苏格拉底（公元前469—399年）引入辩证探究法来检验核心道德概念，比如善与正义。他采用提问的形式来帮助人们理解他们潜在的信念，并对其加以挑战。

— 苏格拉底对雅典人普遍持有的信念的质疑，使他显得像在维护雅典的敌人斯巴达。他于公元前399年被审判并处死。

— 柏拉图于公元前387年发表《理想国》，这本书通过苏格拉底的对话，探讨了正义的概念，推崇哲人－王的统治。

— 柏拉图于公元前387年建立了自己的学园。

— 色诺芬于公元前385年左右回忆并记录下了苏格拉底的教导。

— 亚里士多德（公元前384—322年）在柏拉图学园学习和执教。

— 亚里士多德写了《诗学》与《修辞学》。

— 亚里士多德为国王腓力二世之子亚历山大当老师。

— 亚里士多德于公元前335年创办了吕克昂学园。

图 4.1　贝尔尼尼，《埃涅阿斯、安喀塞斯和阿斯卡尼俄斯》局部，1618—1619 年。大理石，20 厘米。意大利，罗马，博尔盖塞博物馆。

第四章

罗马

导引

罗马文化在很多方面都源于希腊文化。希腊的众神与神庙、艺术与建筑、戏剧与诗歌，为罗马的综合、创新与创造提供了跳板。罗马文化源于希腊文化，却不拘泥于希腊文化，创造出了其独一无二的风格。

当维吉尔创作罗马建城史时，他有许多古希腊的史诗著作可以参考，其中最重要的就是荷马史诗——《伊利亚特》和《奥德赛》。从某种程度上说，他的《埃涅阿斯纪》和荷马这两部史诗的主题相似。《埃涅阿斯纪》中的主角埃涅阿斯是特洛伊王子，也是一名战士。他逃离了被特洛伊木马诡计烧毁的城市，克服各种困难去追求自己的目标：建立一座城——以这座城为核心，发展出了日后的罗马。他既不是悲剧英雄阿喀琉斯，也不是战胜千难万险回到家乡的奥德修斯。他是罗马人的代表。他的伟大在于他的牺牲不是为了自己，而是为了给后人谋取更大的福祉。最后他失去了一切——家庭、妻子、父亲、爱人，还赔上了自己的性命。埃涅阿斯本可以不用做出这些牺牲，但他自始至终不曾忘记神赋予他的使命和对未来的责任——他把这些看得比自己更重。

17世纪初，意大利雕刻家贝尔尼尼受赞助人枢机主教伯吉斯之托，雕刻了《埃涅阿斯、安喀塞斯和阿斯卡尼俄斯》这组雕像。雕像描述了埃涅阿斯将年迈的父亲扛在宽阔的肩膀上，并让儿子紧紧跟着自己，三人一起逃离被摧毁的特洛伊。安喀塞斯小心翼翼地保护着家神雕像，阿斯卡尼俄斯则一手紧紧抱着父亲的腿，一手提着盏油灯照亮道路。这组雕像忠实还原了《埃涅阿斯纪》中的一幕，象征着罗马人为神明、家庭和责任奉献的理想。埃涅阿斯集罗马的美德于一身：严肃（gravitas）——意志笃定，具有责任感；虔敬（pietas）——对他人的责任和奉献；尊严（dignitas）——自我价值感；以及美德（virtus）——刚毅、勇敢与毅力。

如果说腊人给我们留下了丰富的知识文化遗产，埃及和近东地区的文明也给我们留下了一些硕果，那么罗马人则对西方文明的广泛传播起到了不可估量的作用。在语言、法律、政治、宗教、艺术等方面，罗马文化至今仍影响着我们的生活。现代欧洲道路网的框架是罗马人在两千年前规划并修建的；我们使用的字母表是罗马字母体系；一年十二个月的划分也是根据公元前45年尤利乌斯·凯撒引入的历法修改而来。即使罗马帝国陨落之后，罗马这座城市依然是屹立不倒的文明象征，也是后世帝国效仿的对象。罗马在文化上的巨大影响力，部分是由于罗马人勤勉和坚定的性格。

在早期历史中，他们把自己视为神指派来统治世界的人。为了完成使命，他们把罗马文化传播到北至英国、南至非洲、西至西班牙、东至亚洲（见地图4.1）的广阔地区。当时已知世界的罗马化，使得罗马人可以将他们吸收的不同文化传播到各地。希腊文学艺术流传至今并融入西方传统，靠的是罗马人而不是希腊人。公元4世纪基督教的快速传播，很大程度上也是因为罗马皇帝指定其为国教。

古罗马的文学艺术吸收并同化

地图 4.1　**罗马世界**

了被征服地区及其他地方的影响，并以此创作出了有他们自己风格的作品。公元前 1 世纪的抒情诗人如卡图卢斯，就是受到了萨福、阿乐凯奥斯以及其他公元前 6 世纪希腊诗人作品的影响，但没有什么比卡图卢斯的诗更具罗马精神。罗马的建筑和雕塑一边借鉴希腊原型，一边在工程和设计方面开拓创新，创造了古代世界最令人叹为观止的建筑遗产之一。要研究古罗马的艺术、建筑和戏剧，不仅要探究影响它们的因素，还要了解罗马人如何以创造性和出人意料的方式，吸收并融合其他文化。

罗马历史悠久，城市最初的创建要追溯到公元前 8 世纪。在头两个半世纪里，罗马由国王统治。此后罗马历史分为两个时期：罗马共和国时期（前 509—前 27 年），这段时期民主政治经历了发展和衰败；罗马帝国时期（前 27—前 476 年），这段时期罗马世界（至少在理论上）由一个人——罗马皇帝统治。公元 476 年，罗马最后一位皇帝退位。

罗马共和国成立后不久，罗马人开始征服周边国家。首先是意大利，然后在欧洲扩展，并延伸到亚洲和北非。随着疆域的拓展，他们同化了被征服地区的文化，古罗马文明得以蓬勃发展。

罗马

前 700 年　　　　　前 89 年	前 509 年　　　　　　前 27 年	337 年
伊特鲁里亚时期	罗马共和国时期	罗马帝国时期
伊特鲁里亚文化兴起，这种文化与意大利半岛其他地区、希腊及近东有着明显异质性。 伊特鲁里亚国王统治该地区，直到公元前 509 年罗马共和国建立。 伊特鲁里亚控制地中海地区的海上贸易，用金属与精美的绘图陶器交换外国商品。	罗慕路斯与雷穆斯的传说，将罗马的创建时间定格在了公元前 753 年。 公元前 509 年，罗马共和国建立，开创了立宪政府的先河。 各种文化的艺术和思想，尤其是希腊文化，影响着罗马的艺术和建筑。 凯撒大帝推行单一的、统一的民法法典。 公元前 44 年，凯撒被刺引发的内战摧毁了罗马共和国。 屋大维打败了安东尼和埃及王后克莉奥帕特拉的军队，埃及沦为罗马的一个省。	罗马元老院将屋大维命名为奥古斯都，并封他为罗马皇帝，罗马帝国由此拉开帷幕。 奥古斯都创立了一支 50 万人的公民军队。 四通八达的道路带来了出行和贸易自由，促进了帝国的经济发展。 罗马和平时期，从奥古斯都时代到公元 180 年马可·奥勒留去世为止，延续了约 200 年。 公元 79 年，维苏威火山爆发，庞贝古城和赫库兰尼姆被火山灰掩埋。 内部权力斗争和外部侵扰削弱了罗马帝国的力量。 军事开支降低了罗马人的生活质量。

伊特鲁里亚时期
（约前700—前89年）

公元前8世纪末，意大利地区进入活跃期。希腊人抵达了南部海岸和西西里岛。在台伯河谷生活着农牧者组成的拉丁族群，他们在当地建立了定居点，其中一个成为后来的罗马帝国都城。但在意大利中部一个以该种族名字命名的地区——托斯卡纳，伊特鲁里亚文化繁荣了起来。

伊特鲁里亚人是最让人感兴趣的古代族群之一。从罗马时代早期起，学者们就在争论他们是谁，来自哪里，说什么语言，直到今天，尽管考古上已有所发现，但我们对伊特鲁里亚人的起源仍知之甚少。古希腊人和罗马人认为伊特鲁里亚人来自东方，可能来自小亚细亚的古代王国。的确，他们的生活和艺术在某些方面具有东方特色。他们的语言尚未被完全破译，但从手稿可以看出，这种语言是源自希腊语的非欧洲语言。现存最长的伊特鲁里亚书稿是《亚麻书》。它之所以保存了下来，是因为埃及人把它撕成了条布来包裹木乃伊。

伊特鲁里亚艺术和建筑

伊特鲁里亚人的商业往来扩展到了地中海西部大部分地区。在意大利，诸如切尔韦泰里和塔尔奎尼亚这样的伊特鲁里亚城市发展出了丰富的艺术传统。伊特鲁里亚艺术在技术上非常精湛，在外

图4.2 《维爱的阿波罗》，约前510—前500年。意大利，维爱，波托纳齐奥神庙顶部。上色赤陶雕像，高175厘米。意大利，罗马，伊特鲁里亚国家博物馆。这尊原色伊特鲁里亚雕像，大步流星向前走着，衣服下的身体清晰可见。阿波罗的神职之一是音乐之神，他两脚之间刻有一把象征音乐的里拉竖琴。

观上令人振奋且充满活力。真人大小的赤陶雕像、精心制作的青铜器具，以及奢华的黄金陪葬品，无不展示了他们过人的手工技艺和物料的丰富。

通过上色赤陶雕像《维爱的阿波罗》（图4.2），我们可以想象鼎盛时期的伊特鲁里亚人是何其自信。这座雕像有几处细节与希腊古风时期的风格相同——Z字形的衣服皱褶、微笑、厚眼睑的眼睛、眉毛和鼻梁骨连成一线——但他手部的动作和充满活力的步态又与静态的希腊雕塑不同。我们可以断定维爱的阿波罗曾矗立在建筑屋顶最显眼的

位置，但这些建筑都未能在时间的考验中留存下来，因为伊特鲁里亚神庙是用木头和泥砖等非永久性材料建造的。

那我们是如何知道伊特鲁里亚神庙的外形的呢？首先，我们可以从现存地基判断神庙的平面图。其次，罗马建筑师维特鲁威留下了他所属时代的建筑文献，记录了伊特鲁里亚神庙的建筑和风格的细节信息。图4.3的模型就是根据他的描述制作的。

正如我们可以发现伊特鲁里亚与希腊雕像的一些相同点，伊特鲁里亚墓葬也能让我们想起古埃及。当希腊人仍把死者葬在简单的墓洞时，伊特鲁里亚人已建起了模拟现实环境的精致墓室。他们用基岩凿出墓室，墓墙上刻着数百种日用品浅浮雕，包括厨具、镜子、枕头、武器和盾。墓室布局与真实房屋相似，还带有座椅，或用于放置死者的赤陶雕像。一切仿若生人所居。意大利切尔韦泰里发掘出的一具石棺（图4.4）完善了这一图景。一对夫妻似乎在夜间消遣。丈夫深情地搂着妻子肩膀，看手势是在愉快地交谈。石棺中存放着死者火化后的骨灰，这在古代世界可

谓前所未见。我们在伊特鲁里亚人热衷进口的希腊陶器中见过宴会场面，但从未见过男女一起用餐。这具石棺具有伊特鲁里亚雕塑的独特特征，也展现了伊特鲁里亚女性与古代其他社会女性的不同：她们是社会的参与者，更有文化，更独立，享有更高的法律地位。

图 4.3　公元前 6 世纪的伊特鲁里亚神庙模型，根据维特鲁威的描述制作。塑料。罗马大学，伊特鲁里亚文化与意大利古迹考古研究所。伊特鲁里亚神庙与希腊神庙相仿，但仅正面有稀疏排列的木制圆柱、砖砌墙面，正立面有台阶。

图 4.4　石棺，前 520 年（伊特鲁里亚）。意大利切尔韦泰。赤陶，高 114 厘米，宽 134 厘米，长190 厘米。意大利，罗马，伊特鲁里亚国家博物馆。石棺的造型是一对夫妇坐在宴会躺椅上，古希腊未见有类似造型。艺术家着重打造人物的上半身和姿势，这是伊特鲁里亚艺术的标志手法。

伊特鲁里亚文化的活力从他们墓室内生动的壁画（图4.5）上也可见一斑。壁画的主题也是模拟生活：宴会场面、打猎捕鱼、音乐舞蹈，以及各种各样的运动和体育竞赛。他们在全盛时期创作的让人愉悦的艺术品，和朱庇特的母狼青铜像形成对比。《青铜母狼像》（图4.6）可能是公元前509年统治罗马的最后一任伊特鲁里亚国王被驱逐后雕刻的，它成了新共和国的象征。无论在过去还是现在，母狼紧绷的肌肉、低着的头、敏锐的目光和裂齿而笑的表情，始终传递着力量与无畏。

母狼雕像传统上被解释为一头保护孩子的母狼形象，传说它哺乳了罗慕路斯与雷穆斯这对被遗弃的孪生兄弟（文艺复兴期间补雕了两

图4.6 《青铜母狼像》，前500—前480年。意大利罗马。青铜，高80厘米。意大利，罗马，卡比托利欧博物馆。一位伊特鲁里亚雕刻家铸造了这座正在给罗马建造者罗慕路斯与雷穆斯喂奶的青铜像。这只母狼身体瘦削紧绷，有着令人难忘的心灵震撼力。

个吃奶的婴儿）。关于罗马起源有两个版本，一个是埃涅阿斯创建罗马，另一个是罗慕路斯杀死自己兄弟后创建了罗马，并于公元前753年成为第一任国王。事实上，从这一年到公元前509年的大部分时间，罗马只是伊特鲁里亚人统治下的一

图4.5 伊特鲁里亚人捕鱼和捕鸟的场景，前520年。局部，高167.6厘米。意大利，塔尔奎尼亚，渔猎之墓。艺术家通过细致的观察，将人、鱼和鸟画得栩栩如生。

个小镇。罗马人把建城故事描述得波澜壮阔，是为了美化城市的起源。实际上，罗马是在伊特鲁里亚人到来后才发展成一个城市中心。伊特鲁里亚工程师排干一片无人居住的沼泽地的水，将之打造成社区中心——未来的罗马广场。他们修建基础设施：下水道、道路、桥梁，以及神庙，包括朱庇特神庙。

伊特鲁里亚人对罗马和意大利其他地区的文明进程影响巨大。在其统治下，罗马第一次与更广阔的外部世界接触，从部落族长统治的小村落变成与整个意大利和外邦紧密联系的大型文化中心。吸收了伊特鲁里亚文化和技术的罗马羽翼渐丰，终于在公元前 509 年推翻了末代伊特鲁里亚国王塔克文·苏佩布的统治，建立了罗马共和国。紧接着罗马攻下一座座伊特鲁里亚城市，占领了意大利半岛越来越多的领土，并在公元前 89 年控制了整个意大利。伊特鲁里亚人变成了罗马公民，融入罗马城镇。

公元前 4 世纪罗马皇帝君士坦丁统治期间，罗马城本来的样貌变得面目全非。城市模型（图 4.7）显示当时的城市处于无序增长状态。曾经散落在帕拉蒂尼山（图 4.7【3】）上鸟瞰沼泽地的房屋群，被似乎是

图 4.7 公元前 4 世纪初的罗马模型。意大利，罗马文明博物馆。（1）波图努斯神庙；（2）古罗马大竞技场；（3）帕拉蒂尼山；（4）卡比托利努斯的朱比特神庙；（5）万神殿；（6）君士坦丁纪念柱；（7）图拉真广场；（8）图拉真集市；（9）凯撒广场；（10）奥古斯都广场；（11）古罗马广场；（13）提图斯凯旋门；（14）维纳斯和罗马神庙；（15）君士坦丁凯旋门；（16）尼禄巨像；（17）角斗场。在君士坦丁统治期间，罗马城建满了神庙、广场、凯旋门、剧场、公共澡堂、赛马场、水渠、市场、私人住宅和公寓。

城市中枢的服务于社会和宗教生活以及帝国政治事务的建筑所取代。从城市模型中，我们可以看到四处都有希腊风格的神庙（如图4.7【14】），以及一座纯粹的罗马式建筑（图4.7【5】和图4.34）。我们还能看到与当今风格大不相同的两个运动场所——角斗场（图4.7【17】和图4.30，声名狼藉的角斗游戏举行场所）和大竞技场（图4.7【2】，与现代赛马场有些相似的战车竞赛体育场）；大型公众集会矩形空间（广场）——罗马的生活和政治中心；商业区（图4.7【7、9、10、11】、图4.8和图4.36）；图拉真集市（图4.7【8】和图4.9）——相当于一座设有办公室和商店的多层商场。我们可以想象市场上曾经挤满了居住在这座拥挤城市里的民众，其中一些像如今的人们一样居住在多层住宅里，有效地利用了有限的土地（图4.10）。

我们还能想象到罗马将领带领英勇的军队打败敌人，保家卫国，开疆拓土，胜利归来后受到夹道欢迎。圣道是古罗马的主干道，从卡比托利欧山脚下一直延伸到罗马广场。这条主干道的其中一个功能，是用来举办一年一度的罗马胜利游行，庆祝罗马的军事胜利，尤其是在外国土地上取得的胜利。圣道沿途建有凯旋门，例如提图斯凯旋门

图4.8　意大利，古罗马广场遗址。作为逐步发展的罗马世界政治、经济和宗教生活的中心，罗马广场经过了一千多年的反复修葺。

图4.9　大马士革的阿波罗多洛斯，图拉真集市大厅内部景象，约100—112年。意大利，罗马。图拉真集市大厅与现代的商场相似。它有两层楼是商店，上面一层门面后移，留出光照，主空间由混凝土拱顶支撑。

图4.10　2世纪的古罗马公寓复原模型。意大利，罗马文明博物馆。这是对Insula[因苏拉]的复原，一座位于古罗马海港奥斯蒂亚的多层砖面混凝土公寓。底层用来开设商店，空间更大，天花板更高。上面的楼层非常窄小，几乎没有私人卫浴设施。

（图 4.7【13】和图 4.11）。
这座凯旋门是用来纪念提图斯征服朱迪亚王国。凯旋门内部的浮雕描述了提图斯的军队满载战利品从耶路撒冷归来——包括一个多连灯烛台，一个犹太枝状圣烛台。凯旋门的设计引来竞相效仿，包括法国皇帝拿破仑，他于 19 世纪初下令在巴黎修建了一座凯旋门，以纪念在法国大革命和拿破仑战争中死去的战士。拿破仑的遗体也是先经过凯旋门然后下葬的。

城市模型将我们带回了公元前 4 世纪的罗马，但是作为一个共和国的罗马，它的故事在 8 个世纪前就开始了。

图 4.11　**提图斯凯旋门，81 年。意大利，罗马。**
罗马凯旋门是用来纪念取得胜利的将领。这座凯旋门纪念的是维斯帕先皇帝的儿子提图斯于公元 70 年打败犹太人——在这次战争中，提图斯的军队攻陷了耶路撒冷，毁坏了所罗门圣殿。早期的帝国凯旋门和图中的凯旋门相似，后来的凯旋门由中间的主门和侧面两道小门组成。

罗马共和国时期（前 509—前 27 年）

罗马最初是一个共和制国家，像希腊城邦一样由人民统治。两名执政官从男性公民中选出，任期一年，但主要的大会，即元老院，多数成员来自贵族家庭。因此权力集中在上层人士——即贵族的手中，同时较低一层的罗马自由民——平民也可以成立他们自己的大会。平民可能变得有影响力和富裕，但在很长的时间里，平民和贵族不能通婚。平民可以参军，还可以通过平民议会被选举为护民官，从而制定法律、代表平民利益、保护平民不受国家官僚的不公正对待。元老院议会和平民议会召开的地方都是罗马广场。

从共和国建立，到凯撒遇刺（前44年）引发血腥内战，罗马一直深陷争取政治平等的纷争中。但第一次重大冲突，贵族与平民的冲突，并没有严重威胁罗马的政治稳定和对外征服。双方在冲突中展现出了灵活性和折中精神，平民的力量得以增长，但又避免了会影响罗马征服整个意大利半岛的大型冲突的发生。平民于公元前287年取得了最终胜利，以立法形式将平民议会与元老院及罗马人民绑在了一起。

帝国日益增长的权力带来了新的问题。公元前二三世纪，罗马开始海外扩张。他们与迦太基爆发战争，后者于公元前800年由腓尼基人创建，公元前3世纪发展成统治北非、西班牙和西西里岛的独立国家。罗马人在布匿战争（罗马人把腓尼基称为布匿人）中打败了迦太基人，侵吞了他们的土地。公元前1世纪，整个希腊世界落入罗马人手中。从西班牙到近东这片广阔的土地上，遍布罗马的行省、保护国以及有名无实的自由小国，它们全都看罗马的脸色，受制于罗马。

可是罗马虽善于开疆拓土，治理却远远不及。行省管理不当，贪墨成风。长期的战争使罗马人的性格变得冷漠，对被征服国家的人民残暴无情。外患未平，内忧不止。

贵族和平民之间的权力平衡被崛起的中产阶级——骑士阶层打破，他们很多是在战争中发了财的平民。在这样的背景下，激烈的纷争最终导致了罗马共和国的崩溃。

适用于五百年前兴旺小城市的政治体系不再适用于一个庞大的帝国。罗马在意大利的同盟心生嫌隙，引发公开反抗。虽然罗马赢得了公元前90年至公元前88年的同盟战争，但战争中的伤亡和对经济造成的打击是巨大的。元老院的无能和罗马人民的失望导致了政治家们的权力斗争。斗争引发接连不断的内战，混乱中凯撒于公元前45年统一罗马。可仅在一年后的公元前44年，这位独裁者就被暗杀。随后又起的内战彻底终结了罗马共和国，揭开了罗马帝国的篇章。

罗马共和国时期的文学

共和国时期的罗马文学流派众多，涵盖从历史评论到记述罗马价值观的论文，从滑稽剧到情诗。

凯撒

凯撒（前100—前44年）——睿智的政治家、运筹帷幄的将军、经验丰富的管理者和组织者——在《内战记》中记录了他的征战史。他的文风直白、扣人心弦，有些句子还成了经典名言。"我来，我见，我征服"就是他对一次战役只用了4小时就出手得卢的概括。那场战役仅仅是持续内战的其中一次交锋。在凯撒成为罗马独裁者的数年前，他与自己的政治同盟庞培反目成仇。在《内战记》的开头，凯撒声称致使其军队挫败的原因，是盟友的背叛和洪水等天灾。第61-71节描述了公元前49年，其军队快速反击，庞培一溃千里。请注意凯撒用第三人称"凯撒"或"他"来指代自己。

阅读材料4.1　凯撒

《内战记》卷1, 64节（前45年）（摘录）

天刚一亮，就可以从和凯撒营寨相连的高地上，看到对方的后军正受到我军骑兵的猛烈攻击，最后面的队伍有时停顿下来或被大队切断，有时我军又因他们的几个营掉过头来合力猛攻而被迫退下，但马上又会转过身去再事追逐。整个营中，士兵们三三两两聚在一起，抱怨不该让敌人从自己手中溜走，使战事不必要地长期拖延下去。他们跑到百夫长和军团指挥官们面前去恳求，请他们去向凯撒保证，要他不必顾惜他们的辛劳和危险，他们已经完全准备好了，能够而且敢于在骑兵涉渡的地方渡过河去。他们的热情和他们的吁请，激动了凯撒，虽然他对把军队投入这样白浪滔滔的大河感到担心，然而他觉得还是应该试一下，看看是否可以做到。因而，他命令从所有各个百人队里把比较衰弱，看来精神气力都支持不住的人全

挑出来，把他们和一个军团一起留下守卫营寨。他把其余的军团带出营寨，都留下了行李，又把大量马匹布列在河流的上游和下游，然后把军队带过河去。兵士中有少数被水流的力量冲走的，马上就有骑兵接了过去，救上岸来，一个人都没有死亡。军队安全渡过后，他开始把部队布列开来，排成三列战阵。军士们的热情如此高涨，尽管绕了一个圈子，多走了六罗里路，涉渡又耽搁了许多时间，但在白天的第九刻时以前就赶上了第三更出发的敌人。

[译注] 引自凯撒，《内战记》，任炳湘译，北京：商务印书馆，1986，第47、48页。略有改动。

西塞罗

罗马共和国末期最受青睐的人物应该要数西塞罗（前106—前43年），他最早作为律师成名。他无疑是我们最熟悉的那个时代的人物，因为他在步入政治生涯前，曾牵涉过几起重大的法律案件。在公元前63年担任执政官期间，他制止了一起针对政府的阴谋。由于他手段严厉，怀恨在心的政敌阴谋设计使他遭到流放。但他很快便胜利归来，再次卷入政治权力斗争中。在庞培和凯撒之间，他选择了庞培——虽然他赌输了，但凯撒宽恕了他。尽管西塞罗欣赏凯撒的才能，但从未曾真正相信过他。

西塞罗在历史上最有名的是他的一次伟大的演讲，虽然他认为自己最大的成就是在政治领域。他也是一名作家。他写的《论责任》用几卷内容论述了个人性格和公民对彼此及对国家的责任。

阅读材料 4.2　西塞罗

《论责任》卷 3，第 5-6 段（摘录）

效法伟大的赫耳枯勒斯，如可能的话，为救助世人而吃大苦耐大劳，这比过隐居生活（过这种生活的人不仅无忧无虑，而且逸乐自得，富裕殷实，同时还在容貌和体力方面胜过其他人）更符合于"自然"。所以，赫耳枯勒斯就克制自己，为救助世人而历尽艰辛。出于对他贡献的感激，世人将他奉为神祇。

因此，一个人的品质越是美好和高尚，他就越是喜欢过奉献的生活，而不喜欢过享乐的生活。由此可以作出这样的推断：如果一个人顺从"自然"，他就不可能做伤害自己同胞的事情。

最后，一个人做损人利己的事情，不外乎有两种情形：要么他认为自己的行为并不违背"自然"；要么他认为，比起对他人不公正的行为来，死亡、贫穷、痛苦，甚至子女或亲朋好友的丧失，更应当加以避免。如果他认为伤害自己的同胞并不违背"自然"规律，那么，同这种完全没有人性的人还有什么可说的呢？但如果他认为，虽然这种行为应该避免，但另一些事情——即死亡、贫穷、痛苦——则更加糟糕，那么他的想法也是错误的，因为他错误地认为，自己身体或财产所遭到的不幸比自己灵魂所遭到的不幸更严酷。

所以，把各自的个人利益与整个国家的利益融为一体，应当是所有人的主要目标。因为，如果个人为了各种自私的目的而把本应用于公共福利的东西占为己有，那么，人与人之间的伙伴关系就会完全被摧毁。

[译注]引自西塞罗，《论老年 论友谊 论责任》，徐奕春译，北京：商务印书馆，2003，第 220-221 页。

这些作品描绘了一幅关于西塞罗和罗马，以及他们的思想和理想的生动画面。有九百多封西塞罗书信得以出版，大多是在他死后。虽然这些内容暴露了西塞罗的弱点——虚荣、优柔寡断和固执，但也证明了他的仁慈、敏感与正义感。

征服让罗马接触到了大量异域文化，其中最有影响力的是希腊。罗马的戏剧文学早在公元前 3 世纪就吸纳了希腊戏剧的形式和内容。被后人称为罗马诗歌之父的恩尼乌斯（前 239—前 169 年）的悲剧也采用了希腊模式，尽管多已失传。他的《编年纪》是一部罗马编年史诗，希腊诗歌韵律第一次被用来写拉丁诗文。

当罗马共和国后期受过教育的罗马人停下来思考历史和政治以外的事时，他们似乎将目光瞄准了笑和爱。较完整地保存下来的第一批罗马文学作品，由普劳图斯（前254—前184年）和泰伦斯（前195/185—前159年）两名喜剧作家写成。他们也采用了希腊喜剧的模式，但希腊喜剧意在讽刺，而罗马喜剧则把人的小缺点拿来取乐。二人中爱写喧闹场面的普劳图斯以幽默歌曲和滑稽剧情见长。而泰伦斯的风格更加平衡和体面，他笔下的人物更加现实主义。普劳图斯比泰伦斯更成功，这反映了当时罗马民众的喜好。两位作家都喜欢无厘头式的错综复杂的剧情，比如由认错人引发的大乌龙和最后的真相大白。

卡图卢斯

在罗马第一位伟大的抒情诗人卡图卢斯（前84—前54年）的影响下，罗马抒情诗以浪漫爱情为主旋律。他深受莱斯博斯岛的萨福的影响，写成了25首描写他一段失败爱情的短诗，讲述了从相恋时的欣喜若狂到分手时的幻灭与绝望，《莱丝比娅》就是其中一首。他清晰的风格与他对感情的直白表达相得益彰。卡图卢斯的诗虽然描写的是个人情感，但并非纯粹感情的宣泄。

他将自己的感受普遍化了。普通人不幸的爱情经历与罗马共和国末期的残酷相比，何其微不足道，但诗中莱丝比娅的多变，使其获得了许多重大事件也无法比拟的不朽。

阅读材料 4.3　卡图卢斯

《写给爱人莱丝比娅的情诗》

第五首

亲爱的莱丝比娅，

让吾二人爱到地老天荒，

纵遭千夫所指，笑骂从汝，不值一钱。

天灯收光，日复又燃。

光灭终在弹指间，

唯有永夜伴长眠。

君赐千吻也不足，再来百回，千回，再千回，

直至千千万，无人能数徒艳羡。[1]

但莱丝比娅拒绝了卡图卢斯，他深感挫折与悲愤，经常将这段经历描述为灵魂的悲剧和心路历程的悲剧。他写了20多首关于莱丝比娅的诗，读者们可以看到他从最初对爱的忠诚和欣喜，到产生怀疑——我们会失去爱吗？——最后变成憎恶。在第八首中，诗人要求自己接受这段感情已经结束。卡图卢斯后来又写了句隽语，阐述了他心中爱恨交织的心理斗争。

爱与恨

由爱能生恨吗？憎恨爱？啊，谁能说清？

可是我感觉到了恨……折磨啊。

---

[1] [译注]引自飞白主编，张德明、钱鸿嘉（编），《世界诗库（第1卷）：希腊·罗马·意大利》，广州：花城出版社，1994。略有改动。

罗马哲学

廊下派（[译注]又译"斯多亚派"或"斯多葛派"）起源于古希腊，是罗马最重要的哲学流派。它由希腊哲学家芝诺（前335—263年）创立，芝诺经常和友人在画廊会面，廊下派由此得名。著名罗马廊下派哲学家有西塞罗、塞内加（前4—65年）、爱比克泰德（55—135年）以及马可·奥勒留（121—180年）。廊下派在罗马很受欢迎，因为它主张接受各种情况，包括磨难，进一步强调了罗马刚毅勇敢的美德。

廊下派哲学家认为宇宙由神创造，神赋予宇宙逻各斯，即宇宙运行的精神和意义。他们相信人无法改变悲剧的进程，但可以通过心理上与悲剧保持距离来控制自身对待悲剧的态度。在政治上，他们认为天意和自然法则说明罗马帝国注定要通过同化或征服的手段来扩张。而征服过程中会有人为了更伟大的美好而牺牲，这在所难免。士兵、农夫、哲学家和帝王都在用自己的方式为帝国作贡献。一切都是整体的一部分。

伊壁鸠鲁学派同样非常流行，尽管它不像廊下派那样符合罗马的价值观。它从希腊传到罗马，一直流传到2世纪下半叶。伊壁鸠鲁学派的盛行是因为它承认人的自然欲望应该得到满足，由此才能过上快乐的生活。伊壁鸠鲁学派认为死亡只是生命的停止，没有太大意义。罗马许多哲学家都持有这种观点，包括原子论的追随者卢克莱修和罗马皇帝马可·奥勒留。

另一思想流派——新柏拉图学派，在马可·奥勒留之后的时代兴起。这一学派的许多观念为后来的犹太教、基督教和伊斯兰教铺平了道路。

伊壁鸠鲁学派

伊壁鸠鲁学派创始人伊壁鸠鲁（前341—前271年）认为，人类行为的正确目标和准则是享乐。可是他的观点经常被误读。他相信趋乐避苦是明智的，但同样需要理智。我们有时候必须承受痛苦才能实现幸福，而有时候片刻的欢愉会导致长久的痛苦。

尽管伊壁鸠鲁学派强调在追求快乐的过程中要适度和慎重，但很多罗马人把他的学说解读为"典型的希腊式"放纵自我。尽管罗马诗人卢克莱修在他的《物性论》——诗与哲学的卓越综合——中极力对伊壁鸠鲁学派的教条进行了解释，强调其智慧和理性的一面，但伊壁鸠鲁学派还是没有招来太多追随者。阅读材料4.4阐述了伊壁鸠鲁学派的首要教诲是即使神真的存在，跟人类活动和自然现象也扯不上什么关系。

阅读材料 4.4　卢克莱修
《物性论》（前 50 年），卷 5 节选

你无法相信
诸神的圣座就在
这个世俗世界的某个角落。
事实上，诸神的本质如此精微，
我们极难感知。
即便凭心灵的理智也几乎无法看到。
既然它们永不能触，手不能抓，
那我们便无法触知分毫。
因为本身无法被接触之物，
反过来亦无法接触他物。

因此我们可以过我们的生活，不必活在对未知和神罚的迷信恐惧之中。伊壁鸠鲁学派从物理角度解释了世界。他们认为宇宙由微小的物质粒子——原子——及空间组成。这种理论和现代科学吻合。不过卢克莱修认为原子是固体，不可分割也不可摧毁。但现在我们知道原子主要由空隙组成，而且可以在核裂变中分裂。伊壁鸠鲁学派称原子在空间里随机运动，与其他原子合并成复杂的结构（可以称之为分子），这并非神的意志。所以人类可以活在完全的自由中；我们可以平静地面对生存考验和诸如地震或瘟疫之类的自然灾害，因为这些事情我们无法控制。伊壁鸠鲁认为人死的时候，组成我们身体的原子会分开，这样身体、思维和灵魂也就消失了。因为我们不是不朽的，所以我们不应该害怕死亡；死亡不代表人会在死后的世界受到惩罚，而只不过是感知消失了。

廊下派

廊下派认为世界由理性支配，神圣的天意照看着有德者，不让他们遭受邪恶的侵害。通向善的钥匙存在于人类自身可控的意愿和渴望中。因此财富、权势甚至身体健康都是命运随机的产物，不应该成为我们渴望的东西。

尽管廊下派哲学于公元前 1 世纪就在罗马赢得了一批追随者，并被西塞罗在其哲学著作中探讨，但真正用文字将其发扬光大的人是在稍晚时才出现。廊下派主义者塞内加（前 4—65 年）将其哲学用精练的语言表达了出来，例如"并不是因为事情难我们才不敢去做，而是因为我们不敢做事情才难"，或者"灾难是美德的机会"。塞内加出生在西班牙南部，父亲是一名富有的演说家。他被送往罗马求学，并在那里成了一名戏剧作家、随笔作家、哲学家和有权势的政治家。他倡导人们应该摆脱负担和焦虑，保持平静，对发生的一切淡然处之，以获

得心灵的平静。他在《论心灵的安宁》中表达了自己的观点。

阅读材料 4.5　塞内加

《论心灵的安宁》

生命是束缚。因此人应该安于自己的处境，尽可能少地抱怨，抓住一切可触及的美好。不管情况如何，心灵平静便能求得安慰。一个狭小的空间，人如果能够巧妙地安排，也可以放大它的用处，这样一块小小的立足之处也可以通过巧妙的安排而变得适宜居住。用好心态面对你的问题，硬的可以变软，窄的可以变宽，重的也可能变轻，只要你懂得巧妙地承担。

虽然精通廊下派智慧，但塞内加本人深陷政治阴谋，并成为巨富。他卷入了一起刺杀尼禄的阴谋中，他从前的学生尼禄因此命令他自杀。一个辛辣的讽刺是，塞内加有一句名言："天才都是疯狂的。"

廊下派哲学家爱比克泰德出生在现今的土耳其，本是希腊奴隶，获得自由后在罗马教授哲学。他的著作对马可·奥勒留影响巨大。奥勒留全面接受爱比克泰德的教导，并把廊下派哲学教义写进其著作中。摘自爱比克泰德《纲要》的一段话解释了他的主要观点，他认为有些东西受我们意志控制（例如判断、欲望、动力），有些不受（例如健康）。人类和其他动物的区别是，人可以判断应该追求什么和避免什么。善

恶只存在于人的判断，而不在于外物本身。掌握了这些道理的学生就能获得心灵的安宁，变得满足，这种安宁反映了宇宙既定的秩序。

阅读材料 4.6　爱比克泰德

《手册》

扰乱人心的不是事情本身，而是人们对于事情的判断。比如，死亡并不可怕（否则苏格拉底就会害怕死亡），但是死亡是可怕的这样一种判断，才是真正可怕的。所以当我们感到挫败、沮丧或痛苦时，不要怪罪别人，而应该归罪自身，即自身的判断。

莎士比亚后来也在《哈姆雷特》中写道："世上本无善恶，思想使然。"（《哈姆雷特》，2.2）

马可·奥勒留全名马可·奥勒留·安东尼·奥古斯都，他在历史中扮演着一个独特的角色：罗马士兵、皇帝、廊下派哲学家。他在一场似乎遥遥无期的战争（发生于170—180年，奠定了他登上皇位的基础）中写下了大名鼎鼎的《沉思录》：一个相信死亡是终点的人所写的自我提升的精神指南。

阅读材料 4.7　马可·奥勒留

《沉思录》

在人的生活中，时间是瞬息即逝的一个点，实体处在流动之中，知觉是迟钝的，整个身体的结构容易分解，灵魂是一涡流，命运之谜不可解，名

声并非根据明智的判断。一言以蔽之，属于身体的一切只是一道激流，属于灵魂的只是一个梦幻。（卷二）

看一看一切事物是多么快地被忘却，看一看过去和未来的无限时间的混沌。（卷四）

不要把寿命看做是一件很有价值的东西，看一看在你之后的无限时间，再看看在你之前的无限时间，在这种无限面前，活三天和活三代之间有什么差别呢？（卷四）

[译注] 引自马可·奥勒留，《沉思录》，何怀宏译，北京：中央编译出版社，2008。略有改动。

《沉思录》被誉为一名坚毅战士所写的无限温柔的文字，奥勒留从不问为何世事会如此丑陋，不问世界有如此多的痛苦是否合理。世界自有其道，并不会因我们的意志而改变，我们只能选择对待它的态度。奥勒留写道："黄瓜太苦就扔掉不吃，路上有荆棘就绕道而行。这样做就行了，不要再问：'为何世界上还有这样的事物存在？'"

新柏拉图主义

在马可·奥勒留死后一个世纪，罗马出现了一个宗教流派和一批神秘主义哲学家，包括埃及人普罗提诺（205—270年），他们自称柏拉图主义者。虽然他们自认为追随的是柏拉图的脚步，但鉴于他们与其源头差别较大，所以称他们为新柏拉图主义者更为恰当。新柏拉图主义之父普罗提诺传授的思想在《九章集》里有详述。这本书是他的一名弟子收集整理的，他还为普罗提诺写了传记。

新柏拉图主义采用了柏拉图在《蒂迈欧》中提出的太一的概念。普罗提诺认为太一是一个至高无上的不可了解的存在，是他创造了生命。与希腊和罗马反复无常、无道德准则的神不一样，太一是善的。新柏拉图主义称人类的灵魂（普罗提诺对自己不朽的灵魂出生在凡人的肉身里表示遗憾）在死后都会回归太一——灵魂的源头。但新柏拉图主义者对太一并没有统一的定义。在死后灵魂究竟会怎样这个问题上，有的新柏拉图主义者认为灵魂去了类似于天堂的地方，有的认为灵魂会再生，还有的认为灵魂和古希腊的英雄们在哈迪斯的冥府（苏格拉底的理念）永生，或者在地狱接受永罚。后来，新柏拉图主义哲学家又创造了新的神圣和半神圣生命体，例如作为太一与人类之间信使的天使和恶魔。新柏拉图主义哲学对许多思想家产生了深刻影响，例如基督教思想家奥古斯丁、伊斯兰学者法拉比、犹太哲学家迈蒙尼德。

罗马法

总的来说，凯撒的独裁以及罗马文化所留下最深远的成就，是推行了一部统一的大陆法法典《民法》。法学是罗马文学少数的原创之一。最早的罗马共和国法典是公元前451—前450年的《十二铜表法》。到了凯撒时代，《十二铜表法》已经不再合乎时宜，被大量后来出现的法律条规所取代。这些法规杂乱无章，令人难以理解。凯撒的《民法》在当时最杰出法律专家的协助下草拟，是后世法律的典范，并于公元533年由拜占庭皇帝查士丁尼（482—565年）搜集编纂完成并出版。

查士丁尼的《民法大全》在欧洲许多地区被沿用了数个世纪，深刻地影响了现代法律体系的发展。今天，成千上万人们生活的国家的法律体系源自古罗马。一位杰出的英国法官曾经评价罗马法律说："没有它不曾触及的法律问题，没有它的光芒不曾照亮的政治科学角落。"[2]伟大的罗马律师乌尔比安（卒于228年）曾经说过："法律是善与公正的艺术。"在罗马缔造出融合各民族的帝国的同时，罗马的法律艺术也在几个世纪里长足发展。罗马法是国际化的，它将罗马的法律和秩序观念和当地的情况结合，不断地演化发展。制定法律条例的司法官都是从行省公务员里有实际管理经验的人中挑选而出。法律专家在罗马十分抢手，国家鼓励公共服务，当时的专家们思考得最多的就是家庭问题和省级政务问题。许多司法官因才智和正直广受人们尊敬。罗马皇帝奥古斯都授权司法官签署"权威意见"，在一个多世纪后，皇帝哈德里安专门成立了一个司法委员会来为他的法律事务做指导。他们的共同目标是通过建立客观的自然司法体系来实现人类法律与自然法则的平衡。通过使用这套体系，彰显帝王对民众的恩泽，从而将人们团结在他的统治之下。

因此数个世纪以来，罗马人建立起了一套全面的法律理念，着眼于绝对和永恒的价值观，以便何时何地都能适用。这套法律观念的核心是平等——人人平等。查士丁尼法典推出之际，千年来实践中产生的智慧便为其所用。

罗马的宗教

罗马汇聚了众多异域神话，

2　布莱斯（Viscount James Bryce），《历史与法理学研究》（*Studies in History and Jurisprudence*），卷2，纽约：牛津大学出版社，1901，第896页。

包括伊特鲁里亚和希腊的神话（图4.12），形成了灿烂的宗教文化。据罗马神话传说，一位罗马国王买下了女预言家库迈的预言书，埃涅阿斯在进入地底世界前，也曾请教过她（《埃涅阿斯纪》卷6，10行）。

图 4.12 **伊特鲁里亚、希腊、罗马对应的诸神与英雄**

伊特鲁里亚	希腊	罗马
蒂尼亚	宙斯	朱比特
乌尼波	赫拉	朱诺
梅恩瓦	雅典娜	密涅瓦
阿普鲁	阿波罗	阿波罗
阿特姆斯	阿尔忒弥斯	黛安娜
拉朗	阿瑞斯	玛尔斯
塞斯朗斯	赫菲斯托斯	伏尔甘
埃塔	哈迪斯	普鲁托
杜尔姆斯	赫耳墨斯	墨丘利
内图恩斯	波塞冬	尼普顿
图兰	阿芙洛狄忒	维纳斯
赫丘勒	赫拉克勒斯	赫丘利

女预言家的书用希腊六音步诗行写成，保存在卡匹托尔山上的朱庇特神庙。每遇险境，如瘟疫或外敌入侵，罗马人就会寻求预言书的指引，根据书中指示献祭避灾。这是罗马人骨子里的迷信，他们相信凡事都是天注定的，所以人类必须安抚脾气像天气般阴晴不定的神。

罗马人全盘吸收了希腊的神灵、文学、雕塑和建筑，产生了一场文化与宗教热。宗教方面，罗马人引入希腊诸神，并且大修神庙。希腊人绝不会想到源自希腊的建筑会在罗马遍地开花，也不会想到他们的神会与一大帮次神以及被奉为神明的死去的罗马帝王融合在一起。罗马人还崇拜家神（我们看到埃涅阿斯扛着家神雕像从特洛伊到罗马），以及当他们出门上街时能指引和保护他们的神。他们每年举办卡庇塔利亚节（Compitalia），用来纪念十字路口（交叉路口）之神，因为在罗马时代，交叉是众多可能性（不管好坏）的象征。

罗马人有太多的神和女神，有时甚至会忘记崇拜他们的理由。例如到了凯撒时期，没人记得女神芙瑞娜（Furrina）是谁，也不记得为什么要纪念她，或为什么要向她祈求忠告或帮助。可是这样的集体失忆没有阻止罗马人举办节日纪念她。罗马日历上满是节日。虽然生活不易，但罗马人知道如何找乐子。

在很长一段时间里，罗马人相当容忍被征服地区的宗教和外来宗教。比如基督教在经历了一段时期的迫害后，随着君士坦丁皇帝的皈依，就成了罗马官方宗教。罗马人甘愿容忍是出于情势的原因。统治一个广袤帝国并不容易，只要当地人肯进贡，为罗马军队贡献士兵，同时不制造麻烦，罗马就心满意足了。但凡事也有例外。罗马的犹太总督彼拉多钉死耶稣，可能就是出于宗教差异和政治稳定两方面原因。

关于死后生活，从希腊流传的死后会进入冥王统治的地底世界的观念，到前基督时代的身体灵魂二元说，罗马人看法各异。

罗马共和国时期的艺术与建筑

共和国时期的视觉艺术与建筑兼具希腊和伊特鲁里亚风格。随着罗马人的征战扩张到意大利以外，希腊的艺术文化让他们大开眼界。公元前146年，希腊沦为罗马行省。希腊的一切在罗马风靡，受到人们追捧。同时，伊特鲁里亚的艺术风格依然影响着罗马的艺术家。

肖像画可以说最能代表罗马艺术的创意和精妙。当艺术家发现如何用实体外形传达更多关于模特的特质时，新的表达方式便应运而生。许多顶级罗马肖像都精雕细琢、形神具备。西塞罗半身像（图4.13）让我们看到一位谢顶的老人，他眉头紧蹙，深陷的眼睛周围密布着皱纹，突显了岁月的波折。但他柔和的面颊上有明显的笑纹，可以据此判断他是一个敏感而富有人性关怀之人。微微张开的嘴唇提醒着我们西塞罗是一位善辩的演说家。共和国时期的罗马人热衷于这种"毫不掩饰"的超现实风格，他们明白这种艺

图4.13　西塞罗半身像，前1世纪，大理石，93厘米。意大利，罗马，卡比托利欧博物馆。这座罗马共和国晚期领袖人物的半身像反映了当时的罗马雕刻家已能捕捉到人物的形与神。雕像中的西塞罗似在沉思。

形式可以传达出人物的特定信息。政客们也意识到他们可以通过仔细打造肖像来树立个人形象。凯撒无疑掌握了这门技巧，他下令在银币上铸上自己的侧面像，头像两侧刻着"永远的独裁者"字样，像一个

图4.14　刻有凯撒侧面像的第纳尔，前44年。银币，直径19毫米。纽约，美国钱币学会。凯撒是第一位在生前把自己侧面像刻在铸币上的人。这枚第纳尔为凯撒被刺前不久铸成，展现了这位独裁者皱纹深布的脸和颈。

胜利的花环（图4.14）。但银币铸成后不久，凯撒就被暗杀了。

共和国时期的罗马人修建了波图努斯神庙（又名福尔图纳神庙，图4.15），从平面图对比可以看出，它融合了希腊与伊特鲁里亚两种风格（图4.16）。罗马人采用了伊特鲁里亚风格的高架墩座墙、圆柱门廊、正面通往内殿的独一阶梯；同时采用了希腊风格的爱奥尼亚柱式雕带和圆柱，外围还有庙宇的痕迹，尽管只有门廊处采用了独立圆柱，而附墙柱（或半附墙柱）附在内殿外部的墙上。波图努斯神庙的设计受到了两种建筑风格的影响，它们以新颖而不同寻常的方式融合在一起，赋予了这座建筑独特的罗马风格。

罗马音乐

罗马的音乐通常在举办婚礼或葬礼等宗教活动和社交活动时演奏。贵族们在宴会之余，通常会邀请乐

图4.15　波图努斯神庙（又名福尔图纳神庙），前75年。意大利，罗马。共和国时期的神庙结合了伊特鲁里亚风格的平面设计和希腊风格的立面设计。这座神庙用石材建成，采用了爱奥尼亚柱式，正面建有石阶和独立圆柱。

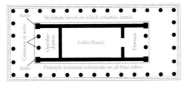

A. Greek Temple Plan

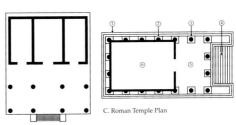

C. Roman Temple Plan

B. Etruscan Temple Plan

图4.16　典型的希腊、伊特鲁里亚及罗马神庙平面图。
（A）希腊神庙平面图。
（B）伊特鲁里亚神庙平面图。
（C）罗马神庙平面图：1.墩座或台基；2.附墙柱；3.独立圆柱；4.入口阶梯；5.门廊；6.内殿。

图4.17　船上的乐师，3世纪初。酒神之家一部动物寓言集的石材马赛克镶边图，阿尔及利亚，杰米拉博物馆。

师来演奏，还会邀请个人表演者——通常是女性——在一群亲朋面前表演助兴。游走的乐师们（图4.17）组成的小乐队演奏管乐器以及铙钹和

手鼓一类的打击乐器，为贵族和前台表演戏法的演员们伴奏，也为角斗士比赛伴奏。罗马人不像希腊人那样认为音乐具有心智和哲学上的意义，罗马作家在提及音乐表演时，常常抱怨它们是噪音。罗马人把希腊的小号加长，做成了更长更响亮的大号，用于比赛和游行等场合。一种加强版的大号（有的1米多长）专门用来发进攻或撤退的信号，其声音毫无美感可言。罗马的音乐爱好者主要是贵族，在希腊文化盛行期间，他们十分欣赏希腊乐器演奏的希腊音乐。皇帝尼禄就是其中一位。相传他曾经在众人面前表演西萨拉（一种像琵琶的弦乐器），结果遭到塔西佗和尤维纳利斯的批判。

罗马帝国时期（前27—337年）

公元前44年，凯撒被刺，好不容易得到片刻喘息的罗马再次陷入内战。凯撒的副官安东尼为了给他报仇，发动了惩处反叛者的战争。凯撒亲命的继承人，他的侄子屋大维，从地方行省赶到罗马，加入了这次战争。可惜，很快，事实就证明安东尼和屋大维无法和平共处，即便安东尼还娶了屋大维的姐姐奥克塔薇尔。公元前42年反叛者被剿灭之后，安东尼和屋大维分别统管东西罗马，带来了短暂的和平。

不久后，冲突还是爆发了，而安东尼与埃及女王克莉奥帕特拉之间的纠葛导致他在罗马失去了大量支持者。公元前31年，亚克兴战役为这场冲突画上了句号。安东尼和克莉奥帕特拉的联合大军被击溃，这对恋人于公元前30年双双自杀。在被战争变成废墟的罗马世界，屋大维一跃成为唯一的统治者。他的胜利标志着罗马共和国的终结。

此时，罗马已经饱受长达大半个世纪的内战和外患。当时罗马的政治文化机构几乎瘫痪，经济一蹶不振，意大利大部分地区深陷混乱。而到屋大维去世时（14年），罗马已进入其历史上最为繁荣稳定的阶段。屋大维统治下的罗马文学艺术达到了罗马文化的巅峰，罗马人迎来了全新的黄金时代。许多世纪以后，屋大维创造的盛世仍被人们歌颂。作为罗马第一位皇帝，屋大维开启了罗马第二段辉煌时期，即帝国时期：从公元前27年屋大维被尊为奥古斯都开始，直到公元476年罗马最后一任皇帝被推翻。其实我们也可以把君士坦丁在拜占庭建立东罗马帝国这一年（前337年）作为罗马帝国的结束。但从很多方面讲，可以将接下来的东西罗马帝国也视为其延续。

奥古斯都时期的非凡文化成就，只能在和平世界实现。要创造和平世界，就必须建立新的政治秩序。共和国时期的政治体系已不适用于疆域辽阔的多民族帝国。奥古斯都巧妙地（也可以说迷惑性地）宣称，他"将国家的治理权交到了参议院和罗马人民手中"。其实不然，他表面上维持着新生共和制，实际上把实权牢牢捏在了自己和核心集团手中。

从奥古斯都开始，罗马的皇帝及其核心集团大权在握。他们建立了庞大的行政服务体系，各部门各司其职。通常中产阶级的罗马人可以先服一段时间兵役，然后进入行省财政部门，之后回到罗马在政府部门任职，最后当上帝国邮政部门或警察部门高级官员。

在动荡的罗马共和国末期，中央政府无法控制其军队。出于这种前车之鉴，奥古斯都进行了军队改革。军队的主要职责变成了保卫疆土。军队有25万罗马士兵，还有同样数量的辖区当地士兵。这50万大军的各大指挥官直接听命于总指挥官——罗马皇帝。除了战斗，军队还作为工程兵修建道路与桥梁、种植和收割庄稼、巡视城界并维护治安。在这个过程中，军队赢得了罗马辖区人们的尊敬与感激。

有了军队的保护和行政服务部门的管理，帝国的经济飞速发展。伴随着交通和贸易自由化，商品流通不再征收关税；商人只需要缴纳入港税。在奥古斯都统治期间，罗马道路上越来越多形形色色的人——商人、官员、学生、游历的哲人、银行的快递员和运输代理——他们来来往往，穿梭于各大城市。亚历山大港和安提阿这样的城市，有一定程度的自治权，可以依照罗马模式建立自己的市政体系。

并非所有罗马皇帝都像奥古斯都一样勤奋有为，像卡利古拉、尼禄等就有着恶魔的名声。但奥古斯都建立的帝国还是延续了近500年。

帝国诞生约一个世纪后，罗马发生了人类史上最惨烈的天灾之一。

庞贝古城

公元79年8月24日中午，那不勒斯附近的维苏威火山爆发，向天空喷发出12.5千米高的火山灰与浮石。被烤焦的火山灰与浮石扑向庞贝、赫库兰尼姆以及该地区其他城镇，整个庞贝被2.4米厚的浮石层（图4.18）覆盖。房屋和住所全部坍塌，再无法居住。火山喷发后几小时内逃出来的2万居民无疑是明智的，当然也是恐惧和痛苦的。在火山第二次喷发的过程中，滚烫的烟尘向外喷涌，所经之处没有生灵生还。未能逃出的 2000 名遇难者应该是死于第二次火山喷发，因为庞贝遗址的挖掘显示，他们的遗体在浮石层之上（图4.19）。挖掘工作从两百年前开始进行，在清除掉起保护作用的火山残质后，生活在罗马帝国早期行省的人们的丰富生活，便栩栩如生地展现在了我们面前：从庞贝人朝拜的神庙，到洗澡用的浴盆，再到他们的食物。

科学家们把维苏威火山喷发第一阶段的地质现象命名为"普林尼式喷发"，因为罗马政治家兼作家

小普林尼（61—112 年）在给历史学家塔西佗（56—117 年）的信中，描述了他亲眼见证的这场灾难。之所以叫他小普林尼，是为了跟他的叔叔老普林尼（23—79 年）区分开。老普尼林是 37 卷厚的《自然史》的作者。火山爆发时，他想调查火山爆发的本质，于是去了维苏威火山。在他横渡那不勒斯湾时，收到一位朋友的求救信息，于是马上调转方向去了海边的疏散现场。后来同船的朋友告知小普林尼，老普林尼因吸入火山喷发出的有毒烟雾而去世了。当时小普林尼和母亲一起留在一个叫米塞纳的城镇。

图4.19　维苏威火山爆发遇难者，79 年。意大利，庞贝古城。图中的遗体于庞贝城门处被发现，遇难者想拼命逃出黑暗，但不幸被山坡上喷涌下来的火山灰掩埋。后面的人似在挣扎着起身。

阅读材料 4.8　　小普林尼
《致塔西佗》

　　尽管一想起当时的情景便不寒而栗，不过我还是开始追忆。

　　舅父离开之后，我把剩下的时间用来学习，因为我正是为此而留下的，然后洗澡，进餐，迷迷糊糊地小睡了

图4.18　意大利庞贝古城遗址局部，前面是剧场，远处能看到维苏威火山的两座山峰。庞贝古城面积达 166 英亩，尽管挖掘工作已经进行了 2 个多世纪，但仍有五分之二地区尚未见天日。

一会儿。许多天来一直地震，但不太强烈，也不甚可怕，因为在坎佩尼亚地震是常有的事。然而那天夜里地震却是如此强烈，使人觉得不仅一切都在晃动，甚至都要翻个个儿了。母亲突然跑进我的卧室，其实我当时已经起来，正想去叫醒她，要是她还在睡的话。

我们坐到宅外的空地上，空地面积不大，把住宅和海岸隔开。我现在不知道该怎样形容我当时的心境，是镇静呢，还是漫不经心，因为当时我已经18岁了。我让人拿来提图斯·李维的著作，安闲地读了起来，并且继续做着笔记。这时我舅父的一位朋友（他不久前刚从西班牙来），看见我和母亲坐在那里，我还读着书，便责怪母亲太有耐性，而我则太掉以轻心。然而我仍然继续专心读我的书。

已经是一点钟了，光线还是那样暗淡，好像十分困倦。房屋前后左右地晃动着。我们虽然是在空地上，但因距离房屋不远，仍然担心它会朝我们倒塌下来。最后，我们决定离开城市。我们后面跟着惊慌的人群，正如人们陷入恐惧时常有的那样，他们听信任何别人的意见胜过相信自己的想法。一路上人如潮涌，把我们推着、挤着，出了城，我们停了下来。在那里我们遇见了许多奇怪的事情，经历了许多可怕的场面。我们曾经吩咐大车与我们随行，它们只管停在非常平坦的地方，但却向不同的方向滚动，即使塞住轮子，也不能使它们在原地停住不动。我们同时还看到，大海在向后退缩，好像是被大地的震动推了回去；海岸则明显地向前延伸，许多海生动物搁浅在沙滩上。在海岸的那一面，浓云密布，乌黑可怕，蜿蜒的火舌不停地晃动着，火的势浪冲击着云层，把云层撕裂，状如火焰本身，缝隙处亮如闪电，又远非闪电可比。

这时，我舅父的那位从西班牙来的朋友更为急切而坚决地对我们说："倘若你的兄弟，你的舅父现在还活着，他会希望你们能脱离险境；倘若他已经遭到不幸，他也会希望你们能安然无恙。你们为什么还不赶紧逃跑？"我们回答说，在没有得到舅父的消息之前，我们无论如何是不会考虑自己的安危的。他没有再多作停留，立即转身跑了，以求脱离危险。没过一会儿，云翳降到地上，盖住了海面，卡普雷埃岛被包起来了，弥塞努姆很快从视野里消失了。这时母亲哀求我，劝告我，命令我，要我赶快离开，说我年轻，逃得了，而她已年迈体衰，不过只要不连累我，她死了也甘心。我说倘若不和她一起得救，我也不想活着。最后，我拉着她的手，催促她加快步伐，她勉强地跟着我，一面责备自己耽误我快跑。天上降下灰烬，不过还不算稠密。我回头望去，身后雾气滚滚，席卷而来，追袭着我们。我对母亲说："趁现在还看得见，我们赶快避到路边去，以防万一跌倒了，在昏暗中被人踩着。"我们刚坐下，黑暗便立即降临了，黑得远不像往常没有月亮时或阴天时的黑夜那样，而是有如熄了灯的紧闭的房间一般。只听见妇女在号哭，孩童在尖叫，男人在呼号，人们凭声音，有的在寻找、识别自己的父母，有的在寻找、识别自己的孩子，有的在寻找、识别自己的妻子。一些人在悲叹自己的厄运。另一些人在悲叹亲人的不幸，还有一些人，他们因害怕死亡而祈求死亡。许多人举起双手求神保佑，而更多的人则认为，哪儿也没有神明了，世界最后的、永久的黑夜降临了。

当时有一些人，他们用臆测和想象给真实的危险增加新的恐惧。还有一些人，他们则伪称弥塞努姆那儿塌陷了，什么地方起火了，实际上并没有那些事，然而人们却信以为真。天空变亮了些，但不是阳光在照射，而是临近的火光在照映。火光一淡下去，重又一片黑暗，灰烬也重新开始降落，又密又重。我们不得不时时站起来抖一抖，要不便可能被埋没、窒闷而死。我可以自夸的是，虽然陷于这样的危险，我却没有叹息，没有叫苦，想的只是我将和大家一起不幸地死去，一切将和我一起毁灭，而这是对死亡的

最大慰藉。

浓雾终于减退，消散，像烟，又像云。真正的白天出现了，还有太阳照射，不过光线是那样地昏黄，像日蚀时常见的那样。人们用惊怖的眼神扫视着面前的一切，一切都变了，全都覆盖着一层灰，厚厚的，灰白如雪。我们回到弥塞努姆，稍作盥洗，在希望和恐惧之中度过了一个疑虑不安的夜晚。地震继续着，许多人吓得神智失常，说着可怕的预言，嘲笑自己和他人的不幸，人们继续处于恐惧之中。我们尽管经受了这样的危险，等待着新的危险的降临，但在没有得到舅父的消息之前，我们一直没有想到离开。

这些都算不上历史，你大概也不会把它们写进你的史书；倘若它们连信都算不上，那只好责备你自己了，因为是你要我写的。

再见！

[译注] 引自《希腊罗马散文选》，罗念生编译，王焕生等译，长沙：湖南人民出版社，1985。

在维苏威火山周围城市的挖掘过程中，人们发现了大量艺术品。这些艺术品揭示了当时人们生活、工作和娱乐的方式。总的来说，他们过着优越的生活。他们居住的房屋清凉舒适、远离喧闹的街区，房屋围绕着中间开敞的中庭而设计，装饰着精美的壁画、马赛克拼图，还有喷泉和花园（图4.20）。房子里发现的居家用的银器和装饰都是高品质的。尽管庞贝只有2万人口，但公共浴室、剧场、音乐厅、能容纳全城人的圆形露天剧场一个都不少，甚至还出现了妓院。广场靠近交通要道，周围分布着主要的公共建筑，包括一个长方形会堂，作为

图 4.20　**银婚之家中庭，1 世纪。意大利，庞贝古城。**大房子开敞的空间可以在夏季保持室内凉爽。到了冬天，相隔房间的折叠门会关上。

商品交易和法庭之用。对有钱人来说，庞贝舒适得像天堂。赫库兰尼姆只挖掘出了一小部分，但那里的宅邸比庞贝的还豪华。

说到技术水平，庞贝最著名的艺术品之一就是马赛克拼图——将小玻璃片或瓷片嵌入水泥墙或地板表面，拼成图作为装饰。《悲剧诗人之家》（也叫《荷马之家》，图4.21）之所以得名，就是因为考古学家看到里面有一幅马赛克拼图，上面画着一群演员在后台准备表演。他们围在一位指导排练的老者身边。有一名演员在练习弹奏乐器，另一名在换戏服。在屋子中间的地板上有一个盒子，放着希腊演员经常用的面具。这幅马赛克拼图和屋内其他装饰品都围绕着希腊神话这个主题。而荷马史诗则说明屋主想通过表现自己喜爱希腊文化来彰显自己是个受过教育的人。

20世纪的捷克诗人亚诺维茨（Vladimír Janovic）受这幅演员拼图的启发，创作了一首史诗风格的诗《悲剧诗人之家》。虽然这首诗的重点放在准备表演萨蒂尔剧的演员和导演身上，但诗人重现了火山爆发前夜庞贝城的生活场景。从庞贝城及其遗址得到灵感的诗人远不止亚诺维奇一人。歌德（1749—1832）在1787年参观庞贝古城遗址后写道："世界上众多的灾难中，极少有庞贝这样能让后人感到激动的。"温克尔曼（1717—1768）——有人称他为考古和艺术历史之父——在他的《古代艺术史》中探讨了贝庞的发掘工作。诸如安格尔、大卫、卡诺瓦之类的艺术家也受到了庞贝绘画和雕塑的影响。甚至连著名的韦奇伍德装饰陶瓷也出过庞贝图案的瓷器。

帝国时期的文学

奥古斯都积极支持和鼓励同时期的作家和艺术家，他们的许多作品都以奥古斯都的政治为主题：和平的回归、土地和农业的重要性、抛弃奢华崇尚简单生活，还有最重要的——相信罗马注定要统治世界。罗马有不少杰出的雕塑作品主题是纪念奥古斯都和他的事迹。贺拉斯

图4.21 《悲剧诗人之家》，1世纪末。意大利，庞贝古城。石材马赛克拼图。意大利，那不勒斯，国家考古博物馆。

和维吉尔也在诗里歌颂他。也有人称这些艺术作品是奥古斯都组织的，目的是以最积极正面的形象来宣扬他的统治。当时最伟大的作品都或多或少与奥古斯都的世界观有着联系，在这种情况下，很难想象和皇帝的哲学观完全不同的诗人不会被禁言。但我们毫不怀疑人们对奥古斯都怀着真诚的感激之情，怀着坚信新纪元到来的力量。从某些角度说，从奥古斯都开始，罗马的艺术带上了很多官方色彩。帝国时期许多罗马的建筑和雕塑是公共性的，由国家委任完成，为国家服务。

维吉尔

维吉尔（前 70—前 19 年），罗马最负盛名的诗人，他人生最后的十年致力于创作一部史诗来歌颂罗马，也含蓄地歌颂奥古斯都。《埃涅阿斯纪》是历史上最伟大、最具影响力的诗歌之一。后世诗人们，包括但丁、塔索和弥尔顿都将维吉尔视为大师。在整个传统西方文化的文学作品中，还没有作品像《埃涅阿斯纪》一样受到人们如此多的喜爱和尊敬——艾略特将其形容为西方社会的典范——但它的意义是复杂的，绝不是众口如一的。与《荷马史诗》一样，《埃涅阿斯纪》也是用六音步长短短格写成的。

《埃涅阿斯纪》并不是维吉尔的第一部诗歌。现存最早的维吉尔真作是十首田园短诗《牧歌集》，描写了乡间生活以及牧人的快乐与忧伤。维吉尔是农夫的儿子，他通过另一部作品——四卷厚的《农事诗》（前 29 年）——表达了自己对土地的热爱。这部诗是一部农业指南，提供了许多有用的农事建议，比如如何养牛、养蜂，还表达了诗人的信念——他相信意大利的力量在于农业的丰饶。在卷二中，维吉尔赞美道："古老的土地，你是庄稼和人类伟大的母亲。"他从不粉饰农夫生活的艰辛、贫穷、辛劳与经常性的失望，但他依旧认为只有乡村生活能带来真正的平静和满足。

《农事诗》的精神契合了奥古斯都振兴农业的大计。很可能这位君王指派维吉尔写一部对罗马文学来说意义重大的国家级史诗，就像《伊利亚特》和《奥德赛》之于希腊文学。这项任务无疑是艰巨的，维吉尔必须找到一个主题，既适于歌颂罗马和它的过去，也能纪念奥古斯都的功德。《埃涅阿斯纪》并不是一部完美的诗歌（维吉尔临死前曾叫朋友毁掉它），但从某种角度说，它绝对超越了奥古斯都的期待。维吉尔成功地为罗马创作了一部国家级史诗，并成为当之无愧能与荷马并肩的诗人。此外，他还深度地、动态地研究了人类命运和个人责任的本质。

《埃涅阿斯纪》分为十二卷。书中的英雄是特洛伊王子埃涅阿斯。他逃离了被火烧毁的特洛伊城，向西航行到达意大利，建立了一座新的城市，也就是后来的罗马。维吉尔选择的题材具有十分重要的意义：埃涅阿斯的特洛伊血统使这个故事与荷马世界有了联系；他来到意大利建立了罗马城；这部史诗的主题是从过去的灰烬中重生，完美地呼应了奥古斯都的复兴精神。埃涅阿斯和同伴们最初登场是在从特洛伊驶向意大利的海上。他们遇上了风暴，被卷到了北非的海岸。他们来到了迦太基，迦太基的女王狄多给他们提供了住处。在为埃涅阿斯接风的晚宴上，他讲述了特洛伊的沦陷（卷二）和他们从特洛伊来到迦太基途中的冒险经历（卷三），而他的父亲安喀塞斯在途中不幸去世。狄多女王深深地被埃涅阿斯的坚毅和战斗经历打动。

卷四情节沿着卷一末尾中断处继续展开。狄多和埃涅阿斯之间产生了一段悲剧恋情，诱使埃涅阿斯留在迦太基，放弃去意大利建立新家园的使命。这时神派来使者墨丘利，提醒埃涅阿斯他身负重任。埃涅阿斯与狄多见了一面后便痛苦地离去，留下伤心欲绝的女王了结了自己的性命。见面时狄多曾问埃涅阿斯是否打算离开迦太基和她，但埃涅阿斯没有坦言相告。

阅读材料 4.9　维吉尔

《埃涅阿斯纪》卷四，305-310 行

"忘恩负义的人，你当真相信你能够掩盖这么大的一件罪恶匆匆当而悄悄地离开我的国土么？难道我对你的爱情，不久前的山盟海誓，以及等待我狄多的惨死——难道这些都留不住么？你就一定要在这隆冬季节准备船只，冒着北风匆匆忙忙地出航么？你好狠心啊！"

[译注] 引自维吉尔，《埃涅阿斯纪》，杨周翰译，上海：上海人民出版社，2016。下引《埃涅阿斯纪》均为此本。

尽管埃涅阿斯爱着狄多，不过"命运从中作梗，天神堵塞了他愿意谛听的耳朵"（439-440 行），埃涅阿斯坚定了去往远方完成使命的决心。

阅读材料 4.10　维吉尔

《埃涅阿斯纪》卷四，493-496 行

但是埃涅阿斯出于对神的虔敬，虽然他很想安慰一下狄多，解除她的痛苦，用言语岔开她的哀愁，虽然他频频叹息，为深情而心碎，但是他不得不服从天神的命令，又回到船上。

卷五，特洛伊人来到了意大利。卷六，埃涅阿斯来到了冥府，从父亲的亡灵那儿得知了罗马的命运。他在那里也遇到了狄多的亡魂。

阅读材料 4.11 维吉尔

《埃涅阿斯纪》卷六，456-474 行

"有人给我报信说你已经寂灭，说你已自刎，走到了人生的尽头，果然是这样？是因为我的缘故你才自寻死路吗？我向天上的星辰发誓，我向天神发誓，如果冥界深处还有信义的话，我向它发誓，女王啊，我不是出于自愿才离开你的国土的啊。是神的命令强迫我这样做的，同样是神的命令迫使我现在来到这鬼影幢幢的冥界，这荒凉凄惨的地方，这黑夜的深渊；我没有料想到我的出走竟然给你带来如此深重的痛苦。"

……

埃涅阿斯力图用这些话来抚慰狄多，激发她的同情之泪，但狄多满腔怒火，瞋目而视。

她背过身去，眼睛望着地上，一动也不动；从她脸上看去，埃涅阿斯那番话丝毫没有打动她，

她站在那儿俨然就像一块花岗石或帕洛斯山上的大理石。最后她走了，怀着仇恨又隐退到树林的浓荫里……

埃涅阿斯造访地底世界也是全书的转折点。在此之前我们看到的埃涅阿斯，正如他对自己的评断一样，是一个有很多弱点、容易受感情左右的人。后来他父亲安喀塞斯的灵魂指出了他的命运和罗马的未来，在他有生之年无法见到的未来。

安喀塞斯揭示的未来增强了埃

阅读材料 4.12 维吉尔

《埃涅阿斯纪》卷六，789—797 行

"你再把你的一双眼睛朝这边看，看看你未来的族人，你的罗马人。这就是凯撒，这里是你的儿子尤路斯那一支，他们的伟业有朝一日都将与天比高。这千真万确就是他，就是你经常听到要归在你名下的他——奥古斯都·凯撒，神之子，他将在拉丁姆，在尤比特之父萨图努斯一度统治过的国土上重新建立多少个黄金时代，他的权威将越过北非的迦拉曼特和印度，直到星河之外，直到太岁和太阳的轨道之外，直到背负苍天的阿特拉斯神在他肩上转动着繁星万点的天宇的地方。"

涅阿斯的使命感，这位颠沛流离、饱受命运折磨的特洛伊流亡王子从此变成了一个"肩负使命的人"。

在卷七和卷八，特洛伊人来到了台伯河。埃涅阿斯拜访了未来罗马所在地的城市，但当时的意大利人准备抵抗外来的特洛伊人。在卷八，埃涅阿斯的母亲女神维纳斯出现在他面前，给他带来了一些礼物，其中之一是她丈夫伏尔甘铸造的盾牌，交给他在战场上使用。

盾牌上面镌刻着罗马的未来："他（伏尔甘，司火的大神）把这些都铸刻在盾牌上了。盾上雕着那只母狼，产仔之后卧在战神玛尔斯的青葱的洞窟里，一对孪生的男婴围绕着它累累的乳头嬉戏，吸吮着

价值观念 ||||||||||||||||||||||||||||||||||

《埃涅阿斯纪》折射出的罗马理想

凯撒遇刺后，罗马进入了屋大维（也就是后来的奥古斯都）、安东尼和雷必达三雄执政时期。屋大维执掌西部省份，安东尼执掌东部，雷必达执掌西班牙和非洲。随后雷必达因意欲篡夺屋大维的权位而被驱逐。尽管安东尼娶了屋大维的姐姐，但他仍然公开和埃及女王克莉奥帕特拉住在一起，还和她育有三个儿女。屋大维说服参议院向埃及宣战。埃及战败后，安东尼和克莉奥帕特拉双双自杀。在屋大维看来，安东尼为了一个女人而疏忽了对罗马的责任。

《埃涅阿斯纪》的主角埃涅阿斯则为了追求自己的责任和使命，离开了自己深爱的迦太基女王狄多，横跨地中海，到达了意大利半岛，这是不是很巧？和贪恋自己不朽名誉的希腊英雄阿喀琉斯不同，埃涅阿斯这位罗马人的典范，他所做的一切不是为了个人所得，而是为了给下一代创造更好的未来。和特洛伊王子帕里斯不同，他没有了为女人而将自己的国家推入战争的火坑。和安东尼不一样，他没有在温柔乡流连忘返。相反，他迎着狂风驶向未知，毫无畏惧地去经历更多。他没有选择留在迦太基或者途中任何舒适的地方过安逸的日子，而是不畏艰险地前往一片充满敌意的异国土地。

阿喀琉斯追求个人荣誉，帕里斯让海伦的美貌迷了眼睛，安东尼让罗马一次次陷入战争，而埃涅阿斯则是全身心奉献给了责任和家庭。埃涅阿斯背着的不只是自己的父亲，而是文明的未来。以往的英雄们都在考虑自己，而埃涅阿斯毫不利己。当狄多的灵魂离他而去时，他在冥界失声痛哭。他是痛苦的。他集罗马人推崇的美德于一身：严肃（庄重）、对他人的责任和奉献（虔敬）、自制（尊严）以及勇气（美德）。

奥古斯都本人很有可能参与了《埃涅阿斯纪》的创作，因为他曾经和维吉尔有过会面。埃涅阿斯的母亲是维纳斯，而奥古斯都和他的叔叔声称维纳斯是他们的祖先。《埃涅阿斯纪》的创作时间恰逢罗马经历了社会和政治剧变，人们对伟大罗马及其使命的信念开始动摇的时期。这部史诗再次强调了罗马的传统价值观——踏上神圣的征程，不为个人所得，只为了人民的未来。

阅读材料 4.13　维吉尔

《埃涅阿斯纪》卷八，608-618 行

这时女神维纳斯的洁白形象在云端出现，给埃涅阿斯送来礼物；她从远处看见她的儿子在一个隐蔽的山谷里，一条清凉的河川的岸边，她当即走到他面前并对他这样说道："看，这就是我答应给你的、我丈夫的手艺所制作的礼物，有了这个，我的孩子，你就用不着犹疑不决，不敢去向傲慢的劳伦土姆人，甚至图尔努斯本人挑战了。"

他们的狼乳母的奶汁，毫无惧怕之意……"（630–633 行）

最后 4 卷描写了特洛伊人与拉丁人的战争，双方伤亡惨重。最后与拉丁人结盟的意大利部族国王图努斯死去，埃涅阿斯获得胜利。

很容易就能联想到，埃涅阿斯的原型是奥古斯都；维吉尔显然想让读者将两者进行对比。不过维吉尔想要借主人公表达的观点可能比我们想象的复杂。如果说牺牲自我就能变得伟大，维吉尔会问：这样的牺牲是否值得？是否罗马赢得了辉煌的未来就可以不计较狄多受到的残忍对待？每位读者一定有各自的答案。维吉尔的答案可能是：牺牲也许值得，但十分勉强。值得与否主要取决于个人观点和生存的目的，对维吉尔来说，生命本质上是一场悲剧。史诗的总调是一首叹息人类命运的悲歌。

索皮希雅

诗人索皮希雅（Sulpicia）与奥古斯都和维吉尔身处同一时代，但生卒年不详。她是曾经参与过暗杀凯撒的法学家苏尔皮基乌斯（Servius Sulpicius，前 106—前 43 年）的女儿，也可能是曾在亚克兴战役中与安东尼交战的贵族梅萨拉的侄女。现存的索皮希雅的诗仅有六首，总共 40 行。这些诗都是献给男性诗人提布鲁斯的，并随着他的作品一起被保存了下来。她的诗无关政治、哲学、历史、神学或罗马的命运，只讲述了她对一名她称为塞林则的年轻男子的爱——塞林则可能是该男子的化名。她的诗也不具有当时的风格，却生动活泼、自然清新，很可能在他叔叔的上流圈层中得到广泛的传阅。下面这首诗对爱情的描述并不是"柏拉图式"的，相反其中形容的"欢愉"和"接触"显然是指肢体上的。

阅读材料 4.14　索皮希雅

《爱情终将到来》

爱情终将到来，而我的爱
与其讳莫如深，何不吐露出来。
维纳斯女神，听到了我的祈祷，
带他来我身边，躺在我的怀抱。
维纳斯兑现了她的许诺，让别人说去吧，
他们没经历过我那般的欢愉。
愿将这书板献给我的爱人，
不作密封，不管谁先读到都可以
这种原罪是甜蜜的，要伪装羞耻是痛苦的，
我为我们的相聚感到骄傲，天造地设。

柯雷利斯（Jon Corelis）英译。

贺拉斯

贺拉斯（前 65—前 8 年）是一名被释奴的儿子，但他和许多贵族一样，在雅典接受了教育，后来成了奥古斯都的桂冠诗人，并和维吉尔成为友人。他的诗大多是讽刺性的，用幽默和知识来取笑人类的弱点，例如虚荣和野心。他甚至用讽刺的眼光看待爱国主义和战争。他是廊下派主义者，认为祈愿无法抹去生活的苦楚，无法改变任何结局。他认为人们只有及时行乐才能远离结局。以下是他的颂诗《惜醉今朝》（"Carpe Diem"［及时行乐／活在当下］）。

阅读材料 4.15　贺拉斯

《惜醉今朝》（摘录）

你别去探询，那超越本分，为你，为我，
众神安排了怎样的结局，琉柯诺，也
别用星相窥测命数。
倒不如把一切忍受！
或者朱庇特预留了更多的冬天，或者
在耸峙崖岸上催虐海浪的这个冬天
便是终点，你当明智，滤好酒，斩断
绵长的希望，生命短暂。
说话间，妒忌的光阴已逃逝。摘下今日，别让明日骗。

［译注］引自贺拉斯，《贺拉斯诗选》，李永毅译，北京：中国青年出版社，2017。

尤维纳利斯

　　谐剧家和讽刺家常让人想到阴险、粗俗甚至刻薄，这在古罗马也适用，尤维纳利斯（约 55/60—127 年）也许是他所处时代最有名的讽刺家。生活在古罗马和生活在当代大都市一样，有着诸多困扰：喧闹、脏乱、拥堵。尤维纳利斯和其他人对此多有抱怨。他生于行省，来到罗马当地方官，结果得罪了皇帝图密善——这位皇帝总是轻易被得罪。在埃及度过一段流放岁月后，尤维纳利斯回到罗马，贫寒度日。不过在生命最后一段时间，情况有所改善。他的十六首讽刺诗清楚表明他对罗马和罗马人的不喜。他告诉读者他写诗是出于愤怒，愤怒于城市拥堵、贪污与堕落、腐败的贵族、贪婪与卑鄙。"在这样的时代，有不写讽刺诗的人吗？"尽管尤维纳利斯也是个刻薄的人，但他是西方文学界一流的讽刺诗人，强烈地影响着后继者，包括乔纳森·斯威夫特。

阅读材料 4.16　尤维纳利斯

摘自《讽刺诗之三》，第 376—399 行

"在这儿城市里，病人大多死于失眠症。不消化的食物，在因溃疡烧灼的胃里，让人无精打采，可是谁能在廉价旅馆里入睡？
除了富豪，谁睡得起觉，住得起花园房子？
这便是传染源。车轮吱呀呀碾过狭窄的街区，
车夫们一受阻拦，停下来就吵个不休，
吵得连最昏昏欲睡的小河马也根本无法入睡。

富人有事的时候，人群让开路，
他高坐在车上读书写字，趾高气扬从
他们身边驶过，
甚至打个盹儿，也许在酝酿什么活动。
他仍然比我们先到达他要去的地方；
因为我们所有来去匆匆的交通都挡了
我们的道，前后左右。
有人用胳膊肘或者小木棍顶我，
一个人拿横梁咚地砸在我头上，另一
个拿起酒桶，
我腿上沾满泥泞，又被某人的大脚踩踏。
怎么回事？——一个丘八的鞋钉碾在
我的脚趾上。"

[译注] 引自詹姆斯·L. 霍尔沃森，《世界
文明的源泉（第3版）》上卷，马婷译，北京：
北京大学出版社，2010。

奥维德

诗人奥维德（前43—17年）创
作了一系列情爱诗歌，包括《恋歌》
和一部叫《爱的艺术》的爱欲手册，
充分地证明了他对女性的迷恋。《恋
歌》中有一个对句写道："若天堂
无爱欲，我会说，不了，谢谢，女
人才是甜蜜的地狱。"也许是因为
这些文字太过直接，所以奥古斯都
才把他流放到现今的罗马尼亚。维
吉尔最知名的《变形记》，讲述了
从世界和诸神的诞生，到凯撒之死
的神话传说。凯撒被刺半个世纪后，
奥维德写下了这部作品。

《变形记》提供了大量关于希
腊和罗马神话的信息，当中的许多

传说很多世纪以来被文学和戏剧作
品所引用。卷十讲述了塞浦路斯雕
刻师皮格马利翁的故事，他爱上了
自己雕刻的人像。后来他得到维纳
斯的同情，把雕像变成了活人。音
乐剧《窈窕淑女》就是受皮格马利
翁故事启发而创作的剧本之一。奥
维德还写了皮剌摩斯和提斯柏这对
苦命鸳鸯的故事，他们出生在两个
敌对的家族，他们的恋情得不到允
许。于是皮剌摩斯自杀了，提斯柏
在发现他的尸体后也自杀了。这个
故事还有一部类似的作品《罗密欧
与朱丽叶》（以及《西区故事》）。

阅读材料4.17摘自"皮剌摩斯
和提斯柏的爱情悲剧"，描写一对
不被父母允许的爱人对彼此的激情。

阅读材料 4.17　奥维德

《变形记》卷4，"皮剌摩斯和提斯柏的
爱情悲剧"

无奈双方父母禁止。

但是两人心中的爱情的火焰是父
母所不能禁止的。

虽然没有人给他们传递消息，

但是他们用点头或用手势来交
谈。

他们愈是这样把火焰压下去，火
力愈是炽热。

在提斯柏为皮剌摩斯殉情前，她
对父母有最后一个要求。

我们两人的可怜的父母啊，

请求你们答应我们一件事：

忠实的爱情和死亡把我们结合在一起，

请你们不要拒绝我们死后同穴。

[译注] 引自奥维德，《变形记·诗艺》，杨周翰译，上海：上海人民出版社，2016。下引均为此本。

罗马帝国时期的艺术

大约与维吉尔写《农事诗》同时，他歌颂的农事与自然之美，在古罗马一幅精美的壁画上得到了充分的体现——奥古斯都妻子莉薇娅的别墅中的《花园景色》（图 4.22）。

维吉尔史诗中描述埃涅阿斯的场景，还被形象地刻在和平祭坛正面的墙上（图 4.23）。这面浮雕是奥古斯都指派完成的重要作品之一，是他希望当时人们和子孙后代如何

图 4.22 莉薇娅别墅中的《花园景色》，意大利普里马·波尔塔遗址，前 30—前 20 年（第二风格）。壁画，整体高 2.72 厘米，长 11.7 厘米。意大利，罗马，罗马国家博物馆（马西莫宫）。莉薇娅的花园别墅建有罗马最壮观的绘图落地窗。在描绘环绕中间树木的围墙时，画家采用了几何透视画法表现出深度，同时还采用了浓淡远近法将远处的景物模糊化处理。

图 4.23 埃涅阿斯敬献祭品，前 13—前 9 年。奥古斯都和平祭坛局部，意大利，罗马。大理石，高 160 厘米。意大利，罗马，和平祭坛博物馆。埃涅阿斯（右）展现出的是典型的希腊神话中神的姿态。浮雕中的风景和精致的细节具有典型的希腊化晚期的风格。

看待他的统治的最好说明（图 4.24）。
图中埃涅阿斯散发着希腊神的气度，
他刚抵达意大利，正在神龛前献祭，
神龛中供奉着两尊从特洛伊带来的
神像。维吉尔把埃涅阿斯美化为维
纳斯女神之子，奥古斯都通过把埃
涅阿斯奉为自己的祖先，从而与维
纳斯有了世系关系。但和平祭坛不
是献给神的，而是奥古斯都献给妻
子莉维亚的，代表了香火存续和家
国稳固的理想。此外，和平祭坛上
刻的代表和平与多产的人物，以及
华丽的水果花朵点缀，象征着在奥
古斯都创造的和平国度里物产丰富、
社会繁荣。

　　埃涅阿斯浮雕，以及对侧的罗
慕路斯与雷穆斯浮雕，皆被用以彰
显罗马的非凡起源。祭坛后面有一
位女性形象——大地母神或和平的
化身，还刻着战争女神，强调罗马
地大物博的同时需要保持警惕。底
层石板刻有各式蔬菜，象征着在繁
荣和平的时代，农业予人的馈赠。
祭坛长的那面墙上刻着皇室队列。
领头的是奥古斯都，然后是祭司，
后面跟着皇室成员。奥古斯都的形
象是领队人而不是至高无上的统治
者，造型与他人无异。奥古斯都的
家人出现在祭坛的浮雕上，说明他
打算从中选出一位继承人，也说明
他的家人在公众事务中扮演着特殊

图 4.24　奥古斯都和平祭坛，前 13—前 9 年。大
理石，矩形石墙围绕着一个石祭坛，墙壁长 10.5
米，宽 11.6 米，高 7 米。意大利，罗马，和平祭
坛博物馆。通过中间的门廊可以见到内部祭坛，
侧面浮雕雕刻的是罗慕路斯与雷穆斯，以及埃涅
阿斯。右面雕刻的是皇室成员队列，领头人是奥
古斯都。祭坛原本耸立于弗拉明大道。16 世纪
发现其残存碎片，其他残余部分也于 1937 年和
1938 年被找到，最终重建于奥古斯都陵墓附近。
走进这样的房间，会让人产生身临其境的感受：
湛蓝的天空有鸟儿在唱歌，脚下踩过茂盛的绿草，
树上的花朵散发着芬芳。花园别墅的壁画是公元
前 2 世纪至公元 79 年罗马四大壁画风格之一的
代表作品。这种风格的壁画佳作，以及保存得最
完好的作品，都是在庞贝废墟中被找到的。

图 4.25　皇室家族队列，奥古斯都和平祭坛南面
雕带局部，前 13—前 9 年。大理石，高 160 厘米。
意大利，罗马，和平祭坛博物馆。尽管和平祭坛
的这面雕带以帕特农神庙为参照，但雕刻的都是
当时的名人，包括孩子。奥古斯都大力鼓励婚姻
与生育。

角色。墙的另一边（图 4.25）刻着参
议员和显贵的队列，有的人手里还
牵着坐立不安和讲话的孩子们——
真实刻画出了百般无聊的孩子们常

有的表现。但别被这种真实感给骗了。在罗马共和国时期，人物肖像就在宣传塑造个人形象方面起着重要作用，和平祭坛上的家庭场面也是为了宣传。这些罗马贵族其实子嗣不多，所以为了鼓励他们多生育，奥古斯都制定法律来扩展婚姻机构，并支持生孩子多的家庭。为妻子建造和平祭坛的核心目的就是奥古斯都想要提倡忠诚与责任。看来他已经把抛弃自己第一任妻子，然后和怀孕的情妇莉薇娅结婚的事忘得一干二净了。

和平祭坛想要传达的政治和社会信息通过工匠精湛的技艺毫不掩饰地表达了出来。浮雕的风格刻意仿照经典的帕特农神庙雕带（见第三章）。为了表现奥古斯都开创了新的黄金时代，他的雕像采用了希腊黄金时代的艺术风格，同时融入了罗马元素。

和平祭坛传达的详尽信息呼应了一件较早前的艺术品：普里马·波尔塔的奥古斯都雕像（图 4.26）。这座保存完好的雕像发掘于普里马·波尔塔的莉薇娅皇家别墅，所以以当地地名命名。这座雕像应该是在奥古斯都去世前后完成的，但展现的是他的巅峰状态——年轻、英姿勃发、冷静、坚定，而且不怒自威。雕像经过细致的打造，展现出曾经

图 4.26 普里马·波尔塔的奥古斯都雕像，前 20 年。大理石，高 203.2 厘米。梵蒂冈博物馆。雕像发掘于普里马·波尔塔的皇家庄园，刻画了正欲发表演讲的奥古斯都。他脚边的小丘比特把他和传说中的罗马建者埃涅阿斯联系了起来，埃涅阿斯和丘比特是维纳斯女神的孩子。脚边的小丘比特把他和传说中的罗马建者埃涅阿斯联系了起来，埃涅阿斯和丘比特都是维纳斯女神的孩子。

的人们对这位帝王的理想化形象，虽然他们从没见过他本人，不知道他的真实相貌，只在艺术作品中或硬币上见过他。

奥古斯都华丽的护胸甲上，刻着他统治时期发生的一件大事。公元前 20 年，他打败了一个东部波斯

人部落，重拾罗马人在公元前53年的战争中丢失的信心。他的脚下是象征维纳斯女神的骑着海豚的丘比特，意喻奥古斯都家族与埃涅阿斯（他的母亲是维纳斯）之间的联系、与罗马起源的联系。这个婴孩还代表奥古斯都的孙子盖尤斯，他出生于打败波斯人那年，并曾被视为他祖父的接班人。

挑选继承人是一道难题，奥古斯都一直未能找到满意的答案。候选人的相继死去迫使他不得不将王位传给不受欢迎的继子提比略。争位斗争在帝国漫长的历史中从未间断，因为并没有有效的机制能保障王位的和平交接。

帝国时期的建筑

奥古斯都和他的继承者们都使用建筑来彰显权威。罗马帝国时期，公共建筑、市民建筑、神庙、纪念碑和私人住宅大量兴建，规模之巨从任何角度来看都是惊人的。罗马在建筑和工程上的成就对后世的建筑风格影响深远。见诸早前文化中的拱门、拱顶和圆屋顶成了罗马建筑的常见风格，同时随着新的技术的出现——混凝土的发明（图4.27）——施工也变得更为便利。

大型建筑和复杂结构建筑常用拱门和拱顶作为屋顶。但希腊和共和国时期的罗马神庙相对较小，因为要为既宽敞支柱又少的建筑加顶不是件容易的事。随着公元前1世纪混凝土的发明和对重力与相反应力原理的了解，罗马尝试了新的建筑形式——桶形拱顶和圆屋顶，这些新的尝试后来成为西方建筑的传统。

希腊人很少修建拱门，但伊特鲁里亚人早在公元前5世纪就开始运用拱门。罗马的市政建设项目也经常运用拱门，例如桥梁和引水渠。

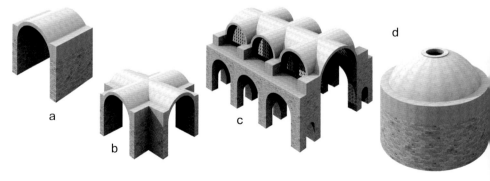

图4.27 **使用混凝土的罗马建筑。**（a）桶形拱顶；（b）交叉拱顶；（c）交叉拱顶带窗组合；（d）中央开孔半球形圆顶。混凝土拱顶和圆顶的运用，使罗马建筑师得以实现革命性的设计。图为伯奇所绘。

图 4.28 加尔桥，公元 16 年。法国，尼姆（古尼姆瑟斯）。石桥长 275 米，高 49 米；大拱门跨度为 25 米。

加尔桥（图 4.28）就是一座水渠桥，它连接着法国南部的加尔河，运送河水穿越近 50 千米，每天为尼姆殖民区的居民提供 100 加仑的水。这座水渠桥由三层砖石拱门组成，最大的拱门跨度 25 米，水渠桥长 275 米，高 49 米（约 16 层楼高）。整个引水渠呈缓坡状，最上面一层是水槽，河水在重力牵引下从水源流向目的地。下面两层宽拱门用来牢牢稳固桥梁，上面密实的小拱门用来支撑湍急的流水。这座宏伟又简单的加尔桥体现出来的原理，用现代建筑家们的话来说就是"功能决定形式"。

在帝国时代修建的伟大工程中，遍布罗马的引水渠也许是最令人叹为观止的，它具有巨大的公共价值。它为罗马市民提供了满足基本生活需要的水源，是帝国统治者为人民谋福祉的证明。纵横的水渠网每天为罗马市民提供百万加仑的水，供饮用、喷泉、公共澡堂和富人的私人别墅使用。同时也修建了地下排水系统，取消了发臭且有卫生隐患的地面下水道。随着时间的推移，大部分支持着古罗马城镇的引水渠坍塌或被破坏了。诸如下水道系统这样的工程技术也在中世纪失传。

拱门也是古罗马大竞技场采用的主要设计元素（见图 4.29）。这座声名狼藉的竞技场于罗马皇帝韦帕芗治下开始修建，并于公元 80 年他的继承人图密善治下完成。三层拱门环绕着这座建筑。最下面一层开设多个入口，大量观众通过入口和走廊到达自己的座位，座位环绕着中间的椭圆形竞技场。用竞技场的现代版本——体育馆来比方，最贵的是离比赛场地近的座位，最便宜的则在离运动员很远的高处。在古罗马，好座位是留给上层人士的，而下层民众只能爬到高处的看台上看。

大竞技场的建筑师有着与加尔

比较与对比 ||||||||||||||||||||||||||||||

体育场设计：竖拇指？倒竖拇指？

当今世界，体育场不仅是城市的一道靓丽风景线，也是不可或缺的文化标志。申请举办奥运会的城市，成败系于其能提供的体育场馆。除了能举办体育赛事，容纳成千上万的观众，这些超级建筑还是城市、运动队，甚至出资人的名片。体育场是一个神奇的地方。来到这里，不管是朋友还是陌生人，不管是"支持方"还是"对抗方"，都能不计彼此差异而融为一体。历史上还曾有政治领导人利用其甚至滥用体育场的这一特性，来达到宣传目的。

古罗马大竞技场（图 4.29）代表着罗马的辉煌，也代表着罗马的阴暗。这座建筑工程与实用设计都堪称卓越的雄伟建筑，可

图 4.29　古罗马大竞技场，70—80 年（罗马帝国早期）。意大利，罗马。混凝土（原表面有大理石覆盖）。

图 4.30　沃纳·马齐，柏林奥林匹克体育场，1936 年。德国，柏林。

以容纳 55000 名观众，而且设有 80 个入口和楼梯通道，观众们仅需 10 分钟就能进入场馆就座。在雨天或大热天，场内还能升起巨大的帆布，遮盖整个竞技场。尽管古罗马大竞技场是用来举办娱乐活动和节日庆典的，但也举办了一系列臭名昭著的活动，例如残忍的人兽搏斗和角斗士的殊死搏斗。活下来的角斗士如果受伤严重，则由皇帝（或观众）给出竖拇指或倒竖拇指的手势来决定他们的生死。

许多建筑依据功能决定形式的原则，能直观反映建筑的用途。1936 年希特勒下令在柏林修建德国的奥林匹克体育场（图 4.30）。为了彰显雅利安人的优越（即使非裔美国人杰西·欧文斯当着希特勒的面在田径赛场赢得了 4 枚金牌），建筑师沃纳·马齐把体

育场打造成了纪律、权威和雷霆力量的物理显现。

批评家奥罗索夫 （Nicolai Ouroussoff）曾经说过，当建筑师的设计抛开了"民族自负感"和"社会从众性"的束缚，努力把对未来的展望赋予建筑和国家时，那建筑传递的信息将会截然不同。内尔维（Pier Luigi Nervi）于 1957 年在罗马为 1960 年奥运会设计的帕拉佐体育馆（图 4.31）就是二战后国际主义崛起的标志。沃纳·马齐的伯林体育馆那两根冰冷无点缀的柱子已成为不堪回首的遥远过去。内尔维设计的新颖的交织混凝土屋顶柱条，看上去精致优雅，显得十分轻盈。

2008 年奥运会在中国北京举办。这座被称为"鸟巢"的体育

图 4.31　内尔维，帕拉佐体育馆，1960 年。意大利，罗马。

场 （图 4.32），以纵横交错的钢架搭配环形外壳，似用缎带包裹着的珍贵礼物。它能容纳 10 万观众，造价超 5 亿美元。与古罗马大竞技场一样，它象征着这座城市和这个国家已成为这个时代重要的政治文化力量。

图 4.32　北京国家体育场，2005 年。中国，北京。

桥建筑师一样甚或更胜一筹的设计意识。竞技场外墙的拱门仅用作装饰（竞技场是混凝土建造的）。拱门间的承重圆柱遵从三种建筑柱式：最下面一层采用塔司干柱式，这是一种希腊多立克柱式的变体；第二层采用爱奥尼亚柱式；第三层是明显的科林斯柱式。从最下面一层往上看，直到最坚固的第四层，会发现圆柱的风格越来越精美，看起来也越来越轻。

古罗马大竞技场看起来十分壮观，即便它已成为废墟。公元五六世纪，野蛮人的入侵摧毁了大量罗马建筑师的作品。雪上加霜的是，

文艺复兴时期，教宗把罗马遗迹当成了修自家教堂和纪念碑的采石场。拉丁文 spoils 一词就是用来描述重复利用建筑和雕像材料，以修建或装饰新的建筑或纪念碑。庆幸的是，帝国时期最卓越的建筑之一被完好地保存了下来——万神庙（图 4.33），建于 126 年，于皇帝哈德里安在位期间（117—138 年）完成。神庙入口上方的雕带上清楚地刻着 M. AGIPPA. L. F. COS. TERTIUM. FECIT，意为"马库斯·阿格里帕，卢修斯之子，三度任罗马总督，主持建造"。长久以来，考古学家和艺术史学家都认为用来祭祀众神的

图 4.33 万神庙，118—125 年（罗马帝国早期）。意大利，罗马。外部景观。万神庙的传统外观配以革新性的圆柱和巨大的半球状圆顶。内部有象征天体和地球的标志，以及象征天空的拱顶。

万神庙(Pantheon,意为"所有的神")是在阿格里帕任罗马总督期间修建。但考古发掘证实,万神庙使用的混凝土是在阿格里帕之后才出现的。但为何哈德里安皇帝要把阿格里帕的名字刻在他主持修建的神庙上呢?我们了解到:虽然哈德里安重建了罗马许多建筑,但他希望自己的功劳簿上只记载一座建筑——图拉真神庙。图拉真是哈德里安的前一任皇帝,他临终前指定哈德里安为继承人。

万神庙的设计结合了简单的几何圆柱形和圆形(图 4.34)。带有哥林多柱头的独立花岗岩圆柱支撑着简朴庄严的门廊。走进门廊是一个圆形大厅,上面是圆形屋顶,中心处有43.3米高,均匀向四面延伸。圆顶之下是凿有深拱顶壁龛的柱面,柱面承受着圆形屋顶的压力,并把重量分散到神庙6米厚的墙上。盛放着神像的深壁龛与浅壁龛交替排列,绕圆形大厅一周。据配方记载,圆柱混入混凝土能更加坚固,圆形屋顶采用混凝土后变得更轻。屋顶与圆柱承接的部分混凝土最厚,顶端最薄。顶端开了一个圆形的天孔(oculus,

来自拉丁文中意为"眼睛"的这个词),透过天孔能看到一小片天空,也能透进自然光线。看起来又厚又重的圆形屋顶的重量被花格分担了,也就是遍布屋顶表面、规范排列的矩形小窗格。早先,万神庙内部小窗格可能摆放着镀金青铜圆花饰。后来,到了7世纪初,教宗卜尼法斯四世抨击这种装饰为"异教的污秽",把万神庙改成了基督教堂。

图4.34 **万神庙,118—125 年(罗马帝国早期)。** 意大利,罗马。内部景观。万神庙的花格圆形屋顶直径 43 米,高 43.3 米。从屋顶天孔照进来的光线形成一道光柱,随着太阳的移动而移动。

时代的声音

图拉真与小普林尼关于基督教问题的通信

历史学家把公元前27年至公元180年，罗马帝国内部和边境均安定的时期称为"罗马帝国统治下的和平"。在此期间，艺术、诸如万神庙和大引水渠这样的伟大公共工程，以及文学得以蓬勃发展，包括尤维纳利斯的讽刺诗、马可·奥勒留的哲学思考和盖尤斯的法律著作。尽管是和平年代，但仍然存在迫害。

曾经详细描述过公元79年维苏威火山爆发所造成灾难的小普林尼，在公元111—113年任本都和比提尼亚两地总督期间，就处理该地区基督教徒问题和皇帝图拉真通信，征求皇帝的意见。

小普林尼致图拉真：

陛下；将我全部的疑点向您猜示，这是我坚定不移地遵循的一条规则；因为有谁比您更能指引我解决疑团或教给我为我所不明白的事呢？由于从来未曾出席过对基督徒的任何审判，我对于那些在审问中或是在惩办他们时所要遵循的方法和限度是陌生的。

……

同时，对于那些作为基督徒而被控告到我这儿来的人，我处理他们的方法是这样的。同时以严酷的刑罚来加以恐吓；如果他们仍然坚持，我即下令对他仍执行刑罚。因为不管他们的信条的性质会是什么，而抗命不顺与执拗顽固之应受惩罚，我总觉得没有什么怀疑。另外有一些人也同样执

迷不悟，然而因其为罗马公民，所以我命令把他们带往您那里去。

……

由于审讯案件这一仅有的事实，这些罪状就流行起来（这是常有的事），而种种祸害也就出现了。一张公告被提出来，没有任何签署而指名控告一大批人。那些否认他们现在是或曾经是基督徒的人们，他们跟着我向诸神作了祈祷，并且用酒和乳香供奉您的雕像以表示崇拜，您的雕像是我为了这一目的而下令将它和诸神的雕像放在一起的。并且他们最后还咒骂基督，——据说一个真正的基督徒是绝不能有这样的行为的——我认为释放这些人是恰当的。另外一些曾被告密者提名的人最初承认自己是基督徒，而后来又否认了；的确，他曾经信仰过基督教而后来又与之脱离关系，有些人是在三年以前，另外的是在多年前，少部分人甚至是早在二十五年以前。他们都向您的雕像和诸神的偶像礼拜，同时咒骂基督。

……我认为很有必要借严刑拷打之助。从两个被称为"女执事"的女奴隶那里得出事实真相：然而除了堕落和极度迷信之外，我不能发现有任何事情。

因此我暂缓了审讯，并且立即向您求指示。因为在我看来，这事似乎是很值得向您请示的，尤其考虑到受危险的人不少。在起诉中受到和将要受到牵连的人包括一切等级、年龄和性别。因为这种易于传播的迷信不仅限于城市而且已传布到农村和乡区。

||||||||||||||||||||||||||||||||||||||||||||||||||||||||||||||||||||||

图拉真回复小普林尼的信:

　　我的亲爱的普林尼,你所采用的审讯那些在你那儿被控为基督徒的案件的方法是非常恰当的。要订出任何一种可以作为固定标准而适用于所有这类性质的案件的通例,是不可能的事。这些人不必加以调查;当他们被告发并被找到罪证时,他们就必须受到惩处;不过,也要有个限制,就是在当事人否认自己是一个基督徒,并以敬拜我们的众神来证明他不是的时候,纵令他过去已被人怀疑,然而由于悔改,他必受到宽恕。没有签署原告名字的密告就不应该被看作告发任何人的证明,因为它将开创一种很危险的先例,同时对于时代精神也是极不合适的。

[译注]信件译文引自小普林尼,《图拉真与小普林尼关于基督教问题的通信》,司马英译,周怡天校,见《东北师范大学报:哲学社会科学版》,1957年第6期,第86-87页。略有改动。

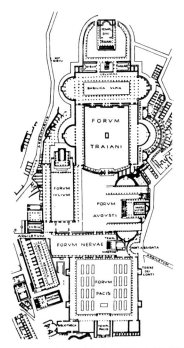

图 4.35　**帝国广场。意大利,罗马。**与用于民众集会的共和国时期的广场不同,帝国广场是一个大型综合体,用来纪念下令建造该广场的皇帝。在平面图上方最大面积的广场就是图拉真广场。

　　能让万神庙相形见绌的,是由开阔空地、建筑和纪念碑组成的帝国广场,图拉真广场就是其中之一(图 4.35)。它的中间立有一座近40 米高、保持着原有风貌的雄伟纪念碑——图拉真柱(图 4.36)。圆柱表面用浅浮雕刻着图拉真的军队与达契亚人战斗的场景。浮雕似一条环绕着圆柱的缎带,上面刻着军队的征程,展开能达到 183 米长。环绕的雕带迫使观看者边看边绕着圆柱走,模拟了罗马葬礼仪式中的绕行。公元 117 年 8 月 8 日,图拉真去世,他的尸体火化后,骨灰被放进圆柱的暗阁中。

　　公共澡堂、剧场、神庙、赛道、图书馆遍布城市各个角落,满足着

日益增长的城市人口的需求和爱好。建筑师们不断地在新建筑上整合希腊与罗马风格，并尝试新的施工技术。

我们可以用两个例子说明罗马建筑和城市规划对整个帝国的影响：提姆加德，罗马的殖民地，位于现今的阿尔及利亚（图4.37）；以及约旦佩特拉一座精美的玫瑰色石刻墓碑（图4.38）。提姆加德的鸟瞰图显示，严格规划的城区被两条主干道分成了四块大区域。每块大区域被纵横的较窄

图 4.36　**图拉真柱，112 年建成。意大利，罗马，图拉真广场。**卡拉拉大理石柱，高 30 米，直径 3.7 米，基座 8 米。图拉真柱环绕的雕带上，150 个片段刻画了达契亚战争的场景，完整描述了当时战争的情况，包括战斗、牺牲、道路与堡垒修建。罗马的设计和工程原理从西班牙到中东，在整个罗马帝国得到了广泛应用。

街道划分成多块小街区。城市的中心区域是一个广场，反映了广场在城市生活中扮演的重要角色。整洁的城市规划和早期罗马城市杂乱无

章的景象（图4.7）形成了鲜明对比。提姆加德是罗马定居点模式的一个标志性范本，无论它们是在世界的

图 4.37　**提姆加德卫星地图，阿尔及利亚，建于公元 100 年。**图拉真在北非的新殖民地提姆加德的城镇规划，特点是严格的网格化区域划分，在两条主干道——卡多和德库马努——相交的地方是城市广场。

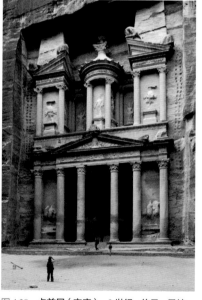

图 4.38　**卡兹尼（宝库），2 世纪。约旦，佩特。**这座石刻墓碑是罗马巴洛克风格建筑的一个例子。设计者采用希腊建筑元素进行装饰，并忽略了传统规范。

哪个地方。

如果说提姆加德代表着军事化般的城市规划，极度规范和精准，那么佩特拉的墓碑（即卡兹尼或"宝库"）就代表着罗马人在建筑风格上对混搭的喜爱。墓碑上包含了各种元素：两面山形墙（其中一面已经毁坏）；入口处有不均等排列的圆柱；第二层有一个圆柱形的小型神庙；退后的墙面；雕刻精美的浮雕。罗马在艺术和设计上的这种人格分裂，让人想到19世纪美国诗人惠特曼的一句名言："我是一个矛盾体吗？是的，我就是个矛盾体。我十分巨大，我容纳各种东西。"

在罗马，艺术家和他们的主顾开始脱离严格的古典希腊风格。以皇帝马可·奥勒留的雕像（图4.39）为例，让我们来看看艺术家如何摆脱人体比例"法则"的规范。奥勒留骑在一匹马上，无论从哪个标准来说，同骑手相比，这匹马比实际的更小。这座雕像的不实比例旨在表现皇帝的强大和权威。尽管我们从他的脸部表情解读到了更多东西。奥勒留的《沉思录》表达了他对个人和世界的哲学观和思索时，他的雕像则表现出了他对帝国命运的担忧，以及头戴皇冠的沉重负担。奥勒留所骑马匹看上去精力充沛，而他本人却一脸忧伤疲惫。

马可·奥勒留的这座青铜雕像，是一种名为骑马肖像的雕像类型。这种材料的雕像注定会遭到毁灭，因为在中世纪所有能找到的青铜都要被融化，用作他途，除非其身份遭到误认。马可·奥勒留的这座青铜雕像之所以幸免于难，是因为他被误认成君士坦丁，罗马帝国第一位基督徒皇帝。

罗马帝国的终结

很少有历史课题像罗马帝国的陨落一样被人们大量讨论。人们对它的灭亡时间都未能达成共识，更不用说它灭亡的原因。传统说法是公元476年，罗马最后一位皇帝罗慕路斯·奥古斯都下台的时间就是罗马帝国灭亡的时间。但当时的

图4.39　马可·奥勒留骑马肖像，175年。意大利，罗马。青铜，高350.5厘米。意大利，罗马，卡比托利欧博物馆—保守宫。在这尊把马可·奥勒留描绘成全能征服者的骑马肖像中，皇帝伸手以示仁慈。曾有敌人在马蹄下被吓破了胆。

罗马帝国早已四分五裂。也许公元330年，罗马皇帝君士坦丁将首都从罗马搬至博斯普鲁斯，并将它改名为君士坦丁堡时起，罗马帝国就开始走向终结。但君士坦丁的皇位交接代表着罗马有了新发展和新局面。因此我们也可以说，由于他在东部的继承人——拜占庭王朝的皇帝们——是奥古斯都的后人，所以罗马帝国始于公元31年，终结于1453年君士坦丁堡沦陷。

尽管这是个饶有兴味的问题，但它是理论上的，而非实际上的。罗马帝国并不是一夜之间灭亡的。罗马衰败的原因有很多，我们也说不清哪个更重要。其中关键原因之一是军队力量不断增强，角色不断转变。帝国越庞大，就需要从远方行省招募更多的士兵入伍，例如德意志人、伊利里亚人和其他地区的人。他们的生活离罗马很遥远，对帝国没有忠诚度，没有理由为保持罗马的利益而战。后来的皇帝们为了获得他们的支持，必须提高军饷和承诺封地。与此同时，在挑选皇位继承人时，军队占越来越重的分量，因为士兵大多不是罗马人，所以他们选的皇帝也是如此。到了公元3至4世纪，许多地方首领，例如非洲、色雷斯、叙利亚和阿拉伯的首领，他们并不认为罗马的利益高于他们自己或本国人民的利益。

到了后期，帝国不断遭到越来越多的外来威胁。在西方，匈人、哥特人和阿勒曼尼人等野蛮民族一再突破帝国的防线，甚至还洗劫了罗马。同时，东部罗马军队不断陷入与日益强大的波斯军队的对抗中。在很多地区，罗马无法协助当地军队抵抗入侵者，有些行省宣布独立，并建立了自己的军队。

这些问题无疑给经济带来了毁灭性的打击。税收不断增加，货币不断贬值。在内忧外患之下，贸易也被中断。财政收入都用来支持军队，人民的基本生活水平不断下滑。但东部省份，即以前的希腊王国情况则好得多，部分原因是数个世纪以来积累的财富，以及悠久的传统文化保护了他们。在重重问题下，意大利沦为一个省，而不再是帝国的行政中心。

这时有两位君王力挽狂澜，阻止了罗马帝国的彻底垮台：戴克里先（公元284—305年统治）和君士坦丁（公元306—337年统治）。这两位皇帝深谙治国之道，明白拯救帝国的唯一办法是强化生活各方面的管控：社会、行政和经济。公元301年，戴克里先出台法令设定了商品价格和薪水的上限。他还设立了大量行政机构去征收税款，管理

图 4.40 新巴西利卡废墟，306—315 年。意大利，古罗马广场。作为罗马最后一座大型帝国建筑，这座巴西利卡于 306 年马克森提乌斯治下开始兴建，于 315 年后君士坦丁治下完成。现只有北面依然矗立，大殿中心和南面已经倒塌成为废墟。现今我们看到的砖墙，原本覆盖了大理石板，内外皆是。

地方行省。皇帝再次成为帝国最高权力的代表，但为了保护自己不受政变和暗杀的袭扰，他从未出现在公众面前。通过管控，成熟的法院体系和复杂的法律条规发展了起来，同时皇帝自封的半神化的雕像，也给他带来了一种新的宗教权威。

罗马帝国晚期的艺术与建筑

尽管皇帝没有在公众面前现过身，但他有别的办法彰显权威。戴克里先和君士坦丁统治时期，是罗马建筑最后的灿烂时期。雄伟的新巴西利卡（图 4.40）于马克森提乌斯治下开始兴建，于君士坦丁治下完成。虽然现在仅存废墟，但它曾经是帝国权威的象征。新巴西利卡约

91 米长（不含尾区的足球场的长度），66 米宽（大约五辆车的长度，比足球场宽）——走廊上巨大的桶形拱顶支撑起了大殿中心的交叉拱顶天花板，离地面约 30 米。巴西利卡是古罗马大型公共会议大厅，通常建在广场附近（图 4.35 中可以看到）。新巴西利卡则不止如此，它供奉着一座巨大的君士坦丁坐姿雕像。这座雕像的躯干用木头刻成，外表包裹着青铜保护层，头部和四肢用大理石雕刻而成。单是头部（图 4.41）就有 2.6 米高。回想罗马共和国时期的写实主义作品——包括印在钱币上的老年凯撒的侧脸像，以及理想化的作品——波尔塔的奥古斯都雕像的头部，与之相比，君士坦丁

的头像截然不同。他严肃且面无表情的脸，厚眼皮且瞪大的眼睛，无不散发着毫不妥协的威严。

本章并未提及基督教的出现及其最终胜利，但它成为罗马国教后，为古典艺术时期画上了决定性的句号。异教的艺术、文学和文化是基督教极为排斥的，而基督教早期的艺术有着完全不同的起源。尽管早期教父对异教深恶痛绝，但还是为如此伟大文化传统的终结感慨不已。

罗马的伟大记忆穿越了其后充满磨难和成就的年代，古典文化的精神幸存了下来，并在文艺复兴时期得以重生。

总览 罗马

伊特鲁里亚时期（约前 700—前 89 年）

语言和文学
— 伊特鲁里亚人说的是一种非欧洲语言，是用希腊文写成的。虽然一些文字保存了下来，但还没有被完全破译。
— 现存的最长的文字作品是《亚麻书》，它留存下来是因为被埃及人切割成条状，用来包裹木乃伊。

美术、建筑和音乐
— 伊特鲁里亚人是希腊艺术的崇拜者，但不是效仿者。与希腊人不同，他们用木头和泥砖建造庙宇，并更喜欢用赤陶制造真人大小的雕像。
— 尽管伊特鲁里亚雕像起伏的线条和神秘的微笑让人联想到古希腊的风格，但雕像的动作、手势和生动的面部表情都是伊特鲁里亚人的特征。
— 地下墓穴是由基岩石灰岩雕刻而成的，它展示了伊特鲁里亚人的房屋的平面分布，内部浮雕上刻有家用器具和象征地位的符号。

宗教和哲学
— 和伊特鲁里亚一样，希腊和罗马也有用来供奉诸神的万神庙。

图 4.41　**君士坦丁巨神头像，315—330 年。意大利，罗马，新巴西利卡。大理石。高 259 厘米。意大利，罗马，康塞巴托里宫殿美术馆。**君士坦丁的雕像让人想起奥古斯都那尊永远年轻的君王雕像。这个巨神头像属于君士坦丁全身像的一部分，似朱庇特的君王雕像坐在王位上，手中握着世界权力之球。

总览 罗马

罗马共和国时期（前 509—前 27 年）

语言和文学

— 罗马人说印欧语系的拉丁语。所谓的古典拉丁语是罗马共和国晚期使用的一种书面语言。随着罗马的扩张，被征服民族的各种方言与拉丁语融合。

— 罗马的诗歌和戏剧在形式和内容上遵循希腊模式。囊括从纯粹喜剧到爱情剧的各式主题。

— 各种书面评论和信件让我们得以洞悉罗马人的生活和军事行动。

美术、建筑和音乐

— 罗马神庙是希腊和伊特鲁里亚建筑风格的混合体。

— 人物肖像雕塑的特点是写实主义或超写实风格，经常被用来投射一个特定的、建构出来的自我形象。

— 壁画作为一种复杂的艺术形式出现。

— 音乐主要包括宗教活动中的表演：从婚姻到葬礼以及娱乐活动；从私人晚宴到公共角斗士比赛。

宗教和哲学

— 两个主要的哲学流派——伊壁鸠鲁派和廊下派——都是从希腊"引进"的。

— 罗马的万神殿吸收了希腊人和罗马人的神灵。

罗马帝国时期（前 27—337 年）

语言和文学

— 从史诗到颂歌的文学作品都与奥古斯都时代的世界观有关：和平、土地和农业的重要性、简单生活的优点以及罗马作为世界统治者的天命。

— 出现了讽刺诗，以及关于爱情和爱欲的诗歌，这些诗歌与奥古斯都所呼吁的以家庭为中心的生活方式背道而驰。

— 历史叙述让我们得以深入了解罗马皇帝的统治和维苏威火山爆发的灾难。

美术、建筑和音乐

— 帝国的雕塑和建筑模仿了伯里克利时代雅典的古典风格。

— 建筑物和纪念碑的建造体现了罗马的技术和创新：拱门、拱顶、穹顶和对混凝土的大胆使用。

— 壁画和复杂的马赛克拼贴画装饰着罗马的房屋和花园，其中许多是在维苏威火山喷出的火山灰中保存下来的。

— 在罗马市中心建造的公共集会场所，是庙宇和巴西利卡、纪念碑和市场的所在地。

— 公共工程的设计融合了形式和功能，最引人注目的是将水从罗马郊区输送到城市中心的水渠，以及为缓解过度拥挤而建造的公寓楼。

— 在帝国衰落的日子里，古典理想被抛弃了；皇帝的画像揭示了这个时代的焦虑。

宗教和哲学

— 新柏拉图主义得到发展。对伊壁鸠鲁主义和廊下派哲学的兴趣被对东方宗教的崇拜，包括对基督教的热情所取代。

图 5.1　吉贝尔蒂，《以撒的牺牲》，1401—1402 年。镀金青铜，53.3 × 44.5 厘米，意大利，佛罗伦萨，巴杰罗美术馆。

圣经传统的兴起

第五章

导引

15世纪初，意大利佛罗伦萨的公会官员为打造一件高浮雕作品——城市大教堂入口对面小八角形洗礼堂的一对青铜门——进行了公开招标。领到这项任务的艺术家不仅能得到长期饭碗，还能获得认可和名誉。公平起见，所有参与竞标的七位艺术家提交的样品必须符合一定标准：必须是铜制的；雕像图像必须置于由曲线和三角形装饰的精致的框架内；必须以同一主题进行创作，即《以撒的牺牲》（图5.1）。此外，参与竞标的作品必须遵照《旧约》或《希伯来圣经》的故事描述，在作品中表现亚伯拉罕、以撒、两个仆人和一头驴、一个祭坛、一个天使、一只羊，以及摩里斯山。

《创世记》对以上要素有着如是描述：上帝为了考验亚伯拉罕这位日后的希伯来人之父及伟大的先知，叫他把独生子以撒当燔祭。亚伯拉罕备上驴，带着以撒和两个仆人离开他的家。当他到达上帝指定的祭祀地点时，亚伯拉罕将以撒捆绑在一个祭坛上，准备用刀杀死他。在最后一刻，上帝确认了亚伯拉罕

的忠诚，派了一个天使来阻止他。最后所献的燔祭，是亚伯拉罕在附近丛林中见到的一只公羊。

洛伦佐·吉贝尔蒂（1378—1455年）最终获得了这项任命，他在该项目上工作了21年。就在他接到这项东洗礼堂青铜门创作任务后不久，佛罗伦萨就受到了米兰公爵威斯康提的攻击。在这场战斗中，佛罗伦萨无疑处于下风；大多数人认为米兰人会获胜。但在最后一刻，威斯康提感染了高烧，一个月后病亡。《圣经》中关于以撒献祭的故事让佛罗伦萨人产生了共鸣。作为两个强大城邦中较弱的一方，佛罗伦萨得到的"解救"，让他们联想到了以撒得到的解救。

亚伯拉罕

亚伯拉罕的故事从《希伯来圣经》的《创世记》12章开始。上帝叫亚伯拉罕离开吾珥，离开他的国家和亲戚，去一个上帝指示他的地方。神应许他："我必叫你成为大国。我必赐福给你，叫你的名为大，你

也要叫别人得福。"神指给亚伯拉罕看的地方，就是迦南之地。接下来第 13 章讲述了亚伯拉罕的故事。其中包括两个最令人痛苦和令人困惑的问题：他差点牺牲儿子以撒；他抛弃了另一个儿子以赛玛利。

在《创世记》15 章，上帝告诉亚伯拉罕向天观看，数算众星——他的后裔也将会像星辰一样不可胜数。这三大一神论宗教——犹太教、基督教和伊斯兰教——常常被称为"亚伯拉罕宗教"，因为他们都把亚伯拉罕这位古老的族长视作他们的先祖。亚伯拉罕被视为犹太民族之父。拿撒勒的耶稣生作犹太人，称呼上帝为"亚伯拉罕上帝"，而在《希伯来书》中，亚伯拉罕被称颂为信仰的楷模。

穆斯林也认为自己是亚伯拉罕（阿拉伯语音译："易卜拉欣"）的后裔，称他为阿拉伯人之父。亚伯拉罕被尊为伊斯兰教的先知之一，人们称他"哈尼夫"，意思是神的信仰的揭示者。他们相信亚伯拉罕在麦加建造了"克尔白"，这是麦加的圣地，穆斯林的朝圣之地。他们相信自己在旅程中追随了亚伯拉罕、以赛玛利和以赛玛利之母夏甲的脚步。

亚伯拉罕之子以撒和以赛玛利是异母兄弟，他们建立了各自的国家——希伯来和阿拉伯。以赛玛利较为年长，是亚伯拉罕以为妻子撒拉不能怀孕时，跟一个埃及仆人夏甲所生。多年后，当亚伯拉罕 100 岁高龄之际，已步入晚年的撒拉生

圣经传统的兴起

前 2000 年	前 1260 年	前 1000 年	前 922 年	前 587 年	前 63 年	381
希伯来人的先祖亚伯拉罕，以撒、雅各的时代（约前 1800—前 1600 年）。希伯来人在埃及，公元前 1280 年出埃及。	希伯来人开始进入迦南地。以色列第一位国王扫罗治下（前 1040—前 1000 年）。	大卫王治下（前 1000—前 961 年）。所罗门王治下（前 961—前 922 年）；古代以色列文化力量的高峰。	所罗门王死后，以色列联合王国因内战而分裂；先知时代开启。公元前 721 年，亚述帝国摧毁了北部以色列王国。	公元前 587 年，以色列人沦为巴比伦之囚。公元前 539 年，古列王允许犹太人返回耶路撒冷。公元前 516 年，建成第二圣殿。公元前 332 年，被亚历山大大帝攻克。	公元前 63 年，罗马攻克耶路撒冷。希律王治下（前 37—前 4 年）。公元 6 年左右，耶稣诞生。公元 70 年，泰特斯劫掠耶路撒冷。君士坦丁大帝治下（前 307—前 327 年）。公元 313 年颁布"米兰敕令"。君士坦丁堡建立。基督教被定为国教。	

下了以撒，这个名字在希伯来语中意为"他会笑"。在《创世记》21章 6-7 节中，撒拉说："神使我喜笑，凡听见的必与我一同喜笑。……谁能预先对亚伯拉罕说：'撒拉要乳养婴孩'呢？因为在他年老的时候，我给他生了一个儿子。"以撒出生后，撒拉开始担心以赛玛利会试图瓜分她儿子的遗产，于是她向亚伯拉罕要求罢免"仆人和她的儿子"。在《创世记》21章 11 节，亚伯拉罕同意了。他给了夏甲和以赛玛利一些食物和水，把母子俩赶走，流浪旷野。亚伯拉罕有些担忧，但神告诉他以赛玛利会活下来，他的后裔会建成一个国家。当流放的母子缺水时，上帝确实给予了帮助，以赛玛利也得以继续完成使命。

以赛玛利被赶走时，以撒还很小，但当他和亚伯拉罕的故事展开时，他应该至少 12 岁了。他年龄已经大到足够走 3 天到莫里亚山搬运木头作为祭祀品。

在亚伯拉罕、夏甲和以赛玛利的故事中我们得知，亚伯拉罕为抛弃了儿子感到悲痛，但又坚信上帝将庇佑母子俩。亚伯拉罕接受自己的境况，全身心投入信仰中。后来上帝再次考验亚伯拉罕的信仰和忠诚，让他牺牲儿子以撒。许多评论者问为什么上帝会以这种无情的方式来考验亚伯拉罕，为什么亚伯拉罕会毫无异议地执行上帝的旨意。19 世纪的丹麦哲学家克尔凯郭尔深思了他认为亚伯拉罕必定有的痛苦，得出的结论是亚伯拉罕最终的选择是"一种信仰的飞跃"。他在《恐惧与颤栗》中写道："无限放弃是信仰之前的最后一个阶段，因此每一个不曾作出这一举动的人都不能称为有信仰；因为只有在无限放弃之中，人才会意识到自己的永恒正确性，然后才能谈得上通过信仰之美德来掌控存在。"

犹太教和早期基督教

在三千多年前的中东，一个由部族发展而成的民族逐渐衍变成西方文明——圣经传统和古希腊罗马文化的结合——发展的中心源头之一。

除了宗教信仰，我们对这群古代人的艺术、音乐或哲学都知之甚少。一些评论家将艺术上的稀缺归于十诚第二条："不可为自己雕刻偶像；也不可作什么形象，彷佛上天、下地和地底下、水中的百物。不可跪拜那些像；也不可侍奉它，因为我耶和华——你的神，是忌邪的神。"（《出埃及记》20:4-5）。但其他评论者强调，这条戒律是在偶像崇拜背景下给出的，通常被解读为警告希伯来人不要制造和崇拜木石或金属神像。若是这样，那么十诫并没有笼统禁止视觉艺术。希伯来经文、颂歌和赞美诗的文本有些留存至今，但只能猜测它们如何被诵唱、伴奏。希伯来人最主要的遗产是一部书；更确切地说，是被犹太人称为《希伯来圣经》或《塔纳赫》的作品集，基督徒口中的《旧约》。

这些人自称以色列的子民或以色列人。后来他们被称为犹太人，源自耶路撒冷附近的犹太地（Judaea）。希伯来人是他们在圣经中的称谓（主要是邻国的称呼），如今最常用于指圣经人物。

圣经历史

希伯来人的历史漫长而复杂，但主要发展阶段可概括如下：

族长时期。根据圣经，希伯来人的祖先是亚伯拉罕，作为部落的始祖（族长），他在公元前 2000 年把他的子民从古代美索不达米亚地区带到地中海东岸的迦南地。他们在这片土地定居，划分出十二个部落。后来他们在约瑟的号召下迁往埃及。约瑟在埃及一度被奴役，最后身居高位。

出埃及时期。埃及人最终奴役了希伯来人（约前 1750 年），但在摩西领导下，希伯来人离开了埃及。《出埃及记》是《圣经》的核心主题之一，其中一卷就以之命名。

征服时期。《约书亚记》和《士师记》讲述了希伯来人征服迦南地的故事，他们与当地人斗争，并对抗"海民"（北方南下的菲利士人）。

君主制时期。随着迦南的巩固和君主政体的兴起，希伯来政治力量的鼎盛时期到来。扫罗、大卫和所罗门相继为王。在所罗门王统治时期（前 996—前 922 年），耶路撒冷圣殿（见图 5.2）的兴建将建筑热潮推向了顶点。

分国时期和流放时期。所罗门死后，王位继承的分

图 5.2　**耶路撒冷的战利品（提图斯凯旋门局部），81 年。意大利，罗马。**这座象征荣誉的拱门矗立于罗马广场，用来纪念提图斯在公元 70 年战胜了希伯来人。左边的内浮雕显示，士兵们从耶路撒冷圣殿搬走了一个多连灯烛台和其他战利品。

歧导致北部王国（以色列王国）和南部王国（犹大王国）的分离，后者定都耶路撒冷。两个国家都很容易受到来自周边大国的压力。以色列王国在公元前 8 世纪被亚述人摧毁，居民（所谓"以色列失落的部族"）被杀死或流放。公元前 587 年，巴比伦人征服了南部王国，摧毁了耶路撒冷的所罗门圣殿，并将希伯来人流放，此举被历史记载为"巴比伦之囚"。

回归。公元前 520 年，流亡的希伯来人回到故土重建他们的破碎的神殿，重新开始他们的宗教生活。他们随后陆续经历了被一系列外国（希腊、埃及和叙利亚）统治者左右的时期，短暂的政治独立时期（前 165 年），最后，在公元前 63 年被罗马征服和统治。公元 70 年，在犹太人起义之后，罗马人摧毁了耶路撒冷，夷平了重建的神殿。有一支犹太起义军在一座名为"马萨达"的山区要塞与罗马人对峙了两年之后，最终于公元 73 年被罗马人击败。除了一小部分几个世纪以来一直居住在耶路撒冷的犹太人，直到 1948 年以色列建国，犹太人才在他们的故土拥有了政治权力。

《希伯来圣经》及其信息

英语"圣经"一词来自古代城市迦巴勒（Gebal [Byblos]）的希腊语名称，那里出产用于书籍制作的纸莎草纸。圣经是一套书的合集，经过漫长时间才形成了现在的版本。

古代希伯来人把他们的圣经分成三部分：律法书、先知书和圣录。圣经前五卷是律法书，亦称"托拉"（希伯来语中意为"教谕"或"教导"）。先知书是希伯来人的伟大精神导师们的著作，他们被称为先知，因为他们以上帝的权威的名义发言（"先知"来源于希腊语中"代言者"一词）。圣录包含《希伯来圣经》的智慧文学，有散文、诗歌（如《圣咏集》），或两者混合，如在《约伯记》中那样（图 5.3）。

图 5.3　《旧约》和《新约》

《旧约》	《新约》
创世记	**福音书**
出埃及记	马太福音
利未记	马可福音
民数记	路加福音
申命记	约翰福音
约书亚记	
士师记	**使徒行传**
路得记	
撒母耳记上下	**保罗书信**
列王纪上下	罗马书
历代志上下	哥林多前后书
以斯拉记	加拉太书
尼希米记	以弗所书
以斯帖记	腓立比书
约伯记	歌罗西书
诗篇	帖撒罗尼迦前后书
箴言	提摩太前后书

传道书　　　　提多书

雅歌　　　　　腓利门书

以赛亚书　　　希伯来书

耶利米书

耶利米哀歌　　**雅各书**

以西结书

但以理书　　　彼得前后书

何西阿书　　　约翰壹书、约翰贰书、约翰叁书

约珥书　　　　犹大书

阿摩司书

俄巴底亚书　　**启示录**

约拿书

弥迦书

那鸿书

哈巴谷书

西番雅书

哈该书

撒迦利亚书

玛拉基书

罗马天主教和东正教

托比特书

朱迪斯记

德训篇（便西拉智训）

巴路克书

马加比书上下卷

以斯帖记和但以理书的额外章节

东正教

以斯得拉壹书

玛拿西祷词

诗篇151

现代《圣经》中所含书目的清单直到公元90年才建立起来，当时一群祭司起草了这样一份清单，亦称"正典"，尽管其主要纲要早已存在数个世纪。基督徒后来接受了这一正典，并添加了27卷，这些书构成了我们所知的基督教《新约》。罗马天主教和东正教基督徒还将希伯来正典中没有包含但存在于古代《希伯来圣经》希腊文译本中的书卷，也纳入正典。这个希腊文译本即著名的《七十士译本》，在古代广为使用（图5.4）。

图5.4　**次经**。罗马天主教和东正教在他们的正典中增加了《旧约》希腊文译本中列出的一些书目。这些书被称为"次经"。罗马天主教收纳的书目如下：

关于《圣经》的一个基本问题必须强调：古代以色列与后来的犹太历史，还有基督教世界，都将《圣经》作为敬拜和信仰准则的核心文献，同时也将其视为道德指引和维持道德宗教稳定的基石。它直接和间接地影响了后世的法律、文学、语言、伦理和社会面貌。它贯穿于文化之中。举一个简单例子：在所罗门圣殿里，人们唱着赞美颂（赞美诗）给上帝，就像今天人们在犹太会堂里唱的那样。耶稣和他的追随者在他们的时代唱的也是同样的赞美诗，就像如今在各个地方的教堂里诵唱的那样。从深层意义上说，古代宗教仪式成了现今普通宗教文化的一部分。

《圣经》不是一部哲学专著，而是一部宗教圣书。此外，其中包含着许多思想，极大地影响了后人的思维方式和看待世界的方式。《圣

经》的一些基本主题在后世文化中有非常大的影响力，值得仔细思考。

接下来，就让我们考察一下贯穿整个《希伯来圣经》的四个主题。

阅读材料 5.1　《希伯来圣经》

《创世记》1 章，2 章 1–25 节

1:1 起初神创造天地。

1:2 地是空虚混沌，渊面黑暗；神的灵运行在水面上。

1:3 神说："要有光"，就有了光。

1:4 神看光是好的，就把光暗分开了。

1:5 神称光为昼，称暗为夜。有晚上，有早晨，这是头一日。

1:6 神说："诸水之间要有空气，将水分为上下。"

1:7 神就造出空气，将空气以下的水、空气以上的水分开了。事就这样成了。

1:8 神称空气为天。有晚上，有早晨，是第二日。

1:9 神说："天下的水要聚在一处，使旱地露出来。"事就这样成了。

1:10 神称旱地为地，称水的聚处为海。神看着是好的。

1:11 神说："地要发生青草和结种子的菜蔬，并结果子的树木，各从其类，果子都包着核。"事就这样成了。

1:12 于是地发生了青草和结种子的菜蔬，各从其类；并结果子的树木，各从其类，果子都包着核。神看着是好的。

1:13 有晚上，有早晨，是第三日。

1:14 神说："天上要有光体，可以分昼夜，作记号，定节令、日子、年岁，

1:15 并要发光在天空，普照在地上。"事就这样成了。

1:16 于是神造了两个大光，大的管昼，小的管夜，又造众星，

1:17 就把这些光摆列在天空，普照

在地上，

1:18 管理昼夜，分别明暗。神看着是好的。

1:19 有晚上，有早晨，是第四日。

1:20 神说："水要多多滋生有生命的物，要有雀鸟飞在地面以上，天空之中。"

1:21 神就造出大鱼和水中所滋生各样有生命的动物，各从其类；又造出各样飞鸟，各从其类。神看着是好的。

1:22 神就赐福给这一切说："滋生繁多，充满海中的水；雀鸟也要多生在地上。"

1:23 有晚上，有早晨，是第五日。

1:24 神说："地要生出活物来，各从其类；牲畜、昆虫、野兽，各从其类。"事就这样成了。

1:25 于是神造出野兽，各从其类；牲畜，各从其类；地上一切昆虫，各从其类。神看着是好的。

1:26 神说："我们要照着我们的形像，按着我们的样式造人，使他们管理海里的鱼、空中的鸟、地上的牲畜和全地，并地上所爬的一切昆虫。"

1:27 神就照着自己的形像造人，乃是照着他的形像造男造女。

1:28 神就赐福给他们，又对他们说："要生养众多，遍满地面，治理这地；也要管理海里的鱼、空中的鸟，和地上各样行动的活物。"

1:29 神说："看哪，我将遍地上一切结种子的菜蔬，和一切树上所结有核的果子，全赐给你们作食物。

1:30 至于地上的走兽和空中的飞鸟，

并各样爬在地上有生命的物，我将青草赐给它们作食物。"事就这样成了。

1:31 神看着一切所造的都甚好。有晚上，有早晨，是第六日。

2:1 天地万物都造齐了。

2:2 到第七日，神造物的工已经完毕，就在第七日歇了他一切的工，安息了。

2:3 神赐福给第七日，定为圣日，因为在这日神歇了他一切创造的工，就安息了。

2:4 创造天地的来历，在耶和华神造天地的日子，乃是这样：

2:5 野地还没有草木，田间的菜蔬还没有长起来，因为耶和华神还没有降雨在地上，也没有人耕地，

2:6 但有雾气从地上腾，滋润遍地。

2:7 耶和华神用地上的尘土造人，将生气吹在他鼻孔里，他就成了有灵的活人，名叫亚当。

2:8 耶和华神在东方的伊甸立了一个园子，把所造的人安置在那里。

2:9 耶和华神使各样的树从地里长出来，可以悦人的眼目，其上的果子好作食物。园子当中又有生命树和分别善恶的树。

2:10 有河从伊甸流出来滋润那园子，从那里分为四道：

2:11 第一道名叫比逊，就是环绕哈腓拉全地的。在那里有金子，

2:12 并且那地的金子是好的；在那里又有珍珠和红玛瑙。

2:13 第二道河名叫基训，就是环绕古实全地的。

2:14 第三道河名叫底格里斯，流在亚述的东边。第四道河就是幼发拉底河。

2:15 耶和华神将那人安置在伊甸园，使他修理看守。

2:16 耶和华神吩咐他说："园中各样树上的果子，你可以随意吃，

2:17 只是分别善恶树上的果子，你不可吃，因为你吃的日子必定死。"

2:18 耶和华神说："那人独居不好，我要为他造一个配偶帮助他。"

2:19 耶和华神用土所造成的野地各样走兽和空中各样飞鸟都带到那人面前，看他叫什么。那人怎样叫各样的活物，那就是它的名字。

2:20 那人便给一切牲畜和空中飞鸟、野地走兽都起了名，只是那人没有遇见配偶帮助他。

2:21 耶和华神使他沉睡，他就睡了；于是取下他的一条肋骨，又把肉合起来。

2:22 耶和华神就用那人身上所取的肋骨造成一个女人，领她到那人跟前。

2:23 那人说："这是我骨中的骨，肉中的肉，可以称她为女人，因为她是从男人身上取出来的。"

2:24 因此，人要离开父母与妻子连合，二人成为一体。

2:25 当时夫妻二人赤身露体并不羞耻。

圣经一神论

圣经宗教的核心信念是只有一位神，这位神是善的，（最重要的是）他与人类历史息息相关。上帝被视为一个位格，而不是自然界中没有人情味的力量。一神论（只信仰一位神）因此可以与"单一主神论"（相信可能有其他神的存在，但只敬拜

一位神）和"多神论"（相信有许多神存在）相互区分。

《圣经》的开篇《创世记》讲述了上帝创造宇宙（"天地"）和上帝造人的故事。这个创世故事为我们完整呈现了《圣经》宣扬的上帝形象。故事对上帝作出了三个基本断言。首先，在世界出现之前上帝就已存在，并且他只需用言语就能创造世界。与古代希伯来人邻邦的神和女神不同，上帝并非在世界形成之前的混沌中诞生。上帝并不与世界混同，也不需要战胜混沌来创造世界。其次，上帝创造了万物，万物整体形成"善"。因此，《创世记》并不把物质世界视为恶，也不像一些东方宗教那样认为物质世界是一个隐藏着真相的虚幻世界。最后，上帝创造人类作为万物的顶点和灵长。物质世界是上帝赐予的礼物，人类有义务去照管它，并对此心怀感激。圣经祈祷的一个基本主题是对上帝的感恩，感谢上帝的创造之礼。

圣经一神论不应简单被视为一种认为上帝是万物起源的理论，它并不是一个工匠制造了一把椅子，然后就把它忘了。圣经一神论的确切特征，是相信上帝创造并维持着世界，并选择了一个特定的人作为其在世间的媒介和标志。这种关系的本质在"约"这一圣经理念中有准确描述。

约

"约"是确定神与人之间关系的关键概念。可以用简单的一句话概括："我要作你们的神，你们要作我的子民。"根据《圣经》，历史上上帝一直信守着与以色列人缔结的约。相反，人必须反复学习如何守约。有学者指出，《圣经》的约可能是基于古代婚姻契约的措辞（例如，"我将是你的丈夫；你将是我的妻子"）；如果这是真的，就会带来一种更深层次的理解：上帝和以色列的关系就像夫妻关系一样密切。

这样一种单一的、与人类有着密切联系的、无法描绘其形象的神，对犹太基督教世界观产生了深远的影响。契约宗教的理念不仅形塑了希伯来的宗教观，而且在经过更新后成了基督教的核心主张。（更新后的约被称为新约；从此，基督教主张的新约便和旧约区分开来。）这个想法甚至从犹太教会堂和基督教堂，蔓延到美国民间宗教。因此美国人坚定地相信他们是"上帝治理下的国度"，并且声称"我们信仰上帝"——这两种情感观念都根植于"约"的理念。

伦理

《圣经》首先是一部神学作品，而非道德箴言集，尽管它确实也为个人和社会制定了道德行为准则。《圣经》有许多关于敬拜和仪式的规则，但它最基本的伦理世界观是：人是上帝照着自己的模样创造的（见《创世记》1章26节）。更详细的关于神与个人及社会之关系的论述包含在十诫当中。《圣经》中称十诫是摩西带领人民摆脱埃及奴役后，在到达应许之地前，上帝颁布给他的（见《出埃及记》20章）。

十诫同时包含禁令（禁止谋杀、盗窃、偶像崇拜等等）和积极指令（敬拜、尊敬父母等等），其中一些是所有文明共通的。特殊的一神论部分出现在第一条，包括敬拜上帝的积极指令，以及禁止雕刻和膜拜神像的禁令。

古代以色列伦理观在先知著作中得到了更清晰的呈现。先知（希伯来语：nabi）之语带有上帝的权威。在希伯来宗教中，先知的主要职责不是预言未来（因此不能与预言者等同），尽管先知曾经预言过弥赛亚（希伯来语中意为"救世主"）的时代将充满和平与正义。先知的主要职责是呼吁人们遵守约，并提醒人们哪些行为违背了约。在君主统治时期之后，8世纪在北方和南方都有伟大先知涌现，留下了许多著名的作品。他们认为对上帝的敬拜，比如在圣殿朝拜时，如果祷告不是出于内心，并且包含对他人的爱和慈悲，那就将是无效的。先知是社会不公的批判者，穷人的辩护者。他们将崇拜和道德紧密联系在一起，坚持崇敬上帝和公义生活之间的关联。

先知并不是像古代以色列祭司一样的世袭阶级。先知蒙"召"布道。在很多例子中，他们甚至拒绝受召，显得不愿承担先知职责。事实上，先知传递的信息不一定为人所接受，这解释了为什么他们中许多人都遭遇了暴力结局，有些甚至不愿承担使命。

先知这一元素对世界影响深远。上帝直接指派某些人作为先知，在宗教信仰的背景下宣扬和平正义，这一看法不只在《圣经》中的犹太教和基督教时期才有。举一个现代的例子，伟大的民权领袖马丁·路德·金经常援引先知作为他代表非裔美国人进行抗争的典范。他在1968年遇刺，显示了先知的讯息可能会掀起多大的波澜。

方式和类型

在从前，很少有犹太教徒或基督徒自己阅读《圣经》。他们大多不识字，闲暇时间也很少，而书籍在当时很贵。在犹太教会堂或基督教堂的公众集会中，人们才能最频繁地阅读到《圣经》。《新约》中说，耶稣把先知以赛亚的书的抄本作为集会阅读材料（见《路加福音》4章16节）。数个世纪以来，圣经故事通常在家族聚会时阅读（例如犹太人的逾越节），或在安息日的正式礼拜仪式上阅读。然而，最基本的一点是，在三千多年的时间里，这些故事和（同样重要的）人物都被铭刻在西方的想象中。亚伯拉罕的信仰、摩西的指引、所罗门的智慧、约伯的痛苦，以及路得的忠诚，早已变得众所周知。

阅读材料 5.2　《希伯来圣经》

《出埃及记》20章1-17节（"十诫"）

20:1　神吩咐这一切的话，说：

20:2　"我是耶和华你的神，曾将你从埃及地为奴之家领出来。"

20:3　"除了我以外，你不可有别的神。"

20:4　"不可为自己雕刻偶像；也不可作什么形像彷佛上天、下地和地底下、水中的百物。

20:5　不可跪拜那些像；也不可侍奉它，因为我耶和华你的神，是忌邪的神。恨我的，我必追讨他的罪，自父及子，直到三四代；

20:6　爱我、守我诫命的，我必向他们发慈爱，直到千代。"

20:7　"不可妄称耶和华你神的名；因为妄称耶和华名的，耶和华必不以他为无罪。"

20:8　"当记念安息日，守为圣日。

20:9　六日要劳碌作你一切的工，

20:10　但第七日是向耶和华你神当守的安息日。这一日你和你的儿女、仆婢、牲畜，并你城里寄居的客旅，无论何工都不可作，

20:11　因为六日之内，耶和华造天、地、海和其中的万物，第七日便安息，所以耶和华赐福与安息日，定为圣日。"

20:12　"当孝敬父母，使你的日子在耶和华你神所赐你的地上得以长久。"

20:13　"不可杀人。"

20:14　"不可奸淫。"

20:15　"不可偷盗。"

20:16　"不可作假见证陷害人。"

20:17　"不可贪恋人的房屋；也不可贪恋人的妻子、仆婢、牛驴，并他一切所有的。"

《约伯记》

之前在讨论亚伯拉罕时提到，对上帝的信仰或者对上帝之善的信念，在犹太人的历史上经历过几次挑战。例如，在西班牙宗教法庭残害异教徒时期，其开始之年也是哥伦布驶向新世界之时。又如近代20世纪中叶的犹太人大屠杀。犹太人乃至全世界的人们，不管持何种信仰，都面临一个问题：为什么坏事会发生在好人身上？《约伯记》处理的正是这个令人痛苦的问题。

《约伯记》讲述了一个正直的人约伯的故事。上帝和撒旦讨论约

伯的虔诚。撒旦嘲讽道，只有上帝保护了约伯，并保佑他拥有一个大家庭，他才会坚持信仰。如果剥夺了约伯拥有的东西，他就会诅咒上帝。上帝允许撒旦考验约伯，约伯的财产和牲畜都被毁掉或偷走，他的后代也被杀死。但约伯没有诅咒上帝，他祈祷："我赤身出于母胎，也必赤身归回。赏赐的是耶和华，收取的也是耶和华；耶和华的名是应当称颂的。"（《约伯记》1:21）接着撒旦得到上帝允许折磨约伯的身体，但不能害他性命。约伯生了非常折磨人的疮，他不得不用瓦罐的碎片来刮疮。这时约伯的妻子也让他诅咒上帝，但约伯回答："我们能从上帝那里得到好处，而不接受邪恶吗？"（《约伯记》2:10）然而，他终于诅咒了他出生的那一天。

《圣经》诗意而神秘地讲述了上帝对约伯的回应（《约伯记》5:4）。但上帝并未直接解释为何正直的人会受苦。相反，他描绘了他的创造和力量。这是在说个人的痛苦在大远景中无足轻重吗？有读者认为这个"答案"并不令人满意。人们就此写下大量论著，包括弥尔顿的《失乐园》。弥尔顿说，他写的诗是为了"给上帝对待人类的方式申辩"。

《圣经》中的这些故事都是教导和启发的范本；它们如今承载的意义远远超过了最初。例如，《出埃及记》的故事，经常被用来证明渴望摆脱压迫与奴役获取自由的正当性。本杰明·富兰克林曾提议将以色列子民穿越芦苇海（不是红海）刻画在美国国徽上。早在富兰克林时代之前，最初的美国移民就把自己看作以色列的新子民，他们逃离了欧洲的压迫，在那片"流淌着牛奶和蜂蜜"的土地上寻找自由。在近代，非裔美国人用圣经语言表达追求自由的愿望，他们唱着："去吧，摩西……告诉老法老，'让我的人民离去！'"

杜拉欧罗普斯城

20世纪30年代，一处考古遗址发现了3、4世纪罗马帝国宗教多样性和共存的证据，这就是叙利亚的杜拉欧罗普斯城，为数不多的古犹太艺术和建筑宝库之一。这座城市在256年被波斯军队摧毁，后被沙漠覆盖了将近1700年。从考古学和艺术史角度看，它能保存就是奇迹了，更不用说保存得如此完好。由于政局动荡，杜拉欧罗普斯城的人们在256年左右永远离开了这里。就好像他们只是关上了身后的门，然后走开了。在遗留下来的建筑中，有一些异教庙宇和房屋，其中一座被改建成早期的基督教堂，还有一座犹太教堂，绘满了辉煌的壁画。

　　杜拉欧罗普斯城的犹太教堂（图
5.5）显示，犹太人并不像我们想的
那样根据十诫规定，不创作与神相
关的图像。犹太教堂的墙壁上画着
一幅幅壁画，上面绘满了圣经故事
和犹太历史的场景。会议室沿墙建
有一排石凳，绕整个屋子一圈。其

中一面墙上有一个拱顶状的壁龛，
里面放置着律法卷轴。

　　有一幅壁画以摩西为主角，描
绘了他分开红海，在希伯来神明伸
出的庇佑双臂的保护下，带领人民
离开埃及（图5.6）。虽然壁画中并
未刻画神的面容，但上侧边缘那双
引导的手暗示着其存在。就风格来

图 5.5　叙利亚杜拉欧罗普斯城犹太教堂内部，墙上画着《希伯来圣经》主题的壁画，245—256 年。
石膏表面蛋彩画。叙利亚大马士革国家博物馆修复。

图 5.6　《摩西出埃及》，245—256 年。叙利亚杜拉欧罗普斯城的壁画局部。叙利亚大马士革国家博
物馆修复。摩西（手执一根杖）、他的兄弟亚伦和以色列人在穿越红海的时候被埃及军队追赶。画中
摩西左侧的埃及人被海水淹没。

说，摩西可能会让你觉得熟悉。从历史叙事和细节风格来看，杜拉欧罗普斯城的壁画主要是罗马风格。例如，摩西的面无表情，让人想起奥勒留的廊下派主义。

圣经传统对共同文化的影响是无法忽视的。它回荡在文学作品中，浸透在艺术创作中，还影响了社会制度的塑造。按中世纪作家的说法，源于上帝的万般知识融汇于两本伟大的书中：自然之书和圣经。如今认识的范围虽已扩大，但希伯来经典仍渗透在西方文化的肌理中。

基督教的起源

在研究耶稣的生平时，需要注意一个基本事实：他是犹太人，出生在罗马皇帝奥古斯都统治下的犹太土地上（见地图 5.1，"耶稣所处时代的以色列"）。我们对他的了解，除了少量异教和犹太文学中的描述外，主要来自四部福音书（"福音"一词源自盎格鲁撒克逊语，意为"好消息"）：《马太福音》《马可福音》《路加福音》和《约翰福音》。福音书在耶稣死后至少经过一代人才开始出现，大约是公元 30 年。福音书是宗教文献，不是传记，但书中记录了关于耶稣的历史资料，以及关于其一生的意义及其事迹之重要性的神学思考。

我们必须根据犹太先知传统来理解耶稣。

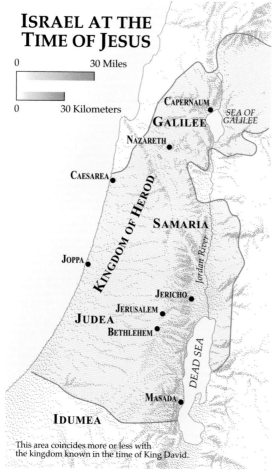

ISRAEL AT THE TIME OF JESUS

0   30 Miles

0   30 Kilometers

CAPERNAUM

GALILEE   SEA OF GALILEE

NAZARETH

CAESAREA

KINGDOM OF HEROD

SAMARIA

Jordan River

JOPPA

JERICHO

JERUSALEM

JUDEA

BETHLEHEM

DEAD SEA

MASADA

IDUMEA

This area coincides more or less with the kingdom known in the time of King David.

地图 5.1 **耶稣所处时代的以色列**

他宣讲上帝的国会来临，这将是一个公正和仁慈的国度。胜利终将到来。在那个王国到来前，耶稣坚持认为要过忏悔的生活，并以身作则：放弃俗世忧虑；爱上帝和邻里；同情穷苦、沮丧和被边缘化之人。因为同情贫弱者，耶稣惹怒了他的敌人，包括他自己宗教的领袖和当政的罗马统治阶级。也许耶稣最具特色的传道是他讲的寓言，以及他在"八福"中宣扬的道德准则，亦称"登山宝训"。

登山宝训是《新约》中最为人熟悉的段落之一。它向正直的人做出应许。其中许多表达广为现代人演讲所用，如"世界之盐"（比喻社会中坚）、"山巅之城"（比喻受瞩目）、"世界之光"。从布道中，我们得知罗马天主教禁止离婚；被人打了一边脸，要把另一边脸也伸过去让人打；还要爱我们的敌人。

《马太福音》6章（参见阅读材料5.3）传达了基督教生活和敬拜的一些要点。首先，禁止为了作秀

阅读材料5.3　《新约》

《马太福音》6章1–15节

6:1　"你们要小心，不可将善事行在人的面前，故意叫他们看见；若是这样，就不能得你们天父的赏赐了。

6:2　所以，你施舍的时候，不可在你前面吹号，像那假冒为善的人在会堂里和街道上所行的，故意要得人的荣耀。我实在告诉你们，他们已经得了他们的赏赐。

6:3　你施舍的时候，不要叫左手知道右手所作的；

6:4　要叫你施舍的事行在暗中，你父在暗中察看，必然报答你（有古卷作"必在明处报答你"）。"

6:5　"你们祷告的时候，不可像那假冒为善的人，爱站在会堂里和十字路口上祷告，故意叫人看见。我实在告诉你们，他们已经得了他们的赏赐。

6:6　你祷告的时候，要进你的内屋，关上门，祷告你在暗中的父，你父在暗中察看，必然报答你。

6:7　你们祷告，不可像外邦人，用许多重复话，他们以为话多了必蒙垂听。

6:8　你们不可效法他们，因为你们没有祈求以先，你们所需用的，你们的父早已知道了。"

6:9　"所以，你们祷告要这样说：'我们在天上的父，愿人都尊你的名为圣。

6:10　愿你的国降临。愿你的旨意行在地上，如同行在天上。

6:11　我们日用的饮食，今日赐给我们。

6:12　免我们的债，如同我们免了人的债。

6:13　不叫我们遇见试探。救我们脱离凶恶（或作"脱离恶者"）。因为国度、权柄、荣耀，全是你的，直到永远。阿们（有古卷无"因为"至"阿们"等字）。'"

6:14　"你们饶恕人的过犯，你们的天父也必饶恕你们的过犯；

6:15　你们不饶恕人的过犯，你们的天父也必不饶恕你们的过犯。"

而祈祷，即为了做给别人看而祈祷。祈祷应该是真诚的，出于这个原因，私下祈祷是最好的。（在第15章，我们将会谈到一个叫答尔丢夫的人，他是法国作家莫里哀喜剧《伪君子》中的角色。答尔丢夫吩咐他的仆人收好鬃毛紧身衣和鞭子——这是两种用来进行宗教体罚的工具。然而，他在别人的眼中却如此高调，暴露了他的虚伪。）《马太福音》6章中也有一个常见的短语"不要叫左手知道右手所作的"，这句话在今天运用时已失去原有含义。

耶稣的布道反映了他对犹太传统的虔诚和智慧的深度把握，福音书还对他作了进一步描述，称他为基督（希伯来语"弥赛亚"的希腊语译名，意为"救世主"）。耶稣被钉死在十字架上（一种痛苦且带有侮辱性的惩罚，用来处罚奴隶、外国人、卑鄙的罪犯和革命者），似乎意味着他传教事业的终结。然而，早期基督教会认为，耶稣死后三天就从坟墓里复活。这种对复活的信仰成了基督教的核心信仰，以及早期基督教宣传耶稣为基督的基础。

基督教的传播

基督教的早期发展是缓慢的。公元35年左右，叙利亚大马士革附近的一名犹太狂热者，大数的扫罗的皈依，在早期大力地推动了基督教的发展。保罗（他皈依后的名字）在早期基督教会中赢得了一场关键的胜利，他主张非犹太教徒的皈依者不需要遵守所有的犹太宗教习俗，尤其是男性割礼。保罗的胜利意味着基督教从犹太教的宗教运动转变为接纳罗马帝国非犹太地区的宗教传统。保罗打开异教世界大门的卓越例子之一，是他在雅典进行的一场布道。在这场布道中，他使用希腊文化的语言向雅典人传播基督教（见《使徒行传》17章16-34节）。

保罗是一个不知疲倦的传教士。他在地中海北岸的城市里至少进行过三次长途旅行（也许他曾经到达过西班牙）。在他最后的旅程中，他到达了罗马。公元62年左右，他在罗马死于刽子手刀下。在他到访过的许多城市，都出现了小型信众团体。他的一些书信（《罗马书》《加拉大书》《哥林多书》，等等）是写给这些地方的信徒的，信中讲述了神学和教牧方面的事。

到公元1世纪末，罗马帝国广袤土地上的大部分城市都已存在基督教信众社群（见地图5.2）。他们的人数如此众多，以至于公元64年，罗马皇帝尼禄可以拿他们作为罗马大火的替罪羊（可能是皇帝自己的

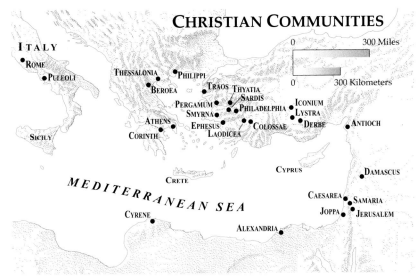

地图 5.2 **罗马帝国的基督教社群**

阅读材料 5.4 塔西佗

摘自《编年史》卷 15

　　尼禄指控并无情地惩罚了人们口中因邪恶行径而受到鄙视的基督徒。该教派的创始人,耶稣基督,在提比略执政期间被罗马总督彼拉多处死。邪恶的迷信被压制了一段时间,但很快就在犹太地区开始了,不仅在犹太地区开始,而且在罗马,每一种丑恶的暴行都来了,都蔓延开来。首先,那些坦白的人被逮捕,然后,在他们的作证下,一大堆人被判有罪,与其说是纵火,不如说是因为他们对人类的仇恨。

　　他们死时还受到嘲笑。有些被用动物皮缝起来,活生生被狗撕咬至死;其他的人被钉在十字架上或被烧死,这样当白日结束时,他们就可以在晚上充当火把。尼禄为这个节目提供了自己的花园,并把它变成了一个马戏团。他和人群混在一起,打扮成一个驾驭战车者,或者在他的战车上摆好姿势。结果,那些被判有罪的人,即便真的是罪有应得,也确实引起了人群的怜悯,觉得他们的苦难是由于一个人的暴虐凶恶造成的,而不是为着共同利益的需要。

人放的)。在阅读材料 5.4 中,罗马作家塔西佗对基督徒遭受的可怕折磨作了详细的描述。

基督教的发展

　　基督徒为何能成功地传播他们的宗教?又为何成为罗马人迫害的对象?

　　一些社会因素促进了基督教的发展:罗马帝国的和平环境;良好的安全道路系统使旅行变得容易;罗马帝国有着一种通用语言(以阿

提卡方言为主的共通希腊语,《新约》就是用这种语言书写的);基督教最初在一个犹太中心网络中传播。学者们也提出了一些宗教方面的原因:异教徒对一神论越来越感兴趣;基督教异常强调救赎和摆脱罪恶;基督教有着为教徒提供互助和慈善的习惯;它相对不那么讲究阶级差别。保罗写道,在基督教信仰中,"并不分犹太人、希利尼人、自主的、为奴的,或男或女"。

这个新宗教遇到了很大的阻力。由于犹太人团体的抵制,还没等运动扩展到耶路撒冷以外,第一批殉教者就已死亡。很快,基督教也受到罗马人的仇视。甚至在公元64年尼禄迫害基督徒之前,他们就已经被克劳迪斯皇帝驱逐出罗马城。从基督发展早期到3世纪,都有零星的迫害爆发。公元250年皇帝赫伦尼乌斯执政期间,爆发了全帝国范围的迫害运动,之后还有两次分别在257年(瓦勒良皇帝执政期间)和303年(戴克里先皇帝执政期间)。最后,在公元312年,君士坦丁皇帝在米兰颁布了一项法令,容许了基督教这一宗教的存在。

这段长期迫害史的基础是什么?原因很复杂。通常,只要没有威胁到公共秩序,罗马并不关心臣民的宗教信仰。基督教社团显得有些神秘;他们有自己的交流网络;

他们不积极参与政治生活;最重要的是,他们拒绝向罗马的神明表示敬意。对他们的一个共同指控是他们是无神论者:他们否认罗马诸神的存在。罗马人将他们的社会构想为由一张虔敬之网紧密联结,虔敬的美德意味着对他人的责任和热爱的结合。罗马人认为,人应该对家中父母虔敬,家庭应该对国家虔诚,而国家反过来又要对诸神虔敬。由此一切都变得和谐,国家也会蓬勃发展。基督徒拒绝向诸神表达虔敬,这是在对罗马公民秩序的核心进行打击。简言之,基督徒被认为背弃了罗马。

护教士

公元2世纪的基督教作家坚持认为基督徒希望成为好公民,也可以成为好公民,以此回应对基督徒的指控。这些作家(称为护教士)写作阐述基督教的道德准则、他们的信仰以及他们不能崇拜罗马神的原因。他们从犹太教中继承的彻底的一神论,禁止他们崇拜别的神。此外,他们还抗议社会一出毛病——不管是真实的还是想象的——都拿他们做替罪羊。言辞辛辣的北非基督教作家德尔图良(155/160—225年)对基督徒遭受的不公待遇作出了尖锐的批判:"如果台伯河洪水泛滥或者尼罗河不泛滥，如果天空静止不动或者大地震动，如果出现了饥饿或干旱，都有人大叫：'把基督徒拿去喂狮子！'"

殉道者游斯丁是早期最重要的基督教辩护者之一。游斯丁于公元100年左右出生在巴勒斯坦，后皈依基督教，先后在以弗所和罗马传教。在罗马期间，他写了两篇冗长的《护教书》，向罗马皇帝请求宽容，同时又试图解释基督教的宗教信仰。这些早期的作品非常重要，因为它们让我们了解到早期基督徒的生活及其对罗马和犹太文化的态度。然而，游斯丁并没有等来他所期待的收信人。公元165年，根据罗马的反基督教法，游斯丁被执行鞭刑并处死。

早期基督教艺术

公元4世纪以前，基督教艺术和建筑还十分罕见，因为在《米兰敕令》宣布对基督教保持宽容之前，信徒们不得建造礼拜场所。这些事只能暗中进行。但在一些基督教社群维护的墓地和城市，我们确实发现了艺术的痕迹。这些墓地在罗马城之外，由纵横交错的地道和成千上万基督徒的墓室组成，被称为"地下墓穴"，这个词源自拉丁语，意

思是"在洞里"。但与其罗马称谓相反，这些从人们称作凝灰岩的软岩中挖空或凿出的地下隧道网，并不是被迫害时期基督徒的藏身之处；也不是他们秘密的敬拜场所。与多数人想象的不一样，只有少数墓穴安放着基督教殉道者的遗骸。这些遗骸如今已不在此处，因为在中世纪早期，他们被重新埋葬在罗马城的城墙内。

然而，这些地下墓地非常重要，因为它们为我们提供了一些早期基督教信仰和风俗的视觉证据。

壁画

许多壁画（灰泥壁画）因地下墓穴而得以保留，在圣彼得罗和马塞林诺的地下墓穴中发现的壁画（图5.7）是其中技艺最高超的之一。画中耶稣站在一个完美的圆圈当中，还是少年牧羊人的他把一只被拯救的羊扛在肩上。圆圈中伸展出四臂，

图5.7 《好牧人》，4世纪初。意大利，罗马，圣彼得罗和马塞林诺地下墓穴。

形成一个十字架，连接着四个半圆，里面描绘着《圣经》中约拿和鲸鱼的故事。这幅壁画的意义和风格展现了三种传统的融合：基督教、犹太教和罗马风格。根据《约翰福音》，基督自称"牧羊人"：

> 我是好牧人，好牧人为羊舍命。
>
> 若是雇工，不是牧人，羊也不是他自己的，他看见狼来，就撇下羊逃走。狼抓住羊，赶散了羊群。
>
> 雇工逃走，因他是雇工，并不顾念羊。
>
> 我是好牧人，我认识我的羊，我的羊也认识我。
>
> 正如父认识我，我也认识父一样，并且我为羊舍命。
>
> 我另外有羊，不是这圈里的；我必须领它们来，它们也要听我的声音，并且要合成一群，归一个牧人了。
>
> 我父爱我，因我将命舍去，好再取回来。
>
> 没有人夺我的命去，是我自己舍的。我有权柄舍了，也有权柄取回来，这是我从我父所受的命令。（《约翰福音》10：11—18）

对基督徒来说，牧羊人及其羊群的形象象征着耶稣及其追随者，他的虔信和牺牲。约拿的象征意义提供了关于基督教（《新约》）和希伯来圣经（《旧约》）的一个重要联系：约拿被怪兽吞噬，三日后破肚而出的奇迹，被早期基督徒视为一个预示。尽管"好牧人"形象是基督教图案中最经典的形象之一，但它很可能有着另外的起源。希腊敬拜仪式中的动物祭品，也许与《圣经》中提到的牺牲上帝的羔羊（弥赛亚）以拯救人类，存在一定的关系。此外，在《好牧人》壁画中，这些人物的风格更普遍地让人联想到古希腊罗马的瓶画和壁画上的人物。人物的姿势和比例都很逼真，身上的衣服也自然垂落形成皱褶。早期基督徒分享了罗马的艺术和文化（即便不包括宗教），所以它们在风格上会有一定相似。

其他主题反映了基督徒对救赎和永生的渴望。例如，拉撒路的故事，使信徒们相信死者终会复生。另一个共同的主题是耶稣在最后的晚餐中的圣餐；它意喻着天国盛宴在来世等待着所有的信徒。这些壁画预示着基督教艺术主题和图像的开端，这些主题将在基督教艺术中延续数个世纪。

地下墓穴的坟墓被大理石板覆盖，上面刻着死者的姓名和死亡日期。通常，石板也刻有象征耶稣基督、信徒或信仰承诺的符号。其中有锚（希望），以及衔橄榄枝的鸽子（和平）。其中一个最常见的符号是鱼（图5.8）；希腊语中的"鱼"一词，被认为是"耶稣基督，上帝之子和救世主"这一词组的变位词。鱼符号成了认信的一个简易标志。基督的另一个经久不衰的符号是希腊字母 chi 和 rho 的叠合，希腊语 christos[基督] 的前两个字母（图5.9）。

雕塑

带基督教意象的雕像十分罕见。虽然与罗马文化有千丝万缕的联系，但早期的基督徒并不会在礼拜堂摆放雕像以供敬拜。现存的少数几件雕像带着希腊罗马风格，如关于耶稣的《好牧人》雕像（图5.10）。

这位艺术家把耶稣描绘成一个未蓄须的年轻人，采用了构图均衡手法，他的体重从一条腿移到另一

条腿，稳稳地扛着羊。他卷曲的头发，微微张开的双唇，与精致的束腰外衣一样，都是典型的古典风格。

图 5.9 chi-rho 字母组合图案，4 世纪。来自英国肯特郡卢令斯通遗迹的一幢罗马别墅。壁画局部，内径 90 厘米。英国，伦敦，大英博物馆。图案上刻着由希腊字母 chi 和 rho 构成的交织字母，它们是 christos 的头两个字母，还刻着希腊字母阿尔法和欧米伽，这是希腊字母表的第一个和最后一个字母，也是《新约·启示录》中象征着耶稣的另一个符号。

图 5.10 《好牧人》，300 年。大理石，高 99 厘米。梵蒂冈博物馆。这座基督雕像的表现方式借鉴自希腊罗马模式，在早期基督教艺术中很常见，尽管极少见于雕刻。

图 5.8 鱼绕着锚，4 世纪。突尼斯苏塞地下墓穴的马赛克壁画。该符号象征着耶稣和他的追随者，锚隐喻着十字架，在 4 世纪之前很少有十字架绘画。

图 5.11 约拿石棺，4世纪。石灰石。梵蒂冈博物馆。

　　富裕的基督徒也会委托人雕刻石棺，浮雕图案与绘画中所描述的主题一致。约拿石棺包括圣经故事中约拿和鲸鱼的场景，以及左上角的拉撒路复活和右上角的牧羊人与羊群（图5.11）。与圣彼得罗和马塞林诺墓中的壁画一样，艺术家将《旧约》和《新约》的场景和谐地融合在一起，强调了对来世的共同关注。

早期基督教建筑

　　最负盛名的基督教堂中有两座建于君士坦丁大帝统治期间（306—337年）：老圣彼得教堂和圣墓教堂。老圣彼得教堂矗立在公认的埋葬圣彼得之地，于326年由君士坦丁大帝下令建造。（现今梵蒂冈城的圣彼得教堂建于旧教堂遗址之上。）我们没有完整的教堂规划图，但它的主要轮廓是清晰的。这座建筑的规模，包括它的许多部分，都与罗马巴西利卡相似，又长又宽的中殿

和两条狭窄的侧翼，构成了主要的集会空间。然而，与许多罗马的巴西利卡不同，老圣彼得教堂（见图5.12），不是从矩形平面的长边，而是从一个短的侧面进入。信众通过一扇门进入中庭（被拱廊环绕的开放式庭院），经过开放空间，然后穿过一个叫做"前廊"的门厅，进入宽敞的中殿和教堂。90多米长结

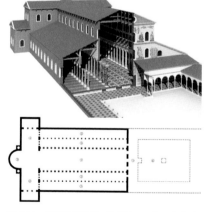

图 5.12 老圣彼得教堂，始建于319年。意大利，罗马。长254.5米（大轴）×宽90米（教堂的十字型翼部）。纵剖面图（顶部）和平面图（底部）。（1）中殿；（2）通道；（3）半圆形后殿；（4）教堂的十字型翼部；（5）前廊；（6）中庭。这种罗马巴西利卡式楼层平面设计在西方很常见，直到罗马式时期的到来。图为伯奇所绘。

构的另一端是教堂的十字型翼部，它以垂直角度横穿教堂中殿和侧廊，隔开集会空间和祭坛。十字型翼部通常从两边侧廊伸出，仿佛十字架的横臂。祭坛是礼拜仪式的中心，位于一个半圆形房间，唤作半圆形后殿，同样是罗马巴西利卡遗风。这种设计被称为拉丁十字设计，又因为其中殿长度以及方案本身沿单一轴线方向，被称为纵向设计。屋顶是倾斜的木桁架，由外墙和内部圆柱支撑。

教堂中殿的侧面，最底下是一排柱廊；最上方，也就是天花板底下，有一系列拱形小窗，叫侧天窗，它们提供了大部分室内照明。这种巴西利卡式设计成为后来教会建筑诸多特征演化的范型。

老圣彼得教堂装饰华丽，镶嵌着大理石和马赛克，但都未能保存。事实上，早期基督教堂都无法逃过火的破坏，木制屋顶是一个主要原因。马赛克艺术大部分采用了罗马的古典风格，构成了早期基督教堂绝大部分的装饰。

君士坦丁还下令在耶路撒冷城一座被拆毁神庙遗址的城墙内建造圣墓教堂（图5.13）。设计图中包括两个相连的教堂，内有一系列重要基督教遗址：骷髅地（又名"受难地"），也就是耶稣被钉十字架的

地方；石刻坟墓，据说是埋葬耶稣尸身的地方和复活地。尽管如今的教堂结构与君士坦丁大帝时期有所不同（教堂遭到摧毁，然后重建，并扩建和装潢），但仍可看见部分建筑保留着罗马建筑风格：巴西利卡式教堂方案中加入了一个像罗马万神庙的圆顶空间。

早期基督教音乐

如果说早期基督教视觉艺术从希腊罗马风格中汲取了灵感，早期教堂音乐则是源于犹太音乐。在宗

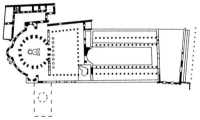

图5.13　**圣墓教堂**，约345年。耶路撒冷。（a）君士坦丁皇帝和他的母亲圣海伦娜建造的原始教堂的平面图。（b）现今的教堂坐落在耶路撒冷旧城区的其他建筑物之中。它矗立在山顶的骷髅地（也称为受难地），即基督徒认为耶稣被钉在十字架上的地方。耶稣的坟墓也在那里，在那里他被埋葬，然后复活。教堂已经被破坏和修复了好几次，目前的主要圆顶（中心）约在1870年修建。

教仪式上演唱（或更确切地说，吟诵）神圣经文，是一种古老的犹太习俗，似乎可追溯到美索不达米亚文明时期。我们对犹太音乐的有限认知，实际上表明其深受外部民族影响。犹太音乐家用的竖琴是一种常见的美索不达米亚乐器，而著名的大卫王竖琴则是从亚述经埃及带给犹太人的（图5.14）。

在早期基督教时代以前，犹太宗教仪式包含一系列标准化的祈祷和圣经阅读，以创造一个符合犹太历法的循环。很多读经活动都由早期基督教集会组织，特别是犹太皈依者较多的集会。吟唱的方式常常取决于会众是否会唱赞美诗。当以犹太人为主时，集会者就会一起唱圣歌。可是渐渐地，赞美诗留给了受过训练的合唱团演唱，其他教众只以"阿门"或"哈利路亚"这样的标准回应参与。音乐越来越多地交由专业人士演绎，也变得日益复杂。

教会当局不欢迎这种职业化，他们担心唱诗班更关心表演而非礼拜本身。361年，老底嘉教会的一个省级议会规定，每次集会只能请一名付费表演者（领唱人）。罗马当局不鼓励在犹太群体和东方基督徒中常见的对礼拜经文的诗意阐述。

早期基督教对音乐的质疑，至少在西方，呼应了古希腊关于音乐与精神气质的一种学说，这种学说认为音乐对人类行为有深远影响。音乐可能会引发激情或暴戾情绪，甚至能催生愉悦感，只希望用音乐表达宗教真理的教会不太可能接受这一点。器乐因不适合基督教礼拜仪式而被抛弃。在许多基督徒心中，这类乐器让人联想到异教习俗。

到4世纪，基督教音乐的标准形式要么是应答歌唱，由独唱者唱主歌，会众唱简单重复的副歌；要么是轮唱赞美歌，会众分为几组（或独唱者和会众之间）交替唱调子简单的赞美诗。到5世纪初，有证据表明已有非圣经赞美诗的创作。除了极少数片段，我们没有发现任何9世纪前的乐谱。

图5.14 《盲竖琴师》，约1340—1330年。埃及，塞加拉，帕特能荷墓。石灰石玄武岩浮雕，局部，高29厘米。荷兰，莱顿，阿姆斯特丹国立博物馆。浮雕中的弦乐器很有可能是《诗篇》中提到的乐器。"赞美诗"这个词源于希腊语，意为"拨动竖琴"。

总览 圣经传统的兴起

语言和文学

— 《希伯来圣经》的前五卷(《律法书》)于
公元前 600—前 400 年左右写成。

— 《诗篇》于公元前 950 年左右写成。

— 《列王纪》《以赛亚书》《耶利米书》《以
西结书》《阿莫斯书》和《约伯书》于公元
前 10 至前 5 世纪写成。

— 《马太福音》中的"登山宝训"于公元 70
年写成。

美术、建筑和音乐

— 公元前 1 千年,对神的描绘被犹太宗教禁止。

— 所罗门圣殿建于公元前 961—前 922 年左右。

— 乐器——鼓、簧片乐器、里拉琴、竖琴、号——
常用来为吟诵赞美诗伴奏。

— 公元前 587 年,巴比伦人摧毁了所罗门圣殿。

— 公元 19 年,希律王开始重建所罗门圣殿;
公元 70 年,在维斯帕先皇帝治下被提图斯
所毁。

— 约公元 250 年,基督徒用壁画装饰地下墓穴。

— 公元 3 世纪,杜拉欧罗普斯出现了犹太教堂
和艺术。

— 约公元 300 年,基督教雕塑出现。

— 公元 4 世纪,基督教徒的墓穴中出现了铭文,
特别是基督符号。

— 公元 333 年,老圣彼得教堂建成。

— 公元 326—345 年,圣墓教堂在耶路撒冷建
成。

宗教和哲学

— 公元前 1800—前 1600 年,是希伯来人先
祖——亚伯拉罕、以撒和雅各——的时期。

— 公元前 6 年,耶稣诞生。

— 公元 30 年,耶稣去世。

— 基督徒从公元 64 年开始遭到迫害,直到公
元 333 年《米兰敕令》的颁布才结束,该敕
令宣布基督教徒可以自由信仰其宗教。

— 公元 381 年,基督教被罗马定为国教。

图 6.1　波提切利，《书房里的圣奥古斯丁》，约 1480 年。湿壁画，152×112 厘米。意大利，佛罗伦萨，诸圣教堂。

第六章

早期基督教：拉文纳和拜占庭

导引

　　1480 年，桑德罗·波提切利为意大利佛罗伦萨诸圣教堂绘制了一幅圣奥古斯丁肖像画（图 6.1）。这位圣徒坐在一张铺着布的桌子前，周围都是书和东西，很像一个学者凌乱的书房。他手上拿着笔、墨和写字板，停下了手里的工作，抬起头来。他把右手放到心脏位置；眉头紧锁，双眼模糊。

　　他就是希波的奥古斯丁——哲人、雄辩家、神学家、主教、圣徒以及罗马天主教博士，被称为"中世纪第一人和古典时期最后一人"。其作品结合了希腊罗马的哲学传统和犹太－基督教的信仰和经典，影响深远。奥古斯丁是一个杰出的中世纪哲人，他的作品充满了他的思考，包括上帝的绝对主权、上帝意志的永恒不变以及人类境遇的缺陷状态，也包括对异教智慧和新柏拉图哲学的思考。

　　圣奥古斯丁生活在拜占庭帝国时期。他在北非出生和死亡，但是在罗马和米兰度过了变革性的几年。他的父亲是异教徒，母亲是基督徒，而他本人直到 33 岁才改信基督教。在被视为西方第一部自传体反思作品的《忏悔录》中，奥古斯丁记录了他皈依新的信仰的历程，以及在他内心深处产生的激烈精神冲突。波提切利这幅画作的主题就是这种个人内心的挣扎吗？艺术史学家斯泰普尔福德（Richard Stapleford）认为正是如此。[1]

　　艺术史这门学科的挑战之一，是对长久以来丢失或者模糊不清的符号和叙事的解读。在波提切利接到他的任务之前，已经有众多艺术家绘制过奥古斯丁在书房的主题，对此波提切利本人一定也很清楚。基于文艺复兴时期作家瓦萨里（Giorgio Vasari）的评论，长期以来对波提切利这幅画作的解读是这样的：它是一幅充满"深刻反思和

---

[1] 斯泰普尔福德，《波提切利的圣奥古斯丁中的智慧与直觉》（"Intellect and Intuition in Botticelli's Saint Augustine"）。《艺术通报》（*Art Bulletin*）卷 76，第一期（1994 年 3 月）：第 69–80 页。

敏锐洞察"的典范之作，其作者具有"不断思考高深问题的智者的风范"。因此，波提切利的作品没有被解读为对圣人一生当中某个具体事件的刻画，而被视为一部反映艺术家所处时代总体理念的作品——古典哲学的复兴、对理智主义的重视以及对异教哲学、人本主义和基督宗教的调和。然而，斯泰普尔福德认为这幅画作内的意象与《忏悔录》中的几段文字有关，在这些文字中，奥古斯丁描述了他即将皈依基督教时内心所经历的折磨："我内心的风暴把我卷到花园中。那里没有人来阻止我自己思想上的剧烈斗争；斗争的结局，你早已清楚，我那时并不知道。但这种神经失常有益于我；这种死亡是通向生命。那时我了解我的病根在哪里，却不知道不久就要改善。"[1]奥古斯丁有了这些感受后，去到了一个花园，这一深邃隽永的文段，就以这样一个陈述结束。

波提切利刻画的圣奥古斯丁周围都是标志学者风范的物件，如装帧精良的书籍、一面钟，以及一个用来标注日月星辰运动的浑天仪。在一个书架上有三卷书：蓝色的书已确认是一部圣典，中间红色的是一本诗集，圣人肩上那本打开的书是与数学相关的，书页上写满了字。那些文字能够给这幅画的含义提供些线索吗？据斯泰普尔福德，大部分文字无法辨认——艺术作品中常见这种填充的假文本。然而，有三行真实的意大利文字出现在页面上："圣奥古斯丁认信上帝，走向草地"（Dove sant agostino a d[eus] a sp[er] atoe dov'e andato a fuor dela porta al prato）。波提切利的绘画就是受到《忏悔录》里描绘的奥古斯丁皈依上帝那一刻的启发。斯泰普尔福德做出了感伤的总结，艺术家"给我们刻画了一个有理智、有思想和情感的人，在面对明显不可调节的选择时，其内心的痛苦。奥古斯丁就是波提切利画笔下的普通人"。

罗马的转变

到4世纪初，罗马帝国已经出现严重的经济、政治和社会问题。在330年，君士坦丁皇帝把博斯普鲁斯的一个希腊贸易小镇定为他的东部首都，并把名字从拜占庭改为君士坦丁堡。罗马即将改头换面。

---

[1] [译注]引自奥古斯丁，《忏悔录》，周士良译，北京：商务印书馆，2015。下引《忏悔录》均为此本，略有改动。

君士坦丁堡有作为大城市的一些明显优势：它横跨亚洲和欧洲之间最重要的陆路；它有一个深水码头作为天然屏障；它保卫了地中海和黑海之间的通路；周围的农村林密水丰；周边的欧洲（色雷斯）和亚洲（俾斯尼亚）地区农业资源丰富，可以为城市提供食物。

因为动荡的局势，帝王们在罗马待的时间减少。5世纪初（402年），霍诺里厄斯皇帝把西罗马帝国的首都搬到了位于亚得里亚海沿岸的意大利城市拉文纳。再过74年，即476年，最后一个西罗马皇帝会被废黜。哥特人会占领拉文纳，而后又在540年被君士坦丁堡的帝国军队打败（见地图6.1）。

当罗马在4世纪和5世纪逐渐衰落的同时，基督教得到了蓬勃发展。它的影响力逐渐扩大，并最终成为西罗马帝国毁灭者的宗教。在那个阶段，来自两个遥远的不同地方的作家——罗马治下北非的奥古斯丁和拉文纳的波爱修斯，会亲眼目睹西方世界的衰落。他们的作品会给欧洲的文化带来巨大影响。

尼西亚会议

公元325年，罗马帝国第一位信仰基督教的皇帝——君士坦丁大帝，领着一群主教，主持了尼西亚会议，地点是现今的土耳其。就在

THE BYZANTINE WORLD

0　　500 Miles

0　　500 Kilometers

ATLANTIC OCEAN

FRISIANS

SLAVIC PEOPLES

KINGDOM OF THE FRANKS　THURINGIANS　LOMBARDS

BURGUNDIANS

SUEVES　BASQUES

MILAN　VENICE

RAVENNA

KINGDOM OF EAST GOTHS

ROME

KINGDOM OF WEST GOTHS

BLACK SEA

THRACE　BITHYNIA

CONSTANTINOPLE

EAST ROMAN EMPIRE

ANTIOCH

KINGDOM OF THE VANDALS

MEDITERRANEAN SEA

JERUSALEM

ALEXANDRIA

Mt. Sinai

地图6.1 **拜占庭世界**

一年以前，作为东部罗马帝国的皇帝，他从被迫放弃西部罗马帝国的李锡尼手中夺得了整个罗马帝国的统治权。他和李锡尼制定了《米兰敕令》，旨在结束帝国范围内的宗教冲突和对基督徒的迫害。法令明确声明了帝国境内的宗教宽容。但这种宽容仅仅持续了 12 年。作为皇帝的君士坦丁主张秩序，然而现在他发现基督徒之间因持有不同观点而常有血腥冲突。据参加会议的一名成员攸西比厄斯主教所言："一个城邦的主教在攻击另一个城邦的主教……（人们）在互相对峙，……绝望的人，失去了理智，做出了诸多渎神之举，甚至胆敢侮辱皇帝的形象。"[1]

君士坦丁没有心情忍受帝国内的分歧和宾客间的纷争。这些纷争源于多年来所谓的阿里乌斯争议，主要针对耶稣的真正本质。东正教教徒——包括亚历山大港主教，一个叫亚历山大的希腊人——支持圣三一理论。另一位希腊人，亚历山大港长老阿里乌斯，则对此持有异议。

君士坦丁对阿里乌斯派观点没有耐心。也许他怕把基督解读为人甚或某种意义上的神（但次于圣父），可能会进一步在帝国播撒混乱的种子。毕竟，耶稣是因为罗马视其为一个威胁和一个革命者而被钉上十字架的。而且，耶稣曾经称颂和平，而《希伯来圣经》中征战的上帝可能更赞同罗马的尚武精神。如果两者一体，如果不说耶稣是一个不同然而令人敬仰的人，不就更安全了吗？

无论是追随阿里乌斯还是亚历

---

[1] 引自弗里曼（Charles Freeman），《西方思想的终结》（*The Closing of the Western Mind*），纽约：克诺夫出版社，2003，第 163 页。

基督教的崛起

64 年	313 年	395 年	565 年　　145
早期基督教时代		拜占庭时代	
被迫害时期	被认可时期	帝国崛起	衰落和瓦解
基督徒在罗马皇帝德西厄斯统治下受到迫害。罗马帝国分裂为东西帝国，西罗马帝国的首都从罗马迁至米兰。第一位基督教皇帝君士坦丁治下（307–327 年）。	《米兰敕令》赋予基督徒信仰的自由。君士坦丁建立君士坦丁堡。325 年，尼西亚会议支持三位一体信条。东哥特人接受基督教。402 年，西罗马帝国的首都从米兰迁至拉文纳。	西哥特人 410 年洗劫罗马。汪达尔人 455 年洗劫罗马。西罗马帝国最后一任皇帝 476 年逊位；东哥特人在意大利接替其统治。查士丁尼 527–565 年统治东罗马帝国。查士丁尼 540 年收复拉文纳。	570 年，穆罕默德出生于麦加。教宗利奥三世禁止对神的描绘；反圣像崇拜时期（726–843 年）。俄国人接受基督教。奥斯曼土耳其人 1453 年攻陷君士坦丁堡，标志着拜占庭帝国的终结。

山大，对于君士坦丁，主教们都表示感佩。不仅因为他的人格，也因为他是第一个信仰基督教的皇帝，结束了对他们的迫害，并用船或驴送他们参会。实际上，君士坦丁把他们关在一处，就像如今枢机主教在选出教宗前那样，并告诫他们在关于神的关键问题还没解决之前不要出来。最后，亚历山大派取得彻底胜利。然而，很多阿里乌斯派信徒继续在当地抛出他们的观点。

公元381年，狄奥多西皇帝又组织了一次会议（君士坦丁堡会议），其结果是强化了尼西亚会议上提出的教义。

在这两次会议上，许多教会的核心信仰得到列举和确认。支持这些信条的皇帝帮着加强了这个将比其诞生其间的帝国延续更久的宗教机构的根基。

文学、哲学和宗教

4位重要的拉丁教父都是哲人兼神学家：

·米兰的圣安布罗斯（约338—397年），米兰主教；

·斯揣登的圣杰罗姆（约347—420年），他将《圣经》从希伯来文和希腊文翻译成拉丁文；

·希波的圣奥古斯丁（354—430年），正如我们将会看到的，他发

展出上帝之城的观念，明显是为了作为与分崩离析的凡人之城（罗马）相对立的永恒堡垒；

·教宗格雷高利一世（约540—604年），他可能对早期的中世纪教会产生了最深远的影响。

这4位因为他们的教诲，也被称为教会博士。

安布罗斯

传说安布罗斯还躺在摇篮时，一群蜜蜂把蜂蜜洒在了他的脸上，其父将之解读为儿子将成为一个口舌如蜜的人。安布罗斯在米兰深受爱戴，并因政治原因被推举为主教。但那时他既未受洗礼，也没有接受过神学教育。因为害怕面前的重任，他逃到一个朋友的家里。但最终他还是迈出了勇敢的步伐，克服了在宗教方面的欠缺，担起了重任。

作为一个神学家，安布罗斯的作品包括关于信仰、圣灵、神秘事件、亚伯拉罕、以撒、诺亚和童贞女的论著。我们也有他写给皇帝和其他人的信件以及一部赞美诗集。

安布罗斯同样深谙他所处时期的政治和军事潮流，包括在米兰败于高卢（法国）的马格努斯·马克西穆斯之手时他仍然身在其位。罗马后来重新夺回了米兰。

安布罗斯对穷人关怀备至，但

是对异教徒和犹太教徒则言辞激烈。他还是希波的奥古斯丁的导师。安布罗斯自然死亡，遗体葬于米兰圣安布洛乔大教堂的地下室中。

希波的奥古斯丁

386 年，一个来自北非的 32 岁老人写下了史上最有名的祷告词之一："赐予我贞洁和节制吧，但不是现在"（da mihi castitatem et continentiam, sed noli modo）。尽管这个人将来会教育人们肉欲是罪恶的，即便是在婚姻中，但是他自己的早期生活就是在纵欲中度过的。

他的名字叫奥古斯丁，来自希波，迦太基以西地中海上一个北非小镇。奥古斯丁有柏柏尔人血统，大部分时间待在现今属于阿尔及利亚的地方。他的母亲是一个虔诚的罗马天主教徒，而他的父亲是一个异教徒。在学校，他不仅受到异教徒的影响，而且还沉浸在拉丁文学中。在他 17 岁的时候，一个资助人安排他到迦太基学习。那时他被多神论的摩尼教吸引。但与此同时，他也被一种享乐主义的生活方式所吸引。

奥古斯丁先后辗转罗马、米兰，并于 387 年皈依基督教——部分原因是受米兰主教安布罗斯影响。他在《忏悔录》中记录了自己的精神之旅。但一般认为是摩尼教教义帮助他形成了关于善恶之本质、地狱及宿命论的观点，并导致他后来对肉体和性行为的敌意。在皈依并痛斥肉体后，奥古斯丁回到希波，先成为祭司，后又做了主教，最终成为拉丁教父之一。他引入原罪和正义战争的概念。他认为人是堕落的（也许与他早年一样堕落），只有在恩典下才能变得正直。

当西哥特人于 410 年洗劫罗马后，异教世界惊骇万分，很多人将之归咎于基督教的崛起。某种程度上是对此种指责的回应，奥古斯丁在他的《上帝之城》中把教会的概念框定为一个永恒的属灵的上帝之城。上帝之城与物质的有缺陷的人之城截然不同。《上帝之城》一书指出，历史沿着上帝的意志发展，最后，随着人之城被上帝之城取代，一切都会回到正轨。当然，上帝之城是与教会和罗马紧密相连的，尽管遭遇入侵也能保存下来，就像希波的奥古斯丁的作品被保留下来一样。这个年轻人在激情的热锅里遨游，但是最终成了圣奥古斯丁。

奥古斯丁对后世西方文化史的影响极其深远。他在基督教内部有着无与伦比的影响力。在 13 世纪的托马斯·阿奎奈以前，西方所有的神学家都以奥古斯丁学说为基本前提。尽管托马斯把奥古斯丁强烈的柏拉图主义倾向换成了更加经验主义的亚里士多德式，他也没能完全摆脱奥古斯丁的影响。奥古斯丁强调了上帝的绝对主权、上帝意志的永恒不变以及人类境遇的缺陷（源自使徒保罗的观念）。这些教义在路德（他作为一个天主教修士奉崇圣奥古斯丁）和加尔文（他是奥古斯丁神学著作的著名研究者）领导的宗教改革时期得到了重新阐述。

《忏悔录》

奥古斯丁开创了西方文学的自省流派。他在《忏悔录》中向上帝写道："我将认识自己，以便或许可以认识你。"在奥古斯丁之前的时代，回忆录记录的是人生当中社会、政治和军事方面的事情（如凯撒的《内战记》），但奥古斯丁对于人生意义的仔细审视和自省对西方文化来说是新事物。在 14 世纪中叶，奥古斯丁的一位不知疲倦的学生彼特拉克写了"一封给后嗣的信"之前，再没有出现过类似《忏悔录》的著作。文艺复兴时期非常具有自我意识的作家都是奥古斯丁清雅散文体的忠实学徒，甚至之后吉本（Gibbon）、密尔（Mill）和纽曼（Newman）的伟大自传作品也是奥古斯丁文学和精神的传承。

奥古斯丁的《忏悔录》是对他从年轻时到皈依基督教，再到他准备好回到非洲，这段精神和学识发展历程的一个引人入胜的分析。标题可以从三方面加以理解：忏悔罪过、对上帝的信仰和称颂的告解。

尽管《忏悔录》有浓厚自传色彩，但也包含了对上帝隐秘恩泽的思考。他向上帝（及读者）坦承自己早年因渴慕声名而希望成为修辞学教师，一时兴起信仰摩尼教及其善神恶神观念，与一个女子私通并生子，从北非辗转来到罗马和米兰，这些都构成他人生境遇之网的一部分。书中关于他早期人生的描述穿插了奥古斯丁对当时最基本的哲学和神学问题的思考，往往也和他的经历有关。

上帝之城

奥古斯丁在神学之外也有显著影响。始于约 412 年的上帝之城概念，是西方世界第一次尝试构建一种连贯而包罗万象的历史哲学。对奥古斯丁来说，历史是直线型发展的，源于上帝，也终于上帝，以最后的审判结束。奥古斯丁反对古老的异教观念，即认为历史是在无尽的循环中自我重复。对《圣经》的阅读使他相信人类有其起源，演绎着自己的故事，并有其终结。人之城将被审判，而上帝之城将得到救赎。后世的历史哲人把他的观点世俗化了，但除了少数例外（如17世纪意大利哲人维柯），大多在一定程度上保留了其框架。"光明的未来"、"一片荒原的未来"和"无阶级社会"，都可以视为关于历史的终结的表述。不管多么含蓄，都在一定程度上反映了奥古斯丁的世界观。

奥古斯丁思考了一个面向所有人的永恒主题：个人和社会背景之下的和平的特征。这些反思是在欧洲和罗马治下的北非遭遇蛮族入侵以及奥古斯丁本人对罗马遭洗劫深感震惊（这也是他当初写这本书的原因）这样的背景下写就的，他在书中对和平的思考由此更加引人入胜。

奥古斯丁对时间概念的哲学处理至今仍非常流行。可以说他把柏拉图的善和普罗提诺的太一转化到了基督教的上帝身上。他在《忏悔录》中写道，永生的上帝存在于时间之外，而人类存在于时间之内。因为时间是经由空间和运动被感知的，所以创世之前时间并不存在。在创世过程中，时间存在于脑中，而且只有现在；过去存在于现在的记忆中，未来则是现在的期望。作为题外话，现代关于宇宙起源的大爆炸理论，也认为大爆炸是时空的起点，尽管这个理论没有提出创世的智能过程。

阅读材料 6.1　圣奥古斯丁

《上帝之城》卷 19，第 7 节

7. 语言的分化导致了人类社会的分裂；战争，即使号称正义，也是悲惨的

在城镇之后出现了国际世界，据说这是人类社会的第三阶段。他们说，人类社会从家庭开始，随后发展到城镇，然后发展出现整个世界。人类世界如水相汇，越是大，危险越多。最初是语言的分化使人和人分离。如果语言不同的两个人相遇，不能擦肩而过，而必须待在一起，那么，就是不会说话的不同种类的动物，也比这两个人容易沟通。如果两个人感到彼此之间不能交流，虽然人之间的自然相同，但是仅仅因为语言分化，就无法沟通

了。所以，一个人宁愿和自己的狗相处，也不愿和外国人在一起。确实，帝国的城邦不仅给被征服的民族套上枷锁，而且还强加给他们自己的语言，来保证和平与彼此的沟通。这样，翻译成群结队，一点也不缺乏。确实如此；但是，要达到这点，需要多么频繁和惨烈的战争，多少人类的仇杀，多少碧血横飞！"

在同一卷第 12 节，奥古斯丁称所有人都希望和平，即使他们通过战争去实现和平。当然，有很多好战者符合他的这一论点，但今日的媒体对暴力的痴迷——体现在小说、电影、电视节目和电子游戏中——让人不禁要问奥古斯丁对人性的判断是不是太过乐观了。

［译注］原著译文引自奥古斯丁，《上帝之城：驳异教徒（下）》，吴飞译，上海：上海三联书店，2009. 下引均为此本。

阅读材料 6.2 圣奥古斯丁

《上帝之城》卷 19，第 12 节

12. 人与人之间虽然战火纷飞，动荡不安，但所有人都希望达到和平的结局，这是自然的欲望。

　　每个和我一起哪怕很肤浅地探讨人事和我们共同的自然的人都知道，正如没有人不想快乐，也没有人不想拥有和平。那些想发动战争的人不过是想征服；他们想用战争的方式达到和平的光荣。除了征服与我们为敌的人，还有什么算胜利呢？如果实现了胜利，那就是和平了。因此，哪怕那些热衷于在指挥和发动战争中表现自己的力量的人，发动战争的意图都是为了和平。因此，发动战争所要达到的目的都是和平。每个人要求和平，哪怕好战的人；没有人为了战争嬉和。虽然有人想扰乱当前的和平，但他们并不憎恨和平，而是想把当前的和平变成自己愿意要的那种和平。他们并非不愿意和平，而是想要自己喜欢的和平。于是，他们因为暴乱而与别人不同，但也要和自己的同谋或同案犯维持某种和平，否则就不能完成所想做的。即使盗贼，为了更有力和更安全地侵扰别人的和平，也要与同伙维持和平。

　　科学家断言宇宙大爆炸出现于 137 亿年前，而一些圣经读者认为宇宙只不过存在了 6000 年。在《〈创世记〉字疏》一文中，奥古斯丁告诫人们，如果经文违背了理性和观察，就不要按照字面意思理解。《希伯来圣经》中提到创世用了六天，接下来的第七天是休息日，但是在

阅读材料 6.3 中，我们可以看到奥古斯丁担心与理智相悖的经文解读可能对基督教产生危害。

阅读材料 6.3 圣奥古斯丁

摘自《〈创世记〉字疏》，1:19-20，第 19 章

通过推理或者经验，一个人，哪怕他不是基督徒，也常常会有十足的把握了解一些知识，这些知识有关地球，有关天空，有关这个世界的其他因素，有关恒星的运转甚至大小和距离，有关日食和月食，有关年份和季节的推移，有关动物、水果、岩石以及其他诸如此类的事物的本质。如果一个 [非基督徒] 听到一个基督徒在这些问题上说出极其愚蠢的见解……导致他忍不住要捧腹大笑，那样就太耻辱和丢人现眼了，应该力求避免出现这种情况。

[译注] 引自奥古斯丁，《〈创世记〉字疏（上）》，石敏敏译，北京：中国社会科学出版社，2019。

　　另一方面，奥古斯丁认为他明白《圣经》为什么是那样的。他用这样的解读使其合理化："必须说明我们的作者知晓关于宇宙的本质，但是传授人们与救赎无关的任何东西不是圣灵的意图。而圣灵是通过这些作者发声的。"他认为上帝一次性创造了宇宙的一切，而不是用了六天；《创世记》中六天这个说法旨在提供一个描述创世的概念性框架，而不是现实框架。

　　奥古斯丁写道，原罪，即亚当

偷食禁果的罪过，具有"继承性"。人类堕落了，若无神恩便无法行善。奥古斯丁信仰预定论：上帝预定了谁将会得救。但人有自由意志，可以选择自己生活，因此能得救赎。上帝知道谁将得到救赎，但他知晓的是人们会怎样选择他们的命运。1054 年，东正教与罗马天主教分离，部分就是因为原罪之类教义上的分歧。奥古斯丁把原罪描述成人类灵魂的道德和精神污点，而且具有"继承性"，但东正教对此并不认同。东正教视原罪为人与上帝交流之间断，是恩典的消失，是疾病、腐朽和死亡的来临，是被削弱的对诱惑的抵抗力。但双方都认同耶稣使救赎成为可能。

奥古斯丁写道，战争可以是正义的，如果它是为一个善良的目的而不是为获得个人利益或权力而发动。正义战争只能由一个正当的权威发起，比如一个国家。尽管战争是暴力的，正义战争的动机是爱。

奥古斯丁开始把性欲与原罪联系起来。他并不把性行为本身视为邪恶的，而是认为随之而来的肉欲是邪恶的。对于罗马遭洗劫时被强奸的处女，他这样写道："别人的肉欲不能污染到你。"另一方面，当一个人想要作恶时，他的道德已经丧失，即使他并没有采取行动。

奥古斯丁与其他教父一样谴责堕胎行为。然而堕胎行为的严重性取决于胎儿是否具有灵魂——也就是说，在堕胎时胎儿是否具有灵魂。奥古斯丁与古希腊哲人亚里士多德一样，认为男性胎儿在孕期第 40 天被赋予灵魂，女性胎儿则是第 90 天。[1]

波爱修斯

在拉文纳的没落期（从罗马最后一任皇帝去世，到东罗马帝国统治者查士丁尼的军队来到罗马），一个弥合了古典异教与基督教分歧的重要人物出现了。波爱修斯是一个受过良好教育的罗马人，于 522 年开始为哥特国王狄奥多里克服务。他因不明原因被关押在帕维亚城，在等待处决期间写下了《哲学的慰藉》。这部作品表现为作者和哲学女神探讨人类自由之哲学和宗教根基的对话，融合了《约伯记》的精髓和罗马廊下派教义。哲学女神试图安慰他因蒙羞入狱而受伤的心灵，

---

[1] 克拉克（Paul A. B. Clarke）和林赛（Andrew Linzey），《伦理学、神学、社会学词典》（*Dictionary of Ethics, Theology, and Society*, New York: Routledge, 1996）；巴基（Odd Magne Bakke），《长大成人：早期基督教的童年生涯》（*When Children Became People: The Birth of Childhood in Early Christianity*），麦克尼尔（Brian McNeil）英译（Minneapolis, MN: Augsburg Fortress, 2005）。

要他不要自哀自怜，以从容和希望面对问题。哲学女神坚信远见的上帝可以战胜一切邪恶，天命无法主宰人类。她解释道，人类的自由与全知的上帝同在，正义定能胜出。

在以下阅读材料中，波爱修斯描述了哲学女神如何到牢房里看视他。越到书的后面，越不难发现他与女神的对话其实就是与自己的对话。写作者有时会创造出代表他们自己的一部分（往往是互相矛盾的部分）的人物，而《哲学的慰藉》是其中一个较早的例子。哲学女神试图让波爱修斯相信的那些事，很可能就是他想说服自己相信的事。

阅读材料 6.4　波爱修斯

摘自《哲学的慰藉》卷 1，第 1 章

当我在心里这样静静思考，将满腔怨恨诉诸笔端之时，我感到好像有一个女子在低头看着我。她一脸威严，眼光如炬，透着超越常人的洞察力；她的肌肤圆润而有光泽，但是她古典端庄，恍若隔世。我不清楚她有多高，有时候，她把身子缩起来，和平常的人一样高；有时候，她头上戴着的冠冕好像顶到了天边，尤其是当她把头高高昂起的时候，好像伸到了天上，看不见了。她的服饰华贵，由上好的绸缎制成，而且做工考究——由她亲手缝制——她跟我说过后，我才知道的。

[译注] 引自波爱修斯，《哲学的慰藉》，贺国坤译，北京：北京联合出版公司，2015。

《哲学的慰藉》是中世纪和伊丽莎白一世时代英格兰流传最广、影响最深的作品之一。乔叟将当时业已存在的该书法文版译成了中世纪英语版本。英国女王伊丽莎白一世将这部作品翻译成了现代英语。它所传达的关于希望和信念的信息被中世纪所有主要的思想家引用过，包括阿奎那和但丁。

波爱修斯提出了一个基本问题，然后提供了一个将在随后数个世纪里成为标准基督教思想的答案。在《哲学的慰藉》中，他问道：我们怎么才能调和人类的自由与全知的上帝之间的矛盾。换句话说：如果上帝在我们做事情之前就已经预知我们要做什么，那么怎么能说我们是对自己行为负责的自由个体？波爱修斯通过哲学女神告知了他的答案，那就是从上帝的角度来看待这个问题，而不是人类的角度。上帝是永生的。永生并不意味着有过去和未来的很长一段时间，而意味着无时间性：上帝存在于一个对他来说是现在的永恒时刻。从这个意义上说，上帝并不能预测未来：对上帝来说没有未来。他只是在一个简单的瞬间洞察一切，而那一刻从人类的角度来看才分为过去、现在和未来。波爱修斯认为上帝并不行使预测（看到还未发生之事），而是行使天意（在事情发生的瞬间看到一切）。因此，上帝在一个永恒的、不可言喻的时刻，掌握了一切，而这一切对我们来说是漫长的一连串事件。更具体地说，在那个时刻，上帝看到了我们的选择以及紧随其后发生的事情，还有这些选择带来的最终结果。

依照哲学女神的解释，对于波爱修斯的慰藉是基于这样的事实：人们确实可以自由行事，他们并不受冷漠天命的主宰，生命的终极意义在于全知者的存在，而不是天命。哲学女神以这样一个慰藉总结了她与波爱修斯的讨论。她向波爱修斯保证，即使他身陷囹圄面临处决，他的一生也不是盲目命运或者宇宙中无情力量的产物。

波爱修斯的语言以及书中关于时间、永恒、自由意志和上帝本质的讨论，呼应了柏拉图和亚里士多德（波爱修斯翻译了后者的作品）

比较与对比

波爱修斯的《哲学的慰藉》与奥勒留的《沉思录》

在波爱修斯身陷囹圄等候处决之际写成的《哲学的慰藉》一书中，哲学女神向作者解释道，对荣耀的期望是徒劳的，人类生命的跨度在永恒的时间面前不值一提。在我们眼中极具意义之物，借用一个比喻，就像一粒沙子被抛向沙漠。在卷2第7章中，哲学女神说：

> 又有多少人，在活着的时候声名显赫，但却因为缺乏文字记录，到了今天已经被完全忘记？也有被记下来的，不过文字记录以及它的作者都在漫长岁月的暗昧之中遗失掉了，这样的记录又

有什么用？你很在意身后之名，认为那是在为自己的永垂不朽铺路。好好想想永恒的、无限的时空，你究竟有什么样的理由，为自己名留千古而沾沾自喜呢？因为，短短一瞬间和几万年相比，都只不过是一段特定的时间，或者是一个确定的部分，甚至是极微小的片段罢了；即使是万年或它的任意倍数，也根本不能和无限长的时间相比较。因为，无限的事物之间能够比较，而有限和无限永远不能成比例。因此，不管名声流传多久，一旦把它放到永恒的背景上去思考，就会显得微乎其微。然而，除了随波逐流以及投靠虚名之外，你竟然连该怎么做才好都不知道了。你完全不顾

你对品德、品性的认识有多么卓著，而偏要把别人的评头论足来作为对自己的奖赏。看看他们是怎么嘲笑这样自大的小人物的：他曾经讽刺过一个人，那个人不是为了履行真正的美德，而是出于爱慕虚荣而自诩为哲人（这样来把自己的身价抬高）；他还说，假如那个人可以平心静气地忍受各种耻辱，那他就会把他当作真正的哲人。所以，那个人就忍气吞声、忍辱负重，过了一段时间以后，便得意洋洋地问：“现在你该承认我是哲人了吧？”他则毫不客气地回答那个人：“如果你不问我的话，我反而觉得你是了。”然而，名声可以给杰出的人们带来什么呢——因为我们在这里要谈论的就是这些人，他们依靠美德而获得荣誉——请问，当他们身故之后，到底还有什么？如果人全部消亡了（实际上我们的立场不许我们这样认为），荣誉也就什么都不是了，因为拥有荣誉的人已经不在了。可倘若有一个灵魂，可以完全意识到他自己的本性，并能够从世俗的牢笼中解脱出来，自由地寻找他在天上的家园，那么他就不会把世俗杂务看作粪土，并为能够摆脱俗事、得享天福而感到欢欣吗？[1]

哲学女神的观点让人想起信奉廊下派主义的罗马皇帝奥勒留所著的《沉思录》（参阅读材料4.7）。

当然，哲学女神的论述是关于虚荣心，而奥勒留描述的是苦难以及人们在遭遇痛苦和不幸时依然前行。然而，两位哲人及其作品都体现了某种罗马廊下派主义的观点，即使奥勒留认为“人会彻底死亡”。尽管基督教主题贯穿于波爱修斯的作品中，但是书中没有明确提及基督教教义。人们能够感受到的一点就是他在将罗马思想重塑成基督教模式。从某种意义上说，《哲学的慰藉》是罗马晚期最后的几部作品之一。这部著作反映了罗马人优雅的表达方式、快速发展的基督教期盼以及生活在这个时期的任何一个敏感的罗马人必定饱受的苦痛悲伤。当然，奥勒留没有亲眼看到他引以为荣的帝国的瓦解。

---

[1]　[译注]引自波爱修斯，《哲学的慰藉》，贺国坤译，北京：北京联合出版公司，2015。

的伟大哲学传统，以及西塞罗的廊下派哲学和奥古斯丁的神学反思。它是西方后罗马帝国时代学术传统的一个恰当的终点。

拜占庭

据说拜占庭城建立于公元前667年，比希腊进入古风时期早67年。传说希腊国王尼索斯求问德尔斐神谕，他的儿子拜占斯应该在哪里建立他自己的城。神谕指引他定在此地，后来君士坦丁将在此处建立他的东罗马帝国。这座城后来被重新命名为君士坦丁堡，但是东罗马帝国作为一个整体在之后的数个世纪里都将被称为拜占庭。

君士坦丁堡

君士坦丁堡（今土耳其境内）在5世纪早期成为宫廷生活的中心，并于6世纪初查士丁尼登基（527年）之时达到它权力的顶峰（见地图6.2）。查士丁尼宣称要让帝国重回辉煌。这个计划得到了妻子狄奥多拉的协助。狄奥多拉曾做过舞者和妓女，她是一个坚强能干的女性，为皇帝宏大的计划注入了力量和决心。她和查士丁尼旗鼓相当，或许更胜一筹。

查士丁尼和狄奥多拉的统治从任何一个标准来看都令人印象深刻，同时也是挥霍的。皇帝鼓动住在中国的波斯僧侣把蚕带回去，试图向西方引进丝绸行业。由于中国的丝

地图6.2　**查士丁尼的帝国**

绸产业受到严格保护，这些僧侣为了完成这一危险任务，将蚕卵放在空心的管状物中偷偷带出中国。十年内，西方世界的丝绸产业便逐渐赶上。

查士丁尼还修订编纂了罗马法典，这是一项极其庞大的学术研究事业。罗马法典经过一千多年演化，到了查士丁尼时代，已成为一堆混乱且时常互相矛盾的决议、法令、法规、观念和法典。在皇帝的支持下，法学家特里波尼安（Tribonian）在这一片混乱中打造了秩序。首先，一部总结了从哈德里安（2世纪）到查士丁尼时代所有皇室法令的法典得以颁布。紧随其后的是《法学汇纂》，它综合了过去大量的法理观念和学术研究。最后，《法学阶梯》编纂成功，这部法学合集分为四卷，分别阐述了关于人、事、行为和个人不法行为（即刑法）的法令。这部修订版法典成了帝国法庭的基石，并在之后几个世纪里，成为西方世界应用罗马法典的基石。

查士丁尼和狄奥多拉对神学和教规治理非常感兴趣。查士丁尼的狂热虔诚促使他关闭了世界上最后一个留存下来的柏拉图学园，理由是它的异教教义不利于真正的宗教。他的个人生活——尽管也不乏残忍和善变的事例——朴素而有节制，君士坦丁堡诸多僧侣的存在对他产生了影响。他对待教堂非常大方，这点从他慷慨资助教堂建设就可以看出来。他最著名的项目圣索菲亚大教堂，已经因其漂亮奢华的装饰而成为传奇。

圣索菲亚大教堂：遗迹和标志

圣索菲亚大教堂是君士坦丁堡的主教堂。它被摧毁过两次，一次毁于大火，另外一次——在查士丁尼治下——毁于532年发生的尼卡暴动带来的内乱，城中靠欧洲这边遭到了大面积破坏。不久之后，查士丁尼决定重建教堂，采用两位建筑师的规划：拉勒斯的安特米乌斯和米利都的伊西多尔。教堂于532年开工，五年以后，新教堂在查士丁尼和狄奥多拉的见证下举行了庄严的落成典礼。

圣索菲亚大教堂是一项惊人的建筑成就，它结合了古罗马巴西利卡纵向外形和圆顶式的中央设计。两个世纪以前，君士坦丁在耶路撒冷的圣墓教堂就已使用圆顶和巴西利卡廊柱设计，但并未把两者结合为一个统一体。在更早以前如万神殿之类的古罗马圆顶建筑中，圆顶是架在一个圆形的鼓状物上的。这种设计使圆顶很牢固，但限制了它的高度和宽度。安特米乌斯和伊西多尔利用穹隅（图6.2）解决了这个

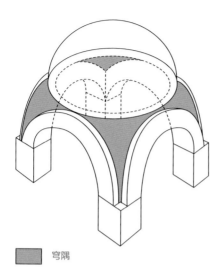

穿隅

图 6.2　穿隅上的圆顶。

问题，穿隅是一种三角形的砖石结构，以巨大的柱子支撑圆顶的重量，而不是直接靠鼓状物承重。

　　圣索菲亚大教堂的中央圆顶两端毗连着两个半圆形屋顶，因此鸟瞰这座建筑时，会看到一个椭圆形而非四边形的教堂中殿（图6.3）。这座教堂有 56 米高，比万神殿高 12.5 米，它保留有一丝古老的巴西

图6.3　圣索菲亚大教堂，532—537 年。土耳其，君士坦丁堡（伊斯坦布尔）。东南面外观。具有土耳其源头的宣礼塔为后来所加。

图 6.4　圣索菲亚大教堂内部。

利卡风格，即立有圆柱的侧廊，以及位于侧廊拱门上方三拱式拱廊中的专供女性朝拜者使用的走廊。但是教堂的强烈视觉冲击还是来自巨大的圆顶。因为穿隅减轻了圆顶的重量，所以鼓状物和圆顶之间的区域还可以安装 40 多扇窗，使得圆顶看起来是悬浮在空中的。阳光从窗户照射进来，折射出内部装饰的马赛克拼贴画和多彩的大理石像（图6.4）。

　　望向教堂的半圆形后殿，这个角度显示了鼓状物和圆顶之间的窗户如何令整个建筑从上到下给人一种悬浮轻盈的感觉。注意悬挂着的盾牌，上面印有摘自《古兰经》的阿拉伯引语。

　　事实上，阳光是圣索菲亚大教堂整个概念背后最主要的理论因素。它是柏拉图哲学和《新约》中神性

价值观念

|||||||||||||||||||||||||||||||||||||

绿党和蓝党：价值观念的冲突

我们从电视上看到体育迷有时会在体育比赛现场制造骚乱，但最惨烈的一次由体育迷引发的骚乱远远早于电视的出现，它发生在 6 世纪的君士坦丁堡。尼卡暴动是一起奇怪的事件，由体育、宗教和政治动荡创造了一个集混乱、毁灭和叛乱为一身的"完美风暴"。它与北爱尔兰新教徒和天主教徒的对立有些相似，但事实上更加致命。

君士坦丁堡的基督教价值观禁止了古老的角斗比赛以及常常有表演者跳淫秽舞蹈的剧场表演。人们开始转而涌向这个城市的赛马场观看马车比赛。赛马场是城市的体育中心，内有专为皇帝准备的包厢。人们对这些比赛如此热情，以至于公元 500 年左右，体育迷们形成了两个称为绿党和蓝党的对立阵营，分别支持不同的马车驭手和马匹——实际上这导致了城市的分裂。查士丁尼皇帝支持蓝营。每个阵营的人的打扮都表明了他们对阵营的忠诚度；比如，蓝党的人会模仿匈奴人，剃掉前额的头发并把后面的头发留长。每个阵营还各自效忠于有关耶稣神性的不同信仰。蓝党认为耶稣身兼两种本质（人和神），而绿党认

为耶稣只有一种本质，他要么是神，要么是人和神的结合体。

这种对立在 532 年达到了白热化的程度，尼卡暴动（以希腊文 nike[胜利] 命名，充当战斗口号）在赛马场爆发。根据同时期历史学家普罗科皮乌斯（Procopius）所述，从最开始的动乱演变成了一场大屠杀，人们公开反对查士丁尼镇压两大阵营传统权利的企图。最终，蓝绿阵营合并成一股反对皇室的力量。查士丁尼几乎要逃离城市，这时他的妻子，令人敬畏的狄奥多拉，集结了他和将军贝里萨留斯，领导皇家军队与起义军战斗。据说狄奥多拉这样告诉查士丁尼："戴过皇冠的人绝不能在失去皇冠后苟且偷生。我永远不会看到自己不是皇后的那一天。"

绿党和查士丁尼支持的蓝党当时都集结在赛马场。通过口头游说以及贿赂，蓝党的领袖把他们的阵营带出了体育场。绿党的人留在原地，非常不解。此时，贝里萨留斯的军队冲进赛马场，屠杀了在场的绿党成员。军队在赛马场之外继续血腥屠杀；当一切结束时，绿营居住的区域已是一片火海，据估计，有 3 万人死亡。马车比赛停办了 5 年，于 537 年继续，此后的阵营更加有序且不再那么两极化。

《普罗科皮乌斯》（*Procopius*）卷 1，"洛布古典丛书"卷 48，杜因（H. B. Dewing）英译，马萨诸塞州：哈佛大学出版社，1914。

智慧的标志。在异教和圣经智慧中，有一个共同的比喻，都用太阳和它的光芒代表神的永恒以及他对凡人

的精神启发。圣索菲亚大教堂内光线的充足程度已经远远超越照亮教堂内饰的功能。教堂内折射的光线

营造了一种近似天堂的精神氛围，信仰者可以沐浴在神圣的光芒之中。

圣索菲亚大教堂的礼拜仪式

君士坦丁堡礼拜仪式的各种程序，源自圣约翰·克里索斯托（347—407 年）的启发，他是查士丁尼之前一个世纪的城市牧首。拜占庭基督教的官方礼拜仪式仍循此旧例，但经过了几个世纪的修改和完善。在这种礼拜仪式中，在教堂做礼拜的人想象着自己正站在天堂的前院。在萦绕的熏香、闪耀的阳光，以及牧师和民众庄严祷文的陪伴下，人们有一种神圣的参与感。来自这个礼拜仪式的一个片段——查士丁尼的继任者查士丁尼二世治下（565—578 年）所加——非常明显地强调了这一点。其中包含一句典型的呼喊"智慧！"以及对会众神秘地置身于天堂的描述。

后继的皇帝又进一步装饰了圣索菲亚大教堂，989 年对圆顶进行了修缮以后，教堂内又新添加了一些马赛克拼贴画。1453 年君士坦丁堡瓦解后，土耳其人把这个教堂改成了一个清真寺；原来的马赛克拼贴画用石灰水粉刷了一遍或者抹上了灰浆，因为《古兰经》不允许使用图案。现代土耳其在把这个清真寺改造成一个博物馆的时候，发现了其中一些马赛克拼贴画，所以现在我们得以感受到教堂原始内饰的辉煌壮丽。

君士坦丁堡的其他教堂

其他君士坦丁堡建筑也带有查士丁尼的创新印记。圣使徒教堂建立在之前被地震摧毁的同名教堂原址之上，它没能在 1453 年君士坦丁堡陷落之际保存下来，但威尼斯的圣马可大教堂正是以之为原型建造。圣索菲亚大教堂附近就是伊莲娜教堂（神圣和平教堂），其建筑设计同样包含长方形廊柱大厅和圆顶的结合。这座教堂始建于 527 年，其建立是为后来建圣索菲亚大教堂进行的初步探索。查士丁尼在君士坦丁堡一共建了超过 25 个教堂和女修道院。他建立的非宗教建筑包括一个保存至今的令人惊叹的水渠系统。

拉文纳

西罗马帝国试图适应不断变化的局势，于 286 年从罗马迁都米兰，又于 402 年从米兰迁都拉文纳。

今天的拉文纳是反映后罗马、哥特和拜占庭历史的纪念碑式宝库。普拉契狄亚（430 至 450 年以摄政王名义执政）陵寝建于拉文纳的罗马时期末期（图 6.5）。它曾被认为

时代的声音

凯撒里亚的普罗科皮乌斯

普罗科皮乌斯服务于查士丁尼大帝。他在著作《秘史》中不加掩饰地描绘了皇帝和皇后。但是下面这些文字描述的是他对于圣索菲亚大教堂的反应。

整个顶部都覆盖了纯金……然而，从 [马赛克拼贴画的] 大理石上反射回来的阳光比黄金还要闪耀。两侧各有一列柱廊，丝毫没有游离于教堂本身……它们有拱形的顶并且装饰着黄金。其中一个供男性朝拜者使用，另一个则供女性朝拜者使用，但是它们之间没有任何可以区分的标志，两者在任何方面都看不出不同之处。它们之间的平等美化了教堂，而它们之间的相似装饰了教堂。

谁能够用语言描述装饰教堂的柱子和大理石的美呢？一个人可能会想象自己来到了一片鲜花盛开的草地。因为他一定会惊叹于这里的紫色，那里的绿色，还有那边泛着的白光，以及所有的这些，大自然像某些画家一样，让它们颜色各异。

任何人，在任何时候进入这个教堂祈祷……他的精神都会提升，他会感到兴高采烈，因为他感觉到神离他不远，神一定非常喜欢待在这个其所偏爱之地。这种感受不是只发生在第一次见到这个教堂的人身上，同样的经历会在他以后来这里时再次出现，就好像每一次里面的景象都是新的一样。对于这样的景象，没有人会说看够了。当人们在教堂内时，他们会为看到的景象而欣喜；当他们离开教堂时，会在谈论它时得到巨大的满足。（《普罗科皮乌斯》卷 1，前揭）

是皇后的陵寝（因此得名），但更有可能是圣劳伦斯的还愿教堂，最初附属于附近的圣十字教堂。这个外观平平的十字架形状的小教堂展示了结合长方形廊柱中殿和圆顶结构（甚至使用了一种改良了的穹隅结

图 6.5　普拉契狄亚陵寝，5 世纪早期。意大利，拉文纳。该建筑在湿软的土里下陷了 1 米多，因此看起来比较低矮。

构）的建筑设计倾向。这种建筑设计后来用在圣索菲亚大教堂之类的纪念性建筑物上。

马赛克拼贴画

普拉契狄亚陵寝的重要性在于那些装饰墙壁和顶部的完整且极其漂亮的马赛克拼贴画。位于入口上方的北面壁龛上有一幅把基督描绘成牧人形象的弦月窗画（图6.6）。身穿金色和皇室紫色衣服，手持一根金手杖，这样的形象有一种温文尔雅，甚至略显慵懒的优雅，相比之下，早期罗马基督艺术对好牧人主题的描绘更为质朴。教堂半圆形后殿（教堂中存放祭坛的一端）和

穹顶都覆盖着深蓝色马赛克拼贴画，上面点缀着非写实的太阳光芒及金色星辰图案。这种"波斯地毯"式图案象征着天堂，上帝的居所。因为马赛克（构成图案的一些小方块）在墙面上并不十分平整，所以拼贴画的表面不是很规则。因而其表面会折射教堂内的光，尤其是来自灯和蜡烛的摇曳的光。

洗礼堂

拉文纳的两个洗礼堂代表了当时一个主要的宗教分歧——东正教派相信基督的神性，而阿里乌斯派不接受这种观点。5世纪初，东正教徒在拉文纳的古老大教堂旁边建

图6.6 《好牧人基督》，5世纪。弦月窗马赛克拼贴画，意大利，拉文纳，普拉契狄亚陵寝。在墓中可以看到一幅装饰图案，深蓝色背景上画着非写实的金色太阳光芒和星辰图案，象征着天堂。注意穿着罗马托加袍、未蓄须的基督。

图 6.7　**东正教派和阿里乌斯派的洗礼池。意大利，拉文纳。** 左边图案是东正教派的洗礼池（5世纪中叶）；右边图案是阿里乌斯派的洗礼池（5世纪末）。在这两幅屋顶的马赛克拼贴画中心圈内，施洗者约翰在约旦河（以坐着的海神尼普顿为标志）里为基督洗礼，门徒则在外圈围绕他们。注意阿里乌斯派图案更加严肃的风格。

了尼奥尼安洗礼堂，它是八边形的，大部分洗礼池都是这个形状，因为它们起源于罗马的公共澡堂。洗礼池正上方的马赛克拼贴画尤其引人注目（图6.7）。窗户上方的马赛克拼贴画展现了基于常见的罗马装饰图案的花卉图案设计。再上面一点是一圈空御座，中间穿插着祭坛，上面放着摊开的《圣经》抄本。再上方是使徒，他们似乎正绕着穹顶的圆圈庄严列队进行。中间的圆盘上有一幅马赛克画，描绘的是基督在约旦河接受施礼者约翰的洗礼。约旦河的灵被具象为海神尼普顿。

建筑顶部的这些马赛克拼贴画组合，都是为了反映底下仪式参与者的信仰。围成一圈的门徒意在提醒受洗者，这个教堂是以使徒为基础建立的；皈依者的洗礼就是对他们的一个承诺：他或她终有一天会

和那些使徒在天堂相聚。最后，祭坛上的《圣经》抄本表明了信仰的由来，而空御座则是向新基督徒承诺在天堂的耶路撒冷有他们的一席之地。因此，这些艺术作品不光光是装饰，用一位现代东正教思想家的话来说，它们还是"色彩的神学"。

5世纪末由哥特人建造的阿里乌斯派洗礼堂，在装饰上则要严肃得多。同样，传统的基督受洗场景再次出现在建筑顶部马赛克拼贴画的中心圆盘上。而在此处，代表约旦河的海神头上长有像龙虾钳子一样的东西——一种奇怪的异教海洋气息。下方的十二使徒被分成两组：一组由彼得引领，另一组由保罗引领。两组人在一个御座前汇合，御座上有一个镶着珠宝的十字架（十字架上的耶稣受难像在这个阶段还不是很常见），这个单一的标志就代

表了耶稣的受难（即耶稣在受难前和受难时的这段时间内发生的事情以及他遭受的痛苦）和复活。

新圣阿波里奈尔教堂

处决了波爱修的哥特国王狄奥多里克于493—526年统治整个意大利半岛，他被安葬在一个至今仍能在拉文纳郊区看到的巨大陵寝中。陵寝顶部是一块巨石（11×3米）。除了陵寝，现存狄奥多里克治下最著名的建筑是他的宫殿教堂，新圣阿波里奈尔教堂（图6.8）。教堂是严格的巴西利卡式：有一个宽敞中殿和两个侧堂，由两列大理石柱隔断。教堂后殿装饰已经损毁，但仍可看到饰有大量马赛克拼贴画的廊柱大厅墙面。

在拱形柱廊的上方有三层马赛克拼贴画，展现了希伯来的先知以及基督生平的场景。教堂最初是献给"我们的主耶稣基督"的，但是在9世纪获得了阿波里奈尔主教的遗物后又改献给了他。阿波里奈尔主教是2世纪的一个基督教护教论者，曾在写给奥勒留皇帝的一本著作中为其信仰辩护。

这些马赛克拼贴画属于两个不同时期的作品，它们在一个建筑物中同时反映了罗马和拜占庭艺术风格。天窗部分的拼贴画描述的是《新约》中的场景——一边是基督的奇迹（图6.9），另一边则是耶稣受难的场景。这些拼贴画在艺术风格方面与下方描绘封圣殉道者队列的画有很大不同。福音主题的画更多受到罗马艺术的启发：严肃，简约。早期罗马基督教象征手法中的某些主题显而易见。圣人的队列很有可能是艺术家在君士坦丁堡的某个画室创作的，它们在风格上更加丰富、虔诚和静态化。

圣维塔利教堂

圣维塔利教堂最确凿地证实了查士丁尼曾在拉文纳居住（图6.10）。这座教堂于547年在马克西米安主

图6.8　新圣阿波里奈尔教堂，约493—526年。意大利，拉文纳。

图6.9　《面包和鱼的奇迹》。天窗之上，中殿墙壁最上方的马赛克拼贴画，意大利，拉文纳，新圣阿波里奈尔教堂。与图6.6一样，画中没有蓝天，而有着"天堂般的"金色。

教手上落成，由埃克修斯（Ecclesius）主教始建于查士丁尼登上皇位的526年，当时还是哥特人统治着拉文纳。圣维塔利教堂是八角形的，与巴西利卡式建筑风格仅有少许相似。八角形结构里还套了另一个八角形结构。内部的八角形结构是穹顶结构的基础，由拱柱支撑，且在第二层附带一个女性画廊。八角形墙上的穹顶是由一种叫突角拱的小拱形结构支撑起来的，突角顶穿过八角形

图6.10　**圣维塔利教堂**，约530—548年。意大利，拉文纳。这个结构复杂的建筑是德国亚琛大教堂（图8.12）的原型，仅凭外观几乎看不出它是按照巴西利卡式风格来建造的。这个教堂是为2世纪的圣徒维塔利斯而建。

价值观念

专制政治和神授之权

拜占庭帝国的一大特点，就是接受皇帝是上帝在凡间的代表这个信念。皇帝被视为帝国唯一的统治者，也是社会和政治方面一切美好事物的来源。这种关于政治秩序的观点被称为专制政治，它意味着从本质上说，皇帝的权力是无限的，而且其他人所拥有的任何权力（比如，军权或者行政权）都源自皇帝的无限权力。在这种情况下，包括在历史上其他很多情况下，也有人声称皇权是神授之权。皇帝既是帝国的世俗首领，也是其宗教首领。

当然，在实际的政治秩序中，皇帝会被赶下台或者被政治阴谋操控。即使如此，专制政治还是作为事物的神性秩序被广泛接受。对于神授予皇帝的专制权力的象征性强化（描绘查士丁尼和狄奥多拉的拉文纳马赛克拼贴画，即是一种视觉强化方式）有多种表现形式。皇帝穿着紫色和金色的衣服，这两种颜色本来专属于半神的异教皇帝。他住在一个有着刻板礼仪的宫殿里。他在参加教会举行的公众礼拜仪式时配有专座，并且可以被一下子认出来。公共徽章和其他诸如硬币等的人工制品都体现了他的权力源自上帝。在当时的文学作品中不时能看到把皇帝描述成上帝在凡间的摄政王，皇帝的角色常与太阳相比，意为他给子民带来了光和热。

很多独裁统治者（从埃及法老到法国大革命前夕的法国国王）都声称自己的地位源于神授。拜占庭帝国不仅建立在这样一种观念之上，而且在皇帝的人性和神性之间保持了一种紧密的关联。这种观念在君士坦丁堡将会持续几乎一千年之久，并且被俄国的沙皇效仿直至近代。

图 6.11　**基督升座，圣徒维塔利斯和主教伊克里斯侍立在侧，约 530 年。意大利，拉文纳，圣维塔利教堂顶部马赛克拼贴画。** 在最右边，主教拿着一个教堂模型，而基督正在把殉道冕递给左边的圣徒。

的每一个角。

除了圣维塔利教堂错综复杂且仍旧保持神秘的建筑设计外，它最引人注意的特征就是那些令人惊叹的马赛克拼贴画了。后殿有一幅描述"全能者基督"的大型拼贴画（图6.11）。他被刻画成一个未蓄须的年轻男子，穿着高贵的紫色衣服；他左手拿着一本印有七个图章的书（意指《启示录》），右手拿着给圣维塔利斯的殉道冕。大天使米迦勒和加百列守护在基督两侧，为这个教堂打下地基的埃克修斯主教把一个教堂模型献给了基督。人物的上方是象征着天堂四条河流的标志。

半圆形后殿的左右两边的马赛克拼贴画描绘的是作为基督在凡间的摄政王的皇室夫妇。圣殿左边的墙上画着查士丁尼和他的随从（图6.12）。画中卫兵的盾牌上有 chirho 的字样（基督的希腊文名字的开头几个字母），而皇帝本人隔开了神职人员和信众，这两个细节不是纯

图 6.12　**查士丁尼大帝和随从，约 547 年。意大利，拉文纳，圣维塔利教堂后殿北墙的马赛克拼贴画。** 神职人员站在皇帝的左边；信众站在皇帝的右边。注意画中卫兵盾牌上 chi-rho 字样。

粹的巧合或者表达简单的虔诚之意。皇帝认为自己是基督的摄政王，这种态度在那些肖像画和象征性标志中得到了很好的体现：查士丁尼在凡间代表基督，而他的权力使教会和国家得到平衡。拼贴画中唯一能识别身份的人是马克西米安主教（后成为大主教），他的两侧是他的神职人员，包括一位手持镶嵌珠宝的福音书的执事和一位拿着链条熏香炉的副执事。

这些肖像构成了很强的传递统一性的水平条饰。尽管是以群像呈现，一些人稍微站在其他人前面一点，但是他们的头看上去像一条直线上的点。厚眼皮的眼睛向外凝视。穿着长袍的身体看不出明显的形状，似乎长袍是挂在隐形的东西之上。这些人的身体姿态都很不自然。长满草的基线暗示了空间感，但是这些人物在这条基线上以及这个空间内的定位还不明确。人物的脚似乎是悬空的而不是在支撑身体，就像拼贴玩具[1]黏在背景板上。这些特征与早期基督教艺术的古典主义形成了鲜明的对比，并且指引了艺术表现的一种形式，即灵魂比肉体的存在更重要。

在皇帝一行对面是狄奥多拉皇后及其随从，两者彼此对视（图6.13）。狄奥多拉手持的圣餐杯与皇帝手持的圣餐碟相辅相成。狄奥多拉长袍下摆有一小幅描绘麦琪给幼年基督送礼的画面。[2]至于这两幅拼贴画中皇室夫妇带来圣餐礼物是为了庆祝礼拜仪式还是为了给教堂捐献圣器，学者还有争议。统治者向领地内的重要教堂捐赠此类礼物是当时的一种习俗。皇后似乎正要离开她的宫殿这一事实（两个男性宫廷官员正在引领她走出去）使得后一种解读更有可能。狄奥多拉左边的女性随从比较醒目；最左边的人像有些模式化，但是离她最近的两位显示出一些个性化，这让一些艺术史学家认为它们是狄奥多拉两位密友——征服拉文纳的贝里萨留斯将军的妻女——的理想化肖像。

图 6.13　**狄奥多拉皇后及其随从，约 547 年。意大利，拉文纳，圣维塔利教堂后殿南墙马赛克拼贴画。注意皇后长袍下摆上描绘的麦琪。**

---

[1]　[译注]Colorforms，一款有 60 多年历史的玩具品牌，其经典产品为一种拼贴玩具，可将各类"角色"随意在背景板上粘贴、撕下，创造出不同的故事场景。

[2]　[译注]麦琪是基督出生时从东方来送礼的三贤人之一，载于《马太福音》2 章 1 节和 7 至 13 节。

马克西米安的宝座

皇室的慷慨不仅仅表现在圣维塔利教堂的建造和装饰。现存于拉文纳大主教博物馆的一个象牙宝座，就是皇帝赠给主教马克西米安的礼物（图6.14）。对宝座上的雕刻进行细致的艺术风格分析后，学者看到了至少4位不同艺术家的作品，他们很有可能都来自君士坦丁堡。宝座正面刻画的是施礼者约翰和4个福音传教士，背面是源自《新约》的场景，侧面则是源自《旧约》的描绘约瑟生平的场景。纯粹装饰用的藤蔓和动物出自另一人之手，很有可能是叙利亚人。主教的宝座上有一组小的花押字："马克西米安，主教。"整个圣维塔利教堂，包括典型拜占庭风格的柱头、描绘圣人和先知的精致拼贴画、描绘《旧约》对圣餐礼的预示的半圆壁画以及大型拼贴画场景，都是活生生的证据，表现了罗马帝国、基督教以及中东文化的碰撞融合。圣维塔利教堂是拜占庭社会政治观与早期基督教宗教观融合的一个缩影。

图6.14　马克西米安主教的宝座，约546—556年。木框上的象牙嵌板，宽55.9厘米，高150厘米。意大利，拉文纳，大主教博物馆。马克西米安主教的形象在圣维塔利教堂的查士丁尼拼贴画中有出现（图6.12）。

埃及西奈山的圣凯瑟琳修道院

除了君士坦丁堡和拉文纳，中东的人们也会纪念查士丁尼，他在中东修建了一所1500年后仍在使用的修道院，现已成为可以追溯到拜占庭世界的一块活化石。

依达利亚，一位生活在4世纪、精力充沛的旅行者，在她的《朝圣》中，描述了她去令人生畏的西奈沙漠朝圣的经历。她去祈祷的地方正是上帝出现在摩西面前的地方，当时它是一片燃烧的灌木丛（依达利亚向我们保证："这片灌木丛如今仍然存在并且仍旧生机勃勃"）。她还攀登了摩西被授予法典的那座山。她说，燃烧的灌木丛那个位置有一座教堂，一些修道士居住在教堂附近，以便看守教堂，帮助前来朝拜的朝圣者。一个多世纪后，查士丁尼大帝在西奈山脚下建造了一座修道院堡垒，在山坡上建了一些供朝拜的小礼拜堂（图6.15）。其中一扇门上的阿拉伯铭文讲述了这个故事：

> 希腊教会的虔诚教徒查士丁尼大帝，怀着对神恩和神的应许的期待，修建了西奈山的修道院以及"会话"教堂［建立在摩西与神对话的"燃烧荆棘"原址的一座教堂］，以此来永远纪念他和他的妻子狄奥多拉。这样，整个世界及人类都变成了上帝的遗产；因为主是最杰出的统治者。这座建筑竣工于查士丁尼统治的第三十年，他将这所教堂命名为达克哈斯。这发生在亚当诞生后的6021年，以及救世主基督时代第527年［公历纪年］。

由于一些因素——最重要的是极度偏远的位置和干燥的气候——这所修道院成了古代拜占庭艺术和文化的巨大宝库。它保存了查士丁尼的一些建筑和基督教最古老的圣像。这个修道院有名的另一个原因是，在那里人们再次发现了迄今为止最古老的《新约》希腊文抄本。19世纪，德国学者康斯坦丁·蒂斯

图6.15 **圣凯瑟琳修道院堡垒鸟瞰图，6世纪。埃及，西奈沙漠。** 这个堡垒是奉查士丁尼大帝之命于527–565年间在西奈山脚下修建的，环绕着修道院和教堂。教堂建于人们认为的"燃烧荆棘"的原址上。教堂一侧可以看到有一座钟塔，位于被围墙圈起的内部中央。修道院正式的名称叫做主显容修道院。

琴多夫在修道院发现了这本《圣经》，它被称为"西奈山抄本"。这本4世纪中叶的抄本被僧侣赠予俄国沙皇。1933年，苏联政府将它以10万英镑的价格出售给大英博物馆，并在那里珍藏至今。

修道院周围是坚固厚实的围墙，其中主要的部分建于查士丁尼时代之前。在那些围墙里，有一些现代

建筑，包括一个防火的结构，内有修道院的图书馆和圣像藏馆。修道院中主要的教堂可追溯到查士丁尼时代，最近在教堂天花板的木质构架上发现的篆刻铭文可以证明这一点。甚至还发现了建筑师斯特法诺斯（Stephanos）的名字。因此这个教堂是独特的：它是一座署名的6世纪教会建筑。

圣像

这所修道院更让人惊叹的藏品是大量的宗教圣像。因为拜占庭帝国8、9世纪的圣像破坏之争（1843年被废除），几乎没有8世纪前的绘画艺术作品被保存下来。因为西奈极度偏远的位置，影响了拜占庭世界其余所有地区的圣像破坏行为并没有影响到西奈。在西奈可以看到从查士丁尼时代到近代的各式圣像（希腊单词eikon意为"画像"）。从某种意义上说，圣凯瑟琳修道院的圣像展现了整个圣像绘画的发展过程。

在拜占庭宗教传统中，圣像是描绘宗教人物或宗教场景的绘画，用于教堂的礼拜仪式。圣像的主要作用不是装饰，其教诲作用也只是第二位的：对于东正教教徒来说，圣像是通往神圣世界之窗。正如耶稣基督曾为肉身，却代表永生的上帝，圣像是一个物体，但是它能让人们借此一瞥永恒且神秘的宗教世界。人们站在圣像面前，通过画像与它之外的另一个实在世界交流。这就解释了为什么圣像往往是正面描绘的，而且没有阴影或立体感。画像与参观者在金色的背景下直接正面"交流"。

只要研究一幅很可能是查士丁尼亲自送到新修道院的基督圣像，就可明确知晓圣像的这种艺术风格（图6.16）。这幅圣像是以蜡画的绘

图6.16 《全能者基督》，约500—530年。木嵌板上的蜡画，84×46厘米。埃及，西奈，圣凯瑟琳修道院。手中之书是《圣经》、基督圣道以及将在最后审判日打开的人类秘密之记录的一个复杂标志。

画方式（普遍用于罗马葬礼的画像技法）完成的：用熔化的蜡涂抹，并以颜料着色。基督正视着参观者，身着高贵的紫色长袍；左手拿着一本镶有珠宝的《圣经》抄本，右手作势祝福参观者。

这幅圣像是在西奈发现的大量圣像之一，这些圣像可追溯到 10 世纪前。所有这些圣像都体现了拜占庭艺术和宗教虔诚传统的延续。西奈山在历史连贯性方面是独一无二的。尽管经历了伊斯兰教的兴起、艰苦的环境、历史的盛衰兴废以及现代世界文化的巨变，西奈的修道院堡垒仍是一座活化石，它见证了可以追溯到查士丁尼的建筑潮流所蕴含的生活风格和宗教信仰的完整历史。

拜占庭文化遗产

把拜占庭艺术描述为一成不变太过简单化了，因为它也经历了区域、智识、社会和图像方面的变迁。但是一位参观现代希腊或俄罗斯东正教教堂的游客会更惊讶于它们与中世纪早期君士坦丁堡的相似性而不是差异性。此外，在艺术史长河中，拜占庭风格总是一眼就能识别出来，且地域分布极广，如意大利南部的西西里和俄罗斯的远东地区。那么

如何解释这种风格和观念的持续存在呢？

俄国

在 1453 年落入土耳其人之手前，君士坦丁堡对其他东方基督世界产生了非凡的文化影响。俄国在 10 世纪末派遣特使到君士坦丁堡去打探宗教事宜，他们带回了关于拜占庭基督教的正面报告以及对于拜占庭宗教艺术风格的喜好。弗拉基米尔王子是俄国史上首位信仰基督的统治者，他派遣到君士坦丁堡的特使对圣索菲亚大教堂的礼拜仪式印象最为深刻。尽管基督教俄国在艺术上有符合自己地区特色的变化，但它还是和君士坦丁堡的艺术有着紧密的联系，比如，俄国的洋葱头圆顶教堂就是借鉴了拜占庭的中央圆顶教堂。

事实上，大约在君士坦丁堡撤销圣像禁令（843 年）150 年后，俄国就开始信仰基督教了。那时，拜占庭艺术已经进入第二个黄金时代。在 11 世纪，拜占庭艺术家会到俄国谋生，他们甚至在基辅这样的中心城市建立了教授圣像绘画的学校。11 世纪末，这些学校传到了俄国修道士手中，但它们的风格仍扎根于拜占庭艺术。甚至是在 1240 年蒙古入侵俄国之后，俄国的宗教艺术还

是与希腊有着密切的联系，虽然相比希腊阿陀斯山和萨洛尼卡的修道院中心，其与君士坦丁堡的联系要更少。

意大利

拜占庭对于意大利也有深远影响。我们已经看到查士丁尼宫廷对于拉文纳的影响。尽管伦巴第族在8世纪统治了意大利北部，但在接下来的500年里，拜占庭仍旧影响着意大利南部。在东方的圣像破坏之争时期，许多希腊工匠流亡到意大利，在那里，仍然可以看到他们的作品。甚至是在诺曼人统治西西里王国的12世纪，拜占庭工匠依然很活跃，有蒙雷阿莱、切法卢和巴勒莫等地精致的马赛克拼贴画为证。在意大利北部，尤其是在威尼斯，通往东方的贸易路线以及十字军东征的影响使得拜占庭艺术有强烈的存在感，有圣马可教堂和附近托切罗岛上的教堂中的拼贴画为证（十字军1204年进入君士坦丁堡时所掳走的拜占庭艺术品也可证明）。我们会在后面的章节中了解到这种艺术对于意大利镶板绘画的影响。在13世纪末契马布埃（Cimabue）和乔托（Giotto）做出革命性的改变之前，这种艺术风格的影响如此广泛，以至于那时候意大利绘画的特点常

被称为意大利 – 拜占庭式。

拜占庭艺术

还有一个原因也导致了拜占庭艺术在几个世纪以来似乎是一成不变的。从查士丁尼时代开始（8、9世纪的圣像破坏之争后更是如此），拜占庭艺术就与神学以及东正教教堂的礼拜仪式密切相关。比如，圣像的使用不仅仅是为了表达虔诚，更是信仰根深蒂固的一部分，每年都会举行东正教胜利盛宴来庆祝。

艺术因此和神学教义以及礼拜仪式紧密联系在一起。由于神学传统与生俱来的保守性，无论神学还是艺术方面的创新都是不被提倡的。艺术家的理想不是尝试一些新的东西，而是为他们的作品注入一种深刻的灵性和始终如一的崇敬之情。尽管这种艺术极度保守，但它们也绝非停滞不前。艺术家们把忠实于过往传统，作为他们的审美标准。正如艺术史学家格拉巴（André Grabar）所说："他们所起到的作用类似于今日的音乐表演者，他们不会因为屈才去演绎他人的作品而觉得自己的重要性被弱化了，因为每次的演绎都会加入自己的一些细微的原创因素。"

这种神学保守主义和审美稳定性有助于解释一些现象，比如说，

为什么圣像绘画在东正教中被认为是一份神圣的工作。现在，当一个新的东正教教堂建起时，教堂会众会委托僧侣或圣像画家画一些用来装饰教堂内部所必需的圣像。去圣凯瑟琳修道院研究珍宝的近代学者都记得 1958 年他们在德米特里奥斯（Demetrios）神父的葬礼上所感受到的悲痛。他是修道院中最后一位圣像画家，他的死标志着一个延续 1500 年之久的传统的结束。

来到希腊阿陀斯山的旅行者可以在阿陀斯半岛南部看到（但有些困难）一些小的僧侣团体，修道院的圣像画家仍然在那里进行艺术创作。在那里，对这种绘画风格的欣赏得到了复兴。在现代希腊，有人试图消除西方文化对于圣像绘画的影响（尤其是文艺复兴和巴洛克时期的），为的是恢复与过去伟大的拜占庭传统之间更真实的联系。在俄罗斯，曾有一股探索过去宗教艺术作品中的珍品的热潮。这就引发了俄罗斯对圣像的精心保护、俄罗斯或国外博物馆的艺术展、学者对于这份遗产的研究热潮以及对东正教兴趣的复苏。

拜占庭文化的文学、哲学和神学

拜占庭文化并不局限于艺术方面。查士丁尼为法律研究做出的贡献有目共睹。君士坦丁堡也有文学、哲学和宗教文化。虽然查士丁尼关闭了异教学园，但之后的拜占庭皇帝仍然鼓励人文和宗教研究。君士坦丁堡和西方的关系虽然在数个世纪里比较紧张，但是始终没有断过联系。起初西方通过阿拉伯的来源学习希腊的有关知识（在中世纪早期失传后）。在 12 世纪末 13 世纪初，亚里士多德的哲学作品被翻译成拉丁文和阿拉伯文传入西方：亚里士多德的作品从西班牙和北非的穆斯林学习中心来到巴黎大学。甚至在 14 世纪，彼特拉克和薄伽丘都很难找到能够教他们希腊语的人，因为那时候希腊语在西方还没有普及。到了 15 世纪，这种局面有所改变。在意大利有来自君士坦丁堡说希腊语的学者，这也是文艺复兴时期人们对经典表现出热爱的原因之一。

只要看看意大利 15 世纪时的大图书馆，就可以轻松地看到这种希腊文化再灌输的重要性。1484 年，在梵蒂冈图书馆的藏书目录里，近 4000 本图书中有 1000 本是希腊语写的，而它们大多数来自君士坦丁堡。在威尼斯，圣马可教堂图书馆的精华部分是枢机主教贝萨利昂的希腊书籍馆藏，这些书籍是 1438 年他前往费拉拉—佛罗伦萨会议探讨希腊与拉丁教会的联合时，从东方带来的。贝萨利昂除了带回这些书，还带回了一位著名的柏拉图学者普莱桑（Gemistus Plethon），他为热情高涨的佛罗伦萨人做了柏拉图哲学的讲座。这件事促进了科西莫·德·美第奇资助费奇诺指导下的柏拉图哲学的收集、翻译及研究工作。由美第奇筹钱资助的费奇诺的柏拉图学园成了研究哲学思想的一个集合地。

1453 年，土耳其人攻占了君士坦丁堡，这导致一大批希腊学者涌入西方，尤其是意大利。人们对希腊的研究本来就有浓厚的兴趣，这些学者的出现更是加深了这种兴趣。后来，流亡的希腊学者在意大利一线城市的各种研究室（studia）开课，他们教授语言、编辑文本、撰写评论，不仅促进人们对希腊异教学识的兴趣，也促进了对希腊教父文学的兴趣。到 15 世纪末，威尼斯著名的阿尔丁出版社（Aldine Press）出版了一整套希腊古典作品，以满足当时人们对于这种作品的大量需求。这种学习和学术的新来源在西欧迅速传播，因此到了 16 世纪早期，希腊研究已经是人文和神学教育中一个常规但核心的部分。

查士丁尼治下君士坦丁堡的文化世界观在保守的东正教宗教艺术传统中以直接的方式保留下来，并以君士坦丁堡在文艺复兴时期给欧洲带去希腊文化的方式间接得以保留。尽管拜占庭帝国的权力在 15 世纪瓦解，但它的文化脉络仍然影响着后世。

总览 早期基督教：拉文纳和拜占庭

语言和文学

— 大约在 4 世纪 80 年代，米兰主教和拉丁教父圣安布罗斯创作了《论信仰》等宗教论著，以及一些信件和赞美诗集。

— 另一位教父圣杰罗姆于 386 年将《圣经》译为拉丁文。

— 另一位教父，希波的圣奥古斯丁创作了《忏悔录》，重现了他早年不洁的生活以及后来对基督教的皈依。

— 当罗马帝国在西方的地位下降时，圣奥古斯丁创作了《上帝之城》——一座与人之城相对的不朽之城。

— 普罗科皮乌斯创作了《战争史》《建筑》，以及关于查士丁尼统治（约 550—562 年）的《秘史》。

美术、建筑和音乐

— 拜占庭音乐在东罗马帝国（拜占庭帝国）得到发展。

— 圣安布罗斯开始在教会礼拜中使用赞美诗。

— 在已经成为西罗马帝国首都的拉文纳，普拉西提阿陵寝中有许多马赛克拼贴画，包括一幅好牧人基督像。

— 在拉文纳的东正教洗礼堂中，圆顶上有一幅刻着花卉图案、使徒以及基督受洗场景的马赛克拼贴画。

— 新圣阿波里奈尔教堂在拉文纳建成，教堂有一个宽敞的中殿和侧堂，用两排大理石廊柱隔开。

— 八角形的圣维塔利教堂在拉文纳建成，后来增添了"全能者基督"的马赛克拼贴画装饰。

— 查士丁尼在西奈山建造了修道院；圣凯瑟琳修道院里保存有查士丁尼的建筑以及一些最古老的基督教圣像。

— 圣索菲亚大教堂在君士坦丁堡建成，结合了罗马廊柱大厅式教堂的纵向形状和中央圆顶设计。

— 拜占庭大帝查士丁尼赠予大主教马克西米安一个象牙宝座。

— 在大格雷高利教宗在位期间罗马出现了格雷高利圣咏。

— 圣像破坏之争时期（740—843 年）禁止创作宗教图像。十诫第二条禁止创作和崇拜"神像"，这个禁令就是源于对此的解读。

— 1453 年，土耳其人攻占君士坦丁堡后，圣索菲亚大教堂被改造为清真寺。

宗教和哲学

— 约 67 年，在地中海传福音的使徒保罗于罗马殉道。

— 约 250 年，基督徒在德西乌斯治下遭到迫害。

— 约 303 年，对基督教徒的最后一轮极端迫害发生在戴克里先治下。

— 313 年，《米兰敕令》赋予基督徒（以及拜占庭帝国中其他民众）宗教自由。

— 325 年，由君士坦丁召集的尼西亚会议宣称耶稣是圣子，与圣父、圣灵三位一体。

— 圣安布罗斯支持玛利亚是童贞女的观点，并且肯定了她作为圣母的重要性。

— 圣奥古斯丁宣称世人都继承了偷食禁果的原罪并且是堕落的，要靠耶稣救赎。

— 381 年，基督教成为罗马国教。

— 约 522—524 年，狱中的波爱修斯在等候处决期间创作了《哲学的慰藉》。

图 7.1 　《在加百列的指引和天使的护送下，穆罕默德骑布拉格夜行升霄》，1539—1543 年，伊朗。来自尼扎米《五卷诗》（Khamsa），对开本第 195 页右，彩色细密画。英国，伦敦，不列颠图书馆。

第七章

阿拉伯文明

导引

每天 5 次，世界各地的宣礼塔上会发出召唤声，提醒穆罕默德的追随者祈祷。在黎明和日出之间，正午后，下午 3 点和日落之间，日落和夜幕降临之间，以及夜晚到来和午夜之间，这些虔诚的追随者无论身在何处，都会在日常生活中暂停片刻，摊开祈祷用的跪垫，拜倒在上面，朝着麦加向安拉祈祷。

伊斯兰祈祷文源自《古兰经》（真主直接对穆罕默德说的话）和《圣训》（穆罕默德言行录）。根据伊斯兰教信仰，621 年的一个夜晚，真主让穆罕默德进行了一次躯体和灵魂之旅，并传授他关于义务祈祷的教诲。《古兰经》中记载了这次夜行之旅，分为"夜行"和"升霄"。

夜行之旅是从穆罕默德在克尔白祈祷时开始的。在那里大天使加百利（阿拉伯语中为 Jibril[吉卜利勒]）拜访他并给他带来了一匹长有翅膀的白马，名为布拉格（Buraq），它飞行的速度比风还快，跨一步的距离比目力所及还要远（图 7.1）。

穆罕默德骑上布拉格，仙马带他游历四处，包括"最远的清真寺"阿克萨寺——一些穆斯林认为就是现今耶路撒冷老城的圣殿山上的今远寺。穆罕默德在那里见到了之前的先知——亚当（阿拉伯语：Adem[阿丹]）、摩西（阿拉伯语：Musa[穆萨]）和耶稣（阿拉伯语：Isa[尔撒]），并和他们一起祈祷。就在圣殿山上，先知从一块岩石上升霄。根据希伯来传统信仰，亚伯拉罕正是在这块岩石上准备牺牲儿子以撒，后被天使制止。

在夜行之旅第二阶段，穆罕默德游历七重天，又一次见到了以前的先知。真主在此传授他关于自然的教诲及义务祈祷的次数。起初，真主告诉他信徒每天必须朝拜 50 次，但在摩西建议下，穆罕默德恳请减少数量以便让此义务更切实可行。真主同意把次数减到每天 5 次，这一祈祷模式延续至今。

"灯有各式各样，光却总是一样"

"灯有各式各样，光却总是一样：它来自天边。"哲拉鲁丁·鲁米在《唯一真正的光》中如是说。

当苏菲派神秘主义者兼诗人鲁米在 13 世纪初写作时，伊斯兰教正处于黄金时代，基督教则处于中世纪盛期。根据希伯来信仰，那时距西奈山上摩西领受十诫后为希伯来人拟定教义，已过去两千多年。犹太教、基督教和伊斯兰教这三盏"灯"有一些共同之处：它们的"光"源自同一个神，而且都建立在信仰神启的基础上。犹太教徒相信古希伯来人称为耶和华的神与亚伯拉罕、摩西直接对话并与他们这代人立约，视其为神的子民。基督徒相信同一个神在耶稣受洗时与他对话并称呼他为心爱的圣子。穆斯林相信他们称为真主的同一个神向先知穆罕默德传授了他们的圣典《古兰经》。鲁米把唯一的神称为"存在的核心"，但他也认可其他宗教的许多观点。

穆罕默德与伊斯兰教的诞生

穆罕默德于570年出生于麦加。他在孩提时就成了孤儿并在贫困中长大，年轻时娶了一个寡妇，诞下女儿法蒂玛。法蒂玛后来嫁给了什叶派第一任伊玛目（权威宗教领袖），她作为虔诚和纯洁的典范受到穆斯林膜拜。穆罕默德强烈的宗教本性，使他沉思自己的幸运背后的原因，并隐入附近山洞开始冥想。穆斯林相信自己在 40 岁左右开始通过天使加百利接受神启。当穆罕默德公开宣讲他的宗教改革理念时，他马上遭到了麦加市民的强烈反对。穆罕默德反对多神信仰和神像崇拜，坚持崇拜唯一的神，这些主张并不被当时的麦加市民所接受。

穆罕默德继续布道，他的信徒

伊斯兰教

570 年	632 年	1099 年	1258 年	1492 年
570 年，穆罕默德出生于麦加。 伊斯兰教传播到阿拉伯半岛、埃及、伊拉克、北非以及西班牙南部。 622 年，穆罕默德逃往麦地那——此次事件被称为"伊斯兰教纪元"；622 年成为伊斯兰历元年。 630 年，穆罕默德攻下麦加。 632 年，穆罕默德去世。	638 年，穆斯林攻下耶路撒冷。 倭马亚王朝，约 661—750 年。 732 年，马特尔（Charles Martel）阻止穆斯林在法国图尔扩张。 750 年，阿巴斯王朝开启。	1099 年，十字军攻占耶路撒冷。 1187 年，埃及苏丹撒拉丁夺回耶路撒冷。 1189 年，第三次十字军东征开启，狮心王理查德和撒拉丁对抗。 1192 年，理查德和撒拉丁达成停战协定。	1258 年，蒙古人洗劫巴格达，终结了阿巴斯王朝。 1281 年，奥斯曼帝国建立。 1453 年，奥斯曼土耳其人攻陷君士坦丁堡，拜占庭帝国终结。 1492 年，西班牙人完成"收复失地运动"。	

价值观念 ||||||||||||||||||||||||||||||||

伊斯兰教五大支柱

伊斯兰教信仰的根本原则是一神论。这种信仰不仅有意识地否定了穆罕默德时代阿拉伯半岛普遍存在的多神论，也否定了圣三一教义。穆罕默德明确表述了伊斯兰教的五大支柱，即它的核心价值观：

· 带着信念诵念穆斯林的信仰证词：只有一位真主，穆罕默德是真主的使者。
· 每天向麦加的克尔白方向行五次义务祷告。后来又加了一条，义务参与社群的星期五祈祷仪式并聆听布道。
· 捐出富余财富的一部分给慈善事业。
· 在神圣的斋月实行斋戒——从日出到日落禁食。

· 一生中至少去麦加朝拜一次（称为麦加朝觐）。

632 年，穆罕默德围绕着经过净化和修整后的克尔白完成了最后一项义务。同年，他在妻子怀中过世。如今，每年会有上百万穆斯林赴麦加朝觐。

除了这些核心习俗，伊斯兰还有其他一些典型的习俗：与犹太教徒一样，穆斯林不吃猪肉及其制品。与犹太教徒和基督徒不同，穆斯林不能饮酒。另一个和犹太教一样的习俗是男性穆斯林要行割礼。伊斯兰法允许多配偶制，但不是普遍践行。伊斯兰法禁止通过贷款获取利息或者为获利息而放款（高利贷），基督教法令一度也禁止此种行为。经过一段时间，伊斯兰发展出一系列宗教节日和仪式（比如，先知诞辰节）。

也逐渐增多，但其中一些被折磨和迫害致死。他与当地宗族成员之间的对立渐趋白热化，以至于不得不于 622 年离开麦加来到一个沙漠绿洲，现今的麦地那（"先知城"）。这一天标志着伊斯兰教的起始，这一年成为伊斯兰历元年。

8 年后（630 年），穆罕默德带着上千士兵回到麦加。他打败了多神信仰者，让人们皈依伊斯兰教，清除了供奉在一个小型立方体建筑（阿拉伯语中称作"克尔白"，意

为立方体）里的阿拉伯部落神像，将之献作伊斯兰教的朝圣建筑。现在的穆斯林去麦加朝圣时，会绕着克尔白围成一圈，它是穆斯林世界的精神中心（图 7.4）。此后，伊斯兰教不断发展，如今的人数仅次于基督教，在欧洲、北非、中东、南亚大部以及印度尼西亚影响广泛。

伊斯兰这个词意为"服从"：使自己服从真主的意愿。伊斯兰教信徒被称为"穆斯林"，意为"服从真主的人"。穆斯林相信他们的

圣典《古兰经》是通过天使加百利传授给穆罕默德的。《古兰经》以及记录在《圣行》和《圣训》中的穆罕默德生平、语录和行为构成了伊斯兰教的基本文献。穆斯林直接朝拜神，而不是通过拉比、神父、牧师或者圣徒这样的等级体系。

伊斯兰教和犹太教一样，对于神的唯一性有着不容更改的教诲；伊斯兰教信仰中只将安拉视为唯一的神。安拉的启示被视为最终的和决定性的。穆斯林把穆罕默德经历的神启看成是摩西的一神论从三位一体回归其本源含义。

与基督教学者一样，穆斯林学者也对一些神学问题有争议，比如真主的属性是否允许自由意志的存在。细读《古兰经》，可以发现人类很有可能被视为拥有自由意志，因为真主多次警示人们不要做坏事甚至作恶。

逊尼派、什叶派和苏菲派

伊斯兰教中的逊尼派（意思是"传统"或者坦途）信徒认为穆罕默德的合法继承者是他妻子的父亲艾布·伯克尔，而且《古兰经》支持根据穆斯林社群（也叫"乌玛"）的共识挑选哈里发。哈里发统治的地域和民众被称为哈里发的辖地。起初，只有穆罕默德部族的成员才

有资格当选哈里发，但是后来穆斯林族群允许任何胜任的人当选领袖。逊尼派和什叶派都认为马赫迪，即伊斯兰教的救世主，终有一天会到来。一些人相信马赫迪会在审判日之前统治几年时间，以清除这个世界的错误和不公。

什叶派认为穆罕默德在真主指示下，任命其女婿阿里为下一任哈里发，并且继承者必须来自穆罕默德和阿里的后裔。什叶派认为阿里和穆罕默德一样拥有特殊的精神特质。他们都是伊玛目：没有罪过，且有能力解读《古兰经》。所谓的十二伊玛目派认为马赫迪将成为第十二任伊玛目，而且他是存在的，只是目前被真主隐藏起来了。什叶派还保留了一种"临时婚姻"习俗，允许人们表达爱意而无需作出永久性的承诺。

85%—90% 的穆斯林是逊尼派信徒，而 10%—15% 是什叶派信徒。在阿拉伯世界以及亚洲和非洲有较多穆斯林人口的国家中，逊尼派信徒占了多数。什叶派信徒在伊朗、伊拉克、阿塞拜疆、巴林和黎巴嫩等国占多数。

苏菲主义是伊斯兰教一种追求内在的神秘主义派别。苏菲派信徒可以是逊尼派或者什叶派，他们的追求是使自己内心纯净，实现信仰

的纯净。穆斯林相信如果他们公正
地活着，就能在天堂靠近真主，但
是苏菲派信徒认为这种靠近有可能
在人世实现，只要他们达到一种以
对其的爱为唯一动力的神秘境界。

伊斯兰教的发展

最初的伊斯兰教义非常简明，
他们重视对真主意志的服从，坚持
每天祈祷，呼吁慈善，并要求生活
中践行一定的禁欲主义。源自阿拉
伯的这一新宗教也因此以惊人速度
传播开去。先知死后不到10年，伊
斯兰教已传到整个阿拉伯、埃及、
叙利亚、伊拉克以及北非部分地区
（见地图7.1）。先知死后一代人的
时间，阿拉伯人第一次进攻君士坦
丁堡（未成功）；不到两代人的时间，

穆斯林在耶路撒冷已占多数。到8
世纪，伊斯兰教已传到整个北非（现
今的利比亚、摩洛哥、突尼斯和阿
尔及利亚），并随着西班牙南部一
个王国的建立扩展到直布罗陀海峡
附近的地中海。

倭马亚王朝

公元632年，穆罕默德去世后，
围绕继任者问题出现了分歧。经历
了一系列内战和暗杀，倭马亚王朝
（661—750年）最终建立。在鼎盛
时期，该王朝北至波斯，东至南亚（现
今的阿富汗、巴基斯坦及临近地区），
西至北非（远至现今的摩洛哥），
从那里跨越直布罗陀海峡直到伊比
利亚半岛（现今的葡萄牙和西班牙）
和法国南部。倭马亚被阿拔斯王朝
推翻后，在西班牙建立了科尔多瓦

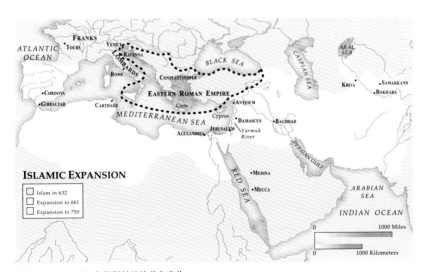

地图 7.1　632—750 年伊斯兰教的分布变化

比较与对比

||||||||||||||||||||||||||||||||||||||

朝圣之旅

　　三大亚伯拉罕宗教（犹太教、基督教和伊斯兰教）的朝圣之旅可追溯到各个信仰诞生初期。朝圣之旅源于拉丁词 peregrinatio，意为旅行者长途跋涉。最早的一批朝圣者会长途跋涉以造访精神的试金石，有时还会带回一些遗物或纪念物，以便继续保持与圣地的联系，也让他们得以继续受到与这些物品有关联的神圣人物的保护。

　　犹太教信仰中最神圣的地方是耶路撒冷圣殿，约柜（上面刻有十诫的石板）就存放在殿内；犹太教徒每年都要在那里朝拜一次。现在，犹太教徒等朝圣者会造访一堵墙壁的遗迹，他们相信这堵墙建于公元前 19 年，曾围绕着第二圣殿的庭院。西墙也称"哭墙"，因为阿拉伯语中这堵墙是 el-Makba，意为"哭泣的地方"。朝圣者在此祈祷（图 7.2），一些人会把写着祈祷或祈求文字的小纸条塞进石缝中。为适应我们生活的这个时代，出现了一种不同寻常的朝圣方式："虚拟朝圣者"可以借助社交网络把他们的祈祷文"推"给西墙，这些推文会被打印出来塞到墙缝里。

　　从 2 世纪起，耶路撒冷也成了基督徒的一个朝圣之地，信徒纷纷来此拜访，包括他们认为的耶稣安葬地圣墓教堂（图 5.13）。从君士坦丁治下开始，其他一些圣殿开始在耶路撒冷和巴勒斯坦各处建成，并成为朝圣地图上的一个个地标。圣殿所在的一些小镇（比如伯利恒，基督徒所认为的耶稣诞生地）建起了供朝拜的场所，也出现了为朝圣者提供食宿的生意。

　　欧洲最著名的基督徒朝圣路线是朝拜圣詹姆斯的，他是耶稣

图 7.2　哭墙，前 19 年—1 世纪中叶。圣殿山西侧的一堵石灰岩护墙，整堵墙长 488 米，露出高度 19 米。耶路撒冷。

的门徒，从巴勒斯坦来到西班牙西北部的加利西亚省传播基督福音。他殉道后的遗体据说安葬在如今的圣地亚哥－德孔波斯特拉市。这一朝觐已有一千多年历史，而且至今仍然吸引着朝圣者从四面八方赶到这个圣地。每年的7月25日，即圣詹姆斯节，圣地亚哥－德孔波斯特拉市都会举办一个大型节日，节日包括焰火表演和音乐会。当这一天正好赶上星期日，这一年就是禧年，朝圣者可以参与派对、游行和流行音乐节目。（过去的一些禧年里，有诸多表演者参与，包括大卫·鲍伊、鲍勃·迪伦、布鲁斯·斯普林斯汀和滚石乐队。）在禧年的庆祝活动中，市里的教堂会展出一些平时基本不会向公众展示的稀世珍宝，神父们会在做弥撒时合力举起一个巨大的香炉。那些结束了近百公里旅程来到圣詹姆斯大教堂（图7.3）的朝圣者会通过赦免门进入教堂并亲吻主祭坛背后的圣詹姆斯银雕像，他们相信这会使其罪得到赦免。

圣地亚哥－德孔波斯特拉于1985年被联合国教科文组织列入世界文化遗产名录。礼拜五清真寺，即伊斯法罕的聚礼日清真寺，也在2012年进入世界遗产名录。这个重要的建筑被视为之后中亚清真寺的原型，它把非宗教宫殿的庭院布局应用到了伊斯兰宗教建筑上；这种布局也见于大马士革的倭马亚大清真寺（图7.7），与伊斯兰教朝圣相关的一处世界文化遗产。

伊斯兰信仰中最神圣的旅行是去麦加的朝圣之旅，即麦加朝觐。作为伊斯兰教的五大支柱之一，在身体和经济允许的条件下，

图 7.3　圣地亚哥－德孔波斯特拉大教堂，1075—1211 年。西立面（奥布拉多伊洛广场），1738—1750 年，诺 沃 亚（Fernando casasy Nóvoa）设计。花岗岩。西班牙，圣地亚哥－德孔波斯特拉。

||||||||||||||||||||||||||||||||||||||||||||||||||||||||||||||||||||||

图 7.4　穆斯林朝圣者在麦加朝觐期间环绕克尔白。沙特阿拉伯，麦加。虔诚的穆斯林相信他们能够在殿石上看到亚伯拉罕的脚印。克尔白附近是以实玛利之墓，他被信徒视为自己谱系的源头。穆斯林相信天堂就在克尔白正上方。

一生中至少进行一次麦加朝觐，这被视为信徒的一项义务。朝觐目的地与先知穆罕默德有关，但事实上，去麦加朝圣的传统可以追溯到古老时代，也许甚至可以追溯到亚伯拉罕时期。穆罕默德本人也践行过麦加朝觐，他于631年带领信徒从麦地那来到麦加。麦加朝觐每年举行一次，时间是伊斯兰历第 12 个月的第 8 天到第 12 天。

当今有成千上万穆斯林朝圣者会进行与麦加朝觐相关的准备和仪式。男性朝圣者身穿朝圣服，即由无褶边的布做成的用腰带系牢的白色长袍，脚蹬凉鞋。女性朝圣者头戴希贾布，即遮住头部的头纱或头巾，但不能遮住脸部。这种明确要求以及其他规定是为了在真主面前创造出一体性，没有一个穆斯林与他人不同或高人一等。朝圣者从四面八方聚到麦加的克尔白，穆斯林每天要做的 5 次祷告所朝向的圣地。麦加朝觐期间，朝圣者要巡行(绕行)克尔白 7 周，触摸或亲吻它的石面(图 7.4)。每绕行一圈，都要诵读大赞辞，即伊斯兰习语"神是伟大的"。去麦加的朝圣之旅强化了穆斯林社群之间的联系, 展示了个体服从神以及神的首要的和最后一任先知穆罕默德。

王朝，一直统治到 1031 年。

建筑

在将近一千五百年漫长的历史长河中，伊斯兰建筑往往与其所处环境相适应，即使清真寺的基本要求保持不变：一个供信徒祈祷的宽敞有顶空间，尤其是供穆斯林社区的星期五集体祈祷。通常，集会的区域会铺上地毯；除了通往敏拜楼（宣讲台）的台阶，其他地方别无摆设。墙内称为米哈拉布的一个壁龛指明了麦加的方向，因此祷告的信众能够准确地知晓其方向。传统的礼拜五清真寺内通常会有某种类型的喷泉，朝拜者可以在祈祷前按照仪式清洁手、脚和嘴。寺旁会有一座塔，名为宣礼塔，里面的宣礼吏每天 5 次召集信徒做祈祷。来到伊斯兰国家的游客马上会习惯于宣礼吏黎明前的召唤："醒来！醒来！睡觉不如祈祷。"

尽管清真寺最初的建造主要是为了给祈祷的穆斯林提供荫庇，但它们承担着更大的社群功能。那里是社群聚集的一个中心；是学者集中学习和辩论的地方；法庭诉讼可以在此举行；人们可以在庭园中进行闲适的聊天，在有顶的区域躲避烈日。正如学者指出的，清真寺之于伊斯兰国家正如古罗马广场、中世纪大教堂和市政广场等之于其他文化：一个可以为社群创造表达机会的聚会场所。清真寺的简单要求使得每个建筑师都有很大空间来发挥自己的聪明才智和天赋。正因如此，伊斯兰建筑史为我们提供了非凡的艺术样本。

圆顶清真寺

耶路撒冷的圆顶清真寺是伊斯兰建筑中最早也最斐然的成就之一（图7.5），由大马士革的哈里发阿卜杜勒马立

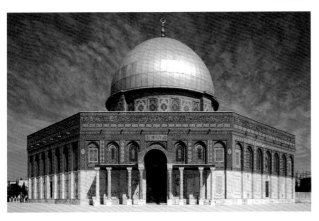

图 7.5　**圆顶清真寺，687—692 年。耶路撒冷**。上层的蓝色装饰是用墙砖做成的。墙砖图案替换了之前很可能出自拜占庭工匠之手的马赛克拼贴画，这些工匠是公认的拼贴画艺术专家。

克于 7 世纪末在耶路撒冷的谢里夫圣地（"崇高的圣所"，犹太人称之为圣殿山）修建。此地地势较高，曾是第二犹太教堂（公元 70 年被毁）所在地。圆顶清真寺是一个顶部有金黄色圆顶的八角形建筑，圆顶位于一个厚重的由 4 个巨大的墙墩和 12 根柱子支撑的鼓状物之上。内部装饰奢华，有马赛克拼贴画，曾经建筑外墙也有拼贴画，但中世纪后期被墙砖取代。这个建筑有明显的罗马和拜占庭风格，但是内部的《古兰经》诗节明确表明它是为伊斯兰教所用。

圆顶清真寺最初的那些拼贴画内饰大部分完好无损（图 7.6）。建筑内部有一块至今可见的岩石露头，它在亚伯拉罕传统中占有重要地位。学者们对于建造这个建筑的初衷还没有一致意见，但是他们一致同意它是伊斯兰建筑的一个极佳范例。

大马士革清真寺

倭马亚大清真寺（图 7.7），又有大马士革清真寺之称，715 年建于现今的叙利亚。清真寺的布局反映了伊斯兰教朝拜建筑的标准特征，包括一个大庭院、入口圆顶和宣礼塔，内部有多柱式大厅，放有米哈拉布的宽敞祷告厅以及其他必要设施。从空中鸟瞰倭马亚大清真寺，

图 7.6　圆顶清真寺（内部），687—692 年。耶路撒冷。圆顶内部原始的拼贴画保存得相当完好。关于中间的岩石露头，有人认为它是亚当的墓穴所在，有人认为亚伯拉罕准备在上面牺牲他的儿子以撒，还有人认为穆罕默德的夜行之旅正是在此登霄。

图 7.7　**大马士革清真寺**，叙利亚，706—715 年。参与礼拜五祷告的祈祷者会从清真寺涌出聚集到庭院里。清真寺内包括一个原来的基督教堂，其中的细节（比如，建筑正面、侧面和圆顶）在现在的建筑里可见一斑。教堂会众用庭院里带穹顶的喷泉提神并在祷告前清洗手和脚。

也可以看出罗马和拜占庭风格对当时伊斯兰建筑的影响，包括三角楣饰、圆顶和围绕庭院的连拱廊。马赛克拼贴画装饰在更大程度上再现了罗马、早期基督教和拜占庭风格。

正门（图 7.8）富丽堂皇，有金黄色
的玻璃、枝繁叶茂的大树以及其他
精美结构，唤起人们对《古兰经》
中描述的天园形象的记忆。

　　与圆顶清真寺一样，倭马亚大
清真寺的内部装饰非常奢华，墙体
下部镶有大理石，上部饰有拜占庭
工匠的马赛克拼贴画，包括一幅描
绘华丽宫殿和流水潺潺的天园图。
图 7.8 展示了清真寺外部的拼贴画
装饰。哈里发的宫殿，现已不复存在，
但当时就建在清真寺边上，方便其
穿梭于这两个场所。

科尔多瓦大清真寺

　　倭马亚王朝受到最高评价的建
筑遗产就是现今位于西班牙中南部
科尔多瓦市的大清真寺（西班牙人
如 今 称 之 为 Mezquita-catedral， 即
清真寺－大教堂）。这个建筑建于
600 年左右，起初是作为基督教堂。
伊斯兰占领此地后，教堂被划分成
基督教和伊斯兰教两片区域。倭马
亚王子阿巴达拉曼一世买下了基督
教区域，并于 784 年开始扩建，直
到 987 年结束时成为科尔多瓦大清
真寺。建筑内部（图 7.9）呈现出拱
门体系，这些拱门分别连接多柱型
建筑的相邻两根柱子。这种多柱型
体系能够在会众增多的情况下使建
筑朝任意方向扩展。通过在同一个

图 7.8　**大马士革清真寺正门的马赛克拼贴画装
饰，叙利亚**。拼贴画中树和房子显而易见，但画
中缺少人物这点也值得注意。这种选择反映了伊
斯兰教早期对绘制人物的抗拒。

院子里朝麦加方向朝拜，所有祷告
者被赋予了心理上接近神的平等机
会。一系列由厚重墙墩支撑的拱顶
凌驾于拱门之上。与西方的大教堂
不同，这里没有宏伟的露天空间；
空气和光线像是在高大茂密的树丛
间流动。

　　10 世纪末，城市领袖哈卡姆二
世决定改进他的清真寺，以使它能

图 7.9 科尔多瓦大清真寺的多柱式祷告厅，西班牙，8-10 世纪。科尔多瓦是倭马亚王朝统治时期的西班牙首府。这座大清真寺内的马蹄形拱门由 514 个柱子支撑。

够与大马士革清真寺媲美。之前的清真寺内部似乎是一堆支撑罗马式拱门的杂乱柱子。为了改进，哈卡姆派遣特使拜访君士坦丁堡皇帝，要求带回一些工匠。根据当时的记载，皇帝不仅派出了工匠，还提供了大约 17 吨的镶嵌石。享受哈里发热情招待的高超马赛克拼贴画艺术家开始奢华地装饰清真寺内部，根据一处铭文，工程于 965 年完工（图 7.10）。当 1492 年穆斯林被赶出西班牙时（被基督徒称为"收复失地运动"时期），这座清真寺成功躲避了当时对伊斯兰建筑的破坏。1532 年，一座普通大教堂在清真寺原址范围内修建；清真寺的大部分原始内饰至今仍然保留着。

阿拉伯文明的黄金时代

继承倭马亚王朝的阿巴斯王朝时代被称为阿拉伯文明的黄金时代。

图 7.10 科尔多瓦大清真寺的中央圆顶，西班牙，10 世纪中叶。精良的装饰于清真寺建成一个世纪后完成。当时的记录显示，科尔多瓦的统治者从君士坦丁堡运来三万块马赛克镶嵌块和一批工匠，以完成这些奢华的装饰。这个圆顶下方正是米哈拉布，指向麦加的克尔白方向。

阿巴斯王朝跨越 5 个世纪，从 750 年到 1258 年。当时，人们从中国运来柑橘属水果，从印度带来稻米、棉花和甘蔗并把它们种植在阿拉伯的土地上。自由市场和资本主义的前身开始出现。科学方法开始形成，假说要通过实验来论证。阿拉伯天文学家开始考虑太阳是太阳系中心以及地球沿着一条轴线自转的可能性。代数和三角学被发明。惯性和动量的概念出现，后来被牛顿采纳。科尔多瓦大清真寺开始修建。

萨马拉大清真寺

在黄金时代的早期，位于现今伊拉克的萨马拉大清真寺受阿巴斯王朝哈里发穆塔瓦基勒的委托，于 848 年开建，并于 851 年竣工。它是当时世界上最大的清真寺。在清真寺著名的巨大螺旋形建筑——玛尔威亚宣礼塔（图 7.11）里，宣礼员定时呼唤信徒做祷告。玛尔威亚一词是阿拉伯语，意为"蜗牛壳"。照片摄于 2006 年伊拉克战争期间，宣礼塔顶部被破坏之前。

清真寺拒斥象征物，早期清真寺尤其避免使用装饰图案。萨马拉大清真寺是一座风格朴实的建筑，大约长 244 米，宽 158 米，部分有木制屋顶遮盖，带一个露天大庭院。屋顶由多排柱子组成的多柱式体系

支撑。几百年前，内墙上曾镶嵌有华丽的深蓝色玻璃马赛克。

阿尔罕布拉宫

作为堡垒和宫殿的阿尔罕布拉宫（名字来自阿拉伯语 al-Hamra，意为"红色"），是 14 世纪时由伊斯兰摩尔人领袖下令在格拉纳达（现今的西班牙）建成。它坐落于城市边缘一座小山上。摩尔人（8 至 15 世纪在北非和西班牙建立文明，信奉伊斯兰教）大约在哥伦布启航西行的同一时间被赶出伊比利亚半岛。如今，阿尔罕布拉宫展现了两种风格的结合：一种是典型的伊斯兰建筑元素，另一种似乎让人想起

图 7.11　萨马拉大清真寺的玛尔威亚宣礼塔，伊拉克，848—852 年。巨大的祷告厅是一个简单的木结构建筑。螺旋形宣礼塔尤为著名。

在罗马乡间别墅里可见的庭院及喷泉——狮子庭院（图 7.12）。西班牙温和的冬天使得宫殿能够通过一系列刻着复杂图案的雄伟拱形缺口与周边环境完美融合。

伊斯法罕礼拜五清真寺

古典清真寺的内外部装饰都是以抽象图形和几何图形为主的艺术形式，因为穆斯林认为人们无法描绘神，真主的形象无法想象。因此，我们常见到抽象的几何图形与精美刻画的《古兰经》经文之间错综复杂的结合。清真寺外部的某些装饰——如 17 世纪建于伊朗伊斯法罕的礼拜五清真寺——使用蓝色墙砖为载体刻画复杂的阿拉伯式花饰以及《古兰经》经文的高度非写实书法（图 7.13）。

尽管伊斯兰装饰通常是抽象的，但这并不绝对。一些清真寺的内饰确实会有具象的场景描绘，通常是非人的诸如植物和花朵的拼贴画——尤其是当有拜占庭的马赛克拼贴画艺术家参与装饰工作时。

圣索菲亚大教堂的转变

阿拉伯的黄金时代在蒙古帝国西征中终结。13 和 14 世纪，奥斯曼帝国崛起，帝国中心在现今的土耳其。从 360 年落成到 1453 年被奥

图 7.12　阿尔罕布拉宫内的狮子庭院，西班牙格拉纳达，约 1391 年。上图：庭院内部房间装饰精美绝伦。注意多个石柱、水道和地面的喷泉。庭院因支撑中部喷泉池的石狮子而得名。下图：环绕喷泉池一周的坚固石狮子位于庭院中央，周围是装饰有阿拉伯式花饰的精美石柱。

图 7.13　礼拜五清真寺正门墙上的马赛克拼贴画局部，伊朗，伊斯法罕，1611—1666 年。装饰性的蓝、白和金色马赛克墙砖和伊斯兰字符一起装饰正门口一个长长的墙墩。书法和抽象图案的相辅相成是各个时期的典型清真寺装饰。

斯曼土耳其人占领，圣索菲亚一直是君士坦丁堡（后改名伊斯坦布尔）的大教堂，后来土耳其人把它改成了清真寺。大教堂的钟、祭坛和宗教人像都被清除；建成了米哈拉布以及今天我们在建筑外面看到的4个宣礼塔（图7.14）。1918年，奥斯曼帝国在一战中战败；17年后的1935年，土耳其共和国把圣索菲亚大教堂变成了一个博物馆，就此终结了围绕这个建筑的宗教归属之争。

伊斯兰文学

伊斯兰文学富含宗教作品、故事和诗歌。宗教作品当中最重要的要数伊斯兰教的圣典——《古兰经》。《古兰经》中包括真主对穆罕默德的启示。《圣训》则记录了穆罕默德说过的话和做过的事。穆斯林认为《古兰经》永无谬误，但对有些材料是怎么进入《圣训》的还有争议。

《古兰经》

先知在麦加和麦地那生活时所领受的许多启示显然是口头上的，但在他去世后不久，信徒开始将他们从先知那里领受的启示用文字记录下来。在一代人的时间里，信徒潜心整理各式口头启示，试图将其整合为一个统一版本。这样一种漫长的编辑工作的最终结果是伊斯兰

图7.14　拉勒斯的安特米乌斯和米利都的伊西多尔，圣索菲亚大教堂，532—537年。土耳其，伊斯坦布尔。宣礼塔为15世纪时所加。

教的核心圣典《古兰经》（阿拉伯语中意为"朗诵"）。

《古兰经》共114个章节。开篇是一段简短的祈祷文，后面的113个章节按篇幅长短编排，第二章最长，最后一章只有一到两行。穆斯林想办法把这些章节进行划分（比如，分成篇幅大致相当的30个部分），以便他们能在斋月里的30天内把整本书朗诵完。斋月是伴随着年度斋戒的一段笃行虔信的时间。

《古兰经》以阿拉伯语写成。与所有闪米特语言（如希伯来语和古叙利亚语）一样，其经文是从右至左书写和阅读的。因为信徒相信《古兰经》源自神的口授，所以经文不能翻译成别的语言。尽管存在其他语言的版本，但它们被视为译述和注解。其结果就是各地穆斯林都能听到用阿拉伯语诵读的《古兰经》。虽然阿拉伯人在全世界穆斯林人口中只占相对较小的部分（与一般人的想法相反），但《古兰经》发挥了纽带作用。信徒相信《古兰经》是神对人说的话，由此对其报以最大的敬意。牢记经文是虔敬的表现，大声吟诵经文的能力也是一种备受赞誉的天赋，因为这种诵读所体现的美和用心本身就被视为一种宗教虔敬。今天，《古兰经》的公众诵读比赛是伊斯兰国家电台和电视的常见节目，有些电台甚至会24小时不间断诵读。

除了《古兰经》是伊斯兰教的核心圣典，《圣训》一书也塑造了伊斯兰宗教和文化。从圣典和传统的活水中，伊斯兰哲人和法学家编纂了伊斯兰教法。当人们说伊斯兰国家用伊斯兰法律治国，他们指的就是伊斯兰教法。教法是传统的、保守的，但也会适应不同时代的环境和需要。

《一千零一夜》

除了《古兰经》，于9至14世纪期间汇编的《一千零一夜》是阅读人数最多和最受喜爱的阿拉伯文学作品之一。里面的故事大相径庭，有评论家质疑这些故事是不是该汇编在一起。然而，它们都有一个不变的故事框架，即舍赫亚尔（Shahryar）国王和他的妻子莎赫札德（Shahrazad）的故事，虽然其英文名字舍赫拉查德（Scheherazade）可能更为人所熟知。19世纪后期俄国作曲家科尔萨科夫（Nikolay Rimsky-Korsakov）曾创作过一部令人难忘和节奏感极强的同名交响乐组曲《舍赫拉查德》。

国王因为王后的不贞背叛而怀恨在心，他通过每日娶一女子，共眠一夜，翌日晨即杀掉的方式发泄内心的愤怒。宰相的女儿莎赫札德为结束国王的暴行，自愿嫁给国王，用晚上讲故事的方法吸引国王，每次讲到天快亮时就停下来，国王为了知道故事结局，放弃了杀她。

很多故事充满肉欲，甚至很前卫。然而，故事用辞藻华丽的文字以及抒情诗的形式写就，使它们上升到了文学的水平。下面文字节选自《脚夫和少女的故事》。

阅读材料 7.1 《一千零一夜》
摘自《脚夫与姑娘的故事》

采买姑娘和脚夫跟着看门姑娘行至一个宽大厅堂，那里的家具陈设，一应俱全，地毯幕帘，五彩缤纷，长凳坐椅，摆放有序。大厅中央的水池里，微波荡漾，旁边有一张雪花石床，上面镶嵌着珍珠宝石，上方悬挂着红绒大帐，帐中端坐着房主姑娘，生就一对巴比伦姑娘的眼睛，有一张足以使艳阳害羞的面容，仿佛是天上的一颗极亮的星星，又像是阿拉伯传说中的贵夫人，正如诗人所描述的那样：

> 你身材苗条，
> 有人会将之与嫩枝相比；
> 嫩枝必将自愧，
> 自叹无缘与你媲美。
> 杨柳嫩枝，
> 堪称美中至美；
> 然而你的胴体，
> 胜过杨柳嫩枝百倍。

［译注］引自《一千零一夜》，李唯中译，宁夏：宁夏人民出版社，2006。下引《一千零一夜》均以此本，据英译本略有改动。

故事末了，国王不再想着杀掉莎赫札德，或者事实上不想再诛杀任何一个平民百姓的女儿。

阅读材料 7.2 《一千零一夜》
摘自《尾声》

然后她沉默了，舍赫亚尔国王的泪水不禁夺眶而出："哦，莎赫札德，这个故事绝妙极了！哦，睿智又巧妙的故事，你教了我许多东西，让我明白每个人都有自己的命运；你让我思索先贤的训诫；你告诉我一些奇事，还有很多值得反思的事。我听完你讲的一千零一夜的故事，现在我的灵魂已经变得愉悦，它对生活充满了期盼。我要感谢主赋予你流利的口才和睿智的头脑！"

……

从此，舍赫亚尔国王与莎赫札德王后及其子孙们过着幸福、安详、欢乐的日子，直至天年竭尽，各自归真。

这就是名为《一千零一夜》的精彩故事集，蕴含着奇事、教诲、奇才、奇迹、惊奇和美妙的故事集。

莪默·伽亚谟

波斯人莪默·伽亚谟（1048—1131年）精通多门学科：哲学、数学、天文学、机械学、矿物学、气候学和音乐。他也是一个诗人，其简短的作品经伊斯兰世界流传各地。伊斯兰教义要求信徒过一种简朴生活，这似乎与犹太教和基督教内偏保守的观念相似：对于肉体上的享受要克制。得体虔诚的生活的回报是天堂。对许多信徒来说，及时行乐者面对的将是地狱。然而，令人惊讶的是，伽亚谟的四行诗（由四行诗句组成的诗）集《鲁拜集》，宣扬的似乎正是抓住当下，对等候最终回报这种观念满是质疑。

伽亚谟的诗是西方人最爱的东方诗歌之一。菲茨杰拉德（Edward Fitzgerald）翻译了很多脍炙人口的诗句："鸟已在振翮翱翔"（the bird is on the wing）、"一瓶葡萄美酒，一点干粮，有你"（a jug of wine, a loaf of bread, and thou）、"远方的鞑靼的鼓音"（the rumble of a distant drum）和"指动字成，字成指动"（the Moving Finger writes: and, having writ, / Moves on）。[1]

阅读材料 7.3　莪默·伽亚谟
摘自《鲁拜集》
7
来呀，请来浮此一觞，
在这春阳之中脱去忏悔的冬裳：
"时鸟"是飞不多时的——
鸟已在振翮翱翔。
12
树荫下放着一卷诗章，
一瓶葡萄美酒，一点干粮，
有你在这荒原中傍我欢歌——

荒原呀，啊，便是天堂！
13
有的希图现世的光荣；
有的希图天国的来临；
啊，且惜今日，浮名于我何有，
何有于远方的鞑靼的鼓音！
63
啊，地狱之威胁，天堂之希望！
只有一事是真——便是生之飞丧；
只有此事是真，余皆是伪；
花开一次之后永远凋亡。
71
指动字成，字成指动；
任你如何至诚，如何机智，
难叫他收回成命消去半行，
任你眼泪流完也难洗掉一字。

我们也能注意到伽亚谟公开质疑关于宇宙形成和人类在宇宙中所处地位的各种宗教观。他在发表这些言论的时候体现了他作为科学家、怀疑论者和诗人的身份。

阅读材料 7.4　莪默·伽亚谟
《飘飘入世，不知何故来》
29
飘飘入世，如水之不得不流，
不知何故来，也不知来自何处；
飘飘出世，如风之不得不吹，
风过漠地又不知吹向何许。

苏菲派作品

从文学的角度来看，苏菲主义

---

[1] ［译注］诗行译文引自莪默·伽亚谟，《鲁拜集》，郭沫若译，吉林：吉林出版集团有限责任公司，2009。下引《鲁拜集》均为此本。

是最具影响力的伊斯兰传统之一。苏菲这个名称很可能源自阿拉伯语中意为"未漂白的毛织品"的词语，是一种很多苏菲派信徒采用的简易服装。苏菲派社群在各大伊斯兰聚居地都能找到，尤其是北非和埃及。

苏菲派指的是一个复杂的社群或者拥有宗教权威的教长及其门徒组成的小团体。正像各个宗教传统中都会出现的神秘主义运动，苏菲派有时会受到宗教和国家领袖的青睐。在其他时候，它的习俗和信徒又会受到怀疑和敌视。苏菲神秘主义者倾向于过贫瘠的隐居生活，宣扬虔诚和忏悔。

西方人对苏菲派习俗颇感兴趣，很多大型书店都有苏菲派文献翻译版出售。两位具有代表性的苏菲派作家也许可以告诉我们一些苏菲派的想法和情感。

拉比亚

拉比亚（717—801年）是一位苏菲派神秘主义者，她认为对神的极致热爱是与他联结的关键。拉比亚小时候被人掳走卖做奴隶，在主人还她自由后，她开始相信自己是神选中的人之一。拉比亚用一系列警句、诗歌和沉思表达了她爱戴神的哲学观。她受到《古兰经》中一些经文的启发，这些经文表达了真主对其子民的关心以及子民对他相应的爱。像其他许多神秘主义者（以及其他沉思神之爱的人）一样，拉比亚以诗歌为载体表达自己的感受。她视真主为自己生命中的焦点，认为"世间最好的事就是在今生和来世除此之外再无其他"。

阅读材料 7.5　拉比亚

我一手拿着火把，
另一手提着一桶水：
我将在天园放火，
在地狱灭火，
以让向神而去的游者揭开面纱，
看清他们真正的目的。

摘自《伊斯兰神秘主义者》（*Mystics of Islam*）阅读材料，史密斯（Margaret Smith）英译，1950。

鲁米

在所有的苏菲神秘主义诗人当中，最著名的也许是13世纪的鲁米（1207—1273年）。鲁米出生在现今的阿富汗，后随家人搬迁到现今的土耳其。鲁米是一个多产的宗教诗人，其诗作采取的形式是早期苏菲派使用的押韵两行诗。鲁米主要用波斯语写作，他创作了3000多首诗歌，同时留下了70篇关于神秘事件的长文。他的诗集包罗万象，语言极其优美，以至于一些人把他的作品称为"波斯语的《古兰经》"。

鲁米论盲人摸象

苏菲派神秘主义哲人鲁米讲述了他自己版本的盲人摸象寓言，以此说明人们无法知晓真主的容貌特征，这也是他教诲人们要包容不同意见的方式。

大象在一个漆黑的房子里；一些印度教徒带它来展出。

为了见到它，很多人去了，每个人都钻进了这一片漆黑中。

因为不可能用眼睛看到它，[每个人]只能用自己的手掌在黑暗中摸大象。

一个人的手摸到了象鼻；他说："这个动物像一根水管。"

另一个人的手摸到了它的耳朵：对他来说大象就像一把扇子。

因为另一个人碰到了它的腿，他说："我发现大象的形状就像一根柱子。"

另一个人摸到了它的背，他说："真的，这头大象就像是一个宝座。"

同样，无论何时一个人听见[对大象的一个形容]，他[只]明白他所摸到的那个部分。

由于人们摸到了不同的地方或身体部分，所以他们的描述如此不同：一个人用 dal（一个弯曲的阿拉伯语字母），而另一个人用 alif（一个长而直的阿拉伯语字母）。

如果每个人的手中持有一根蜡烛，那么就没有这些不同描述了。

摘自鲁米，《玛斯纳维》（*The Mathnawi of Jalalu'ddin Rumi*），尼科尔森（Reynold A. Nicholson）编译，卷 4（Gibb Memorial New Series 4, London: E. J. W. Gibb Memorial Trust/Luzac & Co., 1921, 3.1259–1268）。

他最令人钦佩的地方是可以把对几乎任何一件普通事物的观察转化为一首宗教赞美诗。

鲁米诗的一个特点是他边吟诵诗歌边跳正式但狂喜的舞蹈。鲁米认为吟诵和运动的组合能够让虔诚信徒的所有注意力集中于真主。他建立了狂舞者（托钵僧）社群，托钵僧至今仍在继续着这种狂舞（图7.15）。

伊斯兰艺术

伊斯兰艺术包括马赛克拼

图 7.15　"旋转的"托钵僧。作为宗教虔诚的一部分，很多苏菲派团体在乐器的伴奏下狂舞。这种并不被穆斯林普遍欣赏的习俗可能代表了正义之士的灵魂正在朝着天园盘旋上升。

贴画和砖瓦艺术、陶艺、织造艺术以及甚至堪与中国书法媲美的书法艺术。

书法

书法的发展是因为《古兰经》的书面文字需要体现出对圣典足够的尊重。阿拉伯文字的发展本身就是一项漫长而高度复杂的研究，但也出现了某些标准化的书写字体。其中最具特色的一种字体叫做库法体（Kufic），尽管它也有许多变体。

库法体书法因伊拉克的库法城得名，阿拉伯文字于7、8世纪在那里得到了改进。库法体包括有棱有角的方形线条，也有粗体的圆形形式。横的笔画往往会有一定延展。到8世纪后期，库法体已成为当时《古兰经》的官方书面字体。10世纪时，细长一点的竖直笔画和斜线笔画使得字体比早期的库法体更加灵动，如在陶瓷制品上常常可见的东库法体（图7.16）。叶状库法体和方库法体开始用在建筑物上，有时候方库法体会覆盖整个建筑。

大约黄金时代中期书写的《古兰经》上一页非写实阿拉伯文字（图7.17），展现了与尖锐的字体相对应的圆润字体。有颜色的标记是为了帮助读者把文字念出来，而对于那些看不懂阿拉伯文的人来说，这一

页书因其强烈精准的笔画，整体上给人一种象形文字的感觉。书法技巧不仅体现在《古兰经》的抄本上，还体现在陶瓷制品以及包括清真寺在内的公共建筑的装饰上。

马赛克拼贴画

马赛克拼贴画用来装饰伊斯兰建筑的外部和内部，尤其是清真寺和神龛。在圆顶清真寺、科尔多瓦大清真寺米哈拉布前的圆顶内部以及伊斯法罕礼拜五清真寺的外墙，都可以看到这种装饰。我们还在伊斯法罕伊玛目宗教院的米哈拉布上发现了精美细致的拼贴画装饰（图

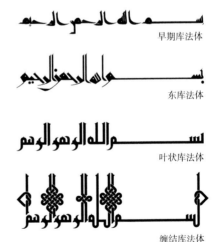

早期库法体

东库法体

叶状库法体

缠结库法体

方库法体

图 7.16 **库法体。**早期库法体在7、8世纪得到发展。书籍上的字青睐东库法体，其他字体在后来的几个世纪里得到了发展。方库法体和叶状库法体常常出现在建筑物之上。缠结库法体似乎是在向植物致敬。

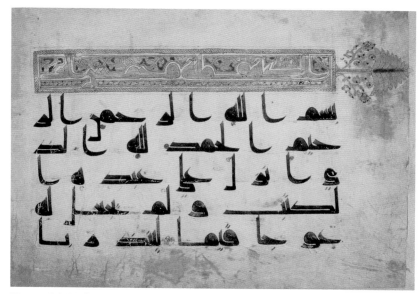

图 7.17 《古兰经》页面，9–10 世纪。源自伊拉克或者叙利亚。20.3 × 33 厘米。德国，柏林，伊斯兰艺术博物馆。这种高度非写实的书法字体被称为库法体；它是最早也最漂亮的阿拉伯书法字体之一。阿拉伯语和希伯来语一样，都是从右至左书写。

7.18）。尖尖的拱门上镶有来自《古兰经》的库法体铭文。我们也能看见一些几何图形和花卉图案。

陶瓷工艺

黄金时代的陶工会制作简单精美的上釉成品，并通常用书法加以装饰。

一个传自 11 或 12 世纪的伊朗盘子（图 7.19）的边缘有库法体文字，呈现了一种抽象而又有绘画特征的效果。为了填满盘子的边缘，制作者将这些细长的字母在水平和垂直方向上拉长。这些阿拉伯文可以译为："科学一开始是苦涩的，但最终会比蜜还要甜。祝［盘子主人］身

图 7.18 来自伊玛目宗教院的米哈拉布，伊朗，伊斯法罕，约 1354 年。343.1 × 288.8 厘米。纽约大都会艺术博物馆。灰泥外层有一幅混合体单色釉墙砖拼贴画，上刻花卉、几何图形及铭文。

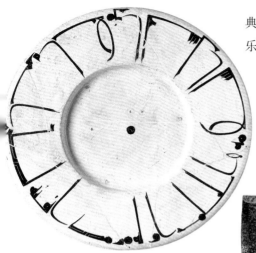

图 7.19 题铭文的盘子，11—12 世纪。伊朗，呼罗珊。赤陶，白色底，配釉下装饰。直径 37.5 厘米。法国，巴黎，卢浮宫。

体健康。"

织造艺术

在伊斯兰黄金时代织造的阿尔达比勒织毯（图 7.20），是艺术史上最早的地毯。地毯中央是一个云开日出的图案，很明显，它呈现的是清真寺或神庙圆顶的内饰。虽然织毯在本质上不是宗教作品，但是上面交错的花卉藤蔓这样的绘画部分，很有可能参照了《古兰经》中的天堂花园。

伊斯兰音乐

伊斯兰音乐有许多风格和种类，包括宗教音乐、世俗音乐和古典音乐。穆斯林知晓希腊音乐和音乐理论，并把它们改编后作为己用。

音乐在伊斯兰的历史中有兴盛，也有衰败。当然，宣礼吏召唤信徒来祷告的呼唤声是旋律悦耳的。几个世纪后，音乐在各个地方兴盛起来。有各式各样的传统乐器。

图 7.20 喀桑的马苏德，苏菲派长老萨非·阿尔丁陵园的织毯，伊朗，阿尔达比勒，1540 年。羊毛与丝制品，10.5×5.2 米。英国，伦敦，维多利亚和阿尔伯特博物馆。很明显，这个巨大的织毯旨在给人一种错觉，让人们似乎看到了被清真寺灯环绕的天国般的金黄色圆顶，倒映在一池漂浮的莲花和交错的藤蔓中。织毯总共有 2500 多万个结。

图 7.21 是雷贝琴，一种长颈弦乐器，通常用琴弓弹奏，尽管演奏者也可以弹拨。嗒嗒波万（图 7.22）是一种传统的鼓，图中的这一只来自菲律宾。管乐器和锣也在当时广为使用。

当时有大量宗教音乐和谱曲诗歌。图 7.23 展现了叙利亚商人之子巴亚德在伊拉克一个高官的庭院中为年轻才女利雅德演奏小夜曲的场景。他演奏的是传统乐器乌得琴，一种和吉他一样弹拨的短颈弦乐器。这一场景出现在 13 世纪带插图的手稿《巴亚德和利雅德的故事》（*The Story of Bayad and Riyad*）中。这份手稿创作于伊斯兰黄金时代（约 750—1258 年）晚期。在这一时期，穆斯林哲人和科学家保留了本土及邻邦文化的古老传统，同时也提升了本国的科

图 7.21　雷贝琴，19 世纪末。阿尔及利亚或摩洛哥。木材、羊皮纸、金属和象牙制，长 74.9 厘米，琴弓长 34.3 厘米。纽约大都会艺术博物馆。雷贝琴一词指的是在伊斯兰土地上使用的鲁特琴和里拉琴。雷贝琴是像大提琴和低音小提琴一样放在身前用琴弓弹奏的。它只用于歌唱时的伴奏。这把琴镶嵌有精美的象牙雕饰。

技水平和文化内涵。总之，音乐在当时的流行性无须多言。

尽管音乐的使用多种多样，但几个世纪以来一些穆斯林只认可声乐，而禁用乐器。于是形成了一种宗教乐曲清唱的传统。其他穆斯林认为乐器只要用于宗教或其他可以接受的音乐形式时就是合法的。还有一些只允许使用鼓。关于音乐的使用（或危害），并无统一的观点。

伊斯兰与西方文化

哈伦·拉希德（Harun al-Rashid，约 786—809 年统治）是阿巴斯

图 7.22　嗒嗒波万，19 世纪。菲律宾，棉兰老岛。木材、珍珠母贝和皮制品，82.2×62 厘米，鼓面直径 55.3 厘米。纽约大都会艺术博物馆。伊斯兰的影响体现在鼓的名字、高脚杯形状、珍珠母内嵌以及叶子装饰上。这种鼓通过把油涂在木头上的方式变黑，用藤条制成的两根棍子演奏。

图 7.23 《巴亚德和利雅德的故事》，13 世纪。彩饰手稿，17.5×19.1 厘米。梵蒂冈宗座图书馆。在这个故事中，一个叙利亚商人的儿子在一位维齐尔（旧时某些伊斯兰国家的高官）的宫廷里向一个受过良好教育的年轻漂亮的女子求爱。

王朝第五任哈里发，也是最著名的哈里发。其巨大名声，源于他在巴格达宫廷中推广音乐、诗歌、艺术和科学，并且为《一千零一夜》提供了创作灵感。同时，作为一名军事长官，他发起了对拜占庭帝国的间歇性战争。798 年，他的军队驻扎在君士坦丁堡周围，与伊琳娜女皇谈判。迫于局势，后者答应每年缴纳 70000 条黄金的贡品。所以直到 1453 年，伊斯兰才统治君士坦丁堡。

在哈伦统治时期，阿巴斯王朝的社会和政治力量达到顶峰。哈伦·拉希德与许多国家保持着外交关系，向东远至中国；向西与查理大帝（见第 8 章）保持外交上的书信往来。查理大帝的传记作者描述了他们之间关于基督徒进入耶路撒冷圣地权限的谈判。这些谈判对于查理大帝而言十分重要，因为信仰基督教的西方对于 638 年失去耶路撒冷一事一直耿耿于怀——这种痛苦在几个世纪后以十字军东征的形式爆发。

按照惯例，查理大帝派代表带着礼物拜访哈伦。哈伦是个马术爱好者，所以查理大帝送去了西班牙马匹、猎狗和弗里斯兰纺布。802年，哈伦给查理大帝回礼，除了丝绸、枝形大烛台、香水、象牙制国际象棋棋子、奴隶，还有代表伊斯兰科技发明的装置：一个带有 12 个铜球的水钟。当 12 个机械骑士从小窗户里弹出来时，铜球掉落在钹上，以此来报时。令人难以置信的是，哈伦另外送了查理大帝一头名叫阿布尔阿巴斯的大象。但不管怎么样，这头大象从巴格达（今伊拉克）来到了亚琛（今德国），并且迷住了那里的民众，直到 811 年它死于北方的严寒。

伊斯兰文化早期的巅峰之一出现在阿巴斯王朝的巴格达。中国的造纸术传到巴格达后，巴格达在 794 年开设了第一家造纸厂。数个世纪之后，造纸术才传入西方。

智慧馆

阿尔马门（al-Ma'mun）哈里发在 833 年建成了一个图书馆兼研究中心，名为"智慧馆"。伊斯兰世界的大批学者涌向这个研究中心。智慧馆学术研究最重要的一部分就是将文献翻译为阿拉伯文。我们应该感谢这个中心保存了亚里士多德的作品，并雇佣说希腊语的基督徒将作品翻译为阿拉伯文。据估计，我们现在看到的所有亚里士多德作品（除了《政治学》）都是在智慧馆翻译的。此外，这些学者还翻译了一些柏拉图的作品、盖伦的医学著作和许多新柏拉图派哲学作者的专题论文。13 世纪，当一些学者（如托马斯·阿奎那）在巴黎阅读亚里士多德的作品时，他们读到的是由阿拉伯文翻译来的拉丁文版本，这些阿拉伯文版本都是巴格达学者的成果。

阿尔·花拉子密和数学

阿尔·花拉子密（780—850 年）是智慧馆最杰出的博学者，他的研究发现是革命性的。为了收集原稿并与其他学者交往，他三次带领考察队前往印度和拜占庭。因此，他学到了很多印度和拜占庭（希腊）的东西。他发明了代数学（代数学一词出自他一本书的阿拉伯文标题）。了解花拉子密拉丁文作品的中世纪欧洲人给了我们另一个重要的数学术语：算法。这个术语是代数学的变体。

阿尔·花拉子密最突出的贡献是他改编了印度人的数字符号，他们使用 9 个符号和 1 个占位符。

简化的数字标记法取代了复杂的希腊和拉丁计数法。任何一个试图把CLXII 和 LIV 相乘，而不是用 162 乘 54 的人都能证明希腊和拉丁计数法的复杂。印度占位符在梵文中称为 sunya[空]，在阿拉伯语中称为 cifra[西弗拉，英语单词 cipher 即起源于这个词]，后来在一些欧洲语言中被叫做"零"，至此它已经不仅是占位符，更是一个数字。在下一个世纪中，一位本来名不见经传的叙利亚穆斯林阿尔·乌奇迪斯（Al-Uqlidisi），进一步发明了小数。小数的出现使得人们可以把地球公转一周的时间精确到 365.242199 天。

尽管这些意义深远的数学发现在伊斯兰发展迅速，但它们在西方发展得十分缓慢。几乎 150 年后，这些数学概念才经由翻译从西班牙的伊斯兰地区和西西里（距离北非航程不远）等与伊斯兰联系最为紧密的地方传入西方世界。

科学和医学

数学不是伊斯兰学术唯一的领先领域。埃及科学家阿尔哈曾（Alhazen，卒于 1038 年）在光学和镜片制作方面做出了重要研究。其他三位接触过希腊医学及其他来源的伊斯兰学者塑造了医学的未来。雷扎斯（Rhazes，卒于 932 年）是巴格达医院的院长，在临床观察方面造诣颇深，他第一个给出了关于天花和麻疹的精确描述，说明它们是两种不同的疾病。其他科学家正是因为雷扎斯的临床观察才开始了解传染病的本质和它们的传播。在接下来两个世纪里，像阿维森纳（Avicenna，卒于 1037 年）和阿威罗伊（Averröes，卒于 1198 年）这样富有影响力的作家，除了重要哲学作品外，他们还写了影响重大的医学专题论文。犹太哲人和物理学家迈蒙尼德在西班牙（他出生的地方）和摩洛哥接受了穆斯林的医学培训。他受到的教育使他强调个人卫生在预防疾病方面的重要性（一个在他的年代并不普遍的概念），并就药物的本质做了富有影响力的研究。接受过阿拉伯医学培训的犹太医生声望甚高，以至于在文艺复兴的各个时期，教宗们常常会咨询住在梵蒂冈对面犹太区的犹太医师。

源自伊斯兰世界的其他成就

尽管在巴格达的阿巴斯王朝时期和北非、伊斯兰西班牙文化繁荣的几个世纪里，西方基督教世界和伊斯兰世界存在对立，但这两种文化之间也有着普遍的思想交流和物质流通。交流的结果影响广泛。西方人从穆斯林那儿学到了如何制作风车。大马士革（叙利亚）和托莱多（西班牙）的铸剑者都因产品的质量而名声大噪。大马士革的丝织品在英语单词 damask[锦缎]中尚可找到踪迹。咖啡是伊斯兰世界在其早期贡献给我们的礼物。在埃塞俄比亚的穆斯林商人把热带非洲本土植物的豆子粉碎冲泡后，它就变成了一种常见的热饮。这种饮品如此受人们欢迎，以至于不久以后，人们就在麦加、大马士革甚至君士坦丁堡看到至今仍流行的场所：咖啡馆。

从伊斯兰世界舶来的英语单词

西方世界和伊斯兰世界的贸易往来丰富了英语词汇。阿拉伯语带给西方这些词语：代数、琥珀、历书、方位角、哈里发、棉花、危险、鲁特琴、床垫、清真寺、藏红花粉和糖浆。西方（经由伊朗）从波斯语中获得了这些词语：蔚蓝、木乃伊、猩红色、塔夫绸，还有国际象棋和它的两个术语——车和将军。

最后，在中世纪盛期，穆斯林学者不仅为我们提供了大量的希腊哲学作品，还提供了对于这些作品的评论。当安萨里（al-Ghazali，卒于1111年）在《哲人的矛盾》一书中抨击希腊哲学时，阿威罗伊回应了他，写了一篇论文说明怎样将希腊哲学与伊斯兰教融合。阿威罗伊将他的书命名为《不着边际的联想散漫》（*The Incoherence of the Incoherence*）。即便立场不同的但丁，也在阿威罗伊逝世一个世纪后，在《神曲》中赞扬他为"伟大的评论家"。

总览 阿拉伯文明

语言和文学
— 《古兰经》用阿拉伯语写成,包括114个章节。
— 《古兰经》的抄本使用一种名为库法体的书法字体。书法字体也被用来装饰建筑和陶器。
— 经过几个世纪汇编而成的《一千零一夜》曾是阿拉伯世界最流行的非宗教类文学作品。
— 莪默·伽亚谟的四行诗教诲人们要珍惜当下。
— 拉比亚和鲁米这类苏菲派信徒会创作散文和诗歌来表现和真主之间的神秘主义关联。

美术、建筑和音乐
— 伊斯兰最精致的作品是建筑——从耶路撒冷的圆顶清真寺到西班牙的阿尔罕布拉宫。建筑通常用马赛克拼贴画和书法装饰。
— 清真寺内部空间通常用多柱式结构进行扩展。清真寺旁有宣礼塔,里面的宣礼吏会呼唤信徒按时祷告。米哈拉布是清真寺的焦点,它为信徒的祷告指示圣地麦加的方向。
— 很多手稿配有袖珍插图。真主和先知穆罕默德的画像通常是被禁止的。
— 各式陶罐出现了层出不穷的创新,有一些用库法体文字加以装饰。
— 地毯织造是一种高等艺术,著名的阿尔达比勒织毯有2500万个结。
— 伊斯兰音乐的用途十分多样。在某些情况下,乐器被禁用。关于穆罕默德是否反对乐器,尚存在争议。

宗教和哲学
— 沿袭亚伯拉罕的传统,伊斯兰教是一神论宗教,认为只有一个唯一的神。伊斯兰教的圣典是《古兰经》,其他宗教作品有《圣训》和《圣行》。
— 伊斯兰教将阿丹(亚当)、穆萨(摩西)、尔萨(耶稣)和施洗者约翰视为先知,但否认尔萨的神性,并且认为穆罕默德是最后一个先知。
— 伊斯兰教最神圣的地方是麦加的克尔白,穆斯林认为它由穆罕默德修建并且位于天堂的正下方。
— 伊斯兰教的五大支柱分别是:(1)以信念说出穆斯林的信仰证词,即只有一个真主且穆罕默德是他的使者;(2)每天义务祈祷五次;(3)向慈善事业捐款;(4)在斋月实行斋戒;(5)至少去麦加朝拜一次(麦加朝觐)。
— 关于穆罕默德和他女婿阿里的合法继承者,逊尼派和什叶派有不同看法。苏菲派试图寻找与真主的神秘关联。

图 8.1　希尔德加德，《上帝四季计划的异象》，《神之功业书》第 38 页右，1163—1174 年。牛皮纸
曼陀罗形插图微型画。意大利，卢卡，国家图书馆。

第八章

中世纪文化的兴起

导引

　　如果宾根的希尔德加德（Hildegard of Bingen）是一个男人，而且生活在文艺复兴时期，她的成就一定足以与其他伟大思想家比肩，得以冠名"文艺复兴人"——学识广博、学问精深之人。希尔德加德是中世纪的博学家——她是基督教神学家、哲学家、诗人及作曲家。她成立了两家本笃会修道院并任院长。她写了一本疾病纲要和一本医药手册，还有植物、动物和化学元素的编目。她解读了宗教文献，并到各地的修道院和教堂演讲。她把自己的灵视仔细地记录在手稿启示录中。她写的《美德典律》是一部道德戏剧，是手稿和总谱都保存下来的最早的音乐剧。

　　14 世纪的人类学者彼特拉克把希尔德加德生活的时代（中世纪早期）称为黑暗时代。他认为在这段时期，随着西罗马帝国的衰败和对古典文化学识的抛弃，人类的思想和创造力全面停滞。实际上希尔德加德一个人就可以否证他的观点。

　　希尔德加德的经历道出了中世纪早期的大量信息：教会与国家的关系；作为学术中心的修道院的重要性；在持续很久的野蛮民族入侵期间宗教文学的保存；性别不平等与基督教会的性别意识形态；有学识和权利的女性的存在与影响；宗教、建筑、艺术与音乐之间错综复杂的关系；神秘学在人类生活和信仰中扮演的基本角色。

　　希尔德加德的成就是惊人的。在 76 岁的时候，她完成了三本神学作品，详细阐述她的灵视和信仰，其中最重要的是《认识上帝之道》和《神之功业书》。记录灵视的手稿（图 8.1）是 12 世纪完成的；而《认识上帝之道》的底本在二战中遗失了。

中世纪

　　随着罗马帝国的衰落，各地领主为了土地和政治权利展开了厮杀。匈人、汪达尔人、法兰克人、墨洛温人、哥特人以及罗马以外其他欧洲土地上的人都卷入了这场猛烈的纷争。这些曾经的野蛮部族逐步控制了欧洲部分地区。

迁移

每有一个部族在前西罗马帝国的中心意大利或者其他欧洲地区落下脚跟，就有其他部族冲进领地把他们赶走。公元410年洗劫了罗马的西哥特人，他们占领了意大利部分地区，还在今天的法国南部建立了一个王国。但很快法兰克人就打进来，把他们赶到了西南部的西班牙。法兰克人从欧洲东部越过莱茵河，来到现今的法国、荷兰、瑞士和德国部分地区安定了下来。公元383年皈依基督教的东哥特人从东欧往下到达意大利，于476年西罗马最后一位皇帝退位后，在西奥多里克的领导下建立了一个王国。但不到一百年时间，他们又被一个日耳曼民族伦巴第人驱逐。来自德国的撒克逊人迁移到英国，和当地人一起融合为盎格鲁－撒克逊民族。凯尔特人从爱尔兰和不列颠群岛部分地区往南迁移，生活在法国地区。

维京人则控制了斯堪的纳维亚。

伴随着数个世纪的欧洲部落迁移带来的人口交融，最后形成了现在我们熟知的欧洲国家——法国、意大利、斯堪的纳维亚国家、英国以及其他国家。

这些游荡的部族并没有给我们留下太多艺术和建筑文物，但通过他们制作的精美的金子、嵌石和珐琅饰品，我们可以了解他们的审美，以及部族领袖的财富及重要地位。英国萨顿胡两座古墓出土了大量的饰物和轻便的手工制品，甚至还有公元7世纪早期埋葬的一整艘船。船上发现的宝物中有一个用金子、玻璃和石榴石做的钱包盖（图8.2）。钱包盖表面用交叠图案进行装饰，还有史诗中常见的混沌世界的神秘怪物，譬如贝奥武甫。

中世纪早期的基督教艺术品，融合了小雕刻饰品和带有基督教信仰标志的部族金属制品的特点。《林迪斯芳福音书》中有一页，画着一

中世纪文化的崛起

400 年	800 年	1200 年
修道院建立。 罗马帝国灭亡后，整个欧洲陷入部族混战和大迁移中。 可敬的比德撰写《英吉利教会史》。 古老的英国史诗《贝奥武甫》创作完成。 查理大帝攻打西班牙酋长国但陷入僵持；史诗《罗兰之歌》问世。	封建制度成为整个欧洲的主要社会制度。 法国人查理大帝被封为新神圣罗马帝国的皇帝。 查理大帝支持修道院和学术、著书事业。 查理大帝死后，奥托王朝拉开序幕。 征服者威廉一世入侵英格兰并成为英格兰第一位诺曼人国王。 罗马建筑风格统领欧洲教堂建筑风格。

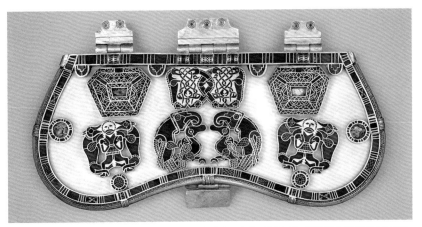

图 8.2 钱包盖，约 625 年。英国，萨福克，萨顿胡船葬出口文物。黄金包边，平直的上檐安有三个铰链，弯曲的下檐中间有一个金扣，盖身用象牙制成（已腐坏），中间有七个金边石榴石景泰蓝和千花玻璃设计。长 19 厘米，宽 8.3 厘米。不含铰链。英国，伦敦，大英博物馆。

个符号化的十字架，上面布满了环环相扣的彩色卷扣（图 8.3），因其和林迪斯芳部落常用的复杂图案相似，因此被称为林迪斯芳福音书。十字架周围填充的线形图案代表正在互相吞吃的蛇——这种动物交叠图案来自罗马以外部族的装饰艺术。

查理大帝

部族大迁移后，中世纪文化最重要的人物是一位法国人——查理大帝（Charles the Great, 742—814 年）。这位强大的统治者梦想在基督教会的支持下，仿效罗马皇帝作战，成功统一欧洲的战乱地区。公元 800 年的圣诞节，查理大帝被教宗利奥三世加封为神圣罗马帝国皇帝。这是继 6 世纪后，西方世界再次举行的加冕礼。这场教宗主持的加冕礼让拜占庭宫廷大为震怒，君士坦丁堡皇帝把查理大帝视为谋权篡位者。但这次加冕标志着罗马帝国在西方的重生。

图 8.3 林迪斯芳的伊德弗里斯主教抄写的《林迪斯芳福音书》第 72 页左，约 680—720 年。绘图手稿，用墨水、颜料和金子在牛皮纸上绘成，34.2 × 24.8 厘米。英国，伦敦，不列颠图书馆。

查理大帝对自己所征服的土地治理有方。他对罗马的管理机制进行了调整，以适应自己治理国家的需求。查理大帝的治国制度本质上是一种封建制度——建立等级制度，下级统治者要对上一级效忠。下级统治者通常是大的土地领主，有权在皇帝辖下拥有并统治各自的土地。依赖土地生存的农奴是社会最下层，比农奴还下层的是奴隶。据分析，

大多数农奴一辈子也没有走出过自己出生地 10 英里以外。他们终身在地里劳作，或者在庄园主的小村庄里当雇工。他们劳动成果的三分之一被庄园主剥夺，剩下的仅够维持生活。如果庄园主卖掉土地，农奴也会随之被移交给新庄园主，因为农奴是土地的一部分。

查理大帝还在宫廷内增设内臣，为他出谋划策，或作为使节派往外

价值观念

封建制度

卡洛林社会后期的社会组织形式以封建制度为基础，封建制度是一种政府以控制土地为主要手段的管理制度。从理论上说，君主掌管着所有土地，并把土地分封给发誓效忠他的贵族。贵族之下是人民，他们也通过效忠上一级的贵族来获得一小块土地（例如庄园主）。农民通过缴纳规费或为上面的贵族免费耕作一部分土地来获得土地的使用权。神职人员享有生产或服务的部分什一税。这种高度分级制度还影响了军队的体制。每位骑士（小的土地拥有者）发誓效忠上一级贵族，贵族发誓效忠帝王。在召集军队的时候，帝王召集效忠他的贵族，贵族召集效忠他们的骑士。

封建社会只能存在于以农业为主，且无大型城市的国家。拥有悠久城市生活历史的意大利，从不曾像法兰克王国（即现今的法国和德国）一

样形成牢靠的封建社会。封建制度是一种高度静态、划分等级并以农业为基础组织生活的制度。它将经历城市生活逐步浮现、贸易蓬勃发展引起的流动性和十字军东征等军事运动带来的巨大变迁。

尽管和西边的穆斯林有着兵戎相见的过往，查理大帝和巴格达的哈里发——伟大的哈伦·拉希德——却保持着紧密的外交联系。787 年，查理大帝派使者面见哈里发，请求他保护穆斯林控制下的巴勒斯坦的基督教圣地。哈里发接待了法兰克王国的来使，收下其礼物（主要是珍贵的弗里斯兰布匹），并回赠了一头大象作为友谊的象征。这只大象在亚琛生活了几年，后来死于严寒的天气。查理大帝的磋商成功了。他收到了圣墓大教堂和其他主要基督教圣殿的钥匙，这是一个重要的象征性举动，标志着他成了基督教世界最神圣圣殿的正式守护者。

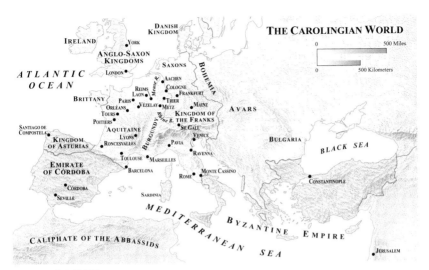

地图 8.1 卡洛林世界

国传达并执行帝国意志。他参照旧罗马帝国的法令定期从宫殿向外发布法令，对世俗和宗教事务的方方面面作了详细指示。一些留存下来的法令让我们看到了中世纪早期人们的生活面貌。使节负责到帝国各地传达皇帝的指令，并上报各地对法令的接收和执行情况。快速发展的官僚体系需要一批有一定文化的公务员，文教因此成为卡洛林文艺复兴的重要部分。

在通常印象中，中世纪——也常被称作黑暗年代——是一段人们封闭在自己生活的小圈子内、不与外界往来、愚昧无知的时期，当时人们的总体生活有时的确如此。但必须指出，在8世纪末和9世纪初，查理大帝不仅统治着广袤的王国(现今的法国、德国、三个低地国家，以及意大利以南至卡拉布里亚区)，还与外界国家保持着广泛的外交接触(见地图8.1)。他与君士坦丁堡的皇帝也常常剑拔弩张(他曾经与拜占庭女皇伊琳娜商议通婚，以巩固两国的关系)。他经常在亚琛的行宫接见君士坦丁堡使者，还学习了希腊语，能听懂使者的母语。

查理大帝与阿拉伯文明

查理大帝统治时期，伊斯兰教早已在地中海南部沿岸发展开来。阿拉伯人控制了整个中东、北非以及伊比利亚半岛大部分地区。查理大帝的祖父查理·马特("铁锤查理")于732年在普瓦捷打败了阿拉伯人，中断了他们从西班牙向欧洲其他地区进军的步伐。查理大帝在法国和西班牙边界跟倭马亚王朝打过仗，其中的龙塞斯瓦列斯战役（778年）是史诗《罗兰之歌》的历史依据。

查理大帝与经济

查理大帝治下，经济得到了明显发展。他稳定了王国的现有制度。804年后法兰克福皇家铸币厂铸造的银旦成了当时的标准货币。从俄罗斯到英国的考古中都发现了这种银币，证明它当时广为流通，其信用得到了商人肯定。

贸易与商业蓬勃发展。巴黎附近的圣丹尼斯每年都举行贸易集会。英国商人可以在那里购买卡洛林王朝的庄园生产的粮食、蜂蜜和红酒。在北意大利伦巴第王国的重要小镇帕维亚，每年也会举行类似的贸易集会。马赛这样的港口城市则是同西班牙和北非穆斯林进行贸易往来的交易地。

对犹太人的包容

尽管神圣罗马帝国的皇帝查理大帝需要为自己领土内基督教会的利益负责，但他也容忍犹太人，并欢迎他们到自己的王国。法国的犹太人基本都居住在自己所希望和拥有的土地上。但在欧洲其他地区，犹太人并不受欢迎，并被限制在了犹太居住区。到了10世纪末，犹太人学者开始用法语翻译圣经，犹太女性也开始取法国名字。

在法国，犹太商人是整个近东地区市场的中间人。查理大帝派去觐见哈伦·拉希德使团的队长，是一个叫艾萨克的犹太人。他拥有卓越的语言能力和地理知识，顺利地带领使团前往巴格达并返回，还带回一头大象——旅行在当时可是一件危险的事。莱茵河和摩泽尔河等河流是重要的贸易通道。法兰克王国出产的很多物品十分受欢迎，其中之一是科隆及周边地区生产铸造的铁大刀。在港口城市，来自中东的阿拉伯人竞相从犹太商人手中购买这种铁大刀。查理大帝三令五申发布禁令（死刑），禁止出口铁大刀给维京人，因为他们经常对北海城市和贸易港口发动海上突袭，用铁大刀攻击法兰克的工厂，铁大刀的价值由此可见一斑。

查理大帝时期的学术

尽管查理大帝不会写字，但他欣赏艺术、古典文化和学术。书对他来说十分重要，不管内容是宗教的还是世俗的。最有名的例子，是他于9世纪早期，命人用金子写了《加冕福音书》。书中有大量绘图手稿，其中4张图画的是正在写作的福音作者（见图8.4）。

查理大帝在亚琛开办了著名的

宫廷学校，这所机构成了促成卡洛林文艺复兴兴起的主要因素。查理大帝统治之前，西欧的教书识字机构非常少。虽然有，但并不盛行，某些修道院保持着古罗马时代沿袭下来的人文主义学习传统。原创的学术机构很少，是修道士抄写员把文字传统保留了下来。

查理大帝邀请到亚琛的学者和教师们，提供了中世纪早期学脉存续的地理线索。比萨的彼得和执事保罗（来自伦巴第）在查理大帝的学校教语法和修辞，因为他们有意大利保存下来的文科课程的资源。奥尔良的狄奥多夫是一名神学家和诗人。他学习过西班牙王国保存下来的基督教，也是学识渊博的圣依西多禄的继承人和追随者。最后也最重要的是，查理大帝于781年在意大利见过约克的阿尔昆后，就把这位盎格鲁-撒克逊人请到了亚琛。阿尔昆曾经在可敬的比德所在的英国教育机构学习——比德是他所在时代最为杰出的学者和传道士，他把人文科学和圣经学习结合在了一起。查理大帝聘请这些学者老师有几个目的。

首先，查理大帝希望在自己的国家建立起年轻人教育体系。开办学校的主要目的是教人读书认字，约克的阿尔昆为此设计了一门课程。

他认为人文科学课程应该培养学生的逻辑能力和科学能力。从他开始，中世纪的教师们将大学前教育分为两套：三学科（文法、修辞和辩证法）和四学科（算术、几何、音乐和天文）。这些科目作为学校课程的核心，从中世纪沿用至今。三学科和四学科构成的七门人文学科，经过代代流传，成为了经典教育体系，至今仍被作为教育方案探讨。

卡洛林文化

学生们可看的书很少，文章都写在石板或蜡板上，因为羊皮纸太贵。文法课上，学习拉丁语法学家普里西安的书，然后应用到拉丁语散文写作中。修辞课上，学习西塞罗作品或昆体良的《雄辩术原理》。辩证法课上，学习波爱修斯翻译的亚里士多德作品的拉丁文版。算术课上，学习乘法和除法，也可能会练习算盘，因为拉丁数字很难用笔在纸上演算。算术课上还练习年表推算，因为学生们要学习计算复活节的不同日期。他们还会学习数字的寓意。几何课上，学习希腊数学家欧几里得的几何学。天文课上，学习罗马作家老普林尼的书，也参考比德的书。音乐课学习比例、宇宙和谐和"天体音乐"理论。当时的音乐和教堂的圣歌赞美曲不同。

比较与对比

圣马太的四幅画像

《查理大帝福音》（亦称《加冕福音书》）（图8.4）反映了他对古典艺术的喜爱。首卷福音撰写者马太被呈现为有教养的罗马作家。昭示其神圣身份的唯有头顶的光环。画中的马太并不像是等待神启的超凡之人。他显得沉着、审慎、若有所思。写实的身体稳稳端坐，长袍自然垂下。画家用绘画性笔触和光影对比来刻画形体，与古罗马壁画家的手法酷似。

尽管神圣罗马帝国的皇帝喜爱古典风格，但卡洛林时期的艺术风格并不止这一种。《兰斯大主教埃博福音书》（图8.5）晚于《加冕福音书》5至10年推出。

图8.5 "圣马太"，《兰斯大主教埃博福音书》第18页左，816—835年。牛皮纸油墨和蛋彩画，26×22.2厘米。法国，埃佩尔奈市立图书馆。

图8.4 "圣马太"，《维也纳加冕福音书》（查理大帝的福音书）第15页右，约800—810年。紫底牛皮纸蛋彩画，25.1×32.2厘米。

其中所绘传道士的激情活力，与《加冕福音书》中表现出的沉着理智形成了鲜明对比。两本福音中的马太都坐在桌前书写，周边是乡村风景。但查理大帝的马太似在靠着自己的思索写福音书，而埃博的马太手握卷轴，似在兴奋地记录天使传达给他的话语，生怕漏掉一个词。他眉头紧蹙，手脚因使命的沉重而紧绷。

两幅画氛围迥异。《加冕福音书》中马太身上长袍柔和的皱褶与静谧的环境呼应，他显得沉着、庄严而博学；而《埃博福音书》中马太杂乱的衣服、凌乱的头发、扭曲的面容、起伏的背景，

图 8.6　伦勃朗·梵·莱茵，《圣马太和天使》，1661 年。帆布油画，96 × 81 厘米。法国，巴黎，卢浮宫。

无不传达着令人激动、高度紧张的心灵体验。

　　《埃博福音书》中的马太也许不及《加冕福音书》中那般写实，但更人性化。几百年后，埃博的福音传道士和他的天使仍然盛行。风格和绘画器具的不同也显示了关于马太的极具个性化的视角。17 世纪的绘画大师莱茵（Rembrandt van Rijn）把马太描绘为一个正在书写基督传记的智慧长者（图 8.6）。他停下手中的羽毛笔，凝视的眼神仿佛陷入深思。他左手放在心脏附近，手指捏着几缕凌乱的胡须。一位天使把手轻轻放在他的肩上，似在他耳边低语，鼓励他继续创作。

　　《加冕福音书》和《埃博福音书》中马太的区别，在伦勃朗与圭多·雷尼的圣人画像中重现（图 8.7）。雷尼是意大利巴洛克风格画家，他比伦勃朗早 30 多年画下的马太，长着令人吃惊的凌乱白胡子，认真地盯着一个小男孩——似乎正在用小手指数着福音书要点的天使。马太紧握笔记本，由于担心漏掉重要信息而不敢抬起笔头。他弯腰屈身，仔细聆听天使的话语。马太对上帝的信仰和对使命的奉献，通过一位老者对一个孩子如此恭顺这一不切实际的画面突显。雷尼的马太肖像中弥漫的紧迫感是一种象征和预言，预示着马太将成为殉道者，为了践行信仰而死。

图 8.7　圭多·雷尼，《福音传道士圣马太》，1635—1640 年。帆布油画，85 × 68 厘米。梵蒂冈博物馆画廊。

总体而言，当时的学习就是死记硬背书上的内容。

除了开办学校，查理大帝还需要学者改造已有文献，防止它们被误读，尤其是教会敬拜的材料。文学的复兴与礼拜仪式的复兴紧密相连。在查理大帝的教育改革下，可以预见将来会有人在教堂朗诵和歌唱优雅的文献。识字是做礼拜的必要条件。

约克的阿尔昆的主要工作是校正礼拜用书。他出版了一本拉丁文的新旧约摘录本，让人们在做弥撒的时候阅读。为了撰写供教堂祷告和仪式用的圣礼书，他从罗马找来许多资料。785 年，阿尔昆的圣礼书被教会定为教堂的必修书。查理大帝规定他领土内的所有教堂都必须唱罗马颂歌（又以教宗格雷高利的名字被命名为格雷高利颂歌，因为传说这种颂歌是他在 6 世纪末开创的）。阿尔昆还着手校正手抄本《武加大圣经》（圣杰罗姆翻译的拉丁文版本）中的错误，为此他广泛阅读了大量手稿——但他没有完成这项艰巨的任务。

除了让人们能读书识字，当时的教育还有更深远的目标。学习一切知识，帮助更好地理解圣经中的事实。学习世俗的文字（基本是罗马文学）是全面学习圣经的第一步。

学习语法能让写作更有章法，学习辩证法能帮助辨别真假命题。最好的学习材料就是西塞罗、斯塔提乌斯、奥维德、卢坎及维吉尔的作品。他们作品中正确的写作和辩论原理，可以应用到圣经的研究上，以更好地接近真理。对分析、定义和语言表达之清晰的追求，成了中世纪中期哲学经院主义出现的根源。主导着欧洲人思想直至文艺复兴前夕的经院主义，始于阿尔昆一行人建立的教育方法体系。

亚琛的宫廷学校并非唯一的教育机构。在查理大帝的授意下，阿尔昆在整个帝国建立了学校体系——在修道院和城镇，同时也尝试在乡村教区的教堂开办学习中心。梅茨的修道院学校发展成了唱诗和礼拜仪式的学习中心；里昂、奥尔良、美因茨、图尔斯及拉昂也开办了学校，教孩子们基础读写，并为他们进一步学习人文科学和研究圣经提供机会。这一切都是在亚琛皇宫颁布的法令下实现的。还有一封可能出自阿尔昆之手的通知函——《关于培养写作的信》，内容是鼓励修道士研习圣经，并教导年轻人一同学习。798 年，帝国颁布法令，要求高级神职人员和乡村牧师都为孩子们开办课堂。

这次教育复兴大计是欧洲教育

大衰退期间树立的一个典范。查理大帝试图扭转衰退之势，给当时的受教阶层带去真正的希望。但他的努力并未完全成功。多项改革后来前功尽弃，欧洲再次陷入暴力与无知中。

尽管受过教育的人大多是年轻男子，但有证据显示，在查理大帝的宫廷中，也存在受过教育的贵族妇女。查理大帝时代仅有一本由法兰克女子写成的书。这是一本基督教生活手册，作者多奥达并非修女，她这本书是写给儿子做指导。但我们可以断定不少修女也具有一定识字能力，因为有证据表明留存下来的绘图手稿是女修道院的女子们完成的。

隐修制度

Monasticism[隐修制度]一词来源于希腊语 monos[单个]，自 3

时代的声音

一位修道院院长，
一位爱尔兰学者，
同时也是查理大帝的传记作者

一位 9 世纪的修道士抄写员对抄写工作的描述：

因劳作而疲惫不堪的水手，在看到自己向往的熟悉海岸时，会开心不已。正如被劳累压得喘不过气的抄写员，在看到书就快抄完时，也会开心不已。不会写字的人以为抄书员的工作很轻松，做过的人才知道有多么辛苦。

一位爱尔兰学者和他的猫：

比起其他荣誉，我更喜欢坐下来用功读点书。潘果·本不羡慕我，因为它在洞里找到一只老鼠，而我只关心一段难懂的论德。猫撞到了墙壁，而我遇到了科学的难题……它抓到了老鼠非常开心，而我弄懂了难题也十分开心……我们都爱着各自的艺术。

艾因哈德是一位学者、朝臣兼查理大帝的仆人，他在传记中这样描写查理大帝：

他把大部分精力集中在人文科学上。他十分尊重教授这些知识的老师，授予他们很高的荣誉。他学习语法规则的时候，由已是老者的比萨执事彼得给他授课。其他学科是阿尔昆教的，他是一名来自英国的撒克逊人，是世上最有学识的人。在他的教导下，皇帝花了大量时间和工夫学习修辞术、辩证法，尤其是占星术。他运用自己学到的算术，全神贯注地推算星星运行的轨道。他还学着写字。我看到他把纸条和笔记本放在枕头底下，以便在空闲的时候写写画画，可是他年事已高，尽管非常努力但收效甚微。

世纪起就是基督教教义不可分割的一部分。隐修制度源于东方传统中的禁欲主义（克己）和隐居生活（独自生活）。它在西方的发展过程十分复杂，在查理大帝之前，我们很难清楚地说明隐修制度的形式。

爱尔兰凯尔特隐修制度的两大特点是简朴的生活和活跃的思想。意大利的隐修制度则非常简单原始。部分欧洲大陆的修道院管理松散，地区内到处都是游走的修道士。6、7世纪，隐修生活毫无主导原则。修道士的生活方式不仅各个国家之间不同，各个修道院之间也不同。

本笃会规

欧洲隐修制度的部分规定，来自努西亚的本笃（480—547年）于6世纪初在意大利撰写的生活准则。尽管本笃会规借鉴自更早时期的修道院准则，且在出版后一个世纪里仅有一小部分修道院执行，但它最终还是成了西方隐修制度的大宪章。查理大帝让约克的阿尔昆把这套规则引进到他的王国，要求修道院进行改革，将之当作常规惯例执行。现今保存下来的最早的本笃会规（瑞士圣加尔修道院保存的9世纪的一部手稿）是查理大帝于814年命人抄写的圣本笃亲笔手稿的抄本。原本由卡西诺山修道院保存，但现已丢失。

本笃会规包含前言和73章（有些章节仅有几句话），描述了修道院生活的典范。修道士（弟兄们）需在自由选举出的神父（修道院院长）的指导下，在修道院里像大家庭一般生活，在宗教熏陶下学习。他们不能拥有自己的东西（贫穷）；他们必须生活在一家修道院，不可到处游荡（稳定）；他们的生活必须顺从修道院院长；他们不能结婚（贞洁）。他们的日常生活是平衡地分配常规祈祷、工作和学习。祈祷生活是在指定的时间做礼拜仪式赞颂上帝，每天每隔一段时间进行一次。礼拜仪式的内容是在大家面前背诵旧约诗篇和赞美诗、祈祷和朗读经文，被称为日课。日课分布在全天各个时段，是修道士生活的核心。礼拜仪式是阅读和学习的时间，劳动则是为社区做好事，同时维持修道院的生计。本笃的隐修生活准则可以总结为一句座右铭："祈祷与工作。"男女皆适用此规则。

修道院的日常生活

修道士一天的生活自日出而始，自日落结束（和多数普通人一样）。这里有一份表格记录了中世纪早期修道院典型的一天，叫做时间表。强调字体用来标示一天中礼拜时段的名称。

　　每日的生活规则在节日会发生变化（工作少些，祈祷多些），在夏天也有变化（起得更早，工作更久直到太阳下山，吃更多食物，等等）。尽管他们的日程看起来十分严苛，但在当时毫不让人吃惊。本笃认为人们在大白天睡觉，然后又点着灯火熬夜是十分荒谬的事。仔细研究他们的时间表，我们会发现修道士每天祈祷并学习 8 小时，此外还工作 6 小时。剩下的时间用于处理个人杂事及吃饭等。

隐修时间表

2:00	起床
2:10－3:30	夜祷（后称晨祷，一天中最长的一课）
3:30－5:00	个人阅读和学习
5:00－5:45	赞颂（第二课，也称"晨祷"）
5:45－8:15	个人阅读和主祷（一天中第一次短时间祈祷）；有时会有公共弥撒，有些地方会根据季节吃些简单早餐
8:15－14:30	工作，中间进行很短暂的三祷、六祷和九祷（三、六、九均指对应的时辰）
14:30－15:15	晚餐
15:15－16:15	阅读和个人宗教实践
16:15－16:45	晚课—休息—夜祷
17:15－18:00	睡觉

　　本笃修道士生活方式的盛行（有历史学家把早期的中世纪称为本笃世纪），是因为它在东方寺庙严苛的苦行主义和本笃改革前西方未经

组织的修行生活之间，取得了一种平衡。会规在祈祷、劳动和智识生活之间实现了一种平衡。

女性与修道生活

　　我们通常认为修道是男性的事，但誓愿的宗教生活也对女性开放。从早期基督教历史看，女子修道也十分活跃。在罗马时代后期，罗马帝国各地都活跃着信教的女子。本笃的姐姐斯科拉丝蒂卡（543 年卒）就是卡西诺山一家修道院的院长，离本笃的修道院不远。跟她同一时代的布里吉特（525 年卒），是爱尔兰教会的一位很有权势的人物，关于她作为奇迹创造者和教师的传说流传很广。在爱尔兰、英格兰和其他爱尔兰修道院扎根的地区，到处都有把她视为圣人并专门为她建造的教堂。在 7 世纪的英格兰，惠特比女修道院院长希尔达（614—680 年）不仅管理着一家高级学习中心修道院（许多盎格鲁－撒克逊主教在此学习），还主持着著名的主教会议（宗教大会），决定着教会的政策。希尔达主张世俗学习。放牧诗人凯德蒙在她的栽培下，创作了许多以基督教为主题的方言诗。

　　现存的几本当代女修道士所写的教化生活的书，歌颂了她们放弃婚姻服务上帝的行为。这些书在当

时十分流行，因为它们道出了圣洁生活的榜样。这些书在教堂被公开诵读（因此也称 legends[传奇]：大声朗读的事物），也供私下祈祷时阅读。

音乐

修道士主要从事 opus Dei[天主的事工]——即隐修时间表上的礼拜仪式祈祷——他们的生活围着修道院转，每天要集合七次进行祷告。礼拜仪式也说明了为什么抄写、校正和绘图手稿是修道生活极其重要的内容：因为书本对宗教服务和精神阅读来说是必需的。修道士们被教导要把学习经文当成一生的事业。他们的学习就是诵读圣经，这是修道士成长的核心。修道士们除了学习圣经，还要学习附加学科（语法、评论，等等）以更好地学习圣经。自 7 世纪起，修道院的抄写室就忙着抄写大量宗教和世俗的材料。

修道院也是宗教音乐发展的中心。我们提到过查理大帝非常喜欢教堂音乐。他的传记作家艾因哈德说："他小心翼翼地改革吟唱旧约诗篇和朗读经文的方式。他本人是这两方面的专家，但他从来没有在公众面前朗读过经文，只会跟着集会上其他人一起低声吟唱。"查理大帝对音乐的热衷解释了为何他统治下的部分修道院——最著名的是梅茨和特里尔的修道院——成了教堂音乐的中心。

格雷高利颂歌

查理大帝革新礼拜仪式的举措之一，是请来罗马修道士稳固化和改革自己王国的教堂音乐。在基督教发展早期，西方不同地区产生了不同教堂音乐传统。罗马教堂音乐就是其中一种，后来也被称为格雷高利颂歌。米兰也有自己的教堂音乐传统，即安布罗斯音乐，用以纪念圣安布罗斯，圣奥古斯丁《忏悔录》中证实其为著名颂歌创作者。西班牙教堂音乐有其独特地域风格，称为莫札拉布颂歌。法国也有其独特颂歌风格。但所有风格都源于早期希伯来、希腊、罗马和拜占庭教堂音乐的模式。由于缺乏资料，我们只能对早期教堂音乐及其发展作学术性复原。

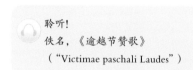

聆听！
佚名，《逾越节赞歌》
（"Victimae paschali Laudes"）

这段音频是早期格雷高利颂歌的一个示例，其中每一个音节对应一个音符，唯一拖长的乐句是每一行的末尾。甚至最后的哈利路亚也非常简略朴实。

谱例 1　Dixit Dominus Domino meo: *Sede a dextris meis

西方音乐的三大元素——旋律、和声和节奏，在这段乐曲中只体现出了旋律。旋律完全基于颂词的文本。没有和声的伴唱歌词，也没有重复的音乐节奏形成曲式，总之颂词主导着音乐结构。唯一有变化的音乐元素是独唱和合唱的区别。这首颂歌的音乐只是为了强调颂词的重要性，其本身没有太多意义。

根据目前了解，格雷高利颂歌直到 11 和 12 世纪才编码化，所以很难准确重现查理大帝时代的音乐。那时的音乐可能是罗马和法兰克风格的混合，单声道（一个或几个人唱一个曲调），通常应该是在修道院教堂唱阿卡贝拉（没有伴奏的清唱）。学者们认为大多数音乐都是诵唱上日课时背诵的简单旧约经文，更复杂一点的音乐用于诵唱上日课和做弥撒时的赞美诗。这种音乐被称为素歌或单声圣歌。

格雷高利风格

下面的乐谱说明了当时的音乐书写形式与今日的不同，现今的乐谱是公元 1000 年左右由圭多·阿雷佐发明的。格雷高利颂歌的基本形式是一个单词中的每个音节对应一个音符。用来记录格雷高利颂歌的乐符叫纽姆，有四条音乐线。《诗篇》109 的第一句"耶和华对我主说：'你坐在我的右边'"，表现在乐谱上如谱例 1 中所示。

在最早的颂歌调式中，每句话最后一个词都会多加一至二个音符，形成韵律（一段声音或文字节奏上的流动感）来进行强调，示例音乐中就是如此。后来，为了听起来更精彩且易于区分，末尾的词或章节增加了更多音符。

颂歌的音节虽然十分简单，但不只是适用于诵唱单调的圣诗经文。非常简单却朗朗上口的格雷高利乐曲依然存在，不使用精美的编曲，只讲求简单的音节。

某些乐句，尤其是欢呼用的句子（如"哈利路亚"）或者句末最后一个单词，就不再是简单的一个音符对应一个音节。这种在一个音节的元音上对应一连串复杂音符的方法叫做装饰音。例如，可以将装饰音应用在哈利路亚的"亚"上，或者"主啊，怜悯我"的"我"上（拉丁弥撒曲《慈悲经》中的一句）。

礼拜仪式修辞

卡洛林时期，书籍严重缺乏，修道士们必须背诵大量的礼拜仪式颂歌。为了帮助记忆和增加颂歌的变化，长的装饰音上会增加词汇。这些词汇，即"修辞"，是原文的语言详述或评点。例如，《慈悲经》中的装饰音就会加上"圣哉"、"上帝啊"之类的修辞，随装饰音一起唱出。修辞快速传播开来，成了礼拜仪式音乐的标准，直到 16 世纪反宗教改革运动时才被移除。

学者们指出，将修辞加入礼拜仪式音乐是西方戏剧的起源。虽然古典时期和拜占庭时期已有戏剧，但大部分在中世纪早期丢失（或遭到删改），后来的欧洲戏剧是中世纪教堂礼拜仪式发展而来的。

圣加尔修道院现存的一份 9 世纪手稿显示，早期复活节做弥撒时的入场圣歌(入祭文)也加入了修辞。圣歌先是一段简单的对话，然后是两个人或者两个唱诗班一起吟唱。这种修辞叫提问修辞。

主的复活

[天使]问：

你在墓地找谁，

噢，基督吗？

[玛丽]答：

拿撒勒的耶稣，

被钉在十字架上，

上帝呀。

[天使：]

他不在这里，他在天堂，

就像他预言的那样。

去吧，告诉众生，

他已从坟墓上升到天堂。

在修辞被引入复活节弥撒不久后，仪式中就开始出现简短的问答，不是在做弥撒时，而是在复活节前夜的晚间教会服务时。提问中的对话（你在墓地找谁，噢，基督吗？）并没有过多展开，但用提问来引导颂唱的形式被应用到了短剧中。到了 11 和 12 世纪，对话内容更丰富，加入的人也更多。到了 12 世纪，情况变得更加复杂了。

把短剧从教堂中搬到公共广场来表演是非常符合逻辑的一步。到了 14 世纪，每有节日，手工匠行会和商人行会就会赞助戏剧循环演出。戏剧内容出自圣经中的主要故事，从创世到最后的审判。还有的戏剧内容是圣人的生平和善恶之间的斗争，例如 15 世纪的作品《世人》。到了 16 世纪，戏剧已经成为公众生活不可分割的一部分，想必莎士比亚小时候也看了不少戏剧。

文学

中世纪的西方人延续了创作传统。有些用拉丁语，有些用古英语，还有些用欧洲的其他语言。其中英语、德语和多数北欧语言属于日耳曼语系。法语、意大利语、西班牙语、葡萄牙语和罗马尼亚语属于罗曼语系。伊比利亚半岛也有人说阿拉伯语。这些语言都有各自的口语传统和书写。

可敬的比德

在中世纪早期的英格兰，有一个叫比德的修道士，人称圣比德或者可敬的比德（672/673—735年）。他写了60多本关于宗教和世俗的书，许多都保存了下来。他用拉丁语和古英语写作，还懂一些希腊语和希伯来语。其写作主题甚广，从音乐、数学到宗教评论。他凭借《英吉利教会史》被尊称为英国历史之父。他还认为地球是球状，并推算了月球的运转和周期。在《英吉利教会史》卷一第2章，他描述了凯撒征战不列颠人的过程。凯撒在公元前60年率领80艘战舰来到不列颠岛。他和不列颠人的初次交锋并不顺利，后又在英吉利海峡遇上风暴，损失惨重。根据比德，凯撒再次率领600艘战舰前来，但大多数都被恶劣的天气"拍死在沙滩上"。后来如阅读材料8.1所述，经过大战，凯撒终于占了上风。凯撒又前往高卢——即现在的法国——发现自己

"困于征战，并遭受四面埋伏"，因此没有再返回英格兰。

在《英吉利教会史》中，比德还讲述了一个农奴摆脱奴役的故事。故事说到强大的惠特比女修道院院长希尔达发现了一个在唱歌的猪倌，并被他的歌声打动。作为修道院院长，她把猪倌带到修道院进行培养。用比德的话说："凯德蒙积蓄了学到的一切东西，像干净的动物反刍一样，把所学的一切转变为旋律的诗篇，他优美的音色让他的导师也仔细聆听起来。"（卷四，第24章）

阅读材料8.1 可敬的比德

《英吉利教会史》卷一，第2章

[凯撒]向泰晤士河进攻。在河的对面，一大批不列颠人在首领卡索贝劳努斯指挥下封锁了河岸，并且在河岸上和几乎所有的浅滩上都栽上了粗壮的尖头木柱。我们至今仍然可以在旧地看到当年栽下的木柱的某些残迹。我们可以清清楚楚地看到，一根根木柱有大腿那么粗，上面包上了铅皮，被牢牢地钉在河底。罗马人发现了这些木桩并且避开了它们。这些野蛮人由于抵挡不住罗马军团进攻，都躲到树林里去。他们不时地从树林里出击，给予罗马人以重创。其间，强大的特里诺万提斯城及其首领安得罗久斯向凯撒投降，送去了四十名人质。其他许多城市也纷纷仿效，接二连三地投向罗马人，同他们订立盟约。

[译注]引自比得，《英吉利教会史》，陈维振、周清民译，商务印书馆，1997。

凯德蒙只有一首诗保留了下来，一首名为《凯德蒙圣歌》的九行诗，诗的开头是："天堂的守卫者，建筑师的威力，现在[我们]必须向其致敬。"《凯德蒙圣歌》的重要意义在于它是现有最早的用古英语写成的诗歌。凯德蒙卒于680年，这位曾经的奴隶，因为他的圣歌而在英国诗歌史上永垂不朽。

《贝奥武甫》

《贝奥武甫》的起源是一个谜。它是一部古英语史诗，由方言而非书面拉丁文写成，其原本的吟唱或书写语言无从得知。这部作品于7至10世纪在英国被发现，但故事讲述的是6世纪北海外的丹麦人和瑞典人的传说。书中包含希伯来圣经知识，读者可以发现或至少感觉到书中蕴含的基督教精神，所以其诞生应该是基督教传到北欧之后的事。它于1000年由抄写员抄录，18世纪时差点被火烧毁。

贝奥武甫（意为"蜂狼"或者"熊"）前来帮助善良但陷入悲痛之中的赫罗斯加王，他的士兵被怪物格兰道尔以荒诞理由残忍屠杀。原因是赫罗斯加随从建造了一座奇妙的宫殿——"鹿宫"，但人们晚上在里面唱歌讲故事的声音惹怒了格兰道尔。于是它犯下滔天罪行。

阅读材料8.2　《贝奥武甫》79-81行

却听说当时有个可怕的恶魔。
他安营扎寨在黑暗的地方，
每天他都听见大厅里欢声笑语，
竖琴弹奏，吟游诗人开放歌喉，
这使他难以忍受。

[译注] 引自佚名，《贝奥武甫: 英格兰史诗》，陈才宇译，南京: 译林出版社，1999。下引《贝奥武甫》均为此本。

这首诗被翻译成了现代英语，但读者们可以看到，诗文没有韵脚，但有头韵：每句有重复的辅音——"安营扎寨在黑暗的地方"（dweller in darkness）、"欢声笑语"（made merry with mead）。行间也有停顿，生出了节奏，仿佛诗歌在左右回荡。

一天晚上，屠杀开始了。

阅读材料8.3　《贝奥武甫》92-110行

直到地狱的魔鬼
前来作恶，向他们闹事寻衅；
这恶魔的名字叫做格兰道尔，
他是塞外的漫游者，占据着荒野与沼泽；
这可恶的怪物
统治着一片鬼魅出没的土地，
那里是该隐子孙的庇护所，
自从该隐残杀了亚伯，自己的兄弟，
永恒的主就严惩了他的后裔。
……
夜幕降临，这恶鹰来到大厅，
勘探佩戴金环的丹麦人
如何在里面举行盛大的欢宴。
他发现高贵的武士已经酒足饭饱
一个个进入梦乡；

他们全然不知
悲伤与痛苦即将来临；这恶魔
既凶狠又贪婪，他急不可待，
即刻伸出野蛮而残忍的魔爪，
抓起其中三十个酣睡的战士，
然后得意洋洋，带着战利品
返回他所居住的老巢。

　　天亮了，到处一片"喊声连连"和"愤怒的嚎哭"。赫罗斯加目睹了屠杀，跌坐在王位上。这样的屠杀持续了几年，赫罗斯加悬赏勇士，帮助王国摆脱格兰道尔魔爪。

　　这时一个来自邻国、"亲善族人"、正直且"勇冠世人"的人——贝奥武甫，向赫罗斯加毛遂自荐。贝奥武甫向赫罗斯加谈起了他的一项壮举：他曾经在海里迎着巨鲸般猛烈的海浪游走。他还自夸赤手空拳就可以杀死格兰道尔。为了证明这一点，当晚他脱掉盔甲，扔掉宝剑，和赫罗斯加的随从们睡在一起。那晚，格兰道尔真的来了。

阅读材料 8.4　《贝奥武甫》664-685、772-733 行

只见这恶魔一刻也不迟缓，
迅速抓住一个沉睡的武士
急切撕裂他的肢体，咬断他的锁骨，
吮吸他的鲜血，吞食他的肌肉；
转眼之间，他已把整具尸体
从头到脚吃得一干二净。
他然后步步逼近，他的手臂
触到了躺在床上的英雄，

他于是向他伸出魔爪；然而，
贝奥武甫眼明手快，他一使劲
反而将恶魔的手臂紧紧抓住。
罪恶多端的魔鬼很快发现，
在世间，在这广袤的大地上，
他从未遇见有谁的臂力
能与他比匹相当。他心里
害怕起来，但已无法挣脱。
他真想逃回他的栖身地，回到
魔鬼的群体。在他的一生中，
这一次的遭遇与以往大不相同。
海格拉克的外甥想起当晚的誓言，
随即一跃而起，把恶魔牢牢抓住，
格兰道尔的手指咔嚓一声断裂。
怪物向后退去，勇士紧紧跟进。
恶魔千方百计想脱身逃走，
从宴乐厅返回他的沼泽地，
他知道，他手指的力量已丧失在
敌人的手里。
……
他有魔法护身，任何刀刃对他无碍。
不过，他依然保不住自己的性命，
他的死亡早已命中注定，
这来自异域的精灵势必
一步步走向遥远的地狱。
格兰道尔曾给人类带来
诸多痛苦，犯下不计其数的罪行——
他存心与上帝对抗——如今
却发现自己有劲使不上，因为
海格拉克英勇卓绝的外甥
一直把他牢牢抓住。双方都想
置对手于死地。凶残的恶魔
已感疼痛难忍，他的肩膀
豁开一个大口，筋肉已经绽开，
锁骨已经拉断。争战的光荣
属于贝奥武甫。格兰道尔只得
带着致命的创伤急急逃回

阴沉沉的沼泽地。他心里清楚
他的生命已经到了尽头，
他大限已至。

贝奥武甫的战斗还没有结束。他将继续与来复仇的格兰道尔的母亲战斗。之后他还将与一条龙战斗。在战斗中，他打败了龙，也失去了性命。

《贝奥武甫》中的怪物并不是像狮子和狼一样，天生就有攻击性，他们代表着愤怒与邪恶。这部史诗是在北欧人——包括诗中提到的丹麦人和瑞典人——从自己出生的土地迁移到不列颠群岛后，用最古老的英语写成的。可以推测，他们将自己的传说带到了新的土地。史诗中有部分情节在 6 世纪的历史中有记载，但内容不是跟怪物起冲突。

宾根的希尔德加德

因为修道院生活假定妇女要有一定识字能力，所以在宫廷和家庭的限制之外，女性有了施展自己才华的可能。本笃会传统造就了像宾根的希尔德加德（1098—1179 年）这样的杰出人物。她写了一些关于祈祷、哲学、医药和奉献的论著。她的《认识主道》包含神秘的宇宙幻象，比如：

> 然后我看到了一幅巨像，圆的有阴影。它上部有些尖，

图 8.8 宾根的希尔德加德，《火球异象》，1141—1151 年。《认识主道》手稿上的微型插图，32.5×23.5 厘米。原本已损毁，图为精确的复刻版（1927—1933），德国，宾根，希尔德加德本笃修道院。

> 像一个鸡蛋……最外一层是明亮的火焰。内部有一层黑膜。在明亮的火焰之上飘着一个燃烧的火球，它非常大，整幅巨像都被它照亮。还有三团火焰排成一排在它上面燃烧。它们用光亮支持着它，所以火球永远不会熄灭（图 8.8）。

希尔德加德将异象描写得十分详细，她常说上帝委派她揭示圣经中蕴含的神秘，以教化世人。

阅读材料 8.5　宾根的希尔德加德

《认识主道》，异象一：登上宝座的上帝在希尔德加德面前现身

　　我看到一座铁色的山，坐在上面王位上的就是上帝，他的光辉让我看不到别的东西。

　　看呀，他坐在山上用有力而低

沉的声音说："人类，你们是地球脆弱的尘埃，灰尘的灰尘！大声说出纯洁救赎的根源吧，直到那些人受到启示。那些人显然看到了《圣经》最深的内容，但我没有告诉他们或教化他们，因为他们在服侍神的时候冷淡而迟缓。为他们揭示神秘吧，那些胆小的人，只敢藏在结不出果实的地方。你们要涌出丰裕的泉源、充满奇妙的知识。直到如今、你们以为可藐视的人、因为夏娃的过错被你们愤怒的洪水搅乱。因为你已经得到了你的深刻的见解，你的见解不是来自人类，而是来自崇高而伟大的神，在神的国度，这种平静将强烈地闪耀在光辉之中。

"因此，把上帝让你看见的东西大声地说出来吧，因为用神力和仁慈统治着万物的上帝将淹没怕他的人，恩泽那些在上天启示的光辉下，用甜蜜的爱和谦卑服侍着他的人，引领这些坚持正义的人到达永恒的欢乐园吧。"

宾根的希尔德加德，《认识主道》片段，修女哈特（Columbia Hart）和主教简（Jane）英译，摘自《西方灵性经典》（*Classics of Western Spirituality*，1990）。本书所引《认识主道》均译自此本。

段落中暗指教会认为女性导致了人类的坠落，所以是有罪的，夏娃的后代都要继承这种罪。但希尔德加德的声音得到了认可，她的"深刻见解"不是来自教堂的成员（"服侍神的时候冷淡而迟缓"的人），而是直接来自上帝。

在书写异象书的间隙，希尔德加德还写了两本医药作品：《自然界》

讲了草药和其他植物的药用价值；《病因与疗法》是一部关于疾病及其治疗方法的百科全书，也是一部生物学论著。这本书因为对性行为的详细描述和相应的解剖和生理设想，而引发了争议。

阅读材料 8.6 宾根的希尔德加德
《病因与疗法》，女性生理学
当一个女人和一个男人做爱，她的脑子会发热，给她带来感官上的快乐。在性行为过程中，交流彼此的快乐，召唤男人的精子。当精子落入该去的地方，她脑子产生的激烈情感吸引了精子并抓住它。很快，女人的性器官收缩，所以在月经期间张开的器官就会合起来，就跟强壮的男人用拳头抓紧东西是一样的。

《病因与疗法》，摘自德龙克（Peter Dronke），《中世纪女性著作：从佩尔培图阿到玛格丽特文本的批评性研究》（*Women Writers of the Middle Ages: A Critical Study of Texts from Perpetua to Marguerite*）。

除了上述实用著作，希尔德加德还谱写了用中世纪各种乐器演奏的赞美诗声乐套曲——交响曲，尤其赞美了圣母。她的音乐风格一直被描述为既有单声道唱法（没有和声的单一旋律）又有装饰音（由单个音节组成，在几个连续音符之间移动）元素。

罗斯维塔的非宗教戏剧

在中世纪早期步入尾声的时候，

我们发现了跟宗教礼拜无关的戏剧。在格兰德谢姆贵族宫廷，有一名叫罗斯维塔的德国诗人、修女。她卒于约1000年，给我们留下了一系列用拉丁文写成的传奇故事和模仿罗马剧作家特伦斯的6部戏剧。这位受过良好教育的女性最让人感兴趣的地方是，在一个不支持女性受教育的时代，她却拥有广泛的学识，还精通古典拉丁语。学者们还指出，她关于西奥菲勒斯的散文传奇是已知德语文学中第一部浮士德主题的作品：把自己的灵魂卖给恶魔，换取物质和人前的荣耀。

阅读材料 8.7　罗斯维塔

摘自《娼妓的皈信》第三幕

帕菲努提乌斯：你在里面吗，我正在寻找的泰依丝？

泰依丝：在讲话的陌生人是谁？

帕菲努提乌斯：爱你的人。

泰依丝：谁爱我，我就回报给谁爱。

帕菲努提乌斯：噢，泰依丝，泰依丝。为了来找你谈话，看到你的脸，可真是费了我不少力气。

泰依丝：那就看我的脸，并跟我谈话吧。

帕菲努提乌斯：我们的秘密谈话需要在秘密的地方进行。

泰依丝：有间装饰很漂亮的屋子可以供我们找乐子。

帕菲努提乌斯：还有别的房间吗，我们可以更秘密地交谈，很隐蔽的地方？

罗斯维塔的剧本应该是在一小群受过教育的人面前大声朗读用的，但也有内部证明显示，戏剧曾用老式的方式演出过。剧中有大量的道德说教（主要包括宗教皈依和面对迫害依然信仰坚定）。例如在《娼妓的皈信》中，圣人帕菲努提乌斯与其门徒进行了很长一段关于自由教育和音乐比例、和声规则的对话。这样的对话在我们看来未免离题，但对罗斯维塔的观众来说，看剧不只是学习自由艺术的方式，还提醒他们学习必须和上帝联系起来。她的剧本达不到完整戏剧的品质，这

泰依丝：还有一间很隐蔽，很秘密，除了上帝和我没别人知道的地方。

帕菲努提乌斯：什么上帝？

泰依丝：真正的上帝。

帕菲努提乌斯：你认为他知道我们在做什么吗？

泰依丝：我知道一切都逃不过他的眼睛。

帕菲努提乌斯：你认为他看到邪恶的行径，会在适当的时候予以惩治吗？

泰依丝：我相信他会用他的天平衡量每个人的是非曲直，然后予以奖励或惩罚。

帕菲努提乌斯：上帝啊，多么奇妙和耐心和宽厚仁慈！你看到了有罪的人的认罪，你推迟了他们应受的惩罚。

泰依丝：你为什么发抖？为什么态度变了？为什么流泪？

帕菲努提乌斯：我为你的傲慢而发抖，

提醒我们她是德国第一位剧作家（也是德国第一位女剧作家）。在剧本风格方面，她参照了古罗马戏剧模式，但目的是教化世人皈依。她也是卡洛林时期和奥托时期兴起的古典人文的直接继承者。

阅读材料 8.7 摘自戏剧下半部分第 3 幕，帕菲努提乌斯装成一名嫖客去找泰依丝，促其皈依上帝。

道德剧《世人》

《世人》是一部 15 世纪的戏剧，可能译自一部更早期的荷兰戏剧。它的主题不再是重复的圣经主题，而是把抽象概念拟人化，反映中世纪最核心的主题：为灵魂而斗争。刚读这部剧的读者会发现，剧中的寓言化和道德说教处理（最后一位医生出场，强调了该剧的道德说教）十分生硬，但仔细阅读就会发现这部剧庄重典雅、精心编排、结构有序。《世人》是早期宗教礼拜戏剧与中世纪末期世俗剧过渡期间，戏剧的极好例子。

我悲痛你一定会遭到惩罚，因为虽然你知道自己的行为是邪恶的，但你依然送了许多男人下地狱。

泰依丝：我真是可怜的女人！

帕菲努提乌斯：你应受更多诅咒，因为你早知上帝的存在，还冒犯他。

泰依丝：唉，你想干嘛？你预言到什么灾难？为何要恐吓一个不幸的人？

帕菲努提乌斯：惩罚在地狱等着你，如果你继续沉沦于罪孽。

泰依丝：你的责备刺入了我内心最深处。

帕菲努提乌斯：噢，我真希望你的肉身也被痛苦地刺穿，这样你就不会让自己沉沦在淫欲世界。

泰依丝：我的心里怎么还装得下可怕的淫欲，它正被痛苦的悲伤和对罪恶、恐惧和灾难的认知而啃噬。

帕菲努提乌斯：我希望当你的罪孽彻底被根除时，会产生赎罪的果实。

泰依丝：如果你相信，还有希望，这个罪孽加身脏的我还可以获得救赎，可以忏悔以获得宽恕吗！

帕菲努提乌斯：鄙视你所在的世界，逃离那些好色的人。

泰依丝：然后我该怎么做？

帕菲努提乌斯：找一个秘密的地方，反思你的以前的行径，忏悔你的罪过。

泰依丝：如果你希望，我一定照做，做我该做的事。

……

帕菲努提乌斯：你已经不再是原来那个被罪恶的激情灼烧，被贪污的占有炙烤的人。

泰依丝：如果上帝允许的话，我会变成一个更好的人。

帕菲努提乌斯：这对他来说并不难，他是永恒不变的，会按他的意愿改变一切。

赫罗斯维塔，《娼妓的皈信》，摘自《赫罗斯维塔戏剧集》（*The Plays of Hrostvit von Gandersheim*），威尔逊（Katharina Wilson）英译。

《世人》的剧情十分简单，在开场的时候就已经由旁白进行了总结。每一个人死后都要在上帝面前接受最终审判。下面我们看到的内容，是剧中的上帝对自己的造物感到生气和沮丧。

阅读材料 8.8 《世人》22-35 行

我在这里安坐天国，
看到人类满不在乎，
对我不惧享受宏福，
罪孽深重不把我拜，
一心只想致富发财。
圣明、权杖皆不惧怕，
临死之前我曾立法。
我曾流血已被忘记，
二人陪我毋庸置疑。
为救他们我把命丧，
头戴荆冠为其治伤，
我已真正竭尽全力，
现在人们将我遗弃。
（王宪生译文）

正如剧中寓言人物所道出的，此世的助力和朋友不足以支持世人。世人的力量来自忏悔、行善和认知的力量。故事情节并不是这部剧的核心，贯穿全剧的主题才是我们应该关注的。首先是中世纪的一种普遍观点，即生活是一场朝圣之旅，这在台词中反复提及。它不仅讲述了中世纪对朝圣的热衷，还采用了暗喻的手法（乔叟也经常使用这种手法）。其次，死亡的必然性对人类生命起决定性作用，这一概念在中世纪文化中无处不在。《世人》展现了强烈的死亡警告（"让死亡近在眼前"）动机。最后，中世纪神学极大地强调了人类应该获救的意愿。信仰（这一功德是假定的）无法拯救世人，世人的学习意愿（认知）、行动（行善）和皈依（忏悔）才能决定世人是否获救。

旁白说《世人》是"一部道德剧"，意思是说这部剧不仅仅是宗教方面的指导（神秘剧就是如此），还是道德行为的指导。早期的神秘剧通常只在演出末尾歌颂道德，而道德剧则是全篇进行道德教化。

《世人》这类剧中源自宗教礼拜仪式的一个恒久元素是其庆典性质：庄严的戏服、铿锵的演说台词，还有其传递的严肃主题，都增添了其戏剧性力量。这类剧较少依赖道具和场景。道德剧并非直接由仪式剧演化而来（也许受益于对基于学校所授经典的对早期戏剧的研究），但依然具有些许仪式色彩。

《罗兰之歌》

查理大帝去世后直至中世纪后期，纪念他和他开创的新时代的史诗、传说和回忆录经诗人和歌手的创作、描写、美化，在欧洲广为传播。这些就是著名的"武功歌"，也称"历史之歌"。现存最古老也最有名的，就是《罗兰之歌》。

《罗兰之歌》成书于11世纪末，故事背景是一个流传了300年的传说：查理大帝的大军与阿拉伯军队在西班牙边境交战。这个故事由人们口口相传，也有相关诗歌记载。查理大帝的确曾在777至778年与西班牙酋长国交战，但无决定性结果。778年8月，查理大帝的后援部队入侵西班牙，经过比利牛斯山时被巴斯克人伏击。这场战役的真实时长（后又有说法是在龙塞斯瓦列斯山，证据不充分）并不清楚。有专家认为不过是次小冲突，但在通往西班牙圣地亚哥－德孔波斯特拉的圣詹姆斯圣殿的路上，有许多修道院和圣殿，里面的修道士对这次冲突口口相传（当中不乏添油加醋），演变成后来的传说。还有历史学家认为查理大帝的军队在此战中溃灭，消息传回法兰克王国后，在为数不多的幸存者后代的重述下，逐渐偏离了原本面貌。

无论如何，到了11世纪这个故事已经在欧洲大地传播开来。1066年黑斯廷斯战役前，《罗兰之歌》中的章节被征服者威廉的诺曼军队唱颂，用来鼓励军心。1096年，教宗乌尔巴诺二世为了召集军队进行改革运动，夺回圣地，也引用了《罗兰之歌》中的章节来唤起法国人的爱国主义。在中世纪，这首史诗被译成了德语、挪威语和意大利法语，证明了它在非法语地区的流行程度。

《罗兰之歌》是一首史诗，它的不知名的创作者并不在乎历史准确性和地理准确性。史诗的主题是军队征战的荣耀、真正的骑士精神、人类永不安定的可能性，以及善与恶的冲突。尽管史诗的背景是8世纪，但它反映的是11世纪的军队价值观和骑士精神。

故事情节十分简单：阿拉伯军队袭击了撤退的查理大帝大军的后援部队(有人出卖他们)，后援部队的指挥官是查理大帝最喜爱的侄子罗兰。罗兰的军队虽然被打败了，但他及时地用象牙号角向查理大帝发出了警报。

查理大帝在整个基督教世界召集了一支大军，阿拉伯人也召集了一支大军。史诗征战开始了，查理大帝最终获胜。

《罗兰之歌》共4000行，分成多个章节，每行包含10个音节。原文每一章节末尾有一个谐音，但在翻译成英语时无法译出其节奏，所以我们只能把它翻译成无韵律的诗体，无法传达原文的吟唱调。

这首诗是用来听，不是用来阅读的。由游吟诗人把它唱给不识字的观众们听，所以采用了韵律风格，对人物和场景的形容非常直观，还有部分重复性语言。许多章节末尾出现的难以解释的谐音，可能是游吟诗人在吟唱时为了强调该章节结束而加注的。（就如同现今的朗诵者在朗诵完一个章节时，会用手势或适当的停顿来强调该章节已结束。）

阅读材料 8.9 《罗兰之歌》，532-557、627-657 行

罗兰之死

山峰高耸，树木阴森，
有四块白石亮晶晶，
罗兰晕倒在绿草中心
这时一个大食人正对他观望，
那人假装死掉，躺在别人身旁，
有血涂满身体和脸上，
现在他站起身来，奔跑匆忙。
这人很勇敢，身躯强壮，
他的骄傲要使他遭到灭亡。
他触动罗兰身体和兵伏；
就说道，"查理的外甥已被打败，
这把宝刀我要带回到大食地带。"
他拔刀的时候，伯爵又醒了过来。
罗兰觉得有人在拔他的宝刀，
他睁开眼，对那人说道，
"我看得出，你同我们不是一道。"
罗兰抓起号角，他不愿把它丢掉，
向着敌人镶着金宝的头盔猛砍，
把铁盔和他的头骨打烂，
从敌人头上迸出他的双眼，
敌人被打死，倒在脚边。
罗兰对他说道，"奴才，你怎么敢？
你敢碰我？道理你都不管，
任何人听到都会说你太大胆，
我的号角也被打坏了一边，
上面的水晶和黄金落到地面。"
罗兰感到他的生命已经不长，
他伏在陡险的山坡上，向着西班牙地方，

用一只手，他痛击自己胸膛，
"上帝，我祈求你，以你的善良，
将我的大小罪过加以原谅，
一切罪过从我出生的时光，
直到我最后遭到了死亡！"
他把右手手套向天高扬，
天使们这时从天上下降。
罗兰伯爵躺在一株松树下面，
向着西班牙他转过了脸；
许多事情他开始回忆，
这位侯爷征服的许多土地，
他的亲人，可爱的法兰西，
抚养他的君王查理大帝，
他不能遏止伤心叹息；
可是他不愿让自己归入沦亡，
他承认罪过，请上帝原谅，
"天父啊，你从来不会说谎，
你挽救拉撒路脱离死亡，
在狮子面前把但以理保障；
请保卫我的灵魂不遭灾祸，
虽然在我一生中我犯了许多罪过。"
他向上帝献出右手手套，
圣加伯里从他手上把它拿掉；
他把头放在手臂当中，
合起双手，一命告终。
上帝派来了天使切鲁宾，
和圣米迦勒救苦救难的大神，
同他们一起还有圣加伯里，
他们把伯爵的灵魂带到乐园里。

[译注] 引自杨宪益译，《杨宪益中译作品集：罗兰之歌·近代英国诗钞》，上海：上海人民出版社，2018。

这首诗有些细节值得特别注意。其中一部分讲述查理大帝赶到罗兰军队被围攻的地方，打败了阿拉伯人。这种军事与宗教理想的结合，在中世纪并不常见。这种结合不仅反映在情节上（查理大帝的祷告让太阳迟迟不落下，为胜利赢得了时间，与《圣经》中约书亚围攻耶利哥城的情况相吻合），也反映在好战的大主教特平身上。基督徒的英勇与撒拉逊人的背叛形成鲜明对比，透露着明显的反穆斯林偏见。诗中将撒拉逊穆斯林称为偶像信徒和偶像崇拜者——这是对严格一神论的伊斯兰教徒的奇怪描述。跟传统的史诗一样，《罗兰之歌》描写的也是军事征战的勇气与力量，战友之间的情谊，伟人的力量，以及坏人的唯利是图。

阅读材料中，罗兰在战场负伤垂死之际的场景，是对英雄的最后讴歌。

《罗兰之歌》在当时十分受欢迎，为了续写故事或者详述其中某部分，另外几部作品应运而生，例如《虚伪的特平》和《阿斯普勒蒙》。许多世纪后，意大利人将故事重新编排，歌颂奥兰多（罗兰）的事迹。直到今天，西西里岛的孩子们仍然兴致勃勃地观看讲述勇敢的罗兰及其战友事迹的木偶秀。罗兰的故事

将观众们带回中世纪开始的年代。

视觉艺术

视觉艺术在中世纪欧洲迎来了巨大进步。一旦生活变得安定和可预见，基督教就成了整个视觉艺术世界的中心：小到绘图手稿，大到教堂壁画。随着建筑变得日益精细，厚重的石玫瑰也能向着天际绽放。除了少数爬到社会顶尖的人，中世纪生活显得枯燥乏味。但每个阶层的人都相信，尘世生活是一场考验，只有坚持公正并诚心服侍和敬仰基督，才能获得最终回报。这种思想催生了大量西方绘画视觉艺术，首先就是书籍。

插画书

鉴于查理大帝对文艺的重视，大量艺术作品理所当然地出现在书稿插画上。卡洛林时期的书稿用羊皮纸（加工后的动物皮，主要是牛皮或羊皮）制成，那个时代造纸术还没有流传到欧洲，没有莎草纸可用。对于制作精良的书稿，羊皮纸须染成紫色，文字要用银色和金色颜料书写。

卡洛林时代的书稿插画多为爱尔兰风格，但也不乏其他风格。《加冕福音书》中的插画就体现出对罗

马风格的有意识运用。画着四位福音传道士及其象征物的插画属于古典风格，他们所着长袍是罗马行政官式样（图 8.9）。一些证据显示艺术家想尝试三维立体效果。图上部渐远的树木显示画家想让福音传道士显得离读者更近，减少了拜占庭和凯尔特时期的平面感。

《乌得勒支诗篇》

《乌得勒支诗篇》（因现存于乌得勒支大学而得名）号称卡洛林文艺复兴时期的杰作。它于 820—840 年在兰斯完成，配有飘逸灵动的钢笔画。画中的僧侣一点也不僵硬呆板，而是动态鲜活。例如第 150 首诗下方的插图，各种人物演奏号角和钹，齐声赞颂上帝（图 8.10）。这幅画有两处有趣的地方。一处是画中人物赞颂的基督站在构图顶部，

周围画着象征复活的符号（包括他手中权杖状的十字架）。尽管诗篇颂扬的是上帝，但中世纪基督徒认为，圣经隐含的真实意义是用预言

图 8.9 《四福音传道士》，《亚琛加冕福音书》第 13 页右，约 820 年，牛皮纸插图微型画，21.7×30 厘米。德国，亚琛大教堂珍宝馆。四位福音传道士及其象征物（左上起顺时针方向）：马太（天使）、约翰（鹰）、路加（牛）和马可（狮）。象征物源于《以西结书》中的描述。

图 8.10 《诗篇》第 150 首插画，第 83 页左，820—840 年。牛皮纸，深褐色墨水，33 × 25.4 厘米。荷兰，乌得勒支大学图书馆。该页是这位不知名画家飘逸、迅捷、灵动风格的代表，他为诗篇的全部 150 首诗创作了插画。各式各样的乐器展现的是第 150 首诗中的内容："赞美耶和华……用角声……鼓瑟……弹琴……击鼓、跳舞……用丝弦的乐器和箫的声音。"

的形式来宣传基督。因此颂扬上帝的诗篇作者也在隐喻地颂扬基督。另一处是图下方正中有一个风琴，两个男人在压风箱给风琴管吹气。

《乌得勒支诗篇》与早期基督教插画有许多共同之处。奢华的紫银书稿是对拜占庭风格的刻意模仿。爱尔兰插画的影响也有迹可循。卡洛林时期的书稿艺术彰显着国际化，风格上的繁多和博采众长足以证明查理大帝时期文化的世界主义特色。但这种国际化在下一个世纪锐减，直到14世纪所谓的国际风格时期，欧洲才再一次出现这样广泛的折中主义。

书法

卡洛林时期书稿的另一进步是精美的手写体或称书法。卡洛林时期之前的手写体杂乱、未成章法，而且难以辨认——原因是字体飘忽，样式各异，不够整齐。卡洛林写字间的抄写员在780年后发展出了一种精准的圆形字体，也就是著名的卡洛林小写字体，对应于大写字体。这种字体清晰易读，很快成为当时标准的书稿字体。甚至到了15世纪，仍在被意大利佛罗伦萨的人文主义学者使用。到16世纪早期印刷业蓬勃发展起来的时候，印刷厂也很快设计了卡洛林小写打印字体。它取代了哥特式字体，并成为现代标准字体系统的鼻祖。

象牙雕刻

象牙雕刻是卡洛林时期爱书热潮下发展起来的一门艺术。这种技术不是查理大帝时期独有的，它在古代世界就已存在，在拜占庭时期曾经十分珍稀。保存下来的查理大帝时期的象牙艺术品都是用作书封。其中一例出自一位9世纪早期亚琛宫廷的象牙雕刻师，他雕刻了一块精美的耶稣受难象牙板（图8.11）。

图8.11 《耶稣受难》，约860—870年，象牙雕板，11.8×21×2.7厘米。英国，伦敦，维多利亚和阿尔伯特博物馆。密集的人群场景示着十字架的拯救力量。左边的人物正从垂死的耶稣身上取血，暗示基督血与肉的圣餐（弥撒）。这种象牙雕刻通常用作为福音书和其他礼拜仪式书的封面，或者用来作为特殊场合的赠礼。

整块象牙板用叶形花卉图案包边。
图案的设计说明雕刻师见过基督教
雕刻实例，基督的胡须和流畅的衣
服褶皱也是熟悉的拜占庭艺术风格。

卡洛林时期的建筑

除了直接的商业、军事和政治
目标，查理大帝还强烈希望按照罗
马帝国模式建立自己的王国。他在
罗马加冕这一举动象征着古代帝国
典范与基督教使命的融合。所以他
最喜爱、用餐时最常让人朗读的书
是奥古斯丁的《上帝之城》，也就
不足为奇了。把理想付诸现实最显
著的办法，就是建设他自己的首都。

查理大帝在亚琛修建了宫殿和
皇家小礼拜堂。除了合并到现存大
教堂的小礼拜堂，查理大帝的其他
宫殿都已不复存在。建于 14 世纪的
亚琛城市大厅就建在宫殿的原址上。
他的宫殿是一座一层高的长建筑，
主厅是宽敞的皇家大厅，约长 43 米，
宽 18 米。室内装潢之富丽堂皇让挑
剔的拜占庭使臣也为之咋舌。大厅
的焦点是西侧的皇帝宝座。宫殿正
门外面是一个宽敞的花园，周围是
宫廷随从人员住的附属楼和公寓。
大约 800 年的时候，花园里立起了
西奥多里克的青铜像，他曾是拉文
纳东哥特人的王，查理大帝将雕像
从拉文纳带回来以装饰宫殿。

从皇家大厅通过一条木质走廊
就能到达查理大帝的行宫礼拜堂。
这是一座以八边形为基础、带有 16
面外墙的中心规划教堂（图 8.12）。
其原型无疑是查理大帝心仪的拉文
纳圣维塔利教堂。教堂中心是八边
形的中殿；周围修道院环绕；整个
建筑分两层。礼拜堂二层东部尽头

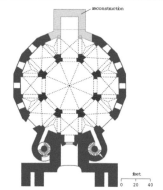

图 8.12　帕拉丁礼拜堂（查理大帝的行宫礼拜
堂），792—805 年。八角圆形大厅内部及平面图。
德国，亚琛大教堂。

是祭祀救主的圣坛，正下方是祭祀圣母的小礼拜堂。中心建筑上方是一个八角形穹顶，下开天窗，是教堂光线的主要来源。教堂的外部十分朴素，但内部用从拉文纳和罗马带回的大理石进行了丰富的装饰。穹顶里面是马赛克拼图，描绘了《启示录》中的基督和24长老（已损毁，小礼拜堂现有的马赛克是现代复制品），其他地方用壁画装饰（已损毁）。楼上走廊的青铜屏风保存良好，饰有几何图案。

小礼拜堂内有两件彰显皇家地位的物品：王国最重要的遗物——图尔的圣马丁的披风，以及一个王座。查理大帝的王座在第二层，救主圣坛正对面。在这个位置，皇帝可以看到救主圣坛进行的礼拜仪式，也能看到圣母小礼拜堂及其中的丰富圣物藏品。

查理大帝的王座置于六层石阶之上，带有扶手和弧形背面。其样式参照了《圣经》中描写的所罗门王座（《列王纪上》10:18–19）。查理大帝被时人视为新所罗门，跟古代的所罗门王一样，他是一位雄心勃勃的缔造者，开明的立法者，国家统一的象征。这种类比并非凭空推想出来的，在阿尔昆给查理大帝的一封表达盼望回到亚琛的信中，他这样写道："是否能尽快允许我在孩子们唱颂诗篇的歌声中，觐见您胜利的光辉，允许我在我们最亲爱的祖国耶路撒冷，在最智慧的所罗门建造的上帝的庙宇中，再次见到您和蔼的面容。"

卡洛林时期的修道院

在圣本笃时期和查理大帝时期之间，本笃修道院经历了一次结构改革。最初的修道院由少于15人的小团体构成，他们在相当简单的环境中祈祷并工作。随着5世纪后城市生活的瓦解，以及频繁的外族入侵带来的动荡，修道院逐渐变成了农村人口生活的中心。除了继续完整地保持其学习中心和礼拜仪式功能，修道院还是旅行者的暂住地、病人的基础卫生院、入侵时期难民的避难所、农民的粮仓、宗教和民事事务的法庭，以及提供农业服务（比如磨粉和酿造）的地方。

功能上的拓展使修道院获得了小型市政中心的称谓，它的建筑结构也不可避免地面临改造。到了查

图 8.13　修道院主要部分

修道院教堂	举行重要宗教活动的地方。
修道士会礼堂	修道士团体开会的地方；名称来源于大声朗读本笃会规给团体听的习俗。
回廊	从技术上说是修道院内围起的封闭区域，但通常指院内封闭的内部花园和走廊。
写字间	修道院里藏书和抄书的地方。

食堂	修道士用餐的地方。
见习室	有志成为修道士但还没正式加入的见习生住的地方。
宿舍	修道士住的地方。
医务室	生病、退休和老年修道士休息的地方。
客房	来访者、静修者和游客住的房间。
附属建筑	修道士务农或做手工的地方；离主修道院很远的用来给务农修道士住的地方叫农场。

理大帝时期，修道院已经变成了结构复杂的综合性建筑，可以施展它承载的多种功能（图8.13）。建于820年、位于现今瑞士的圣加尔本笃大修道院的平面图，生动地说明了卡洛林时代修道院的复杂度（图

8.14）。

在圣加尔修道院平面图上，修道院教堂居于整个区域的核心。教堂是巴西利卡样式，有多处入口供修道士进出，旁边是两座圆形塔。教堂南面是一个矩形花园，花园周围是封闭的走廊（回廊），周边散布着修道士的宿舍、餐厅和厨房。教堂北面有一个写字间，一间院长独立办公室，一个面向青年传道士的学校，还有一间客房。教堂最南面排列着手工房、谷仓和其他实用外屋。教堂东上方是一间医务室和见习修道士的独立房间，还有花园、

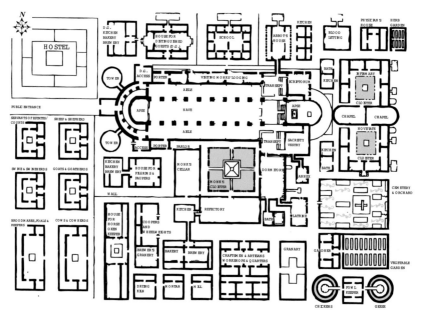

图8.14　想象中的修道院复原图，约820年。瑞士圣加尔。根据原平面图复原（横面112厘米，在牛皮纸上按比例绘制），收藏于瑞士圣加尔大修道院图书馆。修道院占地约146.3×195米，居住着120名修道士和170名农奴。多个世纪以来，圣加尔修道院的平面图对新建修道院的结构产生着巨大影响。图中绿色底纹的区域是修道院的花园。由坎宁安（Cecilia Cunningham）复原。

家禽房和社区公墓。

奥托艺术

　　查理大帝死后，内忧外患威胁着神圣罗马帝国的存亡。帝国几次分裂，然后又再次被不同的统治者统一。在这些统治者之中，最具重要意义的是三位相继的德国皇帝。他们的名字都叫奥托，因此他们统治的时期被称为奥托王朝。他们的统治在很多方面标志着卡洛林理念的延续，包括查理大帝时期流行的建筑和艺术风格。

　　奥托王朝最重要的建筑成就是建于德国希尔德斯海姆的圣迈克尔大教堂（图 8.15）。通过圣迈克尔大教堂，我们可以一瞥改良的巴西利卡式方案，它奠定了罗曼式建筑的基础。

　　大修道院教堂没有保留入口（门廊）或者老圣彼得教堂巴西利卡式结构的中庭，它采用了罗马巴西利卡特有的侧边入口，但同时也包含基督教大教堂的典型元素：教堂前厅、中殿、侧廊、十字型翼部，还有一个巨大的回廊环绕的半圆形后殿。未来罗马风格和哥特风格建筑最重要的特点是采用十字广场作为教堂内其他空间的模板。十字广场是中殿和十字型翼部交叉的部位。在圣迈克尔大教堂的平面图中，中殿由三个大小相同的用柱子分隔的连续模块组成。

　　圣迈克尔大教堂还采用交叉支

图 8.15　圣迈克尔大教堂（外部复原），约 1001—1031 年。德国，希尔德斯海姆。

撑系统来支撑中殿墙壁，即用两种交叉的结构元素来支撑墙壁重量，最终撑起天花板的重量。圣迈克尔大教堂中的交叉元素为台柱—圆柱—圆柱—台柱。人们用术语ABBA来表示支撑元素的重复（A表示台柱，B表示圆柱）。交叉支撑系统后来成了罗马风格建筑的固定元素。

与老圣彼得教堂一样，圣迈克尔大教堂的外观反映了内部的特点。中殿、侧廊和其他元素通过外部块垒形式表现了出来。与早期基督教堂和拜占庭教堂一样，外墙未经装饰，但随罗马帝国一道消失的雕刻艺术，却在圣迈克尔大教堂得到了重生。

希尔德斯海姆圣玛利亚大教堂（最初于11世纪由伯恩瓦德大主教下令建造）青铜门上的《上帝谴责亚当和夏娃》（图8.16）是中世纪第一块整石浮雕。在气氛和风格上，浮雕的意象和当时书稿插画类似。这是件富有情感的作品：上帝生气地用手指着可悲的亚当与夏娃；而他们想推卸责任，亚当指着夏娃，夏娃指着蜷在地上经过伪装的撒旦。他们不是勇于承担责任的典型人物，相反，他们是瘦弱胆小、疯狂逃避惩罚的可怜人。与罗马时期一样，这件作品中的上帝表现为一个无情的判官，人类是在他的愤怒下瑟瑟发抖的可怜虫。

罗马式艺术

11世纪，长期的荒芜与战乱结束后，欧洲开始了新生活。朝圣变得流行，旅行变得安全。朝圣路线（尤其是去西班牙、英国和意大利）在欧洲大地形成了一个十字交叉。朝圣者现在可以安全去往他们最渴望的圣地：耶路撒冷。在这段时期，修道士们在主要的朝圣路上修建并维持起了朝圣教堂和旅舍。

这段时期（约1000—1200年）

图 8.16　《上帝谴责亚当和夏娃》，1015年。青铜门镶板，58.4×109.2厘米。德国，希尔德斯海姆，圣玛利亚大教堂博物馆。

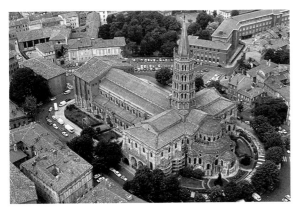

图 8.17　圣塞尔南教堂，约 1080—1120 年。法国，图卢兹。

从中殿起，绕十字形翼部的边缘一直延伸到半圆形后殿，连接后殿回廊。在十字形翼部东面，半圆形墙面上有一排小礼拜堂，

的建筑风格被称为罗马式风格，因为此时的建筑更大，比中世纪早期的建筑更像罗马建筑。这些建筑有两个显著特征：厚重的石拱门和丰富的以雕刻为主的外部装饰。罗马式风格有两大优势。一是使用厚重的石材和石墙，能建造更大的内部空间。二是厚重的石墙能支撑起石拱顶（主要是罗马筒拱），而石拱顶和石屋顶有利防火。长久的经验证明，巴西利卡式教堂的木质支撑架和木质屋顶很容易毁于火灾。

圣塞尔南教堂

　　法国图卢兹的圣塞尔南教堂符合罗马式教堂的所有标准。从教堂外部鸟瞰图（图 8.17）可以看到其结构的轮廓，有中殿、侧廊，西面是前厅，十字广场上方矗立着一座多层塔，东面是半圆形后殿，后殿伸展出五间小礼拜堂。根据圣塞尔南教堂平面图（图 8.18），最外层侧廊

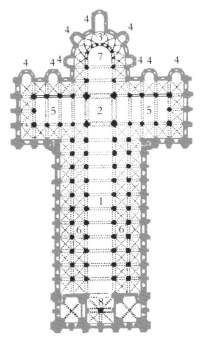

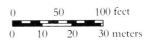

1. 中殿　　　　5. 十字形翼部
2. 唱诗席　　　6. 侧廊
3. 回廊　　　　7. 半圆形后殿
4. 小礼拜堂　　8. 前厅

图 8.18　圣塞尔南教堂平面图。法国，图卢兹。围绕着整个教堂的宽敞侧廊可以方便朝圣人群的流动。沿回廊伸出的小礼拜堂可以允许多个牧师同时做弥撒。

翼部侧堂上也伸展出了小礼拜堂。这些空间可容纳大量朝圣人群，让他们在教堂自由活动，防止中殿的礼拜仪式和后殿的弥撒受到干扰。

图 8.19　**圣塞尔南教堂中殿，约 1080—1120 年。法国，图卢兹。** 巨大的天花板拱顶称为筒拱。厚重的石材需要厚重的石墙来支撑拱顶的重量。走廊的拱顶也可以帮助支撑石制天花板拱顶。左边的讲道台是后来才加进去的。

在圣塞尔南教堂，更防火的石拱顶代替了罗马巴西利卡使用的木质天花板。这种结构被称为筒拱，像一个半圆形的桶，架在中殿一排排圆柱上形成拱门。拱顶重量一部分由中殿石墙分担，一部分由侧廊分担。

因为筒拱位于通往讲道台的走廊正上方，在上面开窗会影响拱顶的结构，所以教堂内部（图 8.19）通常没有多少光线。缺少光照是未来罗马式建筑亟待解决的大问题。罗马式建筑的历史就是一部拱顶技术的发展史，为建筑增加光照是推动其向前发展的动力。

雕塑

虽然我们偶有发现出自罗马式时期的独立雕塑，但当时的雕塑通常只用来装饰建筑大门。门顶饰（大教堂大门上方半圆形的空间）中不乏意义重大且雕刻精美的装饰作品，如勃艮第地区欧坦的教堂（图 8.20）。上面雕刻的场景和符号象征着严酷的死后世界，虽然算不上警告，但意在用绘画向当时不识字的人们传递一个深刻的信息：只有通过祷告和行动忏悔，才能得到救赎。

这座教堂的浮雕描绘的是最后的审判。门顶饰下方是一块横梁，上面雕刻的小人像代表死去的人。大天使迈克尔站在中间，把横梁上的人物分成左右两组。左边未穿衣服的死者望着上方，期待获得永恒的奖赏，右边的则绝望地望着下方。横梁上方是公正无私的审判官耶稣。

左边瘦瘦高高的是使徒，他们看着天使把死者带上天堂。相反，耶稣右边是阴森可怕的场景。死者从坟墓里被抓起来，放到左侧天平上由天使称量，魔鬼－蛇待在右侧。（第一章提到，古埃及人认为人死后心脏会被称量。死者的心脏若和羽毛一样轻，就值得有来世。）魔鬼偷偷往天平上加了一点重量，他的爪牙跃跃欲试要把灵魂抓住扔进地狱。可怜的人类对撒旦的诡计束手无策。蜷在他们周围的人惊恐万分，与公正审判的肃静形成了强烈对比。

罗马式风格雕刻师的灵感来自罗马艺术品及前罗马时代的小型雕刻，特别是手稿插画。罗马式风格兴起之初，自然主义并未受到关注。艺术家们更在意艺术表达而非模特的自然形貌，所以他们画中的人物在原型基础上，经过了至少两次，甚至多达上百次的修改。雕刻中耶稣被圈在一个大椭圆形里，四肢剧烈弯曲以契合边框。尽管衣摆也相应张开，但却没有多少皱褶，相对较平，形成了大椭圆形的同轴圆。自然主义不是艺术家追求的目标。他们着重于用细节传达让人害怕的信息，以震慑朝拜者或者忏悔者。

罗马式雕塑和绘画手稿之间的联系在《亨利圣经》中的插画《向

图 8.20　圣拉扎尔大教堂，西门顶饰浮刻《最后的审判》局部，1120—1135 年。大理石，底部宽 640 厘米。法国，欧坦。

牧羊人报喜》（图 8.21）中可见一斑。与欧坦教堂门顶饰中的耶稣人像一样，图中人物细长的四肢以奇怪的角度连接在躯干上。他们衣物粗糙，角度也不自然。上帝派来的天使降临在山头，告诉正在放羊的牧羊人基督的孩子出世了。天使站在山顶，个头比牧羊人大一倍。同样，牧羊人也不自然地比羊大了很多。画底部的羊只比脚踝高一些。这种分级比例暗示着天使高于人，人高于动物。因而这幅画强调的是等级次序而非现实，不具有写实性。

随着罗马式时期接近尾声，自然主义之风渐起。衣服自然地垂落，不再是生硬的形状。人物的身体变得结实，姿态少了些狂乱，情感与

图 8.21 《向牧羊人报喜》，《亨利圣经》第 8 页左，1007 年。牛皮纸手稿绘图，42.5 × 32 厘米。德国，慕尼黑，巴伐利亚州立图书馆。

图 8.22 《黑斯廷斯战役》，巴约挂毯局部，约 1070—1080 年。拼接挂毯所绣场景之一，亚麻布底羊毛刺绣。宽 50.8 厘米，面料全长 69.8 米。法国，巴约，征服者威廉中心。

克制的平衡再度出现。我们将在下一章中看到这些元素在哥特式时期达到顶峰，并将引发 15 世纪文艺复兴时期古典主义的全面复苏。

挂毯

尽管抄写经文和手绘插画的工作有时由女性承担，但这种艺术形式仍然主要是男人的专利。挂毯则不然。在中世纪，各个阶层和年纪的女性都要学习编织和刺绣。贵族

妇女和修女常用上等的亚麻布、羊毛、金银线、珍珠和其他宝石来编织精美的挂毯、服装和礼拜仪式穿的礼服。

　　巴约挂毯（图8.22）是现存最著名的挂毯之一，它是巴约大主教奥多委托一个妇女团队制作的。挂毯以连续的场景记载了1066年诺曼底威廉一世入侵英格兰的故事。威廉是英格兰第一位诺曼底王朝国王，被后人称为征服者威廉。尽管挂毯高度不到0.6米，但它最初有70多米长，以顺时针方向挂在巴约大教堂中殿的四面墙上。这种叙事

方式和帕特农神庙雕带上的叙事方式一样。

查理大帝传奇

　　查理大帝死后，他的帝国很快便四分五裂。10世纪，法兰克王国分裂后，欧洲真正进入黑暗年代，不断遭受混乱、饥荒、愚昧无知、战争和党派之争的蹂躏，查理大帝创造的黄金时代成了久已逝去的追忆。12世纪的时候，巴巴罗萨腓特烈一世为查理大帝封圣（1165年12月29日于亚琛），对查理大帝的狂

热崇拜蔓延至整个法国——尤其是巴黎的圣丹尼斯皇家修道院，他们宣称该院历史上和这位传奇大帝多有联系。

在一幅 15 世纪的油画中，查理大帝俨然成了圣人。他戴着神圣罗马帝国的皇冠，托着他所建立的亚琛的模型。巴巴罗萨腓特烈一世命人打造了一个巨大的青铜枝状大烛台挂在亚琛大教堂，以纪念追封仪式。他还命人打造了一个黄金圣骨匣（现藏于巴黎卢浮宫）用来安放这位已故圣人帝王的手臂骸骨，以及另一个半身像形状的圣骨匣（现藏于亚琛大教堂珍宝馆）来安放查理大帝的头骨碎片（图 8.23）。

图 8.23　查理大帝的圣骨匣，皇冠制作于 1349 年前，半身像制作于 1349 年后。金、银、宝石和珐琅。高 86 厘米。德国，亚琛大教堂珍宝馆。这种类型的圣骨匣被用来存放雕塑刻画对象的骸骨——图中的圣骨匣存放的是查理大帝的头盖骨。

总览 中世纪文化的兴起

语言和文学

— 圣经主要写在石板和蜡板上,也有珍贵的作品写在羊皮纸上。

— 查理大帝招募学者维护经典古籍,校正文本中的错误,尤其是关于礼拜仪式的文本。

— 在英国,一位人称可敬的比德的修道士写了60多本书,他凭借作品《英国教会史》被誉为英国历史之父。

— 古英语史诗《贝奥武甫》讲述了英雄贝奥武甫在斯堪的纳维亚与怪物战斗的传奇故事。

— 宾根的希尔德加德修女是一名哲学家、医师、画家、音乐家和牧师。她在重要作品《认识上帝之道》中,讲述了她的宗教异象并解释了其含义。她的作品还包括医疗著作《自然界》和《病因与疗法》。

— 德国修女兼诗人罗斯维塔所写的道德剧讲述了关于宗教皈依的内容,如《娼妓的皈信》,他还教导人们即使受到迫害也要对信仰坚定不移。

— 道德剧《世人》宣扬了忏悔、行善和知识的价值。

— 《罗兰之歌》将查理大帝 777—778 年在西班牙边境进行的一场真实战役进行了美化,并通过英雄罗兰来宣扬爱国主义和勇气的价值。

美术、建筑和音乐

— 英国萨顿胡打捞上来的沉船中发现了 7 世纪制造的钱包盖,用金子、玻璃和石榴石制成。

— 《林迪斯芳福音书》(700 年)的一页插图上,画着一个符号化的十字架,上面刻满了互相缠绕的彩色线形图案。

— 《乌得勒支诗篇》(820—840 年)在各首诗周围用有趣的铅笔画进行了装饰。

— 卡洛林象牙雕刻主要用作书的封面。

— 亚琛的查理大帝小礼拜堂以一个八边形的中殿为中心建筑,周围环绕着回廊。

— 奥托时期最重要的建筑成就是德国希尔德斯海姆的圣迈克尔教堂,其最为有名的是十字广场和交替支撑系统。

— 罗马式建筑使用沉重的石拱门和华丽的外观装饰,通常是雕刻。

— 一个女性团队编织的巴约挂毯用连续场景描绘了征服者威廉入侵英格兰的故事。

修道院是圣乐的创作中心。

— 查理大帝十分推崇雷格高利颂歌,这是一种单声部清唱颂歌。

— 修辞的应用和对文本进行口头修饰成了礼拜仪式音乐的标准。

— 《查理大帝的福音书》中的插画反映了艺术家熟知罗马风格。

宗教和哲学

— 隐修制度从 3 世纪开始盛行,修道士和修女各自组成一个团体,立下宗教誓言,过着禁欲苦行生活,但他们的隐修生活方式各不相同。

— 6 世纪,圣本笃制定了隐修规则,对隐修生活进行了改革,强化了宗教惯例,其座右铭是"祈祷与工作"。

— 妇女也加入了隐修生活,包括 7 世纪惠特比女修道院院长希尔达。

— 道德剧宣扬皈依宗教以及在受到迫害和质疑时依然坚定的美德。

图 9.1 国际象棋棋子（车），上刻马背长枪比武场景，12 世纪。象牙制。法国，巴黎，卢浮宫。

第九章

中世纪盛期

导引

21世纪初诞生了一种叫真人秀的电视节目，集即时战略与体能竞赛挑战于一体。《幸存者》《恐惧元素》《极速前进》……说这几个节目是冰山一角，恐怕都不足以显明其数量之多。鉴于节目如此流行，又不断推陈出新，中世纪被发掘为节目题材也就不足为奇。《全金属马背长枪比武》是历史频道推出的节目，旨在重现中世纪马背长枪决斗。参赛者全副武装，以时速30英里的速度骑马对冲，用一根11英尺的木长枪将对手从马背刺下。节目招徕"最坚强勇武"的专业骑手，胜出者有10万美元奖金。

这些现代骑士或其他的运动员跟中世纪骑士有何共同之处？大家脑海中肯定不止一个答案。在中世纪，马背长枪比武是一项流行的娱乐活动，会有类似于体育记者的人，用诗或歌曲大加宣传。竞技场上的对手剑拔弩张，胜出者可获得大笔钱财和令人称羡的称号，堪称中世纪的超级明星。

马背长枪比武最初并非运动，而是战斗训练。骑士效忠封建领主；

封建领主则效忠国王，负责在战时召集军队。武艺高超但没有固定效忠对象的骑士叫freelancers[自由骑士]，受雇于出价最高的领主。这个词在今天意为自由职业者。自由骑士是中世纪的雇佣兵。尽管中世纪的搏斗形式主要是马背长枪对决，但军队里也有持剑、矛和棍等武器的步兵，以及弓兵。此外，还有一群后勤人员负责物资。在战时，部分战士的妻子和家人还会随军出征。军队主力是能为自己配备盔甲和坐骑、住在城堡或皇宫里的富裕骑士。

中世纪比武大赛除了供人娱乐，还能让骑士磨练武艺，保持随时能应战的状态。马背长枪比武极其危险，骑士参赛时所着护甲却意外地很单薄——通常是缝制的皮衣和锁子甲，有时戴头盔。全套盔甲装备能重达100磅（约45千克），对他们来说过于笨重。

马背长枪比武不是骑士的特权。为了彰显英勇，贵族和国王也纷纷参赛。法国出土的一件出自12世纪的象牙精雕国际象棋棋子（图9.1），上面刻着两位长枪骑士。这枚棋子

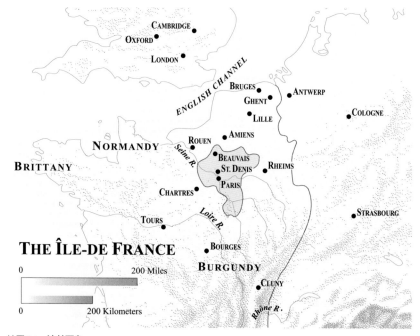

地图 9.1　法兰西岛

显示了中世纪两项最能代表权贵和上流文化的娱乐活动：比武和号称国王游戏的国际象棋。

巴黎

就在这枚"车"横扫棋盘，吃掉"兵"和"马"，俘获"后"的同时，巴黎也成了西方文明的中心。这里不仅是法国王室所在地，也是重要的商业中心，每年都会举行盛大的贸易集会。在巴黎还诞生了哥特式建筑、经院哲学理论传统，以及作为大学前身的教育共同体（地图

中世纪鼎盛期

1096 年		1194 年	1300
哥特式早期		哥特式盛期	
巴黎和博洛尼亚大学建立。 第一次十字军东征期间，基督徒占领了耶路撒冷。 牛津大学建立。 圣丹尼斯教堂的建造标志着哥特式风格的出现。 克莱尔沃的圣伯纳德在桑斯会议中带头谴责彼得·阿伯拉尔。 腓力·奥古斯都登上法国王位，推动巴黎成为首都。		沙特尔大教堂开始重建。 第四次十字军东征时期，十字军在前往圣地的路途中洗劫了君士坦丁堡。 剑桥大学建立。 限制国王权力的《自由大宪章》在英国签署。 罗伯尔·德·索邦在巴黎为学者建立了一个校舍，后来发展成为索邦大学。 马可·波罗游历中国和印度。 圣地最后一个基督教要塞阿卡沦陷。	

9.1）。这三种创造各有其发展历史，但都源于同样的思想动力：渴望系统地运用所有的知识。

与所有西方上流文化一样，中世纪文化也有着两大源泉：（1）希腊罗马文化流传下来的人文科学；（2）在西方广为接受的信仰，源于犹太－基督教经文的世界观及宗教世界观。

1150 年至 1300 年左右，在多种因素作用下，一种独特的文化表达在中世纪的巴黎及周边城市兴盛起来。古典世界失传的文献，尤其是亚里士多德作品，通过穆斯林世界再次回归西方，引发了人们高涨的学习兴趣。始于 11 世纪，以夺回圣地为目标但却结局悲惨的十字军东征，以及日益增长的朝圣热情，催生了世界大同主义，削弱了静态的封建社会。12 世纪西多会等组织建立的宗教秩序引发的宗教改革和 13 世纪的拖钵修士，给教会带来了新的气象。

除了普遍的大趋势，一些才华卓越的人也对当时的人文复兴起到了至关重要的作用。提到巴黎大学，就离不开彼得·阿伯拉尔这个名字，提到经院哲学，则离不开托马斯·阿奎纳。哥特式风格也可以和特定时间、地点、人物联系起来，这点和大多数艺术运动十分不同。哥特式建筑始于 12 世纪上半叶巴黎附近的圣尼丹斯大修道院，由修道院的院长苏歇（Abbot Suger，1080—1151 年）主持修建。

哥特式风格

在建筑领域，"哥特"一词被用来描述史上最华丽繁复的建筑——欧洲的哥特式教堂，如著名的巴黎圣母院、兰斯大教堂及沙特尔大教堂，这颇有些讽刺。历史上的哥特人大部分时间都在进行原始的破坏，而在被他们蹂躏过的土地上，一座座高耸的哥特式教堂如今直插云霄。哥特人从欧洲北部和东部迁移到欧洲中心、南部和西部，并在 258 年首次袭击罗马帝国。罗马人领教到了哥特人的凶悍后，极力想把他们招募入伍。但哥特人从来就不懂得顺从，即便他们皈依了基督教。5 至 6 世纪，哥特人分裂为西哥特和东哥特两支部族，这两支部族后来都招致了罗马帝国的灭亡。

但哥特人并非哥特式教堂的建造者和灵感来源。哥特式原是一个带有侮辱性的词。有文献记载的最早使用这个词的人是佛罗伦萨历史学家瓦萨里（1511—1574 年），他以之指代粗鲁和野蛮的文化——直到今天，西方仍用它来形容过度穿孔和文身的年轻人。

根据瓦萨里的描述，他对哥特地区没有像他所在时代那样复兴古典建筑感到十分生气。[1]但不管怎样，"哥特式"一词流行了起来，哥特式建筑也成了最受人们推崇和喜爱的建筑之一，吸引了无数人前来参观和膜拜。

圣丹尼斯教堂

我们很难追溯某种艺术风格最初见诸哪一件作品，也说不清某种艺术风潮出现的具体时间。但哥特式建筑却有迹可循，人们普遍认为第一座哥特式建筑，是1140年修建的巴黎北部圣丹尼斯教堂的唱经楼。唱经楼的拱顶由承重肋梁构成，形成了天花板的骨架结构。肋状梁之间填充有切割石块。圣丹尼斯教堂的结构骨架采用的是尖形拱门而不是罗马式的圆形拱门。这种拱顶结构可支持较大面积镶嵌花窗玻璃，消除了罗马式墙壁的沉重感。

1122年苏歇任圣丹尼斯本笃修道院院长，直到29年后去世。这座修道院是法国爱国主义的标志。它建于卡洛林时期，用来存放5世纪殉道者圣丹尼斯的遗骸，他曾将基督教传到了巴黎。修道院的地下室用来安葬查理大帝前的法兰克国王和贵族，尽管缺了查理本人的坟墓。查理大帝和圣丹尼斯修道院之间的联系可以从一系列文学作品中读到。小说《查理大帝朝圣记》里称，修道院里殉难者的遗骸是查理从圣地朝圣远征归来时亲自带回的。

另一本名为《伪特平》的书称，查理大帝结束西班牙战役后回到圣丹尼斯修道院，宣布所有法国人都将受到圣佑。这两个传说在中世纪广为采信，有足够证据显示苏歇也对此深信不疑。传说的主题——朝圣、十字军东征和查理大帝的神秘存在——共同将圣丹尼斯修道院打造成为主要的基督教圣殿，与皇城巴黎相称。

来巴黎参观圣尼丹尼斯修道院的朝圣者和观光者，要么是为了瞻仰修道院著名的圣徒遗骨，要么是为了参加每年举行的朗迪集市——在修道院周围举行的贸易集会。（现在游客们又有了去圣丹尼斯的新理由：在法国大革命中被送上断头台的路易十六和玛丽·安托瓦内特也葬在了那里。）1124年，苏歇决定修建一座新的教堂来接纳蜂拥前来

---

[1]　Julien Chapuis, "Gothic Art," Heilbrunn Timeline of Art History, Metropolitan Museum of Art, October 2002, https://www.metmuseum.org/toah/hd/mgot/hd_mgot.htm.

朝圣的人们。重建工作进行了大概15年时间后烂尾。苏歇使用了两座当时典型的基督教堂作为模板。他希望自己的教堂能像闻名已久的君士坦丁堡圣索菲亚大教堂一般气派夺目，同时也像圣经中描述的所罗门圣殿一般忠于上帝的意志。

苏歇主持的重建工作的第一阶段是拆除和修复：拆除原教堂腐坏部分，用新的代替。他重建了教堂西墙面，增加了两座塔。为了更好分散朝圣人群和越来越多前来排队参加中世纪礼拜仪式的人群，入口开了三个大门。入门后即到达前厅，他重建了前厅，并把中殿加宽了12米。1140年，苏歇突然叫停了前厅的重建工作，转而开始修建另一头的唱经楼。在他的记录中，他花了三年零三个月来建造这座唱经楼。竣工后的唱经楼给西方建筑带来了革命性变化。

苏歇的唱经楼由双道回廊环绕，一条围绕着半圆形后殿和高祭台后侧的廊道。在外侧回廊上分布着七间小礼拜堂，可以容纳更多的牧师，供他们做每日弥撒。

每一间小礼拜堂的墙壁都有两面长窗，占据了更多墙面空间，减少了石墙墙面。小礼拜堂较小，光线可以通过窗户照进内侧的回廊（图9.2）。

12世纪末，圣丹尼斯教堂风格

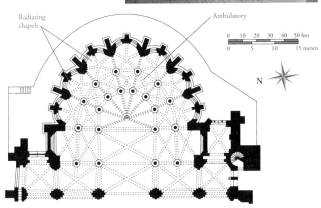

图 9.2 **法国圣丹尼斯教堂，约 1140 年修建，照片和平面图。**教堂东部末端平面图，显示了建筑师如何使用轻巧的肋状拱顶来省却小礼拜堂之间的墙壁。回廊照片显示了在细窄石柱上搭建的肋状拱顶和尖形拱顶，如何得以使光穿越玻璃花窗。

被竞相模仿，从巴黎向外辐射的周边城镇，即所谓的法兰西岛(俗称"大巴黎地区")，出现了教堂修建热潮。哥特式风潮还影响了其他国家，到13世纪末，英国、德国和意大利均出现了优秀的哥特式建筑。

哥特式风格的特点

哥特式教堂的特点之一是追求垂直感。我们识别哥特风格通常是通过尖拱顶、尖塔、圆柱，还有由外部飞拱支撑的建筑高层墙面。图9.3是典型的法国哥特式教堂的剖视图。飞拱将屋顶和墙壁大部分重量向两侧转移，进而向下传导，大大减轻了顶部建筑物对墙壁的压力，这样墙壁上便能开窗，让光线照亮教堂内部和玻璃花窗。中世纪的建造者似乎卯足了劲比谁能把教堂建得更高，这几乎成了市民

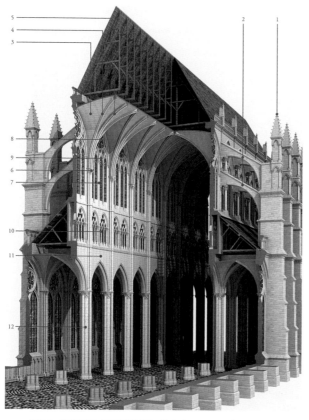

图 9.3　经典哥特式教堂剖视图，伯奇（John Burge）绘制。

（1）　尖塔：一种尖形装饰物，用来为飞拱或墙墩封顶，也用于装饰教堂的外立面。

（2）　飞拱：将中殿拱顶产生的压力经由侧廊和过道房顶传导到教堂外部承重高墙墩的一种石支柱。

（3）　拱形网：填充交叉拱顶肋状梁之间的三角形砌体。

（4）　对角肋梁：交叉拱顶中形成 X 形的肋梁；在图中，对角肋梁就是线条 AC 和 DB。

（5）　横肋：以 90 度角横穿中殿或侧廊的肋梁；在图中是线条 AB 和 DC。

（6）　起拱点：拱顶起拱处的三块石头；在哥特式拱顶中指对角肋或横肋起拱处的石块。

（7）　天窗：中殿正面墙的上部，拱顶之下开的窗户。通过使用飞拱和肋状拱顶承重结构，哥特式建筑师们可以建造巨大的天窗，并用窗花格工艺装饰花窗玻璃。

（8）　圆孔：小而圆的窗户。

（9）　尖顶窗：拱顶上方的细长窗户。

（10）　三拱式拱廊：拱廊组成的中殿立面，通常为假连券廊，有时候也会用花窗玻璃填充。

（11）　中殿拱廊：由拱墩支撑的连续的拱门，区分开了中殿和侧廊。

（12）　带杆（壁联）组合墩（簇墩）：带有一组或一簇附杆的拱墩，与起拱点连接。

自豪感问题（图 9.4）：沙特尔大教堂（1194 年兴建）高 37 米；不甘落后的建造者把亚眠大教堂（1220 年兴建）建到 43 米高；博韦大教堂（1247 年兴建）把建筑从地面到拱顶的垂直高度推到了 48 米的极限——结果快竣工时发生了严重的屋顶垮塌事故。

　　毋庸置疑，垂直感是哥特式建筑的典型特征。不过，其实苏歇上一代的罗马风格建筑师就已尝试过垂直设计，比如克吕尼修道院的方案和西班牙圣地亚哥 - 德孔波斯特拉的朝圣教堂，就是典型例子。罗马风格建筑师未能实现更高垂直度的方案，原因并不是缺乏热情，而是受限于技术。罗马式建筑已将尖拱作为一项特色，但并未完全掌握。

尖拱可以更彻底地将重量往下传导，不再需要像典型罗马式教堂那样用大量的内部支柱来支撑。外部墙墩分担了不少建筑的重力，因此内部支柱也变得更细。此外，沉重的装饰设计例如塔尖也会增加外部墙墩的压力。

　　技术革新最终使哥特式教堂的墙壁不再那么厚实而笨重，为建造更高但屋顶承重梁更少的建筑提供了契机。瘦身后的墙壁是窗户的绝好框架，于是玻璃窗也成了哥特式的一大特点。

拉昂大教堂

　　尽管拉昂大教堂被认为是早期

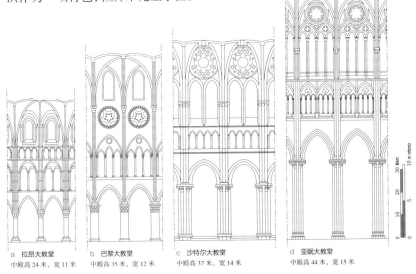

a　拉昂大教堂
中殿高 24 米，宽 11 米

b　巴黎大教堂
中殿高 35 米，宽 12 米

c　沙特尔大教堂
中殿高 37 米，宽 14 米

d　亚眠大教堂
中殿高 44 米，宽 15 米

图 9.4　**四座等比法国哥特式教堂中殿墙立面**。哥特式中殿的设计从早期哥特式的四层改良为盛期的三层（拱廊、三拱式拱廊、天窗）。拱顶的高度也从 24 米上升到 44 米。

哥特式建筑，但其设计与罗马式教堂很相似。例如天花板是一个分成六部分的肋形拱顶，由 ABAB 式交替柱列支撑（图 9.5）。不过拉昂大教堂也有设计上的创新。内部墙立面从三层变为四层。讲道台走廊上方添加了一排拱门，又称三拱式拱廊，一直延伸到中殿墙面。建筑师对减轻墙体厚重感的执着也体现在外墙上（图 9.6）。相比罗马式教堂，沉重、堡垒似的外墙变得轻巧而更有组织。拉昂大教堂的外墙面分为三层，但每层的间隔不如罗马式外墙那般明显。大门从墙面伸出，形成一个通道式入口。石墙上开有拱窗或饰有拱形图案，中心还有一扇大圆花窗，两座双子钟塔似乎是空

图 9.6　拉昂大教堂，始建于约 1190 年。法国，拉昂。

心而非实心。

随着哥特式时期的发展，建筑师们竭尽全力去掩盖建筑的石质表面。他们在墙上大面积镶嵌玻璃，把中殿修得越来越高，并用更精细的雕刻装饰。在他们的努力下，建筑产生了脱离重力约束般的神奇质感。

巴黎圣母院大教堂

坐落在塞纳河岸的巴黎圣母院大教堂是建筑史上最著名的建筑之一（图 9.7），从建成之日起就吸引着源源不断的参观者。这是一幢新旧元素融合的奇特建筑。它保留了

图 9.5　拉昂大教堂，内部，兴建于 1190 年。法国，拉昂。

六分肋状拱顶，最初的设计是早期哥特式四层立面墙体。它始建于 1163 年，几乎历经一个世纪才完成，在 1225 至 1250 年间更是大幅改建。许多改动反映了哥特式时期从初期进入盛期，例如取消三拱式拱廊，改用飞拱来支撑中殿墙壁。建筑外观也兼具哥特式早期和后期的特点。尽管外墙看起来比拉昂大教堂更厚重，但它的南北面墙却因为开了窗，并采用了花边支墩，而显得更为轻巧。

沙特尔大教堂

沙特尔大教堂被视为第一座哥

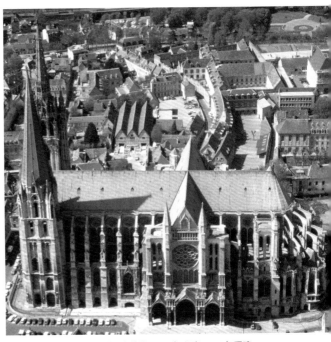

图9.8　沙特尔大教堂，1134 年兴建，1194 年重建。法国，沙特尔。沙特尔大教堂是三层墙面加飞拱设计，被认为是第一座哥特式盛期的教堂。有飞拱从外部支撑墙壁和屋顶，墙面便能装上不具支撑作用的玻璃窗。

特式盛期的教堂。与巴黎圣母院不同，沙特尔大教堂一开始就被设计成三层墙面和飞拱支撑体系。这使得天窗能够开得更大，让更多光线照进室内（图 9.8）。

在哥特式盛期，每一扇矩形吊窗都有各自的交叉肋状拱顶，并只与侧廊的一边相接，从而不再需要交替支撑系统。这一时期的教堂内部呈现出良好景致。由于没有了交替支撑系统遮挡视线，从前厅经中殿到末端的半圆形后殿便可一览无余。取消三拱式拱廊，加高中殿拱

图 9.7　巴黎圣母院大教堂，1163 年兴建，1250 年竣工。法国，巴黎。

门并安装天窗后，地板到天花板之间显得更加垂直。硬墙面嵌入大量花窗玻璃组成的特殊图案，给室内带来了柔和的彩光。建筑师们竭尽全力为朝拜者创造仿佛置身另一个世界的精神感受。他们的做法是削减建筑材料的物理特性：让石块显得轻盈，用梦幻般的彩色光线消除墙面的坚硬感。

光的神秘主义

常有人说（或许有些夸张），为了安装窗户，哥特教堂不砌墙，只建屋体骨架（图9.9）。哥特式和罗马式建筑的主要区别不是垂直感，而是照明。哥特式建筑可以说是通透的。

苏歇写过两本小册子，记述修道院管理工作和他的建造和装饰规划。我们从中得以了解建造者和艺术家的实际工作。苏歇对修道院艺术和建筑发展的描述反映了他的审美观。他深受狄奥尼修斯（苏歇和时人误以为是修道院祭祀的圣丹尼斯）的神秘主义著作的影响。狄奥尼修斯是5世纪的叙利亚修道士，他的《神秘神学》深受新柏拉图哲学和基督教教义的影响。在伪狄奥尼修斯（后人对他的称谓）的学说中，一切造物虽不完美，但都具有一些神性。存在由低到高分为各个等级，从毫无生气的矿物质到纯洁的光，

即上帝。伪狄奥尼修斯把一切造物按光的种类区分：任何造物都是一道点亮心灵的微小的光。最终，随着光变得更纯洁，人就上升一个等级，逐步靠近纯洁的光，即上帝。

花窗玻璃

光的神秘主义在花窗玻璃上达到顶峰。苏歇认为在唱经楼建成后，再修建有玻璃窗的中殿作为补充（该设想实际没有完成），他便拥有了一座配得上这样一句话的建筑："光明是光的照耀，光明是全新之光照耀着的宏伟建筑。""全新之光"（lux nova）指圣经对上帝和上帝之光的描述。苏歇虽没有发明花窗玻璃，但他鼓励建筑师尽可能地使用

图9.9 **圣礼拜堂，1243—1248。法国，巴黎。上层小礼拜堂内部。**该礼拜堂用于安放基督受难的遗物，是哥特式通透感的绝佳范例。虽然小礼拜堂经过大规模重建，但为了安装窗户，建筑整体上采用的骨架式结构没有变动。

花窗玻璃，并在理论上加以论证。

对光和玻璃的探讨总绕不开巴黎西南部大名鼎鼎的沙特尔大教堂的窗户。1194 年教堂遭遇火灾，毁掉了除教堂西侧的一切。重建工作给了玻璃艺术家们尽情施展才华的机会。

重建后的墙面安有 173 道窗，面积 1672 平方米。除了脸部轮廓等细节，玻璃并未涂色。玻璃匠在熔化玻璃时加入金属盐使之产生颜色（沙特尔大教堂的蓝绿色玻璃十分有名，而且色调无法准确复制）。他们将通常不超过 0.7 平方米的玻璃拼接黏合成一块 9 米的大玻璃。接着用竖形石框框起来，用定位铁架固定在合适的地方。18 米高的窗户也可以用这种办法镶嵌。

比较一下花窗玻璃与马赛克拼图美学。拜占庭的马赛克装饰包含强烈的光的神秘主义元素，与后来苏歇采用的有一部分隶属同源：新柏拉图主义和对圣经的寓意解读。但两种艺术形式给人完全不同的光感。马赛克拼图用不透明的粗糙表面使光四射，在拜占庭教堂中营造出了一种神圣的氛围。花窗玻璃则只是透光的介质，柔和地把光渲染出各种单一或混合颜色。

只有从室内看着阳光从窗外照进时，才能阅读花窗的含义。（"阅读"并非修辞。花窗玻璃在当时被

图 9.10 《美丽窗户上的圣母》，圣母与圣子图案绘于约 1170 年，周围的天使图案绘于 13 世纪，花窗玻璃，3.9 米高。法国，沙特尔大教堂唱经楼。沙特尔大教堂几乎所有的玻璃窗都是原装的，生动地展现了当时设计师头脑中想要表现的彩色光效果。沙特尔大教堂最有名的就是其蓝色和红色玻璃。

视为穷人的圣经，不识字者可通过花窗图案了解圣经故事，阅读花窗也成了当时的常见表达。）花窗是上帝与世界及万物关系的完美柏拉图式表达：人们看着花窗时，并不能看见遥远的光源（太阳，即上帝），只有在光的照射下才能看到花窗的含义。

圣母与圣子的形象

仔细观察沙特尔大教堂的一扇窗户，就能发现圣母与圣子这一概念的复杂性。《美丽窗户上的圣母》（图 9.10）制作于 12 世纪，它在 1194 年的大火中幸存了下来，现镶

嵌在南部唱经楼。这扇典型的尖拱窗描绘了圣母玛利亚和圣子一起坐在王位上，周围拿着蜡烛和香炉的天使在敬拜他们。圣母玛利亚上方有一只鸽子象征着圣灵。在最顶部是一座程式化的建筑，代表着为她而建的教堂。

图案中坐在王座上的圣母玛利亚象征着智慧之座，这是古代宗教艺术的图案。这扇窗户与外部雕刻的主题相呼应。教堂大门的门顶饰上雕刻着圣母与圣子坐在王座上，旁边有两名拿着香炉的天使。图案周围环绕着刻有七艺的拱门（图9.11），称拱门饰。整道门顶饰就像是花窗的速写版。

对于沙特尔来说，被描绘为上智之座的圣母无疑是具有特别意义的主题。教会学校是研习文学与哲学的中心，强调只有在智慧之源上帝的引导下，人类所学才能变为智慧。玻璃窗上描绘的圣母让人联想到中世纪用来教化世人的神学故事：基督是圣母玛利亚所生。他穿过她的身体就像光穿过窗户却完全地保留了窗户的原貌。将基督比喻

图 9.11　门楣西面右侧正门，雕刻于 1145—1170 年。法国，沙特尔大教堂。内拱门内雕刻着圣母与圣子，以及周围敬拜他们的天使，外拱门雕刻着七艺。左下角是亚里士多德正在用笔蘸墨水，他的上方是辩论女神。中间圣母下方的横梁上，刻着圣母和年轻的基督生活的场景；上方刻画了神庙，下方（左起）刻着天使报喜、圣母探访、基督降生和牧羊人朝拜。

图 9.12 **巴黎圣母院的滴水兽石雕。法国，巴黎。**
巴黎圣母院等教堂使用奇形怪状的滴水兽石雕来
排掉屋顶和建筑侧边的水。

为光，将圣母比喻为玻璃窗，在《美丽窗户上的圣母》中恰切而深刻地表达了出来。

建筑人员和神学家在修建教堂时通力协作。他们不只想造一个可供朝拜的场所，还想利用一切机会教育启迪来做礼拜的人们。著名的哥特式滴水兽（图 9.12）兼具功能性与启发性。滴水兽雕像伸展突出的姿态，可将雨水从屋顶排出，也象征着怪兽逃离教堂神圣的领地。教堂的装饰主题是救赎的历史。现代参观者一定会震惊于教堂内繁杂的雕刻：圣经场景、寓言人物、不同月份劳动者的标志、星座符号、异

教认知者代表，以及最后的审判全景。但对中世纪朝拜者来说，每个场景都不可或缺。教堂的装饰是石刻的布道、民间智慧和经院学习的常用元素。

雕刻

哥特式时期的雕刻呈现出不同于罗马式时期的氛围变化。雕像造型从诅咒变成了救赎。一入教堂就震慑朝拜者的最后审判日的可怕场景，变成了耶稣生活场景或天启幻象。主角也变成了圣母。从大门顶饰到整体雕刻甚至教堂本身（如巴黎圣母院），都以圣母为主题。

哥特式时期的雕刻仍主要用于装饰教堂大门。门顶饰、门楣以及大多数哥特式教堂的拱门饰，都刻满了各式各样的人物和装饰图案。

图 9.13 **侧柱雕像，沙特尔大教堂西门，约 1140—1150 年。法国，沙特尔。**

也有一些精美的雕刻用于装饰侧柱，例如沙特尔大教堂的门侧柱（图9.13）。这些雕像姿态僵硬，附着在圆柱上。雕像的衣服皱褶造型千篇一律，跟绘图手稿上画的如出一辙。但雕像的身体有一定质感，四肢不再是另接到身体上的，和罗马式风格有很大区别。在哥特式盛期，这些简单的元素所彰显的自然主义是古典时期见不到的。

兰斯大教堂侧柱雕像（图9.14）有趣地融合了多种风格。几个人物显然是不同艺术家雕刻的。墙壁上有两组雕像。左边是天使报喜场景，刻着天使加百列和圣母玛利亚；右边是圣母访亲场景，刻着圣母玛利亚和圣伊丽莎白。人像并未附着在圆柱上，因此占据了不少空间。尽管雕像被固定在下方一个小底座上，但雕像予人一种活动自如的感觉，这是沙特尔侧柱雕像所不具备的。

天使报喜中的圣母玛利亚是四座雕像中新技法应用得最少的。她的姿态最僵硬，手势和脸部表情最模式化。但她的身体有质感，且从解剖角度看，她衣服下面的身体根据四肢的动作有相应的变化。加百列的风格则和圣母玛利亚形成

了强烈对比。他看起来更高、更瘦长。他的头小而精致，脸部特征刻画得栩栩如生。从他衣服流动的线条可以看出，他的身体略在摆动。这种庄严又悦目的风格一直持续到了文艺复兴早期。

但文艺复兴的主要风格是古典风格，在兰斯教堂圣母访亲雕像中，我们看出了古典风格的端倪。玛利亚和伊丽莎白呈均衡构图结构。她们的衣服随着身体的动作真实地摆动，这种写实风格自古典时期后就很难见到。她们的脸部特征和发型令人联想到希腊和罗马时期的雕塑。尽管哥特式艺术家越来越重视自然，形成了一定的写实主义，但我们还是能推测圣母访亲的雕刻者借鉴了古典风格。因为这座雕像的风格与古典风格太接近，很难说是巧合。这位不知名的艺术家通过这次小小

图9.14　兰斯大教堂西门侧柱雕像，1210年兴建。法国，兰斯。

的古典风格尝试，成了中世纪灵性主义与文艺复兴时期理性主义及人道主义的过渡人。

哥特式教堂的众多意义

教堂是大巴黎圈最杰出的建筑。它们或位于城镇高地，如拉昂大教堂；或从城镇平坦处拔地而起，如亚眠大教堂是城中独占鳌头的建筑。教堂属于市政建筑（圣丹尼斯教堂是个例外），我们可以探究一下它在城镇生活中的功能。

让我们用一个现代比喻说明建筑的社会功能。在美国许多小镇，尤其是南部和东北部农村地区，市民中心和商业中心是乡镇广场。法院象征着社会管控（正义）、社会结构（出生、结婚及死亡登记）、权力（治安官办公室、地方长官或市参议员、市长），以及——某种程度上——文化，包括周边公园和先驱烈士纪念碑。高级商店、教堂和其他高级机构（银行、律师事务所和诊所）散布在广场周围。典型的欧洲或拉美城镇的教堂广场就是法院广场的前身。不同的是比起法庭，中世纪教堂执行了部分社会控制功能，拥有更多综合功能。

教堂塑造了城镇的个人和社会生活。个人在教堂受洗礼、领圣餐、结婚，最后葬在教堂。教堂还开办学校，并根据教堂圣职人员（教堂圣职会）的决策提供社会服务（医院、穷人救济所、孤儿院等等）。教堂负责制定每日与每年的周期生活的时刻表和日历表。人们随着教堂的钟声起床、用餐和入睡，并按照教会年历的日程工作和休息。市民可以在教会法庭起诉或被人起诉，它和民事法庭一样有审判功能；中世纪教堂中心大门上雕刻的最后审判场景不单指神的审判。

比城镇和教堂的社会交互作用更重要的，是教堂对城镇的经济影响。修建一座教堂耗资巨大。1194年沙特尔市民决定重建教堂的时候，主教抵押了整个教区三年的税收（相当于现在的 60 万美元）才让工程得以进行。12 世纪的沙特尔只是一个小镇，只有约 1 万至 1.5 万居民。

从 9 世纪末起，沙特尔教堂成了主要的朝圣地。沙特尔教堂声称保管着圣母玛利亚的一件遗物（耶稣出生时她所穿外套），由查理大帝曾孙秃头查理于 877 年赠予教堂。中世纪的人们对遗物十分热衷，而这件遗物在朝圣者看来尤为特别，因为它在 1194 年的大火中幸存了下来，人们相信这是圣母希望教堂重建的信号。此外，礼拜年历中关于圣母玛利亚的 4 个重要节日（2 月 2 日圣烛节、3 月 25 日天使报喜节、

8月15日圣母升天节、9月8日圣母诞辰）都要在沙特尔教堂举行庆典，同时举办大型贸易集会，吸引着全欧洲的商人和顾客。

集会在教堂附近举办，按照圣职会制定的规则执行。例如珍贵的纺织品在北门附近销售，燃料、蔬菜、水果和葡萄酒则被安排在南门。还有小贩向朝圣者兜售图片、纪念章和其他宗教小物件（现代纪念品的前身），他们既来参加集会，也来朝拜。教堂既是当地的地标，也是吸引外来客的磁石。

公会

沙特尔大教堂的窗户，多少反映了捐赠人的经济状况。大型窗户（如圆花窗）由皇室捐赠。唱经楼又高又尖的尖头窗是贵族或高级神职人员所赠。还有许多窗户是当地手工业和商业公会所赠，他们的署名被印在窗框底部。在教堂东部末端的礼拜堂里，纪念圣母的5扇大窗是商人所赠，主要是面包师、屠户和葡萄酒贩，显示了公会的权势（图9.15）。

公会是手工匠和商人的兄弟组织，是介于现代工会和兄弟组织（如埃尔克斯互助会和哥伦布骑士会）之间的一种协会。公会成员们寻求某个圣人的庇佑，承诺行善积德，并作为一个互助组织行事。许多商业公会是从早期宗教组织发展而来的。加入公会才能得到固定工作。公会——工会的前身——招收并指导学徒；为工匠大师颁发证书；管理商品价格、工资和工作环境；储备资金照顾年老的成员并埋葬死去的成员。大学就是从12世纪的公会发展而来的。

建造者

建造中世纪教堂的动机来自神学异象、宗教奉献、市民自豪感和社会经济利益。修建需要依靠出资人，还要聘用一位建筑大师。建筑大师再聘用工匠大师，设计建筑，创作装饰主题。工匠大师（泥瓦匠、石匠、玻璃工匠）聘用各自的团队，获取材料、搭建工棚。苦力和临时

图9.15　葡萄酒商花窗，沙特尔大教堂，1215年。花窗玻璃圆形图案。这块酿酒商捐赠的花窗中的图案展现的是一个正在运送葡萄酒的酒商。

工从当地人中雇佣，但建筑团队通常在工地之间流动。

一些建筑大师的名字久已失传，包括沙特尔大教堂的建筑师，但部分人的名字在墓碑铭文、纪念奖章和修建日志中被保存了下来。巴黎国家图书馆保存着一位来自法国北部的建筑师奥内库尔为学生写的笔记（约 1235 年）的珍本。这些笔记能让我们一窥中世纪建造者的技能。奥内库尔称他能教会有志的学徒各种技能，从木工和石工到实用几何（图 9.16）和绘制工程图。这本笔记中还有他为了自用而简单画下的示意图和想法，包括雕刻师用来做模特的宗教人物、吸引了他注意的动物和建筑、一个永动机（运作失败）、西方第一个齿轮发条装置实例、切割巨大木材来制造拱墩和屋顶的自动锯。他参观兰斯大教堂并画下了素描。他为了工作最远曾到达匈牙利。奥内库尔的笔记展示了他是一个技艺精湛、永远保持好奇且有创造力的人。

教堂不只是在宗教和社会方面具有重要意义，它的技术成就也令人赞叹，譬如斯特拉斯堡大教堂优雅的尖塔。斯特拉斯堡大教堂于 1439 年竣工，塔尖离地面 142 米，约 40 层楼那么高。

它让心怀信仰走进教堂的人们，

感受到了从世俗进入神圣世界的超自然宗教体验。美国总统约翰·亚当斯的后裔，记者亨利·亚当斯在其大作《圣米歇尔山和沙特尔》中写道，只有作为一名朝圣者来到沙特尔大教堂，才能理解这座建筑。在当时，朝圣是一个隐喻，表示去朝拜圣地亚哥 - 德孔波斯特拉或坎特伯雷圣地，也比喻生活本身就是朝拜上帝之旅。沙特尔大教堂或其

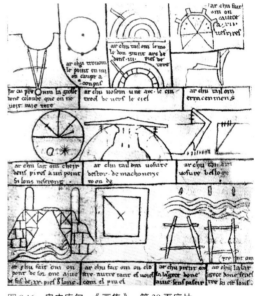

图 9.16　奥内库尔，《画集》，第 39 页底片，1220—1250 年。用钢笔和墨水在羊皮纸上绘制的建筑实用几何学。23.5×15.5 厘米。法国，巴黎，国家图书馆。

顶行：测量一个部分可见的圆柱的直径；寻找圆的圆心；切割拱门模具；拱起一个有外罩的拱门；造一间有 12 扇窗户的半圆形后殿；切割拱门突起的石头。

第二行：将两块石头接在一起；切割圆形建筑的拱石（建拱门用的楔形砖块）；切割斜拱石。

第三行：用木材在河流上搭桥；不用铅垂线或水平线画回廊；不过河的情况下测量河宽；测量远距离窗户的宽度。

他大教堂的朝拜者在双重意义上进行着自己的旅程：他们前去拜访真正的圣地，同时希望找到平静与救赎（图9.17）。苏歇称圣丹尼斯教堂为天堂之门。

巴黎圣母院学校的音乐

在哥特式艺术和建筑发展的同时，简朴的早期教堂音乐也经历着改变。从查理大帝将格雷高利圣咏引入法兰克王国起，音乐的形式就在不断向前发展。11世纪，阿雷佐的圭多（Guido d'Arezzo）发明了一套音符系统，奠定了现代音符的基础。从10世纪起，教堂音乐家就开始尝试在单声圣咏之外，加上音程不同的并列声部。这是迈向复调音乐的第一步，被称为奥尔加农。在教堂之外，骑士阶级也在创作和演奏世俗音乐。部分保存下来的游吟诗人的吟唱调让我们感受到了12和13世纪的世俗音乐。13世纪的德国恋诗歌手（minnesinger, minne 意为"爱恋"）按照教堂音乐的模式和曲调来创作世俗音乐和圣歌。

巴黎圣母院学校是12世纪系统音乐学习和创作的中心。莱奥南的《奥尔加农大全》（1160年）是我们了解哥特式时期教堂音乐的重要依据。这本书收录了一整套教堂年

图9.17 《美好的上帝》，亚眠大教堂，法国，亚眠，约1220—1235年。正在祈福的耶稣雕像，象征着他保佑所有跨进"天堂之门"（即亚眠大教堂）的朝圣者。教堂西面中心门道间柱（支撑门顶饰的中心圆柱）的大理石雕刻。

度礼拜仪式中使用的奥尔加农调子。他的作品被另一位伟大作曲人佩罗坦继承，后者在1181年左右管理着巴黎圣母院音乐学校。

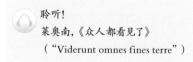

聆听！
莱奥南，《众人都看见了》
（"Viderunt omnes fines terre"）

与之前的格雷高利圣咏选段一样，音乐的主要特征就是清晰的发音。但与之前的单声音乐不同，莱昂尼在这里引入了额外的声音或声

线来为音乐增添趣味元素。很多时候，尤其是开场的时候，陪衬的低音只充当背景音乐，但随着圣咏的发展，平行声部演变为主唱的伴唱。和音陪衬形式在西方音乐的发展中越来越重要。在此要补充的是，许多现代学者认为莱昂尼与其说是创作乐曲（现代意义上），不如说是鼓励唱经人即兴发挥。他作品中的音乐形式是在他死后一个世纪内陆续被记录下来的。到这一阶段，音乐仍是清唱，但同一时期的世俗音乐已经开始使用乐器。

在佩罗坦音乐中，巴黎圣母院的和音陪衬使用了传统圣咏的基础旋律线（固定旋律），辅以第二旋律线（第二声部）、第三旋律线（第三声部），有时甚至增加第四旋律线（第四声部）。所加旋律线与固定旋律的节奏一致。但很快作曲家发现，第二声部和第三声部与固定旋律不一致的话，能创作出更丰富动听的曲子。这种复调意味着在基础层面上，一段降调的固定旋律可以伴以升调的旋律线。

哥特式时期，从奥加尔农复调音乐中发展出了经文歌。经文歌通常有 3 个声部（有时 4 个）。男高音（tenor，源自拉丁文 tenere，是表示定旋律的另一词）为传统旋律线，通常是老式教会圣咏。当时的手稿中并未发现标示男高音位置的字眼，所以它被认为对大多数经文歌而言只是伴奏。在其上方有两个声部唱着交织的旋律。在 13 世纪初，这些旋律以拉丁文演唱，且都是宗教内容。到世纪末，用拉丁文唱第二声部、用法语唱第三声部变得常见。这两个高音部可以唱不同的歌：拉丁文赞美诗和法语爱情诗，后者的高音（或乐器）保持着基于格雷高利圣咏装饰音的精妙旋律。

音乐变得越来越复杂，基于教堂圣咏但自成一派，这反映了当时的智识风向。这时的音乐既植根于遥远的过去，也面向大胆的创新，是传统与民间风格的结合——所有的矛盾元素融合在一起，达成了一种复杂的平衡。哥特式音乐是哥特式教堂内在活力在听觉上的反映。

经院哲学

有许多现代制度都起源于中世纪，比如陪审团审判制和君主立宪制，还有与大多数读者最息息相关的大学体系。

大学的兴起

欧洲的一些著名学府拥有超过 800 年的历史：英国的牛津和剑桥、法国的巴黎大学、意大利的博洛尼亚大学（见地图 9.2）。办学机构和教学的目的从中世纪大学到现在有很大的延续性，不同的是我们现在有了男女生同校制度。如果中世纪的学生来参观美国的大学，他们一定会对橄榄球比赛、男女合校、商业或农业学位以及整洁的校园感到迷惑。

但他们对自由艺术课程、对从学士学位读到硕士学位再到博士学位以及昂贵的教材一定不会感到陌生。他们还能很快适应酒会、兄弟会、城镇居民与大学城的摩擦（这个表达本身就带有中世纪的味道）。现在的学生们经常写文章抱怨糟糕的住宿环境、难吃的食物和毕业后就业困难。中世纪学生与家长之间的信件竟也出奇地与之相似，唯一区别只是中世纪女孩不能上大学。

12 世纪末 13 世纪初，随着城市生活兴起，欧洲大学逐步发展起来。在中世纪早期，学校通常设在乡村地区的修道院。当城市占据日

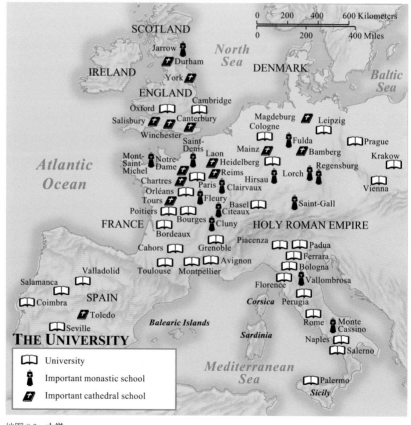

地图 9.2 **大学**

图 9.18　雅各布罗（Jacobello）与马塞涅（Pier Paolo dalle Masegne），《学生》，1383—1386年。莱尼亚诺的乔瓦尼墓碑局部，大理石，63.3×76.5厘米。意大利，博洛尼亚，考古博物馆。

益重要的地位，城镇教堂的主教也开始大力支持在城市修道院开办学校。城镇规模增长，作为城市生活精神领袖的主教权力也越来越大，在这种情况下教会学校或教堂学校应运而生。中世纪早期，在城镇生活相对更兴盛且封建主义未能站稳脚跟的意大利，也有世俗力量开办的学校。萨勒诺的医学院校和博洛尼亚的法律学校就是世俗力量在 10世纪开办的。

12 世纪正规教育机构快速发展有几大原因。首先，城市生活变得越来越复杂，对于能胜任行政管理和担任官职的文化人的需求增加。城市学校不只是简单地教人识字，还为社会的经济结构培养人才。完成 12 世纪教堂学校（例如沙特尔教堂学校）人文学科学业的人，能保障进入城市或教会行政机构当律师、职员或行政管理人员。

大学的兴起还有知识和文化方面的原因。1150—1250 年间，大量古籍被发现并出版。其中最重要的是通过西班牙穆斯林传到西方的亚里士多德作品。基督教和穆斯林学者之间的交流把科学和数学知识带到欧洲（图 9.18）。以博洛尼亚为主要中心还出现了法学研究的复兴，这座城市是唯一可以与巴黎相提并论的学术中心。最后，阿伯拉尔和彼得·伦巴德等学者完善了一门新的工具：辩证法。神学家和哲学家开始将逻辑原理应用于哲学和神学研究。阿伯拉尔的《是与非》（1121年）将关于神学的争议观点和圣经与神父的矛盾言论进行了推论，企图消除分歧。这种理论后来被称为经院哲学，因为它是在早期大学的学者团体中发展起来的哲学理论。

巴黎大学

中世纪成立的最有名的大学是巴黎大学。巴黎最负盛名的是它所聘请的大学教授，其中很多都来自国外。教育发展到这一阶段，老师就是学校。12 世纪的学生们从欧洲各个地区蜂拥来到这里参加老师的讲座，例如尚波的威廉（1070—1121 年）以及他的学生兼批评家阿伯拉尔（1079—1142）。巴黎还有其他备受赞誉的学术中心：巴黎圣母院的一所附属学校，圣维克多修道院的一个神学中心，古圣热纳维耶夫修道院的一所人文学校。

巴黎大学是在 12 世纪末、13 世纪初发展起来的。它最初是导师们参照公会形式成立的一个协会。那时行会一词意为公会或协会。

导师们在巴黎成立大学的目的是监管教学质量和学生的表现。博洛尼亚的情况正相反：学生们成立大学，目的是用最优惠的价格聘请最好的老师。

大学很快获得了一定的法律地位，如举债、起诉（或被起诉）、签署正式文件等法人权利。作为一个法律主体，它可以制定师生行为规范。学生完成学业并通过考试，大学将授予他教学资格证，让他进入导师的行列：学生将成为人文导师（现代的硕士学位名号 master 就源于这个传统）。毕业后，学生可以继续法律、神学或医药方面的专业学习。完成学业的人会被授予他所学领域的"博士"称号（源于拉丁文 doctus，意为学有所成的人）。现代的专业人员（如医生、律师等）必须在大学完成学业，这一规定直接延续了中世纪大学的惯例。

赫洛伊丝与阿伯拉尔

当时有一桩令人遗憾的丑闻，阿伯拉尔和他的私人女学生赫洛伊

价值观念 ||||||||||||||||||||||||||||||||||

辩证法

在古希腊，"辩证法"一词最初的含义是"交谈的艺术"。15 世纪时，这个词又多了一层含义，指通过严格推理得出合乎逻辑的结论的方法。柏拉图在《王制》中指出，深谙辩证法是哲人–王的标志。亚里士多德也认为它是"通向万物原理的必经之路"。

辩证法的再次兴起（在中世纪辩证法的意思是逻辑）适逢大学的兴起。神学和哲学研究产生了越来越多逻辑专业词汇，例如三段论演绎。大学的神学教授有三重职责：解读圣经、传道、辩论，即把基督教教义用逻辑形式表达出来。

和基督教学者一样，当时的穆斯林和犹太思想家也传承了亚里士多德的逻辑传统。有现代学者指出，着眼于解决问题的辩证推理，在文学和建筑上都有其衍生流派。

对辩证法的强调有一个最大的不足，就是它倾向于把逻辑过程变成目的，为了在人前炫耀纯粹的逻辑技术而忘记了寻求真理。但丁在《神曲》第 9 章开篇就批评了这种智识的巧计，他抨击那些只会"推理"（原文是：他们的"三段论"）的无用人士，他们使思维的翅膀"坠落"。

丝有过一段情史。她于 1119 年在她叔叔卡农·福尔伯特家里怀了孕。这对情侣秘密生下孩子并结了婚。但福尔伯特听闻此段风流韵事发生在他的家里之后感到震怒，雇了一些歹徒阉割了阿伯拉尔，并把赫洛伊丝送进了女修道院。巨大的悲伤和羞辱致使阿伯拉尔心灰意冷，他返回苏歇主持的圣丹尼斯修道院过起了修道士生活。1121 年，阿伯拉尔离开圣丹尼斯成立了一家本笃修道院，取名"安慰者"。后来他被推选为另一家修道院的院长，于是他将"安慰者"交给了赫洛伊丝。赫洛伊丝当起了这家修道院的女院长，并在那里度过了余生。尽管这对情侣很少见到彼此，但他们之间的往来信件却十分有名。1142 年阿伯拉尔去世后被葬在了安慰者修道院，1164 年赫洛伊丝去世后被葬在阿伯拉尔旁边。他们的遗骨埋葬在那里 600 多年，直到后来被转移到巴黎的拉雪兹神父公墓（图 9.19）。

此时的大学生活与教会紧密联系。导师基本是牧师（除了博洛尼亚），学生也基本依靠教会的补助生活。不过也有例外，意大利和德国的大学里似乎就有女子。在以医药学院闻名的萨勒诺，教学人员中出现了女医师。到了 4 世纪，萨勒诺开始为女子颁发医师执照。博洛

尼亚也有一名女法学教授，传闻她十分美丽，只能在屏风后授课才不会迷晕学生。值得一提的是，当时的大学十分保守和传统，直到 20 世纪，女子学院的学生才可以享受大学的全部权益。这种在大学教育上对女子的歧视直到 1920 年代才开始受到抨击，例如英国小说家伍尔芙就曾对此撰文批评。

学生生活

12 世纪末，巴黎成了欧洲的学术中心。欧洲各地的学生都来此求学。虽然没有可靠统计数据显示他们的人数，但预计 13 世纪早期学生人数在 5000 至 8000 之间。学生们按国籍划分。到 1294 年，巴黎认证了 4 个族群：法国人、皮卡德人、

图 9.19　**赫洛伊丝与阿伯拉尔的长眠之地，法国，巴黎，拉雪兹神父公墓。** 在他们的恋情很快被发现后，赫洛伊丝被送到女修道院，阿伯拉尔也在修道院寻求庇护。他们都当上了修道院院长，彼此极少见面，但往来的信件十分出名，最后也葬在了一起。

诺曼人和盎格鲁－日耳曼人。供养学生的来源有家庭、虔诚的捐赠者、教会津贴和市政补助。一些慷慨的资助者也为济贫院和学者提供资金，其中最有名的是罗伯特·德·索邦在1258年赞助神学院毕业生。他办的校舍是巴黎索邦大学的前身。

从现代的标准看，13世纪学生的生活可谓艰苦。食物和住宿十分简陋，没有供暖和人工照明，收入也不稳定。他们的日程十分严格，此外还严重缺少书籍和阅读材料。从中世纪后期的一本学生手册里我们看出，"模范"学生的一天相当严苛。

导师的讲座内容是对该学期要学习的书进行详细讲解。因为书非常昂贵，学生们只能靠记笔记和抄书来学习，所以他们都有自己的藏书。考试是在几位导师前进行口头答辩。学生们还要参加正式辩论，这也是训练的一部分。

乔叟在《坎特伯雷故事》序言中描写过一名令人印象深刻的中世纪学生，尽管有些理想化。（该学生是一名牧师——大多数学生是教堂的初级牧师。）

巴黎大学学生的一天

4:00 A.M.	起床
5:00 - 6:00	艺术课
6:00 - 8:00	弥撒和早餐
8:00 - 10:00	上课
11:00 - 12:00	午餐前辩论
1:00 - 3:00 P.M.	和导师一起复习上午的课程
3:00 - 5:00	通识课（特定话题泛讲）或辩论
6:00 - 7:00	晚餐
7:00 - 9:00	学习和复习
9:00	睡觉

乔叟笔下的这名学生瘦削、虔诚、贫穷、热情，是高度理想化的类型。中世纪学生文化流传下来的大量诗集，也许更能反映当时的学生们究竟在想些什么、做些什么。诗中描写的学生生活我们更加熟悉：饮酒作诗、女人、歌曲、尖酸地讽刺自大教授的收入和糟糕的住宿条件、偶尔结成一个小团体去干坏事。

文学

文学在中世纪继续发展。可以说随着乔叟和但丁史诗巨著的问世，文学也在13世纪复兴，在文艺复兴中开花结果。12至13世纪，古典文学作品的译本和评论接连问世。宗教和哲学著作层出不穷，包括迈蒙尼德、圣方济各和托马斯·阿奎纳等神学家的作品。现代情歌、骑士与国王的英雄传说以及典雅爱情传说，也在此期间生根发芽。

游吟诗人和女游吟诗人

刻板地认为中世纪是黑暗世纪

的人可能不会想到，那段时期的诗篇也洋溢着光辉、优雅与快乐。最好的证明就是游吟诗人和女游吟诗人所写的情歌。这些歌曲有着动人的伴奏旋律，很多都得以保存。它们从中世纪起就为诗人和作曲人带去灵感，从但丁和乔叟到浪漫诗人，再到现在的摇滚乐歌词作者。歌词的主题我们再熟悉不过。古埃及、古希腊和古罗马的歌里唱着：为什么你不能像我爱你一样爱我？为什么你穿着那些衣服？（还有，你的衣服在哪里？）为什么女人是这样？为什么男人是这样？爱在春天。瞧你对我做了什么。这些主题永无休止又非常新鲜，就像众多歌词里提到的春天一样新鲜。其中一些歌词还丝毫不加掩饰。

纪尧姆九世

当纪尧姆九世（Guillem de Peiteus，1071—1127）是已知最早的留下了名字的中世纪游吟诗人。他是法国的贵族，拥有普瓦图伯爵和阿基坦公爵双重头衔，但他也是叛逆的，经常和部下、国王还有教会闹矛盾。他的军队加入了狮心王理查德的第一次十字军东征，却因内部矛盾几乎被摧毁。但据说纪尧姆九世是一位非常英勇的人——"世界上最威严的人之一，也是个欺骗女人的高手；他是一位非常优秀的骑兵，英勇无畏；他能写优美的诗，能唱动听的歌。"由于经常欺骗女性，

阅读材料 9.1　乔叟

《坎特伯雷故事》序言，285-308行（摘录）

这一位是牛津来的饱学之人，
多年来他研究逻辑这门学问。
他的马瘦骨嶙峋像是个草耙，
而要说胖却怎么也轮不到他。
我说，看上去他枯瘦而又严肃，
一件短短的外套早经纬毕露，
因为至今还不曾拿到过薪水——
他不识时务，得不到教会职位。
他不爱提琴、竖琴或华丽衣服，
宁可在床头放上二十来本书——
书中的哲学出自亚里士多德，

书外的封皮做成黑色或红色。
他对哲理和炼金术非常精通，
但是钱箱里没有黄金供他用；
从朋友那里得到的所有接济
他已全部都用于学术和书籍；
对于给他钱、支持他研究的人，
他热心祈祷，祝福他们的灵魂。
他的心思大部分用在学问上，
不是必要的话他一个字不讲，
讲起来则头头是道，提纲挈领，
而见解之精到令人肃然起敬。
他讲的内容多是道德和道义，
他爱做的事不外施教与学习。

[译注] 引自杰弗雷·乔叟，《坎特伯雷故事》，黄杲炘译，上海：上海译文出版社，2011。下引《坎特伯雷故事》均为此本。

他被教会开除教籍——两次。有一次是因为一位光头主教要求纪尧姆九世停止和一名女子爵的不当关系，纪尧姆九世反驳说："等你需要梳子的时候我就跟她断绝关系。"不过纪尧姆九世在死前与教会最终达成了和解。

伯尔纳·德·旺塔多恩

贝尔纳特·德·旺塔多恩（Bernart de Ventadorn）是凯尔特人，生活在1130/1140年至1190/1200年。他被

时代的声音

中世纪的家长和学生

下面这封信由14世纪一位家长写给在奥尔良上大学的儿子。现在的家长和学生之间虽然可以通过电话和邮件交流，但交流的内容却出奇相似。

我最近得知你的生活放荡又懒惰，总是放纵自己，别人在学习的时候你还在玩吉他，所以勤奋的同学们已经读完几卷法律书时，你才读了一卷。我命令你马上认真反省自己的放荡和漫不经心，不要再浪费时间，改过自新好好学习。

下面这封信是这位学生给父亲的回信。语言虽然有些正式，但内容我们同样毫不陌生。注意那千古不变的要求："寄钱！"

我们找了一个舒适雅致的住所，旁边就是学校和市场，所以我们每天去上学的时候不会弄湿脚了。和我们一起住的室友非常好，成绩非常好，习惯也很好——这点我们非常欣赏，大卫王曾经说过："完全的人，你以完全待他。"但这样我们就没什么钱买学习用具了。请求你派人给我们送些钱买羊皮纸、墨水、书桌和其他需要的东西，只有买得足够多，我们才不会再伸手向你要钱(上帝不允许！)，然后完成学业，载誉而归。再让送货人给我们带些鞋和袜子以及口信。

阅读材料9.2　纪尧姆九世
《献给新日子的新歌》，1-6行，19-25行
这甜蜜弥漫在时日里：
树木发出新芽，
鸟儿飞向天空。
鸟儿的歌声中，
旋律串成新乐章。
相伴心之所向，
便是宁静归属。

……

那清晨再次出现在脑海中，
我俩停止了争吵；
她优雅地动容，
在爱的誓言下将戒指交给我。
上帝允许我活着，
只为了手可以放在她衣下，
争吵之后的亲昵。

价值观念

||||||||||||||||||||||||||||||||||||||||

骑士精神与典雅爱情

你也许听过这样一句话："骑士精神已死！"如果听过的话，是在什么场景下听到的呢？为什么会有这种说法呢？这句话总是出现在男女交锋的时候。很可能是因为需要一点礼貌和友善的时候，男人却表现得粗鲁、毫不在意和吝啬。让我们想象这样一幅画面：在下着倾盆大雨的街头，相距6米远的一个男人和一个女人都在招出租车。一辆出租车停在了男人身边，而男人看到附近的女人后就把车让给了她，还为她开车门。女人很可能会说："骑士精神仍在！"再设想一个类似的场景：出租车停下后，男人迫不及待地冲了过去，抢在女人之前上了车。然后出租车扬长而去，还溅起水花让女人从头湿到脚。"骑士精神已死，"女人肯定会这么说。在当今社会，骑士精神意味着优雅、礼貌、慷慨和体贴的举止——尤其是对女性。骑士精神这一概念起源于中世纪，但这个词最初的含义与战争而非爱情有关。

"骑士精神"这个词源于法语的cheval[马]这个词。在中世纪说到骑马就会让人想到骑士——穿着沉重盔甲的勇士——他们都是骑马的好手。骑士代表着英勇，代表手执长矛等武器在刀光剑影的沙场搏杀的勇士。骑士住在城堡、贵族庄园或者皇宫里。当封建体制内的领主们停止激烈的夺权之战的时候，骑士们会参加比赛来磨练自己的武艺。

封建制度、骑士称号和基督教，与教会代表贵族减少暴力和劫掠的意图紧密联系在一起，并把骑士的进取心导向了更高的目标：保护社会上的弱者和无助者。后来他们的目标又变成了保卫信仰而参加他们认为的"正义之战"。在这样的背景下，侠义骑士精神诞生了：英勇无畏；忠于上帝、教会和封建领主（按顺序）；保护穷人和弱者；还有我们最熟悉的，顺从温和地对待女士。11 世纪的史诗《罗兰之歌》就讴歌了侠义骑士的理想道德规范和行为准则。

> 敬畏上帝并保护他的教堂
> 英勇忠诚地服务君主
> 保护弱小无助者
> 援助孤寡
> 严于律己
> 为荣誉而活
> 不贪图金钱回报
> 为了大家的幸福而战
> 服从权威
> 捍卫骑士荣誉
> 防止不公、卑鄙和欺骗
> 坚定信仰
> 永远不说谎话
> 任何事业都要坚持到底
> 尊重妇女的荣誉
> 不拒绝公平的挑战
> 永远不要背对敌人

等待你的"穿着闪亮盔甲的骑士"，这句现代说法的意思是要坚持找到那个对待你会像骑士对待他的爱人一样的男士。在中世纪，对典雅爱情也有规则和礼仪要求。典雅爱情最先出现在 12 世纪的西班牙，然后传到法国南部和欧洲北部。贵族阶层的婚姻是为了物质和政治利益而被安排好的，跟爱情几乎没有关系。因为婚姻里面没有爱，所以丈夫和妻子可能会到别的地方寻找浪漫。在亚瑟王和他的圆桌骑士传说中，骑士兰斯洛特爵士和吉娜薇皇后就在卡米洛特宫殿里遭遇了爱情。游吟诗人们吟唱着关于宫廷爱情的传说，以及描写英勇骑士精神的长诗。卡佩拉纳斯（Andreas Capellanus）写了一部关于典雅爱情的论文《论爱情》[1]，列举了 31 条对真实高贵爱情的观察结果，指导如何寻找和把握爱。

1. 婚姻不应该是爱情的妨碍。
3. 一个人不能爱两个人。
7. 心爱的人去世后，必须守丧两年。
8. 只有最迫不得已的情况才能夺走一个人的爱。
11. 不能爱一个与其结婚会令人尴尬的人。
12. 真正的爱是除了至爱外，不再怀抱他人。
13. 在大多数情况下，公开示爱是致命的。
14. 爱有多难得到，就有多珍贵。
18. 一份值得的爱情要求品质。
22. 怀疑爱人会产生嫉妒，从而让爱情变得紧张。
23. 为爱神伤，不食不眠。
24. 爱人者做每件事都想着被爱者。
26. 爱并没有能力从爱中攫取什么。
27. 没有什么比得上爱人带来的快乐。
30. 真爱是永远的思念。
31. 两个男人可能爱上一个女人，两个女人也可能爱上一个男人。

称为吟唱大师，可能去过阿基坦的埃莉诺的皇宫。有时候他称女人是纯洁的、神圣的、无可指责的。有时候他又称女人是夏娃，如圣奥古斯丁所说的一样，是让男人背负上"原罪"并给世界带来死亡的人。贝尔纳特有 45 首歌曲保存至今，包括《当我看见云雀如何拍击》。云雀代表插着翅膀的希望，因为鸟在天上飞翔的时候会唱歌。诗文把女性描写成具有破坏性的、男人无法理解的。

迪亚伯爵夫人

风流不是男游吟诗人的专利。女行吟诗人迪亚伯爵夫人嫁给了一个游吟诗人，但明显又爱上了另一个，

---

[1] 卡佩拉纳斯《论爱情》中的"典雅爱情法则"，摘自《中古英语选集》（"A Middle English Anthology"），哈斯凯尔（Ann S. Haskell）编（Wayne State University Press, Detroit, Michigan 48202, 1985，第 513–514 页）。

还给他写情歌。迪亚伯爵夫人有 5 首诗歌保存至今，包括《我心沉重》。

阅读材料 9.3 伯尔纳·德·旺塔多恩
《当我看到云雀高飞》，25-32 行
我对女人们大失所望，
我再也不信任她们，
就像我过去一贯保护她们。
因为我看到她们之中没人能帮助我，
我反对那使我毁灭的她，
我对她们所有的人都感到害怕和不信任。
因为我知道她们都是一丘之貉。

阅读材料 9.4 迪亚伯爵夫人
《我心沉重》，17-24 行
高贵的爱人，最威严的骑士，
但愿我能将你像珍宝般拥抱，
和你相拥度过夜晚，
给你一个吻——
睡在我丈夫的身边
我却渴望与你相伴
要是你可以向我承诺
你会认同我真心的愿望。

由拉瑟斯（Spencer Rathus）改编自桑蒂（Sernin Santy），《伯爵夫人》（*La comtesse de Die*），1983。

贝尔特兰·德·博恩

贝尔特兰·德·博恩（1140—1215 年）是一位尖刻的讽刺诗人，一名依靠战利品生活的小贵族。他创作的诗歌直接针对愚蠢的英雄主义和狮心王查理——查理除了是一名十字军战士，也是一名游吟诗人。

和纪尧姆九世一样，贝尔特兰也是一个愤世嫉俗的人。他参加了反抗公爵的叛乱，因此他的城堡被烧成了灰烬，他也被扔进了监狱。不过最后他得到了赦免。可能真正让伯特朗出名的，是但丁在《地狱》中称他为"不和谐的播种者"。

布兰诗歌

中世纪鼎盛时期的学生亚文化创造了一个神秘人物——圣戈利亚（Saint Golias），流浪学者的守护者。他们写诗（称戈利亚颂诗）赞颂这位圣人。从保存下来的作品看，这种诗的风格让人无法想象，创作者也是会一本正经写亚里士多德《形而上学》评论的中世纪学者。

19 世纪，在巴伐利亚一间修道院发现了一本更有意思的中世纪诗歌集。诗歌集中的歌曲用拉丁语、古法语和德语写成，年代可追溯到 12 世纪末至 13 世纪。诗歌的主题很广泛，但鉴于这类诗歌的基本特性，我们可以猜测其内容：饮酒歌、哀悼逝去的爱情或悲惨命运的审判、歌颂自然、为冬去春来欢呼雀跃，以及轻佻的放荡之歌。诗歌的歌词表达了从爱情的喜悦到沮丧绝望的情感转变，正如诗中典故从古典转到中世纪敬虔。例如，其中有一首著名歌曲，歌颂了美丽强大的圣母，符合教会宣扬的虔诚精神。但诗歌最后几句显示，除了圣母玛利亚，作者也赞美维纳斯。

1935 年到 1936 年，德国作曲家卡尔·奥尔夫将其中一些诗歌配以乐曲，改编成音乐集《布兰诗歌》。他巧妙地融合了沉重的打击乐、教会圣咏片段、雄浑的唱诗班歌声以及轻快的旋律，创作出了在现代音乐会上备受欢迎的作品，通过现代乐器的演绎，让听众们感受到了中世纪诗歌的活力。因为学生音乐的确切特点尚不明确，所以奥尔夫的诗歌新编排是我们了解中世纪大学流行诗歌音乐性的良好切入点。

阅读材料 9.5　贝尔特兰·德·博恩
《我爱复活节的快乐时光》，21—30 行，37—40 行

我也热爱君主
当他遭到攻击时，
他跃上马背、全副武装、毫无畏惧。
他鼓舞着军士们
一马当先。
当战斗临近时，
每位战士都整装待发，
带着轻快的心跟随他，
因为人毫无价值，
除非得到了应有的。
……
当战斗打响时，
真正高贵的人
抛头颅洒热血，
宁肯战死沙场也不屈辱当俘虏。

《玫瑰传奇》

《玫瑰传奇》是一部 13 世纪的爱情诗歌，分为两部分。作品于 1230 年开始创作，用古法语写成。第一部分共 4058 行，由洛里斯的纪尧姆写成。中世纪的时候，梦是一个非常受欢迎的主题，所以诗的开篇便是一个 20 岁年轻人的梦境。在梦中，他爱上了春季芬芳花园里的一朵玫瑰。玫瑰代表着美丽的女人或者性。但玫瑰有人看守，年轻人的一番努力失败——这就让他更想得到玫瑰。第一部以这名郁郁寡欢的年轻人思念着被关在嫉妒城堡里的玫瑰作为结尾。第二部共 17724 行，是 40 年后巴黎大学一名叫默恩的让的学者写成的。书中内容探讨了宗教、哲学、历史、科学、爱与性、婚姻，当然还有女人。作者最后用非常露骨的语言让年轻人和玫瑰走到了一起。

在阅读的过程中，会见到各式各样的角色，角色的名字说明这是一部寓意典雅爱情的诗歌：雅典、水仙、欢笑阁下、愉快、美丽、简单、独立、友谊、貌似公平、骄傲、嫉妒、邪恶、羞耻、绝望、无信。年轻人在水仙喷泉边坠入爱河；这首诗说明爱表面上是慷慨和无私的，骨子里却是虚荣和自私。爱神丘比

特是灾难性的，他的箭是伤人的。用理智去克制情爱是无用的。其中有一个角色是一名老妪，我们将在"比较与对比"板块读到。

宗教、哲学和写作

宗教和哲学作家也对中世纪盛期产生了巨大的影响，包括迈蒙尼德、圣方济各、托马斯·阿奎纳。阿奎纳被认为是继奥古斯丁之后基督教最有影响力的作家。

迈蒙尼德

迈蒙尼德（1135—1204 年）是一名医师兼圣经学者，也是公认最重要的中世纪犹太哲学家。他出生和成长于西班牙的犹太文化黄金时期，也就是摩尔人统治之后与宗教法庭（1492 年）出现之间的这段时期。迈蒙尼德游历广泛，定居在埃及。他在埃及皇宫为埃及的大维齐尔、萨拉丁苏丹当医师，甚至可能为狮心王查理当过医师。但一天工作结束后，他会为穷人看病。他熟读希腊、基督教、穆斯林学者和哲学家的著作，当然也读犹太作家的作品。他的作品影响着犹太世界及犹太世界以外的哲学家，包括圣托马斯·阿奎纳。

他最有名的著作之一是用阿拉伯语写的《迷途指津》。这本书解释了对宗教不感兴趣的人应该怎么做，以及希伯来圣经的真正含义。

阅读材料 9.6　迈蒙尼德

给提邦的信

我住在福斯塔特，苏丹住在开罗（相隔约 2.4 公里）……我对苏丹的责任很重。我必须每天一大早去拜访他，只要他或他的孩子们，或者他的妻妾们有点不舒服，我就不敢离开开罗，必须在皇宫里待上大半天。有时候一两个皇家官员生病了，我也得马上去诊治。所以我每天很早就来到开罗，即便没事可做，也必须等到下午才能返回福斯塔特。那时候我都快饿昏了……我看到接待室里挤满了人，有犹太人和异教徒、贵族和平民、法官和法警、朋友和仇人——这些人都在等我回来。

我下马，洗手，去见我的病人们，让他们允许我先吃茶点——我一天中唯一的一顿饭。然后我再去为他们看病，为各种各样的病症开药方。病人们来来去去直到傍晚，有时候还要多看两小时，甚至更多。我不顾疲惫跟他们交谈，为他们开药方。到了晚上，我已经累得不想讲话了。

因此，我跟以色列人没有私人会面时间，除了安息日。那天所有人，或者至少大部分人会在早课后来找我。我指示他们在整个星期的行动。我们在一起学习到中午过后，然后他们就走了。有些人会回来，在午课后跟我一起读书一直到晚课。我就是这样度过安息日的。

比较与对比 |||||||||||||||||||||||||||||||||||

《玫瑰传奇》中的老妪和
《坎特伯雷故事》中的巴斯妇

根据默恩的让在《玫瑰传奇》中所述，老妪拉维埃耶尽管人老珠黄，欲望却不减。与《坎特伯雷故事》中的巴斯妇一样，老妪在一个纵情声色会受到严厉批评的社会环境中（尽管游吟诗人对此津津乐道）有相当一段风流史。拉维埃耶传统上被视为默恩的厌女症的具象化。她滥交无度，并认为自己欺骗利用男人是正当的。另一方面，也有人说她超前于时代，支持女人享有男欢女爱的权利。

乔叟在《坎特伯雷故事》序言简单介绍了巴斯妇，提到她的情史丰富（461–464 行）：

> 作为女人她一生决不算虚度；
> 在教堂门口她嫁过五个丈夫，
> 而年轻时的相好还不在其内——
> 现在不提这点我看也无所谓。

乔叟于 14 世纪用中世纪英语创作了《坎特伯雷故事》，学者们认为巴斯妇的故事受到了《玫瑰传奇》很大影响。故事都发生在春季，万物复苏和萌芽的季节，大地散发着清新，"年轻人的幻想"转向情爱。而在两人笔下，老妪也开始幻想。乔叟的巴斯妇结过五次婚，又当了寡妇。她要去朝圣，但在她看来旅行带来的社交机会和寻求救赎一样吸引人。

《玫瑰传奇》的老妪和乔叟的巴斯妇没完没了地谈论过去，一半是为了忏悔，一半是为了合理化她们游走在道德边缘的生活。她们都哀叹青春的逝去。老妪解释说："上帝呀，想起我最好的年华仍然让我感到愉快，当我回想起渴望的放荡生活时，我的心情就感到愉快，我的身体就充满新的活力。这些回忆让我感到身体又变年轻了；能回忆起曾经的一切真是太好了，因为我至少快活过。"

巴斯妇愤愤不平地评论她年轻的时候（473–482 行）：

> 可是每当我想起
> 年轻时我那些寻欢作乐的事，
> 这回忆就强烈撩拨我的心弦——
> 直到今天都使我有一种快感，
> 因为我曾品尝过青春的欢情。
> 可是，能毒害人世一切的年龄
> 夺走了我的美貌和我的精力；
> 算啦，别了，让这些全都见鬼去！
> 面粉已经没有，没什么可说啦！
> 只剩下麦麸，可得好好卖一下；

虽然如此，对作乐我仍有贪图。

《玫瑰传奇》中的年轻人寻玫瑰而不得时，反而更加渴望。老妪也充满激情地回忆着最难得到的爱的体验："女人没有什么判断力，我是一个真正的女人。我从没爱过一个爱我的男人……所以他（她的一个情人）就像把我系在了绳子的另一端，这个虚伪的贼。"

巴斯妇也有相似的经历；她解释了为什么她最爱她的第五任丈夫（507–525 行）：

> 现在我来讲讲我第五个丈夫。
> 愿主别让他灵魂进地狱受苦！
> 可是五个丈夫里他对我最凶——
> 我现在还感到根根肋骨在痛，
> 而且一直会痛下去，痛到我死。
> 但在床上，他不知疲倦又放肆；
> 当他想要我那好东西的时候，
> 尽管他先前打遍我每根骨头，
> 他却有本事哄得我心花怒放——
> 很快就爱他爱得像原先那样。
> 我爱他最深，我想其中的原因，
> 恐怕就是他对我冷漠又无情。
> 我要说句老实话：这种事情上
> 我们女人有一种古怪的倾向：
> 凡是我们轻易得不到的东西，
> 我们拼命想要，要不到就哭泣。
> 不许给我们的东西，我们越要；

把东西硬塞给我们，我们就逃。

她们都试图为自己的风流史找理由，但使用的方法很不一样。老妪说到了男人的放荡，认为雄鹅的酱也可以用来蘸雌鹅，她说："简言之，（男人）都是狡猾的骗子，放纵自己跟所有人享乐。我们也应该反过来欺骗他们，不要只爱一个男人。蠢女人才会把心放在一个男人身上。她应该找几个情人，在他们之间周旋。如果她行的话，能让这些男人都痛苦不堪就太愉快了。"

巴斯妇则从圣经历史里挑出自相矛盾的地方为自己开脱。教会遣责婚前性行为，但据称耶稣曾告诉一个第五次结婚的女人，她的丈夫并不是她真正的丈夫。还有性别主义——希伯来圣经里允许一夫多妻制。

《玫瑰传奇》与《坎特伯雷故事》的作者都是男性。法国和英国男人让这些话从女人嘴里说出来。尽管这些尖酸戏谑可被视作对女性观点的讽刺，但我们也可以想想，其中是否有一丝努力，是在对在性问题上遭受双重标准的人表达诚挚的同情。

他对《创世记》中人类是上帝依照自己形象创造的这一说法作了辩驳。他用了一章的内容讨论"形象"（image）和"像"（likeness）该如何翻译和理解。他还总结说，《创世记》不是说人看起来像上帝，因为上帝没有具体的形象。《迷途指津》中，迈蒙尼德还讨论了上帝的真实性、宇宙起源说和宇宙是否是永恒的、安息日庆典、人类智慧，以及为什么人类要对恶降临到身上负责。

《迷途指津》被译成了多种语言。同时代的提邦（Shmuel ibn Tibbon）把这本书翻译成了希伯来语，还给迈蒙尼德写信说想拜访他，讨论一下翻译问题。迈蒙尼德的回信说明了他在埃及的生活情况。

迈蒙尼德还制定了13条犹太信仰根基性原则，相信你一定不会陌生，因为这些原则产生了很大的影响力。首先就是这样一种理念：上帝存在，上帝是一，上帝是永恒的，上帝本质上是属灵的。上帝是唯一值得敬拜的。上帝通过先知来传达意志。在迈蒙尼德眼中，摩西就是一位伟大的先知。迈蒙尼德称上帝在西奈山把法则传给了人类，这一切准确地记录在了希伯来圣经里。上帝能预知一切。上帝弘扬美德，惩罚邪恶。将有一位犹太弥赛亚（基督教认为是耶稣），死者将会复生。

迈蒙尼德赞同亚里士多德说的，智力或灵魂追求美德和信仰时，就会变得不朽。尽管信仰身体复活，但迈蒙尼德更支持不朽是精神上的而非身体上的这种观点。他还在《密西拿托拉》中对犹太教律法作了全面阐述。

《迷途指津》教导了一种"消极神学"，用"不是"的形式来描述上帝。例如，说"上帝不是无知的"比说"上帝是智慧的"好，或者"上帝不是不存在的"比说"上帝是存在的"好。迈蒙尼德拒绝笃定地描述上帝，因为他相信人类无法理解上帝的本质。

迈蒙尼德对邪恶问题的看法与奥古斯丁相似。他相信上帝是善的、全能的，但恶还是存在，因为恶是上帝的缺乏，就像有人选择拒绝相信上帝或上帝的法则。

圣方济各

12世纪末的意大利诞生了一个男孩，他将重塑中世纪的宗教和文化生活。他就是伯尔纳道奈（Giovanni di Bernadone），生于1181年阿西西的翁布里亚山城。后来他的商人父亲将他的名字改为弗朗西斯科（"小法国"）。因为出生在富裕家庭，弗朗西斯科从小就很受欢迎，还有些挥霍和散漫。他年轻时参加了志愿民兵组织，跟邻近的佩鲁贾城打了起来。后来被抓住关了起来，交赎金后才得以释放。

这件事使他的人生产生了转折。他脱离俗世，开始过着祈祷和克己的生活。最后他认识到只有过清贫的生活才能实现完美的自由。他散尽自己的财物，踏上了巡游讲道之路，最远到达过中东。他的简单生活方式吸引了追随者们争相效仿。到了1218年，有3000多名小兄弟（他对他们的称呼）因他而皈依。1226年圣方济各去世时，他领导的运动已发展出一个强大的宗教组织。

今人知晓方济各，很多是因为园艺店里摆放着他的雕像，肩上还有一只鸟儿。他的确会对鸟儿布道，但仅此就把他当成电影里会讲动物语言的怪医，那实在是小觑了这位深刻改变中世纪文化的人。首先，方济各提出托钵修士兄弟可以四处游走，到新的欧洲城市布道，这打破了他们过去只能在乡村修道院布道的限制。第二，方济各认为要遵循福音书的字面指导，他就是以此更深地了解基督的人性。据说在1224年，他陷入对基督受难的深思，身体出现了圣痕。这种对基督的人性的强调，极大地促使宗教艺术更加真实和生动。最后，方济各信仰坚定。他颂扬上帝造物的善意；他

热爱上帝创造的世界；他教导人们关怀穷人；他认为万物皆恩赐，一切造物都在以各自的方式颂扬上帝。一些学者认为，方济各会的思想对欧洲文化产生的影响，是文艺复兴运动注重观察自然的间接原因。

圣方济各在去世前两年眼睛失明，身体也十分衰弱，但他还是写了《万物颂》这首诗，希望兄弟会的伙伴可以唱着它宣讲虔敬。这是最早用意大利语写成的诗之一，反映了圣方济各对自然的热爱。

贝林吉耶里（Bonaventura Berlinghieri）是最早的圣方济各肖像画家之一。他创作的一幅祭坛画藏于佩夏的方济各会教堂，中心位置画着圣方济各，两边画着他的生活场景（图9.20）。这类祭坛画不仅是在

图9.20　贝林吉耶里，《圣方济各生活场景》，1235年。木板蛋彩画，祭台装饰品，160×123厘米。意大利，佩夏，圣弗朗西斯科。注意圣方济各正视着观众，这样观众就能和他直接对话。

图9.21　博纳尤托(Andrea di Buonaiuto),《圣托马斯·阿奎纳的胜利》,约1365年。意大利,佛罗伦萨,新圣母玛利亚教堂壁画。圣人坐在中间,两边是《旧约》和《新约》中的人物。下面是美德、科学和人文艺术的化身。但丁年轻的时候曾经在这座佛罗伦萨教堂的学校学习。

称颂圣人,也是要让人们记得他的生活故事。圣方济各的故事也经常在集会时由人朗读,加深人们的印象。早期的圣传记被称为传说(源自拉丁语 legere[阅读]),因为它们经常被大声朗读。这类祭坛画有两大作用:宣扬圣人的生活和为人们提供祈祷服务。

托马斯·阿奎纳

13 世纪是巴黎大学的黄金时期,那段时期的巴黎是名副其实的西方世界智识中心。中世纪大学圈子相当国际化,不少杰出教授并非巴黎本地人,如大阿尔伯特(德国)、黑尔斯的亚历山大(英国)、博纳文图拉和托马斯·阿奎纳(意大利)。

托马斯·阿奎纳(1225—1274年)是罗马天主教会33位圣师之一,最著名的作品包括《神学大全》和《反异教大全》。他生而富贵,出生于其父在西西里岛的城堡,母亲一脉可追溯到神圣罗马帝国皇室。家里希望他接替叔叔担任本笃修道院院长,但他求学时受一名多明我会牧师感召,加入了多明我会。他的家人为此大为光火,强行把他带回家,要他改变主意。据说他的兄弟雇了一名妓女诱惑他,却被他用一根火棍赶了出去。据传他在梦中见到了天使,于是更加坚定了独身的信念。他的母亲最终认输,故意放他逃跑,这样就不会显得她对他妥协。

阿奎纳成了 13 世纪巴黎最具名望和影响力的大师（图 9.21）。他的智识影响远超巴黎大学的课堂，直至我们的时代。他在 1243 年加入多明我会。1245—1248 年，他和大阿尔伯特一道在巴黎和科隆学习，1258 年完成博士课程后成为神学大师。同一时期（约 1256—1259 年），他还在巴黎讲授神学。1259—1268 年他回返意大利，在奥维托（有段时间在宗教法庭）、罗马、那不勒斯授课写作。1268—1272 年他回到那不勒斯教书，主讲神学。两年后，他在赶赴法国里昂一次教会会议的路上离开了人世。

阿奎纳在不到 50 年的人生中，留下了大量神学、哲学和圣经研究作品。其杰作《神学大全》是他在罗马、维泰博、巴黎和那不勒斯四处奔走时创作的，尽管至死未能完成。其作品涵盖广泛，但他最感兴趣并研究一生的是一个基本问题：如何使人类学习所知之事（理性），与圣经揭示和教会教导的超自然事实（启示）协调一致？信仰主义认为信仰是绝对的，与人类的理性毫无关系（因为荒谬，所以信仰）；理性主义认为包括启示在内的一切都必须符合理性的检验。两种观点在中世纪都有热心的支持者，阿奎纳的办法是开辟一条中间通道。他试图阐明，人文科学、世间万物、理性，以及上帝揭示的神迹，在基于一个事实标准的基础上，可以实现某种和谐。

阿奎纳认为理性在看到真理的证据时，就会发现真理。思维在观察到足够的事实依据时，所下的判断就是真理。在证据的基础上，思维赞同真理。阿奎纳相信世上有足够的可观察到的证据，可证明上帝存在。为此，他提出了五条论据。但他认为这些论证对理解上帝而言只是管中窥豹。阿奎纳不相信仅凭推论就能发现或证明圣经中关于上帝的谜：上帝变成了人身的耶稣基督，或者上帝是三位一体的。这些事上帝必须直接告诉人们。人们相信这些不是基于事实，而是基于权威的上帝是这样说的。如果可以证实信仰中的神迹，那就不需要启示和信仰了。

因此，阿奎纳认为理性和启示之间有一种根本的联系。哲学完善人的认识能力，启示通过提供救赎和永生使人超越自我，不断完善。阿奎纳在《神学大全》开篇，对理性和启示的关系进行了阐述。

如今的我们阅读阿奎纳著作时，仍能感受他那探索真相的朴实而严谨的心。于朴实，他在进行哲学和理性论述时，没有任何文体修饰。于严谨，他坦言哲学和神学推理十分困难，不是无能和不爱动脑的人的消遣。阿奎纳也不仅仅是逻辑的机器。他有神秘主义气质。他去世前几个月，有时会放下手中的笔。当助手问他为何停止写作，阿奎那说他于祈祷和静谧中看到了异象，相较于此，他写的东西简直"一文不值"。他是罕见的智识与神秘的结合体。

阿奎纳在创作中沿用了希腊哲人亚里士多德的智识传统。他最初读到的亚里士多德作品是拉丁文版，译自西班牙南部和北非穆斯林学者翻译的阿拉伯文版本。后来他开始阅读由一位弗拉芒传道士和他的同伴穆尔贝克的威廉直接译自希腊文的版本。引用亚里士多德理论，在中世纪并不新鲜。不少阿拉伯学者，如阿维森纳和阿威罗伊，也都论述过亚里士多德哲学及其与宗教教义的关系。

阿奎纳的思想还有两点值得一提。第一，他的世界观是严格分等级的。万物在宇宙中各居其位，由其与上帝的关系决定。岩石是好的，因为它存在（在阿奎纳看来，存在即恩赐），但动物更好，因为动物有生命，因此拥有更多神性。以此类推，人类比动物更好，因为人类拥有思维和意志。天使更接近上帝，因为他们和上帝一样有纯洁的心灵。

分等级的世界观解释了阿奎纳的另一思维特性，也是中世纪思维的共性：涉猎广泛，知识渊博，综合万物。一切都是恰到好处的，有其位置、意义和真实性。一个人以什么都懂的样子谈论心理学、物理学、政治、神学和哲学，我们会觉得狂妄，正如一座建筑如果用古典、占星、圣经及日常生活符号共同装饰，我们会觉得太混杂。但这不符合 13 世纪的情况，因为当时的人们认为万物最终都指向上帝。

尽管阿奎纳通常被视为哲学家，但他将自己理解为圣经阐释者——"圣经大师"。和所有的大学讲师一样，他也有三个任务：阅读（圣经），辩论（使用逻辑和论据解决神学问题），讲道。我们在关注他的巨著《神学大全》时，也别忘了他还写过很多圣经长篇评论，并且编纂了早期圣经评论的选集。此外，至今人们还在传唱他创作的赞美诗。

13 世纪见证了两大推动力的兴起，它们将为中世纪后期的文化积蓄力量。它们是方济各的感化宗教和以阿奎纳等人为主的理智主义派别。两大推动力结合在一起，问鼎中世纪文化巅峰的巨著便问世了，那就是但丁的《神曲》。

总览　中世纪盛期

语言和文学

— 今天使用的欧洲语言起源于古法语和中古英语。

— 12 世纪的巴黎大学学者和大师云集，堪称黄金时期。

— 彼得·阿伯拉尔 1113 年开始在巴黎任教并遇上了赫洛伊丝。

— 游吟诗人和游吟女诗人创作的歌曲，内容多数是关于典雅爱情，有些是关于纵情酒色，还有些关于政治事务。

— 13 世纪是世俗诗歌的时代，包括戈利亚颂诗。

— 寓言诗歌《玫瑰传奇》于 1230 年由洛里斯开始创作，40 年后由默恩完成。

— 维拉尔·德·奥内库尔在 1235 年左右写了一本关于教堂建筑的笔记。

美术、建筑和音乐

— 哥特式风格开始于 1140 年苏歇主持修建圣丹尼斯教堂。

— 巴黎圣母院大教堂建于 1163 至 1250 年左右。

— 沙特尔大教堂毁于 1194 年的一场大火，重建于哥特式时期开始的时候。

— 沙特尔大教堂装有一扇花窗：《美丽窗户上的圣母》。

— 沙特尔大教堂南门走道间柱上的基督保佑朝圣者雕像刻于 1215 年左右。

— 沙特尔大教堂在 1215 至 1250 年左右安装了公会捐赠的花窗。

— 亚眠大教堂建于 1220 至 1269 年左右。

— 圣方济各祭坛于 1235 年建于意大利佩夏的圣弗朗西斯科教堂。

— 10 世纪出现了和音陪衬。

— 圭多·阿雷佐在 11 世纪发明了音乐符号，一直被沿用到今天。

— 游吟诗人和游吟女诗人创作了今天我们熟知的情歌。

— 巴黎圣母院学校是音乐学习和创作的中心。

— 13 世纪德国的游吟诗人十分兴盛。

— 13 世纪 50 年代，乐曲创作的主要形式是复调圣歌。

宗教和哲学

— 经院哲学诞生于 12 世纪早期。

— 迈蒙尼德 1190 年左右写下《迷途指津》。

— 圣方济各 1224 年左右写下《万物颂》。

— 托马斯·阿奎纳 1267 至 1273 年左右写下《神学大全》。

图 10.1 帕齐（Enrico Pazzi），《但丁》，1865 年。意大利，佛罗伦萨，圣十字广场。

第十章

14世纪：蜕变之时

导引

在佛罗伦萨巴杰罗美术馆礼拜堂的墙上，有一幅但丁肖像，是由他的朋友、14世纪意大利最著名的艺术家乔托所画。画中人一眼就能看出是但丁。这个形象大家已看过无数次：鹰钩鼻，结实突出的下巴，一身标志性的红色长袍和头罩。这幅画像可以追溯到13世纪，但丁生前所处的时期，16世纪艺术史上里程碑式的《艺苑名人传》的作者乔尔乔·瓦萨里告诉世人此为乔托所画。在他的"乔托传"中，瓦萨里记录了诗人和画家之间的关系，叙述了二人在帕多瓦的一次会面，但丁在那里看到了乔托正在进行的创作。但丁在自己举世闻名的作品《神曲》中对乔托的描述使其名垂千古，他认为相比这位功成名就的年轻画家，其师契马布埃的作品也相形见绌。正如但丁在诗中留下了乔托的名字，乔托也在画中留下了但丁的肖像。

这是任何佛罗伦萨导游都能讲述的故事，但几乎没有一处真实。艺术史家冈布里奇在一篇名为《乔托的但丁画像？》的学术论文中写道："但丁是近一千年来第一个一听到他的名字就能马上让人想到他生动形象的人。"冈布里奇对肖像的真实性进行了反驳，他提出几个世纪以来，但丁崇拜者一直按照巴杰罗美术馆这幅但丁肖像画的长相特征进行模仿，但这幅肖像所画之人根本不是但丁，也不可能出自乔托之手。这是一个错认身份的案例。冈布里奇把历史传奇与人们熟知的关于乔托、但丁的事迹以及14世纪前几十年的佛罗伦萨情况结合起来。甚至连但丁和乔托是否相识都变得不那么肯定了。

不管这两位人物与这幅画是否有关，我们对于他们本身及其历史地位又有哪些认识呢？在但丁写作的年代，乔托确实是佛罗伦萨（如果不是全意大利）最杰出的画家。他在艺术上的方法创新是基于对日常自然世界的细察，为在二维表面制造三维图像幻觉的创作技术奠定了基础，得益于此，在接下来两个世纪里，绘画艺术将提升到不可思议的高度。但丁的《神曲》是用意大利语写的，这是他家乡的日常语言，他被视为佛罗伦萨历史上最伟大的诗人，如果不是整个意大利。乔托的才华备受追捧，被小心保护，佛罗伦萨也委任他为首席大师，负责监督所有艺术和市政项目。他们担心乔托可能会离开这里，到别处工作。尽管但丁陷入了一场政治斗争，致其在 1301 年被逐出佛罗伦萨（他的《神曲》是在流亡途中所写，可能是想重获市政要员青睐），这座城市最终发布命令要公开朗诵这首诗，并在佛罗伦萨大教堂建了一个"诗人的角落"来纪念文学大师，但丁亦在其列。

关于巴杰罗美术馆的这幅肖像，所有迹象都指向这一结论：此画非乔托所作，画中之人也不是但丁。现在问题来了：为什么这幅标志性画像能一直留存？其作用何在？冈布里奇引用了老普林尼在《自然史》中关于图书馆里会悬挂作家肖像的描述："欲望让人们产生了并非真实所见的幻想，正如荷马的例子。因为我认为，最幸福的莫过于永远幻想着别人是何等相貌。"

14 世纪

14 世纪（常被称作 trecento，意大利语中意为"300"）常被史家描述为标志着中世纪结束和西欧文艺复兴开始的时代。如果接受这一特征描述，我们就该期待看到强烈的中世纪鉴赏元素，以及文化的"新生"（文艺复兴）的萌芽，这是 15世纪欧洲生活的标志。但中世纪与文艺复兴之间存在千丝万缕的联系，并极富戏剧性。历史阶段通常不会如史家所区分的那么明晰。也不该指望文化历史径直朝着更现代或更完美的方向发展。我们可以将 14 世纪的许多文化事件视为进步。其间也有过渡，结合了历史、传统和反叛的元素。但同时，也存在着制度

14 世纪

1299 年	1309 年	1378 年	1417
	教宗被囚于巴比伦	大决裂	
奥斯曼土耳其帝国建立。教宗卜尼法斯八世在罗马宣布了第一个大赦年（"圣年"）。法国国王腓力囚禁和虐待教宗卜尼法斯八世。	教宗开始被囚禁在阿维尼翁。已知最早的加农炮投入使用。英法百年战争。查理四世统治神圣罗马帝国。黑死病摧毁了西欧。英国在普瓦捷击败法国。法国下层阶级起义。勃艮第公爵菲利普二世统治。教宗从阿维尼翁返回罗马。	理查德二世统治英国。天主教会大分裂开始。英国农民起义。亨利四世统治英格兰。英国在阿金科特击败法国。康斯坦茨会议选举出教宗马丁五世，结束了天主教会大分裂。	

上的腐朽、暴力冲突以及自然灾害。

大分裂

罗马天主教会是中世纪生活中最强势、最持久的大型机构，其在14世纪经历了剧烈的变化——这些变化为16世纪初的宗教改革发出了遥远的警告信号。

有几个时间点暗示了这些变化的本质。1300年，教宗卜尼法斯八世在罗马庆祝了第一个大赦年。朝圣者和游客闻讯而来向教宗及其代表和领导的教会表示敬意。这一事件是欧洲生活及文化中教宗至上的最后象征性时刻之一。在接下来三年里，法国国王腓力将这位教宗囚禁在阿纳尼的教宗宫殿并对其进行虐待。他遭到毒打，几乎被处死，但几天之后被释放。他很快就死于肾结石，据说是受辱导致的。即使但丁对卜尼法斯憎恨至极，但教宗被侮仍让他愤怒无比。1309年，在法国的巨大压力下，教宗被转移到法国南部的阿维尼翁，并在那里待了将近70年。1378年，天主教会大分裂进一步削弱了教宗权力，罗马天主教会分裂出敌对阵营，有着各自的教宗。直到1417年，教会的分歧才得到弥合；教会委员会不得不废黜三位教宗才重新统一教会。

教会的混乱催生了对教会改革的更迫切要求。流行文学（如薄伽丘在意大利的作品和乔叟在英国的作品）辛辣讽刺了教会的堕落。伟大的圣徒，如神秘的锡耶纳的凯瑟琳（1347—1380年），就"巴比伦囚房"事件给阿维尼翁的教宗们写了慷慨激昂的信，要求他们回到罗马，摆脱法国君主制的政治束缚。在英国，威克里夫强烈抗议引发各阶层愤怒的高级神职人员的不道德行为及教会的腐败。威克利夫及其追随者激发了民众的激进主义，为1381年英国的农民起义添上了柴火。

1381年起义只是14世纪一系列下层阶级革命的最后一次。这些起义（如始于1356年的法国农民起义）的频率和规模突出了他们对该时期教会和贵族的严重不满。14世纪诞生了罗宾汉的故事，伴随着劫富济贫的主题，或许并非偶然。

百年战争

引发14世纪暴力行为的不仅有农民叛乱，还有法国和英国之间的百年战争。虽然普瓦捷会战、克雷西会战、阿金库尔战役等著名战役似乎离现在很遥远，甚至可能听起来有些传奇色彩，但他们给法国带来了巨大的痛苦。在战斗中，四处游荡的雇佣兵大肆掠夺以贴补薪酬。

战争非常残酷。据傅华萨记载，

克雷西战役（1346 年）后英王爱德华三世派人检查了战场，英国长弓手在战场屠杀了更多的法国传统武装和雇佣兵军队："他们在战场走了一整天并做了详细报告。战场上共有 80 面旗帜，死了 11 名王子、1200 名骑士和 3 万平民。"根据这一惨剧，巴巴拉·塔奇曼在自己描述 14 世纪法国生活史的著作《远方之镜》（1978 年）中，将此命名为"灾难性的 14 世纪"。

但是，两年后，在欧洲将会爆发比克雷西会战更大的灾难。

黑死病

在 1348 年中期，腺鼠疫——亦称"黑死病"——席卷了欧洲。鼠疫由跳蚤在黑老鼠身上传播，这些老鼠是商船上的常客。这种流行病可能导致欧洲人口死亡过半。它对贸易、文化和日常生活的破坏力大得让人无法想象。据估计，意大利一些城市仅在那一年就失去了三分之二的人口（见地图 10.1）。

地图 10.1　**黑死病**

著名意大利作家薄伽丘(1313—1375年)亲历了这场灾难。他的故事集《十日谈》就是以此为背景。一群年轻男女为躲避瘟疫逃离佛罗伦萨。在旅居乡村的两周时间里，他们靠讲故事打发时间。十个人每天轮流讲一个故事。由此产生了100个各具特色的民间故事，其中包括讽刺性寓言诗、劝谕性故事以及薄伽丘从欧洲口头与书面传统中挑选的浪漫故事。此书融浪漫元素、朴实与惊人的粗俗于一身，故有"人曲"之称，与但丁《神曲》的崇高道德基调形成对比。书中故事虽可能逗人开心，却与《十日谈》前言中描绘的可怕景象形成鲜明对比。薄伽丘的亲历陈述让人感到真实。生动的描述，让只有最基本医学常识及不知道疾病源头的人也能确切地了解到这场瘟疫究竟是怎么回事。

时代的声音

薄伽丘：黑死病的见证者

薄伽丘对黑死病死亡的描述构成了《十日谈》故事的序言。它反映了作者在1348年这一鼠疫年的个人经历以及关于鼠疫对人口的心理影响的思考。薄伽丘写道，当死神靠近时，有些人寻求无限的快乐，而另一些人则转向上帝寻求安慰。瘟疫的低语摧毁了公共秩序和家庭纽带。

给女士们的前言

……

意大利的城市中最美丽的城市——就是那繁华的佛罗伦萨，发生了一场恐怖的瘟疫。这场瘟疫不知道是受了天体的影响，还是威严的天主降于作恶多端的人类的惩罚；它最初发生在东方，不到几年工夫，死去的人已不计其数；而且眼看这场瘟疫不断地一处处蔓延开去，后来竟不幸传播到了西方。大家都束手无策，一点防止的办法也拿不出来。城里各处污秽的地方都派人扫除过了，禁止病人进城的命令已经发布了，保护健康的种种措施也执行了；此外，虔诚的人们有时成群结队、有时零零落落地向天主一再作过祈祷了；可是到了那一年的初春，奇特而可怕的病症终于出现了，灾难的情况立刻严重起来。这里的瘟疫，不像东方的瘟疫那样，病人鼻孔里一出鲜血，就必死无疑，却另有一种征兆。染病的男女，最初在鼠蹊间或是在胳肢窝下隆然肿起一个瘤来，到后来愈长愈大，就有一个小小的苹果，或是一个鸡蛋那样大小。一般人管这瘤叫"疫瘤"，不消多少时候，这死兆般的"疫瘤"就由那两个部分蔓延到人体各部分。这以后，病征又变了，病人的臂部、腿部，以至身体的其他各部分都出现了黑斑或是紫斑，有时候是稀稀疏疏的几大块，有时候又细又密；不过反正这都跟初期的毒瘤一样，是死亡的预兆。任你怎样请医服药，这病总是没救的。也许这根本是一种不治之症，也许是由于医师学识浅薄，找不出真正的病源，因而也就拿不出适当的治疗方法来——当时许许多多对于医道一无所知的男女，也居然像受过训练的医师一样，行起医来了。总而言之，凡是得了这种病、侥幸治愈的人，真是极少极少，大多数病人都在出现"疫瘤"的极短时间内就送了命……

活着的人们，每天看到这一类或大或小的惨事，心里就充满着恐怖和种种怪念头；到后来，几乎无论哪一个人都采取了冷酷无情的手段：凡是病人和病人用过的东西，一概避不接触，他们以为这样一来，自己的安全就可以保住了。有些人以为唯有清心寡欲，过着有节制的生活，才能逃过这一场瘟疫。于是他们各自结了几个伴儿，拣些没有病人的洁净的宅子住下，完全和外界隔绝起来。他们吃着最精致的食品，喝着最美的酒，但总是尽力节制，绝不肯有一点儿过量。对外界的疾病和死亡的情形他们完全不闻不问，只是借音乐和其他的玩意儿来消磨时光。也有些人的想法恰巧相反，以为唯有纵情欢乐、豪饮狂歌，尽量满足自己的一切欲望，什么都一笑置之，才是对付瘟疫的有效办法。他们当真照着他们所说的话实行起来，往往日以继夜地，尽情纵饮，从这家酒店逛到那家酒店，甚至一时兴来，任意闯进人家住宅，为所欲为。也没有人来阻拦他们，因为大家都是活了今天保不住明天，哪儿还顾得到什么财产不财产呢。所以大多数的住宅竟成了公共财产，哪一个过路人都

可以大模大样地闯进去，只当是自己的家一般占用着。可是，尽管他们这样横冲直撞，对于病人还是避之唯恐不及。

浩劫当前，这城里的法纪和圣规几乎全都荡然无存了；因为神父和执法的官员，也不能例外，都死的死了，病的病了，要不就是连一个手底下人也没有，无从执行他们的职务了；因此，简直每个人都可以为所欲为。

……

到后来大家你回避我，我回避你；街坊邻舍，谁都不管谁的事了，亲戚朋友几乎断绝了往来，即使难得说句话，也离得远远的。这还不算，这场瘟疫使得人心惶惶，竟至于哥哥舍弃弟弟，叔伯舍弃侄儿，姊妹舍弃兄弟，甚至妻子舍弃丈夫都是常有的事。最伤心、叫人最难以置信的，是连父母都不肯看顾自己的子女，好像这子女并非他们自己生下来似的。

因此许许多多病倒的男女都没人看顾，偶然也有几个朋友，出于慈悲心，来给他们一些安慰。不过这是极少数的；偶然也有些仆人贪图高额的工资，肯来服侍病人，但也很少很少，而且多半是些粗鲁无知的男女，并不懂得看护，只会替病人传递茶水等物，此外就只会眼看着病人死亡了。这些侍候病人的仆人，多半因此丧失了生命，枉自赚了那么些钱！

那些奶奶小姐，不管本来怎么如花似玉，怎么尊贵，一旦病倒了，她就再也不计较雇用一个男子做贴身的仆人，也再不问他年老年少，都毫不在乎地解开衣裙，把什么地方都在他

面前裸露出来，只当他是一个女仆。她们这样做也是迫于病情，无可奈何，后来有些女人保全了性命的，品性就变得不那么端庄，这也许是一个原因吧。有许多病人，假如能得到好好的调理，本来可以得救，现在却都死去了。瘟疫的来势既然这么凶猛，病人又缺乏护理，叫呼不应，所以城里日日夜夜都要死去大批大批的人，那情景听着都叫人目瞪口呆，别说是当场看到了。至于那些幸而活着的人，迫于这样的情势，把许多古老的习俗都给改变过来了。照向来的风俗说来（现在也还可以看到），人死了，亲友邻居家的女眷都得聚集在丧事人家，向死者的家属吊唁；那家的男子们就和邻居以及别处来的市民齐集在门口。随后神父来到，人数或多或少，要看那家的排场而定。棺材由死者的朋友抬着，大家点了一支蜡烛，拿在手里，还唱着挽歌，一路非常热闹，直抬到死者生前指定的教堂。但是由于瘟疫越来越猖獗，这习俗就算没有完全废除，也差不多近于废除了；代之而起的是一种新的风气。病人死了，不但没有女人们围绕着啜泣，往往就连断气的一刹那都没有一个人在场。真是难得有几个死者能得到亲属的哀伤和热泪；亲友们才不来哀歌呢——他们正在及时行乐，在欢宴，在互相戏谑呢。女人本是富于同情心的，可是现在为了要保全自己的生命，竟不惜违背了她们的本性，跟着这种风气走。再说，人死了很少会有十个邻居来送葬；而来送葬的绝不是什么有名望有地位的市民，却是些低三下四的

人——他们自称是掘墓者；其实他们干这行当，完全是为了金钱，所以总是一抬起了尸架，匆匆忙忙走起来，并不是送到死者生前指定的教堂，而往往送到最近的教堂就算完事。在他们前面走着五六个僧侣，手里有时还拿着几支蜡烛，有时一支都不拿。只要看到是空的墓穴，他们就叫掘墓人把死尸扔进去，再也不自找麻烦，郑重其事地替死者举行什么落葬的仪式了。下层阶级，以至大部分的中层阶级，情形就更惨了。他们因为没有钱，也许因为存着侥幸的心理，多半留在家里，结果病倒的每天数以千计。又因为他们缺乏适当的医治，无人看护，几乎全都死了。白天也好，黑夜也好，总是有许多人倒毙在路上。许多人死在家里，直到尸体腐烂，发出了臭味，邻居才知道他已经死了。城市里就这样到处尸体纵横，附近活着的人要是找得到脚夫，就叫脚夫帮着把尸体抬出去，放在大门口；找不到脚夫，就自己动手，他们这样做并非出于恻隐之心，而是唯恐腐烂的尸体威胁他们的生存。每天一到天亮，只见家家户户的门口都堆满了尸体。这些尸体又被放上尸架，抬了出去，要是弄不到尸架，就用木板来抬。一个尸架上常常载着两三具尸体。夫妻俩，或者父子俩，或者两三个兄弟合放在一个尸架上，成了一件很普通的事。人们也不知道有多少回看到两个神父，拿着一个十字架走在头里，脚夫们抬着三四个尸架，在后面跟。常常会有这样的事情发生：神父只道要替一个人举行葬礼，却忽然来了六七具尸体，

同时下葬，有时候甚至还不止这么些呢。再也没有人为死者掉泪，点起蜡烛给他送丧了；那时候死了一个人，就像现在死了一只山羊，不算一回事。本来呢，一个有智慧的人，在人生的道路上偶尔遭遇到几件不如意的事，也很难学到忍耐的功夫；而现在，经过了这场空前的浩劫，显然连最没有教养的人，对一切事情也都处之泰然了。每天，甚至每小时，都有一大批一大批的尸体运到全市的教堂去，教堂的坟地再也容纳不下了，尤其是有些人家，按照习俗，要求葬在祖茔里面，情形更加严重。等坟地全葬满了，只好在周围掘一些又长又阔的深坑，把后来的尸体几百个几百个葬下去。就像堆积在船舱里的货物一样，这些尸体，给层层叠叠地放在坑里。只盖着一层薄薄的泥土，直到整个坑都装满了，方才用土封起来。

……

牛、驴子、绵羊、山羊、猪、家禽，还有人类的忠诚的伴侣——狗，被迫离开圈栏，在田里到处乱跑——田里的麦早该收割了，该打好收藏起来了，却没有一个人来过问一下。这些牲口，有许多好像富有理性似的，白天在田野里吃饱了草料，一到天晚，虽然没有家人来赶，也会自动走回农庄来。

让我们再从乡村说回到城里吧。其实除了说天主对人类真是残酷到极点，还能怎么说呢（当然有些地方也得怪人类太狠心）？由于这场猛烈的瘟疫，由于人们对病人抱着恐怖心理，

不肯出力照顾，或者根本不管，从三月到七月，佛罗伦萨城里，死了十万人以上。在瘟疫发生之前，谁也没想到过城里竟住着这么多人。唉，宏伟的宫室，华丽的大厦，高大的宅第，从前达官贵妇出入如云，现在却十室九空，连一个最低微的仆从都找不到了！有多少显赫的姓氏、巨大的家产、富裕的产业遗下来没有人继承！有多少英俊的男子、美丽的姑娘、活泼的小伙子（就连盖伦、希波克拉底、伊斯克拉庇斯都得承认他们的身子顶结实），在早晨还同亲友们一起吃点心，十分高兴，到了夜里，已到另一个世界去陪他们的祖先吃晚饭了。

[译注] 引自卜伽丘，《十日谈》，方平、王科一译，上海：上海译文出版社，2006。

文学

当我们回顾 14 世纪，很容易就会对当时欧洲人经历的自然、政治和宗教等悲剧感到不胜悲哀。同样，提到 20 世纪，我们会关注世界大战、大萧条、艾滋病等。但这两个世纪也是文化发展和人才辈出的世纪。14 世纪最伟大的文学人物但丁在世纪初的写作，带读者开启一段旅程，其体验与即将到来的世纪有些相似：从地狱的深渊到天堂的光辉。但丁去世时（1321 年），他在文坛的地位已是不可撼动，意大利语也因另两位杰出的托斯卡纳作家而名声愈广：诗人彼特拉克和以《十日谈》闻名的薄伽丘。在英国，活跃着史上最伟大的英语作家之一——乔叟。他的一生横跨 14 世纪下半叶，并于 1400 年去世，很有象征意味。

但丁

但丁（1265—1321 年）是佛罗伦萨人，但他深受当时源自巴黎的思潮影响。作为生活安乐的青年，他投身于严格的哲学和神学研究，以提升自己的文学能力。他的著作表明他热衷于研究。其著述论及语言的起源和发展（《论俗语》）、政治理论（《帝制论》）、广义上的知识（《飨宴篇》），以及他自己的诗歌抱负（《新生》）。他的代表作是《神曲》。图 10.2 概括了但丁的地狱、炼狱和天堂概念。

图 10.2　**但丁《神曲》的架构**

"地狱篇"

中立者接待厅

第一层	有德的异教徒（林勃）
第二层	淫邪者
第三层	贪食者
第四层	贪婪浪费者
第五层	易怒者
第六层	异端
第七层	对他人、自己、上帝、自然和艺术施加暴力者
第八层	欺骗他人者（细分为 10 恶囊，每一囊独居在一道深沟中）
第九层	背叛者。欺诈之湖中包含了该隐环（叛卖亲属者）、安特诺尔环（叛卖国家者）、托勒密环（叛卖宾客者）、犹大环（叛卖恩人者）。撒旦被囚禁在这层的冰湖中央

"炼狱篇"

炼狱：被逐者、懒惰者、有罪者和渎职的统治者

炼狱山的梯田
骄傲者
嫉妒者
愤怒者
懒惰者
贪婪者
暴食者
淫荡者
尘世中的天堂

"天堂篇"

月亮	变幻无常的忠实者
水星	野心损伤事工
金星	爱被欲望玷污
太阳	智慧；神学家
火星	勇气；正义勇士
木星	正义；伟大的统治者

土星	节制；冥思者和神秘主义者
恒星	得胜的教会
原动天	天使团
最高天	天使、圣者、圣母和三位一体

1300 年，但丁因政治原因被逐出佛罗伦萨。在意大利北部痛苦流放期间，他创作了一首长诗，并取了一个讽刺的标题：但丁的喜剧，一个出生在佛罗伦萨却不是佛罗伦萨作派的人。但丁称自己的诗为喜剧，因为正如他所指，诗中有一个快乐的结局并且使用了意大利语这种通俗语言，而不是拉丁文书面语。下一代的薄伽丘在佛罗伦萨讲授这首诗并为但丁著写了第一本传记，根据薄伽丘的说法，"神"这一词是后来加上去的。

《神曲》叙述了一段具有象征意义的旅程，诗人从 1300 年的耶稣受难日出发，通过地狱、炼狱和天堂（图 10.3）。但丁旅程的前两部分由古罗马诗人维吉尔引导。《埃涅阿斯纪》给予但丁重大的启发，他特地借用了其中的第六卷，讲述了埃涅阿斯在地狱的见闻。从炼狱之巅的边界到天堂的顶端，但丁瞥见了"光之静止点"，那就是上帝，但丁的向导是比阿特丽斯，这是他

图 10.3　米切利诺，《但丁〈神曲〉启迪佛罗伦萨》，1465 年。壁画，232×290 厘米。意大利，佛罗伦萨，圣母百花大教堂。佛罗伦萨大教堂里的纪念碑就是用于纪念但丁对佛罗伦萨的意义。他手里拿着打开的书本，以手势向人示意，他站在地狱和城墙之间，身后可见佛罗伦萨大教堂和领主广场塔。中间的是炼狱山，以七层梯田象征七宗罪。其在壁画中居于突出位置，代指但丁攀上炼狱通往天堂以及佛罗伦萨上升到精神启蒙阶段。

在年轻时深情爱恋（柏拉图式）的少女。

《神曲》由 100 节诗章组成，架构非常严谨。地狱篇的第一节是对整首诗的介绍。然后三大篇（地狱篇，炼狱篇，天堂篇）各有 33 章节。这首诗使用三行诗节押韵法（aba，bcb，cdc，等等），由于缺乏相对的押韵词，所以很难在英语中转译。每组三行被称为三连音。可研究意大利语版的第一个三连音。第一个三连音（aba）中 Vita 与 smarrita 押韵。然后，在第二个三连音（bcb）中，oscura 与 dura 以及 paura 押韵。依此类推，第三个三连音的第一和第三行将与 forte 押韵。

当你聆听这首诗的意大利语版，即使听不懂，也很快就会发现它独有的优美形式，这种形式美无法转译成英语，只能意译。

数字 3 及其倍数，象征着三位一体，一遍又一遍出现。地狱被分为 9 个区域和 1 个前厅，炼狱中也是相同数字。天堂包含托勒密天动学说中的九重天，以及最高天——天府。这种组合与全诗 99 个诗章再加 1 篇序言的结构吻合。地狱的罪人分布是根据他们是否犯了无节制、暴力或欺诈之罪（源自亚里士多德《伦理学》中的划分），炼狱里的渴求灵魂则根据他们在爱欲之事上的表现以三种不同方式划分。在天堂得救的灵魂被分成俗人、活跃者和冥思者。天使最接近神之座，表现为天环，分 9 级。

但丁对象征意义的兴趣甚于他对数字的精心布控。地狱的罪人受到的惩罚具有象征意义；他们遭受的苦难也是惩罚。贪食之人生活在泥坑中，受风吹雨打；阿谀奉承者都泡在污水池中，而奸淫者则行走在滚烫的绵延沙漠中，这里的环境非常贫瘠，正如他们对爱的不餍足。

第三歌讲述了诗人的地狱之旅，以及大门上的石刻铭文。其中第 9 行是诗歌史上最著名的诗句之一。

阅读材料 10.1 但丁

《神曲》地狱篇，第一歌，昏暗的迷失森林，1-6 行

就在我们人生旅程的中途，
我在一座昏暗的森林之中醒悟过来，
因为我在里面迷失了正确的道路。
唉！要说出那是一片如何荒凉、如何崎岖、
如何原始的森林地是多难的一件事呀，
我一想起它心中又会惊惧！
这一个幸福的国土，这一个英格兰。

[译注]引自但丁，《神曲》，朱维基译，上海：上海译文出版社，2007。下引《神曲》均为此本。

阅读材料 10.2 但丁

《神曲》地狱篇，第三歌，地狱之门，1-9 行

"从我，是进入悲惨之城的道路；

从我，是进入永恒的痛苦的道路；
从我，是走进永劫的人群的道路。
正义感动了我的'至高的造物主'；
'神圣的权利'，'至尊的智慧'，
以及'本初的爱'把我造成。
在我之前，没有创造的东西，
只有永恒的事物；而我永存：
你们走进这里的，把一切希望捐弃吧。"

阅读材料 10.3　但丁
《神曲》地狱篇，第五歌，第二层，
49—69 行

（我看到那些幽魂那样来到，哀哭
着，）
为搏斗着的风所卷来；
我说道："夫子，这些人是谁，
他们这样地为厉风所抽打？"
于是他回答："你想要知道的
这些幽魂中的第一个，
是统治许多种族的女皇。
她在穷奢极欲中变得那么无耻，
在敕令中把荒淫视同法律，
以摆脱她所遭到的指摘。
她是塞密拉密斯，我们读到
她是尼那斯的妻子和继承者；
她保有苏丹王所统治的国土。
那另一个是在爱情中自戕，
对西丘斯的尸灰失节的女人；
随后来的是淫荡的克娄巴特拉。
看海伦娜，为了她，那灾难的年月
持续到这样长久；再看那伟大的
阿基利，他最后和爱搏斗；
看巴里斯，屈烈斯丹"；他又指给我看
千余个阴魂，而且用手指指着，
告诉我因爱而离开人世的人们的名字。
你们走进这里的，把一切希望捐弃
吧。"

相反，在天堂，神佑者居于象征其美德的环圈之内。神学家在太阳环圈中，因为他们启迪了世界，神圣战士则居住在火星领域内。

《神曲》里有各色各样的神话和历史人物。可以看到在地狱第二层的人纵情欲海。因此，他们受到的惩罚是永世被暴风雨冲击。但丁向维吉尔一一询问了事由。

随后，但丁看到保罗和弗朗西斯卡这一对情人风雨飘零。弗朗西斯卡（1255—1285 年）是但丁的同时代人物，她的父亲圭多在与马拉泰斯塔家族交战时，试图把她嫁给乔凡尼·马拉泰斯塔来求和。乔凡尼身体有残疾，圭多知道弗朗西斯卡不会同意这场婚事，因此让乔凡尼英俊的弟弟保罗冒名顶替。弗朗西斯卡爱上了保罗，他们在阅读兰塞罗特和桂妮维亚的故事时难掩心中激情并发生了关系。这段关系被乔凡尼发现了，他在他们忏悔之前就将他们杀害，因此他们来到了地狱的第二层。在接下来的段落中，但丁在弗罗西斯卡和保罗游荡时与她对上话，"若不能同死，"弗朗西斯卡说，"那活在人间也是地狱。"这一篇章的关注点就是他对这一对情侣的诗意叙述。

通过观察作为"痛苦的宇宙之王"（地狱篇，第 34 歌，痛泣之河，

阅读材料 10.4 但丁

《神曲》地狱篇，第五歌，第二层，124-140 行

有一天，为了消遣，我们阅读
兰塞罗特怎样为爱所掳获的故事；
我们只有两人，没有什么猜疑。
有几次这阅读使我们眼光相遇，
又使我们的脸孔变了颜色；
但把我们征服的却仅仅是一瞬间。
当我们读到那么样的一个情人
怎样地和那亲切的微笑着的嘴接吻时，
那从此再也不会和我分开的他
全身发挥地亲了我的嘴：这本书
和它的作者都是一个'加里俄托'；
那天我们就不再读下去。"
当这个精灵这样地说时，
那一个那样地哭泣，我竟因怜悯
而昏晕，似乎我将濒于死亡；
我倒下，如同一个尸首倒下一样。

阅读材料 10.5 但丁

《神曲》天堂篇，第 33 歌，最高天，97-108 行

我的完全在休止状态中的心灵，
就这样固定不动，专心致志地
凝望着，而在凝望时辉煌起来。
因为人在那辉煌灿烂的光明前，
会变成这样，他永远不可能
从那里移开眼光去看另外的景象。
因为善，那意志所追求的目标，
完全集中在那光明里，在它之外
有缺陷的东西，一到里面就成完整。
如今我的语言甚至无法表达
我能记起的事情，简直比不上
一个还在用乳汁滋润舌头的婴孩。

28 行）的撒旦，可以了解到但丁作品中有着极为密集和复杂的象征意义。我们对撒旦的通常印象是一个狡猾的诱惑者（在大众艺术中，他经常着正装并轻声低语哄骗受众，身上带着一丝硫磺的味道），接近弥尔顿《失乐园》中骄傲的、带有不服输的悲剧英雄气质的撒旦形象。对但丁来说，撒旦是一个庞大而愚蠢的野兽，被冰封在地狱深渊的冰湖里。他打败了蝙蝠状的六翅怪兽（他的天使之身还有恶魔残留物；见《以赛亚书》6：1-5），试图逃离四条地狱之河注入的冰湖。他是一只三头怪物（对三位一体的拙劣模仿），不断流涎的口中还在无情地咀嚼着三个臭名昭著的叛徒尸体（犹大、卡西乌斯和布鲁图斯）。

但丁为何把撒旦描绘得如此怪异？显然，他借鉴了佛罗伦萨洗礼堂的拜占庭镶嵌画。此外，整个架构都颇具象征意味。撒旦位于冰冷的黑暗中，在宇宙的某个点上，远离上帝的温暖和光明。他是堕落的光天使（他的另一个名字路西法意为"光之使者"），如今被困于其从天堂跌落形成的深坑中。与上帝是万物的原动力相反，撒旦是不动的。撒旦词不达意，因为他所代表的地狱灵魂失去了但丁所谓的理智之善。撒旦和地狱的所有灵魂将永

不餍足，因为他们切断了与理智理解和满足感的终极来源即上帝的联系。与托马斯·阿奎那一样，对但丁而言，与上帝的智慧隔阂，本质上就是一种"罚入地狱"。这种隔阂在撒旦的例子中最为明显，因为撒旦象征着理性的丧失。

但丁追随阿伯特·苏歇和托马斯·阿奎纳的思想，认为人类进程是通过世间万物来接近上帝之纯粹这样一个缓慢上升的过程；安于失去上帝的处境，意味着无法返回生命的自然源头。在《神曲》中，光是一个关键主题。但光或光源（即太阳）在"地狱篇"中均未被提及。此篇中压倒性的视觉印象是黑暗，这种黑暗从第一卷但丁迷失在"黑暗森林"中起，一直持续到他爬出地狱见到南半球的星星（《神曲》三部曲均以星星结尾）。随后在炼狱之山的攀登途中，日光和日落控制着画面的主题，象征着对神圣之光的接受和拒绝。在"天堂篇"，有福者沐浴在来自上帝的反射光中。在此篇高潮部分，诗人瞥见了化身为光点的上帝，他模糊地认识到，上帝是一切认知的源头，是移动"太阳和其他星辰"的力量。这种体验难以言喻。

但丁在作品中进行了广泛的哲学和神学阐述，同时也浓墨重彩地刻画了令人难忘的人物形象：不幸的恋人保罗和弗朗西斯卡——每段讲述他们爱情故事的三行诗都以"爱"一词起头；傲慢的政治领袖法利纳塔·德里·乌贝尔蒂；可怜的自杀者皮埃尔·德拉·维涅亚；以及贪食者恰科。不管是被诅咒、忏悔还是被拯救，书中角色在象征符号与人之间转换。圣彼得不仅代表了天堂里的教堂，而且还在教堂被滥用时像人一样爆发了激烈的愤怒。"地狱篇"里的带着"棕色烙印"的布鲁内托·拉蒂尼是一名可耻的鸡奸者，但他却渴望后人记住他的文学成就。

《神曲》的综合性一直是现代读者的主要障碍。在此障碍之上的是但丁所注目的理智世界与我们所处世界的格格不入：它以地球为中心，小且易于管理，有着明确的是非观、正统的神学、前科学时代的观点及亚里士多德式哲学。因此，但丁不仅被尊为学识渊博的中世纪学者，还如艾略特所说，是一位全才诗人。他对人类抱负、爱恨情仇、自然与历史意义深有感触。

彼特拉克

彼特拉克（1304—1374 年）的一生跨越了大半个世纪，从他的生活中，我们看到了早期文艺复兴思想与中世纪思想之间的矛盾。

彼特拉克出生于佛罗伦萨东南部小镇阿雷佐。遵从父母意愿，他年轻时去法国学习了一年法律，并在博洛尼亚的法律学校学习了 3 年。在他父亲去世后，他马上放弃法律学习，转而追求文学事业。为了养活自己，他接受了一些小型教会的职位，但从未被任命为牧师。

彼特拉克在阿维尼翁安了家，但他大部分时间都在外面不同的地方游历，因此有人称他为第一位真正的旅行家。他永远无法安定下来，所以任何报酬丰厚但需要他长期停留的工作他都无法接受。多位阿维尼翁教宗邀请他去做秘书，还有人请他的亲密朋友薄伽丘游说他去佛罗伦萨担任教授，他都没有接受。

彼特拉克总是对万物充满好奇。他在欧洲各个修道院搜寻并抄写尘封的和鲜有人阅读的古代手稿，满足自己对古典文学的热爱。据说到他去世的时候，他的藏书库已能进入欧洲最珍贵图书馆之列。他写了大量的诗歌和散文，与人广泛通信，为当时的统治者们提供建议，他热爱园艺，广结文学和艺术界的朋友。他还收藏着当时最具影响力的艺术家西蒙·马丁尼和乔托的画作。1348 年，彼特拉克被封为罗马桂冠诗人，这是自罗马时代以来第一位被授予该荣誉的艺术家。

文艺复兴的标志之一，是对自我的强烈兴趣和对个人声名荣誉的渴求。就此而言，彼特拉克无疑是 14 世纪的先驱。但丁的《神曲》指向来世，认为灵魂的至高境界是永沐在上帝的光辉之中。彼特拉克也很虔诚，从未否认此种境界是生命的终极目标。但其作品同时表现出在追求这一目标与追求尘世功名之间，人内心的不安。在他 1343 年写就的散文作品《秘密》中，他想象自己与圣奥古斯丁对话。在这场别样的自我忏悔和自我审视的对话中，彼特拉克讨论了他道德和智识上的失败，他的过失，以及他易于沮丧的倾向。奥古斯丁认为彼特拉克不应太关注自己的智识成果以及它们带来的名望，而应更多关注灵魂的救赎和精神的完美。彼特拉克对自己偶像的话表示赞同。但他的回答仍反映出矛盾的心态："我将尽可能忠于自己。我将振作起来，收集我零散的智慧，努力耐心地拥有自己的灵魂。但在我们交谈的时候，尘世还有很多重要的事情在等着我去关注。"

《秘密》的灵感来自奥古斯丁的《忏悔录》，彼特拉克非常喜爱此书，一直随身携带。他很可能以此为模本写了《致后人书》，为数不多的后奥古斯丁时代存世自传之一。彼特拉克撰写自传，表现出对自己作为人的强烈兴趣。这封"信"可能是在他去世前一年（1373 年）写就的。信中回顾了他直到 1351 年的生活，然后猝然中断。这一未完成作品清楚地证明了彼特拉克对学术、声名和自我意识的渴望。同时，值得注意的是，他没有提及 1348 年的黑死病，这是他所爱女子的死因。《致后人书》是识别 14 世纪文艺复兴萌芽的重要文献。

彼特拉克最看重自己的拉丁文著作，为此用心竭力，还有意识模仿了他崇拜的古典大师奥维德、西塞罗和维吉尔。如今只有文学专家或考古学家可能会读他的拉丁文史诗《阿非利加》（仿写《埃涅阿斯纪》），或他赞美已故世界级大师的散文作品《名人传》，或他沉思冥想生活好处的作品《独处记》。彼特拉克的文学声誉源于他无可比拟的白话诗，他虽认为这些落了下乘，却也细心收入到他的《歌集》当中。《歌集》包含 300 多首十四行诗和 49 首意大利文歌曲，均是他成熟时期所创。

彼特拉克大部分诗歌的主题都是表达对劳拉的爱意。1327 年，他在阿维尼翁教堂对她一见钟情。1348 年，劳拉死于黑死病。彼特拉克为她创作的诗歌，分为她在世时

对她的表白，以及她去世后对她的悼念。他在 300 多首十四行诗中倾注了自己对劳拉的爱，这些诗通常为前八行加后六行式结构。尽管他们从不是真正的恋人（彼特拉克在《秘密》中说，诗更多是为她而不是为自己所写；劳拉是有夫之妇），但劳拉不只是一个文学形象。她是彼特拉克真正深爱的有血有肉的女人。事实上，他的诗歌的特点之一就是把劳拉刻画得活灵活现，所以劳拉不会像但丁笔下的爱人比阿特丽斯一样，成为一个没有真实感的象征人物。

人们对彼特拉克十四行诗的兴趣并没有随着他的死亡而消逝。14 世纪末，彼特拉克风，即彼特拉克十四行诗体，开始兴盛于欧洲其他地方那些以赞美女性为主题、将她们赞为人类之美的完美体现、爱之最高表达的对象的诗，尤其受到追捧。在英格兰，彼特拉克的十四行诗最初是由托马斯·怀特爵士在 16 世纪早期开始模仿的。尽管伊丽莎白时代的诗人最终发展出了他们自己的十四行诗，但英国文艺复兴时期的诗歌，例如菲利普·西德尼爵士（1554—1586 年）、埃德蒙·斯宾塞（1552—1599 年）和威廉·莎士比亚（1564—1616 年）的诗歌，在很大程度上借鉴了彼特拉特的模

式。他们的十四行诗参照了彼特拉克的诗歌，用一系列十四行诗来描述诗人与爱人的关系进展。

请注意押韵格式 abba、abba、cdc、efe。彼特拉克的十四行诗前八行有相同的韵律，后六行的韵律则各不相同。后六行的前三行通常反映了这首诗的主题，后三行构成一个收尾。

阅读材料 10.6　彼特拉克

《歌集》，第 14 首十四行诗

一个白发苍苍面色憔悴的老叟
离开如同蜜浆浸润过的故乡，
家里人为他送行，迷惑地看着他那
也许再也不能回来的身影消失在远方；
这是生命将尽的垂暮时光，
他拖着老迈的身躯，注铅的脚掌，
在愿望的支撑和引导下不停地前进，
由于年老体衰和路途遥远而一步一晃；
到了罗马去朝圣，他要实现自己的理想：
亲眼目睹一下在天堂的圣殿里
才能看到的上帝的尊容，神圣的模样。
我虽不是老叟，却也时常在寻寻觅觅，
在千千万万个女性中间寻找和捕捉
我那日思夜想、铭刻在心的面庞！

[译注] 引自彼特拉克，《歌集》，李国庆、王行人译，广州：花城出版社，2000。下引《歌集》均为此本。

乔叟

尽管在 14 世纪的彼得拉克和其他意大利作家的作品中，可以看到

阅读材料 10.7　彼特拉克

《歌集》，第 18 首十四行诗

我常常因为没有能够用自己的诗篇
去赞美您的容貌而感到愧疚和羞惭。
记得我第一次目睹您芳颜的那一天
您是那样的容光焕发，令群芳称羡！
我无法颂扬您，自感才华有限，
有心赞美您，却又捉襟见肘，勉为其难，
所以每当我思量我才能的时候，
我写着写着便不由自主地停住了笔端……
有好几次，我已经张开嘴巴，
但声音却在胸膛里来回打转，
揣摩着用什么声调才能讴歌您的美艳，
我几次提笔在手对您礼赞，
但我的笔，我的手，我的心，我的头，
却在动笔之初就感到气馁，而终难成篇。

文艺复兴精神的起源，但一些学者认为该世纪最伟大的英国作家乔叟（1340—1400 年）仍然反映了刚刚逝去时代的文化。可以认为，彼特拉克的新个人主义精神在乔叟身上并没有那么明显，尽管读者可以在《巴斯妇的故事》中读到一个最为细致刻画的个体。在 15 世纪后期，受到意大利的强烈影响，英国掀起了一场朝向文艺复兴的运动。

乔叟的一生尚未被研究透。只知道他出生于大红酒商兼酿酒人之家，早年为皇室服务，后成为国王爱德华三世的侍从。1373 年后，他为国王承担了各类外交任务，包括至少两次去意大利洽谈商业合同。

在这几次意大利之旅中，乔叟接触到但丁、彼特拉克和薄伽丘的著作。有些人猜测他与彼特拉克见过面，但证据不足。在人生的最后几年，乔叟在泰晤士河伦敦港做海关代理。因此，他从来没做过悠闲的文人；作为一名高级公务员，他的写作肯定是在繁忙公务的间歇完成的。

与其他许多中世纪晚期成功作家一样，乔叟对时代的学术文化涉猎广泛。这个时代，一个人尚可能读完大部分有价值的著作。乔叟能够说写流利的法语，其诗歌表现出法国寓言和梦幻诗的影响。其作品对但丁和彼特拉克的借鉴，以及对薄伽丘《十日谈》故事的引用（是否直接引用尚不清楚），表明他对意大利文学也十分熟稔。乔叟还对拉丁文学颇为精通，不管是古典还是宗教著作。其文学作品并不限于诗歌。他参考此前法文译本，翻译了波爱修斯用拉丁文写的《哲学的慰藉》和 13 世纪法文情爱寓言叙事诗《玫瑰传奇》。他还写了一篇关于星象及其与天文学和占星学关系的论文（这两门学科当时未完全分科）。

乔叟学识之广令人惊叹，但仍不及他最为人所称道的才华：他热衷于使用英语进行文学创作，他努力扩展语言范围（唯有莎士比亚能超过乔叟丰富的词汇量），他在观察人类这门艺术上有着无与伦比的才能。他笔下的角色被公认为英语文学的标准类型：售卖免罪符者是让人印象深刻的恶棍，骑士是礼貌的典范，巴斯妇是放荡女人的代表。

这些角色都出自乔叟于 1385 年后开始创作的《坎特伯雷故事》。为了把诸多故事串联起来，乔叟用了一个典型的文学手法，即叙事框架，此书中即是旅者在旅程中讲故事取乐。薄伽丘在《十日谈》中也用了类似手法。

乔叟计划安排 30 位朝圣者从伦敦出发前往坎特伯雷的圣托马斯·贝克特圣地，然后返回。在总序之后，每一位朝圣者都会在朝圣途中讲两个故事，在返程中再讲两个故事，让自己更愉快地度过漫长的旅途。在故事之间，他们可能会进行简单的谈话，或者发表他们自己的言论，以便将故事进一步统一成整体。

乔叟没有完成这个雄心勃勃的计划；《坎特伯雷故事》写到一半他便去世了。现有的版本有一个总序（图 10.4），在总序中，乔叟这位叙述者介绍了各个朝圣者，描述了他在伦敦的塔德旅店与他们的会面，以及旅程的开始。在 30 名朝圣者中，只有 23 人讲述了他们的故事（且都只讲了一个故事），他们也没有到达坎特伯雷。甚至有证据表明，我

图 10.4 乔叟，《坎特伯雷故事》总序，手稿，约 1450—1460 年。英国，伦敦，不列颠图书馆。乔叟所有作品的复本都是手写的，因为还要经过 50 年才会出现印刷。在这个抄本中，书法文字被色彩绚丽的彩色边框围绕着。

们现有的故事素材在当时并不是以现在的形式发表的。

《坎特伯雷故事》尽管是一份未完稿，却具有无与伦比的文学和社会价值。例如，细读总序，会发现有限但典型的中世纪社会局部剖面图（不曾出现比农夫地位更低、比骑士地位更高的人），轻松带我们进入中世纪晚期英格兰的复杂世界。乔叟以灵动老练的笔触，创造了典型而又真实的人物形象，也刻画了日益没落的骑士制度世界：这个世界充满反差，例如圣职人员的癖好、对知识的渴望、底层社会的

粗鄙品位，以及对哲学对话的喜爱。

总序采用了游吟诗人常用的文学惯例，将故事设定在春天开始的时候，那时万物复苏，湿润的大地散发出沁人心脾的芬芳。《坎特伯雷故事》是用抑扬格五步诗中的押韵双韵体写成，这种诗歌格律包含五个韵脚，每一个韵脚都包含一个没有重音的音节，后面跟着一个非重音音节。乔叟通常在每行结尾加一个额外的无重音的音节。例如，第 2 行中重音的结构（我们修改了拼写方式，以使这一行的重音结构更加清晰）：

三月里的干旱湿进根子去（The dróught of March hath píerc-ed tó the róot-eh）。

第一行跳过了最初的轻音节，用一个重音音节开始这首诗。因为现代译本并没有抓住原作的声音和韵律，所以使用中古英语的原本会更原汁原味。

总序之后，各个成员开始自我介绍并讲述故事。故事间穿插着闲聊或冗长的开场白。这些故事表明乔叟吸收了众多文学精华，无论是书面文学还是口头文学，都是中世纪文化的共同遗产。骑士讲述了典雅爱情故事；磨坊主和镇长讲述的故事来自当时的粗鄙讽刺寓言诗传

统；卖免罪符的人讲述的是中世纪的牧师都会讲的故事；女修道院院长描绘了圣人的传说；修女牧师讲述了动物寓言；牧师最特别，他做了一个中世纪散文风的冗长布道。

在一些地方，如在巴斯妇故事的序言中，我们看到了乔叟对所处时代一些问题的延伸思考。巴斯妇在开始讲故事的时候，阐述了为何悠久的厌女传统是不公正的，并且与真正的基督神学背道而驰。她也强烈恳求将性关系视为上帝赐予的善。在 21 世纪，这对我们而言不值一提，但在一个重视禁欲的时代（如对修道士、修女、神父），这是一次富有勇气和魅力的挑战。

克里斯蒂娜·德·皮桑

皮桑（1365—1428 年）是中世纪晚期文学的杰出人物，是欧洲历史上最先依靠写作谋生的先驱女性作家之一。

克里斯蒂娜出生于威尼斯，幼时便随父亲托马斯·德·皮萨诺来到查理五世法国宫廷。托马斯是国王的医生、占星家和亲密的顾问。他显然使女儿受到了全面教育：她能够用意大利语和法语写作，可能还会阅读拉丁文。15 岁时，她嫁给来自皮卡迪的年轻贵族艾蒂安·杜·卡斯泰尔。同年（1380 年），

阅读材料 10.8　乔叟

《坎特伯雷故事》总序, 1—10 行, 16—18 行

当四月带来阵阵甘美的骤雨
让三月里的干旱湿进根子去，
让浆汁滋润草木的条条叶脉，
凭其催生的力量使百花盛开；
当和风甜美的气息挟着生机
吹进树林和原野上的嫩芽里，
年轻的太阳也已进入白羊座，
把白羊座里的一半路程走过；
当这大自然拨动小鸟的心灵，
让它们夜里睡觉也睁着眼睛，
让它们白天啼唱动听的歌声；
这时候，人们也就渴望去朝圣，
游方僧和香客就去异地他乡，
去远方各处知名的神龛圣堂。
英格兰各郡无论是东西南北，
人们特别要去的是坎特伯雷，
去拜谢荣登天堂的殉难圣徒，
因为人们有病时他给予救助。

[译注] 引自杰弗里·乔叟，《坎特伯雷故事》，黄杲炘译，上海：上海译文出版社，2013。

查理五世去世，她的家庭因失去皇家资助而举步维艰。5 年后，克里斯蒂娜的父亲和丈夫双双去世，留她独自照顾母亲、侄女和三个年幼孩子。为了维持这个大家庭，克里斯蒂娜做出了一个当时女性闻所未闻的举动：写作，并靠写作谋生。

1399—1415 年间，克里斯蒂娜写了 15 本书，正如她的一位译者指出，在没有打字机和文字处理软件的时代，这是一个惊人纪录。1399 年，她参与了一场关于《玫瑰传奇》

阅读材料 10.9 皮桑

摘自《妇女城》第 30、36 章

第 30 章：

　　萨福身材美丽，面容姣好，她的相貌、举止和言谈无不令人愉悦。然而，在她具有的魅力中，最吸引人的是敏锐的理解力，因为她精通好几门艺术和科学，不仅受到了很好的教育，学习了其他人创作的作品，而且还亲自发现了许多新东西，写了许多书和诗歌。关于她，薄伽丘用诗一般美妙的语言，礼貌地说道："萨福虽然身处那些野蛮而无知的男人之间，但却很睿智，热切渴望不断地学习新知识。她经常光临帕尔纳索斯山的顶峰，也就是说，她经常进入完美学习的最高境界。她勇敢、大胆，一直有幸与缪斯女神为伴，也就是说，她进入了艺术和科学的殿堂，从不曾被拒绝过。她走入枝叶繁茂、翠绿欲滴的桂树林中，那儿是语法、逻辑、高贵的修辞、几何学和数学诸神生活和休闲的场所，到处盛开着五颜六色的鲜花，遍地是各种各样芬芳馥郁的香草，空气中弥漫着淡淡的香味。她穿过这片树林，继续往前走，一直来到祭拜学术之神阿波罗的岩洞中，发现了卡斯塔里亚泉的淙淙流水。她拿起竖琴，弹奏出悦耳的音乐。这时，精灵们按照和谐的原则，和着音乐的拍子，翩翩起舞。"从薄伽丘所说这番话，以及照古人提供的证据，应当推断出，她的理解力深刻，写的学术著作深奥，只有洞见深远、学识渊博的人才能明白和理解。她创作的文章和诗歌都极为出色，一直流传到今天，足以作为后学达到完美的诗歌艺术和创作的模范和启迪。她发明了不同种类的抒情诗和诗歌、叙事短文，关于爱情和别的情感，她还发明了令人落泪的哀悼词、奇异的哀歌。这些作品行文那么精彩、那么有序，以致它们都依照她的名字，被称为"萨福体"。

第 36 章：

　　大约六十年前，波洛尼亚有一位严肃的法律教授，名叫乔瓦尼·安德烈亚，他不认为女性受教育有害。他有一个美丽、善良的女儿，名叫诺维拉，她的法律教育到达了如此高级的程度，以致当他为某个任务缠身，没有时间给学生讲课时，就让女儿诺维拉代他站上讲台，为学生讲课。为了不让她的美丽吸引听众的注意力，她在脸上遮了一块面纱。

　　并不是所有的男人（特别是最智慧的男人）都同意女人受教育有害的观点。不过，千真万确，许多愚蠢的男人都宣扬这一观点，因为女人比他们知道得多，使他们感到很不快。你的父亲是一位伟大的科学家和哲学家，他也不相信女人会因了解了知识而贬值。相反，正如你知道的，他非常高兴看到你愿意学习。然而，你母亲按照女人通常的习俗，希望你从事缝纫和适于女孩子的蠢事，这一女性化的观点是你进一步潜心钻研科学的主要障碍。

[译注] 引自皮桑，《妇女城》，李霞译，上海：学林出版社，2002。

的著名文学辩论。《玫瑰传奇》是一首冗长的诗，创作于13世纪，受到极大追捧（乔叟曾将部分内容翻译成英文）。1275年吉恩·德·莫恩续写了诗的下半部，对妇女猛加批判。克里斯蒂娜在一篇名为《给爱神的信》的论文中抨击了这种对女性的歧视。1404年，她在题为《妇女城》的作品中写下了她对这场辩论的最后综述。

《妇女城》借鉴了奥古斯丁《上帝之城》的结构以及薄伽丘的拉丁文著作《名媛》的内容。通过讲述多位知名女性的故事，克里斯蒂娜展示的女性美德，与默恩笔下的女性恶习恰恰相反。

在《妇女城》中，克里斯蒂娜与当时指责女人是撒旦圈套、声称女人比男人低等的反女性作家针锋相对。在阅读材料10.9中，她谈到了古代诗人萨福的成就，以及博洛尼亚大学一位教授的女儿的成就。

皮桑指出，受害者往往没有意识到自己是受害者。事实上，许多受害者还努力维护禁锢其成长的社会秩序，坚信这是正确的。当然，也有女性因为自己拒绝了这些权益，所以也不希望别人享有。

在《妇女城》面世一年之后（1405年），皮桑写了《淑女的美德》，一本关于帮助妇女在社会生存的礼节和建议的书。其中最精彩的是最后一章，作者为每一个阶层的妇女写下忠告，从年轻的新娘和商店老板的妻子，到娼妓和农妇。

1418年前后，退休后的皮桑在自己女儿当修女的修道院继续写书。除了一篇关于武器和骑士精神的论文以及一篇关于内战之殇的哀歌，她还写了一些祷文和七首寓言诗篇。她纪念圣女贞德的赞美诗《和平之书》更是经久不衰，被作为当时还是法国王储的查理七世的教学手册。无从获知贞德最后被处决时皮桑是否在世，但这首赞美诗是现存少数创作于圣女贞德生前的作品之一。

虽然皮桑在她自己的年代非常受欢迎（贝里公爵收藏了她所有著作），但她的名字却随着时间的推移被人们淡忘，直到最近学者们试着公正考量历史上被人遗忘的女英雄的价值时才被重新提起。

意大利艺术

瓦萨里最早对文艺复兴时期的意大利艺术进行了历史记述。虽然他以契马布埃的生平作为其艺术史的开头，但他认为13世纪的佛罗伦萨画家乔托才是第一位文艺复兴艺术家，因为正是乔托再次让绘画回归正轨，也就是古典主义。瓦萨里

声音 |||||||||||||||||||||||||||||||||||||

约翰·波尔

神父约翰·波尔是1381年英国农民起义的领袖。下文是他的讲道节选，收录于让·傅华萨的《闻见录》。

善良的人们：英国的情况绝对不会正常运作，除非商品变为公有，再也没有农奴（农民）和上流人士……我们所称的贵族、主人有何德何能？他们是怎么来的？如果我们大家都是起源于亚当和夏娃这一对共同父母，那他们怎么能声称或证明他们比我们高贵，除了让我们为他们耕种和生产，为他们增长财富供他们花费？

他们穿着天鹅绒以及内衬是松鼠皮和貂皮的羽缎，我们却穿着粗布衣裳。

他们有美酒、香料以及松软的面包；我们却只有黑麦、谷壳以及稻草，喝着冷水。

他们在精美的庄园里遮风挡雨，我们却在田地里辛苦劳作，风吹雨打。

他们享受的一切奢华都来自我们，源于我们的劳动。

我们被称为农奴，动作稍慢就会被笞打，可是我们却没有主耶和华可以诉苦；没人愿意听我们倾诉，给予我们正义。

我们一起找国王——他尚年轻——让他知道我们是如何受压迫，我们想要怎样改变现状，否则就由我们自己去推动改变。如果我们是真心实意、齐心协力，那么许许多多农奴以及被镇压之人都将会跟随我们去获得自由。

当国王听到我们的诉求，不管他情愿与否，都要纠正这种恶行。

声称，艺术在中世纪偏离了轨道。当我们用"文艺复兴"这个词描述14至16世纪的意大利艺术时，我们所指的重生就是古典艺术的复兴；其第一步就是观察自然世界。

意大利拜占庭风格

古典复兴的第一次萌芽可以追溯到12世纪中叶，然而那个时期的风格却可以说是哥特式和古典元素的混合体。艺术家们仍然植根于拜占庭绘画传统，当时的意大利教堂通常不像兰斯大教堂大门那样有栩栩如生的雕塑群（见图9.14）作为装饰，而会使用庄严且风格化的壁画和马赛克拼图作为装饰，这就是所谓的意大利拜占庭风格。这种风格直到14世纪仍是艺术发展的一个重要组成部分。

皮萨诺父子

13世纪的意大利艺术普遍保

守，但也有例外。尼古拉·皮萨诺（约
1220/1225—1284 年）与其子乔瓦
尼·皮萨诺（约 1245/1250—1314 年），
被称为现代雕塑的创始人（他们在
比萨工作，并以城市名给自己取名
皮萨诺，意大利语意为"比萨人"）。
尼古拉的第一件主要作品是 1260 年
在比萨完成的洗礼堂大理石讲坛（图
10.5）。他融合了哥特式图案的风格
（支撑讲坛的三叶拱）和古典时期
的元素（拱顶是圆形而非尖形，科
林斯式圆柱头）。他的浮雕里挤满
了人物，空间充满了生动细节，捕
捉了后罗马艺术的生动性、现实主
义和内敛（图 10.6）。对其子乔瓦尼
而言，古典模型对他的影响力不及
北欧当代艺术，尤其是法国哥特式

图 10.5　尼古拉·皮萨诺，洗礼堂讲坛，1259—
1260 年。大理石，高 4.6 米。意大利，比萨。图
中是讲坛局部细节，一个架高的礼拜仪式平台，
结合了中世纪和古典时期的元素。三叶拱是在向
法国哥特式致敬，但科林斯式圆柱头和矩形浮雕
则继承自希腊传统。

图 10.6　尼古拉·皮萨诺，《天使报喜、耶稣降生及牧羊人朝拜》，讲坛浮雕，1259—1260 年。大理石，
85×114 厘米。意大利，比萨洗礼堂。洗礼堂讲坛的浮雕与罗马石棺的雕刻有惊人的相似之处，皮萨
诺必定很熟悉罗马石棺上的雕刻。

风格。乔瓦尼创作的讲坛浮雕的人物形象比其父的更优雅，不那么拥挤；人物姿态的自然主义和强烈的情感表达，与哥特式后期雕塑相合（图 10.7）。

这对父子预示了文艺复兴时期艺术的主要特征，即尼古拉强调的古典风格，以及乔瓦尼注重的自然主义和人物情感表达。虽然他们都受到外界风格的影响，但在他们工作的时期，意大利的大多数绘画仍然牢牢扎根于拜占庭传统。

佛罗伦萨绘画：与过去决裂

尽管拜占庭风格的元素仍存于 13 世纪和 14 世纪早期的绘画中，但新自然主义开始蔓延——这是艺术家观察自然世界，并开创画法来体现体积和三维空间的结果。在未来的两个世纪里，画家会在二维的表面上努力创造一种真实感错觉。

契马布埃

瓦萨里的《艺苑名人传》以契马布埃（约 1240—1302 年）开篇，因其是第一位真正打破旧俗的佛罗伦萨画家。其作品《升座圣母》（图 10.8），虽保留了拜占庭式超凡脱俗的金色背景，但在几个重要表现手法上又与之不同。对比契马布埃的祭坛画和贝林吉耶里的圣方济各祭坛画（见图 9.20）。圣母玛利亚的面纱和斗篷从头上垂落到肩膀和手臂，构成的皱褶真实顺应了身体

图 10.7　**乔瓦尼·皮萨诺，《天使报喜、耶稣降生及牧羊人朝拜》**，讲坛浮雕，1297—1301 年。大理石，85×105 厘米。意大利，皮斯托亚，圣安德烈亚大教堂。尼古拉推崇古典艺术，而其子乔瓦尼则偏爱法国哥特式风格。乔瓦尼的雕塑在动作上轻快活泼，与尼古拉雕塑的肃静对比鲜明。顺带一提，1960 年观测到的一颗小行星以两位雕塑家的名字被命名为 7313 Pisano。

线条。她的膝盖微微张开，以便婴儿耶稣坐得更稳。他们之间的衣料呈微妙的 U 形褶皱。她端坐于巨大宝座之上，宝座的两道侧边收拢并呈向后之势，营造出一种空间感。两边分布的天使进一步增强了纵深感，虽然上下排列的头像会造成些许平面感。

但丁在"炼狱篇"第 11 歌纪念契马布埃：

> 啊，人类才能的虚妄光荣！
> 尽管它未到衰败凋零的年龄，
> 它在枝头保持绿色的时间，
> 却又是何等短暂！
> 契马布埃曾以为在画坛上
> 能独领风骚，
> 如今则是乔托名声大噪，
> 这就使此人的声誉光彩顿消。

虽然这几行诗句似乎在否认契马布埃的成就，但我们从中获知了两件重要的事情：第一，契马布埃在 13 世纪的佛罗伦萨艺术中占据重要地位；第二，艺术家个人为自己争取名誉，并依靠作品累积名气。

乔托·迪·邦多纳

与周遭的其他所有人一样，乔托（约 1267—1337 年）受到了前辈老师和同侪的影响。他无疑熟悉乔瓦尼·皮萨诺和契马布埃的作品，

也可能对古典艺术理论有所贡献，但乔托对绘画史的突出贡献，还是在于其现实主义。他的写实风格源于对周遭世界——不仅是自然世界，还有人类行为——的仔细观察。拜占庭风格以富丽堂皇的外观与精致的线性设计而定义。现在，人物第一次真正实现了视觉上的三维呈现，由精心操控的光和阴影打造体积感，即所谓的立体感或明暗对照。画中人物有了像石雕一样的有形存在感；

图 10.8　契马布埃，《升座圣母》，约 1280—1290 年。木板金箔蛋彩画，325×203 厘米。意大利，佛罗伦萨，乌菲齐美术馆。作为一个 13 世纪晚期过渡阶段的艺术家，契马布以拜占庭风格为基础，同时在人像和空间上尝试了三维效果，以期让画面更加真实。

对 13 世纪的观者来说，这些人物甚至似乎有了生命和呼吸。相比契马布埃的圣母像，乔托的《升座圣母》（图 10.9）更庄严稳固。契马布埃笔下的精致织物点缀着金色，比拜占庭风格的更真实，但与乔托所画圣母身上简约的服装相比，显得用力过度。乔托还让圣母柔软的白色服装和厚重的蓝色披风形成对比，以营造不同质感。宝座的尖顶拱门带有哥特式风格，构成真实立体感。一群大致同一水平线上的天

使互相重叠，加强了宝座的纵深。部分天使的光环挡住了他们身后的天使；这正是站在宝座前的人会看到的样子。

该作各部分的构图都有助于体现其整体的自然主义。但真正让我们对画中人物产生触动的，是对人物姿态的微妙刻画和具体的写实细节。画中圣母的表情举止俨然一位母亲。她轻托婴儿的膝，似乎想防止他从她的大腿上滑下去。婴儿耶稣的脸可能看起来略显成熟，但他圆润起窝的小手看起来像是艺术家直接照着一个孩子画的，甚至可能是照着他自己的孩子画的。研究乔托画作最令人愉快的一件事就是寻找他画中的人性笔触。

乔托的伟大与其说在于他创造逼真图像的技术（虽然当时在模拟自然方面无人能出其右），不如说在于他运用现实主义手法，以普通人的角度去渲染宗教故事，从而产生了戏剧性效果。乔托最著名的作品是为帕多瓦的竞技场礼拜堂（图 10.10）绘制的壁画，由恩里克·史格罗维尼委托创作。这间桶形拱顶小礼拜堂的墙壁被划分成四个场景：上面三部分展示基督和圣母的生活场景，最下面的场景描绘善行与恶行，并用灰色颜料绘制，模拟浮雕效果。特定的事件绘制成矩形图，

图 10.9　乔托，《升座圣母》。约 1310 年，木板金箔蛋彩画，381×224 厘米。意大利，佛罗伦萨，乌菲齐美术馆。乔托的绘画基于对自然世界的观察，他成功把自然世界展现在二维画布上。他的圣母玛利亚画像显得很有分量感和立体感；她的衣服自然地垂下，光影极大地呈现出她脸部的立体感。

并由华丽的边框分隔。年代进展从左向右，同时视觉元素（如形状和线条）将我们的视线引向一个个矩形图画。

图 10.10　**乔托，竞技场礼拜堂（史格罗维尼礼拜堂）。意大利，帕多瓦。**内部视角看向祭坛。礼拜堂于 1303 年落成，由靠银行业发家的恩里克·史格罗维尼建造。乔托接受委托绘制这套壁画，展示基督生活的场景。1305 年，他完成了 38 个不同场景。

竞技场礼拜堂壁画显示了乔托非凡的能力，他在三维空间中描绘三维人物，显得有重量和立体感。画像中几乎无穷无尽的情绪和戏剧性场面进一步增强了真实感。《哀悼基督》（图 10.11）就是一个生动的例子，画中描绘了一个几乎人尽皆知的场面：众人埋葬基督前的悲恸。天使在人们头顶上盘旋，悲痛地哀号，在下面，玛利亚怀抱死去儿子的头部，绝望地凝视着他的脸。她身边的其他哀悼者 U 饿肚皮特征鲜明。门徒约翰身体前倾，双臂向后伸，表达的悲伤反应最强烈。前景中其他人物则静静蜷缩在地上，绝望的抹大拉的马利亚托着耶稣的脚。

乔托的高超构图也值得注意。构图是指使用艺术的设计原则（例如，统一、多样、平衡、焦点、比例和比重）安排艺术元素（线条、形状、颜色、质地），乔托首要且最基本的构图目标有两个：让观者视线从一处流畅地转移到另一处，这样就能看到构图的所有部分；让观者从一个矩形图看向旁边的矩形图，这样整个循环画面就会被看到。例如《哀悼基督》的空间被一道石墙形成的对角线分成上下两个区域。这条线端点处的场景是凄凉的，右上角是树叶落尽的树，左下角是围着玛丽和耶稣的哀悼者。

圣约翰位于作品中心，耶稣被钉死在十字架时，曾指派他照顾玛利亚。约翰古怪的姿势是作品的重要组成部分；实际上，他引导着我们视线的走向。我们注意到他，是因为他位于画作中心，也因为其举动引人注意。他俯身凝视玛利亚和耶稣的方向，引导观者的视线随他看向圣母哀悼其子之死这一最重要的图像；他双臂向后伸，一只手引

图 10.11　乔托，《哀悼基督》，竞技场礼拜堂（史格罗维尼礼拜堂）。约创作于 1305 年。壁画，231×236 厘米。意大利，帕多瓦。乔托对线条、形状、颜色、焦点以及重点等艺术元素和原则进行了编排，他的构图引导观看者的视线看完整个画面，提高了画面的叙事性。蓝色背景色调不一致，说明《哀悼基督》是在很长时间内分阶段完成的。

导我们看向天空，另一只手指向站在右边的两个人。两人服装的垂直褶皱引领观者的视线向下，看到耶稣脚边弓着背的抹大拉的马利亚，然后沿着一条水平线回到悲恸的圣母身上。可以说，背对我们而坐的人物，在玛利亚和耶稣周围形成了一个稳定框架。观赏画作时，可试着去分析其形式结构。艺术家安排画中的物体，就像导演在剧中安排演员和布景；物体为何摆放在某处，有其特殊原因。乔托的叙事画被融入了同一时代的神秘剧里，这些剧中舞台场景以圣经故事为基础。

乔托的作品对意大利文艺复兴时期的绘画产生了重要影响。复制自然，观察世界，试图在二维平面上准确重现眼睛看到的一切，捕捉人类细微的举止和情感，以增加创作画面的真实感——这些都是乔托为西方艺术史留下的遗产。

锡耶纳画派

尼古拉·皮萨诺从他的家乡阿普利亚来到比萨，因为在那里富裕的赞助人能使其名利双收——或至少考虑到谋生的现实需求。佛罗伦萨和锡耶纳都是富裕的共和国，有着繁荣的艺术品市场和赚取大量佣金的机会。和佛罗伦萨的画家一样，早期的锡耶纳画家继续受到拜占庭传统的影响，但他们也将与过去决裂。

杜乔·迪·博尼塞尼亚

在乔托同时期的锡耶纳，有着与之齐名的艺术家杜乔（活跃于约 1278—1318 年）。杜乔最大的成就是为锡耶纳大教堂创作了一组巨型多屏祭台画。他于 1308 年 10 月 9 日签署了这份合同，并在 3 年内完成了工作。祭台画的主屏（图 10.12）面向朝拜者，沿用了圣母画的通常格式：圣母和圣子端坐于宝座，天使和圣徒环绕四周。杜乔的圣母画，让人不由得想要将之与契马布埃和乔托（图 10.8 和 10.9）的进行对比。与契马布埃一样，杜乔作品中圣母的面孔保留了拜占庭风格，但体态更接近乔托的风格。圣母坐在宝座上，宝座扶手呈八字形伸展开，仿佛是为了展现自身或欢迎参观者到来。杜乔对圣母的服装作了写实处理，没有像乔托一样用金色点缀，显得更加真实自然。在前景中，宝座两侧人物有明显的面部特征，手势非常生动，增添了自然主义绘画元素。他们位于不同景深，站在不同队列，这样每个面孔都清楚可见，几乎像一张年鉴相片。

图 10.12 　杜乔，《圣母子荣登圣座》，大约 1308—1311 年。锡耶纳大教堂祭坛画主屏。木板金箔蛋彩画，213×396 厘米。意大利，锡耶纳大教堂都市歌剧博物馆。圣母祭画是为锡耶纳大教堂的主祭台而作。当这幅作品于 1311 年完成时，整个城市举行了盛大庆祝典礼。人们举着烛火游行，由主教领队，从杜乔的工作室游行到祭台。

祭坛画的背面由数格更小的画面组成，虽然如今我们无法同时看到这些画，因为它们被世界各地不同的博物馆所收藏。此处所示的部分（图10.13）描绘了基督受难的场景，从（左下）基督进入耶路撒冷开始（基督教礼拜日历中的圣枝主日就是纪念此事）到右上耶稣复活结束。

杜乔的绘画风格显得更加保守——或许比乔托的更为老派，但这可能是由于祭坛画自身的标志性功能决定的：它们要摆放在大教堂主祭坛上。杜乔作品的黄金背景当然限制了画面的真实性；但它使得这幅作品辉煌夺目。杜乔作品的色彩像宝石一样夺目；人物的衣服也闪闪发亮。

西蒙·马丁尼和国际风格

乔托的感染力直截了当，在佛罗伦萨，他的学生和追随者在14世纪大半部分都是在他的影响下工作。他们满足于探究大师想法的深意而不去发明新风格。结果，乔托之后一代最有趣的新进展出现在锡耶纳，杜乔在那里的影响力相对没那么深远，虽然也很强大。杜乔有一位叫西蒙·马丁尼（约1285—1344年）的学生是彼特拉克的密友，曾在那不勒斯为安茹的罗伯特国王工作过一段时间，最后在阿维尼翁教宗的教廷度过了余生。马丁尼作品中可以看到哥特式艺术的最后一次大发展，即在14、15世纪席卷了欧洲的国际风格。法国宫廷和法国占领下的意大利逐渐流行起华丽颜色、时髦服装和装饰丰富的布料。马丁尼与其学生兼助理利波·梅米一起绘制了《天使报喜》祭坛画（图

图 10.13　杜乔，《基督进耶路撒冷》，创作于约1308—1311年。锡耶纳大教堂圣母祭坛画背面的十四块版画。木板金箔蛋彩画，212×425厘米。意大利，锡耶纳大教堂都市歌剧院博物馆。圣母祭坛画背面包括了圣母玛利亚和基督生活的43个不同的场景。部分画板现在在博物馆作为藏品，部分已失传。完整的祭坛画在1711年被锯成两半，分放在两个祭坛。

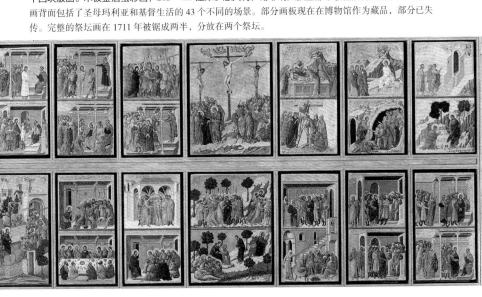

比较与对比

基督受难场景：乔托与杜乔

佛罗伦萨和锡耶纳是两个旗鼓相当的共和国，他们的"最爱的儿子"乔托和杜乔是当时当地最著名的两位艺术家。他们两人最大型的创作任务——竞技场礼拜堂壁画带和锡耶纳大教堂的圣母祭坛画——完成的时间仅相隔几年，并且两个作品描绘的场景都是圣母和耶稣的生活。对同一主题的不同作品进行考察，可以提供一个绝佳的机会来思考每位画家的艺术选择、风格差异，以及作品情感内容的影响。

基督通过一座古老的堡垒大门进入耶路撒冷城，这在《新约全书》和《基督教圣经》所包含的四部标准福音书中都有提到。这四部福音的传道人都写道，在耶稣行奇迹，让一个名叫拉撒路的人死而复生后，他便来到了耶路撒冷，最后的晚餐发生在此后几天。据说耶稣和他的使徒到达门口时，成群的人出来迎接。这是杜乔（图10.14）和乔托（图10.15）所描绘的场景。在这两幅画中，耶稣骑着象征和平的驴子祝福旁观者；他们中的一些人在他面前放下斗篷，还有一对夫妇为看得更清楚而爬上树。但除了这几个叙事片段，这两件作品有很大不同。在杜乔的绘画中，耶稣与他的门徒和几乎涌出城门的拥挤人群之间有一条明显的分界。耶稣的团队向前看，冷静地行进；他们的头都是可见的，他们分为两排并肩走在一起。杜乔画中的人群比乔托的多得多，活跃而喧闹，每个人的位置各不相同，似乎都在说话。杜乔的作品

图10.14　杜乔，《基督进耶路撒冷》，约1308—1311年。木板蛋彩画，100×75厘米。圣像祭坛画背面镶板。意大利，锡耶纳大教堂都市歌剧院博物馆。

图 10.15   乔托，《基督进入耶路撒冷》，
1305 年。壁画，200×185 厘米。意大利，
帕多瓦竞技场礼拜堂（史格罗维尼礼拜堂）。

充满活力，传达出一种真正的兴奋感。在乔托的画中，一群门徒跟在耶稣后面，但只有那些离我们最近的人是可见的；他们的光环遮住了他们背后的门徒。

仔细观察就会发现，两位艺术家所选择的视角或观点不同：杜乔的画是从上往下的视角；乔托的画是正前方视角，且角色的紧密度创造了我们身在其中、正与他们同行的感觉。正如乔托在壁画中融入了他对自然以及人性密切观察的结果。考虑下右下角的人是如何将斗篷在地面摊开或尝试摊开的。为了赶在基督经过前弄好，有个人慌忙脱斗篷但头却被卡住，另一个人在笨拙地扯袖子。当看到这些元素时，我们就会明白，乔托只有亲眼见过这些场面才能画出来。想象他在游行的人群中带着写生本穿梭的场景，会是一件有趣的事情。

根据《马太福音》《马可福音》和《路加福音》，耶稣在和门徒共进逾越节晚餐，即众所周知的最后的晚餐时，被门徒犹大出卖给了犹太公会（古以色列最高法院），导致他在客西马尼园被捕。叛徒犹大通过亲吻耶稣泄露了他的身份。杜乔（图 10.16）和乔托（图 10.17）描绘了这个场景——《背叛耶稣》。

在杜乔的作品中，灾祸已经到来。耶稣站在中间，周围是脸上带着愤怒表情的戴头盔的士兵和满脸胡子的男人。左边是彼得为保护耶稣，用刀砍下了一名士兵的耳朵；福音书中记载了这一情节，以及耶稣在受难前施展了最后的奇迹，将这人的伤口医好。右边则是耶稣的门徒们逃离了这

图 10.16　杜乔，《背叛耶稣》，1309—1311年。木板金箔蛋彩画，51×76厘米。意大利，锡耶纳大教堂都市歌剧院博物馆。

个场景，留下他与犹大独处，犹大朝着耶稣的脸庞打算送上致命的吻。耶稣凝视前方，毫无表情。

乔托的画中也有相同的叙事成分，但是处理方式非常不同——尤其是在界定空间的时候。在乔托的构图中，人群规模更大、更拥挤；耶稣及其门徒显得寡不敌众。但门徒们其实被置于背景之中，焦点则放在少数几个人物身上。正如在乔托作品《哀悼基督》中一样，有一个人物背对观众，他并不是要阻挡观众的视线：这种布局让人觉得自己就站在他身后。叙事最戏剧性的地方当然是犹大之吻。乔

托为了让大家注意到这个吻，把犹大的明亮黄色斗篷展开，形成斜线褶皱，一直延伸到基督的头部。当犹大拥抱耶稣时，耶稣并没有无动于衷他直视犹大的眼睛，仿佛是要让犹大明白他的所作所为。犹大的吻不是构成这种痛苦背叛的唯一姿态：他将耶稣包裹在他的斗篷里——这是一种假惺惺的安慰和保护姿态。

这些艺术选择是如何影响叙事的？又是如何影响你与画中人物及故事的情感联系的？

图 10.17　乔托，《背叛耶稣》，约1305年。壁画，200×185厘米。意大利，帕多瓦竞技场礼拜堂（史格罗维尼礼拜堂）。

10.18）。天使报喜是指天使加百列通知玛利亚，她将怀上圣婴。作品中的人物有一种不真实的优雅和精致感，与乔托立体和朴实的现实主义形成强烈对比（见图10.9）。天使加百列身着华丽长袍和斗篷，圣母玛利亚身着深蓝色礼服，加之金色勾边，营造出华丽辉煌的感觉，他们苗条的体形也是宫廷推崇的优雅形象。

安布罗焦·洛伦采蒂

如果说西蒙·马丁尼将自然主义作为国际风格的装饰线条和造型的附属功能，那另两位锡耶纳艺术家洛伦采蒂兄弟则对在作品中运用乔托的创新更感兴趣。安布罗焦接受一项重要委派，为锡耶纳的市政厅进行创作。这是我们在意大利艺术研究中发现的一次不寻常的委派，因为这是为世俗建筑创作，而不是宗教性的。和平大厅上三大壁画分别是《善政寓言》《不良政府与城市不良政府的影响》以及《城市和乡村良好政府的作用》（图10.19和图10.20）。从锡耶纳的全景图可以看出，建筑经过了精心绘制；街道和广场布满了日常生活场景。穿着华丽的商人夫妇、正在工作的工匠以及在街上跳舞的优雅女子，这种生机勃勃的生活图景很快会因黑死病终结。另一方面，共和国的和平景象，展现了一个和平国家的富足。画中展示的世界至今仍可在托斯卡纳郊区看到：农民在农场、果园和葡萄园工作。

图10.18 西蒙·马丁尼和利波·梅米，《天使报喜》祭坛画，1333年。意大利，锡耶纳大教堂。木板金箔蛋彩画，中心面板305×254厘米。意大利，佛罗伦萨，乌菲齐美术馆。马丁尼笔下优雅精致的人物是国际风格的特点。天使加百列对圣母玛利亚说："你蒙受上帝的恩泽，主与你同在。"就是在这一刻玛利亚意识到自己将会怀上圣婴。

图 10.19　洛伦采蒂，《和平的城市》，《城市和乡村良好政府的作用》局部，1338—1339 年。壁画，14.3×3 米。意大利，锡耶纳市政厅和平大厅。锡耶纳市政厅的全景壁画颂扬了和平和公正爱民的政府创造的美好生活。市民赚钱，商业井井有条，一切都让人满意、放松和快乐。左边是一家鞋店，在中间有一所学校正在上课，右边的酒馆老板正在卖酒。

图 10.20　洛伦采蒂，《和平的城市》，《城市和乡村良好政府的作用》局部，1338—1339 年。壁画，14.3×3 米。意大利，锡耶纳市政厅和平大厅。在这幅罗马时期之后的首批纯风景画中，和平从城市蔓延到乡村。左上角的人物是塞库瑞塔斯（安全和稳定之神），其卷轴上写着："人民将是安全的，只要有正义的统治。"绞刑架上还悬挂着一个吊死之人，警告那些阴谋破坏和平者。

中世纪晚期建筑

　　13 世纪晚期和 14 世纪，整个欧洲的建筑，从拱顶技术到装饰细节，都体现了法国哥特式风格的影响。这段时期的意大利建筑，虽然底部轮廓和长方形廊柱大厅的平面设计回归其古典传承，但图案和装饰都显示出当代熟悉的流行哥特式风格。教堂仍是社会中心（在字面意义和象征意义上），虽然重要程度各不相同。市民自豪感在这个过渡时期复兴，于是出现了体现城市生活的世俗中心，包括政府建筑，比如锡耶纳的市政厅和佛罗伦萨的领主宫（也被称为维琪奥王宫或旧宫），两者都是市政厅。

世俗建筑

佛罗伦萨领主宫（始建于 1298 年）和锡耶纳市政厅（始建于 1288 年；图 10.21）充分展示了在 14 世纪，强烈的政府和市民自豪感在这些互相竞争的共和国中萌发。两幢建筑均在城市广场上建造，被设计成堡垒状，有单独的高塔，可用于发现远处入侵部队的威胁，也可用于保护城市当局免受反政府市民暴乱的危险。宫殿市政厅最上面部分是一个钟楼，这样设计也是为了可以从孔洞向地面敌军倾泻沸腾液体。从远处看，这座建筑非常壮观，让人望而生畏，但从地面广场的角度来看，却让人觉得非常有吸引力。与之形成对比的白色石雕外观显得异常轻盈，而且入口处更符合人的尺度。锡耶纳市政厅的设计彰显了锡耶纳作为城市中心共和体的力量，以及对普通市民的包容性。

佛罗伦萨和锡耶纳皆是富裕城市，均在银行和商业上成功地奠定了自身地位；威尼斯也很富有，它位于意大利亚得里亚海沿岸，有利的地形为经济的强劲发展提供了条件，使它能在各种贸易关系中繁荣发展。作为一座水上城市——它的"街道"是水——当意大利其他城

市来侵犯时它比锡耶纳或佛罗伦萨更易守难攻。虽然威尼斯共和国并不回避自己的军事行为，但它自称"最宁静的威尼斯共和国"。总督（公爵）宫（图 10.22）是威尼斯的市政厅，仅在意大利范围作比较的话，它可能是意大利境内最漂亮的政府中心。它建于 1340 至 1345 年左右，并于 1424 至 1438 年间进行了扩建。海面反射的光线，衬得这幢建筑整体看上去非常雅逸。底层是连排尖拱门式的拱廊，开敞又通风，上层是一排更精致的拱廊，有着两倍多的圆柱和拱门。建筑物的上半部分十分牢固，墙面上仅开了几扇窗户。从远处来看总督宫似乎是头重脚轻，但从近处看砖墙面的图案很精致，

图 10.21　**锡耶纳市政厅**，1288—1309 年。意大利，锡耶纳。在几英里外就能看到锡耶纳市政厅的塔楼，它的高度契合城市和乡村的丘陵地貌。塔楼既作为瞭望台使用，也是权力的象征。

建筑的外表有种若隐若现的效果，几乎就像是印象派画作中的色彩效果。

教堂建筑

14世纪，意大利以外的教堂设计建筑师继续信奉着法国哥特式建筑的经验。他们用精致的扇形拱顶打造了越来越高的教堂中殿。英国大教堂在建筑高度和垂直感方面的极致追求被称为垂直式风格。格洛斯特教堂的唱经楼（图10.23）可视为一道由长宽不一的垂直竖线组成的和声；由中殿圆柱群组成的厚重密集线条径直以"分枝"扫射的形式向拱顶最上方延伸，以细枝延伸并交织成精致复杂的石雕图案，覆

盖穹顶并予人轻灵之感。另一方面，哥特式建筑从未真正越过阿尔卑斯山传到意大利。虽然14世纪的一些重要意大利建筑可能会被贴上哥特式建筑标签，但其风格与哥特风盛行的北方地区有着显著区别。圣母百花大教堂（在15世纪建成宏伟圆顶后，佛罗伦萨大教堂成了它更众所周知的名字），就显得非常厚重，没有哥特式建筑的轻盈感（图10.24）。它的外墙重量并不由外部飞拱墩来支撑，墙上也没有镶嵌彩色玻璃花窗；从外面就可清楚地看到大教堂的平面结构。除了圆顶外，建筑物的轮廓很低，呈水平状；它没有向天空延伸，而是扎根于大地。大部分石头表面的装饰不是雕刻的，

图10.22　**总督宫**，始建于1340—1345年，并于1424—1438年进行了扩建和改造。意大利，威尼斯。
总督宫是当时最豪华的意大利公共建筑。它采用的乳白色及玫瑰色大理石、有图案的外表以及华丽的拱门，有力地体现了独特优雅的法国哥特式建筑。

而是由绿色和白色相间的大理石几
何图案组成。其钟楼——由乔托设
计——与建筑主体分离，不同于典
型的法国哥特式建筑及其跟风建筑
的双子塔设计。巴黎圣母院或者沙
特尔大教堂这样的建筑，外部结构
错综复杂，只能窥见其墙壁的一角，
充满了神秘感；而圣母百花大教堂
每一构造都清晰可见，充满了理性
的秩序感。这一重要差异将影响文
艺复兴时期建筑的本质。

新的音乐风格——新艺术

当乔托为一种新的自然主义绘
画风格奠定基础，彼特拉克和乔叟

图 10.23 **格洛斯特大教堂**，1089—1420年，唱
经楼，1332—1357年。英国，格洛斯特。大教堂
是以垂直式风格建造的，因此它强调的是垂直感和
拱顶肋梁的扩散感。

图 10.24 **圣母百花大教堂**，1296—1436年。意大利，佛罗伦萨。大教堂是在中世纪末期由阿诺尔弗·迪·坎
比奥设计的，并在文艺复兴早期由菲利波·布鲁内列斯基完成大圆顶建造后完工（虽然其外观在19世
纪进行过修葺）。乔托是14世纪佛罗伦萨最著名的画家，他设计了独特的钟楼。钟楼入口对面广场的
洗礼堂建于1059—1128年之间，它以青铜门上的浮雕而闻名，其中一套由乔凡尼·皮萨诺雕刻。

这样的作家为文学形式注入新的生命时，法国和意大利的作曲家则在改变音乐的风格。在某种程度上，这是社会变革的结果。音乐家已经开始摆脱他们作为教会仆从的传统角色，并将自己确定为独立创作人。14 世纪留存的大部分音乐是世俗音乐，很多都是歌手和乐器演奏家在国内表演时创作的，目的是自娱自乐（图 10.25）或者在贵族面前表演。与音乐相配的歌词内容越来越广泛——民谣、爱情诗甚至是时事的呈现——与 13 世纪的宗教背景形成鲜明的对比。

随着喜欢听音乐和表演音乐的人越来越多，音乐表达的范围也开始扩大。用来描述 14 世纪复杂的音乐风格的词叫新艺术（Ars nova），

图 10.25　弗拉芒画派，《玫瑰传奇》，闲散贵妇与情人在花园。手稿插图，35.6×25.4 厘米。英国，伦敦，不列颠图书馆。在宫廷爱情的场景中，一位骑士朝着一位女士边弹曼陀林边唱歌。田园诗般的环境使这段插曲更为浪漫；音乐声和喷泉的奔涌打破了花园的宁静。

它原是法国作曲家维特里（1291—1361 年）在 1325 年左右写的一篇论文的名称。《新艺术》这部作品是用拉丁文所写。虽然它只是论述了作曲的一个方面，提出了一套新的韵律符号系统，但"新艺术"这个词却得到了广泛运用，并用来指代 14 世纪初发端于法国并很快风靡到意大利的新音乐风格。

新艺术的主要特点是声音比以前更加丰富和复杂。这部分是通过使用更丰富的和声来实现的；三度音阶和六度音阶得到了越来越多的使用，而单调的平等五度音、齐唱和八度音则更加少见。此外，还引入了精巧的节奏设置，包括名为等节奏（isorhythm，源于希腊词 isos，意为"相等"）的构造方法，将重复的单一旋律分配给复调作品的一个声部，这个声部也被分配在一个重复的节奏模式上。因为节奏模式与旋律有不同长度，每次重复时都会强调不同的音符。这种设置有着双重作用：它创造了丰富多彩的声音质感，并将统一的元素传递到每一乐章。

纪尧姆·德·马肖

这一时期最著名的法国作曲家是马肖（约 1304—1377 年），他横跨了传统音乐和新艺术的世界。作为一名训练有素的牧师，马肖肩负圣职，但他的大部分时间都花在了畅游欧洲各地，为波希米亚、纳瓦拉和法国等国国王服务上。最后他退休回到兰斯，在那里以教士身份度过了晚年。《圣母弥撒曲》是他最著名的作品，也是 14 世纪最著名的音乐作品。这是一首四声部的固定弥撒，它最突出之处在于马肖通过渲染相似的情绪，将同一个音乐主题贯穿整部乐章，把作品的五个部分统一起来。

马肖的《圣母弥撒曲》是由单一音乐家用复调音乐创作固定弥撒的第一个范例。固定弥撒是指罗马天主教礼拜仪式中，每天都要唱诵的固定部分。与之对应的是专用弥撒（即唱诵《福音书》和《使徒书信》的内容），每天的内容都不相同。固定弥撒内容如下：

1. 慈悲经：反复诵唱的希腊短语，大意是"主怜悯我们"和"基督怜悯我们"！

2. 荣耀颂歌：除了大斋节和降临节的葬礼和弥撒外，在所有弥撒上唱的赞美歌。

3. 信条：在福音之后唱的信仰告白。

4. 圣哉经与降福经：一首基于《以赛亚书》第六节的简短赞歌，引导感恩祷文。

5. 羔羊颂：圣餐前，以"上帝的羔羊"起首的祈祷文。

聆听！
马肖，《圣母弥撒曲》，信经

伴随着马肖的音乐，我们逐渐接近了西方音乐的主要特点。一个声音吟诵了信条的开场白后，通过其他声音齐唱弥补了格雷高利圣咏缺少的元素以及雷奥南的奥尔加农缺少的部分元素——和声（各种声线或声音经过编排产生的悦耳声音）以及可辨认的韵律结构。节奏可以是多样的，并以旋律的基调作为基础。虽然植根于维特里在《新艺术》中所述原则，但"信经"的自由流畅感确实新颖。

四种声音齐声唱诵，让听众很容易就能跟上歌词。歌词发音清楚，在自由演绎下焕发出了新的活力。通过节奏上的创造性和对和声结构重要性的认知（请注意听力材料结尾处悦耳的处理方式），马肖指明了西方音乐发展的下一个阶段。

马肖的《圣母弥撒曲》开启了一段悠久的音乐作曲传统：作曲家用固定弥撒来表达在他们自身文化中代代相传的礼拜仪式习语。从这个意义上说，马肖的弥撒曲是16世纪帕莱斯特里那的文艺复兴作品、

18世纪巴赫的巴洛克弥撒，以及近代伦纳德·伯恩斯坦的疯狂现代弥撒的鼻祖。

马肖也是最早留下大量世俗音乐的音乐家之一，这也促成了另一个伟大的音乐传统——世俗歌曲。随着复调的使用越来越多，作曲家开始把注意力转向古老的游吟诗人歌曲，并谱写混合几种不同声音的新曲调。马肖的复调世俗歌曲有几种形式。他的叙事曲是两三种声音的合唱，最高音承载着旋律，而其他音则提供伴奏。低音有时不是演唱，而是乐器演奏。就像以前的叙事诗一样，分为三节，每一节7到8行，每节的最后一两行都是相同的。

许多世俗歌曲，不管是马肖还是其他作曲家创作的，都离不开爱情这一主题，而且通常是写给歌手的爱人。主题一律是关于离别的悲伤，例如马肖的《离开你》（"Au dèpartir de vous"）就斥责了爱的不忠——新颖的旋律和他源源不断的创造力为歌曲赋予了真挚的情感。

弗朗切斯科·兰迪尼

14世纪的另一位重要作曲家是意大利的兰迪尼（约1325—1397年）。兰迪尼在佛罗伦萨生活和工作，年轻时因天花病而失明，是当时有名的风琴、琵琶和长笛表演艺术家。

他现存的作品是几首田园牧歌——由两三个人清唱的歌曲。此外他还写了大量的民谣，很多使用了独唱和两种乐器伴奏。兰迪尼对声线的编排十分老到，还使用了丰富、铿锵的和声。但是他的作品和这一时期的其他作品，并没有对使用的乐器和大致的表演风格作出说明（图 10.26）。我们从当时的记录中只能得知，根据当时的习俗，在某些情

图 10.26　"14 世纪的音乐家和乐器"，《论音乐》。手稿插图。意大利，那不勒斯国家图书馆。音乐女神坐在中间，正弹奏着小风琴，周围是身着当代服装的音乐家们，演奏着弦乐器、打击乐和管乐器。圆形图案中画着以色列的大卫王，他拨弄的古弦是竖琴的一种。大卫王被视为《诗篇》的作者。

况下表演者会即兴改编乐谱的乐符，以使声音更高亢或平缓。这种做法被称为伪音，但伪音的规则并没有详细的记录。因此，现代的音乐编辑者和表演者只能根据自己对历史的研究和直觉去理解它。虽然14世纪的新艺术标志着音乐史上的一个重大发展，但我们对它的了解还远远不够。

14世纪是一个反差巨大的世纪，一方面是自然灾害和社会动荡带来的恐怖，另一方面，艺术成果和文化运动却蓬勃发展起来，并引领了15世纪的文艺复兴。乔叟去世的1400年，也许可以被视为中世纪的结束之年。在那个时候，意大利文艺复兴的主要人物——多纳泰罗、弗拉·安杰利科以及吉贝尔蒂——已经是青春少年了。以佛罗伦萨为中心的轰轰烈烈的文化运动即将爆发，尽管它在15世纪末才会对英国产生明确的影响。"灾难性"的14世纪也是浴火重生和人文复兴的温床。

总览　14 世纪：蜕变之时

语言和文学

— 约 1303 年，但丁写了《神曲》。

— 约 1348—1352 年，薄伽丘在黑死病肆虐的年代背景下写了《十日谈》。

— 彼特拉克于 1350 年开始将自己的十四行诗汇编成《抒情诗集》。

— 1373 年，彼特拉克写下自传《致后人书》。

— 1385—1400 年，乔叟写了《坎特伯雷故事》。

— 1404 年，皮桑写了《妇女城》。

美术、建筑和音乐

— 约 1259—1310 年，尼古拉·皮萨诺与其子乔凡尼·皮萨诺共同"发明"了现代雕塑。

— 约 14 世纪，世俗音乐盛行。

— 约 1280—1290 年，佛罗伦萨画家契马布埃创作出了与拜占庭风格截然不同的《圣特里尼塔的圣母像》。

— 1288—1209 年，锡耶纳建造了市政厅，这座建筑形同堡垒，有一座高塔。

— 1296 年，佛罗伦萨圣母百花大教堂开始建造。

— 约 1305 年，乔托创作了竞技场教堂壁画，在二维媒介中充分展示了自己的三维构图能力。

— 乔托给绘画带来了一种新的现实主义，他的《升座圣母》（约 1310 年）与画家契马布埃形成了对比。

— 1308—1311 年，杜乔创作了以圣母子、天使和圣徒为特色的多面板祭坛画。

— 1325 年，维特里创造了一种新的音乐符号系统。

— 1332—1357 年，格洛斯特大教堂唱经楼用垂直风格建造。

— 1333 年，马丁尼在绘画上采用国际风格，哥特式艺术发展到最后阶段。

— 在 1337 年后，马肖创作了复调《圣母弥撒曲》。

— 1338 至 1339 年，安布罗焦·洛伦采蒂为锡耶纳市政厅创作良好政府寓言画时，运用了乔托的创新技术。

— 约 1345 至 1438 年，威尼斯修建了总督宫。

— 约 1350 年，兰迪尼在佛罗伦萨创作了牧歌和民谣。

宗教和哲学

— 1300 年，罗马教宗卜尼法斯八世宣布了第一个大赦年（"圣年"）。

— 1309 年，罗马教宗被囚禁在阿维尼翁。

— 约 1370 年，圣徒锡耶纳的凯瑟琳促请结束"巴比伦囚房"。

— 1376 年，教宗从阿维尼翁回到罗马。

— 1378 年，罗马天主教会开始了东西教会大分裂。

图 11.1　波提切利，《三博士朝圣》，约 1475 年，自画像局部细节展示。意大利，佛罗伦萨，乌菲齐美术馆。

第十一章

15 世纪

导引

洛伦佐·德·美第奇和亚里山德罗·菲力佩皮 ——王子和贫民——都出生于 15 世纪中期，出生日期仅差 5 年。他们一个出生在庄园，一个出生在街头，如果不是出于偶然，两人的生命不会有交集。此时文艺复兴的发源地佛罗伦萨正经历史上最辉煌的时期。有"伟大"之称的洛伦佐·德·美第奇是佛罗伦萨共和国美第奇政治王朝缔造者"国父科西莫"的孙子。而后来被称为波提切利的菲力佩皮，则是一名工人的儿子。美第奇家族富可敌国并慷慨资助艺术和文学，他们把波提切利带入了由当时最才华横溢的艺术家组成的小圈子里。波提切利不但成了一名卓越的艺术家，还成为美第奇家族最亲密和信赖的朋友。

学者认为《三博士朝圣》创作于 1475 年左右，从画中可以看出，当时这位画家已在美第奇家族站稳脚跟。艺术家兼史学家瓦萨里（1511—1574 年）赞扬了波提切利逼真的绘画技术；画中科西莫跪在离圣母和圣子最近的地方；其子皮耶罗（洛伦佐之父）着红色披肩，

在前方中心跪拜；皮耶罗之子洛伦佐和朱利亚诺在左方，他们的注意力不在宗教仪式上，而是专心在听着红披肩的著名文艺复兴哲学家米兰多拉讲话。在《三博士朝圣》中，波提切利向美第奇家族表达了敬意，将他们视为国王和王子，画中表现出美第奇统治佛罗伦萨时期，基督教信仰和人文思考相结合的特征。波提切利是这一切的中心。但他在此画中将自己置于最右边，学者们相信这是他的自画像（图 11.1）。他披着一件朴素的赭色斗篷，望向我们。这个贫穷工人的儿子进入了王子们的圈子，他的头高高抬起，表现出自信并肯定了自我价值。

走向文艺复兴

14 世纪是社会冲突和政治动荡的时期，也是欧洲新萌芽的时期，是但丁、彼特拉克、薄伽丘、乔叟和人文主义诞生的时期。在艺术界，一直备受推崇的拜占庭风格受到了佛罗伦萨的契马布埃、乔叟，以及锡耶纳的杜乔、洛伦采蒂兄弟等引

领的新自然主义的挑战。对自然世界（可见世界）的新焦点已在圣方济各教义中扎根，他对上帝的崇拜始于对世界万物之美的沉思。

到了15世纪，欧洲经历了1348年爆发的瘟疫之后，在政治变革和新经济的发展下开始复苏。这时涌现了一批富裕家族，他们宣称显赫地位不是基于贵族血统，而是通过资本主义——商业贸易、银行和货币兑换体系赚钱的能力。国际贸易中心在北欧和意大利兴起；佛兰德斯的布鲁日和意大利的佛罗伦萨成为最富有的两座城市。随着资本主义的壮大，赞助也越来越多。

15世纪欧洲金融的互联性就藏在扬·凡·艾克的双人肖像《阿尔诺芬尼夫妇像》中（图11.2）。意大利金融家阿尔诺芬尼代表美第奇家族在布鲁日工作，富有的他负担起得起请国际著名艺术家作画的佣金。此画目的不明：可能是为了记录这对夫妇的婚姻誓言，或如最近学者提出的，代表阿尔诺芬尼本人不在场期间由其妻代为履行他的法律权利。这项事务的见证

图11.2 扬·凡·艾克，《阿尔诺芬尼夫妇像》，1434年，木板油画，81.3×59.7厘米，英国，伦敦，国家美术馆。在弗拉芒派画作中，普通物品往往具有象征意义。在代表神圣誓言的阿尔诺芬尼的肖像画中，小狗象征着忠诚，穿着袜子的双脚踩在圣地之上象征着婚姻结合，而新娘的绿色礼服则代表着多子多孙。

15 世纪

	1400 年	1434 年	1494 年	1520
	15世纪的佛罗伦萨是欧洲银行体系的中心。 康斯坦茨会议结束了东西教会大分裂。 佛罗伦萨在圣罗马诺打败锡耶纳。	科西莫·德·美第奇成为佛罗伦萨的实际统治者。 印刷机的发明。 君士坦丁堡落入土耳其人手中，逃难学者把希腊原稿带到佛罗伦萨。 百年战争结束。 皮耶罗·德·美第奇在科西莫去世后统治佛罗伦萨。 洛伦佐·德·美第奇在皮耶罗去世后统治佛罗伦萨。 斐迪南和伊莎贝拉统一了西班牙。 针对美第奇家族的帕齐阴谋失败。 西班牙宗教裁判所开始审判。 萨伏那洛拉布道反对佛罗伦萨的失德行为。 哥伦布启航寻找通往印度的西行航线。	美第奇家族被流放。 萨伏那洛拉成为佛罗伦萨的实际统治者；法国国王查理八世入侵意大利。 瓦斯科·达·伽马开始第一次印度之旅。 萨伏那洛拉被执行火刑。 美第奇家族在佛罗伦萨重新掌权。 马基雅弗利被流放。	

人之一很可能就是艺术家本人，在画中墙上的镜子里可以看见他。他在这幅画上签了名（如同签法律文件一样），即圆形镜框上的拉丁文字（意为"扬·凡·艾克亲证"）。这一签名无疑表明艾克作为艺术家的自豪；自豪感、对成就的标榜以及对名誉的肯定，都是与文艺复兴思想相关的新观念。

《阿尔诺芬尼夫妇像》不仅有社会学意义，还展现了 15 世纪北欧艺术家所重视之物。画的主题是世俗的，随着商人阶层的壮大，产生了更多对世俗作品和宗教绘画的需求，且都以细致的现实主义和象征主义为特点。北欧艺术家热衷表现的非凡细节透露了当时的生活、习俗、时尚和环境。无论此画的目的为何，都可借此一瞥 15 世纪弗拉芒人的内部居室，以及当时布鲁日人最时髦的穿着。画中满是充满象征意义的普通物件：小狗代表忠诚；窗台的橙子和新娘的绿色礼服代表子嗣繁盛；点着蜡烛的枝形吊灯，代表喜结连理。宗教艺术中也是如此，看似常见的物品其实承载着丰富内涵。人们可以设想北欧画作中的每件物品都有其目的或象征意义。

中世纪晚期和文艺复兴早期的北欧艺术

15 世纪的欧洲地图（见地图 11.1）上能清楚地看到神圣罗马帝国的领土，从北海延伸到意大利的

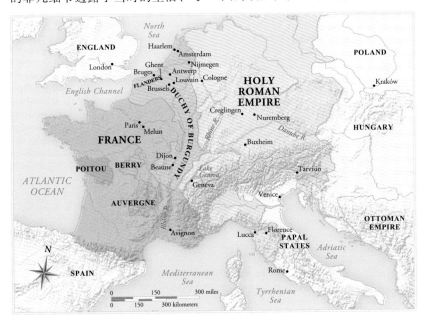

地图 11.1　15 世纪中叶的欧洲（法国、勃艮第公国和神圣罗马帝国）

部分地区，以及由公爵控制的多个法国领地。百年战争的政局动荡造就的面积最大、势力最强的领地，就是勃艮第公爵的领地。毗邻北海的勃艮第地区被称为佛兰德斯（该地区的艺术和文化被称为弗拉芒艺术），其最繁华的城市是布鲁日、根特、布鲁塞尔和安特卫普。

勃艮第和法国

勃艮第公爵菲利普二世（1363—1404 年当政）是一位重要的艺术赞助人，而第戎（位于现今的法国）和布鲁日（位于现今的比利时）与他的宫廷及赞助有关联。他的兄弟约翰，即贝里公爵，也是巴黎和布尔日艺术家的重要赞助人。

在第戎，菲利普二世资助建造了尚莫尔加尔都西会修道院，这也是勃艮第公爵墓地所在。修道院回廊中的《摩西井》（图 11.3）是其一大特色，由斯吕特（活跃于约 1380—1406 年）创作，他受命负责整个修道院的雕塑项目。这件作品宏大精美，尽管未能完整保存。六名旧约先知（摩西、大卫、但以理、以赛亚、耶利米和撒迦利亚）的雕像环绕着一个底座，底座上是耶稣受难群像，包括耶稣、圣母、圣约翰和抹大拉的马利亚。在先知及基座顶部的厚重飞檐之间，有四个哭泣的天使，他们张开的翅膀相接，形成连绵的装饰带。乍一看，这些人物的风格可能让人想到法国哥特式大教堂的雕塑，但细看就会发现风格上的巨大差别。斯吕特创作的先知服装样式繁多，但各具特色，布料重量及质量也各不相同。在摩西形象中，厚重织物的不同纹理，粗糙飘动的胡子，以及布满皱纹的脸，都被巧妙地塑造出差异化，表情栩栩如生。人物身上还残留了颜料痕迹（随处可见的淡蓝色），无疑让他们更显逼真。

菲利普二世的兄弟约翰·贝里公爵出资打造了被誉为艺术史上最

图 11.3　斯吕特，《摩西井》，1395 至 1406 年，石灰岩材质，由让·马鲁埃着色和镀金。摩西高 180 厘米。法国，第戎，尚莫尔加尔都西会修道院。纪念雕像围拢聚合成一个更大的作品的底座，人物包括被钉在十字架上的基督、圣母玛利亚、圣约翰和抹大拉的马利亚。

著名的绘本手稿《贝里公爵的豪华时祷书》。手稿出自林堡兄弟之手，他们生于荷兰但在法国工作。该书供贵族使用，包含圣歌、连祷和礼拜经文，在一天特定时间里用于吟诵。林堡兄弟还在书中绘制了宗教节日日历，每一页都精美异常，绘制了与当月和当季有关的活动及事务的景象细节图，兼具日常与豪华。5 月份日历（图 11.4）是贵族绅士和女士的游行，他们身着华冠丽服，庆祝 5 月的第一天。伴随着节日的

图 11.5　林堡兄弟（波尔、埃尔曼和让），摘自《贝里公爵的豪华时祷书》的 2 月份日历，绘制于 1413—1416 年。由矿物、植物或化学颜料及墨水在牛皮纸上绘制，22×14 厘米。法国，尚蒂依，孔代博物馆。

图 11.4　林堡兄弟（波尔、埃尔曼和让），摘自《贝里公爵的豪华时祷书》的 5 月份日历，绘制于 1413—1416 年。由矿物、植物或化学颜料及墨水在牛皮纸上绘制，22×14 厘米。法国，尚蒂依，孔代博物馆。《时祷书》里面包含礼拜经文，可在一天的特定时间内用于吟诵。书中精美的画作描绘了与月份有关的场景和事务，以及该月份对应的星座。

歌声，一群人骑着装饰华丽的马在丛林里行进。背景隐约可见中世纪的卢浮宫，如今的卢浮宫博物馆保留着部分遗迹。在代表 2 月份的页面（图 11.5），农妇聚集在小农舍里生火取暖，附近羊群也挤在一起。一个着粉色连衣裙和披巾的少女，在寒冷天气蹒跚穿过雪地，走向了家，她的呼吸似乎在冰冷的空气中都凝结了；远处是一个男人和一头驴沿积雪山坡向冰冻的村庄跋涉。每个日历页面上都有一个矩形画景，上面是一个半圆形的小月宫，小月

宫里还有与特定月份有关的星座。2月的插图画着水瓶座和双鱼座，5月的画着白羊座和金牛座。这些日历虽出自圣书，但主题是世俗的;《豪华时祷书》是北欧宗教和世俗事物融合的又一证明，这种融合将在弗拉芒艺术中找到最丰富的表达形式。

佛兰德斯

现代文化史学家赫伊津哈写道:"所有（弗拉芒人的）生命都被宗教渗透，以至于活在无法区别属灵与属世事物的永恒危险中。"在弗拉芒绘画中，精神与物质的区别更是微乎其微，因为艺术家在作品中赋予了物品象征性意义，比如《阿尔诺芬尼夫妇像》。今天博物馆的参观者可能无法解读弗拉芒画作普通物品背后的全部意义，但仍可体会到受邀至别人家中的温馨感觉，并更能体会事情不像初看那样简单。弗拉芒宗教画作中惊人的现实主义源于几个因素：在普通世俗场景下表现宗教内容；肖像相似度和以真人面孔为宗教人物的样貌；人类情感的表达；对纹理和表面的幻觉主义渲染。得益于油画的发展，弗拉芒画派可以自如地运用细腻的笔触，以及鲜艳如瓷釉的色彩，做到精致的细节描绘。

罗伯特·康宾（弗拉芒画师）

弗拉芒绘画的特征，包括其普遍使用的象征主义，最淋漓尽致地体现在罗伯特·康宾（别名"弗拉芒画师"，约1378—1444年）的《受胎告知》（图11.6）中。这幅三联祭坛装饰画的主题是大天使长加百列

图 11.6　罗伯特·康宾（弗拉芒画师），《受胎告知》，约 1428 年。木板油画，中心面板 64.5×63.2 厘米，两侧 64.5×27.6 厘米。纽约大都会艺术博物馆（修道院分馆）。画中布景展现了 15 世纪早期弗拉芒家庭内景象。室内摆放的物品具有象征意义。

刚刚降临，告诉圣母玛利亚她将生下一个儿子。天使羽翼尚在鼓动，圣母玛利亚还未意识到他的在场。她在舒适且设备齐全的家中，坐在火炉边阅读《圣经》。房间的摆设应该是普通弗拉芒家庭的样子，但每一件物品都被赋予了象征性意义：百合代表着纯洁，墙上壁龛挂着的闪亮铜水壶、掩着的窗户以及洁白的亚麻毛巾也都有其含义。左边一个较窄面板上画的是画作资助者的全身像，他跪在圣母屋外的花园里；画中的小花小草都与玛利亚有关。天使报喜三联画的右边是在做木工的圣若瑟。这位耶稣的凡间养父正在使用符合时代的木工工具制作两个捕鼠器，这种寻常事物象征着基督以自身为诱饵捕获魔鬼。这幅三联祭坛画的象征意义像一张神秘而又迷人的网，等待着观众厘清和解读，但它们的含义也并非完全脱离现实。朝拜者们很容易就能看懂弗拉芒的宗教画作，因为画中人物都是在特殊场景下的普通人。

扬·凡·艾克

扬·凡·艾克的名声及地位在他所处时代是无与伦比的。他在勃艮第公爵菲利普三世的宫廷里工作，受富裕的赞助商委派创作宗教画和肖像画。他的《根特祭坛画》（图11.7）是15世纪北欧最大、最壮观的宗教绘画之一，高达近3.5米，属于多联祭坛画，有多个版面，可以交叠合上。祭坛画表面（右上）分为两层，上层是《天使报喜》，

图 11.7 **扬·凡·艾克，《根特祭坛画》，完成于1432年。木板油画，右侧闭合，347×229厘米，下侧展开，347×460厘米。比利时，根特，圣巴夫大教堂。** 凡·艾克巧妙地构思了救赎这一主题，并一丝不苟地在画中展现。画中的亚当与夏娃暗示是原罪导致了基督的牺牲及复活事件。最外层的面板上画着亚当和夏娃，提醒信徒迫使耶稣牺牲的原罪，并向他们保证，即使罪孽深重都能得到宽恕。

下层是两个圣人像，祭坛画的捐赠者则在两旁跪拜。凡·艾克巧妙地将使资助者服装的生动色彩与画中四位圣人白色的衣袍构成对比。加百列和圣母玛利亚被涂上温暖色调，身上衣服褶皱分明且厚重。在这一点上，他们的外表与下方两位资助者中间的施洗者约翰和福音书作者约翰相似。人物间的并置和联系构成了对有形与无形现实的戏仿。

《根特祭坛画》全部展开（底部）后有12个面板。位于中心的是主宰万物的耶稣，居于圣座，头戴三重冕。位于他右边的是他的母亲圣母玛利亚，所戴冠冕展现着天后的威仪。施洗者圣约翰穿着绿色斗篷，坐在耶稣的左手边；他的死亡被视为耶稣遇难的预兆。三位人物下方的场景代表着人类通过耶稣的牺牲获得救赎以及正在进行的大弥撒祭祀。表现圣徒、圣人、殉道者、先知及其他人物的群像聚集在一个小祭坛四周，上面站着一只羔羊，一个金色圣杯正收集它胸口流出的鲜血。羔羊象征耶稣基督（上帝的羔羊），带血的圣杯暗指杯中美酒是为了纪念耶稣履行拯救世界的承诺而流血。

佛罗伦萨与文艺复兴

15世纪初的佛罗伦萨完全有理由为自己骄傲。它位于连接罗马与北方的主要通道。它所用语言（托斯卡纳方言或托斯卡纳习语）是意大利语言中最为强势和发达的方言。这种语言的力量在一个多世纪前就已由但丁及其文学继承者彼特拉克和薄迦丘向世人展示。佛罗伦萨的12个大型贸易协会对这座城市的商业非常重要；此外，7个高级公会的代表组成了地方行政委员会，在堡垒一般的锡耶纳市政厅治理着这座城市。这种"代议制"政府尽管受限于公会的兴衰，但能使佛罗伦萨不用像其他意大利城市那样被崛起的城市暴君蹂躏。

自中世纪晚期以来，佛罗伦萨一直是羊毛贸易的中心之一。在15世纪，它也是欧洲银行体系的中心。事实上，现代银行（bank一词出自意大利语banco，意为"柜台"或"桌子"，即兑换货币的地方）以及他们处理金钱的制度很大程度上是基于佛罗伦萨人的实践发展而来。他们设计了先进的会计方法、信用证和核查体系；他们最先强调稳定货币体系的重要性。佛罗伦萨铸造的弗罗林金币是欧洲商业几个世纪以来的本位币。

一众佛罗伦萨银行家族在贸易与银行业务中赚了大钱。斯特罗齐、巴尔迪、托尔纳博尼、帕齐和美第奇等家族在所处时代声名在外。反过来，他们也为自己的财富和城市感到自豪。如今佛罗伦萨的游客还能漫步在以这些家族命名的街道上，边上是他们以前的宫殿。他们将商业保守主义与对财富及名望的追求稳定地结合在一起。任何一个伟大的佛罗伦萨银行家都不会惊讶于他们中的一员会以一句"以上帝和利润的名义，阿门"开始起草遗嘱。

尽管这些银行家享有名望和财富，但真正让佛罗伦萨声名鹊起的并不是他们。通过一些天赐良机，佛罗伦萨及其周边在 15 世纪涌现了一批艺术家，他们在某种程度上彻底改变了西方艺术，后来的历史学家称之为文艺复兴时期。

美第奇时代

佛罗伦萨由主要贸易工会的代表治理。这种由挑选出来的拥有商业权力和财富的集团来管理的体系，必然会导致统治者是集团中最富有的群体。从 1434 到 1492 年，佛罗伦萨落入单一家族的控制之下，即美第奇家族。

美第奇在佛罗伦萨周边郊区扎根已久，但此前声名不显。他们在 15 世纪的繁荣主要靠银行的巨额财富。到 15 世纪中叶，伦敦、那不勒斯、科隆、日内瓦、里昂、巴塞尔、阿维尼翁、布鲁日、安特卫普、吕贝克、博洛尼亚、罗马、比萨和威尼斯等地都出现了美第奇家族银行分支。

科西莫·德·美第奇

科西莫·德·美第奇（1434 至 1464 年间佛罗伦萨的实际统治者）是一位精明的银行家和一名有教养的文人，他最亲密的朋友都是些专业的人文主义者、书籍收藏家和艺术赞助人。科西莫花费巨资收集和复制古代的手稿，他让抄写员使用了一种整齐的草写体——斜体。他的藏书（连同他家族成员后来一起添置的）构成了如今佛罗伦萨劳伦提安图书馆人文馆藏的核心。

尽管对希腊文不太精通，但科西莫对希腊哲学和文学极有兴趣。他赞助了佛罗伦萨学院的希腊文讲座（Studium[学院] 一词最早指中世纪以盈利为目的的大学）。当希腊高级教士们在 1439 年举行大公会议之际访问佛罗伦萨时，科西莫乘机招募教士随行团队中的君士坦丁堡学者。他对讲授柏拉图哲学的卜列东(1355—1452 年)的才华赞叹不已，说服其留在佛罗伦萨授课。

柏拉图学园

科西莫为希腊研究的发展作出的最重要贡献，就是成立并资助了一家研究柏拉图哲学的学园。多年

价值观念

||||||||||||||||||||||||||||||||||||||||||

智识的综合

把文艺复兴仅仅看作古典的复兴，不免有些误导。实际的情况是追求综合，也就是说通过复兴旧时希腊罗马的文化传统，来满足当时的需要和愿望。综合的第一步是研究过往。值得一提的是研究的范围相当广泛。从对古代建筑的仔细观察和测量，到对诸如硬币、宝石雕刻和雕塑之类罗马考古遗迹的仔细研究，再到编辑和翻译文本，以及提供诸如字典之类的辅助工具等人文主义工作，这些工作将为下一步的工作提供条件。当人们兴灭继绝（这个过程被称为 ressourcement[追溯本源]），并将其进行改造以适应当时的情形和需求，

就实现了综合。

若要理解 15 世纪的佛罗伦萨发生了什么，就必须重点强调综合的过程。佛罗伦萨大教堂圆顶建筑的设计师布鲁内莱斯基研究罗马万神殿不是为了重建它，而是为了建造更好的教堂。斐奇诺热爱柏拉图哲学，但他是希望通过柏拉图哲学，可以比前辈们更好地解释基督教信仰。马基雅维利和伊拉斯谟出于自身原因喜爱古典作品，但他们从中发现了有助于理解当代问题的实用线索，从如何下达政令到如何达成教会改革。

要理解文艺复兴，关键要明白古典时期不仅仅是一段历史，更是为解决现实问题提供创新思维和概念的源泉。

来，科西莫及其继承人资助着牧师费奇诺，让他能够翻译和评注柏拉图的作品。在费奇诺漫长的一生中（他死于 1499 年），他把所有柏拉图、普罗提诺及其他柏拉图学派思想家的作品都译成了拉丁文，他写了《柏拉图神学》一书，是关于柏拉图哲学的概要。这些翻译和评注对意大利和阿尔卑斯山以外地区的艺术和知识生活产生了巨大影响。

科西莫常与友人相聚郊区别墅，在费奇诺指导下讨论柏拉图。这一精英团体接受了柏拉图为理想的善努力并坚持追求真理和美的理念。

这种理想主义成了佛罗伦萨文化的一个重要分支。费奇诺把自己对柏拉图的研究与对基督教的理解结合。他创造了"柏拉图式爱情"一词来描述两个人一起沉思追寻真、善、美的精神纽带。虔诚的科西莫在费奇诺的基督教柏拉图主义中找到了极大安慰。"快来加入我吧，并带上柏拉图关于至善的著述，"科西莫曾这样对门徒写道，"我将全心全意投身于对真理的追寻。来吧，带上俄耳甫斯的七弦琴。"

科西莫对佛罗伦萨有着深厚的爱国主义，被同时代人称为"国父"，

他慷慨资助艺术项目，以为城市增色，为家族增光，并通过慷慨的慈善行为为自己赎罪（尤其是放高利贷）。他结交并支持了许多艺术家。15世纪上半叶最伟大的佛罗伦萨雕刻家多纳泰罗（1386—1466年）是其密友并受其资助。多纳泰罗是一名古怪的天才，对自己的作品之外的事概不关心；据说他会把钱放在工作室的篮子里任有需求的学徒或他人取用。

科西莫生前最后几年饱受慢性病折磨，他的儿子乔凡尼以及他最疼爱的孙子的早逝，还有另一个儿子皮耶罗的疾病，都给他带来了沉重的打击。在科西莫弥留之际，他的妻子有一次发现他在书房闭着眼睛，便问他为何以那种姿势坐着？他回答道："让身体适应死亡。"1464年8月1日，科西莫去世。

科西莫的家族之长及城市第一公民的地位由其子皮耶罗继承，后者被称为"痛风者"，因为他一生都深受痛风折磨。皮耶罗管理这座城市的时间只有五年。在这段时间里政治动荡不安，但艺术活动从未间断。皮耶罗延续了其父对雕刻家多纳泰罗和人文主义哲学家费奇诺的资助，当时费奇诺正在着手将柏拉图作品译成拉丁文。皮耶罗还慷慨地支持佛罗伦萨的宗教和城市建筑项目。皮耶罗1469年去世。他的两个儿子洛伦佐和朱利亚诺继承其父地位，成为佛罗伦萨的共同统治者。

帕齐阴谋

1478年4月26日，佛罗伦萨大教堂正举行大弥撒之际，佛朗切斯科·德·帕齐和贝尔纳多·班迪在一万人面前袭击了朱利亚诺和洛伦佐。朱利亚诺被杀，洛伦佐被刺伤后逃走。这场政变是在罗马教宗西克斯图斯四世支持下，由美第奇家族的长期竞争对手帕齐家族策划的，旨在取代美第奇家族成为佛罗伦萨当权者。但洛伦佐活了下来，这场阴谋失败了；凶手、帕齐家族的同党以及其他参与者统统被处死。权力的重担由此落在洛伦佐肩上，他以务实的辞令接受了职责，他说："对于不掌握政治权力的佛罗伦萨富人来说，这是个坏兆头。"

洛伦佐·德·美第奇（"伟大的洛伦佐"）

洛伦佐统治着佛罗伦萨，直到1492年去世。他的成就涉及各方各面，以至于佛罗伦萨的15世纪下半叶被称为洛伦佐时代。

洛伦佐延续家族传统，继续资助各类艺术项目，并为美第奇家族藏品添置了许多古代宝石和其他古物古籍。他还直接参与到艺术中。洛伦佐是一位颇有成就的诗人，但他政治和社会领袖的声誉让人忽略了他对意大利本土诗歌发展的重要贡献。洛伦佐继承了彼特拉克开创的十四行诗传统。他最雄心勃勃的作品之一是其长篇《十四行情诗评析》(约在1476—1477年开始创作)，他有意效仿但丁的《新生》，将自己的十四行诗和大量散文评论穿插其中。此外，洛伦佐还创作了狩猎歌曲、狂欢季诗歌、宗教诗歌以及少量含有轻佻语气的滑稽诗歌。

洛伦佐最著名的诗歌是1490年写的《酒神之歌》，开篇就呼应了古老的罗马格言：尽情享受当下，因为人生短暂，未来又不确定（阅读材料11.1）。洛伦佐热衷学术，少时曾是费奇诺的学生，成年后也保持着与精英友人（包括费奇诺）在夜间促膝长谈的习惯。经常与他为伴的是画家波提切利，以及一位在美第奇赞助的雕塑园工作的年轻雕塑家——米开朗琪罗。洛伦佐的学术资助重要而广泛。他捐资重建了比萨大学，使其成为托斯卡纳地区最重要的大学（下个世纪，伽利略将在那里教学）。他还持续支持佛罗伦萨学院的希腊研究。

佛罗伦萨的希腊学院吸引了欧洲各地的学生。这个中心成了希腊学问传播到欧洲其他国家特别是阿尔卑斯山以外国家的主要途径。托马斯·里纳克尔、约翰·科利特与威廉·格罗森等英国学者也纷纷来佛罗伦萨学习希腊语和其他古典学科。里纳克尔后来成为著名医生，英国伦敦皇家内科医学院创始人。格罗森回英国后在牛津大学开办了希腊讲座。科利特成为圣经学者和伦敦圣保罗学校创始人。

16世纪法国的两位著名人文主义学者年轻时也深受源于意大利的

阅读材料 11.1　洛伦佐·德·美第奇《酒神之歌》

青春甜蜜而美好，
时光却转瞬即逝！
行乐需及时，
切莫待明日。
酒神与其所爱
知足而长乐，
追逐时间与关怀，
爱早晚会到来。
无论贫富贵贱，
皆与仙子嬉戏，
行乐需及时，
切莫待明日。
欢笑尽展颜，
敲响锣鼓声，
催生思念的精灵，
悄然降落于其间：
饮酒作乐，成双成对
时光在尽情歌舞中流转。
行乐需及时，
切莫待明日。

古希腊学问热潮影响。其中一位是纪尧姆·比代（卒于 1540 年），他在法国国王资助下在枫丹白露开办了一间图书馆，也就是法国国家图书馆的前身。他还创立了法兰西公学院，至今仍是法国最负盛名的高等学院。另一位是赖非甫尔，他在佛罗伦萨学习后成了 16 世纪法国最伟大的教会改革者。

吉洛拉谟·萨伏那洛拉

谈到文艺复兴精神与中世纪彻底决裂这样一种观念，就不得不提及多米尼加牧师兼改革家萨伏那洛拉（1452—1498 年）的生活和事业。萨伏那洛拉从 1490 年开始就一直住在佛罗伦萨的圣马可修道院，直到 1498 年被处死。

他激烈地反对佛罗伦萨普遍存在的虚荣以及艺术文化的堕落，对民众产生了巨大的影响。他的影响力并不限于城里易受骗的民众或工人。1492 年，洛伦佐临终前请他去主持最后的圣礼，尽管萨伏那洛拉一直强烈地公开反对美第奇家族掌控佛罗伦萨。实际上，萨伏那洛拉的理想是建立一个以强大的道德和神权为基础的共和制国家。这一时期的杰出人文主义者皮科（1463—1494 年）放弃了对希腊语、希伯来语、亚拉姆语和拉丁语的多语言研究，转而成为萨伏那洛拉的虔诚信徒。但米兰多拉英年早逝，所以没有跟随萨伏那洛拉在圣马可当修道士。人文主义画家波提切利也受到了萨伏那洛拉的强烈影响，以至于他烧毁了自己的一些世俗主题画作。学者们从他后期的作品中看到了强烈的宗教影响，这些影响来自他与萨伏那洛拉这位改革家的接触。米开朗琪罗老年时回到罗马，还曾与友人说自己的耳边仍回响着萨伏那洛拉的话语。

萨伏那洛拉对佛罗伦萨政治秩序的威胁（他曾经短暂地统治过这座城市）直到 1498 年才结束，他违抗了教宗的逐出教会令，被吊在领主广场（图 11.31）烧死。当时洛伦佐已经去世六年，美第奇家族失去了佛罗伦萨统治权。虽然他们将在下个世纪东山再起，但洛伦佐黄金时代已结束于中世纪虔诚信徒的暴乱之中。不过，佛罗伦萨这座城市及其理念的影响力早已远播。

文艺复兴时期的人文主义

19 世纪的法国史学家儒勒·米什莱创造了"文艺复兴"一词，专用于描述 15 世纪佛罗伦萨的文化时期。瑞士史学家布克哈特在 1860 年出版的《意大利文艺复兴时期的文

时代的声音 |||||||||||||||||||||||||||||||

萨伏那洛拉

　　这段话摘自萨伏那洛拉在佛罗伦萨大教堂的一场布道。

　　　　生物都是美丽的，因为他们能够分享和接近灵魂之美。拿两个外表同样美丽的女子来说，如果一个是圣洁的而另一个是邪恶的，你会注意到圣洁的比邪恶的更招人喜爱，所有人都关注她。男人亦是如此。圣洁之人，无论身体多么丑陋，都会招人喜欢，因为不管他有多丑，他都会流露出圣洁之感，他的一切行为都显得高尚。想想圣母是多么美丽，多么圣洁。她的一举一动都闪耀着光芒。圣托马斯［阿奎

那］说任何人看到她都不会带有邪念，因为她是如此圣洁。

　　但是想想城中教堂里的那些圣徒画像。年轻人随口就能说出"这是抹大拉的玛利亚］，那是圣约翰"，因为教堂里有模仿他们的画像。这是一件可怕的事情，因为涉及上帝之事被低估了。教堂里满是私心。你以为圣母玛利亚的穿着是像她在画中那样吗？我告诉你，她穿得像个穷人一样简朴，而且把脸庞遮起来，几乎看不到。圣伊丽莎白也是如此。这些不适当的构思把画像给毁了。你们让童贞女看起来像个妓女。这种对上帝的崇拜真是可笑！

化》中，描述了文艺复兴的大致轮廓，此书至今仍是大多数文艺复兴话题讨论的基础。布克哈特的论点简洁有力。他认为，欧洲文化经历了从罗马帝国覆亡到14世纪初这段漫长蛰伏期后，在15世纪全面复苏。

　　布克哈特表示，文艺复兴最初在意大利萌芽，并构筑了现代世界。在14世纪晚期和15世纪的意大利，发展出了关于政治秩序的本质的新思想（佛罗伦萨共和政府之成立便是一例）以及艺术家作为个体追求个人名誉的意识。这种对荣耀和名誉的追求与中世纪的谦逊和出世态

度形成了鲜明对比。布克哈特还看到人们对古典学识的渴望，意欲以此学识构建人文主义，在学术上否定中世纪宗教和道德，强调美好生活。

　　布克哈特的说法引起了史学家和学者的强烈反响，许多人认为其理论过于简单化。1927年，美国学者查尔斯·霍默·哈斯金斯在《12世纪文艺复兴》中抨击了布克哈特的理念。他指出，布克哈特对15世纪佛罗伦萨生活的描述也适用于12世纪的巴黎。学者们也提到等同于查理大帝宫廷的卡洛林文艺复兴。

　　15世纪意大利的智识和文化生

活发生了新变化，时人也意识到了这点。佛罗伦萨商人马泰奥·帕尔米耶里 1436 年写道："愿每个有思想的人感谢上帝让他出生在这个新时代，满是希望与前途，杰出人才比过往几千年都要多。"然而，他所说的新时代并不是一夜之间出现的。其根源必须追溯到意大利悠久的法律学习传统、13 世纪的方济各会运动、意大利相对缺少封建主义，以及意大利长期以来的城市生活。简而言之，意大利悠久的历史背景为新事物发展提供了条件。

但问题是，文艺复兴的新事物是什么？文艺复兴不仅是艺术品位的改变或艺术技巧的进步。我们需要更深入。是什么推动了艺术品位的转变？是什么激发了产生艺术创新的个人能量？是什么引发外国学者穿越阿尔卑斯山来佛罗伦萨和其他中心学习和吸收新知识？简单的回答就是：在意大利，早在彼特拉克时代（1304—1474 年）就萌生了一种信念，但到 15 世纪才变得清晰，这种信念是，人文主义学习不仅会使个人变得高尚和完美，还能成为社会和宗教改革的有力工具。几乎没有文艺复兴时期的人文主义者会否认对上帝恩典的需求，但他们都认为，真正想提升自我或社会利益的人应首要关注人类智识努力。米兰多拉是佛罗伦萨最才华横溢的人文学者之一，其职业生涯阐释了这种人文主义信仰。

皮科·德拉·米兰多拉

皮科·德拉·米兰多拉是洛伦佐的密友，也是柏拉图学者费奇诺的同伴。他年少成名，在当时的智识界如鱼得水。他曾夸口读过意大利的每本书，这并非完全不可信。他相信人可以通过学习将各种知识综合，从而找到基本真理。为了证明这点，他决心掌握当时所有知识体系。他精通拉丁文和希腊文经典，并在巴黎大学学习了中世纪亚里士多德主义，还学习了阿拉伯语和伊斯兰传统。他是当时第一个对希伯来文化产生浓厚兴趣的基督教徒，学习了希伯来语和亚拉姆语，并和犹太学者一起研习犹太法典。皮科 20 岁时提出要在罗马就他的 900 个论题进行辩论，声称这些论题总结了当时所有学识和推论。教会领袖批评其中一些命题并非正统；米兰多拉离开罗马，辩论会也未能举办。这部论题集的序言名为《论人的尊严》（1486 年），常被称为文艺复兴时期首部和最重要的人文主义文献。下述引文声称人类站在世界的顶端，缔造了神之世界与造物世界的联系，从而表达了文艺复兴时期

阅读材料 11.2　米兰多拉

摘自《论人的尊严》引言

最尊敬的长老们，阿拉伯人的古文献中写道，有人问萨拉逊人阿卜杜拉，在世界这个舞台上，什么最值得赞叹时，他回答说，没有什么比人更值得赞叹了。墨丘利的说法与此一致，他说："阿斯克勒庇俄斯啊，人，是一个伟大的奇迹。"许多人解释了人类卓越的自然，然而当我考量这些说法的道理时，并不感到满意。他们说：人是造物之间的中介，既与上界为伴，又君临下界；因为感觉的敏锐、理性的洞察力及智性之光而成为自然的解释者；人是不变的永恒与飞逝的时间的中点，（正如波斯人所言）是纽带，是世界的赞歌，或如大卫所言，只略低于天使。这些道理很重要，但并不是最重要的，人并不是藉此获得了为自己索取最高赞叹的特权。否则，我们为何不去更多地赞叹天使自己和天堂里最有福的歌队呢？终于，我似乎明白了，为什么人是最幸运的生灵并因此堪配所有的赞叹，他在宇宙秩序中的处境究竟是什么，不仅让野兽，甚至让星体和世界之上的心智都羡慕。这件事难以置信，又奇妙无比！如何不是呢？就是因此，人才被恰当地称为并被看作是一个伟大的奇迹，一种堪配所有赞叹的生灵。

[译注] 引自皮科·米兰多拉，《论人的尊严》，顾超一、樊虹谷、吴功青译，北京：北京大学出版社，2010。

人文主义的核心。

皮科以其渊博学识论证了这一基础命题：人类是一个伟大的奇迹。

他不仅援引了传统的圣经和古典源流，还援引犹太、阿拉伯和新柏拉图传统的伟大作家的著述。年轻的皮科热衷探讨该命题，也渴望展示其才学。不过也有学者对皮科作为思想家的独特见解持不同意见，认为其作品是知识的大杂烩，没有真正融会贯通。但有一点毫无疑问，即皮科作为一名各类语言和文化的研习者，开创了新的学习领域，引发了时人对学术的巨大热情。众多学生慕名而来，其中最具影响的是德国人罗伊希林（1455—1522 年）。他到佛罗伦萨与皮科一同学习希伯来语，掌握希伯来语和希腊语后，回到德国继续研习语言，将其用于圣经研究。在 16 世纪初，他受到路德（见 13 章）的影响，但从未参与宗教改革。罗伊希林坚持正统圣经学习就应学习原版语言。在欧洲主流文化不停爆发反犹太思潮时，罗伊希林始终坚守最初的人文主义观念，不仅坚持认为自己为了改革宗教而学习是正当的，还极力呼吁包容，这在当时是极为罕见的。

一场高科技革命：人文学识的输出

人们对于书本印刷技术已是司空见惯，但在印刷机发明前，书籍均为手抄本，每件的成本是几千美元。很少有人能负担得起，甚至连抄书都很困难。

1454年，约翰·古腾堡在德国美因茨出版了第一部印刷版《圣经》（图11.8，图11.9）。他印刷了约145本纸质版拉丁文《圣经》，以及35本更贵重的动物皮制作的羊皮纸圣经，每页有42行字。并非所有工作都由他的工作坊包办：古腾堡负责印刷书页；另一家工作坊负责为词首大写字母着色及图案彩饰；第三家工作坊负责装订。该版《圣经》有两卷，很是巨大。纸质《圣经》重约13.6千

图11.9 拉丁文《圣经》内页，德国美因茨古腾堡印刷机承印，1455年。牛皮纸油墨印刷，43.2×30.5厘米。华盛顿特区国会图书馆珍本图书和特别收藏部，奥托·福尔贝尔藏品。古腾堡《圣经》是第一部使用活字印刷机印刷的书籍。只有48本保存，其中之一藏于国会图书馆。

克，牛皮纸（动物皮）或羊皮纸《圣经》重约22.6千克。

这批印刷品只有48本留存，尽管很多单页

图11.8 约翰·古腾堡印刷机，约1455年。带有扁平金属板和锚机的立式木机械。长198厘米，宽90厘米，高213.4厘米。英国，伦敦，国立科学与工业博物馆。

也保留了下来。这些圣经并非供私人使用，它们被称为"讲坛圣经"，意思是在教堂里或在僧侣或修女的宗教场所布道时使用。也有一些贵族为了私人收藏而购买。

古腾堡发明的活字印刷机正巧碰上了造纸术的兴起。穆斯林在与中国的交流中学习了中国发明的造纸术。欧洲第一家造纸厂于12世纪初在西班牙的巴伦西亚附近开办，到1400年，造纸术在意大利和德国的部分地区已非常普遍。纸张使得木版印刷成为可能，但到了15世纪末，古腾堡才开始使用纸张来印刷书籍。随着技术的进步，书籍、小册子和宽幅印刷品的印刷费用变得非常便宜，阅读逐渐普及。

它们像当今的电脑和文字处理技术一样，使成本剧降，让知识阶层更容易获取书籍。15世纪最著名的人文主义印刷和出版商是马努蒂乌斯（1449—1515年），他在家乡威尼斯开设了阿尔定出版社。马努蒂乌斯本人就是学者，1453年君士坦丁堡沦陷，他向逃难到威尼斯的学者学习希腊语。他意识到古典作家的作品出版前须经仔细检查，于是雇用专业人文学者校对和纠正手稿，一度包括北欧最伟大的人文学者伊拉斯谟。

马努蒂乌斯也是一个技术创造者，他模仿佛罗伦萨抄写员使用的手书，为希腊文和斜体设计了字体，还研发了新的墨水，并从邻近小镇法布里亚诺获得了新的纸张——该镇至今仍在为艺术家和版画家提供优质纸张。马努蒂乌斯出版的书籍近乎口袋大小，便于携带，价格低廉。

阿尔定出版社业务很广：从1494年开始，马努蒂乌斯（后来还有他的儿子）在20年时间里出版了亚里士多德全集和柏拉图、品达、希罗多德、索福克勒斯、阿里斯托芬、色诺芬、德摩斯提尼等人的作品。他重新发行了拉丁文经典的更优版本，并出版了像但丁和彼特拉克这类本国作家的作品，以及当代诗人如波利齐亚诺（他是洛伦佐·德·美第奇在佛罗伦萨的朋友）的作品。

阿尔定出版社在当时并非个例。在西方印刷发源地的德国，早已有活跃的印刷和出版传统。古腾堡（约1395—1468年）发明的活字印刷机一直沿用到19世纪末。1454—1456年，古藤堡在美因茨印刷了一部《圣经》。1475年，威廉·卡克斯顿出版了第一部英语印刷书《特洛伊历史故事集》。史学家估计在1500年之前，欧洲出版社出版的600万到900万本书有13000个不同版本。这些书有近5万本保存于世界各地的图书馆。

这种以人文主义学问和印刷技术为傲的结合，对欧洲文化产生了深远影响。让各种思想短时间内就能在人群之间传播。毫无疑问，各种蓬勃开展的思想运动——比如宗教改革——就是得益于印刷术的发展。这场交流革命对于文艺复兴时期的重要性，就如广播电影、电视、互联网对于我们当今时代的重要性。

15 世纪的女性与文艺复兴

在欧洲从封建主义向资本主义转变的过程中，女性的角色——尤其是贵族女性——开始转变，但不一定是往好的方向转变。加多尔（Joan Kelly-Gadol）在论文《妇女有一个文艺复兴时期吗？》中总结道："意大利文艺复兴的所有进步，包括它的原始资本主义经济、国家和人文主义文化，都将贵族女士塑造成审美对象；高雅、贞洁，依赖着丈夫和贵族阶层。"艺术史学家斯特拉金（Wendy Slatkin）注意到文艺复兴时期宫殿的设计——比如宫殿或博物馆这样的宏伟建筑（见图11.34）——其内部庭院的高墙将城市生活隔绝在外，使公共领域与私人领域分离，将女性困于家庭之内。

然而，15 世纪的人文主义重视知识和正规教育，认为女性也应和男性一样享有这些权利。因此年轻贵族女子可以学习拉丁语、哲学、古典文学、几何学和其他以前只对男性开放的科目。斯特拉金指出，一些受过传统人文主义教育的女性，会为女性的知识能力进行激烈辩护。通常都是针对男性，尽管也会与那些认为她们在传承学者、作家或艺术家衣钵方面走得太远的女性同行争论不休。除了正式学习的机会外，得益于印刷机和活字印刷术的发明，女性也有了阅读书籍的机会。但当时识字率不高，女性人文主义写作反映的均是上层社会文化。

意大利女性人文主义者的作品选集表明她们大多出身显赫。伊波利塔·玛丽亚·斯福尔扎（1446—1484 年）在其父米兰公爵建立的宫廷学校接受教育。少时的她就向教宗庇护二世发表了演说。她嫁给西西里国王之子卡拉布里亚的阿方索公爵时，嫁妆包括西塞罗作品在内的 12 本书。据说在她离开家乡米兰前往西西里的夫家时，曾为购买书稿而中途停留。另一位女性伊索塔·诺加罗拉（1418—1433 年）是文艺复兴时期最知名的人文主义者之一，是激励其他女性作家、诗人和艺术家的榜样。她最著名的是一部表演作品，围绕伊索塔和卢多维科关于亚当和夏娃在原罪上的相对罪责展开对话。其论点源于亚当和夏娃是平等的这一基本原则；两者都拥有良善的人之本性，都出于自由意志行动。诺加罗拉学过希腊语和拉丁语，还写了一篇关于圣杰罗姆（教会博士之一，其基督教著作基于古典文学）的演说。在 16 世纪有影响力的文艺复兴作家开始歌颂女性潜能前，诺加罗拉在男性主导的人文领域占据了一席之地。

劳拉·切蕾塔

劳拉·切蕾塔（1469—1499 年）出生于意大利布雷西亚，是 6 个孩子的长姐，7 岁时被送去修道院接受教育，9 岁时被接回家中帮忙照顾弟妹。其父是一名律师兼法官，教她希腊语和拉丁语。作为坚定的人文主义者，切蕾塔始终坚持学术生活，不惧男性和其他女性同行的批评。她写了很多信回应对她的批评，包括面对男性主义者时为学习辩护（"所有人，包括女性，都拥有受教育的权利"），面对女性批评者时为其职业辩护。她还形成了旨在学术的女性共同体的概念，批评家务是女性智识发展的障碍。

在阅读材料 11.3 的书信中，切蕾塔不仅抨击了那些批评她生活方式的男人，还谴责了那些养尊处优并以之为傲的女人。

在《给卢西娅·沃娜库拉的信》

阅读材料 11.3　劳拉·切蕾塔

摘自《给森普罗尼乌斯的信》：为女性自由教育一辩

你的吹毛求疵使我感到厌烦。你无礼地公开表示，听说我拥有美好的心智，就如同大自然赐予最博学的男人一样好，你不仅仅是感到惊讶，而是事实上悲叹不已。你似乎认为如此博学的女人在这世上绝无仅有。森普罗尼乌斯，你在这两个方面的看法都是错误的，并且明显偏离了真理的道路，传播谬误。我同意，你应该感到悲哀，事实上，你应该感到惭愧，你已经不再是一个活人，而变成了一具行尸走肉；你拒绝了能够让人变得睿智的研究，那你就会在麻痹闲散中腐烂。不是你的自然本性，而是你的灵魂背叛了你，抛弃美德走上了罪恶的捷径。

唯一要解释的问题就是为何杰出女性如此之少。答案显而易见：女性天生有变得卓越的能力，但选择了较低的目标。对于一些女性而言，她们关心的是自己的发型，穿漂亮的裙子装扮自己，或者用珍珠宝石装饰自己的手指。另一些热衷于字斟句酌，沉迷于跳舞或照顾被宠坏的小狗。还有一些则想要参加盛宴，或是舒服地睡觉，或是站在镜前涂抹自己美丽的脸庞。但是那些对美德有更深渴求的人，从一开始就约束着自己年轻的灵魂，思考更高的事物，用清醒和考验来强化身体，收敛自己的嘴巴，竖起自己的耳朵，在清醒时淬炼自己的思想，在沉思中淬炼自己的心智，在书信中与正直为伍。因为知识并非天生，而要靠勤奋获取。自由的心智不会卸责偷懒，而会不懈地追求美德，渴求更广阔、更深入的知识。因此，并不是因为什么特殊的圣洁，而令女人由上帝这位给予者赐予独特天赋。大自然慷慨地把天赋赐予所有人，打开了所有选择之门，理性经由此门向意志派遣使节，他们从中学习和传达理性的意愿。意志必须选择运用理性的天赋。

摘自金（Margaret L. King）与拉比尔（Albert Rabil）编，《如玉之手：意大利 15 世纪女性人文主义者作品选》（*Her Immaculate Hand: Selected Works by and about the Women Humanists of Quattrocento Italy*），第二版。

（阅读材料 11.4）中——收信人可能是虚构的，因为 Vernacula 一词在意大利语中意为"贱妇"或"贱奴"——切蕾塔严厉斥责了抨击她学习和学术生活方式的女性。

阅读材料 11.4　劳拉·切蕾塔

摘自《给卢西娅·沃娜库拉的信：反对蔑视热爱学习的女性》（1487 年）

　　粗俗的嫉妒激发了那些人歪曲的思想和难以置信的敌意，他们愚蠢地喊着女人不可能掌握一口流利的拉丁语。我或许已原谅这些可悲之人的卑劣行径，我用激烈言辞鞭笞了他们明显的疯狂；但是我不能忍受那些喋喋不休、胡说八道的女人，她们如同满身酒意的醉汉，那些无礼的话不仅伤了我们女性，更是中伤了她们自己。她们傻而无知，聚在一起互选对方是最好的。可是一旦发现出类拔萃的女人，她们就会报以嫉妒的毒液去毁灭对方。这实在是一种荒唐无耻的请愿，给他人带去厄运和恶毒！就连呼吸都是恶毒的，她竭力给别人泼脏水，其实是弄脏了自己。因为她追求的欲望并不是清白的，所以就是许可罪恶。因此这些散漫懒惰、漫不经心的女人在不自然的警觉里放任自己；就像花园中用于驱除小鸟的稻草人一样，她们用毒舌对付所有来者。当显赫的贵妇人都对我以礼相待、尊重有加，我有什么义务对这群猖獗狂吠、对别人嗤之以鼻的煽动者保持忍耐？我不会纵容这些傲慢的卑鄙之人，我不会以沉默表示宽恕，免得这些人把我的沉默当成许可，免得让这群耻辱的领头女性招来更多无法无天的罪人同伙。任何人都不应该因为不耐烦而责怪我，因为就连狗都会去拍赶烦人的苍蝇。

切蕾塔 15 岁时嫁给彼得罗·塞里纳，但婚后不到 18 个月，塞里纳便死于瘟疫。她把这段经历写进散文，在文中表现出自己更敏感痛苦的一面。我们还看到，道德意识的概念——对自我的认识，要求我们对自己的思想和行为负责——是她书信的一个主题。阅读材料 11.5 是一首散文诗。

阅读材料 11.5　劳拉·切蕾塔

关于她的亡夫

　　我们悲痛的脸庞已经脏污不堪。悲哀的生命也因为这颗悲痛的心而孱弱不已。虽然这死亡法则让人无从逃避；而她是复仇者，遇神杀神；尽管万物都会老死，但人人皆可悼念心中所爱，而哀痛的感觉也会一直在心里挥之不去。

我知道：在他濒临死亡边缘时，因为死亡——生命的终结——让一切消失。我们都是尘埃和幽灵，但每个人的生活都不同；各有各的不幸，各有各的归路。然而我还活着，祈祷已是无用。我相信这种生活不能缓解我的痛苦。但是短暂地忘却痛苦，让一切回到原位吧——因为他的死而带来的伤害，我那曾经平静安详的生活，被残忍地撬开、撕裂、瓦解。

当然我丈夫的灵魂已祥躺于阴暗之中，冷冰冰的大理石亲吻着他的四肢。灰色尘埃在我耳边低叹，如今我虽活着却已身处坟墓。对于死者而言，生命就像一场梦，这一过程笼罩着每一个人，如同在黑夜中的短暂一瞥。所以，我生活中的事情会如何进行、以何种顺序发生，完全是未知之数，但若是你想知道，我会以更长的篇幅完完整整地讲述——如果我能保持意识清醒的话。

塞里纳去世之后，切蕾塔据说在普拉达大学开始了7年的教学生涯，但关于此事的记录不甚明确。她因不明原因在30岁那年去世。

意大利和北欧的人文主义：一枚硬币的正反面

在洛伦佐·德·美第奇去世后的那一代，人文主义从意大利传播到了北欧，在那里人文主义被应用在基督教信仰上，成为教会改革演讲的一部分。与此同时它仍然是意大利世俗事务的核心哲学。意大利和北欧关于人文主义思想运用的差别，体现在马基雅维利和伊拉斯谟的作品中。

尼科洛·马基雅维利

洛伦佐·德·美第奇去世后，其子皮耶罗（人称"不幸的皮耶罗"）成为佛罗伦萨统治者，但缺乏他父亲的政治天赋和联盟能力。美第奇家族在1494年丧失了这座城市的控制权。在美第奇家族失权期间，人文主义者、哲学家、现代政治科学奠基人马基雅维利（1469—1527年）被聘为佛罗伦萨共和国公职人员，后升任战争大臣。美第奇家族1512年重新掌权，马基雅维利被逐出佛罗伦萨及政坛。他在此期间撰写了著名政治著作《君主论》（1513年），最初是献给朱利亚诺·德·美第奇（1512—1518年统治佛罗伦萨），后者被刺身亡后，又献给其侄子及继任者洛伦佐·德·美第奇，试图再次得到统治家族青睐。尚不清楚美第奇家族是否有人读过这部作品。

《君主论》通常被视为西方第一部完全世俗的政治理论研究。马基雅维利的灵感来自罗马共和国；他认为教会在政治中的作用破坏了国家治理权。马基雅维利断言，国家因此必须限制教会权力，只允许其在精神领域行使职权。作为国家统治者的君主必须明白，统治的成功关键在于权力的行使。行使权力要充满智慧并冷酷无情。套用马基雅维利最爱的例子，就是君主必须狡猾如狐狸，残酷如狮子。

总之，马基雅维利说，除了权力及其目的外，君主不能让道德考量阻碍自身工作。从这个意义上来说，残酷或伪善皆无不可；明智的残酷可以巩固权力并阻止革命。但无道理的残酷则会适得其反。注意马基雅维利关于君主应该受人爱戴还是受人畏惧的观点。《君主论》的主题是务实地使用权力对民众进行管理，马基雅维利将他们刻画得自私、短视、狡猾和奸诈。以往政治理论传统总是援引上帝的超然权威来保证国家的稳定和合法性。但马基雅维利认为保障国家稳定的是权力，而不是上帝的道德法则。对于成功统治者的最后考验就是，他

是否愿意明智而审慎地行使权力，不受道义劝说的约束。其最著名的篇章写道："一个明智的统治者……不用且不应遵守诺言，倘若其违背自己的利益。"这种独断的说法解释了为何罗马天主教会将《君主论》列入禁书清单，也解释了为何英语中 Machiavellian 一词意为"在政治行为上不诚实或寡廉鲜耻"。马基雅维利臭名远扬，以至于 16 世纪的英国戏剧里都有一个邪恶角色，一个叫 Old Nick 的意大利人。英语短语 filled with the Old Nick 意为"邪恶的"，也是源于马基雅维利的不道德名声。但马基雅维利的现实实用主义，同样解释了叶卡捷琳娜二世和拿破仑为何会非常谨慎地阅读他的著作。

归根到底，书中的君主形象表达了一种政治观，即领导者要理解的是权力能让一名政治人物成为一

阅读材料 11.6　马基雅维利

摘自《君主论》第 17 章，"君主守信之道"

大家都知道，君主信守诺言而且为人正直不耍诈是多么值得称道的事。然而，环顾当今之世，我们看到那些功成名就的君主，一个个不把守信当一回事，而且善于使用狡诈的手段愚弄世人，就这样征服讲究诚信的人。所以，一定要知道，有两种抗争的方式：一种用法律，另一种用武力。第一种适合人类，第二种适合野兽。可

是在许多情况下，第一种方式不足以应付，因此有必要求助于第二种方式。所以说，君主必知道如何交互运用分别适用人类和野兽的战斗方式。

……

既然君主必定要懂得如何运用野兽的习性，他理当选择狐狸和狮子为效仿的对象。由于狮子无法躲避陷阱，而狐狸无法保护自己抵御豺狼，因此一定要像狐狸才能够辨认陷阱，而且一定要像狮子才能够惊吓豺狼。完全

效法狮子习性的人不理解个中道理。因此一旦违反自己的利益或是当初承诺的理由消失时，明智的君主既不能也不应该信守诺言。如果每一个人都善良，这一句座右铭就不管用了。然而，就是因为人类生性邪恶，不会对你守信，同样的道理，你也没必要对他们守信。无数现代的例子可以证实，君主永远不会欠缺正当的理由粉饰自己背信弃义的行为。只要看看有多少条约变成废纸，又有多少承诺变成空言，都是由于君主口是心非，就可以明白了。最善于模仿狐狸的人总是最成功。

不过，最重要的是，一定要晓得如何漂漂亮亮地掩饰兽性，做个伟大的说谎人和伪君子。人都很天真、只顾虑到眼前的需求，竟使得骗子永远找到心甘情愿被骗的人。

[译注] 引自马基雅维利，《君主论》，吕健忠译，上海：上海文化出版社，2019。下引均为此本。

阅读材料 11.7　马基雅维利

"残忍与仁慈：受爱戴和受畏惧，何者比较有利"

由此引出一个问题：到底是受爱戴比受畏惧可取，还是反过来说才对。答案是，两者同样重要，不应该偏废。可是，既然鱼与熊掌不可兼得，两害相权取其轻，自然是受畏惧比受爱戴有保障得多。我这么说是因为，世人大体而言是忘恩负义、反复无常、喜欢说大话、虚伪成性、避危趋安、贪得无厌。你给了他们好处，他们就心向着你，像我在前面说的，在患难仍然遥远的时候，他们乐意为你赴汤蹈火，财物、性命甚至儿子都可以奉献给你；可是到了紧急关头，他们就会转身而去，连头都不回。……触犯受到爱戴的人比触犯受到畏惧的人更没有顾忌，这是人之常情。因为爱被认为是靠道义的束缚在维系，而既然人性本恶，对自己不利的时候当然不会想要受道义掣肘。畏惧可不一样，是靠害怕遭受惩罚的心理在维系，那种心理不会消失。

然而，君主要使自己受人畏惧应该讲究技巧，就像我现在要说的。即使争取不到民众的爱，至少应该避免招惹他们怨恨。使人畏惧的同时不要招来怨恨，这是办得到的，只要不觊觎百姓的财物和妻女就行了。……但是，如果君主是跟他的军队在一起，而且指挥的士兵人数众多，那么他根本没必要在意背负残忍之名。这一点很重要，因为如果不是这样，他绝无可能使军队团结一致，也绝无可能达到军事任务。

位强大的统治者。这样的统治者使用了一个简单的经验法则：如何运用权力来巩固权力？这样的统治者不求找到不朽的法则，只求简单的算计：以这种方式或特定的方式行使权力是否能保证国家的稳定？如果有必要，那就采取残酷或暴力（甚至恐怖）行为。马基雅维利并非想要创造出怪物，他当然也不想自己被暴力对待。但他主张为了确保国家的完整和强大，任何手段都在所不惜。这是英语中 Machiavellian 一词的深层寓意。

伊拉斯谟

伊拉斯谟（1469—1536 年）（图 11.10）堪称欧洲最重要的人文主义基督徒。他出生在荷兰，年轻时接受过拉丁语教育。20 多岁时因贫困而进入修道院。他曾被任命为罗马天主教牧师，但任期不长。他在 1495 年进入巴黎大学就读，在那里接触到了人文主义思想。在访问英国期间，他进一步接触人文主义，在那里结识了约翰·科利特和托马斯·莫尔等人。伊拉斯谟被他们对新学问的热情感染，1506 年去了意大利，在罗马和威尼斯停留了很长时间。从此他开始了流浪学者的生涯，作为博学的思想家和作家名震一时。

图 11.10　马西斯，《伊拉斯谟的画像》，1517 年。画板油画，转印到画布，59×47 厘米。意大利，罗马，国立绘画馆。这幅伊拉斯谟画像绘制于伊拉斯谟生前，一枚印有伊拉斯谟轮廓的硬币，以及德国艺术家丢勒的一件雕刻作品，都是以之为原型。画中的伊拉斯谟站在小房间的写字台前，还有一个双层小书架，上面摆放着皮面学术书。

伊拉斯谟的许多著作都在尝试将古典学问与一种简单的、内化的信徒生活相融合。在《基督教骑士手册》（1502 年）中，他试图将这种基督教人文主义理论化。该书标题用了典型的伊拉斯谟式双关：enchiridion 既可以指"手册"，也可指"短剑"；因此书名可以是《基督教骑士手册》或《基督教骑士短剑》。他的《希腊语圣经新约批注》（1516 年），是第一部通过比对现存手稿来对《希腊语新约》进行编译的作品。因为伊拉斯谟只用了三种底稿，他的版本在技术层面上是不完美的，但这是一次有价值的尝试，清楚表明人文主义者如何能够有助于宗教事务。

伊拉斯谟最著名的作品《愚人颂》（1509 年），是在他于英国做客托马斯·莫尔爵士家中时，几乎是当成笑料一气写就的。Encomium Moriae 这个标题一语双关，既可指"愚人颂"，也可指"莫尔颂"——招待他的主人托马斯·莫尔。《愚人颂》是一部幽默作品，但在看似轻松的讽刺中，蕴含着对腐败、邪恶无耻和社会偏见的强烈谴责。伊拉斯谟抨击战争的制造者（他有很强的和平主义倾向）、贪赃枉法的律师和骗人的医生，但他最深恶痛绝的是宗教腐败：宗教学术的无所作为和宗教活动的迷信化。他在阅读材料的段落中对神学家作了评论。

阅读《愚人颂》，会让人好奇路德为何没能赢得伊位斯谟对新教改革的支持（事实上双方还曾论战）。伊位斯谟继续留在旧的教会，但他尖锐批判其愚蠢并坚定倡导对其进行改革。有人说，伊拉斯谟下了一枚蛋，路德把它孵了出来。

阅读材料 11.8　伊拉斯谟

引自《愚人颂》，"论神学家"

接下去是神学家，这是一批目空一切、动辄以怒的人。我也许最好是保持沉默，搁下他们，不去"搅动卡马利纳沼泽的泥浆"，或抓住有毒的植物为佳，免得他们罗列出无数条罪状，兴师动众向我进攻，迫得我只好收回前言，承认错误。要是我拒绝这样做，他们便会立即痛斥我是个异端分子，……这使他们得以置身于一种形同第三天界之境，居高临下，几乎带着怜悯之情俯瞰一大批像牲口般在地面上匍匐前进的其他众人。与此同时，他们有一大批经院哲学家提出的种种定义、结论、推论和明确的与含蓄的命题支持。……他们有着无数新造出来的词语和发音奇特的词儿可供使用。

此外，他们还解释各种玄奥的神秘事物，以求按自己的意愿行事：例如解释世界是如何创造和安排的；罪恶的污泥浊水是经由何种渠道渗透传入后代的；基督靠什么方法、在多大程度上，以及用多长的时间在圣母玛利亚的怀里形成的；为何在圣餐仪式里面，意外的事件能够在没有实体的情况下继续存在？

他们还乐从中来，细腻入微地描绘出地狱里的各种事物，好像他们曾在那里待过几年似的；或者海阔天空，任凭幻想飞翔，编造出新的天界，万一受祝福的灵魂缺乏足够的空间，可供舒服地散步，或举办宴会，或者赛赛球，他们便会将天界再加一层，达到最美最阔的境界。

[译注] 引自伊拉斯谟，《愚人颂》，许崇信译，南京：译林出版社，2011。

这种广泛的社会批评明显触动了很多人的神经。此书不仅得到伟大的托马斯·莫尔爵士的钟爱（莫尔十分重视宗教信仰，后来为此而死），同时也受到了当时敏锐之人的欢迎。在伊拉斯谟有生之年，《愚人颂》被译成 27 个版本，是 16 世纪除了《圣经》之外最畅销的书籍。

马基雅维利和伊拉斯谟两人不具有可比性，但他们的一些联系可以帮助我们概括文艺复兴的意义。他们都深深受益于 15 世纪意大利的新知识，都从古典时期的文化遗产中找到了灵感原型，都是优雅的拉丁语学者，摒弃了中世纪的风格和思维模式。马基雅维利彻底拥抱罗马传统。他认为基督教的历史发展是国家良好运行的威胁和绊脚石。相反，伊拉斯谟认为古典学问可与基督教传统结合，成为社会改革的工具。他的基督教人文主义理想就基于这一方案，并深刻影响了 16 世纪的思潮。

意大利文艺复兴时期的艺术

在 15 世纪，机缘巧合下，佛罗伦萨及其环境造就了一批艺术家，他们彻底改变了西方艺术，以至于后来的史学家称这一时期为艺术的复兴（重生）时期。但天赋并非全部，雄心勃勃的艺术项目需要富有的赞助者和孕育人才的文化和知识环境。这一切都发生在佛罗伦萨：伟大的艺术家、巨额财富和珍视个人抱负并以名声为回报的人文主义思想。

尽管佛罗伦萨可以恰当被称为文艺复兴早期的中心，但也有其他强大的城邦成为文化中心。罗马、乌尔比诺、曼图亚以及其他城邦都

以王公贵族的宫廷为中心，这些宫廷都是由富有的公爵、伯爵，甚至教宗和枢机主教建立的，他们都是艺术的主要赞助人。

佛罗伦萨

文艺复兴早期始于 15 世纪初的佛罗伦萨，不是源于委托，而是因为一场比赛——为了争夺装饰佛罗伦萨洗礼堂铜门的权利。这场比赛由羊毛商人协会赞助，于 1401 年佛罗伦萨和米兰军事对峙期间宣布，当时米兰公爵的军队包围了佛罗伦萨。比赛的浮雕作品的主题定为圣经中关于亚伯拉罕牺牲以撒的故事（《创世记》22:1-14）。这似乎是场旨在鼓舞人心的比赛，因为佛罗伦萨共和国当时处于被米兰公爵的强大军队击败的边缘；佛罗伦萨可以比作以撒，因此也需要神的干预。1402 年米兰公爵意外身亡，神的干预得到应验。

建筑

我们并不是经常能够把特定的历史事件与艺术史上一个新时期的开端联系起来。在古希腊，我们看到公元前 480 年一场决定性的海战开启了古典时期。佛罗伦萨共和国与米兰公国之间冲突的结果与佛罗伦萨文艺复兴的诞生相吻合。

洗礼堂比赛：布鲁内莱斯基与吉贝尔蒂

为圣乔瓦尼洗礼堂设计一套新铜门的比赛备受关注，引来了艺术家们的诸多提议，其中不乏一些已经在这个城市颇有名气的艺术家。进入决赛的两位艺术家分别是布鲁内莱斯基（1377—1446 年）和吉贝尔蒂（1378—1455 年）。对他们之间作一个比较就能说明他们在风格和技艺上的差异，并使我们能够推断出评判获胜者的标准。

参赛作品须符合具体标准。除了亚伯拉罕和以撒的故事，连同所有人物、道具，还必须把图像安排在一个四叶式框架内。在 14 世纪30 年代，雕塑家皮萨诺已制作过一套门，所以比赛的理念是新旧设计的结合。布鲁内莱斯基版本（图 11.11）的活力和表现力几乎像是不受哥特式框架限制。亚伯拉罕正欲拿刀刺向以撒时，天使降临现场，抓住亚伯拉罕的手臂，阻止了他。以撒的头被扭到一边，露出脖子，身体跪在牺牲祭坛的糙石上，因父亲下压的力量而扭曲。两个三角构图（一个隐含的，一个实际的）增加了场景张力：以撒、亚伯拉罕和天使的脸由凝视构成的隐含对角线连接；亚伯拉罕的肩膀、手臂和头部构成的三角布局把关注点引向构图中最暴力的部分。

图 11.11　布鲁内莱斯基，《以撒的献祭》，1401—1402 年。意大利，佛罗伦萨，圣乔瓦尼洗礼堂东门参赛作品。镀金青铜，53 × 44 厘米。意大利，佛罗伦萨，巴杰罗美术馆。布鲁内莱斯基作品中令人紧张的氛围和分散的人物让人想起乔瓦尼·皮萨诺为圣安德烈大教堂的宣讲坛创作的浮雕；两者都受到了后哥特风格的表现主义影响。

图 11.12　洛伦佐·吉贝尔蒂，《以撒的献祭》，1401—1402 年。意大利，佛罗伦萨，圣乔瓦尼洗礼堂东门参赛作品。镀金青铜，53 × 44 厘米。意大利，佛罗伦萨，巴杰罗美术馆。吉贝尔蒂刻画的以撒受到了希腊和罗马雕塑的启发，也许是自古典时代以来第一个全裸的人物形象。

在布鲁内莱斯基的作品中，分散的人物让人的眼睛游移不定，并突出了焦虑不安的情绪。相较之下，吉贝尔蒂同一主题的作品（图11.12）由一条对角线一分为二，将两组人物分成特定行动层面。亚伯拉罕身体的摇摆与肩上岩石的形状相呼应，然后他猛地冲向以撒。而以撒则本能地躲开他父亲手中的刀。他的身体因为在看头顶的天使而拱起，天使则按照透视原理缩小了许多，且似乎正从深空飞进这个场景。甚至在亚伯拉罕看见天使之前，以撒似乎就已知道他会获救。所有的形状似乎都在有节奏地移动，吉贝尔蒂版尽管没有布鲁内莱斯基版那样生动和充满强烈感情色彩，但同样具备超强的冲击力。特别值得注意的是吉贝尔蒂对以撒的描绘参照了古典时期雕塑的裸体风格。这也许是古典时期后第一个这种类型的人物刻画。

吉贝尔蒂曾经是一个技术娴熟的金匠，他在这方面的经验使得其作品成为一项技术性杰作——仅由两个部分铸造而成。他在比赛中获胜可能是因为他比布鲁内莱斯基技高一筹，但可能还有另一个原因。在布鲁内莱斯基的作品中，以撒看起来像一个受害者；而在吉贝尔蒂的作品中，他似乎很强大，甚至有

所反抗。考虑到比赛作品的主题可能是为了激发佛罗伦萨人团结起来保卫他们的城市，因此吉贝尔蒂刻画的以撒更能体现一种抵抗精神。

吉贝尔蒂对他比赛胜出的回应充分说明了文艺复兴早期一种思潮的日益增长，那就是人们有权享受因自己的成就所带来的荣耀：

> 于我而言，这次胜利是专家们以及所有竞争对手赋予我的。对我来说，大家无一例外都认可我的荣耀。对所有人来说，当时我的作品似乎超越了其他所有的人，得到了评委的认可，也得到了那些精于绘画和金、银、大理石雕刻的博学之人的认可。

吉贝尔蒂在北门上花了近25年，完成了20个镶板。就在他即将完成的时候，大教堂当局又委托他为面向大教堂的东门创造另一套镶板。这个项目又持续了下一个25年（1425—1452年），其结果令人称奇，以至于米开朗琪罗在15世纪后期宣称吉贝尔蒂的东门完全配得上天堂之门的称号。它们至今仍然保留着这个称号。

东门（图11.13）在风格和构图上与北门的门面有显著不同。矩形框架代替了哥特式四叶式框架，且

每个框架都被作为油画般的轮廓分明的图形空间。在吉贝尔蒂着手这一项目时，他曾经的竞争对手布鲁内莱斯基已发明了直线透视法，一种在二维平面上制造三维空间错觉的科学方法；吉贝尔蒂将之应用于天堂之门。直线透视法是西方绘画史上最重要的发展，而它的发明者，那个在洗礼堂比赛中失败了的人，

图 11.13　洛伦佐·吉贝尔蒂，东门（天堂之门），1425—1452 年（现代复制品，1990 年）。意大利，佛罗伦萨，圣乔瓦尼洗礼堂。镀金青铜，高 5.18 米。原件藏于意大利佛罗伦萨大教堂歌剧博物馆。为了在佛罗伦萨洗礼堂东门的镶板上呈现空间立体感，吉贝尔蒂采用了布鲁内莱斯基的创新技术。后者利用系统的数学透视法则在二维平面上创造出了三维空间错觉。米开朗琪罗称他们为天堂之门。

后来成了文艺复兴早期最重要的建筑师。

多纳泰罗

　　雕塑家多纳泰罗是布鲁内莱斯基的密友。比赛结束后，两人前往罗马研究古典时期的建筑和雕塑。事实上，乔治·瓦萨里告诉我们，他们因在古罗马广场的废墟中不停徘徊，而被唤作寻宝猎人。对布鲁内莱斯基来说，这些研究使他发明了直线透视法以及日后他在建筑项目中采用的建筑方法和图式。对于多纳泰罗来说，对古典浮雕和雕像的仔细研究孕育了他日后的雕塑作品中古典原则的复兴。

　　多纳泰罗的《圣乔治像》（图11.14）是为佛罗伦萨圣米歇尔教堂外部的壁龛而创作，这里是佛罗伦萨各行会总部所在地。每个行会都有一个壁龛，存放其守护神雕像；圣乔治是兵器制造者和铸剑者的守护神。多纳泰罗的雕像目光如炬、姿态自信，显示出智慧和勇气，但面部却流露出紧张甚至焦虑神情。总的来说，这种焦虑不安的神情与从容克制的神情达成了平衡，与古典理想呼应。创作雕像时，佛罗伦萨正遭受那不勒斯国王拉迪斯劳军队入侵。在米兰公爵围攻佛罗伦萨时，《以撒的献祭》对当地人有特

图 11.14 多纳泰罗，《圣乔治像》，约 1410—1415 年。意大利，佛罗伦萨，圣米歇尔教堂（外部壁龛中的现代复制品）。大理石，高 208 厘米。原雕塑现藏于意大利佛罗伦萨巴杰罗国立美术馆。圣乔治是罗马战士，也是基督教早期的殉道者，他因一个传奇故事而闻名，据说他为救一个异教公主杀死了一条恶龙，因此赢得了关注的子民的感激和尊重——也赢得了公主的皈依。圣乔治的故事是中世纪传奇文学的流行主题。

殊意义，同样，当佛罗伦萨又一次面对外敌入侵，圣骑士乔治雕像对当时的佛罗伦萨人也意义重大。而且，又一次，佛罗伦萨的危机被一个偶然事件化解：拉迪斯劳 1414 年突然去世。

多纳泰罗受古典主义启发最深的作品是为美第奇宫花园创作的《大卫》（见图 11.15）；它是古典时期以来第一个真人大小的独立式裸体雕塑。其曲折有致的身姿和身体比例让人想起古罗马艺术家模仿的希

腊雕塑原型。不同之处也是创新之处在于，主要关注男性身体美感的古典风格被用于圣经人物刻画。大卫击杀了非利士巨人歌利亚，在用甩石机将之击晕后，将其斩首。为了表现这一主题，多纳泰罗没有选择以神像或裸体英雄形象为模型，而是刻画了一个似乎处于青春期前的农家男孩形象，他留着及肩柔软长卷发，手臂还很细，肌肉也不发达。在砍下歌利亚头颅后，大卫把剑搭在地上，仿佛剑太重他拿不动了一般。他低头看着歌利亚的头颅和自己的身体，似乎对其成就感到难以置信。这就是多纳泰罗雕塑的人性一面，也是其力量所在。他完美地调和了理想主义和现实主义。

韦罗基奥

韦罗基奥（1435—1488 年）是 15 世纪中叶佛罗伦萨最重要、最多才多艺的艺术家之一。他是一名金匠，也是画家和雕塑家，经营着一家忙碌的工作室；年轻的达·芬奇曾在那里当过学徒。韦罗基奥的《大卫》（见图 11.16）也是受美第奇家族委托创作，但与多纳泰罗的作品有很大不同。尽管都刻画了大卫的少年形象，但韦罗基奥创作的英雄年纪稍大（更显肌肉，尽管有些瘦长），而且有一种骄傲和自信的神

比较与对比

多纳泰罗、韦罗基奥、米开朗琪罗和贝尔尼尼的《大卫》雕塑

1430 年之后，一座青铜雕塑《大卫》（图 11.15）出现在美第奇家族庭院中。这件作品由佛罗伦萨共和国国父科西莫·德·美第奇亲自委托多纳泰罗创作。它是古典时期以来第一个独立式真人大小裸体雕塑，采用对应构图，身姿仿佛古希腊罗马的竞技冠军，但略显柔弱，还有一丝奇怪的胆怯。另外，雕塑中的两个头也不相称：大卫显得稚气，面无表情，面颊两侧是他柔软的卷发，头上戴着镶有月桂的农夫帽；歌利亚的表情悲惨而扭曲，因为它五边形的头盔和粗糙凌乱的胡须而显得更加鲜明。天真对抗邪恶；弱小战胜强大；甚或是佛罗伦萨共和国战胜好斗的米兰公爵？这就是作为公民纪念碑的《大卫》。

1469 年，来自托斯卡纳芬奇镇的塞尔·皮耶罗到佛罗伦萨做了公证员，租住在佛罗伦萨旧宫附近的圣佛罗伦萨广场。他年仅 17 岁的儿子，开始在著名艺术家韦罗基奥的佛罗伦萨工作室当学徒。那时，韦罗基奥正在创作关于青年大卫的青铜雕像（图 11.16）。这件杰作的头部会是照着达·芬奇雕刻的吗？

有一块搁置多年的大理石，有将近 5.5 高，因为一次失败的雕刻尝试而被认定为无法回收利

图 11.15　多纳泰罗，《大卫》，约 1440—1460 年。青铜，高 158 厘米。意大利，佛罗伦萨，巴杰罗美术馆。

图 11.16　韦罗基奥，《大卫》，约 1465—1470 年。青铜，高 125 厘米。意大利，佛罗伦萨，巴杰罗美术馆。

用的废料。一位已因《圣母怜子像》而大获成功的 26 岁雕刻家打算把它要来。负责看管物料的城市管理员同意了。他们也没什么损失。把它雕刻成什么东西，总比荒废着强。于是这个叫米开朗琪罗的年轻雕刻艺术家开始了测量和计算。他用蜡做了一个大卫模型。在接下来的近三年时间里，他开始不间断地雕刻他的作品《大卫》（图 11.17），根据瓦萨里，他在完工前一直秘不示人。

一个世纪后，一位 25 岁的雕塑家对镜凝视自己刚毅的下巴和坚毅的额头。有当时的资料称，那天持镜的也许是枢机主教巴尔贝里尼（日后的教宗乌尔班八

世），贝尔尼尼则照着镜中的自己雕刻了《大卫》（图 11.18）的脸。几个世纪后，作为雕塑艺术家、建筑家、画家、剧作家和作曲家的贝尔尼尼会被视为当之无愧的巴洛克艺术之父。

从文艺复兴早期到巴洛克时期的艺术风格转变，见之于大卫像的变化：一个是约莫十二岁的男孩，低头看着自己，似乎难以相信自己杀死了坚不可摧的敌人；一个是十四五岁的男孩，自信无畏，肾上腺素满满；一个是即将成年的少年，处于希腊人所谓身心俱佳阶段；一个是已发育完全的青年，呈现的是动态一刻，正踏上国王之路。

图 11.17 米开朗琪罗，《大卫》，1501—1504 年。大理石，高 5.17 米。意大利，佛罗伦萨，学院美术馆。

图 11.18 贝尔尼尼，《大卫》，1623 年。大理石，高 170 厘米。意大利，罗马，波各赛美术馆。

情，而不是恍惚和怀疑的眼神。多纳泰罗的大卫是内省的；而韦罗基奥的看起来很大胆。两件雕塑表现的都是经过打斗后的大卫，多纳泰罗作品中的长剑显得笨重，好像大卫勉强才能拿起，而在韦罗基奥的雕塑中，短剑剑尖朝外，似乎是大卫手臂威胁性不减的延伸。当然，最重要的区别还是多纳泰罗通过裸体把人们的视线集中到大卫身体上，而韦罗基奥试图通过大卫敏锐自信的神态表现其个性。文艺复兴时期艺术中逐渐增强的现实感不仅是模仿自然的结果，也是记录人类本性的结果。

绘画

14 世纪中叶锡耶纳的西蒙·马丁尼开创的国际风格（见图 11.18）在 15 世纪继续存在于整个意大利。15 世纪时，绘画艺术中典雅之风所蕴藏的诸多可能性，与复兴古典主义和在艺术中寻找人文主义表达的努力共同存在。

法布里亚诺的秦梯利

秦梯利（约 1370—1427 年）的作品最能体现 15 世纪对国际风格的完美把握。他的祭坛画《三博士朝圣》（图 11.19）满是泛着金光的精致细节，从奢华的服饰到以珠宝为饰的皇冠再到凸起的光环图案。画中人物有高贵的举止和优雅的风度。这幅绝妙画作，包括其华丽的色彩和精致的金色框架，看上去是为国王而作，实则是为银行家帕拉·斯特罗齐而作，他是佛罗伦萨最富有的人之一。

尽管哥特式元素主导了《三博士朝圣》，

图 11.19　法布里亚诺的秦梯利，《三博士朝圣》，1423 年。意大利，佛罗伦萨，圣特里尼塔，斯特罗齐教堂祭坛画。木板蛋彩画，302×281 厘米。意大利，佛罗伦萨，乌菲齐美术馆。这幅华丽的绘画横跨了两种风格，一种是以蜿蜒的线条和华丽装饰的表面为特点的哥特式风格，另一种是以基于对自然界和人类行为之观察的写实主义细节为特点的文艺复兴早期风格。

但仍能从细节处观察到新审美观的焦点，即对自然界的观察，如众人富有表现力的个性化脸庞，在穿红色长裤的国王身边猫腰脱靴刺的人，扭曲身体的动物，以及婴儿耶稣扭动的双腿。秦梯利在这样一幅华丽的绘画中实现了装饰性和写实主义的平衡。

马萨乔

在秦梯利完成他的祭坛画大约五年以后，托马索·迪·乔瓦尼·迪·西蒙·卡萨伊（1401—1428年），即马萨乔，为佛罗伦萨圣母堂绘制了《圣三位一体》（图11.20）。这个超常的年轻艺术家用一种异乎寻常的方式改变了当时的作画风格，结合了乔托的创新和布鲁内莱斯基的数学透视体系。《圣三位一体》只是1424至1427年间马萨乔所接受的多项重要壁画任务之一。在它们完成之后的一年内，他就去世了，年仅27岁。《圣三位一体》是文艺复兴时期用到直线透视法的首个绝佳范例，这种绘画方法始于吉贝尔蒂创作天堂之门

图11.20　马萨乔，《圣三位一体》，约1424—1427年。壁画，6.7×3.2米。意大利，佛罗伦萨，圣母堂。装饰教堂内部的祭坛画和其他巨幅画作经常由富有的捐赠者资助，而他们的肖像会出现在这些画作中，作为对他们的致谢，也使他们的慷慨大方能够被记录下来让他们的子孙看到。在这幅画中，马萨乔刻画了洛伦佐·伦齐和他的妻子跪在教堂外祷告的情景；在《梅罗德祭坛画》中，彼得·英加布列赫特和他的妻子玛格丽特则跪在天使报喜房间边上的花园里。

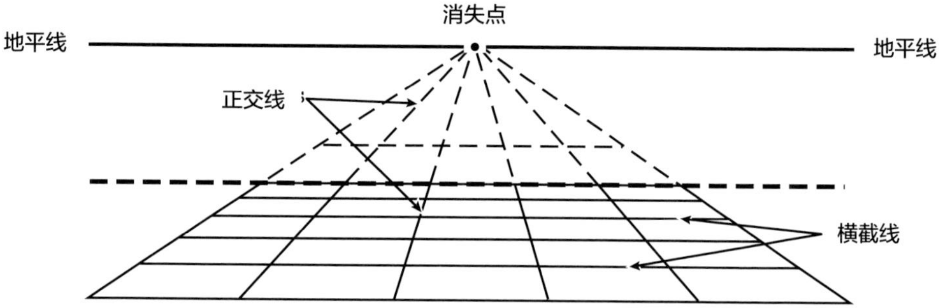

图 11.21　单点线性透视图解。

的同一时期。两位艺术家都尝试在二维平面上创造立体空间感的错觉，并用数学原理来实现这一点。

　　直线透视法是一种构造图形空间的方法，使得从一个单一固定的视点看去，画中的人和物呈现出现实世界中的三维空间感（图11.21）。（在《圣三位一体》中，这个视点就是画面之外，人物下方，与观测者的眼睛平行的位置。）我们从那个固定的视点往远处看（比如画的背景），可以看到一条地平线，上面存在一个单一的点，即消失点。然后从画面框架的边缘开始画纵向的直线，最后所有的直线都交汇于那个单一的点；这些直线被称作正交线。这样，正交线和横截线（即与地平线平行的横线，越接近地平线它们之间的距离看起来越近）交错构成一个网格。网格的大小（前景处看起来大，地平线处则小）用来决定人和物的相对大小。这一数学体系反映了我们肉眼看到的自然

界实景：离我们近的物体看起来大些，而离我们远的物体则看起来小一些。

　　在《圣三位一体》中，马萨乔运用透视法则让这个筒形穹顶的小教堂产生一种空间感，画面中圣父扶着钉着基督的十字架两端。圣母玛利亚和圣约翰在耶稣的脚边，而耶稣的脚正是格子天花板正交直线的交汇点。在基督和圣父的头中间，圣灵——一只鸽子——正在振翅悬停。在这个立体空间之外，捐赠者——洛伦佐·伦齐和他的妻子——正跪着祷告。他们占据的平面介于教堂内的神秘主义场景和观众所处的实际空间之间。

　　《圣三位一体》中的三维空间错觉令人印象深刻，但是这幅画的写实主义也是通过马萨乔的人物刻画方式来展现的——他的人物是厚重的，占据了一定空间。细心刻画的衣服褶皱和人体立体感是对乔托的明暗对比法的深入运用，也是马

萨乔艺术风格的基石。他还在此基础上通过抓住人的情绪来增进对人物心理层面的刻画。

单单在这一幅壁画中，就出现了许多与早期风格不同的佛罗伦萨文艺复兴绘画特色：线条清晰、注重精确的数学透视、对真人观察入微、关注人物心理状态，以及构图简洁，一改早期绘画在可用空间内画满人物的倾向。

马萨乔为佛罗伦萨卡尔米内圣母大殿布兰卡契礼拜堂所创作的壁画因其写实主义而无与伦比：他在二维平面内创造出的三维立体人物以及对他们行为和情感的刻画非常令人信服。在《纳税银》（图11.22）这件作品中，由三个部分组成的叙事被刻画在一个单一连续的画框中：一个罗马收税员（穿着短袍）走近耶稣和他的门徒索要税银（《马太福音》17 章 24—27 节）；

位于人群中央的耶稣，示意彼得（白发，短白胡须）去左边远处加利利湖的岸边，在那里有一条嘴含硬币的鱼游向他；彼得脱下橙色的披风蹲下来接过硬币；在图的右边，我们又看见了彼得，这次他把硬币塞到了收税员手中。

画中的空间立体感通过下列因素体现：人物本身，他们在耶稣说话时围绕他形成一个半圆；建筑物，其线条交汇于耶稣的头部；光秃秃的树，它们在背景纵深中越来越矮；朦胧的大气透视用来表示远处的群山和天空。与《圣三位一体》中的人物一样，这幅画中的人物也有着厚重感，衣服内的身体是有形的，他们脸上的表情显示了各自对境况的反应：耶稣是平静和顺从的，彼得则恼怒和困惑。所有人物的个性化脸部特征使得这幅画整体上给人一种真实感。

图 11.22 马萨乔，《纳税银》，约 1424—1427 年。壁画，2.5×5.9 米。意大利，佛罗伦萨，卡尔米内圣母大殿布兰卡契礼拜堂。马萨乔利用同时展现《马太福音》17 章 24-27 节中耶稣与罗马收税员故事中的三个片段，来表现时间的流逝。

壁画《逐出伊甸园》（图 11.23）展现了马萨乔无与伦比的人体绘画技巧以及对人类情绪的深入感知——此处的情绪即是第一对人类夫妻在被驱逐出伊甸园来到贫瘠不堪之地时的彻底绝望。夏娃遮住她裸露的躯体，头部痛苦地扭向一边；亚当掩面而泣，心烦意乱。与原罪联系在一起的羞耻感在夏娃身上得到了体现，与亚当不同的是，她遮住了敏感处。与其他表现亚当和夏娃的作品一样，这幅画中的夏娃承担了人类堕落的罪过。人类堕落最终导致耶稣为救赎亚当夏娃的后代而牺牲。

马萨乔作品革命性的特征在其所处时代就得到了认可，他对 15 世纪后期佛罗伦萨画家的影响也显而易见。在马萨乔去世后两代人的时间里，年轻的米开朗琪罗常穿过亚诺河来到布兰卡契礼拜堂临摹壁画。在接下来的一个世纪，瓦萨里在其《艺苑名人传》中认为马萨乔的影响是根本和关键的："卓越的马萨乔……在头部、衣服、建筑、裸体、颜色以及前视透视等方面采用了新的绘画方法。他开创了现代风格，从他的时代开始，直至今日，一直被各个艺术家采用。"

弗拉·安杰利科

马萨乔的作品在很多方面都很宏大：复杂的空间错觉、可信的肉体性、人类情绪的真实性以及人文主义思想的视觉关联。所以他的作品比较恢宏大气。但安杰利科（约

图 11.23　马萨乔，《逐出伊甸园》，约 1424—1427 年。壁画，214×90 厘米。意大利，佛罗伦萨，卡尔米内圣母大殿布兰卡契礼拜堂。夏娃羞愧地遮住了身体，让我们把焦点集中到了她的性征以及对导致人类堕落的原罪的暗指；另一方面，亚当用手掩面，而没有遮住生殖器。因此，夏娃的悔恨似乎和肉体的罪过有关，而亚当的悔恨则和判断错误的罪过有关。

1400—1455年）的作品则大相径庭，显得安静而低调。他是来自多米尼加的托钵修会修士，一生专注于宗教绘画。他的《受胎告知》（图11.24）是为圣玛尔谷大殿的多米尼加修道院所作，且是在他住所的廊道上完成的。这幅壁画显著的线性特征和它清晰简单的形状构建了一幅安静沉思的谦逊场景。尽管安杰利科似乎脱离了佛罗伦萨的人文主义思潮，但是仿照柯林斯立

柱的典雅平台拱顶说明他了解当时建筑物的古典风。《受胎告知》的背景可能受到了布鲁内莱斯基的佛罗伦萨孤儿院（见图11.32）凉廊设计的启发。

保罗·乌切洛

直线透视法席卷了佛罗伦萨，乌切洛（1397—1475年）是最忠实的支持者之一。他是一位把国际风格元素和基于布鲁内莱斯基数学体

图11.24 安杰利科，《受胎告知》，约1438—1447年。壁画，216×320厘米。意大利，佛罗伦萨，圣玛尔谷大殿。尽管《受胎告知》是一幅简单的宗教画，但其中也有画家通过仔细观察自然界而获得的一些小细节：植物学家能够识别花园草丛中繁盛的花朵。

系的新方法结合起来的画家。《圣罗马诺之战》（图11.25）是纪念佛罗伦萨1432年打败锡耶纳的三联画之一，三幅画都体现了乌切洛对透视法的痴迷。交战双方在马上用长矛打斗，战场上布满了近似网格状铺排的断矛，它们都指向远处的一个消失点。一个士兵倒在地上，他的身体按透视原理缩小了，他的脚触到了画作的左前边缘，与长矛的正交线平行。乌切洛描绘了一场酣战的冲突和骚乱，但是这三幅画更像是艺术家用来研究透视法的工具。

弗朗切斯卡

文艺复兴时期的艺术家、哲学家和科学家，都认为宇宙是一个有序的空间，由自然法则支配，可以用数学语言描述。弗朗切斯卡（约1420—1492年）修习过数学和几何学，还写了第一篇关于如何在艺术作品中构建透视体系的论文。皮耶罗的艺术与他的科学思想一样，是基于对形式和空间的高度合理建构。

弗朗切斯卡为博戈·圣塞波克罗市政厅创作的壁画《耶稣复活》（图11.26），展现出对秩序与几何构图的痴迷。面无表情、至高无上的基督从墓中走出，右手握着一面旗，标志着他战胜了死亡。下面是几个睡着了的守墓士兵。人物都构建在一个三角形内（这成为日后文艺复兴时期绘画的常见构图手段），基督的头部位于顶点。睡着的人物和大理石棺为构图上部的三分之二提供了稳固的基础。耶稣背后的树

图11.25　乌切洛，《圣罗马诺之战》，约1456年。木板蛋彩画，182×320厘米。英国，伦敦，国家美术馆。地上不自然的、网格状铺开的断矛明显地体现了乌切洛对于数学透视体系的痴迷。这幅描绘佛罗伦萨人和锡耶纳人之间战争场面的画曾挂在洛伦佐·德·美第奇的卧室。

图 11.26 弗朗切斯卡，《耶稣复活》，约 1463—1465 年。壁画，225×199 厘米。意大利，圣塞波尔克罗市政厅。皮耶罗所有作品的特征可以概括为绘画精确、注重几何构图以及整个场景的平静。基督披着长袍，腰部以上裸露，无疑表现出与古希腊罗马式雕塑的相似性。

木排列整齐，背景中所有并列元素都不是随意安置的；左边小树林的树枝是光秃秃的，右边的树则枝繁叶茂，分别代表死亡和重生。贯穿

于绘画的克制感是皮耶罗几何构图的副产品。

波提切利

15 世纪盛行的艺术趋势是通过秩序、几何构图和参考古典风格，运用写实手法表现自然世界。然而，波提切利（1445—1510 年）抵制这个趋势。乔托和马萨乔的绘画中一个具有重要影响的特点是通过十分细微的光影变化来表现人物的立体错觉。相比之下，波提切利的艺术原则是线条——线条划定边界，从而使人的形体扁平化，线条能在人物和表面之间产生变化，而且似乎有自己的生命。他的艺术主要依靠绘画。尽管波提切利的风格与他同时代的其他艺术家截然不同，但是

图 11.27 波提切利，《春》，约 1482 年。木板蛋彩画，203×314 厘米。意大利，佛罗伦萨，乌菲齐美术馆。这幅作品是波提切利融合异教象征主义和基督教人文主义的最好例证之一。

他们都对人文主义有着强烈的感情，并因此对古典艺术和主题情有独钟。

波提切利为伟大的洛伦佐的堂亲弗朗切斯科·德·美第奇的婚礼绘制了作品《春》（图 11.27）。这是西方艺术史上最受欢迎的绘画之一，一幅关于爱欲的精致画作。画面中间是维纳斯，她站在儿子丘比特下方。维纳斯右边，风神泽费罗斯拥抱着仙女克洛里斯——婚后她变成了芙罗拉，也就是边上从打褶的饰花盛装中拿出花瓣播撒的优雅女子。维纳斯右边，三位少女即美惠三女神正在跳舞，而在她们边上，主神宙斯的特使墨丘利举起他的手杖伸向飘在空中的一片乌云。丘比特在空中把爱之箭瞄向了美惠三女神的方

向。这幅画被解读为在婚配圣事中肉体之爱（欲望）与精神之爱（对上帝的爱）的结合。

波提切利最著名的绘画作品也许是《维纳斯的诞生》（图 11.28），据说这幅作品的创作是受了人文主义者波利齐亚诺一首同主题诗歌的启发：

> 女神从碧波中出现，她的右手轻抚着自己的头发，另一只手则遮住她那悦目的胴体；她神圣的脚步走过的岸边，长满了鲜花和绿草；接着，她带着神圣与非凡的神情投入了三仙女的怀抱，并披上点缀着繁星的衣服。（摘自波利齐亚诺，《吉奥斯特纳》，1475—1478

图 11.28　波提切利，《维纳斯的诞生》，约 1484—1486 年。画布蛋彩画，172×277 厘米。意大利，佛罗伦萨，乌菲齐美术馆。维纳斯的雕塑般质感很可能是受到了古典雕塑《尼多斯的阿芙洛狄忒》（见图 3.18）的启发，尽管画面中部分叙事细节来自波提切利的人文主义同行的一首诗。

年）。

波利齐亚诺是一名学者，也是伟大的洛伦佐的新柏拉图主义圈子成员，而《维纳斯的诞生》是为美第奇家族所作。从海水泡沫中诞生的维纳斯，借助互相缠绕的风神吹出的微风，站在巨大贝壳上飘到她的圣岛塞浦路斯的海岸边。等候在此的是仙女波摩娜，她身着鲜花点缀长裙，被风吹得鼓了起来，手上拿着件点缀奢华的锦衣。维纳斯是由类似《尼多斯的阿芙洛狄忒》（见图3.18）中的"含羞维纳斯"雕像衍生而来；她的脸可能是基于西蒙内塔·韦斯普奇的一幅肖像画，西蒙内塔是航海探险家亚美利哥·韦斯普奇的表亲，美洲大陆就是以后者的名字命名。构图中优雅的韵律是通过一大堆线条产生的：海上V字形的涟漪，贝壳上向外辐射的图案，以及人物衣服上的微妙弧线和充满活力的蔓藤花纹。绘画的阴影部分只局限于人物的轮廓部分。

与洛伦佐·德·美第奇的诗（见第454页）一样，波提切利的绘画作品中带有明显的新柏拉图式的精神满足感，这是因其对理想美的沉思而造就的。波提切利和美第奇家

图 11.29 波提切利，《三博士朝圣》，约 1475 年。木板蛋彩画，111.8 厘米 ×134.6 厘米。意大利，佛罗伦萨，乌菲齐美术馆。这幅绘画是不折不扣的佛罗伦萨名人录，里面的人物都是有钱有名望的人。很多学者认为最右边前景中穿着赭色披风的年轻金发男子正是波提切利本人。

族志同道合，因此几十年来和他们密切合作，虽然的确也不乏其他富有的赞助者。《三博士朝圣》（图11.29）是受佛罗伦萨银行家加斯帕雷·迪·赞诺比·德尔·拉玛委托为圣塔玛莉亚诺维拉的一个私人小教堂（现已被毁）而创作，画中是城市中最有文化和权势的一群人，当中就有赞助者本人（在右手边人群中，着蓝色披风，向外凝视观看者）。就像是要抢赞助者的风头一样，波提切利本人在画中站得甚至更近，就在右边前景处。

建筑

从某种意义上说，在佛罗伦萨洗礼堂的铜门设计比赛中，布鲁内莱斯基输给吉贝尔蒂对于文艺复兴时期建筑史来说是一件幸事。布鲁内莱斯基对古典建筑的结构和工程技术的深入研究，改变了建筑师对

建筑的思考和建造方式。他的绘画（特别是针对古罗马广场废墟的绘画）和精确测量，为文艺复兴时期的建筑创造了一个范例，比简单地使用古典灵感设计更为深入。

建筑师布鲁内莱斯基

佛罗伦萨大教堂于14世纪末由坎比奥开始建造，但直到15世纪初仍未竣工。教堂中殿已经完成，但不用在建筑外部搭建巨大扶垛和在内部搭建支架就能跨越巨大交叉广场的方法，还没有人能够想出来。1417—1420年间，布鲁内莱斯基致力于为教堂设计圆顶，他既要解决这个复杂的工程难题，又要让心存怀疑的教堂监工相信他有能力完成。他最终成功了——讽刺的是，这次他打败吉贝尔蒂获得了委托，但是圆顶直到1436年才完成（图11.30；亦见图10.24）。

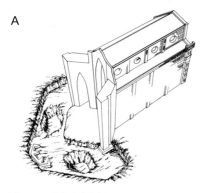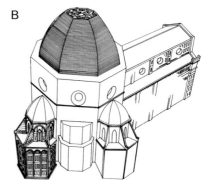

图11.30　布鲁内莱斯基的圆顶建造前和建造中的佛罗伦萨大教堂示意图，1420—1436年。艺术家的复原图重现了圣母百花大教堂：（A）没有东端的样子，即布鲁内莱斯基开始建造圆顶以前；（B）截至1418年，耳堂、后殿和交叉广场的建造进程。此时鼓状物已经完成，而穹形拱顶正在建造中。

他的解决方案，简单来说，就是两种方式的结合，一种是哥特式教堂的扶垛方法，另一种则是他通过对罗马万神殿以及其他古典建筑的深入研究而掌握的拱顶技术。通过在大一点的圆顶内放置一个小一点的圆顶以承受外部圆顶更重的分量，他不仅做到了遮盖大鼓状物，而且能够使得圆顶内部不再需要复杂的支架结构来支撑。这个圆顶非常坚固，足以支撑后来建在整个建筑顶上的灯塔（图11.31）。这是一项令人惊叹的技术成就，同时也是美学上的成功，任何一个从周围的山上俯瞰佛罗伦萨的人都可以证明这点。多年以后，米开朗琪罗在写到自己的作品——梵蒂冈圣彼得教堂的圆顶时，想到了布鲁内莱斯基的圆顶，他说："我将创造你的姊妹圆顶；更大，但不及你的美。"

尽管布鲁内莱斯基的圆顶技术非常值得称颂，但是他真正的建筑成就是那些完全脱离中世纪传统的建筑设计。他为佛罗伦萨育婴堂设

图11.31 《处决萨伏那洛拉》，意大利学派，约1498年。木板蛋彩画，101×117厘米。意大利，佛罗伦萨，圣玛尔谷大殿博物馆。佛罗伦萨中心广场上萨伏那洛拉被施绞刑和火刑的场面是由一位不知姓名的画家所作，他下了很大工夫描绘建筑背景：佛罗伦萨旧宫的深色石料和钝锯齿形塔；旧宫右边佣兵凉廊的拱门以及画面左侧边缘佛罗伦萨大教堂圆顶的一角。尽管从这个特定的角度看过去，布鲁内莱斯基的圆顶不那么明显，但它出现画中就足以证明这个地方确凿无疑是佛罗伦萨。米兰大教堂就是佛罗伦萨的代名词。

它们之间的间隔距离相等，也与它们和凉廊墙之间的距离相等。

对数学比例、秩序与和谐的关注同样体现于布鲁内莱斯基最好的作品——他在佛罗伦萨圣十字方济各会教堂旁为帕齐家族修建的一座小教堂（图11.33）。带有拱门和廊柱的柱廊以及仿古典的装饰图案，从总体上来看，有布鲁内莱斯基在古罗马广场（见图4.8）里里外外手绘的罗马凯旋门的影子。小教堂的正面并不是很气派，教堂内部的焦点是一个由巨大墙墩和拱柱支撑的半圆穹顶。布鲁内莱斯基的装饰简

图 11.32　布鲁内莱斯基，育婴堂凉廊，始建于1419年。意大利，佛罗伦萨。带顶的育婴堂是一个收养弃婴和孤儿的地方。廊柱上方上釉赤陶垂饰中刻画的襁褓中的孩子更加强化了育婴堂的使命——照顾弃儿。这些建筑正面的垂饰是后来添加的，出自在佛罗伦萨德拉·罗比亚陶瓷加工厂工作的艺术家之手。

计的凉廊（图11.32）被一些人认为是第一个纯文艺复兴风格的建筑结构，这是一个光线明亮、通风良好的带顶长廊，它的拱廊横跨整个建筑。育婴堂是收养弃婴的场所，由丝绸制造者和金匠行会资助；这个项目被委托给布鲁内莱斯基完成，他也是行会一员。凉廊由一系列半圆形拱门组成，支撑它们的是位于街面的科林斯柱；每个拱门正中上方有一面矩形窗户，上有小的三角楣饰。分隔建筑正面两层的灰色大理石线条使得拱门的水平延展更加明显。尽管看起来很简单，但是这座建筑的各部分比例和关系都是经过精确数学计算的：廊柱的高度与

图 11.33　布鲁内莱斯基，帕齐小教堂，始建于1433年。意大利，佛罗伦萨，圣十字教堂。布鲁内莱斯基花了大量时间绘制和测量罗马的古建筑结构，尤其是罗马广场上的建筑。帕齐小教堂的正面参考了罗马的凯旋门。帕齐家族臭名昭著，因为他们的密谋导致了朱利亚诺·德·美第奇遇害及其哥哥洛伦佐受伤。尽管他们犯下了滔天罪行，但帕齐家族成员死后还是被允许葬在小教堂里。

单而引人注目；粉饰灰泥与灰色装饰墙的结合也可以在育婴堂见到，这是他的招牌设计元素。

阿尔伯蒂

文艺复兴时期建筑对古典风格的复兴在阿尔伯蒂（1404—1472年）的作品中得到了最纯粹的体现。他是最早研究古罗马建筑师著作的人之一（其中最著名的是维特鲁威），他在巨著《建筑十书》中融合了古典建筑的知识与新颖的设计理念。阿尔伯蒂还在他的文章《论绘画》中对布鲁内莱斯基的数学透视原则推崇备至。佛罗伦萨的鲁切拉府邸（图11.34）是阿尔伯蒂参照古典传

图11.34　阿尔伯蒂和贝尔纳多·罗塞利诺，鲁切拉府邸，约1452—1470年。意大利，佛罗伦萨。这里的府邸是指显赫的意大利家庭的宫殿或者宫殿式住宅。这座建筑是阿尔伯蒂为帕拉·斯特罗齐的女婿乔瓦尼·鲁切拉设计的。斯特罗齐是个有权势的佛罗伦萨人，他还委托秦梯利创作了《三博士朝圣》。鲁切拉家族的财富来源于羊毛贸易和银行业。

统的最朴素和谐的建筑设计之一，这是建在内庭院周围的一个天井风格的宫殿式住宅。建筑分为三层，由水平檐分隔，顶上是厚重的飞檐。每一层的窗户周围是带有不同种类柱头的壁柱；它们与竖直的窗户一起，与水平檐形成了有趣的对比。从底层到屋顶，砖石的花样变得更加精致——切割得更小的砖石排列得更加紧密。鲁切拉府邸的设计（包括不同元素之间的清晰连接、有韵律的重复元素以及形状与线条在总体上的平衡与和谐）阐释了阿尔伯蒂如何吸收古典设计并成功使其适应同时代贵族的需求。

在分析 15 世纪意大利的艺术和建筑时，一些反复论及的词和主题清晰地描绘了文艺复兴风格：对中世纪艺术传统超自然主题的摒弃和对聚焦自然世界的青睐；用可靠的方式处理空间和体积的技巧；对古典时期尤其是古罗马艺术模式的仔细研究；以及描绘人类行为和情绪的现实主义考量。佛罗伦萨艺术家的气质从它的中世纪遗产中跳脱出来（尽管没有完全脱离），重申了古典时期理念的力量。

音乐

到 15 世纪初，音乐史上的意大利新艺术运动日渐式微。文艺复兴早期的主要作曲家来自北欧。佛罗伦萨与北部牢固的商业联系确保了思想的交流，为满足北方富裕商人家庭的需求而发展起来的新音乐风格，很快就传到了意大利。

纪尧姆·迪费

纪尧姆·迪费（约 1400—1474年），15 世纪最著名的作曲家，完美地体现了音乐跨越国界的趋势。年轻时，迪费在意大利学了几年音乐，并在罗马教宗唱诗班唱歌。后来他在好人查理的法国（勃艮第）宫廷担任音乐教师。他在那里谱写的作品包括弥撒曲和经文歌；他是继马肖之后第一批创作整套弥撒曲的作曲家之一。他的非宗教作品包括一些颇具魅力的香颂（歌曲），这些歌曲形式自由，非常有表现力。

迪费和他的勃艮第追随者（其中许多人是去意大利找活计）给音乐带来的变化之一就是经文歌的世俗化：以前的经文歌是使用宗教文本做歌词的合唱曲；如今的经文歌则是为诸如加冕礼或贵族婚姻以及缔结和平条约等特殊场合而创作。在意大利文艺复兴时期的城邦中，那些能在短时间内创作这种经文歌的作曲家颇受欢迎。

迪费也是最早将熟悉的民间曲

调引入弥撒音乐的作曲家之一，最著名的例子是他用法国民歌《穿盔甲的人》的曲调谱写了一首现在以之命名的弥撒曲。其他作曲家也纷纷效仿，所谓的香颂弥撒曲就是在15、16 世纪创作的。仅《穿盔甲的人》这首民歌就被用于 30 多首弥撒曲。世俗与宗教元素的交融完全符合文艺复兴时期的理念。

　　弗拉芒作曲家约翰内斯·奥克冈（约 1410—1497 年）是迪费最杰出的学生之一，他的音乐以流畅而复杂的复调著称，通常以自由风格谱写（曲调不重复）。此种音乐的氛围要比迪费的作品更加严肃，一部分原因是复调在理解上的复杂性，还有一部分原因是奥克冈追求更强烈的情感表达。理智与情感的结合是文艺复兴时期追求古典平衡的特征。奥克冈的《安魂弥撒曲》是现存最古老的此类作品（迪费写了一曲，但没能保存下来）。

美第奇家族治下佛罗伦萨的音乐

　　虽然意大利作曲家与北欧的同时代作曲家相比黯然失色，但这完全没有扼杀意大利人对音乐的兴趣。洛伦佐·德·美第奇创建了一个音乐学校，吸引了来自欧洲各地的音乐家，他自己也会弹奏鲁特琴。音乐使佛罗伦萨的节日和公共游行的气氛更加活跃。流行的舞曲（如萨尔塔列洛舞曲和帕凡舞曲）在鲁特琴的改编乐曲中流传下来。

　　大家都知道新柏拉图主义作家费奇诺会在钦慕他的观众面前演奏七弦竖琴，尽管他表演的意图是严肃的，而不是单纯为了娱乐大众。视觉艺术家有古典时期的模型作为灵感，而学习音乐的学生没有经典的模型可以遵循：没有希腊或罗马音乐以任何显著的形式保存下来。尽管如此，柏拉图和其他作家对音乐的看法却让费奇诺和其他作家着迷。希腊音乐有一种韵文的韵律模式，其音乐特点受制于创作模板。古希腊人的道德观至今仍未被完全理解，但费奇诺和他的朋友们意识到，柏拉图和亚里士多德认为音乐具有最高的道德（和政治）意义。他们最接近于模仿古代音乐的方式，就是尽可能地根据古希腊和古罗马文本的韵律为它们谱曲。最受欢迎的作品之一是维吉尔的《埃涅阿斯纪》：在 15 和 16 世纪，至少有 14 位作曲家为"狄多的挽歌"谱曲。

　　更流行的音乐形式是弗洛托拉声乐曲，最早可能是在佛罗伦萨发展起来的，尽管保存下来的最早的作品来自文艺复兴时期的曼图亚宫廷。弗洛托拉声乐曲是幽默诗或爱欲诗的配曲，由三到四个声部组成，包括一个歌手和两到三个乐器演奏者。弗洛托拉声乐曲是为贵族圈子创作的，常有民间音乐的特征。它在整个欧洲的逐渐传播使意大利音乐因其美妙简单的旋律和清晰有力的表现力而闻名。

狂欢颂歌是佛罗伦萨一种特殊的弗洛托拉声乐曲。这种歌曲非常受欢迎，是在大斋期前的狂欢节期间演唱的。就连伟大的弗拉芒作曲家海因里希·艾萨克也在 1480 年与洛伦佐·德·美第奇为伴时创作了一些作品。然而，随着多米尼加的改革者萨伏那洛拉的到来，狂欢节被废除，因为它被认为是放荡淫乱的活动。同时，歌曲也随之消失。萨伏那洛拉死后，这些歌曲被重新引入，但在 16 世纪又消亡了。

古典主义和基督教之间的拉锯战可能是理解文艺复兴的关键。它甚至可以帮助我们理解本章所讨论的几乎所有东西的特点。事实上，15 世纪的文化是一种辩证的斗争：有时候，古典主义理念与圣经中的理念相抵触；其他时候，两者能够和谐并存或者形成暂时的权宜性的连结。古典主义和基督教之间的紧张关系以复杂而微妙的方式相互作用。这一重要事实能够帮助我们了解这样一种文化：在一代人的时间里，这种文化同时造就了费奇诺这样优雅的学者和萨伏那洛拉这样的煽动家，造就了弗拉·安杰利科这样虔诚的艺术家和马萨乔这样的超常天才，还造就了马基雅维利和伊拉斯谟。

总览 15 世纪

语言和文学

— 1446—1450 年，古腾堡发明活字印刷机。

— 1455—1456 年，《古腾堡圣经》在美因兹印刷。

— 1475 年，威廉·卡克斯顿出版了第一本英语印刷书《特洛伊史回顾》。

— 约 1476—1477 年，洛伦佐·德·美第奇开始创作《十四行情诗评析》。

— 劳拉·切蕾塔的人文主义作品出现在 15 世纪晚期。

— 1486 年，米兰多拉出版《论人的尊严》。

— 1490 年，洛伦佐·德·美第奇出版《酒神之歌》。

— 约 1494 年，马努蒂乌斯在威尼斯创办阿尔定出版社。

— 1513 年，马基雅维利出版《君主论》。

美术、建筑和音乐

— 约 1395—1406 年，克劳斯·斯吕特创作了《摩西井》。

— 1401 年，洛伦佐·吉贝尔蒂在佛罗伦萨洗礼堂北门设计比赛中获胜。

— 约 1415 年，多纳泰罗雕刻了《圣乔治像》。

— 1413—1416 年，林堡兄弟为《贝里公爵的豪华时祷书》创作手稿彩饰。

— 约 1417—1420 年，布鲁内莱斯基设计并开始建造佛罗伦萨大教堂圆顶。

— 1419 年，布鲁内莱斯基开始建造育婴堂的凉廊。

— 1423 年，法布里亚诺的秦梯利在斯特罗齐教堂创作了《三博士朝圣》。

— 1424—1427 年左右，马萨乔创作了《圣三位一体》《纳税银》和《逐出伊甸园》。

— 约 1428 年，罗伯特·康宾创作了《梅罗德祭坛画》。

— 15 世纪 30 年代，教师兼作曲家纪尧姆·迪费使经文歌世俗化并让香颂弥撒曲流行起来。

— 1425—1452 年，吉贝尔蒂创作了《天堂之门》。

— 1432 年，扬·凡·艾克创作了《根特祭坛画》；1434 年创作了《阿尔诺芬尼夫妇像》。

— 约 1456 年，保罗·乌切洛创作了《圣罗马诺之战》。

— 1438 年–1447 年，弗拉·安杰利科创作了《受胎告知》。

— 约 1440—1460 年，多纳泰罗雕刻了《大卫》。

— 约 1450—1500 年，奥克冈谱写了《死者弥撒》，是已知最早的安魂弥撒曲。

— 约 1452—1470 年，阿尔伯蒂建造了鲁切拉府邸。

— 约 1463—1465 年，弗朗切斯卡创作了《耶稣复活》。

— 约 1465—1470 年，韦罗基奥创作了雕像《大卫》。

— 约 1475 年，波提切利创作了《三博士朝圣》；约 1482 年创作了《春》；约 1484—1486 年创作了《维纳斯的诞生》。

宗教和哲学

— 1482 年，费奇诺出版《柏拉图神学》。

— 15 世纪 80 年代晚期，萨伏那洛拉布道反对佛罗伦萨的失德。

— 1502 年，伊拉斯谟出版《基督教骑士手册》。

— 1509 年，伊拉斯谟出版《愚人颂》。

— 1516 年，伊拉斯谟出版希腊文版《新约》。

图 12.1　米开朗琪罗，《摩西像》，局部细节，1513—1515 年。大理石，高 235 厘米。意大利，罗马，圣彼得镣铐教堂。

第十二章

意大利文艺复兴全盛期与风格主义

导引

在意大利语中，terribilità 一词用于形容令人敬畏的威权、难以抗拒的情感强度、难以驾驭的意志和不可估量的愤怒。他们用这个词来形容两位大人物——教宗尤利乌斯二世和米开朗琪罗。他们的命运交织在一起，创造了历史和艺术，让人们得以见识文艺复兴时期的教宗统治艺术赞助与对遗产传承的渴求。

第四次参选教宗时，朱利安诺·德拉·罗韦雷几乎得到 1503 年枢机主教会议全票通过。他取名尤利乌斯二世，不是为了纪念 4 世纪的同名教宗，而是仿效尤利乌斯·凯撒，伟大的罗马政治家、征服者以及未来帝国的缔造者。尤利乌斯二世获称"战神教宗"，他带领教宗国在阿维尼翁教廷之后重归罗马控制，并与神罗皇帝以及法国和阿拉贡国王联合对抗威尼斯共和国。

与凯撒一样，尤利乌斯二世旨在光大罗马，以艺术和建筑彰显权势和财富，确保传承。他把精力及资产都投入到能反映其权威、影响力和个人品位的工程上，包括在 4世纪的君士坦丁巴西利卡遗址上建一座新的圣彼得教堂，以及为梵蒂冈建造的几件大型艺术品。按作家斯科蒂的话来说，尤利乌斯二世作为当时艺术家的赞助支持者，"他个人就相当于纽约现代艺术博物馆"。他在各个方面都充满传奇色彩。一位威尼斯驻梵蒂冈大使说："没有人能影响他，他从不咨询他人意见……几乎无法描述他是多么强大、强横而难以对付……他的一切都是宏大的，无论是事业还是激情。"（R. A. Scotti, *Basilica*, 2006）尤利乌斯二世碰巧也可能会用相同字眼描述米开朗琪罗，他们之间磕碰不断。

30 岁时，佛罗伦萨雕塑家米开朗琪罗的作品就已成为意大利最风靡的艺术品。当时他至少有两件轰动性作品：老圣彼得教堂礼拜堂的《圣母哀悼基督》，以及佛罗伦萨领主广场的《大卫》。米开朗琪罗被安排在权力和金钱的所在罗马工作。在这里，尤利乌斯二世将利用米开朗琪罗实现其宏伟计划：从他的纪念碑开始，一个带有 40 座雕像的大型独立式金字塔式建筑，就摆放在圣彼得教堂。米开朗琪罗满怀热情地投入这一终身项目。但当他离开罗马前往采石场中挑选完美的乳白色卡拉拉大理石时（他最爱的材料），尤利乌斯把注意力转向了更宏大的工程：一座新的圣彼得教堂。尤利乌斯启用的建筑师布拉曼特是米开朗琪罗的一生之敌，加之陵墓项目偶尔碰到的资金短缺，造成了局势紧张，最终引发了激烈冲突。也许最糟糕的是，教宗没有给予他往常的重视，并把几项重要委托给了他的竞争对手，让他深感屈辱。米开朗琪罗的愤怒、固执以及情绪化，加上尤利乌斯有名的暴脾气，引发了一场"泰坦之战"。

建造陵墓使得米开朗琪罗饱受折磨（尤利乌斯二世还要求他接手包括西斯廷教堂天花板壁画在内的其他"附带项目"）。这位教宗死后，情况也并未好转。继任教宗想要利用米开朗琪罗的才华为自己的项目和意图服务；几乎没有人有兴趣为已逝的前任歌功颂德，尤其是在像圣彼得教堂这样引人注目的地方为其立一个大型纪念碑。最终，一件成品矗立在圣彼得镣铐教堂，尽管比起最初的恢宏设计已大为缩水。该作品留存至今。尤利乌斯一直想把遗体埋葬在圣彼得教堂里，也确实葬在了那里，不过是在地底下，墓碑上仅刻了简单的铭文。

尤利乌斯二世纪念碑上的杰作是米开朗琪罗的《摩西像》（图12.1），刻画了刚刚接受神启的伟大先知与立法者摩西，他的手臂紧扣着刻有《十诫》的石板，愤怒地注视着即将被摧毁的偶像崇拜者。这个人物有着令人敬畏的力量、毫不妥协的意志、异常可怕的性情、毫不动摇的信仰——他就是威严可怕的艺术化身。在他脸上，我们看到了尤利乌斯和米开朗琪罗的影子。

意大利文艺复兴全盛期与风格主义

1471 年	1501 年	1520 年	1600
教宗席西克斯图斯四世（德拉·罗韦雷）统治时期。 哥伦布在美洲登陆。意大利开始被外族入侵。 达·芬奇创作《最后的晚餐》。	米开朗琪罗雕刻《大卫》。 达·芬奇创作《蒙娜丽莎》。 教宗尤利乌斯二世统治时期。 米开朗琪罗为西斯廷教堂天花板创作壁画。 威尼斯贸易因地理大发现而衰退。 教宗利奥十世统治时期。 路德的《九十五条论纲》抨击了兜售赎罪券的做法，引发德国宗教改革。	教宗克雷芒七世（德·美第奇）统治时期。 查理五世洗劫罗马。英格兰从罗马教廷分离。 提香创作《乌尔比诺的维纳斯》。 特伦托会议发起天主教会改革。	

16 世纪的意大利: 政治、教宗和赞助

从文化角度来看，可以说意大利的文艺复兴只影响了少数人的日常生活。意大利北部，尤其是米兰，是主要的城市中心。罗马教廷早已于 1478 年返回罗马，但罗马城大部分地方都很贫穷，且因为历史上的数次入侵而受损严重。16 世纪作为西方历史上的一个诸国征战时代，

其中最突出的就发生在米兰、佛罗伦萨、锡耶纳、热那亚、威尼斯、那不勒斯和教宗国之间。

虽然意大利全境都属于罗马天主教会，但只有教宗国由教宗直接控制。罗马天主教会的领袖不仅拥有教会权力（作为宗教领袖），还拥有世俗权力（作为国家元首）。从中世纪（756 年）到 19 世纪中叶，教宗统治着意大利中部领土。地图 12.1 展示了 15 世纪末意大利的城市

地图 12.1　1494 年的意大利

国家。尽管采取了一系列军事行动，但在 16 世纪的大部分时间里，其领土界线相对保持了稳定。1929 年成立的梵蒂冈城是最后一个教宗国家。虽然位于罗马，但它是一个独立国家。图 12.2 列出了 16 世纪的一些教宗。

15 世纪的梵蒂冈非常适合艺术家谋生。教宗西克斯图斯四世（1471—1484 年在位）委托当时佛罗伦萨的许多知名艺术家（包括基尔兰达约、波提切利和佩鲁基诺）为西斯廷教堂侧壁创作以其名字命名的壁画，并为其他项目工作。其中最重要的就是扩建梵蒂冈图书馆并使之体系化。经由美第奇家族及其他人慷慨、细致的赞助和打造，15 世纪的佛罗伦萨是一个非常适合才华横溢的艺术家大展拳脚的地方。

但是文艺复兴全盛期是从 1503 年开始的，当时是由教宗西克斯图斯四世的侄子，尤利乌斯二世继任了教宗。西克斯图斯和尤利乌斯都是德拉·罗韦雷家族的成员。尤利乌斯性格暴躁，他可以毫不犹豫地全副武装带领他的教廷军队投入战斗。受他的教宗叔叔影响，他也欣赏美术，像沉溺于军事行动一样沉溺于美术。正是教宗尤利乌斯——同时代人称其为"可怕的教宗"——召集了拉斐尔和米开朗琪罗来到罗马。尤利乌斯二世一直统治教宗国，直到 1513 年去世。

图 12.2　16 世纪的一些教宗

利奥十世（1513—1521 年）	"伟大的洛伦佐"之子；赞助米开朗琪罗；将马丁·路德逐出教会。
亚德六世（1522—1523 年）	出生在荷兰；一位凶残的改革家，直到 20 世纪 70 年代前最后一位非意大利人教宗。
克雷芒七世（1523—1534 年）	"伟大的洛伦佐"之孙；委托建造佛罗伦萨的美第奇陵墓，死前不久委派米开朗琪罗在西斯廷教堂绘制《最后的审判》；驱逐了亨利八世。
保罗三世（1534—1549 年）	委派米开朗琪罗在罗马建造法尔内塞宫；于 1545 年首次召开特伦托会议。
尤利乌斯三世（1550—1555 年）	作曲家帕莱斯特里纳的赞助人；于 1550 年确认了耶稣会会规；任命米开朗琪罗为圣彼得教堂的总设计师。
马尔塞鲁斯二世（1555 年）	在位仅 22 天；帕莱斯特里纳创作的马尔塞鲁斯教宗弥撒复调的受礼人。
保罗四世（1555—1559 年）	一位狂热的改革家；教宗开始对抗文艺复兴精神；推动宗教裁判所，并于 1557 年制订《禁书索引》。

这时代与其他时代一样，所谓的联盟很容易分分合合。1508 年，尤利乌斯与法国国王、阿拉贡国王和神罗皇帝结盟，共同对抗威尼斯共和国。但到了 1513 年，威尼斯就与法国结盟。1527 年，神罗皇帝查理五世的军队洗劫了罗马。曾与尤利乌斯治下的罗马教宗国结盟的神圣罗马帝国，如今正与教宗国交战，教宗国则与法国及意大利地区的佛

罗伦萨、米兰和威尼斯结盟。时任教宗克雷芒七世逃掉了，但他最终投降并被迫割让了一些领土。

佛罗伦萨的美第奇家族在 15 世纪不太突出，但他们在 16 世纪支持着艺术的发展。这个家族从银行业积累了巨额财富，并成为佛罗伦萨实际统治者。他们在 1531 年成为佛罗伦萨公爵。他们扩大了佛罗伦萨的领土，使之在 1569 年变成托斯卡纳大公国。与尤利乌斯二世一样，美第奇王朝是意大利文艺复兴的主要灵感源，其他一些家族也起到了作用，比如米兰的斯福尔扎家族和维斯孔蒂家族，以及曼图亚的贡扎加家族。在 16 世纪，美第奇家族产生了 4 位教宗和一位法国王后（凯瑟琳·德·美第奇，1547—1559 年当政），牢牢巩固了家族的显赫地位。美第奇家族的第二任女王玛丽·德·美第奇在 17 世纪初开始统治，统治期从 1600 年到 1610 年。美第奇家族与教宗国、意大利其他地区以及法国等外邦竞相为最伟大的艺术家提供服务。在 16 世纪中叶，美帝奇家族将佛罗伦萨波波里花园发扬光大，使之成为整个欧洲皇家花园的典范。但是，赞助和教会构成的双重引力，以不可阻挡之势把艺术世界的中心拉向罗马。

音乐文本在 1516 年首度印刷，这让唱诗班和管弦乐队可以低成本地真正做到共用同一页歌本。尤利乌斯二世赞助了自己的唱诗班以及纪念碑。农人耕种田地。银行家和教会财运亨通。对美洲的探索开启。画家尽情绘画。雕塑家尽情雕刻。建筑师尽情建造。能工巧匠把显赫权贵的宏伟计划变为现实。尽管出现了动荡，但文艺复兴达到了顶峰。

视觉艺术

在 16 世纪初，最受欢迎的是三位艺术家——意大利文艺复兴全盛期的大师：达·芬奇，画家、科学家、发明家和音乐家；拉斐尔，被认为堪与古代名家匹敌的古典画家；米开朗琪罗，画家、雕刻家、建筑师、诗人，以及"坏孩子"。多纳托·布拉曼特则为这一时期的建筑作出了最重大的贡献。他们在艺术上承接乔托、多纳泰罗以及阿尔贝蒂，这些艺术发展史上的先驱人物，常被视为 16 世纪艺术家的垫脚石，而较少提及他们自身的大师地位。

达·芬奇

如果文艺复兴全盛期的意大利人要提名一位古希腊语所谓的"四方人"，那就非达·芬奇（1452—1519 年）莫属。他来自佛罗伦萨附近托斯卡纳地区一个名叫芬奇的小镇。他一直居住在佛罗伦萨，直到15世纪80年代去了米兰；自此，他居无定所，最后在法国去世。

达·芬奇在工程、自然科学、音乐和艺术方面似乎有无限潜力，无所不通，从解决排水问题（这是他去世前在法国的一个项目），到设计飞机和潜艇的原型，还创作了一些最令人难忘的文艺复兴时期画作。大约在1481年，达·芬奇向米兰统治者之子卢多维科·斯福尔扎寻求工作。就像我们会根据应聘的工作来修改自己的简历，达·芬奇也给自己写了介绍信，强调他认为斯福尔扎最感兴趣的那些才能，而对于自己的艺术能力只是简要提及。

他推测斯福尔扎更关心战争或御敌备战。达·芬奇的申请被接受了。

达·芬奇留下了约30幅画。《最后的晚餐》（图12.3）是一幅创作于米兰修道院餐厅的壁画，是他最伟大的作品之一。工作条件很差，因为达·芬奇在实验湿壁画技术——尽管墙壁另一端几百年的意大利面热气也可能起到了一定作用。虽然如此，仍可以看到文艺复兴理想中的古典主义、人文主义和完美技术在此得到全面展现。这幅作品是通过使用单点线性透视来组织的。巧妙的光影对比构成了坚实的立体感。情感和克制间有一种微妙平衡。

最先吸引观众的是图中央的三角结构，耶稣坐在门徒中间，正交

图12.3 达·芬奇，《最后的晚餐》，1495—1498年。湿壁画（石膏表面的油彩和蛋彩画），460×880厘米。意大利，米兰，圣玛利亚感恩教堂餐厅。关于"最后的晚餐"这一主题的绘画有很多，但达·芬奇这幅作品里的人物情感表现尤为逼真。他们相互交谈，但大多数人都把脸朝向耶稣，以便把观众的注意力吸引到构图中心。

阅读材料 12.1　达·芬奇

致卢多维科·斯福尔扎的求职信（约 1481 年）

尊贵的大公阁下：

对于那些自诩为制造兵器的能工巧匠之人，我充分观察并思考了他们的成就，发现上述兵器的发明及性能与平常使用的并无二致。我对他人不抱任何成见，只是想斗胆求见阁下，允许我将自己的洞见悉数奉上，听凭您处置，并于适宜的时机，将毕生所学付诸实践，其中部分如下所列：

1. 我规划建造的桥梁轻巧、牢固、搬运便利，可用来追赶或驱逐敌军；同时它也坚不可摧，可以抵御大火和进攻。这种桥梁可轻易装卸。我也有良计能焚毁、破坏敌军的桥梁。

2. 在围城之际，我知道如何从城壕中切断水源，也知道如何制造无数桥梁、掩体、云梯和其他工具攻城。

3. 围城战时，如因据点地势过高，或因其地形和位置过于坚固，而无法用炮火轰击，只要它的地基不是岩石等石材，我便有方法摧毁每一个碉堡或其他障碍。

4. 我还能制造既轻巧又易于搬运的大炮，可用来投掷小石块，犹似下冰雹一般；其中喷出的烟雾能使敌军遭受混乱与重大损失，从而震慑敌军。

5. 我也有办法挖掘通往指定地点的坑道和蜿蜒的秘密地道，

不出半点声响，必要时可在城壕与任何河流之下挖掘。

6. 另外，我能制造带掩体的车辆，坚不可摧，可攻破敌军及其火炮，再坚固的武装也无法抵御。步兵可跟随这些车辆的掩护前行，将毫发无损，畅通无阻。

7. 如有必要，我能建造美观而实用的、不同于通常使用的加农炮、白炮和其他轻型军械。

8. 无法使用大炮时，我能代之以弹弓、射石机、抛石机和其他战力显著、不同寻常的器械。总之，视环境不同，我能提供不胜枚举的攻守武器。

9. 倘若发生海战，我能建造多种攻守皆宜的器械，也能制造可抵御最重型大炮炮火、火药和烟雾的兵船。

10. 在和平年代，我的建筑才华也不亚于任何人，能令阁下称心如意。我能建造公共建筑和民用房屋，还能引水疏流。

11. 我还善用大理石、青铜或陶土雕塑。至于绘画才能，我也绝不逊色于当今任何一位画家。

此外，我自荐承担雕塑青铜马之职，此一雕像将为已故令尊和声名显赫的斯福尔扎家族增添不朽的光彩和永恒的荣耀。如上述之事有人以为不可能或不可行，我愿随时前往阁下庄园或其他任何地点一一展示。谨此以无限谦恭之忱，向阁下问安。

[译注] 引自达·芬奇，《见信如晤：致已然消逝的书信时光》，冯倩珠译，长沙：湖南美术出版社，2016。

线汇聚于其头部。他的身影在三扇窗户的映衬下，象征着三位一体，并穿透了黑暗的后墙。观众的注意力集中于耶稣的孤立姿态，这是由门徒往边上倾斜而产生的。达·芬奇选择描绘了这一时刻——耶稣说："你们中的一个将要出卖我。"门徒们对于这个罪状本能地后退；他们姿态传神地撇清关系并发问："会是谁？"有罪的当然是犹大，他坐于耶稣左侧，手里抓着一袋银币，胳膊肘靠在桌上。这两组门徒沿着一条水平线急速地与耶稣隔开，被分成四个三人组，缓缓转移观众对中心的注意力。观众的眼神顺着两侧门徒的"插句式"姿势往外瞥，然后又被引导着向里看。达·芬奇严格运用透视法，以及介于动作与克制之间的优美平衡，突显了文艺复兴时期的艺术哲学和风格。

尽管达·芬奇在《最后的晚餐》中没有描绘过多的情绪，但门徒们的反应近似真正的人。这一精神在《岩间圣母》（图 12.4A）中也能捕捉到。玛利亚不再像中世纪以及文艺复兴早期作品那样被描绘为天后。达·芬奇表现了她作为人母的身份。她是人类，是"活生生"的。

文艺复兴时期绘画的标志之一就是使用暗线来构造或呼应作品的结构。通过运用由参与者的位置和身体姿势所构成的线性图案，以及他们的视线，可以勾画出三角形和圆形等几何图形。这些形状通常作

图 12.4A　达·芬奇，《岩间圣母》，1483 年。画板油画，转移到画布，199×122 厘米。法国，巴黎，卢浮宫。《岩间圣母》是达·芬奇受委托在米兰一所教堂创作的祭坛画。达·芬奇还因为未在时限内完成而遭到起诉。

图 12.4B　达·芬奇《岩间圣母》画上的金字塔结构。

为构图的中心焦点以及作品的主要组织策略。在《岩间圣母》中，达·芬奇将圣母玛利亚的头部置于一个相当宽阔稳定的金字塔顶端，这个形状并非由线条，而是由她的胳膊以及目光延伸的方向构成。金字塔底部是一条暗线，连接着婴儿时期的耶稣和施洗者约翰两个端点。（图12.4B）标注了作品中的金字塔结构。

《岩间圣母》里柔和朦胧的氛围和梦幻般的场景，以及通过明暗法栩栩如生地展现的圣母玛利亚的微笑形态，也体现在达·芬奇创作的堪称艺术史上最著名的肖像

画——《蒙娜丽莎》（图12.5）中。此画作弥漫着一种神秘的基调：从蒙娜丽莎迷人的微笑凝视，到她的真实身份及其身后风景的所在。在《蒙娜丽莎》中，达·芬奇改变了几个世纪以来的肖像画性质，用在主体和观察者之间建立视觉对话的视角，取代了对于被画之人的标准侧视图。

就算达·芬奇给后人留下的只有他的笔记本，依然可以说他是人类当中想象力最丰富的头脑之一。通过他的草图，人们可以说他"发明"了飞行器、潜艇、涡轮机、电梯、理想城市，以及各种类型的机器。他对解剖学无比了解（他几乎发现了血液循环的路径），对自然世界的地质和植物学也有浓厚兴趣。简而言之，他的笔记本反映了一种不止步的探索思想，汲汲于理解世界及其组成部分。其所探究的领域受这一时期的许多共同特点支配：

图12.5 达·芬奇，《蒙娜丽莎》，约1503—1505年。木板油画，77×53厘米。法国，巴黎，卢浮宫。《蒙娜丽莎》堪称世界上最著名的肖像画，甚至是最著名的画作。通过渐变色巧妙塑造的脸庞，显得非常神秘。她的凝视吸引了观众，抑或是艺术家？她轻放的双手显得细腻优雅。作为背景的风景非常梦幻。

对数学的关注，对自然世界的尊重，对美的热爱。笔记本上有一页画着人类胎儿在子宫内的最早的展示图之一（图 12.6）。

拉斐尔·桑西

拉斐尔（1483—1520 年）出生于乌尔比诺，由乌尔比诺公爵的宫廷主导的佛罗伦萨以东的人文主义学术中心。他的超常天赋最初由他的画家父亲一手栽培。1494 年其父去世导致了他学习的中断。随后，年轻的拉斐尔去了佩鲁贾，成为画家佩鲁基诺的学徒。他的才能很快得到认可。1505 年，22 岁的拉斐尔

图 12.7 拉斐尔，《草地上的圣母》，1508 年。画板油画，113×88 厘米。奥地利，维也纳艺术史博物馆。与达·芬奇的画作相比，拉斐尔的画作将圣母、婴儿期的耶稣和施洗者约翰置于明亮的环境中。红色花朵和晴天白云取代了神秘的岩石场景。但是拉斐尔的画作仍保留了金字塔的结构。

搬到佛罗伦萨，在那里工作了三年。

逗留佛罗伦萨期间，拉斐尔以一种几乎成为其代名词的风格创作了许多圣母像。《草地上的圣母》（图 12.7）就是其中的典型。在这幅画中，拉斐尔把人物安排在达·芬奇《岩间圣母》一样的金字塔结构中。这一结构与文艺复兴时期对作品的理性有序的关注是一致的。但在拉斐尔那里，也可看到优美的人类形态模型，尤其是两个婴儿形象及面部表情传达出的真实甜蜜与温暖。圣母头部安详明亮，婴儿基督和施洗者约翰则显得心情雀跃。表现神圣人物的人性是拉斐尔的特色。

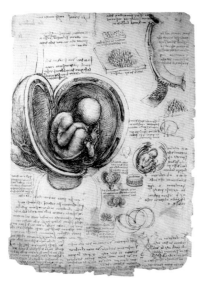

图 12.6 达·芬奇，解剖图，人体医学研究，1509—1514 年。黑色和红色粉笔、钢笔水墨画，30.5×22 厘米。英国，伦敦，温莎城堡皇家图书馆。达·芬奇的解剖图展示了卓越的绘图技巧，但这种精细科学不能准确反映他所处时代的知识状况。

注意乡村和自然主义的背景，由令人振奋的明亮色调构成。达·芬奇的圣母及其他人物处于岩间黑暗中，光线勉强可以照亮这些人物。达·芬奇以光与暗的竞争营造出强烈的对比。拉斐尔则更关注细微的明暗、和谐、优雅及甜蜜。

1508 年，拉斐尔离开佛罗伦萨前往罗马。第二年，教宗尤利乌斯让他经手梵蒂冈各类项目，委任他装饰宫殿各个房间。让米开朗琪罗倍感恼火的是，给拉斐尔的委托是在他创作西斯廷教堂天花板壁画之时。在拉斐尔短暂的人生里，他的余生都将致力于这些项目，同时接受教宗安排的各类行政职位，如一

会在圣彼得教堂建筑师办公室任职，一会又担任梵蒂冈文物收藏部门负责人。

拉斐尔最杰出的作品之一，当然也是定义了 16 世纪罗马文艺复兴意义的最重要作品之一，是他1509—1511 年间在签字厅（梵蒂冈宫殿里的一间办公室，负责准备需要教宗签字的文件）墙壁创作的大型壁画。《雅典学院》（图 12.8A）这幅壁画是对哲学的一次具有高度象征意义的致敬，与拉斐尔在同一房间创作的另一幅象征着诗歌、法律和神学的类似壁画相辅相成。

《雅典学院》在一个大型幻想建筑框架中描绘了伟大的古代哲人，

图 12.8A　拉斐尔，《雅典学院》，1509—1511 年。壁画，770×548 厘米。梵蒂冈，拉斐尔画室签字厅。中间人物是柏拉图和亚里士多德。最前方把头枕在拳头上的人被认为是米开朗琪罗。这不是一幅静态肖像画：人物正四处移动，其中有些背对观众。一个人用抬起的膝托着本子，草草地在上面写着什么。

图 12.8B　拉斐尔《雅典学院》的单点透视图。单点透视下，各平行线相交于地平线上的一个消失点。

它至少部分受到了罗马浴场及巴西利卡等遗迹的启发，也许还受到在建的新圣彼得教堂影响。壁画描绘了罗马式筒形拱顶、格子天花板和开敞空间，与现存的古罗马浴场如出一辙。画中人物代表着哲学，教宗教育中最有价值的四门科目之一。成员分两大阵营，代表对立的哲学流派，右边由亚里士多德领导，左边由其师柏拉图领导。柏拉图学派关注更高的思想领域（柏拉图手向上指），亚里士多德学派则更关注尘世事务，如自然科学。有些人物的身份已确定：犬儒派哲人第欧根尼在台阶上伸开四肢躺卧；毕达哥拉斯在石板上计算；托勒密手持地球仪。在右边，手持指南针的欧几里得理想化形象实际上是拉斐尔在罗马的保护人，即建筑师布拉曼特的肖像。赫拉克利特是希腊形而上学的开创者，他若有所思地坐在中间偏左的位置。更有趣的是拉斐尔还在最右侧的前景中画了幅自画像，他凝视着观众，周围的人围绕着几何学家欧几里得。显然拉斐尔认为自己足够重要，可以在梵蒂冈壁画中作为亚里士多德阵营的一名盟友来铭记。

拉斐尔的《雅典学院》反映了对有序空间的高度敏感性，对古典思想的信手拈来，对古罗马建筑的灵感汲取，对色彩和形式的卓越感觉，以及对于清晰思路的热爱——这些特点也可用于总结文艺复兴时期的理想。图 12.8B 体现了透视法在绘画中的运用。这是文艺复兴时期艺术家纵深绘画能力的证据，所有的正交线都指向一个点，即所谓的"消失点"，正好位于中心位置的两位哲学家之间。他们身后则是越来越小、纹理越来越模糊的绵延拱顶。而水平线——代表观众看画的有利位置的线条——穿过他们的身体左右。聚合在这一点的正交线，可追溯至位于地平线下的大理石地板图案和水平线上的柱上楣构，底下的墙墩向着拱廊后方急剧后缩。

这样一幅壁画会被用来装饰基

图 12.9　米开朗琪罗，《圣母哀悼基督》，1498—1499 年。大理石，高 175 厘米。意大利，梵蒂冈，圣彼得教堂。米开朗琪罗的《圣母哀悼基督》，与那些前作一样，表现了圣母玛利亚把她死去的儿子耶稣抱在腿上。尽管这是一件虔诚的宗教作品，但还是引发了争议，因为玛利亚被塑造成一个美丽有余成熟不够的女子，不像是有一个成年的儿子。米开朗琪罗则反驳说她的美貌代表了她的纯洁。尤利乌斯二世在观赏了《圣母哀悼基督》之后对其表示认可，并委任米开朗琪罗创作了其他几件作品。

督教权威中心梵蒂冈的一间屋子，其实不难解释。尤利乌斯二世教宗教廷认可人文主义的这一信念，即哲学是神学的仆人，而美丽，即使源于异教文明，也是上帝赐予的礼物，故不能轻视。为了强调这一点，拉斐尔在房间另一头的壁画《争辩》选择了向神学致敬，与《雅典学院》的全景形式相似，展示了神学家们努力领悟神圣奥秘。

《雅典学院》画面中下方，一个孤独的身影斜靠在一块大理石上，信笔涂写，并不留意自己所处的尊贵场合。身上的石匠工作服使得他与环境格格不入，这个人物目前被认为是米开朗琪罗。如果这个鉴定是正确的，那就是年轻的艺术家在向这位孤独的天才致敬，他就在几步之遥的西斯廷教堂工作着。

米开朗琪罗·布欧纳罗蒂

就文艺复兴时期的三位大师来说，人们最熟悉的应该就是米开朗琪罗（1475—1564 年）。在 1964年纽约世博会期间，成千上万文化追随者和虔诚的朝圣者被运送到传送带上，只为一睹他位于梵蒂冈展馆的杰作《圣母哀悼基督》（图 12.9）。一年后，演员查尔顿·赫斯顿（他似乎与艺术家有着惊人的相似之处）重新演绎了艺术家与赞助人之间的动荡关系，并在好莱坞电影《痛苦与狂喜》中亲身体验了创作西斯廷天花板壁画时身体所遭受的痛苦。这两件作品象征了米开朗琪罗作为艺术家的广博和精深。

米开朗琪罗在洛伦佐·德·美第奇雕塑园中度过了他的早年，并在美第奇政权垮台时逃离，先是搬到了博洛尼亚，后来又去了罗马。他所雕刻的《圣母哀悼基督》，是他 1498 年居于罗马时为一位法国枢机主教所作，这是许多人眼中他的第一件杰作。作品的主题，是圣母玛利亚将死去的儿子拥在怀里——法国和德国艺术的一个常见主题。然而，米开朗琪罗对这一主题的渲染表现出了一种深刻的敏感性。这件作品呈金字塔形。大理石材质模仿出来的肉体和布料很是巧妙。一名苛求的观察者可能会想，玛利亚是怎样把一个成年男人放于腿上抱着，就像是抱着一个熟睡的孩子。答案是玛利亚掩盖在布料之下的身体下半部分，要比肉体凡胎可能拥有的更宽大。然而，这些身体的线条把我们的目光带向耶稣的身体，以及圣母的躯干和手臂。

如果说达·芬奇的《蒙娜·丽莎》是西方艺术中最著名的画作之一，米开朗琪罗的《大卫》（图 12.10）则无疑是最著名的雕塑（之一）。米开朗琪罗于 1501 年受委任回到佛罗伦萨，然后就埋头于一块大型卡拉拉大理石，这块大理石自 15 世纪中叶以来就一直放置在佛罗伦萨大教堂后面，是一个废弃项目所留下的。在米开朗琪罗眼中，他的人物模型就像是寓居于大理石之中，而他把他们从石头环绕中解放出来；在进行了大量研究之后，他将大卫解脱出来，战胜了逻辑与重重困难，象征着佛罗伦萨在希望渺茫的情况下艰难地抵御更为强大的米兰的进攻。

在米开朗琪罗之前，大卫像一般是通过提着巨人头颅来展现这位年轻的英雄，如多纳泰罗（约

图 12.10　**米开朗琪罗，《大卫》，1501—1504。大理石，高 434 厘米。意大利，佛罗伦萨，学院美术馆。**大卫的重心转向他的右脚，身躯也因此发生变化，显得栩栩如生。他的确矗立着，但他的动作并不僵硬。他正注视着巨人哥利亚，我们可以想象出他把投石器举过肩膀，然后射向他的攻击目标。

1440—1460 年，见图 11.15）及韦罗基奥（约 1470 年，见图 11.16）。他们的大卫雕像更为瘦削，而且比米开朗琪罗的年轻。正如《希伯来圣经》所述，这简直是个奇迹。米开朗琪罗的大卫则很健壮，显得有能力完成自身的使命，但这件作品并没有去表现他的胜利，而是展现他的凝重及沉思：显然是在筹谋如何打败巨人哥利亚。投石器就架在他的肩膀上。通过大卫手臂上的肌肉、手背的血管以及紧皱的眉头可以感受到他的紧张。身体重心主要落在了后腿，他的肩膀和臀部呈倾斜状，身体呈 S 形。米开朗琪罗捕捉了大卫选择采取行动并即将发力的瞬间。

这座雕像曾位于韦奇奥宫外，作为这座城市公民权力的象征，直到 1873 年由于天气等因素的侵袭才移到博物馆。据说，波提切利的画、多纳泰罗和米开朗琪罗的大卫像，以及达·芬奇等人表现出的普遍怀疑论思想，都是文艺复兴全盛期佛罗伦萨异教风格的象征——简而言之，比起耶路撒冷，雅典和罗马对于佛罗伦萨而言似乎更重要。毋庸置疑，古典主义就是佛罗伦萨文化的中心。

1505 年，教宗尤利乌斯二世将米开朗琪罗召回罗马，去为他修建一座世界上绝无仅有的陵墓。这座陵墓有三层：底层是代表着胜利以及被缚奴隶的雕像；第二层是摩西和圣保罗的雕像，作为生机以及静

时代的声音

科隆娜与米开朗琪罗

科隆娜既是米开朗琪罗的朋友，也是他的心灵导师。她是他很多诗歌的写作对象，根据瓦萨里的说法，他还为她创作了几座小雕像及一些画像。

科隆娜致信米开朗琪罗，诉说名声之易逝：

尊敬的米开朗琪罗大师，您的艺术给您带来了巨大的名声，也许你绝不会相信这名声会随着时间等诸类因素而消失。但天堂之光已照入您心里，启示着无论世俗的荣耀持续多久，都注定要面临第二次死亡。

米开朗琪罗就这一主题给她回复了一首诗：

我心明白这是幻象
让我不禁思考艺术
可用以造就
偶像或者国王。
人人皆可为之，
皆是心甘情愿。
这般爱意，开心而无果，
而今都已成空。
双重死亡在靠近——
一死已定，一死胁迫。

观生活的象征——代表着人类对知识的汲汲追求与吸收；第三层按设想是放置已故教宗的肖像。

教宗尤利乌斯二世的陵墓未能修建完成。这项耗时巨大的任务被尤利乌斯自己打断了，而在这位教宗死后，后续美第奇家族的教宗们则更关注能为自己家族增添荣耀的项目。这座陵墓已完成的部分展现出来的是长达 20 年的令人沮丧的延期和变动。即使这些已完成的作品缺乏整体感，但它们确实体现了世界艺术史上某方面的最高成就。

《摩西像》是成功完成的作品

图 12.12A　米开朗琪罗，西斯廷教堂天花板，1508—1511 年。壁画，13.44×39.01 米。梵蒂冈，西斯廷教堂。由米开朗琪罗所画的 300 多个人物，包含了圣经里的创世和人类诞生场景。这幅环形壁画花了这位艺术家 4 年多时间。这个浩大的工程，导致米开朗琪罗余生都备受身体疼痛折磨。

图 12.11　米开朗琪罗，《摩西像》，1513—1515 年。大理石，高 235 厘米。意大利，罗马，圣彼得镣铐教堂。摩西在西奈山上获得戒律，当他看到偶像崇拜者时，他脸上扭曲的五官表达出了强烈的愤怒。他头上的"角"象征着圣光；之所以使用角来代替光线，是基于拉丁文版圣经的误译。

之一，它是在尤利乌斯死后的 1513 年动工的。摩西的庞大身躯，以及刻画入微的肌肉群、衣服褶皱和头发，都令人印象深刻。摩西脸上的表情准确还原了刚在西奈山上见到上帝之人的神态。他的脸上不仅散发着神圣的光芒，还有他下山时发现偶像崇拜者而爆发的神圣之怒。人们都认为米开朗琪罗的作品会让观看者感到敬畏；意大利人常提到这种"可怖"。如果要说哪座雕像会让人有这种观感，那一定就是《摩西像》（图 12.11）。它让观看者觉得摩西将会上升然后对不公进行审判。

教宗陵墓几乎还未动工，米开

朗琪罗就被尤利乌斯派去给西斯廷教堂修缮壁画，完成上个世纪教宗西克斯图斯四世时期留下的作品。但是米开朗琪罗抗拒不从（他实际上已逃离罗马，却被教宗勒令返回）。他认为自己是一名雕塑家，而且教堂天花板的形状引发了一些技术问题。但他终于还是服从了，并在 3 年后（1508—1511 年）完成了天花板壁画（图 12.12A）。他留下了签名"米开朗琪罗，雕塑家"，用以提醒尤利乌斯他的抵抗以及自己真正的使命。这幅著名的天花板壁画就位于教宗西克斯图斯四世教堂也即西斯廷教堂的拱顶。这幅壁画面积达 5800 平方英尺（约 539 平方米），离地约 70 英尺（约 21 米）高。米开朗琪罗在此期间饱受苦痛，他最早试图在拱顶上绘出一系列的宗教人物（最终为 300 多个），后来

将天花板划分成几何框架形式，把圣经中的先知、预言者，以及从创世到发洪水的圣经场景分别画在上面。整体结构包含了分布在角落的 4 个大三角形；另有 8 个三角形位于外部边廓；还有一系列用于过渡的人物；以及 9 块中间隔板（4 块大一点的，5 块小一点的），皆与建筑主体和裸体男性形象完美融合（图 12.12B）。角落的三角形则描绘了《希伯来圣经》中的英雄事迹（朱迪丝斩首霍洛芬，大卫击杀哥利亚，哈曼受罚，以及摩西将手杖变成蛇），另外 8 个三角形则描绘了耶稣基督的圣经人物先贤。10 个交替穿插其间的人物形象是异教先知以及希伯来先知的肖像。中间的隔板描绘的则是《创世记》里的场景。最靠近圣坛的一幅描绘的是上帝划分光明与黑暗，另一端描绘的则是诺亚醉酒（《创世记》9:20-27）。

这些场景当中最著名的莫过于《创造亚当》（图 12.13）。如同达·芬奇的《最后的晚餐》那样，米开朗琪罗选择诠释这个事件中最为戏剧性的时刻。亚当躺在地上，因没有灵魂而无精打采，圣父在天使的环绕中朝他而去，用飘动的斗篷将他包裹。这组对比人物均往左方倾斜，用一条明亮的对角线，把亚当诞生的背景色分开。空中出现了一道透

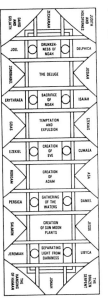

图 12.12B　**西斯廷天花板壁画设计方案略图**。米开朗琪罗的天花板壁画创作从教堂大门上方的《诺亚醉酒》板块开始，一路发展到在圣坛上方描绘《创世记》中的场景。他的技艺和构图在此创作过程中均得到了提升。

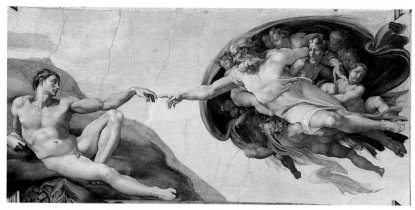

图 12.13 米开朗琪罗，《创造亚当》，1508—1512 年。壁画（细节图），约 280×570 厘米。梵蒂冈，西斯廷教堂。上帝把生命之光传予亚当。壁画的整体结构把人物统一在一起，但实际上他们并未触碰到彼此。

明的闪电，上帝之手伸向亚当为他点亮灵性——但并未触碰到他！这是艺术史上最富戏剧性的留白之一，米开朗琪罗让观众自己去完成这一行为。说到风格，米开朗琪罗将明暗对比与波提切利对线条的广泛应用融为一体。他的人物刻画得很粗

图 12.14 米开朗琪罗，《最后的审判》，1534—1541 年。壁画（复原），13.7×12.2 米。梵蒂冈，西斯廷教堂。人物的缠腰带是后来添加的，为的是缓和宗教改革后天主教拘谨守旧的敏感情绪。

犷，肌肉发达，宛若大理石。在将他的雕塑技术转用于二维平面时，这位艺术家用最紧密、最快速有效的线条，将穹顶上的人物描绘了出来。这幅壁画展示了米开朗琪罗能用优美的线条将身体和情感的力度融为一体，这很好地定义了形容词"米开朗琪罗式的"，这种风格深刻影响了后来的许多艺术家。

这种米开朗琪罗风格，最淋漓尽致地体现于这位艺术家对西斯廷教堂的第二个贡献——《最后的审判》（图 12.14），作于主祭坛后的墙上。这幅巨大壁画展现了基督重返人间进行末日审判，在《最后的审判》中，基督站在画面中心上方，世界被分为几部分，底部是但丁式的地狱，上方是荣耀蒙召。在这雄伟的场景里，米开朗琪罗倾注了自身强烈的宗教视角，反映了自己所处的艰难

岁月。毕竟，这是一个在 1527 遭到洗劫的罗马，一个因北方的新教改革而分裂的教会。

在教宗利奥十世和克雷芒七世的赞助之下——两人均来自美第奇家族——米开朗琪罗着手另一项目——佛罗伦萨圣洛伦佐大教堂的美第奇礼拜堂。这个礼拜堂特别有意思，因为其中的雕塑和放置它们的礼拜堂都是由米开朗琪罗设计和布置的。尽管米开朗琪罗最早在 1519 年就开始构思，但直到 1521 至 1534 年他才断断续续地开工。他一直没有完成礼拜堂的工程。1545 年，米开朗琪罗的几个学生将雕像安置到位。

美第奇礼拜堂的内部（图 12.15）让人想起布鲁内莱斯基的帕齐小礼拜堂的圆顶、浅灰色塞茵那石料、古典装饰及高雅肃洁的风格。按设想，礼拜堂的一端摆放圣坛，另一端摆放圣母和圣婴，以及圣葛斯默和圣达弥益。两位圣徒是医师的保护者，暗指美第奇家族，因为"美第奇"意为"医师世家"。在这些雕像底部供奉的是"伟大的洛伦佐"及其弟弟朱利亚诺的遗体。其他几面墙摆放着的是壁龛，以及"伟大的洛伦佐"的亲属，穿着罗马盔甲的洛伦佐公爵和朱利亚诺的坐姿雕像。每一尊雕像下都有两组具有象征意义的辅像被置于石棺上：《昼》

图 12.15　**米开朗琪罗，美第奇礼拜堂，1519—1534 年。意大利，佛罗伦萨，圣洛伦佐教堂。**位于佛罗伦萨新圣器厅，展示了"伟大的洛伦佐"的陵墓和祭坛。

与《夜》，《晨》与《暮》（图12.16）。

这一伟大的建筑群如同米开朗琪罗的许多作品那样并未完成，其中包含着对生命之短暂、死亡之必然，以及基督教之复活希望的冥想深思。礼拜堂鲜明的装饰以及雕像的姿势（洛伦佐公爵似乎总是朝向黑暗，头部掩藏于阴影中，朱利亚诺公爵则似乎更愿意迎接光明），都无声地表明了它们的创造者那悲观沉思的性格。当米开朗琪罗完成《夜》时，佛罗伦萨诗人斯特罗齐写了首诗向雕像致敬，并以米开朗琪罗的名字设计了一个双关语：

> 夜，其形如此美妙，如你所见，
> 正在沉睡，她由一位天使
> 在大理石中雕刻而成，因她睡着，
> 她有着与我们一样的生命。
> 不信？唤醒她吧：她会与你诉说。

米开朗琪罗本人就是一位颇具才华的诗人，他以悲观的语句回应了斯特罗齐：

> 睡眠对我偏爱有加，但发觉
> 我只是块石头，此事更佳，
> 当屈辱与悲伤如期而至，
> 我幸运地无动于衷，视而不见。
> 当心，别唤醒我：啊，轻声！

图12.16　米开朗琪罗，《夜》，1519—1531年。大理石，长194厘米。意大利，佛罗伦萨，圣洛伦佐教堂，朱利亚诺·美第奇陵墓装饰细节。卧躺人物下方的猫头鹰与面具分别代表夜与梦。

新圣彼得教堂

1506年，教宗尤利乌斯二世委任建筑师多纳托·布拉曼特（1444—1514年）重建梵蒂冈圣彼得教堂。老圣彼得教堂在君士坦丁大帝时期建成后，一千多年来一直屹立在梵蒂冈山上。到了16世纪早期，它不断遭受着屋顶火灾、结构压力、年久失修等问题的侵袭。在文艺复兴时期的"时髦人"看来，它代表着摇摇欲坠的过时事物。

布拉曼特的方案

布拉曼特的设计方案是建造一个中央穹顶式教堂，同时楼层布局采取四臂等长的希腊十字式（图12.17）。穹顶建于圆柱拱廊之上，外围还有列柱廊分布于建筑四周。四道主门的每一扇都与对面的直接相对。布拉曼特有生之年并未能将这一中心规划付诸实践，但他 1502 年在罗马蒙托里奥圣彼得罗大教堂旁建造的一座小礼拜堂，让我们得以一窥他的想法。这座小神殿的风格据信与布拉曼特意图建造的圣彼得教堂风格类似。

米开朗琪罗的方案

在布拉曼特去世后，其他建筑师——包括拉斐尔和桑迦洛——接手了这项大工程。这两位建筑师都加了一个中殿和几条走廊。1547 年，米开朗琪罗被任命为建筑师，因为之前设计的几个方案似乎都不可行。米开朗琪罗回归到布拉曼特的希腊十字式方案，并采用肋拱形穹顶，类似佛罗伦萨大教堂风格，但规模更大。

如今的圣彼得教堂，无法从正面视角清楚推知米开朗琪罗的设计想法。从背面，我们可以欣赏到起伏

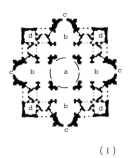
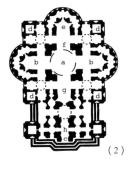
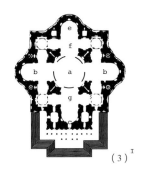

（1）　　　　　　　　（2）　　　　　　　　（3）

图 12.17　**圣彼得教堂平面图，意大利，罗马，1506—1666 年。**
（1）布拉曼特的设计图，1506—1514 年，展示了一个紧凑的设计，穹顶之下，一个四臂等长的希腊十字式结构在中央祭坛（a）相交，每一端最后都没入一个半圆形拱点（e），朝向一扇门或入口（c），还包括几个用于小型仪式的礼拜堂（d）。
（2）桑迦洛的设计图，1516—1546 年，强加了一个拉丁十字，增设拉斐尔的唱经楼（f），三面环绕圣坛，封闭各处入口，留出一个正门（c），并延伸至一个巨大的前厅或前廊（h），形成一个中殿（g）。（3）米开朗琪罗的设计图，1547—1564 年，否决了桑迦洛的设计，回归到一个正方形内的中央穹顶希腊十字式设计，但保留了前厅（c），前部有巨大的圆柱门廊。（4）卡罗·马德诺的设计图，1606—1615 年，回归到拉丁十字式，带有细长的中殿（g）、前廊（h）、柱廊（c），以及巴洛克式立面。这一设计图也展示了由贝尔尼尼设计的柱廊式广场（j），1656—1667 年。马德诺最后的版本，尤其是那细长的中殿、前厅和大立面，掩盖了米开朗琪罗原来的设计。插图为坎宁安（Cecilia Cunningham）所绘。

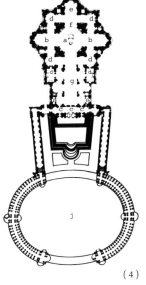

（4）

的立面和巨大的壁柱（图12.18）。米开朗琪罗的教堂有一个长长的正厅和卡罗·马德诺17世纪增设的立面。1656—1667年，贝尔尼尼指导设计了柱廊式广场。米开朗琪罗亲眼看到了用来支撑其穹顶的鼓形座建成，穹顶本身则是在他死后25年由吉亚科莫·德拉·波塔完成。

威尼斯的文艺复兴全盛期

16世纪，罗马和佛罗伦萨的艺术活动发展得如火如荼、璀璨耀眼，不过北方的威尼斯共和国在创造艺术上也毫不逊色。罗马在壁画、雕塑以及建筑方面技高一筹，威尼斯（及其附属区域）则以古典建筑的复兴和架上绘画传统而闻名。威尼斯引人注目的世界主义源于其作为海港的地理位置及贸易传统。

帕拉第奥

在文艺复兴全盛期，唯一能与阿尔贝蒂和米开朗琪罗等托斯卡纳建筑师的才华媲美的，是整个意大利北部建筑界的领军人物安德烈亚·迪·彼得罗·德拉·贡多拉。他更广为人知的别名是"帕拉第奥"，由他的第一位赞助人维琴察的特里西诺取自古希腊女神帕拉斯·雅典娜，也暗示着帕拉第奥的灵感来源：他在古罗马建筑上见到的古典希腊

图12.18　米开朗琪罗，圣彼得教堂，1546—1564年（1590年圆穹顶由吉亚科莫·德拉·波尔塔建成）。梵蒂冈城。教堂长约212米；穹顶直径为42米；中殿高46米；中殿地板到穹顶十字架最高点的垂直高度为133米。

建筑。年轻的帕拉第奥与赞助人数次到罗马研究文艺复兴全盛期的建筑及古城遗迹。他的别墅、教堂及宫殿设计注重比例和谐以及罗马人继承自希腊人的古典对称。他的《建筑四书》（1570年）助其将自己的风格传遍欧洲。帕拉第奥风格在18世纪的英国备受欢迎，不久后又传到北美洲，使得希腊复古式建筑在美国南部遍地开花。

帕拉第奥究竟出生在帕多瓦还是维琴察，已无从考证。但后一城市拥有最多他创作的建筑，不管是公共的还是私人的。所以在文艺复

兴时期的威尼斯，甚至可以说在整个意大利，维琴察都是最优美且富有建筑趣味的城市之一。帕拉第奥最为杰出的作品之一就是基耶里凯蒂宫（图 12.19）。这座建筑地处一个大广场，帕罗第奥利用这一地形创造出了他最富想象力的建筑立面之一。

这位建筑师成功地在严格的古典形式中融入了自己的创意。这个建筑立面在水平方向上分为两部分：下层的敞廊使用多立克柱，上层则以爱奥尼亚柱作支撑（注意柱子顶部大写字母的区别）。通过在上层中央加入一道墙，帕拉第奥创造出三个垂直分区。他利用中间部分突出于两个楼层之间、底部建有突出柱群的方式来强调这一点，使之看起来就像浮在底部柱群之上。

其他的古典特色还包括下层柱群的三竖线花纹装饰按严格的节奏来放置：每根柱子上方一个，柱子间的空隙上方两个。第二层的窗户则是严格交替的三角形和半圆形的山墙饰。古典的优雅明快与创意的想法合二为一，以比例的和谐与平衡感成为古典理念复兴的范例。

威尼斯绘画

油画最初流行于北部，但很快被威尼斯画家采用。通过多层颜料

图 12.19　**帕拉第奥，基耶里凯蒂宫，16 世纪50 年代始建。意大利，维琴察。**屋顶装饰由古典风格雕像以及名为栏杆柱的奇特建筑形式交替组成。

上色，艺术家得以让画作的色彩更为丰富和深沉。油画一般着重强调色泽的丰富和光线的细微营造，威尼斯绘画尤其如此。威尼斯阳光充足的环境，以及遍地水道折射出的光线，为威尼斯人源源不断地提供色彩与光线上的灵感。尽管不能一概而论，但通过观察可以发现，威尼斯画家着重色彩，南部画家则专注线条。与北欧同行一样，威尼斯画家注重细节且钟爱乡村风景画（有些讽刺的是，威尼斯土地稀少）。

提香

尽管去世的时间比巴洛克时期早了将近四分之一个世纪，但这位威尼斯大师蒂齐亚诺·韦切利奥（约1488/1490—1576 年），即提香，比起佛罗伦萨及罗马的文艺复兴时期同代人，反而与其巴洛克时期的追随者有更多共同点。提香的绘画方

式有别于达·芬奇、拉斐尔及米开朗琪罗，他首先是画家和调色大师，而不是绘图员或雕塑家。他通过色彩运用、颜料涂抹及多重上色建构作品，而不是用线条及明暗法。这一时期，作画工具从画板转变为画布，油画也取代蛋彩画成为首选。油画的明快色调和更微妙的半透明釉彩赋予其无比的丰富性，使提香如鱼得水。

提香在这 70 年间的创作异常丰富。他名声在外，受到教宗及王公的追捧。神圣罗马帝国皇帝查理五世对他格外看重，数次召他为宫廷服务，还授予他贵族头衔。在他多如牛毛的作品中有两幅代表作，足

以最大程度地体现他的综合能力。

提香为乌尔比诺公爵创作的《乌尔比诺的维纳斯》（图 12.20）是透层上釉法的绝佳范例。画中的斜卧维纳斯形象借鉴了他的老师乔尔乔涅的作品，自此以后成为许多创作的原型。这幅画的前景中，裸体维纳斯羞涩、撩人地倚着枕头，躺在一张铺着床单的红锦缎面沙发上。右手轻轻握着娇嫩的花朵，金色发丝散落在肩上。中景部分悬挂的有褶窗帘，为她的上半身提供了背景，同时展露了她的香闺。作品背景还包括箱子边的两个女子（约摸是侍女）和一处远景：圆柱阳台外的晚霞。柔软厚重的挂毯与古典主义的石柱

图 12.20　提香，《乌尔比诺的维纳斯》，1538 年。布面油画，约 119×162 厘米。意大利，佛罗伦萨，乌菲齐美术馆。画家运用了透层上釉法，创作了维纳斯金色躯体。

及大理石地板形成反差。

提香似乎一直着意于颜色交互及质感对比。他应用透层上釉法，以乳白色床单衬托维纳斯金灿灿的躯体。通过精细逐层上釉营造出其丰腴圆润，而不是像达·芬奇或拉斐尔那样使用强烈的雕塑式明暗技法。这种形式不是从线条或阴影的运用，而是从色彩的运用发展而来的。提香精湛的技法能够体现出不同质感：紧致丝滑的肌肤、细密多褶的布料、仆人的厚重衣裙、小狗的细软皮毛。颜色及质感上的绘画优势使其作品在一众佛罗伦萨及罗马绘画中独树一帜，首先在感官而不是理智层面吸引到观众。

提香在创作中的色彩运用至为关键。我们已经注意到窗帘，它的深色一下子让人看到画作中最重要的部分，即维纳斯的脸及上半身。同时它遮盖了左边背景，把注意力引向右边背景。维纳斯映入眼帘的躯体所构成的鲜明对角线，由与她相反的三个元素得以平衡：脚边的小狗和远处的两位侍女。这并未削弱对她的关注度，因为他们的活动与她或观众无关。而她身体形成的对角线也被另一道对角线所平衡，经由左下角以及右上角的红色区域可以很直观地看到。提香以此通过空间布局和色块区域巧妙地平衡了

构图。

丁托列托

也许再没有哪个威尼斯艺术家像丁托列托（1518—1594 年）那样汲汲于巴洛克风格。师从提香的他效仿了大师对色彩的热爱，尽管他将更线性的构建形式与之结合。这种绘图兴趣源自米开朗琪罗，但这位年轻艺术家的技法远超佛罗伦萨与威尼斯画派的大师。他对动态结构及颜料的狂热应用，在巨大维度的构图中提供了一种彻底的、近乎疯狂的能量。

丁托列托的技巧包括在小舞台上悬挂人偶，以便以准确视角在纸上复现。后来他还利用网格，把人物定格在更大的画布上。他首先把整张帆布涂成黑色，然后迅速在浅色区域作画。因此，他的许多画作画面很暗，除了一些光亮处。他作画很快，大面积使用松散状颜料。据说 19 世纪艺术评论家约翰·拉斯金暗示丁托列托是用扫帚作画。这显然不大可能，不过，相比文艺复兴盛期具有雕塑感甚或大理石质感的人物，以及提香煞费苦心创作的《乌尔比诺的维纳斯》，丁托列托确实取得了长足进步。他松散的笔法以及在黑色背景上画出的白色亮块，都透露出巴洛克风格。

价值观念 ||||||||||||||||||||||||||||||||||||

赞助

我们已经注意到赞助在文艺复兴艺术中扮演的角色。问题在于这些个人或组织是出于何种目的而花费大量资金去供养艺术？对这一问题的回答有助于我们了解关于艺术的社会价值观。

在文艺复兴早期，许多富有的外行赞助艺术是为了"偿还"从利息中赚来的钱，因为这被视为一种罪恶行为。更为常见的目的则包括光耀家族（即使在今日也是常见的做法）、提升公民自豪感、巩固某人的社会地位等等。富裕的城市如威尼斯认购了大量的艺术作品，以展现公民自豪感以

及权力和财富。罗马教宗在 15 及 16 世纪的庞大支出一反往常。

在过去，俗众把钱捐给教会。相比之下，文艺复兴时期的教宗把教会资金用于展现教宗权力，提升罗马作为教会中心的宣示力度，促成一种可见形式的虔诚，还顺带歌颂教宗及其家族的统治。现在游客还能在梵蒂冈看到教宗的家族纹章。

除了艺术赞助的来源多种多样外，过去的赞助在动机上与今日并非完全不同（尽管如今的教会不再是艺术赞助的主要来源）。这种赞助也引发了大量的社会争论，就如现代人争论政府资助艺术的价值一样。

《最后的晚餐》（图 12.21）证实了丁托列托与后一时期的关系。其与达·芬奇《最后的晚餐》（图 12.3）的对比，反映了一个世纪后艺术及艺术理念的巨大变化。对运动、空间和时间的偏好，对光线的惊人

图 12.21　丁托列托，《最后的晚餐》（1592—1594 年），布面油画，366×569 厘米。意大利，威尼斯，圣乔治·马焦雷教堂圣坛。丁托列托激情洋溢地运用颜料，为画作注入了能量。尽管丁托列托是提香的学生，但他的作品构造更多为线性方式，利用透层上釉法层层叠色。通过与达·芬奇《最后的晚餐》对比，可以很快了解到丁托列托对于运动感的营造，以及他对光线的突出运用——这两者皆是呼之欲出的巴洛克时代的标志。

运用，以及与主题相关的戏剧性表现，都在丁托列托《最后的晚餐》中体现。首先打动人的就是动作。每个物体和人都有其动作：人物斜着身子，从椅上站起，伸展，走动。天使飞舞，动物觅食。画面空间则被一道尖锐突兀的对角线从左下到右上分割，似乎无法容纳全部骚乱，但这种凌乱效果加强了事件的冲击力。

　　达·芬奇痴迷于对称以及情感与克制之平衡，这使其作品相较丁托列托的不对称性及强烈情感，显得是静态的。达·芬奇笔下的门徒似乎是为了这个场合摆好姿势，丁托列托的人物动作则是自发的。就像捕捉到了特定瞬间，让人感觉稍一分神，回头看时人物就会变个姿态！达·芬奇雕像姿势的无时间

图 12.22　蓬托尔莫（出生于卡鲁奇），《基督被解下十字架》，1525—1528年。画板油画，312.4×193厘米。意大利，佛罗伦萨，圣费利奇塔教堂卡波尼礼拜堂。上面的人物并不像米开朗琪罗、拉斐尔所画的那样具备一种写实主义质感，而是近乎失重，四肢细长。

性让步于似乎具有瞬时性的人物安排。丁托列托所画瞬间也与达·芬奇不同。文艺复兴大师选择了耶稣宣布他被其中一位门徒背叛的时刻。丁托列托则选择耶稣分享面包的时刻。弥撒庆典纪念的就是这一时刻。达·芬奇选择了象征死亡的时刻，丁托列托则选择象征重生的时刻，描绘了勃勃生机。

风格主义

　　文艺复兴时期的准则是观察和模仿自然。在文艺复兴末，17世纪前，该准则曾被短暂废弃，这一时期的艺术被称为"风格主义"。风格主义艺术家放弃直接摹仿大自然，代之以摹仿艺术品。因此其作品呈现出"二手"自然观。线条、体积及颜色都不再取材于肉眼所见，而取材于其他艺术家的作品。风格主义的几个特征使得它区别于文艺复兴及巴洛克时期的艺术：扭曲、修长的人物；扁平、近乎平面的空间；缺乏明确的焦点；不和谐的柔和色彩。

蓬托尔莫

　　蓬托尔莫（1494—1557年）是早期风格主义的代表人物。在《基督被解下十字架》（图12.22）中，可以看到相对文艺复兴全盛期艺术的巨大转变，尽管此画创作时米开

朗琪罗仍在世。米开朗琪罗、达·芬奇及拉斐尔等人的沉重雕塑人物都以某种方式变得更轻盈，近乎失重，依靠瘦削的脚趾和脚踝构成平衡。人物纤长的四肢，与躯干成比例，头部因厚重袍子而显得有些小。惊恐面容上的柳叶眉透出一种纯真的美，紧张的眼神像是径直望向画布外。人物在画面上挤压着，在有限的空间移动。他们的重量似乎被向外推到了作品边缘，远离了近乎空洞的中心。这些人物的长袍由怪异的色调组成，与文艺复兴时期的大师充满活力的原色调大相径庭。

这种失重、扭曲和模糊的空间，在作品中创造了一种近乎超凡的感

图 12.23　布龙齐诺，《维纳斯和丘比特的寓言》，约 1546 年，木板油画，146.1×116.2 厘米。英国伦敦国家美术馆。伴随着它的爱欲意味，这幅画作含糊的意境以及朦胧的意象被视为风格主义的典型。

觉，在这个世界里人和物不会受地球引力作用。艺术家欣然接受了这种陌异。画作出现了大量含糊之处。比如，耶稣头部后方一个戴头巾角色似乎没有身体（在作品里确实没有空间来容纳）。中间那个蹲在地上像是刚把基督从十字架上解下来，托着他的双腿，可是画面里却没有十字架！蓬托尔莫似乎最热衷于优雅地呈现场景中紧张的情绪。肖像的细节与人物的逻辑姿势则无关紧要。

布龙齐诺

阿尼奥洛·迪·科西莫·迪·马里亚诺·托里（1503—1572 年），即布龙齐诺，是蓬托尔莫的学生。布龙齐诺的《维纳斯和丘比特的寓言（奢侈的寓言）》（图 12.23）就是一幅超越眼睛所见的经典作品。从表面看，这幅画作有着令人着迷的混乱感，上面大部分是苍白的人物，其中一些人的身体比例，就如帕米贾尼诺的画作那般，让人觉得并不存在于世。多年来，这幅作品时不时地激起观众的兴趣，因为它利用诸多角色和象征，编织了一个错综复杂的寓言。伴随着意图扯开帘幕的时间老人以及一道横跨前景的微弱对角线，维纳斯被她的儿子丘比特抚摸着，愚蠢之神准备向母

子二人撒上玫瑰花瓣，而仇恨和不坚定（两只左手）则潜伏在背景中。象征着虚假的面具，伴随着其他具有已知或未知象征意义的事物，共同铸就了这一场景。

这类作品的象征手法错综复杂、令人困惑。布龙齐诺想表达的是夹杂在仇恨与无常的环境中的爱情是愚蠢或注定无果的吗？又或者是在暗示乱伦？自恋？在没有意识到其象征手法前，有人能真正地欣赏析布龙齐诺的画作吗？能否充分地解答这些元素及作品，解答一个女人在不可能的旁观者面前被公开抚弄？答案是复杂的，像布龙齐诺这样的风格主义者会刻意制造模糊性。

图 12.24　拉维尼亚·丰塔纳，《不要摸我》，1581 年。布面油画，80×65.5 厘米。意大利，佛罗伦萨，乌菲齐美术馆。丰塔纳是博洛尼亚一位重要的肖像画家，她的父亲普洛斯彼罗也是一名画家，他教女儿用风格主义绘画。但丰塔纳还有大量宗教画作，其中《不要摸我》被认为是她最好的作品之一。

当然每个人都可以从自己的角度去欣赏作品及主题，但对象征主义的了解可以提升鉴赏体验。

拉维尼亚·丰塔纳

作为博洛尼亚一位资深画家的女儿，拉维尼亚·丰塔纳（1552—1614 年）旅居罗马时收获了不少赞助（甚至包括教廷）。与其父一样，她采用了风格主义画法。作为一名活跃于博洛尼亚和罗马的肖像画家，她的事业很成功。除了源自父亲的绘画技巧，她还刻苦研究了拉斐尔、米开朗琪罗以及帕米贾尼诺的作品。在 1577 年婚后，她的丈夫吉安·保罗·扎皮放弃了自己的事业，专心协助她打理事业。

在欣赏丰塔纳的宗教画作《不要摸我》（图 12.24）时，要意识到那个时代并不鼓励女性创作宗教画作。然而，丰塔纳是受委托来进行祭坛画及肖像创作的。《不要摸我》是根据《约翰福音》（20:11-18）中复活的基督的话命名的。在一次意外的邂逅中，抹大拉的马利亚突然意识到园丁的身份，就想摸一摸他，但他不允许她触碰。《圣经》记载，马利亚一开始认为眼前这个男人是园丁。大多数画家处理这个主题时都是画着基督手里拿着园艺工具。而丰塔纳，或许是出于对救世主之园艺的更深理解——试图种下美德？拔除最后审判中的邪恶杂草？——让基督一身园艺装扮，身穿粗糙的工作服，头戴有帽檐的防晒草帽，手拿一把牢固的大铁铲，可以做些真正的挖掘。

索芳妮斯贝·安古索拉

1556 年，乔尔乔·瓦萨里到克雷莫纳去看"传奇"六姐妹，安古索拉家族的孩子们，她们"在书画、音乐、艺术上样样精通"。作为家庭人文教育的受益者，这些姐妹当中最出名的就是索芳妮斯贝·安古索拉（约 1532—1625 年），她在有生之年名噪一时。在克雷莫纳，她跟随一位二流画师学艺。年轻时她与父亲旅居罗马，很可能就是在那里遇到了米开朗琪罗。她还在米兰待过一段时间。1560 年，她受国王菲利普二世之邀到西班牙担任宫廷肖像画家。她在西班牙待了几年，在与一位西西里岛的贵族结婚后搬回意大利。1625 年，她在巴勒莫去世。

安古索拉获得了巨大的成功。其多数作品反映了克雷莫纳地区的现实主义风格，而不是在意大利其他地方流行的风格主义。细致刻画的品位无疑受到了弗拉芒肖像画家的影响，包括安东尼·范·戴克，此人还画过安古索拉的肖像。《象

图 12.25　安古索拉，《象棋游戏》，1555 年。布面油画，72×97 厘米。波兰波兹南国家博物馆。安古索拉是最早闻名于世界的女画家之一。她的父亲受卡斯蒂利奥奈的《侍臣论》影响，让安古索拉接受了恰当的教育。

棋游戏》（图 12.25）由年仅 23 岁的画家作于 1555 年。这幅人物群像画的是她正在下棋的三姐妹，保姆在边上照看。锦缎华服和奢华桌布显示了华贵的家境，但人物动作毫不呆板。最大的露西娅迎头看向我们，自信从容。妹妹密涅瓦想引起她注意，一只手抬起，嘴唇微张，似要说话。最年幼的妹妹满脸开心，似乎密涅瓦快要输棋了。生动的姿态和表情，构成了自然可信的场景，而不像正式肖像。安古索拉超越单纯表现，展现了姐妹的性格及关系。在 17 世纪，这种简单、会话式的特质成了群体肖像画常见的特征，尤其是在北方。

乔凡尼·达·博洛尼亚

此时的雕塑家、建筑师和画家都在探索风格主义。乔凡尼·达·博洛尼亚（1529—1608 年）就是这样

一位雕塑家。他出生于荷兰的詹波隆那（当时还处于西班牙统治之下），后来移居意大利，就用了意大利名字。他于1552年在佛罗伦萨定居，并引起了弗朗西斯科·德·美第奇的关注，得到了大量委托。他成了美第奇家族最重要的宫廷雕塑家之一，事实上，因为担心他受雇于另一王室贵族，他的余生都被强行留在佛罗伦萨。

博洛尼亚的作品《抢夺萨平妇女》（图12.26）使用了复杂的螺旋结构，让人无论从哪个方向或角度都能有相同的观感。大理石表面有一种优美而又清凉的优雅之感，掩盖了女性受害者以及底下那位想要竭尽全力保护她的老人的绝望。

有趣的是，这尊雕像的命名和主题直到作品完成后并被放置在佛罗伦萨领主广场的佣兵凉廊时才得到确定。也许这是因为艺术家更关注解决在空间中相互交织的身体运动这一艺术问题，而不是在罗马史上的一个插曲。

埃尔·格列柯

文艺复兴后期，各式风格竞相登上舞台。西班牙艺术的宗教绘画可分为两种风格：神秘主义和现实主义。有位画家却将这两种迥异的风格融汇在了一起。那就是格列柯

（1541—1614年），出生于克里特岛的多米尼柯·狄奥托科普洛。他年轻时去了意大利，见识到了佛罗伦萨和罗马大师的作品，并在提香的工作室待过一段时间。格列柯作品中所应用的色彩透露出威尼斯画派的影响，他笔下扭曲的人物形象以及模糊的空间则显示出对风格主义的兴趣。

图12.26　博洛尼亚，《抢夺萨平妇女》，约1581—1583年。大理石，高409厘米。意大利，佛罗伦萨，佣兵凉廊。雕塑采用了蛇形——一种螺旋式上升动作，可从任意角度观看。

这些绘画元素可以清晰地在埃尔·格列柯最著名的作品之一——《奥尔加斯伯爵的葬礼》（图12.27）中看到。在这一作品中，埃尔·格列柯结合了神秘主义和现实主义。一道由一群戴着白色领子的人物头部构成的水平线，把画面分成两部分，区分了"天堂"和"人间"。作品下半部分的人物有些拉伸了，但仍属现实主义。相比之下，天堂的人物则显得极端瘦削，似乎是在一种席卷性的动态大气之下移动。有人说埃尔·格列柯画下的扭曲人物可能是由于作者本身是散光眼，但这缺乏足够证据。

例如，有时格列柯所画人物并不比其他风格主义画家的更扭曲。天堂和人间在心理上天差地别，但在作品中的结合却让人信服。中间

图12.27 埃尔·格列柯，《奥尔加斯伯爵的葬礼》，1586年。布面油画，480×360厘米。西班牙，托莱多，圣托梅。

僵硬、水平排布的头像把世界分成两部分，一个男人朝上方的一瞥引观众注意到上层领域。一幅巨大帷幕补足了这一设计组合，从这个男人头顶上方直升到画布上半部分，然后继续引导左右两组人物之间的眼神朝向复活的基督这一形象。格列柯的配色还补足了人间和天上的栖息地。凡人衣服的色彩是写实的、威尼斯画派样式的，上半部分的色彩则并不协调，突出其超凡脱俗。这种情绪在喧嚣的气氛中被放大了。这种对情感主义的强调将格列柯与巴洛克时期联系起来。其作品的戏剧性风格，也是17世纪的标志之一。

音乐

在文艺复兴时期看到的许多绘画、雕塑和建筑，都服务于罗马天主教。许多精美音乐也是在教廷资助和支持下完成的。

教廷音乐

教宗对音乐创作和表演的赞助可以追溯到最初几个世纪的教宗任上。格雷高利圣咏被认为是教宗格雷高利一世的兴趣和罗马圣咏派的产物。1473年，教宗西克斯图斯四世为其私人小教堂建立了永久唱诗班，后来成了罗马音乐最重要的中

心。他的侄子尤利乌斯二世则资助了圣彼得教堂的朱利安唱诗班。

西斯廷唱诗班只起用男声。未到青春期的男孩唱着女高音部分，而年纪稍大的男性——通过竞争选出——唱中音、男高音和低音部分。一般由 16 至 24 种男声组成（唱诗班后来规模愈发庞大）。西斯廷唱诗班采用无伴奏合唱，尽管在教堂外教宗还是喜欢器乐的。例如，本韦努托·切利尼提到，他为教宗克莱门特七世演奏了乐器。

若斯坎·德普雷

当波提切利和佩鲁基诺正在装饰西斯廷教堂墙面之际，当时最伟大的作曲家，若斯坎·德普雷（约 1450—1521 年），正服务于西斯廷唱诗班，从 1486—1494 年为唱诗班成员指挥和谱曲。我们可以从他的音乐中了解到当时音乐的一些品质和风格。

若斯坎是弗拉芒人，他只在罗马待了 8 年，却对音乐圈产生了巨大影响，被称为中世纪和文艺复兴时期音乐的桥梁人物。尽管他写过牧歌和众多弥撒曲，但有别于传统弥撒曲演唱方式的四声经文歌，展示出他在音乐创作上的真正天赋。若斯坎最受赞誉的是同质音乐结构，一种平衡和秩序感，以及唱词的质

感。这些都是 16 世纪意大利人文主义者共同的追求。在这个意义上，可以说若斯坎将北欧音乐传统与意大利南部的新知识潮流结合了起来。

文艺复兴时期的经文歌使用回声部复调来咏唱圣言文本。若斯坎利用重叠的声音来掩盖文本的清晰划分，这样听众就不会在音乐中感受到任何中断。他还煞费苦心地将自己的音乐与歌词的语法意义结合起来，同时利用乐句来表达感情。

帕莱斯特里纳

16 世纪，与罗马和梵蒂冈联系最紧密的作曲家是帕莱斯特里纳（1525—1594 年）。他少时从罗马山城帕莱斯特里纳来到都城并在此度过余生。他曾任圣彼得唱诗班（朱利安唱诗班）的指挥，西斯廷唱诗班的歌手，以及另外两个罗马大教堂（圣约翰·拉特兰大教堂和圣玛利亚·马焦雷大教堂)的唱诗班指挥。最后，从 1571 年直到他去世，梵蒂冈的所有音乐都由他指挥。

在天主教会为了应对新教改革，试图通过回归过去简单的方式来改革自身之际，帕莱斯特里纳大展手脚。因此，他创作出的 100 多首弥撒曲都是保守的，也就不足为奇。他的复调虽是一种有序、均衡和清晰的范型，却与教会过去的音

乐传统紧密相关。他几乎没有脱离格雷高利圣咏的影响。例如，在他的《教宗马尔塞鲁斯弥撒曲》中，可以感受到格雷高利圣咏《垂怜经》《羔羊颂》等曲调。尽管如此，他仍是一位极具影响力的作曲家，经常可以在罗马大教堂中听到其作品。他的音乐被西班牙作曲家维多利亚（约1548—1611年）有意识模仿；他的经文歌《安魂曲》几乎是罗马圣周的例行曲目；威廉·伯德（约1539/1540—1623年）则将其音乐风格引入英国。

聆听！
帕莱斯特里纳，《教宗马尔塞鲁斯弥撒曲》，"信经"

在这段音频材料中，我们可以听出帕莱斯特里纳成功回归了早期的教会音乐传统，这种回归满足了反改革的要求，即保持文本清晰可听。事实上，他创作这首弥撒曲是为了满足特伦托会议的要求，突显音乐的严肃性和文本的可理解性。

虽然属于保守主义，但帕莱斯特里纳的作品显然比马肖的更为复杂和先进（见第10章）。丰富的和声以及完美的平衡，营造出一种流畅的质地和美感，在西方音乐史上开辟了一条新的道路。可以注意到声音是一个接一个进入，还有在许多乐句中起修饰作用的装饰音，通过较短音符的插入，在增添音乐趣味的同时，并未使文本变得模糊。

风格的纯净，对旧时理念价值的回归，对音乐的创造性贡献，使帕莱斯特里纳成为文艺复兴时期艺术家的完美典范。他的音乐一直广受赞誉，活跃于19、20世纪的作曲家汉斯·普菲茨纳（1869—1949年）创作了歌剧《帕莱斯特里纳》，向这位艺术天才内心的坚定致敬。

威尼斯音乐

帕莱斯特里纳的音乐本质上是保守的，与威尼斯更具冒险精神的情况形成对比。威尼斯这座城市相对不怎么受罗马教会力量影响。1527年，荷兰人维拉尔特成为圣马可大教堂的唱诗班指挥。他反过来训练了安德烈·加布里埃利，以及他更著名的侄子，即16世纪最著名的威尼斯作曲家乔万尼·加布里埃利。

威尼斯人率先在教堂礼拜仪式中运用多个唱诗班。圣马可大教堂常使用两个唱诗班，他们可以互相对唱，满足更复杂的音乐模式，为谱曲提供更大创作空间。威尼斯人也更倾向于在礼拜曲目中添加器乐。他们率先在礼拜音乐中使用管风琴。其独奏潜力激发出突出管风琴的创新作品，并逐渐发展成标准的管风琴曲——前奏。艺术大师的前奏被称为"托卡塔"，旨在突出乐器的表现范围及演奏者的熟练程度。

罗马和威尼斯音乐都深受北方音乐传统影响。德普雷和维拉尔特毕竟都来自低地国家。他们的音乐与意大利人文主义智识传统联系在一起。可以说，罗马将其赋予画家的那种文艺复兴审美感受，即均衡、古典主义和平衡感，同样赋予了音乐家。威尼斯作曲家与当时的威尼斯画家一样，关注色彩和情感。

文学

意大利的文艺复兴全盛期，是一些最精致的艺术作品得以成就的时期，但在其他时间、其他地点，也是一段剧变的时期。拉斐尔和达·芬奇正好陨落于路德与教宗斗争之际。1527 年，罗马被查理五世皇帝的士兵洗劫一空，这是自 5 世纪汪达尔人时期以后，这座城市首次遭受这般暴力掠夺。

写作仍在继续。有些是笔记形式，比如达·芬奇作品。有些是诗歌形式，比如米开朗琪罗和维多利亚·科隆娜的十四行诗。有些是哲学形式，比如卡斯蒂利奥奈《侍臣论》中的虚构对话。还有一些是自传形式，比如切利尼为自己而写的作品。

达·芬奇

提到达·芬奇，人们脑中就可能会浮现出《蒙娜丽莎》和《最后的晚餐》这类画作。当然也应该如此。但他那 13000 页的笔记同样值得让人思考，里面满是知名的插图。这些笔记是他在旅行和日常生活中所记，大部分都从右往左书写，就像镜中影像一样。达·芬奇是左撇子，人们推测，可能他倒着书写更顺手。

达·芬奇的笔记有些已经出版，有些尚在整理：使用几何图形的数学笔记；重点关注骨骼、肌肉和肌腱的解剖学论文；对景观和光的性质的观察。许多作品和插图在他那个时代看来像是科幻小说；但这些异想天开的发明，在我们的时代却预示着只要有足够的细节，就可以证明它们是可行的。其中包括直升机和悬挂式滑翔机、潜艇、一座约 216 米长的桥，以及坦克之类的战争机器，用来对抗防御设施，保护后方部队。（2006 年，土耳其政府决定实地建桥。）

米开朗琪罗

如果达·芬奇从没拿过画笔，那令他闻名于世的将是他丰富多彩的写作。但假若米开朗琪罗从没拿过画笔或凿子，很难判断他会否因为诗歌而为人所知。他的诗得到褒贬不一的评价，但其中很多都表现出艺术家的活力，只有极少数是对赞助人及时局的抱怨。

下面这首十四行诗是他写给自己多年的（柏拉图式）好友维多利亚·科隆娜的，他把艺术家对于蕴藏在石块中的形式的追求，与他对女人的某些特质的追求相比较，"女士，神样的骄傲和美丽"。

阅读材料 12.2　米开朗琪罗

最伟大艺术家的每一个意象
都蕴藏在粗糙大理石核心中，
只有为优美意象服务的双手
才能把这伟大的意象来索求。
你富神性却空虚，
亲爱的夫人，
我所躲避的恶和所期待的善
都潜隐在你一身；我痛苦不堪：
我的艺术和期待的效果相反。
我万般悲痛，却不能谴责爱情
不能谴责你的美和我的天命，
因为在同一时刻，在你心灵中
你怀有恻隐，又想到死亡，何况
我低微的心智虽然烈焰正旺
却只能诱引你的绝望和死亡。

――――――

[译注] 引自米开朗琪罗，《米开朗基罗诗全集》，杨德友译，沈阳：辽宁教育出版社，2000。

维多利亚·科隆娜

科隆娜（1492—1547 年）生于富裕的罗马家族，擅长写彼特拉克体十四行诗。其友人中有米开朗琪罗及诗人阿里奥斯托。她的社交生活随着丈夫在 1525 年战争中去世几近停止。400 多首诗几乎都是写给她丈夫的。他们回首爱情，憧憬富足生活；他们等待着空虚和黑暗。尽管她的诗很浅显，但米开朗琪罗却称之为"神来之笔"。阿里奥斯托说她的诗"把她得胜的爱人从冥河的黑暗海岸中拯救出来"。她的爱人的胜利不在战场上，而在于永久地抓住了这位诗人的心。

阅读材料 12.3　维多利亚·科隆娜

第九首十四行诗
当我住在你心里，我现在幸福的光，
你的灵魂与我同在，
因为你如此善良；
每一次都如此珍贵，
直至生命结束，
那个死去的肉身，曾鲜活过。
而今，你远在天堂之上，
我再也无法找寻那般快乐，
你会帮助虔诚的心，
共同抵抗世界，
为我拨开层层迷雾，
我或能证明自由飞翔的翅膀，
曾到过你朝往天堂的路途。
尊敬的你，是否仍在我们之中，
我闭上双眼感受飞逝的快乐，
待睁开眼就能迎来永恒之日。

――――――

翻译自 *Dante, Petrarch, Michael Angelo, and Vitoria Colonna*. London, Kegan Paul & Co.: 1879, p. 317。

巴尔达萨雷·卡斯蒂利奥奈

巴尔达萨雷·卡斯蒂利奥奈（1478—1529 年）供职于米兰、曼图亚和乌尔比诺的外交使团。他多才多艺，学识渊博，身体素质和军事技能出众，风度翩翩，高贵优雅。拉斐尔的卡斯蒂利奥奈画像（图 12.28）忠实地展现出了他的贵族气质和智识品质。

在 1504—1516 年任职于乌尔比诺法院期间，卡斯蒂利奥奈决定撰写《侍臣论》，一项耗时十数年的工作。《侍臣论》最终于 1528 年，在作者死前一年，由威尼斯阿尔定出版社出版。这部作品在 1561 年由托马斯·霍比爵士译成英文。它对英国上层阶级的想法影响巨大，他

图 12.28　拉斐尔，《巴尔达萨雷·卡斯蒂利奥奈》，约 1514 年，油画，经画板转移到画布，82×67 厘米。法国，巴黎，卢浮宫。拉斐尔通过在家乡乌尔比诺的家庭关系认识了这位著名的人文主义者。

们认为绅士教养就应当如此。可以在本·琼森的一些戏剧和莎士比亚的《哈姆雷特》中找到卡斯蒂利奥奈的回声。

> 啊，
> 一颗多么高贵的心是这样陨落了！
> 朝臣的眼睛、学者的辩舌、
> 军人的利剑、
> 国家所瞩望的一朵娇花；
> 时流的明镜、人伦的雅范、
> 举世瞩目的中心……

对《侍臣论》最常见的批评，就是它反映了一个过于精致、过于敏感、过分专注于礼仪和装饰的世界。总之，侍臣的世界是富人、贵族和百里挑一的精英的世界。

在《侍臣论》中，卡斯蒂利奥奈以扩展性谈话的形式，让他博学的友人讨论了一系列话题：骑士精神的理念、古典美德以及真正的侍臣品格。他坚持认为，真正的侍臣应该具备人文学识和无可挑剔的道德标准，礼仪周到，体育和军事技巧过硬，谈吐风雅。他的这些品质不可危害他者。这种多才多艺之人做任何事都举重若轻。与学究不同，侍臣学东西轻而易举，其剑术和马术也不像普通士兵那般笨拙。侍臣能将每样事情都以从容优雅的姿态做好，做得轻松自如。

比较与对比

交际花：东方与西方

在卡斯蒂利奥奈完成他最负盛名的作品的《侍臣论》一年后，他感染瘟疫，于 50 岁之际去世。其碑文晓谕后人，他"充满天赋，学识丰富"，并"为贵族教育而编写了《侍臣论》"。卡斯蒂利奥奈的书为文艺复兴时期的完美绅士提供了一个榜样——一个正直、高尚、忠诚的公仆，受过古典教育，擅长修辞，能对包括人文和历史在内的所有学科有一些崇论吰议，并在诗歌、音乐、绘画和舞蹈方面有天赋。最重要的是，这些全方位人才自然是侍臣的理想人选，或者至少给人一种本真性；这种品质就是卡斯蒂利奥奈所谓的"轻松"：一种轻而易举或"浑然天成的艺术"。

虽然《侍臣论》这本书的创作灵感和背景是乌尔比诺公爵的宫廷，但由卡斯蒂利奥奈"记录"的哲学对话，很好地为意大利 16 世纪早期社交风气提供了一个晴雨表——包括当时对女性角色的看法，她们的能力和性别劣势，以及她们对宫廷生活和知识话语的贡献。事实上，根据卡斯蒂利奥奈在书中所述，乌尔比诺公爵夫人——伊丽莎贝塔·贡扎加，主持了一场为期 4 天的沙龙（一种讨论政治、艺术、文学、诗歌和学术等主题的聚会，意在使参与者增长见识，激发灵感）。贡扎加是一位受过教育的贵族，被认为是文艺复兴时期最具教养和美德的女性之一（她一直忠于自己的残疾丈夫）。

因此，侍臣的角色并非男性独有。相反，在一些观念没那么刻板、相对宽容的地方——比如威尼斯共和国——女性交际花是社会结构的重要组成部分。在文艺复兴时期的威尼斯，最出名的艺妓莫过于维罗妮卡·弗朗科（1546—1591 年），这是一个复杂的女人，她很有声望，也颇具才干，承担着公仆角色，包括为失足妇女及其孩子创建了一个慈善机构。

弗朗科（图 12.29）的母亲是威尼斯人所称的"名妓"（诚信、正直、善良的高级交际花），她将女儿培养成了王公贵族的合适配偶。弗朗科受过良好的教育，是一位熟练的音乐家、诗人，能

图 12.29　丁托列托，《维罗妮卡·弗朗科》，16 世纪晚期。布面油画，46×61 厘米。马萨诸塞州，伍斯特艺术博物馆。

图 12.30　喜多川歌麿，《白脸妆》，1795—1796 年。彩色木版画，37.0×22.3 厘米。法国，巴黎，吉美博物馆。

侃侃而谈。像弗朗科这样的交际花是很受欢迎的伴侣和演艺人员，她们不一定会与人发生性关系。在威尼斯，还有一种低级妓女，她们通过卖淫换取金钱。名妓可以从普通背景跃居到上流社会，她们的职业为她们提供了一种在压制女性地位的父权寡头政治中获得影响力的方式。

许多文化中都有交际花的存在，包括日本（图 12.30），外表美丽是她们的共同特质（在卡斯蒂利奥奈的书中，这也是一个理想女性的重要品质）。与欧洲一样，日本的妓女既有贫穷的从事性服务的年轻女性，也有高级的艺伎——博学的伴侣－艺人（艺伎在日语中的意思是"艺人"），在古典音乐、舞蹈、声乐表演、对话以及传统日本仪式如奉茶等方面受过训练。

虽然二战后，"艺伎"一词被驻扎在日本的美国士兵用来形容卖淫的女性，但她们并不是真正意义上的艺伎。艺伎的社会是高度结构化并与世隔绝的，真正的艺伎与花钱买春的顾客毫无关联；她们的商业生活和爱情生活是完全分开的。

阅读材料 12.4　卡斯蒂利奥奈

选自《侍臣论》卷3，"完美女士"

"除此之外，她必须与侍臣有共同的心灵美德，例如谨慎、宽宏大量、自制等，还有各种常见的女性品质，比如善良和细心，如果是已婚的，还要能够料理她丈夫的财产、房子以及孩子，拥有成为一个好母亲的品德，而宫廷里的女士们最该具备的，则是一种讨喜的亲切之感，懂得在不同时间、不同场合，与不同身份的人交谈时，如何用迷人直率的谈吐让不同类型的男士如沐春风。但是，品行端庄除了让人感受到她的讨喜、机智和小心，同样还要让人感受到自己的高贵、谨慎以及和蔼。因此，她必须遵守一种特定的困难方式，既要拥有鲜明对比的品质，又不能表现得太过火。"

……

伟人笑着说："你还是控制不了表露自己对女性的敌意，加斯帕雷先生。但我相信自己已经说得够多了，尤其是对于像这样的观众。我认为人人都知道，就娱乐活动而言，女性并没有使用武器、骑马、打网球、摔跤或是参加其他适合男性的运动。"

阿瑞提诺跟着评论道："古时的女性都是裸体与男性进行摔跤，但是我们已失去了这项出色的运动，还包括其他很多活动。"

凯撒·贡扎加补充道："在我的时代，我看到女人打网球、使用武器、骑马、打猎以及几乎参加了所有骑士们参与的运动。"

伟人回答说："就我自身对于女士的见解，我不希望她参与这些粗鲁的男性运动，而且即使这些适合女性参加，我也希望她会参与更适合女性的一些谨慎温和的项目。例如，当她跳舞时我不希望她的舞步过于激烈。"

……

伟大的朱利亚诺……评论道："在我看来，你提出的这个关于不完美女性的论点非常无力。也许现在还不到细究的时候，但基于可靠权威和直白真理，我的回答是，任何事物都无法令自己的本质有所增加或缩减；因此，比如一个石头，就其本质而言，不可能比另一个石头更完美，一块木头也不可能比另一块更完美，故而一个人也不可能比另一个人更完美，所以，就他们的本质而言，男性不可能比女性更完美，因这两者都是人类，他们的不同在于各自的际遇，而不是他们的本质。你可能会说，如果不考虑本质，就际遇而言男人比女人更完美；但我的回复是，这些际遇必须包括身体上和思想上的。所以如果你指的是身体，那是因为男人更健壮、迅速和敏捷，更能够承受辛劳，而这个论点不怎么有效，因为在男性群体中，这些特质比他人更为突出的男性也并没有得到很高的评价；即使是在战争中，当大部分工作都需要劳力时，最强壮的那个人也不是最受尊敬的。如果你是指思想上的，我想说一切男人可以理解的事情，女人也可以；男人靠智力可以洞悉的，女人也可以。"

卷3谈到了意大利文艺复兴时期女性的地位。其中一节出现了一种相当现代化的观点，那就是伟人认为女性并不是因为男性优越所以模仿他们，而是因为她们渴望"获得自由，摆脱男性强加于她们的专制统治"。

伟人认为，女性和男性一样拥有理解世俗事务的能力。加斯帕雷先生运用各种哲人"智慧"进行反驳，他说他很惊讶于伟人会允许女性能够像男性那样去了解社会和政治问题。

接下来是一场关于男女"预设"本质的讨论，以及何以任一方都不可能在缺失另一方的情况下实现完美。伟人开玩笑说哲人相信一个人在身体上虚弱，在思想上就会敏捷。那么，女性若比男性虚弱，则在智能方面应更突出。加斯帕雷先生则想要捍卫男性的优越，提出"女人都想要变成男人"，从而引出伟人的如下回复。

阅读材料 12.5　卡斯蒂利奥奈
选自《侍臣论》，卷 3，"完美女性"，续前文

　　伟大的朱利亚诺随即答道：

　　　　"这些可怜的生物想要成为男人并非为了让自己更完美，而是想要获得自由，摆脱男性强加于她们的专制统治。"

维罗妮卡·弗朗科

　　维罗妮卡·弗朗科（1546—1591年）是威尼斯最著名的交际花，她修习过古典文学，懂得政治门道，精通各种乐器，并以不凡谈吐闻名。她给威尼斯和欧洲的精英写信，许多信因收信者的重视而得以保存。她还用三行诗节押韵法写诗，这是但丁在《神曲》中使用的复杂诗体。弗朗科的三行诗选集收录了她与追求者的一些充满魅力、富有诗意的对话，还有许多挑战了威尼斯当时的父权。

阅读材料 12.6　维罗妮卡·弗朗科
选自《三行体诗集》，第 2 章，34-39、154-171 行

因我不相信自己是被爱的，
我不应该相信，也不应该
因你对我作出承诺而对你有所回应，
请用实际行动来赢得我，先生：
用行动证明你的爱意，而我，
也将用行为来证明我的爱意。
……
我变得如此甜蜜诱人，
当我与一个男人相拥而卧
我感觉到，此人，爱我宠我，
我带给他极乐欢愉，
所以爱情之结，紧而又紧，
如此紧密更胜从前。
太阳神，爱神的侍者，
从她那里得到甜蜜的奖励，
是什么比成为神更幸运，
我脑中泛起画面，
那是维纳斯与他一起时
将他拥在甜美的怀抱；
而我，在如此美事上受教甚深，
通晓欢愉之道
技艺远超阿波罗，
而我的歌声文采都将被遗忘
在男人经历了我的疯狂之后，
这就是维纳斯向侍奉她的人的揭示。

弗朗科致力对她的慈善机构"援助之屋"里的威尼斯妓女的帮助和保护，也反映了交际花尤其是娼妓在生活中面临的危险与耻辱。在一封信中，弗兰科警告一位年轻女子的母亲关于交际花生活的肮脏一面。

阅读材料 12.7　维罗妮卡·弗朗科

选自第 22 封信，"致一位打算让自己女儿成为交际花的母亲的警告信"

你曾经给自己的女儿穿上简单的衣服，梳着纯洁女孩的发型，把胸部遮挡严实，让她显得端庄，突然间你鼓励她追求虚荣，漂染头发，浓妆艳抹。转眼间，她新烫的卷发在额头和颈部边晃荡，她的裸胸在衣服间呼之欲出，头发高梳起露出前额，打扮得如其他人一样，然后像商品一般参加竞拍。

我想说的是，即使她是命运的宠儿，这也是一种令人痛苦的生活。与人类的理性相反，这是一件最可悲的事情，它把一个人的身体及劳力都变成了一种让人害怕的奴隶制度。让自己被如此多男人垂涎，还面临着被强暴、抢劫甚至杀死的危险，然后迟早有一天，会被一个男人，把你长时间来的辛苦努力全部夺走，随之而来的太多受伤的危险，以及可怕的传染病；与另一张嘴同吃，与另一个人同眠，按照别人意愿去奔波，而这明显会摧毁你的身心——还有比这更大的痛苦吗？有什么财富、奢侈品、喜悦之情值得让你如此付出？相信我，在这世上的灾害中，这一种是最可怕的。如果你还担心灵魂的存在，那还有什么比这种厄运、这种诅咒更可怕？

切利尼

切利尼（1500—1571 年）是佛罗伦萨一位才华横溢的金匠和雕塑家，据记载，他的生活似乎就是一幅永无休止的暴力、阴谋、争吵、纵欲、自我主义和政治阴谋的全景图。他的自传，大部分是一名年轻学徒在工作时写的，大篇幅地叙述了从切利尼出生一直到 1562 年所发生的事。书中记载了一些关于教宗和平民、艺术家和士兵、枢机主教和妓女、刺客和艺术家的逸闻，此外也是美第奇统治下的佛罗伦萨和罗马教宗时代的文艺复兴风月场人物的群像展。

最重要的是，我们见识了切利尼，他毫无保留地展现了他的天赋、他对生活的热爱，或他对暴力的嗜好。切利尼并非卡斯蒂利奥奈眼中的侍臣。他有婚生和非婚生子女 8 个；因鸡奸被逐出佛罗伦萨；因打人坐牢；因谋杀逃离罗马；1527 年罗马被围期间，为了保护美第奇教宗克雷芒七世，在圣天使堡城墙上战斗。如果有人认为文艺复兴时期的艺术家只关心比例，钟爱古典主义、新柏拉图哲学以及优雅的人文主义，他定会惊讶于切利尼的自传。

切利尼自传之有趣，不在于其虚张声势或自鸣得意的特点，而在

阅读材料 12.8　切利尼

摘自《自传》，"铸造珀尔修斯"

我漂亮地完成了美杜莎像，现在只想完成珀尔修斯像。我已经给珀尔修斯像打好了蜡，并坚信它出炉后一定和美杜莎像一样完美。蜡模制作得非常美丽，公爵看了大为震惊。不知道是有人给他说我的铜像不可能成功，还是他自己那样想，他更加频繁地来看我。有一次他对我说："本韦努托，这个塑像铸铜应该不会成功吧，艺术的法则可不一样哦。"

公爵的话使我非常生气，我回答说："大人，我知道你对我没有信心，原因可能是你听信了太多中伤我的谣言了，或者是你对艺术还不太了解。"还没等我说完，他就打断我说："我懂艺术，而且很懂。"

我回答说："没错，但你是艺术鉴赏家，而非艺术家。要是大人真的那么懂艺术的话，你就应该信任我，因为我已经做出了那么多好作品。首先是你那个巨大的胸像。其次，我克服了重重困难，修复了伽倪默得斯像，你要知道那可要比我重新做一个的难度大多了。再次，我翻铸的美杜莎铜像，现在就在你眼前摆着的，这可是前无古人的作品。大人，你看，我已经重新建造了我的熔炉，这可与其他人的不一样。除了技术的提高和部件的创新，我还另外增加了两个出口，专为铸铜而设计。这样就确保了难度高及扭曲度大的铜像能够完美地出炉。这些都要归功于我在方法和设备上的远见卓识，而其他人很难做到这一点。"

"另外，大人，你要知道，我之所以能够为法国国王完成那么多完美的作品，是因为国王相信我，鼓励我，并让我自由支配与选择工人。我过去有四十多个工人，全由我支配。以上就是我为什么能在短时间内，创造出那么多伟大作品的原因。因此，大人请你现在也要相信我，并提供给我帮助。我坚信我能为你完成一件让你触动心灵的大作品。但要是你不相信我，不提供给我帮助，那么别说是我，无论是谁都不可能有所成就。"

公爵在一旁站着，听着我的说辞，一会儿转向左边，一会儿又转向右边。而我很失望，回忆着曾经在法国那种良好的条件，心里不由掠起一阵悲伤。突然，公爵说："好，本韦努托，那你要告诉我，你到底是怎么能够把美杜莎和珀尔修斯完美地做出来的呢？"我马上回答说："大人，你看，你要是真的像你曾说的那么懂艺术的话，你就不应该担心这些问题，而更应该去担心雕像的右脚太过于低，离另一只腿又太远。"他听了这话，很生气，对旁边的几个贵族说："我认为本韦努托太骄傲自满了。"

……

作品已经成功完成，我马上去比萨找公爵。公爵见了我，他们夫妇热情地接待了我。尽管大管家已经把事情的经过告诉了他们，但他们认为我的经历如此神奇和震惊，一定要让我亲口讲给他们听。当我讲到珀尔修斯脚的时候，我说脚铸得不是很好，就像我以前提醒过公爵的那样。公爵听了很惊讶，并告诉公爵夫人，说我曾经给他说过那一点。看到公爵对我如此满意，我便向他提出去罗马的请求。

[译注] 引自切利尼，《哈佛百年经典（18卷）：切利尼自传》，樊习英等译，北京：北京理工大学出版社，2014。略有改动。

于对艺术家工作方法的洞察。在一段相对夸张的描述中，切利尼记载了珀尔修斯青铜雕像的铸造过程，这是他最著名的作品（图 12.31）。这座雕像如今与博洛尼亚的《抢夺萨平妇女》（见图 12.26）等雕像一同矗立在佣兵凉廊。《珀尔修斯与美杜莎》完工于 1554 年，是为科西莫一世·德·梅第奇所铸。这件作品非常精美，切利尼关于其起源的记录更使之平添了几分意趣。

在自传的后面部分，切利尼回忆起雕像铸造。铸造青铜雕像是一个复杂的过程，要先用蜡或黏土制成雕像的模型，然后转化为更坚固的青铜。青铜因其具有吸引力的表面和颜色特性而被频繁使用。铸造的过程中还要用到干燥炉，常会发生事故。切利尼在铸造珀尔修斯时就发生了一系列事故，其中一些可能相当危险。当读者读到这一过程时，见识到的不仅仅是延期、疾病、高超的技巧和毅力，当然还有艺术家的自负。此处是艺术家试图向公爵，即他的赞助人，解释工艺流程中的困难。

尽管公爵对这些工艺流程持怀疑态度，而且对艺术家的举止表示不耐烦，但他要求切利尼向他解释。切利尼解释了，同时请求更多的经费。然后他带领读者遍览了复杂的铸造过程，包括有一次他染上了自认为必死无疑的疾病。但是当听到自己的作品面临着被摧毁的危险之时，"无私"的切利尼立马从床上跳起来，召唤他所有的助手并使出浑身解数来完成这项任务。当雕像完成之时，切利尼马上去比萨通知自己的赞助人，实际上，艺术家自己的预测是对的。

图 12.31 切利尼，《珀尔修斯与美杜莎》，1545—1554 年。青铜，高 320 厘米（修复后）。意大利，佛罗伦萨，佣兵凉廊。该雕像的早期模型，包括首个蜡模，藏于佛罗伦萨巴杰罗美术馆。

总览　意大利文艺复兴全盛期与风格主义

语言和文学

— 约 1490—1495 年，达·芬奇开始写作关于艺术和科学的论文。

— 1494 年，阿尔丁出版社在威尼斯成立。

— 1531 年，斯特罗齐为米开朗琪罗的《夜》写了一首诗。

— 1525 年，维多利亚·科隆娜开始写诗纪念自己的丈夫。

— 1527 年，马丁·路德将《圣经》翻译成德语。

— 1528 年，卡斯蒂利奥奈出版了《侍臣论》。

— 1538 年，米开朗琪罗和科隆娜开始互通信件和诗歌。

— 约 1558—1566 年，切利尼写了自传。

— 1561 年，托马斯·霍比爵士将《侍臣论》译成英文。

美术、建筑和音乐

— 1473 年，教宗西克斯图斯四世成立了西斯廷合唱团。

— 1483 年达·芬奇创作了《岩间圣母》；1495—1498 年创作了《最后的晚餐》；约 1503—1505 年创作了《蒙娜丽莎》。

— 约 1486—1494 年，若斯坎·德普雷为西斯廷创作了弥撒曲和经文歌。

— 1508 年，拉斐尔创作了《草地上的圣母》；1509—1511 年，创作了《雅典学院》。

— 1498—1499 年，米开朗琪罗雕刻了《圣母哀悼基督》；1501—1504 年，雕刻了《大卫像》；1513—1515 年，雕刻了《摩西像》；约 1519—1531 年，雕刻了《夜》。

— 1508—1511 年，米开朗琪罗为西斯廷教堂天花板创作壁画；约 1534—1541 年，创作了《最后的审判》。

— 1512 年，教宗尤利乌斯二世在圣彼得教堂成立了朱利安合唱团。

— 1527 年，阿德里亚安·维拉尔特成为圣马可大教堂唱诗班指挥。

— 16 世纪 50 年代，帕拉第奥开始建造基耶里凯蒂宫。

— 1516—1518 年，提香创作了《圣母升天》；1538 年，创作了《乌尔比诺的维纳斯》。

— 1592—1594 年，丁托列托用风格主义创作了《最后的晚餐》。

— 1525—1528 年，蓬托尔莫创作了《基督被解下十字架》。

— 约 1535 年，帕米贾尼诺创作了《长脖圣母》。

— 约 1546 年，布龙齐诺创作了《维纳斯和丘比特的寓言（奢侈的寓言）》。

— 1567 年，帕莱斯特里纳创作了教宗马尔塞鲁斯弥撒曲。

— 1581 年，丰塔纳创作了《不要摸我》。

— 1555 年，安古索拉创作了《象棋游戏》。

— 约 1581 至 1583 年，博洛尼亚雕刻了《抢夺萨平妇女》。

— 1586 年，埃尔·格列柯创作了《奥尔加斯伯爵的葬礼》。

— 约 1545 至 1554 年，切利尼雕刻了《珀尔修斯与美杜莎》。

宗教和哲学

— 1517 年，路德发表《九十五条论纲》，引发了德国的宗教改革。

— 1521 年，路德被教宗利奥十世逐出教会。

— 1528 年，卡斯蒂利奥奈出版《侍臣论》，一本关于宫廷生活的哲学专著。

— 1527 年，路德出版了他的《圣经》译本。

— 1534 年，英格兰脱离罗马教廷。

— 1545—1564 年，特伦托会议发起了反宗教改革运动。

图 13.1　英国演员大卫·田纳特饰演哈姆雷特，2008 年。皇家莎士比亚剧团，庭院剧场。

北方的文艺复兴全盛期

第十三章

导引

伦敦皇家莎士比亚剧团的网站把《哈姆雷特》列为表演次数最多的莎士比亚戏剧。该剧最早有记载的演出发生在 1607 年，西非塞拉利昂海岸一艘名叫"神龙号"的船上：400 年后，演员大卫·田纳特（图 13.1）出演主角哈姆雷特，有人立遗嘱捐出头骨作为道具。

据估算，几乎每时每刻，世界上的某个地方都会有《哈姆雷特》上演。作为一部艺术作品，这部戏剧为何有如此的魅力、重要性和持久性？为何莎士比亚的诗篇比"王公贵胄的镀金纪念碑"更经久不衰？斯蒂芬·格林布拉特在他重要的书籍《世界的意志：莎士比亚如何成为莎士比亚》中评述道：

> 莎士比亚艺术作品的一个主要特征是真实感。与其他作古已久的作家一样，他的声音早已消逝，身体已化为泥土，所留下的只有纸上的文字。但即使没有专业演员的生动演绎，莎士比亚的文字本身亦生动地呈现着事实和感受。他注意到被追捕的野兔战栗着，"身上浸着露水"；他把他牵强的名誉比作"染匠之手"；写剧本的时候，他让剧中的丈夫告诉妻子，桌子上有个"覆着土耳其织锦"的钱包，他笔下的王子记得他可怜的同伴只拥有两双丝袜，其中一双是桃红色的——这位艺术家异乎寻常地向世界敞开了心扉，并找到了让世界融入他的作品的方法。（斯蒂芬·格林布拉特，《世界的意志：莎士比亚如何成为莎士比亚》[*Will in the World: How Shakespeare Became Shakespeare*]，纽约：诺顿出版公司，2004，第 13–14 页）

对平凡世界的仔细观察，对日常生活事物的生动描述，以及由此展开的象征性叙述，概括了莎士比亚的戏剧，正如它们概括了北方文艺复兴画家的视觉艺术。在平面画板上模拟物理世界营造现实幻象，经由对人物心理状态的刻画来显得更加可信——这是意大利文艺复兴时期艺术家的贡献；与此并肩的，是莎士比亚戏剧令人难忘的现实主义，以及他对角色内心和痛苦的穿透性洞察。在心理学这门学科出现之前，他就掌握了心理学。

自我认识和自我反思同样是人本思想的关键要素。在莎士比亚的经典独白中，对自我认识和反思的探索营造了巨大的戏剧效果。其中最为人熟悉的，也许是当死亡的恐惧和良心的困境折磨着哈姆雷特——也折磨着人类——时，他所问的那句"生存还是毁灭"。在另一幕中，哈姆雷特在墓地见到父亲的王宫弄臣的头盖骨，于是陷入对生命之短暂和死亡之不可避免的沉思。他问挚友霍拉旭："你认为亚历山大在地下也是这副模样吗？"他还想到了历史上最著名的两个人物的不光彩结局："亚历山大被埋葬了，亚历山大化为尘埃；尘埃即土，我们用土和成泥。亚历山大所变成的那团泥，难道没有可能被他们用来封啤酒桶吗"；"凯撒死后化为泥土，也许为了防风把破洞封。哦！曾让世界敬畏的这堆土，竟被用来补墙遮风！"

16世纪，人文主义精神从意大利传播到欧洲北部，包括英国。1564年，威廉·莎士比亚在英国出生——同年文艺复兴全盛期的大师米开朗琪罗在罗马去世。莎士比亚是伊丽莎白时代最著名的作家，他的作品是这一诞生了璀璨文化成就的时代的标志，伴随着英国女王伊丽莎白一世近半个世纪的统治。

人文主义向北传播

15至16世纪期间产生于意大

北方的文艺复兴

1500 年	1525 年	1550 年	1575 年	1620
改革的缘起	改革的传播	反改革力量的增长	民族主义风潮	
亨利八世统治英国。弗朗索瓦一世统治法国。路德发表《九十五条论纲》，引发德国的宗教改革运动。神圣罗马帝国皇帝查理五世统治时期。德国爆发农民战争。	查理五世在帕维亚战役中击败弗朗索瓦一世。查理五世劫掠罗马。托马斯·莫尔被处死。安妮·博林被处死。哥白尼发表《天体运行论》，维萨里发表《人体构造论》。	德国的路德教和天主教之间的战争随着奥格斯堡和约的签订而结束。查理五世退位。菲利普二世统治西班牙与荷兰。玛丽·都铎统治英国。伊丽莎白一世统治英国。法国圣巴塞罗缪日大屠杀。	荷兰宣布从西班牙独立。英国派遣军队支援荷兰迎战西班牙。菲利普二世的西班牙无敌舰队被英国打败。英国成立东印度公司。英国建立詹姆斯敦殖民地。西班牙承认荷兰独立。弗朗西斯·培根发表《新工具》。	

利的思想和艺术风格，使英国、法国、德国和荷兰的文化生活发生了巨大变化。随着文艺复兴传播到阿尔卑斯山的另一边，新人文主义把北欧从保守的学术模式中唤醒，带来了有别于传统的全新宗教教义。意大利思想的引入拓宽了人们的视野，促进了北方的文艺复兴绘画的人文主义审美和音乐的重要发展，还引发了人们对古典文学和哲学的广泛热爱，从而促使人们从人文主义视角思考宗教教义。

法国

意大利文艺复兴思想在北方的传播，很多是政治上而非文化上的。几乎整个 16 世纪，北欧君主都在争夺意大利的政治和军事控制权。在此过程中，他们接触了意大利最新的艺术和精神生活，并且经常参照意大利的建筑模式修建自己的皇宫。1515—1547 年统治法国的弗朗索瓦一世，还特意敞开法国文化，接受意大利文化的影响；他吸引意大利艺术家来法国宫廷，其中包括达·芬奇、德尔·萨托、切利尼。弗朗索瓦及其继任者也崇尚文学和学术。弗朗索瓦的妹妹，纳瓦拉的玛格丽特，是一个极具天赋的作家。以她为中心聚集了一群有才华的人，其中包括许多那个时代最卓越的心智。

德国

德国历史与哈布斯堡家族紧密联系。16 世纪上半叶，哈布斯堡王朝的国王一边借着神圣罗马帝国皇帝的古老名号，作为查理五世统治德国，一边以查理一世的名号统治着西班牙。查理是与弗朗索瓦一世争夺意大利政治统治的主要竞争对手，尽管对艺术的兴趣不及弗朗索瓦，但他的征服把意大利文化带到了西班牙和北方。他在退位时（1556年），将领土分给兄弟斐迪南与儿子菲利普。哈布斯堡家族的奥地利和西班牙分支直到 1650 年前，仍然是欧洲主要的权力家族。

荷兰

西班牙在 16 世纪达到权力顶峰，控制了包括美洲大陆、法国和德国的部分地区，以及荷兰。信奉天主教的西班牙与北欧发生冲突，不仅是为了增加并保持财富和权力，也因为北欧开始转向新教。1566 年，西班牙控制下的荷兰发生了加尔文主义信徒引发的暴动，西班牙人以武力恢复秩序并进行恐怖统治。紧接着是八十年战争，荷兰最终独立。1586 年，英女王伊丽莎白一世宣布支持荷兰新教。（1587 年，英国海军上将法兰西斯·德瑞克爵士袭击西班牙加的斯港，摧毁了许多停泊的西班牙大帆船，导致西班牙无敌舰队攻打英国的计划延后一年。）尽管局势动荡，但和大多数经历着变革的地区一样，荷兰仍然诞生了杰出的艺术。

英国

在文艺复兴大部分时期，英国都由都铎家族统治，其最后一个代表是伊丽莎白一世。玫瑰战争摧毁了前朝统治家族后，都铎家族上台。都铎王朝开始于亨利七世，他于1485年战胜约克家族理查三世之后开始掌权。亨利和约克家族的伊丽莎白结婚，试图巩固彼此冲突的家族间的关系，并把都铎王朝权力延伸至威尔士和爱尔兰。他因为从毁灭性的战争中恢复了英国的金融安全而受到称道。

亨利八世在1509年登基为王，一直统治到1547年去世。当我们想象亨利八世，总会想到小汉斯·荷尔拜因画的肖像（图13.2）。在这幅画中，亨利八世有些发福但很自信，风度潇洒，留着讨人喜欢的胡子。他穿着悉心打理过的结婚礼服，婚礼对他来说可不陌生——他有6个妻子，都被他以各种方式处置掉了。他也斩首过成千上万实际的和潜在的政敌。媒人亦不得善终，联姻失

败后，当初做媒的几个大臣也被他杀了——虽然出于不同的原因。

亨利八世与他第一任妻子阿拉贡的卡塔琳娜的婚姻失败，是因为他们未能生育男性王位继承人。国王先是希望教宗能准许他们离婚，但是罗马教宗拒绝了他的请求。于是英国议会制定了法律，断绝与罗马教宗的关系，立英国国王亨利八世为英国教会的领袖。然后他和安娜·博林结婚，安娜于1533年生下了伊丽莎白，也就是后来的女王伊丽莎白一世。1532—1540年期间在国王身边当大臣的托马斯·克伦威尔，控告安娜通奸。她以不忠、巫术和乱伦罪遭到审判，最终罪名成

图13.2 小汉斯·贺尔拜因，《着婚装的亨利八世》，1540年。木板油画，83×74厘米。意大利，罗马，国立古代艺术美术馆。在亨利的一生中，婚礼并不是什么不同寻常的事件。图中他正为参加婚礼——与第四任妻子克里维斯的安妮的婚礼（见图13.18）——而盛装。当时他49岁（据碑文记载），同年他们离婚。

立并于 1536 被处死。（4 年后克伦威尔也被处死。）后来亨利又结了第三次、第四次、第五次和第六次婚。

伊丽莎白一世在经历了尔虞我诈和权位之争后终于登上了王位。她的前一任、同父异母的妹妹玛丽·都铎——因将新教徒烧死在火刑架上而被称为血腥玛丽——曾力图让英国重返亨利八世打破的天主教信仰。但伊丽莎白是一名新教徒，当她继承王位后，她要求教士宣誓承认英国教会独立于天主教会。

伊丽莎白的婚姻问题是一个难题，没有一个简单的解决办法。如果伊丽莎白嫁给英国贵族，就会打破效忠于她的各大贵族家族之间微妙的权力平衡。如果她和外国统治者联姻，势必影响英国作为欧洲领导力量的地位，尤其在她努力巩固国家权力的时候。伊丽莎白决定当一名不婚的"童贞女王"来避免困境，尽管在她统治期间出现了一些流言蜚语，使她的名号受到了质疑。

宗教改革

1517 年万圣节前夕，德国奥古斯丁修道会修士，马丁·路德（1483—1546 年；图 13.3），在维滕贝格教堂大门上用大头钉张贴了一张羊皮

图 13.3 大卢卡斯·克拉纳赫，《马丁·路德与妻子卡塔琳娜·冯·博拉》（双人画像），1529 年。木板油画，36.5×23 厘米；37×23 厘米。意大利，佛罗伦萨，乌菲齐美术馆。路德和冯·博拉，昔日的修女，大约在这幅双人肖像画被创作的同时结婚了。他们有 6 个孩子。

纸，上面用拉丁文写着"九十五条论纲"。路德的"论纲"质疑了罗马天主教的赎罪券（通过做善事或祈祷，同时支付一笔钱买赎罪券，就能赎罪免受惩罚）。这是一个应时的话题，因为教会当时正在维滕贝格附近宣传赎罪券，以筹集资金重建罗马圣彼得教区。

路德的挑战造成的影响

路德的挑战引发了远超学术界的争论。接下来几年里，神学家为此争论不休，梵蒂冈也派使者向路德传达指令和教宗的正式警告。但路德坚持自己的观点。他还主张废除雕像和肖像，支持神职人员结婚的权利（废除禁欲主义）。1520 年 6 月 15 日，教宗利奥十世（乔凡尼·德·美第奇，"伟大的洛伦佐"之子）将路德的教义定为异端邪说，并于 1521 年 1 月 3 日，将路德逐出天主教教会，由此意想不到地引发了宗教改革运动。

再洗礼派

路德的改革原则开始在德国教会蔓延开来，其他改革运动也在路德改革的引导下，快速而广泛地爆发了。1523 年，有一支称为再洗礼派的改革者，他们比路德更激进，鼓吹更纯净的基督教，一个没有任何"罗马天主教"痕迹的宗教。再洗礼意为再一次受洗礼，这支改革派坚持成人洗礼，即使婴儿时已受过一次洗礼。再洗礼派认为接受洗礼的人，必须能够理解信仰，并作出自己的信仰声明。许多再洗礼派改革者有着包括和平主义在内的激进的社会和政治思想，他们拒绝宣誓或参与公民政府，这引起了下层阶级的不满。德国的农民战争由此爆发，并在 1525 年遭到残酷镇压。

亚米希派、哈特派和门诺派都是再洗礼派运动衍生的。美国的浸礼宗虽然是独立出现的，但与再洗礼派有着共同的信条，即只有明白洗礼意义的人才能接受洗礼。所谓的"重生"概念，是指通过水和人的信仰宣告而皈依的经历。

加尔文派

1523 年，瑞士的苏黎世接受了宗教改革。在胡尔德莱斯·茨温利（1484—1531 年）的领导下，苏黎世——后来还有伯尔尼和巴塞尔——采用路德的改革，包括废除雕像和肖像、废除牧师独身主义。圣事修改为只包括浸礼和圣餐。

在日内瓦，约翰·加尔文（1509—1564 年）布道的新教，被认为比路德和茨温利的更极端，但也有人认为他把关于上帝的本质的理论，进行了合乎逻辑的推演。犹太－基督教的上帝被认为是全知全能的。上帝看到过去、现在和未来，知道人们将要做什么和谁将得到救赎。在这个意义上，一个人是否被救赎是命中注定的；上帝在人出生前，就知道谁将被救赎。因此，人生在世无法像路德派认为的那样通过善行来获得救赎。然而，加尔文和他的追随者依然认为，人要像蒙拣选者（将得拯救者）一样生活，这一点非常重要。

加尔文的主要神学著作是《基督教要义》，其中阐明了他的信仰体系的原则，包括对预定论的看法。关于预定论的争议主要在于：人类获得救赎是通过自身行为——即善行和正直的生活——还是通过上帝的慈悲？加尔文认为非此即彼，不会两者并存。

加尔文主义向北传播至不列颠群岛，特别是在加尔文教徒约翰·诺克斯领导下的苏格兰；向西传播至低地国家，特别是荷兰。另外在 17 世纪，加尔文主义越过大西洋到达马萨诸塞州并融入了清教徒信仰。

英国国教

1534 年，英国国王亨利八世与罗马断绝关系，因为教宗不允许他废除和第一任妻子阿拉贡的卡塔琳娜的婚姻。同年，亨利发布《至尊法案》，宣告其为英国国教（又称圣公会）的英国最高元首。1559 年，议会确立伊丽莎白一世为教会最高领袖，并在同年推出了《英国国教祈祷书》。1570 年，伊丽莎白一世被逐出天主教会，可能是因为罗马教宗不再期盼英国回归天主教。1603 年登上王座后，詹姆斯一世委托英国学者把圣经译为英语，摆脱教宗和加尔文主义的影响。詹姆斯国王《钦定本圣经》，至今仍然被数百万人视为权威。

英国国教设立了三层等级的神职人员：主教、牧师和执事。术语"圣公会"指的是英国国教在全世界的圣会。不过与天主教不同，圣公会不存在中央集权。坎特伯雷大主教是英国国教和全世界圣公会名义上的领袖，但是该职位更多只是象征性的，并无多少实权。主教派和卫理公会派都是从英国国教衍生而来的。

到 16 世纪中叶，几个世纪以来一致遵奉罗马教会的欧洲实质性而长期地分裂了。西班牙和葡萄牙、意大利、法国大部分地区、德国南部、奥地利、东欧部分地区（波兰、匈牙利，还有巴尔干半岛部分地区）以及爱尔兰仍然信奉天主教，而瑞士大部分地区、英国、斯堪的纳维亚所有地区、德国北部和东部，以及东欧其他地区逐渐转变为新教（见地图 13.1）。

宗教改革的起因

是什么状况促成了欧洲的这一革命性剧变？标准答案是：中世纪教会腐败成风，十分无能，以至于它就像一个摇摇欲坠的纸牌屋。然而，这个答案无法解释：为什么宗教改革没有在情况更糟的一个世纪前发生？为什么宗教改革没有发生在瘟疫、分裂和战争频发，改革呼声也不断的 14 世纪？引发宗教改革的确切条件很难描述，但任何解释性说法都必须考虑 16 世纪出现的几个因素。

首先，16 世纪欧洲民族主义情绪高涨，但教宗的经济和政治要求经常忽略个别国家的权益。因此，路德坚决主张德国统治者对教会进行改革，因为教会已不符合德国的经济和民族利益。

其次，改革的思想几个世纪以来已发展成熟，反对教会滥用职权的声音四起。与路德同一时代的伟

地图 13.1　1600 年前后欧洲的教派分布

大的人文主义者，包括鹿特丹的伊拉斯谟、英国的托马斯·莫尔和法国的雅克·勒费弗尔·戴塔普尔，同样对教会的过分行为十分不齿。他们的追随者和忠诚的读者渴望更深、更本质的虔诚，不需要像中世纪教会那样过度讲究浮华和繁文缛节。路德注重个人的信仰皈依，大量摒弃天主教会的上层建筑，引起了许多人的共鸣。

第三，许多神职人员道德低下又没什么文化，令人鄙夷；修道院和主教拥有的财富和土地，也遭人妒忌。

1528 年，随着宗教改革的进行，路德游历了德国萨克森地区的村庄，对当地人宗教知识的匮乏感到震惊。为此路德写下了《小教理问答》，作为一部手册，让普通人可以了解他们的信条和仪式。路德在《小教理问答》的前言中表明了他的担忧。

文艺复兴时期的人文主义与宗教改革

文艺复兴时期的人文主义与宗教改革之间的关系是重要而复杂的。

时代的声音 ||||||||||||||||||||||||||||||||||||||||||||||

卡塔琳娜·策尔

在宗教改革中，许多最活跃的人物都是女性。卡塔琳娜·策尔（1497—1562 年）是马提亚·策尔的妻子，马提亚是首批通过结婚来宣告和教会决裂的牧师之一。马提亚死后，卡塔琳娜继续他的传教和教牧工作。1558 年，她写了一封信给一位患麻风病的老朋友：

我亲爱的菲力克斯阁下，我们相识已有整整三十年。在你漫长的患病期间，我时常想去看望你，但却常常不能如愿，因为这里有很多穷人和病人需要照顾。不过我一直牵挂着你。我们常说起你的病情，你已中断了工作，隔绝了与妻子和朋友的往来，隔绝与世界有关的一切来往。世界因你可怕的疾病而退避三舍，让你彻底陷入孤独。起初你是痛苦的、彻底的沮丧，直到神给了你力量和耐心，现在你能够出于爱感谢他，他教你忍受苦难。因为我知道你的病情是你每日沉重的负担，可能很容易就导致你再次陷入绝望和难以控制，我收集了一些文段，虽然无法减缓你身体的病痛，但可以减轻你的精神负担。我写下了一些默想："求你按你的慈爱怜恤我，按你丰盛的慈悲涂抹我的过犯"（关于《诗篇》51）；"我从深处向你求告"（关于《诗篇》130）。然后还有一些主祷文和信条。

《卡塔琳娜·策尔的信》，摘自班顿（Roland H. Bainton），《德国和意大利宗教改革中的女人》（*Women of the Reformation in Germany and Italy*）。

路德早前没有与 "新学术"有接触，虽然他利用了它的成果。然而，早在彼特拉克时期，人文主义与宗教改革就有很多共同的知识和文化情感。

改革者和人文主义者都对宗教的某些情况感到厌恶。他们都猛烈批评隐修制度、腐朽的对圣徒的流俗敬拜、神职人员的缺乏文化基础，以及高级神职人员的普遍贪污和腐败，尤其是罗马教廷。

无论是人文主义者还是改革者都认为，大学的经院神学早已退化为吹毛求疵的争论、毫无意义的讨论、丧失智识或灵性意义的枯燥无味的学术练习。他们钟爱早期的基督教作家。16世纪的约翰·加尔文对圣奥古斯丁（354—430年）著作的推崇，呼应了14世纪的彼特拉克。

人文主义者和改革者争相致力于更好地理解圣经，不是基于权威神学解释，而是批判性地细读文本，最好是希伯来文和希腊文原本。掌握三种圣经语言（拉丁文、希腊文和希伯来文）在16世纪相当重要，许多院校正是为了教授这些语言而建立，包括牛津大学基督圣体学院、西班牙阿尔卡拉大学，以及巴黎的法兰西公学院。路德的维滕伯格大学就着重于圣经语言的教学。

路德的《圣经》德文译本有几点值得注意，它可以让我们更清楚地看到人文学术与宗教改革的联系。在路德1521年开始翻译《圣经》前，已有一些译自其他民族语言的德语圣经译本，但路德译本首次完全译自源语言，而且所用的文本体现了人文学术的贡献。对于《新约》，他采用伊拉斯谟编写的希腊文评注本。对于《诗篇》，他采用人文主义出版人弗罗宾1516年在巴塞尔出版的希伯来文本。其他希伯来文本，均为在意大利城市松奇诺和布雷西亚工作的意大利犹太学者所出版。他的《次经》（没有包含在希伯来正经中的著作）译自由马努蒂乌斯1518年在威尼斯出版社印刷的《新约外传》希腊版本。为了译好圣经，路德充分使用了人文主义学者约翰尼斯·罗伊希林的语法书和词汇表。

路德的成就，离不开一代人文主义文献学者的奠基。同样地，在1611年，詹姆斯国王《钦定本圣经》的译者写《序言》时指出，他们查阅了迦勒底语、希伯来语、叙利亚语、希腊语、拉丁语、西班牙语、法语、意大利语、荷兰语的《圣经》评注和译本。

人文主义者和改革者既有其相似之处并相互影响，但也有差异。例如，人文主义者的研究植根于人类是可完善的这一概念。对柏拉图

价值观念 ||||||||||||||||||||||||||||||||

宗教改革

16 世纪上半叶，激励着西欧的主要价值观是对宗教改革的渴望。这种推动力以不同方式表现，当它转化为行动的时候，将对欧洲及其新发现的世界产生重大的社会政治影响。

改革的欲望激发了北方人文主义者，他们认为圣经翻译的学术工作和早期基督教经典著作的复苏，将活跃欧洲的基督徒生活。他们信奉学术主导的改革。

新教改革者没有着手建立新的教会。他们试图回到以前不那么腐败的基督教。天主教会反对新教的宗教改革，但也在进行内部改革，力图阐明自己的信仰，并再次体验到了宗教的推动力。面对新教的兴起，天主教所作出的反应源于其本身的改革需求。

16 世纪初，改革的动力凝结出各式各样的教会主体: 英国的圣公会; 苏格兰的长老会; 瑞士和荷兰部分地区的加尔文教派; 地中海国家的天主教; 德国和斯堪的纳维亚部分地区的路德教。

在这一时期，科学研究也掀起了一股新风，扫除了基于权威的旧派作风，提倡依靠经验和研究来解决科学问题。我们在实验科学的兴起中，也看到了智识生活的革新。

人文主义和宗教改革之间有着强烈的正反作用——这是一场由书籍，尤其是《圣经》激发的运动。14 和 15 世纪的人文主义极其强调文学，这为 16 世纪的宗教改革提供了土壤和动力。然而，作为哲学和文化系统，人文主义对正统的改革者来说，总体而言过于乐观和世俗化了。16 世纪后期，人文主义作为一种世界观，与塞万提斯的基督教人文主义和蒙田的温和怀疑论，在总体上是一致的。但对宗教改革者来说，它只是被用作其他目的的一个智识工具。

哲学有着强烈偏好的佛罗伦萨人文主义者，以及诸如伊拉斯谟这样的北方人文主义者都是如此。人文主义者强调希腊的（或者更准确地说，苏格拉底的）观念，认为教育可以培养有德的人。人文主义的学术和教育具有很强的道德导向: 学术使人进步和高尚。相反，改革者认为人类已经绝望地陷入罪恶中，只能依靠上帝的恩典才能得到拯救。对于改革者来说，人文主义者认为的教育使人完善这一立场，削弱了他们认为的罪恶的人类需要救赎这一主张。

路德和伊拉斯谟

这两种观点的对比，在路德和伊拉斯谟关于人类意志之本性的争论中显而易见。1524 年，伊拉斯谟在名为《论自由意志》的论文中，捍卫了在神圣化和获得救赎的过程中，人类通力协作的观念。1525 年，路德写下否定自由意志的《意志奴役论》予以回应。

许多人文主义者也相信普遍真理奠定了所有宗教体系的基础，通过仔细研究宗教文献就能发现这些真理。比如米兰多拉相信基督教的基本真理可以在塔木德、柏拉图主义、希腊和拉丁作者中发现。他认为综合应用人文学者对各宗教领域的研究成果，就能创立某种通行的宗教。另一方面，改革者信守一个简单而不可动摇的观点：唯独圣经。当改革者准备用人文主义方法研究神学文献时，他们坚信唯有圣经记录了上帝对人类的启示。

《圣经》被翻译成北部欧洲各国的语言后，宗教改革神学家便能以本国语言的《圣经》作为传教的基础。路德和加尔文还进一步鼓励世俗教育，激励追随者为了自己而阅读《圣经》，在《圣经》中（且只能在《圣经》中）找到基督教的真理。在理解所读内容的时候，指导每个人的不是宗教权威，而是他们对阅读内容各自的判断和良知。这种教育方法叫"信徒皆为祭司"，因为它拒绝将神职人员奉为权威。所有这些教义，虽然主要是神学上的，但依然产生了深远的文化影响。

宗教改革的文化意义

在文化史学家看来，宗教改革意义非凡。例如，有人认为，宗教改革十分强调个人和他们的宗教权利，因此堪称现代政治世界的先驱。（同理也可以说，由于宗教改革大力强调社会戒律和圣经的权威性，所以它是中世纪世界的最后痉挛。）同样地，20 世纪初德国社会学家马克斯·韦伯的一篇论文称，加尔文主义被视为现代资本主义的温床和动力。韦伯提出的概念留在了我们的词汇中，如"职业道德"和"清教伦理"。

在宗教改革推动下，欧洲早已开始增长的书籍阅读量更是上了一个台阶。对圣经学习的强调，要求有更广泛的人能读书识字。路德希望德国各阶层的孩子都能接受免费教育。路德的德文版《圣经》和英国詹姆斯国王《钦定本圣经》对读者使用的语言发挥了不可估量的影响。在宗教改革波及的其他国家，圣经译本的文学影响是根本的。在斯堪的纳维亚国家，民族文学始于《圣经》的翻译。芬兰语也是在此过程中第一次作为书面语言被使用。

圣经并非该时期唯一广泛传播的书籍。伴随着欧洲各地时有发生的神学斗争，各类书籍、小册子和专著也得以散播。出于反宗教改革目的的特利腾大公会议（1545—1564 年）用立法规定圣经翻译和分发的方式，这并非一起偶然事件。天主教会在同一时期发布了一份广受争议的禁书目录，表明宗教领导层意识到了书籍的力量。在这期间流通的书籍数量令人震惊。1517 年到 1520 年间（甚至在路德和罗马决裂前），路德的各类著作在欧洲售出了 30 万册。

在宗教改革前，这一切都是不可能的，因为欧洲当时还没有印刷这个概念。印刷机和活字印刷术彻底革新了阿尔卑斯山北部和南部的文艺复兴文化，就像电影、收音机、电视和互联网改变了 20 世纪。印刷的出现也产生了重要的副作用。有书可读逐渐削弱了高校作为知识主要守护者和传播者的优势。拉丁语开始失去它作为唯一学术语言的地位，因为许多新读者不识拉丁语。路德抓住了越来越多人懂得识字的影响，并以此推进自己的事业。

宗教改革者也非常重视词汇。除了阅读和聆听，他们还唱圣歌，改革者——尤其是路德——强调民族语言的赞美诗，视之为颂扬上帝的媒介和教化工具。路德也是有名的圣歌作家。著名的《上帝是我们坚固的堡垒》，据说就是其所写。

另一方面，16 世纪的改革者对绘画和雕塑几乎没有需要，也并不欣赏。他们实际上是激进的反崇拜圣像者。第一批改革者的标志行径之一，就是谴责绘画、雕塑等一切代表天主教偶像崇拜的视觉表现形式。最终结果是，到 17 世纪初，对神学视觉艺术创作的赞助在宗教改革盛行的国家已经消失了。16 世纪以后，虽然世俗艺术大量涌现，但除了伦勃朗，几乎没有一流的画家或雕塑家从宗教改革的角度进行创作。

16 世纪的改革者对早前传统视觉艺术的态度，可以通过日内瓦圣彼得教堂得到很好总结。这座 12 世纪的罗马式天主教大教堂，如今成了加尔文的教堂。彩色玻璃被拆除，墙壁刷成白色，雕像和十字架被移除，之前祭坛所在位置成了讲道坛。圣彼得教堂被彻底改造，成为一座供布道和阅读的建筑。以教堂辉煌的艺术描绘天堂景象（如以沙特尔大教堂为代表）的老式观念被抛弃了。总的来说，宗教改革的文化是一种听觉文化而非视觉文化。

科学的发展

北方的文艺复兴时期不只是宗教史上的一个转折点。在科学史上，这也是一个决定性的时代。早些时候的科学家主要是一群爱捣鼓精巧小发明的聪明人，他们涉足炼金术、占星术和魔术。文艺复兴时期的新兴科学家则学识广泛，对数学和哲学尤为感兴趣。他们会有大胆的、革命性的想法，但也会小心地用实践经验求证。

这个时代孕育了许多科学上的进步。在英国，威廉·吉尔伯特（1544—1603年）发现地球是个大磁体，磁极大致指向北方。威廉·哈维（1578—1657年）解开了血液如何循环这一谜题——从动脉到静脉然后回到心脏——在尚未发现如今我们所知的毛细血管的情况下，他假定血液是通过某种管道进行流动的。约翰·纳皮耶（1550—1617年）发现了对数这一实用数学工具，减少了求解困难方程式所需的时间和精力。

在欧洲其他地方，德国的帕拉塞尔苏斯（1493—1541年）拒绝传统医疗方法，奠定了现代医学的基础。尽管他的理论很快遭到否定，但他对观察和问询的坚持产生了重要影响，从维萨里（1514—1564年）的著作中可见一斑。维萨里在布鲁塞尔出生，在帕多瓦学习。他的《人体的构造》七卷本于1543年出版，包含一系列完整的解剖学论述，用细致入微和高度精准的插图说明了人体构造（图13.4）。

"新科学"在哲学上的代表是弗朗西斯·培根（1561—1626年），他在有着一段活跃甚至有些不光彩的政治生涯的同时，写书意图推翻传统科学观。培根的代表作《新工具》（1620年）致力于让科学摆脱2000年来受到的亚里士多德思想的束缚，同时反对滥用未经证实的假说。在波兰天文学家哥白尼（1473—1543年）的著作中，科学与宗教遭

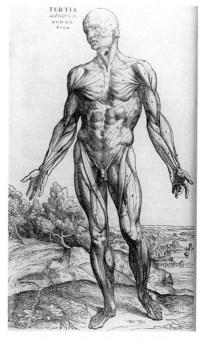

图13.4　安德雷亚斯·维萨里，《人体的构造》七卷本，肌肉组织图其三，1543年。出版于瑞士巴塞尔。马里兰州贝塞斯达国立医学图书馆。虽然主要着眼于科学价值，但维萨里还是为其作品添加了一个风景画背景，远处还依稀可见人类的建筑。通过将人置于前景，高出其余场景，维萨里强调了人处于中心地位这一人文主义观点。

遇了直接冲突。哥白尼曾在克拉科夫大学和博洛尼亚大学学习。在维萨里作品问世的同一年（1543年），哥白尼发表《天体运行论》，否认太阳和行星围绕地球转动，重新提出了一条湮灭已久的古希腊理论：地球和行星围绕太阳运行。在这个问题上，天主教与新教神学家一致反对这一有悖圣经教义的宇宙学说。但哥白尼的著作激发了下个世纪伽利略的天文发现。

此外，哥白尼方法背后的一般原则对整个科学史产生了重要影响。在他的时代以前，除了个别例外，科学家都认为事实就是它看起来的样子。如果太阳看起来围绕着地球转，那这一现象就是"既定事实"，毋庸置疑。哥白尼展示了把地球的运动视为既定事实同样合理，因为他的观点解释了为何地球看上去位于太阳系的中心，并对其他天文事件作出了更有力和更具普遍性的解释。

欧洲北部的视觉艺术

宗教与人文主义的冲突——以及在北方试图调和二者的尝试——影响了视觉艺术发展的结果。一些艺术家去意大利旅行，专心致志于古典艺术及同时代意大利艺术家对古典艺术的阐释。

艺术家们有些受马丁·路德作品的影响，有些则受伊拉斯谟的基督教人文主义的影响。在16世纪，北方的艺术一如既往地体现了当时的思潮以及委托市场。然而，具备特殊重要性的是印刷机的发明在国际风格和作品复制品的传播中发挥的作用。

图 13.5　16 世纪的主要发现和发明

1486 年	迪亚兹绕过好望角。
1492 年	哥伦布发现北美洲。
1513 年	巴尔沃亚发现太平洋。
1516 年	葡萄牙船舶到达中国。
1520—1522 年	麦哲伦第一次环球航行。
约 1530 年代	帕拉塞尔苏斯开创了治疗疾病的医药化学。
1530—1543 年	哥白尼驳斥地心说。
1533 年	赫马·弗里修斯发现三角测量原理。
1542 年	莱昂哈德·富克斯出版了一部草药学指南。
1543 年	维萨里发表解剖学专著。
1546 年	阿格里科拉出版了一部冶金学指南。
1569 年	墨卡托设计出他的地图制图体系。
1572—1598 年	第谷·布拉赫观察到一颗超新星（1572 年）并绘制了第一部现代星表（1598 年）。
1582 年	教宗格雷高利十三世改革日历。
约 1600 年	荷兰出现第一架折射望远镜。
1600 年	威廉·吉尔伯特出版磁学专著。

德国绘画

或许可以说，这个时代的智识与宗教纷争激发出了德国艺术的最高成就：丢勒（1471—1528年）和格鲁内瓦尔德（约1470—1528年）以各自迥异的风格，问鼎了北欧绘画史上的最高峰。丢勒赞同路德的信仰，但也深受意大利艺术风格及背后的古典思想影响。格鲁内瓦尔德则拒绝几乎所有文艺复兴时期的创新，专注传统的北方宗教主题，以新的激情和情感来表现它们。其他艺术家选择不在神学和文化问题上过多纠结。如阿尔特多费尔（1480—1538年）脱离意识形态之争，发展出了自己的世界观。

阿尔布雷特·丢勒

丢勒出生于纽伦堡，是一名金匠的儿子。他的父亲教他手艺，并安排他给木刻家当学徒。丢勒能熟练掌握处理版画介质的技术并成为著名版画家，工匠背景起到了不小的作用；丢勒的木刻版画在当时比他的绘画还有名。两次意大利之旅，拓展了丢勒的艺术修养。他第一次见到几何透视法，并开始接触研究人体解剖图的艺术家。除了了解到这些重要的新技术，意大利真正使他印象深刻的是人文主义思想对艺术家身份的重塑。传统的德国观点（准确说是中世纪观点）认为艺术家是工匠，他们的任务是恭恭敬敬地重现上帝的造物。丢勒采纳人文主义的观点，认为艺术家是具备潜

能的受灵感激发的天才，但他们的卓越成就反映了勤勉的工作学习以及超然的意志。

这并非偶然，丢勒1500年的自画像（图13.6），给人的第一印象不是一个世纪之交富裕德国画家的形象，而更类似于基督形象。这种效果是刻意的。高傲的眼神强调了艺术家严肃、几近超然的形象，而他手指的位置让人依稀回想起基督圣像中的祝福标志（见图6.6和图6.16）。我们的注意力被艺术家敏锐的眼睛和手吸引，它们象征着艺术家的眼光与技能之间的重要联系。

在他的绘画作品中，丢勒更喜欢用准确的细节和富有线条感的

图13.6 《自画像》，1500年。石灰板油画，65×47.9厘米。德国，慕尼黑美术馆。正面的姿态和庄严的目光传达出丢勒对其职业的严肃态度。左上方是艺术家名字的艺术字母组合，上署年份。

图 13.7 《亚当和夏娃》，1504 年。版画，25.1×19.4 厘米。纽约大都会艺术博物馆。版画揭示了丢勒对理想化人物体型的痴迷。亚当和夏娃在画中呈对称姿势，由一条腿支撑身体重量；一条胳膊弯曲向上。夏娃拿的无花果代表知识之树；亚当拿的树枝代表生命之树。4 种动物象征着古希腊医师希波克拉底提出的 4 种基本性格：麋鹿代表忧郁；猫代表暴躁；兔子代表乐观；牛代表冷漠。牛、猫、兔、麋鹿代表 4 种心情或人体体液，代表中世纪关于人类性格的医学理论：粘液、黄胆汁、血液和黑胆汁。

制图术来描绘物体形状，而不是意大利艺术特有的用光影打造柔和的物体形状。这反映了他所受的金匠训练与对版画的专注。他最成功的作品之一是《亚当和夏娃》（图13.7），这幅版画结合了对古典风格的欣赏与北欧艺术特有的对真实细节的侧重。其源头是希腊和罗马原型中的理想主义。亚当年轻强健的身体可能临摹自真实模特或古典雕像。夏娃表现了一种别样的美的标准，与其他北方艺术家表现的女性裸体有很大不同：熟悉的瘦小身材和精致面容被替换为更丰满的体型和古典的外形。但精心绘制的枝叶繁茂、结着果实的树，栩栩如生的动物，以及象征主义，则透露了丢勒的北方根源。

图 13.8 《骑士、死神与魔鬼》，1513 年。版画，24.4×18.1 厘米。英国，伦敦，大英博物馆。骑士的坚定的目标感，可能是受伊拉斯谟的《基督教骑士手册》鼓舞。

丢勒为版画带来了无与伦比的精妙和表现力，他启用了具有挑战性的版画材质，用一种名为"刻刀"的尖头钢制工具在金属板（如铜或锌）上绘制，然后将糊状油墨灌入刻出的裂缝中，再擦掉多余的墨水，将潮湿的纸覆在金属板面上，之后用挤压机从两面挤压。纸张纤维在压力下浸入填充了油墨的缝隙并吸入墨水。由此产生的版画就是在金属板上制成的绘图的镜像。

《骑士、死神与魔鬼》（图 13.8）是丢勒在 1513—1514 年间创作的三幅"名刻"（meisterstiche）之一。作品的主题是伦理德性。骑士象征美德，他尽管受到罪恶的诱惑（有着猪鼻子的魔鬼紧随身后）并意识到生命的短暂（死神拿着沙漏，直接凝视着骑士的脸），却仍然保持坚定。我们不知道丢勒是否读过伊拉斯谟的《基督教骑士手册》（1503年），但版画内容似乎受到书中文字的启发："不要因为艰苦与沉闷，就偏离美德的方向……因为你必须不断地与三个不公平的敌人（肉体、魔鬼和世界）战斗，所以我向你们提出第三条规则：出现在你面前的幽灵和幻影，让你觉得像身处地狱的峡谷，但你必须无视它们，就像维吉尔史诗中的埃涅阿斯，绝不向后看。"的确，为"幽灵和幻影"困扰的骑士，既没有回头看也没有看向旁边，而是坚定地直视前方。

丢勒被公认为他那个时代的伟大艺术家之一。像路德一样，他利用印刷机的新的发展潜力来传播他的思想。在他逝世的时候，丢勒正致力于编写《人体比例》四卷本。这本著作用拉丁文写成，旨在完成对于艺术的贡献，就像维萨里为医学所做的贡献。它受文艺复兴时期的两个大的知识关注点启发：回归美和均衡比例的古典理念，以及对知识和科学准确度的新追求。

马蒂亚斯·格鲁尼沃尔德

如果说丢勒的艺术表现了意大利人文主义思潮对北方的影响，格鲁尼沃尔德的作品则揭示了北方艺术家的现实主义、宗教信仰、象征主义与激情的综合特征。格鲁尼沃尔德的真名为马西斯·哥特哈特·尼特哈德，曾在美因茨大主教法院工作过一段时间，是神圣罗马帝国的重要人物。一些学者认为，他支持农民声讨天主教（该事件引发了1524—1525年的农民战争）并信奉马丁·路德的一些教导。格鲁尼沃尔德最终从美因茨移居东北方的哈雷，在那里度过了余生。

我们所知的他在政治和宗教上的主张（他支持受压迫人民和宗教改革的理想）由其画作的特点得到证实。文艺复兴对理想美的追求和对古典人文主义的关注，都不符合他的旨趣。相反，他反复转向德国中世纪艺术的传统宗教主题，并赋予这些作品强烈的激情。

格鲁尼沃尔德的《伊森海姆祭坛画》（完成于1515年）是受一家由圣安东尼修道会成员兴办的医院所设的教堂委托而创作。折叠板上画着与地点相称的场景和人物，包括圣安东尼治病救人的事迹。期待观摩祭坛画的病人会思考基督的受难和复活，以此宽慰苦痛。

在《耶稣受难图》中（图13.9），格鲁尼沃尔德用了大量细节描述耶稣

图13.9 马蒂亚斯·格鲁尼沃尔德，《耶稣受难图》，伊森海姆祭坛画中心版面，约1510—1515年。木板油画，269×307厘米。法国，科尔玛，恩特林登博物馆。抹大拉的马利亚跪在地上，痛苦地握着双手，身后站着圣母玛利亚和福音传教士约翰。施洗者约翰指向耶稣，献祭的羔羊的血流到圣餐杯里。

的巨大苦痛：他的手指因剧烈疼痛而竭力伸展着，伤痕累累的身体上挂着荆棘，巨大的铁钉把他的脚钉在十字架上。这个备受折磨的形象使人很难联想到任何意大利文艺复兴及其理想美的观念。格鲁尼沃尔德也没有采用文艺复兴或古典时代的比例和透视结构理论。例如，占据版画中心的基督形象在尺寸上与其他人物并不相关，这一点对比他扭曲双手的相对尺寸就会发现。这双手痛苦地向上伸展，伸向变得漆黑的天空，渴望获得救赎。文艺复兴时期，除了德国再也找不到情绪性

图 13.10　阿尔特多费尔，《亚历山大的伊苏斯之战》，1529 年。木板油画，158×120 厘米，德国，慕尼黑，老绘画陈列馆。虽然骑兵身穿 16 世纪的盔甲，但油画的标题以及天空的铭文，均指向亚历山大帝于公元前 333 年在伊苏斯打败波斯王大流士的战役。巴伐利亚的威廉四世刚刚进行了一场反对土耳其人入侵的战役与亚历山大大帝一样，将敌军逼退回海洋的另一边。整幅画面声势浩大，能看到塞浦路斯、尼罗河河口和红海。

如此强烈的画像。随着改革的进行，伊森海姆祭坛画这类作品将迎来市场的剧变，因为像路德和加尔文这样的改革者将把对它们的敬拜视同偶像崇拜。

阿尔布雷希特·阿尔特多费尔

与同时代人一样，阿尔特多费尔也创作宗教主题绘画。但在他的作品中，景观元素占据主导地位，有时甚至成为主题本身，比如《亚历山大的伊苏斯之战》（图13.10）。这幅历史主题绘画受巴伐利亚公爵威廉四世（1508—1550 年）委任创作。主题是亚历山大大帝于公元前 333 年在伊苏斯战役中击败大流士三世统领的波斯军。整个画面是在绘画空间内创造纵深感的一次尝试。就像一条奔流向地平线的河流，双方军队一路交锋；亚历山大的军队把敌人赶至皮纳罗河畔邻近城镇的营地。河的另一边是塞浦路斯岛、尼罗河，更远的是红海。灿烂的晚霞，代表凯旋者将会得到的奖赏，而战败一方将遇到上弦月的新月；天体的对比象征着亚历山大（太阳神）和波斯（新月）。悬在空中的拉丁铭文昭示了伊苏斯战役的主题及双方身份；然而，士兵所着盔甲是 16 世纪而不是公元前4 世纪的。这幅画是公爵带领军队

反击土耳其人入侵时委托画家创作的；主题显然是精心挑选的，与公爵的雄心形成共鸣。

《亚历山大的伊苏斯之战》几乎一半画面展现的是景观元素：崎岖的山脉，宁静的大海，以及风云变幻的天空似乎在这一刻平静了下来。人类和他们的纷争，在大自然令人敬畏的力量面前显得多么渺小。

荷兰绘画

16 世纪下半叶，西班牙统治下的众多尼德兰省份（包括现今的荷兰和比利时）在 1579 年发起反抗，形成了两个独立的联盟：一个在南方，靠近法国，仍然信奉天主教；另一个在北方，信奉新教。这两个地区的艺术委托作品，反映了各自的宗教差异。

希罗尼穆斯·博斯

博斯（大约 1450—1516 年）是一位荷兰画家，因使用奇妙的和色情的意象来说明道德观念而闻名。他的《人间乐园》（图 13.11）是本书中最有趣的几幅艺术作品之一，也是创作意图最模糊的艺术作品之一。一方面，它的形式是三联画，类似祭坛画；另一方面，画中不少关于性的内容相当露骨，说明这是一幅世俗画作而不是宗教画作。一些学者认为，它可能是一幅婚礼画，因为画面与性和生殖有关。《人间乐园》可能永远无法被准确解读，但它永远让人着迷。

从左到右解读这幅三联画，左

图 13.11 博斯，《人间乐园》，1505—1510 年，木板油画，中间面板 220 × 194 厘米，两侧面板 220×97 厘米。西班牙，马德里，普拉多博物馆。左侧面板上画着上帝把夏娃赐给懵懂的亚当。中间画的是一场性与生育的狂欢。右侧图展示了地狱之火和对罪人的惩罚。这幅三联画的整体意义有点令人费解，但却令人着迷。

边是想象而非写实的生物及地貌构成的奇幻场景。这是一个想象中的伊甸园，在画面底侧前景处，上帝介绍亚当和夏娃相互认识。中间的画仍是花园主题，画中的一群人似乎继承了亚当和夏娃在堕落前天真的极乐状态。他们自由地生活、嬉戏、相爱，并不觉得羞耻。画面弥漫着彻底且有点怪异的快乐，加之鲜亮的色彩，嬉戏的裸体，以及地平线上奇特的物体，使快乐感更加强烈。相比之下，右边的画显得格外冷酷。所有的光线和空气都蒸发了，只留下一个黑暗的、邪恶的、地狱般的恐怖场景，如但丁的"地狱篇"所写，

在这里，灵魂（在画中是人）将因罪恶而受到惩处。画中最突出的形象是一个生物，它有着破裂的、蛋形的身体和一个男人的头，头顶上是一个风笛——情欲的象征——左边是一个大炮一样的物体，由两个离断的耳朵和呈挺立姿势的刀片组合而成。其他地方，暴食者干呕出他过量的吃食，吝啬鬼排泄出硬币。色欲、暴食、贪婪是七宗罪中的三种。

我们无从知晓博斯创作这幅画和其他作品的灵感来源。他画中的许多恶魔和古怪生物与中世纪艺术中描绘的恶魔相似，但中世纪艺术家从没设计过这样的画面，也没有

图 13.12　**老彼得·勃鲁盖尔，《死神的胜利》，约 1562—1564 年。板面油画，117×162 厘米。**西班牙，马德里，普拉多博物馆。注意右边死者成堆的巨大棺材，一排排骷髅士兵守卫在旁。没有人幸免，左下角的国王也不例外。

图 13.13　老彼得·勃鲁盖尔，《雪中猎人》，1565 年。木板油画，116.8 × 162.6 厘米。奥地利，维也纳，艺术史博物馆。留意勃鲁盖尔对颜色的精心运用，表现出一个寒冷无光但视野清晰的日子。自勃鲁盖尔在 16 世纪 30 年代第一次穿越阿尔卑斯山之时起，他就一直受山上风景的启发，并尝试在作品中重现。在这幅画中，从前景到后方的山峰全景扫视使得此场景成为人类的缩影。勃鲁盖尔的"世界景观"（Weltlandsschaften）既是对自然场景的文字描述，也是对人与周遭世界关系的象征化表达。

相应的绘画技术（或说勇气）去呈现这样的作品。在现代人眼里，博斯的部分创作，如右联画中脸和臀部朝向我们的人脸怪物，似乎预示着 20 世纪的超现实主义艺术。博斯无疑是绘画史上最伟大的原创艺术家之一。

老彼得·勃鲁盖尔

随着荷兰日渐繁荣，更多样化的艺术买家市场初现规模。出资赞助艺术品的并非只有教会和贵族，宗教艺术只是艺术家创作的众多体裁之一。风景画作为一个重要的体裁出现，作为背景出现在其他题材当中。肖像画以及日常生活场景也开始流行起来。与一般的北方艺术一样，荷兰绘画通常具有象征意义，并且有大量写实细节。

老彼得·勃鲁盖尔（约 1525—1569 年）是 16 世纪后半叶最重要的荷兰画家，他结合了对风景画、风俗画（反映现实主题），偶尔还有说教故事或谚语的热爱。在《死神的胜利》（图 13.12）中，勃鲁盖尔以一腔赤诚看待死亡面前人人平等的本质：无论是有钱有势者，还是贫穷绝望者，最终都难逃一死。

其场景就如博斯《人间乐园》中的地狱画板一样恐怖。骷髅军队将所有生物团团包围，从国王（左下角）、贵族到士兵和农民，无一幸免。动物非死即弱，景物要么在燃烧，要么已焚毁。这是一幅穷尽人类想象的恐怖怪诞之作，让人觉得无处可逃、毫无希望。

相比之下，《雪中猎人》（图13.13）显得如此宁静温和，它是勃鲁盖尔的季节场景画作之一。我们与画中山坡上的猎人及猎犬一同俯瞰着一座白雪覆盖的小镇，视线沿着一条由我们想象出来的小路往下，来到一方冰冻的池塘，上面满是溜冰的人，再往后是远方冰雪覆盖的山峰。通过白、棕、蓝三色的最简单运用，传递出冬天的本质，在阴暗背景的衬托下，人们蜷缩着，工作着，嬉戏着。整幅画以一种秩序井然、目的明确的方式，把人与大自然紧密地结合在一起，甚至予人一种优美之感。勃鲁盖尔去意大利时接触到人文主义，而安特卫普当地活跃的哲学家们更是让他加深了这种理念，这似乎激发了他的灵感，创作出同样突显人的尊严的作品。

卡特里娜·凡·霍姆森

比起意大利的艺术市场，北欧艺术市场对女性艺术家更为包容。迅速发展的中产阶级几乎可以和贵族一样委托画家作画，他们偏爱的是肖像画、静物画和风俗画。对于立志成为艺术家的女性来说，正式培训的机会很少，要想取得成功，最佳途径就是通过自己父亲的工作室；而对于那些父亲不是画家的女艺术家来说，就算有机会，起步也相当艰难。非常杰出的女艺术家则会获得宫廷赞助，比如卡特里娜·凡·霍姆森——她曾为匈牙利女王画像，还有勒维纳·提尔林克，作为御用画师被载入英格兰国王亨利八世的画师名册。

霍姆森由她的父亲亲自培训，

图 13.14　霍姆森，《贵妇人肖像画》，1551年。橡木油画，22.9×17.8厘米。英国，伦敦，国家美术馆。这位模特身份不明，但这是两幅署名肖像画中的一幅。在匈牙利的玛丽退位后，霍姆森随其一同搬至西班牙。玛丽去世时留给霍姆森夫妇一笔钱，足够其安度余生。

后者是安特卫普最受追捧的画家之一，他会把自己的一些工作交给她做。霍姆森的肖像画细节描绘真实，面部表情处理得微妙细致，这也是她创作最多的体裁。《贵妇人肖像画》（图 13.14）就是一个很好的例子。这是一幅大半身像，四分之三的比例提供了一个更完整、平衡和自然的肖像画写真。画中人梳着精致的盘发，表情温柔大方，仿佛正兴致勃勃地听人交谈。小狗、华丽的深红色天鹅绒衣袖、厚重的织锦连衣裙以及贵妇肩膀上精致的蕾丝图案，均体现了霍姆森的精湛笔法。

第一幅展现北部女艺术家作画情景的自画像便是霍姆森创作的。在这幅收藏于瑞士巴塞尔的画作中，她坐于画架之前，面前是一幅正在创作的肖像画——她右手执一根细画笔，刷毛触于画布之上，左手则灵巧地握着一组画笔和一个调色板。值得注意的是，女画家经常通过自画像证明自己作为从业艺术家的真实性。似乎是为了双重确认自己的原创作者身份，霍姆森在自画像上题刻："霍姆森为我所画 / 1548 年 / 年方 20 岁。"

法国艺术和建筑

16 世纪的法国艺术受到意大利风格的强烈影响，一个原因是意大利艺术家接连到来，包括在法国宫廷的达·芬奇。在弗朗索瓦一世占领米兰的第二年，即 1516 年，达·芬奇就开始为其服务，并留在此地度过余生。这位伟大的意大利文艺复兴艺术家被法国国王葬在昂布瓦兹皇家城堡的礼拜堂。

让·克卢埃

弗朗索瓦一世是一名公认的艺术赞助人，好几代继任者都延续了他设定的法国艺术和建筑学标准。让·克卢埃（约 1485—1541 年）一直担任他的御用肖像画家。在克卢埃创作的弗朗索瓦肖像画（图 13.15）中，国王占据了全部空间，

图 13.15 让·克卢埃，《弗朗索瓦一世》，约 1523—1530 年。木板蛋彩画，96 × 74 厘米。法国，巴黎，卢浮宫。这幅画像展示了在一个追求巨大财富的国家里，一位久经世故和精于算计的国王形象。他身着奢华的丝质织锦，帽子则透着潇洒。

实际上超出了画面，仿佛画框无法涵盖他的伟大。弗朗索瓦的面部表情兼具专横与温和，体现出他作为一名绝不妥协的权威（他宣布新教是非法的并打击信徒）和一位传奇恋人（他被称为"花花君主"）的双重名声。克卢埃对细节的注重，尤其是对表面及纹理的梦幻式渲染，在视觉上突出了国王的服装并展示了他的时尚天赋。弗朗索瓦的脸和脖子小得不成比例，通过硬朗的线条来突出轮廓；就像波提切利的画作（见图 11.27 和图 11.28）那样，这幅画几乎不存在明暗对比。

香波城堡

在弗朗索瓦一世统治期间，沿着卢瓦尔河的山谷，一座座豪华庄园拔地而起。早期法国哥特式风格与意大利文艺复兴时期建筑风格的装饰图案，融汇于这些城堡之中。庄园是城堡式的乡村宅邸，有些四周还带有护城河，以及为皇室和贵族修建的狩猎小屋（见图 14.29——著名的凡尔赛宫，最开始就是供短期休憩之地）。香波城堡（图 13.16）是一个很好的混合式设计的例子。哥特式尖顶、炮塔、烟囱以及其他结构的混合设计架在开阔方正的屋顶中心模块之上，角落则以圆柱形塔标示。线条明朗的水平模块围绕着建筑，使中间的哥特式垂直建筑以及作为城堡对称侧翼端点的锥形顶构成了一种平衡。地板的精心铺设以及窗户的规律布置——上下对齐，形成一条直线——让人联想到意大利宫殿的设计（见图 11.34）。

卢浮宫

在《贝里公爵的豪华时祷书》五月份插图（见图 11.4）上可以看到远处画有卢浮宫，但并没有囊括全貌，这座宫殿是世界上最重要的艺术宝库之一。在如今的卢浮宫博物馆下面还能看到这座中世纪风格的碉堡式宫殿的基础墙；而它著名的方形中庭（即 Cour Carrée 或 Square Court）则是皮埃尔·莱斯科（约 1510—1578 年）重新为弗朗索瓦一世设计的宫殿中心。翻修开始一年后，即 1547 年，弗朗索瓦一世去世，但继任的亨利二世（1547—1559 年统治）继续翻修。莱斯科的设计综合了意大利文艺复兴时期建筑的北方元素特征。并为标志性的法国古典风格奠定了基础。西翼的外观（图 13.17）就是古典风格的汇编：从最底层的拱廊，到窗户上弧形和三角形的山形墙，再到有着科林斯式柱顶的相连柱子和柱廊。与香波城堡（及其意大利先例）一样，粗长的

图 13.16　香波城堡，位于法国卢瓦尔河谷，始建于 1519 年。塔楼和尖塔让人想起法国中世纪的建筑，但中心区域以及许多装饰细节表现出意大利文艺复兴时期的样式。

图 13.17　皮埃尔·莱斯科，法国巴黎卢浮宫方形中庭西翼，始建于 1546 年。建筑和雕塑装饰源于意大利，但此处则是法国式精致装饰。一楼使用的拱门元素让人想起古罗马建筑。

水平线使得三层结构更为突出，但是陡峭的屋顶线（也可以在香波城堡中看到）以及高大的窗户呈现出来的垂直力平衡了附着于土地的重量。另一法国风格元素就是从立面突出来的两层楼亭阁及其雕塑装饰。

伊丽莎白时代的英国

如同既往的发展历史一样，在整个 16 世纪，英国的政治文化生活的发展路径都与欧洲大陆明显不同。都铎王朝第一任国王亨利七世于 1485 年即位，终于结束了英国中世纪晚期的社会动乱。整个 16 世纪，英国都享有稳定和商业上的繁荣。在此基础上，英国在国际政治中开始发挥着越来越积极的作用。亨利八世在 1534 年与天主教会的最终决裂，导致英国与其他宗教改革国家发展联系，尤其是荷兰。荷兰人与其西班牙统治者间的紧张关系终于导致公开叛乱的爆发，英国（当时由伊丽莎白一世统治）暗中为其提供帮助。伊丽莎白和西班牙国王菲利普二世之间的关系本就紧张——部分原因在于他曾与伊丽莎白的前任玛丽女王有过短暂的婚姻——而英国对西属尼德兰的干涉更是不怀好意。1585 年，西班牙在荷兰发起了一场新的镇压运动，再加上西班牙入侵英格兰的威胁，促使女王采取了更为公开的行动——她派遣6000 人与荷兰人并肩作战。他们的参与对战争起到了关键作用。

菲利普对于自身战败以及荷兰独立运动取得进展的愤怒转为对英国的狂怒。庞大的西班牙舰队——当时世上最强大的舰队——早在1588 年初就已准备就绪并气势汹汹地向北部驶去，但是遭到了一支由弗朗西斯·德雷克爵士指挥的更轻、更快的英国船队。接下来的故事部分是历史，部分是传说。甚至在远征航行之前，德雷克就已经"烧了西班牙国王的胡子"（出自亨利·沃兹沃思·朗费罗的一首诗），他航行到加的斯港，放火烧掉了停泊在那里的部分西班牙战船。西班牙无敌舰队的残部驶到英吉利海峡，并在此覆没，有些是被英国的高明战术击毁，有些则是被一场大风暴摧毁，这场风暴被称为"新教之风"（至少是胜利者的说法）。随后衍生的英国人的勇猛和大胆的传说，使伊丽莎白时代的最后岁月焕发了一丝新的光彩。

鉴于英国自封为新教的堡垒是为了对抗天主教会，尤其是西班牙，所以在阿尔卑斯山南部发展的文艺复兴观念经过一段时间才对英国文化产生影响，也就不足为奇了。

伊丽莎白时代的英国艺术

几乎没有意大利艺术家对在英国宫廷工作感兴趣，也不大可能受到邀请。此外，英国的地理位置必然会阻隔其与欧洲大陆智识发展的联系，并在 16 世纪晚期在一股民族自豪感的支持下产生了一种心理狭隘性。最明显的例子可能就是莎士比亚笔下理查二世之子刚特的约翰所吟诵的诗句，这部戏剧大约写于西班牙舰队战败 6 年后。

阅读材料 13.1　威廉·莎士比亚

《理查二世》，第 2 幕，第 1 场，39-50 行

这一个君王们的御座，这一个统于一
　　尊的岛屿，
这一片庄严的大地，这一个战神的别邸；
这一个新的伊甸——地上的天堂，
这一个造化女神为了防御毒害和战祸
　　的侵入而为她自己造下的堡垒；
这一个英雄豪杰的诞生之地；这一个
　　小小的世界，
这一个镶嵌在银色的海水之中的宝石，
那海水就像是一堵围墙，
或是一道沿屋的壕沟，
杜绝了宵小的觊觎。
这一个幸福的国土，这一个英格兰。

[译注] 引自威廉·莎士比亚，《理查二世》，朱生豪译，昆明：云南人民出版社，2009。

另一方面，这种民族主义精神也使得他们产生了一种拒绝外来新理念的狭隘偏见。与意大利和荷兰相比，英国雕塑和绘画仍然守旧。

都铎王朝的荷兰艺术家：小汉斯·荷尔拜因和勒维纳·提尔林克

小汉斯·荷尔拜因（1497/1498—1543 年）是为数不多的在英国工作的外国画家之一，作为亨利八世的宫廷画师，他被招募去寻找合适的新娘，并经国王批准为她们画像。荷尔拜因的《克里维斯的安妮》（图13.18）就是其中一幅；在看过安妮（以及她妹妹阿马利娅）的肖像画后，亨利八世传见了克里维斯的安妮并立她为第四任王后。六个月后，亨利和这位被他称为"佛兰德斯母马"的女人的婚姻宣告无效。安妮庄重的正面姿势以及精致而低调的细节传递出了她的沉稳。法国驻英国宫廷大使对她的描述是"有着中等的美貌，表情非常自信和果敢"。

在大多数情况下，那个时代的女艺术家，无论是在北方或是在意大利，都是通过在当地接取一些稳定的小型私人工作而成名的。而她们也能靠自己的技艺谋生。

但也有一些女艺术家，比如勒维纳·提尔林克（1515—1576 年），得以在其时代备受尊崇并引起国际

图 13.18　小汉斯·荷尔拜因，《克里维斯的安妮》，约 1539—1540 年。布面粘羊皮纸，65×48厘米。法国，巴黎，卢浮宫。在看到这幅肖像画后，亨利八世传见了克里维斯的安妮并立她为第四任王后。留意她庄重的姿势，以及向下凝视的谦逊端庄姿态。

关注。亨利八世让提尔林克进宫担任他的御用微型肖像画师，她还服务了在他之后的三位都铎王朝继任者，包括伊丽莎白一世——亨利八世和安妮·博林（她在伊丽莎白未满三岁时就被亨利八世处死）的女儿。提尔林克的画像归属仍然有待确定，但她被认为独立创作了九幅伊丽莎白画像。提尔林克为伊丽莎白的堂亲凯瑟琳·格雷夫人创作的微型肖像（图13.19）直径只有 3.49厘米，显示出她的高超技艺，在当时能与其宫廷画水平匹敌的只有荷尔拜因。

与霍姆森一样，提尔林克出身于一个从事绘画的家庭：她的祖父与父亲均是微型肖像画家，她则受她父亲培训。据我们所知，在1550—1576年期间，她是在英国工作的唯一一位女艺术家。

图 13.19　勒维纳·提尔林克，《卡塔琳娜·格雷夫人》。约 1555—1560 年。平板牛皮纸装裱水彩画。直径 3.49 厘米。英国，伦敦，维多利亚和阿尔伯特博物馆。

和爱尔兰的女王，伊丽莎白是超然权威的象征。

音乐

与视觉艺术一样，文艺复兴时期的音乐风格发生了重大变化。

尼古拉斯·希利亚德

英国艺术家几乎与欧洲大陆的当代艺术无涉。16 世纪唯一出生于英国的知名画家便是尼古拉斯·希利亚德（1547—1619 年），他以微型肖像画闻名，擅长水彩画。希利亚德为伊丽莎白一世所作的白貂肖像（图 13.20），意在通过细致入微的奢华细节，彰显女王的财富和权力，而不仅仅着眼于准确地描绘她的外表。她那小巧纤细的手像是悬停在点缀着墨黑礼服的珠点星群之上；她那硬挺的蕾丝衣领呈现出来的硬褶，就像是太阳光线一样，从她明亮的肤色和火红的头发中散发出来。作为英格兰

图 13.20　尼古拉斯·希利亚德，《伊丽莎白女王的白貂肖像画》，1585 年。布面油画，106×89 厘米。英国，伦敦，哈特菲尔德宫。法国，巴黎，卢浮宫。女王袖子上的白貂是贞洁的象征。这幅肖像展示的是她的威严，而不是为了展现她的实际外表。

但总的来说，与视觉艺术相比，文艺复兴时期的音乐发展尚未完全脱离中世纪的惯例。虽然 16 世纪欧洲作曲家的风格逐渐变得复杂，还会经常使用复调，但他们仍然沿用了中世纪盛期和文艺复兴早期发展起来的形式。在宗教音乐中，集合了宗教典籍的赞美诗仍然受到欢迎。作曲家们继续创作牧歌（有着三种以上独唱的歌曲，通常基于世俗诗歌）。在大多数情况下，这些都是为了家庭表演而精心创作，交错的复调歌词常常考验着歌手的技巧。在演唱难度部分，歌手经常需要乐器伴奏。牧歌最显著的变化特点就是越来越复杂，这种曲风在伊丽莎白时代的英国尤其受欢迎。尽管如此，人们认为 16 世纪的音乐家继承了 13 和 14 世纪的音乐风格。

法国和德国的音乐

牧歌最初是在意大利为宫廷娱乐而创作的。到 16 世纪初，法国作曲家受到抒情诗人克莱芒·马罗（1496—1544 年）等人的启发，创作了更受欢迎的歌曲——香颂。最著名的香颂作曲家是克莱门特·雅内坎（约 1485—1560 年），他以叙事形式的创作而闻名。在《战争》（*La Guerre*）中，音乐模仿了战士呼喊声、号角声和嗒嗒枪声；在其他曲子中还有街头叫卖声和鸟鸣。频繁重复的音调和无意义音节的使用，让雅内坎音乐的韵律显得活泼生动，虽然不像意大利牧歌那样采用大量的和声。

面向公众的倾向也是这一时期德国和弗拉芒歌曲的特点之一，题材包括爱情、军事，有时甚至涉及政治。这一时期的大师有弗拉芒作曲家海因里希·伊萨克（约 1450—1517 年），他以意大利语、法语和德语创作。他风格多样，从简单的和音编排到相互仿效的巧妙交织的声线。伊萨克的学生，瑞士人路德维希·森夫尔（约 1486—1542 年）比起他的老师更为多产；他的音乐通常不那么复杂，而且情绪舒缓，几乎是沉思之感。

伊丽莎白时代的音乐

与英国的视觉艺术在伊丽莎白时代中走的文化孤立主义道路相比，英国的音乐相对没那么与世隔绝；事实上，伊丽莎白时代是英国音乐史上的一个重要时刻。大约 200 年前，英国音乐家约翰·邓斯泰布尔（约 1385—1453 年）是欧洲的主要作曲家之一。通过将英语音乐带入欧洲大陆音乐发展的主流，邓斯泰布尔为伊丽莎白时代的接班人打好了基础。此外还有其他几个因素也促进了英国音乐的蓬勃发展。

首先，英国人对音乐的兴趣总是高于视觉艺术。此外，对外国的艺术品和风格的进口禁令并没有延伸到音乐印刷品，所以在伊丽莎白统治的早期，意大利的世俗音乐开始在英国音乐界流传。1588 年，还翻译出版了一卷意大利歌曲，标题是《穿越阿尔卑斯山的音乐》。

至于宗教音乐，当亨利八世与教宗决裂时，他根本没准备好完全皈依路德派或加尔文派，摒弃礼拜仪式歌唱部分。新益格鲁教会设计出来的礼拜、诗篇和赞美诗（尽管不是一成不变）普遍用英文代替拉丁文，响应了路德对方言的使用，但大部分仍遵循天主教形式。因此，当坎特伯雷大主教克兰麦 1544 年发布第一部英语连祷文官方版本时，使用的是传统格雷高利圣咏，它被简化了，所以文本中是一个音符对应一个音节。这种创新保留了原始音乐的风貌，同时让听众更容易理解每个词的含义，从而更直接地参与到敬拜中。在更复杂的音乐中，宗教改革的影响愈发不显。毕竟，当时大多数专业作曲家都成长于天主教音乐传统，虽然与罗马的分裂影响了宗教教条（允许亨利八世随意结婚和离婚），但它并没有改变作曲家创作宗教音乐的自由。他们继续交替创作和融合当时两种主要的风格：同声合唱和对位法。音乐形式也只有名称的变化。拉丁语经文歌在欧洲盛行。英国作曲家则更喜欢谱写英语赞美歌。从头至尾由唱诗班演唱的被称为完全赞美歌，包含独唱或重唱的则被称为领唱赞美歌。但英国作曲家并未完全摒弃拉丁语。当时最伟大的一些音乐家会同时用拉丁语和方言进行创作。

托马斯·塔利斯

托马斯·塔利斯（约 1510—1585 年）在其职业生涯中充分展现出了伊丽莎白一世时期音乐的双重性，他在英国宫廷的皇家礼拜堂担任了 40 多年的风琴师。虽然他的官方职责是要求他为正式的新教场合创作英语歌曲，但他也创作了拉丁语牧歌和天主教弥撒曲。塔利斯是一位复调大师，他在其牧歌《寄希望于他人》（*Spem in alium*）当中采用了多声线组合交替的技巧，使得作品的复杂性达到一个新高度，他使用了不少于 40 个独立节奏的声部。但是他的赞美歌则采用了更简单的风格，更多地使用和音乐段，以便让听众至少可以听懂部分英语内容。他的最后一首作品将这两种技术结合，极具表现力甚至是情绪效应，就像他对《耶利米哀歌》的编排那样。

威廉·伯德

在塔利斯的一众学生之中，威廉·伯德（约 1539/1540— 1623 年）是伊丽莎白一世时期最多才多艺的作曲家，也是英国音乐史上最伟大的作曲家之一。 像塔利斯一样，他同时创作新教和天主教音乐，写了 3 首拉丁语弥撒曲以及 4 首英语礼拜仪式曲，包括五声部的《大礼拜乐》（ Great Service ）。 伯德还创作了世俗唱乐和器乐，包括一首特别优美动听的弦乐和声乐挽歌《你们神圣的缪斯》，这是他受到塔利斯去世的触动而创作的。

伯德大多数器乐都是为维吉纳琴而作，这是一种早期的键盘乐器，状如一个长方形盒子，小到可以放在桌子上或是演奏者的膝盖上。 人们曾认为这个乐器之所以取名 vriginal 是因为它在伊丽莎白的宫廷非常流行——伊丽莎白自称童贞女王（ Virgin Queen ），但是后来发现这一乐器名称的出现早于伊丽莎白的时代，其真正的起源未知。 伯德创作的 42 首维吉纳琴乐曲在 1591 年被抄录于专辑《内维尔夫人乐曲集》（ *My Ladye Nevells Booke* ）当中。 集子中包括舞曲、变奏曲和幻想曲，概括了伯德丰富多变的风格。

伯德也写了一些牧歌。 英语牧歌并非为社会名流而作，而是为日益壮大的中产阶级进行家庭表演准备的。 伯德较少关注文艺复兴的细致观念，而较多注意极端情绪的表达，一些英语牧歌相当沉重，甚至堪称悲伤。 由托马斯·威尔克斯（约 1575—1623 年）创作的《诺埃尔，再见》（ Noel，Adieu ），就因为使用了极端的不协和音来表达悲伤而引起关注。

托马斯·莫利

相比之下，托马斯·莫利（1557—1602 年）创作的许多牧歌都主题轻松，节奏欢快，还使用了诸如 "Fa-la-la" 之类的副歌。 其中最著名的有《我们歌唱和赞美它》（ Sing We and Chaunt It ）和《现在是五朔节》（ Now Is the Month of Maying ） 这类流行独唱编曲。

> 聆听！
> 托马斯·莫利，
> 《现在是五朔节》

莫利的五声部牧歌是典型的轻快音乐，能让听众和表演者都感到愉悦。 这些歌曲是为了那些自娱自乐的业余歌手创作的，几乎不需要专业技巧。 曲子分为三个并列的独唱部分，而通过非文字副歌加以强调的歌词简单而又重复。

莫利的音乐广受欢迎的原因之一，当然是得益于新的印刷技术，它不仅可以印刷书面乐谱，还能让乐谱大量地流传到私人手中（图13.21）。同时，莫利的牧歌感情洋溢且优雅，动感十足，这为他赢得了大量的听众并经久流传。《现在是五朔节》于 1595 年首次印刷，在接下来的一个世纪里又数次重版。

莫利的作品是文艺复兴时期音乐一个主要特征的完美例证，尤其是面向家庭的那一批。正如一位当代作家所说，"对于音乐，我们主要追求悦耳"。

约翰·道兰德

在所有伊丽莎白时代的音乐当中，最悲伤的作品要数约翰·道兰德（1562—1626 年）创作的埃尔曲（ayre）（用其他声音或乐器来给主声部伴奏的简单歌曲），他是这一时代中少有的一位曾四处游历的作曲家。道兰德出生于爱尔兰，到过法国、德国、意大利，甚至在丹麦—挪威国王克里斯蒂安四世的宫廷工作了一段时间，最后在英国定居。

道兰德是当时最杰出的鲁特琴大师（一种拨弦乐器，吉他的近亲），并常用它来演奏埃尔曲。道兰德的忧郁气质在他的埃尔曲和鲁特琴独

图 13.21　托马斯·莫利，《第一本 C 小调歌集（两声部）》总谱页，1595 年。伦敦：托马斯·埃斯特（Thomas Este）出版。这样一页纸的小调很适合两名音乐爱好者私下拿到家里唱。

奏中得以充分体现，其中大部分是极度压抑和悲痛的，正如莫利的牧歌总是极度欢快。道兰德的作品在当时很受欢迎，而随着人们对吉他及其他类似乐器的兴趣渐长，他的作品近来也开始受到关注。

文学

北方的文艺复兴时期文学作品出现了宗教和世俗转向。那里出现了一些宗教改革作家，如马丁·路德和约翰·加尔文。还出现了一些不涉及宗教事务的散文家、诗人和剧作家，如抨击了欧洲野蛮行径的

法国人蒙田；提出乌托邦的莫尔；写诗的斯宾塞；创作戏剧的克里斯托弗·马洛和威廉·莎士比亚。

蒙田

蒙田（1533—1592 年）出生于波尔多地区一个富裕的家庭。他的父亲曾在意大利待过，并深受文艺复兴思想影响，为他提供了良好的早期教育。蒙田很小的时候就只用拉丁语与导师对话，所以当他 6 岁上学时，他已能说一口流利优雅的拉丁语。蒙田对后续教育（他曾学习了一段时间的法律）的迂腐狭隘感到十分失望。在担任了几年公职后，蒙田于 1571 年退休，与家人搬到郊区一处农庄，在那里写作和学习。除了外出旅行了一两年，并担任了数年公职，他一直住在那里直到去世。

蒙田生活的时代不是一个幸福的时代。当时的法国在宗教问题上陷入分裂，蒙田的家庭也是如此。蒙田仍信奉天主教，但他的母亲和姐妹们成了新教徒。在蒙田退休后仅仅一年，就发生了惨不忍睹的圣巴托洛缪大屠杀（1572 年 8 月 24 日），这是法国自百年战争以来从未有过的大血洗，成千上万新教徒被屠杀。面对着这种暴力行径和宗教偏见，蒙田埋头研究经典，并书写下自己的理念以便予人慰藉。

蒙田采用的方法，是就他从阅读或亲身经历收集而来的广泛而丰富的主题进行创作。他称之为思想随笔。现代散文的形式就是源自蒙田在欧洲首次使用的这种文体。蒙田写下的许多随笔都包含这样一种特质，即流露出对当时暴力和宗教偏执的厌倦之情：廊下派的平和宁静（源于他对西塞罗和塞内卡的研究）、源于他自身经历的一种说教倾向（"说教"这个词已被滥用，但此处是褒义）、一种虚怀若谷的非独断论，以及一种隐约的厌世之感。

在蒙田随笔《话说食人部落》（On Cannibals）创作期间，关于土著居民的报道，随着在新世界冒险的探险家源源不断地涌入欧洲。蒙田将所谓的原始人与他所处时代、地域的所谓文明人进行对比，反映了他对宗教斗争不断的欧洲文化之缺乏教养的恐惧。蒙田带着某种某种浪漫视角看待食人族，这提醒我们欧洲文化的这样一种倾向，即把称赞"高尚的野蛮人"当作社会和政治批评的工具，这一点在接下来的一个世纪里将会更加明显。

在下述阅读材料中，蒙田探讨了"野蛮"（barbarous）一词的含义，它适用于探险家发现的各种"民族"。

阅读材料 13.2　蒙田

摘自《话说食人部落》，"野蛮"的含义

　　所以在我看来，这些民族的野蛮，就是这样的野蛮，因为他们极少受到人类思想的熏陶，仍然十分接近他们原始的淳朴，自然法则尚未受到我们的影响，仍对他们起着作用。他们是如此的纯洁，我们却未能更早地了解他们，有时我真感到遗憾，可当时就有人比我们更懂得正确地看待他们。利库尔戈斯和柏拉图未能做到，令我遗憾。我以为，我们在这些部族身上体察到的事实，不仅胜过充满诗意的美化黄金时代的一切绘画，胜过一切臆造美好人生的虚言浮语，而且超越了哲学的构想和追求。

　　我要告诉柏拉图，那是一个没有任何行业的国家。那里不识文字，不晓算术，不存官吏，不设官职，不使奴仆，不分穷富，不订契约，不继遗产，不分财物，不事劳作而只享清闲，不论亲疏而只尊重众人，不见金属也不用酒麦。

　　谎言、背叛、掩饰、吝啬、嫉妒、中伤、原谅等字眼，一概闻所未闻。柏拉图可能会感到，他所设想的理想国与这完美之国相距多么遥远。这才是："上帝刚刚造出的人"（塞内卡）哪。

　　[译注] 引自蒙田，《蒙田随笔全集》，潘丽珍等译，南京：译林出版社，1996。下引均为此本，略有改动。

　　下面这段则讨论了奉行同类相食的"国家"之间的战争。蒙田并没有正面评论这种行为，但他指出，这些所谓的文明的欧洲人自以为无辜，实际上恐怕是一样野蛮。

阅读材料 13.3　蒙田

摘自《话说食人部落》，关于战争、食人和其他野蛮行为

　　他们同山脉另一边深入内陆的部族作战，去时人人赤身裸体，只有弓箭或一头削尖形同我们矛头的木剑当武器。他们作战的毅力令人赞叹，不到死人、流血不会休战：他们不知害怕、溃败为何物。

　　人人都将自己杀死的敌人的首级作战利品带回，挂到自己住处的门首。他们对于俘虏，先是尽其所能长久优待，然后，俘虏的主人召来自己所有的熟人举行盛典。他用绳索系住俘虏的一条手臂，为防俘虏伤害离开几步将绳头拽在手里，又让自己最亲密的朋友照样抓住另一条手臂。然后当着众人的面，两人用剑柄将俘虏打死，再将他烤熟，与众人一起吃他们的肉，并给未到场的朋友送去几小块。

　　我所不以为然的是，我们在评判他们错误的同时，对我们自己的错误却熟视无睹。我认为，吃活人要比吃死人更野蛮；将一个知疼知痛的人体折磨拷打得支离破碎，一点一点地加以烧烤，让狗和公猪撕咬致死（这些我们不仅从书上读到，而且不久前还曾看到；不是发生在古代的敌人之间，而是发生在邻居和同胞之间；更可悲的是，还都以虔诚和信仰作为借口），要比等他死后烤吃更加野蛮。

英语文学

　　与视觉艺术不同，16 世纪的英国文学受文艺复兴新思潮影响的强

烈程度甚至远胜于音乐。其中一个原因在于其纯粹的实用性。在德国发明了印刷术之后不久，威廉·卡克斯顿（约 1421—1491 年）便将印刷术引入英国，到了 16 世纪上半叶，书籍越来越多，价格也愈发便宜。

随着文学的传播和读写能力的提高，新读者渴望能接触当下最新的理念。英国的人文主义发展无疑影响了鹿特丹的伊拉斯谟，他在访问英国期间接触了人文主义思想。除了在剑桥教学，伊拉斯谟还与英国政治家托马斯·莫尔爵士（其于 1529 年成为大法官）私交甚好。

托马斯·莫尔爵士

莫尔（1478—1535 年）是一位英国哲学家、律师、作家和政治家。他是国王亨利八世的议员，并做了三年大法官。他是马丁·路德的反对者，不接受英国改革，认为那是国王为了离婚再娶的借口。莫尔认同亨利八世是英格兰国王，但不认同他是英格兰教会（新教圣公会）的最高领袖——这是 1534 年由议会授予国王的头衔。

1534 年，莫尔被判入狱，罪名是蔑视教宗权力，拒绝宣誓，不反对让国王和安妮·博林未出生的女儿继承王位。当然，那个继承人就是后来的伊丽莎白一世。1535 年，莫尔因叛国罪被斩首。（当时还有两项关于继承权的举措：一项是撤销伊丽莎白继承权；另一项则是把玛丽公主——阿拉贡的卡塔琳娜之女——以及伊丽莎白同列为继承人。）

莫尔被处死震惊了欧洲的政治家和知识分子。伊拉斯谟写道，莫尔的灵魂比雪更纯洁，而且他是英国迄今为止绝无仅有的天才，再无来者。在 18 世纪，乔纳森·斯威夫特评价莫尔是"这个王国有史以来最具美德之人"。莫尔被册封为天主教会的圣徒并不让人意外，但是现在连英国国教也认为莫尔是一名宗教改革的殉道者。罗伯特·鲍特 1960 年的戏剧《良相佐国》（A Man for All seasons）将莫尔演绎成悲剧英雄，该剧在 1966 年被拍成同名电影。

1516 年，莫尔杜用拉丁文写下哲学幻想小说《乌托邦》，描述了一个类似于柏拉图《理想国》那样的理想岛国。乌托邦是莫尔创造的一个词，在希腊语中意为"乌有之地"。这部小说是受伊拉斯谟的影响而创作，并坚定地基于人文主义理想。这些理念一经引入就流传开来，以古典或意大利的形式不断被表述。菲利普·锡德尼爵士（1554—1586 年）这位风度翩翩的年轻人，被称为卡斯蒂利奥奈《侍臣论》的现实版，他模仿彼特拉克写了一系列十四行诗，而鲁多维奇·亚利欧斯多（1474—1533 年）的仿作《阿卡迪亚》（*Arcadia*）则使得乌托邦在意大利流传开来。

托马斯·怀特

托马斯·怀特（1503—1542 年）是一位诗人，人们认为是他把十四行诗引入英语当中。他的父亲是国王亨利七世的内参顾问，并一直任职到 1509 年亨利八世继位。怀特就读于剑桥，他可以说是继承了他父亲的职位，作为一名顾问和大使为亨利八世服务。在宫廷工作的其中一项特殊待遇就是可以与安妮·博林见面。怀特身材高大，体格健壮，但有着不幸的婚姻，博林则是一位红发美女。有人猜测这两人有婚外情，怀特在 1536 年因通奸罪而被囚于伦敦塔。有推测说他可能在被囚禁期间目睹了博林，以及其他几位被指控与她有染的男人被执行死刑。这些指控很可能是捏造出来的，执行死刑更可能是出于政治原因，而非私人原因。不管怎样，怀特由于他父亲的人脉而被释放了。怀特妹妹的儿子亨利·李出身于弗吉尼亚州李家族，其家族成员包括罗伯特·爱德华·李（美国军事家）。

评论家认为下面这首十四行诗写的是博林。list 意为倾斜，指的是在转移货物时，船会朝一侧倾倒。hind 意为雌鹿。诗人的意思是他无法将雌鹿从自己脑海里抹去。英语十四行诗有三节四行诗（一个诗节有四行）以及一个结尾偶句。这里的偶句以拉丁语 Noli me tangere 起首，意为"不要碰我"，这句话出于耶稣复活后被抹大拉的马利亚认出时对她所说的话（《约翰福音》20：17）。耶稣可能说的是他现在栖息于人神之间的某处；这首诗可能是在暗示，对于怀特来说，安妮也处于某个虚幻之境——如果他试图触摸她，只会浪费时间徒劳而返。凯撒可能意指国王。

阅读材料 13.4 托马斯·怀特
《无论是谁欲狩猎》
无论是谁欲狩猎？我知道哪里有只雌鹿！
但至于我，唉！我也许不会再去，
徒劳的努力已让我悲痛万分；
我已经远远地落后于他们。
然而我精神上的疲惫
并非由于这头鹿；但她却在昏厥前
逃离了我的追踪；故而我停止追捕，
因我是在用丝网来捕捉清风。
谁能猎取她，我可以肯定地让他知道，
就如我这样，他也许只是在白费时间！
在钻石上镌刻着直白的文字，
于她那美丽的脖颈迂回环绕：
"别碰我；因为我是凯撒的人，
我看似温顺，却野性难驯。"

埃德蒙·斯宾塞

埃德蒙·斯宾塞（1552—1599
年）是伊丽莎白时代最伟大的非戏
剧类诗人。他也受到了阿里奥斯托
和塔索（1544—1595 年）的影响，
作为阿里奥斯托的意大利继任者创
作了大量史诗。在《仙后》中，斯
宾塞结合阿里奥斯托的浪漫文学和
塔索的基督教寓言，创作了一部极
为复杂的史诗。书中勇武的英雄主
角红十字骑士，既代表基督教，又
因与圣乔治相像而代表英国。同时，
他所经历的考验使得他就像是中世
纪文艺复兴版的普通人。故事发生
在一个虚幻仙境，骑士一路上常常
遇到龙、女巫、男巫以及其他魔法生
物的阻碍。这些奇异怪事不仅推动
了情节的发展，还提供了一系列对当
时道德和政治问题的讽喻式意见。

斯宾塞还写过别的诗，包括十四
行诗，比如诗集《小爱神》中第 79
首十四行诗就是一首情诗。

阅读材料 13.5　斯宾塞

《小爱神》，十四行诗，第 79 首
人们说你美丽动人，而你的确不负此
名，
因你日日所见皆是如此。
但是真正的美，是高雅的才智
和善良的心灵，更值得我加以颂赞。
其他的一切，无论如何美艳，
都终将失去光彩而化为乌有；

唯有心智的美方能避免
定会到来的肉体的腐坏。
那才是真正的美；才能证明你
是如此圣洁，生长于神圣的种子；
源自美丽的灵魂，那才是所有真实
和无瑕的美丽最先萌芽的地方：
这才是美，才是美的造物；
而其他的美，如同花朵，终将凋谢。

伊丽莎白一世

伊丽莎白一世可以阅读希腊文
和拉丁文，还会说法语、意大利语、
西班牙语，当然还有她的母语英语。
她不仅有治国之才，还是颇有才华
的诗人。《在他离别后》显然是为
了纪念她面对伤心别离时的心境。
诗里的 monsieur[先生] 可能是法国
的阿朗松－昂儒公爵，伊丽莎白曾打
算与之成婚。也有可能是埃塞克斯伯
爵，他是女王的忠实密友，双方曾互
生情愫或好感。伊丽莎白并未透露此
人身份。这首诗使用抑扬格五音步。

阅读材料 13.6　伊丽莎白一世

《在他离别后》，约 1582 年
我忧伤却不敢流露怨愤，
我挚爱却只能强装痛恨，
我有意却只能谎称无情；
心里有千言万语，
口中却哑然无声；
我已死，我还生；
我是烈火，我是寒冰；
只因我把自我分作两半，

再也无法恢复我的原形。

心中的牵挂，

如影随形；

我跟它逃，

我逃它跟；

事事都来搀和，

时时纠缠不清；

对他过多的思念，

使我懊恼烦闷；

永世难以把他从心底驱走，

除非就此把一切了结干净。

爱神啊，

爱神！

请给我心里装一些甜蜜的情意，

因为我柔弱如融雪天成；

要么对我更加残忍，

要么对我大发善心；

让我升天或者入地，

让我或浮或沉；

让我死，以便我忘却爱的真谛；

让我生，就该多一些爱的温馨。

[译注] 引自《英语爱情名诗选译》，吕志鲁译，武汉：武汉出版社，2003。

伊丽莎白时代的英国戏剧

文艺复兴时期英国最大的文化成就就是戏剧。英国戏剧的经典模式是塞内卡的拉丁悲剧及普劳图斯和特伦斯的喜剧，随着印刷术的引入，大众越来越喜欢看书和戏剧。古罗马戏剧受到追捧，英国剧作家也开始大量创作，以满足日益增长的需求。与此同时，随着社会日益繁荣，休闲活动增加，人们开始追求新的牧歌形式，戏剧观众也越来越多。为了满足需求，巡回演出团开始出现，他们通常依靠一个贵族家庭作为赞助者。这些团体会在公共场所演出，尤其在旅馆的院子里。在建造最早的永久性剧院时，建筑师们模仿了旅馆庭院的样式，有露天的屋顶，走廊环绕在四周。舞台通常由一个向露天场地中心突出的大平台组成（图13.22）。

这些剧院的设计让各阶级的人都能够定期来观看表演，也确实起到了促进作用，因为剧院不同位置的入场费各不相同。比较有钱的观众就坐在廊台上，那里可以清楚地看到舞台，而不那么富裕的观众则站在舞台四周的平地之上。戏剧家和演员们很快就学会了迎合观众对声音和壮观场面的喜好。

并非所有表演都是公开的。最成功的团队曾被邀请为伊丽莎白女王做宫廷表演。这些为皇家场合创作的戏剧在内容和风格上都比面向大众的要复杂。为伊丽莎白的继任者詹姆斯一世所写的作品是最为精心的。总的来说，英国戏剧在16世纪中叶从一种相对受欢迎的娱乐形式发展为17世纪初一种更加正式和刻意的娱乐活动。伊丽莎白时代最杰出的戏剧家是莎士比亚和马洛，他们在这一发展过程的中期阶段

图 13.22 **英国伦敦环球剧场（仿建）**。剧院有 900 个座位，按阶梯式排列，并留有 700 个站票位置。它建于原来的环球剧院的旧址之上，那里曾演出过莎士比亚的戏剧。

（1590—1610 年）创造出了自己最好的作品，也许并非偶然。由于反映了对真正的诗歌和高知识含量内容的日益增长的鉴赏力和需求，加之风格平易近人，他们的戏剧经久不衰。

克里斯托弗·马洛

比莎士比亚早两个月出生的马洛（1564—1593 年），若非 29 岁时在一场因酒馆账单引发的打斗中被杀，也许会取得堪与莎士比亚比肩的伟大成就。这当然不是夸大，在同一年纪的莎士比亚还没有写出那么有分量的作品时，马洛已创作出不朽之作《帖木儿大帝》上下卷，一部探讨人类力量极限的经典悲剧。这部作品包含一些美妙的无韵诗，即无押韵的抑扬格五音步台词；每一行台词的五个韵脚有两个

音节，每个韵脚的第二个音节要重读。伊丽莎白时代的几乎所有剧作家都模仿马洛的无韵诗来表达戏剧性，包括莎士比亚。马洛的杰作《浮士德博士的悲剧》可能体现的是他自己生活中的激情和暴力，剧中的英雄们力图通过克服所有限制来完成不可能实现的目标，结果却被命运击败。

《浮士德博士的悲剧》的标题已预示了主角的结局。福斯登大学的德国教授浮士德追寻终极智慧和力量，为此与魔鬼达成协议。作为回报，浮士德将自己的身体和灵魂交给魔鬼。剧中出现了许多寓言人物，包括七宗罪、浮士德的善天使与恶天使。剧中，浮士德游历梵蒂冈、皇宫，穿过天堂，然后在一场哑剧中遇见了特洛伊的美女海伦（剧中她被称为希腊的海伦）；也就是

说她并不说话。当浮士德遇见海伦，我们听到了一些最优美也最熟悉的英语台词。

在结尾，浮士德试图回归到上帝的怀抱，但已经没有回头路了。他与魔鬼可怕的契约已经到期。

马洛也是一位优秀的抒情诗人，从《牧羊人的恋歌》的一些诗句可见一斑，这首诗是用抑扬格四音步的韵律写的。

阅读材料 13.7　马洛

《浮士德博士的悲剧》，第14场，87-94行

就是这张脸庞引得千船竞出

奋力焚毁伊利昂那高耸入云的塔楼吗？

美艳的海伦啊，快用一个吻，带给我永恒。[亲吻她]

她的唇吸走了我的魂；看，它飞到那儿去了！

来吧，海伦，来吧，把我的灵魂再给我。

我愿意在此长居，因为天堂就在你的唇间。

除了海伦，其他我视如敝屣。

阅读材料 13.8　马洛

《牧羊人的恋歌》，1-4、9-12、17-20行

来吧，和我生活在一起，做我的爱人，

在这里我们将使我们快乐无边：

这里有峻峭秀丽的山峦，

还有风光明媚的山谷田园。

……

在那边，我将用玫瑰编一顶花冠，

用成千的花束做床，

用爱神木的叶子织成长裙；

一切都献给你，绚丽和芬芳！

……

常春藤和芳草做的腰带，

珊瑚带扣点缀着琥珀水晶。

假如这些享受能打动你的心，

来吧，和我生活在一起，做我的爱人！

[译注]引自马洛，《牧羊人的恋歌》，钱春绮译，收于秋原、未凡编，《外国爱情诗选》，北京：中国文联出版公司，1986。

威廉·莎士比亚

马洛的去世令人惋惜，他本可能为我们留下更多作品，幸而我们还有着莎士比亚（1564—1616年）。莎士比亚被公认为最伟大的英语作家，也是最伟大的作家之一。关于他的地位，与他同时代的主要竞争对手、剧作家本·琼森（1572—1637年）总结得非常到位："他不只是一代大师，而是永恒的经典！"在莎士比亚去世后的一个半世纪，文学评论家、词典编撰人塞缪尔·约翰逊博士，进一步认可了这位剧作家的人文主义，他写道：

莎士比亚的才华高于一切作家，至少高于当今的所有作家，他天生就是一位诗人；他的作品将人间百态真实地展现在读者眼前。他的人物塑造并不拘泥于只为一部分人所遵循

的某个特定地区的习俗，也不局限于一小部分人所从事的特定的研究或职业，也不追随短暂的潮流或暂时的思想观点：他们具有人们一贯具备的、普遍的人性特点，就像世界能永不竭地供应，眼睛能永不停地发现。他笔下人物的一言一行都受那些能够触动所有人的大众化的情感和能使整个生命体系得以延续的普遍原则所影响。在其他诗人的作品中，一个人物往往就是一个个体，而莎翁笔下的人物通常代表着一类人（全人类的代表）。[1]

我们对莎士比亚生平的了解存在欠缺。他出生于埃文河畔的斯特拉特福，父亲是一名成功的商人，还涉足了当地政治，母亲则是富家女。伊丽莎白时代的斯特拉特福经济繁荣，这座城市为文法学校雇佣了一批优秀教师。莎士比亚大概从那时起就开始在书海遨游，深刻认识了西方世界的过去与现在。他于1578年离开文法学校，并于1582与安妮·海瑟薇结婚。这对夫妻婚后三年生下三个孩子。到了1592年，莎士比亚以演员以及初露头角的剧

作家的双重身份，在伦敦取得了巨大成功。但他究竟是如何涉足戏剧行业，以及他在1585至1592年间从事什么，目前都无从得知。打从伦敦开始，莎士比亚就结交了当时的龙头剧团——张伯伦勋爵剧团。1603年詹姆斯一世继位后，该剧团改名国王剧团。根据公共档案记载，莎士比亚买下了斯特拉特福最大的房子。

莎士比亚最早的戏剧遵循了古典模式的精心结构，尽管有时情节复杂得有些多余。例如，在《错误的喜剧》（1592—1593年）中，莎士比亚把罗马喜剧作家普劳图斯（约前254—前184年）的两部戏剧结合在一起，创造了一系列身份错位和一片混乱的场景。有人会认为，早期戏剧为了巧妙处理剧情就得损害人物形象，诗歌则倾向于使用人为的文学手法。即便莎士比亚第一部杰出的悲剧作品《罗密欧与朱丽叶》（1595年），也难免出现过度使用双关语和文字游戏的情况，尽管这出戏对年轻恋人的心理描述非常到位，而且有一些非常精彩的场景——包括阳台那一场，朱丽叶提到了蒙太古和凯普莱特家族的宿怨。

---

[1] [译注] 引自黄卫锋编，《英语短篇快乐阅读》，北京：金盾出版社，2011，第165页。略有改动。

阅读材料 13.9　威廉·莎士比亚

《罗密欧与朱丽叶》，第 2 幕，第 2 场，
2-6、33-44 行

罗密欧：轻声！那边窗子里亮起来的
　　　　是什么光？美丽的太阳！赶走那
　　　　妒忌的月亮，她因为她的女佣人
　　　　比她美得多，已经气得面色惨白
　　　　了。

朱丽叶：罗密欧啊，罗密欧！为什么
　　　　你偏偏是罗密欧呢？否认你的父
　　　　亲，抛弃你的姓名吧；也许你不
　　　　愿意这样做，那么只要你宣誓做
　　　　我的爱人，我也不愿再姓凯普莱
　　　　特了。

罗密欧（旁白）：我还是继续听下去
　　　　呢，还是现在就对她说话？

朱丽叶：只有你的名字才是我的仇敌；
　　　　你即使不姓蒙太古，仍然是这样
　　　　的一个你。姓不姓蒙太古又有什
　　　　么关系呢？它又不是手，又不是
　　　　脚，又不是手臂，又不是脸，又
　　　　不是身体上任何其他的部分。
　　　　啊！换一个姓名吧！姓名本来是
　　　　没有意义的；我们叫做玫瑰的这
　　　　一种花，要是换了个名字，它的
　　　　香味还是同样的芳香。

[译注] 引自威廉·莎士比亚，《罗密欧与朱
丽叶》，朱生豪译，北京：人民文学出版社，
2015。

　　随后几年，他的喜剧更加抒情，
包括《威尼斯商人》（约 1596 年）
和《第十二夜》（约 1600 年）。《威
尼斯商人》被认为是莎士比亚第一
部成熟的戏剧，剧中角色都刻画得
非常形象。这是一出喜剧，年轻的

恋人终成眷属，尽管有些曲折。但
该剧对犹太商人夏洛克的描述是复
杂的，他以一笔不良贷款为由头，
盘算着向一位年轻人索取"一磅肉"：
没错，他的要求很过分，但体现了
对他所处社会秩序的讽刺与不满。
几个世纪以来，演员们都在尽情地
演绎这个角色，尝试着诠释出别样
的味道。而关于莎士比亚是否歧视
犹太人这个问题，似乎很难定论，
因为在他那个年代，犹太人的角色
常常被刻画为怪胎。尽管夏洛克显
得恶毒，但有人认为他是当时那个
价值观模糊社会的一员。

　　《第十二夜》通常被评为莎
士比亚在喜剧上的巅峰之作。尽
管剧情取决于一系列老套的喜剧手
法——错位身份、分开的双胞胎等
等，但这些角色都刻画得生动而有
个性。此外，他用了数不清的视角
来体现浪漫爱情这一作品主题。同
时，莎士比亚也对历史主题着迷——
通常取材于英国历史，如《亨利四世》
上下篇（1597—1598 年），还有取
材于罗马历史的作品，如《尤利乌
斯·凯撒》（1599 年）。

　　《亨利四世》上篇中有一个浮
夸的喜剧人物——约翰·福斯塔夫
爵士（图 13.23）。传统上认为，伊
丽莎白女王亲自请求这位剧作家创
作另一出戏剧来演绎福斯塔夫粗鄙

的胡说八道。这部续集就是《温莎的风流娘们》，场景设在一个与斯特拉特福没什么不同的镇上。但是福斯塔夫第一次出场是在《亨利四世》上篇的第 1 幕第 2 场。哈尔王子（亨利）和约翰爵士进入了王子在伦敦的一所公寓。福斯塔夫的形象被刻画为欢乐、圆胖、蓄须，还经常喝醉，然后问王子现在是什么时辰。王子的回答则是戏剧史上非常诙谐的一次反呛，马上就呈现出福斯塔夫的性格（弱点）。

图 13.23 爱德华·冯·格鲁茨纳，《福斯塔夫》，1910 年。布面油画，45×38 厘米。私人收藏。约翰·福斯塔夫爵士是《亨利四世》上篇中的一个虚构人物，也是莎士比亚戏剧中最受欢迎的人物之一，一位德国艺术家凭着想象将他画了出来。福斯塔夫是一名道德品格有问题的骑士，爱喝酒、"拉皮条"、暴饮暴食，甚至在战场上叛变。然而，莎士比亚被要求以福斯塔夫为主角写一出戏剧。自此以后，福斯塔夫为许多艺术创作提供了灵感，包括 19 世纪的朱塞佩·威尔第创作的歌剧。

阅读材料 13.10 威廉·莎士比亚

《亨利四世》上篇，第 1 幕，第 2 场，1-13 行

福斯塔夫：哈尔，现在什么时候啦，年轻人？

王子：你只知道喝好酒，吃饱了晚餐把纽扣松开，一过中午就躺在长椅子上打鼾；你让油脂蒙住了心，所以才会忘记什么是你应该问的问题。见什么鬼你要问起时候来？除非每一点钟就是一杯白葡萄酒，每一分钟是一阉鸡，时钟是鸨母的舌头，日晷是妓院的招牌，那光明的太阳自己是一个穿着火焰色软缎的风流热情的姑娘，我不知道为什么你会这样多事，问起现在是什么时候来。

［译注］引自威廉·莎士比亚，《莎士比亚全集》，朱生豪译，北京：中国文史出版社，2013。

《尤利乌斯·凯撒》有几个方面值得探究。这部作品表明莎士比亚与同时代人一样，有意重塑古典名人。事实上，这部戏剧直接依据古希腊史家普鲁塔克《希腊罗马名人传》（1579 年，托马斯·诺斯爵士重译了此书）中对凯撒、布鲁图和安东尼的记载。在戏剧中，安东尼使用的是拉丁文名字 Marcus Antonius。这部戏剧说明莎士比亚对心理动机越来越感兴趣，而不仅限于还原事情经过。剧情简要地描述了暗杀凯撒及接下来的一些内战，最终随着阴谋者布鲁图和卡修斯的

死亡而结束。与许多戏剧一样，它混合了超自然现象与自然世界。

在《尤利乌斯·凯撒》及许多其他戏剧中，莎士比亚解释人物的感受和动机的手法是"独白"，即让角色面对观众大声说出自己的想

阅读材料 13.11　威廉·莎士比亚

《尤利乌斯·凯撒》，摘录

在第 1 幕，第 2 场，18 行，一个预言者来提醒凯撒："当心三月十五日。"

三月十五日是凯撒被暗杀的日子。稍后，在同一场中，我们看到卡修斯说服布鲁图为了罗马的利益加入暗杀行动，阻止凯撒成为独裁者（135–141 行）。

> 嗨，伙计，他就像巨大的神像
> 横跨这窄小的世界，我们小人物
> 在他的巨腿下走动，四处张望，
> 为我们自己寻找不光彩的坟墓。
> 人有时候是自己命运的主宰；
> 亲爱的布鲁图，我们位处人下，
> 错不在星命，而在我们自身。

在 192–195 行，凯撒看到卡修斯站在那里，和安东尼说话。

> 让我周围都是些心宽体胖、油头粉面、睡觉安稳的人。
> 那边的卡修斯形体消瘦，面有饥色，
> 他心思用得太多了；这种人很危险。

在凯撒死前的那个晚上，动荡不安的大自然给予了足够多的警告。三月十五日那天，凯撒被建议留在家中，但他跟自己的妻子卡尔普尼娅强调，他一定会勇敢地出门（第 2 幕，第 2 场，32–37 行）。

> 懦夫在死亡来临前已死过多次；
> 勇士只品尝一次死亡滋味。
> 在我听说过的所有奇事当中，
> 我觉得最奇怪的是：看到死亡——
> 一个必然结局——将如期到来，
> 人们竟然会害怕。

在第 3 幕第 1 场的暗杀中，尽管凯撒受到群攻，但他看到了最忠诚可信的布鲁图也参与其中。凯撒说："还有你，布鲁图？——那就倒下吧，恺撒！"（第 77 行）稍后，当安东尼独自一人时，他宣泄了自己的愤怒，并喊出战斗口号："喊杀，同时放出战争之犬。"（273 行）

在接下来的这一场中，我们看到了布鲁图与安东尼面向罗马民众展开了最著名的激辩。布鲁图展示了凯撒的野心勃勃。安东尼讽刺地将布鲁图一再称为"正人君子"，然后他向人群展示了凯撒沾满鲜血的衣服，并将凯撒的遗嘱告诉他们，每一位罗马子民都能继承他的遗产，以此表明凯撒是心系百姓的。下面是安东尼的讲话（74–77 行）。

> 朋友们，罗马人，同胞们，请听我说！
> 我来埋葬凯撒，不是来赞扬他。
> 人们做的恶在身后仍然遗臭，
> 行的善却往往随尸骨一同入土。

［译注］引自威廉·莎士比亚，《尤力乌斯·凯撒》，傅浩译，北京：外语教学与研究出版社，2015。下引均为此本。

法，而不是通过另一名角色来传达。安东尼奥斯的宣言"放出战争之犬"就是出现在独白中。在莎士比亚的杰作中，这种手法越来越常见，如他在 1600 至 1605 年间创作的一系列悲剧：《哈姆雷特》（约 1600 年）、《奥赛罗》（约 1604 年）、《李尔王》（约 1605 年）和《麦克白》（约 1605 年）。就戏剧性真相、诗意之美和深刻含义方面来说，这四部戏剧达到了只有在古典希腊悲剧中才能发现的艺术上的完美。通过笔下的主角，莎士比亚探索了人类存在的重大问题——爱的多种形式、人类错误的可能性和后果以及死亡的奥秘等，以一种微妙而直接的方式，在无数人的阅读或表演中延续一种不可思议，并持续带给艺术家和作家灵感。

在《哈姆雷特》中，还有什么能比第二幕的这段台词更能体现这种"人是万物的尺度"的人文主义理想？

阅读材料 13.12 威廉·莎士比亚

《哈姆雷特》，第 2 幕，第 2 场，315-319 行

人类是一件多么了不得的杰作！多么高贵的理性！多么伟大的力量！多么优美的仪表！多么文雅的举动！在行为上多么像一个天使！在智慧上多么像一个天神！宇宙的精华！万物的灵长！

———————————
［译注］引自威廉·莎士比亚，《莎士比亚全集》，朱生豪译，北京：中国文史出版社，2013。下引均为此本。

但哈姆雷特还提到了他现在的心情，这也是这部戏剧的关键所在：哈姆雷特闷闷不乐，他有自己的理由，却又无法摆脱——他欣赏不来男人的完美，对女人也是。问题在于他的母亲乔特鲁德参与谋杀了他的父亲丹麦国王，只为了可以与她的情人——哈姆雷特的叔叔克劳狄斯结婚，而后者则凭借着婚姻和继位传统成为新一任国王。《哈姆雷特》似乎是根据发生在前基督时代的霍温迪尔的真实故事改编的，他娶了女王葛茹莎，与她生下一子，名为哈姆雷特。霍温迪尔的弟弟芬格将他杀害，娶了自己的嫂嫂，哈姆雷特则装疯逃脱。

在戏剧开场，我们再次发现超自然现象与自然混合在一起，被谋杀的国王的鬼魂声称这是"最阴毒的谋杀"，并要求报仇。"那是一种什么样的坠落"，幽灵把王后的德行告诉了哈姆雷特。戏剧的平衡点在于哈姆雷特要获取乔特鲁德和克劳狄斯有罪的确凿证据，以及他是否真的要为他父亲报仇雪恨。伊丽莎白时代的戏剧核心概念之一就是世界是有秩序的，当秩序被打破了，就必须重新建立。哈姆雷特终于行动了（算是剧透吗？），所有人都死了，包括他自己（另一个剧透）。然后一位挪威王子到那里重建秩序。

在幽灵的控诉及结尾的惨状之间的场景，被许多评论家称作史上最杰出的剧本。这里戏中有戏，让哈姆雷特的戏份更显真实。哈姆雷特注意到一个演员将赫卡柏在她的丈夫、特洛伊国王普里阿摩斯被杀时的悲痛之情表演得惟妙惟肖。他被这个演员表现出来的真实情感所震惊，而有些人认为这种评价也适用于莎士比亚作品传递出来的力量。

现代观众对其中一些语句不是很了解。这里提到，哈姆雷特见识到了这位演员的演技。演员脸色苍白，与角色相符。如果这个演员处在哈姆雷特的位置，会怎么去演绎他的真实感受？哈姆雷特就犹豫不决是否代表懦弱这一点与自己进行争论。于是他决定上演一出戏，模拟乔特鲁德和克劳狄斯谋害国王的情形，以观察他们是否有罪。在这一场结尾，哈姆雷特说了这样一个对句：

The play's the thing [凭这出戏]
Wherein I'll catch the conscience of the King[我要发掘国王内心的隐秘]（604–605 行）

在第 3 幕第 1 场，我们看到了

阅读材料 13.13　威廉·莎士比亚

《哈姆雷特》，第 2 幕，第 2 场，555–581 行

啊，我是一个多么不中用的蠢才！
这一个伶人不过在一本虚构的故事，
一场激昂的幻梦之中，
却能够使他的灵魂融化在他的意象里，
在它的影响之下，他的整个的脸变成惨白，
他的眼中洋溢着热泪，他的神情流露着仓皇，
他的声音是这么呜咽凄凉，他的全部动作都表现得和他的意象一致，
这不是极其不可思议的吗？而且一点也不为了什么！
为了赫卡柏！
赫卡柏对他有什么相干，他对赫卡柏又有什么相干，他却要为她流泪？
要是他也有了像我所有的那样使人痛心的理由，

他将要怎样呢？
他一定会让眼泪淹没了舞台，
用可怖的字句震裂了听众的耳朵，
使有罪的人发狂，使无罪的人惊骇，
使愚昧无知的人惊惶失措，
使所有的耳目迷乱了它们的功能。可是我，
一个糊涂颟顸的家伙，垂头丧气，
一天到晚像在做梦似的，
忘记了杀父的大仇；
虽然一个国王给人家用万恶的手段掠夺了他的权位，杀害了他最宝贵的生命，
我却始终哼不出一句话来。我是一个懦夫吗？
谁骂我恶人？
谁敲破我的脑壳？谁拔去我的胡子，
把它吹在我的脸上？
谁扭我的鼻子？

莎士比亚最著名的独白，体现了哈姆雷特对于是否要复仇的激烈内心冲突。这一段中有许多耳熟能详的句子，例如"生存还是毁灭"、"命运的暴虐的毒箭"、"挺身反抗人世的无涯的苦难"、"无数血肉之躯所不能避免的打击"、"死了，睡去了；睡去了也许还会做梦"、"阻碍就在这儿"，以及死亡作为"不曾有一个旅人回来过的神秘之国"，等等。这一段话为4个世纪以来的诗人、小说家、剧作家、电影制作人和教授们提供了无尽的素材。值得注意的是，这部戏剧是为现场演出而创作的，而第3幕是高潮——不是结束，而是最精彩的部分，由之前的故事逐渐发展而来，并导向最后一幕。

《哈姆雷特》内容非常丰富。我们还可以讨论奥菲莉娅的爱情与自杀；可以讨论波洛涅斯对他儿子的忠告，这里有许多格言，比如"要

阅读材料 13.14　威廉·莎士比亚

《哈姆雷特》，第3幕，第1场，55-87行

生存还是毁灭，这是一个值得考虑的问题；

默然忍受命运的暴虐的毒箭，

或是挺身反抗人世的无涯的苦难，

在奋斗中扫清那一切，这两种行为

哪一种更高贵？死了，睡去了，

什么都完了；要是在这一种睡眠之中，

我们心头的创痛，以及其他无数血肉之躯

所不能避免的打击，都可以从此消失，

那正是我们求之不得的结局。死了，睡去了；

睡去了也许还会做梦。嗯，阻碍就在这儿：

因为当我们摆脱了这一具朽腐的皮囊以后，

在那死的睡眠里，究竟将要做些什么梦，

那不能不使我们踌躇顾虑。

人们甘心久困于患难之中，也就是为了这一个缘故。

谁愿意忍受人世的鞭挞和讥嘲，

压迫者的凌辱、傲慢者的冷眼、

被轻蔑的爱情的惨痛、法律的迁延、

官吏的横暴和俊杰大才费心辛勤所换来的

得势小人的鄙视，

要是他只要用一柄小小的刀子，

就可以清算他自己的一生？谁愿意负着这样的重担，

在烦劳的生命的压迫下呻吟流汗，

倘不是因为惧怕不可知的死后，

惧怕那从来不曾有一个旅人回来过的神秘之国

是它迷惑了我们的意志，

使我们宁愿忍受目前的折磨，

不敢向我们所不知道的痛苦飞去？

这样，重重的顾虑使我们全变成了懦夫，

决心的赤热的光彩，

被审慎的思维盖上了一层灰色，

伟大的事业在这一种考虑之下，

也会逆流而退，

失去了行动的意义。

多听别人说自己少说"、"不向人借钱也不借给人钱",还有"首要的是对待自己,要忠实,犹如先有白昼才有黑夜,要这样才能对人也忠实"(78-81行)。

哈姆雷特说的最后一句话是"余下的是沉默",所以我们对这部戏剧的讨论也就到此为止。

莎士比亚随后的戏剧则探索了新的方向。《安东尼与克莉奥佩特拉》(约1603—1608年)回到了普鲁塔克和古罗马的素材,但是在辞藻上更加丰富和华丽。莎士比亚悲剧作品中的简洁性被台词中愉悦的声调取代,而且这部戏剧还包含了一些最具音乐性的莎士比亚诗歌。他的最后一部作品则测试了悲剧和喜剧之间的界线,而复杂的剧情也许是为了满足国王詹姆斯一世宫廷的新贵族观众。《暴风雨》(1611年)的背景则是一个被施了魔法的岛屿,结合高级浪漫和低级喜剧,创造出一个奇幻世界,与莎士比亚的其他戏剧截然不同。

莎士比亚的十四行诗

由于一些不守规矩的社会行为,政府针对演员出台了法律限制令,加之黑死病卷土重来,莎士比亚早期成功的舞台事业也因此搁浅。在暂停演出期间,莎士比亚开始写诗,

还在1609年出版了154首十四行诗。

莎士比亚的十四行诗中最受欢迎和喜爱的可能是第18首,其语言直截了当,逐渐将诗人热爱的对象升华至一个完美无瑕的形象——尽管会受到大自然的冲击,却保持永恒的夏天。他还断言,只要人类还活着,还能阅读,那么这首诗就能让他的朋友或爱人万世流芳。

阅读材料 13.15 威廉·莎士比亚
十四行诗,第18首

我能否把你比作夏季的一天?
你可是更加可爱,更加温婉;
狂风会吹落五月的娇花嫩瓣,
夏季出租的日期又未免太短;
有时候苍天的巨眼照得太灼热,
他金光闪耀的圣颜也会被遮暗;
每一样美呀,总会失去美而凋落,
被时机或者自然的代谢所摧残;
但是你永久的夏天决不会凋败,
你永远不会失去你美的形象;
死神夸不着你在他影子里徘徊,
你将在不朽的诗中与时间同长;
只要人类在呼吸,眼睛看得见,
我的诗就活着,使你的生命绵延。

[译注] 引自威廉·莎士比亚,《英诗经典名家名译:莎士比亚十四行诗(英汉对照)》,屠岸译,北京:外语教学与研究出版社,2007。下引莎士比亚十四行诗均为此本。

在第29首十四行诗中,诗人写道,无论他是身处绝望,或是贫困潦倒,又或者面对别人对他的不认可,但只要一想到他的朋友或情人,他的精神就会为之一振。诗人在诗

中是这么说的："我怀着你的厚爱，如获至宝，教我不屑把处境跟帝王对调。"

阅读材料 13.16　威廉·莎士比亚

十四行诗，第 29 首

我一旦失去了幸福，又遭人白眼，
就独自哭泣，怨人家把我抛弃，
白白地用哭喊来麻烦聋耳的苍天，
又看看自己，只痛恨时运不济，
愿自己像人家那样；或前程远大，
或一表人才，或胜友如云广交谊，
想有这人的见识，那人的才华，
于自己平素最得意的，倒最不满意；
但在这几乎是自轻自贱的思绪里，
我偶尔想到了你呵，——我的心怀
顿时像破晓的云雀从阴郁的大地
冲上了天门，歌唱起赞美诗来；
我怀着你的厚爱，如获至宝，
教我不屑把处境跟帝王对调。

在第 55 首十四行诗中，莎士比亚断言他这"强劲的诗篇"会比用金子装饰的石碑更能经受时间的考验。

阅读材料 13.17　威廉·莎士比亚

十四行诗，第 55 首

白石，或者帝王们镀金的纪念碑
都不能比这强有力的诗句更长寿；
你留在诗句里将放出永恒的光辉，
你留在碑石上就不免尘封而腐朽。
毁灭的战争是会把铜像推倒，
火并也会把巨厦连根儿烧光，
但是战神的利剑或烈火毁不掉
你刻在人们心头的鲜明印象。

对抗着湮灭一切的敌意和死，
你将前进；人类将永远歌颂你，
连那坚持到世界末日的人之子
也将用眼睛来称赞你不朽的美丽。
到最后审判你复活之前，你——
活在我诗中，住在恋人们眼睛里。

第 116 首十四行诗实际上是一段基于真心相爱的婚姻誓词。对于这首十四行诗的其中一种诠释就是恋人之间会发生许多分歧和冲突，但是出于"真心"的婚姻并不会因为争吵而破裂，也不会因时间而淡化。另一种诠释则认为这是一首表白的情诗，有可能指的是莎士比亚与他神秘的男性贵族朋友的柏拉图式关系。

阅读材料 13.18　威廉·莎士比亚

十四行诗，第 116 首

让我承认，两颗真心的结合
是阻挡不了的。爱算不得爱，
要是人家变心了，它也变得，
或者人家改道了，它也快改；
不呵！爱是永不游移的灯塔光，
它正视风暴，绝不被风暴摇撼；
爱是一颗星，它引导迷航的桅樯，
其高度可测，其价值却无可计算。
爱不是时间的玩偶，虽然红颜
到头来总不被时间的镰刀遗漏；
爱决不跟随短促的韶光改变，
就到灭亡的边缘，也不低头。
假如我这话真错了，真不可信赖，
算我没写过，算爱从来不存在！

比较与对比 ||||||||||||||||||||||||||||||||||||

普鲁塔克与莎士比亚对船上的克利奥帕特拉的描写

普鲁塔克（约46—119年后）出生于一个富有的希腊家庭，后成为罗马公民。他是一位遵循柏拉图传统的哲人，试图通过柏拉图作品梳理出柏拉图的基本学说，并将之发展成一个更连贯的体系。不过，他最出名的是历史著作《希腊罗马名人传》，这是一部史诗巨作，将重要的希腊和罗马人物的生活进行了对比。他在书中记录了凯撒的生平和针对他的暗杀事件，这也是莎士比亚戏剧《尤利乌斯·凯撒》主要的资料来源。

1559年，雅克·阿米欧把《希腊罗马名人传》译成法文，20年后，托马斯·诺斯爵士又将法文版译成英文。莎士比亚创作于1603至1608年的戏剧《安东尼与克莉奥佩特拉》，就是基于诺斯的译本。其中最激动人心的段落之一，便是埃及女王克莉奥佩特拉坐在河船上去见安东尼——就是这位罗马将军为凯撒复仇，并与凯撒的侄子屋大维因为罗马帝国的统治权而进行终极对决。

普鲁塔克

摘自《希腊罗马名人传》，"马克·安东尼"

所以当她分别收到安东尼和他的朋友们差遣她前来觐见的信件时，她都不当回事，还大大地嘲笑了安东尼一番，因此她不屑于动身出发，反而是把画舫驶到德诺斯河，船尾是黄金造的，船帆是紫色的，船桨是白银造的，伴随着船上人员的嬉戏声，还有不时传来长笛、弦琴、六弦提琴的伴奏之声，画舫有节奏地划桨前行。而船中之人呢，她躺在由金色轻纱搭建的亭帐中，打扮得犹如画中的维纳斯女神；而立于她两旁的两位漂亮男孩，则像画中的爱神丘比特，他们手握扇子，轻轻地为她扇来阵阵凉风。然而船上的小姐和贵妇们，美丽得就像海仙女涅瑞伊得斯，就像是美惠三女神，她们有些人在掌舵，有些人则负责处理画舫的索具和围绳，空中还飘来丝丝香甜的味道，香气萦绕了整个码头，让围观的人们都为之迷醉。

莎士比亚描绘的这个场景则富有诗意，他使用了无韵诗，为笔下的清风与河水注入了活力。

《安东尼与克莉奥佩特拉》
第 2 幕，第 2 场，192–206 行

她乘坐的那艘画舫就像一尊发光的宝座，

映在水面上像一团熊熊燃烧的烈火；

艉楼是用黄金铸造的，

船帆是紫色的，

熏染的香氛，

逗引得风儿也害起了相思；

船桨是银色的，和着笛声的节奏在水面拍打，

似乎感染了痴心的水波，

加快速度，紧追不舍。

至于她本人，

美得简直无法形容：她斜卧在用金线织成的锦绸幔帐之内，比画家笔下

栩栩如生的维纳斯女神还要娇艳；

在她两旁站着脸蛋儿上带酒窝的小童，

就像一群微笑的丘比特，

手里执着

五彩缤纷的羽扇，扇出来的凉风，

本来是要吹拂她柔嫩的面庞，

反而使得她的双颊变得格外妖艳绯红。[1]

注意前两行诗的头韵：画舫（barge）、发光（burnished）、燃烧（burned）、击打（beaten）。还有第三行诗的头韵：紫色（purple）和香氛（perfumèd）。画舫在水面上"燃烧"这一句，隐喻的是埃及的太阳神。细想这些别出心裁的比喻：风儿对熏染了香氛的船帆害起了相思，船桨为了追赶而奋力拍打水面，水波似乎也是痴心一片。这里采用了双关语，为克莉奥帕特拉的脸颊扇风，是为了让她散去埃及的炎热，却使得她的脸颊绯红，这样反而"弄巧成拙"：本来想散热，结果更热了。试着去朗读原文，将 perfumèd 一词按三个音节来读，用船桨划动带着画舫前行的节奏来读。

1　[译注]引自莎士比亚，《安东尼与克莉奥佩特拉（莎士比亚全集·英汉双语本）》，罗选民译，北京：外语教学与研究出版社，2015。

第 130 首十四行诗是对"爱是盲目的"这句古老格言的戏谑式表达。说话者的爱实际上并不是盲目的，而表现得深沉坚定。莎士比亚承认，他的恋人的容貌并不能与大自然的神奇景观相提并论。但他如此爱慕她，以至于对事实不管不顾。

阅读材料 13.19　威廉·莎士比亚

十四行诗，第 130 首

我的情人的眼睛绝不像太阳；

红珊瑚远远胜过她嘴唇的红色；

如果发是丝，

铁丝就生在她头上；

如果雪算白，

她胸膛就一味暗褐。

我见过玫瑰如缎，

红里透白，

但她的双颊，

赛不过这种玫瑰；

有时候，

我的情人吐出气息来，

也不如几种熏香更教人沉醉。

我挺爱听她说话，

但我很清楚

乐器会奏出更加悦耳的和音；

我注视我的情人在大地上举步，

——同时我承认没见到女神在行进；

可是天哪，

我认为我情人比那些

被瞎比一通的美人儿更加超绝。

莎士比亚在创作《暴风雨》那一年离开伦敦，回到斯特拉特福度过了相对优渥的余生。虽然他还在写作，但是可以看到，他借着《暴风雨》结尾时普洛斯彼罗的台词，向剧院以及自己创造出来的世界告别。

阅读材料 13.20　威廉·莎士比亚

《暴风雨》，第 4 幕，第 1 场，148-158 行

我们的狂欢已经终止了。

我们的这一些演员们，

我曾经告诉过你，

原是一群精灵；

他们都已化成淡烟而消散了。

如同这虚无缥缈的幻景一样，

入云的楼阁、瑰伟的宫殿、

庄严的庙堂，

甚至地球自身，

以及地球上所有的一切，

都将同样消散，

就像这一场幻景，

连一点烟云的影子都不曾留下。

构成我们的料子

也就是那梦幻的料子；

我们的短暂的一生，

前后都环绕在酣睡之中。

[译注] 引自威廉·莎士比亚，《莎士比亚全集》，朱生豪译，北京：中国文史出版社，2013。

总览 北方的文艺复兴全盛期

语言和文学

— 1516 年，托马斯·莫尔出版了《乌托邦》。
— 15 世纪 30 年代，托马斯·怀特将十四行诗引入英语。
— 1580 年，蒙田出版第一部随笔。
— 1582 年，伊丽莎白一世创作了《在他离别后》。
— 1587 年，马洛写下《帖木儿大帝》；1593 年，他的戏剧《浮士德博士的悲剧》上演。
— 1590—1596 年间，斯宾塞创作了《仙后》。
— 莎士比亚在 1590—1610 年左右创作了多部戏剧并首次演出：包括《罗密欧与朱丽叶》（1595 年）、《尤利乌斯·凯撒》（1599 年）、《哈姆雷特》（1600 年）、《安东尼与克莉奥佩特拉》（1603—1608 年）。
— 詹姆斯国王《钦定本圣经》译于 1604—1611 年左右。

美术、建筑和音乐

— 博斯在 1505—1510 年左右创作了《人间乐园》。
— 伊萨克和森夫尔活跃于 1510 年左右。
— 丢勒在 1500 年左右创作了一幅自画像，并在 1513—1514 年间创作了"大师版画"。
— 格吕内瓦尔德在 1515 年创作了《伊森海姆祭坛画》。
— 香波城堡始建于 1519 年。
— 马罗和雅内坎在 1520 年左右创作香颂。
— 阿尔特多费尔在 1529 年创作了《亚历山大之战》。
— 克卢埃在 1523—1530 年左右创作了弗朗索瓦一世肖像画。
— 小汉斯·荷尔拜因在 1540 年为国王亨利八世创作了婚礼肖像画，同年还创作了肖像画《克里维斯的安妮》。
— 第一首基于格雷高利圣咏的英语连祷于 1544 年问世。
— 卢浮宫的翻新工程始于 1546 年。
— 勃鲁盖尔的主要作品创作于 1562—1567 年左右。
— 塔利斯在 1570 年创作了《耶利米哀歌》。
— 希利亚德在 1585 年创作了《伊丽莎白女王的白貂肖像画》，并在 1590 年创作了《青年肖像》（Portrait of a Youth）。

宗教和哲学

— 1517 年，路德发表《九十五条论纲》，引发了德国的宗教改革。
— 1521 年，路德被教宗利奥十世逐出教会。
— 1524 年，伊拉斯谟出版《论自由意志》。
— 1525 年，路德出版《论意志的捆绑》。
— 1534 年，路德出版《圣经》的德译本。
— 1534 年，亨利八世建立英国国教。
— 1536 年，加尔文出版《基督教要义》。
— 1539 年，圣依纳爵·罗耀拉创立耶稣会。
— 1545—1564 年，特伦托会议在耶稣会指导下发起了反宗教改革运动。
— 1570 年，伊丽莎白一世被逐出天主教会。
— 1598 年，《南特赦令》颁布，在法国建立了宗教宽容。

图 14.1　贝尔尼尼，《圣特蕾莎的狂喜》，1645—1652 年。大理石雕刻组，高 350 厘米，意大利，罗马，科尔纳罗礼拜堂，胜利之后圣母堂。

第十四章

17 世纪：巴洛克时期

导引

1515 年 3 月 28 日，特蕾莎出生于西班牙阿维拉省，距马丁·路德提出为新教改革奠定基础的《九十五条论纲》仅两年。她 30 岁时，教宗保罗三世在罗马召开特伦托会议，处理路德对教会的指责（精英贪腐成风，丑闻不断），并重申了天主教教义的基本原则（圣餐变质论、圣礼、崇拜圣母玛利亚和圣徒，通过信仰和善举获得救赎）。随着改革的进行，新的宗教团体出现了，包括耶稣会、嘉布遣会，以及赤足加尔默罗修会。他们成了天主教改革和反宗教改革的支持力量，宣扬依靠内心祷告实现个人与耶稣基督的精神共融。到 1563 年特伦托会议散会时，特蕾莎已经 48 岁，这时的她作为一名神学家、神秘主义者、作家和加尔默罗修会的修女，已是强有力的反宗教改革人士。特蕾莎祖父是一名西班牙犹太人，迫于宗教法庭而改宗。特蕾莎在 1622 年，也就是她死后 40 年，被教宗格雷高利十五世封为圣徒。1970 年，教宗保罗六世授予她教会博士荣誉，在天主教历史上只有两位女性被授予此称号。

特蕾莎作品的中心主题是灵魂与上帝神秘融合的"狂喜"。在特蕾莎封圣三十年后，反宗教改革逐渐接近尾声，意大利巴洛克时期最受追捧的雕塑家吉贝尔尼尼用石雕展现了特蕾莎的"狂喜"（图 14.1）。在文艺复兴期间，教会的教义经历了人道主义者和理性主义者的审视；文艺复兴后，特蕾莎的神秘著作重申了信仰的戏剧性和神秘性。反宗教改革理论认为，探索心灵体验将激发更强烈的信仰，而将特蕾莎描述的极端情感进行艺术再创造，与这一理论相呼应。巴洛克时期的新风格包含戏剧性、激情和人类戏剧，是一个完美的组合。

反宗教改革精神

到 1600 年左右，文艺复兴和宗教改革的知识与艺术运动发生了新的变化。虽然接下来 150 年的文化活动是早期发展的自然结果，但是精神上的显著差异，已在 16 世纪中叶露出端倪。

这种新精神的主要推动者是罗马天主教会。新教的崛起令罗马教会大为震惊，他们认定，最好的防御是计划周详的反攻。这次反攻主要依靠诸如耶稣会等新宗教团体来领导反宗教改革运动。反宗教改革的主要代表放下过去的疑虑，对教会的普遍性和教义的权威性进行了宣扬。

1545—1563 年间召开的几次特伦托会议，重新阐述了教会的官方立场。在教宗保罗三世领导下，会议重新定义了天主教教义，再次肯定了曾受到新教挑战的天主教信仰。确定变质说、宗徒继承神职传统、炼狱信仰，以及神职人员的禁欲规则是天主教信仰体系的基本要素。

教宗仍然是教会的最高领袖。同时，会议努力整顿引起马丁·路德和宗教改革激愤的神职人员滥用职权行为，并加强纪律。主教和牧师不能再拥有多项圣俸，在每个教区设立神学院，提高教士的教育水平。

罗耀拉（1491—1556 年）于 1534 创立的耶稣会，在重振天主教声威的运动中发挥了重要作用。罗耀拉出身于西班牙贵族家庭，曾是一名职业军人。在一次重伤过后，他把余生献给了虔敬事业。他的《灵性操练》传达了一种神秘的精神内省。在其他反改革西班牙教徒的作品中，也出现过类似的强调灵性、试图描述神秘体验之作，比如阿维拉的特蕾莎（1515—1582 年）和圣十字若

17 世纪

1600 年	1621 年	1648 年	1682 年	1700
苏格兰的詹姆斯六世登上英国王位，称詹姆斯一世。	菲利普四世成为西班牙国王。	《威斯特伐利亚和约》终结了三十年战争；反宗教改革结束。	路易十四把法国宫廷从巴黎搬到凡尔赛。
《十二年停战协定》标志着荷兰和佛兰德斯摆脱西班牙获得独立。	阿维拉的特蕾莎被教宗格雷高利十五世封圣。	克伦威尔统治英国。	牛顿出版了一本描述运动定律的专著。
伽利略发明并改进了天文望远镜。	新圣彼得教堂被乌尔班八世定为圣地，他经常大规模地资助艺术创作。	克伦威尔死后，查理二世在英国复辟君主制。	奥兰治的威廉入侵英国，导致詹姆斯二世下台；威廉和他的妻子玛丽成为英格兰、爱尔兰和苏格兰的联合君主。
法国国王路易十三在 9 岁时继承王位；他的母亲玛丽·德·美迪奇作为摄政王统治法国七年。	太阳王路易十四五岁登上法国王位，统治到 1715 年。	伦敦遭遇了持续 5 天的火灾，大部分建筑被烧毁。	《权利法案》确立英国立宪政体，并限制了君权。
三十年战争。	英国的查理一世是君权神授的支持者，在他统治期间英国不设国会。	列文虎克用显微镜发现了细菌。	马萨诸塞州发生塞勒姆女巫审判案。
开普勒提出行星运动三大定律。	伽利略的发现被认定为异端邪说，他被迫撤回日心说主张。		
清教徒乘五月花号航行到北美。			

望（1542—1591 年）。

罗耀拉的耶稣会很快成为 16 世纪宗教运动中最激进的力量之一。耶稣会以军事组织的模式组织成员，由一名将军作为首席指挥官，执行铁的纪律。耶稣会士们不是用剑或枪冲锋陷阵，而是用雄辩的口才和劝喻的力量。他们在美洲、亚洲和整个欧洲积极宣传，同时大力改进信奉天主教的欧洲地区的教育机构。同时，特伦托会议号召艺术家们积极创作作品来表现本教派的力量和辉煌，强调反宗教改革的教义学说。

图 14.2　贾科莫·德拉·波尔塔，耶稣教堂中殿，约 1575—1584 年。意大利，罗马。

耶稣教堂

耶稣会是天主教反宗教改革战略的关键角色，因此，他们希望礼拜场所能够匹配他们日益增长的影响力，并展示反宗教改革的辉煌艺术和壮观仪式。耶稣教堂采用了熟悉的巴西利卡式设计，以便在又宽又长的中殿容纳大量人群（图 14.2）。

我们可以想象，衣着华丽的神职人员组成的精致队伍穿过成群结队的崇拜者，抬着镶嵌着宝石的金银礼仪用品向祭坛走去，周围音乐环绕，香火弥漫。最顶上是一个壮观的天花板，它构成了如此完整的一种错觉，以至于天地之间的界限似乎被抹去了（图 14.3）。教堂的镀

图 14.3　乔凡尼·巴蒂斯塔·高利，《耶稣之名的胜利》，1676—1679 年。中殿拱顶天花板壁画，上有石膏人物雕像。意大利，罗马，耶稣教堂。巴洛克式的天花板装饰没有像文艺复兴式天花板一样隔断，绘在石膏上的人物似乎要从镀金框架中夺框而出，加强了现实感。

金穹顶似乎敞开了，给信徒带来一种可能被带到另一个领域的感觉。在令人着迷的明亮黄白色光照耀下，耶稣名号的字母缩写 IHS 盘旋在上方，受到一群由祥云托着的天使和圣徒的敬拜。当信徒的目光被吸引到天上基督的救赎时，罪人则被驱逐，他们纠结蠕动的身体被画在画作菱形框架外的灰泥板上。绘画、雕塑和建筑结合在一起，营造出了盛大的戏剧化效果，扣人心弦的管风琴音乐更是增强了这一效果。这些内部景象不只令人眩目，而且意在激发人类的所有感官。

维尼奥拉是设计耶稣教堂的建筑师。他逝世后，贾科莫·德拉·波尔塔接任工作，完成了许多教堂的特色设计，包括门面。波尔塔还在文艺复兴后期（1568—1584 年）完成了圣彼得教堂的穹顶。天花板上的壁画，包括乔凡尼·巴蒂斯塔·高利的《耶稣之名的胜利》是在 100 年后的巴洛克时期绘制的。耶稣教堂是反宗教改革精神的代名词，但教堂内部的艺术风格完全是巴洛克式的。

巴洛克

巴洛克一词的起源并不明确。它可能与葡萄牙语 barroco（一种不规则形状的珍珠）或意大利语 baroco（用于描述一个复杂的中世纪逻辑问题的术语）有关。这个包罗广泛的术语说明了当时艺术风格的多样性。17 世纪，欧洲大地活跃着许多艺术家，他们风格多样，绝不统一。然而，他们的作品有一些共同的特点：复杂性、自发性、戏剧性、精湛、华丽、具有纪念意义。

最令人印象深刻的或许是情感的主导地位。例如，文艺复兴时期的艺术再现了古典哲学和艺术的核心——情感与克制之间的完美平衡；巴洛克艺术家则把人类极端行为和情感放到了首要和中心位置。他们通过戏剧性的光照、鲜艳的色调和夸张的姿态，增强常常是暴力主题的戏剧性；艺术家痴迷于这样的主题，因为它们是艺术家展现前卫奔放风格的极佳载体。

对情感的关注反过来引发了对后来所谓的心理学的兴趣。巴洛克艺术家通过尽可能生动地表现情感状态，来分析他们的主角如何以及为何感觉如此强烈。这种心理探索在 17 世纪的歌剧和戏剧中也很明显，其中的唱词或台词准确地传达了人物的心境。巴洛克作家也经常使用详尽的描写和复杂的语法结构来表达强烈的情感状态。

在艺术表达发生着强烈变化的

同时，创新大胆的技术也随之出现，巴洛克艺术家标新立异的风格和处理材质或乐器的绝妙手法十分引人注目。在巴洛克雕塑家的手中，石头变成了栩栩如生的肉体和织物；作曲家创作的音乐越来越复杂，其富有挑战性的音符揭开了大师演奏者的传统，并于19世纪达到高潮。

虽然巴洛克一词主要指视觉和表演艺术，但它也用来描述这个时代的整体成就。巴洛克文化和价值观具有惊人的多样性，受到欧洲不同地区不同宗教、政治和社会压力的影响，就像由一颗颗不规则形状的珍珠组成。而其中的大部分，至少在艺术领域，受到了天主教反宗教改革的启发。

意大利的巴洛克时期

圣彼得教堂

巴洛克时期始于罗马，在那里，富有权势的教宗——保罗五世、格雷高利十五世、乌尔班八世、英诺森十世世和亚历山大七世——在宗教、政治和艺术领域发挥着权力和影响力，其中最为明显的或许要数罗马梵蒂冈城的圣彼得教堂（图14.4）的扩建和改建。

图14.4 **圣彼得教堂和广场。立面高44.8米，长114米。意大利，梵蒂冈城。**此建筑结合了文艺复兴和巴洛克元素。教堂的中殿和正立面由卡洛·马代尔诺（1556—1629年）在1606—1612年间完成，广场周围的柱廊于1656—1663年根据贝尔尼尼的设计建造。

君士坦丁的大教堂——老圣彼得教堂——于 326 年 11 月祝圣，当时的规模只有现今的一半大。它的内部装饰着马赛克和壁画，是献给教宗和皇帝的纪念碑的所在地。查理大帝于 800 年在老圣彼得教堂由教宗利奥三世加冕为神圣罗马帝国皇帝。作为基督徒最重要的朝圣地，老教堂显得难以胜任。但直到 15 世纪中叶，教宗尼古拉五世才决定改建。但是第一位对老圣彼得教堂作出重大改动的是他的继任者尤利乌斯二世——米开朗琪罗和拉斐尔的赞助人。尤利乌斯决定彻底重建老教堂，他指派建筑师布拉曼特负责拆除旧建筑，并建起一座更加宏伟的教堂。

尤利乌斯去世后，"新"圣彼得教堂的修建工作时断时续，历经数任教宗。有些教宗支持艺术，至少有一位则报以轻视，还有一些忙于政治动荡，无暇顾及其他事情。

教宗保罗五世下令拆除了老圣彼得教堂残留的部分，也拆除了不适用的新建部分。他聘请建筑师卡洛·马代尔诺为教堂设计了拉丁十字形的长中殿和新的正立面。1626 年 11 月 18 日，即老圣彼得教堂 1300 周年祝圣纪念日上，保罗五世的继任者乌尔班八世为新圣彼得教堂祝圣。从 15 世纪中叶开始重新设计到完成，前后经历了 27 任教宗，几乎每一位文艺复兴时期的著名艺术家都与这座建筑有着某种关联：阿尔贝蒂、布拉曼特、拉斐尔、米开朗琪罗、波尔塔，等等。乌尔班八世被称为巴洛克建筑师 - 教宗第一人。他也是最多产、最具成就的雕刻家贝尔尼尼的赞助人。

罗马巴洛克式雕塑和建筑

乔凡尼·洛伦佐·贝尔尼尼

在接触到圣彼得教堂壮观气派的中殿，或者站在大厅仰望米开朗琪罗令人惊叹的穹顶，底下是十字型柱墩，或近距离感受他雕刻的《圣母哀悼基督》中母亲失去孩子的悲恸之前，游客要经过一个椭圆形广场。广场被从教堂正面伸出的柱廊所环绕，仿佛将人拥入教堂的怀里，予以精神上的慰藉。

这个广场由贝尔尼尼设计，是他众多精美作品之一。作为一名雕塑家，贝尔尼尼无限的表现力和无与伦比的精湛技术代表了他艺术维度的一面；作为罗马反宗教改革的首席建筑师，他永久地改变了这座古老城市的面貌。

贝尔尼尼柱廊的赞助人是教宗亚历山大七世，他的侧面像被铸入了这座建筑纪念币的一面；另一面刻着缩小比例的圣彼得教堂像，柱廊和广场的规模相对而言有着夸张的比例，反映了它们在亚历山大心中的重要性（图 14.5）。

图 14.5 阿尔贝托·哈马拉尼，教宗纪念币，上刻亚历山大七世头戴三重冕身穿长袍半身像，反面刻着圣彼得教堂的柱廊和广场，1666 年。铅铸，42 毫米。私人收藏。

纪念币显示，第三段柱廊位于左右两段柱廊中心，本可以遮挡住马代尔诺设计的教堂正立面，但从未建成。这类纪念币上不同的图案真实记录了圣彼得教堂的工程进展，更重要的是，把特定教宗与他们赞助梵蒂冈城和罗马的重要项目联系了起来。例如，有一枚纪念的是贝尔尼尼雕刻的青铜华盖。华盖位于教堂主祭坛上方约 30 米处，由华丽的青铜圆柱支撑。华盖下方是圣徒墓，上方是波尔塔设计的拱顶（图 14.6）。透过华盖可以看见半圆形后殿，贝尔尼尼结合了建筑、雕塑和彩色玻璃，为圣彼得宝座营造了一个金碧辉煌的背景。委托设计这两个项目的人是教宗乌尔班八世。贝尔尼尼还设计了乌尔班八世和亚历山大七世在圣彼得教堂的墓。

贝尔尼尼在梵蒂冈的高层还有

一位更早期的赞助人——枢机主教博尔盖塞，教宗保罗五世的侄子。

图 14.6 贝尔尼尼，圣彼得教堂青铜华盖，1624—1643 年。意大利，梵蒂冈城。

图 14.7 贝尔尼尼，《大卫》，1623 年，大理石雕像，170 厘米高。意大利，罗马，博尔盖塞博物馆。贝尔尼尼塑造了行动中的大卫。雕像的腿脚肌肉紧绷，面部表情加强了动作的紧张感。

贝尔尼尼有许多以神话为主题的著名世俗雕塑都是为博尔盖塞的别墅打造的，《大卫》（图14.7）也是如此，这座雕塑既致敬了他的佛罗伦萨前辈，又截然不同。贝尔尼尼的《大卫》表现了巴洛克式雕塑两个最大特点：时间和运动。贝尔尼尼刻画的不是战斗之前或之后的大卫，而是战斗中的大卫。我们不只在观赏大卫，还被卷入了以大卫为风暴中心的一场战斗中。从他皱起的眉头、紧缩的下巴、抿起的嘴唇，到他胳膊、抓握动作和右脚趾紧绷的肌肉可以看出，这个大卫蕴藏着能量，仿佛要在空间中爆发。动作的表现力通过雕刻的深度来增强，产生了强烈的光影对比；明显的对角线引导视线沿螺旋路径观看作品。大卫的身体像一个螺旋形的弹簧。贝尔尼尼的《大卫》雕刻了一个处在体能和心理状态巅峰的年轻人，以其强烈的情感和精湛的技术，成为当之无愧的巴洛克风格代表作。

我们在《大卫》中看到的活力和戏剧性，在贝尔尼尼之后的作品中日臻完善，例如罗马胜利之后圣母堂科尔纳罗小礼拜堂中的雕像《圣特蕾莎的狂喜》。贝尔尼尼结合了建筑、雕塑和一道由雕像上方隐蔽窗口射入的自然光，戏剧化地表现了圣徒狂喜的景象，仿佛是一个小型舞台。在礼拜堂左右两边的墙上，贝尔尼尼描绘了科尔纳罗家族成员在"包厢座"观看的场景（图14.8）。整个礼拜堂看起来就像一个剧场。因此，听闻贝尔尼尼也写过戏剧，设计过舞台布景，也就不足为奇。

米开朗琪罗的《大卫》和贝尔尼尼的《大卫》之间的差异，可以比作古典风格和希腊化风格雕塑的差异，后者的特点是将人物往周围空间伸展、强烈的运动感、夸张的表情和强烈的戏剧风格。长久以来为古典时期希腊艺术家所推崇、后在文艺复兴时期作品中得到调整运用的情感与克制的平衡，让位于希腊化时期和巴洛克时期恣意的情感表达。

图14.8　贝尔尼尼，科尔纳罗小礼拜堂，《圣特蕾莎的狂喜》祭坛。意大利，罗马，胜利之后圣母堂。左右两边刻的是科尔纳罗家族成员从"包厢座"观看雕像。

弗朗切斯科·博罗米尼

贝尔尼尼的母亲曾经这样评价他："他表现得就像是世界的主宰。"豪爽的个性和高额的报酬，使贝尔尼尼成为罗马巴洛克时期的主导力量。但他遇到了弗朗切斯科·博罗米尼（1599—1667 年）这个强大的竞争对手。两人都有"巴洛克剧院的舞台管理人"之称。他们屡有纷争，决心胜过对方，这本身就足以成为一出戏剧。他们相差不到一岁，个性却南辕北辙：贝尔尼尼是积极的入世者，好表现，喜爱社交和家庭生活，多才多艺；博罗米尼是隐遁的出世者，独来独往，是"建筑师的建筑师"。贝尔尼尼活到了 82 岁，一直工作到死亡；博罗米尼则在 68 岁时自杀。

运动元素对建筑来说可能是个诅咒，但博罗米尼仍然把它引入了他设计的几座建筑中。结合复杂的构架空间和舞台照明，这一巴洛克风格的常见特征在建筑设计中有了对应元素。博罗米尼的圣卡洛教堂外墙面（图 14.9）在他去世当年竣工，墙面上波浪一样的正反曲线蜿蜒起伏。阳光照在墙面时，于突凸处反射，于凹陷处突显阴影。石壁似乎有了脉动和呼吸，时而欢愉，时而痛苦。教堂内部也回荡着这种有机体的感

图 14.9　博罗米尼，圣卡洛教堂，始建于 1638 年，正面完成于 1667 年，外墙面宽 11.58 米。意大利，罗马。外观的曲线和反曲线，以及丰富的装饰，标志着对古典风格的刻意排斥。

图 14.10　博罗米尼，圣卡洛教堂穹顶，1638—1641 年。意大利，罗马。博罗米尼使用了椭圆形穹顶而非传统的圆形穹顶来为教堂内部加盖。光线通过穹顶底部隐蔽的窗户照射进教堂。

觉，呈波纹状的凹凸墙面向椭圆形穹顶延伸，穹顶处有着蜂窝样式的镶板装饰（图14.10）。也许这是自帕特农神庙后第一座首先被视为雕塑，然后才被视为建筑的建筑。

罗马的巴洛克绘画

巴洛克风格对结合绘画、雕塑和建筑艺术的兴趣，在教堂的中殿和穹顶中发挥了作用。艺术家使用这三种媒介创造了无与伦比的幻觉艺术。与米开朗琪罗在西斯廷教堂创作的装饰画这类文艺复兴时期的天花板壁画不同，巴洛克式天花板没有被划分为一个个具有单独场景的小框架。相反，整个天花板被视为一个整体，穹顶的中心向天空"敞开"，人物从真实的穹顶"飞向"空间外的幻想之地。高利的《耶稣之名的胜利》（图14.3）就生动地展现了人物飞奔出天花板幻觉式天窗的镀金镜框。这种错视效果是通过绘制好的白色石膏雕像，加上镀金灰泥天花板共同实现的。艺术家对细节的关注也令人惊叹，不管是炫目的天光，还是镀金拱顶上的阴影——如果是真实人物，就会产生那样的阴影。像高利这样的艺术家和他们的赞助人不遗余力地创造一种完全可信的神秘氛围。

1600年左右的两名艺术家奠定了巴洛克绘画的基础，二人的作品乍一看几乎没有相同之处。他们就是米开朗琪罗·梅里西，也就是众所周知的卡拉瓦乔（1571—1610年），以及阿尼巴尔·卡拉奇（1560—1609年）。这两名艺术家对后继者产生的深远影响，一定程度上勾勒了巴洛克风格的界限。卡拉瓦乔在他有史以来最具自然主义和戏剧性的一些宗教画中，探索了生活的黑暗面；卡拉奇用优雅、色彩斑斓、明亮的风景画和神话画，取悦了人们的感官。

阿尼巴尔·卡拉奇

乍看起来，卡拉奇的天花板壁画《众神之爱》（图14.11）仿照了米开朗琪罗的西斯廷教堂壁画，将天花板划分为数个独立的框画。但仔细观察后，会发现明显不同。

米开朗琪罗的框架就像是拱顶的建筑框架；叙事场景发生在长方形区域内，大量背景人物画在建筑元素之间和之内的分层空间里。卡拉奇的天花板则由一系列独立图画构成，就像画架上的画一样，配有装饰框架。穹顶两侧中间部分以看上去独立的画作为特点，具有各自的内部照明方案，由雕刻精美的柱上楣构支撑。这种独特的幻觉艺术形式被称为拱顶镶板，经卡拉奇变

图 14.11　卡拉奇,《众神之爱》, 1597—1601 年。意大利, 罗马, 法尔内塞宫画廊天花板壁画。

得流行。其他框架之外的人物, 以不同方式被照亮, 创造出一种独立、立体的错觉。法尔内塞宫画廊(正式接待厅)中的壁画场景多是基于希腊和罗马神话, 描绘了诸神之间的邂逅。枢机主教奥多阿尔多·法尔内塞委托卡拉奇在他的兄弟结婚之际装饰了天花板。

《众神之爱》绘于 1597—1601 年间, 另一位意大利巴洛克画家卡拉瓦乔此时正在为罗马圣路易吉教堂康塔列里礼拜堂进行绘画创作。卡拉奇创造的辉煌、丰富多彩、理想化的世界, 与巴洛克时期最声名

时代的声音 ||||||||||||||||||||||||||||||||||||||

詹巴蒂斯塔·帕塞里

在下述段落中，17 世纪画家兼传记作家詹巴蒂斯塔·帕塞里描述了博罗米尼自杀的经过。1667 年夏天，贝尔尼尼获得的巨大成功让博罗米尼备感折磨。

［博罗米尼］又被忧郁症折磨，几天以来他的状态不断下降，甚至没有人可以认出他。他变得形容枯槁，脸色也很吓人。他以各种可怕的方式扭动着嘴巴、翻动着眼睛，有时还会像愤怒的狮子一般咆哮和颤抖。他的侄子［贝尔纳多］咨询了医生，听取了朋友的建议，还安排他见了几次牧师。所有人都一致认为不能让他一个人待着，也不能让他进入任何工作场合，而应该尽量让他睡觉，让他的精神平静下来。他的侄子吩咐仆人们严格按此执行，仆人们也都照做了。但他的病情并未得到改善，反而越来越严重。博罗米尼渐渐发现没有人听他的，因为他所要求的都被拒绝了。他认为大家都想惹恼他而不是为他好，

所以变得越来越烦躁，随着时间的推移，他的抑郁症变成了胸痛、哮喘和间歇性的发疯。盛夏的一个晚上，他终于躺下了，但仅仅睡了一个小时就醒来了。他叫来值班的仆人，要了一盏灯和书写工具。

仆人告诉他，医生和他的侄子不允许他这么做，他便回到床上试着睡觉。但闷热的天气让他无法入睡，他开始像往常一样焦躁地辗转反侧。后来有人听到他说："阴沉的想法啊，你什么时候才能停止折磨我？我的心灵什么时候才能不再烦躁？这些烦恼什么时候才能离我而去？这残酷可恶的生活还有什么好过的？"他愤怒地起身，跑向一把剑，很不幸，粗心大意的仆人把剑留在了桌子上。于是他野蛮地用剑尖刺穿了自己的身体。仆人听到声音赶过来，看到这可怕一幕后疾声呼救。奄奄一息、全身是血的博罗米尼被抬回床上。那一刻，他知道生命已经走到尽头，于是叫来听告解的神父，立下遗嘱。

狼藉的艺术家创造的黑暗的、萦绕人心头的情感世界完全相反。

卡拉瓦乔

卡拉瓦乔在他的时代是一个极具争议的人物，而且不仅是因为他的绘画。由于生活方式的问题，他不受他所依靠的贵族和教会赞助人的待见。从 1592 年抵达罗马到 1606 年被迫流亡，卡拉瓦乔时常陷入法律纠纷：他常与人在街头争吵、打架，暴躁的脾气也使他交不到朋友。虽然到了 1600 年，他作为画家在罗马声名鹊起，获得了重要委托，但当他 1606 年犯下杀人罪（也许是误杀）后，他便失去了在罗马立足

的机会。为了逃避惩罚，他先后逃到那不勒斯和马耳他，在马耳他又因袭击警察而蹲了监狱。尔后他逃到西西里岛，然后回到那不勒斯，却再次卷入一起暴力冲突，并受了重伤。在那不勒斯，卡拉瓦乔了解到教宗可以赦免他在罗马犯下的谋杀罪，于是带着三幅画坐船回罗马，想用画求得赦免。结果他被扣押在沿途一个港口，他的画却被带到罗马。后来我们只知道卡拉瓦乔到达罗马之前就死了。几天后，教宗的赦免令到了。

卡拉瓦乔的生活就像是小说，却为解读其风格本质提供了重要线索。当贝尔尼尼与教宗和王公贵胄为伍时，卡拉瓦乔却深陷法国人所谓"风月场"和"下流社会"，那里的人成天喝酒、赌博，活在社会边缘。总之，他成了其中的一分子。他拒绝繁文缛节和社会价值观的说教，排斥传统和理想化的宗教题材绘画，追求更朴实、真实、可信之物。他的故事中的人物没有像许多反宗教改革作品中那样被华美场景掩盖。

相反，他强调的就是人：他们作为人的焦虑，单纯的虔敬，安静的忧伤。他们的面孔不是其他艺术家笔下一般化、标准化甚至常常理想化的版本，他们的原型都是普通人，卡拉瓦乔身边的人。

我们被他们与周遭环境抗衡时的人性和个性所吸引，包括身体的和情感的。由于卡拉瓦乔作品的背景空荡而黑暗，因此气氛显得贴近而亲密，光照则用于创造戏剧效果。这种技术被称为紫金色黑暗派，亦称暗色调风格，其效果刺目而具有戏剧性，被意大利和整个欧洲的同时代巴洛克艺术家广泛模仿。

卡拉瓦乔来到罗马仅五年，就受康塔列里家族委托，为圣路易吉教堂创作了两幅画。《圣马太蒙召》（图 14.12）和《使徒马太的殉教》分别挂在相对的两面墙上，因而在空间和时间上都存在联系。前一幅画中的马太是一位受耶稣召唤而追随他的年轻人；而在后一幅画中，可以看到他年纪已长，即将因其信

图 14.12　**卡拉瓦乔，《圣马太蒙召》，约 1600—1602 年。布面油画，322×340 厘米。意大利，罗马，圣路易吉教堂康塔列里礼拜堂。**一束神秘的光照射到画的右侧。右边半隐藏的耶稣指着马太。艺术家戏剧性地让光照在马太的头部，马太则因害怕而畏缩。

仰而被杀。这位圣徒的故事是在两个不同而又相关的戏剧性时刻中被传述的。在《圣马太蒙召》中，耶稣从右侧进入室内，然后指向马太所在方向，后者当时被几个男人围着，弓背伏在桌上。无人知晓马太是否看到了耶稣，或是听到他的声音，或者感到敬畏和恐惧，试图将自己缩回到黑暗中——下意识躲避我们已知的他的命运。当然，马太一定会去的。

阿尔泰米西娅·真蒂莱斯基

与卡拉瓦乔同时代的最重要人物之一便是阿尔泰米西娅·真蒂莱斯基（1593—1652年）。她的父亲，在罗马、热那亚和伦敦取得了巨大成功的画家奥拉齐奥·真蒂莱斯基，认可并支持着她的才华。尽管奥拉齐奥为她作出的其中一次安排以惨剧收场——给一名画师当学徒最后惨遭其强暴——但是她发展出了一种带有个人色彩的、戏剧性的、激情澎湃的巴洛克风格。她的作品与卡拉瓦乔、其父以及当时其他在意大利工作的画家有相似之处，但在内容的强调性渲染或是对16、17世纪艺术家通常表达的主题进行重申和修改方面，常常显得与众不同。

请看卡拉瓦乔的《朱迪斯与赫罗弗尼斯》（图14.13）与真蒂莱斯基的《朱迪斯砍下赫罗弗尼斯的头颅》（图14.14）这两幅大约同时代的画作。两幅作品都引用了《圣经》当中一位女英雄朱迪斯的故事，她通过斩杀暴虐的亚述将军赫罗弗尼斯，拯救了被压迫的人民。她在夜色掩护下偷偷潜入他的帐篷，假装回应他的示好。当他被美色与美酒

图 14.13　卡拉瓦乔，《朱迪斯与赫罗弗尼斯》，约 1598 年。布面油画，145×195 厘米。意大利，罗马，巴贝里尼宫国立古代艺术美术馆。卡拉瓦乔的画作展示出一个异常疏离、娇弱的刽子手形象。

图 14.14　阿尔泰米西娅·真蒂莱斯基，《朱迪斯砍下赫罗弗尼斯的头颅》，约 1620 年。布面油画，199×162 厘米。意大利，佛罗伦萨，乌菲齐美术馆。真蒂莱斯基笔下的朱迪斯，显得非常强壮，她身手敏捷地执行了这一可怕任务。

所迷之时，她用利剑砍下他的头颅。这两幅画均是典型的巴洛克风格：生动活泼的色彩、激动人心的光线以及一个充满激情的主题，加剧了我们目睹他在遭受酷刑时面容恐惧的内心观感。朱迪斯意志坚定，十分强健，她全身心地投入到任务中。在卡拉瓦乔的画作中，赫罗弗尼斯是在毫无抵抗力的醉酒状态下，被措手不及地斩杀。而在真蒂莱斯基的画作中，则是这位暴君从酒醉状态中骤醒并挣扎求生。他经过反抗推搡，最终被一名正义女子制服。如果说到性别差异，从这些不同演绎手法当中可以看出些什么？

真蒂莱斯基的《朱迪斯砍下赫罗弗尼斯的头颅》是她被研究得最多的暴力画作之一。她反复地以此为主题创作了多个不同版本，让一些历史学家认为她表面上是痴迷于这个故事，实际意指着她在遭到强奸之后的个人挣扎，以及在随后对控告者的审判中，为了证实她证词的真实性，她饱受折磨。就卡拉瓦乔的人生与艺术而言，要理解真蒂莱斯基的作品，你们认为这种背景材料是否必要？

意大利以外的巴洛克时期

在文艺复兴时期，意大利几乎是所有艺术发展的中心。尽管受到反宗教改革的影响，但宗教改革开始了权力分散的不可逆过程。到 17 世纪初，尽管罗马仍是欧洲的艺术之都，但其他地方都发生了重大的文化变革。随着荷兰与英国等国经济增长，法国日益强大，出现了一系列从本土发展而来的艺术风格，而不再是从阿尔卑斯山南部传入。在整个北欧，崛起的中产阶级创造了一群新的艺术受众，并反过来影响了绘画、建筑和音乐的发展。

巴洛克一词所暗示的跨地区甚至地区内风格的不规则性再次显现出来。西班牙和佛兰德斯的艺术家采用了威尼斯人喜爱的色彩和松散地涂刷颜料的方式。北方的艺术家一直对现实主义感兴趣，在巴洛克时期，他们将这一点发挥到极致。日常生活和活动成为荷兰艺术家最喜爱的题材，他们追随勃鲁盖尔的脚步并进一步完善了风俗画。巴洛克运动还延伸至法国和英国，但在那里往往表现为对古典主义的严格坚持。欧洲文化第一次开始跨越大西洋，由反宗教改革传教士传播到美洲。

西班牙

在巴洛克时期，西班牙是欧洲最富有的国家之一（部分原因在于大量财富从新大陆涌入），而西班牙宫廷慷慨地支持艺术。来自欧洲各地的画家和雕塑家得到皇室委任，本土人才也得到培养和重视。

迭戈·委拉斯凯兹

迭戈·委拉斯凯兹（1599—1660年）出生于西班牙，曾任宫廷画师并成为国王菲利普四世的亲信。尽管委拉斯凯兹在运用威尼斯色彩、高明暗对比以及深邃的虚幻空间时仰赖巴洛克技术，但他对当时意大利艺术中伴随着这些元素的理想化形象十分鄙视。与卡拉瓦乔一样，委拉斯凯兹更喜欢以普通人为模特，在画布上表现出严酷的现实主义。委拉斯凯兹通过运用普通脸型和自然风格的态度来刻画主要人物，让许多神话主题显得接地气。他的这种偏好也不仅仅局限于大众绘画。委拉斯凯兹在给皇室作画时采用了同样的写实格式，比如《宫娥》（图14.15）。在这幅巨大的画布之上挤满了忙于不同事务的人物。宫廷侍

图 14.15　迭戈·委拉斯凯兹，《宫娥》，1656 年，布面油画，318×276 厘米。西班牙，马德里，普拉多博物馆。画家大胆地把自己画在左侧，他手持调色板，站于一幅巨大的画布之前，有意思的是画布因为在构图中所处的位置而几乎消失了公主站在中央，她的侍女们在四周等候。有一条大狗作为忠诚的象征位于前景。

女们正照顾着小公主玛加丽塔，她似乎是为了画肖像画而盛装打扮。她被自己最爱的随从逗乐了，包括两个小人儿以及一条大狗。我们猜想他们是艺术家委拉斯凯兹在大画布前作画时，给公主做伴的。

事实上，委拉斯凯兹所画的景象真是如我们所见的那样吗？有些人的确是这样诠释这幅作品的。其他人则注意到，如果他是在画他们，那他就不会站在公主及其随从身后。此外，在他工作室的后墙上，似乎可以看到国王和王后站在一起的镜像，身后则是一块垂落的红布帘。因为我们并没有看到他们本人，也许可以假设他们是站在观众的位置，位于画布和艺术家之前。这是在小公主和父母一起画全家福之前，再帮她整理一下仪容吗？我们不得而知。委拉斯凯兹让这个场景的真实情况成为一个谜，还有在房间后一扇敞开的门里观察这个场景的绅士的身份。有趣的是，作者在这幅皇室画像中非常显眼。这让我们意识到他对宫廷，尤其是对国王的重要性。回想一下拉斐尔在《雅典学院》（见图 12.8）的肖像画。相比之下，拉斐尔的形象几乎是偷偷出现的。

委拉斯凯兹在技术和题材上都追求现实主义。在威尼斯画法的基础上，委拉斯凯兹运用大量的笔触，精准地捕捉到光线在不同表面纹理上的体现，以此构建他的形式。仔细观察他的画作，可以发现这些细微而清晰的笔触遍布在画布之上，与它们意图描述的形式截然不同。然而，站在 1 米开外来看，这种笔触会让人想到丝绸、皮毛或是花朵的感觉。这种方法将成为两个世纪后所谓印象主义运动的基础。在追求现实主义方面，委拉斯凯兹确实是一位超前于自己时代的艺术家。

佛兰德斯

宗教改革尘埃落定后，佛兰德斯地区出现分裂。北部地区，即今天所说的荷兰共和国（如今的荷兰）接受了新教，而南部地区，也就是佛兰德斯（如今的比利时），依旧信奉天主教。这种分离或多或少决定了艺术家在作品中所呈现的主题。荷兰艺术家描绘了日常生活的场景，延续了勃鲁盖尔的传统，而弗拉芒艺术家则继续创作我们经由意大利和西班牙已非常熟悉的宗教和神话场景。

彼得·保罗·鲁本斯

即使是像委拉斯凯兹这般拥有着巨大权力和威望的人物，也会被弗拉芒艺术家彼得·保罗·鲁本斯（1577—1640 年）超越。鲁本斯是当时最受欢迎的艺术家之一，身兼大使、外交官以及公爵和宫廷画家等多个职位。他经营着一家繁忙的工作室，有大量助手帮他完成委托。鲁本斯的风格结合了米开朗琪罗人像的雕塑质感以及威尼斯人的绘画性和着色。他还模仿了意大利巴洛克艺术大师的明暗手法和戏剧化的主题表达。像丢勒一样，鲁本斯欣赏南方的同行并从中借鉴。尽管鲁本斯的画作包括了肖像、宗教题材、神话主题以及冒险场景，但他的油画总是充满活力、激情洋溢，而这些特点常与巴洛克时期联系在一起。

在《劫夺吕西普的女儿》（图14.16）当中，鲁本斯讲述了一个希腊神话故事，在这个故事中，两个平民女子被宙斯的双胞胎儿子卡斯

图 14.16　彼得·保罗·鲁本斯，《劫夺吕西普的女儿》，1617 年。布面油画，224×211 厘米。德国，慕尼黑，老绘画陈列馆。鲁本斯的这幅画充满动作元素。与鲁本斯的典型风格一样，画中女人的躯体丰满，用色细腻。

托耳与波吕克斯抓走。构图中的动作是通过强烈的对角线和垂直线的交汇来体现的，这使原本不稳定的构图变得稳定。通过利用巴洛克的"定格"技法，即描绘事件中的某一瞬间，鲁本斯将挣扎、魁伟的躯体置于一个菱形结构中，而该结构在前景中只停留在一个点上：一男一女的脚趾。从视觉上，我们把握到所有这些能量不可能支撑在一个点上，所以可以推断出连续的运动。动作跃然纸上，让观众直面场景传递出来的激情与蛮力。除了这些巴洛克手法，鲁本斯还使用了威尼斯人那样的色彩和质感。绑架者健壮黝黑的手臂与女子娇嫩的肉体形成了鲜明对比。受这场骚动影响，随之飞扬的柔软金色发辫与高大马匹身上柔软飘逸的鬃毛相呼应。

安东尼·凡·戴克

大规模的绘画需要助手帮忙，毫无疑问，在鲁本斯工作室里，大部分前期工作都是由他的工作人员完成。其中一位艺术家就是因此而被雇用，最终他的肖像画像他的前雇主那样受到贵族追捧。在安东尼·凡·戴克（1599—1641 年）走上独立艺术家生涯之前，他花了两年时间（1618—1620 年）追随鲁本斯。尽管他时常画一些宗教题材的作品，

但他是因为正式的肖像画而出名，这其中很多都是他在意大利和英国期间创作的。

凡·戴克高雅的品位能够满足贵族客户的要求，展示出他们自以为的样貌，而非真实的样貌。很难相信有哪个现实生活中的人物，能拥有像凡·戴克为卡塔内奥公爵夫人所画肖像那样傲慢的姿态和崇高的尊严（图 14.17），虽然她所在的热那亚贵族以傲慢著称。

图 14.17 安东尼·凡·戴克，《公爵夫人艾莲那·格里玛尔迪，尼古拉·卡塔内奥公爵之妻》，约 1623 年。布面油画，242.9×138.5 厘米。华盛顿国家美术馆。这幅肖像画通过使用笼统的昏暗色彩和人造背景，来强调凡·戴克庄严的主题。

像鲁本斯和凡·戴克这样的国际名家，在全欧洲的宫廷都有口皆碑，但绝不是北方艺术家的典型。特别是荷兰共和国的画家们，他们发现自己与其他地方的同行处境截然不同。教会和贵族这两项最赚钱的差事他们都没份，因为荷兰的加尔文教会遵循了宗教改革后的做法，禁止在教堂使用画像，也因为荷兰共和国本身从未出过强大的世袭贵族。因此，画家们依赖于开放市场的口味和需求。

荷兰共和国

鲁本斯的宏伟构图与行动主题，与 17 世纪大多数荷兰艺术家的关注点和审美感受力相差甚远。在意大利、佛兰德斯和西班牙，伴随着新教被抵制和天主教复兴，神秘主义和宗教自然主义盛行，而荷兰共和国的艺术家则转向世俗艺术，遵守新教关于人类不创造虚假偶像的命令。艺术家们转向日常生活场景，艺术收藏家则是民间人士。在荷兰人寻求建立中产阶级的过程中，贵族赞助已然消失，艺术家们被迫在自由市场上兜售自己的作品。风景画、静物画和风俗画是最受欢迎的油画，现实主义则是当时的主流。尽管荷兰艺术家的主题与欧洲其他地方的艺术家截然不同，但巴洛克精神及其诸多艺术特征，在他们的作品中均有体现。

弗兰斯·哈尔斯

17 世纪荷兰艺术家的一项利润丰厚的收入来源是群体肖像画，尤其是民兵组织或公民卫队的肖像画。这些士兵起初的实际用途是保卫国家，但他们的定期聚会往往变成社交聚会，主要为了吃喝。如今的退伍老兵会雇一名摄影师来纪念他们的年度聚会；民兵卫队则会雇用肖像画家。如果他们运气好或是很有钱，甚至可能请得到弗兰斯·哈尔斯（约 1581—1666 年），他的群体肖像画能够捕捉到每个人的特点，并传达出这种场合的欢乐氛围，比如《圣乔治射击手连军官们的宴会》（图 14.18）。哈尔斯当然不是最具

想象力和创造力的艺术家，但他的绘画能力，他粗犷、动态的笔触和巧妙组织的构图，使他的作品成为那个时期最具吸引力的作品之一。

伦勃朗·凡·莱因

伦勃朗·凡·莱因（1606—1669 年）创作的金黄色调、微弱光线的油画，具备一定程度的永恒性。伦勃朗专注于画中人的个性或是特定情境下的心理状态，而不是表面特征。这种内省法在他所有的作品中都很明显，无论是宗教还是世俗主题，无论是风景还是肖像，无论是素描、油画还是版画。伦勃朗画了许多自画像，让人能够了解他的生活和个性。在他的 46 岁自画像（图 14.19）中，他描绘了一个自信满满、受人尊敬、广受欢迎的艺术家形象，

图 14.18　弗兰斯·哈尔斯，《圣乔治射击手连军官们的宴会》，1616 年。布面油画，179×257.5 厘米。荷兰，哈勒姆，哈尔斯博物馆。当观众的视线随着顺着旗帜形成的对角线移动，会看到画中人的"动作"从左下到右上推进。画中人均匀分布在油画之上，有趣的是，并不是所有人都在为这次画像摆姿势。

画中的他几乎是不耐烦地盯着观众
看。这个画面看起来像是捕捉到了
工作中的他，而这对于观众来说只
是一个瞬间。这是一个强有力的形
象，有着一双锐利的眼睛，沉思的
眉毛，以及坚定的下巴，流露出一
个富有成果之人对于自身地位的志
得意满。这些似乎都显而易见，但
是他没有给出多余的线索可以让人
去总结他的性格。他站在一个未知
空间里，没有任何属性来展示他的
身份。整个人物处于黑暗之中，让
人难以看清他的躯干和放在腰间衣
带中的手。画上的穿透光线只照亮
了艺术家的部分脸庞。伦勃朗给了

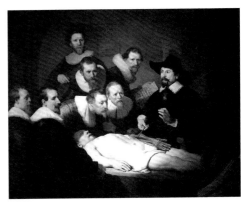

图 14.20　伦勃朗·凡·莱因，《杜普教授的解
剖课》，1632 年。布面油画，170×217 厘米。
荷兰，海牙，莫瑞泰斯皇家美术馆。这幅由外科
医生协会委托制作的画作，把旁观者聚集在画面
左侧，其中有些人为了看得更清楚而往里挤。

图 14.19　伦勃朗·凡·莱因，《自画像》，1652 年。
布面油画，112×81.5 厘米。奥地利，维也纳，
艺术史博物馆。这幅中年自画像，展示出艺术家
自信满满且受人尊敬，对自己在生活中的地位感
到满意。

我们一个微小的片段，他用这个片
段召唤我们去完成整个画面。通过
神秘而具有启示性的光线，使得这
幅画像显得神秘而又发人深思。

　　伦勃朗也画过大型群像，如《杜
普教授的解剖课》（图 14.20）。在
《圣乔治射击手连军官们的宴会》
（见图 14.18）中，弗兰斯·哈尔斯
将人物群像均匀分布在画面上。而
伦勃朗则把这名医生的学生，也就
是外科医生协会的成员，集中在画
面左侧。其中捕捉到了一些人往里
探头以便看得更清楚的瞬间。医生
左手打着手势，正滔滔不绝地讲解。
尸体的颜色很逼真。中间的那位学
生则直直注视着画外，望向观众，
仿佛在说："我们真的在这里。"
尸体的脚被仁慈地遮住了，这样便
不会从画面中突出来。"聚光灯"

图 14.21　伦勃朗·凡·莱因，《弗兰斯·班宁·科克连队和威廉·范鲁坦伯希的连队》（《夜巡》），
1642 年。布面油画，363×437 厘米。荷兰，阿姆斯特丹，国立博物馆。因博物馆的一次清洁工作，让
人发现这幅画的通俗名称虽然简洁明了，但却是错误的。画中主角并非身处黑暗中，而是原本就沐浴
在阳光下，并被涂上了鲜艳的色彩。

打在他的身体之上，尤其是他被切开的手臂。伦勃朗这位光影大师，让大部分外部画面都消失在黑暗中。我们看到的就是伦勃朗希望我们看到的。

《夜巡》（图 14.21）和达·芬奇的《蒙娜丽莎》一样，是西方艺术史上最著名、最为人熟知的作品之一。这幅画目前所在的阿姆斯特丹国立博物馆在网站上写道，这是其馆藏品中最著名的一幅画。但它的标题并不是《夜巡》。它实际上叫做《弗兰斯·班宁·科克连队和威廉·范鲁坦伯希的连队》，这是一幅民兵画，也就是说，是一幅群像，而这次是公民卫队的部分人员。按照巴洛克风格，伦勃朗并没有把这群人画成一排，也没有画成他们坐在一起参加年度宴会的样子。相反，他只是画了科克下令让民兵行军时，他们列队组织的一个瞬间。伦勃朗为了强调这个瞬时动作，巧妙地利用透视法缩短了科克的左手，让其似乎要从画中伸出来。伦勃朗利用光影，把观众的注意力集中到画面前景的关键人物，科克与其副手范鲁坦伯希身上。尽管这幅画的纵深处隐没在阴影之中，但它呈现出来

比较与对比 ||||||||||||||||||||||||||||||||

视觉与差异: 三幅题为《苏珊娜与长老》的画作

在面对一个有潜在利益可图的调查委员的欺骗之时, 阿尔泰米西娅·真蒂莱斯基曾说过: "如果我是男人, 我想象不出这件事的结果会变成这样。"这句话可用于画作《苏珊娜与长老》的主题分析及性别化诠释, 它们分别由三位不同的艺术家创作: 丁托列托、阿尔泰米西娅·真蒂莱斯基和伦勃朗。

苏珊娜的故事出自《但以理书》。苏珊娜是富有的巴比伦犹太人约阿希姆之妻, 家中经常有法官和社区长老们出入。苏珊娜非常虔诚, 而且长得美丽动人。有一天, 当她在花园里洗澡时,

两位长老鬼鬼祟祟地偷窥并对她进行性挑逗, 同时警告如果她拒绝, 他们就会公开指控她和一个年轻人通奸。苏珊娜并未顺从, 于是他们就诬陷她, 使她因虚假指控而受到审判。就在她即将被判有罪的时候, 但以理出现在法庭, 建议交叉审问长老, 以确定他们的证词是否能相互印证。但他们的证词不一。苏珊娜被判无罪, 而两个原告则因伪证而被判石刑。由此正义得到伸张, 正义战胜了邪恶。

艺术家是如何将这个故事视觉化的呢? 他会想要传达什么样的主角形象, 利用什么样的绘画图形来歪曲叙事? 关于苏珊娜与长老的这几幅画为这些问题提供了一些对比鲜明的答案。丁托列托对苏珊娜的描绘 (图14.22) 符合她作为一个富人妻子的地位, 但同时

图14.22　丁托列托,《苏珊娜与长老》, 1555—1556年。布面油画, 146×193.6厘米。奥地利, 维也纳, 艺术史博物馆。丁托列托笔下的苏珊娜被珠宝及其他代表了女性虚荣的陈规装饰所包围。

||||||||||||||||||||||||||||||||||||||||||||||||||||||||||||||||||||||||||||||||||

图 14.23 伦勃朗·凡·莱因，《苏珊娜与长老》，1647 年。红木画板油画，77×93 厘米。德国，柏林，国立美术馆。在伦勃朗关于苏珊娜的困境这一怪异版本中，受害者看起来很惊讶，但并不一定显得痛苦。一束强烈的光线照射下，她的衣服被撕开。

暗示了她喜欢漂亮的东西。她梳着精致的发辫，戴着珍珠耳环和金手镯。她正用一条柔软的丝布擦拭双脚，旁边还有一个银色的香水瓶以及一串珍珠，像是被随手抛在一边。苏珊娜在一个奢华茂密的花园里沐浴，她欣赏着镜子中的自己，镜后由一面覆盖着藤蔓和鲜花的屏风支撑着。观众的注意力完全集中在她身上，就像屏障左下方好色老头窥视的目光。丁托列托描绘的苏珊娜，似乎并不是虔诚之人。相反，苏珊娜这种肆意虚荣的展示，显得她

像是故意引诱。

在伦勃朗的《苏珊娜与长老》（图 14.23）中，一个色眯眯的长老抓住苏珊娜用于包裹身体的白布并拉往自己，露出她裸露的躯体。他的这个动作就像是在我们眼前发生，感觉来势汹汹、令人不安。但画上最初表现出来的对于苏珊娜困境的同情以及对袭击者的谴责，却因为一些细节而削弱了。苏珊娜的眼神把观众带入到画中，但她的面部表情却没有流露出恳求帮助的意思。她也许看起来很惊讶，但并不痛苦。她

蜷缩身体的姿势可能会让我们看到苏珊娜的单纯、谨慎和难为情，但是伦勃朗在画中放置的一些物件可能会让我们对她有不同的看法。她头发上有珍珠装饰，还戴着金手镯；旁边是一双小巧的缎面拖鞋和一件镶金边的华丽红色斗篷。

阿尔泰米西娅·真蒂莱斯基描绘了同样的故事，视角却截然不同（图14.24）。她笔下的苏珊娜没有在一个郁郁葱葱的花园中休憩，也没有在一个隐蔽的池子里优雅地泡澡。她被困在一个幽闭恐怖的地方，她赤裸的身体抵在坚硬冰冷的石头上。男人们互相耳语并朝她扑去，威胁着向她求欢。她的身体姿势呈现出扭曲的Z形，让人感到不适和尴尬，甚至是痛苦。苏珊娜脸上的表情无疑是煎熬的，她把他们从耳边推开。真蒂莱斯基笔下的苏珊娜没有佩戴珠宝，身旁也没有任何奢华装饰。覆盖在她大腿上的布并不是什么美丽的道具；看起来只是一条普通毛巾。

艺术家面对需要描绘的故事时总是要做出选择。可以假定在一幅画上出现的特定元素都是有缘由的。可以问问自己：这些选择是什么？艺术家为什么要这样安排？除了艺术作品的故事或文字之外，艺术家是否试图传达一些其他的信息（即潜台词）？这些决定是出自艺术家，还是赞助人，抑或是当时的性别观念？尤其是在这些作品中，对于人们熟悉的主题的表现，是否一些解读可以揭示出性别差异？

图14.24 **阿尔泰米西娅·真蒂莱斯基，《苏珊娜与长老》**，1610年。布面油画，170×119厘米。德国，维森特海德，萧伯恩伯爵馆。真蒂莱斯基笔下的苏珊娜是一名受害者，一名不能因为偷窥者的罪行而受指责的受害者。

的颜色比作者想要的更暗，故被称为《夜巡》。大部分黑暗色调都是由涂在表面的一层层清漆造成的。

画中的民兵是火绳枪兵，得名于当时的一种长管枪。伦勃朗让前景中的女孩拿着鸡爪等物，这是民兵团的标志。这幅民兵画像同其他画一起被挂在火绳枪兵大厅，此后又转移了几次位置。其间画像有损毁：首先是从民兵大厅转移到市政厅时，画布被裁剪了，尤其是左侧，因为它尺寸太大，无法原样悬挂。

与委拉斯凯兹的绘画技巧一样，伦勃朗所画人物从远处看比近处更易辨认。事实上，据说伦勃朗曾警告观众不要用鼻子闻他的画，因为颜料的气味对他们有害。我们可以把这一点理解为，伦勃朗利用技法创造出来的某些现实主义幻像，能

在稍远处清晰看到。最重要的是，伦勃朗善于利用光线。他的光在视野中轮番构建与破坏，笼罩与隐藏。就像在自然界中发现的光一样，不可预知地聚焦，并巧妙地变化。

伦勃朗的版画《基督救治病人》（《一百荷兰盾的版画》）（图14.25）里可以发现同样的光线变化。这张版画内容丰富，却是一幅小型作品，不到40厘米宽。之所以沿用"一百荷兰盾的版画"这一名称，是因为这张蚀版画的售价相当于17世纪中期荷兰一栋体面房子价格的10%。这张蚀版画表明伦勃朗对宗教主题也有所涉猎，这种兴趣也随着时间的流逝越来越浓厚。然而，伦勃朗对宗教的虔诚是通过人格化、有人情味的基督反映出来的，比如向那些最需要帮助的人——瘸腿、盲眼以及年幼的人——布道并抚慰他们。作品的构图极具冲击力：人物姿态各异，站立、跪拜、躺卧，不一而足，还有一条狗背对着弥赛亚，显示它对灵魂事务漠不关

图14.25 伦勃朗·凡·莱茵，《基督救治病人》（《一百荷兰盾的版画》），1649年。蚀版画，27.9×38.8厘米。纽约，皮尔庞特·摩根图书馆。在这张小型版画中，瘸腿和盲眼的人四散在弥赛亚周围，有的位于明亮光线中，有的则被阴影笼罩。

心。炫目的圣光笼罩着左侧，人物的轮廓显得有些模糊。相比而言，右侧拱门内或前面的人物却在阴影中若隐若现。

作为艺术家，伦勃朗被追捧了很多年，承担过多项重要委托，然而终究成为自由市场的受害者。这位巴洛克时期的荷兰画师享年63岁，去世时早已过气，一贫如洗。

约翰内斯·维米尔

要论哪位艺术家代表了荷兰艺术界对中产阶级日常生活的绘画兴趣，那就非约翰内斯·维米尔（1632—1675年）莫属了。他遗世的作品不多，生前也从未离开过家乡代尔夫特，但其作品笔触精确，色彩明快，深得后世敬仰与尊崇。

《手持水壶的女子》（图14.26）正是展现维米尔绘画主题和技巧的典范之作。在典型的中产家庭雅致房间的一角，一个女人站在盖着桌布的桌子旁，一手持着水壶，一手打开彩色玻璃窗。黄铜皮革椅上挂着一块蓝布，桌上放着一个奇怪的金属盒子，墙上挂着一张地图。画面内容丰富而又简洁地呈现在我们面前，构图协调，氛围宁静祥和，仿佛挪动分毫就会打破平衡。波浪状线条并未妨碍画中的空间感，反而更添优美。画中的阴影涂以颜色，

图14.26 约翰内斯·维米尔，《手持水壶的女子》，1665年。油画，45.7×40.6厘米。纽约大都会艺术博物馆。环境无疑是中上层社会。一切都井然有序。桌子上的盒子给人一丝神秘感。

表明画家深知阴影里的物体色调复杂多变，并非一成不变的黑色。画中的每一个物品都以简单到近乎永恒的形式展现，与陶瓷般安详的女人相映成趣。她衣着朴素，衣领和软帽笔挺，显得优雅平和。

法国

巴洛克时期，太阳王路易十四统治下的法国开始取代罗马，成为艺术世界的中心。

路易十四崇尚古典风格，在整个国家也就形成风尚，画家、雕塑家和建筑家纷纷创作这一风格的作品。路易十四设立秉持古典风格的艺术学院，确保这一风格的延续。这些学院由国家掌管，教职人员是支持古典风格的领军人物。因此，

图 14.27　尼古拉斯·普桑，《掠夺萨宾妇女》，约 1636—1637。布面油画，154.6×209.9 厘米。纽约大都会艺术博物馆。此画作成之时，普桑受到罗马古代雕塑的深刻影响，最显著的就是对人物肌肉线条的细致刻画。

当我们回顾巴洛克时期的欧洲艺术，会发现强烈的风格上的两极性：既有鲁本斯和贝尔尼尼等人丰富多样的绘画风格和高超的戏剧性，又留存着可追溯到拉斐尔的古典主义。

尼古拉斯·普桑

17 世纪最著名的法国画家尼古拉斯·普桑坚决抵制卡拉瓦乔的创新，厌恶其作品，反映了这一时期法国对含蓄克制的崇尚。他把自己的作品当作对巴洛克风格泛滥的抗议；但对罗马同时代人的不满并没有妨碍他在罗马度过大半辈子。这位极具法国风格的艺术家竟然选择在意大利居住，实在有些古怪，然

而吸引他到那里去的却是古罗马艺术，而不是巴洛克时期的艺术。普桑唯一真正而持久的热爱只有古典世界。他在罗马结交的朋友包括当时知名的古物收藏研究者，而他的画作常常表现出对遥远过去的怀念。

《掠夺萨宾妇女》（图 14.27）作于普桑被国王召回法国的 4 年前，展现的恰是普桑意欲带回祖国的巴洛克古典主义。在普桑的画作里，贝尔尼尼和鲁本斯盛极一时的动态感让位于更加静态的、近乎舞台动作的风格。粗犷如雕塑的拉斐尔风格的人物朝着各个方向，构成一系列相互交叉的对角线和垂线。乍看之下，似乎一片混乱，行为毫无拘束，

充满人的痛苦。

但正如希腊古典主义雕塑家和意大利文艺复兴时期的艺术家一样，情感总是与克制达到微妙的平衡。例如，可怜的老妪处于前景，两侧是哭泣的孩子，奠定了一个三角构图的基础，使作品达到平衡，同时抵消过度的情感。如果从她的头顶向上直到画布边缘画一条直线，就会遇到整个三角形的顶点，而这个点是由两个罗马掠夺者手持的剑构成的。三角形的一条边由右侧前景里强壮的罗马人壮硕的躯干构成，另一边则由左侧绝望地指向天空的萨宾妇女构成。这种三角构图，以及右侧背景里避免空间感极剧减弱的罗马神庙，都是文艺复兴时期构建平衡构图的技巧。普桑利用这些技巧，加上对主题的舞台化、戏剧化的表现，调和了严酷的古典主义和充满活力的巴洛克这两种不同风格。

即便普桑有意离开罗马返回法国，其艺术作品里简朴的风格也无法博得崇尚宏大的专制君主路易十四（生于 1638 年，1643—1715 年在位）的欢心。在大多数情况下，这位国王手下都只是些二流的艺术家。

乔治·德·拉·托尔

巴洛克时期的法国是天主教国家，17 世纪的许多法国画家都以宗教为主题，乔治·德·拉·托尔（1593—1652 年）也一样。他的作品与卡拉瓦乔在光线运用上有异曲同工之妙，特别是在暗色调处理方面。拉·托尔的画作常常只有单一光源，未受光照的部分就隐匿在阴影里。《忏悔的抹大拉》（图 14.28）里，抹大拉的马利亚心情沉郁，也许是在反思肉欲的罪过，也可能是缅怀已逝的挚爱基督。画里的象征符号显示出她的内心冲突：镜子象征尘世虚荣，骷髅象征死亡，蜡烛则可能象征精神的指引与启迪。蜡烛的镜中倒影象征着什么？这幅画中的光线有卡拉瓦乔的意蕴，但情感基调却

图 14.28　乔治·德·拉·托尔，《忏悔的抹大拉》，1640 年。油画，133.4×102.2 厘米。纽约大都会艺术博物馆。画中的象征符号展示了对失意和死亡的思索。

是沉思而非激情。

凡尔赛宫

路易十四的古典主义品位也延伸到建筑方面，从凡尔赛宫（图14.29）就可以看出。起初，这里是路易十四的狩猎行宫，后来和巴黎外围的周边区域一起被艺术家、建筑家和风景设计师改造成了法国巴洛克时期最宏伟的纪念碑之一。为了体现古典主义，建筑师路易斯·勒沃（1612—1670年）和朱尔·阿杜安-芒萨尔把正面横向分成三层，竖向分成三个主要区域，然后再各自分为三个额外区域。正面的窗户布置极具节奏感，在勾勒地面轮廓的水平条带之间嵌入坚硬的壁柱。一道栏杆环绕宫殿顶部，既进一步突出了建筑的水平线条，又限制了垂直结构向上的趋势。建筑物分成古典而协调的三个区域，同时近乎痴迷地突出水平线条，与文艺复兴时期

图14.29　**凡尔赛宫，始建于1669年，以及周边公园的一小部分。法国凡尔赛。**负责凡尔赛宫最后阶段的主要建筑师是路易斯·勒沃和朱尔·阿杜安-芒萨尔。外饰是古典主义风格，庞大的规模（近50米宽）却是典型的巴洛克建筑特点。

的建筑十分相似。法国人终于从他们那辉煌无比的哥特式教堂尖顶走到了今天！

镜厅

凡尔赛宫是由国王从政治角度构思的。建筑师的任务，是建造一座能够展示路易十四对自己身为太阳王这一象征概念的建筑。如此一来，国王每天早上起床，穿过镜厅（图14.30），17面巨大的镜子反射着晨光和他伟岸的身形，走向沿花园布置的宫殿右翼——按照太阳的移动轨迹东西向布置。与此同时，宫殿和花园（延展3千多米）要为舞会、宴会和焰火晚会提供适宜的环境。

凡尔赛宫的布局和内饰宏伟而充满象征意义，凡尔赛宫外部的实际外观，以及一排排爱奥尼亚式柱子，却出奇简约。简洁的设计和装饰，再次显示了法国人将巴洛克艺术极端性与古典主义精神结合起来的能力。

新英格兰

17世纪，欧洲列强继续在西半球殖民，抢夺土地、资源和影响力。欧洲人也在向新大陆移民。英国人、荷兰人、德国人、法国人和西班牙人各自在美洲划定了地盘。现属美国的早期欧洲定居点，主要位于新英格兰，新英格兰人把他们的语言、

图 14.30 镜厅，始建于 1676 年，凡尔赛宫。法国凡尔赛。共 17 个拱门，每个拱门装有 21 面镜子，映照着拱形窗户。拱形窗户俯瞰着花园，而花园逐步下降，环绕着一个人造湖。

习俗、宗教信仰、文化才能及偏好带到了大洋彼岸。

安妮·布拉德斯特里特

新英格兰也有诗歌。1630 年，安妮·布拉德斯特里特（1612—1672 年）与丈夫西蒙（安妮 16 岁便嫁给他）从英格兰横渡大西洋来到此处，定居马萨诸塞州。此地冬天寒冷刺骨，安妮去世后，西蒙于 1679 年成为总督。他们是清教徒，人们对这个名称一直存在一些误解。他们的理念是从《圣经》里直接获取启示，从而净化新教信仰。这种行为有时会产生荒谬的结果，比如从经文中找寻女人应留长发的证据。

清教徒被描绘成因宗教压迫而逃离英国的人，尽管有人质疑他们的受害程度。他们最主要的目的可能是建立一个宗教信仰能够不受阻碍地繁荣发展的社会。清教徒是信奉加尔文主义的新教分支。法国人约翰·加尔文（1509—1564 年）说，上帝无所不知（全知），也无所不能（全能），那么全人类的命运就都在上帝的意料之内。因此，所有人的命运早已注定，包括拣选哪些人升入天国，哪些人堕入地狱。既然一个人的行为无法决定其命运，为何还要行善？清教徒的回答是，过公义的生活，可以培养一个人的救赎信念。因此，清教徒要建造一座完美、简朴的"山上之城"。（然而，从心理学角度来讲，许多清教徒难免会私下里怀着这样一种信念：如果自己行为端正，即便不在升入天国之列，上帝也会开恩施惠。）

布拉德斯特里特是清教徒，但她在英国的时候就坦承："十四五岁那会儿，我发现心中充满了肉欲，背离了上帝的旨意。"结婚前夕，她得了天花，她将这病归结为天谴——可能是以开玩笑的语气。

布拉德斯特里特被认为是美国第一位诗人，在美国文学史里占据重要地位。她的作品大多描述新英格兰殖民生活的困顿以及与疾病的抗争。即便如此，她的第一部诗集《美洲新诞生的第十位缪斯》（1650 年）也是美洲第一部由女性著述并出版的书籍。

在《序诗》中，她也像当时的作家（包括男性作家）一样先致歉。

阅读材料 14.1 安妮·布拉德斯特里特"序诗"，1-6 行

讴歌战争，讴歌船长和国王，
城市的建立，联邦的创始，
对于我卑微的笔过于堂皇，
它们所有或其一的盛衰兴亡，
也让诗人和历史学家去撰写，
我无名的诗行不会使他们黯然失色。

［译注］引自安妮·布拉德斯特里特，"序诗"，《英语学习》2008 年 09 期。

以下是她在丈夫出差时写给他的一首抒情诗。

阅读材料 14.2 安妮·布拉德斯特里特《致远任赴职的爱夫》，1-8 行

我脑中、心中、眼里，
甚至整个生命中，你无处不在。
你为我带来欢乐，让我倾情相爱。
若有两人合一，必是你我无疑，
可你怎能远走他乡，舍我孤独无依
恰似头脑和心灵已被远远分离，
若不是被脖颈分开，我们早已在一起。
如同此时世间万物，我也忧郁叹哀，
只因我的太阳远处发轨带。

［译注］引自周英莉、李正栓译，《致远任赴职的爱夫》，载《美国诗歌研究》，北京：北京大学出版社，2007。

托马斯·史密斯

除了知道托马斯·史密斯（1691年卒）是一位有钱的船长，在波

图 14.31 托马斯·史密斯，《自画像》，1680 年。油画，62.8×60 厘米。马萨诸塞州，伍斯特艺术博物馆。窗外的战斗场景可能是他对非洲北岸战役的回忆。

士顿及周边地区画过肖像画，我们对他知之甚少。他的自画像（图14.31）是美洲殖民地已知最早的自画像，也是第一幅具名艺术家创作的自画像。史密斯的经济状况由哈佛大学（建于1636年）的一个账本和他在画中的着装可见一斑。窗外的海战，根据旗帜，似乎是英国与荷兰海军联合对战北非海岸信仰伊斯兰教的巴巴里王国。这场战斗应该发生在美国宣布从英国独立的一个多世纪前，而史密斯是以英国人的身份参与。他可能将之视为一项宗教职责，一场千年来断断续续交锋的延续。除了像画中这样偶尔的联合之外，英国与荷兰经常为了抢夺美洲的所有权和影响力而争斗。

这幅画有着欧洲肖像画的影子。例如，就像在拉·托尔的《忏悔的抹大拉》（见图14.28）中那样，头骨被视为死亡的象征。头骨下压着的诗篇反映了绘画的宗教意图。诗的开头是："为何我要在意这个世界/一个充满罪恶的世界？"接着申明了他的新教信仰。他一方面虔诚于宗教，同时又紧跟时代潮流。他戴着精美的蕾丝胸饰——衬衫前面罩着的装饰性褶边。胸饰在1650年左右十分流行，史密斯虽然远离欧洲，却未与潮流脱节。在当时的欧洲绘画里，光没有照到的地方就遁入黑暗。史密斯的头发明显经过专业修剪，但这幅画的基调显然与花花公子式的自我表现欲不搭边——也许吧。

巴洛克音乐

虽然音乐的历史与其他艺术一样源远流长，但大多数现代音乐爱好者所熟悉的最早的音乐当属巴洛克时期的音乐。可以说，广大听众即使不了解或不关注巴洛克协奏曲的历史背景，也能伴随它的节奏晃动，原因不言自明：巴洛克音乐十分注重节奏感和曲调的优美，很容易引起人的愉悦感。另外，巴洛克时期产生了音乐史上的伟大天才，他与伦勃朗一样，能够在最广泛的层面上传达深刻的体验，他就是约翰·塞巴斯蒂安·巴赫。

使得巴洛克音乐流行于今日的品质特征，恰恰是它最初大获成功的原因。自古典时代以来，巴洛克时期的作曲家首度着眼于大众的愉悦和上帝的荣耀，谱写出大量歌曲。中世纪和文艺复兴时期的复调音乐跨越多种音乐界限，马肖和帕莱斯特里纳等作曲家因此可以用最精美的乐章赞颂上帝，但这种跨越产生了一种大多数同时代听众不可理解

图 14.32　皮特尔·德·胡格，《一个音乐家家族的肖像》，1683 年。油画，98.7×116.7 厘米。俄亥俄州，利夫兰艺术博物馆。在这幅荷兰富贵家庭群体肖像画中，父母带领孩子做音乐表演，象征着家庭和谐美满。

的音乐风格。特伦托会议以反宗教改革教条为依据，打算禁止在宗教作品中使用复调，让宗教音乐更容易为大众理解，但最终觉得这种做法太过极端而未加实施。出于同样的目的，路德简化了新教里的音乐元素，这一次，宗教改革与反宗教改革的目标不谋而合。

全面转向大众化神圣音乐的时机已经成熟。由于当时对世俗音乐的需求也不断攀升，作曲家果然很快形成了一种既动听又灵活的风格，不仅适合于世俗作品和其他礼拜仪式作品的创作，也适合于创作能够在家中演奏、聆听的器乐和声乐（图 14.32）。

歌剧的诞生

17 世纪主要的艺术创新或许当属巴洛克时期之初涌现的一种新音乐形式——歌剧。在这种表演形式中，文本不是朗诵出来的，而是唱出来的。纵观 17 世纪，对歌剧和歌剧风格的音乐的喜爱席卷欧洲，同时吸引了贵族和中产阶级。在此过程中，与歌剧产生共鸣的公众音乐品位大幅度提高。无怪乎 21 世纪的听众能在为巴洛克时期先人谱写的音乐中获得同样的愉悦和欣喜。

与诸多美妙事物一样，歌剧也

起源于佛罗伦萨。具有讽刺意味的是，这种必将在短时间内流行于世的艺术形式，最初却是从高层知识分子的角度来构思的。16世纪末，一群思想家、诗人和音乐家在佛罗伦萨富翁乔凡尼·巴尔迪伯爵家定期会面。这个群体被称作"佛罗伦萨乐团"，他们强烈反对声乐中的复调风格把文本降格为难以理解的虚文。他们怀念希腊时代，因为希腊悲剧里的每一个字都可以吟唱并用乐器伴奏，但同时又能为观众所理解。希腊音乐已被埋入尘埃，但至少这群人能把他们所认为的希腊音乐精髓复兴于世。

经过他们的努力，一种新的音乐形式诞生了，这便是朗诵调，又称宣叙调，即单个演唱者自由吟诵，只用简单的乐器伴奏，听众便可清楚听到音乐文本。音乐伴奏还增加了纯宾白所不具有的情感张力，满足了巴洛克时期对深刻情感的需求。

虽然朗诵调从理论上来说可以被用于宗教作品或世俗作品，其戏剧潜力却显而易见。1594—1595年冬，由雅各布·佩里作曲的首部歌剧《达芙妮》在佛罗伦萨上演。它取材于古典主义神话，讲述阿波罗追求凡间女子达芙妮，后者却为了躲避他而变成一棵月桂树。用一位观众的话来说，"在场观众的喜悦

和惊讶无以言表"。《达芙妮》现已佚失，但佩里的另一部作品《尤丽迪茜》却得以幸存，成为现存最早的歌剧。这部歌剧同样取材于希腊神话，即奥菲欧和尤丽迪茜的故事。1600年，同样是在佛罗伦萨，该剧于法国国王亨利四世与玛丽·德·美第奇的婚礼上首演。

佩里的这两部作品以及后来的许多作品都以古典主义为主题，这并非巧合，因为佛罗伦萨乐团的灵感就来源于希腊戏剧。此外，奥菲欧和尤丽迪茜的故事对作曲家有着独特的吸引力，因为它讲述的是音乐家奥菲欧用自己的音乐感化冥王，从而让妻子尤丽迪茜起死回生。在接下来400年的音乐里，这个主题被多次采用，但此后的版本无一能比蒙特威尔第（1567—1643年）的作品更具感染力，更让人心悦诚服。

蒙特威尔第

蒙特威尔第的《奥菲欧》在1607年首演，被许多评论家视为第一部伟大的歌剧。这位作曲家不仅对朗诵调的无限可能进行了全面探索，还展现了对传统复调形式的精湛运用。蒙特威尔第的作品之所以取得成功，还在于他对戏剧的本能感知，能够把情感转变为音乐。《奥菲欧》第一幕的田园欢歌（展示这

对欢乐夫妻的相亲相爱）和第二幕的戏剧冲突（奥菲欧听到妻子的死讯）带有令人叹为观止的表达张力。

《奥菲欧》是为身份尊贵的雇主曼图亚公爵创作的，预期的听众只是少数贵族阶级。蒙特威尔第在世时亲眼看到这种新音乐形式获得欧洲各社会阶层的推崇。对意大利歌剧的喜爱传到德国、奥地利，又传到英格兰，到了世纪末期，意大利歌手已成为伦敦剧院的中流砥柱。

路易十四宫廷的主要歌剧作曲家是来自佛罗伦萨的乔凡尼·巴蒂斯塔·吕利，他把名字改成了法式的让·巴普蒂斯特·吕利（1632—1687年）。他创作的悲剧庄严雄浑，糅合了长段的芭蕾表演，在欧洲各地均有上演。他最杰出的接班人让－菲利普·拉莫（1683—1764年）延续了他的这一做法。

意大利拥有最多的歌剧观众。单单在蒙特威尔第度过人生最后30年的威尼斯，从1637年第一座公共歌剧院开张到世纪末，就有至少16座剧院建成。与伊丽莎白式剧院（见图13.22）一样，这些歌剧院也把上层阶级（坐在包厢里）与普通民众（坐在正厅后排）隔开。

伊丽莎白时代的戏剧和歌剧之间也有一个显著的相似之处，即这两种艺术形式应对激增的观众人数

的方式。正如莎士比亚时代后排观众需要更牵动情感神经、传奇剧形式的娱乐，歌剧的普通观众也呼吁新的娱乐方式。满足这些诉求的两个主要方式成为下个世纪大多数歌剧的特征。第一个方式是推出宏大的舞台场景，应用机械化烟雾机，自上而下笼罩演唱者和舞者，同时加入复杂的灯光效果，让人产生舞台被火焰吞噬的错觉，达到奇幻的转变效果等等；巴洛克时期的铺张浪费达到了极致。第二个方式是摆脱最早期歌剧慷慨激昂的宣叙调，转为独立音乐，即咏叹调。对于歌剧和其他音乐形式，我们所沿用的咏叹调等意大利语术语，证明了意大利，尤其是佛罗伦萨，在音乐史中的关键作用。音乐服务于戏剧的功能开始发生改变。曲调之美和歌手的精湛技艺成为巴洛克时期歌剧的荣耀，却牺牲了戏剧真实性。

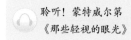

聆听！蒙特威尔第
《那些轻视的眼光》

除了歌剧，蒙特威尔第还创作过宗教音乐、意大利牧歌和歌集。《那些轻视的眼光》是他在1632年创作的三首音乐谐谑曲中的一首，表现了巴洛克风格对艺术和情感的热衷。与莫利的牧歌（见第13章）不同，这首曲子显然不适合业余歌者演唱：

唱这首歌的独唱者必须具有出色的唱功（包括自如控制呼吸），同时必须传达出传统巴洛克匿名诗歌背后的情感。

歌词中涉及肉欲之爱的欢愉与危险（一种典型的巴洛克式新主题：比较贝尔尼尼的《圣特蕾莎的狂喜》，图14.1）。注意这首曲子三部分的中间部分的情绪转换。曲子的感染力主要来自蒙特威尔第的创作方式，他谱写了一条坚实的低音线，在此基础上让一道女声似乎是随机地穿插于歌中（当然实际上是精心编排的）。

在这首歌中，蒙特威尔第为听众打造了一幅微妙而多变的情欲之欢愉的画面。中间部分的歌词唱道："用花火摧毁我的心，当我死去，用你的唇快快使我复活。"音频中演唱这首曲子的歌者是艾玛·柯克比，她的声音非常纯净（用音乐家的话来说是"没有颤音"），非常适合演唱巴洛克歌曲。

巴洛克风格的器乐和声乐

歌剧的发展使神话或历史故事得以戏剧化地再现。其中，依据圣经故事谱写的歌曲形成了一种叫清唱剧的歌剧形式，于16世纪末出现。意大利作曲家贾科莫·卡里西米（1605—1674年）是当时的巴洛克清唱剧大师之一，其作品以著名

圣经故事为题材，包括《所罗门的判决》与《约伯记》。通过戏剧性的合唱编排、简单的唱词和强烈的节奏，卡里西米创造的力量感已被21世纪的听众重新发现。

海因里希·许茨

比起世俗歌剧，信奉新教的德国人更加喜爱公开表演的宗教戏剧。海因里希·许茨（1585—1672年）创作了大量清唱剧和其他宗教剧。他的早期作品《大卫诗篇》（1619年），融合了加布里埃利等文艺复兴作曲家的合唱技术与意大利牧歌的生动和戏剧性。他创作的《基督临终七言》采用了独唱、合唱和乐器演奏，打造了一部包含叙事部分（宣叙调）、声乐合奏和合唱的复杂作品。他晚期作品中的《耶稣受难曲》分为三个故事，分别是马太、路加和约翰讲述的耶稣受难前几日的情形。这些作品于1666年完成，重现了一个世纪前的风格，无论是宗教剧还是世俗剧，都没有巴洛克音乐典型的器乐色彩。

实际上，许茨是现今所知少数几位从没写过纯乐器音乐的巴洛克作曲大师之一。这点显得格外特别，因为巴洛克时期以不带歌词的独立器乐的兴起而闻名。吉罗拉马·弗雷斯科巴尔迪（1583—1643年）是

他所在时代最伟大的风琴大师。他是罗马圣彼得教堂的风琴演奏家，也创作了一系列托卡塔狂想曲，一种融合了复杂技术与情感和戏剧表达的乐曲形式。较他年长一些的荷兰人扬·皮特森·施威林克是阿姆斯特丹的风琴演奏者，他从赞美诗和圣歌不同场景的调子中，创作了一套变调。这种合唱变奏曲很快变得有名，并在巴洛克时期流行。

迪特里克·布克斯特胡德

丹麦作曲家迪特里克·布克斯特胡德（1637—1707年）的大部分职业生涯都在德国度过，他将托卡搭的自由激情融入合唱旋律中，打造了合唱幻想曲。他用简单的圣歌旋律打头，创作了几乎是即兴风格的自由狂想曲。他的羽管键琴套曲（一种键盘乐器，现代钢琴的前身）含有不同形式、不同舞蹈、慢节奏抒情和其他形式的多个乐章。与同时代其他作曲家一样，布克斯特胡德以键盘组曲作为音乐形式的汇编。

多梅尼科·斯卡拉蒂

多梅尼科·斯卡拉蒂（1685—1757年）是巴洛克晚期最重要的作曲家之一。作为当时最伟大的羽管键琴大师，斯卡拉蒂写了几百首奏鸣曲（乐器短曲），为现代键盘乐器技术奠定了基础。

亨德尔

与斯卡拉蒂同时代的亨德尔（1685—1759年）出生于德国哈雷。他原名乔治·弗里德里希·亨德尔，定居英国并成为英国公民后，改名为乔治·弗里德里克·亨德尔。伦敦见证了他众多大获成功的场景，包括1742年在都柏林首演的作品《弥赛亚》。这部清唱剧是巴洛克音乐剧中，最为人熟知的佳作之一，其中最著名的部分是《哈利路亚大合唱》。

聆听！亨德尔
《弥赛亚》中的《哈利路亚大合唱》

清唱剧《弥赛亚》首次公演后，剧中第二部分末尾的《哈利路亚大合唱》就被公认为展现巴洛克辉煌与热情的伟大杰作之一。随着击鼓声和胜利号角的飞扬，整个巴洛克时期的宏大与虔信仿佛跃然眼前。

这部作品采用了典型的巴洛克式明暗手法来达到效果，同时以高低音的变化来戏剧化地表现文本。合唱一开始用激情昂扬的声音反复诵唱"哈利路亚"一词，并不断强调和加大音量。然后，当唱到"因为主我们的上帝，全能者作王了"时，音乐声突然降低。紧接着开始唱"世界万国万邦"的时候，音乐变得更轻，仿佛要渐渐消失。

但亨德尔在末尾处还放了个大招。在歌者以高音进入最后一节"他掌大权从永远到永远"时，在号角和鼓声的推进下，声音逐渐变得浑厚，质感越来越丰富，最后达到胜利的高潮。所以说《哈利路亚大合唱》融合了巴洛克艺术典型的情感主义、灵性、光影以及宗教热情。

亨德尔也写歌剧，包括一系列在英国演出的意大利语佳作。其中最辉煌的是咏叹调，曲子中渗透着亨德尔丰富的节奏感。《塞尔斯》中的《绿树成荫》是最知名的曲调之一，常被称为"广板"。他最有名的管弦乐作品有《水上音乐》和《皇家烟火》，两部作品都是为了户外表演而创作的。它们本是为多乐器演奏而写，后来被改编以适应常规音乐会。

约翰·塞巴斯蒂安·巴赫

在斯卡拉蒂和亨德尔出生的同一年，约翰·塞巴斯蒂安·巴赫（1685—1750年）也出生在德国爱森纳赫一个延续了一个多世纪的音乐世家里。除了因为他虔诚路德派信徒的身份，所以对歌剧不感兴趣之外，巴赫掌握了当时所有的音乐形式，创作了大量有史以来智识上

最严谨、精神上最深刻的音乐。

大多数巴赫作品，这些世界艺术史上的明珠，是他在德国相对偏僻的乡镇当风琴演奏者和合唱指挥时，在艰苦条件下创作出来的。巴赫在莱比锡圣托马斯教堂附属学校，当了27年（从1723年至去世）音乐总监，这里远离人才济济并孕育艺术发展的欧洲文化中心。因此他在世时鲜有人知，去世后也被人遗忘。直到19世纪，他的作品才得到出版并为人们熟悉。此后，作为把复调艺术推向极致的艺术家，他登上了西方音乐传统之巅。

如果说巴赫创作的音乐在数量上令人目瞪口呆，那他音乐思想的复杂性同样如此。他偏好的音乐形式是赋格曲（源自拉丁语中的"飞翔"）。赋格曲中，主旋律在声音或乐器间传递（通常以4为数），每一段声音或乐器轮流模仿主旋律。主旋律得以与自身融合，而在此过程中，作曲家构造出一个声音之网，其中每个音乐部分都同等重要；这种技术就叫复调。巴赫奇迹般地在这种高智识技术中注入了情感力量。人们可以在巴赫包含前奏曲和赋格曲各24首的《平均律钢琴曲集》中，欣赏到他倾注的各种情感。这48首前奏曲和赋格曲，每一首都抒发了不同的情感，同时又根据对位法进

行了逻辑编排。

巴赫的许多重要作品专注于表达虔信。很多作品是在圣托马斯教堂当音乐总监时写的，供教堂全年演奏。风琴音乐、弥撒曲、清唱剧、圣歌，他能用所有这些音乐形式赞颂上帝，探索深层奥秘。他的众赞歌前奏曲由赞美诗变奏曲组成，采用人们喜闻乐见的歌曲作为即兴演奏的基调。他写了200多首由慷慨吟诵和抒情咏叹调组成的康塔塔（短清唱剧），展现了无尽的宗教情感，从对生命的欢快颂扬，到对死亡的深刻思考。最让人动容的是《马太受难曲》，取自《马太福音》所载耶稣受审和受难的故事。巴赫在这部巨作中采用德文而非拉丁文福音书，还加入了路德派赞美歌，来宣示他的路德主义。不过，独立咏叹调的使用是意大利式的，而深沉的宗教情感，在当时也是普遍的。

如果认为巴赫不食人间烟火，只沉浸在宗教情感中，那就大错特错了。他的人生当然也要经历家庭的悲欢离合。他的父母在他10岁的时候就过世了，他由哥哥养大，但哥哥对他并不好。15岁那年，巴赫离家出走，在小镇吕讷堡当唱诗班男童。接下来的几年，巴赫四处漂泊，学会了精湛的风琴演奏、小提琴演奏和谱曲技术。

1707年，巴赫与表妹玛利亚·芭芭拉结了婚，生了7个孩子，其中3个夭折。巴赫是一个非常顾家的人，孩子的死和随后1720年妻子的死，对他造成沉重的打击。也许是为了给其他孩子找一个母亲，他于1721年再婚。新婚妻子安娜·玛格达莱娜是个充满爱的伴侣，又为他生了13个孩子，还帮他做准备工作和抄写音乐。巴赫最短但也最为感人的短曲之一《你在我身边》，就是在他妻子的笔记本中被保存下来的。歌词写道："只要你在我身边，我就可以愉快地面对死亡和永恒的安息。如果你能用美丽的手，合上我笃信的双眼，我的结局将多么平静。"（现在有学者认为这首歌的原创作者是G.H.斯托尔泽，巴赫非常敬仰的一位同时代音乐家。）

1723年，巴赫全家搬到莱比锡，部分原因是想给孩子提供合适的学校教育，同时也给巴赫提供他似乎需要的安稳。随后几年的持续工作产生了恶果，巴赫的视力本来就不好，不停的抄稿工作让情况进一步恶化。1749年，巴赫在别人的劝说下接受了两次灾难性的手术，导致他失明。几个月后，他的视力突然恢复，但10天内就死于中风。

尽管巴赫的作品多以宗教为主题，但他最著名的《勃兰登堡协奏曲六首》，是为王子勃兰登堡侯爵的私人娱乐创作的。这套乐曲采用了意大利的大协奏曲模式，是一种由三段乐章组成的管弦乐乐曲：快（快板）—慢（柔板）—快（快板）。

《勃兰登堡协奏曲》

6 首《勃兰登堡协奏曲》中，有 4 首采用了一组独奏乐器，但每首协奏曲采用的乐器组各不相同。整套乐曲构成了乐器色彩的各种可能性的一套汇编，是真正的艺术大师之作，需要精湛的演奏技术才能予以呈现。协奏曲气氛轻快，适合于娱乐使用，但巴赫创作的音乐没有肤浅之作，当中的慢乐章听起来尤其优美。

《勃兰登堡协奏曲》的第二首，是为小号、直笛和小提琴组成的独奏组谱写的，同时以弦乐队伴奏。演奏第一乐章时，独奏乐器时而脱离弦乐队单独演奏，时而与之合奏，听起来相当优美。旋律线避免了短旋律。相反，和大多数巴洛克音乐一样，旋律长而优雅，似乎在延伸和变化，如巴洛克视觉艺术般多彩。开场旋律十分流畅，随着音乐优雅地展开而起落反转。

进入第二乐章，调子变得缓慢，仿佛陷入宁静的思索。这时候嘹亮的小号就不合时宜，所以巴赫省略了小号，让直笛、双簧管和小提琴柔声演奏，交织出一张细腻的音乐之网。舒缓的乐章结束后，小号似乎迫不及待地在第三乐章开头奏响，标志着乐曲进入了无限的活力气氛中，一路高昂走向曲终。

聆听！巴赫
《F 大调第二号勃兰登堡协奏曲》，
第三乐章，极快板

巴赫希望他的每一位演奏者都能在技巧和动作上有非凡的表现。聆听这段开场的小号独奏，最难的颤音部分，演奏者几乎没有时间呼吸。接着双簧管手要吹奏一段更长的乐章，才轮到小提琴演奏。笛声响起的时候，声音的质感更加复杂，但清澈依旧，四种轮番独奏的乐器旋即停止，后又一起合奏，营造出了典型的巴洛克式的多样性统一感。其他乐器为这精湛的演绎充当背景乐，因为小号似乎越来越嘹亮。

巴赫的其他作品展现了更多的巴洛克特点：宗教热忱、幻觉主义、情感主义。在我们听到的这段曲子最后，音乐传达出了无限的欢愉。这首曲子还有两个典型的巴洛克时期的特征。它是为乐队合奏而写的，这种技术将被古典管弦乐队吸纳。更重要的是，音乐的目的也许是给表演者和听众都带来快乐：音乐作为娱乐。

安东尼奥·维瓦尔第

大协奏曲是由威尼斯作曲家安东尼奥·维瓦尔第（约 1676—1741 年）开创的，他十分热衷营造管弦乐队（通常由弦乐器组成）与独奏乐器（通常是小提琴，但有时也有长笛、巴松管或其他管乐器）之间的强烈对比。维瓦尔第最常被演奏的作品是一套四首小提琴协奏曲集，名为《四季》，是用声音描绘一年四季景象的音乐诗。例如《春》描述了庆祝春季到来的欢快歌舞。

维瓦尔第协奏曲的每一乐章都根据典型的巴洛克模式，以单一且强烈的节奏感为基调，为每一章节拉开序幕。《春》协奏曲的第一乐章节奏很快，呈现出春回大地的喜悦。另两大巴洛克手法，即精湛技巧（如小提琴手的独奏）和幻觉主义，也协助维瓦尔第将季节展现得栩栩如生。开场过后，小提琴模拟回归小鸟的叫声，所有乐器模拟轻柔的风的声音，音乐突然变得安静。

聆听！维瓦尔第
《四季》E 大调第一小提琴协奏曲，
《春》，第一乐章

突然声音直转下降，预示着春季暴风雨的到来，跳跃的节奏象征着闪电。小提琴独奏表现的是急风的猛烈，低沉的弦乐喻示着近处的雷鸣。暴风雨过后，小鸟又开始歌唱，一切在开场的欢乐音乐中结束。

短短几分钟，维瓦尔第只用了少量乐器，就用巴洛克手法呈现出自然事件所唤起的人类情感。

巴洛克时期的哲学与科学

整个 17 世纪，和视觉艺术一样，哲学也在文艺复兴思想的基础上持续发展壮大。随着人文主义的传播，16 世纪的人们对哲学和科学产生了越来越深厚的兴趣。到了巴洛克时期，理解世界及其现象的新方法，自希腊人后首次清晰而一致地用语言表述出来。可以说，如果说文艺复兴标志着现代哲学的诞生，那么 17 世纪则标志着现代哲学的成熟。

中世纪对知识的态度和文艺复兴时期最主要的区别，是从对绝对和永恒的思索，转向对具体的可感知事物的研究。哲学不再是神学家的专利，而变成一门独立的学科，不再用超自然或神学来解释世界和人类的存在。

注重经过客观证明的客观真理，依然是所有科学方法和多数现代哲学的核心。在文艺复兴之前，托马斯·阿奎纳（1225—1274 年）等大哲也提出过关于世界及其运行原理的问题。17 世纪的科学家和哲学家在理解相同问题时，跟他们的前辈有何不同？主要区别在于所用的方法。例如，阿奎纳在思考运动原理时，是以抽象的术语来探讨。他根据对亚里士多德的理解，声称"运动是存在的，因为处于潜能状态中的事物，会寻求实现自身"。当伽利略试图研究运动，了解物体如何在时间和空间中运动时，他爬上了比萨斜塔的顶端，扔下重物，观察它们如何下落。很难想象还有比这更戏剧化的拒绝抽象概括而支持客观证明的例子（见图 14.33）。

图 14.33　**17 世纪主要的科学发现**

1609 年	开普勒提出行星运动第一和第二定律
1614 年	纳皮尔发现对数
1632 年	伽利略发表《关于托勒密和哥白尼两大世界体系的对话》
1643 年	托里拆利发明气压计
1662 年	波义耳提出气压定律
1675 年	英国格林威治建立皇家天文台
1684 年	莱布尼茨发表了他的第一篇论文，使用了新的微积分符号
1687 年	牛顿发表关于重力原理的阐释
1724 年	华伦海特提出衡量温度的标尺

伽利略

伽利略（1564—1642 年）的生活和工作，典型地反映了 17 世纪科学的进步和遇到的问题。伽利略从两个方面改变了科学界：第一是作为天文学家，宣称他通过望远镜观察到的结果证明了哥白尼理论的正确性，他因此遭到了宗教法庭的审判和责罚；第二是作为近代物理的奠基人。尽管他的天文学成就更为人所熟知，但从科学的角度来看，他对物理学的贡献更加重要。

伽利略出生于比萨，父亲文森佐是佛罗伦萨文艺小组的创始成员之一，他从父亲那里学到了一种活泼的散文风格和对音乐的喜爱。1581—1592 年，作为帕多瓦大学的学生，伽利略开始学习医药，但很快转学数学。回到比萨几个月后，他做了帕多瓦大学的数学教授，从 1592 到 1600 年一直在那里工作。

在帕多瓦，伽利略设计建造了他的第一台望远镜（图 14.34），第

图 14.34　**伽利略的望远镜和镜头，1609 年。意大利，佛罗伦萨，科学博物馆。**1642 年，伽利略在佛罗伦萨郊区逝世，他的许多仪器，包括这个望远镜在内，被收藏保存下来。位于意大利佛罗伦萨的科学博物馆是最早的博物馆之一，致力于保存科学而非艺术作品。

一次观测到了月球上的环形山、太阳黑子、金星的相位及其他现象，了解到宇宙和哥白尼说的一样，处于不断变化的状态。但从亚里士多德时代起，人们就广泛相信天空是亘古不变的，代表着完美的形式和运动。伽利略的发现推翻了流传2000年的基本哲学原理，激怒了帕多瓦大学的一位哲学教授。这位教授拒绝亲眼观看望远镜以消除偏见。

伽利略的发现越是得到认同，他就越发现自己卷入的麻烦不止科学争论那么简单。他真正的敌对者是教会，后者认可托勒密的宇宙观：地球是宇宙的中心，太阳、月亮和其他星球均绕着地球转动。

这一理论与经文中说法吻合，似乎地球静止不动，是太阳在转动；对于教廷而言，圣经自然优先于任何独立于神学的推理或猜测。但伽利略认为，教会人士没有资格评判学术问题，因此拒不让步。他公然宣称自己的发现证明了哥白尼的理论，只是无法检验，教廷便以异端邪说为由对他进行审判。

伽利略此时已经回到他挚爱的比萨，但他发现自己身处宗教裁判所的巨大威胁之中。1615年，他前往罗马，在教宗保罗五世面前为自己申辩。申辩失败，他受到责罚，被禁止通过教学或著述方式传播哥白尼的理论。

1632年，伽利略的朋友被选为教宗，他便又开始反击。他向教宗乌尔班八世呈交《关于两大世界体系的对话》，并小心翼翼地采用对话体，以便假他人之口，免得引火烧身。在耶稣会信徒施压后，伽利略再次被传唤至罗马。1633年，他在监狱里待了数月后出庭受审。他以年纪老迈、身体不好为由请求赦免，但法庭对他毫无同情之心，逼迫他公开放弃自己的主张，并判处其终身监禁。（讽刺的是，347年后的1980年，哥白尼的波兰老乡，教宗约翰·保罗二世宣布重审该案，还了伽利略一份迟到的清白。）

经过颇有权势的朋友百般争取，伽利略被软禁在佛罗伦萨郊外的别墅，他在这里隐居，同时继续从事物理学工作。他的最后一本也是最重要的科学著作《关于两门新科学的对话》于1638年面世。在这本书中，他以实验和观察为推论来源，探讨了许多存在已久的问题，比如运动问题。在此过程中，他为现代物理学的诸多领域创立了框架。

伽利略在自己的所有著作中提出了一种研究科学问题的新方法。相对于试图理解自然事件和自然现象的根本原因或宇宙的目的，他则尝试解读自然事件和现象的特征及其发生方式，也就是把研究重点从探究原因转向探究事件和现象本身及其发生方式。

笛卡尔

科学研究无法解决与人类存在相关的所有问题。虽然它可以尝试解释和诠释客观现象，但无法触及关乎伦理和宗教问题等更为主观的经验领域。反宗教改革运动和新教都各自宣称找到了答案。双方争论不断，最显著的就是被称为现代哲学之父的法国哲学家笛卡尔（1596—1650 年）的作品。

从许多方面来看，笛卡尔的哲学立场具有明显的时代特征。他在一所耶稣会学校接受教育，随后发现传统的神学教育并不令人满意。他转而攻读科学和数学，开始终身探寻分辨真伪的可靠证据。在探究哲学问题方面，他首先要做的就是为定义实在性确立标准。他的主要著作《谈谈方法》（1637 年）和《沉思录》（1641 年）逐步阐述了他如何得出自己的结论。

在笛卡尔看来，寻求真理的第一原则是凡不可确证为真的，都不可以相信。也就是说，他要质疑自己以前的所有信念，包括自己的感觉。他摒弃一切不确定性，构建了切实确定性的基础，并在此基础上

得出一个结论：我是存在的。质疑行为证明了他是能思之存在物。正如他在《第二沉思录》中的名言所说，Cogito, ergo sum [我思故我在]。

阅读材料 14.3　笛卡尔

摘自《谈谈方法》第四部分

然后我仔细研究我是什么，发现我可以设想我没有形体，可以设想没有我所在的世界，也没有我立身的地点，却不能因此设想我不是。恰恰相反，正是根据我想怀疑其他事物的真实性这一点，可以十分明显、十分确定地推出我是。另一方面，只要我停止了思想，尽管我想象过的其他一切事务都是真的，我也没有理由相信我是过。因此我认识了我是一个本体，它的全部本质或本性只是思想。它之所以是，并不需要地点，并不依赖任何物质性的东西，所以这个我，这个使我成其为我的灵魂，是与形体完全不同的，甚至比形体容易认识，即使形体并不是，它还仍然是不折不扣的它。

[译注] 引自笛卡尔，《谈谈方法》，王太庆译，商务印书馆，2000。

从这个基础出发，笛卡尔着手重建因思考实物的性质而分解的世界。他遵循的原则是：凡是能清晰和确切地感知到的，都必然存在。他还意识到，我们对这些事物的确切性质的看法很可能是不正确和受到误导的。例如，我们所看到的太阳是一个非常小的圆盘，而实际上

它是一个巨大的球体。因此，我们必须小心谨慎，不要认为我们的看法必然是准确的。我们对事物的看法只能证明所探讨的物体切实存在。

如果关于太阳的看法来自对某种实际存在的事物的感知（无论多么不准确），那么对上帝的看法呢？它是基于想象还是基于真理？笛卡尔的结论是：我们这些不完美、充满怀疑的人能够想象出一个完美的上帝，证明我们的观念是基于现实的。换句话说，如果上帝不存在，我们又怎么会构想出上帝这一存在？因此，笛卡尔哲学体系的核心是相信一位完美存在者——不一定是《旧约》和《新约》里的上帝——这个完美存在者创造了一个充满完美准则（比如数学）的世界。

乍看之下，这似乎与作为现代理性思维的奠基人的笛卡尔的思想不一致。更古怪的是，正当伽利略这样的科学探究者不诉诸宗教而解释了自然现象的时候，笛卡尔却证明了神圣事物的存在。然而，仔细审视笛卡尔的方法，我们便可以看到他和伽利略都对人的理性力量有着同样的基本信心。

托马斯·霍布斯

虽然伽利略和笛卡尔是 17 世纪哲学思想的主流，但其他重要人物也作出了自己的贡献。例如，笛卡尔的同胞帕斯卡尔（1623—1662 年）批评耶稣会士，同时又为基督教提供了异乎寻常的辩护。荷兰哲学家斯宾诺莎（1632—1677 年）的宗教观更为神秘，他的理想的自然统一观后来对 19 世纪的浪漫主义者产生了强烈的吸引力。

然而，英国哲学家霍布斯（1588—1679 年）却与同时代的人几乎没有共同点。在霍布斯看来，真理只存在于物质事物中："凡真实的东西都是物质的，而非物质的东西则是不真实的。"霍布斯是最早的现代唯物主义支持者之一，与他的许多唯物主义继承者一样，他对解决政治问题而非哲学问题感兴趣。霍布斯出生于无敌舰队远征年（1588 年），经历了动荡的英国内战，这段时期充满了不稳定和政治混乱。可能正因如此，他对以国王为代表的法律权威产生了一种近乎集权主义的热情。

霍布斯的政治哲学在他最早发表于 1651 年的著作《利维坦》中得到了最充分的陈述。他所描述的社会理论完全否认宇宙中存在任何神圣道德。（霍布斯从来没有否认上帝的存在，也不希望激起公众和教会的反驳，可惜他未能如愿。）在霍布斯看来，人类创造的所有法律都是为了保护自己免受他人的影响：鉴于人类的贪婪和暴力行径，这是必要的防范措施。因此，只有当人人都为了自身安全而让渡个人自由的时候，组织化的社会才能形成。所以最理想的国家是保障最大程度的安全的国家，具体而言就是绝对统治者统治的国家。

《利维坦》甫一面世便引起了巨大争议，此后也不断受到抨击。霍布斯冒犯了当时思想论争的两个主要参与群体：他认为神学家的教义不合实际，他们的术语是"微不足道的声音"，从而冒犯了神学家；他声称人类远没有能力达到最高层次的智识成就，是危险的、有攻击性的、需要自我拯救的生物，从而冒犯了理性主义者。

阅读材料 14.4　托马斯·霍布斯

摘自《利维坦》第一部分，第13章

在没有一个共同权力使大家慑服的时候，人们便处在所谓的战争状态之下。

这种战争是每一个人对每个人的战争。因为战争不仅存在于战役或战斗行动之中，而且也存在于以战斗进行争夺的意图普遍被人相信的一段时期之中。因此，时间的概念就要考虑到战争的性质中去，就像在考虑气候的性质时那样。因为正如同恶劣气候的性质不在于一两阵暴雨，而在于一连许多天中下雨的倾向一样，战争的性质也不在于实际的战斗，而在于整

个没有和平保障的时期中人所共知的战斗意图。所有其他的时期则是和平时期。

因此，在人人相互为敌的战争时期所产生的一切，也会在人们只能依靠自己的体力与创造能力来保障生活的时期中产生。在这种状况下，产业是无法存在的，因为其成果不稳定。这样一来，举凡土地的栽培、航海、外洋进口商品的运用、舒适的建筑、移动与卸除须费巨大力量的物体的工具、地貌的知识、时间的记载、文艺、文学、社会等等都将不存在。

最糟糕的是人们不断处于暴力死亡的恐惧和危险中，人的生活孤独、贫困、卑污、残忍而短寿。

[译注] 引自霍布斯，《利维坦》，黎思复、黎廷弼译，北京：商务印书馆，2017。

霍布斯的悲观主义和极端立场，在他去世后几个世纪里，很少有全心全意的支持者。然而，许多现代读者和自《利维坦》首次面世以来的其他读者一样，必须不情愿地承认他所描述的社会至少具有一定真实性，这可以通过个人的经验和观察来证明。至少，他的政治哲学是有价值的，因为它对人类潜力的某些方面进行了诊断和警告，而他的几乎所有同时代人和继承者都宁愿忽视这些方面。

约翰·洛克

霍布斯之后的一代思想家中，

领军的英国思想家当属约翰·洛克（1632—1704年）。他的作品为欧洲的启蒙运动铺平了道路。作为律师的儿子，他的教育遵循着传统的古典主义路线，但年轻的洛克对医学和新兴实验科学更感兴趣。1666年，他成为未来的沙夫茨伯里伯爵的医生和秘书，而正是这位伯爵激起了他对政治哲学的兴趣。

在他的首部著作中，洛克探讨了财产和贸易以及君主在现代国家的作用。之后，他转向更普遍的问题：观念的本质是什么？我们如何产生观念？人类知识的局限性是什么？他最有影响力的作品《人类理解论》出版于1690年。在这本书里，他反对先天（或天赋）观念论，认为我们的观念源自我们的感知。因此，我们的观念和性格是基于个体的感官印象和对这些印象的反思，而不是基于继承的价值观。

阅读材料 14.5　约翰·洛克

摘自《人类理解论》第一卷，第二章，"人心中没有天赋的原则"

据一些人们的确定意见说：理解中有一些天赋的原则，原始的意念同记号，仿佛就如印在心上似的。这些意念是心灵初存在时就禀赋了，带到世界上来的。不过要使无偏见的读者来相信这个假设之为虚妄，我只向他指示出下述的情形好了。因为我希望我在这部论文底下几部分可以给人

指示出，人们只要运用自己的天赋能力，则不用天赋印象的帮助，就可以得到他们所有的一切指示；不用那一类的原始意念或原则，就可以达到知识的确定性。要假设人心中有天赋的颜色观念，那是很不适当的，因为果真如此，则上帝何必给人以视觉，给人以一种能力，使他用眼来从外界物象接受这些观念呢？要把各种真理归于自然的印象同天赋的印记，那也是一样没理由的，因为我们可以看到，自身就有一些能力，能对这些真理得到妥当的确定的知识，一如它们是原始种植在心中的。

［译注］引自洛克，《人类理解论（上）》，关文运译，北京：商务印书馆，2017。

在18世纪的后继者看来，洛克似乎已经把人性从神权的控制中解放出来。人类不再被认为是与生俱来的原罪或身世造化的受害者，而是从经历中生成观念和性格。与许多启蒙运动的代表一样，伏尔泰也承认洛克思想的重要性；接受过教育或知识理论的现代学生大多都会受到他的影响。

17 世纪的文学

法国巴洛克悲喜剧

在高度推崇戏剧性情感表达的巴洛克时期，不难想象戏剧将在这一时期获得重大发展。尤其是在法

国，同时活跃着戏剧史上三位最伟大的剧作家，他们都曾经受到过路易十四的资助。

莫里哀(1622—1673 年)是让·巴蒂斯特·波克兰的艺名，他开创了一种全新的戏剧形式：法国巴洛克喜剧。起初他是一名小有名气的戏剧演员，后来转向戏剧创作，抨击虚伪与自大。在他最杰出的作品中，他用诙谐的幽默和对人性弱点的深刻理解，揭露了剧中主要人物的狡诈和虚伪，既让人捧腹，又不失戏剧真实性。与多数喜剧创作不同，莫里哀的人物让人觉得真实可信。《贵人迷》中想挤入上流社会的附庸风雅的汝尔丹，《悭吝人》中可笑的守财奴阿巴贡，都不仅仅代表着某种恶习，而且本身也是恶习的受害者，尽管这一切都是他们自找的。《伪君子》中惹人厌的答尔丢夫，也是活灵活现的伪君子代表人物。

答尔丢夫是一名享乐主义者，却以宗教禁欲者的面目示人。他在富有的巴黎人奥尔恭面前伪装得十分虔诚，以至于奥尔恭打算把财产都留给他。答尔丢夫成为了奥尔恭家里的座上宾，但奥尔恭的家人看穿了他的虚伪。为了保护家产，奥尔恭的家人打算在奥尔恭面前揭露答尔丢夫的真面目，因而引发了一连串让人啼笑皆非的事。在第 3 幕中，我们可以看到这个伪君子如何说起他的刚毛衬衣（一种苦行者穿的折磨肉体的衬衣）和鞭子（一种苦行者鞭打自己折磨肉体的工具）。后来他向奥尔恭的侍女桃丽娜示爱，之后还想勾引奥尔恭的妻子。

阅读材料 14.6　莫里哀

《伪君子》，第 3 幕，第 2 场，1-16 行

答尔丢夫：（看见桃丽娜，对自己在后台的男仆大喊）劳朗，把我的鬃毛紧身跟鞭子都好好藏起来，求上帝永远赐你光明。倘使有人来找我，你就说我去给囚犯们分捐款去了。

桃丽娜：装这份儿蒜！嘴上说的多么好听！

答尔丢夫：你有什么事？

桃丽娜：我要对你说……

答尔丢夫：（从衣袋里摸出一块手帕）哎哟！天啊，我求求你，未说话以前你先把这块手帕接过去。

桃丽娜：干什么？

答尔丢夫：把你双乳遮起来，我不便看见。因为这种东西，看了灵魂就受伤，能够引起不洁的念头。

桃丽娜：你就这么禁不住引诱？肉感对于你的五官还有这么大的影响？我当然不知道你心里存着什么念头，不过我，我可不这么容易动心，你从头到脚一丝不挂，你那张皮也动不了我的心。

[译注] 引自莫里哀，《伪君子》，赵少候译，北京：人民文学出版社，2001。

古典体裁在当时两位最伟大的悲剧作家的作品中，扮演着非常重要的角色。他们是高乃依（1606—1684年）和拉辛（1639—1699年）。高乃依开创了与莫里哀喜剧相对的法国巴洛克悲剧。他的作品大多以古典历史或神话故事为主题，展现人类行为的永恒真理。《贺拉斯》中的爱国主义主题或《波利耶克特》中的大义灭亲主题，无论在17世纪的法国抑或古希腊罗马，还是在今天，都有着重要的意义。不过面对高乃依对这类题材的处理，观众的反应如何，还要看他们多大程度上喜欢修辞辩论的切入与推进。

拉辛的作品更易于现代读者走进法国巴洛克悲剧的世界。尽管他的戏剧形式和框架主要遵循了高乃依创造的模式，但他更乐于探讨人类经历的不同领域。在他剧中反复出现的主题是自我毁灭：无法控制的嫉妒、盛怒或野心，如此恶性循环，造成了不可避免的悲剧，最终导致毁灭。此外在《费德尔》中，他探讨了主要角色的心理状态，试图通过戏剧追问人类的动机，正如蒙特威尔第尝试通过音乐追问人类的动机。

塞万提斯和西班牙小说

16世纪中期，西班牙的小说创作开始形成独特的形式，并影响了之后的欧洲小说。在西班牙出现的流浪汉小说（picaresque，西班牙语pícaro意为"流氓"或"无赖"），讲述的是流浪汉或冒险家的故事。最早的流浪汉小说是1554年的匿名作品《托梅斯河上的小拉撒路》。书中的英雄小拉撒路在乞丐和盗贼堆里长大。这本书用了大量篇幅讽刺牧师和教堂职员，导致后来重印时，宗教法庭下令删减部分章节。与当时其他地区的散文不同，流浪汉小说语言通俗，甚至有些粗鄙，还有大量讽刺。

价值观念

科学真理

自然和自然的法则隐藏在黑夜中。上帝说：让牛顿降生吧，于是一切都被照亮。

——亚历山大·蒲柏

17世纪，多种因素促进了科学的发展，包括教育的普及、美洲新大陆的发现、亚洲和非洲的探索，以及城市生活的发展。其中最重要的因素，也许是宗教改革和反宗教改革引发的残酷宗教战争，导致人们对传统宗教信仰越来越怀疑。

科学革命的领导人物之一弗朗西

||||||||||||||||||||||||||||||||||||||||||||||||||||||||||||

斯·培根（1561—1626年）写道，科学家应该以哥伦布为榜样，认为一切皆有可能，直到事情得到验证。这种对"经验主义"的强调，以经验为学习的基础，是从具体现象中总结出一般规律的方法。中世纪的思想家以亚里士多德和托勒密为榜样，先假设一般规律，再通过具体的事例去证实。科学真理试图以相反的方法进行推论：从具体现象出发，再总结一般规律，这就是归纳法。总之，新科学家们认为一切都不是理所当然的，没有什么事是"既定不变"的。

为了探索客观的科学真理，需要发明新的仪器。伽利略的望远镜让他可以观察天空，彻底革新天文学理论。其他研究人员使用另一种形式的光学仪器显微镜，来分析血液和描述细菌。温度计和气压计问世后，大气实验也成为可能。

随着知识交流的推进，科学家们可以广泛地传播和检验他们的想法。在学院和学术团体的推动下，一种国际科学协会逐步建立起来。其中最具影响力的是1662年成立的英国皇家学会和1666年成立的法国科学院。通过公共刊载和私人信件，科学家们可以看到自己的发现与其他领域的联系。

虽然自然科学研究不涉及神学或哲学问题，但随着人们越来越想知道自然现象的合理解释，宗教观点也必将发生改变。多数早期的科学家们仍然相信上帝，但放弃了中世纪将神视为不可理解的创造者和审判者的观点。只要人类使用理性的力量去建立科学事实，就能理解这台机器的运行原理。

公认最伟大的西班牙语小说《堂吉诃德》也有流浪汉小说的元素，但它的风格和主题更加敏感和复杂。小说的作者塞万提斯（1547—1616年）为了讽刺中世纪的骑士故事，杜撰了一个叫堂吉诃德的人物，他是一位和蔼的老绅士，想要像骑士小说中那样在现实生活中游历和行侠仗义。在追寻理想的途中，他简单的想法被赋予了许多层面的意义，尽管在鲜有人追求浪漫或荣耀的现实世界，他并没有获得成功。堂吉柯德在旅途中，遇到了西班牙社会各阶层的人。他的仆人桑丘·潘沙世故聪明，恰好衬托了堂吉诃德的不切实际。

在小说下册，堂吉诃德和桑丘一起去寻找堂吉诃德理想的（想象中的）情人杜尔西内亚。桑丘意识到此举的荒谬后，故意将路过的农妇认作可爱的杜尔西内亚。堂吉诃德看到农妇相貌平庸，衣着简陋，骑着头驴子，但为了说服自己，他还是把农妇当作美丽的情人来打招呼。

小说结构松散，似乎像堂吉诃德的流浪一样漫无边际，但现实与幻想、真实世界与想象世界之间不断的冲突，将各个章节串联了起来。因此从某个层面来说，这本书是对艺术和生活之间关系的思索。在生命的最后时光，堂吉诃德痛苦地认识到他高贵的愿望不容于现实世界，于是在幻灭中死去。在小说的最后部分，作者对英雄悲剧的幽默描述掩不住深深的悲伤与同情，塞万提斯达到了艺术的罕见高度，创造了悲喜剧交融的境界。

阅读材料 14.7　塞万提斯

《堂吉诃德》下册，第 10 章

这时堂吉诃德已经去跪在桑丘旁边，突出一对眼珠子，将信将疑地瞪着桑丘称为王后和公主的那女人。他看来看去只是个乡下姑娘，相貌也并不好，是个宽盘儿脸，塌鼻子。他又惊又奇，只不敢开口。另外两个乡下女人看见这一对不伦不类的怪人跪在地下挡住她们的女伴，也很诧异。可是给他们挡住的女人一点不客气，很不耐烦地发话道："你们这两个倒了霉的！走开呀！让我们过去！我们有要紧事呢！"

桑丘答道："哎呀，公主啊！托波索全城的女主人啊！您贵小姐看到游侠骑士的尖儿顶儿跪在面前，您心胸宽大，怎么不发慈悲呀？"

另一个乡下女人听了这套话就说："'嗳！我公公的驴呵！我给你刷毛啵！'瞧瞧现在这些起码的绅士！倒会拿乡下女人开心的！好像人家就不会照样儿回敬！走你们的路吧！让我们走我们的！别自讨没趣！"

堂吉诃德忙说："桑丘，你起来。我现在知道：厄运折磨着我，没个餍足；命运叫我走投无路，苦恼的心灵找不到一点安慰。品貌双全的小姐呀！我这个伤心人唯一的救星啊！恶毒的魔术家迫害我，叫我眼上生了云翳；别人见到你的绝世芳容，只在我眼里你却变成个乡下穷苦女人了。假如魔术家没把我也变成一副怪相，叫你望而生厌，那么，你看到我一心尊敬，尽管瞧不见你的美貌，还是拜倒在地，你就用温柔的眼光来看我吧。"

那村姑答道："啊呀，我的爷爷！我是你的小亲亲，和你谈乱爱呢！走开点！让我们过去！我们就多谢你了！"

[译注] 引自塞万提斯，《堂吉诃德（下）》，杨绛译，北京：人民文学出版社，2015。

英语文学

在英国，莎士比亚作品在世纪之交将戏剧表达推向顶峰。在 17 世纪，最有成效的文学形式被证明是抒情诗，也许因为这种文体最能表达个人情感——尽管大多数学者会同意，这个时代最伟大的英语文学作品是约翰·弥尔顿的史诗《失乐园》。不过，这个时代还有一部鸿篇巨著，它不是原创作品，而是翻译作品。

《钦定本圣经》

17世纪的一项重要的英语文学成就，并非原创性文艺作品，而是一部圣经新译本。我们很难准确地对《钦定本圣经》进行分类，这本书于1611年出版，被称为唯一一部由一个协会打造的伟大文学作品。54名学者和译者协力受命打造一部将超越当时英语普遍表达水平的圣经版本。他们成功了，《钦定本圣经》对后来的英语演说家和作家们产生了巨大的影响，成为英语国家权威的圣经版本，直到19世纪末期根据新的圣经研究结果对它进行了修订。

约翰·多恩

在17世纪的英语写作者中，有一群人被称为玄学派诗人，他们的诗力图为情感经历寻找理智解释，对现代读者有很大的吸引力。正如人们经常指出，玄学派这一标签具有误导性，原因有二。首先，它让人以为这是一个诗人组织，有意只写同一种风格的诗。虽然最早用玄学派风格写作的诗人约翰·多恩，的确对整整一代年轻诗人产生了深刻影响，但从来没有形成过统一的组织或学派。（也有学者把多恩的风格归为风格主义。）其次，"玄学派"让人以为他们诗歌的主题是对存在本质的哲学思索。虽然玄学派诗人的确对观念很感兴趣，常用复杂的表达形式和丰富的词汇来描述观点，但他们诗歌的主题不是哲学，而是自己——尤其是自己的情感。

这种对自我剖析的关注，并不代表诗人眼界狭窄。有评论家认为多恩的十四行诗的广度和深度，仅次于莎士比亚。多恩才智过人，喜爱矛盾且似是而非的表达，因此他的诗有时难以理解。多恩总是避免在语言和思想上落入俗套，在短短一首诗内他可以快速切换情感，从轻快戏谑变成一本正经，粗略一读会让人迷惑不解。有时需要极大的耐心才能解开诗的全部含义，但与这位最大胆、真诚的诗人之一进行接触，将会给你的努力莫大的回报。

多恩的诗涉及了广泛的情感体验领域，从文学史上对爱欲最热烈和直白的讨论，到对死亡和灵魂本质的深刻思考。多恩自小是一名天主教徒，年轻时广泛游历，过着充满激情的生活。后来他抛弃了天主教，可能部分原因是想要在新教盛行的英国获得更多成功机会。1601年，他踏上了公共事业成功的第一步，进入了国会。同年，他偷偷娶了资助人 16 岁的侄女安妮·莫尔，被安妮的父亲开除，并把他送进监狱关了几天。此后多恩的事业因这一耻辱再也没有恢复过。

多恩的《宣布成圣》有宗教元素，但第一节写的是与岳父的争执。

尽管事实证明，多恩的婚姻是幸福的，但其早年却被债务、疾病和挫折的阴云笼罩。1615 年，在朋友劝说下，他加入圣公会，进入管理层，并很快成为当时最伟大的牧师之一。1621 年，多恩受命担任伦敦最有威望的职位之一：圣保罗大教堂的主持牧师。在生命最后几年，他越来越痴迷于死亡。1631 年春，多恩患上了严重的疾病，在为自己做了葬礼布道几周后，便与世长辞了。

阅读材料 14.8　约翰·多恩
《宣布成圣》，1—9 行
看上帝面上请住嘴，让我爱；
你可以指责我中风兼痛风，
可以笑我鬓斑白、家道穷，
且祝你胸有文采、高升发财，
你可以选定路线去谋官，
看重御赐的荣耀和恩典，
仰慕御容或他金铸的脸.
对你的路固然要刮目看待，
但是你要让我爱。
（飞白译）

因此，多恩早年成功的尘世生活，逐渐被他晚年事业上的黯淡取代。可以预料，他的作品同样也会有类似的从光明到黯淡的发展。不过，在他的一生中，身体的激情和宗教的强烈热情这两股力量，并驾齐驱地主导了他的生活，因此在他的诗中，两者经常互为表达。

理查德·克拉肖

与多恩同时代的年轻诗人理查德·克拉肖（1613—1649 年）的诗，用许多巴洛克艺术的典型方式，将极端的情感和宗教热情糅合了起来。但克拉肖提醒着世人，将一群艺术家归类，然后贴上单一标签是不妥的，因为尽管克拉肖与其他玄学派诗人有许多相同的观点，但其作品作为一个整体却有着独特的音符。

毋庸置疑，克拉肖对痛苦和折磨的痴迷岂止是受虐倾向，他对宗教的狂热即使以巴洛克标准来看也是非常极端的。他的宗教狂热部分原因毫无疑问来自对其父亲信奉的清教的强烈反抗，以及他自己皈依天主教的热情。在文体上，克拉肖深受华丽的意大利巴洛克诗人贾姆巴蒂斯塔·马里诺（1569—1625 年）的影响，模仿其艺术文学手法。但克拉肖的激情中常常沾染着情欲，给他的作品带来了浓烈的个人气息。

安德鲁·马维尔

安德鲁·马维尔（1621—1678

阅读材料 14.9　理查德·克拉肖

《被钉十字架的上帝的伤口》

哦，主啊，你身上持续剧痛的伤口，
它们是嘴亦或是眼吗？
是的，它们是嘴，是眼，
你的每一个伤口都是嘴亦或是眼。
看啊！那个张大双唇的嘴，
像极了血红的玫瑰。
看啊！那布满血丝的眼！
流淌着无数心痛的泪水。

[译注]引自刘娜，《理查德·克拉肖诗歌中的圣经意象》，载《文学教育》，2017。

年）是一名牧师的儿子，曾就读于剑桥大学。在他的学习和游历生涯中，他学会了拉丁语、希腊语、荷兰语、法语、西班牙语和意大利语。所有这些帮助他在职业生涯中成为一名很好的大使。他的大部分职业生涯都在从政。他在克伦威尔政府供职，之后在国会待了很多年。与其他玄学派诗人一样，他的诗歌包含了一些牵强附会的明喻、隐喻和夸张的语句，也就是诗意夸张。在他最受欢迎的提倡及时行乐的诗《致羞怯的情人》中，就使用了这种夸张手法，该诗是抑扬格四音步押韵两行诗。比如这一明喻："现在趁青春色泽，还像朝露在你的肌肤停坐。"还有其他有名的短语，包括"你的大理石地下室"表示坟墓；如果你坚持维护你的名节，"那时蛆虫将品尝，你那珍藏已久的贞操"。

阅读材料 14.10　安德鲁·马维尔

《致羞怯的情人》（约1650年代初期）

如果我们的世界够大，时间够多，
小姐，这样的羞怯就算不上罪过。
我们会坐下来，想想该上哪边
去散步，度过我们漫漫的爱情天。
你会在印度的恒河河畔
寻得红宝石；我则咕隆抱怨，
傍著洪泊湾的潮汐。我会在
诺亚洪水前十年就将你爱，
你如果高兴，可以一直说不要，
直到犹太人改信别的宗教。
我植物般的爱情会不断生长，
比帝国还要辽阔，还要缓慢；
我会用一百年的时间赞美
你的眼睛，凝视你的额眉；
花两百年爱慕你的每个乳房，
三万年才赞赏完其它的地方；
每个部位至少花上一个世代，
在最后一世代才把你的心秀出来。
因为，小姐，你值得这样的礼遇，
我也不愿用更低的格调爱你。
可是在我背后我总听见
时间带翼的马车急急追赶；
而横陈在我们眼前的
却是无垠永恒的荒漠。
你的美绝不会再现芳踪，
你大理石墓穴里，我的歌声
也不会回荡：那时蛆虫将品尝
你那珍藏已久的贞操，
你的矜持会化成灰尘，
我的情欲会变成灰烬：
坟墓是个隐密的好地方，
但没人会在那里拥抱，我想。
因此，现在趁青春色泽
还像朝露在你的肌肤停坐，
趁你的灵魂自每个毛孔欣然

散发出即时的火焰，
此刻让我们能玩就玩个尽兴；
此刻，像发情的猛禽
宁可一口把我们的时光吞掉
也不要在慢嚼的嘴里虚耗。
让我们把所有力气，所有
甜蜜，滚成一个圆球，
粗鲁狂猛地夺取我们的快感
冲破一扇扇人生的铁栅栏：
这样，我们虽无法叫太阳
驻足，却可使他奔跑向前。
（陈黎译）

约翰·弥尔顿的英雄愿景

在过去一百年里，多恩和他的追随者们受到越来越多追捧的同时，约翰·弥尔顿的声誉却经历了几起几落。虽然他在去世后几个世纪里受到尊崇，但在20世纪初，他却受到T.S.艾略特和埃兹拉·庞德等著名诗人的猛烈抨击，批评他对后继者的影响是有害的，导致了大量后继英国诗歌误入歧途。现在，这些指责已经尘埃落定，弥尔顿重新登上了最伟大英国诗人之列。他的精神想象力的力量，加之与人类生存的重大问题斗争的英雄主义尝试，似乎直接道出了我们当代的不确定因素。

弥尔顿的一生充满了争议。作为一名拥有惊人语言能力的杰出学生，他早年在欧洲广泛游历，创作

了相对不重要的诗——相对于他后来的诗而言。他最轻快的早期诗作中，有《快乐的人》和《沉思的人》这样的伴奏诗，把快乐和沉思的人放在了适当的场景中。它们大约是他从剑桥毕业后，于1632年写成的。

可是在1640年，他卷入了英国内战引发的棘手问题和教会治理问题中。他还卷入了一系列激进小册子的纷争，小册子的宣传内容包括支持夫妻不和可以离婚。（所以推测他的妻子在结婚6周后便离开了他不是巧合。）他对克伦威尔和清教徒事业的长期支持，为他在国内赢得了不小的影响力，但却在欧洲大陆树立了许多敌人，被视为1649年下令处死查理一世的人的辩护者。在后来的日子里，秘书和外交工作的压力破坏了他的视力，但尽管他双目失明，他还是在助手的帮助下继续工作。

1660年查理二世重掌政权后，弥尔顿的职务被罢免，但所幸他保住了性命和自由。此后他过上了归隐生活，用余生创作了三部巨著：《失乐园》（1667年）、《复乐园》（1671年）和《力士参孙》（1671年）。

人们普遍认同弥尔顿最重要的——虽然不是最易理解的——作品是《失乐园》。这部作品于1660年代初开始创作，1667年完成，旨

在用亚当和夏娃堕落的故事，"向世人昭示天道的公正"。史诗分为12卷（最初是10卷，后来弥尔顿重新进行了分卷），用素体诗格式写成。

弥尔顿凭着自己的语言和想象力，将圣经与古典文献结合。从卷1第一行开始，诗人就请求古典的缪斯神协助他讲述人类坠落的故事，两种伟大的西方文化传统便这样联系了起来。与巴赫一样，弥尔顿代表了这两种传统的融合。在他的作品里，文艺复兴与宗教改革相遇并融合，创造了基督教人文主义最完整的英文表达：人文主义理念与基督教教义之间的哲学调和。在文艺复兴方面，他扎根于古典文学。《失乐园》这部史诗涉及了所有的人类体验，他故意让人将之与荷马和维吉尔进行比较。在语言方面，弥尔顿也有着古典的神韵，善用语法复杂的长句和抽象的术语。然而，他的宗教虔信与对人类罪恶和悔改的强调，俨然又受到了宗教改革的影响。此外，尽管他尝试打破他所在时代的限制，但他又和本章中提到的所有其他艺术家一样，都是时代之子。贝尔尼尼的痴狂、巴赫的精神实在性、蒙特威尔第的心理洞察力、伦勃朗的人文主义，都在弥尔顿的作品中占有一席之地，也标志

着他本质上是一位巴洛克作家。

《失乐园》用抑扬格五音步写成（五音步，即每一音步由一个轻音节后接一个重音节构成），偶尔会有变化。它的开头如阅读材料14.11所示——注意，弥尔顿在诗中

阅读材料 14.11　约翰·弥尔顿

《失乐园》卷1，1—27行

关于人类最初违反天神命令
偷尝禁树的果子，把死亡和其他
各种各色的灾祸带来人间，并失去
伊甸乐园，直等到一个更伟大的人来
才为我们恢复乐土的事，请歌咏吧，
天庭的诗神缪斯呀！您当年曾在那
神秘的何烈山头，或西奈的峰巅，
点化过那个牧羊人，最初向您的选民，
宣讲太初天和地怎样从混沌中生出；
那郇山似乎更加蒙您的喜悦，
下有西罗亚溪水在神殿近旁奔流；
因此我向那儿求您助我吟成这篇
大胆冒险的诗歌，追踪一段事迹——
从未有人尝试璃彩成文，吟诵成诗的
题材，遐想凌云，飞越爱奥尼的高峰。
特别请您，圣灵呀！您喜爱公正
和清洁的心胸，胜过所有的神殿。
请您教导我，因为您无所不知；
您从太初便存在，张开巨大的翅膀，
像鸽子一样孵伏那洪荒，使它怀孕，
愿您的光明照耀我心中的蒙昧，
提举而且撑持我的卑微；使我能够
适应这个伟大主题的崇高境界，
使我能够阐明永恒的天理，
向世人昭示天道的公正。

[译注]引自约翰·弥尔顿，《朱维之译失乐园》，朱维之译，北京：人民文学出版社，2019。下引《失乐园》均为此本。

对自己能"璃彩成文，吟诵成诗"，
并没有表现出虚伪的谦虚。

稍晚一些，弥尔顿描绘了撒旦
（见阅读材料 14.12），他和追随他
的堕落天使一起被逐出天堂。他们
是永生的，因此不会死去。但撒旦
向魔王诉苦，魔王对他说的是"下
一步就掌权，然后作恶"。

阅读材料 14.12　约翰·弥尔顿
《失乐园》卷 1，84-94 行
"是你啊！这是何等的坠落！
何等的变化呀！你原来住在
光明的乐土，全身披覆着
无比的光辉，胜过群星的灿烂；
你曾和我结成同盟，同心同气，
同一希望，在光荣的大事业中
和我在一起。现在，我们是从
何等高的高天上，沉沦到了
何等深的深渊呀！他握有雷霆，
确是强大，谁知道这凶恶的
武器竟有那么大的威力呢？

不会有"更伟大者"来帮堕落
的天使"重回极乐天堂"。但人类
还有希望。

总览　17 世纪：巴洛克时期

语言和文学

— 国王詹姆士一世委托翻译新的《圣经》英译本。

— 三位剧作家改变了法国的戏剧文学，他们是悲剧作家高乃依、拉辛，以及讽刺喜剧作家莫里哀。

— 在西班牙，塞万提斯创作了《堂吉诃德》，字里行间穿插着讽刺幽默，以及他对人性本质的敏锐观察。

— 约翰·多恩、理查德·克拉肖和其他英国玄学派诗人用睿智的语句来表达情感体验。

— 在英国，盲诗人约翰·弥尔顿创作了素体史诗《失乐园》，"向世人昭示天道的公正"。

美术、建筑和音乐

— 为了对抗新教改革，罗马天主教在意大利兴建华丽、装饰丰富、夸张的巴洛克教堂。绘画和雕塑中表现精神体验的肖像，被视为宣传虔诚与信仰的工具。

— 卡洛·马代尔诺被教宗保罗一世任命为圣彼得教堂的总建筑师。他扩大了中殿，修复了长方形大厅的拉丁十字形平面，完成了外墙修建。

— 贝尔尼尼这位巴洛克时期最重要的雕刻家和建筑师，接任了马代尔诺的圣彼得教堂修建计划。他设计了长方形大厅前的柱廊走廊，并用了 50 多年时间实施教堂的内部修建。

— 贝尔尼尼为枢机主教希皮奥内·博尔盖塞完成大卫雕像和其他雕像后，便开启了报酬丰厚且备受瞩目的事业。

— 教宗乌尔班八世是贝尔尼尼的坚定支持者，大量资助了后者的艺术创作。

— 卡拉瓦乔开创了绘画中的紫金色黑暗派，一种利用光影增加戏剧性表现力的夸张手法。他拒绝标准化和理想化的圣人和圣经人物形象，采用普通人当模特以寻求自然主义和亲近感。

— 风格上承袭卡拉瓦乔的阿尔泰米西娅·真蒂莱斯基是意大利最成功的女性艺术家。她的作品聚焦圣经中的女性主角，用独特的女性视角来表现绘画中常见的题材。

— 迭戈·委拉斯凯兹是西班牙国王菲利普四世的首席宫廷画师，他创作的《宫娥》是一幅描绘他本人和皇室家庭的神秘肖像画。

— 彼得·保罗·鲁本斯将意大利巴洛克风格带到北欧，改变了那里的艺术。作为他所在时代最伟大的佛兰德斯画家，鲁本斯经营着一家大型绘画工作室，以匹配他接到的国际委托。

— 伦勃朗·凡·莱因是荷兰共和国最顶尖的画家。他对光影的独特处理见诸他的肖像画和圣经场景画中。他也是一位有名的版画画家，曾以 100 荷兰盾的惊人价格卖出一幅蚀刻版画，轰动一时。

— 法国国王路易十四在凡尔赛建了一座富丽堂皇的宫殿，宫殿中有漂亮的花园和著名的镜厅。

— 歌剧作为一种新的音乐类型，将管弦乐队音乐家和歌手的表演，融入到了戏剧艺术形式中。这种音乐形式把歌者的技艺提升到了新的高度。

— 羽管键琴大师多梅尼科·斯卡蒂谱写了大量奏鸣曲，为现代键盘乐器技术奠定了基础。

— 亨德尔创作了《水上音乐》和《弥赛亚》，《弥赛亚》中的《哈利路亚大合唱》十分有名。

— 约翰·塞巴斯蒂安·巴赫生于 17 世纪末期，创作了赋格曲、众赞歌前奏曲和康塔塔。

宗教和哲学

— 罗马天主教会反对新教的宗教改革，重申天主教基本教义，如圣餐变体论、教宗制，以及神职人员独身原则。

— 新的修会，如耶稣会、嘉布遣会和赤足加尔默罗修会，以事工和宣传声援以反宗教改革。

— 耶稣会在做礼拜的场所展示壮丽的反改革艺术和仪式庆典。

— 现代哲学之父、法国怀疑论者笛卡尔寻求用科学证据来辨别真伪。

— 早期的英国唯物主义者托马斯·霍布斯出版《利维坦》，这部深刻的悲观主义作品呼吁要控制人的贪欲和暴力。

— 英国哲学家兼医生约翰·洛克在他最著名的作品《人类理解论》中批评了"先天知识或理解"这一观念。

图 15.1　雅克 – 路易·大卫，《自画像》，1794 年，布面油画，81×64 厘米。法国，巴黎，卢浮宫。
在政治动乱年代，大卫几次改变效忠对象以求生存。他在囚室中对着镜子画下了这幅自画像。他在比
利时度过了最后的岁月。他逃过了绞刑架，但没有躲过马车的碾压，最终伤重不治。

第十五章

18 世纪

导引

在艺术史上，雅克-路易·大卫是18世纪当之无愧的艺术巨人。他是法国新古典主义绘画的核心人物。他获得过罗马大奖（法国国王为优秀艺术生提供的高额留学奖金）。他有皇室赞助。他深受古代主题启发，通过画作展现了启蒙运动的崇高理想：无私、勇气、美德和纯粹理性。然而，当我们从他1794年的自画像中注视他的眼睛（图15.1），我们不禁要问：大卫究竟是何许人？

大卫是雅各宾派（主要由富人组成的一个非常排外的党派，支持法国公民的个人和集体权利）成员，也是反君主制革命的狂热支持者。作为革命后第一届国民议会（国民公共安全委员会）的成员，他投票赞成将路易十六送上断头台。在接下来的血腥岁月里，大卫参与了朋友罗伯斯庇尔领导的恐怖统治，处决了许多所谓反革命人士，有1.6万人被送上各地的断头台；大卫自己也签署了300多人的处决令。罗伯斯庇尔失势被处死后，大卫也被逮捕。他在卢森堡宫囚室中画了这幅自画像：虽是对镜自照，仍是理想化了。

1793年10月16日，在被废黜的法国王后玛丽·安托瓦妮特被处决前，大卫画下了她的素描。若不是前妻有些令人啼笑皆非的干预，大卫自己也很可能被送上断头台。他的前妻是君主制支持者，在大卫投票赞成处死路易十六后与他离婚，后于1796年复婚。大卫最终保住了性命，但对他来说，跌宕的命运仍将继续。

在大卫签署死刑令的人中有一名贵族，他的妻子即后来拿破仑的妻子约瑟芬。1804年，拿破仑加冕称帝后，大卫成为他的宫廷画师。十年后，征服了大半个欧洲的拿破仑遭到敌人反攻，被迫退位，路易十八复辟。尽管大卫是一名革命者、弑君者和波拿巴主义者，但想要大卫为其服务的路易十八还是赦免了他，还邀请他担任宫廷画师。这一次，大卫拒绝了邀请。他离开法国去了比利时，在那里生活、工作、教书，直到后来被一辆马车撞到，伤重不治。

启蒙时代

雅克-路易·大卫和同时代其他艺术家、建筑师、作家、音乐家以及哲学家一样，赞成摒弃倡导迷信和维护社会不平等现状的教会和国家的意识形态。他和同时代的启蒙先锋一样，相信理性将战胜由来已久的压迫性传统，带来科学知识和社会改革。

启蒙时代或曰理性时代，肇端于17世纪下半叶，路易十四在凡尔赛宫主政皇宫之时，但它真正发展成一场文化运动是在18世纪。启蒙运动的主要人物有法国的伏尔泰、狄德罗、卢梭，英国的约翰·洛克，苏格兰的弗兰西斯·哈奇森、亚当·斯密和大卫·休谟，还有美国的本杰明·富兰克林和托马斯·杰斐逊。

启蒙时代是多元智识发展的时代，并不限于人文学科。1764年，意大利启蒙运动的重要人物贝卡里亚（1738—1794年）出版《论犯罪与刑罚》。这是理性主义原则在刑事处罚研究中的首次应用，导致了多个欧洲国家的刑事司法系统改革。贝卡里亚认为，坐牢服刑应该罪罚一致，目的不是惩罚，而是抑制犯罪并改造罪犯。他反对死刑，其缘由至今仍被死刑反对者引用：没有哪个人（或国家）有权剥夺另一个人的生命，死刑并不比其他惩罚更能阻止犯罪。在同一时期的英格兰，"资本主义之父"亚当·斯密（1723—1790年）将个人自由这一启蒙运动的核心主题之一引入他的新经济理论。他的《国富论》出版于1776年，美国宣布脱离英国殖民的同年。亚当·斯密提出一种经济手段，名为不干涉主义："顺其自然"。他认为，如果市场可以在不受国家干预的情况下运作，它会像一只无形的手，指导个人利益为大众谋福利。他进一步假定公开竞争将对价格形成限

18 世纪

1700 年	1774 年	1783 年	1794 年	1814
俄罗斯和普鲁士崛起。赫库兰尼姆发掘工作开始。路易十四去世。路易十五统治法国。腓特烈大帝统治普鲁士。庞贝古城发掘工作开始。叶卡捷琳娜大帝统治俄国。	路易十六和玛丽·安托瓦妮特统治法国。美国宣布脱离英国殖民统治。亚当·斯密出版《国富论》。美国独立战争。	法国大革命开始。《权利宣言》颁布。沃斯通克拉夫特写下《女权辩护》。路易十六和玛丽·安托瓦妮特被处死。法国的恐怖统治。罗伯斯庇尔被处死。	拿破仑以领事身份统治法国。拿破仑加封自己为皇帝。拿破仑以皇帝身份统治法国。	

制，促进产品质量的提高。

斯密的理论是乐观的。从这个角度看，整个 18 世纪都是乐观的，因为这是一个信任科学和人类理性力量的时代，相信自然秩序，深信进步理论，即世界将比以往任何时候更加美好，且会越来越好。但从另一个角度看，18 世纪是对统治制度和社会状况普遍愤恨不满的时代，特别是在人口众多的城市中心（见地图 15.1）。在 18 世纪最后几十年，对改革的渴望演变成不可阻挡的变革需求，甚至不惜诉诸暴力，导致

美国和法国大革命的爆发。18 世纪伊始，路易十四可能仍在凡尔赛宫镜厅里昂首阔步。但他在 1715 年的去世，标志着绝对君主制开始落幕。

虽然欧洲大多数国家继续由世袭君主统治（见图 15.2），但与先前只在乎丰功伟绩和特权不同，这一时期的君主逐渐开始关注普通公民福祉。诸如普鲁士国王腓特烈大帝（1740—1786 年）和俄罗斯叶卡捷琳娜大帝（1762—1797 年）之类君王，其掌权决心毫不逊色于往昔君主，但不再把国家当作满足私欲的私人

地图 15.1　18 世纪的欧洲

图15.2　18世纪的欧洲统治者

开明君主

普鲁士腓特烈大帝	1740—1786[1]
俄国叶卡捷琳娜大帝	1762—1796
瑞典古斯塔夫三世	1771—1792
西班牙查理三世	1759—1788
奥地利约瑟夫二世	1780—1790

受议会政府约束的统治者[2]

英国乔治一世	1714—1727
英国乔治二世	1727—1760
英国乔治三世	1760—1820

贵族统治者

法国路易十五	1715—1774
法国路易十六	1774—1792

财产，而是需要把国家视为责任，表现出义务和责任感。他们修建道路，排干沼泽，重组法律和官僚体系。这些更开明的新一代君主通常被称为"开明专制君主"。他们对人民福祉投入的更多关注，无疑抑制了变革的发展，但只是一时。这些做法不可避免地让人民注意到过去的不平等，很快激起他们绝无法满足的改革欲望。尽管他们巧言粉饰（如腓特烈大帝自称"国家第一公仆"），但其统治本质上仍是独裁统治。开明专制君主还将启蒙哲人、科学家、作家、艺术家和知识分子带入皇家圈子并提供支持。

在18世纪下半叶的一些国家，各个政治阶层都有意识地参与社会事务。但这并非普遍现象；法国直到1789年爆发大革命，才结束贵族统治。法国统治者不肯面对人民日益增长的不满情绪，将自己关在享乐的象牙塔里，逃避社会动荡的事实。这种童话式生活在洛可可绘画中得到生动展现，也遭到了作曲家、作家和艺术家的讽刺，如莫扎特歌剧《费加罗的婚礼》（1786年首映）对贵族大加讽刺，荷加斯的系列绘画《时髦婚姻》（1743—1745年）实际是讽刺英国上层阶级的婚姻伦理。

18世纪的视觉艺术

18世纪初，在路易十四统治时期建立的法国皇家绘画与雕塑学院，两种不同的艺术风格相互较量。国王欣赏古典艺术风格，前一章也提到过，像普桑这样的艺术家更倾向于古典主题，其作品更注重形式。法兰西学院的一些主要艺术家在普桑激励下承袭了古典风格，以普桑为灵感源。其他艺术家则相对而言

---

[1]　所有年份均为在位年份。
[2]　此时英国人的政治生活不由国王支配，而由罗伯特·沃波尔和老威廉·皮特两位强大的首相控制。

强调色彩，以鲁本斯为个中典范。这两种大相径庭的风格将艺术家区分为普桑派和鲁本斯派。鲁本斯派艺术家除了善用色彩，笔触也生动而富有质感。普桑派艺术家的作品则表面柔和，光洁似镜。18世纪初，注重色彩的艺术家占据了上风；他们的风格被称为洛可可风格。

洛可可风格

尽管社会风尚发生着变化，但大多数18世纪的艺术家仍仰赖贵族资助。随着艺术喜好的改变，君主们希望通过作品传达的信息也产生了变化。以巴洛克风格来生动传达象征绝对君权的庄严、荣誉与浮华的热潮，已悄然褪去。开明专制君主喜欢美的东西，但他们对在身边摆满象征至高权力的符号心存疑虑。

洛可可风格迎合了这种不追求浮华的品位，它最初在法国走向成熟。洛可可一词源于法文 Rocaille，意为巴洛克花园洞室中常见的精致岩石和贝壳装饰。洛可可艺术明快而精致，被视为反巴洛克风格，与17世纪艺术的雄厚、华丽与戏剧效果迥异。也许可以说，巴洛克艺术家是在向观众说教，洛可可艺术家则在与观众进行轻松惬意的对话。对于富人与贵族来说，18世纪是上流社会的时代，他们可以写信，开

家庭音乐会和舞会，亲密地交往。许多贵族放弃了凡尔赛宫讲究繁文缛节的生活，回巴黎住进按当时最新风格翻修的优雅城市庄园。

洛可可风格多数面向贵族观众；其优雅和魅力使贵族在心理上逃避了现实世界剧增的压力。精致的野餐，优雅的恋人，胜利的维纳斯代表了一种不切实际到近乎可怕的生活观，遭到了追求社会变革的启蒙思想家的排斥。然而，即使是最严厉的道德主义者，也难免会对洛可可艺术诱人的幻想世界作出反应。知晓整个洛可可世界很快会被席卷一空，也令这种艺术无意中多了一层辛酸。画中精致的女士及其优雅的追求者的生活，都将画上句号。

法国洛可可绘画艺术

洛可可艺术给人的整体印象是轻松愉快的。它有着精致的装饰品，如卷轴、丝带和镀金的叶子，绘画中也会使用柔和的色调。主题是琐碎的小事，通常为浪漫嬉戏和玩乐。

让·安东尼·华多

华多（1684—1721年）是第一位也是最具代表性的法国洛可可画家。他似乎本能地感受到了他描绘的短暂无常的世界。华多最著名的是雅宴画（fêtes galantes：上流人

物穿着时髦服装参加的雅致户外宴会）。然而，迷人场景有时也伴随着怀旧情绪甚至愁思。如在《舟发西苔岛》（图 15.3）中，穿着丝质华服的俊美情侣从维纳斯与爱情的圣地西苔岛上船或归家。有几人恋恋不舍地凝视着他们即将告别的田园诗般景致。丰富的色调、轻盈的笔触，以及华丽的重彩，营造出起伏的苍翠林木和绚丽衣服的幻象，与主题的感性一致。

弗拉戈纳尔

弗拉戈纳尔（1732—1806 年）是法国最后一位伟大的洛可可画家，他亲眼见证了对洛可可艺术的需求随着法国大革命而消失殆尽。弗拉戈纳尔经常用景观来强调爱欲或浪漫情调。他的作品《秋千》（图 15.4）是洛可可艺术家之目标与成就的一个典型。画中苍翠的花园无疑受到巴洛克风格启发，我们也从中瞥见了有闲阶级恋人间的游戏。一个年轻但已不算天真的少女，在年长女伴的拉动下荡起秋千，她粉色裙子下的衬裙如浪翻滚，脚边是一个躺着的男士，似乎对眼前情景赏心悦目。画中人物身材娇小，脸颊红润，就像洋娃娃一样，尤其是在田园诗般景致衬托下。这就是 18 世纪最雅致的生活，通过微妙的色调渲染、郁郁葱葱的场景、柔和光线的映照呈现出来。不幸的是，这也是最懵懂无知的生活。当统治阶级继续忽视人民的需要，暴乱也在酝酿当中。

图 15.3　华多，《舟发西苔岛》，1717 年。布面油画，130×194 厘米。法国，巴黎，卢浮宫。在古希腊传说中，西苔岛是爱神阿芙洛狄忒（维纳斯）的出生地。因此这座岛成了理想与温柔的爱情的象征。画家通过秋色和画面渲染的黄昏光线来表达依依不舍的惜别之情。

图 15.4 弗拉戈纳尔，《秋千》，1767 年。布面油画，81.8×64.8 厘米。英国，伦敦，华莱士收藏馆。郁郁葱葱和包罗万象的景色明显地象征着繁殖力。

弗拉戈纳尔职业生涯的结束提醒着我们，艺术家如何受到社会发展影响。当贵族赞助者接连在革命中死去或逃亡，弗拉戈纳尔便陷入了贫困。也许是因为弗拉戈纳尔支持革命理想（尽管这意味着他将失去贵族的赞助），革命的主要艺术仲裁者之一雅克-路易·大卫为他提供了一份与艺术有关的工作。即便如此，洛可可传统的最后一位代表还是在默默无闻中死去。

卡列拉

与弗拉戈纳尔的潦倒有着天壤之别的是卡列拉（1675—1757 年）的成功。卡列拉出生于威尼斯，从小学着蕾丝制作和绘制微型象牙肖像画。1720 年，她第一次来到巴黎，

同年，为年纪尚小的路易十五画了一幅肖像画（图 15.5）。路易十五 5 岁继承王位，从凡尔赛宫移居巴黎杜伊勒里宫，直到 1722 年 12 岁时正式加冕为王；这幅微型肖像就画于两年前。画中路易的面部细节令人印象深刻，衬托以外套和蕾丝花边领口的自如运用，展现了画家运用彩色粉笔的精湛技艺。她的技术无人能及，她的成就得到法兰西学院认可并成为其中一员。卡列拉的足迹遍布欧洲，人们争相请她作画，包括许多王公贵族。卡列拉是一个天才，她在肖像画的相似度和美化度之间找到了"最佳平衡点"，捕捉到了模特的最佳形象。

图 15.5 卡列拉，《孩童时代的路易十五》，1720 年，纸上粉彩，50.5×38.5 厘米。德国，德累斯顿，历代大师画廊。苍白而优雅是卡列拉贵族模特们的典型特征。柔和的粉彩颜色生动地再现了皮肤的色调。

提埃坡罗

与卡列拉同一时代的威尼斯画家提埃坡罗（1696—1770年）同样在使用色彩创造光亮效果上具有非凡天赋。

卡列拉的作品多为真人大小的肖像画，而提埃坡罗则专注于大型画作。提埃坡罗最具雄心和知名度的作品，很多都是教堂和宫廷天花板的装饰画，如1757—1758年为威尼斯雷佐尼科宫绘制的壁画。相对于更喜好描绘18世纪意大利富贵名人无聊生活方式而非理想志向的奢华洛可可室内装饰画来说，《高贵与美德并存的寓言》（图15.6）的主题显得非常高尚。整个天花板似乎

敞向广阔明亮的蓝天，空中美丽的天使在美德宝座周围下降、滑行和盘旋，宝座则浮于如波浪般翻滚的云朵之上。这所宫殿是一个意大利富商家的住宅，他们可能想向客人说明（或说服他们自己），只有通过勤奋的努力，才可能享受此种奢华。

勒布伦

18世纪末，君主制和贵族越来越不得人心，加之启蒙运动的力量，许多艺术赞助人的风格发生了变化，不再过度轻佻和甜美，而变得更加自然。这种变化折射出卢梭的思想，他认为道德价值观和人类美德体现在纯朴的农事生活中。安托瓦妮特

图15.6　**提埃坡罗，《高贵与美德并存的寓言》**，1757—1758年，壁画，10×6米。意大利，威尼斯，雷佐尼科宫。

图15.7　**勒布伦，《玛丽·安托瓦妮特和她的孩子们》**，1781年，帆布油布，271×195厘米。法国，凡尔赛宫。女王的帽子和裙子彰显的华美，是普通人无法企及的。但三角形的构图和膝上的孩子让人想起文艺复兴时期的《圣母与圣子》画像。

对此种观点有着奇怪解读。她命人在凡尔赛宫仿建了一个农舍，然后穿着朴素的牧羊女服装在里面放羊，假装挤奶，还与随从一起从事与农民生活有关的其他活动。这种对普通人生活的戏谑，最终没能改变女王在人民心中的形象；她的宫廷画家勒布伦（1755—1842 年）在法国大革命前两年为她创作的宣传肖像画也没起到作用。《玛丽·安托瓦妮特和她的孩子们》（图 15.7）旨在挽回王后日益失去的民心，说明她并非挥霍无度的冷漠贵族，而是经历过心碎的慈母。大红色的优雅礼服和精致帽子，以及左边的镜厅，都彰显出皇家气派。她位于一组人物的中心，让人联想到意大利文艺复兴时期《圣母与圣子》的典型构图。安托瓦妮特怀抱一个孩子；她的大女儿深情靠在她肩上。皇后的眼睛凝视前方，似乎在征求同意，而法国皇太子则指着一个搭着黑布的空摇篮。她的第四个孩子是个女孩，名叫碧雅翠丝，11 个月大时死于结核病。尽管勒布伦尽了最大努力，她本人也忠于君主制，但这幅肖像画或任何其他公共关系上的努力，都不足以让法国人民相信皇帝一家是平易近人且富有同情心的。当路易十六和安托瓦妮特被监禁时，画家离开法国，前往意大利、奥地利和

俄罗斯，为那里的皇室贵族作画。她的事业很成功，活到 87 岁，画了大约 800 件作品。她的画风是 18 世纪晚期自然主义倾向绘画的缩影。

英国与美国

庚斯博罗

18 世纪的英国艺术也以贵族画像著称，对其风格最恰当的描述就是混合型，既有洛可可特征（颜色，光线，生动精湛的笔法），也具有更多自然主义元素（画中人看起来更深沉和自信，外表不作太多美化）。尽管庚斯博罗（1727—1788 年）对

图 15.8　庚斯博罗，《伯爵夫人玛丽·豪》，约 1765 年。布面油画，244×152.4 厘米，英国，伦敦，肯伍德别墅。乡野背景和阴沉的天空衬得人物更加突出，但她的鞋子在场景中显得不自然，因为几乎不适合在乡村内散步。庚斯博罗以擅长画织物而闻名：注意厚重的丝绸连衣裙和花边袖子形成的对比。

风景画更感兴趣，但他的肖像画冠绝英国。作为"宏伟风格"肖像画的创始人之一，他采用多种绘画手法，为笔下人物营造优雅庄重的气质：深郁的景观，与背景相比显得较大的人物；简单的姿势和庄严的凝视。《伯爵夫人玛丽·豪》（图15.8）展现的被画者服装，让人联想到华多柔软轻盈的笔触。但她的高贵姿态和严肃凝视，表明她心中所想并非风花雪月。画中景象如诗一般：伯爵夫人精致的服装由乡村景观和阴暗天空衬托得熠熠生辉。

乔舒亚·雷诺兹

乔舒亚·雷诺兹爵士（1723—1792年）画了许多军事人物肖像（但他不是只画军队人物），以宏伟风格传达古典时期的英雄主义和爱国

主义价值观（图15.9）。他的客户包括一些军事指挥官，他们参与过对英国产生了深远影响的历史事件。他在肖像画中时常将人物置于他们英勇战斗过的场景中，威风凛凛，以增强人物的气势。他还画了作家塞缪尔·约翰逊及其传记作家詹姆斯·鲍斯韦尔的肖像画，后者写的传记被学者认为是最伟大的英语传记。

科普利

美国的肖像画诞生了一种新趋势，最具代表性的也许要数马萨诸塞州的科普利（1738—1815年）。庚斯博罗将自然主义与法国洛可可元素结合，科普利则在英国自然主义中融入了美国人对现实主义和简约的偏好。他画的保罗·里维尔（图15.10）——一位银器匠出身的革命

图15.9　乔舒亚·雷诺兹爵士，《希思菲尔德勋爵》，1787年。布面油画，142×113.5厘米。英国，伦敦，国家美术馆。

图15.10　科普利，《保罗·里维尔肖像画》，1768年。布面油画，89.2×72.4厘米。马萨诸塞州，波士顿美术博物馆。

图 15.11　威廉·霍加斯,《时髦的婚姻》之《早餐》。1745 年。布面油画,68×89 厘米。英国,伦敦,国家美术馆。霍加斯借此讽刺英国人常见的婚姻不检点。

英雄——有着直率的表情和谦逊的目光,似在用坚定的眼神与观看者交流。里维尔手上拿着工具,思索着他打制的茶壶。他短暂地抬起头看着访客、赞助人与观看者。庚斯博罗的绘画笔触与科普利严谨的线性风格形成对比。科普利的光线醒目,并不微弱,画中物体的质感判然有别于庚斯博罗的轻柔调和。(里维尔衬衣袖子的柔软皱褶与雕塑般的手臂形成对比;工作台的暖色木材表面与茶壶闪亮的金属色也形成了对比。)人们很容易将科普利的画风视为反映美国价值观和情感的手段。然而,与一些和他同代的美国出生的艺术家一样,他搬到伦敦后,调整了画作以适应英国人的品位。

威廉·霍加斯

　　威廉·霍加斯(1697—1764 年)与其他肖像画家截然不同,他并不描绘上层社会的生活方式,而是诙谐地批判英国中产阶级,讽刺他们自命上流。在他的组画《时髦的婚姻》中,霍加斯讲述了一个贫穷的伯爵和一个富商的女儿之间的无爱婚姻,富商的目的只是想要提高社会地位。组画中的这幅《早餐》(图 15.11)说明,这段婚姻关系已经开始恶化。即使是早上,丈夫和妻子仍然因为前一晚各自的活动而显得疲惫不堪。妻子夜晚在家彻夜狂欢,丈夫则出门不归。不清楚他在外面做过什么,但一只小狗正在嗅着一块从他口袋里掉出来的蕾丝带子。房间里另一个人一脸悲伤,手里却拿着一沓钞票。霍加斯笔下人物所处的环境和闹剧展开的背景,深刻地揭示了那个时代的不道德行为。

洛可可式建筑

　　洛可可式建筑侧重于予人以视

觉上的愉悦，而不是激发人的高尚情操。在欧洲，宗教建筑受到洛可可风格强烈影响的地区是德国南部和奥地利。在 17 世纪，该地区的一系列战争阻碍了新的教堂或公共建筑物的建造。随着德国相对恢复了稳定，建造新的建筑物变得指日可待。这是艺术史上的一次机遇，洛可可风格的繁复和梦幻感，能够完美地体现出德国萌发出的新活力。这一时期修建的教堂是洛可可风格成就中最令人感到愉悦的。

巴尔塔扎·诺伊曼

这一时期最主要的建筑师是巴

图 15.12　**巴尔塔扎·诺伊曼，菲尔岑海利根朝圣教堂**，建于 1743—1772 年。德国班堡近郊。这一内部视图显示了教堂中殿（左后）的高祭坛和教堂中间的椭圆形祭坛（中央）。椭圆形的祭坛，即"慈悲祭坛"可追溯至 1763 年，是福克迈尔（Johann Michael Feuchtmayer）和乌贝尔（Johann Georg Ubelherr）的作品。其中心位置具有德国南部和奥地利朝圣教堂的特征，从椭圆形天花板的壁画也能看出教堂的形状。为了修建纵横交错的表面、坚实的立面和宽敞的空间，诺伊曼摒弃了哥特式建筑高耸的直线和文艺复兴风格的对称平衡。

尔塔扎·诺伊曼（1687—1753 年），他最初是一名工程师和炮兵军官。在他设计的宫殿和教堂中，最宏伟的是德国班堡附近的菲尔岑海利根（"十四圣"）教堂。教堂外部有意设计得相对朴素，使来访者料不到内部空间如此宽敞，装饰如此精美（图 15.12），还有一排排窗户和不规则排列的圆柱。天花板和墙壁连接处如苏比兹宅邸一样饰以壁画，边缘呈优雅的下弯曲线状。不难想象加尔文会如何评价这样的教堂内厅，但如果教堂可以成为一个光明和欢乐的地方，那么诺伊曼的设计就是成功且令人钦佩的。

新古典主义

尽管洛可可风格具有相当的重要性，但它不是影响 18 世纪艺术家的唯一风格。同一时期另一主要的艺术运动是新古典主义，随着新古典主义越来越受欢迎，洛可可风格的影响力也在逐渐趋弱。

新古典主义的兴起要归因于几大历史机遇。1711 年和 1748 年，赫库兰尼姆古城和庞贝古城分别开挖，引发了对古典特别是罗马艺术广泛而强烈的兴趣。庞贝古城别墅 1 世纪的壁画，被无数前来参观的游客争相复制，挖掘报告在整个欧洲发表。德国学者温克尔曼（1717—

1768 年，有人称其为考古之父）在重新认识古典艺术重要性方面发挥了主要作用。他在许多著作中鼓励时人不仅要欣赏古代杰作，还要学会模仿它们（见图 15.13）。

图 15.13　18 世纪对古典时代遗迹的再发现

1711 年　赫库兰尼姆古城首次开挖。

1734 年　艺术爱好者协会在伦敦成立，以鼓励艺术爱好者们探索研究。

1748 年　庞培古城首次开挖。

1753 年　罗伯特·伍德和詹姆斯·道金斯出版了《帕尔米拉遗址》。

1757 年　罗伯特·伍德和詹姆斯·道金斯出版了《巴勒贝克遗址》。

1762 年　詹姆斯·斯图尔特和尼古拉斯·雷维特出版了《雅典古物》（第一卷）。

1764 年　罗伯特·亚当在斯帕拉特罗出版了《戴克里先皇帝宫殿遗址》；温克尔曼出版了《古代艺术史》。

1769 年　理查德·钱德勒和威廉·帕尔斯出版了《伊奥尼亚古物》（第一卷）。

1772 年　大英博物馆购买了汉密尔顿的希腊花瓶藏品。

1785 年　理查德·科尔特·霍尔在托斯卡纳区考察伊特鲁里亚遗址。

1801 年　埃尔金勋爵得到土耳其人的许可考察雅典帕特农神庙。

新古典主义绘画和雕塑

雅克－路易·大卫

罗马共和国的目标与理想——自由、反对暴政、勇气——对 18 世纪的共和主义政治家有着特别的吸引力，因此古典模式再次复兴，成为法国大革命时期的艺术典范。最能代表官方革命风格的画家是雅克－路易·大卫（1748—1825 年）。他的《荷拉斯兄弟之誓》（图 15.14）不仅借鉴了古罗马公民美德的故事，还借鉴了庞贝古城等地挖掘过程中发现的古代服装和盔甲的知识。与华多和弗拉戈纳尔画笔下奢华、自我放纵、冷漠的世界相去甚远，这幅画用朴素的风格和构图，传达了一个简单的信息：团结起来反对暴政的重要性。

大卫在《荷拉斯兄弟之誓》中，再现了平衡情感与克制的古典理想；画面的气氛是高度紧张的，但大卫冷静而精确的画法和刺目的线条与之形成了鲜明对比。调色主要由柔和的蓝色、灰色和棕色组成，但在这些暗淡色调中精心测算好的位置点缀以醒目的红色，增加了画作的张力。画中人物占据了前景，按照古典浮雕的构图来编排他们的位置。

图 15.14　雅克－路易·大卫，《荷拉斯兄弟之誓》，1784—1785 年。布面油画，330×425 厘米。法国，巴黎，卢浮宫。这幅画画荷拉斯三兄弟宣誓不惜牺牲生命以保卫罗马，来歌颂爱国主义。这幅画创作之时，距法国大革命爆发还有五年，大卫的作品树立了革命艺术的官方风格。

比较与对比 ||||||||||||||||||||||||||||||||

（重新）构造历史：标志性意象中的权力断言与颠覆

当法国画家雅克－路易·大卫成为拿破仑·波拿巴的画师后，他最重要的任务是公共关系，或更准确地说，为这位大名鼎鼎的将军创作用于公共关系的肖像，宣传他的权力、权威、英雄主义和成就。在此过程中，大卫不仅帮助建立了拿破仑的公共口碑，也帮助确保了他在历史上的地位。大卫有时会"捏造"准确的历史细节，重组历史事件，以宣传他所画的人物，或配合赞助人画出他想留给后世的形象，这一点早已不是秘密。（例如大卫所画的拿破仑加冕图，画中清楚出现了拿破仑的母亲，但事实上她拒绝出席典礼 [见图 16.6]。）

大卫的《拿破仑跨越阿尔卑斯山》（图 15.15），采用一种源自古代世界的艺术手法——骑马肖像（见图 4.39，《马可·奥勒留骑马像》），把将军征战的英勇宣传、颂扬和浪漫化到了极致。拿破仑指挥着他的部队、他所骑的骏马，甚至可以说指挥着周围的风景，一路奋勇冲向山峰，马与骑手在画布上留下了一道强健

有力的斜线。将军的眼睛看着我们，似在敦促参加伟大的战役。在他所骑的阿拉伯战马扬起的前蹄下，岩石上赫然刻着曾经跨越过阿尔卑斯山的伟大先贤的名字：汉尼拔和查理大帝。作为历史的学生，光看大卫这幅令人敬佩的拿破仑肖像画，我们永远也不会知道，其实这位将军并没有带领他的部队穿过圣伯纳隧道，翻越阿尔卑斯山，而是在第二天骑着头驴跟上部队。还值得一提

图 15.15　雅克－路易斯·大卫，《拿破仑跨越阿尔卑斯山》，1800 年。布面油画，244×231 厘米。法国，凡尔赛宫。拿破仑带着军队穿越阿尔卑斯山后，突袭并击败了奥地利军队。他冷静地征服了一匹狂放不羁的马，象征着在给大革命后的法国带来秩序后他的自我印象。

的是，拿破仑并没有摆出姿势让画家画下这幅画。大卫只是使用了他以前所画的将军的头像，并让自己的儿子爬上梯子（不是爬上马背）充当替身模特。

大卫画过拿破仑，画过无数其他历史人物，但从来没有画过女人、工人和有色人种等千千万万参与过人类历史事件的普通人。正是在这一点上，凯欣德·威利揶揄了大卫的标志性肖像画，创作了另一幅十分搞笑又发人深省的版本（图 15.16）。威利不折不扣地照搬了原作中的许多细节：扬起前蹄的马，旋动的斗篷以及骑手的姿势和手势。但人们熟知的拿破仑形象被一个不知名的非洲裔美国人所取代，将军华丽的军装被现代迷彩服、大头工作靴和头巾所取代——这些都是嘻哈文化装扮。

威利还用大量的红色和金色图案的壁纸来代替大卫肖像画中的自然景观，这表明他所画的现代"战士"的背景不再像大卫为他的英雄所构思的背景一样具有矫饰性且不自然。在威利的绘画中，崎岖的岩石被简化为舞台道具，同样刻着大卫版的汉尼拔和查理大帝这两个名字，但又增加了另外两个名字：拿破仑和威廉姆斯。增加的这个普通人的名字，深刻地说明了在创造历史的过程中，普通人的作用被极大地忽视了。威利也特别用"威廉姆斯"这个名字来呼吁人们关注奴隶在白人社会中的历史角色——他们常常被取了新的"奴隶名"——想象的角色转换，以及随之而来的对权力关系的颠覆。

图 15.16　凯欣德·威利，《拿破仑带领军队跨越阿尔卑斯山》。布面油画，274×274 厘米。纽约布鲁克林博物馆。©凯欣德·威利。威利曾经问过："我们如何才能使艺术变得有意义？"他的作品似乎表明，答案的一部分是重申非裔美国人在压倒性的欧洲中心文化中的地位。

三组人都大致呈三角形，并且可以看见每一组都对应着背景中一座拱门。所画情节中最引人注目的动作——对着画面中央紧握着的剑宣誓——在黑暗背景下被照亮身影。了解《荷拉斯兄弟之誓》创作的历史条件，并理解其风格和构图方面的创新，可以帮助我们认识到它的重要性。但是要完全地理解和欣赏这幅作品，必须思考并理解它的主题。大卫的《荷拉斯兄弟之誓》的主题从画面上看一目了然。这是一个向古典主义致敬的主题，荷拉斯三兄弟对着父亲高高举起的宝剑，宣誓效忠罗马。他们发誓不取得战斗胜利绝不回家。他们有力而坚定的手势和稳固的步态，传达出力量、奉献和勇气——征战沙场的勇士们所具备的品格。相比之下，妇女被画在这幅画中不显眼的位置；她们受情绪影响，彻底崩溃了。有许多事情令其沮丧：荷拉斯家族的一个女儿与敌方的库拉蒂家族订了婚，有一个儿子娶了库拉蒂家族的女儿。在大卫的世界里，女性不仅缺乏行动能力，而且攻击性或强硬行为也被视为不

符合身份。为何男人和女人的姿态会有如此差别？历史学家琳达·诺克林称，男性与女性的姿态对比，反映出"那个时代的意识形态话语提供的男性强力与女性柔弱的截然对立"。这种意识形态话语在启蒙原则中根深蒂固，特别是极具影响力的卢梭思想，他在《社会契约论》中具体阐述了男女分工。大卫使用同样的崇高宏大来描绘掌权不久后的拿破仑（见图15.15），虽然也许是无意地，但用革命风格来表现一个军事独裁者，显得有些讽刺。

安杰莉卡·考夫曼

安杰莉卡·考夫曼（1741—1807年）是又一位领先的新古典主义画家，与大卫同一时代。她出生于瑞士，在罗马新古典主义圈子内接受教育，并把新古典风格传到了英国。她以肖像画、历史绘画和叙事作品闻名，如《艺术家在作画过程中聆听诗的启发》（图15.17）。在这幅

图15.17 安杰莉卡·考夫曼，《艺术家在作画过程中聆听诗的启发》，1782年。布面油画，直径61厘米。英国，伦敦，肯伍德别墅。考夫曼将新古典风格传播到了英国。

寓言性画作中，考夫曼把创作的缪斯画成了自己的样子，她手里拿着纸和铅笔，正聚精会神地听同伴——诗歌的缪斯说话。诗歌缪斯理想化的面部特征，庄严的建筑，古典画风的服装和丰富的着色，无疑是新古典主义风格。

安东尼奥·卡诺瓦

新古典主义时期主要的雕塑家，意大利人安东尼奥·卡诺瓦（1757—1822 年）和法国人让 - 安东尼·乌敦（1741—1829 年），成功地把真正的想象力和创造力融入了古典风格中。卡诺瓦创作的雕像《作为胜利者维纳斯的波利娜·波拿巴》（见图 15.18）将拿破仑的妹妹表现出了理想化的古典美，她躺在一张仿照庞贝城出土文物描绘的长椅上。然而这个人物的高傲优雅，只不过是卡诺瓦的创造。

新古典主义建筑

对公共建筑等重大项目，建筑师倾向于遵循古典模式，比如巴黎先贤祠（图 15.19）的门廊、山形墙和圆屋顶的设计就使用了古典比例。17 世纪和 18 世纪初，英国最重要的艺术贡献是在新古典建筑领域。特别是两名建筑师，伊尼戈·琼斯（1573—1652 年）和克里斯托弗·雷

恩爵士（1632—1723 年），是这段时期伦敦建筑的代表。他们都受到意大利巴洛克式建筑深刻影响，把古典元素的规整和清晰，与临场创作的形状或节奏结合起来。

伊尼戈·琼斯

伊尼戈·琼斯设计的伦敦白厅

图 15.18 安东尼奥·卡诺瓦，《作为胜利者维纳斯的波利娜·波拿巴》，1808 年。大理石，真人大小，198 厘米。意大利，罗马，波各赛美术馆。卡诺瓦的简约和优雅的混合在 19 世纪被欧洲和美国雕塑家广泛模仿。维纳斯左手执苹果，代表争端之源，上面写着"追求公平"。根据传说，女神阿弗洛狄忒（维纳斯）、赫拉和雅典娜都企图贿赂特洛伊人帕里斯，让他把苹果给自己。帕里斯给了维纳斯，因为她承诺把最美丽的女人献给她。帕里斯抢走维纳斯给他的奖品，即希腊国王的妻子海伦，结果引发了特洛伊战争。

图 15.19 苏夫洛，巴黎先贤祠（圣日纳维夫教堂），1755—1792 年，法国，巴黎。该建筑最初是作为圣日纳维夫教堂建造的，后用来纪念在法国大革命中牺牲的先贤。建筑师曾在罗马学习，圆柱和门廊的设计灵感来自古罗马神庙。

宴会厅（图 15.20），展示了古典主义的对称和重复元素（例如：由壁柱隔开的规则排列的窗户，以及水平线条和垂直线条的整体平衡）。但拐角处的壁柱采用了不一样的设计，并且一楼使用爱奥尼亚式柱头，二楼使用更加华丽的科林斯式柱头，这些调整使整体设计方案显得不那么刻板。垂直元素的交替模式与罗马圣彼得教堂的立面不同。

克里斯托弗·雷恩

克里斯托弗·雷恩爵士 25 岁便开始了职业生涯。但他一开始不是建筑师，而是一名工程师和天文学教授，对数学越来越浓的兴趣使他走进建筑师行业。国王查理二世邀请他整修圣保罗大教堂，一座哥特式建筑。修葺计划制定完成后，教堂被 1666 年伦敦大火烧毁。新的圣保罗大教堂（图 15.21）堪称杰作，是伦敦最受欢迎的建筑。受意大利和法国巴洛克式建筑影响，罗马圣彼得教堂首次遇到古典风格山形墙外立面和圆屋顶不协调的问题。雷恩解决了这一问题。他的做法是在立面两侧竖起两座高高的钟楼，使视线可以从宽大的双层楼，柔和过渡到缩进了一个中殿距离的高耸的巨大圆屋顶。雷恩的设计介于讲究

图 15.20　伊尼戈·琼斯，白厅宴会厅。英国，伦敦。建筑设计重复古典元素，例如由壁柱隔开的规则排列的窗户，以及水平线条和垂直线条的整体平衡。

图 15.21 **克里斯托弗·雷恩爵士，圣保罗大教堂，1675—1710年。英国，伦敦。**雷恩在建筑正面两侧修建了两座高塔，平衡了古典风格外立面与圆屋顶之间的不协调。

组织及流动设计的意大利巴洛克风格与严格讲究古典主义的法国巴洛克风格之间，将两者进行了保守但不死板的整合。双柱、双层门廊是法国巴洛克的典型风格（参见凡尔赛宫，图 14.29），钟楼的顶层（顶部是菠萝形装饰，象征着和平与繁荣）与博罗米尼设计的教堂相似，如罗马的圣卡洛教堂（见图 14.9）。

圣保罗大教堂的圆顶高达 110 米（仅次于圣彼得教堂）。圆顶内部是"回音廊"；声学效应使圆顶一侧的人能听到对侧人的对墙耳语。内部镶有丰富大理石嵌饰、壁画、马赛克和锻铁。圣保罗大教堂除了是一座建筑杰作，还在英国人的记忆中占有重要地位。丘吉尔曾采取非常措施，保护它在二战中不被纳粹的空袭雷达探测到。教堂在几乎成为废墟的伦敦幸运保存了下来。

古典音乐

在大多数情况下，18 世纪的音乐仿效文学保留了严肃的目的性，并且曲风相对不受洛可可风格的影响。在法国宫廷，人们需要优雅与愉快的音乐用于娱乐。这种潇洒风格的代表性作曲家是弗朗索瓦·库普兰（1668—1733 年），他创作的大多数琴键音乐强调优雅和精致，牺牲了巴洛克音乐值得称道的节奏动力和严谨。在欧洲其他地方，听众仍然喜欢表达情感的音乐。例如，在腓特烈大帝的宫廷（他自己也是一个成就卓越的演奏家和作曲家），出现了感伤主义音乐风格。

这种表现风格的主要倡导者是 C.P.E. 巴赫（1714—1788 年），J.S. 巴赫之子。其作品兼具情感的广度与深度；用丰富的和声和对比鲜明的情绪，开启了新的音乐可能性。与同辈人一样，C.P.E. 巴赫探寻着用以组织情感表达的形式结构。巴洛克音乐的单曲或乐章，首先确立一种单一情绪，无论是快乐、深思还是悲伤，然后充分探索它。18 世纪作曲家追求的音乐形式，可以让他们同时表达不同情绪，通过对比实现丰富的表现力。

到18世纪中叶，一种音乐风格发展起来，使表达丰富的情感成为可能。这种风格通常被称为"古典音乐"，虽然这个术语也用在更一般的意义上，可能会导致混乱。我们最好首先仔细区分这两种用法。

在一般意义上，古典一词通常用于区分不同于流行音乐的严肃音乐，例如所有可以在音乐厅或歌剧院中演奏的音乐，无论是什么年代的，都可称之为古典音乐。这一区分令人困惑的原因之一在于，对过去的作曲家来说，基本上没有严肃音乐和流行音乐之分。他们使用相同的音乐风格和技术来创作供爱乐者鉴赏的正式作品、供教堂演奏的宗教音乐，或者用于舞会或节日场合的舞曲或背景音乐。从这个意义来说，古典音乐没有透露关于音乐本身或其周期或形式的任何信息。从中甚至看不出情绪基调，因为大多数古典音乐或严肃音乐都是为了提供轻松娱乐而写的。

用更精确和技术角度的话来说，古典音乐是18世纪下半叶兴起的一种音乐风格，海顿（1732—1809年）和莫扎特（1756—1791年）的作品代表着古典音乐的最高成就。

它的出现为新的音乐需求找到了答案——这种新需求是巴洛克风格所不能满足的——并一直持续到19世纪初，直到被浪漫风格所取代。使音乐从古典风格转变到浪漫风格的主要音乐家是贝多芬（1770—1827年）。虽然他的音乐牢牢植根于古典风格，但称他为新浪漫主义时期的代表更为准确（见第16章）。

几乎在画家、建筑师和诗人转向希腊罗马风格的同一时期，音乐的古典风格也得到了发展，这并非巧合，因为古典音乐的追求和新古典艺术文学的追求类似。在经历了巴洛克时代对极度奢华和炫耀的迷恋后，人们重燃了对古代艺术提倡的平衡、清晰与智识重要性的兴趣。但18世纪作曲家面临的问题与艺术家和作家不同。不同于文学或视觉艺术，古代音乐已经销声匿迹，无从追溯。因此，音乐的古典风格必须推陈出新来表达古代的平衡和秩序概念。有了这些知识原则，还要结合同样重要的创作能力，才能表现出丰富的情感。海顿和莫扎特是问鼎古典风格巅峰的两位音乐大师，因为他们拥有对新风格的绝对掌控能力。

古典交响乐

古典时期最受欢迎的音乐形式

是乐器音乐。管弦乐的延伸作品——交响乐分为几个独立的部分，称为"乐章"，作曲家能够在交响乐中完全地表现古典主义的原则。

管弦乐队

管弦乐队出现的原因之一是乐器组合新的标准化。在巴洛克时期，作曲家如巴赫可以自由配置乐器组合，不同作品有不同组合。巴赫《勃兰登堡协奏曲》的每一首都是为不同的独奏乐器而谱写的。但到了1750年左右，大多数乐器音乐都是为标准管弦乐队编写的（图15.22），其核心由弦乐器组成：小提琴（一般分为两组，称为第一组和第二组）、中提琴、大提琴和低音提琴。在弦乐器的基础上增加了管乐器，几乎都是双簧管和巴松管，还有经常使用的长笛。单簧管是慢慢加入到管弦乐队中的，并于1780年正式成为管弦乐队的成员。唯一的铜器乐器通常是法国号。也有喇叭、定音鼓或鼓笛，用以增强音量或节奏感。长号从来没有在古典交响乐中使用，直到贝多芬的出现。

由这些乐器组成的管弦乐团可以演奏出丰富多样的声音组合，非常适合新的古典交响乐。一般来说，古典交响曲有四个乐章（巴洛克式协奏曲有三个）：第一乐章，相对较快，形式通常是最复杂的；然后是缓慢的抒情乐章，好像诗歌一样。第三乐章是小步舞（一种庄严的舞

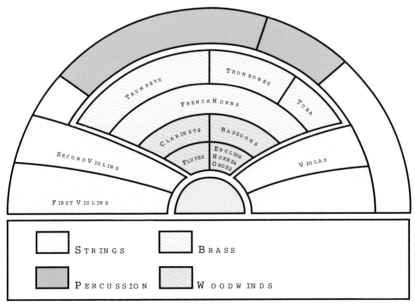

图 15.22　现代交响乐管弦乐队布局图示。

蹈）。最后的乐章将整篇交响乐带至积极和快乐的结尾。随着时间的推移，乐章的长度和复杂性也在增加。海顿后期创作的多数交响乐持续近半个小时。在大多数情况下，最复杂的音乐内容总是保留在第一个乐章。大概是因为刚开始演奏时，听众新鲜感最强，最能集中精力。

奏鸣曲式

古典交响乐第一乐章所使用的音乐形式几乎都为奏鸣曲式。奏鸣曲式不仅是古典风格的主要特征之一，也是流行于 19 世纪的音乐结构形式，因此，值得我们详细解读。奏鸣曲式一词的使用也有迷惑性，因为这个词被用来描述包含数个乐章（如交响乐）的音乐作品，但它并非为管弦乐队而写，而是为一两种乐器演奏而写。也就是说钢琴奏鸣曲即是钢琴独奏曲，小提琴奏鸣曲即是小提琴加一种伴奏乐器（几乎总是钢琴）演奏的曲子。交响乐实际上是管弦乐队的奏鸣曲。

然而，术语"奏鸣曲式"并不像字面意思那样指奏鸣曲的形式，而是指在第一乐章中，经常出现的特定的交响乐和奏鸣曲的组织原则，以及诸如弦乐四重奏（两把小提琴，一把中提琴，一把大提琴）等其他乐器合奏的组织原则。因为第一乐章通常节奏（速度）很快，所以有时也称为 sonata allegro[快板奏鸣曲]。（意大利语中 allegro 意为"快"；正如我们所见，音乐中常出现意大利术语。）

与巴洛克音乐不同，奏鸣曲式的统一基于单个主旋律的不断扩展的主题，所以奏鸣曲式是由对比理念主导的。奏鸣曲式乐章分三个主要部分，第一部分称为呈示部，用来展示或说明音乐材料。这部分至少包括两个主旋律或主旋律组，它们的旋律、节奏和音调各不相同。打个比方，它们代表戏剧中的两个主要角色。如果第一个主旋律是活泼的，第二个则可能是深沉的或忧郁的；或者像进行曲一般高亢的第一旋律，后面可能跟着柔和的、浪漫的第二旋律。第一主旋律（通常也称主题）演奏过后，通过一段过渡音乐进入第二主题，最后用结尾音乐来结束呈示部。

演奏过程中，最重要的是听众能够记住其旋律，并在重新出现时回想起它们。为了便于记忆，古典作曲家将巴洛克式长流线旋律改为简短的曲调，通常只有几个音符，但当它们重现时，便相对容易识别。如果听众仍然不完全熟悉乐章的基本材料，作曲家唯有把呈示部重复一遍来强化听众印象。

奏鸣曲式乐章的第二部分是展开部，作曲家可以根据自己的想象力，将呈示部的主旋律变化展开。第一主题的一部分经常独立处理，在管弦乐队中传递演奏，时而响亮，时而柔和，如在莫扎特第 40 号交响乐第一乐章中出现的那样。有时，不同的旋律会一起合奏。几乎无一例外，音乐将贯穿各种各样的调子和情绪。在这个过程中，作曲家对如今已成为惯例的想法有了新的认识。

在展开部的结尾，旋律回到原来的形式，以进入乐章的第三部分：再现部。第一部分呈现的第一和第二主题，变为统一的音调。在展开部出现的冲突暗示，以这种方式归于和谐。有时添加终曲（或称尾声；终曲是意大利语"尾部"的意思），给乐章一个恰当的稳固结尾。

奏鸣曲式体现了平衡、秩序和控制等古典原则。再现部平衡了呈示部，展开部打散音乐材料进行再创作，两者强调了奏鸣曲乐章背后的结构感。莫扎特第 40 号交响曲的第一乐章和最后乐章演示了如何用奏鸣曲创造极致的戏剧力量。

海顿

海顿漫长而多产的职业生涯跨越了艺术和社会巨变的时期。他出生在奥匈帝国的罗赫劳，孩提时便加入维也纳圣史蒂芬大教堂合唱团。在过了几年风雨飘摇的日子后，他于 1761 年开始为富有的贵族埃斯特哈齐王子提供服务。

为王子工作的海顿在待遇上与其他木匠、厨师或工匠没有差别。尽管他是一位天赋异禀的艺术家，但这无关紧要。因为那个社会不是以天赋，而是以财富或出生来划分等级。当 30 年后他离开埃斯特哈齐家族时，他成了贵族们竞相讨好的对象！世界正在改变；在两次访问伦敦的过程中，海顿发现自己受到追捧和尊敬。他在维也纳度过最后的岁月，那时他已是欧洲最出名的人物之一。海顿是第一批仅凭其天才而获得崇高社会地位的音乐家之一。他的成功标志着艺术家和社会之间的新关系，这是 19 世纪的特征。

就个人而言，海顿似乎很少受名声影响。在为埃斯特哈齐王子及其后代服务的漫长年月里，海顿利用宫殿与外界隔绝的机会，尝试各种能接触到的音乐形式。除了歌剧、弦乐四重奏、钢琴奏鸣曲和数百首其他作品，海顿还写了超过 100 首交响曲，尝试了奏鸣曲和其他古典形式的几乎每一种变化，赢得了交响曲之父的美名。在他访问伦敦（1791—1792 年，1794—1795 年）期间，他写了自己最后的 12 首交响曲，通常称为"伦敦"交响曲。这些交响曲虽然不像他早期的作品那样敢于尝试，但当中一些曲子或许算得上是他所有管弦乐中最好的作品。缓慢的乐章在独特编排下展现了极大的严肃和深刻，但又不显得悲惨或忧郁。

莫扎特

1781 年，处于事业顶峰的 50 岁的海顿见到了一个年轻人，不久后，他对年轻人的父亲说："以上帝和诚实之名起誓，我告诉你，无论是闻名还是见面，你儿子都是我知晓的最伟大的作曲家。" 对于我们中的许多人来说，莫扎特的音乐代表了源源不断的灵感和愉悦，令人欣慰地提醒我们人类精神能达到何种高度，海顿的判断毋庸置疑。

虽然与海顿相比，莫扎特的一生充满坎坷与荆棘，但他早年还是比较幸福的。孩提时的他就已表现出了非凡的音乐能力。到 6 岁时，他已经可以演奏小提琴和钢琴，并开始作曲。他的父亲列奥波尔得是服务于萨尔斯堡大主教的职业音乐家，和一家人生活在萨尔斯堡。父亲带着莫扎特进行过一次漫长的欧洲旅行，四处展示儿子的音乐才华。持续的旅行影响了男孩的健康和性格，但在旅行期间，他接触了当时

最复杂和多样化的音乐理念。他的音乐风格相当广泛，部分原因也是吸收了多种音乐风格影响，从洛可可的华丽风格到他在罗马听过的文艺复兴复调音乐。父子俩不时回到萨尔茨堡，直到有一次他们被指派在大主教的宫廷里就职。

1772 年，老主教去世。新任大主教希科洛雷多不太愿意让这两位顶尖的音乐家可以随心所欲地来来去去。要实现海顿即将取得的那种艺术独立性，尚在遥远的未来，在接下来的 10 年内，莫扎特和贵族雇主争吵不断。最后，在 1781 年，莫扎特再也无法忍受，他向大主教请辞，被赶出宫门。莫扎特在维也纳度过了他生命的最后几年（1781—1791 年），一边不停找工作，一边写音乐，在此期间他创作了一些音乐史上最伟大的杰作。当他 35 岁死亡时，他被埋在一个贫民窟。

艺术家的生平和作品之间的联系，总是那么令人着迷。莫扎特的例子引发的问题尤为特殊。我们可能认为不断的受挫、贫困和抑郁会在他的音乐中留下痕迹。但是，在一位毕生追求艺术之完美的音乐家的作品中，寻找自传式的自我表达，会是一个严重的错误。总的来说，莫扎特的音乐只反映了最崇高和最壮美的人类抱负。也许比起其他领

域的艺术家，莫扎特更多地把轻松与优雅融入他对艺术的深刻认知中，创造出了近乎理想的美。然而，他的音乐也体现着深刻的人性。他的音乐让我们想到的不是他的苦难，而是生命本身的悲剧性。

在他去世前一年，莫扎特写了他最后一部伟大的独奏钢琴和管弦乐系列协奏曲，《降 B 大调第 27 号钢琴协奏曲》，K595（莫扎特的作品列表最初由克歇尔编目，因此字母 K 在目录号码之前）。这部作品美妙与缓慢的乐章，表现了一个人在面临美丽的生命将永远黯然失色时的悲伤与无可奈何，其简单和纯朴深深地打动了听众。

莫扎特的最后三首交响乐

1788 年夏天，莫扎特在维也纳生活，既没有固定工作也没有稳定收入来源，但是他谱写了最后的三首交响乐，第 39 号、40 号和 41 号交响乐。创作这三首乐曲并非受到委托，他可能也听不见自己的作品，甚至他死的时候也不曾听过这三首乐曲的演奏。

听完这三首音域辽阔的交响曲，我们不会轻易地把作曲家生活的潦倒（同一时期的某些求助信保存了下来）和他的音乐精神联系起来。第 39 号交响曲是一部平静而亲切的

作品。曲中的细节——大调、木管乐器的曲谱和第一乐章中的一些乐节——表现出了共济会的友谊和仁慈（莫扎特本人是一个共济会会员与坚定的信奉者）。第三乐章的小步舞甚至具有节庆特质，结尾非常欢快。

第 41 号交响曲，又称"朱庇特"交响曲，是莫扎特最古典的交响曲，也是优雅的思想与强大的理智的结合。在最后的乐章中，他通过将主旋律融入浑厚而优雅的声音中，营造出了令人兴奋的氛围。当听众听到他创作的音乐产生的势不可挡的壮丽与力量，被他的才华和对音乐的激情所震撼时，对音乐家来说，没有什么能比这更为成功。这无疑是音乐天才的巅峰创作。

如果我们要寻找作曲家心态更灰暗的一面，可以在第 40 号交响曲中找到。这是一首非常伤感的作品。第一乐章一开始便呈现出冷酷之感。纵然有短暂的舒缓也很快便止住，乐章结束于其最初的绝望。缓慢的乐章中有一小节尝试在忧伤中爆发出激情。通常用来放松情绪的小步舞曲，也显得坚定有力，只有三重奏部分让人感受到一丝慰藉。

聆听！
莫扎特，第 40 号交响乐，第 4 乐章

终曲远不能给我们带来任何光明，从一开始就是悲剧的高潮。短暂的弦乐似要引领人向上，但即刻又遭到压制，这种情况出现了不下4次。来自整个管弦乐队的两股强大的和弦，压制住了弦乐的反复出脱。接着，音乐急速进入呈示部的结尾，伴随着一丝简短但苍白的想提升气氛的努力。展开部是唐突的，某些地方甚至有些粗暴。当开篇旋律再次出现时，依然没有出现情绪的缓解。虽然所有的情感都从属于清晰的古典形式，但这一乐章——以及交响乐——以风暴之姿进入结尾，没有予人乐观或希望的余地。

在古典时期，还没有哪首曲子像莫扎特的第40号交响曲这样给人无法释怀的忧郁感。人们很容易把它看成是一个绝望之人的情感表达。但在这首之前的第39号交响曲讲述了宁静和友谊，之后的第41号交响曲彰显了威严与壮丽。这三首曲目都是在1788年6月26日至8月10日间写成的。

几乎每一类的莫扎特作品，都流露出他谋生的需求和源源不断的灵感。交响乐、协奏曲、弥撒曲、奏鸣曲和弦乐四重奏只是他丰富曲目中的一部分而已。但是如果要让莫扎特的众多崇拜者做一个选择，很多人将选择他的歌剧。莫扎特的歌剧清楚地说明了他的历史地位。

莫扎特与歌剧

莫扎特写了许多歌剧，如《魔笛》《女人心》和不朽的《唐·璜》。他大受欢迎的歌剧《费加罗的婚礼》取材自法国剧作家博马舍（1732—1799年）的同名戏剧。这部1784年首演的戏剧是一部喜剧，却包含了严肃寓意。这部剧的剧情十分复杂，难以简要总结。剧中角色有好色虚伪但魅力十足的伯爵、被他欺骗的伯爵夫人、伯爵夫人的女佣苏珊娜（她坚决地拒绝了伯爵的引诱）、苏珊娜的未婚夫费加罗（他最后靠着机智让自己的雇主伯爵出了糗）。换句话说，戏剧的英雄是仆人们，反派是他们的主人。博马舍的这部戏剧写于法国大革命爆发前夕，是一部抨击统治阶级道德败坏，预示下层阶级会奋起反抗的作品。博马舍是社会和政治变革运动的坚定参与者。他早先支持过美国大革命，组织法国人支持殖民地人民的反抗。

莫扎特的歌剧于1786年首演。它保留了原作的反抗精神，但增加了人性和微妙的感觉，也许那些感觉只有音乐才可以给予人们。没有一个人比莫扎特遭受过更多贵族的欺凌，但是《费加罗的婚姻》为日益增长的革命气氛代言的时候，它并不是在提倡个人憎恨，而是抗议对人的权利的侮辱。在第一幕中，费加罗的独唱《若你想起舞》表达了一代代受压迫的男男女女的苦楚，他们遭受了不公，并不愿再忍受。音乐剧的形式和表达仍显拘谨，实际上是古典的，但莫扎特在其中倾注了时代的感受。

莫扎特创造栩栩如生的角色、引发观众共鸣的能力，在伯爵夫人这一角色身上达到极致。她被丈夫忽视和欺骗，被周围人嘲笑。她将一个女人心生憎恨但又不得不依附丈夫的情感冲突表现得淋漓尽致。她的第三幕咏叹调《哪里去了，美好的时光》以一段宣叙调开始，道出了她的怨恨。接着曲子渐渐进入慢板和沉思部分，她自问哪里出了错："哪里去了，美好的时光？何处有那甜蜜欢畅？哪里去了，那海誓山盟？已经证明是撒谎，已经证明是撒谎！"这些话语所表现的辛酸主题在慢板结尾重现，形成歌剧中最让人动容的时刻之一。莫扎特表现人类高贵情操的天赋，在咏叹调最后部分展现了出来，伯爵夫人决定，尽管受到欺骗，但她要尽力赢回丈夫的爱。在短短七八分钟内，我们经历了绝望到希望，莫扎特用极度优美的音乐揭示了人的心灵。

整部歌剧远比这两首咏叹调所展现的内容更为丰富。例如，剧中有一位让人难忘的角色，伯爵的侍从凯鲁比诺。他的咏叹调《不知道为何我心神不宁》唱出了青春期少年紧张痛苦又甜蜜的爱情。歌剧还有一项成就是由合奏组（伴唱歌手和配角演员们）呈现出来的。在这里，莫扎特融合了音乐和戏剧活动的清晰度，同时以惊人的速度推进剧情。

《费加罗的婚礼》同时表达了时代的精神和人性的普遍性，是古典音乐的杰作。同样了不起的是，它通过阐述个人情感，教会了我们如何应对生活及其问题。正如一位杰出的作家所说，莫扎特以《费加罗的婚礼》增进了世界对人、对人性的理解。

18 世纪的文学

智识发展

当画家、诗人和音乐家用艺术反映 18 世纪的风起云涌时，社会和政治哲学家正在更系统地研究同时代的社会问题。个人思想家时而乐观时而绝望，因为对人类伟大能力的认识总是取决于对世界可悲状态的认识。18 世纪的研究和构想十分广泛，很难概括当时精神生活的特征，但很明显有两大不同趋势。一些作家，特别是乔纳森·斯威夫特，对待时代问题十分悲观，极力反对人性本善的观点。其他人则相信问题可以得到改善，他们努力构建新的知识、社会或政治组织体系。

像狄德罗这样的理性人文主义者和卢梭这样的政治哲学家，他们的观点基于对人类本性的乐观。然而，18世纪最知名的思想家伏尔泰不属于这两个派别，他是从一派转向另一派。他对关于存在问题提出的解答，不仅适用于18世纪的世界，也适用于如今的世界，尽管也许不再受到欢迎。

对古典文化重新燃起的兴趣，在乔舒亚·雷诺兹爵士的肖像画和诸如巴黎先贤祠这类建筑中可见一斑，也对文学产生了深远影响。法国作家如拉辛（1639—1699年）已经开始仿照古典模式进行写作，拉封丹（1621—1695年）的寓言也大量引用了伊索寓言和其他希腊罗马典故。在18世纪欧洲的其他地方，诗人继续创作了大量古典主题的作品，从意大利作家梅塔斯塔齐奥（1698—1782年）的戏剧到德国作家席勒（1759—1805年）的抒情诗。

新古典主义文学在英国尤其盛行，希腊和罗马的重要文学作品，如荷马的《伊利亚特》和《奥德赛》，或维吉尔的《埃涅阿斯纪》，长期被人们广泛地阅读和品鉴。17世纪，

弥尔顿撰下《失乐园》，意图创造一部同样不朽的英语史诗。然而，在18世纪前，一些重要的古典文学作品，包括埃斯库罗斯的悲剧，从未被翻译成英语。

18世纪的英语文学界掀起古典文学热潮有两大原因：诗人和学者开始翻译或重译重要古典作家的作品；有才华的作家开始以古典形式进行原创，讲述古典主题，对古代作品进行参考和引用。那时的普通读者能够理解和欣赏古代经典文学和以此为灵感创作的现代文学。

奥古斯都文学

英国的主要作家形成了一个团体，自称奥古斯都时期作家。顾名思义，这些作家十分崇拜古罗马奥古斯都时期的诗人，并以他们为榜样。公元27年，罗马帝国第一位皇帝奥古斯都取得了战争胜利，结束了罗马内战的混乱，给罗马世界带来了和平与稳定。罗马奥古斯都时期的主要诗人，如维吉尔和贺拉斯，相继写下了歌颂奥古斯都成就的文学作品，供公众阅读。英国也是如此，查理二世的复辟（1660年）在当时不少人看来，是为经历了内战动荡的英国重新带来了秩序和文明。英国奥古斯都运动的创始人，约翰·德莱顿（1631—1700年）等作家不仅

时代的声音

||||||||||||||||||||||||||||||||||||||||||||

拜访路易十五宫廷

英国作家、鉴赏家霍勒斯·沃波尔（1717—1797年）曾觐见法国国王和王后，他向一位朋友描述了这次经历。

我们被带进去之后，女王注意到了我；其余的人没有说话。我们被带入国王的卧室，那时他刚穿上衬衫。他穿好衣服，温和地和几个人交谈了几句，看了看不认识的人，然后去做弥撒、用餐和打猎。优雅的老王后长得像普丽姆罗丝女士，卡罗琳王后戴着宽大的帽子，坐在梳妆台前，旁边有两三个可能从未婚嫁的老妇人，一副行将就木的样子。接着又拜见了皇太子，一切都必须在一小时内完成。他连一分钟也待不住，这可怜的人像幽灵一样，不可能待够三个月。皇太子妃穿戴整齐地站在她的寝宫里，她看起来很严肃，不苟言笑，她具有纯正的威斯特伐利亚人的魅力和口音。

四个笨拙而丰腴的老妇人在卧室站成一排，与她们父亲长得不太相像，披着黑色斗篷，拿着编织袋，似乎心情很好，也不知道说什么，还扭动着身子。仪式也很简短。然后我们被带去见皇太子的三个儿子，你只能鞠躬和看着他们。贝里公爵看起来虚弱且近视；普罗旺斯伯爵是一个不错的小男孩；阿图瓦伯爵也很好。最后去见了皇太子的小女儿，她正在吃饭，像布丁一样胖乎乎的。

摘自坎宁安（P. Cunningham）编，《霍勒斯·沃波尔书信》（*The Letters of Horace Walpole*），伦敦，1892。

重演历史，歌颂君主统治下英国的繁荣，而且在文风上模仿罗马奥古斯都时代诗人高度美化的模式，供贵族阅读。德莱顿还将维吉尔、尤维纳利斯和其他罗马诗人等的作品翻译成英语。

蒲柏的洛可可讽刺诗

18世纪最伟大的英国诗人蒲柏（1688—1744年）是英国奥古斯都派作家之一，但他的灵巧和优雅反映了这个时代的洛可可精神。他的非凡才智在于他认识到，古典学术的枯骨需要注入生命的活力。他提倡自然的精神——不是指自然世界的精神，而是指人类体验中共同且不变的精神。这种精神唤醒过古代的作家，也将唤醒蒲柏所在时代的艺术。蒲柏对于人类经验的广袤性和真实性的理论，其形式和内涵源自古人设想的规则，代表了18世纪最具建设性的思想。

蒲柏的一生在疾病中度过。12岁时，脊柱结核症使他陷入永久性残疾。也许是上天对他的补偿，他对品读和欣赏周遭世界的美产生了巨大的热情，并把这一切写进了书中。作为新教国家的天主教徒，他无法获得公共职业，也无法获得公众对他文学作品的赞助。所以他只能完全靠写作和翻译来维持生活。蒲柏最先通过《批评论》打响了名头，后又成功翻译了荷马的《伊利亚特》（1713—1720 年）和《奥德赛》（1725—1726 年），还编了一部莎士比亚集（1725 年），赢得了经济独立。有了努力赚来的钱，蒲柏放弃了商业出版，住进了特威克纳姆区泰晤士河边的房子里。在那里他写作、会友、倾心园艺，以此度过了余生。

阅读材料 15.1 蒲柏诗歌

《人论》，17-28 行

首先说说，无论是天上的神，
还是下面的人，
除了我们所知道的，还能推理出什么？
对于人，除了此时此地的身份，我们
还见到了什么？
从哪方面去推理或参考？
我们所知晓的神藏身世界之中，
我们只能在自己身上寻找痕迹。
他能穿透无垠的宇宙，
看万千世界组成一个宇宙，
观察各个系统间的运行，
其他行星围绕各自的太阳运转，
各族人民千差万别，
可以告诉我们，何以使我们成为现在
之所是。

作为一名诗人，蒲柏的涉猎范围相当广泛，但他最伟大的成就是典型的洛可可式讽刺。与他的英国同乡贺加斯一样，蒲柏认识到了人类可以企及的高度，也深刻认识到要达到这样的高度需要经历多少失败。例如，在长诗《人论》（1733—1734 年）中，蒲柏用 18 世纪典型的方式，将基督教和人文主义教诲结合起来，表达了他认为人类在神圣生活中占据了卓越地位的哲学观点。这首诗一开篇，蒲柏提出的观点就足以引起认为行星绕着恒星转动的天文学家们的共鸣。

这首诗被分成写给朋友亨利·博林布鲁克的四部书札（以诗歌形式写成的信）。第一部讨论了邪恶是上帝创造的世界的一部分。蒲柏在这部书札的最后有力地表达了自己的观点，即认为上帝不该允许邪恶入侵世界的观念是错误的，人类无法理解万物的全貌。

阅读材料 15.2 蒲柏

《人论》，289-294 行

一切自然都是艺术，不为人所知；
一切偶然都有方向，不为人所见；
一切不协皆为和谐，不为人所解；
一切局部的恶，皆是整体的善：
虽有骄傲，错误的理性怨恨。
此一事实却已明了，
"凡存在的，皆属正当"。

蒲柏尽力将其原则应用于实践情况和揭示人类的愚蠢行为。蒲柏崇尚秩序和理性，这使他成为一些人的眼中钉，这些人在蒲柏眼中是造成政治道德腐坏和艺术标准堕落的罪魁祸首。有观点认为蒲柏的讽刺略带个人敌意。事实上，蒲柏的一生时有卷入文学和社会争论，表明他并不总是受最高理想驱使。尽管如此，在他的诗歌中，他几乎总是把道德判断建立在他所谓的"善恶不相容"的基础上，他用自己的勇气和智慧践行着这条标准。

乔纳森·斯威夫特的野蛮愤慨

在 18 世纪所有关于人类本质的观点中，最黑暗的也许是乔纳森·斯威夫特（1667—1745 年）的观点。在给蒲柏的一封信中，他清楚表明，尽管也有他热爱的一些个体，但他憎恨人类整体。斯威夫特认为，不应该像 18 世纪多数思想家认为的那样，把人自动定义为理性动物，而应该定义为有理性能力的动物。正是因为多数人未能实践自身的理性能力，所以斯威夫特把对他们的"野蛮愤慨"转化为尖锐的讽刺，尤其是当他看到人类将理性用于"使人类本性进一步腐化"的时候。

斯威夫特所处的地位，使他能够近距离观察到时代的政治和社会斗争。他生于都柏林，一生中大部分时间都在积极支持爱尔兰抵抗英国统治的运动。在都柏林三一学院学习后，他去了英国，并在英国圣公会教堂担任牧师（1694 年）。在接下来的几年内，他在英国和爱尔兰两国之间来回游走，在当时的政治纷争中发挥领导作用，发表一些观念相当保守的文章和小册子。

作为君主制和英国国教的热切支持者，斯威夫特有充分的理由期待，他不遗余力的宣传可以使他身居高位。在 1713 年，这个愿望部分实现了，他被任命为都柏林圣帕特里克教堂的教长。1714 年安妮女王逝世，斯威夫特政治上的朋友们失势，阻断了他担任英国主教的机会。

斯威夫特在爱尔兰度过了余生，隔绝于主流政治和文化生活。在这里，他渐渐成为爱尔兰事业的宣传者。在人生的最后几年，他的思维开始衰减。但在此之前，他为自己写好了墓志铭，后来刻于圣帕特里克教堂的墓碑上："他去了野蛮愤慨再不能令他心碎之地。"在爱尔兰的几年里，斯威夫特写下了他最著名的作品《格列佛游记》。从某种意义上说，这本书一直受害于自身的知名度，因为它出人意料地作为面向年轻人的读物大获成功，让人忽略了作者的真实目的：讽刺

阅读材料 15.3　乔纳森·斯威夫特

摘自《一个小小的建议：防止穷人孩子成为父母或国家的负担，并使他们成为对社会有用的人》。

对那些走过这座大城市，或在乡间旅行的人，当他们看到大街上、马路上、舱门里挤满了女乞丐，后面跟着三个或六个衣衫褴褛的孩子，向每个过路人硬要施舍，不免心生恻怆。这些母亲没法靠正当生计工作，被迫乞讨养活她们无助的婴儿，这些婴儿长大后，要么因无工可做而成为小偷，要么离开祖国去为西班牙那个王位觊觎者卖命，或者卖身巴佩道斯。

我想各方都同意，这些母亲或常常是父亲怀里抱着、背上背着以及脚后跟着的孩子数量如此惊人，在这个王国可悲的现状下，平添了无数人怨。因此，谁要是能找到一种公平、经济、

简单的方式，使这些孩子成为健全的、对社会有用的成员，他将值得公众为他树立雕像，因为他维护了国家。

但是，我的目标远非仅限于供养自谓乞丐者的子女。它的范围要大得多，应该包括一定年龄的所有婴儿，他们的父母实际上没有能力养活他们，就像那些在街上要求我们施舍的人一样。

……

我的方案还有一个很大的好处，那就是能防止妇女自愿堕胎以及谋杀自己私生子的可怕行为，唉！在我们中间，这太普遍了，我怀疑，她们牺牲那些可怜的无辜婴儿，更多是为了避免花费，而不是羞耻，即便是最野蛮最不人道之人，也将为此垂泪，心生怜悯。

人类行为。（这说明了 18 世纪思想之丰富，足以孕育同一流派的两位作家——讽刺作家斯威夫特和蒲柏——结局却迥异。）格列佛的四次航行以前两次最为出名，分别去往小人国（图 15.23）和大人国。在这两部分中，斯威夫特尖锐的讽刺在某种程度上被他叙述的魅力和机智掩盖了。然而，在航行到慧骃国时，斯威夫特在慧骃与其奴隶耶胡间制造了尖锐的对比。慧骃根据理性行事，而奴隶耶胡却是人类的外表，野兽的举止。斯威夫特通过耶胡表达了他对人类沉沦的悲观。他认为人类有着很深的道德和智力缺陷，

图 15.23　《格利佛游记》之"小人国"，1860 年。《格利佛游记》彩页，英国纳尔逊父子公司（Nelson & Sons）出版。《格利佛游记》中的这幅彩色插图画着格列佛制服了小人国的敌国舰队，以此讨好小人国民众。

这与许多同时代理性人文主义者的观点形成了鲜明对比，他们相信人类的先天尊严和价值。

然而，即便耶胡也并非斯威夫特最尖刻的讽刺。他体验到"人对人的不人道"的直接后果，于是撰写了《一个小小的建议：防止穷人孩子成为父母或国家的负担，并使他们成为对社会有用的人》，简称《一个小小的建议》。这本令人震惊的绝妙小册子是作者看到爱尔兰大部分人口遭受的贫困和痛苦后有感而发写成，于 1729 年首版。即便在今天，仁慈的作者提出的"小小的建议"仍能抓住读者的心，一是因为文章透露出的冷静，二是因为作者用讥讽式的冷静逻辑道出了其暗指的内容。这位讽刺大师的所有讽刺作品都在表达对不公和人类痛苦不可避免性的愤怒与厌恶。虽然斯威夫特的这本小册子是针对具体的历史情况，但他对穷人和被压迫者的深切同情却超越了时代。我们的世界同样需要这种同情。

罗伯特·彭斯

苏格兰人罗伯特·彭斯（1759—1796 年）生活困苦，英年早逝，可能是因为过度饮酒导致的。他的大部分作品表达了苏格兰民族主义，但他最受欢迎的诗可能是《致田鼠》，

这首诗是写给他不小心用铲子铲起的一只田鼠的。其中有几句非常有名，例如："不管是人是鼠，即使最如意的安排设计，结局也往往会出其不意。"彭斯最后表达了对田鼠的羡慕，因为田鼠不用对过去感到沮丧，也不用对未来感到迷茫。

阅读材料 15.4　罗伯特·彭斯

《致田鼠》，1-6 行，37-48 行
微小、狡猾、胆怯、怕羞的小兽，
喔，多少惊恐藏在你心里！
你不用惊慌失措，狂奔乱闯，
　　如此匆忙地离开此地！
我不会用那凶残的铁犁，
　　在背后紧紧追你！
……

可是，小鼠呀！并非只有你，才能证明，
深谋远虑有时也会枉费心机。
不管是人是鼠，
即使最如意的安排设计，
　　结局也往往会出其不意。
于是剩给我们的，只有悲哀和痛苦，
　　而不是指望的欣喜。
　你还算幸运的呢，要是与我相比！
只有目前我才伤害了你。
可是我呢？唉，往后看，
　　悽悽惨惨，一片黑漆！
往前看，虽然我还无法看见，
　　可只要一猜，就会不寒而栗！

[译注] 引自徐家祯译文。

玛丽·沃斯通克拉夫特

玛丽·沃斯通克拉夫特（1759—

1797 年）是启蒙运动的杰出人物，虽然她在生前更多地被视为聪明、博学的煽动者。她不仅批评私人财产概念是对无产者的一种压迫，也是第一批持续支持妇女权利和平等的人。她的女儿玛丽·雪莱是经典小说《科学怪人》的作者。沃斯通克拉夫特在五个兄弟姐妹中排行第二，她出生于这样一个家庭：父亲常常醉酒，蛮不讲理；母亲温柔顺从。沃斯通克拉夫特不止一次睡在她父母卧室外面的楼梯上，徒劳地希望保护她的母亲。尽管如此，她的母亲还是更喜欢她的一个兄弟。

尽管出生于这样的家庭，或者正是由于这个原因，沃斯通克拉夫特受到了古典教育，并磨练出了辛辣的笔锋，如《女权辩护》。

后来，沃斯通克拉夫特评论了教育的失败，称教育未能教导人们独立思考，导致人们被错误的时代观念所左右。

阅读材料 15.5　玛丽·沃斯通克拉夫特《女权辩护》，前言

我以不安和关切的心情研究历史记载和观察世界现状以后，一种最忧郁的悲愤感使我十分沮丧。当我不得不承认造化使人与人之间有了巨大的差别，或者不得不承认到目前为止世界上所产生的文明非常不公平的时候，我只有为之一叹。我曾经阅读各种讨论教育问题的书籍，耐心地观察过父母的行为和学校的管理情况；得出的结论是什么呢？——我深信忽视对于我的同胞们的教育乃是造成我为之悲叹的那种不幸状况的重大原因，还深信特别是妇女，她们由于一种草率的结论产生出来的种种综合原因而陷于懦弱和可怜的境地。事实上，妇女的行为和态度显然证明了她们的思想是不健康的：像培植在过于肥沃的土壤中的花草一样，力量和用途都为"美"而牺牲了；而那些绚丽的花朵，在使好品评的观众感到赏心悦目以后，远在他们应该到达成熟的季节以前，就在枝杆上凋谢，不受人们重视了。我把这种华而不实的原因之一归于一种从论述教育问题的书籍得来的错误教育体系，与其说这些书籍的作者把女性看作是人，不如说他们把女性看作是妇女。他们更渴望把她们变成迷人的情妇，而不是变成深情的妻子和有理性的母亲，由于遵从这种似是而非的论调，女性的理智受到了蛊惑，以致现代的文明妇女，除了少数而外，在她们应该怀有一种更高尚的抱负并用她们的才能和美德争得尊敬的时候，却一心一意想激起别人的爱怜。

我希望说明妇女努力取得身心两方面的力量，并且使她们确信：那些缠绵的软语、敏感的心灵、细致的感情和优雅的趣味几乎都是形容软弱的辞藻的同义语。那些仅仅作为怜悯的对象的人以及那种被称为和怜悯是姊妹的爱情，不久都会成为被轻视的对象。

[译注] 引自玛丽·沃斯通克拉夫特，《女权辩护》，王蓁译，北京：商务印书馆，1995。下引均为此本。

无论男女，一定会从他们所生活的那个社会的舆论和风俗习惯中受到很深的教育。每个时代都有一种处处占优势的舆论趋向，好像是赋予那个时代以一种共同的特征。因此我们可以恰当地得出结论说：在社会组成方式变更以前，不能对教育期望过高。

沃斯通克拉夫特进一步在书中挑战了一些人反对妇女的观点，如约翰·弥尔顿、蒲伯、卢梭、塞万提斯和一位叫"格雷高利博士"的人——也就是约翰·格雷高利博士，他写过一本很受欢迎的教育女性的书《一位父亲留给女儿的遗产》（1774年）。格雷高利鼓励他的女儿"与精神共舞"，但又警告她不要得意忘形，忘记女性的矜持。沃斯通克拉夫特写道：格雷高利甚至建议他的女儿"培养对衣服的喜爱，因为他认为喜欢衣服是女性的本性"。沃斯通克拉夫特坚定地反对这个观点，并提出新的教育方法，打破陈规旧念，增强个人的心智能力。

理性人文主义：百科全书派

狄德罗

文艺复兴时期的人文主义者相信人性本善，并能不断进步，这一信念在 18 世纪不乏支持者。自伊拉斯谟时代的两个世纪以来，人类取得的巨大科技成就证明了对人的能力持积极看法者的观点。抱着为积极的人文主义思想提供理性依据的想法，法国思想家兼作家狄德罗（1713—1784 年）计划编撰一部描述当代科学、技术和思想的百科全书，并建立一个知识分类体系。

这部《百科全书》的编撰工作始于 1751 年，共 17 卷，最后一卷于 1772 年出版。从结果来看，这本书从一开始的信息纲要逐渐变为哲学立场声明：人类能力和成就所企及的范围，证明了人类是理性的生命。这一立场意味着，任何试图控制个人思想的政治或宗教系统都将受到谴责。因此毫不意外，在《百科全书》完成前几年，路易十五颁布法令禁止其出版，所以最后几卷是秘密出版的。

孟德斯鸠

在宗教方面，《百科全书》持相当的怀疑主义，倡导良心和信仰自由。然而，在政治上，其立场相对不那么不激进，也不太一致。政治卷文章的作者中，有一位杰出的哲人孟德斯鸠（1689—1755 年），他出身于贵族家庭，因此政治观点相对保守。在《百科全书》和他的其他著作中，孟德斯鸠主张保留君主制，将权力划分给国王和"中间机构"，包括议会、贵族组织、中产阶级甚至教会等。孟德斯鸠希望以这种方式分配权力，建立一套有效的监管和平衡系统，从而消除中央独裁政府的可能性。美国宪法的作者显然很重视他的想法。

卢梭

《百科全书》的另一位撰稿人则持迥异的观点。他就是卢梭（1712—1778 年），好斗和神经质的性格极大影响了他的政治哲学观点。狄德罗最初委托卢梭写一些与音乐有关的文章，因为卢梭是一位成功的作曲家（他的歌剧《乡村占卜师》仍时有上演）。然而，在与狄德罗和其他人激烈争吵后，卢梭在忧愁奔波的生活之余花大量时间撰写哲学文章和小说，以表达其政治信念。简言之，卢梭认为人的良善天性已因文明增长而消退，个人自由也因社会发展而削减。对于卢梭来说，人类是美好的，社会是邪恶的。

卢梭颂扬无私和仁慈这些朴素美德，高度重视人的自然情感，因此人们认定他的哲学信仰的是"高贵的野蛮人"，但这个词有误导性。卢梭并非提倡去不存在的伊甸园回归原始生活，而是努力号召创造一种新的社会秩序。在《社会契约论》（1762 年）中，他试图描述一种将人民公意授权给各个政府机关的理想模式，尽管大多数读者甚至其本人对具体该如何执行不甚了了。

虽然卢梭发表了许多论述复杂政治哲学的著作，但相对于这些政治理论，他的大多数读者更感兴趣的是他对自然情感的阐述。他对肤浅和虚伪的蔑视，以及他对人与人之间简单而直接关系的赞美，极大地抨击了贵族礼法，持续激励着人生而平等的信仰。

伏尔泰的哲学犬儒主义：《老实人》

如果说费朗索瓦 - 马利·阿鲁埃（1694—1778 年）——也就是我们熟知的伏尔泰（此为他的笔名之一）——的生平和作品可以概括 18 世纪这样一个复杂时代的大事记，听起来一定有些夸张。但之所以这样说，是基于其天赋之广：他是诗人、剧作家、小说作者和历史作家；他学习过科学、哲学和政治；他曾经跻身路易十五和腓特烈大帝的宫廷，但又进过监狱；他是宗教和政治自由的捍卫者，同时又支持开明的专制主义。总之，伏尔泰是一名弄潮者——投身时代关切之人。

在耶稣会接受过教育后，伏尔

泰开始发表讽刺风格的作品，这种风格伴随了他一生。他认为当时的贵族社会是不公的，这一信念得到了佐证，因为他作为关键人物被关进监狱一年，然后于1726年被逐出法国。伏尔泰选择去了英国，他认为英国的政府体系比法国自由和公平得多。他于1729年回到家乡，并于1734年在《哲学通信》中探讨了关于英国政治生活的优点。为了避

阅读材料 15.7　卢梭

摘自《社会契约论》，第一卷，第四章：论奴隶制

　　既然任何一个人对他的同胞都不拥有天然的权威，既然任何强力都不可能产生权利，于是，人与人之间就只有用约定来作一切合法权威的基础了。

　　……

　　有人说，专制主能保证他的臣民共享社会太平。即便是这样，但是，如果由于专制主的野心而使他们遭到了战争，如果由于专制主的无限贪欲和他的官吏们的胡作非为，因而使他们遭到的苦难之多更甚于他们的邻里纠纷的话，那么，他们能从这种社会太平中得到什么呢？如果这种太平本身就是他们遭到的灾难之一，这种太平能给他们带来什么好处？监牢里的生活也很平静，能说在监牢里生活是很幸福的吗？被关在西克洛普的洞穴中的希腊人，生活得也很平静，但他们的结局是：一个一个被吃掉。

　　说一个人可以无偿地把自己奉送给别人，这种说法是很荒谬的和不可思议的；这样一种奉送行为是不合法的，因而是无效的，因为，单单这一行为的本身就足以表明做这种行为的人的理智出了毛病。全国人民都可这样做，那更是无异于说全国人民都疯狂了，然而疯狂的行为是不能构成权利的。

　　即使每个人可以转让他自己，但他不能转让他的孩子。孩子们生来也是人，并且是自由的；他们的自由属于他们，除他们本人以外，谁也无权处置。在他们达到有理智的年龄以前，他们的父亲为了他们的生存和增进他们的幸福，是可以代表他们订一些条约的，但绝对不可以不可挽回地和无条件地把他们奉送给别人。因为这样一种奉送是同大自然的意愿相违背的，而且超过了做父亲的权利。

　　……

　　放弃自己的自由，就是放弃自己做人的资格，就是放弃做人的权利，甚至就是放弃自己的义务。

　　……

　　由此可见，无论从哪方面来观察这个问题，都可看出奴役权是根本不存在的。这不仅是因为它不合法，而且是因为它是荒谬的和毫无道理的。"奴役"和"权利"这两个词的意思是互相矛盾的和互相排斥的。无论是一个人对另一个人还是一个人对一个国家的人民，以下这种说法都是很荒唐的："我同你订一个一切义务全由你承担，而一切好处全归我所有的约定，我高兴遵守才遵守；而在我高兴的时候，你便必须遵守。"

[译注] 引自卢梭，《社会契约论》，李平沤译，北京：商务印书馆，2011。

价值观念 ||||||||||||||||||||||||||||||||||

革命

> 哦，狂暴的西风，秋之生命的呼吸！
> 你无形，但枯死的落叶被你横扫，
> 有如鬼魅碰到了巫师，纷纷逃避：
> 黄的，黑的，灰的，红得像患肺痨，
> 呵，重染疫疠的一群：西风呵，是你
> 以车驾把有翼的种子催送到
> 黑暗的冬床上，它们就躺在那里，
> 像是墓中的死穴，冰冷，深藏，
> 低贱，
> 直等到春天，你碧空的姊妹吹起
> 她的喇叭，在沉睡的大地上响遍，
> （唤出嫩芽，像羊群一样，觅食空中）
> 将色和香充满了山峰和平原。
> 不羁的精灵呵，你无处不远行；
> 破坏者兼保护者：听吧，你且聆听！
> ——《西风颂》，第一节
> 雪莱［1819］（查良铮译）

雪莱的颂歌写就时，距离18世纪已过去19个年头，从诗歌表面意思上看，它只是描述了田园生活的季节变化而已。从象征意义看，许多分析家在诗中找到了刚刚过去的革命时代的痕迹，这场革命开启了美国和法国的新政治制度，促进了工业的发展，以及启蒙运动的开展，引领着有识之士超越迷信的海洋，追求理性和科学。也许自由之风会从美洲吹来。也许叶子指代不同肤色的人民。

事实上，18世纪见证了自中世纪晚期以来一成不变的欧洲生活模式所发生的巨变。文艺复兴及其后的宗教改革与反改革，为变化的发生奠定了智识基础。这些改革产生的结果成就了18世纪。其中一项是经济上的变革。由于探索开发新土地和殖民化，国际贸易和商业得以增长，中产阶级公民及其家庭的数量越来越多。另一方面，17世纪无休止的战争使国家政府深陷债务。在英国，国家首次引入纸币，试图恢复财政稳定。财富从公共部门转移到私人手中，以鼓励投机买卖。私营公司纷纷陷入巨大的财务危机——最臭名昭著的是南海公司引发的恐慌和银行系统的革命性改革。

另一项革命是工业的发展，也许从长远来看这是最重要的。工业革命始于18世纪，在19世纪中期达到高潮。新机器的发明，尤其是纺织工业机器，促生了大量新工厂，进而促进了城市生活的增长。新的采矿技术使采煤变为大型产业。新技术彻底改变了自罗马时代以来几乎没有变化的旅行方式。

与此同时，已经存在了几个世纪的复杂的国际外交关系结构开始崩塌。尽管法国仍然是欧洲的主导力量，但由于法国统治阶级拒绝接受改革，经济和内部稳定受到破坏，因此英国一跃成为世界上最富有的国家。欧洲文艺复兴时期和地理大发现时代的主导力量——西班牙、葡萄牙和意大利城邦——日渐衰落，重要的新玩家登上了历史舞台：霍亨索伦家庭统治下的普鲁士和彼得大帝统治下的俄罗斯。

对旧政体的不满以及对革命和社会变革的渴望，在诸如伏尔泰等启蒙运动人物的著作中得到了表达。到18世纪末，欧洲许多人对持续的政治与社会剥夺感到越来越失望，于是走上街头。

　　美国独立革命削弱了英国君主制的力量，加速了法国旧政体的灭亡。尽管法国大革命在拿破仑统治时期逐渐落下帷幕，但它成为了西方历史和文化的分水岭：自此以后，即从 18 世纪末开始，政府不得不将人民的理性抗议和直接的政治行动纳入考量。

免因为这篇文章的发表而惹出乱子或被逮捕，他接下来十年都是在乡下度过。

　　1744 年，伏尔泰终于冒险回到法国宫廷，但他发现拘谨而虚伪的宫廷生活无法让他产生激情。他在波茨坦的腓特烈大帝的宫廷里找到了更适意的气氛，在那里从 1750 年待到 1753 年。腓特烈的热情和才智想必与法国宫廷的刻板仪式有着极大的不同，这让伏尔泰大感意外，于是这两个人很快建立了密切的友谊。然而，波茨坦似乎无法容纳两位具有强大智慧和强烈个性的人物。几年后，伏尔泰与资助他的这位国王发生了争吵，再次放弃了缤纷的城市生活回到乡下。

　　伏尔泰最终于 1758 年定居费尔内村，有了自己的宅邸。在这里，欧洲最伟大的一批有识之士、艺术家和政治家纷纷如朝圣般拜访，与这位费尔内的圣人交谈，更重要的是聆听他的讲话。同时，伏尔泰继续发表一部部作品，每一部都风靡全欧。1778 年，也就是他去世的一年，

伏尔泰回到巴黎，受到英雄般的热烈欢迎，充分证明即使风烛残年，他仍然拥有强大的影响力。

　　很难总结一位涉及如此众多主题之人的哲学观。然而，有一个主题在伏尔泰的著作中反复出现：自由思想的重要性。伏尔泰最痛恨的是不宽容和偏见。他常常在信中以这样一句有名的话结尾："打倒卑鄙无耻的东西。"卑鄙无耻的东西就是迷信，它滋生了盲从和迫害。

　　伏尔泰认为造成迷信的罪魁祸首是信徒。伏尔泰猛烈攻击了认为经文是神的旨意的传统观点。他认为其中包含了大量与现代世界完全无关的轶事和矛盾说法，以及由此产生的几个世纪的争议，是荒谬和毫无意义的。然而，伏尔泰远非无神论者。他相信神创造了这个世界，但是他对神的崇敬与宗教派别无关："唯一需要阅读的书是伟大的自然之书。"只有自然宗教和道德才会结束偏见和无知。

　　伏尔泰对人类荒谬行径的负面批评比他对普遍自然道德的积极看

法更有说服力。有时候很难不认为，伏尔泰对自然道德的真正含义也只有一个模糊概念。他在代表作《老实人》（1759 年）中得出了不那么乐观的结论。此书意在嘲讽德国哲人莱布尼茨（1646—1716 年）的乐观主义，后者相信，"在所有可能世界中最好的一个世界里，一切都是最好的"。莱布尼茨论证的前提是上帝是好的，是全知全能。因此，我们生活的世界，是所有可能的世界中最好的。看似邪恶或不幸的东西，其实综合考虑起来是最好的。

无论根据理智还是根据经验，伏尔泰都认为这套理论不切实际。于是他决定写一部老实的主人公遭受灾难与痛苦的书，证明不切实际的乐观主义的荒唐，以及人类的残酷和愚蠢。

在《老实人》第 5 章，老实人与其导师邦葛罗斯博士卷入一起现实事件，即 1755 年，一场大地震降临里斯本。当被号召帮助受伤者时，饱学的博士考虑的反而是地震的原因和影响，并适时地作出结论，如果里斯本及其居民被摧毁，那这就是必然的，而且是最好的。

阅读材料 15.8　伏尔泰

摘自《老实人》，第 5 章

　　[老实人，邦葛罗斯与海员]他们惊魂略定，就向里斯本进发；身边还剩几个钱，只希望凭着这点儿盘缠，他们从飓风中逃出来的命，不至于再为饥饿送掉。

　　一边走一边悼念他们的恩人；才进城，他们觉得地震了。港口里的浪像沸水一般往上直冒，停泊的船给打得稀烂。飞舞回旋的火焰和灰烬，盖满了街道和广场；屋子倒下来，房顶压在地基上，地基跟着坍毁；三万名男女老幼都给压死了。水手打着唿哨，连咒带骂的说道："哼，这儿倒可以发笔财呢。"邦葛罗斯说："这现象究竟有何根据呢？"老实人嚷道："啊！世界末日到了！"水手闯进瓦砾场，不顾性命，只管找钱，找到了便揣在怀里；喝了很多酒，醉醺醺的睡了一觉，在倒坍的屋子和将死已死

的人中间，遇到第一个肯卖笑的姑娘，他就掏出钱来买。邦葛罗斯扯着他袖子，说道："朋友，使不得，使不得，你违反理性了，干这个事不是时候。"水手答道："天杀的，去你的罢！我是当水手的，生在巴太维亚；到日本去过四次，好比十字架上爬过四次，理性，理性，你的理性找错人了！"

　　几块碎石头碰伤了老实人；他躺在街上，埋在瓦砾中间，和邦葛罗斯说道："唉，给我一点儿酒和油罢；我要死了。"邦葛罗斯答道："地震不是新鲜事儿；南美洲的利马去年有过同样的震动；同样的因，同样的果；从利马到里斯本，地底下准有一道硫磺的伏流。"——"那很可能，"老实人说，"可是看上帝份上，给我一些油和酒呀。"哲学家回答："怎么说可能？我断定那是千真万确的事。"老实人晕过去了，邦葛罗斯从近边一口井里拿了点水给他。

第二天，他们在破砖碎瓦堆里爬来爬去，弄到一些吃的，略微长了些气力。他们跟旁人一同救护死里逃生的居民。得救的人中有几个请他们吃饭，算是大难之中所能张罗的最好的一餐。不用说，饭桌上空气凄凉得很；同席的都是一把眼泪，一口面包。邦葛罗斯安慰他们，说那是定数："因为那安排得不能再好了；里斯本既然有一座火山，这座火山就不可能在旁的地方。因为物之所在，不能不在，因为一切皆善。"

旁边坐着一位穿黑衣服的矮个子，是异教裁判所的一个小官；他挺有礼貌的开言道："先生明明不信原始罪恶了；倘使一切都十全十美，人就不会堕落，不会受罚了。"

[译注] 引自伏尔泰，《老实人》，傅雷译，上海：上海译文出版社，2017。

18 世纪末：革命的时代

整个 18 世纪，欧洲经济持续繁荣。随着贸易和工业的增长，特别是在英国、法国和荷兰，越来越多人的生活方式发生了重大变化。煤矿开采和铁铸造技术的进步开始为 19 世纪的工业革命奠定基础。书和报纸的发行量的增加，提高了大众对时事的了解度。随着国库收入的增加，国家扩大了军队的规模，增加了政府雇员的人数。在巴洛克时期，市场出现了来自亚洲的进口商品和香料，以及来自拉丁美洲的黄金。到了 18 世纪，北美和加勒比地区也与欧洲发展了贸易往来。

在这样的巨变中，政府制度不可能不受影响。长久以来富有贵族对整个欧洲无可争议的统治权，开始受到卢梭和伏尔泰等思想家的质疑。在英国，无论是在本土还是英属殖民地，权力逐渐从国王手中转移到议会。如前文所述，普鲁士、奥地利和俄罗斯由所谓的开明专制者统治。

法国大革命

然而，在法国，许多有识之士迫切要求改革的地方，专制君主依然不开明。路易十五在 1715—1774 年统治法国，他对臣民的事情或政府的具体事务没有兴趣。"我死之后，哪管洪水滔天"，这句话经常被指是路易十五所说，表明他完全知道自己漠不关心政事的结果。后来发生的事件充分证明了他的预测，但在他漫长的统治期间，他仍然不愿意或者没有能力仿效欧洲其他君主，加强国家的治理。当他的孙子路易十六在 1774 年继承他的帝位时，国家已是个烂摊子。此外，新国王继续依赖传统的贵族阶级，把财富和政治权力交由他们掌控，惹怒了日益上升的中产阶级和农民。

1788 年，法国的经济崩溃伴随着粮食歉收，导致了食品价格急剧上涨。当时革命正处于第一阶段，巴黎和农村地区爆发了骚乱。为了应对随之而来的暴力事变，《人权和公民权利宣言》宣布人民享有"自由权、财产权、安全权和抵抗压迫权"等普遍权利，并于 1789 年 8 月 26 日获得一致通过。宣言的开篇明显看得到《美国独立宣言》的影响。

然而，仅有《宣言》是不够的；经过持续了两年半的政治斗争和动荡，革命进入第二阶段。1792 年 9 月 20 日，国民公会召开，首要任务之一是审判因叛国罪而被废黜和监禁的路易十六。在一致认定他有罪后，国民公会在是否将他处死的问题上产生了分歧。最后以 361 票对 360 票的结果，将其送上断头台。随即产生的恐怖统治持续到 1795 年。在此期间，基于自由、平等和博爱的共和国乌托邦理论被无情地应用于实践中。革命领导人残忍地消灭了所有明确和潜在的对手，并在法国社会的各个阶层造成了剧变。

大会主要的政治团体雅各宾派，最初由罗伯斯庇尔（1758—1794 年）领导。作为革命中最有争议的人物之一，有人认为罗伯斯庇尔是一个煽动家和嗜血狂，也有人认为他是一个热烈的理想主义者和热情的民主人士；但他对革命积极的投入是毫无争议的。罗伯斯庇尔追随着卢梭的自然人类感情的美德，立志建立一个诚实公民组成的民主的"美德共和国"。

为了这一目标，他们设立了革命法院，审判并处死了大量他们眼中的革命敌人。认为"恐怖统治"主要针对旧贵族的看法是不正确的。只有涉嫌煽动政治动乱的贵族才被逮捕，而大多数被送上断头台的人——约 70% 以上——是不服从的农民和工人。革命领袖也无法幸免。丹东（1759—1794 年）是革命最早的代言人之一，也是罗伯斯庇尔的主要政治对手之一，他于 1794 年 3 月与他的一些追随者一起被处死。

在欧洲其他地方，人们惊骇地关注着法国发生的动荡。奥地利和普鲁士加上英国、西班牙和几个较小的国家发动了对抗革命政府的战争。在初战告败后，法国扩大和重组了他们的军队，并在 1794 年的弗勒鲁斯战役中成功地击退了联盟部队。但矛盾的是，军事胜利并没有使罗伯斯庇尔的权力得到稳固，反而给了他的对手消灭他的力量。1794 年 7 月 27 日，罗伯斯庇尔被判有罪并于第二天被处死。

到了第二年的春天，法国陷入经济混乱之中，巴黎街头更是暴乱横行。许多最初支持革命的人，包括商人和拥有土地的农民，意识到无论民主的优点如何，立宪政府都必不可少。为了回应这些压力，大会拟定了一项新宪法，其中规定成立一个由五名督政官组成的机构——革命执政团——掌管行政权力。法兰西第一共和国只持续到1799年，那年，在拿破仑的军事独裁统治下，法国重新获得了政治稳定。

阅读材料 15.9 法国国民大会

摘自《人权和公民权宣言》

组成国民议会的法国人民的代表们，认为不知人权、忽视人权或轻蔑人权是公众不幸和政府腐败的惟一原因，所以决定把自然的、不可剥夺的和神圣的人权阐明于庄严的宣言之中，以便本宣言可以经常呈现在社会各个成员之前，使他们不断地想到他们的权利和义务；以便立法的决议和行政权的决定因能随时和整个政治机构的目标两相比较，从而更加受到他们的尊重；以便公民们今年以简单而无可争辩的原则为根据的那些要求能经常针对着宪法与全体幸福之维护。

因此，国民议会在主宰面前并在他的庇护之下确认并宣布下述的人与公民的权利：

第一条 在权利方面，人们生来是而且始终是自由平等的。只有在公共利用上面才显出社会上的差别。

第二条 任何政治结合的目的都在于保存人的自然的和不可动摇的权利。这些权利就是自由、财产、安全和反抗压迫。

第三条 整个主权的本原主要是寄托于国民。任何团体、任何个人都不得行使主权所未明白授予的权力。

第四条 自由就是指有权从事一切无害于他人的行为。因此各人的自然权利行使，只以保证社会上其他成员能享有同样权利为限制。此等限制仅得由法律规定之。

第五条 法律公有权禁止有害于社会的行为。凡未经法律禁止的行为即不得受到妨碍，而且任何人都不得被迫从事法律所未规定的行为。

第六条 法律是公共意志的表现。全国公民都有权亲身或经由其代表去参与法律的制定。法律对于所有的人，无论是施行保护或处罚都是一样的。在法律面前，所有的公民都是平等的。故他们都能平等地按其能力担任一切官职、公共职位和职务，除德行和才能上的差别外不得有其他差别。

[译注] 引自王海根，《人权与法制简明教程》，上海：同济大学出版社，2013。

美国革命

虽然法国大革命显然是极端历史压力导致的，但许多革命领导人也受到了另一场成功革命的启发：美国人反抗英国殖民。更具体地说，反抗英国国会。在18世纪的英国，国王几乎没有开明的机会，因为最高权力集中在立法议会，它统治着英格兰并委派官员管理海外领土。国会制定的一系列经济措施彻底激起了美国的怨恨。美国革命始于1776年7月4日颁布的《独立宣言》。虽然不属于文学作品，但其作者（一般认为是托马斯·杰斐逊）和18世纪其他文学家一样成功地表达了更加乐观的时代见解。宣言纲领假设人类能够实现政治和社会自由。平等和正义的积极信念，体现于人类和自然等宽泛概念，这是典型的18世纪开明思想。

美国宪法阐明了政府各部门之间以及政府与人民之间的权力平衡，进一步强调了平等和自由的信念。美国宪法是一部动态的文件，它规定了哪些情况下可以修改，降低了随着时代变化而被"推翻"的必要性。例如，宪法经过几代人的修改，赋予了奴隶自由权，赋予了所有族裔和具有种族背景的人以及妇女投票权。

宪法的前十条修正案名为"权利法案"。它们赋予个人自由，构成了美国经验的核心，如言论自由、宗教自由与携带武器的权利，涉嫌犯罪时有"正当法律程序"权，使用"酷刑和非正常惩罚"是非法行径。它们还一定程度上扭转了人民和政府的权重，规定各州和人民保留未被赋予联邦政府的权力。但各州不得剥夺联邦政府的合法律权力。

阅读材料 15.10　托马斯·杰斐逊等

摘自《独立宣言》(1776 年)

在有关人类事务的发展过程中，当一个民族必须解除其和另一个民族之间的政治联系，并在世界各国之间依照自然法则和上帝的意旨，接受独立和平等的地位时，出于对人类舆论的尊重，必须把他们不得不独立的原因予以宣布。

我们认为下面这些真理是不言而喻的：人人生而平等，造物者赋予他们若干不可剥夺的权利，其中包括生命权、自由权和追求幸福的权利，为了保障这些权利，人类才在他们之间建立政府，而政府之正当权利，是经被治理者的同意而产生的。当任何形式的政府对这些目标具破坏作用时，人民便有权力改变或废除它，以建立一个新的政府；其赖以奠基的原则，其组织权力的方式，务使人民认为唯有这样才最可能获得他们的安全和幸福，为了慎重起见，成立多年的政府，是不应当由于轻微和短暂的原因而予以变更的。过去的一切经验也都说明，任何苦难，只要是尚能忍受，人类都宁愿容忍，而无意为了本身的权益便废除他们久已习惯了的政府。但是，当追逐同一目标的一连串滥用职权和强取豪夺发生，证明政府企图把人民置于专制统治之下时，那么人民就有权利，也有义务推翻这个政府，并为他们未来的安全建立新的保障——这就是这些殖民地过去逆来顺受的情况，也是它们现在不得不改变以前政府制度的原因。当今大不列颠国王的历史，是接连不断的伤害天理和强取豪夺的历史，这些暴行的唯一目标，就是想在这些州建立专制的暴政。

［译注］引自赵一凡编，《美国的历史文献》，北京：生活·读书·新知三联书店，1989。

总览　18 世纪

语言和文学

- 蒲柏于 1711 年写了《批评论》，随后成功翻译了荷马的《伊利亚特》（1713—1720 年）和《奥德赛》（1725—1726 年）。
- 斯威夫特于 1726 年写了《格列佛游记》，1729 年写了《一个小小的建议》。
- 狄德罗于 1751—1772 年间出版了《百科全书》共 17 卷，内容包括孟德斯鸠和卢梭的撰文。
- 伏尔泰于 1759 年写了《老实人》。
- 卢梭于 1762 年写了《社会契约论》。
- 彭斯于 1785 年写了《致田鼠》。

美术、建筑和音乐

- 华多、布歇、弗拉戈纳尔、卡列拉、勒布伦，还有庚斯博罗和提埃坡罗以洛可可风格绘画。
- 诺伊曼设计了洛可可风格的建筑。
- 大卫的画风是新古典风格，他在 1784 年创作了《荷拉斯兄弟之誓》，1800 年创作了《拿破仑跨越阿尔卑斯山》。
- 卡诺瓦在 1808 年雕刻了《作为胜利者维纳斯的波利娜·波拿巴》。
- 苏夫洛的巴黎先贤祠，琼斯的伦敦宴会厅，雷恩的伦敦圣保罗大教堂，皆是以新古典风格建造。
- 作曲家谱写交响乐，管弦乐队开始综合运用今天使用的大多数乐器，弦乐器、铜管乐器、打击乐器以及单簧管和长笛都被分成单独的部分。
- 18 世纪 90 年代的海顿，以及 18 世纪 30 年代至 1791 年的莫扎特，使古典音乐达到了新的高度。
- 莫扎特谱写了 22 部歌剧，包括《费加罗的婚礼》（1786 年）、《唐·乔万尼》（1787 年）、《女人心》（1790 年）和《魔笛》（1791 年）。

宗教和哲学

- 洛克主张宗教宽容和政教分离。
- 蒲柏于 1733—1734 年间写了《人论》。
- 伏尔泰于 1734 年写了《哲学通信》。
- 卢梭于 1762 年写了《社会契约论》。

- 亚当·斯密于 1776 年出版了《国富论》。
- 潘恩于 1776 年出版了一系列名为《常识》的小册子，接着于 1792 年出版《人权论》。
- 沃斯通克拉夫特于 1792 年创作了《女权辩护》。

图 16.1　弗朗索瓦·吕德，《1792 年志愿军整装待发》（《马赛曲》），1833—1836 年。石灰岩材质，高 12.7 米。法国，巴黎，凯旋门。

第十六章

浪漫主义、现实主义和摄影

导引

　　"这是最好的时代，这是最坏的时代；这是智慧的时代，这是愚蠢的时代；这是信仰的时期，这是怀疑的时期；这是光明的季节，这是黑暗的季节；这是希望之春，这是失望之冬；人们面前有着各样事物，人们面前一无所有；人们正在直登天堂，人们正在直下地狱……"

　　由此引出查尔斯·狄更斯的《双城记》，小说背景是 1775 年，正是在这一年，"响彻世界的那一声枪响"成为美国采取武装斗争摆脱英国殖民统治的导火索，美国殖民地居民在莱克星顿和康科德与英军正式交火。短短 14 年后，1789 年，巴士底狱被攻陷，法国大革命爆发，燃起了推翻封建制度的星星之火。

　　《双城记》出版于 1859 年，围绕 18 世纪末巴黎和伦敦两座城市展开，交织上演人性的戏码。此时，激发狄更斯灵感的事件已过去近 70 年，但它们在读者脑海中依然鲜活。人们对渐渐远去岁月的怀旧之情，让小说大获成功。狄更斯在文学周刊《一年四季》连载了这部小说的 45 章，持续 30 周，读者看得津津有味，迫不及待等待更新。这部历史小说为何会受到如此追捧？

　　浪漫主义诗人华兹华斯在法国大革命期间居于英国。他写道："生命的黎明是乐园，但青春才是真正的天堂。"尽管在那个革命的动荡年代里暴力和流血事件不断，但人类的决心、对自由的渴望，以及毫不妥协的英雄主义久久不散，并持续激励后来者。

　　巴黎的拿破仑凯旋门的一根纪念柱上有着一尊 12 多米高的镶嵌浮雕，以纪念志愿军在莱茵河沿岸守卫法国边境，抵抗敌视革命的外国势力的英勇事迹：战士们身着古典服饰，包括胫甲、头盔、盾牌，受到自由女神的战斗口号鼓舞（图 16.1）。她手持出鞘利剑，保战士们于羽翼之下，带领他们走向胜利。浮雕《1792 年志愿军整装待发》创作于 1833—1836 年间，正值浪漫主义时期；这座浮雕又被称为《马赛曲》，以 1792 年鲁热·德·利尔创作的战歌《马赛曲》命名。《马赛曲》也是法国第一首国歌，传唱至今。

聆听!
《马赛曲》

19 世纪

19 世纪的工业发展和科学进步推翻了悠久的传统，见证了数百万人生活翻天覆地的变化。1825 年，从英国的斯托克顿至达灵顿，世界上第一条蒸汽火车铁路建成通车。到 1850 年，英国已有铁轨 6000 英里，德国 3000 英里，法国 2000 英里，奥地利、意大利和俄国也陆续开始建造铁路系统。铁路对经济的影响是空前的。铁路业提供了就业岗位和投资机会，增加了对煤、铁的需求。

工业很快取代农业成为国家财富来源。随着工厂规模日益扩大，通过铁路连接起来的城市成为大型

城市中心，吸引了农村移民。城市人口急剧上升。意大利北部城市都灵 1800 年的人口是 86000 人，1850 年增长到 137000 人，到 1860 年已超过 20 万人。到 1850 年，英国已有一半人口居住在城市。在社会史上，还是第一次有如此大比例人口集中在城市；一位伦敦人将这座处于 19 世纪 20 年代的城市称为"人的荒原"。

为了寻求就业机会和更高报酬，也为了享受都市生活与文化，人们纷纷涌向伦敦、巴黎和维也纳这类大城市，一位巴黎游客把这个场景描述为"就像挤在一个闹哄哄的玻璃蜂箱，款待那些想要见识人性的好奇者"。城市充满诱惑：日益扩大的工人阶级和正在崛起的资产阶级享受着公共花园、舞厅、烟花、音乐会以及其他诱人资源。城市也

浪漫主义、现实主义和摄影

1789 年	1815 年	1848 年	1870 年
法国大革命。 法国大革命的恐怖统治时期。 拿破仑作为执政官统治法国。 拿破仑在俄国战场惨败。 史蒂芬森建造了第一台蒸汽机车。	拿破仑被流放到厄尔巴岛，在滑铁卢战役中惨败。 英国开展工业化。 法拉第发现了电动机的原理。 希腊爆发脱离奥斯曼帝国的独立战争。 法国和比利时开展工业化。 英国维多利亚女王统治时期（1837—1901 年）。 德国开展工业化。 摩尔斯于 1844 年改良电报。	革命席卷整个欧洲。 第一条跨大西洋电缆开工。 达尔文出版《物种起源》。 意大利统一。 美国内战。 德国统一。 英国授予加拿大自治地位。 美国建成第一条横贯大陆的铁路。	

图 16.2　《伦敦全景图》，约 1858 年。布面油画，54.6 × 149.8 厘米。私人收藏。这幅伦敦全景图，从威斯敏斯特遥望东北方，展示了泰晤士河河道。位于前景的是威斯敏斯特教堂，右边的议会大厦（1840—1870 年），展示了完工的大本钟和维多利亚塔，以及左边的圣詹姆斯公园。

满足了富人的社会和物质欲望，像威尔第《茶花女》中那样灯红酒绿。取材于因肺结核病逝的巴黎名妓阿尔丰西娜·普莱西的生平，歌剧主人翁玛格丽特和她那来自乡下的爱人阿芒，象征着城市生活的诱惑（即便环境脏乱，容易引发疾病）和回归自然、修复身心之间的张力。这种张力也成了很多浪漫派艺术和文学的主题。事实是，19 世纪中叶生活在伦敦的男性寿命还不及乡村男性的一半。

以下是 19 世纪中叶欧洲人口最多的两个城市的事件快照，以及大西洋彼岸美国的历史一瞥。

伦敦

城市中巨大的社会变革超出了社会的承载能力；在伦敦尤其如此。当人们涌进拥挤不堪的城市，住房问题也随之爆发。许多人离开农场来寻求财富，却只能做一些低下肮脏的边缘工作（拾荒，收集粪便），为了解决贫困问题，公共福利项目也就应运而生。一些移民走向了犯罪的道路。在这种情况下，1829 年，罗伯特·皮尔（Robert Peel）爵士建立了第一支英国警察部队。人们以其创始人的名字，称其成员为 bobbies。

缺乏完善的下水道系统，街道脏乱不堪，滋生了霍乱和伤寒，人畜排泄物导致河水污染，苍蝇横飞，虱子在人与人之间传播。到 19 世纪中叶，伦敦已到崩溃边缘。被污染的泰晤士河引发了 1858 年的"大恶臭"，促使英国议会立法阻止灾难蔓延。狄更斯的《艰难时世》和《雾都孤儿》都是对这一时期伦敦社会的典型刻画，尽管也还有威斯敏斯特教堂、哥特复兴风格的议会大厦、圣詹姆斯公园（图 16.2），等等。到世纪末，下水道系统建成，公共卫生条件改善。到 1900 年，住在城里几乎与住在乡下一样安全和健康。

应对城市工业化弊病的另一项举措就是设计和建造公园，可以同时满足卫生和人性化两个目的。克拉克（Frank Clark）在他关于 19 世纪公园特别是伦敦公园的一篇论文中，引用了英国社会改革者普莱斯（Francis Place）关于给城市注入一丝乡村气息的好处的观点：公园可以"为思想及心灵注入一种神圣的安宁以及敬畏之情"。他还进一步引用了一位伦敦主教之言："那些被困在烟雾和烦器的巨大牢笼中感到压抑和窒息的人，可以在公园里歇口气……满足人们对大自然、新鲜空气和灿烂阳光的热爱。"

随着包括地铁系统在内的伦敦铁路和公共交通的发展，将市中心与郊区联通，人们得以兼顾两者的美好。个体可以将生活区和工作区划分开来，到 20 世纪初，报纸上出现了许多宣传郊区生活便利和健康的海报。伦敦还调整了火车站和车站的位置。乘火车旅行不再是件新鲜事，但又不失异域情调，人们坐火车上下班，从城市到远方探险。

巴黎

19 世纪西方最宏大的城市化工程是巴黎的现代化。1848 年法国大革命后爆发了一系列叛乱，阶级矛盾深化。奥斯曼男爵（1809—1891 年）受拿破仑三世之命，开展"奥斯曼计划"。始于 1853 年的"现代化"，虽是以大众利益的名义，但主要是为了拆除巴黎拥挤地区的街道和小巷，建造笔直宽阔的林荫大道，这样革命分子就没那么容易进攻和撤退了。巴黎至今保留着许多与大道相连的窄道，散布着商店和咖啡屋。不过奥斯曼也宣判了许多住所和社区的死刑，城市出钱征收并将之夷为平地；代之以有着原始石材立面、铸铁阳台以及复折式屋顶的新公寓。奥斯曼创建了一套编码系统来管理建筑设计的各方面（包括高度），通过一致性来创造美感。他设计的林荫大道有着一览无遗的街景，周边还有一些起着增色作用的景观，比如恢宏的纪念碑或建筑

图 16.3　加尼叶，巴黎歌剧院，1860—1875 年。法国，巴黎。这幢学院派风格的建筑戏剧般地出现在一条华丽的林荫大道——歌剧院大道的尽头，大道连通着卢浮宫。巴黎歌剧院（又名"加尼叶歌剧院"）不仅仅是音乐场馆，也是时髦的巴黎人看热闹出风头的地方。

时代的声音 ||||||||||||||||||||||||||||||||||||||||

波德莱尔：巴黎现代化的另一种视角

尽管城市变美了，但 19 世纪中叶巴黎的现代化也付出了代价。乔治-欧仁·奥斯曼，这些变化的主要设计者，既是创造者，也可视为破坏者。1861 年，法国诗人波德莱尔感到自己融入不了这座城市，他写道，巴黎遭到了洗劫——就像古希腊人洗劫了特洛伊。

《恶之花》，"天鹅"（"巴黎即景"诗组，1861 年）节选：[1]

想你，安德洛玛刻[2]！这小溪
似可怜哀怨的明镜，曾映出
你孀居时那肃穆庄重的苦凄，
你的泪加宽了假想的
西摩伊斯河，

当我穿过新的卡鲁塞尔广场[3]，
往事突然充塞我丰富的记忆。
不在了，这古老的巴黎（唉，
城市的风貌变得比凡心迅疾）；

大片工棚浮现我的脑海里，
粗加工的石柱和柱头堆积，
野草和巨石浸满绿苔水渍，
映在玻璃上显得光怪陆离。

曾经有个动物园坐落在那里；
有天清晨，当劳动醒来之际，

寒冷明净的苍穹下，垃圾场
向岑静的天空中升腾起黑气，

我看到，一只天鹅挣出樊笼，
在坎坷路面上拖着雪白双翼，
它用蹼足拍打着糙裂的街石，
张开嘴伸向一条干涸的小溪，

尘埃中，它不安地梳理羽翼，
心恋故乡的碧水，喃喃自语：
"雷啊，何时霹雳？
水啊，何时成溪？"
我看到这不幸而奇特的造物

像奥维德笔下的人物[4]，屡屡
仰望嘲弄而无情的湛蓝云际，
颈项抽搐，将渴望的头昂起，
仿佛在把片片诅咒抛向上帝！

巴黎在变！
不变的是我的忧郁！
新王宫、脚手架、老郊区、
石堆，一切对我皆有寓意，
比顽石还重的
是我珍贵的回忆。

卢浮宫前的景象
同样令我窒息：
我想起大天鹅那癫狂之举，
如同可笑而孤高的流亡者
被无穷的欲望羁縻！

1.[译注] 引自《恶之花》，刘楠祺译，北京：新世界出版社，2011。
2.《伊利亚特》中英雄赫克托耳的遗孀。
3. 巴黎的一处地区，为取代波德莱尔曾居住过的波希米亚艺术家聚集区而修建。
4. 指代达罗斯，希腊神话中的发明家，与其子伊卡洛斯使用蜡质羽翼逃离，结果后者双翼上的蜡遭太阳融化。

物（图16.3）。其效果让人叹为观止，奥斯曼的美学成为巴黎的代名词。他还建造了公园、新的排水系统和自来水厂。

美国

19世纪中叶，美国南部11个州组成美利坚联盟国，给联邦政府带来严峻挑战。1861—1865年间，北方（由23个州组成的北方军）与南方（邦联）展开内战。据估算，战争期间有多达62万人丧生，其中死于疾病和间接伤害的人数多于战场丧生人数。南方各州脱离联邦的原因是想要保留奴隶制度，他们坚持认为该制度是维持农业经济尤其是棉花产业发展的必要条件。

亚伯拉罕·林肯在1860年当选

图16.4 布雷迪，《亚伯拉罕·林肯》，1864年。蛋白照片，5.7×9.5厘米。华盛顿特区国会图书馆印刷品与照片部。

总统，他反对奴隶制，敦促南方各州采取行动。脱离联邦被视同叛国，成了开战的理由。1865年4月9日，北方联邦取得胜利，南方邦联投降，美国内战就此结束。奴隶制在全美境内废除。约翰·威尔克斯·布斯同情南方邦联，在内部结束后第5天暗杀了林肯。得益于摄影术的发明，为我们留下了许多内战的图像资料，以及林肯的照片（图16.4）。

智识背景

对18世纪中叶的许多哲学家而言，理性是人类思想和存在的指导原则。启蒙时代的口号很可能引用了康德1784年发表的《什么是启蒙》中对启蒙的哲学定义，即运用自身理智的自由。"自身理智"的暗含意思就是拒绝迷信建制权威，追求知识和科学真理（而不是信仰教条，过着满是迷信和恐惧的生活），个人也可能成就伟业，以及运用理性来影响社会的进步。启蒙理念深刻影响了18世纪末的历史事件，包括北美和法国的革命。

随着18世纪的落幕，关于知识和文化的论述发生了巨大的变化，从理性转为感性。康德质疑理性作为理解实在的唯一路径的有效性，假定感性同样具有引领人们探寻知识的价值。感情的核心作用及其表现方式，引出了对个体独特性、内在自我及人类自我实现能力的关注。

作为一种文化运动，浪漫主义是多层面的。对人与生俱来的感情的关注，引出了对"原始"（primitive）的兴趣，即，没有建制权威介入的朴实生活，没有被人类存在破坏的原生态自然环境。浪漫主义还高度重视想象力，将其视为一种创造性力量，一种无形而强大的意识，将智识与情感串联。

伊曼努尔·康德

德国在 18 世纪末发展出了最具吸引力的浪漫主义想象，代表人物就是康德（1724—1804 年），他的《判断力批判》（1790 年）将我们从艺术中获得的愉悦定义为"无利害关系的满足"。康德认为艺术是对立原则的统一。例如，它结合了普遍性与特殊性以及理性与想象。在康德看来，艺术无用而又有用，这种方式唯有在自然界中才能找到类比。

康德还教导说，世间万物的表征都是我们头脑的产物。在哥白尼之前，人们相信，太阳表面上围绕着地球的运动就是其实际运动。而哥白尼的研究表明，太阳表面上的运动是我们感知地球运动的产物。康德认为，人类思维给外部世界强

加了一种秩序，包括空间和时间等概念。这种秩序同样有赖我们的连续意识。无论外界（即个人以外的世界）如何，都必须通过头脑筛选才会变得有意义。浪漫主义艺术家和作家也确信，通过他们的艺术头脑的筛选，体验才变得有意义。

弗里德里希·黑格尔

黑格尔（1770—1831 年）的影响更甚，20 世纪艺术批评方法仍受其理念影响。和康德一样，黑格尔强调艺术调和及理解对立面的能力：提供人类存在对立组成部分——正题（某种观念或行为模式）和反题（与之截然对立者）——的合题。他认为，通过"世界精神"的发展和实现，这一过程既适用于思维的运转，也适用于世界历史的发展。黑格尔对后继者的影响不在于其系统性哲学体系，而在于他接受与调和矛盾的努力。寻求以某种方式整合差异，以容纳最广泛的经验，这至今仍在源源不断地激发对艺术的思考。

阿瑟·叔本华

康德和黑格尔都是在 18 世纪末 19 世纪初相对乐观的学术氛围中发展了自己的观点，对艺术和存在的态度也基本上是积极的。但叔本华（1788—1860 年）在其代表作《作

为意志和表象的世界》（1819 年）中表达了这样一种理念：人是自私的，很难称得上理性，而科学和人文学科给人制造了一种世界是理性之地的假象。其作品问世之初反响平平。叔本华对黑格尔展开的猛烈抨击也无济于事。但到了 19 世纪中叶，随着欧洲许多地区的民族起义纷纷失败，悲观沮丧情绪愈显，在此背景下，叔本华提出的世界注定要不断被战火与苦难蹂躏这一设想似乎更有说服力。因此，他的哲学，即便谈不上塑造了浪漫主义运动，但也反映了这一运动中日益增长的悲观情绪。

卡尔·马克思

19 世纪许多思想的发展，其实对艺术影响不大。也许，以对 20 世纪的影响而论，19 世纪最具影响力的哲学家当属马克思（1818—1883 年），他在《共产党宣言》（1848 年）中有力表达了自己的信念，即资本主义有着固有的罪恶，而无产阶级革命有其历史必然性。

马克思认为，革命不可避免，且势在必行。这至少部分基于他对工业化的英国的工作条件的观察。在这里，他的革命战友恩格斯（1820—1895 年）继承了一家纺织厂。他们一致认为，工人虽然创造了财富，却毫无个人利益可言。工人的居住环境拥挤不堪，卫生条件恶劣，被剥夺了有效的政治权利，只能麻醉在宗教提供的虚假希望之中，保持沉默。在马克思看来，工人阶级的困境似乎超越了国界，创造了一个普遍的无产阶级，只有通过革命才能获得自由："全世界无产者，联合起来！"马克思断言："无产阶级在这场革命中失去的只是锁链！"这场政治运动的驱动力以马克思经济哲学为支撑，强调的是劳动价值，更概括地说，这些历史事件背后真正的推动力是基于至为重要的经济和社会条件。这种唯物主义历史观在马克思逝世后的一个世纪里引起了全世界的反响。一些近现代作家如布莱希特（1898—1956 年）就接受了马克思主义原理，马克思主义评论家也发展了一种以马克思理论为基准的审美批评流派。但是，在 19 世纪和 20 世纪初，马克思的影响完全在于社会和政治层面。

马克思清晰地描述了他对艺术的看法：艺术可以促进重大社会和政治变革，它是历史的一个决定性因素。艺术作品不限于上层社会或哪个更繁荣的社会阶层；根据"发展不平衡理论"，一个更高级的社会秩序并不一定会产生相应的高艺术成就。事实上，资本主义对艺术发展是抱有敌意的，因为其执迷于金钱和利益。至于风格，唯一适用于阶级斗争和新型国家的便是现实主义，便于让最广大的受众理解。领导了 1917 年俄国十月革命的列宁在苏俄进一步发展了这一学说，他

阅读材料 16.1　马克思与恩格斯

摘自《共产党宣言》（1848 年）

引言

一个幽灵，共产主义的幽灵，在欧洲游荡。为了对这个幽灵进行神圣的围剿，旧欧洲的一切势力，教皇和沙皇、梅特涅和基佐、法国的激进派和德国的警察，都联合起来了。

有哪个反对党不被它的当政的敌人骂为共产党呢？又有哪一个反对党不拿共产主义这个罪名去回敬更进步的反对党人和自己的反动敌人呢？

从这一事实中可以得出两个结论：

共产主义已经被欧洲的一切势力公认为一种势力；

现在是共产党人向全世界公开说明自己的观点、自己的目的、自己的意图并且拿党自己的宣言来反驳关于共产主义幽灵的神话的时候了。

为了这个目的，各国共产党人集会于伦敦，拟定了如下的宣言，用英文、法文、德文、意大利文、弗拉芒文和丹麦文公布于世。

无产者和共产党人

他们没有任何同整个无产阶级的利益不同的利益。

他们不提出任何特殊的原则，用以塑造无产阶级的运动。

……

共产党人的最近目的是和其他一切无产阶级政党的最近目的一样的：使无产阶级形成为阶级，推翻资产阶级的统治，由无产阶级夺取政权。

共产党人的理论原理，决不是以这个或那个世界改革家所发明或发现的思想、原则为根据的。

这些原理不过是现存的阶级斗争、我们眼前的历史运动的真实关系的一般表述。

……

共产主义的特征并不是要废除一般的所有制，而是要废除资产阶级的所有制。

……

总之，共产党人到处都支持一切反对现存的社会制度和政治制度的革命运动。

在所有这些运动中，他们都强调所有制问题是运动的基本问题，不管这个问题的发展程度怎样。

最后，共产党人到处都努力争取全世界民主政党之间的团结和协调。

共产党人不屑于隐瞒自己的观点和意图。他们公开宣布：他们的目的只有用暴力推翻全部现存的社会制度才能达到。让统治阶级在共产主义革命面前发抖吧。无产者在这个革命中失去的只是锁链。他们获得的将是整个世界。

全世界无产者，联合起来！

[译注] 引自马克思，恩格斯，《共产党宣言·纪念马克思诞辰 200 周年多语种珍藏版》，北京：中央编译出版社，2018。

要求艺术应是现实的具体"反映"，并通过党来实施官方文化政策。

《共产主义宣言》由马克思和恩格斯共同撰写，原本是为一个秘密工人社团——共产主义者同盟起草的纲领，后来成了共产主义学说的核心所在。阅读材料16.1摘录了其广为流传的引言和第二章最后的号召部分。《资本论》定义了现代资本家阶级、社会生产资料的所有者以及雇佣劳动的雇主。恩格斯在1888年英语版上加注，把无产阶级定义为"现代的受雇劳工，他们没有自己的生产资料，并为了生存而不得不出卖劳动力"。

查尔斯·达尔文

"我的鼻子没有正确地反映我的个性特点。"达尔文（1809—1882年）如是说。

对19世纪读者影响最深的莫过于达尔文1859年出版的《物种起源》（全名《论依据自然选择即在生存斗争中保存优良族的物种起源》）。1831年，还是剑桥学生的达尔文，自愿以科学家身份随英国贝格尔号军舰前往加拉帕戈斯群岛考察航行。此次冒险将有助于他提出进化论，但这一切原本可能不会发生。因为达尔文鼻子的形状，船长菲茨罗伊对是否让他随行心存疑虑。菲茨罗

伊相信面相，即以面部特征判断性格，而达尔文的鼻子形状让他觉得不可靠。但他还是让步了，达尔文这趟改变科学的历史性航行终于得以启程。

达尔文研究了地质构造、化石以及植物和动物的分布。通过考察，他开始确信物种并非像通常认为的那样固定不变，而是具有变异能力。结合马尔萨斯的人口理论和莱尔爵士的地质学研究，达尔文提出进化论，试图解释旧物种的灭绝和新物种的发展。

根据达尔文，动物和植物的进化是一个自然选择的过程（而不是农业和动物饲养中采用的人工选择）。随着时间推移，每个物种的一些变种存活下来，其他的则灭绝。有可能生存下来的是那些最适合当时环境条件的物种，这一过程被称为适者生存。随着环境的变化，物种内部也会相应调整。进化论以科学论文的形式首次发表于1858年，而《物种起源》则在一年后出版。

1871年，达尔文发表了《人类的由来》，他声称人和猿是由共同的祖先演化而来，尽管当时并没有化石记录能够提供这种联系。但在过去几十年里，人类学家已经真正地"挖掘"出许多相关的联系。

这两本书都产生了巨大的影响。

但作者默默地继续着自己的研究，试图躲开其著作引发的广泛争议。

阅读材料 16.2 达尔文

摘自《物种起源》第 14 章，"复述与结论"（1859 年）

在家养状态下，我们看到了大量的变异性。这似乎主要是由于生殖系统极易受到生活条件变化的影响所致；因此，这一系统，在没有变得不起作用时，未能产出与其亲本类型一模一样的后代。变异性受到很多复杂的法则所支配——它受生长相关性、器官的使用与不使用，以及周围物理条件的直接作用所支配。

......

变异性实际上不是由人类引起的；人们只是无意识地把生物置于一些新的生活条件之下，然后大自然便对其体制结构产生了作用并引起了变异性。但是人类能够选择，并且确实选择了自然所给予他的变异，从而依照任何希冀的方式使之得以累积起来。因此，他便可以使动物与植物适应于他自身的利益或喜好。他可以着意地这样去做，或者可以无心地这样去做，这种无心之举便是保存那些在当时对他是最为有用个体，但并没有改变其品种的任何想法。无疑，他能够通过在每一相继的世代中选择那些为外行的眼睛所不能辨识出来的极其微细的个体差异，来大大地影响一个品种的性状。

......

在家养状态下已如此有效地发生

教会领袖极力谴责这个理论，认为它否认了人类以及其他万物的形态

了作用的原理，为何就不能在自然状态下发生作用呢，这是没有明显的理由可言的。在不断反复发生的"生存斗争"中，保存被青睐的个体或族群，从中我们看到了一种有力的并总是在发生着作用的选择方式。所有的生物皆依照几何级数在高度地繁增，因此生存斗争是不可避免的。……产生出来的个体，多于可能生存下来的个体。平衡上的毫厘之差，便会决定哪些个体将生存、哪些个体将死亡——哪些变种或物种的数目将增加、哪些变种或物种的数目将减少抑或最终灭绝。由于同一物种的个体在各方面彼此间进行着最密切的竞争，故它们之间的斗争一般也最为激烈；同一物种的变种之间的斗争也几乎是同样地激烈，其次便是同一个属的不同物种之间的斗争。在自然阶梯上相差很远的生物之间的斗争，也常常是十分激烈的。某一个体在任何年龄或任何季节只要比其竞争对手占有最轻微的优势，或者对周围物理条件稍有微小程度的较好适应，便会改变平衡。

至于雌雄异体的动物，在大多情形下，雄性之间为了占有雌性，就会发生斗争。最刚健的雄性，或在与其生活条件的斗争中最成功的雄性，一般会留下最多的后代。但是成功常常取决于雄性具有特别的武器或防御手段，抑或靠其魅力；哪怕是最轻微的优势，便会导向胜利。

[译注] 引自达尔文，《物种起源》，苗德岁译，南京：译林出版社，2013。

MR. BERGH TO THE RESCUE.

THE DEFRAUDED GORILLA. "That MAN wants to claim my Pedigree. He says he is one of my Descendants."

Mr. BERGH. "Now, Mr. DARWIN, how could you insult him so?"

图 16.5 纳斯特,《哈勃周刊》1871 年 8 月 19 日所刊卡通。木刻(着色),12.7×10.2 厘米。私人收藏。纳斯特讽刺了达尔文的进化论,他画了一只大猩猩寻求美国防止虐待动物协会创始人伯格的保护,达尔文则袖手旁观。在贬损达尔文的漫画当中,这是相对没那么刻薄的一幅。

都是由上帝按照神圣计划创造出来的。图 16.5 展示的托马斯·纳斯特的漫画,就是反对达尔文的其中一例。另一方面,科学家和自由思想家们坚决为达尔文辩护,不断对他的理论进行扩展详述。150 年后,争议仍在美国继续,有的学校要求同时讲授神创论和达尔文主义,有的则干脆不讲授进化论。

其他智识发展

其他科学研究也迎来了大量新发现。磁学与电学实验促进了物理学发展。法国化学家巴斯德(1822—1895 年)利用新的化学元素,探索了发酵过程,发明了巴氏杀菌法,提高了食品安全性。巴斯德的另一项贡献是证明了疾病由活生生但摸不着的细菌(至少肉眼不可见)传播,可以通过疫苗接种和消毒医疗设备来应对。

浪漫主义艺术一定程度上也体现了科学和艺术成就,尽管往往是负面的。大城市里越来越机械的生活,以及铁路火车等对城市建筑的影响,激起了一场回归自然的运动,而浪漫主义为人们逃离城市化和工业化这些残酷事实创造了机会。此外,许多人感到自己被淹没在拥挤的城市里,失去个性,而浪漫主义强调个体和自我剖析,引发了诸多共鸣。许多艺术家把问题日益严重的城市生活与田园诗般的乡村幸福图景进行了对比。

科学理念对 19 世纪艺术家产生了同样的负面影响。英国维多利亚时期(1837—1901 年)作家对这个时代日益发展的科学唯物主义作了回应。尽管其中很少有严格意义上的浪漫主义者,但大多数对科学和工业进步的抵制,以及对不良影响的描述,都是源于浪漫主义传统。

从新古典主义到浪漫主义: 拿破仑统治下的艺术

1804 年,拿破仑称帝,任命雅克·路易·大卫为首席宫廷画师,让这名艺术家重获新生（也许可以是字面意思）。大卫出席了加冕典礼，精心创作了一幅油画，详细记录了这一事件的声势赫奕（图16.6）。画面突出了拿破仑的中心位置：他没有让教宗给他加冕，而是自己戴上皇冠，然后给妻子约瑟芬戴上后冠。教宗坐在拿破仑后面，约瑟芬双膝跪地，向丈夫鞠躬致意。那一刻，毫无争议，拿破仑代表至高无上的权威和权力。

以古典时代尤其是罗马的历史为支撑，大卫的新古典主义风格强化了这种权威感。加冕仪式在巴黎圣母院举行，但做了相应改造。他雇用建筑师搭建舞台布景，大型拱门及镶嵌着石砌图案的厚墩成为一大特色。拿破仑很清楚图像的潜在

力量，并利用大卫加以发掘。《拿破仑一世加冕大典》正是通过细节把控来实现这一目的。拿破仑让大卫把教宗描绘为祝福姿态（最初画像并非如此），还画上了皇帝的母亲（位于画作中间），尽管她本人拒绝出席。这幅画虽是为了记录加冕细节，但也篡改了历史。

大卫是法国艺术界的明星，也是新古典主义风格学习者的良师。他严格遵守古典模式，相信学生应研习经典，但也尊重个人兴趣和天赋，注重因材施教，这一点从他两位最著名的学生特里奥松（1767—1824年）和安格尔（1780—1867年）就可见一斑。他们的风格虽都受到大卫启发，也都致力于古典形式，但主题截然不同，主打异域情调、

图 16.6　雅克－路易·大卫，《拿破仑一世加冕大典》（《拿破仑一世及皇后加冕典礼》），1804 年 12 月 2 日。布面油画，621×979 厘米。画中描绘了拿破仑给自己的妻子约瑟芬戴上后冠的时刻。

比较与对比

女性、艺术与权力：意识形态、性别话语与女性裸体

　　我们常用"比较与对比"激发学生的辨别能力，测试学生的特征描述和分类能力，并鼓励学生对文学和视觉艺术作品的内容及背景进行批判性思考。

　　关于安格尔（图16.8）和德拉克鲁瓦（图16.9）的宫女画的风格差异，可以洋洋洒洒写上好几个段落。同一主题下，他们是线性和绘画方法对比的典型人物；浪漫主义时期，他们分属普桑派与鲁宾斯派两个阵营（一方从古典巴洛克艺术家尼古拉斯·普桑身上获得技法灵感，一方"师从"弗兰芒派巴洛克画家彼得·保罗·鲁宾斯）。另一方面，他们有一个共同的重要元素：都对异国情调、"东方"元素、另一个世界着迷不已；这种似乎汲汲以求的着迷，不仅体现于具有异国情调的性感饰物——头巾、丝质围巾、孔雀羽毛、鸦片烟枪，还在于一种奔放的异国情色之感。这两幅画在19世纪的法国非常受欢迎。你能否试着探究一下，看看是什么样的环境（历史、政治、社会学，等等），为此类画作创造了市场？这些与众不同的艺术家们，为什么会觉得这同一个主题能够引人注意并引领潮流呢？

　　19世纪的艺术史学家和女性主义学者诺克林提出，这类画作充分表明了当代的意识形态与性别话语："艺术中表现女性的方式，是基于和服务于无疑被社会普遍接受的设想。典型的就是艺术家，有些艺术家比其他的更甚，喜欢表现出男性比女性更有力量、更优越，以及对女性必不可少的控制，这种设想主要体现

图16.8　安格尔，《大宫女》，1814年。布面油画，91×162厘米。法国，巴黎，卢浮宫。

图16.9　欧仁·德拉克鲁瓦，《躺在睡榻上的宫女》，约1825年。布面油画，38.0×46.7厘米。英国，剑桥，菲茨威廉博物馆。

在画中的视觉结构以及主题选择之上。"

诺克林还列出了几项设想，表明这些女性的弱势及被动，与男性的性需求有关。

西方艺术喜好创作斜躺裸体的传统正好说明了画作的这种特点。他们是创作给谁看，为了吸引谁的眼球？四十多年来，"男性视角"概念一直是女性主义理论的核心。1973 年电影导演劳拉·穆尔维在一篇重要文章中解释了观众的角色以及艺术、文学和电影中的视角：男性处于注视视角，女性则"处于男性支配性的凝视下，是一个被动无力的对象"。

保罗·塞尚的《现代奥林匹亚》（图 16.10）和西尔维娅·斯莱的《戈卢布斜倚照》（图 16.11）似乎直面了男性凝视这一问题，但却是以不同的方式。塞尚的作品显然在批评马奈的《奥林匹亚》，这幅创作于十年前的画，在展出时引发了不小的轰动。它们在内容上有何相似之处？区别又在哪里？值得注意的地方是，塞尚把自己画了进去——他坦白承认这就是男性凝视。

斯莱通过改变画中权力关系对此予以抨击。画家本人出现在镜像背景中，从后方临摹裸露的戈卢布。这样的作品是否会引发质疑，比如这真是女性想要画的吗？这是女性想要的凝视吗？或者，你认为这幅画的主要目的是引起我们关注艺术传统中持久的性别观念意识吗？

图 16.10　保罗·塞尚，《现代奥林匹亚》，1873—1874 年。布面油画，46.0×55.5 厘米。法国，巴黎，奥塞博物馆。

图 16.11　西尔维娅·斯莱，《戈卢布斜倚照》，1971 年。布面油画，106.7×157.5 厘米。得克萨斯州，达拉斯，私人收藏。© 西尔维娅·斯莱。

情感、情欲及幻想。他们可视作新古典主义到浪漫主义的过渡人物。

特里奥松

《阿塔拉的葬礼》（图 16.7）以浪漫主义手法描绘了由古典人物演绎的发生在美洲荒原的故事。这幅画取材于法国浪漫主义小说家夏多布里昂（1768—1848 年）的一部流行作品，讲述了一对年轻的北美洲土著男女——查塔斯和阿塔拉的悲惨故事，彼此相爱的他们，却因来自不同部落而不能相守。阿塔拉发誓守贞，她不愿违背誓言，于是选择自杀。一名戴着头巾的牧师帮助查塔斯轻轻地把阿塔拉放到墓穴；他的胳膊和身躯紧贴着她的腿，因为他实在不愿与她分开。

通过特里奥松画作中体现的理想主义，以及他刻画的线条和人物的雕塑感，还有对细节的注重，以及前景中情节叙事的条幅式布局等特点，可以感受到大卫的新古典主义手法。但此画也尽情运用了浪漫主义元素：异域、情欲、不了情以及个体的痛苦与情感。画作背景是郁郁葱葱的热带植物，特里奥松意在突显新世界，特别是路易斯安那州的荒原。画中的阿塔拉通体苍白，面容姣美，尽管佳人已逝，却更显

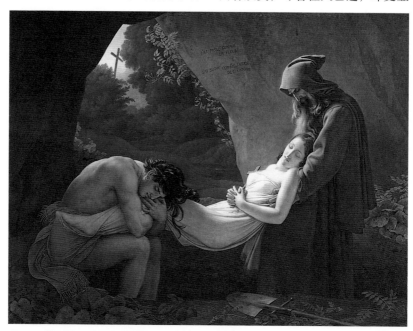

图 16.7　特里奥松，《阿塔拉的葬礼》，1808 年。布画油画，207×267 厘米。法国，巴黎，卢浮宫。画作主题是通过两个十字架作为基督教象征来突出反古典主义的本质，其中一个位于阿塔拉身后的洞穴墙壁之上，另一个则以不可思议的高度出现在洞穴外的丛林中。

娇艳，与查塔斯粗壮结实的肌肉形成鲜明对比，他那卷长的黑发从头部垂下，落在她的双腿与膝上。尽管此画更多涉及宗教、原始主义及社会习俗，但查塔斯悲痛深情的无言哀悼，仍让观众为之动容。

安格尔

深受希腊艺术启发的安格尔，则以更纯粹的新古典主义创作出了原生态作品。其作品一方面融合了线条的精确性和雕塑的流畅性，另一方面兼具精致和情欲。与大卫一样，安格尔画中的模特非常完美，画作表面质感光滑如玻璃。但和特里奥松一样，其画作主题充满异国情调，符合 19 世纪初观众的口味。他的《大宫女》（见图 16.8）尽管沿用了艺术史中传统的斜卧裸体像，但也有变化：画上不再是维纳斯，而是一名土耳其宫女。

在《大宫女》中，线条起着重要作用，刻画了女人脊柱呈现出的慵懒曲线，还有凌乱床单的褶皱。安格尔采用了风格主义手法来强调人体，把上半身和四肢画得很纤细，下半身则愈显丰满，并缩小了戴着头巾的头部。微妙的色调处理和巧妙的光泽纹理衬托出了宫女光滑的肌肤，并营造出一种丰富的感官氛围。人物侧过头来望向观众，但依然保持着性感放松的姿势，对于观众的存在泰然自若。在浪漫主义艺术中，在异域风情的背景下，爱欲是一种社会可接受的幻想形式。

对于那些仍然坚持并完善大卫的新古典主义风格的人而言，安格尔的风格是激进的（甚至堪称离经叛道）。尽管安格尔与大卫存在分歧，但他最终还是把自己当成大卫新古典主义的捍卫者，反对籍里柯和德拉克鲁瓦这类画家——与文雅的古典主义相比，后者的风格似乎更为粗俗。安格尔炮轰了浪漫主义的画作，抨击其颜色过于艳丽，笔法虚张声势，情感肆意且主题极端。

浪漫主义

18 世纪末，欧洲和北美的革命浪潮废除了大部分旧有政治秩序，对艺术产生了重大影响。很难描述浪漫主义的本质，因为这场运动更关注大方向上的态度，而不是特定风格特征。19 世纪的画家、作家和音乐家在艺术创作中有一些共同关注，比如强调个人情感的表达。对情感而非理智的注重，使艺术家利用作品去探索和剖析个人的希望与恐惧，而不是寻得普遍真理。浪漫主义钟爱奇思幻想和异国情调，艺术家得以更深入地探索自己的创造性想象力。压制理智——刻意地将理智与经验分割——蕴藏着从思想中产生怪物的风险：西班牙艺术家戈雅的蚀刻版画《理性沉睡，心魔生焉》（图16.12）中，就出现了无知（蝙蝠）和愚蠢（猫头鹰）的象征。

浪漫主义艺术通常对自然界抱有神秘的依恋之情。画家越来越喜欢描绘自然景观，作曲家与森林中树叶的沙沙声或暴风雪的嘈杂声一同奏鸣，诗人则抒发了自己与自然界融为一体的感觉。18世纪，大多

图16.12　戈雅，《理性沉睡，心魔生焉》，1797—1798年。《狂想曲》整版插图43。蚀刻版画，21.5×15.0厘米。英国，伦敦，维多利亚和阿尔伯特博物馆。这幅版画暗示，压制理智可能会释放头脑中的怪物——象征着无知（蝙蝠）和愚蠢（猫头鹰）的思想怪物。作品标题写在了学生下方的桌子上，他正趴在课本上睡觉，像不像现代的一些学生？

数艺术家为了寻求秩序和理性而转向大自然。在19世纪，艺术家着重强调大自然的不可预测性——艺术家情感的镜像。与此同时，与自然的浪漫交融表达了对以人类活动为中心的古典主义理念的排斥。

这样的态度与创造力，有时会使艺术家与大众脱节。尽管艺术家曾经服务于娱乐目的或满足政治和宗教需求，但浪漫主义艺术家的作品则可能只是为了满足自己的需求。即便如此，越来越多艺术家试图刻画自身的民族特性（如果有的话）。他们摒弃了早期通用的艺术语言，发展出一种结合了传统民间元素的地方风格，以促进（某些情况下激发）民族意识的强化以及民族独立的需求（见地图16.1）。就在一些艺术家缩回到自我创作的世界时，其他人却站在了当代社会和政治运动的前沿。

西班牙和法国的浪漫主义艺术

浪漫主义时代伊始，艺术家们开始摒弃新古典主义艺术表现出来的这种高傲、理想化、遥远的世界，取而代之的是更生动的绘画，旨在传达强烈的个人情感。而这种既不可预测也不可控制的自然描写，是浪漫主义艺术家最喜欢的主题之一，借用法国哲学家、艺术评论家、作

图 16.13 浪漫主义运动的核心特征

个人情感的抒发

肖邦，前奏曲

戈雅，《查理四世一家》（图 16.15）

歌德，《少年维特的烦恼》

自我剖析

柏辽兹，《幻想交响曲》

济慈，诗歌

惠特曼，《草叶集》

热爱奇思幻想和异国情调

帕格尼尼，音乐创作和表演

特里奥松，《阿塔拉的葬礼》（图 16.7）

德拉克鲁瓦，《萨达那帕勒斯之死》（图 16.18）

关注自然

贝多芬，《田园交响曲》

康斯太勃尔，《干草车》（图 16.20）

华兹华斯，诗歌

艾默生，《美国学者》

民族主义和政治承诺

威尔第，《纳布科》

斯美塔那，《我的祖国》

戈雅，《1808 年 5 月 3 日夜枪杀起义者》

拜伦，对希腊的支持

爱欲和永恒的女性

歌德，《浮士德》第二部

瓦格纳，《特里斯坦与伊索尔德》

地图 16.1 1848 年的欧洲

家狄德罗的话来说："震撼灵魂，烙印恐怖。"

戈雅

在戈雅（1746—1828年）的画作《1808年5月3日夜枪杀起义者》（图16.14）中，看不到任何理想化的痕迹。惊恐万分的受害者，看不到面部表情的刽子手，还有血流成河的地面，这些因素结合起来构成了让人难以忍受的场景，抗议着人类的残酷行径。戈雅的绘画属于浪漫主义流派，因为他表达了对此情景的个人感受，也因为作为一个伟大的艺术家，他让我们感同身受。

作曲家贝多芬慷慨激昂的投入，让我们确信反抗人类的不公和命运的必要性，而戈雅传递出来的紧张感促使我们去谴责战争的残忍。同时，贝多芬和戈雅都表达了对被压迫者的同情和对暴政的憎恨。在戈雅的画作中，那些手持刺刀屠戮百姓的人是拿破仑军队的士兵，这一事件发生在贝多芬因拿破仑称帝而将其名字从《英雄交响曲》划去后的第四年。

而要法国以外的艺术家们抛弃新古典主义时期的艺术语言就更容易了，他们转向了更直接的交流方式。尽管戈雅从1824年至去世一直居住在法国，但他生在西班牙，大半个职业生涯也是在那里，远离艺术生涯的主流，似乎从未对新古典主义产生兴趣。戈雅的一些早期

图16.14　戈雅，《1808年5月3日夜枪杀起义者》。布面油画，266×345厘米。西班牙，马德里，普拉多博物馆。这幅画描绘的是马德里一群市民被处决，他们曾在拿破仑军队占领期间向法国示威。西班牙政府在法国军队被驱逐后委托艺术家创作了这幅画。

图 16.15　戈雅，《查理四世一家》，1800 年。布面油画，280×336 厘米。西班牙，马德里，普拉多博物馆。这幅画对西班牙王室进行了刻薄描绘，艺术家自己在画中的形象则是静静地站在最左侧创作着。法国作家都德形容这幅画展示了"杂货店老板及其家人刚刚中了彩票一夜暴富"。

作品受到了提埃波罗（见图 15.6）的洛可可风格影响，这位艺术家在 1762—1770 年旅居西班牙，但是他内省的性情和澎湃的感情促使他去寻求更直接的表达方式。个人的苦难可能也是动因之一，因为戈雅和贝多芬一样完全失聪了。

　　1799 年，戈雅成为西班牙国王查尔斯四世的御用画师，被委任创作一系列宫廷肖像画。其中最著名的《查理四世一家》（图 16.15）有意效仿了委拉斯凯兹《宫娥》（见图 14.15）。戈雅向我们展示了皇室——国王、王后、孩子和孙辈——屈尊来访，出现在他的工作室。与前辈的杰作相比，他的作品令人震惊。乍一看，这不过是众多宫廷肖像画之一，但观者很快就能发现画中的西班牙皇室有些不对劲。画中

的这些赞助人，看上去非但不优雅高贵，反而显得傲慢、自负和愚蠢。国王和王后尤其缺乏魅力。戈雅的画与其说是写实主义，不如说带着个人态度，即便我们相信王后确实跟画中一样丑陋。戈雅表达了对宫廷生活之空洞——实际上是邪恶——的厌恶。他以宫廷肖像画为工具，模仿了最著名的宫廷肖像画之一，实际是一种蓄意的讽刺。

　　即便在担任御用画师期间，戈雅依旧对生活的黑暗面着迷不已。他的蚀刻版画《理性沉睡，心魔生焉》（图 16.12）就预示了他晚期的作品。1820—1822 年间，戈雅在自己家中的各面墙上都创作了与恐怖和绝望的梦魇世界有关的壁画。

籍里柯

　　这一时期许多法国和英国画作都展现了海洋破坏力的特有魔力，

图 16.16　籍里柯，《美杜莎之筏》，1818 年。布面油画，491×716 厘米。法国，巴黎，卢浮宫。注意这幅巨作的精心构图围绕着一条从左下角到右上角的对角线展开，右上角是一个绝望地挥动衣服的幸存者。

但表现最激烈的莫过于籍里柯的《美杜莎之筏》（图16.16）。这幅画取材于1816年西非海岸的一次船难：法国船只美杜莎号受损，船长和船员把一群阿尔及利亚移民抛在临时搭成的一只木筏上，让他们自生自灭。这幅画作被视为籍里柯争议最大和政治色彩最强的作品。与许多自由主义同侪一样，籍里柯（1791—1824年）反对法国君主专制，并借用美杜莎的悲剧唤起人们对法国政府管理不善和政治无能以及奴隶制的注意。美杜莎号惨剧成了全国性丑闻，而籍里柯通过走访被救的生还者，并去了停尸间，还原了当时的景象，作为对政府的直接控诉。这幅震撼的画作真实地还原了细节，探索了人类在极度困境和威逼下的全部情绪。大部分情节都沿着一条由一组人物构成的对角线发生，从左下角的尸体即将掉进滚滚浪潮，逐渐过渡到画面最高处：一个男人裸露着肌肉发达的上半身，挥动着衣服向远处地平线上一个细微船影呼救。这条破碎的木筏经受着狂风巨浪无情的打击；人们与大自然斗争，与同胞斗争，只为了活命。

欧仁·德拉克鲁瓦

籍里柯坠马而亡后，他的朋友及仰慕者——欧仁·德拉克鲁瓦（1798—1863年）扛起了浪漫主义事业的大旗，其名字也成了浪漫主义绘画的代名词。尽管德拉克鲁瓦许多画作的主题都包含了强烈的情感，但他本人似乎一向冷淡，寡言少语。他一生未婚，也没有长久的恋情。他的日记揭示了他是个不断受到想法和经验启发的人，但他更愿意与艺术共度一生——这是一种真正的浪漫主义。他的密友不多，作曲家肖邦算得上一个。他的肖像画（见图16.25）似乎把这位浪漫主义艺术家内省的创造性视野象征化了。

就像导师籍里柯那样，德拉克鲁瓦支持当时的自由运动。他的画作《希俄斯岛的屠杀》（图16.17）描绘了希腊独立战争中一个特别残

图16.17 欧仁·德拉克鲁瓦，《希俄斯岛的屠杀》，1824年，布画油画，419×354厘米。法国，巴黎，卢浮宫。画家描绘的不只是一个场景，而是把好几个场景结合起来，让左边人物痛苦的静态与右边纷乱的活动形成对比。

图 16.18　欧仁·德拉克鲁瓦，《萨达那帕勒斯之死》，1826 年，布画油画，368×495 厘米。法国，巴黎，卢浮宫。这幅画并不着眼于历史准确性，而是集中揭示了故事的暴力和残酷性。德拉克鲁瓦称这幅作品为"大屠杀 2 号"，对应其早期作品《希俄斯岛的屠杀》（图 16.17）。虽然这意味着艺术家有一定的疏离感，但在自由的、近乎暴力的笔触中并不缺乏能量和切身之感。

忍的事件。1824 年，诗人拜伦勋爵在支持希腊人的斗争中去世了，其时土耳其人对希腊希俄斯岛进行了大屠杀，岛上人口十不剩一。德拉克鲁瓦以此为主题创作了这幅画，旨在唤起公愤。它确实唤起了当时传统艺术家的愤慨，有的称这幅画为"绘画的屠杀"，主要是因为其对颜色的革命性运用。大卫和新古典主义画家们都是先勾勒出轮廓，然后再填充颜色，而德拉克鲁瓦则是运用颜色来勾勒轮廓。其结果就是色彩运用得更流畅。

　　拜伦的形象同样浮现在德拉克鲁瓦另一幅著名画作《萨达那帕勒斯之死》（图 16.18）中，因为此画正是基于这位诗人的一部作品创作而成。亚述王在自己的宫殿即将被米底人摧毁之际，为了不让敌人在他死后得到他的财产，命人把自己的妻妾、马匹及狗一同杀死，他们的尸体连同金银珠宝堆得乱七八糟，底部则是他为自己准备的火葬柴堆。这幅画通过适当的戏剧性来处理这一宏大而暴力的主题：前景的野蛮残暴与躺在卧榻上孤独沉思的国王形成强烈对比。但纵观整幅画作，却弥漫着一股不真实感，更像是幻想，仿佛德拉克鲁瓦想要传达的不是受害者的痛苦，而是他自己想象出来的激烈场景。

英国和德国的浪漫主义艺术

虽然浪漫主义艺术主要是一场19世纪的运动，但它始于18世纪末。

威廉·布莱克

还是孩童时，威廉·布莱克（1757—1827年）就充满属灵想象，但他绝非英国国教的信徒。相反，他对《圣经》有自己的见解，并且相信所有人都享有自由，包括女性。他的作品表明他对奴隶制以及英国

A Negro hung alive by the Ribs to a Gallows.

图 16.19　威廉·布莱克，《绞刑架上的黑奴》，1796 年，铜版画，原始配色，19.5 × 25.4 厘米。英国，伦敦，不列颠图书馆。奴隶制勾起了布莱克的怒火。

参与奴隶贩卖深恶痛绝。他的画作《绞刑架上的黑奴》（图 16.19）取材于苏里南惩罚反抗奴隶的记述，其意图不言而喻。

布莱克早年做过雕刻学徒，后来上了皇家艺术学院，在那里和捍卫新古典主义风格的创始人发生了冲突。他离开学院，做了插画家和雕刻师，并给自己的诗歌配图。

约翰·康斯太勃尔

英国画家约翰·康斯太勃尔（1776—1837 年）表达了对自然的深沉热爱。他的画作不仅体现了风景的实体之美，还表现了自然界中一些无形因素。比如，在他的画作《干草车》（图 16.20）中，我们不仅可以看到宁静的乡村景色，以及左边低矮舒适的房屋，还可以感受到光和空气涌动，云层翻滚，似乎雨滴即将落下，为乡村带来滋养。

威廉·透纳

论色彩运用，同时代的威廉·透纳（1775—1851 年）甚至比康斯太勃尔更胜一筹。从某种意义上来说，透纳精确的画作主题都显得无关紧要了。他所有的成熟作品，都用光、色彩和运动来表现宇宙万物的统一，大土、天空、火、水融为一体，看不到一丝物质世界的痕迹。《贩奴船》

图 16.20 约翰·康斯太勃尔，《干草车》，1821 年。布面油画，128×185 厘米。英国，伦敦，国家美术馆。注意康斯太勃尔的大胆用色，连德拉克鲁瓦也为之折服。

（图 16.21）这幅作品将他的技法表现得淋漓尽致。

　　与籍里柯的《美杜莎之筏》（见图 16.16）一样，透纳的《贩奴船》也取材于当时的一件社会丑闻：奴隶船的船长都有个可怕的惯例，若船上暴发了疫情，就把所有黑奴抛

图 16.21 透纳，《贩奴船》，1840 年。油画，90.8×122.6 厘米。马萨诸塞州，波士顿美术博物馆。这幅画的标题是较长的《贩奴船：奴隶贩子把死者和垂死之人丢到海里——台风来袭》的缩写。在中间下方，特纳加入了一个可怕的细节，就是仍然捆绑着奴隶的铁链，他们绝望的双手出现在水面上。

进海里。透纳对其主题只轻描淡写地带过——右下角的溺水尸体细节似乎是事后添加的，他更侧重于传达宇宙的壮观和神秘。

卡斯帕·大卫·弗里德里希

　　德国和英国的浪漫主义艺术家都非常喜欢风景画的表现力。《雾海中的漫游者》（图 16.22）是德国

图 16.22 卡斯帕·大卫·弗里德里希，《雾海中的漫游者》，1817—1818 年。布面油画，94.8×74.8 厘米。德国，汉堡市立美术馆。这幅画表达了对大自然的崇敬。

画家卡斯帕·大卫·弗里德里希（1774—1840年）最著名的作品。画家受中欧冰峰山脉的启发，在脑海中构思作图，然后在工作室中将这幅画付诸纸上。

这位漫游者登上了岩岬的顶峰，凝视着浩瀚壮观的自然奇景。他登上山巅，或许已失却前路，但见远处山峦直冲云霄。这位漫游者占据了构图的中心位置，与景色一样显眼。如果说自然被赋予了一种神力，那漫游者身上也体现了这种神力，二者互联互通。此外，我们这些观众就像是站在他身后，很可能是站在另一个悬在半空的岩岬之上。因为我们处于有利位置，我们也参与了这场美景之旅。

浪漫主义文学

浪漫主义文学席卷了欧洲，而正如我们看到的，初生的美国也出现了相应的作家。

歌德

歌德（1749—1832年）经历了文学从新古典主义转变为浪漫主义的时期。在漫长而多产的生涯中，他风格多变，让人眼花缭乱。作为第一批反对新古典主义的作家，歌德创作了诗歌和散文来表达最汹涌澎湃的情绪。然而他一直按照新古典主义的清晰和平衡原则进行创作，同时在作品中运用深刻难懂的象征主义手法，直至最后的岁月。

尽管浪漫主义风格只是歌德作品中的一脉，其重要性却不可抹杀。歌德年轻时先后在莱比锡大学和斯特拉斯堡大学修习法律。1770年，他便已能够即兴创作抒情诗。1773年，他被公认为文学运动"狂飙突进运动"的领袖。这场德国浪漫主义的示威运动旨在反对新古典主义结构形式和通则，强调独创性、想象力和情感抒发。它的主题是自然原始的情感，并向既定权威表示抗议。尽管狂飙突进运动起初是针对文学，但对其他领域也产生了影响。例如，某种程度上，这场运动也是贝多芬形成热烈风格的灵感来源。

歌德在这一时期的作品《少年维特之烦恼》（1774年）将他的写作生涯推向高潮。小说描述了一个充满理想的年轻人是如何对生活感到越来越失望和沮丧，他还爱上了一位幸福的已婚妇女却求而不得，最后拿起手枪结束了自己的生命。除了最后一幕，小说中所有情节都是自传式的。但歌德并没有选择维特一样的结局，他离开家乡，并把亲身经历写了下来。这本小说使他名扬海外，并毫无意外地成为浪漫主义运动的重要之作。年轻人开始模仿主人公维特的穿着（蓝色夹克、黄色裤子），甚至是举动，这种戏剧性案例令人感到惋惜，但也说明了歌德文字的强大感染力。

到 18 世纪末 19 世纪初，歌德的写作范围更加广泛。他创作的戏剧，如古典戏剧《在陶里斯的伊菲格尼亚》，表达了对纯真人性的信仰，还有情绪激昂的作品如《哀格蒙特》，则是受到"人的生命受制于邪恶力量"这一观念启发。歌德最广为人知的作品可能就是《浮士德》，他在 18、19 世纪之交便开始创作这部作品，历时多年才完成。第一部出版于 1808 年，第二部则在 1832 年完成，歌德也于不久后离世。

浮士德博士与魔鬼签订协议这个主题，早有其他文学作品涉猎，著名的有克里斯托弗·马洛的戏剧。这一主题的神秘怪诞，无疑能引起浪漫主义的注意。这部剧以靡菲斯特与上帝打赌开场，就像《约伯记》中撒旦挑战上帝。据《约伯记》记载，魔鬼夺走了约伯的牲畜，杀死了他的孩子，还让他长毒疮，只为试探他对上帝的真心。在歌德的《浮士德》中，靡菲斯特打赌他能够通过给浮士德提供知识和世间欢愉，诱惑浮士德走上邪道。

在第一部（1808 年）中，纯洁天真的玛格丽特（昵称"格雷琴"）精神错乱后被处死。格雷琴是浮士德对人生体验和知识的欲望的主要受害者；他无情地让靡菲斯特帮他引诱格雷琴，然后在满足欲望后将她抛弃。后来她发疯了。她被指控杀害了与浮士德所生的孩子，并被判死刑。在格雷琴被处死后，天上传来她被赦免的歌声，但这一写作手法只是为了平息读者的沮丧情绪，并没有减轻主角的罪行。在预示了这将以悲剧收场之时，浮士德意识到是他的追求导致了这场悲剧——但即便在这种时刻，他关注的也只是自己的苦难。

阅读材料 16.3　歌德

摘自《浮士德》第一部，"夜"，266-274 行（1808 年）

　　我是神祇的肖像，自以为同永恒真理之镜十分相近，在天辉与澄明之中自得其乐，已将肉眼凡胎蜕尽；我是一个超天使，曾经预感不祥地让自己的自由力量流过自然的脉络，希图在创造中享受诸神的生活，到头来不得不自食其果！一声雷霆般的呵斥把我扫到了犄角。

[译注] 引自歌德，《浮士德》，绿原译，人民文学出版社，2015。下引均为此本。

在也许是《浮士德》最富诗意的一段话中，格雷琴为浮士德的才识倾倒，问他是否相信上帝。他的回应是浪漫主义的：神——不论人们如何称呼——之显现，就在于"升到天上"而不是坠到地上（自然）的永恒星辰，在于凝视爱人的眼睛，在于欢欣和幸福（热情）。所有这些，浮士德都没有具象化，这是一种体验，而不是名称："名称不过是回声，是笼罩天火的烟雾。"

阅读材料 16.4　歌德

摘自《浮士德》第一部，"玛尔特的花园"，3089—3115 行（1808 年）

谁敢提他的名字？谁又敢承认，我相信他？谁感觉到，并且敢说：我不相信他？那无所不包者，无所不养者，不正是包含着又养活着你、我、他？天空不正是形成穹隆于上，大地不正是坚固地静卧于下？永恒的星辰不正是亲切回顾地升到天上？我不正是眼睛对眼睛地凝望着你，万物不正是拥向了你的头脑和心，并在永恒的秘密中或隐或显地活动于你身旁？用这一切充满你的心吧，尽管它是那么庞大，如果你完全陶醉于这种感情，你愿意怎么叫，就怎么叫它。管它叫幸福！叫心！叫爱！叫上帝！就这样称呼。我还没有给它起过名称！感情就是一切；名称不过是回声，是笼罩天火的烟雾。

《浮士德》第二部则截然不同，主题是浮士德与魔鬼签订契约，正是西方文化命运的象征。不断发展的西方文明及对新体验的渴望，必然会引发错误和痛苦；然而，这也是我们内在神圣火光的产物，能保证我们最终得到救赎。歌德确定了能带来救赎的人，也树立了浪漫主义的另一重要主题：永恒的女性。格雷琴神圣的爱最终引导浮士德走向救赎。

浪漫派诗歌

华兹华斯（1770—1850 年）和柯勒律治（1772—1834 年）常被誉为英国诗歌浪漫主义运动的发起人。他们在 1795 年相识相交，共同发表《抒情歌谣集》，其中收录了浪漫主义运动的一首重要作品，柯勒律治的《老水手谣》。华兹华斯在其评论性诗歌中描述了其目标和理想。他有意探寻诗歌的新形式，这种形式更倾向于描述直觉和情感，而非理性，背景是乡村或田园环境，而非城市。从华兹华斯的作品可以看出，这场浪漫主义运动也使用了更通俗的语言。华兹华斯强调格律的价值，这正是区分诗歌和散文的一大特征。浪漫主义诗歌也渴望去感受突如其来和瞬间爆发的激情，但包括华兹华斯在内的浪漫主义诗人都意识到，纯粹的情感必须经过思想雕琢才能形成诗歌。对华兹华斯来说，诗人拥有特殊天赋，他们"被赋予更敏锐的感性，更热情温和，对人类本性有着丰富的认识，灵魂比普通人更有悟性"。他在《抒情歌谣集》序言中叙述了对浪漫主义诗歌的观点。他解释了利用"乡野村夫"的语言创作诗歌的原则，还尖刻评论道，诗人也需要采用"已真真切切地从看上去是其真正缺陷之物中提纯"的口语化语言。

阅读材料 16.5 华兹华斯

摘自《抒情歌谣集》序言（1800 年）

这些诗的主要目的，是从日常生活里选择事件和情节，并自始至终竭力采用人们真正使用的语言来加以述或描写，同时为这些事件和情节添上想象色彩，使日常生活在不平常的状态下呈现在心灵面前；最重要的是，为了让这些事件和情节吸引人，应该通过真实地而非虚浮地在其中探索我们的自然的主要规律——主要关乎我们如何在一种振奋状态使诸观念联结的方式。我通常都选择谦逊质朴的田园生活作题材，因为在这种生活里，人们心中主要的热情找着了更好的土壤，能够渐趋成熟，少受拘束，并且说出一种更纯朴和有力的语言；因为在这种生活里，我们的各种基本情感共存于一种更单纯的状态之下，因此能让我们更确切地对它们加以思考，更有力地把它们表现出来；因为田园生活的各种习俗是从这些基本情感萌芽的，并且由于田园工作的必要性，这些习俗更容易为人了解，也更持久；最后，因为在这种生活里，人们的热情是与自然的美好永恒形式合二为一的，我又采用这些人所使用的语言（已真真切切地从看上去是其真正缺陷之物中提纯，从一切引发反感和厌恶的挥之不去的理性因素中提纯）。

19 世纪上半叶的英国浪漫主义诗歌仍是英国文学史上的高峰。它触及了那个时代的几个主题特点。华兹华斯对乡村的热爱引领着他去探索人类和自然世界的关系；雪莱和乔治·戈登（即拜伦勋爵）探索了万物更具激情甚至魔力的方面；约翰·济慈则抒发了自己对艺术、生命和死亡这类永恒问题的感受。

威廉·布莱克

有些作家有着"双重天赋"，他们在文学和视觉艺术领域都颇有建树。纵观浪漫主义诗人，爱伦·坡和威廉·布莱克都是个中典范。爱伦·坡创作了钢笔画，布莱克则会给自己的诗歌集配插画，其中就有《天真与经验之歌》。

《天真之歌》发表于 1789 年，共 19 首诗，《羔羊》是其中一首；《老虎》出其 1794 年发表的诗集《经验之歌》，是最广为传诵的英语诗歌之一。尽管《羔羊》是一首儿童诗歌，诗句重复，节奏韵律简单，但随着诗歌的推进，其影射和暗示的意味也愈发复杂。布莱克在他的第一首田园诗开头向一只小羊羔问了一些它无法回答的问题。当然，这个问题采用的是修辞手法，目的是引导读者对第二节中更深远和重要的内容进行深思。在诗的这一部分，羔羊暗指耶稣基督，源自《圣经》中"上帝的羔羊"（《新约》中对基督的称呼，因其牺牲而得名）。耶稣嘱咐信徒要顺服温和，面对邪恶之人不予回击，而是"连左脸也转过来由他打"。羔羊象征着纯洁和天真。

阅读材料 16.6 威廉·布莱克

《羔羊》，选自《天真之歌》（1789 年）

小羔羊谁创造了你
你可知道谁创造了你
给你生命，哺育着你
在溪流旁，在青草地；
给你穿上好看的衣裳，
最软的衣裳毛茸茸多漂亮；
给你这样温柔的声音，
让所有的山谷都开心；
小羔羊谁创造了你，
你可知道谁创造了你；

小羔羊我要告诉你，
小羔羊我要告诉你；
他的名字跟你的一样，
他也称他自己是羔羊：
他又温顺又和蔼，
他变成了一个小小孩，
我是个小孩你是羔羊，
咱俩的名字跟他一样。
小羔羊上帝保佑你。
小羔羊上帝保佑你。

［译注］引自威廉·布莱克，《天真与经验之歌》，杨苡译，译林出版社，2015。下引均为此本。

《老虎》可视作《小羔羊》的对立面，就像经验是天真的对立

面。布莱克在《老虎》中也作了提问，但是这里的问题贯穿全诗，最终却未得解答。这首诗可视作布莱克对神之双重性质和善恶关系的评论，或至少是他表达宗教和哲学问题的方式。你能想象吗，上帝在创造温顺羔羊的同时，也有心有力将暴力灌输在老虎身上？上帝是否也将善与恶同时赋予人类？《老虎》（图 16.23）这首插图诗以跳动的节奏、精彩的想象，以及对这一人们熟悉的丛林动物的语言和视觉描绘不一致，让人满心疑惑。布莱克画的是一只温顺、大眼睛、微笑着

图 16.23 **威廉·布莱克，《老虎》，1794 年。出自《经验之歌》。浮雕蚀刻水彩版画，12.1 × 18.4厘米。私人收藏。**这首诗表明布莱克深切意识到老虎潜在的凶残本性，让我们不禁好奇为什么他在蚀刻版画中却把老虎描绘为一种相当温顺友善的动物。

的猫科动物，镶嵌在精致的装饰框上，与诗中"惊人的匀称"、"惊人的握力"以及"拧成你心胸的肌肉"等描述矛盾。对这种故意为之的视觉和文字反差，一种解释就是，"造成"老虎"惊人的匀称"的"不朽的手或眼睛"，符合仁慈上帝的意图。

阅读材料 16.7　威廉·布莱克

《老虎》，选自《经验之歌》（1794 年）

小老虎，老虎，你炽烈地发光，
照得夜晚的森林灿烂辉煌；
是什么样不朽的手或眼睛
能把你一身惊人的匀称造成？

在什么样遥远的海底或天边，
燃烧起你眼睛中的火焰？
凭借什么样的翅膀他敢于凌空？
什么样的手竟敢携取这个火种？

什么样的技巧，什么样的肩肘
竟能拧成你心胸的肌肉？
而当你的心开始了蹦跳，
什么样惊人的手、惊人的脚？

什么样的铁锤？什么样的铁链？
什么样的熔炉将你的头脑熔炼？
什么样的铁砧？什么样惊人的握力，
竟敢死死地抓住这些可怕的东西？

当星星射下它们的万道光辉
又在天空上洒遍了点点珠泪，
看见他的杰作他可曾微笑？
不就是他造了你，一如他曾造过羊羔？

老虎，老虎，你炽烈地发光，
照得夜晚的森林灿烂辉煌：
是什么样的不朽的手或眼睛
能把你一身惊人的匀称造成？

威廉·华兹华斯

虽然华兹华斯的诗歌充满了美丽的自然景象，但是他的人生却历经了辛酸。他的双亲在他小时候就去世了。尽管他设法完成了在剑桥大学圣约翰学院的学业，但他和四个兄弟姐妹都生活拮据。华兹华斯反对矫揉造作和固定格式，一心让诗歌简单易懂。他的诗歌以人与自然的关系为主题，对此的探索，需要通过冷静回顾过往经历以产生强烈的情感反应——这就是他著名的主张，即"平静中回忆起来的情感"。

以下摘自《丁登寺旁》（见图16.24）的诗句揭示了人与自然的关

图 16.24　威廉·透纳，《丁登寺旁》，1794 年。水彩画，32.2×25.1 厘米。英国，伦敦，维多利亚和阿尔伯特博物馆。这幅小型水彩画怀恋地诉说了我们或许在梦中寻见的共同过去。人类的努力无论多么美丽壮观，都是易逝的。

系。诗歌描述了诗人重返五年前到过的故地的感触。在 1-22 行描写风景之后，诗人从记忆深处回想起这几年的欢乐时光。这反过来让他想起生活中流逝的时光，以及随处可见的自然之美的重要性。最后一节诗道明了对自然的热爱如何启发他与其他人（即他挚爱的姐妹）的关系。

阅读材料 16.8　华兹华斯

摘自《丁登寺旁》(1798 年)，1-22 行

五年过去了，五个夏天，加上
长长的五个冬天！我终于又听见
这水声，这从高山滚流而下的泉水，
带着柔和的内河的潺潺。
——我又一次
看到这些陡峭挺拔的山峰，
这里已经是幽静的野地，
它们却使人感到更加清幽，
把眼前景物一直挂上宁静的高天。
这个日子又来到了，我能再一次站在这里，
傍着这棵苍翠的槭树，俯览脚下
各处村舍的园地，种满果树的山坡，
由于季节未到，果子未结，
只见果树一片葱绿，
隐没在灌木和树林之中。我又一次
看到了树篱，也许称不上篱，
而是一行行活泼顽皮的小树精；
看到了田园的绿色，一直绿到家门；
一片沉寂的树林里升起了袅袅炊烟，
烟的来处难定，或许是
林中有无家的流浪者在走动，
或许是有隐士住在山洞里，现在正
独坐火旁。

[译注] 引自王佐良编译，《英国诗选》，前揭。

下面这首小诗也表达了诗人与大自然的关系，留下了传世名句"儿童是成人之父"。

阅读材料 16.9　威廉·华兹华斯

《我心雀跃》(1802 年)

当天边彩虹映入眼帘，
我心为之雀跃；
初生时即如此，
我现在仍不变，
将来也会如此，
否则我宁愿死去！
儿童是成人之父；
愿自然虔诚的意念
将我生涯的每个日子连串起来。

[译注] 引自齐晓燕编著，《英诗的美学探究》，北京：中国传媒大学出版社，2008。

柯勒律治

柯勒律治出生在一个乡村牧师的家庭，是十四个孩子中的老幺。他曾就读于剑桥大学基督学院，但还没毕业就离校了。为了逃离世俗生活，他加入了骑兵团，但比起骑马，他发现自己更适合打扫马厩和帮战友们写情书。

1795 年，柯勒律治结识了华兹华斯，自此双方作品互受影响。虽然我们通常把《抒情歌谣集》视作华兹华斯的作品，因为他在 1800 年这部诗集再版时写了序言，但整部歌谣集中有三分之一是柯勒律治的作品，其中就包括《老水手谣》。

《老水手谣》中的老水手显然注定要无休止地把自己的风霜往事告诉那些愿意倾听的人。简单说来，老水手的船被困在了如桅杆一般高耸的浮冰之中动弹不得，直到一只信天翁飞来，冰融化了，化成浓雾。老水手无来由地用弩弓射杀了这只信天翁，由此引发祸端，同伴全数身亡。老水手为了忏悔自己的罪行，就把信天翁绕挂在自己脖子上。然而船只迷失了方向，老水手开始诅咒水蛇和其他自然生物。最终，尽管老水手渴得要命，他却突然好像顿悟到了，意识到了水蛇的美。信天翁从他的脖子上掉落，而撒拉弗——有翼天使——带领这艘船驶向港口。

下面是《老水手谣》的第一部分，描述突变的天气、冰雪以及即将出场的信天翁。

阅读材料 16.10　柯勒律治

摘自《老水手谣》（1797 年）第一部分，51-66 行

随后又遇到浓雾飞雪，
天气变得奇冷；
齐桅高的冰山飘浮过来，
翡翠般碧绿晶莹。
"积雪的冰山透过雪雾，
射出惨淡的光芒。
看不到人影，看不到兽迹，
一片冰雪苍茫。
冰雪连天，到处响着可怕的声音，四顾不见人影兽迹。

这里是冰，那里是冰，
到处是冰墙重重。
崩裂、咆哮、吼鸣、嚎啸，
真个是震耳欲聋。
最后有只海鸟信天翁，
穿过迷雾飞来；
我们像欢迎基督的信徒，
以上帝的名义喝彩。

[译注] 引自王佐良编译，《英国诗选》，前揭。下引均为此本。

虽然信天翁的出现将船员们从冰山解救出来，但老水手却将它射杀。起初老水手的同伴们非常愤怒，因为他们觉得是这只鸟把风引来，将他们从冰山中救出，但随即他们又称赞老水手的行为，认为是这只鸟引来大雾困住他们。在第二部分，也许因为船员们改变了心态，这艘船再次困于海中。船员们已经没有饮用水，老水手还发现水面有"黏滑"生物浮动。你可能注意到有几句诗重复出现："好像是纸画的船儿，停留在纸画的海中"；"海水，海水，四面是海水，却没有一滴可喝"。

阅读材料 16.11　柯勒律治

摘自《老水手谣》（1797 年）第二部分，115-126 行

日复一日，天复一天，
我们困住，风不吹，船也不动，
死呆呆，好像是纸画的船儿，
停留在纸画的海中。
海水，海水，四面是海水，

而船板却在干缩；
海水，海水，四面是海水，
却没有一滴可喝。
开始为信天翁复仇了。
啊，基督，大海在腐朽，
为复仇竟变成这样！
黏滑的海生物用脚爬行，
来到这黏滑的海上。

最后，除了老水手，其他船员都死了，而他显然是因为认识到了生物之美而幸免于难。这首诗传达的信息之一，似乎就是人类要珍惜神所创造的天地万物，也就是自然，并守护它们。信天翁的象征意义曾引发争论。这种鸟既可代表好运，也可代表厄运。俚语 wearing an albatross around one's neck 的字面意思是"把信天翁挂在脖子上"，这句话可以解读为承受负担或者正在赎罪，或两者皆有。不管怎么样，这个故事都阐明了浪漫主义的主题，即人类在庄严的大自然面前是多么无力。

乔治·戈登·拜伦勋爵

华兹华斯"平静中回忆起来的情感"的主张与拜伦勋爵（1788—1824 年）的诗歌形成了强烈的对比，后者无论在生活中还是工作中，都是喜怒无常，行为激情奔放。拜伦天生跛足，但他坚持锻炼，并成为游泳冠军。卡洛琳·兰姆夫人是一名惨遭他抛弃的女子，她曾在日记中形容他"疯狂、邪恶、危险"。在作出这番评价之后不久，他们就展开了一段激情四射的婚外恋。

拜伦的大部分时间都在欧洲各国游历，他也因此成了特立独行、居无定所、饱受磨难的浪漫主义英雄的活的象征，还衍生出了"拜伦式英雄"一词。他大多数张扬的行为显然都是有意为之，故意让人产生这种印象，但他一定是有着非常突出的品格，才会让歌德这样的杰出人物都称赞他"品格突出，举世无双，再无来者"。拜伦全身心地投入到自由战争中，比如他参加了希腊反抗奥斯曼帝国的独立战争，最后在一次希腊军事任务中不幸离世。

抒情诗歌《她走在美的光彩中》是拜伦最受欢迎的诗歌之一。此诗的格律是四步抑扬格（四个音步，每个音步是轻音节伴着重音节）。三个诗节的韵律都很简单：ABABAB。这首诗的头韵（指两个单词或两个单词以上的发音相同的首个字母）可以拿来作为诗法理论教学案例，如 cloudless climes[皎洁无云]、starry skies[繁星漫天] 以及 gaudy day denies[耀目的白天只嫌]。

阅读材料 16.12 拜伦勋爵

《她走在美的光彩中》（1814 年）
她走在美的光彩中，像夜晚
皎洁无云而且繁星漫天；
明与暗的最美妙的色泽
在她的仪容和秋波里呈现：
耀目的白天只嫌光太强，
它比那光亮柔和而幽暗。

增加或减少一份明与暗
就会损害这难言的美。
美波动在她乌黑的发上，
或者散布淡淡的光辉
在那脸庞，恬静的思绪
指明它的来处纯洁而珍贵。

呵，那额际，那鲜艳的面颊，
如此温和，平静，而又脉脉含情，
那迷人的微笑，那容颜的光彩，
都在说明一个善良的生命：
她的头脑安于世间的一切，
她的心充溢着真纯的爱情！

[译注] 引自拜伦，《拜伦诗选》，查良铮译，
上海：上海译文出版社，1982。

《恰尔德·哈洛尔德游记》则
是一部更成熟的作品，拜伦耗时多
年才完成，其间还多次增减和修改。
下面这一段讲述了诗人与死亡的斗
争，以及对留名青史——成为"拜
伦式英雄"——的渴望。

阅读材料 16.13 拜伦勋爵

《恰尔德·哈洛尔德游记》（1812—1818
年），第 4 章，137 节
然而我生活过来了，也并不算空虚；
为了征服痛苦，也许我的心灵会衰落，

我的热血会冷却，我的躯体会死去，
但是在我的身内确乎有着一种素质，
能战胜磨难和时光，我死而它犹存活。
这是他们所不知道的非人世的东西，
像一张无声的琴留在记忆中的音乐，
将要沉到他们软化了的精神的深底，
打动冷酷的心为我的爱而伤悼，虽然
后悔莫及。

[译注] 引自拜伦，《恰尔德·哈洛尔德游记》，
杨熙龄译，上海：上海译文出版社，1990。
下引均为此本，略有改动。

评论家指出，《恰尔德·哈洛
尔德游记》中类似的诗节都能单独
成文，独立而突出，就像在一出歌
剧当中的音乐或咏叹调那样。下面
这一节，拜伦想象自己身处一场角
斗士竞赛，描写非常生动。

阅读材料 16.14 拜伦勋爵

《恰尔德·哈洛尔德游记》（1812—1818
年），第 4 章，140 节
我看到一个角斗士倒在我的面前，
他一手撑在地上——他熬住了痛苦，
显得视死如归，他那英勇的脸；
他垂着的头渐渐、渐渐地倒下去；
从他肋下鲜红的大创口，缓缓溢出
最后的血液，重重地一滴滴往下掉，
像大雷雨的最初时刻的大颗的雨珠；
然后整个角斗场像在他的周围晃摇，
他死了，灭绝人性的喊声还在向得胜
的家伙叫好！

雪莱

与拜伦一样，雪莱（1792—

1822 年）文思泉涌的生涯大部分在意大利度过。他一生命途多舛。在因为无神论观点而被牛津大学开除后，他决定投身无政府事业，并与无政府主义的主要哲学倡导者之一玛丽·沃斯通克拉夫特的女儿私奔，引发了社会丑闻。雪莱本就身体欠佳，再加上作品受到抨击，于是陷入悲观痛苦，直至溺水身亡。

雪莱才华横溢，却性情焦躁，这使他创作出一种结合了极端情感（从欣喜若狂到失望透顶）的诗歌。他相信人类有可能变得完美，这一理念在他杰出的作品《解放了的普罗米修斯》（1820 年）中得以体现，他认为人类相亲相爱就是救赎之方。不过他最易读的作品可能是抒情短诗，他抓住了人类刹那间的情感，并通过诗意的想象力表现了出来。

下面这首十四行诗名为《奥西曼提斯》（非凡的埃及法老拉美西斯二世的希腊名）。雪莱用残破雕像象征人类成就的倏忽无常。

阅读材料 16.15　雪莱

《奥西曼提斯》（1818 年）

客自海外归，曾见沙漠古国
有石像半毁，唯余巨腿
蹲立沙砾间。像头旁落，
半遭沙埋，但人面依然可畏，
那冷笑，那发号施令的高傲，
足见雕匠看透了主人的心，

才把那石头刻得神情唯肖，
而刻像的手和像主的心
早成灰烬。像座上大字在目：
"吾乃万王之王是也，
盖世功业，敢叫天公折服！"
此外无一物，但见废墟周围，
寂寞平沙空莽莽，
伸向荒凉的四方。

[译注]引自王佐良编译，《英国诗选》，前揭。

下面是《阿童尼》的最后一节，这是一首献给济慈的挽诗。雪莱在 1821 年 4 月得知济慈去世的消息，于 7 月发表了《阿童尼》。这首诗也流露出了雪莱对于自己也会离世的隐忧。在暗喻句"我的精神之舟飘摇 / 远远离开海岸"，诗人想象着茫茫大海终将会带走自己的生命。

阅读材料 16.16　雪莱

《阿童尼》（1821 年），55 节，487-495 行
我用诗歌所呼唤的宇宙之灵气？
降临到我了；我的精神之舟飘摇，
远远离开海岸，离开胆小的人群——
试问：他们的船怎敢去迎受风暴？
我看见庞大的陆地和天空分裂了！
我在暗黑中，恐惧地，远远飘流；
而这时，阿童尼的灵魂，灿烂地
穿射过天庭的内幕，明如星斗，
正从那不朽之灵的居处向我招手。
（查良铮译文）

约翰·济慈

约翰·济慈（1795—1821 年）

是一位有着罕见哀伤和敏感性的诗人，他一生都笼罩在苦恋和因痨病而早逝的阴影中。在审视其作品时，我们不禁会疑惑，因为他的主要诗歌几乎都是 23 至 24 岁这一年间创作的。特别是在他的颂歌（表达强烈情感的抒情诗歌）中，他既传达了人类存在的光辉和悲剧，又近乎憧憬着死亡的安宁。

住在伦敦汉普斯特德期间，济慈写了《夜莺颂》。好友查尔斯·布朗记录下了这首诗歌的由来：

> 1819 年春，一只夜莺在我家附近筑了个巢。夜莺的歌声使济慈感到平和与愉悦；一天清晨，他把餐桌旁的椅子挪到李子树下的草地上，一连坐了两

三个小时。他进屋时，我发现他手里拿着几页纸。

夜莺的歌声给予他灵感去深思人生经历的本质。它代表一种人类无法抓住的永恒美好。感性的意象、强烈的情感和流动的节奏结合，产生了一种奇妙效果。然而，诗的开头却弥漫着忧伤，因为 24 岁的济慈正沉溺于痛苦。在他冥想时，这首不朽的诗歌抚慰了他，给他安慰和释怀，他接受了自己悲惨的命运。不到两年后，他便溘然长逝。

浪漫主义小说

19 世纪，随着欧洲和美国民众读写能力提升，普通教育水平提高，引发了他们对娱乐和指引的渴望。

阅读材料 16.17　约翰·济慈
《夜莺颂》（1819 年）

一

我的心在痛，困盹和麻木
刺进了感官，有如饮过毒鸩，
又像是刚刚把鸦片吞服，
于是向着列斯忘川下沉：
并不是我嫉妒你的好运，
而是你的快乐使我太欢欣——
因为在林间嘹亮的天地里，
你啊，轻翅的仙灵，
你躲进山毛榉的葱绿和荫影，
放开了歌喉，歌唱着夏季。

二

唉，要是有一口酒！那冷藏
在地下多年的清醇饮料，

一尝就令人想起绿色之邦，
想起花神，恋歌，阳光和舞蹈！
要是有一杯南国的温暖
充满了鲜红的灵感之泉，
杯沿明灭着珍珠的泡沫，
给嘴唇染上紫斑；
哦，我要一饮而悄然离开尘寰，
和你同去幽暗的林中隐没：

三

远远地、远远隐没，让我忘掉
你在树叶间从不知道的一切，
忘记这疲劳、热病、和焦躁，
这使人对坐而悲叹的世界；
在这里，青春苍白、削瘦、死亡，
而"瘫痪"有几根白发在摇摆；
在这里，稍一思索就充满了

忧伤和灰眼的绝望，
而"美"保持不住明眸的光彩，
新生的爱情活不到明天就枯凋。

四

去吧！去吧！我要朝你飞去，
不用和酒神坐文豹的车驾，
我要展开诗歌的无形羽翼，
尽管这头脑已经困顿、疲乏；
去了！啊，我已经和你同往！
夜这般温柔，月后正登上宝座，
周围是侍卫她的一群星星；
但这儿却不甚明亮，
除了有一线天光，被微风带过
葱绿的幽暗，和苔藓的曲径。

五

我看不出是哪种花草在脚旁，
什么清香的花挂在树枝上；
在温馨的幽暗里，我只能猜想
这个时令该把哪种芬芳
赋予这果树、林莽，和草丛，
这白枳花，和田野的玫瑰，
这绿叶堆中易谢的紫罗兰，
还有五月中旬的骄宠，
这缀满了露酒的麝香蔷薇，
它成了夏夜蚊蚋的嗡营的港湾。

六

我在黑暗里倾听；啊，多少次
我几乎爱上了静谧的死亡，
我在诗思里用尽了好的言辞，

求他把我的一息散入空茫，
而现在，哦，死更是多么富丽：
在午夜里溘然魂离人间，
当你正倾泻着你的心怀
发出这般的狂喜！
你仍将歌唱，但我却不再听见——
你的葬歌只能唱给泥草一块。

七

永生的鸟啊，你不会死去！
饥饿的世代无法将你蹂躏；
今夜，我偶然听到的歌曲
曾使古代的帝王和村夫喜悦，
或许这同样的歌也曾激荡
露丝忧郁的心，使她不禁落泪，
站在异邦的谷田里想家；
就是这声音常常
在失掉了的仙域里引动窗扉：
一个美女望着大海险恶的浪花。

八

啊，失掉了！这句话好比一声钟
使我猛省到我站脚的地方！
别了！幻想，这骗人的妖童，
不能老耍弄它盛传的伎俩。
别了！别了！你怨诉的歌声
流过草坪，越过幽静的溪水，
溜上山坡；而此时，它正深深
埋在附近的溪谷中：
噫，这是个幻觉，还是梦寐？
那歌声去了：——我是睡？是醒？

[译注] 引自王佐良编译，《英国诗选》，前揭。

像狄更斯和托尔斯泰这些作家能够大获成功，很大程度上就是因为他们的小说兼具娱乐与说教意义。所以 19 世纪的一个特殊现象就是，最优秀的小说作品能在当时就受到追捧。这类富有人性和见解的优秀小说也吸引了现代读者。

19 世纪的小说不仅诞生于浪漫主义和现实主义运动，还出自两位英国女作家之手，她们的影响力横跨了两个世纪，并经久不衰。我们说的正是简·奥斯汀和玛丽·雪莱。

简·奥斯汀

"有钱的单身汉总要娶位太太，这是一条举世公认的真理。"这是史上最受欢迎和追捧的小说之一《傲慢与偏见》的开头。当然，这句话显然不是什么真理，尽管简·奥斯汀（1775—1817 年）笔下很多人物甚至同时代的爱情小说都如此认为。但奥斯汀诙谐的作品中蕴含诸多魅力：《诺桑觉寺》（1798—1799 年）、《理智与情感》（1811 年）、《傲慢与偏见》（1811—1812 年）、《曼斯菲尔德庄园》（1814 年）、《爱玛》（1814—1815 年）及《劝导》（1815—1816 年）。如今，这些作品不仅被广泛阅读，还不断被拍成电影。表面看来，她的小说讲的是礼仪和穿着。若是这样，它们可能就要被归入乔治·艾略特所谓"女性小说家的愚蠢之作"行列了。但深入挖掘，这些作品是在讽刺英国人择偶策略的衍变，它们当然未必符合卫道士的胃口。奥斯汀和玛丽·沃斯通克拉夫特一样，都对所谓"女性易受情感的波动，反复无常"这种观点嗤之以鼻。虽然奥斯汀的小说很受欢迎，她自己却过着深居简出的生活。她的父亲是圣公会牧师，育有

八子。虽然 19 世纪的主要小说家基本都延续浪漫主义或现实主义传统，但奥斯汀却自成一派。1816 年，即她病逝的前一年，她在《根据各方面的提示，策划一部小说》这封信中，讥讽了一位英国女性所期望的完美小说。

阅读材料 16.18　简·奥斯汀

节选自《根据各方面的提示，策划一部小说》（1816 年）

场景设置在乡村，女主人公是一个牧师的女儿，牧师劳碌一生，在挣得副牧师一职后，安稳退休，有一笔小小家产。他是所能想象的最完美的男人，性格、脾气、举止都堪称完美，没有缺点或怪癖，一如既往地是女儿们最佳伴侣。女主人公，一个无可挑剔的人物，温柔感性，几近完美，还满腹诗书——多才多艺，通晓现代语言，（一般来说）最杰出的年轻女性学习的一切她都有涉猎，尤其擅长音乐，这是她最大的爱好，钢琴和竖琴弹得一样好，歌声美妙。她长得相当漂亮——黝黑的眼睛，丰满的脸颊。本书开头就营造了一种严肃的语调，描述了父女俩的谈话。

……

从这开始，故事将展开一段动人心魄的冒险之旅。

玛丽·雪莱

雪莱写下了《莱昂和西丝娜》献给自己年轻的妻子：

人们说你天生佳人，

享有盛名的父母，怀有抱负的孩子。

"怀有抱负的孩子"指的就是玛丽·沃斯通克拉夫特·戈德温，她的父亲威廉·戈德温是一位自由主义倾向、支持自由恋爱的哲学家，母亲是写下了《女权辩护》的玛丽·沃斯通克拉夫特。雪莱是威廉·戈德温哲学的拥护者，他21岁时在伦敦于戈德温家中遇见了16岁的玛丽。两人迅速坠入爱河，并辗转私奔到法国、瑞士、德国。那时玛丽·雪莱可能想不到她会写出有史以来最知名的哥特式小说——一种兼具浪漫主义元素和恐怖故事的流派。与其他浪漫主义小说一样，哥特式小说同样着眼于人与自然的关系，但在其中自然发生了异变，比如在雪莱的小说中就是滥用了自然的力量：一位科学家创造了一个怪物，试图与神较量并征服自然。

1816年，雪莱夫妇开启了又一次欧洲之旅，并参加了在瑞士日内瓦的一次天才作家聚会，诗人拜伦和他的朋友约翰·威廉·波里道利也参加了这次活动。大家尽情地交流着故事与幻想，还举行了一场鬼故事比赛，他们的创意源源不断地在夜晚黑色的湖面上涌出。

玛丽·雪莱在自己的传世小说《弗兰肯斯坦》（又名《现代普罗米修斯的故事》，1818年）的前言中记叙了自己在这场比赛中讲的故事。为什么说是"现代普罗米修斯"呢？在希腊神话中，泰坦神族普罗米修斯从万神之神宙斯那里偷盗火种给人类。他受到的惩罚是被绑在岩石上，一只鹰每天都会去啄食他的肝脏，被吃掉的肝脏随即又长出来，让他日复一日受折磨。而小说中的弗兰肯斯坦博士从神那里窃取了创造生命的力量，最终自尝苦果。

弗兰肯斯坦发现自己创造出来的生命是一个怪物，于是将他抛弃，由此引发了无尽的悲剧。怪物杀害了弗兰肯斯坦的弟弟以及他的爱人伊丽莎白，似乎还打算继续杀人。他要求弗兰肯斯坦再给他造一个新娘，他们就会远走高飞，彼此相互慰藉，过与世隔绝的平静生活。但是弗兰肯斯坦并未答应。在小说第18章，他辩解道："我害怕那魔鬼失望后的报复，却也厌恶那强加于我的任务。我发现，不花上几个月深入地研究和刻苦地探索，是无法制造一个女怪物的。"我们看到了拒绝的后果。小说最悲哀的一幕是弗兰肯斯坦只能眼睁睁地看着女仆贾斯汀因为间接证据而被认定为杀害他弟弟的凶手，从而被处死——这一切都在于他心里明白，没有人会相信他所谓的真相。但是在小说恐怖的气氛中，《弗兰肯斯坦》中对瑞士湖泊的描述与卡斯帕·大卫·弗里德里希的画作（见图 16.22）有异曲同工之妙，使浪漫主义精神得到了升华。

玛丽在写作《弗兰肯斯坦》时早已熟读柯勒律治的诗歌。在她 8 岁时，柯勒律治曾在她家中诵读《老水手谣》。她在《弗兰肯斯坦》中也提到了这首诗。此外，小说的最后几段上演了受困于极地海洋浮冰的情节：水手和船员们被浮冰困住了，直到一只信天翁飞来拯救了他们。

我们注意到，波利多里也参加了日内瓦这场鬼故事分享会，其中不仅催生了《弗兰肯斯坦》，也催生了另一部作品。《弗兰肯斯坦》问世一年后，波利多里发表了自己的哥特式小说《吸血鬼》（1819 年），这是一部里程碑之作，也是布莱姆·斯托克 1897 年发表的《德古拉》的前作之一。

阅读材料 16.19　玛丽·雪莱

摘自《弗兰肯斯坦》，第 18 章

　　我们这次航行正值收获季节。顺流而下时我们听见了劳动者的歌声。即使是心情沮丧、常为阴沉情绪左右的我，也都高兴了起来——我躺在船底，凝望着一碧如洗的蓝天，似乎吸进了久违的宁静。连我都有这种感受，

克莱瓦尔的心情还有谁能描述？他宛如进入了神仙世界，享受了凡人难于品味到的欢乐。"我见过自己国家的很多美景，"他说，"浏览过卢塞恩和尤里的大小湖泊，那儿的雪山几乎笔直地插入湖水，投下了忧伤的似乎穿不透的黑影。要不是一座座翠绿非凡的小岛的欢快色调加以调剂，那景色肯定会带上阴沉与忧郁。我见过暴风雨袭击湖面时的情景。狂风掀起的波涛给人的感觉仿佛是把海洋化作了滔天飞注的瀑布。风涛愤怒地冲击着山麓，牧师和夫人被山呼海啸击倒了，据说在晚风间隙里他们那垂死的喊叫还不时地依稀可闻。拉瓦莱州和佩德沃德州的山脉我都见识过。可这个国家，维克多，却比那些奇迹都更令我欣喜。瑞士的高山更巍峨，更离奇，但这美妙的河流两岸却有一种没有地方能比的魅力。你看看那边从峭壁上俯瞰的古堡吧，几乎全为可爱的绿叶遮住了，岛上的古堡也一样。再看那群从葡萄藤里走出的劳动者和为山坳隐蔽了一半的村庄吧。啊，在这里居住和守护的精灵呀，他们的灵魂一定和凡人息息相通，超过了我国那些住在冰河上或退避到人迹未至的高山里的精灵。"

[译注] 引自雪莱，《弗兰肯斯坦》，孙法理译，南京：译林出版社，2016。

维克多·雨果

　　有些情况下，作家们可以将浪漫主义风格与社会道德感结合，如法国作家维克多·雨果（1802—1885

年），他在《悲惨世界》（1862 年）中讲述了遭受社会不公的贫苦百姓的悲惨境况，在下述选段中，一位正直的主教恳求世人帮助穷困群体。

阅读材料 16.20　维克多·雨果

摘自《悲惨世界》，第一部

第一卷第四章

"敬爱的弟兄们，善良的朋友们，在法国，有一百三十二万所农舍只开三个口，一百八十一万七千所开两个口，一个门，一扇窗，还有三十四万六千所棚屋只开一个口，那就是门。这都是所谓的门窗税造成的。让穷人、老妇和小孩住进这种陋屋，不发烧不生病才怪呢！唉！上帝把空气赐给每个人，法律却要让他们用钱买。我不指责法律，但我赞美上帝。在伊泽尔省、瓦尔省、上下阿尔卑斯山省，农民连独轮车都没有，运肥靠人的肩膀。他们没有蜡烛，用松枝和蘸有树脂的绳子点火照明。在多菲内省的整个山区都是这样。他们做一次面包，吃六个月，是用干牛粪烤熟的。冬天，他们用斧子把面包劈开，在水中浸泡二十四小时后才能吃。弟兄们，发发慈悲吧！瞧瞧你们周围，多少人在遭罪！"

[译注] 引自雨果，《悲惨世界》，潘丽珍译，南京：译林出版社，2010。

小说的主人翁冉·阿让是一名前科犯，受人道机构帮助之后洗心革面，重新做人。雨果生动地描述了穷人的悲惨和苦难，但是他夸张的修辞风格本质上仍属浪漫主义。

当然，有许多同名电影都是根据《悲惨世界》改编，也诞生了史上最受欢迎的同名音乐剧之一。

19 世纪中期的大多数主流小说家都遵循现实主义传统，浪漫主义逐渐被取代。他们不再描述自己凭空想象的世界，而是放眼现实生活，在日常事件中寻找灵感。工业和城市的发展导致的严重社会问题，不仅引发了对时代精神的哀惋，也激起了人们改变现状的强烈愿望。

浪漫主义音乐

对许多浪漫主义者来说，音乐是至高无上的艺术。它不像语言文字那样涉及理智上的概念，也不像视觉艺术那样存在着固有的物理限制，它能够将情感以最真诚和直接的方式表达出来。

浪漫主义音乐家

许多浪漫主义音乐家我们都耳熟能详：贝多芬、柏辽兹、舒伯特、勃拉姆斯、布鲁克纳、肖邦、李斯特和帕格尼尼。

贝多芬

贝多芬（1770—1827 年）是公认的浪漫主义音乐先驱，他身上有许多浪漫主义特质——热爱大自然、对个人自由的强烈信念以及火爆的脾气。因此，他被视为浪漫主义艺术家的原型自然也就不足为奇了。贝多芬在写给他的一位忠实贵族支持者的信中自豪地写道："王公千千万，但贝多芬只有一个。"他代表了新一代的创作者。当他在《第九交响曲》的最后乐章宣扬博爱的教义时，他的热情鼓舞了无数听众。即使在今天，人们对贝多芬的音乐早已耳熟能详，他对人类最高尚情感的戏剧性表现力却并未因此削弱。

尽管贝多芬的音乐推动了浪漫主义音乐运动，但他的音乐深深根植于古典主义传统。他通过奏鸣曲形式把古典主义推向极致。不仅如此，在精神上，他的作品代表了启蒙时代以及世纪之交的革命氛围，这点通过其歌剧《费德里奥》的音乐和歌词得以体现。贝多芬是个复杂而多面的天才，他的成就超越了所处的时代，并奠定了19世纪音乐的基调。

贝多芬出生在德国波恩，是他的酒鬼父亲教他音乐。贝多芬的父亲看到儿子有成为音乐神童的潜质，就强迫他不断练琴，经常把他锁在房间里，喝得醉醺醺回来后还会打他。1787年，随着贝多芬母亲去世，这个家庭变得死气沉沉，父亲酗酒更凶了。贝多芬去了冯·布罗伊宁

家担任家庭老师以补贴生计。正是在那里，他结识了其他音乐家和艺术家，并对文学产生了终生的热爱。贝多芬还结交了当地的一位小贵族冯·瓦尔德施泰因伯爵，后者是他在世时最为忠实的崇拜者。

1792年，在瓦尔德施泰因等贵族的资助下，贝多芬前往维也纳向当时最伟大的在世作曲家海顿拜师学艺；虽然海顿同意教他，但是年轻的贝多芬缺乏耐心，且时时质疑，加上海顿不太会教学，两人相处得不太愉快。即便如此，贝多芬在维也纳前几年创作的许多作品，无论在形式上还是精神上，都属于古典主义；到了18世纪末，他才开始扩展自己音乐的情感范围。

聆听！贝多芬
《C小调第八钢琴奏鸣曲》
（《悲怆》），Op.13

反映贝多芬式精神特质的最早作品之一，就是他的《C小调第八钢琴奏鸣曲》（Op. 13），即《悲怆》。贝多芬的奏鸣曲是典型的浪漫主义音乐，表达出强烈的个人情感。它由三个乐章组成，而我们听到的最后一章，则讲述了主人公（作曲家本人）身处绝境却顽强与厄运抗争的故事。与莫扎特《第40交响曲》（见第15章）的古典风格那种悲剧

般的屈从不同，贝多芬的浪漫主义精神驱使他顽强抗争。

在第一乐章中，严峻的抵抗被强劲、激烈的斗争替代；在第二乐章以宁静的美感憧憬提供解脱的希望后，贝多芬重返战斗。最后的乐章则似乎综合了开场的戏剧性及慢板乐章的静美。音乐在脆弱、沉思情绪中开场。作曲家尚未从慢板音乐的庄严美中缓过来，音乐呼应着心境的变化，仿佛他在犹豫着是否要准备进一步的战斗。他反复指示演奏者安静。然而情绪变弱，音乐却被标记为"激动地"。先前的紧张情绪带走了屈从感。在片刻的舒缓之后，临近尾声时，以一种简单的方式悄然回归开场旋律。继而，结尾部分显得果断又突然。钢琴声如狂风骤雨般落下，最后以一个坚定有力的主和弦结尾，微弱希望与绝望情绪交替出现。在浪漫主义音乐之前，从未有人用音乐如此直率地表达出最起伏波动的情绪，贝多芬对骤然变化的音量的运用，还有他的犹豫及自我表露的意识，都是新音乐时代的典型特征。

准确理解贝多芬如何以一种全新的革命性方式驾驭音乐是很重要的。早在贝多芬之前就有作曲家用音乐来抒发情感，从巴赫流露出来的宗教热诚到莫扎特对人类悲喜的

唤起。贝多芬的不同之处在于，他的情感是自传式的。他的音乐倾诉了自身的感受、情绪的波动，以及所抵达的状态。同时还传递了其他信息，他在创作生涯早期，很大程度上都自觉遵循了古典主义的创作原则，但他主要关注的是个人情感的生动交流。贝多芬的创作范围并不局限于愤怒和沮丧之情，就像在《悲怆》中优美而抚慰人心的中段（慢板）乐章，主旨就是抒情，但最后一章又回归到了澎湃的激情。

同时代的其他艺术也有与《悲怆》这种狂暴式风格相似的作品，尤其是文学作品。尽管某种程度上贝多芬是响应了当时的氛围，但他显然也是借此抒发对个人悲惨经历的感受。这场惨剧始于1796年，那一年，他出现了耳聋的症状；到1798年，他的听力已经非常差；到1802年，他实际上已完全失聪。

尽管贝多芬显然受到了失聪的困扰，但他的音乐却并非只关注自己的命运。他面对个人问题时的英雄主义得到了普适性的表述，最能体现这点的莫过于《降E大调第三交响曲》（Op.55），副标题为《英雄交响曲》。早在1799年初，法国驻维也纳大使就曾提议贝多芬写一首交响曲来致敬拿破仑。当时，拿破仑是个受人民爱戴的英雄，他战

胜了自己卑微的出身，成为自由和民主的捍卫者。贝多芬自身的民主气质使他成为拿破仑的众多崇拜者之一。《英雄交响曲》也由此开始创作，然而就在 1804 年，交响曲创作完成的同年，拿破仑加冕称帝。当贝多芬听到这个消息时，他愤怒地在标题页上划掉了拿破仑的名字。《英雄交响曲》于 1806 年出版问世，只有"为纪念一位伟人而作"的题词。

《英雄交响曲》描绘的不仅仅是拿破仑。更确切地说，贝多芬是受法国领导人的英雄形象启发，用声音创造了自己的英雄世界，创作出这首气势恢宏的作品。第一乐章的篇幅几乎与一首古典主义交响曲一样长。它结构复杂，需要听众注意力高度集中。它基本上是古典主义奏鸣曲快板曲式（见 15 章），但规模更大，有着丰富的音乐理念。开头的两次敲击式和弦猛然突入，引起听众注意力，由大提琴呈示的主部主题却有着岩石般的简洁明了。

贝多芬的旷世才华体现在他能够使用这类简单而直接的想法来构建恢宏的乐章结构。在第一乐章中，他对和弦，尤其是对整个管弦的运用，增加了感情的冲击，特别是发展部的中间，猛烈的不协和和弦似乎让整个管弦乐队都要四分五裂了。他的古典主义根基出现在乐曲的再现部，发展部的千变万化让位于重新恢复的统一；第一乐章以一长段震撼人心的结尾胜利告终。这一形式结构是公认的古典主义，但其表达之强烈、自我投入之深，以及英雄式的反抗，则完全是浪漫主义的。

《英雄交响曲》第二乐章完美地承接了第一乐章。以一首同样规模的葬礼进行曲，穿插着史诗般悲剧的氛围——就影响力来看，可与希腊剧作家埃斯库罗斯的作品相比——但又透露出丝许慰藉，时而陡然兴奋起来。虽然这首乐曲有许多微妙之处值得细细探究，但即便是第一次听，也能感受到贝多芬磅礴宏大的音乐构思。

第三和第四乐章则缓和了前面的紧张感。在第三乐章中，贝多芬使用谐谑曲，一种轻快跳脱的音乐，代替了古典交响曲中庄严的小步舞曲。贝多芬采用的这种音乐，经他之手常有一种乡村舞曲的下里巴人味道，这也是他将交响乐大众化的又一例证。最后一章则是一系列异彩纷呈而富有活力的变奏曲，这组旋律贝多芬在几年前创作芭蕾舞曲《普罗米修斯的生民》时采用过。

《英雄交响曲》里的许多思想与理念在贝多芬其他作品中也得以重现。贝多芬对自由的热爱和对压迫的憎恨，在他唯一一部歌剧《费德里奥》中得到了表述，这部歌剧讲述了一个男人因政治异见而被不公地监禁，于是他的妻子设法营救他。一场精彩的《费德里奥》表演，仍然是最让人振奋激动的音乐饕餮盛宴之一。

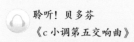

聆听！贝多芬
《c小调第五交响曲》

贝多芬的《第五交响曲》的开场旋律，称得上是最广人所知的交响曲了。比起海顿与莫扎特的古典主义平衡感，贝多芬给我们呈现的则是浪漫主义的动力与激情。悲怆激越的情绪从开始的一记重锤贯穿整个乐章，最终引出致命的结尾。

细心的听众会发现，贝多芬是按照传统奏鸣曲原则来构建他那奔腾不息的音流（演奏时不重复开场部分，即呈现部）。第一节以延音结束，而中间的发展部几乎全部集中在开场乐旨上，并传递给整个乐队。然后急速地进入重现部，重复开场部分，并加入了悲伤得几近抽泣的双簧管独奏。然后，随着重现部进入暴风雨般的尾声，贝多芬以一段加长尾声作结（终曲），在紧张与激烈度达到新高时戛然而止。

在音乐史上，从未有哪个作曲家能在交响乐的整一个乐章中都保持着如此强烈的情感和专注力。作

为一种个人的情感表达，我们现在很难认识到贝多芬的音乐给同时代的人带来了怎样的革命性影响。当法国作曲家柏辽兹带自己的作曲家老师在巴黎出席第五交响曲的首演时，这位老人感到头晕目眩，离开时甚至连帽子都戴不上了——因为，柏辽兹告诉我们，他听得晕头转向。

贝多芬的《第六交响曲》（Op. 68），又名《田园交响曲》，包含了浪漫主义对自然的召唤及其引发的情感，而他的《第九交响曲》（Op. 125），也许就是对人类努力克服重重困难并获得和平与欢乐的最详尽的叙述。贝多芬还为自己的同胞席勒（1759—1805年）的诗歌《欢乐颂》谱曲，包含独立声部、合唱。这首交响曲是浪漫主义运动中最具影响力的作品之一。

柏辽兹

自贝多芬之后，音乐再无法恢复到昔日古典主义的客观情绪形式。尽管贝多芬的音乐包含个人情感的方方面面，无法超越，但后来者们努力尝试，并在很大程度上成功找到了表达自身情感的新方式。最先追随贝多芬脚步的就是柏辽兹（1803—1869年），他是法国最杰出的浪漫主义作曲家，创作了典型的浪漫主义作品，包括《浮士德的

天谴》（歌德《浮士德》第一部的一幕）和《幻想交响曲》（描述一种迷幻梦境）。在这两首作品中，柏辽兹用梦境、女巫、魔鬼和怪诞这些浪漫元素来披露艺术家内心最深处的情感。

 聆听！柏辽兹
《幻想交响曲》第五乐章"魔鬼的晚会之梦——魔女的回旋曲"

1830年（贝多芬逝世后第三年），柏辽兹在巴黎公众场所演奏了《幻想交响曲》并惊艳四座，副标题为"一个艺术家的生活片段"。显然，这是以最为浪漫主义的方式，对个人情感和自我剖析的自我坦诚式表达。

柏辽兹本人诉说了音乐的背景。一位情感丰富的年轻音乐家，因爱情无望，绝望地吞服鸦片。但药力不足以杀死他，却让他陷入沉睡，并在梦中看到了离奇荒诞的事物。他的感觉、情感和记忆都转化成音乐形象和思想。而他爱恋的女子则以一段固定的旋律——柏辽兹称之为"乐曲中重现的主题"，在五个乐章中循环出现。管弦乐则引入了新的音色和组合，尤其是柏辽兹频繁又出其不意地使用了木管乐器，渲染出阴森场景的基调。

最后的乐章则呼应了开头部分，描绘了梦者的葬礼，他在前面的乐章中就已经预见了自己的死刑。场景是女巫的安息日，音乐开始是一系列低沉的呻吟和哭泣，表示一群老女巫逐渐聚集在一起。之前代表梦者心上人的主旋律，在木管乐器的演奏下，让人觉得狰狞扭曲，在混乱到极点之时，铜管乐器拼命地吹奏着《愤怒的日子》（又名《末日经》）中传统的格雷高利圣咏主旋律，就像罗马天主教为死者奏响的安魂弥撒曲。铜管乐器的号声与女巫的舞蹈结合在一起，构成了作曲家所谓"妖魔的轮舞"。

至于这位心上人是否为爱尔兰女演员哈丽雅特·史密森，只有留待历史学家去解答了。柏辽兹与她在1833年结婚，在1842年分居。

舒伯特

浪漫主义式自我流露的一种最私密和诗意的形式，就是舒伯特（1797—1828年）音乐。在舒伯特英年早逝前几年，他在各种音乐形式中探索了贝多芬开辟的新的可能。总的来说，舒伯特最热衷小规模乐曲，他的600多首抒情曲就是证明，这是取之不尽的音乐和情感表达的宝库。

总体上，舒伯特对修饰性更强的交响乐形式不太感兴趣，虽然他的杰作《b小调第八交响曲》——

又名《未完成》，因为只完成了两个乐章——将美妙的诗情与戏剧感结合在一起。他最优秀的器乐作品是为小规模乐器演奏而创作的。为小提琴、中提琴和大提琴所作的三重奏，饱含欢快的旋律，似乎是信手拈来；《降E大调钢琴三重奏》的慢板乐章，触及了浪漫主义表达的高深奥妙。与莫扎特的《降B大调第27号钢琴协奏曲》的慢板乐章（见15章）一样，其极致之美中覆盖了一层难以言表的悲伤色彩。

约翰内斯·勃拉姆斯

多数19世纪作曲家都跟随了贝多芬的步伐，用交响曲来表达他们最严肃的音乐理念。罗伯特·舒曼（1810—1856年）和他的学生约翰内斯·勃拉姆斯（1833—1897年）将交响曲视为最崇高的音乐表现形式，因此两人一生中都只写了四首交响曲。勃拉姆斯44岁前甚至不敢写交响曲，据说他觉得贝多芬的作品"像是巨人的脚步声"紧跟在他身后。当勃拉姆斯的《c小调第一交响曲》（Op. 68）最终问世，它不可避免地被拿来与贝多芬的交响曲作比较。虽然勃拉姆斯强烈的形式和保守的风格为他招来了浪漫主义主要人物的敌意，但其他批评家都称赞他是贝多芬的真正继承者。

当然，这两种反应都很极端。勃拉姆斯的音乐无疑是浪漫主义，他着重于温暖的旋律，呈现出一种有节制的激情，但不是呼应贝多芬众多交响曲中表现出来的如暴风雨般的情绪，而是在风格上更轻松闲适。虽然《c小调第一交响曲》以类似于贝多芬的傲然雄浑姿态开场，但第一个乐章却梦幻般地褪入一种恬静。优美的慢板乐章结束后，紧接着的不是谐谑曲，而是一段安静曼妙的间奏曲（插曲），直到最后一个乐章才回到开场时的基调。

安东·布鲁克纳

与贝多芬交响曲广大无垠的基调更接近的，是奥地利人安东·布鲁克纳（1824—1896年）的九首交响曲。作为虔诚的信徒，布鲁克纳对自然之美有着浪漫主义式的依恋，他把天主教义及自己的愿景和音乐视野融合成史诗般的恢宏音乐。人们常说，听布鲁克纳的音乐需要时间和耐心。他的音乐似闲庭信步，作品以宏大的音域架构著称，要求全神贯注地欣赏。然而也不乏偶然的美丽，让人惊喜连连，尤其是最后三部交响曲的慢板乐章。例如，《C小调第八交响曲》的慢板乐章，从开场旋律表达出来的孤寂的浪漫主义进入高潮部分的浩瀚炽盛。

器乐大师

部分作曲家也以演奏技艺而闻名。贝多芬强调艺术家至上，启发了另一些浪漫主义作曲家走上了不同于交响乐创作的道路。贝多芬以出色的钢琴家身份成名，他的音乐作品，无论是钢琴曲还是其他器乐作品，技法难度都很高。随着作曲家对表演者的技艺要求越来越高，表演艺术家也越来越受人关注。18世纪的歌唱家已经能获得高额出场费，还有许多狂热粉丝，直到现在都是这样。不过，在那时还有器乐演奏大师给他们伴奏，其中一些人甚至是卓有成就的作曲家。

肖邦

肖邦（1810—1849 年）（图 16.25）的一生浪漫得几乎让人难以置信。他出生于波兰，在巴黎度过了人生大部分岁月。他的钢琴演奏与创作的音乐结合了祖国波兰的贵族式热情和巴黎的优雅精细。他的音乐会轰动了整个欧洲，而他的钢琴作品（并非全是首创）采用了新的音乐形式，比如夜曲，一种简短的钢琴曲，在喃喃细语似的伴奏下，浮现一段富有表现力但往往偏于忧郁的表达性旋律。肖邦用音乐表达个人情感，这是典型的浪漫主义。他的作品如

《二十四首前奏曲》（Op. 28），并非按部就班之作，而是即兴发挥。因此，前三首前奏曲，在短短三分钟内，就把我们从兴奋激动带入沉思忧郁，转而又洋溢着高昂的情绪。

在私人领域，肖邦主要是和法国重要女作家乔治·桑（1804—1876 年）产生了被人津津乐道的纠葛。肺结核带走了他年轻的生命，为这位被形容为"钢琴之魂"的浪漫主义作曲家蒙上了最后一丝浪漫主义色彩。

李斯特

李斯特（1811—1886 年）的琴技可与肖邦比肩，同时气质强健。他是天生的浪漫主义者，有着种种

图 16.25 欧仁·德拉克鲁瓦，《肖邦》，1838 年。布画油画，45×38 厘米。法国，巴黎，卢浮宫。德拉克鲁瓦生动地捕捉到了自己朋友肖邦浪漫自省的神情。德拉克鲁瓦非常热爱音乐，不过意外的是，这位杰出的浪漫主义画家更喜欢经典主义的莫扎特，而不是贝多芬。

浪漫主题和经历。他英俊而冲动，叛逆不羁，在职业生涯伊始就是巴黎社交沙龙的宠儿，还有几桩事闹得沸沸扬扬，最后到宗教中寻找慰藉。他的海量作品中包括一些超高难度的钢琴作品（许多是受自然之美启发），两首典型的浪漫主义主题的交响曲《浮士德》和《但丁》（着重于"地狱篇"），以及一系列融入其祖国匈牙利民间曲调的作品。

价值观念

文化与民族主义

城市崛起和政治意识萌发的影响之一就是民族主义的发展，即个体对民族国家及其历史文化的认同。过去，人们对自身属地的认知要么更小（一个地区），要么更大（宗教组织或社会阶层）。在很多情况下，人们开始认同某种国家身份时，它要么已分解为更小的国家，如未来的德国和意大利，要么已成为一个更大国家的一部分，如匈牙利、奥地利和塞尔维亚都处于奥地利主导的奥匈帝国治下。

从 1848 年到 1914 年，以民族独立斗争为标志的政治和社会生活，对欧洲文化产生了巨大影响。民族主义者以艺术为主要工具之一，试图激发民众的民族根源意识。语言是匈牙利人或捷克人有别于奥地利统治者的一个基本要素，爱国领袖们为了能在学校、政府和法律程序中使用本土语言而斗争。结果就是 1867 年，奥地利在匈牙利建立了二元君主制，允许匈牙利人拥有自己的教育和公共生活体系。一年后，哈布斯堡王朝给予了匈牙利少数民族（波兰人、捷克人、斯洛伐克人、罗马尼亚人等）类似的独立权。

德国和意大利的情形正好相反。尽管大多数意大利人说的是同一种语言的某种不同方言，但他们已被一系列令人眼花缭乱的外部势力统治了数个世纪。仅在西西里岛，就有阿拉伯人、法国人、西班牙人和英国人等轮番统治。追求意大利之统一的设计者们利用可追溯到诗人但丁的一种共同语言的存在来铸造民族认同感。

艺术也发挥了作用。民族主义作曲家用现成的或自创的民间曲调来突出民族意识。在视觉艺术中，画家描绘历史事件，雕塑家描绘爱国领袖。当新成立的国家致力于创造独立的民族文化时，大国则在强化民族认同感。俄罗斯作曲家放弃了西方模式，转而强调其斯拉夫根源，而维多利亚时代的英国艺术家和作家则描绘了他们国家的荣耀（也夹杂着一些恐怖）。

民族意识的崛起主导了 20 世纪并影响至今。世界大战时代就始于民族国家的竞争，而许多 20 世纪上半叶建立的国家，到了下半叶又经历了解体和重组，如捷克斯洛伐克和南斯拉夫。少数族群的独立斗争也仍是流血冲突的肇因之一，如西班牙北部的巴斯克人以及科西嘉分裂主义分子。语言和艺术仍然被作为斗争的工具。

帕格尼尼

帕格尼尼（1782—1840 年）是这个时代最伟大的小提琴家。与肖邦和李斯特一样，帕格尼尼也会作曲，但让他名声大振的则是他的公开表演。显然，他那貌似随意的杰出琴技并非如谣言所说，是靠把灵魂出卖给魔鬼换来的，就如虚构人物浮士德那般。帕格尼尼极力鼓励这种夸张的浪漫主义，他还塑造了相应的恐怖外形来提升自己的公众形象。最能清楚地说明 19 世纪的人痴迷于用音乐表达情感（在此例中是恶魔的情感）的现象，莫过于帕格尼尼的演奏会享誉整个欧洲，并让他赚得盆满钵满。

音乐与民族主义

肖邦和李斯特都将自己祖国的音乐融入作品之中，如肖邦作品中的玛祖卡和波洛奈兹（波兰传统舞蹈）以及李斯特的《匈牙利狂想曲》。不过，大多数情况下，他们的音乐风格都顺应了当时的国际潮流。

其他作曲家更注重本土的音乐传统。在俄罗斯，五名作曲家穆索尔斯基、巴拉基列夫、鲍罗丁、居伊和里姆斯基－科尔萨科夫组成的"五人强力集团"，开始有意识地挖掘俄罗斯丰富的音乐遗产。例如，

穆索尔斯基（1839—1881 年）的歌剧《鲍里斯·戈都诺夫》（1874 年）根据俄罗斯历史事件改编。它充分利用了俄罗斯的民歌和宗教音乐，讲述了沙皇鲍里斯·戈都诺夫通过杀死真正的王位继承人而掌权的故事。尽管鲍里斯是歌剧中最重要的角色，但占据主导地位的是代表俄罗斯人民的合唱队。穆索尔斯基有力地刻画出他们不断变化的情感，从困惑到敬畏，从恐惧到愤怒，同时也借音乐表达了他对国家的感情。里姆斯基－科尔萨科夫（1844—1908 年）的交响组曲《天方夜谭》（1888 年）利用丰富多彩的管弦乐编曲重述了阿拉伯的《一千零一夜》，将俄罗斯音乐与俄罗斯对东方的迷恋结合在一起。

东欧其他地方的作曲家也在民族主题和民间音乐中寻找到类似灵感。捷克作曲家贝德里赫·斯美塔那（1824—1884 年）积极参加了故乡波希米亚于 1848 年反对奥地利统治的革命起义，创作了六部独立交响诗组成的交响诗套曲《我的祖国》。其中最著名的《沃尔塔瓦河》，描写了沃尔塔瓦河从源头流经乡村，直至首都布拉格。他的同胞安东·德沃夏克（1841—1904 年）的作品也取材于丰富的民谣传统，如《斯拉夫舞曲》就采用了绚丽的捷克民谣。

歌剧

歌剧在 19 世纪的欧洲发展到了一个新的高度，而且歌剧热还蔓延到了美国。纽约和芝加哥分别在 1854 年和 1865 年开办了歌剧院。19 世纪初的意大利歌剧迷更感兴趣的是美妙绝伦的歌唱，而不是情节或人物行动方面的现实主义。

美声歌剧

葛塔诺·多尼采蒂（1797—1848年）和文森佐·贝利尼（1801—1835 年）等作曲家用音乐甚至歌剧来表达真挚而深刻的情感，但在情感表达上主要是通过美声唱法，而不是令人信服的情节。他们歌剧的故事线显然是为了引出音乐表演；因而美声歌剧的人物常会做出一些疯狂行为，以加深音乐表达的感情。

19 世纪初歌剧的复兴以及随后的热度，很大程度上要归功于玛丽亚·卡拉斯（1923—1977 年）的演出和唱片，她天赋过人，将作品表演得生动传神。跟随她的脚步，其他歌唱家们也转向了美声歌剧，于是贝利尼的《诺尔玛》（1831 年）和多尼采蒂最著名的歌剧《拉美莫尔的露琪亚》（1835 年）成了现代歌剧最常见的演出，同时越来越多知名度较低的作品也重新上演。

但是，受意大利的威尔第和德国的瓦格纳的启发，歌剧开始往其他方向发展。其主题虽然仍超出生活，但是愈发注重情节之可信。在大西洋两岸，这两位 19 世纪歌剧大师的作品仍然主宰着歌剧院舞台。

威尔第

威尔第（1813—1901 年）对戏剧和心理真实表现出了新的关注。即使在早期歌剧如《纳布科》（1842年）和《路易莎·米勒》（1849 年）中，他也能对人际关系作出令人信服的表达。同时，他的音乐与意大利日益高涨的民族主义运动密切相关。比如，《纳布科》表面上讲述被囚禁在巴比伦的犹太人，以及尼布甲尼撒对他们的压迫，但其实犹太人的处境象征着意大利人在奥地利统治下的苦难。剧中俘虏想起往昔幸福时光时的合唱《飞吧，思想》（"飞吧，思想，乘着金色的翅膀，栖息于山坡、山丘之上，那里有我们故乡和煦的微风，散发着柔和的芳香"）也成了意大利统一运动的主题曲，这很大程度上是因为威尔第的曲调鼓舞人心而又感伤怀旧。

三部杰作的问世将威尔第的音乐和戏剧威力推向第一个高潮，分别是《弄臣》（1851 年）、《游吟诗人》（1853 年）和《茶花女》（1853

年），它们至今仍位于最受欢迎的歌剧之列。三部作品的主题和基调截然不同。方式最传统的可能要数《游吟诗人》了，在丰富的旋律中，围绕游吟诗人曼里科展开了暴力而复杂的情节。而威尔第在《弄臣》中塑造出了最具说服力的角色之一，其主角是一个驼背的宫廷小丑，他被迫压抑自己的感情，在邪恶好色的主人曼图亚公爵面前装疯扮傻。威尔第的歌剧《茶花女》则取材于小仲马的同名戏剧，开辟了歌剧史的新天地：他关注的是当代生活，而不是历史或神话主题。

聆听！威尔第
《茶花女》中薇奥莉塔的咏叹调
《啊！梦里情人》

《茶花女》第一幕发生于巴黎著名交际花薇奥莉塔举办的宴会上。她早已习惯于别人的爱慕和奉承，但在宴会中，一位来自乡村的质朴青年阿弗列德·杰尔蒙向她表白了自己的真心。薇奥莉塔觉得好笑又感动，待宾客散去，她感到孤独，唱出咏叹调《啊！梦里情人》：也许这位年轻男子可以让她感受爱与被爱，带给她从未体验过却又一直向往的幸福。她以典型的浪漫主义风格探索并剖析了自己的内心，反复诉说着"苦恼与欢乐交织"。

起初是用一段断断续续和犹豫的旋律来表现她矛盾的情绪，但随着她逐渐自信，乐句开始变得热烈高昂。值得注意的是结尾部分采用没有伴奏的声乐唱段，这并不是为了表现歌手的高超水平（虽然也要求精湛的唱功），而是为了表现角色内心深处的情感——又一个浪漫主义特征。同样体现浪漫主义手法的是，薇奥莉塔波动的情绪呼应了歌剧结尾处被证明是致命的疾病。

随着剧情推移，薇奥莉塔爱上了阿弗列德，决定放弃城市纸醉金迷的生活，与他过恬淡的乡间生活。然而，阿弗列德的父亲觉得薇奥莉塔的名声有辱门楣。在一次掏心长谈后，他说服薇奥莉塔主动放弃，以免让他家门蒙羞。薇奥莉塔知道自己病入膏肓，只能回到巴黎过完人生最后的日子。到了歌剧尾声，她身无分文，奄奄一息，在贫穷和孤独中等待死亡。在这一悲剧时刻，她唱出了最动人的咏叹调之一——《永别了，美丽的回忆》。阿弗列德在得知她为自己所做的牺牲后，忙去找她，却只来得及见她最后一面——薇奥莉塔死在了他怀里。

威尔第在职业生涯后期继续创作，不断发力，在 1887 年，他创作了根据莎士比亚悲剧改编的歌剧《奥赛罗》，这部作品也许是整个意大利歌剧传统的至高之作。从开场时一声惊天动地的和弦到落幕时奥赛罗自刎，威尔第用精彩绝伦的音乐成功挑战了莎士比亚的杰作。这部歌剧精彩连连，实在难以抉择哪一幕最出彩，特别值得一提的是第一幕中奥塞罗和苔丝德蒙娜二人投入的爱情二重唱，可谓是对浪漫主义激情最崇高、最动人的描写之一。

瓦格纳

瓦格纳（1813—1883 年）的影响力远超歌剧。他的作品不仅改变了音乐史的进程，其中许多理念也对作家和画家产生了深远影响。他参加了1848 年的革命起义，然后在瑞士流亡了几年。

瓦格纳的思想涵盖广阔，从艺术到政治再到素食主义，不一而足。他的许多歌剧和戏剧都隐含着一种概念，即强大的艺术表达形式是将所有艺术，包括音乐、绘画、诗歌、舞台艺术，都综合到一部艺术作品中，称为"整体艺术"。为了诠释这一理念，瓦格纳为自己所谓的"乐剧"创作台词和音乐，甚至在德国拜罗伊特设计并建造了一个专用剧场来表演，这些乐剧至今仍会在每年的拜罗伊特音乐节上演。

瓦格纳成熟期的作品有几个共同特征。他废除了意大利歌剧中宣叙调（先于情节发展的有旋律对白）与咏叹调、二重唱或其他独立乐调（缓和情节）之间原有的区别。瓦格纳的音乐从开场到结束一气呵成，没有停顿。他剔除了传统歌剧中的歌艺展示和炫技曲。瓦格纳剧中的角色要唱好不容易，但难点在于戏剧性部分，而不在于歌手的唱功。瓦格纳把管弦乐提到更重要的位置，他认为管弦乐不仅仅是给歌手伴奏，还要演绎出多样的情节内容。这种管弦乐创新是通过他提出的"主导动机"来体现的，剧中的每一个主人公、想法甚至是物件都承载着自身的主题。通过回顾这些主导动机，加以结合或变化，瓦格纳实现了复杂的戏剧和心理效果。

瓦格纳的主题通常取材于德国神话。通过在舞台上呈现英雄、诸神、巨人和魔法天鹅等元素，他旨在利用共有的情感创作出世所共赏的戏剧。他最为著名的杰作《尼伯龙根的指环》创作于1851—1874 年，该剧甚至展现了世界末日。《尼伯龙根的指环》由四部独立的音乐戏剧组成，分别是《莱茵的黄金》、《女武神》（图16.26）、《齐格弗里德》和《诸神之黄昏》。凭借丰富的音乐，瓦格纳不仅描绘了人物的行动和反应，也描绘了自然的奇迹。

例如，在《齐格弗里德》中我

图16.26 《女武神》场景，出自理查德·瓦格纳《尼伯龙根的指环》歌剧第二部，2007年6月24日。法国艾克斯普罗旺斯大剧院上演。伴随着著名的《女武神的骑行》一曲，女战士们在舞台中心围着女武神布伦希尔特（由伊娃·约翰森饰演）。躺在地上穿着白色衣服的女人就是齐格琳德，她被预言会生下齐格弗里德——这套神话体系里的终极英雄。

们听到森林的沙沙声和林中鸟儿的歌声，而在整个《尼伯龙根的指环》剧中，特别是在《诸神之黄昏》著名的《莱茵河之旅》中，磅礴的莱茵河在乐曲中回荡。与此同时，《尼伯龙根的指环》蕴藏着一些哲学和政治信息，许多是从叔本华那里派生而来的。其中一个重要主题是权力的腐败；在戏剧最终走向上，瓦格纳还吸收了歌德的女性救赎理论。

聆听！瓦格纳
《女武神的骑行》，
《女武神》第3幕节选

《尼伯龙根的指环》歌剧第二部向我们介绍了英雄伯伦希尔，她是九位女武神之一，众神之父沃坦的武神女儿。她们的任务是游荡于战场，把死去英雄的尸身带回瓦尔哈拉（英灵殿）。

在《女武神》第3幕的开场，伯伦希尔的姐妹们聚集在一个山顶上，瓦格纳用暴风骤雨般的音乐描述了他们穿过云层的旅行。注意作曲家如何通过他对管弦乐队的使用来设置场景。木管乐器以一连串狂野的颤音开场，弦乐演奏出急促起伏的音阶，随后沉重的铜管乐以《女武神》的节奏动机进入（这一主题在《尼伯龙根的指环》其他部分多次出现）。随着每个女战士带着死去的英雄到来，音乐会渐趋缓和，当另一个女战士骑马进来时，音乐又会上升到更大的高潮。

在CD中听到的版本是管弦乐，是为了在音乐厅而非歌剧院演出准备的，因此听不到人声。在原版中，我们听到的是女武神们互相呼唤的声音，而为了音乐会的演出，选曲的结尾也做了修改；在歌剧中，场景是不间断的。

音乐的狂野和异域情调是典型的发展成熟的浪漫主义，正如《尼伯龙根的指环》情节的发展延伸，重点是爱欲与沃坦作为最终救赎者的角色。而北欧和日耳曼神话（而不是圣经或古典背景）的运用，表现出对民族主义的浪漫主义热爱。

对于像《尼伯龙根的指环》这样伟大的作品，三言两语不足以对其进行公正评判。要更容易地理解瓦格纳，最好找规模小一些的单部音乐剧（尽管也有长达 4 个小时的）。《特里斯坦与伊索尔德》首演于 1865 年，其开场音符开创了一个新的音乐时代。它的主题是英国骑士特里斯坦和爱尔兰公主伊索尔德的热烈爱情：如此热烈，以至于一个背叛了他最亲密的朋友和领主，一个背叛了她的丈夫——康沃尔国王马克；如此热烈，以至于至死方休。

瓦格纳对爱欲和死亡的典型浪漫主义关注，看似病态、牵强，但在令人陶醉的音乐下，却让人难以抗拒。在著名的前奏曲开头的几个小节中，就表达了一种被唤起却未得满足的激情。音乐中没有安定的和谐或清晰的方向感。这种缺乏调性的音乐，在这里被用于戏剧性目的，也对现代音乐产生了深远影响。

《特里斯坦与伊索尔德》的核心是位于第二幕中心的长篇爱情戏，在这里，音乐达到了对一些听众来说过于强烈的情欲狂喜的高度。威尔第在《奥泰罗》中的爱情二重唱表现的是两个高尚的灵魂深情而又富有尊严地回应对方，瓦格纳笔下的人物则被他们无法控制的激情所折磨。如果说音乐能表达文字和图像都无法描绘的东西，那么在这一幕就是一种强烈的生理性情绪。震颤的管弦乐与情侣激情澎湃的人声构建了一种几乎令人无法忍受的紧张气氛，随着国王马克的到来，瓦格纳又突然打破了这种紧张气氛。如同在前奏曲中一样，这对恋人和我们又一次意犹未尽。

这种满足只有在作品最后，在伊索尔德的"爱之死"中方能达到。特里斯坦死了，伊索尔德在他的尸体上吟唱咒语。她想象着自己与心爱之人的灵魂分离，用晦涩的、断断续续的话语描述着死后的结合的幸福，直到伏在他身上失去气息。虽然"爱之死"在整部作品结尾处才发挥出它的全部效果，但即使脱离背景，当音乐到达高潮时，其情感力量也很难不影响到敏感的听众。

现实主义

如果说新古典主义艺术家是在启蒙哲学的基础上寻求一种理性至上的视觉对应，浪漫主义者强调感觉、想象和直觉，那么现实主义背后的驱动力就是科学。当代科学思想对经验主义的强调——对自然现象的直接观察和经验作为知识的根基——在推崇现实主义的艺术家和作家中也找到了其对应。

现实主义艺术

视觉艺术中现实主义的主要倡导者库尔贝说："绘画本质上是一门具体艺术，只能由对真实的现存事物的表现构成。它是一种完全物理的语言，其语言由所有可见之物构成。抽象的、不可见的、不存在的物体不在绘画的范畴之内。"现实主义者画的是他们看到的东西，他们认为，其他任何东西都不能代表真实的世界。库尔贝还说："我从来没有见过天使。把天使展现给我看，我就画一个。"现实主义作家也以同样的角度对待他们的题材：他们同样是在未经理想化和感情化的情况下描绘现实生活。对现实主义者来说，人的戏剧以人为尺度，

因此是可信、可知的。

居斯塔夫·库尔贝

库尔贝（1819—1877 年）的现实主义带有政治色彩。他是工人阶级的积极拥护者，能够认同普通人的能力，这为他赢得了社会主义者的标签。然而库尔贝并没有完全接受这种对其艺术和哲学立场的定性，他创作《画室：总结我七年艺术和道德生活的真实寓言》（图 16.27），部分也是为了回应这种误解。我们发现，艺术家的自画像被牢牢置于画面中心，他沉浸在风景的创作中，并受到一个裸体女模——缪斯的启发，她似乎代表着现实主义或真理。其他各种人物象征着构成库尔贝的世界的力量。在右侧，我们看到他

图 16.27 库尔贝，《画室：总结我七年艺术和道德生活的真实寓言》。布面油画，360×596 厘米。法国，巴黎，奥赛博物馆。虽然大多数人物可以令人信服地被确定为真实人物的象征，但没有人能令人满意地解释正在欣赏库尔贝作品的小男孩或他脚下的猫。

图 16.28　杜米埃，《立法肚子》，1834 年。石版画，28.1×43.2 厘米。法国，巴黎，国家图书馆。

的朋友、其他艺术家和艺术爱好者，包括波德莱尔、一位大胡子艺术收藏家和一位哲学家（蒲鲁东）。在左侧我们可以看到库尔贝所说的"日常生活世界"，包括商人、牧师、猎人、失业工人和女乞丐。还有一把吉他、匕首和帽子，它们和男模一起，构成了对传统艺术的象征性谴责。画家站在中间，作为这些不同社会类型的中间人，在宏大的绘画场景中断言了他对艺术家文化角色的看法。这幅作品本来打算在 1855 年的万国博览会上展出，但库尔贝得到了要被拒绝的风声。因此，他自掏腰包，在正式展览之外建造了一个"现实主义展馆"，让社会大众都能欣赏到他的作品。

奥诺雷·杜米埃

　　19 世纪下半叶的法国现实主义

画家利用日常事件来表达观点。最早的现实主义艺术家之一是版画家和漫画家杜米埃（1808—1879 年），他效仿戈雅，用作品批判整个社会（特别是政府）的弊病。在《立法肚子》（图 16.28）中，杜米埃创作了一幅强有力的画面，表现政治投机分子的贪婪和腐败，随着时间的推移，个中讥诮丝毫没有减弱，不幸的是，其现实意义同样没有减弱。版画中的人物可以一一辨认出是众议院议员。他们被滑稽地描绘成身材臃肿、无精打采的样子。版画制作一年后，政府对这类题材进行了审查，对其处以罚款。杜米埃的出版商设法通过出售版画来支付罚金。

现实主义文学

福楼拜

　　越来越多作家发现，他们可以

通过采用更自然的风格，以现实主义语言描述人物的生活，从而最大程度地公正评判存在的问题。福楼拜（1821—1880年）的《包法利夫人》（1856年）是对当代价值观最微妙的抨击之一。福楼拜对资产阶级社会的蔑视，体现在他关于爱玛·包法利的描写中。爱玛·包法利试图在省城生活中发现小说中读到的浪漫爱情。她劣迹斑斑的事迹和不断增加的债务导致了一个不可避免的戏剧性结局。福楼拜将她日常生活的平庸和虚无表现得淋漓尽致。

阅读材料 16.21　福楼拜

摘自《包法利夫人》，第1部，第9节

　　每天在同一时间，小学校长戴一顶青绒小帽，推开他的护窗板；乡间警察走过，工人服上佩着刀。黄昏和早晨，驿站的马，穿街而过，三匹一起，到池塘饮水。一家酒馆门铃不时在响；理发师的小铜脸盆，用作铺子的招牌，起了风，就见在两根铁杆上，吱嘎乱响。一张旧时装画，给铺子作装潢，贴在窗玻璃上，还有一座黄头发女人半身蜡像。理发师也直在自嗟自叹，一筹莫展，前途黯淡，梦想在大城市开铺子，比方说吧，鲁昂就好，在码头上，靠近剧场；他整天走来走去，从镇公所走到教堂，愁眉苦脸，等待顾客。包法利夫人仰起头来，总见他待在那边，仿佛一个值班哨兵，歪戴希腊小帽，穿着呢上身。

[译注] 引自福楼拜，《包法利夫人》，李健吾译，北京：人民文学出版社，2015。

巴尔扎克

　　在法国小说家中，最多才多艺的要数巴尔扎克（1779—1850年）。他创作了90多篇小说组成的故事集，总标题为《人间喜剧》，其中许多相同的人物不止一次出现。巴尔扎克首先是一个现实主义者，他描绘了所处时代的社会和政治潮流，同时强加以一种艺术的统一感。他的小说很让人上瘾。读者会在一个故事中找到另一个故事提到的人物或事件，被引到那之后，又会被引导到第三个故事，依此类推。巴尔扎克因此成功地创造了一个虚构的世界，似乎比历史现实更真实。

　　他的小说《高老头》以1819年的巴黎为背景，描写了三个人交织在一起的生活：慈祥而年迈的高老头、一个罪犯和一个法律系学生。该书以使用巴尔扎克其他作品中的人物而著称，且与福楼拜的《包法利夫人》一样，十分注重细节。故事改编自莎士比亚的《李尔王》，高老头和年迈的李尔王一样，为子女的自私而烦恼。高老头的女儿们嫁入贵族，却让父亲身无分文。李尔王感叹："毒蛇的牙齿再尖利，也比不过一个忘恩负义的孩子。"

阅读材料 16.22　巴尔扎克

摘自《高老头》，第 1 部分

　　波阿莱先生差不多是架机器。他走在植物园的小道上像一个灰色的影子：戴着软绵绵的旧鸭舌帽，有气无力地抓着一根手杖，象牙球柄已经发黄了；褐色的大褂遮不了空荡荡的扎脚裤，只见衣摆在那里扯来扯去；套着蓝袜子，两条腿摇摇晃晃像喝醉了酒；上身露出腌臜的白背心，枯草似的粗纱颈围，跟绕在火鸡式脖子上别扭的领带，乱糟糟地搅在一起。看他那副模样，大家心里思忖，这个幽灵是否跟在意大利街上溜达的哥儿们同样属于泼辣放肆的白种民族？什么工作使他这样干瘪缩小的？什么情欲把他生满小球刺儿的脸变成了黑沉沉的猪肝色？这张脸画成漫画，简直不像是真的。他当过什么差事呢？说不定做过司法部的职员，经手过刽子手们送来的账单——执行逆伦犯所用的蒙面黑纱，邢架下铺的糠，刑架上挂铡刀的绳子等等的账单。也许他当过屠宰场收款员，或卫生处副稽查之类。总之，这家伙好比社会大磨坊里的一匹驴子，做了傀儡而始终不知道牵线的是谁，也仿佛多少公众的灾殃或丑事的轴心；总括一句，他是我们见了要说一声究竟这等人也少不得的人。这些被精神的或肉体的痛苦磨得色如死灰的脸相，巴黎的漂亮人物是不知道的。巴黎真是一片海洋，丢下探海锤也没法测量这海洋的深度。不论花多少心血到里面去搜寻去描写，不管海洋的探险家如何众多如何热心，都会随时找到一片处女地，一个新的洞穴，或是几朵鲜花，几颗明珠，一些妖魔鬼怪，一些闻所未闻，文学家想不到去探访的事。

[译注] 引自巴尔扎克，《高老头》，傅雷译，北京：人民文学出版社，1989。

　　在小说上述文段中，我们发现了在巴黎街道上漫步的波阿莱先生。巴尔扎克对其形容样貌作了详细评论，并要求读者思考巴黎这座城市——也许是世间——的冷漠，它可以压抑个性，让居民淹没在经济和心理的需求中。

乔治·桑

　　在巴尔扎克所处的时代，他的好友奥罗尔·杜邦（1804—1876年）在巴黎是另一位文学领军人物，以笔名乔治·桑为世人所知。这位不容轻视的妇女权利的捍卫者和男性特权的攻击者，以她的小说抨击了许多社会惯例。在她的第一部小说《莱莉亚》（1833年）中，她以教会、婚姻、财产法和道德的双重标准为靶子，抨击男人做了一些事可以被纵容，女人做了却要受到谴责。

　　在以下段落中，莱莉亚的一个情人向她倾诉爱慕以及对她的理想化——理想化是"浪漫爱情的症状之一"。很明显，乔治·桑写的是一首散文诗。

阅读材料 16.23 乔治·桑

摘自《莱莉亚》，第 2 节，斯泰尼奥致莱莉亚

昨天，当太阳落在冰川后面，淹没在蓝色如玫瑰般的蒸气中时，温暖的冬天的夜晚滑过你的头发，教堂钟声将其忧郁的回声抛在山谷里。莱莉亚，我告诉你，那时你真的是天堂的女儿。夕阳的柔光轻抚着你。当你抬头仰望第一颗羞怯的星星时，你的眼睛燃烧着神圣的火焰。至于我，树林和山谷的诗人，我听到了水的神秘呢喃，也看到松树的轻微起伏。我闻到野生紫罗兰的甜美芬芳，它们在一个温暖、阳光明媚的日子，在干燥的苔间盛开。但你几乎没有注意到这一切——无论是花朵、树木、潺潺的溪流，还是任何地上之物，都没有引起你的注意。你完全属于天空。当我向你展示在你脚下的这一迷人景象时，你举手指向天空，说道："看那！"哦，莱莉亚，你渴望你的故土，不是吗？你可否问过上帝，为什么把你留在我们中间这么久？为什么不把翅膀还给你，让你飞回他身边？

乔治·桑的生活是非传统的，在 1838—1847 年这段时间，她作为情人与肖邦生活在一起。她的自传体小说《卢克雷齐娅·弗洛利亚妮》（1846 年）以编年体形式，几乎不加掩饰地记录了两人关系的发展，虽然都是基于个人视角。

19 世纪中叶英国文学的璀璨群星中，也包括乔治·艾略特——玛丽·安·伊文思（1819—1880 年）

的笔名——深邃迷人的作品，以及艾米莉·勃朗特（1818—1848 年）的唯一一部小说《呼啸山庄》（1847 年）。该书也是史上最富戏剧性和激情的小说之一，其对气氛和情感的精彩营造，产生了震撼人心的效果。像已经提到的两位一样，当时的许多主要小说家都是女性，她们的作品种类繁多，很快就打破了针对女性文学的肤浅看法。例如，伊丽莎白·盖斯凯尔（1810—1865 年）作为当时主要的社会批评家之一，其小说探究了工业化对穷人的影响。

列夫·托尔斯泰

俄国的托尔斯泰（1828—1910）著述颇丰，其《战争与和平》（1863—1869 年）和《安娜·卡列尼娜》（1873—1877 年）更是具有世界级影响。前一部主要以 1812 年拿破仑入侵俄国为背景。在众多人物中，有着罗斯托夫家族：他们是贵族，但远非富豪，他们和亲友的生活，被他们所经历的伟大历史事件永久地改变了。托尔斯泰甚至强调了战争进程对人物的影响，他将自己为小说创造的人物与包括拿破仑在内的真实历史人物结合，让他们相遇。小说的核心是年轻而敏感的娜塔莎·罗斯托夫，她自己迷茫的爱情生活似乎也反映了时代的困惑。然而，尽管娜

塔莎自己的生活充满了悲剧，周围也充斥着战争的恐怖，但小说的理念却是深刻乐观的。她最后的生存和胜利，代表了她所象征的"自然人"对非理性的生命力量的歌颂，而非对复杂而理性的文明的歌颂。在生命的最后，托尔斯泰放弃了他成功的事业和幸福的家庭生活，开始了对普遍之爱的秘密的神秘探索。他放弃了自己的财产，穿上农民的衣服，到田间劳作，在他去世的时候，他还在徒劳地寻找和平。俄国另一位伟大的小说家陀思妥耶夫斯基（1821—1881年）虽然早于托尔斯泰去世，但相比浪漫主义运动，他与19世纪末有着更多共同点，所以将放在第17章讨论。

查尔斯·狄更斯

英国的狄更斯（1812—1870年）在世时就已名声大噪，作品传颂至今。他最著名的小说之一《双城记》以法国恐怖统治时期为背景。当时成千上万的人被送上断头台；包括德瓦格夫人在内的一些旁观者一边编织，一边注意着当天的"节目"。在最后一章，狄更斯描述了"死亡之车"在巴黎街头的进展。

狄更斯反对社会不公，其作品聚焦特定建制及其恶果。在《艰难时世》（1854年）中，他和盖斯凯尔一样，聚焦工业化的恶果，并指出误入歧途的教育尝试所带来的危害。然而在今天更出名的是《雾都孤儿》（1837—1839年），因为它

阅读材料 16.24　查尔斯·狄更斯《双城记》，第 15 章（1859 年）

六辆囚车灰暗的车轮隆隆滚过，仿佛在挤满街道的人群中犁出一长道弯弯曲曲的深沟。一排排的人脸，有的被翻到这边，有的被掀向那边，而犁铧则稳稳地不住向前。街道两旁屋子里的居民对这种场面已习以为常，许多窗口都不见看热闹的人，有的窗口虽然有人在俯视囚车里的那些面孔，可手上的活儿并没有因此停下。偶尔有那么一两户，家里来了看热闹的客人，主人便像博物馆馆长或老资格的讲解员一样，得意洋洋地伸手朝囚车指指点点，像是在解说谁昨天坐过这辆，谁前天坐过那辆。坐在囚车里的人，有的漠然地看着这一切，看着人生最后旅途的景象，有的则对生活和人世流露出恋恋不舍之情。有的垂头丧气地坐着，有的陷入沉默的绝望。还有的人十分注重自己的外表形象，他们用在戏院里和图画中见过的那种目光，朝周围的人群打量着。有几个人在闭目沉思，也许想集中起纷乱的思绪。只有一个人，可怜巴巴地疯疯癫癫地，吓得精神已经崩溃，像喝醉了酒，唱着歌，还想跳舞。所有囚犯中，没有一个想用表情或手势唤起民众的同情。

[译注] 引自查尔斯·狄更斯，《双城记》，宋兆霖译，武汉：长江文艺出版社，2018。本书所引《双城记》均为此本。

和《悲惨世界》一样，有一部极其成功的同名音乐剧。这部小说抨击了贫民习艺所对待穷人的方式，揭示了狄更斯将犯罪视为社会普遍失败的观点。其中有许多令人印象深刻的人物：费根，一个奸诈的罪犯，他教孤儿如何为他扒口袋，但却不把自己暴露在危险之中；南茜，一个柔弱的街头女子；比尔·赛克斯，一个强悍的盗贼，他是南茜的皮条客、情人，最终成了杀人犯；还有，典型的狄更斯式名字，班布尔先生、机灵鬼、索厄伯里夫妇（殡仪馆老板和老板娘），以及格里维格先生。小说最早在英国的一本文学杂志上连载。可以毫不夸张地说，许多读者对狄更斯的作品上了瘾，几乎迫不及待想要读下一部作品。《雾都孤儿》的开头就揭示了狄更斯最擅长讽刺的一面。

阅读材料 16.25　查尔斯·狄更斯

《雾都孤儿》（1837—1839 年），第 1 章

　　有那么一个市镇，由于种种原因，还是姑隐其名为妙，我也不打算给它虚构一个名字。在那里的一些公共建筑物中，也有一个历来普遍设立在各大小城镇的机构，即贫民习艺所。本章题目中有他名字的那个凡人，便在这贫民习艺所里出生；确切的日期我就不必赘述了，反正对读者说来无关紧要，至少在目前这个阶段还无关紧要。在教区医生把那个婴儿接到这个充满愁苦和烦恼的世界上来以后，他能不能存活并获得一个名字，在相当长一段时间内曾经是个很值得怀疑的问题。很可能这本传记根本不会问世，或者即便问世也只有寥寥数页，不过它将具备一个无可估量的优点，即成为古往今来世界各国文献所载的传记中最简略而又最可信的一个典范。虽然我无意断言，在贫民习艺所里出生这件事本身是一个人最幸运和最值得羡慕的机遇；但我确实认为，在当时的具体情况下，这对于奥立弗·退斯特来说是再好不过的了。事实上，要奥立弗·退斯特自己发挥呼吸的功能相当困难。呼吸本来是一桩麻烦的事情，而习惯偏偏使它成为我们得以自然地生存的必要条件。有一会儿工夫，他躺在一块小小的褥垫上喘个不停，在阳世与阴司之间无法保持平衡，因为重心决然倾向于阴司一边。在这短短的时间内，倘若奥立弗周围都是疼着热的奶奶姥姥、忧心如焚的姑姑阿姨、经验丰富的保姆和学识渊博的大夫，他必定马上给整死，这是毫无疑义的。

[译注] 引自查尔斯·狄更斯，《雾都孤儿》，荣如德译，上海：上海译文出版社，2010。

美国的人文

　　北美殖民地的早期艺术史与欧洲的发展密切相关。特别是联合王国，由于共同的语言和政治联系，其对文学和绘画的影响，甚至在美国革命后也未断绝。美国作家在那

里寻找出版商和读者，并以英国作家的风格为蓝本。美国画家到伦敦求学。最早的美国作曲家将其注意力限于赞美诗和爱国歌曲。虽然欧洲演奏家在美国巡演的过程中更早地发现了广大而热情的音乐观众，但在19世纪末之前，并没有发展出一个典型的美国音乐创作传统。

在文学和视觉艺术方面，法国大革命带来了方向上的改变，因为革命纽带不可避免地导致了新古典主义输入美国。但随着浪漫主义时代的到来，美国艺术家开始第一次形成了自己的本真声音。很多时候，他们仍对欧洲的范例有很大依赖。侨居北美的艺术家离开家乡到欧洲学习并留在那里，自18世纪就已成为一个牢固传统。在整个19世纪，像华盛顿·欧文这样的作家和托马斯·伊金斯这样的画家不断将他们在欧洲旅行期间获得的主题和风格带回美国。然而，浪漫主义的一些特质，包括其对个人的强调，似乎激发了美国人的想象力。在爱伦·坡令人毛骨悚然的故事中，对遥远和神秘的浪漫主义热爱达到了顶峰。在浪漫主义时代，美国艺术家第一次开始创作出既是真正本土的产物，同时又具有国际地位的作品。

美国文学

在这片日常生活与大自然的野性之美如此接近的土地，对自然界的浪漫式依恋势必会产生特殊的吸引力。19世纪初，人与自然超验统一的浪漫主义观念迅速被美国的一批作家所接受，他们甚至将自己的风格称为超验主义。他们从康德及其英国追随者如柯勒律治和华兹华斯那里援引思想，发展了一种超越我们物理感官所能感知的真理秩序的概念，并将整个世界联系在一起。

爱默生

作为超验主义主要代表之一，爱默生（1803—1882年）在1837年发表的《美国学者》一文中强调了自然界对美国作家的特殊重要性。在呼吁发展民族文学时，爱默生提出，作为其成功的必要条件，他的同胞应该从自己国家的奇迹中汲取灵感。几年后，他写道："在我们眼里，美国是一首诗；其丰富的地理环境令想象力晕眩，即刻间文思泉涌。"

爱默生总是试图让作品"散发松树的气味，响起昆虫的嗡嗡声"，他的观念深刻影响了美国文化。他的文章《自立》（1841年）可视作坚韧不拔的个体主义者宣言。其中最出名的语句也许是："要成为一

阅读材料 16.26　爱默生

摘自《自立》

相信你自己的思想，相信你内心深处认为对你适用的东西对一切人都适用——这就是天才。

……

谁要获取不朽的荣耀，决不可被善的空名牵累，而必须弄清它是否就是善。归根结底，除了你自己心灵的完善，没有什么神圣之物。

……

不要像当今的善人所做的那样，给我讲什么我有义务改变所有穷人的处境。他们是我的穷人吗？我告诉你，你这愚蠢的慈善家，我舍不得把分文送给那些不属于我，又不包括我的人。有一个阶层的人，由于有种种精神上的共鸣我可以由他们随意调遣；为了他们，如果必要，赴汤蹈火在所不惜。可就是不干你那名目繁多的廉价的慈善活动，不搞那愚人学校的教育，不建造那徒劳无益的教堂，况且现在已经造起了不少，都没有什么用场。不给酒鬼们施舍，不搞那千重万叠的救济团体——虽然我不无羞愧地承认：我有时候也不得不破费一块钱，可那是一块缺德的钱，不久以后，我就会有勇气不给的。

……

愚蠢的惯性是渺小的心灵上的恶鬼，受到小政客、小哲学家顶礼膜拜。如果强求一成不变，伟大的灵魂就一事无成。他还是去关心墙上自己的影子了。现在你有什么想法，就用斩钉截铁的语言说出来，明天再把明天的想法用斩钉截铁的语言说出来，尽管它可能跟你今天说的每一件事相矛盾。

……

坚持你自己，千万不要模仿。……能教莎士比亚的老师在哪里？能指导富兰克林、华盛顿、培根或牛顿的导师又在何处？每一个伟大的人物都是无与伦比的。……研究莎士比亚永远造就不出莎士比亚。

……

文明人造出了马车，却丧失了对双足的利用。他用拐杖支撑身体，却失去了肌肉的不少支持。他有一块高级的日内瓦表，却丧失了依据太阳定时的本领。他有一份格林尼治天文年鉴，一旦需要，保证可以得到资料，然而街上行走的普通人却认不得天上的星星。

……

除了你自己，什么也不能给你带来安宁。除了原理的胜利，什么也不能给你带来安宁。

[译注] 引自爱默生，《爱默生随笔》，蒲隆译，上海：上海译文出版社，2013。

个真正的人，就必须做一个不落俗套的人"；"愚蠢的一致性是渺小心灵的幽灵"。第一句不言自明。第二句意味着要做自己认为正确之事，听从内心感觉，表达自己的心声，而不必担心可能与往日言论矛盾。在选段中我们会注意到，爱默生并不支持向穷人发放救济金这种慈善行为。这究竟是单纯的自私，还是源于这样的信念：慈善会贬低受助者，使其无法自力更生？即使如此，爱默生承认："我有时也会忍不住直接给钱。"

亨利·戴维·梭罗

"我到树林子去，是因为我希望自己有目的地生活，仅仅面对生活中的基本事实，看看我能不能学会生活要教给我的东西，免得我在弥留之际觉得自己虚度了一生。我不希望过算不上生活的那种生活，

价值观念 |||||||||||||||||||||||||||||||||||||

超验主义

超验主义是 19 世纪三四十年代发生在美国和欧洲的一场哲学运动，主要是对 18 世纪的理性主义的拒斥。超验主义者认为，建制机构败坏了人类，当人们自力更生，听从自然而不是书本的声音时，他们的潜力就会上升到最高点。从这个意义上说，他们是宗教主义者：他们相信上帝就在我们每个人心中，而不是一个"位格"，要求崇拜并对人类的祈祷作出回应。

超验思想部分植根于德国哲学家康德的作品，康德本人对理性主义持怀疑态度，正如他在《纯粹理性批判》中所解释的。康德赞赏启蒙运动的拉丁语座右铭 Sapere aude[敢于思考]；然而，他对人类可以感知现实事物的想法提出了质疑。我们对现实的认知，只不过是由人类有限的知性组织起来的。但是，社会及其政治和宗教机构通过介于个体和知觉世界之间而败坏了个体。从这一观察出发，超验主义者认为，人必须自力更生，这取决于他们内在的心理或精神本质。当人们摆脱社会及其制度时，就开始发挥自身作为个体的潜能。

爱默生的文章《论自然》（1836 年）描述了超验主义者的抗议，也显示了他和他的许多超验主义者同侪向自然和自身中的神圣事物敞开的方式。

穿越空旷的广场，脚踩积雪的水坑，时值黎明前夕，天空布满云层——此时我心中虽然没有一点有关好运气的想法，但是我经历了极度的喜悦。我高兴到了恐惧的边缘。在丛林中也是如此：一个人像蛇蜕皮一样一年年长大，但是不论他年纪有多大，他永远是个孩子。人在丛林里能永久地保持青春。在这些上帝掌管的庄园里，有一种神圣的礼仪和秩序统治一切。一年四季，延绵不断地过节，而客人乐在其中，一千年也不会感到厌烦。我们在丛林中重新找到了理智与信仰。在那里，我觉得一辈子也不会有祸事临头——没有羞辱，没有灾难（让我的眼睛避开它们吧）——而这些人为祸事是大自然无法弥补的。站在空地上，我的头颅沐浴在清爽宜人的空气中，飘飘若仙，升向无垠的天空——而所有卑微的私心杂念都荡然无存了。此刻的我变成了一只透明的眼球。我不复存在，却又洞悉一切。世上的生命潮流围绕着我穿越而过，我成了上帝的一部分或一小块内容。（[译注] 引自爱默生，《论自然·美国学者》，赵一凡译，北京：生活·读书·新知三联书店，2015）

因为生活是那么珍贵；我也不希望自己与世无争，除非出于万般无奈。我想深入地生活，汲取生活中的全部精髓，要坚强地生活，像斯巴达人一样，摒弃所有一切算不上生活的东西，开辟一块又宽又长的地，精心地侍弄着，让生活处于区区一隅，使生活条件降到最低限度，如果说它被证明是毫无价值，那么就要闹清楚整个毫无价值的真相，随后昭告世人；或者如果说它是崇高的，那就以亲身经历去了解它，在我的下次出游时能对它作出真实的描述。"最出名的超验主义原则的文学实践者亨利·戴维·梭罗（1817—1862年），就这样解释了他为什么抛下"文明"，在森林中离群索居。在他的杰作《瓦尔登湖》里，他通过自己的经验和对瓦尔登湖的观察，在马萨诸塞州岸边，得出了关于人类本性和自然性质的一般结论。人们至今仍会到如今位于波士顿郊区的瓦尔登湖瞻仰，尝试与梭罗进行密切的精神交流。《瓦尔登湖》是一首真正的散文诗。

梭罗对个体自由的热情支持，使他积极投身反奴隶制运动；到了他生命的最后，他从相信消极抵抗，转而公开倡导暴力反对奴隶制。

阅读材料 16.27　爱默生

摘自《瓦尔登湖》（1854 年）

5. 离群索居

　　这是一个多美的傍晚，全身只有一种感觉，每一个毛孔都浸透喜悦。我以怪得出奇的自由，在大自然里走来走去，已与大自然浑然一体。我脱去外衣，只穿衬衫，漫步在多石的湖边，天气虽有凉意，多云又有风，我也没有发觉有什么特别诱人的景物，可周围一切我可以说异常相宜。牛蛙的聒噪迎来了黑夜，吹皱了湖水的微风传来了三声夜莺的啼鸣声。桤木和杨树枝叶摇曳多姿，我岂能无动于衷，几乎连气都喘不过来？然而，就像湖水一样，我心中宁静只有一些涟漪，而没有激起波涛。晚风吹起的一些微波，依然像波平似镜的湖面一样，离暴风雨还远着哩。虽然天色已黑，风还在树林子里呼呼作响，波浪还在拍岸，一些动物还在用自己的乐音，为另一些动物催眠。没有十全十美的宁静。

11. 更高的法则

　　我手里提着一串鱼，拖着钓竿，穿过树林子回家的时候，天已黑下来了，我瞥见一只土拨鼠打从我的小径溜过去，顿时感到一阵奇怪的野性喜悦的刺激，恨不得将它生擒活捉，一口吞了下去。这倒不是当时我饥肠辘辘，而是不外乎它所代表的那种野性罢了。我在湖上生活时有过一两回，发觉自己像一条半饥半饱的猎犬，在树林子里头奔狂奔，放纵得出奇地在寻摸一些我可以吞食的野味，不管是哪一种野味，反正我都吞得下去。就算最野蛮的场景，我都莫名其妙地变得熟稔起来。我发现，至今仍然发现，自己内心深处有一种本能，想过一种更高级的生活，亦即所谓精神生活，对此大多数人都有同感；但我还有另一种本能，想归入原始阶层，过一种野性的生活。我对这两种本能都很尊重。我之热爱野性，并不亚于热爱善良。

16. 冬日瓦尔登湖

我度过了一个寂静的冬夜，醒来时依稀记得，仿佛有人向我提问，比方说，什么啦——怎么啦——在什么时候——在什么地方？睡梦中我很想一一回答，结果还是徒劳。但是，黎明时分，万物须臾不可离的大自然，脸呈宁静、满意的神情，直望着我那宽大的窗子，她的唇边倒是看不出在提问。我意识到了那道答题，意识到了大自然和天光大亮。大雪深深地覆盖着幼松点染的大地，我的小屋所在的小山坡，似乎在说：前进吧！大自然并没有提问，对我们凡夫俗子的提问一概不予回答。

18. 结束语

不管你的生活多么卑微，那也要面对它过下去；不要躲避它，也不要贬损它。生活毕竟还不像你那么要不得吧。你最富的时候看上去倒像穷鬼。净爱挑剔的人，就算到了天堂，也会净找碴儿。热爱你的生活吧，哪怕是很贫困。即使在济贫院里，说不定你也会有一些快活、激动、极其开心的时光。夕阳照在济贫院的窗上，跟照在富豪人家的窗上一样亮闪闪；那门前积雪同在早春时一样融化掉。我揣想，一个人只要心地宁静，即使身在济贫院，也会像在宫殿里一样心满意足，思想愉快。

［译注］引自梭罗，《瓦尔登湖》，"我的住地；我的生活探索"，潘庆舲译，上海：上海译文出版社，2011。本书所引《瓦尔登湖》均为此本。

爱伦·坡

爱伦·坡（1809—1849年）在美国的想象力殿堂中举足轻重，既因为他的恐怖故事，也因为他的诗充满脉动的节奏。美国的每个学童都可能读过他的作品。诸如《泄密的心》《阿芒提拉多的酒桶》和《陷坑与钟摆》等故事，都带有哥特式恐怖，可怕的事情即将发生，却无法阻止。在《泄密的心》（1843年）中，一个无名叙述者谋杀了一个老人，不是为了钱，也不是激情杀人，而是因为他无法忍受受害者苍白的蓝眼睛。他将尸体分解藏匿于地板下。邻居听到受害者的尖叫声报警，警察随即过来调查。叙述者想象自己听到受害者的心跳声越来越大，直到确定警察也一定听到了，他才承认自己所为。

爱伦·坡在《创作的哲学》（1846年）一文中阐述了他的好文章理论：必须控制篇幅，必须有统一的效果，叙事发展必须符合逻辑。他还断言，一个美丽女子的死去，"无疑是世上最有诗意的话题"；这也是《安娜贝尔·李》《尤娜路姆》和《乌鸦》等诗的主题。《乌鸦》以其头韵、腹韵（元音的重复）和行内押韵而不只是行尾押韵而著称。基本的韵律方案是三音八韵，即八个脚，每个脚都有一个重音音节，后面是一个无重音音节。重音的开头使诗行有了磅礴的节奏。以下是前两句诗。

阅读材料 16.28　爱伦·坡

《乌鸦》，1—12 行

从前一个阴郁的子夜，
我独自沉思，慵懒疲竭，
面对许多古怪而离奇，
并早已被人遗忘的书卷；
当我开始打盹，几乎入睡，
突然传来一阵轻擂，
仿佛有人在轻轻叩击
——轻轻叩击我房间的门环。
"有客来也，"我轻声嘟囔，
"正在叩击我的门环，
唯此而已，别无他般。"
哦，我清楚地记得
那是在风凄雨冷的十二月，
每团奄奄一息的余烬
都形成阴影伏在地板。
我当时真盼望翌日
——因为我已经枉费心机
想用书来消除伤悲，
消除因失去丽诺尔的伤感；
因那位被天使叫做丽诺尔的少女，
她美丽娇艳，

在此已抹去芳名，直至永远。

[译注]引自爱伦·坡，《乌鸦》，曹明伦译，南昌：江西人民出版社，2017。

不幸的预兆——乌鸦拜访了叙述者，并不断引用 nevermore[不再] 这个词，而这个词与 door[门]、floor[地板]、Lenore[丽诺尔] 以及 evermore[直至永远] 等词押韵。叙述者恳求叽叽喳喳的鸟儿飞回荒郊，它却在"苍白的帕拉斯（雅典娜）半身雕像"上住了下来，一味地用一个词叨扰叙述者。叙述者做了所有的情感工作；而鸟儿只是以一定韵律每隔一段时间重复 nevermore。

评论家哈罗德·布鲁姆批评了爱伦·坡的作品："爱伦·坡是一个糟糕的诗人，一个糟糕的评论家，在他的著名故事中是一个讨厌的散文体作家。"但他也承认，"爱伦·坡是绕不过的"——一个在美国被阅读最广的作家，他在选集《英语最佳诗集》中收录了爱伦·坡的两首诗:《伊斯拉菲尔》和《海中之城》。

沃尔特·惠特曼

自由、宽容和精神团结的思想在惠特曼（1819—1892 年）的作品中达到了诗性表达的顶峰，他是许多人眼中美国第一位伟大诗人。他的首部重要诗集是 1855 年出版的

《草叶集》。从那时起直到他去世，此书不断重版，书名不变，但有新增和修改。他大部分作品的中心主题是个体的重要性，这提醒我们惠特曼所从事事业的浪漫主义特质。通过描述自己的感受和反应的细节，他传达了一种人类境况的统一感。很多时候，他的语言的纯粹活力和流畅性有助于使他的经历成为我们自己的经历，尽管他的许多早期读者对诗歌中隐含的和明确的性内容感到震惊。惠特曼热爱自由，他对人类与自身及与宇宙联合起来的愿景，对我们这个时代仍有意义。

阅读材料 16.29　惠特曼

摘自《草叶集》，"自我之歌"

1

我赞美我自己，歌唱我自己，
我承担的你也将承担，
因为属于我的每一个原子
也同样属于你。
我闲步，还邀请了我的灵魂，
我俯身悠然观察着一片夏日的草叶。
我的舌，我血液的每个原子，
是在这片土壤、这个空气里形成的，
是这里的父母生下的，
父母的父母也是在这里生下的，
他们的父母也一样，
我，现在三十七岁，
一生下身体就十分健康，
希望永远如此，直到死去。
信条和学派暂时不论，
且后退一步，

惠特曼的自由诗在他的时代相当新颖。他写作时正值英国浪漫主义诗人的时代，他却将想法一个接一个倾泻出来，彼此相关却又截然不同，忽略了常规格律要求，甚至常常忽略了句子结构。但读者仍能捕捉到节奏的影子，比如他提到草时写的是 the flag of my disposition, out of hopeful green stuff woven[性格的旗帜，是充满希望的绿色物质织成的]，而不是 woven out of hopeful green stuff。泉涌而出，但绝非随意。《草叶集》的主诗是"自我之歌"，一共 52 节。

明了它们当前的情况已足，
但也决不是忘记，
不论我从善从恶，
我允许随意发表意见，
顺乎自然，保持原始的活力。

2

屋里、室内充满了芳香，
书架上也挤满了芳香，
我自己呼吸了香味，
认识了它也喜欢它，
其精华也会使我陶醉，
但我不容许这样。
大气层不是一种芳香，
没有香料的味道，它是无气味的，
它永远供我口用，我热爱它，
我要去林畔的河岸那里，
脱去伪装，赤条条地，
我狂热地要它和我接触。

一个孩子说"这草是什么？"
两手满满捧着它递给我看，
我哪能回答孩子呢？
我和他一样，并不知道。
我猜它定是我性格的旗帜，
是充满希望的绿色物质织成的。
我猜它或者是上帝的手帕，
是有意抛下的一件
带有香味的礼物和纪念品，
四角附有物主的名字，
是为了让我们看见又注意到，
并且说，"是谁的？"
我想这草本身就是个孩子，
是植物界生下的婴儿。
我猜它或者是一种统一的象形文字，

其含义是，在宽广或狭窄的地带
都能长出新叶，
在黑人中间和白人中一样能成长，
凯纳克人，特卡荷人，
国会议员，柯甫人，
我给他们同样的东西，同样对待。
它现在又似乎是
墓地里未曾修剪过的秀发。
我要温柔地对待你，弯曲的背草，
你也许是青年人胸中吐出的，
也许我如果认识他们的话
会热爱他们，
也许你是从老人那里来的，
或来自即将离开母怀的后代，
在这里你就是母亲们的怀抱。

[译注] 引自惠特曼，《草叶集》，赵萝蕤译，南京：江苏凤凰文艺出版社，2020。

艾米莉·狄金森

艾米莉·狄金森（1830—1886年）在生活和工作中是私密的，就像惠特曼在生活和工作中是公开的。她一直保持单身，这并不稀奇，但她还隐居在马萨诸塞州阿默斯特的房子里，离群索居。她的坟墓在阿默斯特可以看到；上面刻着"归来"。

她生前只有七首诗得到刊印；第一个完整版本出版于1958年。然而今天，很少有美国诗人比她更知名，比她更受喜爱。她的作品试图在激情和理性劝喻之间营造一种平衡，而她对心理体验的兴趣则吸引着现代读者。许多人也被她对可靠信仰的渴望所吸引，只有她顽固的怀疑主义才能与之相提并论。

狄金森的追随者对她有亲近感，常唤她艾米莉。在她的1800部作品中，以下两部被认为是她最伟大的作品之一，并且涉及一个反复出现的主题：死亡。阅读狄金森时，一定要想象这句话："一道斜光"在冬日里穿透玻璃。还要考虑隐喻和明喻："有一股斜光给人威压……"，这是隐喻。那它是如何给人威压的呢？"宛如教堂乐曲的重量"，这是明喻。她用的是短句和韵律。还有人格化："亲切地为我停留。"车上载着"我们俩 / 还有永生"；这就是诗。

阅读材料 16.30　艾米莉·狄金森

诗 258（约 1861 年）和诗 712（约 1863 年）

诗 258

冬日的午后，

有一股斜光——

给人威压，宛如

教堂乐曲的重量——

它给我们的，是天伤——

所以不见疤痕，

但内在的差异，

能体现出意蕴——

无人能讲解它——丝毫——

这是密封的绝望——

一种帝王的折磨

给我们从天而降——

它来时，万象谛听——

阴影——屏声息气——

它去时，如同

死亡面上的距离——

诗 712

由于我无法驻足把死神等候——

他便好心停车把我接上——

车上载的只有我们俩——

还有永生与我们同往。

我们驾车款款而行——

他也知道无须匆忙

为了报答他的礼貌，

我把劳逸搁置一旁——

我们经过学校，学生娃娃

围成一圈——争短斗长——

我们经过庄稼瞻望的田野——

我们经过沉没的夕阳——

或者不如说——

夕阳经过我们身旁——

露珠儿颤悠悠阴冷冰凉——

只因我长袍薄似蝉衣——

我的披肩也跟薄纱一样——

我们停在一座房舍前

它好似土包隆起在地上——

屋顶几乎模糊难辨——

檐口——也隐没在地中央——

自那时起——已过了几个世纪——

然而感觉起来还不到一日时光

马头朝着永恒之路

这也是我最初的猜想——

［译注］引自艾米莉·狄金森，《狄金森全集》，蒲隆译，上海：上海译文出版社，2011。

纳撒尼尔·霍桑

纳撒尼尔·霍桑（1804—1864年）出生于马萨诸塞州塞勒姆，是 17 世纪末主持塞勒姆女巫审判的法官约翰·哈索恩的后裔。霍桑和他后来的妻子颠覆了加尔文主义和清教传统，于 1841 年加入布鲁克农场，一个超验的乌托邦社区。这对夫妇在一年后离开，但这段经历催生了小说《福谷传奇》（1852 年）。

霍桑最著名的作品是《红字》（1850 年），讲述了一个年轻女子海丝特·白兰与牧师丁梅斯代尔私通怀孕，生下了桀骜不驯的女儿珠儿。也许母亲的罪孽会降临到孩子身上，而母亲也会受到惩罚：被社会排斥和弃绝。海丝特被她的社区强迫在她的衣服上佩戴一个红色字母 A，一个象征，向世界广播她的通奸。小说以罪恶、骄傲、内疚、复仇，以及爱情和激情为主题展开。在阅读材料的文段中，海丝特怀抱三个月大的婴儿，从监狱里走到了阳光下。如果镇上的人，特别是那些穿着严密、思想拘谨的妇女，期望看到她的脸上和胸前写着忏悔，那他们会对海丝特的举止感到失望。孩子在阳光下眯着眼睛。

阅读材料 16.31　纳撒尼尔·霍桑
《红字》（1850 年），第 2 章

　　这个年轻女子——小婴儿的母亲——整个人站在人群面前亮相，看样子她的第一个反应是把小婴儿紧紧地抱在怀里；这一反应不完全出于做母亲的疼爱，也是借此把那个缝制在她衣服上的标记遮掩住。但是，她很快明白过来，小婴儿就是她蒙羞的标记，用她来遮挡另一个标记是丑上加丑，于是她把小婴儿放在臂弯里，面颊觉得烫烫的，却还做出一种高傲的微笑，而后又用一种大大方方的目光，把她同城的居民和邻居打量一下。在她的衣服的胸部，有一块细红布，布边装饰了精致的刺绣和金线交织的锦绣图案，红布上就是那个字母 A。字母缝制得颇具艺术韵味，充满丰富的华丽的繁盛的想象力，效果奇佳，成了她衣服上相得益彰的装饰；那身衣服就很夺目，和时代的气息十分合拍，只是大大超出了殖民地限定费用条例所允许的范围。

　　这个年轻女子高挑个儿，完美的优雅的身段近乎无可挑剔。她长了一头乌黑的好头发，色泽闪闪的，把阳光折射出了一种流光，一张脸呢，五官端正，面容姣好，十分美丽，黑黑的眉毛和凹进去的黑眼睛更是抢人眼球。她那贵妇人的长相，和那个时代的名门闺秀的女性仪表十分吻合；她散发出来的是端庄和威严，不是纤巧、轻盈和难以言表的优雅，这些只是现在认可的女性特征。赫斯特·普林比以往任何时候更有贵妇人的样子，按照这种说法的旧时的含义，就数她从牢狱出来的时刻了。那些过去认识她的人，原以为看见她在灾难阴云的笼罩下会一蹶不振，黯然神伤，这下看见她的美丽大放异彩，团团包围她的不幸和丑行蜕变成了一团光环，不免惊讶异常，甚至吓了一跳。也许实际情况是，敏感的眼尖人看得出其中某些非同寻常的痛苦东西吧。她的服装，毫无疑问，是她在牢狱里专门为了这个场合缝制的，差不多都是按照她自己的想象设计而成，服饰彰显的桀骜不驯与标新立异的特别之处，看样子是要表明她的精神态度，表明她情绪中的那种不顾一切的劲头。但是，吸引大家眼睛的焦点，而且，仿佛把当事人都改变了样子的焦点——在场的不论男女，过去和赫斯特·普林都很熟悉，这时却觉得好像是第一次看见她——正是那个红字，绣制得异常精致，在她胸部熠熠生辉。它产生了魔力的效果，把她从平常的人类联系中拉了出来，又把她送进了她自己的圈子里。

　　"她做针线活儿很有几下子，没错。"女观众里有人品评说；"可是，有哪个女人，能像眼前这个厚脸皮贱货一样，鼓捣出这样一个方式让人开眼啊！哼，好主妇们，这不是在当着我们神圣的执法官们的脸面发笑吗？

这不是在借着我们尊贵的绅士们做出的所谓判罚大出风头吗？"

"要说解恨，"那个脸色最硬的老婆子咕哝说。"恨不得我们能把赫斯特夫人那身上好的衣服从她那好看的膀子上脱下来；至于那个红字，就算她刺绣得那么奇巧，我还是想赏她一块我害风湿病用的法兰绒，做一个与她更般配的！"

"悄声点，邻居们，悄声点吧！"她们中间最年轻的一个同伴小声说；"别让她听见你的话！那个刺绣出来的红字的每一针，她都感觉刺在她心

上啊。"那个阴沉的狱吏这时用手中的警棍做了一个姿势。

"让开了，好人们，让开了，看在国王的名分上！"他嚷嚷说。"让开一条道吧；再说，我保证，普林夫人会安置在一个地方，男男女女大人小孩都可以去看看她这身奇装异服，从现在一直看到下午一点钟都行。马萨诸塞这块民风纯正的殖民地是有福的，罪孽暴露到光天化日之下了！走吧，赫斯特太太，到市场上显摆你的红字吧！"

[译注] 引自纳撒尼尔·霍桑，《红字》，苏福忠译，上海：上海译文出版社，2011。

赫尔曼·梅尔维尔

赫尔曼·梅尔维尔（1819—1891年）与霍桑一样，专注于深刻的道德问题，但在题材和风格上迥异。《白鲸》（1851年）是他的代表作，常被誉为美国最伟大的小说。它与歌德的《浮士德》有着共同的主题，即寻找真理和自我发现，梅尔维尔用新英格兰捕鲸业来隐喻这一主题。在利用独特的北美人文风貌来揭示人类普遍经验上，梅尔维尔和霍桑都是最出色的。

小说开篇，叙述者就自报姓名："叫我以实玛利。"在希伯来圣经中，以实玛利是亚伯拉罕和仆人夏甲的儿子，夏甲怀上以撒后，以实玛利和母亲一起被扔到旷野。《白鲸》中的以实玛利乘坐亚哈驾驶的捕鲸船，被送入海洋的"荒野"，而《列王纪上》一个邪恶的偶像崇拜者就叫亚哈。《白鲸》讲述了亚哈执着于杀死之前的一次航行中使他致残的白鲸。白色通常是纯洁无瑕的象征，然而这头鲸鱼杀死船员，击沉船只，而且显然是有意为之。当然，从鲸鱼的角度来看，捕鲸人先攻击了鲸鱼，一种无辜的生物。我们看到人类在应对大自然的巨大力量时，猎人和猎物之间的较量更多的是势均力敌（今天的捕鲸船更大，由钢铁制成，鱼叉也更致命）。

故事结尾，亚哈将最后一柄鱼叉刺向鲸鱼，宣称"我要跟你扭斗到底；到了地狱，我还是要跟你拼

一拼；为了泄恨，我要朝你啐最后一口唾沫"。在小说最后，我们看到，亚哈被鱼叉的绳圈缠住，鲸鱼将他拖下水杀死。只有以实玛利活了下来。这个故事的意义远不止于复仇的渴望如何伤害复仇者。鲸鱼有着复杂的含义，就像威廉·布莱克诗中的老虎一样。

阅读材料 16.32　赫尔曼·梅尔维尔
《白鲸》（1851 年），135 章

　　这会儿，差不多所有的水手都一动不动地挂在船头上；手里都还死板板地拿着锤子、板片、捕鲸枪和标枪，正如他们都打各人的工作中一下子歇了下来；所有他们那些着了魔似的眼睛都紧瞪在大鲸身上，大鲸则奇特地转来晃去，闪动着它那命中注定的大头，它一边猛冲，一边就在它面前喷出一大串半圆形的雾沫。它整个相貌是一种报复、雪耻心切、无穷恶毒的神气，而且不管人类的一切能耐，它那只硬得像拱架般的白额头拼命撞船头的右舷，直撞得水手和木头都晃个不停。有的人就脸朝下直倒下去。标枪手们的脑袋都像卸开来的木冠一般，高高地在他们那公牛似的脖子上晃来晃去。他们还听到灌进了裂口的水声，就像山洪奔泻进水槽。

　　"大船！棺架！——第二只棺架！"亚哈在小艇上高叫着；"那只能是美国的木头！"

　　那条大鲸潜到停住的大船底下，把船龙骨弄得索索抖；可是，它在水里一个翻身，又迅疾地像箭般镖出了水面，远远地落在船头的另一边，同亚哈的小艇相距不过几码之遥，它就暂时一声不响地躺在那里。

　　"我不望太阳啦。喂，塔斯蒂哥！让我听听你的锤子的锤敲声吧。啊，你们是我的三只威武不屈的塔尖；你

们是不碎的龙骨；唯一的神慌鬼怕的船壳；你们是坚韧的甲板，骄傲的船舵和指向北极星的船头，——虽死犹荣的船呀！难道你就这样撇掉了我而毁灭吗？难道我连最起码的破船船长的英名也捞不到吗？啊，孤寂的生和孤寂的死！啊，现在我觉得我的至高的伟大就寓在我的至高的悲伤中。嗬，嗬！我整整一生所经历过的勇敢的波涛呀，你现在尽管打四面八方排山倒海地来，在我的垂死的浪潮上再加上一层吧！我要滚到你那边去了，你这杀人不眨眼而又无法征服的大鲸；我要跟你扭斗到底；到了地狱，我还是要跟你拼一拼；为了泄恨，我要朝你啐最后一口唾沫。让所有的棺材和棺架都沉在一口大水塘里吧！既然什么都不可能是我的，那么，我就把什么都拖得粉碎吧，虽然我给捆在你身上，我还是在追击你，你这该死的大鲸！这样，我不使捕鲸枪了！"

　　标枪给掷了出去；那条中了枪的大鲸向前狂奔；那根索子像着火般快，直穿过细槽；——纠缠在一起了。亚哈弯下身子去解开它；他倒是把它解开了；可是，那如飞的线圈兜他颈脖子把他套住了，于是像沉默的土耳其人一言不发地把他们的罪犯吊死一样，他箭也似的从小艇里镖了出去，连水手们都还不知道他已经完了。再一会儿，那根粗大的索尾的索眼就从那只精空的索桶里豁地射了出来，把

一个桨手敲倒了，往海里一撞，沉下海底，不见了。

小艇上那些吓呆了的水手，一动不动地站在那儿，接着，定神过来。"大船呢？老天爷呀，大船在哪儿呀？"不一会，他们透过那迷蒙的、教人眼花缭乱的灵气，看到了那只打斜的逐渐消失的船影，好像是在虚幻的海市蜃楼中一样；只有几根桅顶露出在水面上；而那几个标枪手，不知是怀着依依不舍之情，还是出自一片忠心，还是听从命运摆布，毫不动弹地仍然守在那原来的高高的岗位上，仍然坚持在那行将下沉的瞭望岗位上。这时，一个同心圆把这只孤零零的小艇，连同所有的水手，每根漂泛着的桨子，每根捕鲸枪棒，死的活的都包围了起来，全都在一个涡流里绕来绕去，连"裴廓德号"的最细小的木片也都给带走了。

[译注] 引自赫尔曼·梅尔维尔，《白鲸》，曹庸译，上海：上海译文出版社，2013。

美国的艺术与建筑

19世纪，美国艺术家第一次从传统的肖像画转向风景画和风俗画。从19世纪30年代到60年代，铁路在全国各地铺设，最终连通东西。铁路运输赶超了其他交通方式，货运等都从水路向铁路转移。无论多远，都可以一览北美地形的奇观和多样性。伴随着铁路系统的扩张，人们相信，美国有向整个大陆扩张的使命——这是命定的安排。在美国历史上，这种观点被称为命定扩张，属于民族主义的另一个侧面。

哈德逊河画派

最早旨在歌颂自然的风景画家被统称为哈德逊河画派。这种风格由出生于英国的托马斯·科尔（1801—1848年）奠定，他后期的画作将宏伟的效果与基于近距离观察的对细节的准确渲染结合起来。他的《在一次暴风雨之后，从马萨诸塞州的北安普敦，霍利奥克山的风光——牛轭湖》（图16.29）是一幅极具代表性的作品：鸟瞰视角、引人注目的天空，以及原始自然与人的存在之间的对比。画面上有一个"牛轭"——康涅狄格河的一个弯道，因其形似U形牛轭而得名。画面的一半空间用于描绘天空，天空中暴风云卷起，露出明亮的白光。天空中变幻的气氛和静谧的河水、平滑的河岸线及岸上郁郁葱葱坡地粗糙的树皮和断裂的树干并置在一起，形成了情绪上的对比。河水和树木的平行线相辅相成，加强了它们之间的联系——几乎是自然的两面。

哈德逊河画派无疑受到了美国超验主义作家梭罗、惠特曼、爱默

图 16.29　托马斯·科尔，《在一次暴风雨之后，从马萨诸塞州的北安普敦，霍利奥克山的风光——牛轭湖》，1836 年。布面油画，130.8×193.0 厘米。纽约大都会艺术博物馆。这幅画在细节上细致入微，但绝不因此影响视野的广阔。注意河道的形状，拐弯处非常有特色，"牛轭湖"正是以此得名。

生等人的影响。爱默生在《关于艺术的思想》中提醒自然风景画家，"风景在他眼中有一种美感，因为它表达了一种他视之为善的思想，这是因为通过他的眼睛看到的力量，在那景象中同样可以见到"。艺术被认为是连接个人与普遍性（以及自然与神灵）的一种方式，是"道德和精神转化的媒介"。

这种哲学的全部内容在阿舍·布朗·杜兰德的《灵魂相契》（图16.30）中得以符号化，这是他与精神战友托马斯·科尔在一起时的自画像。两位艺术家驻足于深邃峡谷的岩石上，沉思自然的光辉。作品的标题《灵魂相契》具有双重含义：它既指两位艺术家之间的共同目标和敬意，又指他们与自然以及被认

为蕴藏其中的神性存在的关系。

美国的风俗画

惠特曼诗歌的视觉对应之作，

图 16.30　阿舍·布朗·杜兰德，《灵魂相契》，布面油画，111.8×91.4 厘米。阿肯色州，本顿维尔，水晶桥美国艺术博物馆。杜兰德想象自己与画家同伴托马斯·科尔置身原始森林中。"灵魂相契"指的是谁？

可以在美国风俗画画家的作品中找到，他们的主题以叙事性场景和刻画普通人的工作娱乐为主。乔治·加勒伯·宾汉（1811—1879 年）将其职业生涯的大部分时间专注于描绘美国边境的生活，尤其是密西西比河和密苏里河沿岸。1846 年绘制的《快活的船夫》（图 16.31）已经成为历史中的场景。平底船被用来沿着河流和水道运送货物，但正如我们所看到的，到了本世纪中叶，其他运输方式也被开发和部署，以满足正在向高度工业化发展的社会的需求。桨轮汽船将取代人力驱动的平底船。也许宾汉的画作就是为了反映这种转变：船里似乎没有货物，而男人们在寻找互相娱乐和消磨时间的方式。

建筑

1792 年，美国第三任总统托马斯·杰斐逊提议开展国会大厦设计竞赛。他倾向于法国模式，因为他曾在巴黎生活多年并担任外交官，后又担任驻法公使，对新古典主义非常推崇。国会大厦的设计经历了多次修改，其标志性圆顶直到 19 世纪中期才建成（图 16.32），但其设计理念的核心始终与启蒙建筑相关。

相比之下，圣帕特里克大教堂（图 16.33）则是以哥特复兴风格建造的，哥特复兴风格是与浪漫主义

图 16.31　乔治·加勒伯·宾汉，《快活的船夫》，1846 年。油画，96.8×123.2 厘米。私人收藏。宾汉以其西部边界日常生活主题的风俗画闻名。

图 16.32　**美国国会大厦，华盛顿特区**。到本书撰写之时，美国国会大厦从华盛顿总统任命的威廉·桑顿博士算起，已有 11 位建筑师经手。这座建筑是双边对称的典型：构图中一切实际或假想线段两边的东西都是一致的。对称的规律性和可预测性可以让人联想到和平、平静、舒适和秩序的感觉。重复和对称隐隐指向理性和礼节，将建筑结构与某种象征性的理想联系在一起。此外，还明显参照了希腊黄金时代的建筑。

相关联的建筑设计的主要流派之一。建筑师詹姆斯·伦威克也受到欧洲之旅中接触的历史古迹的启发，以这种风格设计了几座重要建筑，包括纽约市的格雷斯大教堂（1843—1846 年）和史密森学会大楼（城堡）（1847—1855 年）。建筑学中的哥特复兴运动起源于 19 世纪中叶的英国，在伦敦威斯敏斯特宫（议会大厦）的设计中也能看到哥特复兴的影子。哥特复兴运动被用来强化与新古典主义风格相联系的理性主义（及自由主义价值观）和中世纪建筑传统所唤起的灵性论（基督教价值观）之间的哲学分野。

摄影

大约在库尔贝尝试以油画趋近写实的极限之际，摄影横空出世。

Photography[摄影]一词有着希腊文词根，意为"用光来书写"，摄影的科学性涉及通过镜头的光线在感

图 16.33　**詹姆斯·伦威克，圣帕特里克大教堂**（1858—1878 年）。纽约。这是一座哥特式教堂，有着尖拱门和装饰华丽的墙面。不过，它是 18 世纪中期修建的，是哥特复兴风格的典范。

光表面（如胶片）上捕捉物体图像的方式。当然，今天的数码相机是将通过镜头的视觉图像转化为数字信息字节，记录在磁盘或闪存卡等电子存储设备（而不是胶片）上。

虽然用相机记录图像的能力似乎是在19世纪中叶突然出现的，但摄影的一些原理可以追溯到300年前，即文艺复兴时期艺术家用以辅助自己在二维表面上准确地描绘纵深或透视效果的暗箱。暗箱可以是一个盒子或一个房间，带有一个小孔，可以通过一面墙透进光线。光束将外面的景物倒过来投射在盒子内的表面上。然后，艺术家只需简单地描摹场景，便能达到正确的透视效果——准确地模仿自然。

摄影发展的下一步是寻找可以永久粘贴图像的感光表面。这些发展是零碎的。1727年，德国物理学家约翰·海因里希·舒尔茨发现银盐具有感光性，但并未尝试记录自然图像。1802年，英国著名陶艺家的儿子托马斯·韦奇伍德报告了他的发现，即浸泡在硝酸银中的纸张确实会对光发生化学反应并产生投影图像。但是，这些图像不是永久性的。随后在1826年，法国人尼埃普斯发明日光刻蚀法。他将沥青或沥青残渣放在锡板上，形成感光表面。然后用遮光镜将板子曝光数小时，再用薰衣草油清洗。锡镴在低光或无光处显露出来，形成场景中较暗区域的图像。沥青留在光线照射过的地方，留下较浅的明暗度。

1829年，尼埃普斯和另一位法国人达盖尔之间的合作产生了达盖尔版画。达盖尔版画使用的是经过化学处理的镀银铜薄片，将其放置在照相机暗箱中，并暴露在一束狭窄光线下。曝光后，再将板子做一次化学处理。图16.34是1837年拍摄的第一幅成功的达盖尔版画。在这幅名为《静物：珍奇室》的作品中，风景画家达盖尔敏锐地组合了极具质感的物体和雕塑。明暗度的对比有助于营造一种深度错觉，可以记录下非凡清晰的图像。最初的达盖尔版画需要在光线下曝光5到40分钟——对于一个需要坐着不动的人来说，可以说相当久了。但在十年内，曝光时间就减少到30至60秒左右，而且这一过程变得非常便宜，一个

图16.34　达盖尔，《静物：珍奇室》，1837年。达盖尔银版照片，16.5×20.3厘米。法兰西摄影协会。这是第一张成功的银版照片。

图16.35　费利克斯·纳达尔，《莎拉·伯恩哈特》，1869年。照片。21.4×17.2厘米。法国，巴黎，国家图书馆。摄影师让女演员摆出梦幻般的姿势。

家庭可以用四分之一的价格购买两张肖像。在欧洲和美国各地都开设了达盖尔版画工作室，许多家庭开始收集那些如今看来反映了过去日子的僵硬、风格化的照片。

英国科学家塔尔博特在1839年发明了底片。他发现涂有乳剂的感光纸可以代替达盖尔版画的铜板。他将一个物体，如植物的枝条，放在纸上，经过编排后暴露在光照下。到了19世纪50年代，摄影技术和不断增长的中产阶级的需求共同创造了一个蓬勃发展的人像摄影业务。拥有自己的肖像，以前是富人的专属，因为他们有能力雇佣画家。摄影成了民主均衡器。富人、名人和普通中产者如今可以让自己被人记住，可以在他们的肉身回归尘土后很长时间里让人们知道他们的存在。

摄影工作室如野火般蔓延开来，许多摄影师，如茱莉亚·玛格丽特·卡梅隆和费利克斯·纳达尔开始争抢著名客户。卡梅隆令人印象深刻的作品包括查尔斯·狄更斯、阿尔弗雷德·丁尼生勋爵以及亨利·沃兹沃斯·朗费罗的肖像。纳达尔在1859年为女演员莎拉·伯恩哈特拍摄的肖像（图16.35）是用玻璃板印刷的，可以多次使用玻璃板来制作清晰的副本。纳达尔等早期的肖像摄影师既模仿了自然，也模仿了艺术，他们使用的服装和道具让人联想到浪漫主义绘画或被流动的帷幔摩挲的半身雕塑。照片柔和而质感平滑，明暗度适中，伯恩哈特被细腻地描绘成沉思和智慧的样子。

19世纪之前，报纸和杂志上很少有插图。仅有的一些插图通常是雕刻或绘画。摄影使新闻媒体将重要事件活生生呈现在公众眼前的能力发生了革命性的变化。马修·布雷迪和亚历山大·加德纳等先驱者首先使用相机记录美国内战等重大历史事件。摄影师及其摄制组与士兵们一起艰难地走在路上，他们的装备由后面的马匹拉着，被士兵们称为"那啥"（whatsits）。

布雷迪和加德纳手头的设备不足以捕捉到抢拍场景，所以他们没有直接记录战线上的血腥对决，没有记录每一次的冲锋和抛射。相反，他们拍下了沿线军官和营地生活的照片。虽然战争场面不会为加德纳的相机停止，但战争造成的大量伤亡和破坏，以及加德纳拍摄的《叛乱狙击手的归宿，葛底斯堡》（图16.36）却可以做到这一点。从此，关于远方冲突的图文并茂的画面被带到民众家中，往往影响着公众对战争的态度，使之向特定方向发展。

图 16.36　亚历山大·加德纳，《叛乱狙击手的归宿，葛底斯堡》，1863 年 7 月。玻璃，湿火棉胶，17.8×22.9 厘米。华盛顿特区国会图书馆印刷品与照片部。

总览 浪漫主义、现实主义与摄影

语言和文学

— 威廉·布莱克从 18 世纪末至 19 世纪初创作了浪漫主义诗歌，1794 年出版《经验之歌》以及诗歌《老虎》。

— 1800 年，华兹华斯写了"《抒情歌谣集》序"，解释了浪漫主义诗歌的一些原则；《抒情歌谣集》还收录了柯勒律治的《老水手谣》。

— 1808 年，歌德出版《浮士德》第一部。

— 19 世纪初的英国浪漫主义诗人包括拜伦、雪莱和济慈。

— 19 世纪初的英国小说家包括奥斯汀（如《傲慢与偏见》）和玛丽·雪莱（《弗兰肯斯坦》）。

— 19 世纪早中期的美国诗人包括爱伦·坡、惠特曼和狄金森。

— 1841 年，爱默生写了《自立》；1854 年，梭罗出版《瓦尔登湖》。

— 美国小说家包括霍桑（《红字》）和梅尔维尔（《白鲸》）。

— 现实主义作家包括福楼拜（《包法利夫人》）、巴尔扎克（《高老头》）、乔治·桑（《莱莉亚》）、托尔斯泰（《战争与和平》）、狄更斯（《双城记》《艰难岁月》《雾都孤儿》）。

— 1862 年，雨果出版《悲惨世界》。

美术、建筑和音乐

— 威廉·布莱克从 18 世纪末至 19 世纪一直担任插画师，并为自己的诗歌绘制插图。

— 1793 年，新古典主义风格的美国国会大厦破土动工。

— 贝多芬从 18 世纪末至 19 世纪创作了他的浪漫主义交响曲和其他作品。

— 其他在 19 世纪上半叶工作的浪漫主义作曲家包括柏辽兹、舒伯特、勃拉姆斯、布鲁克纳和肖邦。

— 美声歌剧发展于浪漫主义时代。

— 威尔第的歌剧表现出对戏剧性和心理事实的新关注。

— 1798—1798 年，戈雅创作了《理性沉睡，心魔生焉》，以及一些政治题材作品，包括在 19 世纪创作的《1808 年 5 月 3 日》。

— 1806—1807 年，大卫创作了《拿破仑一世及皇后加冕典礼》。

— 1814 年，安格尔创作了《大宫女》。

— 1818 年，籍里柯创作了《美杜莎之筏》。

— 1824 年，德拉克鲁瓦创作了《希俄斯岛的屠杀》，1826 年创作了《萨达那帕勒斯之死》。

— 19 世纪 30 年代，杜米埃和库尔贝开始创作现实主义风格的艺术作品。

— 1840 年，透纳创作了《贩奴船》。

— 美国哈德逊河画派的画家包括科尔（《牛轭湖》）和杜兰德（《灵魂相契》）。

— 瓦格纳在 1851—1874 年间创作了《尼伯龙根的指环》。

— 1853 年，奥斯曼开始对巴黎进行现代化改造。

— 圣帕特里克大教堂于 1858—1878 年间在纽约建成。

宗教和哲学

— 浪漫主义作为一场运动始于 1790 年代。

— 黑格尔强调艺术能够调和对立面并赋予其意义。

— 1819 年，叔本华出版《作为意志和表象的世界》。

— 19 世纪初，超验主义在美国发展。

— 1848 年，马克思和恩格斯发表《共产党宣言》。

图 17.1　马奈，《女神游乐厅的吧台》（局部），1882 年，布面油画，96×130 厘米。英国，伦敦，科陶德艺术学院。

第十七章

走向现代：1870—1914 年

导引

1863 年，诗人兼艺术评论家波德莱尔出版《现代生活的画家》，一部关于现代艺术、美学、时尚和艺术家角色的开创性作品。同年，画家马奈的开创性画作《草地上的午餐》，引发评论界和公众一片哗然。画中原本普通的巴黎野餐场景中，赫然出现了赤身的女士。这一巧合对艺术与友谊都意义非凡。波德莱尔作品预示了马奈的艺术信息；诗人认为现代性即属于个人的时代，这一定义在画家的绘画中找到了共鸣。两人维持了十多年的亲密友情。

1866 年，作家爱弥尔·左拉发表评论，大力维护遭到猛烈抨击的马奈；一年后他再次发文，支持马奈在巴黎世界博览会场馆外搭建私人展馆的勇敢决定。1868 年，马奈为左拉画了一幅画像以示感激。两人建立起了长久而忠诚的友谊。

波德莱尔、马奈和左拉形成了一个迷人的三角，其中心是现代性概念。在《现代生活的画家》中，波德莱尔将现代性定义为"瞬息万变的"，艺术家的角色就是一个局外人，一个浪子，或一个"热情的观众"。他说，艺术家要做"人群中的一员"，隐匿在人群中，观察一切不被注意的东西，然后匆匆描绘出他所处时代的氛围和社会状况。波德莱尔告诉我们，画家记录的"现代生活"是一种可以通过诸如服装、化妆品和寻欢作乐等商品获得满足的欲望（他称之为人为的欲望）。

这些欲望促成了左拉的《妇女乐园》，一部关于物质消费和百货商店的小说，艺术史家露丝·E. 爱斯金称百货商店为 19 世纪法国新现象的中心，是"销售、诱惑和吸引眼球"的地方。爱斯金称，欲望与消费、诱惑与销售也是马奈所画的传奇巴黎音乐厅《女神游乐厅的吧台》（图 17.1 和图 17.5）的中心。她强有力的论证源于对大众消费、妇女角色的变化以及现代人群或公众发展的特定历史论述。左拉这部最先以连载形式发表的小说，与马奈的画发表于同一年，即 1882 年。

在马奈的画中，一个男人走向吧台，吧台上摆满了吸引眼球的消费品，当然还有穿着同样引人注目服装的酒吧女侍，也有人称她作女销售员。她背后的大镜子映出了顾客的脸，一个戴着大礼帽、打扮得体的布尔乔亚，镜中还用素描画出了一群正在娱乐的消费者。酒吧女侍的目光空洞而冷漠，她的视线似乎越过客人看向我们。我们也是被她的魅力和商品所引诱的观众。

现代的诞生

要观察人类经验，需要保持一定距离。我们受事件影响越深，就越难作出客观评价。回顾过去，可以看到，自 1870 年俾斯麦（1815—1898 年）通过一系列战争将小的德意志邦国并入普鲁士，建立德意志帝国后，我们生活的世界就开始往现有政治格局发展，巨大的希望与不安并存。作为统一的德国的宰相，俾斯麦对丹麦、奥地利和法国发动战争，以确保新帝国在欧洲大陆的统治地位。随后，他精心谋划欧洲的权力平衡，实现了 1870 年代初到 1890 年（他被解职的那年）的和平。

社会和政治发展

俾斯麦是社会和政治上的保守派，他痛恨社会主义运动在欧洲的发展，包括德国社会民主党的发展。因此，你可能会觉得奇怪，因为俾斯麦也促进了福利型国家的发展。他创立了养老金制度（美国社会保障体系的先驱）、政府资助的医疗保险、失业保险和意外保险等。社会党人对这些项目都投了反对票。

英国于 19 世纪 80 年代到达顶

走向现代

1870 年	1885 年	1900 年	1906 年	1914
1870 年，俾斯麦缔造了德意志帝国。俾斯麦利用权力平衡外交手段来维持欧洲的和平。德国社会民主党成立。1876 年，贝尔发明电话。1879 年，爱迪生取得电灯泡的专利权。巴斯德和科赫证明了疾病的病菌说。德国首创社会保险制度。	国际社会主义政党联盟建立。俄国实行工业化。法国德雷福斯事件暴露了反犹太主义，导致政教分离。伦琴发现 X 射线。1895 年，马可尼发明无线电报。第二次布尔战争导致英国控制南非全境，与德国陷入紧张局势。	1901 年，马可尼首次实现跨大西洋无线电通信。1903 年，怀特兄弟完成第一次动力飞行。1903 年，潘克赫斯特创建妇女社会和政治联盟。1904 年，日俄战争爆发。1905 年，俄国第一次革命爆发。1905 年，爱因斯坦提出相对论。1905 年，第一家电影院在匹兹堡开业。	英国实行社会保险和议会改革。福特推出 T 型汽车。福特通过流水线生产汽车。中华民国建立。卢瑟福提出原子的行星模型。1914 年，第一次世界大战爆发。	

峰（尽管在 18 世纪末失去了部分美洲殖民地），殖民地遍布全球，因此有"日不落帝国"之称。其他欧洲国家，特别是法国，也有各自的殖民地。俾斯麦统治下的德国在殖民方面亦有所扩张。所有这一切加剧了德、英、法之间的激烈竞争和紧张局势。尽管英法数百年来战争不断，他们仍签署了一项协议，本质上是为了自保，对抗棘手的新兴德国，双方还聚集了更多的盟友。地位和权力之争最终导致了 1914 年一战的爆发，但此前的欧洲在普法战争（1870—1871 年）后基本处于和平状态。

时代精神

19 世纪的最后 25 年，欧洲人普遍有一种感觉：生活不会也不可能像以前那样继续。社会和政治革命用相对公平的政府形式取代了旧的君主制。科技的发展为千百万普通人带来了更高水平的适意生活。一种乐观情绪开始在欧洲各大城市特别是上流阶层蔓延。比如在巴黎，这一时期被称为"美好年代"。

不稳定期

对于其他人，也许是大多数人来说，美好年代并不真正存在。尽管是和平年代，但欧洲主要国家几乎都维持着庞大军队并实行义务兵役制。因此早在 1914 年之前，许多人就认为战争迟早会爆发：这种预见未能阻止战争。民主政体的推行使越来越多的人认识到，他们有权分享工业革命创造的物质利益。在欧洲最富有的国家（法国、英国和德国），富人让穷人眼红。而较贫穷的爱尔兰、西班牙、葡萄牙和东欧各国，则眼红富庶的邻国。

美国移民潮

阶层和国家间的贫富差距导致欧洲人口大量迁往美国，传说那里遍地黄金。这无疑是幻想。1907 年移民潮达到高峰，超过 125 万欧洲移民来到美国，大多来自南欧和东欧。1870—1914 年，数百万欧洲人迁入美国。他们搭乘拥挤的统舱（最便宜、乘客最稠密的舱室），许多人患病死亡。在一次跨大西洋航行中，摄影师阿尔弗雷德·斯蒂格里茨有所触动，在威廉二世班轮上拍摄了名为《统舱》的经典照片（图17.2）。他冲回客舱拿相机，希望上下层乘客，与分割画面的吊桥、楼梯、烟囱和桅杆的横梁保持构图平衡。"挤成一团的人群"似乎被机械以及一虚一实的桥梁悬空。但他们横跨大洋的顽强决心，正如一位乘客草帽上的明快光斑。

图 17.2 阿尔弗雷德·斯蒂格里茨，《统舱》，1907年。凹版照片，33×25.4厘米。华盛顿特区国会图书馆印刷品与照片部。摄影师写道："我怔怔地驻足观望了好一会，看了又看。我能拍摄出我的感觉吗，在这看了又看，一直在看？"

更多不确定性

当然也有好消息：医疗进步降低了婴儿死亡率，治愈了不治之症，延长了人类寿命。但欧洲人口也因此急剧膨胀，导致食物和住房短缺。新的交通和工业形式给城市带来大量工人。新的电子通信使人们能够远距离即时通信。但另一方面，许多人的生活被彻底改变，日常生活变得没有个性和人情。

金本位的世界金融市场持续增长，赋予大企业新的力量。资本主义的崛起遭到日益强大的社会主义力量的激烈反击，刺激了保护工人利益的工会的发展。财富被创造，人们想要自己的那份。

当如此多的政治和社会力量互相龃龉时，前途自然难卜。18世纪，宗教已失去对知识界的支配；19世纪末，人们不再虔信。新兴的人类学和心理学，虽无法取代宗教，但都提出了关于人类生活和行为的论争。

弗里德里希·威廉·尼采

危机四伏下，欧洲文明似乎崩溃在即。世事变化如此之快，以至于鲜少有思想家能够超脱时代，为这些问题提供哲学方案。尼采（1844—1990年）便是其中之一，他在《查拉图斯特拉如是说》（1883—1892年）等作品中对西方文明的现状作了不乐观的诊断，并施以猛药。

对尼采而言，基督教是"奴隶宗教"，颂扬同情和牺牲等软弱美德，是西方文明的最大的诅咒。他认为民主也好不到哪儿去，称其为平庸大众的统治。唯一有效的生命力是"权力意志"，一种冲破道德约束追求独立的力量。任何有助于权力的东西都是好的。只有不惧幻想破灭的强者，靠自由意志建立高贵和优良的新价值观时，社会才能进步。尼采称这些强者为"超人"。与19世纪初的叔本华一样，尼采的价值主要在于他预见未来思想的方式，而不是自己引领运动。不幸的是，后来他的思想被 20 世纪一些想要征服世界之人所歪曲，尤其是声名狼藉的德国纳粹统治者。

价值观念 ||||||||||||||||||||||||||||||||||

帝国主义

从中世纪晚期向现代的过渡，是欧洲海外扩张和经济发展的结果。到 19 世纪中叶，欧洲拓展新领土的目的从发展贸易进一步演变为征服和殖民竞赛。帝国主义成为 19 世纪政治和文化发展的主要驱动力之一。

帝国主义是经济、政治和精神目标的产物。在经济上，对海外领土和当地居民的征服提供了源源不断的原材料和大量廉价劳动力。随着资本主义制度的扩张，殖民地成为资本家的投资中心，越来越多的剩余资本被榨取——这是资本主义和帝国主义最激烈的反对者之一列宁的评论。

在政治上，帝国主义为欧洲列强在欧洲以外地区的竞争提供了手段。1815 年的维也纳会议营造了欧洲的政治力量平衡，防止任何国家独大。然而，通过在非洲和亚洲征服更多的富饶领土，西欧殖民者可以超越彼此。

同样重要的是民族主义的内在心理因素。民族自豪感成为政治和军事决策的重要因素。随着欧洲国家的海外资产日益增长，征服一处地理位置优越的港口或岛屿就等于打开了通向新领土的通道，握住了一个地区的掌控权，还能有效封锁竞争对手。对爱国者来说，在海外建功立业，可以扬名立万，底层人群也因此有了晋升渠道。

帝国主义的一部分驱动力也来自这样的主张：殖民者是文明的传播者，至少是欧洲文明的传播者。许多帝国主义者都这样说过，甚至有不少人对此深信不疑。传教运动几乎伴随了整个殖民进程，殖民政府还试图取缔殖民地某些令他们感到震惊的地方风俗：嗜食同类、童婚与赤身裸体。虽然有部分殖民地居民的身体状况和文化程度得到了提高，但殖民地要求自治的呼声从来没有停止。

最终结果是，殖民地人民逐渐为争取独立而战。在 20 世纪，独立斗争挫败了殖民主义。在此过程中，欧洲的主导地位让位于串联世界命运的全球文化。技术革新、大规模杀伤性武器的发明和电子通信的飞速发展，使世界变得越来越全球化。在这种环境下，帝国主义愈发显得张狂和自私。

妇女运动

19 世纪，各种新的政治运动兴起，当中以社会主义运动最为突出，这些运动中产生了一个新的运动团体：妇女。"女权主义"一词就是在这一时期首次出现的。妇女为了争取各种权益而开展运动，例如离婚改革与财产所有权，但是将各个阶层和各个国家的妇女们联合在一起的问题是投票权。

从 1868 年起，英国妇女可以在地方选举中参与投票；1870 年代，芬兰和瑞典妇女也有了这一权利。1890 年代，美国部分州给予妇女投票权，但仅限于拥有财产的单身妇女。到第一次世界大战前夕为止，除芬兰外，没有一个西方国家（包括美国）允许妇女在全国性的选举中投票。

在法国，女权主义者开始组织抗议队伍，拒绝纳税，掀翻投票箱。最有名的英国妇女组织是埃米琳·潘克赫斯特 1903 年成立的妇女社会和政治联盟。潘克赫斯特和她的几个女儿认为，只有直接行动才能确保妇女获得投票权。她的组织开展了针对反对妇女投票的政治候选人的运动。当包括英国首相赫伯特·阿斯奎斯和他的大臣大卫·劳合·乔治在内的主要政治领导人拒绝支持妇女投票权时，潘克赫斯特的支持者打砸伦敦高级商店的窗户，攻击主要政客，并把自己绑到政府办公楼的栏杆上。被捕后，她们拒绝进食（但被强迫喂食）。其中一位活动家艾米丽·威尔丁·戴维森在 1913 年的赛马日上，冲向国王的马，结果被踩死。直到 1918 年第一次世界大战后，英国的妇女参政权论者

才赢得投票权。美国妇女则于 1920 年首次在全国选举中参与投票。

艺术

没有了宗教或哲学的保障，艺术开始追寻新的主题和风格，以回应时代的躁动，并极大地挑战了数世纪以来人们所习惯的原则。音乐方面，传统的和声和节奏概念先被彻底扩展，然后至少被一部分作曲家抛弃。文学方面，作家们探索了新的经验领域，包括潜意识对人类行为的影响，并重审了某些传统观念，如妇女的角色。视觉艺术方面，一波波运动接连出现。在现代世界的形成期，艺术界可以说是热闹非凡。

视觉艺术

这段时期视觉艺术的狂热程度，从运动和风格转换的速度和数量便可见一斑：印象主义、后印象主义、野兽主义、表现主义，立体主义和未来主义，在第一次世界大战初期达到了高潮。让我们先从传统学院艺术开始讲起。

学院艺术

具有讽刺意味的是，学院艺术画风对现代主义的发展影响微乎其微。之所以叫学院艺术，是因为其

风格和主题源于 1648 年成立的巴黎皇家艺术学院传统。学院出身的艺术家用精确的绘画和高度光滑的表面描绘传统主题（历史、人体及神话主题）。两个多世纪以来，学院牢牢控制着艺术生产，还通过赞助每年的评审画展（即沙龙），几乎控制了艺术界，只有风格符合学院标准的艺术家作品才能展出。因此，许多学院派艺术家都是追随者而非创新者，由于作品是学究式的，他们往往流于平庸。

威廉·阿道夫·布格罗（1825—1905 年）就是其中一位广受欢迎且技艺高超的学院画家。他的作品中

图 17.3　阿道夫·布格罗，《宁芙与萨堤尔》，1873 年。布面油画，260×179.8 厘米。马萨诸塞州，威廉斯敦，斯特林和弗朗辛·克拉克艺术学院。布格罗的画虽然精美，但其代表的传统标准是年轻艺术家所不愿遵从的。

有大量华丽的古典风格的宗教和历史题材画，但以精致的人体画和神话题材作品最为著名。《宁芙与萨堤尔》（图 17.3）中精湛的绘画技术和对细节的苛求，呈现出栩栩如生的画面。画中四个活泼美丽的森林女神簇拥着犹豫不决的萨堤尔，把他拖入水中。学院艺术仍能吸引街头的法国人，但主题的甜腻与作画的极度灵巧，只是作为新一代画家反叛的标靶。

从现实主义到印象主义

马奈

马奈（1832—1883 年）堪称现实主义运动与印象主义运动更替期间巴黎出现的最具影响力的画家，他衔接了这两种风格，并且作品主题与法国学院风格大相径庭。布格罗创作《宁芙与萨堤尔》的十年前，马奈在"落选者沙龙"（被学院正式沙龙所拒绝的艺术家们举办的画展）上展出了作品《草地上的午餐》（图 17.4），这幅画后来成为现代艺术史上的传奇。说它引起轰动，还不足以说明当时的情形；它遭到了评论界和公众的一致反对。为什么？因为它代表着新艺术的冲击。

将裸体女人和穿衣男人并置并不新鲜；文艺复兴时期的威尼斯艺术家们就曾经画过这种构图的作品。

图 17.4　马奈，《草地上的午餐》，1863 年。布面油画，208×264.5 厘米。法国，巴黎，奥赛博物馆。这幅画有许多奥秘: 画中的女人在干什么? 为什么她们要脱掉衣服? 女人脸上的表情究竟是什么意思?

此外，马奈画中人物的姿势和位置，参照了模仿拉斐尔画作的一幅版画。除了这些故意的，也许是半开玩笑的参照，其他一切在当时都是全新的。提香的威尼斯式田园场景中，总是出现标准的裸体神话女性，与她们相伴的是献殷勤的男子，他们或在弹奏乐器，或在夸夸其谈。这类人物早已成为学院艺术家的标配，但马奈不同，他画的是普通人，而且可以看出是在公园野餐的法国中产阶级。画中马奈的兄弟尤金伸出一只手指，与他交谈者被一些史学家认定为是艺术家的雕塑家朋友。坐在地上凝视着观众的裸体女人是多次作为马奈画中模特的维多利安·莫涵。她的目光与观众相遇，观众仿佛变成了偷窥者，这无疑是一种令人不安的关系。也许更令人不安的是观众心中的未解之谜: 为

什么这个女人要脱掉她的衣服? 为什么男人对她的裸体不感兴趣? 她是否发现我在盯着她看?

马奈的绘画技巧标新立异，是基于现实主义的创新。与学院风格标志性的平滑的和高光泽度的技法不同，马奈采用的是几乎未经调色的颜料和粗糙的画风。他更重视物质的实体存在和绘画过程的痕迹，而非幻觉主义。马奈还采用与文艺复兴艺术家发明的绘画方法相反的做法，为画布增加光亮效果: 通常的做法是在黑色底层上添加多层高亮图层，而马奈是在白色的背景上添加更深的色调。正是这种光亮效果为印象派铺平了道路。现代主义呼之欲出。

《草地上的午餐》不是马奈唯一颠覆性的作品。在《奥林匹亚》（见图 17.7）中，他还讽刺性地"引

用"了学院派艺术家奉为典范的古代大师的画作。这次他"修改"的是提香的《乌尔比诺的维纳斯》。他将这幅威尼斯画派作品中斜躺的裸体维纳斯替换为另一个"爱的女神"——一个妓女（奥林匹亚是当时巴黎红灯区一名风尘女子的名字）；女神脚边睡着的象征忠诚的狗，也被替换为一只黑猫。正如《草地上的午餐》中坐着的裸体女人引起了公众不满，《奥林匹亚》中的妓女也引发一片哗然。奥林匹亚的视线同样直直盯向画布外，造成一种令人不舒服的感觉，仿佛她和观众之间正在进行交易。早期绘画大师们用釉彩细致打造有柔和光泽的人物肌肤的时代，已经一去不返。马奈用了一种苍白的颜料来代替釉彩，被一位评论家描述为"停尸房中尸体的颜色"。以妓女为画像人物，采用未加工原色颜料，以及不同种族同框（将潜在客人送的花呈给奥林匹亚的女佣是黑人），这些都在当时引起了公愤。然而仅仅在《奥林匹亚》完成 25 年后，也就是马奈去世 17 年后，他的作品就在著名的卢浮宫展出。

我们可以从不同角度审视《女神游乐厅的吧台》（图 17.1 和图 17.5）。表面上看，这幅画属于通常所说的"视觉盛宴"。在我们眼前

图 17.5　《女神游乐厅的吧台》，1882 年。布面油画，96×130 厘米。英国，伦敦，考陶尔德艺术学院画廊。酒吧女侍在镜中的影像是有问题的。你认为艺术家为什么要把她画成这样？你在画中找到了哪些"消费品"？

是琳琅满目的酒水、水果和花，以及年轻漂亮的女子。男性观众会与右边镜中的男人产生共鸣吗？那个男人正与酒吧女侍谈话；他在向她求欢吗？女性观众会与男人的兴趣对象即酒吧女侍产生共鸣吗？我们可能注意到她的神情有些游离。虽然这幅画向观众呈现了许多视觉刺激元素，甚至是香氛的强烈暗示，但女侍对这一切也许早已厌倦。

印象主义

19 世纪末，一群艺术家联合起来对抗法国艺术体制。他们大多不被认可，还经常遭受恶毒的批评，因此许多人因为缺乏委托而过着贫困的生活。而在今天，他们已成为艺术史上最重要也最受欢迎的艺术家之一。他们被称为印象派。这一名称是由一个充满敌意并企图中伤他们作品的评论家创造的，旨在诋

比较与对比 ||||||||||||||||||||||||||||||||||||||||

性别政治：女性的身体与男性的注视

"我们从来没有遇到过身体不受文化给予它的意义的影响。"作为伊始，你能否参考本栏中的四幅作品，尝试支持或质疑这种说法？这句话出自盖尔·鲁宾的文章《性的思考：关于性别政治激进理论的笔记》。在你看来，这四幅作品中有哪些是关于"性的思考"的？哪些是强调"性别政治"的？

提香的《乌尔比诺的维纳斯》（图17.6）是乌尔比诺公爵为私人宅邸而委托他创作的。在16世纪，情色绘画拥有相当大的市场。有观点认为，西方艺术中"伟大人体画像"的创作意图本质上与美女画像并无二致。但毫无疑问，这幅斜倚裸体画在伟大艺术的殿堂中拥有无可争议的地位。而且现代对该作品的重新审视和解读也再次肯定了这一点。

马奈是最早引用提香的维纳斯作为自己画作出发点的艺术家之一。在他的《奥林匹亚》（图17.7）中，马奈刻意模仿了文艺复兴时期的作品，挑战认为现代艺术与早期大师相比缺乏可信度这一观点。实际上，马奈似乎在说："你想要一个维纳斯？那我就给你一个维纳斯。"在19世纪的巴黎，上哪去找维纳斯呢？去风月场所。这两幅画有什么共同点？他们的出发点是什么？提香用了哪些细节来营造纯洁和柔弱的氛围？马奈用了哪些细节来营造相反的氛围？例如，在《乌尔比诺的维纳斯》中，提香画了一条狗在维纳斯的沙发上。马奈

图17.6 提香，《乌尔比诺的维纳斯》，1538年。布面油画，119×165厘米。意大利，佛罗伦萨，乌菲齐美术馆。

图17.7 马奈，《奥林匹亚》，1863—1865年。布面油画，130×190厘米。法国，巴黎，奥赛博物馆。

在奥林匹亚的沙发上放了一只黑猫。这些符号有什么含义？保罗·高更是 19 世纪的法国画家，定居于塔希提岛，他也受到传统西方斜倚裸体画的启发，创作了《高贵的女人》（图 17.8）。高更显然十分了解马奈的版本。事实上，他还将《奥林匹亚》的照片贴在他小屋的墙上。塔希提的维纳斯是如何与周围环境相映衬的？这三幅作品似乎都在展示自我。哪幅画中的女人在招徕我们的目光？哪幅画在拒绝？画风的差异如何影响我们对画中女子的解读和我们与她们的关系？每幅作品中的人体是如何塑造的？不同的用色方案能产生怎样的整体效果？还有，这些画是为了吸引男性的目光还是女性的目光，或者兼而有之？

苏珊娜·瓦拉东可能会说，这样的画像对男人和女人的吸引力是不同的。更重要的是，瓦拉东还指出女艺术家对这些主题的绘画根本不感兴趣。也许这种观念刺激她创作了自己版本的斜倚裸体：《蓝色的房间》（图 17.9）。她似乎想用这幅画告诉全世界，当女人放松时，她们看起来真的不像提香、马奈或高更的维纳斯。相反，她们会穿上宽松的衣服，翻一本好书，有时还会抽抽烟。

图 17.8　高更，《高贵的女人》，1896 年。布面油画，97×130 厘米。俄罗斯，莫斯科，国立普希金博物馆。

图 17.9　苏珊娜·瓦拉东，《蓝色的房间》，1923 年。布面油画，90×116 厘米。法国，巴黎，蓬皮杜国家艺术和文化中心，法国国立现代艺术美术馆。

毁他们的工作。印象主义一词暗示着不写实，而逼真的写实才是当时的标准。

印象派艺术家虽然风格各异，但有着共同的绘画理念。他们都反对学院派对风格和主题的限制。他们主张外出作画，以自然界的发现为主题。他们研究空气和光在人和物体上产生的奇妙效果，并尝试用各种颜料将这些效果反映在画布上。

通过深入研究，他们对视觉现象有了一定的认识。当沐浴在阳光下时，物体看起来就像被还原为一块块纯色切面。物体的实际颜色——或称本色——随着光照效果的不同而变化。景物往往会融合成一片色彩。阴影并非黑色或灰色，而是一种混合色。

绘画技术也随之得到创新。印象派艺术家以短促、波浪起伏般的笔触运用颜料，在画布上重现了光在物体表面反射产生的微光。他们将红、绿等互补色并置，以重现人们在阳光下观察物体时感受到的光学振动。同样，他们还将红色和黄色等原色并置，例如，调出了观察者眼睛中看到的二次色橙色。我们将讨论印象派画家莫奈、雷诺阿、贝尔特·莫里索和德加的作品。

莫奈

莫奈（1840—1926年）是印象派技法最狂热的实践者。他的油画《日出·印象》（图17.10）于1874年在第

图17.10　克劳德·莫奈，《日出·印象》，1872年。布面油画，48×63厘米。法国，巴黎，马蒙坦美术馆。印象主义的名号就来源于这幅油画。印象派艺术家接受了"印象"一词，并赋予它积极的意义。

一次印象派画展中展出，印象派由此得名。渔船从勒阿弗尔港向着清晨的太阳启航。清晨的太阳在有雾的天空中缓缓上升，将橙红色的光线投射在波浪起伏的淡蓝色水面上。空气像温暖的毛毯裹着画中的人物，在这美轮美奂的景致中，人物也就不再那么重要。

对表面的解构和光谱元素的分离，是莫奈绘画的核心。这在他的系列画《鲁昂大教堂》（图 17.11）中表现得淋漓尽致，这些画从不同角度、不同季节和不同时间对鲁昂大教堂进行了描绘。大教堂粗糙的石墙溶解在阳光的照射中，画家用大量紧凑的笔触将教堂精细的细节模糊处理。黑暗的阴影被转化成明亮的蓝色，点缀以红黄色光斑。莫奈用他微妙的笔触为我们记录了某一个具体时刻的感觉。他把亲眼见到的场景的印象呈献给我们，这些场景是永不可再现的。

在漫长的职业生涯中，莫奈完全忠诚于自己的视觉感知。据称他的画家同侪塞尚（1839—1906 年）曾这样评价莫奈："只有一只眼睛，但天哪，这是多么了不起的眼睛！"莫奈对光和色彩效果的专注，在他一系列描绘花园里睡莲的画作中展现得淋漓尽致。他在一个又一个版本的画作中尝试捕捉水面、叶子和

图 17.11 莫奈，《鲁昂大教堂·阳光下的大门》，1894 年。布面油画，99.7×65.7 厘米。纽约大都会艺术博物馆。这幅画是系列画中的一幅，该系列画展现了不同光照下的大教堂。

花朵微光闪烁和不断变化的外观效果。最后的结果，如在 1914—1918 年间创作的《睡莲·水研究·清晨》（图 17.12）中那样，与其说是再现

图 17.12 莫奈，《睡莲·水研究·清晨》，1914—1918 年。布面油画，200×212.5 厘米。法国，巴黎，橘园美术馆。这是莫奈在他吉维尼宅所的花园里创作的大型画作之一。

了莫奈的莲池的真实面貌，不如说是抽象的色彩和反射光的交响曲。矛盾的是，这种对自然主义最彻底的全身心投入，却为抽象主义和我们所知的"现代艺术"铺平了道路。

雷诺阿

大多数印象派画家都把风景或享受休闲活动的中产阶级列为主题。但在所有的印象派画家中，最重要的人物画家也许当数雷诺阿（1841—1919年）。与同时代其他画家一样，雷诺阿对光线作用于物体表面产生的效果十分感兴趣。他在印象派时期最出名的画作之一《煎饼磨坊的舞会》（图17.13），表明了他的关注。

雷诺阿通过特有的羽毛般轻盈的笔触，描绘了午后舞会的魅力和欢乐。男人和女人或交谈或拥抱，衣服上映着阳光穿过树叶缝隙投射下的斑斑点点。舞会的气氛鲜活得如同发生在昨天。从飞舞的裙摆，有褶饰边的连衣裙，到俏皮的圆顶礼帽、大礼帽和平顶宽边帽，雷诺阿描绘出的所有细节，将画面永远铭刻在人们的脑海中。

贝尔特·莫里索

与其他印象派画家一样，贝尔特·莫里索（1841—1895年）在其职业生涯早期就参加了法国美术学院的著名官方艺术展——沙龙。但

图 17.13　雷诺阿，《煎饼磨坊的舞会》，1876 年。布面油画，131×175 厘米。法国，巴黎，奥赛博物馆。雷诺阿和其他印象派画家一样，痴迷于光照在各种物体表面产生的效果。注意草帽上的光斑。

她放弃了稳当的发展道路，以表现
自己对新画派的忠诚。莫里索是 18
世纪画家弗拉戈纳尔（见图 15.4）的
孙女，也是马奈的弟媳。马奈经常
以她为模特，他的《在阳台上》中
坐着的人物正是莫里索。

莫里索的《窗边的年轻女孩》
（图 17.14），表面溶解成一系列松
散的笔触，看起来像画家迅即涂抹
颜料而成的。笔法的活力与女人脸
上的宁静形成了鲜明的对比。头部
的塑造感很强烈，加上几处结构性
线条，例如椅子的背部、她右手臂
的轮廓、横放在她膝上的蓝色遮阳
伞和右边垂直的衣服边角，使人物
跃然于画布上。正如我们在这幅画
以及莫里索的许多作品中看到的一
样，她以少量颜料笔墨勾勒完整形
象的独特才华，实在令人惊叹。

埃德加·德加

德加（1834—1917 年）的作品，
可以让人看到印象派的广度。他的
绘画方式与同行相比有很大不同。
在加入印象派运动前，德加与莫里
索一样，在沙龙展出画作多年。他
是一名非常优秀的绘图员，师从安
格尔。在意大利时，他模仿过文艺
复兴时期大师的风格。他也对日本
版画和新的摄影艺术很感兴趣。

由马奈开始，印象派画家开始

图 17.14　贝尔特·莫里索，《窗边的年轻女孩》，
1878 年。布面油画，76.2×61 厘米。法国，蒙彼
利埃，法布尔博物馆。莫里索用寥寥数笔颜料就
能勾勒出物体的形状。

深受在欧洲变得易于获得的日本木
版画影响。东方图案广泛出现在他
们的画布上。他们还采用日本木版
画的空间组织技术，包括引导观看
者视线看向画面不同区域的线条，
并将基本扁平化的空间区域进行划
分。他们发现东方木版画中的图案
和平面形式，与自己绘画中的类似
关注点相得益彰。在整个印象主义
时期，甚至在后印象主义时期，日
本艺术家都发挥着重要影响。

德加深受摄影艺术发展影响，
以相机独有的视角作为其绘画作品
的架构模式。他的《芭蕾舞排练》

（图17.15）同时包含照片和日本版画元素。德加以一个不同寻常的、广阔的偏离中心的空间吸引我们进入构图，从观者到画布的背景都是弯曲的。地板的对角线使我们的视线从帆布外面迅速转移到舞者身上。画面置于视平线角度，让人感觉仿佛置身于场景之中。排练场上的"座位"不够，左侧螺旋楼梯遮挡了我们观看芭蕾舞女演员的视线：这些因素进一步加强了身临其境感。在典型的照片风格绘画中，画布边界以看似随意的方式切断了画面布局和画中的人物。虽然表面上看，德加没有正确地设计主题，还不小心切掉了场景中更重要的部分，但其实整幅画的布局是经过精心编排的。这些技术使他的不对称作品显得生动且近在眼前，秉承了印象主义的精神。

德加背负着厌恶女性的名声，因为他的女性裸体画像大多不像雷诺阿和其他画家的那般理想化。他画了一系列粉蜡笔画，展示女人在不知被窥视的情况下摆出的简单而自然的姿势。《盆浴》（图17.16）不同寻常的视角说明了为什么它们有时被称为"锁眼视觉"。德加画

图17.15　德加，《芭蕾舞排练》，1877年。布面油画，58.4×83.8厘米。英国，格拉斯哥，伯勒尔收藏馆。画布的边界将人物切掉了一半，像一幅没有找对中心的照片。

笔下的人物并非摆拍，而似乎是在全神贯注地进行最私密和最自然的活动时，被人窥视了。

美国侨民

直到 20 世纪，美国的艺术都还非常乡野。18 和 19 世纪有志的美国艺术家们通常会漂洋过海进行艺术朝圣之旅，学习先贤大师，并与先锋派为伍。还有人永久留在了欧洲。这些艺术家，包括玛丽·卡萨特和惠斯勒，被称为美国侨民。

玛丽·卡萨特

玛丽·卡萨特（1844—1926 年）出生在匹兹堡，但她多数时间生活在法国，是法国印象派圈子的一员。卡萨特的早期职业生涯受到马奈、德加、摄影和日本元素的影响。她是一位主要以妇女和儿童为主题的人物画家。

《划船的伙伴》（图 17.17）中，平坦的画面，大面积的色彩，大胆的线条和形状，都彰显了卡萨特将日渐兴起的法国印象派与日本艺术元素融合的兴趣和技巧。与同时代的许多巴黎画家一样，她在 19 世纪中叶日本和欧洲建立贸易关系后，开始注意到日本版画和艺术品。卡萨特的版画以稳固的构图结构和塌陷的空间，在一众画风空灵的印象派画家中脱颖而出。

詹姆斯·阿博特·麦克尼尔·惠斯勒

在莫奈创作《日出》，掀起印象主义运动的同一年，美国艺术家惠斯勒（1834—1903 年）创作了艺术史上最负盛名的绘画作品之一。谁没见过《惠斯勒的母亲》，无论是在海报上，在广告牌上，还是在电视广告上？《灰与黑的协奏曲 1

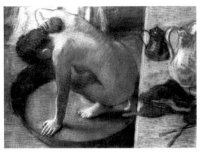

图 17.16　德加，《盆浴》，1886 年。纸本粉彩画，60×83 厘米。法国，巴黎，奥赛博物馆。德加简洁的绘画，给人一种画中场景是路过时偶然瞥见的印象。在作品《芭蕾舞排练》中，德加选择了从一个不寻常的角度来展现场景。在这幅作品中，我们俯瞰到一个蹲着的人和卫生间架子上的静物。

图 17.17　玛丽·卡萨特，《划船的伙伴》，1893—1894 年。布面油画，35.5×46.1 厘米。华盛顿特区国家艺术馆。卡萨特的朋友德加曾坦言："我不想承认一个女人可以画得这么好。"

号》(又名《画家母亲的肖像》)(图
17.18)展现了现实主义与抽象主义
的率直结合,暗示着深刻影响惠斯
勒艺术的两大元素:库尔贝(见第
16章)和日本版画。惠斯勒母亲
的侧影映衬在画面右方肃穆的背景
上。她黑色连衣裙醒目的轮廓通过
左边的亚洲窗帘和简单的矩形相框
实现了平衡。画家通过严格的现实
主义风格对作品主题进行了渲染,
让人想起北方文艺复兴时期的肖像
画。然而,这幅画给人的第一印象
是黑色、灰色和白色图案的编排合
乎逻辑而又令人悦目,组合在一起

相得益彰。

在美国的美国人

当惠斯勒和卡萨特在欧洲创作
的同时,也有几位著名美国艺术家
留在国内进行现实主义创作。这种
现实主义贯穿于人物画和风景画中,
而且均带有浪漫主义色彩。

汤姆·艾金斯

19世纪美国最重要的肖像画家
是汤姆·艾金斯(1844—1916年)。
虽然他早年在美国接受艺术培训,
但在巴黎跟从历史画画家进行学习,

图 17.18　惠斯勒,《灰与黑的协奏曲1号》(又名《画家母亲的肖像》),1871年。布面油画,
144.3×162.5厘米。法国,巴黎,奥塞美术馆。这幅画更广为人知的名字是《惠斯勒的母亲》。

对他的作品产生了最主要影响。《格劳斯的外科临床讲习》（图 17.19）这样的作品包含的富有穿透力的现实主义，源于艾金斯通过努力研究人体模特和尸体解剖所掌握的人体解剖学。艾金斯致力从事的研究遭到同事的反对，最终他被迫辞去宾夕法尼亚美术学院的教职。

　　《格劳斯的外科临床讲习》描绘了外科医生塞缪尔·格罗斯在宾夕法尼亚州杰弗逊医学院帮一个年轻男孩做手术的情形。艾金斯将残酷的画面置于油画前景，聚光于手

图 17.19　**汤姆·艾金斯**，《**格劳斯的外科临床讲习**》，1875 年。布面油画，243.8×198.1 厘米。宾夕法尼亚州，费城艺术博物馆。艾金斯打算用这幅画参加 1876 年计划在美国建国 100 年"生日"举办的百周年博览会，制造国际影响。然而，评委会以这幅画陈列于艺术画廊过于阴森为由拒绝了他。这幅画于 1878 年被杰斐逊医学院收藏，后于 2007 年在 3600 多名捐助者的帮助下，被宾夕法尼亚美术学院和费城艺术博物馆买下，现藏于该博物馆。

术过程和格劳斯医生手中血淋淋的手术刀，同时将见习医学院学生们置于黑暗背景中。这幅画展现的现实主义令人感到惊骇，因此曾被一个画展的委员会拒之门外。这幅作品予人的冲击力，还在于医生实施外科手术时的冷静与男孩母亲的悲恸所形成的对比。男孩的母亲坐在左下角，用苍白的手指遮住眼睛。在用笔技巧上，艾金斯有着近似库尔贝的流畅感，但他的构图安排和戏剧性光照效果无疑来自伦勃朗。

　　在艾金斯的职业生涯中，他不断追求提升肖像画的逼真程度。这些肖像画惊人的写实性总会让偏好美化效果的模特感到沮丧。出于对现实主义的热爱，他广泛地使用摄影作为他绘画的出发点，并将摄影本身视为一种艺术形式。艾金斯的风格和思想也影响了 20 世纪初从事现实主义风格创作的美国艺术家。

后印象主义

　　印象派一致反对他们之前的许多艺术风格和题材，包括学院派绘画、浪漫派的情感主义，甚至一些现实主义艺术家的压抑主题。19 世纪末，一群被称为"后印象派"的艺术家也团结了起来，反对他们的前辈，也就是印象派。把后印象派画家联合到一起的，是他们对过度

在意转瞬即逝的印象从而忽略传统构图要素这一理念的反对。

虽然他们一致反对印象派，但他们各自风格迥异。后印象派画家分为两大派别，从某种程度来说与巴洛克时期以及新古典主义—浪漫主义时期风格的两极化相仿。一方面，修拉和塞尚的作品以更系统性的构图、笔触和色彩为核心。另一方面，梵高和高更以华丽的笔触，将线条和色彩与象征主义和情感协调起来。

罗特列克

与梵高一样，罗特列克（1864—1901年）也是19世纪欧洲最出名的艺术家之一，既是由于他的艺术，也是由于他所遭遇的不幸。罗特列克出生在一个法国贵族家庭，他的腿在青少年时期便摔断了，未能正常发育。残疾导致他被家人疏远。于是他转向了绘画，流连于巴黎的风月场所，还一度住在一家妓院里。在这个被社会遗弃的世界里，贵族家庭的侏儒后代罗特列克，显然感觉到了家的温暖。

他用自己的才华描绘着卡巴莱歌舞厅、剧院、咖啡馆和妓院的生活，虽然可以说是污秽之地，但也充满着生气和令人愉快的感觉，而且画中的人物都是"真实"的。他

绘制了许多宣传歌舞表演的海报与不计其数表现夜与灯光的世界的绘画。在《红磨坊》（图17.20）这幅海报作品中，我们发现了日本风格的斜视角。画面底部的栏杆和右边涂着厚厚脂粉的舞女，让人想到绘画风格像"裁剪不当的快照"的德加，罗特列克就受到了他的影响。舞女的服装用流畅的印象派笔法画成，同样使用了印象派笔法的还有瓶中装的液体、背景中的灯和模糊的整体背景——骤然消逝于红磨坊没有灯光的角落。但是明显的轮廓，如女表演者的脸部轮廓，标志着这是一幅后印象派作品。

画家使用的颜色不多且色调柔和，只有几处用了强调色，如构图中心女人的头发和舞女艳丽的嘴唇。舞女的脸在下方灯光的照射下显得十分嶙峋，形成了一道很古怪但并不难看的绿色阴影，与红色嘴唇颜

图17.20　罗特列克，《红磨坊》，1892年。123×141厘米。布面油画，123×141厘米。伊利诺伊州，芝加哥艺术学院。罗特列克描绘了"美好时代"的巴黎夜生活，以及生活中丑陋的一面。

图 17.21 乔治·修拉，《**大碗岛星期天的下午**》，1884—1886 年。布面油画，207.5×308.1 厘米。伊利诺伊州，芝加哥艺术学院。修拉所画物体的形状是由彩色的点构成的。凑近观察的话，形状就会消失。

色冲撞。当然，因为绿色和红色是互补的颜色，进一步增强了舞女面容的假面具感。但尽管舞女涂抹了厚重的脂粉，但她依然和观众一样很人性化。罗特列克包容自己的所有作品，也希望作品包容他。他把自己也画进了作品中，画面上方中心偏左、侧身向左、蓄着胡子的男人就是他。他把自己作为场景的一部分，但不是中心，因此不在聚光灯照射下。可以说，艺术家就是在那里度过了自己短短 37 载生命的诸多时光。

乔治·修拉

乍一看，乔治·修拉（1859—1891 年）的画作，如《大碗岛星期天的下午》（图 17.21），有着一种"修饰后的"印象主义的感觉。画中有细致的绘画技巧，还同时运用互补色。绘画的主题也完全在印象主义的框架内。然而，印象派画作直接画法的自发性，让位给了更严格控制的、"系统的"绘画方法。

修拉的绘画技术也称为点画法，因为他是用喷洒状或点状的纯色颜料为作品上色的。近距离观察会发现，他的油画是充满活力色调的点的集合：互补色相互毗连，原色并排放置。在站在远处观看画布的观众眼里，这些色调加强或融合成了另一种颜色。

修拉一丝不苟的颜色应用来自科学家亥姆霍兹和谢弗勒尔的色彩

理论与色彩对比研究。他用这些理论重建了一套相当巧妙的绘画方法，与近二十年只关注光学效果的绘画方法截然相反。

保罗·塞尚

从不同角度观察同一主题，会使人对这一主题产生最浓厚的研究兴趣，其中的变化如此之多，我可以一动不动地研究上数个月，仅仅只需向左或向右偏移一点。

——塞尚

从马奈时代开始，就出现了从以写实手法展现物体转向抽象化的运动。早期的抽象方法采取了不同的形式。马奈采用了平面绘画形式，莫奈采用了光的分解，修拉采用了紧密画法和高度图案化的构图。作为后印象派画家，塞尚（1839—1906 年）有着与修拉共同的知性化的绘画方法，被誉为带领现代艺术抽象革命迈出第一步的人之一。

塞尚的画法实现了与传统的彻底分离，但并没有无视过往的大师。虽然他最初与印象派画家为伍并采用他们的色彩和主题，但他从卢浮宫的大师先贤那里受到启发，渴望把他们的经验与现代主义潮流结合起来。他说："我想让印象主义像博物馆的艺术品那样经久不衰。"塞尚的创新包括一种诉诸智识理解力的色彩和笔触的结构化应用，以及通过流畅的颜色运用来增强构图的稳定性，愉悦人的感官。

然而，塞尚迈向现代主义最重要的一步是空间的剧烈崩解，如《一篮苹果》中呈现的那样（图17.22）。所有的图像被强制放在一个平面上。桌面是向我们倾斜的，我们同时从正面和顶部角度看到篮子、盘子和酒瓶。塞尚也没有从便利的角度去描绘静物的布局。他围绕自己的主题，不仅画物体，还画他们之间的关系。他聚焦实体，也聚焦两个物体之间的空隙。如果你用手指沿着画中的桌面移动，你会看到没有一条线是连续的。这种不连续性来自塞尚围绕主题的运动。尽管空间不连续，但这幅画给人的整体感觉是完整的。

塞尚的绘画技术也是创新性的。让人感觉皱巴巴的桌布和诱人的圆形水果是由黑色轮廓线内众多的小

图 17.22　塞尚，《一篮苹果》，1893 年。布面油画，65×80 厘米。伊利诺伊州，芝加哥艺术学院。仔细观察会发现桌面左右不齐。

图 17.23 塞尚，《圣维克多山》，1904—1906 年。布面油画，73.0×91.9 厘米。伊利诺伊州，芝加哥艺术学院。景观中的元素简化为平面色块，避免了透视效果，给了画面一种集中的强度感。

色块构成的。苹果看起来若不是因为被桌布的皱褶挡着，就会滚下桌子。

　　塞尚作品的神奇之处在于，尽管画面遵循了理想的秩序，但仍然显得生机勃勃。《圣维克多山》（图17.23）是塞尚画的从他工作室窗外看到的同一场景的几个不同版本中的一幅。也许宁静的乡村和山峰的壮丽之间的对比，解释了他喜欢这一景致的部分原因。他通过绝妙地操作纯色块，完成了从地面到背景再直达天空的过渡效果。这幅画阐明了他试图给予印象派风格更加坚实的外观的宣言，他使用排笔让物体的外形更加连续，以达到理想效果。这幅画同样体现了地中海风景

的鲜明色彩，提炼掉细节之后，只留下美的最纯粹本质。

　　我们可以将塞尚视为推进了由大卫在一个多世纪前开始的回到平面的平面性。塞尚通过消除前景和背景的差别，有时甚至将两者整合起来，彰显了二维画面的平面性。这也许是他对未来的现代运动最重要的贡献。

文森特·梵高

　　我画画只是作为一种手段而已，目的是使生活可以支撑下去。真的，我们只能通过画画来表达自我。
　　——梵高，《给弟弟提奥的一封信》

　　荷兰后印象派画家梵高（1853—

1890 年），是艺术史上最具悲剧性也最著名的人物之一。我们总能联想到他那些怪异和痛苦的行为，例如割掉自己的耳朵和自杀。这些行为和他所画的扭曲古怪的画，给人一种疯狂艺术天才的典型印象。梵高也是死后才获得认可的艺术家的典型代表：他在世时只卖掉过一幅画。

"文森特"，正如他在画作上的签名一样，在去世前 10 年才决定成为一名艺术家。他最受喜爱的画作是在他生命最后 29 个月内创作的。在绘画生涯初期，他创作的是昏暗的荷兰巴洛克风格画，后来与弟弟提奥移居巴黎后，才开始采用印象派的色调和笔法。感觉到自己对弟弟来说是个负担后，他离开巴黎去了阿尔勒。在阿尔勒，他开始画他最重要的后印象派作品。这一时期他的作品是扭曲的，生活也受尽折磨，因为他很可能患有癫痫和精神疾病。他最后被送进了圣雷米精神病院，在那里画下了著名的《星空》（图 17.24）。

在《星空》中，一幅描绘沉睡山谷小镇的普通油画，转变为宇宙星空图，漩涡状火球侵袭了黑暗的天空，指挥着山峦和柏树随着其横扫一切的韵律而波动。梵高使用了充满活力的黄色、蓝色和绿色。他

图 17.24　**梵高，《星空》**，1889 年。布面油画，73.7×92.1 厘米。纽约现代艺术博物馆。梵高用浓厚的颜料为他的《星空》着色。

图 17.25 梵高，《夜间咖啡馆》，1888 年。布面油画，72.39×92 厘米。康涅狄格州，纽黑文，耶鲁大学艺术画廊。塞尚的《圣维克多山》（图 17.24）中无透视效果，梵高在这幅画中使用高度夸张的透视来表现强烈的暴力感，试着进行比较。

的笔触既克制又灵动。他用特有的又长又细的笔触勾勒形状，并创造了作品中的感情主义。他表现的主题不是我们所看到的样子，而是他希望我们感受到的样子。他疯狂地热爱绘画，痴迷地用画笔同时表现着他的快乐、希望、焦虑和绝望。

《星空》中旋转闪烁、暗流涌动的天空令人陶醉，但是梵高的很多世界图景是非常悲观的。《夜间咖啡馆》（图 17.25）被他描述为"我画过最丑陋的画之一"，但这种丑陋是故意的。这幅画的主题是"人类可怕的感情"，由红、绿、黄三色的强烈对比来表现，旨在传达这样一种观点："在咖啡馆，人们可以自我毁灭、发狂或犯罪。"

保罗·高更

高更（1848—1903 年）与梵高一样，渴望在画布上表达自己的情感。但是梵高表达情感的主要方式是笔触，而高更则依靠大面积的强烈色彩将他内心的情感淋漓尽致地体现在画布上。

高更原是职业股票经纪人，他作为周末画家开始了自己的艺术生涯。35 岁时，他全身心投入艺术创作，抛下了妻子和五个孩子。高更早期是印象派画家，采用印象派技术，参观印象派展览。但高更不是安于现状的人。很快，他决定离开法国前往巴拿马和马提尼克，他认为那些地方十分原始，在那里他可以净化掉自己绘画和生活中的文明。他去世前几年在法国和南太平洋度过，在自杀未遂 5 年后死于梅毒。

高更发展了一种名为综合主义的艺术理论，他倡导使用大面积的非自然色彩和"原始"或象征性主题。他的作品《布道后的幻想》（又名《雅各与天使搏斗》）（图 17.26）是彰

图 17.26 高更，《布道后的幻想》（又名《雅各与天使搏斗》），1888 年。帆布油画，74.4×93.1 厘米。英国，爱丁堡，苏格兰国家画廊。高更的画中有大块的非自然色区域。

显其理论的早期画作之一，其中结合了现实与象征主义。在听到关于雅各与天使搏斗的布道之后，一群布列塔尼妇女看到了以色列人的祖先雅各与天使搏斗的幻象。高更运用大胆的构图——将所有元素置于画布的前景，消除了绘画深度——画出了事件的所有细节，包括实际的和象征性的。画面左上方有一只动物在一棵树附近走动，这棵树以醒目的斜线划破了明亮的朱红色旷野。《圣经》里说雅各在约旦河岸边与一位天使摔跤。布列塔尼妇女们沉浸于一时的宗教热情中，可能把动物的四条腿想象成了搏斗的雅各与天使的腿，树干则可能在视觉上类似于河流。

高更对现代艺术发展的贡献主要在于他对色彩的运用。谈到用色时，高更曾说："那棵树在你眼中是什么样的？绿色？很好，就用绿色，最绿的绿色。那阴影呢，是浅蓝色吗？不要害怕。想画多蓝画多蓝。"他将在自然界观察到的颜色强化到不自然的地步。他夸大线条和图案，直到它们变得抽象。他从自己热爱的环境中学习了这些经验。这就是他留给艺术的遗产。

现代雕塑的诞生

现代绘画最显著的特征有：创新的现实主义主题和技术，更流畅或印象主义的介质处理方法，以及新的空间处理技术。19世纪的雕塑很大程度上延续了艺术家眼中补足了他们所用媒介之持久性的往昔风格传统。大理石或青铜类材料的大型雕刻工作，似乎不太适合捕捉瞬息印象的即时技术。然而，一位19世纪的艺术家把现代绘画的基础原则，包括现实主义、象征主义和印象主义，都应用到了作品中，从而改变了雕塑史的进程，他就是罗丹。

奥古斯特·罗丹

罗丹（1840—1917年）几乎将他的一生都献给了人像雕塑。他的人像中注入了现实主义，逼真到他被指控使用真人模特铸造雕塑。（有趣的是，现在照着真人模特铸造雕塑并不会受到批评。）

图 17.27　罗丹，《加莱市民》，1884—1895年。青铜，217×255×177 厘米。法国，巴黎，罗丹美术馆。每个人物面向不同方向，表达着各自的激烈情绪。

罗丹的《加莱市民》（图 17.27）代表了与过去的彻底决裂和对新的立体表现形式的追求。这件作品是为了纪念六位杰出的加莱公民，他们为了让英国征服者赦免其他同胞而英勇就义。他们身穿褴褛的长袍，脖上系着绞索。他们有的呈冷静的睥睨之姿，有的陷入疯狂的绝望。场景的真实感部分源自人物的散乱布局。他们并非分布均匀，也没有聚在一起。相反，他们散乱得就像街头看到的行人一样。通过捕捉这样一个特定瞬间，罗丹让观看者切实感受到了悲剧一幕。

罗丹的大理石雕塑《吻》（图17.28）原名《弗郎切斯卡·达·里米尼》，取材自但丁"地狱篇"第 5 歌中描述的地狱第二层的 13 世纪贵族妇女。在读了《兰斯洛特和吉尼维尔》之后，她与恋人坠入了情网，从此饱受折磨。她的恋人是她丈夫的弟弟保罗，他们通过代理人结了婚，但从法律上说，这对爱人犯下了通奸罪。罗丹让保罗拿着《兰斯洛特和吉尼维尔》一书。这对恋人的嘴唇并没有真正亲吻到，可能暗示他们受到了阻挠。

罗丹喜欢用柔软材料雕刻，以便打造高质感表面，捕捉到光照效果，就像印象派绘画那样。随着事业的发展，其雕塑表现出了抽象特

质。他不再将人像雕刻得轮廓分明，转而用实体、空隙和光构建人的形象。这在当时属于离经叛道，显得胆大妄为和标新立异。它们的抽象特征为 20 世纪末即将崛起的更新颖大胆的艺术形式奠定了基础。

野兽派

从某些角度来说，野兽派是梵高和高更绘画的逻辑继承者。与后印象派一样，野兽派也拒绝印象派的柔和色调和细腻笔触。他们根据自己的情感特征来选择颜色和笔法。尽管他们的画法具有进取性，但他们的主题仍然集中在传统的人体、

图 17.28　**罗丹，《吻》**，1886 年。大理石，190厘米。**法国，巴黎，罗丹美术馆**。雕塑以保罗和弗朗切斯卡的故事为基础，他们是但丁"地狱篇"中描述的地狱第二层的人物。

静物和风景上。

野兽派与 19 世纪前辈的区别，在于他们使用醒目与非描述性的颜色、大胆的线性图案以及扭曲的透视形式。他们认为颜色是自主的，其本身就是一个主题，而不仅仅是自然的附属物。他们充满活力的笔触和显著的线条产生于他们想创作不受理论束缚的直接形式的渴望。扭曲的视角和形式，其灵感则来自对非洲、波利尼西亚和其他古老文化的民族艺术作品的发现。

亨利·马蒂斯

我对色彩的选择不取决于任何科学理论；而是基于观察、感觉和每段经历的真实本质。

——亨利·马蒂斯

亨利·马蒂斯（1869—1954 年）21 岁时进入法学院学习，因病中断

图 17.29　亨利·马蒂斯，《红色的和谐》（又名《红色房间》），1908 年。布面油画，180.5×221 厘米。俄罗斯，圣彼得堡，艾尔米塔什美术馆。照片：H. 马蒂斯档案室。©2013 H. 马蒂斯继承人 / 艺术家版权协会，纽约。像其他野兽派一样，马蒂斯对色彩的运用充满了表现力和感性。

学业后开始画画。不久后，他决定全身心投入艺术中。马蒂斯早期的画作表现出强烈而传统的绘图结构，这一风格承袭自他的第一个导师布格罗和对卢浮宫的古代欧洲大师的模仿。他松散的笔触让人联想到印象派，他的用色灵感来自后印象派的色彩理论。1905 年，他将这些风格融合到一起，创作了一些野兽派画作，当中使用了原色作为结构元素。这些油画和其他野兽派画作一起在当年的秋季沙龙上展出。

在他的后野兽派作品中，马蒂斯用各种各样的方法来应用色彩：作结构使用、作装饰使用、作感觉使用和作表达使用。在他的作品《红色的和谐》（又名《红色房间》）（图17.29）中，存在着全部的这些色彩特质。他用充满活力的色彩和曲线图案营造了画布的欢快氛围。壁纸和桌布的酒红色让观看者沉浸在一片明艳之中。葡萄藤形状的阿拉伯花饰营造了诱人的表面图案。

《红色的和谐》中平面与立体的奇特对比，是马蒂斯大部分作品的特质。他在桌子和墙上画满了同样的图案。它们似乎毫无差别地被放到一起。这种混乱的图案将背景拉入画面，营造出一种平面性。左上方的窗进一步强调了平面性，它的平铺直叙让人觉得这是一幅花园

风景画，而不是远处的真实风景。然而所有这些折叠空间的尝试，却因为各种透视线索而得到抵消：梯背椅的座位退到空间里，桌子也是如此。餐盘按照透视法做了微缩，结合了正面和鸟瞰视角。

马蒂斯的线条运用很有表现力，他在画布上有节奏地描绘线条，搭配醒目的色彩。虽然《红色的和谐》的结构仍然是肯定性的，但马蒂斯首要关注的是创造一幅令人愉快的图案。马蒂斯坚持认为，绘画应该是令人愉悦的。他的色彩选用、热情洋溢的线条，以及鲜艳的图案，都是达到这一目的的手段。他甚至认为他的作品应该去除压抑的主题，他的艺术应该是"一种精神安慰，就像一把可以休息的舒服扶手椅"。[1]

虽然野兽派的色彩和形式在现代艺术的舞台上爆炸性迸发，但这一运动并没有持续很长时间。首先，野兽派艺术家风格迥异，他们从来没有形成一个有凝聚力的团体。大约五年后，当他们追求其他风格时，野兽派的特质开始从他们的作品中消失。野兽派风格的消失，部分原因是 1907 年举办的塞尚绘画回顾展引起的，这次画展使人们重新对 19 世纪艺术家的作品产生了兴趣。而塞尚的构图原则和结构化的笔法技术，与野兽派的原则相悖。

随着野兽派在法国经历了短暂、丰富多彩的蓬勃发展后开始走向衰退，被称为表现主义的相关艺术运动却在其他地方发展起来。

表现主义

表现主义是一种背离视觉真实性（实体外表写实）的艺术风格，旨在传达艺术家内心的激动、焦虑、痴狂、怒火和愤慨。它既可用来作为宣泄个人情感的工具，使艺术家表现并"释放"内心的冲突，也可用来反映社会的变迁，勾起观画者对画中主题或境况的共鸣。表现主义的体裁特征包括图形失真、笔触饱满或张扬、用色反常夸张。

在 20 世纪最初的十年里，表现主义受到了作品有着同样风格的早期艺术家们的影响，尤其是文森特·梵高、保罗·高更、爱德华·蒙克和法国野兽派画家们。

爱德华·蒙克

爱德华·蒙克（1863—1944）是挪威人，曾在巴黎学习；他的早期作品属于印象派，但在 19 世纪 90 年代，他放弃了明亮的色调和活

---

[1]　引自戈德华特（Robert Goldwater）和特里夫斯（Marco Treves）编，《艺术家论艺术》（*Artists on Art*，New York: Pantheon Books，1972），页 413。

泼的主题，改走忧郁风，以反映自己与恐惧和死亡为邻的切身体验。

《呐喊》（图 17.30）是蒙克最著名的作品之一，表现了人类的孤独与苦闷，这后来成为他画作的中心主题。画中，一个黑衣人从桥上走过来，双手捂耳，似乎想遮掉一点儿自己的呐喊声。背景中有两个人正在朝反方向散步，似乎没有听到这刺耳绝望的呐喊声，又或许对此不感兴趣。在蒙克笔下，骷髅般的头部发出的呐喊使原本平静的场景起了波澜。这让我们想起梵高《星空》中的涡流。不过，蒙克的作品通常透着紧张与惊骇，以此表达自己的人性观，即这个越来越没人性的社会逐渐使人丧失了人性。

图 17.30　爱德华·蒙克，《呐喊》，1893 年，油画、蛋彩画、粉彩、纸本，91×73.5 厘米。挪威，奥斯陆，国家美术馆。©2013 蒙克博物馆／蒙克－埃林森集团／艺术家版权协会，纽约。一个骨瘦如柴的人痛苦地从桥上走过。

图 17.31　凯尔希纳，《街道》，创作于德累斯顿，1908 年（1919 年重新返工；画上所注日期：1907 年）。布面油画，150.5×200.4 厘米。纽约现代艺术博物馆。许多德国表现主义作品以孤立与疏离为主题，焦躁不安的笔触和反常的配色体现出动荡与不安。

凯尔希纳

这种孤独焦躁的情绪在凯尔希纳的《街道》（德累斯顿）中也有体现（图 17.31）。凯尔希纳是一个自称"桥社"的德国表现主义画派的创始人之一。野兽派在法国成立之时，桥社也于 1905 年在德累斯顿成立。桥社理念象征着艺术家渴望"所有革命性和发酵性力量"联合起来，共同抵制学院派或者其他"时尚"（社会或文化上公认的）艺术形式。凯尔希纳笔下的行人在拥挤的街道上穿梭，行色匆匆，相互之间没有交流，而是似乎在各自沉思。尽管处在同一环境中，但每个人独自背负着自身情感生活的沉重。通过这些戴着面具的"机器人"，凯尔希纳尖锐地刻画出了新世纪伊始，社会上人与人之间极度的疏离。

瓦西里·康定斯基

桥社艺术的精髓，在于以情感宣泄为主题，而且往往极端扭曲。另一个德国表现主义社团蓝骑士社较少依赖作品内容来传递感觉，唤起观画者的情绪反应。他们的作品更侧重抽象形状与纯色的反差与组合，有时根本不参考有形实体，属于非写实或抽象作品。

康定斯基是一位俄国画家（1866—1944 年），他放弃了曾经从事的法律工作，后来成为颇具影响力的抽象派画家和评论家。在职业生涯早期，他曾多次前往巴黎，徜徉于高更和野兽派的作品中。受到鼓舞的他开始接受野兽派的理论。法国之行开阔了他的视野，使他体会到了色彩强大的表现力，它能传递出画家心理及精神上最深层的关注点。在其具有深远影响的论著《论艺术之精神》中，他阐述了这种能力，并讨论了色彩对观画者所产生的心理效应。康定斯基还在这部著作中进一步分析了美术与音乐的关系。

这些理论的早期实验见诸《构图 7，草图 1》（图 17.32）等作品。在这幅画中，作者大胆运用色彩、线条及形状，以从未有过的方式在画布上肆意纵横。在整个绘画过程中，作者任由图形元素自由而独立地流淌。康德斯基相信，这反映了无意识思维的自由流露。《构图 7，草图 1》以及此系列中的其他作品色彩充满活力，笔触宽泛，动感十足，突显了康定斯基早期接触野兽派给予他的重大影响，也预示了一种新的不受所参照主题约束的艺术形式的到来。

对于康定斯基来说，颜色、线条和形状本身就是主题，常常随着作者内心的自由联想自如地画了出来。当时，心理分析创始人西格蒙德·弗洛伊德正在研究自由联想，作为映射潜意识活动的手段。

凯特·科尔维茨

许多德国艺术家都用表现主义技法来展现自己内在的力量与苦恼。以孤独、寂寞或暴力为主题的表现主义画家凯特·科尔维茨（1867—1945 年）却在努力为非人性、不讲

图 17.32 康定斯基，《构图 7，草图 1》，1913 年。布面油画，78.1×100 厘米。私人收藏。©2013 艺术家版权协会，纽约 / 法国图像及造型艺术著作人协会，巴黎。画作采用非写实手法——摆脱了表征的束缚。

道义和人类的自我毁灭寻找普遍象征。

《暴动》（图17.33）是科尔维茨7幅组画中的一幅，展现了16世纪的农民战争。领导劳动者与压迫者作斗争的黑人女性安娜正在鼓动一群愤怒的农民行动起来。画面中，安娜背朝我们，低着头，正慷慨激昂地高举着粗糙的双手。农民们在安娜的指挥下，身子前倾，挥动着武器，一股脑地往前冲。尽管这幅作品记录的是一个具体的历史事件，但却鼓舞了所有为了争取自由而不顾一切的人们。在强劲有力这一点上，这幅画在艺术史上鲜有匹敌。

20世纪30年代，科尔维茨与大多数作品中包含现代主义元素的德国艺术家一样，成了纳粹政策的受害者，那些政策旨在彻底毁掉他们的艺术表现形式。她的作品被没收，并被挂在所谓的"堕落艺术"公示展上。她的许多组画被毁。凯尔希纳的作品也遭受了同样的命运。在被贴上堕落艺术家的标签后，凯尔希纳于1938年自杀。

立体主义画派

在特定的时代，画风对立所营造的张力为艺术史增添了不少色彩，尤其是理性与感性画法之争。野兽派与德国表现主义画派依托的是浪

图17.33　凯特·科尔维茨，《暴动》，1903年。《农民战争版画集》（第5幅）。蚀刻版画、铜版雕刻、凹版蚀刻及软基底蚀刻画，51.3×58.7厘米。华盛顿特区美国国会图书馆印刷品与照片部。©2013 艺术家版权协会，纽约／美术著作仲介团体，波恩。艺术史上没有几幅作品能如此充满激情。

漫主义以及高更与梵高激动人心的表现主义巨作，而20世纪的第二大艺术运动——立体主义画派——则将新古典主义和塞尚的分析及理性风格绘画奉为圭臬。

立体主义画派源自塞尚的画风。他将自然几何化，抛弃科学化视图，采取多重视图，强调画布表面的二维性。毕加索是创立立体主义画派的有力推手，也许是20世纪最重要的艺术家。他将塞尚的立体构图法与非洲、大洋洲以及伊比利亚雕刻的形式要件结合在了一起。

毕加索

毕加索（1881—1973年）出生于西班牙，父亲是美术教师，十几岁时上了巴塞罗那美术学院。在那里，他很快掌握了学院派现实主义

图 17.34 毕加索，《老吉他手》，1903 年。布面油画，122.9×82.6 厘米。伊利诺伊州，芝加哥艺术学院。©2013 毕加索遗产／艺术家版权协会，纽约。《老吉他手》是画家在蓝色时期创作的一幅让人难以忘怀的名作。

的幻觉画法技巧。19 岁时，毕加索动身去了巴黎，在那里待了 40 多年，引领、影响或反思了法国现代艺术的多种风格。

毕加索的第一个主要艺术阶段被称为他的蓝色时期，时间跨度为 1901—1904 年。他这个时期的作品整体以蓝色调为主，拉伸人体使其变形的手法颇有埃尔·格列柯和图卢兹·洛特雷克的画风。作品主题透露着忧郁，包括从事卑微工作或孑然无依的穷人或受压迫者。《老吉他手》（图 17.34）就是他这类让人难以忘怀的作品之一。画中，一

个扭曲着身体的白发男子蜷缩着，怀里抱着吉他，沉湎于吉他声中，那似乎是他唯一的财产。他的眼睛深陷在骷髅般的头颅里，饥饿使他瘦骨嶙峋、青筋暴起。这种生民涂炭的景象令人动容：家徒四壁，窗户外景观贫瘠（还是他在屋外的马路边？），以及画中人物麻木的动作、低若尘埃的处境。以纯蓝为主的色调营造出了一种令人无法摆脱的阴郁气氛，也与吉他手幽灵般的面容惊人相配。

在蓝色时期和他与乔治·布拉克创立立体主义画派之间的这段时间，毕加索创作出了格特鲁德·斯泰因肖像画（图 17.35）。斯泰因和

图 17.35 毕加索，《格特鲁德·斯泰因》，1905—1906 年，布面油画，100×81.3 厘米。纽约，大都会艺术博物馆。©2013 毕加索遗产／艺术家版权协会，纽约。画中人物的面部更像是非洲面具而不是人的精准肖像，服装则简化为抽象的形式。

弟弟利奥是侨居巴黎的美国人。她不但是重要的作家，也是新艺术运动的支持者，对马蒂斯、布拉克和毕加索等艺术家起到了熏陶作用。肖像画中的斯泰因穿着她喜欢的棕色外套和裙子，壮硕的身体遮掩在衣物之下。正如《艾丽斯·B.托克拉斯自传》（1933年）中所写的那样，这幅肖像画也是一个大工程。

阅读材料 17.1　格特鲁德·斯泰因
摘自《艾丽斯·B.托克拉斯》

毕加索从16岁以来从未请过任何人为画像做模特，而那会儿他是24岁。格特鲁德·斯泰因从来没有想过会有人为她画肖像，所以他们俩都不知道这事是怎么发生的。不论怎样这事发生了，而且她为他画这幅画端坐了90次。工作室里有一张破旧的大扶手椅，格特鲁德·斯泰因就在那张椅子上端坐。房里还有一张沙发，谁都在那儿坐过，睡过觉。还有一张小餐椅，毕加索就坐在那上面作画，房间里还有一个大画架，还有许多很大的画布。她摆出姿势，毕加索在椅子上正襟危坐，离画架很近，一个很小的调色盘上只有一团棕灰色的颜料，与它调在一起的仍是棕灰色，然后绘画开始了。突然有一天，毕加索把整个头部画出来了。他急躁地说，现在我望着你的时候再也看不到你了。这幅画就这样被搁下了。

[译注] 引自格特鲁德·斯泰因，《艾丽斯·B.托克拉斯自传（选译）》，申慧辉译，载《世界文学》1991年05期。

该画始作于1905年，直到1906年才完成。毕加索对斯泰因的身体作了简单的勾勒，将原先画过又废弃的面部处理成面具状。当时，通过在巴黎人类博物馆观赏非洲、大洋洲和伊比利亚的艺术作品，毕加索已经对部落艺术的形式特征有所了解。1907年，他画笔下的女性面部更加面具化，名副其实地改变了现代艺术的"面貌"。

蓝色时期之后，毕加索进入了他的玫瑰时期，这一时期的作品在色调及精神上变得更加明快，主要取材自马戏团生活，画面呈现深浅不一的粉红色调。这一时期的时间跨度是1905—1908年。在此期间，毕加索有两个差异很大的灵感源：一个是对他创作斯泰因肖像画产生影响的民族志作品，另一个是1907年秋季沙龙上的塞尚作品回顾展。这两种艺术形式乍看不同，但有其共同点：形式上的破碎、扭曲和抽象化。毕加索对它们加以吸收，创作了《阿维尼翁的姑娘们》（图17.36）等作品。

这幅新颖的惊世之作仍以粉红色为主色调，生动地刻画出了巴塞罗那红灯区（阿维尼翁是该城市一个街道的名字）妓女们的生活。她们正排成一排供客人挑选，而客人似乎就站在观画者所站的位置上。

图 17.36　毕加索，《阿维尼翁的姑娘们》，1907 年。布面油画，243.9×233.7 厘米。纽约现代艺术博物馆。©2013 毕加索遗产／艺术家版权协会，纽约。阿维尼翁风月场上的女子站在客人面前等待挑选。

三位女性脸上戴着原始的面具，其余两位的面部特征则因前视图和侧视图的组合而得以彻底简化，涂着厚厚眼影的眼睛盯着正前方，令人想起第一章中见过的美索不达米亚人诚心祈求的雕塑。

　　这些女性身体被分割成几何形状，放置在仿若破碎帷幔的背景前。毕加索以同样的方式处理背景和前景意象，他压缩了平面之间的空间，以塞尚的手法保留了画布表面的二维性。有些部分的处理很极端，例如给最左边人物的右腿附上了帷幔的质感，模糊了人物和地面之间的区分。形式上的极端平面化，多视角的运用，以及《阿维尼翁的姑娘们》中的空间压缩，都为他和法国画家乔治·布拉克在 1910 年共同创立分析立体主义画派提供了跳板。

分析立体主义

　　就像许多其他术语一样，"分析立体主义"这个术语是一个怀有敌意的评论家喊出来的，本意是为了表达他对毕加索和布拉克作品中几何形式占主导地位的不满。立体主义是一个带有局限性的术语，没有充分表明立体主义画作的外观特征，弱化了立体主义画家分析作品主题时的力度，忽略了他们最重要的贡献——一种新的绘画空间处理手法，能以具有本质区别的多重视角对物体加以呈现。

　　立体主义画家的空间处理手法与文艺复兴以来画家惯用的手法有很大差异。他们不是从单个视角呈现物体，并认为这就是完整视角，而是如塞尚那样，意识到我们对物体的视觉理解包括多重视角，这些视角几乎是在同一时间被我们感知到的。他们试图在自己的作品中呈现出这种视觉上的"信息收集"。通过对意象的解剖与重构，他们重新审视"绘画就是真实外观的再现"这个理念。现在，正是外观的真实性遭到了质疑。对于立体主义者来说，最基本的真实性包括眼睛看到的各种片段的合并，而不是对静止图像的摄影般的精准再现。

乔治·布拉克

在 1909—1912 年的所谓分析立体主义阶段，毕加索和布拉克的作品非常相似。乔治·布拉克（1882—1963 年）早期的作品从印象派过渡到野兽派，再过渡到基于塞尚的更具结构性的构图。他在 1907 年遇见毕加索。从那时起一直到大约 1914 年，这两位艺术家一起朝着同样的艺术目标努力着。

在 1933 年的作品，如布拉克的《葡萄牙人》（图 17.37）中，分析立体主义理论的表现力臻至顶峰。多平面在画布中心相交、聚集，形成几乎难以辨认的三角状人类形体，交替着从背景中形成、隐没。画中只有少数具体的迹象表明其性质：低垂的眼睑、胡须和弦乐器的圆孔。多面的、抽象的形状似乎在我们眼前移形换位，模拟出多个视图因视觉同化所产生的缩时摄影效果。定义和割裂人形的那些结构线——有时称为立体派网格——颜色深且粗，与构图中其余部分精心构建的短小起伏的笔触形成反差。单色调色板包含棕色、黄褐色和赭色，避免干扰到对形式的探索。

图 17.37　乔治·布拉克，《葡萄牙人》，1907 年。布面油画，117×82 厘米。瑞士，巴塞尔艺术博物馆－公共艺术收藏馆。©2013 艺术版权协会，纽约／法国图像及造型艺术著作人协会，巴黎。布拉克和毕加索是分析立体主义的创始人。

尽管毕加索和布拉克在这一时期的作品几乎相同，但布拉克是第一个在其分析立体主义组画中试着插入字母与数字，并部分地使用视觉陷阱效应的人。这些现实元素与主要人物之抽象形成鲜明对比，并再次引出那个缠人的问题："画中何为真，何为幻？"

合成立体主义

毕加索和布拉克不仅仅满足于在作品中插入印刷清晰的字母与数字。在其合成立体主义时期的作品中，他们开始添加从各种东西上剪下的字符，包括报纸、杂志和其他纸张，以及各种拾得物，如酒瓶标签、电话卡、戏票，甚至是墙纸碎片及绳头。这些东西被直接贴在画布上，用的是毕加索和布拉克称之为 papier collé 的技法，也就是抽象拼贴画。

　　一些合成立体主义艺术作品完全由拾得物构成，例如毕加索的《苏士酒瓶》（图 17.38）。在这幅作品中，剪报和不透明纸片构成移动平面，围绕在开胃酒标签周围，勾勒出酒瓶和玻璃杯轮廓。这些平面通过稀疏的线性结构，以分析立体主义中常见的技法结合在一起。然而，与分析立体主义相比，合成立体主义强调物体的形状以及形状的构成而不是分解。颜料重新进入作品之中，强化纹理、图案和移动效果。

未来主义

　　立体主义出现几年之后，在诗人马里内蒂（1876—1944 年）领导下，一种新的运动在意大利开始萌芽。未来主义是马里内蒂在 1909 年的宣言（《未来主义的创立和宣言》）中带着怒火喊出来的，呼吁一种"暴力、充满活力和无畏"的艺术，摆脱"和谐和好品位……的专制束缚"。

　　在理论上，未来主义绘画及雕塑应向"因战无不胜的科学而不断发生巨变"的当下生活致敬。在实践上，许多作品在很大程度上得益于立体主义。

翁贝托·博乔尼

　　一切都变动不居、转瞬即变。我们眼前的人形没有一刻是静止的，而是不断出现又不断消失。由于图像在视网膜上的持续性，运动着的物体会变成好多个，会失真，像波浪一样一个接着一个地在空间里穿过。因此，奔马不是有四条腿，而是有二十条。

　　——翁贝托·博乔尼

　　"动态性"是未来主义信条反复提及的一个词，它指的是这样一种理论：力或能量是所有现象的基本原理。翁贝托·博乔尼（1882—1916 年）的《橄榄球运动员的动态》诠释了动态性原理，不规则的、鼓

图 17.38　毕加索，《苏士酒瓶》，1912 年。裱糊纸、水粉和木炭，65.40×50.17 厘米。密苏里州，圣路易斯，华盛顿大学坎贝尔艺术博物馆。©2013 毕加索遗产／艺术家版权协会，纽约。该作品完全是由现成材料组合拼凑而成的。

胀的线条传递着动能。未来主义者痴迷于描述永恒运动的形象，这一点在雕塑中也得到了完美的体现。在诸如《空间连续性之独特形态》（图17.39）等作品中，雕塑好手博乔尼试图表现出那种难以捉摸的涌动能量。它使运动中的物体形象变得模糊，只呈现出其轨迹。该雕塑虽然保留了人形的整体轮廓，但没有任何具象细节。奔跑者火焰状的曲面并不能定义运动，而是运动的结果。

贾科莫·巴拉

未来主义者还认为，作品主题不如对其"动态感觉"的刻画来得重要。这种说法在贾科莫·巴拉（1871—1958年）的纯未来主义画作《路灯》（图17.40）中得以充分体现。灯光反射出的光圈穿透黑暗，V字形笔触同时从光源处向外呈扇形散开并指向光源，造成一种持续运动的感觉。调色板由互补色组成，使人眼花缭乱。一切都在运动；一切都是感觉。

立体主义和未来主义艺术作品无论看起来多么抽象，都会有痕迹表现出来，也许是不显眼的细节，如眼睑或胡子，也许是物体可以识别的轮廓。然而，立体主义已经埋下了抽象的种子。在康定斯基这样的艺术家的作品中，抽象理念开花结果是迟早的事。这些艺术家追求的是不受题材具象束缚的纯形式。

我们将在第二十一章中看到更多毕加索的作品，包括抗议性巨作《格尔尼卡》。这幅作品创作于法西斯主义在欧洲出现之时，当时西班牙的一个城镇被当成试验场，用来试验新的空对地武器。我们还将探讨名为超现实主义和达达主义的艺术流派。

建筑

1870—1914年间，建筑有了新的转向，实实在在地达到了新的高度。

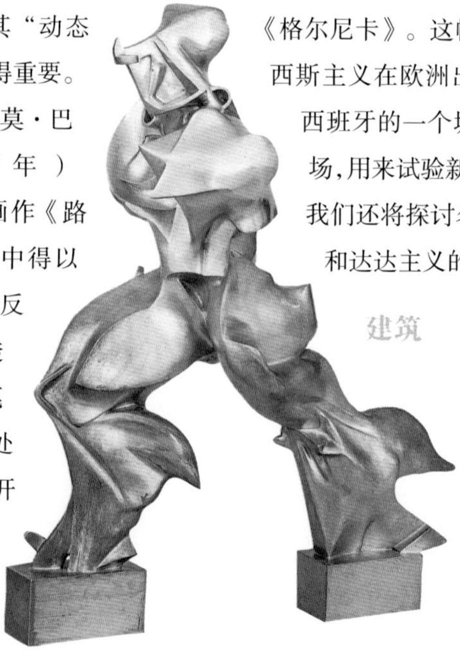

图 17.39　翁贝托·博乔尼，《空间连续性之独特形态》，1913 年（1931 年铸）。铜制品，111.2×88.5×40 厘米。纽约现代艺术博物馆。博乔尼写道："我们眼前的人物没有一刻是静止的，而是不断地出现和消失。"

图 17.40 贾科莫·巴拉《路灯》，1909 年。布面油画。174.7×114.7 厘米。纽约现代艺术博物馆。©2013 艺术家版权协会，纽约 / 意大利出版者协会，罗马。画家赋予寂静的路灯以动态感。

原本为展览会而建的一座巴黎建筑已经在原地耸立了 100 多年，或许已成为这座城市的标志性建筑。代表现代摩天大楼的那种简约的现代主义风格开始在美国形成。在西班牙巴塞罗那，一位建筑雕塑家的脑海里正在孕育风暴。

埃菲尔铁塔

埃菲尔铁塔由居斯塔夫·埃菲尔（1832—1923 年）设计，并于 1889 年完工。这座铁塔高达 320 米（图 17.41），主要为露天结构，尽管其三层平台上建有餐厅和其他一些小建筑，并且沿弯曲的支承结构设有电梯。建造这座塔的初衷，是让其充当 1889 年世博会的门面，这解释了它在功能上的单一。照原定计划，埃菲尔铁塔不会成为巴黎的一座永久性建筑，但人们对它的狂热让它得以一直保留在原地。不过，这是一座铁塔，而不是钢塔，因而也意味着更容易生锈。因此，埃菲尔铁塔需每七年重刷一次漆，用漆量为 50 至 60 吨，按目前的市价计算费用超过 500 万美元。虽然如此，但来此参观的游客——每年大约为 700 万，其中很多至少有一部分原因是冲着该塔才来巴黎的——所带来的效益是维修费用的数倍。

图 17.41 埃菲尔，埃菲尔铁塔，1889 年。法国，巴黎。铁制，高 320 米。为了防止生锈，铁塔每 7 年要用 50 至 60 吨油漆重新粉刷一次。

图 17.42　路易斯·沙利文，温莱特大厦，1890—1891 年。密苏里州，圣路易斯。该建筑按今天的标准来说也许不算高，但它为现代摩天楼的设计定了一个标准。

（1856—1924 年）是现代美国建筑的先驱之一，他通过在高层窗户之间安装壁柱来强调大厦的垂直度。如今，许多摩天大楼的壁柱是自下而上贯穿在整个外立面上。沙利文还强调了温莱特大厦的横向特色。带有花式字体的横条将大多数窗户分隔开来，装饰得无比庄严的飞檐犹如大厦的皇冠。沙利文的格言是："功能性第一，形式第二。"立面元素精准的纵横排列显示出内部矩形空间的规整性。沙利文早期的"摩天大楼"在功能、结构和形式的简约上都是 20 世纪高楼大厦的先驱，值得学习。

温莱特大厦

温莱特大厦（图 17.42）于 1890—1891 年间建于密苏里州圣路易斯市，是钢骨架构造的早期实例。由于是钢骨架构造，这所建筑的重量由结构性芯材而不是墙壁支撑，这使得建筑立面可以广泛采用玻璃材质，它们被称作幕墙（图 17.43）。建筑师路易斯·沙利文

米拉公寓

安东尼·高迪（1852—1926 年）

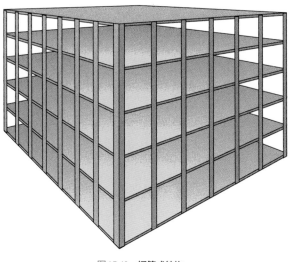

图 17.43　钢笼式结构。

设计的位于西班牙巴塞罗那的公寓（图 17.44）仿佛强迫症一般避免使用直线和平面。材料看着就像是从恰当的位置上长出来的，或者是对可塑性木材做了固化处理，就像水泥那样；其实那是切割好的石块。波浪式的屋顶颇具韵律感，而烟囱似乎设计得像剃须膏或软软的冰淇淋。同一层没有任何两个房间是相同的。这种有机蜂巢状的多层建筑显然与同一时期兴起的钢笼式建筑截然相反。

图 17.44　安东尼·高迪，米拉公寓，1905—1907 年。西班牙，巴塞罗那。在高迪设计的这座建筑中很难看到一条直线。

音乐

19 世纪末及 20 世纪初涌现出一些深受人们喜爱的歌剧作曲家，其作品至今令人叹服。印象主义迫使艺术家及公众重新思考绘画与观看的问题。20 世纪初，音乐家和音乐爱好者也有许多原有的理念受到了挑战。不仅交响乐那样的传统方式要么被丢弃，要么换了一种全新的处理方式，而且连音乐表达的基本要素——旋律、和声以及节奏——都不得不经受惊人的新发展。事实上，翻遍整个音乐史，也没有几个时期能像 1870—1914 年间那样产生日新月异的变化。它见证了交响乐形式全新的处理手法，见证了印象派音乐的兴起，也见证了勋伯格和斯特拉文斯基两大现代音乐巨人的革命性创新。

歌剧

有史以来最受人们喜爱的歌剧作曲家当中，有两位生活和创作的年代是 1870—1914 年间。他们一位是法国人，一位是意大利人。

乔治·比才

法国作曲家乔治·比才（1838—1875 年）就是其中一位。1874 年，比才完成了自己最出名的作品《卡门》，但遭遇惨败，这导致他非常绝望，第二年就抱憾去世。不过，《卡门》现在已经成为最成功的歌剧故事之一，有些粉丝每年都要确保自己看一次。该作讲述了一个非常简单的故事：塞维利亚士兵唐荷西受到在烟草厂工作的吉普赛姑娘卡门的诱惑，走上了犯罪的道路。这对卡门来说不算什么，但唐荷西心里却有着很深的抵触。卡门厌倦了他，和斗牛士搞在一起。唐荷西不能接受卡门只是玩玩他的行为，杀死了卡门。剧中的道德观很是值得玩味：卡门是个罪犯，但对唐荷西总是很诚实；在其中一首咏叹调中，她唱出了这样一个事实，那就是她今天可能真的爱一个人，但明天如何就不清楚了。最后，虽然知道唐荷西会因此而杀了她，但她仍然拒绝否认对斗牛士的感情。该剧以其"固定套路"而闻名，包括我们知道的"斗牛士之歌"和卡门的"哈吧涅拉"。歌剧用的是法语，开始的咏叹调是"L'amour est un oiseau rebelle que nul ne peut apprivoiser"，翻译过来就是："爱情是一只桀骜不驯的小鸟，无人能够驯服。"

哈巴涅拉舞曲是源自非洲的一种古巴舞蹈流派，起源于19世纪初。其节奏也用于康茄舞和探戈等舞蹈。它流传到世界各地，并在19世纪后半叶，也就是比才创作《卡门》时，在法国和西班牙广为流行。在吟唱咏叹调《哈巴涅拉》的过程中，卡门的动作非常具有诱惑性。当然，哈巴涅拉也是这种舞蹈的名字。

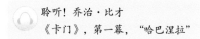

聆听！乔治·比才
《卡门》，第一幕，"哈巴涅拉"

普契尼

同样在世纪之交出现的，还有意大利作曲家普契尼（1858—1924年），他的佳作部分属于传统的意大利歌剧，部分则因受斯特拉文斯基等同时代作曲家影响而带有印象派曲风。普契尼作品中的异国情调也让观众倾倒，如《蝴蝶夫人》（1904年）中的日本风情和《西部女郎》（1910年）中的美国西部风情。他最受欢迎的歌剧《波希米亚人》（1896年）围绕着贫困潦倒的艺术家们展开，故事情节悲惨。该剧已被改编成摇滚音乐剧《吉屋出租》；蝴蝶夫人与一个美国人之间无望的爱情故事则被改编成音乐剧《西贡小姐》；以1800年的罗马作为写作背景的《托斯卡》（1900年）也许目前还没有明确的改编作品，但故事的结尾让人唏嘘不已：歌剧演员托斯卡和她的艺术家情人卡瓦拉多西死在了腐败的警察局长斯卡皮亚手中。《托斯卡》中最令人叹服的咏叹调包括：斯卡皮亚的《托斯卡》（Va, Tosca）；紧随其后的是第一幕结尾部分的《感恩颂》（Te Deum）；第二幕中托斯卡哀伤的《为艺术，为爱情》（Vissi d'arte）；以及第三幕中卡瓦拉多西临刑前所唱的非常简短的《星光闪烁》（E lucevan le stele）。

轻歌剧

虽然歌剧在当时上座率不错，但观众更容易接受轻歌剧，他们在回家的路上就可以哼唱穿插在对话和独白中的美妙唱词。

吉尔伯特和沙利文

轻歌剧方面最成功的要数剧作家威廉·吉尔伯特（1836—1911 年）和作曲家阿瑟·沙利文（1842—1900 年），并称吉尔伯特和沙利文。沙利文曾尝试过"较硬核"的歌剧和其他音乐作品，但从来没有获得过成功。相反，他们两人合作的轻歌剧至今不乏观众，其中最受欢迎的要数 1885 年首次搬上舞台的《日本天皇》（图 17.45），每隔一段时间就会进入英语国家歌剧公司的保留剧目。他们的其他热门作品包括《皮纳福号军舰》，讲述一个因社会地位获得任命，结果却晕船的海军上将的故事。

《日本天皇》与普契尼的《蝴蝶夫人》一样，体现了欧洲人当时对一切东方元素的着迷。女人边抖动扇子边走碎步，男人同样会打开合着的扇子或者扇扇子，以充当标点符号的作用。服装则模仿当时日本版画中的样子。话虽如此，但歌词内容基本上是对英国社会的讽刺。好管闲事的普巴（可代表任何自大而不切实际的政府小官员）——"出身"好但很容易遭受贿赂（"侮辱"）。科科是手握生杀大权的最高刑事总监，却连苍蝇都不敢弄死，有点神经质，爱小题大做，渴望社会地位。他唱道："我已把他们列入黑名单"——社会上最坏罪犯清单，尤其是上流社会。现在的美国歌剧演员可能会把讨厌的政客和电视真人秀中的偶像列入自己的黑名单。

图 17.45　《日本天皇》配乐封面，吉尔伯特和沙利文，布卡洛西（P.Bucalossi）改编，1885 年。活页乐谱尺寸：约 25.4×33.0 厘米。英国，伦敦，皇家音乐学院。《日本天皇》表现了欧洲对所有东方元素的着迷。舞台布景虽属异国他乡，但内容却是讽刺是英国社会。

在《皮纳福号军舰》第 701 页的歌词里，"女王海军的统治者"——海军上将约瑟夫爵士讲述了自己升官发财的故事。没有任何自我洞察力的约瑟夫爵士实际上是在嘲笑英国官僚在任命官员时的荒谬。他们只会任命家世好、名气大的人或者贵族，至于有无能力则根本无所谓。例如，在议会里，他只会按本党派的意见投票，自己从来不动脑筋。(如今的美国国会有这样的政客吗？)由于这是一出欢乐喜剧，合唱队在重复歌词时都会跳舞和摆造型。女王就是维多利亚女王，1837—1901年在位——这是许多英国人一辈子或大半辈子的寿命。

《当我还是个小伙》是一首啪嗒（诙谐）歌。啪嗒歌的节奏可从中速到极快，主要用于轻歌剧和喜剧歌剧。许多啪嗒歌会越唱越快，而有些表演者重复歌词的速度更胜从前，快到让观众感到不可思议。啪嗒歌歌词通常含有绕口令，如吉尔伯特和沙利文的《彭赞斯海盗》中就有歌曲《我是现代少将中的楷模》。《当我还是个小伙》会搭配伴舞，舞蹈随着音乐加快。

管弦乐

19 世纪末和 20 世纪初，许多作者把自己的大型管弦乐作品称作

 聆听！吉尔伯特和沙利文《皮纳福号军舰》歌曲：《当我还是个小伙》

阅读材料 17.2　吉尔伯特

摘自《皮纳福号军舰》歌曲：《当我还是个小伙》

当我还是个小伙，
是一家律所的小二。
擦窗，扫地
门把手擦得锃亮。
因为门把手擦得锃亮，
我成了女王海军的上将！
肚里的法律墨水，
仅够我混个小二。
律所这条船，
是我原先唯一见过的船。
但它非常适合我，
让我成了女王海军的统治者！
钱越来越多的我
被口袋选区送上议会宝座。
投票我只听我党的，
自己动脑筋我可没想过。
因不动脑筋而获嘉奖的我，
成了女王海军的统治者！
同胞们啊，无论你是谁，
如果想高升，
如果心眼活络，
别忘记这条黄金法则——
安心待在办公室，离海远远的，
你会成为女王海军的统治者！

交响曲，但海顿或贝多芬恐怕不会这样认为。改变交响曲传统乐章数量及内容的做法在浪漫主义时期就已经开始了；柏辽兹早在 1830 年就

创作了他的《幻想交响曲》。尽管如此，创作于世纪之交的所谓交响曲相互之间其少有共同点，与古典交响曲传统的差别就更大了。

许多这类作品背后的驱动力是对超越纯音乐价值的"弦外之音"的强力追求。从古希腊时代起，许多作曲家就尝试创作故事型或者叙事型器乐作品，维瓦尔第《四季》和贝多芬的惊世之作《战争交响曲》亦在其列。不过，到 19 世纪中期，作曲家开始创作复杂的标题(情节)，并用音乐描述出来。这种音乐通常被称为标题音乐；它的第一个伟大倡导者是弗朗兹·李斯特。他创作了《哈姆雷特》《俄耳甫斯》《匈奴之战》等标题作品，并专门以术语"交响诗"来归类。

标题音乐背后的原则并不比许多其他音乐更好或更糟，任何单个作品的成功当然取决于作品叙述性与音乐性的结合程度。可以肯定的是，作曲家为了追求真实效果而忘乎所以的情形确实发生过。例如，雷斯庇基（1879—1936 年）就在《罗马之松》（1924 年）中融入了留声机所录制的真夜莺的鸣叫声。

理查德·施特劳斯

在创作颇具说服力的标题交响曲和交响诗（他称作"音诗"）方面，德国作曲家理查德·施特劳斯（1864—1949 年）取得的成就堪称无与伦比。《唐璜》（1886 年开始创作）是他最早获得成功的交响诗之一。这部作品从 19 世纪末的典型视角，讲述了大家熟悉的、迷人的西班牙情圣的故事。不同于莫扎特作品中无悔的唐·乔万尼（即唐璜）或拜伦作品中有趣的唐璜，施特劳斯刻画出了想挣脱人性束缚，却因失败和绝望而自杀的唐璜。该作品乐器阵容庞大，协调地交织在一起。开场华美壮观，激情澎湃，结尾惨淡震撼，令人扼腕。

施特劳斯的作品并不局限于大喜大悲的主题。《蒂尔的恶作剧》讲述了一个臭名昭著的恶作剧者兼骗子的故事，是用音乐展现幽默的最成功范例之一。即使蒂尔恶作剧过了头，最终被绞死（通过施特劳斯的管弦乐编排得到生动表现），但音乐的结尾还是转回欢快。

创作于 1911—1915 年间的《阿尔卑斯交响曲》是施特劳斯最引人注目的作品之一，它清晰地展现了对交响曲形式的新态度。长达近 50 分钟的庞大乐章描述了一次登山探险的经历。作品详细展现了途中的细节（瀑布、牛铃和冰川在乐曲中皆有体现）。登顶是音乐的高潮部分。最后一节描述了下山过程，中途还遇上了暴风雨。音乐的结尾部分渐趋平复，回归了最初的风平浪静。这一切也许听起来更像是电影配乐而不是严肃的音乐作品。不过，心存怀疑者不妨自己去听听《阿尔卑斯交响曲》。它远不是传统观念上的交响曲，正如塞尚的作品《圣维克多山》（见图 17.23）远不是传统意义上的风景画。不过，天才都是自己创造规则的。施特劳斯的作品需要按其设定的规则去欣赏。

施特劳斯还精通歌剧，鉴于他是一个想象力如此丰富的作曲家，这一点不足为奇。施特劳斯有多部歌剧成为 20 世纪的经典，有些显然受到了德国表现主义艺术影响，带有典型的黑暗恐怖气氛。例如，他的第一部轰动之作在 1905 年首演时令观众骇然。该剧改编自爱尔兰作家王尔德根据圣经故事创作的戏剧《莎乐美》。在纽约大都会歌剧院演出了一场（1907 年）之后，该剧在美国遭到长达近 30 年的禁演。最后一个场景用可怕而又奇怪的动作来体现情欲的堕落：莎乐美亲吻施洗者约翰首级上的双唇。

《唐璜》和《阿尔卑斯交响曲》之类的作品描述的都是我们所知道的故事或者所熟悉的事件。在其他作品中，施特劳斯以自己的生活为主题，其中的几部作品，包括《家庭交响曲》以及标题有些张扬的《英雄的生涯》，坦率地讲就是他的自传。他的这种做法符合 19 世纪末越来越流行的套路，即音乐创作追求详细揭示作曲家内心的情感世界。

柴可夫斯基

晚期浪漫主义作曲家柴可夫斯基（1840—1893 年）最出名的作品是创作于 1875—1876 年间的芭蕾舞剧《天鹅湖》（图 17.46）和创作于 1892 年的《胡桃夹子》。《胡桃夹子》无疑是柴可夫斯基芭蕾舞剧中最受人们喜爱和熟知的。它早已成为圣诞节必不可少的一项传统，世界各地都有上演，优美的旋律伴随着天鹅湖组曲逐渐为许多人所熟悉。

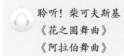

聆听！柴可夫斯基
《花之圆舞曲》
《阿拉伯舞曲》

《胡桃夹子组曲》（Op.71a）是 1892 年芭蕾舞剧《胡桃夹子》首演之前，柴可夫斯基为一场管弦乐表演挑选的八首曲子。收入组曲的六首曲子包括著名的《花之圆舞曲》以及《舞曲集》中的一系列曲目。作曲家在其中借用了他所认为的、属于不同文化的"典型"音乐风格。《阿拉伯舞曲》是柴可夫斯基基于格鲁吉亚的一首摇篮曲创作的，而在柴可夫斯基生活的时代，格鲁吉亚还处于沙皇俄国控制之下。

柴可夫斯基是最早基于个人情感创作交响乐的音乐家之一。他的《B小调第六交响曲》（Op.74），也就是《悲怆》，是在他去世那年写就的。人们在他的手稿中发现了这部作品的"情节"提纲草案，讲述从刚开始"对行动的冲动的激情、信心和热望"，到接下来的爱与失望，再到最后的崩溃死亡的故事。现在人们相信这位俄国作曲家并非像之前认为的那样死于霍乱，而是自杀身亡。原因尚不明确，但可能与见不得光的情感纠纷有关。这一说法赋予《悲怆》新的辛酸内涵。最终乐章出现一系列的高潮，似乎在痛苦而徒劳地抗议命运的不公，随后渐渐陷入悲伤的"沉寂"。

古斯塔夫·马勒

马勒（1860—1911 年）的作品最能完整体现作曲家的生活与情感。他出生于波希米亚。直到 1960 年百岁诞辰前后，其作品几乎不为人所知，而知道的人则通常嘲笑他，说他的作品纯属模仿，好高骛远。如今，由于他已成为作品演奏和录制频率最高的作曲家之一，我们可以开始领会他真正的价值，并了解草率下结论的危害了。

马勒的交响乐世界充斥着他的

图 17.46　芭蕾舞剧《天鹅湖》剧照。作曲：柴可夫斯基；四小天鹅扮演者：Yelizaveta Chaprasova、Svetlana Ivanova、Yelena Chmil 以及 Valeria Martynyuk；编舞：Marius Petipa 和 Lev Ivanov；改编：Konstantin Sergeyev。俄罗斯，圣彼得堡。

焦虑、成功、希望和恐惧，但也照亮了我们这个问题重重的时代。越来越多的普通音乐爱好者感受到马勒作品的说服力和魅力，因为他的音乐触及了之前时代从未探索过的人类体验，而这些体验对我们的时代越来越重要。不过，单纯就音乐来说，马勒如今也可被视为才华横溢的原创天才。与罗丹一样，马勒既是19世纪本领域最后一位重量级

时代的声音 ||||||||||||||||||||||||||||||||||

古斯塔夫·马勒

马勒在与理查德·施特劳斯的一次会面之后，写信给妻子阿尔玛。此前，马勒已经听了《莎乐美》，并且深受感动。

亲爱的阿尔玛：

昨天下午我去看施特劳斯。[他的妻子保利娜]在门口接我，嘴里不住地提醒我"轻点！轻点！理查德在睡觉"，并把我拉进（非常凌乱）的会客室。她的老妈妈正喝着什么东西（不是咖啡）。她开始喋喋不休给我讲过去两年中所发生的各种无聊的经济和花边新闻，同时不停地向我抛出一个又一个问题，却不给我留回答的空隙。总之，就是不让我清闲。她告诉我昨天上午理查德在莱比锡排练得很辛苦，后来又回到柏林，并在晚上指挥《诸神的黄昏》。因为今天下午太累了，他就去睡觉了，而她则小心翼翼地保证他的睡眠不受干扰。我听得晕头转向。

她突然喊道："现在我们得叫醒这家伙了！"我还没来得及阻拦，她就把我拉进他的房间，冲他大声吼道："快起来，古斯塔夫来了！"（她称呼我"古斯塔夫"叫了一个小时——接着我突然又变成"指挥先生"了。）施特劳斯爬起来，好脾气地微笑着。我们非常愉快地接着聊各种无关紧要的话题。后来，我们又去喝茶，在安排好我周六跟他们一起吃午饭之后，他们开车送我回酒店。

在那里，我搞到了两张《莎乐美》正厅第一排的剧票，就带着伯利纳一块儿去了。演出各方面都很不错——乐队、演唱和舞台布景是纯粹的克奇和斯托尔风格，再一次给我留下了特别的印象。这是一部非常美妙、非常有力量的作品，无疑属于我们这个时代的巨作！废墟之下，地狱般的烈火在熊熊燃烧——不只是烟花。

施特劳斯的整个个性因此得以体现，很难说哪个好，哪个坏。我原本就非常佩服的作品整体表现力这一次又得到了验证。我感到非常高兴。我完全停不下来了。昨天布雷希指挥得太棒了。周六是施特劳斯指挥，我还要去。戴斯汀很出色；约克兰[伯杰]非常好。其他人则一般般。管弦乐队非常出彩。

《古斯塔夫写给妻子的一封信》，摘自诺曼（G.Norman）和施力福特（M.L.Shrifte），《作曲家书信集》（*Letters of Composers*）。

人物，又是现代世界的先驱。米勒的创新遭到了早期听众的嘲讽：例如，他对流行的、平庸的曲调的刻意使用，以及音乐情绪的突变。他曾说，交响乐就该像世界一样，应该包罗万象。他自己完成的九部交响曲（第十部未完成），还有为两位歌唱者和管弦乐队谱写的交响曲《大地之歌》，无可疑问地囊括了几乎所有人类情感。

早在马勒的《D 大调第一交响曲》中，我们就发现了其音乐高度的个性特征。交响曲的第三乐章是《葬礼进行曲》，但其挪揄、讥讽的曲调完全不同于音乐史上任何其他的作品。乐章以悲哀的低音提琴独奏开始，演奏古老的儿歌《雅克修士》（又名《两只老虎》），然后乐队的其他乐器接着演奏。乐曲突然转为老套的怀旧与慷慨激昂，直到气氛逐渐趋向真正的柔和。轻柔的中间乐章之后，音乐重回开头时的匪夷所思，扰人心绪。

马勒临终之前的作品远没有他的《第一交响曲》那么乐观。虽然《第一交响曲》的第三乐章是《葬礼进行曲》，但其最后乐章以持续时间较长的胜利的狂欢而结束。马勒最后完成的作品《大地之歌》和《第九交响曲》是在致命的心脏病和即将死亡的阴影下完成的。作品充分表现了人世之美和终将离世的悲伤和无奈。特别是《第九交响曲》的最后乐章，以一种特别富有说服力的方式展现了面对死亡的勇气。乐章以缓慢、悠长的主旋律开始，感情充沛，高贵典雅。结束时，音乐慢慢隐去，化为破碎的音符，直至沉寂。就像马勒所有的音乐以及梵高和蒙克的画作一样，《第九交响曲》并没有回避生活的丑陋与悲惨。但是，与许多同时代的人不同的是，马勒能够超越这些现实，表达出痛苦生活中的乐趣。也许这正是他的音乐如今如此受人尊敬的原因。

克劳德·德彪西

当法国画家们正在形成我们称之为"印象派"的画风时，年轻的法国作曲家德彪西（1862—1918 年）开始在音乐上有了新突破。他抛弃了古典奏鸣曲形式和浪漫主义交响曲结构用系统的音乐内容来推进主题发展的理念，而将目标转向了声音的流动变化。他的音乐不是用来表达人类情感，而是要营造大自然的氛围：风、雨和大海。他对音色变化的强调让人不可避免地将其与印象派画风做比较。就像莫奈和雷诺阿一样，他避免使用戏剧化的宏大主题，而倾向于短暂、无形的乐感，用精致取代了浪漫主义的丰富。

但是,这些对比不应该被夸大。德彪西和印象派画家有一个共同点:都强烈反对一般性传统,尤其是浪漫主义传统。相应地,他们在各自的艺术上创造了一种全新的方式。不过,印象派永远改变了绘画的历史,而真正成功的印象派作曲家却只有德彪西一个。后来的音乐家们借用了德彪西的音乐手法,包括他高度流畅的和声和频繁出现的不对称。但德彪西从未形成真正的流派。在德彪西之后,20世纪的音乐选择了不同的主要发展方向。法国诗人让·科克托(1889—1963年)对此给出了不留情面的总结:"音乐从如锦似缎走向了大刀阔斧。"这些发展与传统之间的决裂表现得比德彪西的雅致风格来得更坚决。随着时间的流逝,德彪西的音乐似乎越来越表现得像是浪漫主义的苟延残喘,而不是新时代的曙光。

无论历史地位如何,德彪西无疑都是他那个时代音乐界伟大的创造性人物之一。他最出色、最具印象派风格的作品是管弦乐作品,如1903—1905年间创作的《大海》。他称其为交响乐写生。这部海洋题材作品堪比施特劳斯的《阿尔卑斯交响曲》,由三个乐章组成,分别是《海上黎明》《浪之嬉戏》和《风与海的对话》。从这些标题可以看出,

德彪西关注的不是声音,而是总的氛围。音乐中没有鸟鸣和打雷声,相反,起伏的音乐声营造出了海景画般的氛围。例如,第二乐章通过优美明快的小提琴音阶,再加上管乐器清亮音色的点缀,生动描绘出了海面上波光粼粼的景象。人们几乎忍不住会将该作品与莫奈的《睡莲》(图17.12)中那闪烁的色彩加以对比。

在其他方面,德彪西音乐就没有那么强的描述性了。在他最优秀的作品中,钢琴曲对乐器所能达到的音效范围之敏感简直令人难以置信。他的很多作品都配有描述性标题,如《雪上足迹》《亚麻色头发的少女》等等,不过,常常是作曲完成之后加上去。这是音乐印象主义必不可少的一环。有时,标题甚至是德彪西的朋友们根据个人对音乐的感受所给出的建议。他的作品《月光曲》就是如此。音乐的宁静可能会让一些听众联想到月夜之美。不过,乐曲本身也是很棒的音乐体验。

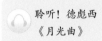
聆听!德彪西
《月光曲》

《月光曲》是德彪西最早的钢琴曲之一,写于1890年。当时他的曲风比后来更接近印象派艺术。因此,曲子开始时平和的下行音阶很

可能旨在描绘月光下宁静的夜晚。整部曲子中，关注点集中在右手和钢琴上的"天籁"高音音符上。乐曲逐渐变得激昂，虽然仍旧保持在平静的开场范围内。

该作品有些许的"古董"气，这可能源于德彪西对法国洛可可时期键盘音乐的兴趣。就像他的大多数音乐一样，这部曲子自成一体，对古典派和浪漫派结构原则皆不效仿，重氛围甚于个人情绪的宣泄。至于它所营造的氛围与宁静的月色有关还是有更广泛的含义，听众可以见仁见智。思考我们在不知道标题的情况下会对这首曲子产生什么样的感受，是一件很有意思的事。

约瑟夫－莫里斯·拉威尔

德彪西的同胞拉威尔（1875—1937 年）是唯一全心全意使用德彪西印象派曲风的作曲家，但他加入了很多个人特色。拉威尔对古典曲风与平衡的看重远胜于德彪西。他心中的音乐之神是莫扎特，而他的许多作品中也可听出莫扎特式的清澈与透明，尽管大家耳熟能详的《波莱罗舞曲》显然不在此列。在他优美的《G 大调钢琴协奏曲》中，他交相使用莫式之精致优雅与自己从爵士乐中吸收的热情洋溢。即使是在其印象派曲风最明显的乐章，比

如芭蕾舞曲《达佛尼斯和克洛伊》描述黎明到来的场景中，他也保留了曲风的高雅与神韵，这一点明显有别于德彪西音色的含蓄与柔和。

寻找新的音乐语言

1908 年，奥地利作曲家勋伯格（1874—1951 年）创作了《钢琴曲三首》，Op.11。在这些作品中，他"有意识地打破了所有的条条框框"，挣脱了传统音乐的束缚。第一次演出之后，一位评论家形容该作品是"毫无道理的丑陋"与"反常"。1913 年，出生于俄国的芭蕾舞作曲家斯特拉文斯基（1882—1971 年）的作品《春之祭》首次在巴黎上演，当时他就住在巴黎。观众对演出又是喝倒彩，又是跺脚喊叫，指责斯特拉文斯基"毁了音乐这门艺术"。如今，斯特拉文斯基和勋伯格被公正地誉为现代音乐的创始人。不过，我们至少在一个方面同意其对手的说法：他们的革命性创新永远改变了音乐的发展道路。

如今的听众觉得《春之祭》非常震撼，甚至是爆炸性的，但同时又相当容易理解和接受。这可以成为衡量他们成就的一个尺度。如果斯特拉文斯基的芭蕾舞曲已不再能让观众感到震撼和恐惧，那主要是因为我们已见惯了模仿它的音乐作

品。《春之祭》创立了属于自身的音乐传统。如果没有这个传统，今天的音乐不可能呈现百花齐放的局面。勋伯格的影响没那么广泛，程度也弱一些；尽管如此，自他那个时期以来，任何严肃的作曲家在创作时都无法忽视他的音乐。值得注意的是，原本似乎要将音乐带上截然不同的"毁灭之路"的斯特拉文斯基最终却接受了基于勋伯格曲风的作曲原则。

正如所有似乎是革命式的与过去的决裂一样，勋伯格和斯特拉文斯基事实上只是对正在进行的革命起了推动作用，让其有了最终的结果。传统的和谐从瓦格纳时代起就已没落，而勋伯格只是通过自己的革新给了其致命一击。瓦格纳的《特里斯坦和伊索尔德》以一系列在琴键上飘忽不定的和弦开场，没有具体方向感，以此充满诗意地表达出焦躁的渴望。其他作曲家纷纷效仿其做法，摒弃一成不变的中心和声理念，后者认为音乐可以偏离中心和声，但必须返回。这些作曲家用对和声的更流畅使用取代了此种惯例。（德彪西为了尝试超越常规和声的限制，经常将和弦与所构建的主题结合，以避免产生音调中心感。尝试的结果可以从他很多作品游荡徘徊的特质中听得出来。）

阿诺德·勋伯格

勋伯格认为，该是抛弃和声（或曲调）体系的时候了，因为这种体系已经使用了 300 多年，眼下确实已经陈旧不堪了。于是，他开始写无调性音乐，刻意避免传统和弦及和声。因此，勋伯格的无调性音乐是先前音乐发展的必然结果。同时，它完全符合时代精神。人们对传统价值观的排斥越来越厉害，最终达到了想与过去彻底决裂的地步。在欧洲，这一点不仅可以从艺术上，而且可以从政治和社会生活中感觉到。勋伯格断然摒弃长达几个世纪的音乐传统仅是预告，几年之后，第一次世界大战的爆发将带来对几百年来的传统更为彻底的摒弃。

勋伯格的革新从另一种意义上说也符合当代的发展。无调性音乐的主要效果之一是会导致情绪上的不稳定，甚至是骚动，它会将音乐导向那种曾经吸引过表现主义画家的病态主题。事实上，勋伯格早年的许多无调性作品采用的就是这样的主题。（勋伯格在绘画上也有相当造诣，画风偏向表现主义。）

勋伯格最超凡的作品《月光下的皮埃罗》（1912 年完成）由 21 首诗组成，为一位女声和小型器乐团谱写。这些诗描述了主角皮埃罗的奇特经历，他是永恒小丑形象的表现主义翻版。诗歌气氛怪诞，有时如魔幻，比如第八首描述了一群巨大的飞蛾飞来，遮天蔽日。而在第十一首名为《红色弥撒》的诗中，皮埃罗用血迹斑斑的手捧着自己的心，作为"可怕的红色圣饼"。勋伯格的音乐恰如其分地让这些诗句听起来怪诞离奇，令人毛骨悚然。歌手会按照提示，以特定音高给出那些诗句的念白，增强演出效果。这种"念白"（"画外音"）手法主要与勋伯格的《月光下的皮埃罗》联系在一起。念白是说和唱的混合，音高根据乐谱或升或降。念白很难表演，但如果演员演技高超，处理得当，就会赋予音乐梦幻般的效果。20 世纪中期，在《红男绿女》中饰演内森·底特律的山姆·列文和在《窈窕淑女》中饰演亨利·希金斯的雷克斯·哈里森就用英语念白。无论是列文还是哈里森，唱功都不算很好，但非常高超的念白却让他们的歌唱听起来别具一格。

聆听！勋伯格
《醉月》，选自《月光下的皮埃罗》

在勋伯格的《月光下的皮埃罗》第一首诗《月光之醉》（Mondestrunke，字面意思是"醉月"）里，因为美酒与月色而醉眼朦胧的诗人

在夜色之美中寻找着灵感。音乐以简短的钢琴音阶开始，接着念白传入，伴奏的先是长笛，然后是小提琴和大提琴。事实上，长笛是主伴奏，清脆婉转，好像在表达当时的浑然忘形。当诗句达到短暂的高潮时，长笛发出最高音阶，随后渐渐消失。

第一首诗为整组诗歌的循环定下了基调。勋伯格用了八种独奏乐器为他的"朗诵者"伴奏，每一首所选的乐器组合都不一样。后面的好几首重新以月为主题，尤其是第七首《病月》。

在截至目前所讨论的音乐作品中，再没有哪首会比之更让初听者感到困惑，更远离多数人的音乐体验。了解下面这一点可能会有所帮助：在他早先的一部作品《第二弦乐四重奏》中，勋伯格引用了德国象征主义诗人斯特凡·乔治的一首诗，其中有一句写道："我感觉到了另一个星球的气息。"勋伯格的真实想法是摒弃漫长的音乐发展史，另辟蹊径。无调性音乐带给作曲家的自由变成了一种负担。到了 20 世纪 20 年代，勋伯格选用另一种作曲体系取代了它，而这种体系与音乐史上之前的任何体系一样严格。他著名的十二音技法所使用的十二个半音音阶（指钢琴上单个八度音阶

的所有黑白键音符）音符精心排成一行或排成序列——后者导致人们发明了"序列主义"这一术语来描述这种技法。基础行的音符及其各种变体构成整个乐章或者甚至整部作品的基础，而音符的顺序总是保持一致。

与标题音乐一样，要想评判十二音体系的好坏，唯一公正的办法就是看结果。并非所有采用此技法的作品都是杰作，不过这显然太过理想。没有哪个体系能让所有作曲家都喜欢，或者让他们都创造出最好的作品，但能得到广泛应用的体系也没几个。勋伯格自己的几部十二音体系作品，包括未完成的歌剧《摩西与亚伦》和1934年的《小提琴协奏曲》，证明了序列音乐可以同时做到美妙和动听。21世纪将会决定该体系是否有长久不衰的价值。

伊戈尔·斯特拉文斯基

与《月光下的皮埃罗》一样，斯特拉文斯基的《春之祭》也以暴力为主题。其副标题是《俄国异教徒之写照》，描写一种用活人祭祀的春季宗教仪式。在勋伯格抛弃传统和声时，斯特拉文斯基则基于一种新式节奏创作自己的作品。不断变化、纷繁复杂、动辄暴力凶猛的节奏模式传递出一种野蛮的狂热，

而这种狂热又因为庞大的管弦乐队所发出的厚重音量而得到增强。有些乐章比较平和，尤其是怀旧的前奏部分，但总体来说，该作品给人的印象是相当狂热的。

聆听！斯特拉文斯基《青少年舞曲》，选自《春之祭》

《春之祭》的开头很平静，一点看不出暴力将临的迹象。伴随着弦乐器重复击打发出刺耳的声音，舞蹈迎来了第一次爆发，与此同时，背景音乐中可听到管乐器在吹奏主题片段。斯特拉文斯基通过疯狂地重复相同的节奏，同时强调某些音符，来营造一种狂热的感觉。厚重的铜管乐器进入，产生一种不祥的音色。不过，乐曲很快又回到弦乐器的击打声上来。气氛安静了一段时间，不过随着斯特拉文斯基继续加大紧张力度，舞曲进入了疯狂的高潮。节奏和旋律升至一个狂热的音高后，转入下一舞曲。

这是与浪漫主义运动彻底的、无以复加的决裂，已经到了无以复加的地步。主题与风格，暴力的反差，音乐的极度野蛮力量，这一切都让与斯特拉文斯基同时代的人目瞪口呆。这部芭蕾舞剧首演之后，抗议声铺天盖地，有好多当时的负面报道保留了下来。在某种程度上，《春

之祭》既标志着开始，也标志着结束。斯特拉文斯基再没有创作过同样风格的作品。不过，作为传统价值观在第一次世界大战前夕（该芭蕾舞剧于 1913 年首次演出）瓦解的一个例证，斯特拉文斯基的音乐革命就像毕加索的视觉艺术革命一样，事实上预示了 20 世纪的动荡不安。

《春之祭》是斯特拉文斯基根据俄国民间题材创作的三部芭蕾舞剧的最后一部（另两部是《火鸟》和《彼得鲁什卡》）。在一战后的几年里，他创作了各式风格的音乐作品，吸收了各种不同的养分，包括巴赫、柴可夫斯基和爵士乐。然而，他的所有杰作都带有典型的斯特拉文斯基特色，以至于一眼就能认出来。简短而富有表现力的旋律，持续的节奏活力，这两个特征在《春之祭》中很明显，在其他作品中也反复出现，如 1945 年的《三乐章交响曲》。即使在 20 世纪 50 年代，他最终采用了序列主义技术，但他仍保留了独特的音乐个性。斯特拉文斯基是 20 世纪特殊的文化现象，他是离乡背井的艺术家，（被迫）切断了自己的文化传承，置身于一系列影响与反影响之下。但他从未丧失个人身份意识，也一直坚信艺术的持久价值，这使他成了 20 世纪的英雄。

文学

在 19 世纪末，许多作家仍像世纪初那样关注着对个体存在本质的探索。事实上，在 20 世纪最初的几个年头，潜意识对人类行为的影响引起了人们越来越大的兴趣，而这主要得益于第 21 章所讨论的奥地利心理分析学家弗洛伊德（1856—1939 年）的研究。他研究的是个体受挫、压抑和神经官能症（尤其是性方面）在个性形成过程中所发挥的作用，而这在很多方面都能从 19 世纪后期的两位大作家陀思妥耶夫斯基（1821—1881 年）和普鲁斯特（1871—1922 年）的作品中初见端倪。

陀思妥耶夫斯基

自我认知在陀思妥耶夫斯基的作品中发挥了重要作用，对心理事实的关注促使他对人物的潜意识动机做了深刻的挖掘。他对人类痛苦的同情部分源于他对俄国东正教的认同，后者强调受苦是一种救赎手段。虽然他很清楚社会的不公，但他更关注的是这种不公对个人心灵的影响，而不是对整个社会的影响。他的作品生动地再现了俄国当时的状况，将社会各阶层人物的形象刻画得栩栩如生。不过，他能将感知到的现实与从心理学角度对人类心理活动的深刻理解结合在一起。很少有艺术家能够如此令人信服地刻画出人在善与恶之间挣扎的状态。

《罪与罚》（1866 年）是他最伟大的作品之一，以邪恶的诱惑为主题。陀思妥耶夫斯基在书中描述了穷学生拉斯科尔尼科夫的故事。与日俱增的心态异化让他觉得自己优于这个社会，可以不受传统道德约束。为了自证这一点，拉斯科尔尼科夫犯下了罪：谋杀了一个手无寸铁的老妇人，不是为了钱财，而是为了证明自己的强大。

他谋杀了老妇人和撞破了他杀人的死者的妹妹。然而，他的犯罪立即就受到了惩罚，不是法律的惩罚，而是他自己良知的惩罚。内疚和悔恨使他更不愿意与人接触，直到最后，在彻底绝望与几近崩溃的状况下，他去警局承认了谋杀。在这部作品和其他作品中，陀思妥耶夫斯基强调了知识型狂妄所蕴含的巨大危险。他笔下的社会在本质上是残酷的，单纯和自觉是唯一可以用来抵制人性邪恶的武器，而受苦是获得成功必须要付出的代价。

普鲁斯特

最具影响力的现代作家之一、法国小说家普鲁斯特青年时代在巴黎上流社会的花花世界中度过。在那个圈子里，他挥霍无度，高朋满座，与各种大人物称兄道弟，同时写一些浅显却不失文雅的诗歌与故事。他的父母分别于 1903 年和 1905 年去世，这让他发生了彻底的变化。他躲进巴黎的家中，鲜少踏出那隔音性能良好的卧室，埋头创作那部让他一举成名的巨著《追寻逝去的时光》。该书第一部于 1913 年出版；而第七部也是最后一部直到 1927 年，即他去世五年后才出版。

对这部长篇巨著很难给出公正的评价。故事采用第一人称叙述，讲述者的名字虽然一直没有提到，但显然与普鲁斯特有很多共同点。整个故事主要描述讲述者从幼年到中年的生活，回顾对他产生过影响的人物、地点、事物及事件。在回顾过程中，讲述者意识到自己的整个过去就藏在记忆深处，只要最细微的一点刺激，如一丝香味、一种味道、一根头发的出现，就可引发记忆中一整串的联想。

阅读材料 17.3 中的选段是关于感官记忆的一个著名情节：因咬了一口"小玛德莱娜"（一种小蛋糕）而触发了大量的记忆。

在最后一部结尾，讲述者决定永远保留过去生活的回忆，以书的形式让其不朽，这本书就是读者刚刚读完的这部。普鲁斯特对潜意识

阅读材料 17.3　普鲁斯特

摘自《追寻逝去的时光》第 1 卷：去斯万家那边

　　那已经是好多年以前的事了，贡布雷，除了与我的睡觉有关的场景和细节之外，在我心中早已不复存在。但有一年冬天，我回到家里，妈妈见我浑身发冷，说还是让人给我煮点茶吧，虽说平时我没有喝茶的习惯。我起先不要，后来不知怎么一来改变了主意。她让人端上一块点心，这种名叫小玛德莱娜的、小小的、圆嘟嘟的甜点心，那模样就像用扇贝壳瓣的凹槽做模子烤出来的。天色阴沉，看上去第二天也放不了晴，我心情压抑，随手掰了一块小玛德莱娜浸在茶里，下意识地舀起一小匙茶送到嘴边。可就在这一匙混有点心屑的热茶碰到上颚的一瞬间，我冷不丁打了个颤，注意到自己身上正在发生奇异的变化。我感受到一种美妙的愉悦感，它无依无傍，倏然而至，其中的缘由让人无法参透。这种愉悦感，顿时使我觉得人生的悲欢离合算不了什么，人生的苦难也无须萦怀，人生的短促更是幻觉而已。我就像坠入了情网，周身上下充盈着一股精气神：或者确切地说，这股精气神并非在我身上，它就是我。

[译注] 引自马塞尔·普鲁斯特，《追寻逝去的时光》，周克希译，上海：华东师范大学出版社，2012。

重要性的认识，还有他对潜意识解密方式的阐释，都与其"意识流风格"一样，对现代作家有着莫大吸引力。意识流风格是指讲述者的叙述似乎是真实思维过程的再现，而不是作者为了照顾逻辑关系和发展所编出来的。此外，在阅读普鲁斯特（或讲述者）对过去所做的认真而痛苦的回顾时，重要的是要记住，他的目的不单是一种心智活动。通过回忆过去，我们做到了（字面意思上的）让昔日重来，记忆是我们对抗死亡的最强大武器。

契诃夫

　　如果说陀思妥耶夫斯基是用暴力来描述他的世界观，那么与他同时代的同胞契诃夫（1860—1904 年）则是用反讽与挖苦彰显角色的愚钝和无知。他的剧本和短篇小说以一个偏僻之地为背景，那里的居民想要行动却一再受挫，梦想着逃离那里。小说《三姐妹》中，作为主要角色的三个姐妹一直未能实现她们"去莫斯科！去莫斯科！"的抱负。在《带狗的女人》等小说中，契诃夫使用表面琐碎的事情来表达深刻的理解，而在《打赌》中，他讽刺地质疑大多数人的基本价值观。

马克·吐温

　　马克·吐温（1835—1910 年）也许是 19 世纪末 20 世纪初最受欢迎的美国作家了。马克·吐温是他的笔名，真名是萨缪尔·兰亨·克莱门。马克·吐温曾是密西西比河蒸汽船上的领航员。水手们会将绑有重物的绳索扔进河里，以此测量河水深度。"马克·吐温"指的是两英寻或者 12 英尺——这是可供蒸汽船安全行驶的水深。吐温作为作家和幽默家可以说是一路顺风了。

阅读材料 17.4　马克·吐温
摘自《苦行记》，"祖父的老山羊的故事"

　　这几天来，伙计们常常告诉我，说我应该去找一个叫吉姆·布莱恩的人给我讲一讲他爷爷的老山羊，那是个十分开心的故事——但他们每次都提醒我一定要等到他喝醉酒的时候——醉得舒舒服服的，乐意与人交往的时候——才给他提这件事。他们一直对我这样讲。到后来，这引起我的好奇，心给折磨得难受，很想听听那个故事。我去找过布莱恩，但没有用，伙计们总是挑剔他的醉态不够。他经常喝酒，但总是适可而止，从不放量一醉。我还从来没有像这样专心一意而焦躁不安地去观察一个人的状态，以前也从来没有如此渴望见到一个人喝得酩酊大醉。终于，有一天晚上，我匆匆忙忙地赶到他的小屋去，这次，我听说他的样儿就是最爱挑剔的人也找不出岔子——他醉得平静、安详、有条不紊——没有饱嗝打断他的声音，没有腾云驾雾的感觉妨碍记忆。我进去的时候，他正坐在一个空火药桶上，一手捏着根陶土烟袋，另一只手举起来叫大家安静。他的脸又红又圆，极为严肃；他的嗓门粗犷，头发乱成一团。从外表和衣着看来，他是那年月的一个典型的矿工，身材

高大，块头结实。松木桌子上点着一根蜡烛，暗淡的光亮照着那些伙计们，他们东一个西一个散坐在板铺上、蜡烛箱上、火药桶上。他们轻声地说："嘘——别说了——他就要开讲了。"

　　我立即找了个地方坐下来，布莱恩开口道：

　　我看那些年月是再也不会回来了。再也找不到像它那么呱呱叫的老山羊了。我爷爷把它从伊利诺伊带来的——从一个名叫耶兹的人手里买来的——比尔·耶兹——你们说不定也听说过他。他爸爸是个教堂执事——浸礼会的——还是个十分活跃的人呢，你要起得很早才能赶在虔诚的老耶兹的前面。就是他劝说格林家在向西部迁移时和我爷爷搭帮的。塞恩·格林怕要算是那群人的头儿吧，他讨了个叫威尔克森的女人——萨拉·威尔克森——一个美人儿，她是——在老斯托达德喂出来的一头最漂亮的小母牛，真标致，认得她的人都这么说。她可以轻轻松松地举起一桶面粉，就像我摆弄一张煎饼一样。讲跳舞吗？那就别提了！讲有心胸吗？哼！赛尔·霍金斯在她身边纠缠的时候，她对他说，尽管他有的是钱，也不配骑着马和她并排走。你们看，赛尔·霍金斯是——不对，不是赛尔·霍金斯，

压根儿不是——是个姓费尔金斯的蠢货——我记不得他叫什么名了。不过他是个硬树桩子——有天晚上喝醉了去听布道，大叫着要选尼克松，因为他把布道弄成开初选会了。执事老头儿弗格森赶过来，撵着他跳窗子溜掉了，他掉到了杰弗逊老小姐的头上，这可怜的老姑娘。她是个好女人——有个玻璃眼珠，常常把它借给没有眼珠的老姑娘瓦格纳，让她戴着去招待客人。这个眼珠子有点小，瓦格纳小姐一不小心，眼眶里的珠儿就会不是朝着天上，就是歪向一边，四面八方转来转去，另一个眼睛却直端端地朝

着前头，像个望远镜一样。大人还不怕，但经常会把小娃娃吓哭，真是个吓人的东西。她想用棉花把它包起来，但起不了什么作用——棉花松了沾在眼珠上，看起来可怕极了，哪个小娃娃都受不了。她常常把它弄掉，把她那个黑洞洞的空眼眶对着大家，弄得他们都不舒服，因为眼球什么时候掉出去，她也不知道，那半边是瞎的，你们也晓得。于是，就有人推她一把，"你那个玻璃眼睛掉了，亲爱的瓦格纳小姐"——这时候，大家就只好等着她又把它塞进去。

[译注] 引自马克·吐温，《苦行记》，刘文哲、张明林译，桂林：漓江出版社，2013。

马克·吐温的最著名的小说可能是《汤姆·索亚历险记》（1876 年）和《哈克贝利·芬恩历险记》（1885 年），其中"哈克·芬恩"是"伟大的美国小说"的代名词。大多数评论家认同吐温是那个时代最伟大的幽默大师，但时过境迁，他的作品基调变得阴暗了。吐温非常关注帝国主义和殖民化时期当地土著经常要面对的灾难，包括肆意谋杀。殖民原本名义上是要为"生活在黑暗中的人们"送去"光明"，但往往带来的却是掠夺、破坏和疾病。

马克·吐温也对人们借宗教之名相互残杀而心有余悸；无论他自己是否信奉上帝，他对"有组织的宗教"和他认为荒谬的信仰产生了不信任。

在生命的最后 20 年里，他断断续续地写着名为《神秘的陌生人》的短篇小说。陌生人就是撒旦，但其实是同名的堕落天使长的侄子。1590 年，他去拜访一群奥地利的年轻人，并指出他们的逻辑错误。小说临近结尾时，撒旦对其进行了抨击，抨击内容见阅读材料 17.5。

阅读材料 17.5　马克·吐温

摘自《神秘的陌生人》

　　好奇怪，你竟从来没有怀疑过这

个宇宙和其间的万事万物不过都是一场场的迷梦，幻觉和假相！真奇怪，因为他们都是一群赤裸裸的歇斯底里

的疯子——活像一场噩梦：上帝本来可以造一个好孩子，那跟他造一个坏孩子一样轻而易举，可他偏喜欢造坏的；他也本可以令每个人都活得开心幸福的，但没有一个人在他的手下能奢望安宁和幸福；他本可以做点什么来弥补他们所受的苦难，可他毫不犹豫地无比吝啬地削减了这项开支；他让他的天使们不用劳作就享受着永恒的极乐，可要求他的其他孩子整日劳作尚不能果腹；他赐予他的天使们无病无痛的生活，却诅咒他的其他孩子永世不得安生，让他们的肉体和精神在愁苦和疾病中永受折磨；他嘴上说着正义，却发明了地狱——嘴里说着宽恕，却发明了地狱——一边说着金科玉律，要赦免人们无穷多次，一边发明了地狱；他所说的道德只针对别人，自己却毫无道德；他不许别人犯罪，而自己却坏事干尽；他自作主张地制造了人类，却让人自生自灭，该照顾他们周全却撒手不管；最后，他还用那些愚不可及的宗教信仰，哄得这个可怜的，遭罪的奴隶来对他顶礼膜拜！

[译注]引自马克·吐温，《马克·吐温中短篇小说集》，汪树东、龙红莲译，武汉：长江文艺出版社，2004。

图17.47　马奈，《爱弥尔·左拉》，1868年。布面油画，146.5×114厘米。法国，巴黎，奥赛博物馆。剧照右上角的图片包括一张奥林匹亚素描——左拉坚信它是莫奈最好的作品；一幅日本择跤选手版画；以及委拉斯凯兹的《酒神巴克斯》雕刻，体现了左拉对西班牙艺术的欣赏。左边的日本屏风进一步证明了左拉和马奈对日本艺术的共同爱好。

爱弥尔·左拉

法国作家左拉（1840—1902年）20岁出头时是个穷职员，但决心专靠写作来谋生（图17.47）。他以罕见的能力写活了现代象征：工厂、矿场，还有那种新出现的我们称之为"百货商场"的产品销售巨兽。他的作品感情丰富，语言风格多样，既有辛酸描述，也有幽默风趣。他的第一部重要小说《红杏出墙》

于 1867 年问世。他写了共 20 卷的一整套小说，旨在科学地探讨自然（遗传学）和教养（环境经验）对一个家庭的影响。接着，他又写了一系列攻击罗马天主教会的小说。1898 年，他写了著名的公开信《我指责》，抨击法国政府的反犹太行径，起因是政府以间谍罪判处陆军军官阿尔弗雷德·德雷福斯终身监禁。左拉辩解说，对德雷福斯的指控是政府捏造的，定罪证据不足。左拉后来被判"诽谤政府罪"，他为躲避牢狱之灾逃往英国。一年后，他回到了巴黎。

1883 年，左拉的小说《妇女乐园》出版。这部小说的标题也是巴黎美好时代百货公司的名字。商场老板奥克塔夫·慕雷是一位企业家，是参与旧巴黎改造和新巴黎发展的企业家之一。左拉写道："他属于自己所处的那个时代。老实说，在一个太多事情发生，整个世纪进入未来的时代，你的伪装肯定会露出点马脚，你的大脑和四肢肯定会有点发软，让你退缩不前，害怕采取。"

在这个能在当今引起共鸣的主题中，慕雷（其实是代表左拉）表达了现代商品对女性嗜好的倚重。百货公司的成立正是看中了这一点——以便女性能像飞蛾扑火一样前来消费。

阅读材料 17.6　左拉

摘自《妇女乐园》

这里……又谈到争取女人的问题。所有的事情——资本不断的运用，存货制度，诱人的廉价，使人安心的明码标价——都依靠在这个问题上。就是因为女人，各家店铺竞争激烈，而被陈列品弄得眼花缭乱以后，继续陷进它们的便宜货的陷阱里去的也是女人。它们唤起女人体内新的购买欲，它们是一种巨大的诱惑，女人注定要被征服的，首先情不自禁买一些家庭实用的东西，被精美物品所吸引，然后是完全忘了自己。为了十倍的提高营业额，为了使奢侈品大众化，它们成了可怕的消费机构，破坏了许多家庭，造出了各种无聊的时髦货色，而且是越来越贵重。如果说女人在店铺里是一个皇后，弱点外露，为受崇拜和奉承，被殷勤款待所围绕，那么，她的统治也像是一个多情的皇后，她的臣民在她身上做着买卖，她为自己的每次恣意任性都付出了血的代价。慕雷在他那优美的殷勤里面，允许自己发泄出一个犹太人的兽性——论斤地出卖女人；他为女人缔造了一间庙宇，用一大群店员向她焚香礼拜，创造出一种新的宗教仪式；除了女人他什么也不想，不屈不挠地在想象中探寻更强大的诱惑；可是他在女人背后，当他掏空了女人的腰包，害她们伤神时，他就对她满怀秘密的轻蔑，这正像是一个男人，在他的情妇糊里糊涂舍身给他以后的那种情形。

[译注] 引自左拉，《妇女乐园》，陈亚锋译，北京：大众文艺出版社，2000。

奥斯卡·王尔德

王尔德 1854 年出生于都柏林，1900 年在巴黎去世。他最出名的身份是编剧，曾经写过喜剧《不可儿戏》（又名《认真的重要性》）（1895 年）和《理想丈夫》（1895 年）等等。他写过一部小说叫《道林·格雷的画像》（1891 年）。他对英国社会进行了很高明的讽刺，是说俏皮话的真正高手。例如，在《不可儿戏》中，当杰克·沃辛告诉奥古斯塔·布拉克内尔夫人他失去了双亲（也就是说，他们已经死了）时，她的回应是："沃辛先生，失去父母中的一个可以视作不幸，但失去双亲似乎就是太不小心了。"王尔德的第一部剧本是《温德米尔夫人的扇子》（1892 年），其中有这样一句："我可以抵挡住一切，除了诱惑。"

在《道林·格雷的画像》前言部分，王尔德谈到了自己对艺术与评论的一些看法。

阅读材料 17.7　王尔德

摘自《道林·格雷的画像》前言

艺术家是美的事物的创造者，呈现艺术，隐去艺术家是艺术的目的。

批评家能把自己对美的事物的印象，转换成另一种形式，甚至全新的内容。

批评的最高形式，也是最低形式，是自传体的。

那些在美的事物中发现丑的含义的人是堕落而毫无魅力的，这是过错。

那些在美的事物中发现美的含义的是有教养的，他们还有希望。

懂得美的事物仅仅意味着美的人，才是上帝的选民。

书没有道德和不道德之分，只有写得好和写得差的，仅此而已。

[译注] 引自奥斯卡·王尔德，《道林·格雷的画像》，孙宜学译，杭州：浙江文艺出版社，2017。

莫娜·凯尔德

莫娜·凯尔德（1854—1932 年）是一位女性主义作家，她的作品描述了维多利亚时代女性的社会地位与生活。她的小说《达那俄斯的女儿们》（1894 年）中的情节很具典型性：年轻女子追求音乐事业的愿望与其对家庭的责任不可避免地产生了冲突。她写于 1888 年的随笔《婚姻》引发了一系列针对女性角色与命运的热议。与在她之前及之后的许多女性主义者一样，凯尔德认为，不是出于自愿的婚姻就等同于卖淫。

阅读材料 17.8　莫娜·凯尔德

摘自《婚姻》，载《威斯敏斯特评论》

我们得到的结论是，目前的婚姻形式——与其符合正统观念的程度严格成正比——是一种令人头疼的失败。如果有些人通过对正统观念视而不见使之取得了成功，那么这种实例不能成为目前婚姻制度的支持性论据。据此我们还得出一个结论：现代的"体面"是靠在婚姻及性生活中贬低女性来获取生命力的。但是，如何纠正这多方面的错误呢？在这个唯利是图的社会，如何才能使婚姻脱离"体面"的桎梏，并且使它获得一个坚实的基础从而再也不是对人尊严的侮辱？

理想的婚姻应该是自由的，尽管会有各种各样的危险与困难。只要有情有爱有信任，两个人就可以在一起，不需任何的约束；如果不能在一起，生命就会变得空虚，没有了色彩；但当这一切消失时，两人之间的结合就会变得虚假而不道德，任何人都无权强迫他们在一起。

女性经济独立是婚姻自由的首要条件，女性不应只为了经济原因而结婚或者维持婚姻。

豪斯曼

英国人豪斯曼（1859—1936 年）曾在伦敦大学学院攻读古希腊罗马文学，从事学术研究，后来又在剑桥大学教授古典文学。在职业生涯中，他创作了一些大家耳熟能详的诗歌，包括选自他的诗集《什罗普郡一少年》（1896 年）的那首《当我二十一岁的时候》。在这首诗中，作者没有接受为他好的建议，或许是因为他太年轻，不能理解圣贤的智慧，又或许是因为他被爱情冲昏了头脑而听不进别人的意见。

阅读材料 17.9　豪斯曼

《当我二十一岁的时候》

当我二十一岁的时候，
我听见一位智者叮咛：
"所有的金钱都可以抛弃，
但切莫把真心付予他人；
可以送给人珍珠美玉，
但千万要留住自由之心。
可那时候我才二十一岁，
他的话我一句也没听进。
当我二十一岁的时候，
我又一次听见智者叮咛：
"切不可把一片真心，
从心窝里掏出白白送人；
掏心的代价是无穷的叹息，
掏心的报偿是不尽的悔恨。"
现在我已经二十二岁，
啊，他的话果然句句是真！
（曹明伦译）

鲁德亚德·吉卜林

吉卜林（1865—1936 年）出生于印度一户英国家庭，当时印度是英国最重要的殖民地。他在英国接受了几年教育，但过得很不开心，于是重返印度。他与佛蒙特州一个美国女子结了婚，婚后在那里度过了一段时间。后来，他搬到英国。英国人对他所写的关于印度的报道非常感兴趣。他还写了许多故事、书和诗歌。他的两部《丛林之书》（1894、1895 年）受到好几代孩子的喜爱。他还写了著名的小说《基姆》（1901 年），并于 1907 年获诺贝尔文学奖。他的诗包括《东西谣曲》和《如果》，在《东西谣曲》中，一个阿富汗马贼和一个英国男子之间建立起了相互尊重的关系。

诗歌《如果》是一位父亲就如何才能过上体面的生活给儿子的建议。

阅读材料 17.10　吉卜林

《东西谣曲》，1—4 行

东方是东方，西方是西方，尾碰不到头，二合不成一，

直到那一刻，天地齐出席，神灵做裁决，寰宇订新契，

除非既无东亦无西，让边界族群和出身，从此不再有意义。

两位强者彼此投契，世界尽头前来相认，面对面比肩而立。

[译注] 引自鲁德亚德·吉卜林，《东西谣曲：吉卜林诗选》，黎幺译，北京：人民文学出版社，2018。

女性角色

并非所有 19 世纪末 20 世纪初的作家都热衷于陀思妥耶夫斯基和普鲁斯特作品中的那种心理研究。社会性质这个更大的问题继续吸引着更具社会意识的作家的注意，他们对工业生活所产生的广泛问题以及一系列新的社会问题进行了深入的探讨。

现代世界发展的一个最重要的方面是女性在家庭及整个社会生活中角色的不断变化。女性投票权问题曾在 20 世纪初期经历过痛苦的斗争。英国和美国分别直到 1918 年和 1920 年才允许女性广泛参与选举程序。在个人方面，离婚可行性和离婚频率的上升导致许多女性（和男性）开始重新思考婚姻关系的性质。

阅读材料 17.11　鲁德亚德·吉卜林

《如果》，1—6 行，31—32 行

如果你能保持理性，当你身边所有人都已失去它，并为此指责你；

如果你能信任自我，当所有人都质疑你——但还要给他人留有质疑你的余地；

如果你能等待，且不会倦于等待，即使被谎言包围，也不亲口炮制谎言，即使受人憎恨，也不让憎恨进入自己的胸怀。

还有，切勿眼中尽善好，尤忌出口皆箴言。

……

世界是你的，其中的每事每物属于你，而且——更重要的是——你将是个男子汉，我的儿子！

[译注] 引自鲁德亚德·吉卜林，《东西谣曲：吉卜林诗选》，黎幺译，北京：人民文学出版社，2018。

女性努力想摆脱几个世纪以来强加给她们的固定角色，但这一进程的进展极其缓慢，还远没到结束的地步。不过，该进程必须找到一个切入点。一个以文化和政治变革为特征的历史时期也应该有这个最基本领域产生的社会变革标志才合适。

狄更斯是 19 世纪中叶反抗工业压迫与剥削的先驱。以与他同样的方式，19 世纪末 20 世纪初的作家们不仅表达了对女性问题的关注，还对其起了积极的推动作用。他们涉猎的问题太广泛，我们只能通过 19 世纪末两位作家的视角来了解其中的一个领域，即婚姻。其中一位作家易卜生（1828—1906 年）是他那个时代最著名的剧作家，享誉世界。另一位作家凯特·肖邦（1851—1904 年）生前一直不受重视，即使在美国本土也是如此。

易卜生

易卜生出生在挪威，但大部分时间在意大利度过。他的大多数成熟戏剧作品都涉及社会习俗及其后果，通常都是悲剧。虽然从技术层面讲，许多故事写的是发生在挪威的事，但其意义是普遍的。易卜生的作品所探讨的问题常常被视为禁忌，包括性传播感染、乱伦和精神错乱。戏剧以逼真的形式让观众在震撼中深刻认识到了这类问题。易卜生一开始遭人耻笑，但最终成为戏剧发展的关键性人物，特别是在英语国家。他的作品受到了萧伯纳（1856—1950 年）的高度赞扬，他继承了易卜生的衣钵，成为前卫的社会评论家。

他最早的重要戏剧之一《玩偶之家》（1879 年）围绕女性问题展开。主角托瓦尔·海尔茂和妻子娜拉结婚已有八年，表面上过得很幸福。不过，结婚后不久，在海尔茂还没成为大律师之前，娜拉私下从一个朋友克罗斯塔德手里借了一笔钱，用于支付丈夫的医疗费；因为丈夫太骄傲，不愿意借钱，她告诉托瓦尔这笔钱是从她父亲那儿拿的。随着剧情发展，还没有还上这笔钱的诺拉遭到了克罗斯塔德的威胁，声称如果她不说服海尔默给他一份工作，就要勒索她。当她拒绝这样做时，克罗斯塔德写信给海尔茂揭露了真相。海尔茂因妻子骗他这件事大发雷霆。钱的问题最终通过其他方式得以解决，海尔茂最终原谅了娜拉，但娜拉已通过这件事对她和丈夫的关系有了难以释怀的新领悟。在最后的场景中，她摔门而去，永远离开了他。

娜拉决心离开丈夫的原因有两个。首先，她意识到自己在丈夫的实际生活中是多么的微不足道。正如她所说："自从相遇的那天起，我们从没有就正经事有过只言片语的交流。"他们之间关系的肤浅让她心寒。第二，在妻子瞒着他这件事曝光后，海尔茂没有挺身而出，说明借钱没还的是自己，以此来证明他是爱妻子的，这让他在娜拉心里掉了价。当海尔茂说"人不能为了爱而牺牲面子"时，娜拉的回应是"无数女人已经这样做了"。易卜生试图以此来表达他对男女本质区别的理解。娜拉决心不再继续做丈夫的玩偶——离开自己在其中只是一只玩偶的"玩偶之家"。这个举动极大地违背了当时公认的社会行为准则，以至于有位评论家这样

写道："砰的那声摔门声让整个世界为之震动。"

第三幕的最后场景揭示了娜拉心底压抑的对于自己社会角色的愤怒。

的确，娜拉如何能够参与解决海尔茂问题？的确，她为什么非要伤那个脑筋？她只是个女人啊。海尔茂的困惑反映了传统社会对女性无缘无故的贬低；满意的婚姻需要男人对此有新的态度。

阅读材料 17.12　易卜生

《玩偶之家》第三幕，终场，1–38 行

海尔茂：怎么，你还不睡觉？又换衣服干什么？

娜拉：不错，我把衣服换掉了。

海尔茂：这么晚换衣服干什么？

娜拉：今晚我不睡觉。

海尔茂：可是，娜拉——

娜拉：（看自己的表）时候还不算晚。托伐，坐下，咱们有好些话要谈一谈。

（她在桌子一头坐下）

海尔茂：娜拉，这是什么意思？你的脸色冰冷铁板似的——

娜拉：坐下。一下子说不完。我有好些话跟你谈。

海尔茂：（在桌子那一头坐下）娜拉，你把我吓了一大跳。我不了解你。

娜拉：这话说得对，你不了解我，我也到今天晚上才了解你。别打岔。听我说下去。托伐，咱们必须把总账

算一算。

海尔茂：这话怎么讲？

娜拉：（顿了一顿）现在咱们面对面坐着，你心里有什么感想？

海尔茂：我有什么感想？

娜拉：咱们结婚已经八年了，你觉得不觉得，这是头一次咱们夫妻正正经经谈谈话。

海尔茂：正正经经！这四个字怎么讲？

娜拉：这整整的八年——要是从咱们认识的时候算起，其实还不止八年——咱们从来没在正经事情上谈过一句正经话。

海尔茂：难道说我经常把你不能帮我解决的事情麻烦你？

娜拉：我不是指着你的业务说。我说的是，咱们从来没坐下来正正经经细谈谈过一件事。

海尔茂：我的好娜拉，正经事跟你有什么相干？

[译注] 引自亨里克·易卜生，《易卜生文集第五卷》，潘家洵译，北京：人民文学出版社，1995。

凯特·肖邦

相比易卜生名气的如日中天，美国作家凯特·肖邦生前鲜有读者，甚至至今都没有太多人知道她。最近才有评论家开始对她的小说《觉醒》那出色的结构和丰富的心理洞察力作出了公正的评价。1899 年首次发表时，这部作品被认为是淫秽书籍，甚至被列为禁书。作品的主要主题是在家庭生活中受到压制的女性角色。像《玩偶之家》中的诺拉一样，女主人公埃德娜憎恶与丈夫之间毫无意义的夫妻关系和日常生活的乏味。她唯一的逃避方式就是放纵自己的性欲，虽未摔门而去，却让自己沉沦在也许没有爱的情欲盛宴中。

她的短篇小说围绕同样的问题展开，但处理方式更精巧，往往带有讽刺性的幽默。这些小说通常以最小的篇幅来审视婚姻似乎经常所代表的牢笼。在短短的几页当中，肖邦向读者展示了人们生活中司空见惯的一个领域。就像易卜生一样，她的作品如今仍能打动人的心弦，产生与世纪之交时一样的效果。

在《一小时的故事》（1894 年）中，马洛尔太太得知丈夫死于一场事故时，马上"崩溃地"大哭起来，但后来却自己单独走进了房间。

阅读材料 17.13　凯特·肖邦

摘自《一小时的故事》

什么东西正向她走来，她等待着，又有点害怕。那是什么呢？她不知道，太微妙难解了，说不清、道不明。可是她感觉得出来，那是从空中爬出来的，正穿过洋溢在空气中的声音、气味、色彩而向她奔来。

这会儿，她的胸口激动地起伏着。她开始认出来那正向她逼近、就要占有她的东西，她挣扎着，决心把它打回去——可是她的意志就像她那白纤弱的双手一样软弱无力。

当她放松自己时，从微张的嘴唇间溜出了悄悄的声音。她一遍又一遍地低声悄语："自由了，自由了，自由了！"但紧跟着，从她眼中流露出一副茫然的神情、恐惧的神情。她的目光明亮而锋利。她的脉搏加快了，循环中的血液使她全身感到温暖、松快。

她没有停下来问自己，是不是有一种邪恶的快感控制着她。她现在头脑清醒，精神亢奋，她根本不认为会有这种可能。

她知道，等她见到死者那交叉着的双手时，等她见到那张一向含情脉脉地望着她、如今已是僵硬、灰暗、毫无生气的脸庞时，她还是会哭的。不过她透过那痛苦的时刻看到，来日方长的岁月可就完全属于她了。她张开双臂欢迎这岁月的到来。

[译注] 引自凯特·肖邦，《她们笔下的她们》，葛林译，北京：人民文学出版社，2015。

走向战争的世界

正如我们将在第 19 章中看到的，1870—1914 年的悲观主义者们对未来的感知是正确的。但是，就连他们也没有料到，这场由枪炮弹药构成的阵仗会有如此大的规模。活下来的人往往会带着怀旧的心情回顾当年的情形：在他们泛红的眼睛中，那些美好岁月似乎比当时的真实情形更加美好。如今，当我们回想当年的时候，《酒吧女神吉尔》那个世界似乎离我们越来越远了——远得就好像那种灿烂只是一种想象，而不是过去确实存在过的。

总览 走向现代：1870—1914 年

语言和文学
— 1866 年，陀思妥耶夫斯基的《罪与罚》出版。
— 1879 年，易卜生的《玩偶之家》搬上舞台。
— 1883 年，左拉的《妇女乐园》出版。
— 1885 年，马克·吐温的《哈克贝利·费恩历险记》出版。
— 1894 年，凯尔德的《达那俄斯的女儿们》出版。
— 1894 年，凯特·肖邦的《一个小时的故事》出版。
— 吉卜林的两部《丛林故事》分别于 1894 年和 1895 年出版。
— 1895 年，王尔德的《不可儿戏》搬上舞台。
— 1896 年，豪斯曼的《什罗普郡一少年》出版。
— 1913 年，普鲁斯特的《追寻逝去的时光》第一部出版。

美术、建筑和音乐
— 布格罗在 19 世纪 70 年代创作学院派艺术作品。
— 莫奈在 19 世纪 60 年代至 80 年间的作品成为现实主义与印象主义画派之间的桥梁。
— 1872 年，莫奈创作印象派画作《日出》。
— 1875 年，比才的歌剧《卡门》首演。
— 柴可夫斯基的芭蕾舞剧《天鹅湖》创作于1875—1876 年，《胡桃夹子》创作于 1892 年。
— 1876 年，雷诺阿创作《磨坊》。
— 1878 年，莫里索创作《窗边少女》。
— 德加斯在 19 世纪 70 至 80 年代创作芭蕾舞画和人体油画。
— 美国侨民卡萨特和惠斯勒于世纪之交在巴黎作画。
— 吉尔伯特和沙利文的《皮纳福号军舰》和《日本天皇》分别于 1878 年和 1885 年搬上舞台。
— 后印象派画家罗特列克、修拉、塞尚和梵高于世纪之交在欧洲作画。塞尚画出了开创性的静物画和风景画；梵高以狂热的笔触创作情感充沛的作品。
— 1889 年，埃菲尔设计的巴黎埃菲尔铁塔建成。
— 沙利文于 1890—1891 年间建造了圣路易斯的温顿特大厦。

— 蒙克的《呐喊》创作于 1893 年，是表现主义的早期作品，旨在表达痛苦和人性的丧失。
— 普契尼的歌剧《波希米亚人》《托斯卡》和《蝴蝶夫人》分别创作于 1896、1900 和1904 年。
— 罗丹创作了《加莱的义民》（1884—1895 年）和《吻》（1886 年）等现代雕塑作品。
— 马蒂斯在 20 世纪早期支持"野兽派"画法，作品的色彩情绪饱满鲜艳。
— 德彪西的《大海》创作于 1903—1905 年间。
— 高迪于 1905—1907 年间建造了巴塞罗那米拉公寓。
— 诺尔德（桥社）、康定斯基（蓝骑士画派）以及科尔维茨创立了德国表现主义画派。
— 毕加索和布拉克在 20 世纪早期创立了分析立体主义和后来的合成立体主义；毕加索富有创造力的作品《阿维尼翁的姑娘们》创作于 1907 年。
— 马勒于 1910—1911 年间创作了《第九交响曲》。
— 未来主义画家博乔尼和巴利亚于 1909—1914 年间创作雕刻和绘画作品。
— 施特劳斯的《阿尔卑斯交响曲》创作于1911—1915 年间。
— 1912 年，拉威尔的《达佛尼斯与克洛伊》首次公演。
— 1912 年，勋伯格创作《月光下的皮埃罗》。
— 1913 年，斯特拉文斯基的《春祭》首次公演。

宗教和哲学
— 尼采在 19 世纪 80 年代支持"权力意志"，反对同情心与自我牺牲。
— 人类学和心理学为围绕人类起源和人性的争论提供了新的观点。
— 左拉创作《我控诉》，控诉纵容反犹主义泛滥，最终导致政教分裂法国政府。

图 18.1　毕加索，《格尔尼卡》（局部），1937 年，帆布油画，349×776 厘米。西班牙，马德里，索菲亚王后艺术中心。©2013 巴勃罗·毕加索遗产 / 艺术家版权协会，纽约。

第十八章

战争中的世界

导引

在1937年4月26日，德国纳粹和意大利法西斯空军武装的志愿飞行员驾着轰炸机飞往西班牙。他们的目标是格尔尼卡，以闹独立闻名的巴斯克地区的一座小镇。在西班牙内战中，右翼民族主义力量试图推翻民选的左倾共和政府，巴斯克人坚定地站在了共和政府一边。墨索里尼的法西斯党和希特勒的纳粹党支持民族主义党派元帅佛朗哥，要帮助他发动军事政变，篡夺国家的控制权。接着便发生了"吕根"行动（吕根在德语中意为"非难"和"严酷的责难"），这是一次早期的恐怖轰炸（由战斗机或轰炸机投放炸弹和导弹）和扫射行动（低空飞行的飞机用机械枪支进行攻击），目的在于彻底摧毁格尔尼卡村庄并屠杀村民，以打击对手的士气。"吕根"行动于格尔尼卡集市日的傍晚开始，一波接一波的袭击使这片地区丧失了抵抗力，直至三天后被占领。据估计这次行动造成了约1700人死亡，900多人受伤。吕根行动仅仅只是一次试验，在随后爆发的第二次世界大战中，恐怖的德国空军多次展开了类似的行动。

格尔尼卡轰炸事件发生一个月后，巴黎举办现代生活艺术与技术国际博览会，庆祝造福于人类的现代发明和创造。西班牙展馆展出了一幅由西班牙共和政府委派毕加索创作的画，这幅画强烈地喻示了科技进步带来的黑暗面：毁灭人类的潜在可能。毕加索的《格尔尼卡》（图18.1和18.3）巨幅帆布画在世博会上展出，以祭奠这次惨案。它向我们展示了现代战争最残酷的一面，并传递着画家发自心底的反战声音。毕加索最为人熟知的立体主义风格，即多维视角形成的断裂结构，常常予人一种不安感，这恰恰准确地展现了英国记者诺尔·蒙克斯在大屠杀中见证的可怕场景：

> 我们在十英里开外就看到格尔尼卡火光冲天……我是第一个到达格尔尼卡的记者，一到就被巴斯克战士临时征用，搬运被大火烧焦的尸体。一些战士像孩子一样哭泣……房屋被炸成了一片废墟。（Monks, Noel, *Eyewitness* [1955]; Thomas, Hugh, *The Spanish Civil War* [1977]）

《格尔尼卡》作为一种政治声明，在过去和现在都具有强大的感染力。巴黎世博会闭幕后，这幅画被送往多个斯堪的纳维亚国家展出，然后被送回巴黎。佛朗哥执政期间，毕加索将《格尔尼卡》送到美国展出，为西班牙难民筹集资金；1939年，他将画借给纽约现代艺术博物馆。虽然此画在许多博物馆辗转进行特别展出，但应毕加索的要求，在民主政府重掌西班牙前，现代艺术博物馆就是这幅画的家。1974年，一位名叫沙弗拉兹的当代画家兼画商在画作上喷涂了"杀戮欺骗一切"几个字（涂鸦很快被清除，没有造成永久性破坏）。沙弗拉兹将这幅艺术史上最著名的表达抗议的绘画之一作为告示牌，表达了他对美军在越战期间犯下的美莱村屠杀案的控诉。1975年，毕加索去世后两年，佛朗哥也死了。此后的西班牙在1977年举行了自由选举，并于一年后颁布了民主宪法。1981年9月9日，《格尔尼卡》重回西班牙。

2003年，正值美国对伊拉克发动战争前夕，当国务卿科林·鲍威尔站在联合国安理会议事厅外准备接见记者时，他身后挂着的一幅《格尔尼卡》织锦仿品画不得不被联合国官员用蓝色幕布遮盖起来——可见，《格尔尼卡》至今都是反对战争暴行和不公的有力标志。

战争中的世界

1914 年	1920 年	1929 年	1939 年	1941 年	1945 年
1914 年，一战爆发。巴拿马运河通航。德军使用毒气并击沉了卢西塔尼亚号。1917 年，十月革命为俄国带来了共产主义。1917 年，美国加入一战。1918 年，一战结束。1918 年，英国妇女获得投票权。1919 年，美国颁布禁酒令。	1920 年，美国妇女获得投票权。法西斯分子在意大利上台。1927 年，林德伯格首次完成从美国到欧洲的单人飞行。1927 年，电视画面从华盛顿特区传输到了纽约。1928 年，弗莱明发现青霉素。1928 年，第一部有声电影诞生。	1929 年，美国股市崩溃。大萧条开始。1930 年，麻省理工学院发明模拟计算机。1932 年，富兰克林·罗斯福首次当选美国总统。罗斯福发表演说称："我们恐惧的只是恐惧本身。"1933 年，禁酒令废止。1933 年，纳粹在德国上台。西班牙内战（1936—1939 年）。1937 年，金门大桥建成通行。1937 年，日本全面入侵中国。	1939 年，希特勒入侵波兰。1939 年，爱因斯坦提醒罗斯福研制原子弹的必要性。1940 年，荷兰、比利时和法国被德国闪电战攻陷。1941 年，希特勒入侵苏联。1941 年 12 月 7 日，日军偷袭珍珠港，促使美国参战。	1942 年，美军在中途岛战役中击败日军舰队。1943 年，苏联在斯大林格勒和库尔斯克击败德军。1944 年 6 月 6 日，盟军在诺曼底登陆。1945 年，德国投降。1945 年，美国在广岛和长崎投放原子弹。二战结束。	

第一次世界大战

人们把一战称为终结所有战争的战争，尽管事实并非如此。不管怎样，这场从1914年持续到1918年、肆虐了整个欧洲的武装冲突，让战争是通向高贵和荣耀的英雄壮举这一理念永久画上了句号。科技的使用（尤其是大炮、毒气、坦克和飞机），让曾经只存在于说书人想象的大规模杀戮变成了现实。堑壕战带来的是惨重伤亡。战士们挖出一道道数英里长的深壕，生活其间，以备攻击或防御躲在对面壕沟的敌人。他们不时从壕沟爬出来，冲向敌人的壕沟，然后被大炮和机关枪扫杀。对面的敌人也会这般进攻，然后重复同样的命运。到战争结束时，德军损失了350万人，协约国军队损失了500万人（见地图18.1）。

地图 18.1　**一战后的欧洲**

一战爆发的直接原因是奥匈帝国的王位继承人斐迪南大公被刺身亡。其实近代的欧洲大陆早已暗流涌动，俾斯麦统一德国后，各国在领土和影响力上的竞争进一步加剧了局势的紧张，战争的爆发已成为不可避免的可怕结果。德国经济的崛起让英国坐立不安，两国也暗中在海军力量上较劲。法国在 1870—1871 年的普法战争中失利后，快速重建了军队力量，同时也越来越不满德国。20 世纪初期，俾斯麦（于 1890 年卸任）努力维持的欧洲势力平衡被打破。俄国在 1904—1905 年的日俄战争中失败后重整了力量。英国、法国、意大利和俄国结成联盟，对抗德国和奥匈帝国的力量。1908 年，奥匈帝国将波斯尼亚和黑塞哥维那占为属地。1912—1913 年，巴尔干半岛爆发危机，内陆国塞尔维亚为了一试军事力量，入侵了他们一直想得到的一处阿尔巴尼亚海港。在俄罗斯和斯拉夫的支持下，斯拉夫塞尔维亚与邻近的奥匈帝国及其盟国德国的关系日益紧张。暗杀是战争的导火索，多年的冲突与竞争才是真正的炸药桶。

1917 年，虽然总统威尔逊本欲保持中立，但美国还是站在英国、法国、意大利和俄国一方参战。美国是一个"大熔炉"，由来自交战国各方的移民组成。所以尽管美国曾与英国发生过战争，但仍有美国人支持英国。德裔、瑞典裔和爱尔兰裔美国人则对英国并无好感。美国从北太平洋给英国支援物资时，遭到德国（U 型）潜艇的袭击。而后德国潜艇又击沉了卢西塔尼亚号客轮，激起美国的愤恨。于是威尔逊要求国会对德国及其盟国宣战，要"以一场战争结束所有战争"，并"使民主在世界上安全存在"。美国的加入打破了战争的力量平衡，德国也于 1918 年宣布投降。

第一次世界大战的社会政治后果是深远的。欧洲的政治地理面貌

价值观念 ||||||||||||||||||||||||||||||||||||||||

幻灭

两次世界大战之间的这段时期被形容为幻灭时期。一战中的可怕屠杀，短暂经济繁荣后的全球大萧条，对政府的不信任以及对传统文化的质疑，迫使人们寻求办法来填补当时的精神空虚。人们作出了各种回应，从爵士时代过度的新享乐主义，到现代主义作家重新在作品中寻找文化中心。

对幻灭情绪最危险的反应是全

能主义国家的崛起。在希特勒领导的德国和墨索里尼领导的意大利，出现了一种以国家为权力总枢纽的极权主义，掌管经济、社会、政治甚至文化、艺术和宣传的一切。公众与私人生活的界线被抹去。他们不遗余力地镇压一切与自己意愿相左的文化思潮。积极的反法西斯主义作家伊尼亚齐奥·西洛内曾经写道，如此国家最害怕的莫过于有人在公共场所的墙上写下一个"不"字。

发生了巨大变化。欧洲向德国提出不合理的高额赔款要求——金额如此巨大，以至于当美国在 20 年代蓬勃发展时，德国仍然在经济困境中挣扎了十多年。据称当时德国国内通货膨胀严重，夸张地说要用装满一辆手推车的马克（原德国货币）才能买到一块面包。这样悲惨的境地导致德国陷入长达十多年的颓废之中，柏林变成了酗酒与女色之都，音乐剧《卡巴莱》对此也有描述。

1917 年，列宁领导的十月革命推翻了俄国沙皇政权，建立了共产主义政权。协约国对德国的惩罚态度和战后德国的经济衰退，为希特勒的纳粹主义——法西斯主义的一种——提供了温床。墨索里尼也在意大利战后的动荡中粉墨登场。英国在战争中失去了许多年轻战士，幸存下来的人变得轻浮或消极。

灰烬中诞生的艺术

对于经历过战争的艺术家来说，战争深刻地影响了他们在绘画、写作和影片上的创作。德国绘画的走向就是其中一例。

马克斯·贝克曼

贝克曼（1884—1950 年）出生于德国莱比锡，其艺术生涯始于传统风格绘画。由于相信战争能为更高级的社会埋下种子，加之统一后的德国显得坚不可摧，他应募参军。但战争造成的大规模破坏和人员伤亡是身为医务人员的他始料未及的。战后他的艺术转变了方向，开始反映他所见到的人性向残忍与疯狂的堕落。在他的油画中，人物形象和人所占据的空间被剧烈扭曲。

他的绘画《夜》（图 18.2）描述的并非战争场面，但无疑反映了战争的情感残留印记。画面上一家人遭到劫掠。丈夫被吊了起来，面部扭曲。妻子明显被强暴了，还被吊在窗框上，窗框和人物动作都呈向上挤压之势。她局部裸露的身体虽暗示了劫掠者的动机，但并不色情，只让人悲悯。右下方的女孩（也许是她女儿）拉着一个脸被帽子部分遮挡的男人的衣角，似在求饶。

图 18.2 马克斯·贝克曼，《夜》，1918—1919 年。布面油画，133×153 厘米。德国，杜塞道夫美术馆。©2013 艺术家版权协会，纽约 / 美术著作仲介团体，波恩。在这幅画中，贝克曼抛弃了他在早期作品中常用的宗教象征主义。不同于宗教绘画，画中的扭曲与受难不指向正义与救赎。

图 18.3　图 18.3 毕加索，《格尔尼卡》，1937 年。布面油画，349×776 厘米，西班牙，马德里，索菲亚王后艺术中心。©2013 毕加索遗产 / 艺术家版权协会，纽约。根据毕加索的要求，这幅具有纪念碑意义的绘画长期租借给纽约，直到独裁者弗朗西斯科·佛朗哥将军死后，才回到了它的祖国西班牙。

1930 年代，贝克曼的风格遭到希特勒的打压，这个大屠杀刽子手更喜欢偏传统的艺术方式。贝克曼的画作被送到"堕落艺术展"展出，他本人则逃到阿姆斯特丹，后来又逃到美国，以教画度过了余生。

巴勃罗·毕加索

毕加索非常长寿，从 1881 年到 1973 年，他见证了世界从美好年代（法国视角）渐渐陷入无休止战争的军国主义年代。我们在第 18 章中介绍过他开创性的立体主义，后来他的风格产生了转变，但又没有完全抛弃过去。他画了著名的《格尔尼卡》（图 18.3），抗议 1936—1939 年西班牙内战期间的轰炸事件。这幅巨型画作是为 1937 年巴黎国际博览会的西班牙展馆创作的，它向世人揭示了这座巴斯克小镇村民遭到轰炸的惨象。其中描绘了许多令人毛骨悚然的细节，例如被困在碎石与火焰中的女人的惊声尖叫，以及另一个想逃离火海的女人的徒劳挣扎。一匹受惊的马在一具被肢解的尸体面前咆哮，一位悲伤的母亲抱着死去的孩子悲恸不已。无辜的生命以立体主义布局分布在画面上，以多角度的冲击和交叉，使画面扭曲和断裂。毕加索仅用刺目的黑、灰和白为绘画上色，用他自己的话说，这表达了时代的"残酷与黑暗"。

迷惘的一代

从文化角度说，第一次世界大战为传统的世界观画上了句号。战争的杀戮与无意义的破坏很大程度上是冷酷无情且无能的军事领导造成的，这激起了对传统国家观念的嘲讽。幻灭情绪导致了轻浮之风的兴起，也导致了一种怨恨和嘲讽军事荣誉及相关事物的情绪。

在英国，"迷惘的一代"主要是指"青春之花"的凋零，他们本可能成为未来的政府、工业和艺术领袖。在文化上，"迷惘的一代"指一个诗人流派。他们中很多人没能在战争中幸存下来，但留下了大量发泄对这场第一次现代战争不满的作品。鲁伯特·布鲁克和艾萨克·罗森伯格就是其中两位，他们都在战争中丧生，但生前写下了许多控诉战争的愚蠢、屠杀和浪费的有力诗句。

鲁伯特·布鲁克

英国诗人鲁伯特·布鲁克（1887—1915 年）最有名的是他的十四行诗和他以旅游记者身份写下的作品。他长得十分英俊，非常受欢迎，以至于弗吉尼亚·伍尔芙以自豪的口气谈到在剑桥大学上学时曾和他一起共泳。在战争中，他在英国地中海远征军的一艘船上死于败血症。他的诗《战士》以其爱国主义、祥和宁静与开篇名句而被人铭记。

艾萨克·罗森伯格

艾萨克·罗森伯格（1890—1918 年）原是伦敦的一名雕刻师，向往成为一名艺术家。但后来他开始写

阅读材料 18.1 鲁伯特·布鲁克

《战士》

若我亡殁，念我时，请记得：
在他国，有一隅土，
永属英格兰。只因
埋葬的那个归于土的人身，
在其怀抱中诞生、成长、启智。
英格兰的花教其爱恋，英格兰的路使其因循。
这个唯属英格兰的肉身，呼吸过英格兰的空气，
接受过英格兰河流的洗礼与阳光的祝福。
这颗心，从未被邪恶侵蚀，
哪怕不再生存，所想念的，
依旧是英格兰所给予的一切：
风景与音声，白天幸福的梦游；
欢笑与朋友，心中静谧的温柔。
就算死去，我的归宿，也是英格兰的天堂。

[译注] 引自鲁伯特·布鲁克，《1914 及其他诗选》，王喆译，译言·古登堡计划，2015。

诗，并得到一些文艺界人士鼓励，尽管写作未能给他带来收入。他于 1915 年应征入伍，并于战争的最后一年，即 1918 年，在一场战斗中丧生。死后他因独具匠心的诗作而文学声誉日增，可惜他再也无法提笔写作了。他留给我们的只有少量诗句和对其命运的惋惜。《死者的乱葬岗》开头的一句"疯狂的世界！"点出了他对人性、金属、毒气（"化学烟雾"）和陷入疯狂的世界的绝望。

"迷惘的一代"在不同地方有不同含义，但常用来指代 1883—1900 年间出生的一代人，他们于第一次世界大战和随后的咆哮的 20 年代长大成人。旅居国外的美国作家海明威也写到过迷惘的一代，他把这一词归功于他的导师、赞助人兼朋友格特鲁德·斯坦。我们在第 18 章中提到过斯坦，他是一名艺术家赞助人，赞助过毕加索和马蒂斯等人。但对海明威和大多数人来说，"迷惘"指的是人们迷失方向。

海明威

海明威（1899—1961 年）是土生土长的伊利诺伊州人，一战爆发的时候他还很年轻，但他还是加入了军队。他的小说多数以一战和那个时代的其他战争为背景，如西班牙内战，一场反对西班牙共和党政府的军事叛乱。被称为"民族主义者"的反叛军得到了德国纳粹和意大利

阅读材料18.2　艾萨克·罗森伯格

《死者的乱葬岗》，1–13、39–54、63–71 行

推车在破碎的轨道上颠簸
满载着生锈的货物，
像一堆荆棘王冠胡乱堆放，
生锈的木桩像旧权杖
阻挡了潮水般的野蛮人
冲向我们最亲爱的弟兄。
车轮碾过躺在地上的尸体
压碎了他们的骨头，但他们已不会再疼痛，
他们永远闭上的嘴也不会再哀嚎。
他们被堆放在一块儿，有朋友有敌人，
他们都是父母生养，
只有炮弹为他们哭泣
一夜复一夜，直到现在。
……
空气中满是死亡的声音，
夜幕中火光在迸发，
爆炸无休无止。
几分钟就能让时间永远停止，
死去的人也曾是在时间中踱步的鲜活

生命，
直到子弹呼喊"停止吧！"
但它无法停止一切，在流血的痛苦中
担架上的伤员在想家，
心爱的一切，被战争从心中抹去。
疯狂的世界！黑暗的天堂！在化学烟雾中摇晃，
当你亲吻无声的灵魂，什么样的死者会诞生
伴随着从你炸碎的心中迸发的电闪雷鸣，
谁人在自掘坟墓，然后松开了手？
……
这里躺着刚死不久的人：
他在黑暗中远远地听见了车轮的声音，
窒息的灵魂伸出了无力的双手
想抓住远处发出声响的车轮，
厌血的心灵在寻觅光明，
他在远处车轮停住的时候哭泣
为自己的死亡
或车轮的停驻，
哭泣，随着世界的潮水淹没了他的视线。

法西斯的援助。共和党一方则得到了共产主义苏联和由欧美等国家志愿军组成的国际纵队的支持。海明威的战地报道经历为他的小说《丧钟为谁而鸣》（1940 年）提供了创作背景。他的第一部重头小说《太阳照常升起》（1962 年）讲述了一群因为一战而身心受到重创的人去国离乡，在欧洲尤其是在西班牙流浪的经历。他们的生活兜兜转转，发生了不伦恋，遇到了小麻烦，然后被拯救。在小说中，海明威将斗牛士设定为英雄，因为他们带着荣誉感面对死亡，在压力下保持着优雅。

海明威不会在一个地方生活太长时间。除了欧洲，他也在古巴和佛罗里达州西锁岛生活过。关于海明威有一个很棒的传说，虽然不一定准确，但的确与他作为强大的猎人、拳击手、战士和擅讲故事者的形象非常符合。故事说在自由法国军队和美国军队正式解放被德国占领的巴黎之前，他亲自夺取了丽兹和克里雍大饭店的酒吧，"解放"了巴黎。

海明威 1927 年出版的短篇故事《在异乡》也是以一战为背景。年轻的海明威在部队当救护车司机时，被流弹所伤，后来爱上了照顾他的红十字会护士。这一经历为他的小说《永别了，武器》（1929 年）提供了灵感。

这个故事很好地展现了海明威的写作风格，一名评论家称这种风格放在高中可能会不及格，因为文章中只使用了简单词汇，且不断重复。但这种语言是有用意的，层层推进。学习写作的人通常都被教导不要在同一句话甚至同一段话内使用重复的词。但海明威却重复使用秋天、寒冷和风这样的词。此外，大声读第一段你会发现一些句子有诗的韵律。故事讲述了一群在一家医院疗伤的战士。理论上，他们会慢慢康复，康复设备也会帮助他们。但读者会问，他们的敌国是哪个国家？故事中的医院是在意大利还是哪儿？很明显，故事中的战士们不仅身体残废，还失去了方向。

阅读材料 18.3　海明威

摘自《在异乡》

　　秋天，大战还在进行着，但我们再也不去打仗了。米兰的秋天冷飕飕的，天黑得很早。转眼间华灯初上，沿街看看橱窗很惬意。店门外挂着许多野味，雪花洒在狐狸的皮毛上，寒风吹动它们的尾巴。掏空内脏的僵硬的鹿沉甸甸地给吊着，一串串小鸟在风中飘摇，风儿吹动它们的羽毛。这是个很冷的秋天，风从山冈上朝南吹来。每天下午，我们都上医院去，在暮色中穿过市区，有三条不同的路通往医院。其中有两条沿着运河，可是路太长。然而人们总得跨过一条运河的一座桥，才能走进医院。有三座桥可供挑选。其中一座上有个卖炒栗子的女人。站在她的炭火前觉得很暖和，等炒栗子放进你的口袋，好一会都是热乎乎的。医院很古老，也很美，你进得院门，穿过一片院落，从另一端一扇院门出去就到。经常有葬礼仪式从院落里开始。这老医院对面有几幢新造的砖砌分科小病房，我们每天下午在那里相聚，坐在将使我们大为好转的理疗椅里，大家彬彬有礼，互相关心地问是什么病。

[译注] 引自海明威，《海明威短篇小说全集》，陈良廷、蔡慧等译，上海：上海译文出版社，2019。

摄影

对大部分西方人来说，1920年代是激动人心的恢复期。在美国，尽管颁布了禁酒令，但酒的暗中流通仍然屡禁不止。像查尔斯顿舞这样的新舞种也纷纷涌现。这就是著名的爵士时代，也称咆哮的20年代。股票市场也仿佛只会朝向一个方向：向上，再向上。谁料在1929年，经济泡沫破灭，市场崩溃，导致了20世纪30年代的大萧条。

两次世界大战期间，美国最让人印象深刻的反映社会题材的图片，表现的均是大萧条下可怕的经济困顿。1930年代中期，美国农业部农业安全局委派摄影师记录农村贫困

者的生活。由多罗西娅·兰格、亚瑟·罗斯坦和沃克·埃文斯等摄影师拍摄的系列作品成为一代经典。兰格和埃文斯用照片记录了流动农业工人和佃农们的生活方式。兰格的《移居的母亲》（图18.4）悲哀地展现了一名32岁的妇女，她已经没有工作可做，但却无法迁移到别的地方：为了给7个孩子买吃的，家里汽车的车轮已经被卖掉。她额头上的皱纹很好地说明了这位母亲心中的思虑，眼角皱纹道出了一位过早衰老女性的故事。兰格以近镜头拍下了这些照片，人物几乎填满了整张画面。她迫使我们直面照片中的人物，无法从任何一个角度去逃避这样一幅揭露人类困境的摄影作

图18.4　多罗西娅·兰格，《移居的母亲》，加利福尼亚州，尼波莫，1936年。黑白摄影，31.6×25.1厘米。华盛顿特区国会图书馆印刷品与照片部，FSA/OWI馆藏。兰格和埃文斯等摄影师记录了大萧条期间美国平民承受的艰辛。两位摄影师受雇于农业安全局。1935年后，兰格把注意力放到了佃农遭受的剥削上。

品。移居母亲的孩子们将脸背向镜头，进一步展现了他们的窘迫。他们被困在相框里，一如他们被困于困境之中。

文学

叶芝

一战结束的时候，爱尔兰诗人叶芝（1865—1939 年）深受祖国动荡（尤其是 1916 年的复活节起义）和欧洲军国主义崛起的影响，写下了一首行文优美且富有预言意味的近代诗《再度降临》。这首诗的标题极具反讽意味，因为它并不是指弥撒亚复临的期许，而是指向不祥之兆。尼日利亚作家钦努阿·阿契贝用这首诗第一段中的"万物崩散"作为他的反英国殖民主义小说的标题。但接下来的诗句似乎总结了第一次世界大战造成的灾难，并对未来作了预言。这首诗与第一次世界大战后的时代、叶芝的时代，甚至我们的时代都有着惊人的相关性。

> 万物崩散；中心难维系；
> 世界上散布着一派狼藉，
> 血污的潮水到处泛滥，
> 把纯真礼仪淹没吞噬；
> 优秀的人们缺乏信念，

卑劣之徒却狂嚣一时。[1]

诗的主题非常丰富。人类的政治、哲学、社会、艺术甚至科学似乎永远处于危险的境地。世界呈现出一种无政府状态，因为国家未能履行其职责，各种组织在国内外横行，不受管辖或被包庇。"血污的潮水到处泛滥，把纯真礼仪淹没吞噬"；幻灭丛生。对政府、宗教体系甚至教育体系的盲目信任已经消失殆尽，因为历史向我们揭示了谁造成了"血污的潮水到处泛滥"。心怀善意的人们被犹豫否定和不敢作为所折磨（"缺乏信念"），而作恶多端的人（"卑劣之徒"）却躁动不止。让人惊讶的是这首诗是在大约一个世纪前写的。1914—1945 年的大部分作品都以各种方式触及这些主题。

T.S. 艾略特

1922 年是文学现代主义的转折点。这一年，移居英国的美国作家 T.S. 艾略特（1888—1965 年）发表了长诗《荒原》，移居欧洲大陆的爱尔兰作家詹姆斯·乔伊斯发表了长篇小说《尤利西斯》。他们在各自的作品中体现了现代主义文学流派的基本特点：包括零散的时间线与画面，对传统写作形式的抛弃，

---

[1]　[译注]摘自《叶芝诗集》，傅浩译，上海：上海译文出版社，2018。

对传统文化的矛盾情感，对找到正在消逝的过去的支点的渴望，现实"存在"与内心世界之间模糊不清的界限，以及用局促和紧迫的语言来描写作者眼中被耗尽的世界的新手法。

艾略特和乔伊斯都反映了这样的信念，也就是叶芝说的，"中心难维系"。乔伊斯认为只有艺术才能向人们提供一种有意义的新世界观。艾略特认为文化要想存续，就必须通过与过去的艺术和宗教传统的联系来找回文化的延续感。渴望与过去的文化联系，解释了为什么艾略特的诗充满着艺术和文学典故，以及宗教典仪。

《荒原》中的文化绝望渐渐地出现在艾略特后期的诗作中，从1925年的《空心人》和1930年的《圣灰星期三》开始，在1940年代早期完成的《四个四重奏》中达到顶峰。《四个四重奏》反映了艾略特的信仰变得成熟而坚定，像堡垒一样抵抗着现代主义文化的侵袭。读完《荒原》再读《四个四重奏》，能看到在两次战争期间，作者敏感的思维如何从混乱变得坚定。

艾略特1920年创作的《普鲁弗洛克的情歌》有一处很有趣的英语文学比喻："……夜色蔓延直到天际，就像病人被麻醉了躺倒在手术

台；……"

詹姆斯·乔伊斯

一战爆发前，乔伊斯（1882—1941年）就已经发表了他的短篇小说集《都柏林人》和小说《一个青年艺术家的画像》。《都柏林人》中包含一系列相互关联的短篇故事，故事中的人们得到了某些精神上的洞见（乔伊斯称之为顿悟），而《一个青年艺术家的画像》则是一部小说形式的自传体回忆录，讲述了乔伊斯在大学毕业后到自我放逐去欧洲大陆前，这期间的青年时光。1922年《尤利西斯》发表后，乔伊斯成了文学界公认的强大革新者。1939年，即乔伊斯去世前两年，他发表了晦涩到骇人的《芬尼根守灵夜》。乔伊斯曾经说过，《尤利西斯》是一本当代的书（故事发生在某一天），而《芬尼根守灵夜》是萦绕于夜晚的梦之书。

乔伊斯对神话和个人故事的融合，他的多层双关语和语言引喻，他对意识流的痴迷，他在艺术家身上察觉的离根之感，他以艺术家为世界创造者的信条，都使他成为影响20世纪文学的分水岭之一。

《尤利西斯》的最后一章全程记录了音乐会歌唱家摩莉·布卢姆的想法，她是广告代理商奥波德·布

卢姆的妻子。这段内容以"对啦"一词开场和收尾，并在文中反复出现。阅读材料 18.4 是小说的最后部分，以其中一个"对啦"开始。乔伊斯曾经在其他文章中写道，"对啦"是一个"女性用语"，他认为传统上，男性在性别中是攻的一方，女性是守的一方。本章的题目"佩涅洛佩"是尤利西斯的妻子，摩莉·布卢姆的对应人物（利奥波德·布卢

阅读材料 18.4 乔伊斯

摘自《尤利西斯》，第 18 章，《佩涅洛佩》

　　对啦 十六年过去啦 我的天哪 那么长长的一个吻 我差点儿都没气儿啦 对啦 他说我是山里的一朵花儿 对啦 我们都是花儿 女人的身子 对啦 这是他这辈子所说的一句真话 还有那句今天太阳是为你照耀的 对啦 这么一来我才喜欢上了他 因为我看出他懂得要么就是感觉到了女人是啥 而且我晓得 我啥时候都能够随便摆布他 我就尽量教他快活 就一步步地引着他 直到他要我答应他 可我呢起先不肯答应 只是放眼望着大海和天空 我在想着那么多他所不知道的事儿 马尔维斯 斯坦厄普先生啦 赫斯特啦 爹爹啦 老格罗夫斯上尉啦 水手们在玩众鸟飞啦 我说弯腰啦 要么就是他们在码头上所说的洗碟子 还有总督府前的哨兵 白盔上镶着一道边儿 可怜的家伙 都快给晒得熟透啦 西班牙姑娘们披着披肩 头上插着高高的梳子 正笑着 再就是早晨的拍卖 希腊人啦 犹太人啦 阿拉伯人啦 鬼知道还有旁的啥人 反正都是从欧洲所有最边远的地方来的 再加上公爵街和家禽市场 统统都在拉比沙伦外面嘎嘎乱叫 一头头可怜的驴净打瞌睡 差点儿滑跤 阴暗的台阶上 睡着一个个裹着大氅的模模糊糊的身影 还有运公牛的车子那好大的轱辘 还有几千年的古堡 对啦 还有那些漂亮的摩尔人 全都像国王那样穿着一身白 缠着头巾 请你到他们那小小店铺里去坐一坐 还有龙达客栈那一扇扇古老的窗户 窗格后藏着一双明媚的流盼 好让她的情人亲那铁丝格子 还有夜里半掩着门的酒店啦 响板啦 那天晚上我们在阿尔赫 西拉斯误了那班轮渡 打更的拎着灯转悠 平安无事啊 哎哟 深处那可怕的急流 哦 大海 有时候大海是深红色的 就像火似的 还有那壮丽的落日 再就是阿拉梅达园里的无花果树 对啦 还有那一条条奇妙的小街 一座座桃红天蓝淡黄的房子 还有玫瑰园啦茉莉花啦天竺葵啦仙人掌啦 在直布罗陀作姑娘的时候我可是那儿的一朵山花儿 对啦 当时我在头发上插了朵玫瑰 像安达卢西亚姑娘们常做的那样 要么我就还是戴朵红玫瑰吧 好吧 在摩尔墙脚下他曾咋样地亲我呀 于是我想 喏 他也不比旁的啥人差呀 于是我递个眼色教他再向我求一回 于是他问我愿意吗 对啦 说声好吧 我的山花 于是我先伸出胳膊搂住他 对啦 并且把他往下拽 让他紧贴着我 这样他就能感触到我那对香气袭人的乳房啦 对啦 他那颗心啊 如醉如狂 于是我说 好吧 我愿意 好吧。

[译注] 引自詹姆斯·乔伊斯，《尤利西斯》，萧乾等译，南京：译林出版社，2014。

姆是英雄尤利西斯讽刺化后的对应人物）。尤利西斯是主人公意识流勾勒出的画像，就如同角色躺在心理分析师的沙发上，不受约束地道出出现在脑子里的一切想法。

弗兰兹·卡夫卡

也许将现代主义文学展现得最淋漓尽致的是捷克作家卡夫卡（1883—1924 年）。他是一名说德语的犹太人，在布拉格长大，所以他继承的语言传统与所在城市和主导地区的主流语言并不一致。他在一家大型保险公司供职，生前几乎没有发表过任何作品。他要求朋友在他死后将他所有作品销毁，但朋友并没有遵从他的遗嘱。他笔下的文字如此独特，以至于我们的语言中多了"卡夫卡式"这个词语。卡夫卡式体验是指一个人感到同时为荒谬、危险和不可理解的力量所控制。

这就是卡夫卡小说的基调。在《审判》（1925 年）中，约瑟夫·K（作者将其作了半匿名处理）因一种不成立的罪名被捕，抓他的是一个不属于正常司法系统的法院。小说的最后，故事中的英雄（如果他算得上英雄的话）还是被两名无精打采的法庭刽子手在空地上处死了。在《城堡》中，一名叫 K 的土地测量师接到一个遥远村庄山顶城堡的主人的任命，他想进入城堡，与城堡主人交流以了解自己的工作职责，但却无论如何也进不去。后来他来到一个地方，打听是不是真的有城堡主人想雇佣他。

尚未有评论家成功揭开这些小说的意义——事实上，甚至不确定它们是否能被称为小说。也许卡夫卡的作品只能算加长版的寓言，虽未明说，却让人感受到了可怕的人类罪恶感、失落感，以及压迫和沉默暴力的氛围。

阅读材料 18.5 是《审判》中约

阅读材料 18.5　弗兰兹·卡夫卡

摘自《审判》第 9 章，"在大教堂"

在法律的大门前，站着一位看门人。一天，有个自乡间来的男人走到看门人面前，求他放自己进去。但是看门人却说，现在还不能放他进去。那男人思考了一番，接着问看门人："那么，晚一点就能进去吗？""进去是有可能的。"看门人说，"但不是现在。"因为通向法律的大门一如既往地敞开着，而且看门人已经站到一边去了，男人便弯下腰，试图通过那道大门一窥里面的究竟。当看门人察觉到男人的企图之后，大笑了几声，说道："如果门里的东西那么吸引你的话，尽管我这边已经明令禁止了，你还是可以试着进去看看。但请记住，我是很有权力的。而且，我只是最低阶的看门人。在法律的大门里，从一个大厅到另一个大厅的通路上，每道门前都有一个看门人，且每一个都比前一个更有权力。仅仅是看第三道门的看门人一眼，就已经令我感到难以忍受。"来自乡间的男人没料到会有这些困难，照他看来，法律应该是无论什么人，在无论什么时候都能够触及得到的。可是如今，当他仔细打量过看门人身上穿的毛皮大衣，看过他那大大的尖鼻子，还有稀疏的鞑靼人黑胡须之后，男人觉得相比之下还是耐心等待为妙，等到获得批准之后再进去。于是，看门人给了他一把凳子，让他坐在了大门旁边。男人在那里坐了好多天，好些年。其间多次尝试进入，反反复复央求看门人，使他感到疲惫不堪。看门人也经常对他进行一些无关痛痒的盘问，调查他家乡的情况，以及其他许多事情。然而，看门人问问题时采取的完全是漠不关心的态度，就跟那些大人物提问时的态度一样。而且，不管说些什么，看门人最后总是会说同样的话：目前还不能放他进去。男人出发时随身准备了很多东西，如今也都拿来贿赂看门人，不管是多么宝贵的东西也不吝惜。无论男人送他什么，看门人照单全收，但总是会说这样一句话："我之所以收下它，不过是让你不要误认为自己有什么该做的事情没有做而已。"多年以来，男人对这个看门人的观察几乎从不曾间断过。他已经忘了还有其他看门人，误认为眼前这个看门人就是进入法律大门的唯一阻碍。在最初几年里，他会大声诅咒自己不幸的命

运，后来，当他变老之后，哪怕诅咒也只能一个人在那儿嘟嘟囔囔了。他开始变得幼稚起来，在针对看门人的多年研究中，他甚至跟看门人毛皮衣领上的跳蚤都成了朋友，还专门去恳求跳蚤们帮忙，求它们去为自己说情，企图改变看门人的想法。最后，连他的目光都变得模糊起来：他不知道周围是不是真的变暗了，或者仅仅是他的眼睛在欺骗他。但是，现在的他已经能够于一片黑暗之中，在法律的大门那里看到一道永不消逝的耀眼光芒了。现在，他也活不了多久了。临死之前，一生中全部的经历在男人脑海中积聚起来，化作了一个之前还从来没有问过看门人的问题。于是，男人便朝着看门人挥了挥手，招呼他过来——因为他那衰老僵化的身体已经连动都动不了了。看门人不得不将整个身体俯下去听他说话，因为如今他们之间的身高差距已经变化了很多，男人已经萎缩得不像话了。"都到现在这个时候了，你还想知道些什么？"看门人问道："你可真是不知足啊。""明明所有人都在追逐法律。"男人说："可是，为什么在这许多年的时间里，除了我之外，就再没有任何人到这里来请求进入法律的大门内呢？"看门人察觉到，面前这个男人的生命已经快走到尽头了，为了照顾这个垂死之人已然衰弱的听力，他用很大的声音喊道："因为除了你之外，其他任何人都无法取得进入这道大门的许可，这道大门是专为你而设的。而我，现在就要过去把门给关上了。"

[译注] 引自卡夫卡，《审判》，文泽尔译，天津：天津人民出版社，2019。

瑟夫·K在教堂听到的一个寓言，是一个谜。寓言反映了主人公的困惑，他因为莫名其妙的罪行而被法庭追捕，他最后选择认罪却不知道自己犯了什么罪。

弗吉尼亚·伍尔芙

弗吉尼亚·伍尔芙（1882—1941年）是现代主义文学时期最重要的作家之一。她的小说如《达洛维夫人》（1925年）、《到灯塔去》（1927年）和《海浪》（1931年）等，以敏锐的叙事感、对时光流转的微妙感知和对现代生活的深刻感受而著称。

伍尔芙凭其小说便能稳享盛名，但她还是卓有成就的评论家、备受尊敬的霍加斯出版社创始人（与丈夫伦纳德·伍尔芙共同创办）、伦敦有识之士社交圈"布鲁姆斯伯里团体"成员。这个非官方友人圈在当时许多重要文化活动中引领前沿。其成员包括传记作家里顿·斯特拉奇，以及极具影响力的经济学家凯恩斯。拥护法国新艺术的艺术评论家罗杰·弗莱和克莱夫·贝尔也是其中一员，哲学家兼数学家罗素和诗人T.S.艾略特也与该团体关系紧密。

伍尔芙写过两本引发争议且具有特殊时代意义的书，《一间自己

时代的声音 ||||||||||||||||||||||||||||||||

弗吉尼亚·伍尔芙

下面这段缩减版日志是弗吉尼亚·伍尔芙于1941年1月15日写的，她描述了经历德国轰炸后的伦敦景象。写完这篇日志后不久，弗吉尼亚·伍尔芙便自杀了。

乔伊斯死了：他比我小两个星期。我还记得韦弗小姐戴着羊毛手套，把《尤利西斯》的打印稿带到霍加斯出版社放在我们茶几上的情形 …… 有一天凯瑟琳·曼斯菲尔德来了，我把书稿拿了出来。她开始读稿，边读边嘲弄。突然她说，这书不一般：这场景我觉得可以载入文学史 …… 我还记得汤姆［T.S.艾略特］说：人写

下了这么一段宏大奇篇后，还能再创作吗？

星期一我们来到伦敦。我去了伦敦大桥。我望着河水；很朦胧；有烟雾升起，也许是有房子烧着了。星期六又有轰炸。之后我看到一面墙，已经坏掉，在角落里；这片角落全被摧毁了：一家银行；一座纪念碑；我搭了公共汽车；我在这片地区下了车；第二辆车建议我步行。发生了交通堵塞；因为街区被炸毁。所以我搭地铁去寺庙；漫步在旧广场荒凉的废墟；裂墙坍塌；旧红砖上覆着白色粉末，像正在施工的园地。灰尘和破碎的窗户。放眼望去；曾经完好的一切都毁于一旦。

的房间》和《三个畿尼》。这两本书慷慨激昂地为女性在学识方面受到的歧视而论战。伍尔芙认为英语文学未能向世界贡献出伟大的女性作家，不是因为女性没有才华，而是因为社会结构未能向女性提供发挥才华的空间，即没有供女性写作和思考的社会和经济协助，没有鼓励她们推广作品的渠道。伍尔芙这位才华横溢的优秀女性，相当痛恨当时的社会禁止她充分涉足英国大学生活和专业领域。她的早期作品是争取女性权利的有力武器。伍尔芙被视为近代女性主义运动中最敏锐的思想家之一，她的声威也因在世界一流作家和评论家圈中的地位而进一步加强。

在这段摘自《一间自己的房间》的短文中，伍尔芙构想了莎士比亚的妹妹可能的生活——并把她命名为朱迪丝——以此回应一位主教认为女性无法写出莎士比亚那样作品的评论。伍尔芙反讽式地赞同了主教的看法。这位主教把男女之间的才华差别归因于天赋差别。而伍尔芙认为没有证据显示男女天赋生而有别，但却有足够证据证明文化和社会因素造成了这些差别。

阅读材料 18.6　　弗吉尼亚·伍尔芙
摘自《一间自己的房间》

话虽如此，我看着书架上的莎士比亚著作时，却不能不承认……在莎士比亚的时代，没有任何一位女性能写出莎士比亚那样的剧作，完完全全没有可能。既然史实难寻，不妨让我想象一下，假如莎士比亚有个天资聪颖的妹妹，假设就叫朱迪丝吧，那么事情会如何发展呢？考虑到莎士比亚的母亲继承了一笔遗产，莎士比亚本人很可能进了文法学校，很可能学了拉丁文——奥维德、维吉尔和贺拉斯——以及基础文法和逻辑学。……他似乎对剧院情有独钟，先是在后台门口为人牵马，很快就加入剧团，成为一名颇有建树的演员，生活在堪称当时的世界中心的大都会里，交游甚广，无人不识，在舞台上实践他的艺术，在街头巷尾磨炼自己的才智，……与此同时，我们不妨合理推断，他那位天资聪颖的妹妹留在了家里。她和莎士比亚一样，喜欢冒险，富于想象，渴望去外面见世面。但是，父母没送她去读书。……她偶尔会拿起一本书翻几页，书大概是她哥哥的。可是，没看几页，父母就会进屋来，吩咐她去补袜子，或是去看着炉子上的饭菜，总之不许她在书本纸笔上浪费时间。……说不定，她曾在储存苹果的阁楼上偷偷写过几页纸，但要小心藏好，或是烧掉。可惜，要不了多久，只不过十多岁的她就会被许给邻家羊毛商的儿子。她又哭又闹，说自己讨厌这门亲事，为此被父母痛打一顿。……这让做女儿的怎么能不顺从呢？她怎么会让父亲伤心呢？唯有与生俱来的才华让她硬下了心肠。

她把自己的物品收拾成一个小包袱，在夏夜里，顺着绳子爬下了窗，直奔伦敦。……她和哥哥一样，对于文词音韵有最敏捷的想象力。她也和哥哥一样钟情于剧院。她站在后台门旁，说她想演戏。男人们当面嘲笑她。……她找不到地方训练才艺。难道她还能去小饭馆就餐，或是在深夜的街头徘徊？不过，她真正的才华是在写小说这件事上，渴望从男人女人的生活，以及对他们性情的研究中汲取充足的素材。最后……演员经理尼克·格林对她心生怜悯，却也让她出乎意料地怀上了这位绅士的骨肉，所以……在一个冬天的夜晚，她自杀了，死后被葬于某个十字路口，也就是如今大象城堡酒店门外停靠公共汽车的那个地点。

[译注]引自弗吉尼亚·伍尔芙，《一间自己的房间》，于是译，北京：中信出版社，2019。

辛克莱·刘易斯

美国作家辛克莱·刘易斯（1885—1951年）辛辣地讽刺了美国在一战战后的自鸣得意。他的小说《巴比特》严厉地批判了中产阶级对"家家锅里有鸡吃，车库有车开"（赫伯特·胡佛1928年的总统竞选标语）这一理念的追捧。书中的主人公乔治·巴比特后来成了热爱物质与舒适的无脑物质主义者的代名词。

下面的短文摘自《巴比特》第6章，可以让我们了解到巴比特对艺术的品位。这部小说写于1922年。如果那时候有电台节目和电视节目，小说又会怎样写呢？

阅读材料18.7 辛克莱·刘易斯
摘自《巴比特》第6章

巴比特从《拥护者晚报》的连环图画上抬眼拾来生气地瞪着他们。这些图画故事混合了他喜爱的文学和艺术的风格：马特先生用一枚臭蛋掷中杰夫先生，老妈用擀面棍子来修理老爸的满嘴粗话。他专心地严端着脸，嘴巴怔张沉重地呼吸着，每天晚上他孜孜不倦地读着每一幅图片，而此时，他最憎厌被打岔了。此外，他觉得在莎士比亚这题目上，他并非道地的权威。《拥护者时报》《拥护者晚报》和《天顶市商会公报》都不曾有过关于这事的评论，即使其中有人谈及了，他发现难以形成一种新颖的见解。

[译注]引自辛克莱·刘易斯，《诺贝尔文学奖文集：巴比特》，李斯译，吉林：时代文艺出版社，2006。下引均为此本。

接下来我们会了解到巴比特的信仰。他的信仰并非特别深刻或是引人深思。当你读这段节选时，可能会想到《马太福音》中的"你们要小心，不可将善事行在人的面前，故意叫他们看见"。

阅读材料 18.8　辛克莱·刘易斯

摘自《巴比特》第 16 章

其实，他的宗教信仰的内涵是，有个上帝试图使我们完美，但想必失败了；假如是一个好人，他将会到一个叫天堂的地方（巴比特无意识地把它摹想成拥有私人花园的一流旅馆），但若是一个坏人，那是说，假如他犯谋杀，或盗窃，或使用古柯碱麻醉剂，或有不少情妇，或出售虚有房地产，他将会遭受惩罚。而不论如何，巴比特也不能确定他自己所谓的"地狱这趟买卖"。他对泰德解释："当然啰，我是十分自由开放的；我不完全相信火炼与恶魔的地狱。平心而论，一个人无法避免各种罪恶，同时啰，也无法避免惩罚，明白我的意思吗？"

他极少沉思这类宗教哲理。他信仰的实际精髓是，宗教是可敬的，也有益于自己的生意，同时可让人家看到自己去做礼拜；教堂可令最坏的人不会更坏；虽然聆听牧师讲道时，可能变得沉闷不易了解，但它却有一种巫蛊似的魔力，"能使人变得善良——使他接触更高尚的事物"。

奥尔德斯·赫胥黎

英国小说家奥尔德斯·赫胥黎（1894—1963 年）认为，技术的无限制发展是极权主义控制个人和社会的必然工具。他在 1932 年发表的小说《美丽新世界》，以遥远的未来为背景：福特纪元 600 年，那时的人把亨利·福特神化为工业社会创始人，以福特为纪年单位。这个社会的婴儿是根据国家需要，在繁育中心出生和长大的。他们被分为五个阶层，从而精确生产出所需的知识分子（阿尔法）和仆人（厄普西隆）。其社会的箴言可归纳为三个词：共有、统一、安定。所有感官体验都由机器或一种叫"唆麻"的致幻剂提供。个性特征、家庭关系、创造力以及其他各种"难以掌控"的人类品质，都已从这个社会根除或被程序统一了。

小说的结尾，在野蛮人约翰与穆斯塔法·蒙德之间的对话中达到了高潮。前者生长于新墨西哥州野蛮人保留区，远离社会控制；后者是未来的"美丽新世界"的管理者之一。蒙德耐心地向这位年轻人解释了为什么在未来的社会中，某些压迫是必要的、不可避免的。赫胥黎的警告不难理解，杰出的人文主义成就——文学、艺术等——是对所有极权社会的威胁，因此也是科学构建的社会的目标。他的解释是一种具有预见性却又让人感到阴郁的现实。

野蛮人问，为什么在蒙德的社会，工人们要把时间浪费在诸如"感官电影"这样的娱乐活动上，却不允许他们观看一些优秀的作品，比如莎士比亚的《奥赛罗》。蒙德声称在他那个社会的人们是不会理解《奥赛罗》的。

阅读材料 18.9 赫胥黎

摘自《美丽新世界》第 16 章

　　"因为我们的世界与《奥赛罗》的世界并不一样。没有钢铁你怎么能造出汽车呢？——没有社会的动荡，你就写不出悲剧。如今的世界很太平，人们过着幸福的生活，他们想要什么就有什么，不会想要得到无法企及的东西。他们享受着富裕与安宁，没有病痛，不会害怕死亡。他们很幸福，不知道激情与年老为何物，他们不会受到父母的干预。他们没有感情深厚的妻子、孩子或爱人。他们所接受的培育使得他们不由自主地表现出应有的行为，就算出了什么岔子，还有苏摩呢。而你却把它们扔出窗外，以自由的名义，野人先生，自由！"他哈哈大笑，"以为德尔塔知道什么是自由！现在你还以为他们能看得懂《奥赛罗》！我的好伙计！"

　　野人沉默了一会儿，然后固执地坚持说道："不管怎样，《奥赛罗》是一出好戏，《奥赛罗》要比那些感官电影好得多。"

　　"确实如此。"主宰者表示同意，"但那是我们要为稳定所必须付出的代价。你只能在幸福和人们以前所说的高雅艺术之间作出选择。我们牺牲了高雅艺术。取而代之的是，我们有了感官电影和香薰设备。"

　　"但它们根本没有意义。"

　　"他们的存在本身就是意义，对于观众们来说，它们意味着感官刺激。"

[译注] 引自奥尔德斯·赫胥黎，《美丽新世界》，陈超译，上海：上海译文出版社，2017。

视觉艺术

　　1914—1945 年间，视觉艺术朝多元方向发展。抽象艺术不断发展，包括一种受弗洛伊德精神分析理论影响的艺术——该理论认为，有一种高度活跃的潜意识在寻求某种原始冲动的表达。弗洛伊德甚至提出了死亡本能即桑纳托斯（Thanatos）的理论，有人认为这个理论似乎能合理地解释 20 世纪战争的恐怖。抽象艺术提出一个问题：艺术家要以什么样的精确程度来表达自己的主题？但是近年来有些艺术家认为，艺术无须用于体现现实世界存在的事物。当然，许多艺术家选择了现实主义，甚至是一种扎根于美国本土、反映美国中西部价值观的古板、麻木的现实主义。在一个幻想破灭和怀疑主义盛行的时代，甚至出现了一些艺术家，他们认为艺术的目的就是毁灭艺术。而其他艺术家，比如哈莱姆文艺复兴时期的艺术家，则寻求把自身文化经历和个人身份融合在一起的各种风格。在德国的废墟之中涌现了一个全新的学派——包豪斯学派，它从 19 世纪末的口号"形式追随功能"发展而来，演变为一种简单而正式的美学。过往时代的艺术都不可能如此多样化。

抽象艺术

野兽派和德国表现主义都对美国和欧洲的艺术产生了影响。尽管在第一次世界大战之前的年头，美国的特点是坚持现实主义以及日常农村和城市生活的主题，同时对于欧洲现代主义抱有浓厚兴趣。

291 画廊

美国摄影师阿尔弗雷德·斯蒂格里茨在自己的 291 画廊（位于纽约第五大道 291 号）展出了现代欧洲艺术作品，以及受巴黎前卫画家毕加索、马蒂斯等人影响的美国艺术家的作品，从而推动和支持了美国抽象艺术的发展。斯蒂格里茨支持的其中一位艺术家便是乔治亚·奥基夫。

乔治亚·奥基夫

"我对自己说：我所画的就是我所见的。在我看来，花儿便是这般，但在我笔下它会被放大，观众们会为此感到惊讶，他们就会花时间去认真观察——我甚至会让忙碌的纽约人都花时间去看看我眼中的花朵。"

——乔治亚·奥基夫

在乔治亚·奥基夫（1887—1986 年）漫长的职业生涯中，她创作了许多题材，从花朵到城市建筑，再到被西南部的太阳烤成白色的动物头骨。在每幅画中，她都通过简化主题的形式来捕捉主题的本质。1924 年，也就是奥基夫与斯蒂格里茨结婚的那一年，她开始创作局部放大的花卉画，如《白色鸢尾花》（图 18.5）。在这些画作中，她将植物的细节进行放大和抽象化，所以偌大的画布通常只体现了花瓣交集处的局部细节。这些花给人以渴望、向外伸展之感，具有器官的特质，她笔下的植物仿佛是动物。她勾画的植物体现了万物有灵论：它们似乎是按照自由意志来生长，而不仅

图 18.5　乔治亚·奥基夫，《白色鸢尾花》，布面油画，101.6×76.2 厘米。弗吉尼亚美术馆。©2013 乔治亚·奥基夫博物馆/艺术家版权协会，纽约。早在 1916 年，奥基夫就引起了纽约艺术家们的关注，成为女性进入艺术界的开路先锋。

仅是在遗传密码、水、太阳和矿物质的随机作用下的产物。

尽管奥基夫否认自己创作的是与性有关的图画（她说，这些是看画之人自己的看法，不代表她本人），但花瓣的边缘、褶皱和细节常让人联想到女性部位。花瓣呈现出来的意图和触感，彰显出它们在性暗示方面是主动而非被动的，似乎象征性地表达出了女性主义的论战。这可能是奥基夫"受邀"朱迪·芝加哥《晚宴》（图 19.25）的原因之一。

军械库展览会

1908—1917 年间，施蒂格利茨将欧洲现代主义艺术家，如罗特列克、塞尚、马蒂斯、布拉克和布朗库西等，引进到 291 画廊，从而也引进到纽约。1913 年，轰动世界的军械库展览会在纽约第 69 兵团军械库举行，汇集了美国著名艺术家和一批令人印象深刻的欧洲艺术家作品，包括戈雅、德拉克洛瓦、马奈，以及印象派艺术家梵高、高更、毕加索和康定斯基。欧洲作品虽然为数不多，却成了会上的焦点：在提高美国人艺术意识的同时也引发了一些质疑。最引起公愤的是巴黎人杜尚的作品《走下楼梯的裸女（2号）》（图 18.6），它反映的是立体主义和未来主义的风格，被贬为"一堆木柴"。但它向美国艺术家传达的信息是明确的：欧洲目前仍是艺术界的中心。

查尔斯·德穆斯

在军械库展览会过后的几年里，美国艺术家对抽象手法的探索达到了一个新高度，他们找到了结合几何学的碎片化和简单化，以保持主题的立体感的方法。查尔斯·德穆

图 18.6　马塞尔·杜尚，《走下楼梯的裸女（2号）》，1912 年。布面油画，147×89.2 厘米。宾夕法尼亚州，费城美术馆。©2013 艺术家版权协会，纽约 / 法国图像及造型艺术著作人协会，巴黎 / 马塞尔·杜尚继承人。这幅画实际上创造的是一个机械式人物下楼梯的多重曝光。重叠的形状和重复的线性图案让人物的轮廓变得模糊。虽然《纽约时报》的艺术评论家朱利安·斯特里特认为这幅画就是"瓦片工厂爆炸"，但它象征着现代机器时代的活力。

斯（1883—1935 年）是立体现实主义派或称精确主义派的一员，这一画派将立体主义和未来主义的风格元素叠加在真实的美国形象之上。《我的埃及》（图 18.7）正是德穆斯的家乡宾夕法尼亚州兰开斯特一台谷物升降机的精确再现。对角线——呈现出对立矛盾的光线和阴影——从物体表面掠过，减轻了总体石质外观的强度。《我的埃及》中的物体形状让人联想到石灰岩巨石，古代神庙建筑群的大门就是由这些巨石构成，比如埃及的卡纳克神庙。观众不禁被德穆斯的画作标题吸引，它承认了建筑形式之间的联系，同时又以"我的"一词表达出了一种美式自豪感和历史感。这似乎反映了美国艺术家一方面渴望欧洲风格，而另一方面，对于那些对他们自己的时代和地域有特殊意义的主题，他们又保持了一定的沙文主义。

图 18.7　查尔斯·德穆斯，《我的埃及》，1927 年。复合板油彩画，90.8×76.2 厘米。纽约，惠特尼，美国艺术博物馆。这幅画中的谷物升降机被精简至基本的形状。这是作者为自己的家乡宾夕法尼亚州兰开斯特创作的众多工业画作之一。

风格派或新造型主义

"一切绘画都是由线条和色彩组成。线条和色彩是绘画的精髓所在。因而，它们必须从自身的模仿本质脱离出来，为自己而存在。"皮特·蒙德里安如是说。

20 世纪 20 年代见证了许多充满活力的艺术流派在俄罗斯和西欧崛起。风格派，或称新造型主义，致力于纯抽象或说非具象艺术。不同于立体主义或未来主义的抽象，非具象艺术不以自然为出发点，也不以视觉存在的真实为参照。风格派艺术家的作品主要包括一些几何形状的组合，以原色和粗黑的线条为主。在非具象艺术中，塞尚以及后来的立体派在早期抽象画实验中已得出合乎逻辑的结论。尽管同一时期有几位艺术家都在创作非具象作品，但康定斯基（见图 17.32）被认为是第一位纯抽象艺术家。

特奥·凡·杜斯堡

在文森特·梵高去世前七年，特奥·凡·杜斯堡（1883—1931 年）在荷兰诞生，他被几何图形的纯粹和精确以及现实的纯抽象吸引，从而创作出非具象作品。凡·杜斯堡聚集了一群志同道合的艺术家，并通过出版《风格》杂志，大力宣传他们的风格和理论。

在特奥·凡·杜斯堡的《构图》（图18.8）中，黑色网格状的线条相交，形成了几何区域，并填充了原色。画中的留白之处——凡·杜斯堡的绘画有大片白色区域——在构图中显得非常生动。平整度也是风格派绘画的基本要素之一，正如艺术家皮特·蒙德里安——他的名字就是风格派的代名词——总结道："绘画占据了一个平面。绘画的平面是物理和心理的结合。因此，要尊重这个平面，要显示出它的特质，不要因为模仿物体的体积而对其加

图18.8 特奥·凡·杜斯堡，《构图》，1929年。布面油画，30.2×30.2厘米。宾夕法尼亚州，费城艺术博物馆。这些风格派的作品都是非具象的，这意味着画中之物并非取自现实世界。这位艺术家相信，更加精神化的绘画源自心灵，而不是现实生活。

以篡改。绘画必须如画布表面那般平整。"（《艺术家论艺术》，前揭，第426页）

风格派的艺术家们对于画布表面的二维性有着过分的尊重，从某种意义上来看，这场关于浅薄、扁平的图画空间的实验达到了顶点，人像与地面集合为一体。在这些作品中，画布与绘画、人像与地面合而为一。

康斯坦丁·布朗库西

康斯坦丁·布兰库西（1876—1957年）的雕塑也体现了蒙德里安通过极端简化寻求普遍性的风格。但是不同于凡·杜斯堡的作品，无论布兰库西的作品看起来有多抽象，都是建立在人像的基础上。在落选者沙龙举办后的第13年，布兰库西在罗马尼亚出生。他先后做过木匠学徒和布加勒斯特美术学院的学生，后来到著名的巴黎国立美术学院求学。1907年，布兰库西的作品在法国秋季艺术沙龙展出，受到观展者好评。

布兰库西此时的作品深受罗丹影响，但走向了一个截然不同的发展方向。早在1909年，他就把人类的头部——这是他多年来最喜欢的主题——简化为蛋状，几乎完全抹去了面部特征模糊。在他的抽象作

品比如《空中之鸟》（图18.9）中，他通过最简洁的轮廓及一个描述性的标题，来直达主题的本质，激发观众的认可。《空中之鸟》从更为写实的版本演变成一个精妙的符号，象征着清净高远的飞行。

达达主义

1916年，第一次世界大战期间，兴起了一场反对艺术的国际运动——达达主义。面对荒谬的战争，以及由此产生的疯狂世界，达达主义者宣称，反映这种可悲状态的艺术是愚蠢的，必须被摧毁。然而达达主义者为了表达自己的愤怒，却创作出了艺术作品！这种内在的矛盾预示了这场运动终将灭亡。尽管巴黎、柏林、科隆、苏黎世和纽约都是运动的中心，但达达主义在1922年悄然结束。

"达达"这个名称据说是从字典中随机选取的。这个用词很贴切。用无意义的词语去描述无意义的艺术——那些乱七八糟、荒诞可笑、变化无常的艺术。尽管人们怀疑这个朗朗上口的名称是否真的是随机得来的，但偶然因素对达达艺术形式来说是很重要的。例如，达达诗歌，是由随机选词拼凑成无意义的诗节而来。还有一些艺术作品，如达达拼贴画，是由偶然发现的选材并随意装贴而来。尽管诗人和艺术家想让自己的作品显得无意义且不可预测，然而事实上却并非如此。在一个受精神分析学说影响的时代，即使是无意义的选词，至少也流露出诗人的某些心思。那些被认为是随意设计的艺术品，通常也流露出些许设计的痕迹。

马塞尔·杜尚

为了宣传虚无观点，达达主义者以不大胆不羁的态度对公众进行攻击。他们不但否定艺术，还提倡愤世嫉俗和反道德。马塞尔·杜尚把一个小便池翻转用于展览，并取名《喷泉》。随后，他的《带胡须的蒙娜丽莎》（见图18.11）等作品淋漓尽致地表现出达达主义，他肆意破坏达·芬奇这幅杰作中的色彩，给人物加上山羊胡子。

随着人们对精神分析越来越感兴趣，达达主义经历了

图18.9　康斯坦丁·布兰库西，《空中之鸟》，1924年。青铜抛光，高143.8厘米，包括底座，周长45厘米。宾夕法尼亚州，费城艺术博物馆。©2013艺术家版权协会，纽约／法国图像及造型艺术著作人协会，巴黎。这座特别的雕塑是艺术家自1923年开始创作的系列雕塑作品之一。它表现了鸟的飞行动作；作品中的鸟没有翅膀和羽毛，躯体被拉长，头部极度抽象化。

一些改动，为20世纪20年代初开始的超现实主义运动奠定了基础。

超现实主义

超现实主义始于第一次世界大战后的一场文学运动。其追随者的写作以非理性为基础，因此自然而然会被达达主义吸引。这两个文学团体都致力于无意识写作，在这个过程中，要清除头脑中有目的的思想，然后用笔去表达一系列自由的联想。他们笔下的文字表达的并非字面意思，而是表现了常在潜意识里涌现的内容。但超现实主义作家最后与达达主义分道扬镳，他们认为早期的运动过于学术化。在诗人安德烈·布勒东的领导下，他们在1924年的宣言中明确了这场运动的定义：

超现实主义，阳性名词。纯粹的精神的自动主义，企图运用这种自动主义，以口语或文字或其他的任何方式去表达真正的思想过程。它是思想的笔录，不受理性的任何控制，不依赖于任何美学或道德的偏见。

哲学背景：超现实主义的基础是信仰超级现实，这种现实即迄今遭到忽视的某些联想的形式。同时也是信仰梦境的无穷威力，以及思想能够不以利害关系为转移的种种变幻。它趋于最终摧毁一切其他的精神学结构，并取而代之，以解决人生的主要问题。

从一开始，超现实主义就阐述了两种截然不同的工作方法。一种是超现实主义幻想派，以达利、伊夫·唐吉等艺术家为代表，用极其虚幻的方式来呈现梦中的非理性内容、荒诞的并置以及扭曲变形。另一种是被称为自动主义的超现实主义，它通过抽象来揭示潜意识奥秘。自动主义时期的代表人物是胡安·米罗和安德烈·马松。

弗洛伊德、潜意识和超现实主义

1899年，在世纪之交，维也纳医生弗洛伊德（1856—1939年）出版了现代最具影响力的著作之一《梦的解析》。根据弗洛伊德的精神分析理论，在被他称为"本我"的潜意识深处，存在着混乱的情感力量，由生命与爱（一种被称为厄洛斯的生命本能）以及死亡与暴力（一种被称为萨纳托斯的死亡本能）组成。这些潜意识力量经常相互交战，并且受到"自我"（一种更深层次的自我意识）以及"超我"（自身受到的父母和社会的规训）的控制。人生在很大程度上是由本我、自我和超我之间的斗争所塑造的，这些斗争是为了防止潜意识中的深层冲

阅读材料 18.10　弗洛伊德

摘自《梦的解析》第六章，"梦的工作"，
"梦的象征表现：其他典型的梦"

皇帝和皇后（国王和王后）通常
实际上代表着梦者的父母，王子或公
主代表的则是梦者本人……

所有长条形的物体，如手杖、树
干、伞（后者的打开可比喻为勃起），
和所有长而锋利的武器，如刀、匕首、
矛，都可以用来代表男性生殖器……

罐子、盒子、箱子、柜子、炉子
代表的是女性的子宫，但中空的物体、
船以及所有类型的容器也可以用作这
种象征。

梦中的房间通常代表女人，梦中
对房间各个入口和出口的描绘恰好可
以明白无误地支持这种解释。从这个
意义上说，对房间状态是"开着"还
是"锁着"的关心也就容易理解了（参
见《对一个癔症病例的分析片段》一
书中多拉的那个梦）……

梦见自己走过一排房间，这其实是
一个逛妓院或走进后宫的梦……梦见
楼梯、梯子、阶梯，或者更确切地说梦见
在上面攀爬，而且包括向上和向下两个
方向，这其实是对性行为的象征表达。

梦见自己正在爬光滑的墙壁，
或正沿着房屋的正墙滑下来，同时还
经常感到很害怕，那么这些墙壁和正
墙代表的就是直立的人体，这种场景
很可能就是儿时记忆的复现，回忆的
是小时候爬到父母或保姆身上去的情
形。"光滑"的墙壁代表着男人，是
因为做梦者在恐惧之中常会紧紧抓住房
屋正面的"突出物"；桌子、铺好的
餐桌、布告牌则代表女人，这或许是

由于对比的缘故，身体上的隆起部位
在象征物中故意被抹除了 ……在衣
物当中，女士的帽子通常肯定可以解
释为生殖器，而且是男性生殖器。大
衣也是如此。不过，这里暂不讨论词
语发音在这个象征用法中起到的作
用。在男人做的梦中，经常可以发现
领带就是阴茎的象征，原因可能并不
仅仅在于它是下垂的条形物以及典型
的男性用品，而且还因为男人可以根
据自己的喜好进行选择，这是一种自
由，然而这个象征的本体也即阴茎却
是天生的，男人被剥夺了选择的自由。
……梦中所有的武器和工具都会被用
来象征男性生殖器，如犁头、斧子、
猎枪、手枪、匕首、马刀等。 ……
梦中和一个小孩一起玩耍，打一个小
孩等等，经常代表着手淫。在梦的工
作中，下列内容被用来象征阉割：秃
顶、剪发、掉牙、斩首。如果某个通
常代表阴茎的象征物在梦中成双出
现，或者大量出现，可理解为对阉割
的抗拒。壁虎，一种尾巴断掉后可以
再生的动物，如果出现在梦中，也有
同样的含义（参见第一章中那个壁虎
的梦）。在神话和民间文艺中用作生
殖器象征的动物中，有不少在梦中也
有同样的作用，例如鱼、蛇、猫、鼠（因
为阴毛的缘故）等，特别是蛇，它是
男性生殖器最重要的象征物。小动物、
小虫子代表小孩，如自己不喜欢的弟
弟或妹妹。小虫缠身经常可以解释为怀
孕。值得一提的是，梦中还出现了一种新
的男性生殖器象征物，这就是飞艇，它
之所以有这个用途是因为和飞翔有关系，
有时也因为它的外形。

[译注]引自西格蒙德·弗洛伊德，《梦的解析》，丹宁译，杭州：浙江文艺出版社，2016。

比较与对比

蒙娜丽莎：从肖像画到流行画

如果让你闭上眼睛思考历史上五大艺术品，首先映入脑海的肯定有达·芬奇的《蒙娜丽莎》（图 18.10）。这幅肖像画吸引了几个世纪的诗人、作词家、博物馆爱好者以及艺术家。简单来说，这张面孔已无处不在。它为何以及如何获得这种偶像地位？虽然还未确定画像的原型，但《蒙娜丽莎》几乎已确定是一幅肖像画。文艺复兴时期的画家兼艺术史学家瓦萨里曾声称画像中的女性为

丽莎·格拉迪尼，一位佛罗伦萨富有银行家的妻子，她的名字也正是该幅画像名称的由来。

在那个年代，该幅肖像画颇具创新特色。此外，达·芬奇不再受限于传统的半身侧面像，即侧向 3/4 角度的半身图。手的自然摆放，与早期肖像画有很大不同，对达·芬奇来说，这是一种用来探索并揭示画像人物个性的关键方法："优秀的画家有两个主要的绘画对象，人物与其灵魂；前者很容易，后者却很难，因为需要通过肢体的姿势和动作予以展示。"很显然，这是肖像画的一个崭新视角。此外，还有画中神秘的微笑，以及无数人观察过的双眼，这双眼睛注视着观众的动作。《蒙娜丽莎》是一幅美丽的画像，但这是否足以说明为何来巴黎卢浮宫寻访杰作的游客，会只为这幅由于游客众多而无法近距离欣赏的画作而来？

本专题所选图片仅是尝试与蒙娜丽莎这一标志性图像融合的作品样本。在达·芬奇画像改造方面，最声名狼藉的就是达达主义画家马塞尔·杜尚（1887—

图 18.10 达·芬奇，《蒙娜丽莎》，约 1503—1505 年。油画，77×53 厘米。法国，巴黎，卢浮宫。

1968 年），他在 1919 年对原作的复制品进行了涂鸦式修改，即用铅笔为画中人物画上了山羊胡（图 18.11）。在画像下方是杜尚对画中人物神秘微笑的解释："L.H.O.O.Q"的法语（ell osh oh oh coo），快读谐音即为 elle a chaud au cul[臀部发热]。"达达主义宣称世界博物馆里都是"死亡的艺术"，应该被"销毁"。达达主义艺术家还质疑艺术作品原创性和有效性的前提。那杜尚是否对 L.H.O.O.Q 的前提进行过质疑呢，你对此怎么看？

借助成品《蒙娜丽莎》的复制品，杜尚将在某种程度上已变得陈腐的图像重新变为艺术品——仅仅因为他选择了这幅图像，对之加以修改并如此呈现它。艺术家的说法是否足以界定一个对象为艺术品？你会为艺术作品的定义列出哪些变量？通过诸如 L.H.O.O.Q 这样的作品，杜尚提出了一个问题：艺术家是否能够，甚或是否应该定义艺术？

杜尚富有争议的作品也是对艺术品商品化的批评——根据辞典，商品化就是对某事物进行不

图 18.11　马塞尔·杜尚，《带胡须的蒙娜丽莎》，1919 年。成品改造；用铅笔在达·芬奇《蒙娜丽莎》彩色复制品上绘制。19.7×12.4 厘米。私人收藏。©2013 艺术家版权协会，纽约／法国图像及造型艺术著作人协会，巴黎／马塞尔·杜尚继承人。

当处理，使其可以像其他所有商品，也就是贸易或商业品一样，被购买或销售。让·米歇尔·巴斯奎特（1960—1988）挪用著名的达·芬奇肖像画，替代了一美元纸币上华盛顿的头像（图 18.12），这个行为推动了关于艺术及其市场驱动力的批判性讨论。

《蒙娜丽莎》。神秘的微笑。微笑的双眼。永恒的美丽。有人断言它会享誉世界。而费尔

南多·波特罗（1932 生）仅将这些独特的吸引人的特征体现在他的想象肖像画《12 岁的蒙娜丽莎》（图 18.13）中。这幅画与达·芬奇画中成熟女性完美、端庄而又安详的面容相差甚远，但这幅画暗示了画中小姑娘长大后将具备的美丽和吸引力。波特罗风格的不均衡在此具有特殊的讽刺意味，因为达·芬奇热衷于研究人体完美比例。波特罗提醒我们，我们崇拜的名人——以及完美的标杆——也曾是普通人。

图 18.13　费尔南多·波特罗，《12 岁的蒙娜丽莎》，1959 年。油彩画，211×195.5 厘米。纽约现代艺术博物馆。©费尔南多·波特罗，纽约马伯乐画廊。

图 18.12　让·米歇尔·巴斯奎特，《蒙娜丽莎》，1983 年。油画布上的丙烯和铅笔画。169.5×154.5 厘米。私人收藏。©2013 让·米歇尔·巴斯奎特 / 法国图像及造型艺术著作人协会，巴黎 / 艺术家版权协会，纽约。

动涌现。根据弗洛伊德的理论，刺探人类潜意识中的黑暗领域的一种方法是通过梦境。在睡梦中，自我和超我不太可能抑制原始冲动。弗洛伊德写道："释梦是理解潜意识心理过程的捷径。"简而言之，弗洛伊德将现代思想转向内心，去探索人类人格中隐藏的深处，他认为那里是生命最原始、最活跃的力量所在。

一战后，欧洲许多知识分子都接受了弗洛伊德的观点。在那些被战争屠杀吓坏的人们看来，对人类行为中的非理性因素的强调似乎很有道理。超现实主义者对弗洛伊德关于潜意识梦境的理论特别感兴趣，并以此作为一种新美学的基础。在下一章中，我们将看到包括杰克逊·波洛克在内的抽象表现主义者，他们的大部分作品也是建立在精神分析概念的基础上。

超现实主义既是一场文学运动，也是一场艺术运动，以法国评论家安德烈·布勒东在巴黎主编的《文学》杂志为中心。1924 年，布勒东发表了第一篇《超现实主义宣言》，明确致敬弗洛伊德关于梦与潜意识的主观世界的思想。在整个 20 世纪，其他作家纷纷在小说、诗歌、戏剧和批评中对弗洛伊德及其追随者的影响进行了探索。

萨尔瓦多·达利

这一位向来不知谦虚为何物。艺术史上家喻户晓的人物并不多，超现实主义领军人物——西班牙人萨尔瓦多·达利（1904—1989 年）是其中之一。他过着与众不同（堪称"超现实的"）的生活，而他的生活似乎比作品更为人津津乐道，因为许多不熟悉达利油画的人，都看过他那怪里怪气的胡子，也听说过他的恶作剧。有一次，作为艾德·沙利文电视节目的嘉宾，他打开一罐颜料并朝一幅巨大的画布扔去。

达利开始了自己的绘画生涯，却是以更加保守的方式，他依次涉足印象派、点彩画和未来主义风格。经由这些风格，他开始涉足当代风格，他去马德里皇家艺术学院进行学术培训。这次求学让他了解到幻觉现实主义传统，并终生受其影响。

在达利最有名的油画《记忆的永恒》（图 18.14）中，达利使用错视画技术增强了梦幻景象的戏剧性。画中是一片贫瘠的景象，充斥着怪诞的形象和时间，仿佛一切都静止了。一个钟表上爬满了蚂蚁，就仿佛食腐动物围在腐肉上；还有三只软化的钟表分别挂在一个长方体、一根枯萎的树枝以及一个有着达利神韵的不规则生物上。艺术家通过

图 18.14　达利，《记忆的永恒》，1931 年。油画，24.1×33 厘米。纽约现代艺术博物馆。©2013 达利，达利基金会 / 艺术家版权协会，纽约。这幅作品被称为"梦境的照片"，在其中，达利细腻地展示了超现实的物品。融化的钟表以及群集的蚂蚁暗示着腐败。中心位置的肉质感的物体表面盖着一个钟表，暗示着艺术家自己的脸部轮廓。

一个离奇的情景表达了梦境的世界，其中放置着毫不相干的物体。而强烈的真实感又让感知和想象的界限变得模糊。达利，按照这个术语的真正定义，意味着超现实——或高于现实的现实。

胡安·米罗

我的创造就是抓住脑海中出现的形象，如同捕鸟一样抓住它并立即将其呈现在画布上。随后再修改、控制并完善它。

——胡安·米罗

并非所有超现实主义画家都对神秘的个人梦境感兴趣。一些画家寻找毫无意义的极度内在的主题和更普遍的表达方式。自动主义超现实主义者认为无意识中包含这种普遍意象，并尝试通过无意识或自主的绘画加以反映。胡安·米罗（1893—1983 年）等艺术家试图在创作时消除脑中所有思绪，然后在画布上描画。交汇的线条展示的有机形象被认为不含意识思维，即为无意识创作。一旦勾勒出基本设计，接下来就是有意识的创作过程，在该过程中艺术家有意识地利用技巧构成最终图画形象。但鉴于设计的前期都是无意识控制的，因此自动主义方法被视为无意识的，依据时机和事件而发。毫无疑问，即使一些形象是变形虫状的，这些作品也都是抽象作品。

米罗出生于巴塞罗那附近，小时候在当地艺术学校学习法国现代主义艺术家的绘画方法。他学习了多种风格，包括浪漫主义、现实主义和印象主义，但塞尚和梵高对他影响最大。1919 年，米罗移居巴黎，在这里，他接触到马蒂斯和毕加索的作品。对本土符号及幻想倾向的运用进一步促成了米罗的独特风格。

米罗在传达其主题时带有的自发性与自动主义超现实主义相一致，不过大多数主题的异想天开性质通常与其他此类艺术家的主题不同。在作品《绘画》（图 18.15）中，弯曲线条相接或相交形成一簇有机形体的轮廓。一些图像空置，用以展示奇彩正方形难以言喻的背景。其

图 18.15　胡安·米罗，《绘画》，1933 年。油画，174×196.2 厘米。纽约现代艺术博物馆。© 米罗继承人／艺术家版权协会，纽约／法国造型艺术著作人协会，巴黎。在现实世界中毫无对应物的一簇有机形体飘浮在空间中。这类作品给人的整体印象就是有意地孩子化，也就是艺术家所谓对传统绘画的"背刺"。

他图像则填充着对比鲜明的黑白或亮红色。在此作中，米罗以一种具有美感的装饰性方法应用了自动主义超现实主义。

到 1930 年，超现实主义已成为国际化运动，而首批参与者中很多都脱离了该运动。新的追随者以迥异的风格，推动着该运动的发展。

弗里达·卡罗

尽管弗里达·卡罗（1907—1954 年）自己并不认为自己是一位超现实主义者，但超现实主义圈子视其为他们中的一员。在自画像中，这位墨西哥画家将自己的生活画成了人类受苦的象征。在 18 岁时，她乘坐的公共汽车与一辆有轨电车相撞。这场车祸给她留下了无数伤痛，包括盆骨和脊椎骨折以及慢性疼痛。卡罗与迭戈·里维拉的婚姻也充满痛苦。她曾告诉一位朋友："我的人生中有两次大的事故，一次是有轨电车撞到我，另一次就是迭戈 ……"在《我脑海中的迭戈》（图 18.16）中，置于一个压缩空间的卡罗的面部描绘超级逼真，观众仿佛看到了卡罗本人。在被问到为什么频繁画自己时，卡罗说："因为我很孤独"（Porque estoy muy sola）。了解卡罗的人们推测卡罗画自画像是为了"生存、忍受并征服死亡"。

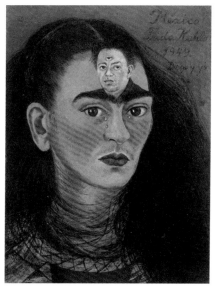

图 18.16　弗里达·卡罗，《我脑海中的迭戈》，1949 年。布面油画。29.5×22.2 厘米。私人收藏。©2013 墨西哥银行迭戈·里维拉、弗里达·卡罗博物馆信托基金，墨西哥城／艺术家版权协会，纽约。尽管弗里达·卡罗自己并不认为自己是一位超现实主义者，但超现实主义圈子视其为他们中的一员。

哈勒姆文艺复兴

同样在 20 世纪早期，一场文化运动在纽约市哈勒姆区兴起。在这场运动中，非裔美国作家、艺术家、知识分子以及音乐家，一起创作了大量非裔美国人作品，这场运动被称为哈勒姆文艺复兴。其中有佐拉·尼尔·赫斯顿（Zora Neale Hurston）、詹姆斯·韦尔登·约翰逊（James Weldon Johnson）和艾伦·洛克（Alain Locke）等非裔美国文化探索者；康蒂·卡伦（Countee Cullen）、海伦·约翰逊（Helene Johnson）、兰斯顿·休斯（Langston Hughes）和克劳德·麦凯（Claude McKay）等诗人；黑尔·伍德拉夫（Hale Woodruff）、萨金特·约翰逊（Sargent Johnson）、奥古斯塔·萨维奇（Augusta Savage）、洛梅尔·比尔登（Romare Bearden）、阿伦·道格拉斯（Aaron Douglas）和雅各布·劳伦斯（Jacob Lawrence）等艺术家。

在阅读 1920—1930 年间哈勒姆文艺复兴作家的诗歌和小说时，很容易就能发现关于非裔美国人经历的持久主题：非洲源头；在种族歧视的文化背景中追求尊严；关于黑人价值观应该在多大程度上融入（而不是隔绝于）主流文化，等等。

在大多数这些问题背后，掩藏着黑人知识分子杜波依斯（1868—1963 年）在 20 世纪初提出的问题：面对黑人的身份、在美国生活中的定位以及所遭受的种族歧视，在不同身份中寻找平衡的非裔美国人该确立什么样的自我认同？这些问题成为哈勒姆文艺复兴争论的焦点，正如阅读材料 18.11 中兰斯顿·休斯的诗歌所暗示的那样。诗的标题会让人想起沃尔特·惠特曼的"我听见美洲在歌唱"。

阅读材料 18.11　兰斯顿·休斯

《我，也，歌唱美国》

我，也，歌唱美国。
我是黑皮肤兄弟。
客人来了，
他们让我到厨房吃饭。
但是我笑着，
满意地享用，
长得强壮。
明天，
客人来了，
我将在餐桌旁就座。
那时，
没人胆敢，
对我说：
"去厨房吃饭。"
此外，
他们将看见我是多么美，
并为此感到羞愧——
我，也，是美国人。

[译注] 引自兰斯顿·休斯，《兰斯顿·休斯诗选》，凌越等译，上海：上海文艺出版社，2019。

图 18.17　阿伦·道格拉斯，《诺亚方舟》，约 1927 年。纤维布油画。121.9×91.4 厘米。田纳西州，纳什维尔，费斯克大学美术馆。亚伦（Aaron）和道格拉斯（Alta Sawyer Douglas）基金会惠允。画中部分形体抽象但依稀可辨。这幅画与画家的其他作品一样，都具备坚硬的棱角、扁平的形状以及重复的几何形状。色块交界处的颜色会发生变化。

阿伦·道格拉斯

阿伦·道格拉斯（1899—1979 年）在堪萨斯州出生，在田纳西州去世。他 20 岁左右就成了哈勒姆文艺复兴领军人物。一开始，他找了一份杂志插画师的工作，随后很快因描述黑人文化史的绘画而出名。他的目标之一，也是哈勒姆文艺复兴的目标，就是塑造黑人的自豪感。

《诺亚方舟》（图 18.17）将一个圣经故事转化成一件表达非裔美国人情感的作品。它是根据詹姆斯·韦尔登·约翰逊的《上帝的长号：七种用诗写的尼格鲁人布道》改编的七幅画之一，传达着道格拉斯对大洪灾的有力想象。动物们在电闪雷鸣中成双进入方舟，天空变成了模糊的灰紫色，暴风雨即将来临。以粗糙轮廓呈现的非洲人民准备好方舟，在一个动态编排的构图中指挥行动，这个构图重构并个性化了道格拉斯族的文化裔和圣经事件。

雅各布·劳伦斯

雅各布·劳伦斯（1917—2000 年）出生于美国新泽西州，在少年时代举家搬到哈雷姆区。和阿伦·道格拉斯一样，他将非洲的印记带入绘画中。他的众所周知的作品主题主要有奴隶制、非裔美国人从南向北迁移、哈雷姆区的生活方式以及第二次世界大战等。

在画作《哈莉特·塔布曼的生活（第 4 号）》（图 18.18）中，劳伦斯使用鲜明的棍状对角线，赋予画中的奴隶儿童强烈的运动感和方向性。虽然地平线塑造了一个相对稳定的世界，但衣着鲜艳的儿童正在做杂技式跳跃，他们的肢体呈枝状，如同图画上方的树木一样。由水平线暗示的持久的世界，被定义地面和天空的来回激荡的画笔打破。一旦孩子们长大并意识到他们在生活中的命运，等待他们的很可能就

图 18.18　雅各布·劳伦斯,《哈莉特·塔布曼的生活》,第 4 号,1939—1940 年。石膏蛋彩画。30.5×45.4 厘米。弗吉尼亚州汉普顿市汉普顿大学博物馆。©2013 雅各布 (Jacob) 和劳伦斯 (Gwendolyn Knight) 基金会 / 艺术家版权协会,纽约。对角线形成了运动感。劳伦斯将其风格定义为"动态立体派"。尽管他声称哈勒姆的视觉元素为他提供了主要灵感。

是这样一种动荡。

美国具象艺术

　　尽管大多数美国和欧洲的开创性艺术家都在创作抽象艺术,但也有一些艺术家继续致力于具象艺术。具象一词并不单指人和动物的形象,而是包括一切引用现实世界中人和物的艺术。大萧条时期和二战期间的具象艺术代表人物就是格兰特·伍德和爱德华·霍珀。

格兰特·伍德

　　格兰特·伍德(1801—1942 年)是所谓美国中西部地区主义风格的倡导者。20 世纪 20 年代,他到欧洲培训,但他没有带着欧洲抽象艺术的最新发展归国,而是被 16 世纪德国和佛兰德艺术家的现实主义吸引。

　　格兰特·伍德的作品《美国哥特式》(图 18.19)中饱经风霜的面孔和如画的风景暗示了现代美国乡村生活的二元性:困苦和宁静。这幅煞费苦心的现实主义肖像也是更加商业化的艺术作品之一;从中衍生的图像装饰了早餐麦片、贺卡以及各种产品的盒子。注意画中男人的衬衫、房子上层窗户和门廊上重复的干草叉图案。这个男人与周围环境紧密相关。要不是画中女子原本束紧的头发上落下的不协调卷发,

爱德华·霍珀

图18.19 格兰特·伍德，《美国哥特式》，1930年。纤维板油画。78×65.3厘米。伊利诺伊州，芝加哥艺术学院。©费济艺术博物馆，格雷厄姆（Nan Wood Graham）产业继承人/VAGA授权，纽约。画中夫妇显然过着简朴的乡村生活。伍德的风格代表美国的"中西部地区主义"运动。

我们可能会认为这幅作品以及画中的人物是坚实、沉闷和单调的。

爱德华·霍珀（1882—1967年）也是一位现实主义画家，其作品主要集中于常见的主题，但与伍德不同的是，他常常将这些主题作为漂泊无根和孤独的隐喻。他着迷于新英格兰荒凉的建筑景观，常常将这些景观描绘得人烟稀少或者荒无人烟。然而，他经常用强烈的光线打在这些建筑上。

建筑、发型、帽子和垫肩，甚至是香烟价格（仅5美分），都体现出霍珀《夜游者》（图18.20）的设定是20世纪30年代末或40年代的美国城市。主题很常见，但透露出怪异感。空旷的街道和街角餐馆的荒凉空间存在一种张力。温暖的

图18.20 爱德华·霍珀，《夜游者》，1942年。油画，84.1×152.4厘米。伊利诺伊州，芝加哥艺术学院。摄影作品（Robert Hashimoto）。©芝加哥艺术学院。霍珀赋予普通的场景或事件以一种孤寂感，这幅画是其中之一。画中的人，除了柜员，都可在某种程度上被解读为有些阴森。角落的设定让除了柜员以外的其他人都被衬托于远处黑色窗玻璃之上。餐馆陈列和人物服饰具有很明显的美国特点。

图 18.21　**巴斯比·伯克利，"什锦水果冰激凌"，电影《美女》剧照，1934 年。**像巴斯比·伯克利的作品这样令人振奋的音乐剧在大萧条时期非常流行。《美女》由露比·凯勒（Ruby Keeler）和狄克·鲍威尔（Dick Powell）主演，并由凯勒演唱歌曲《我的眼中只有你》。

人造光看起来弥足珍贵，甚至有些岌岌可危，仿佛黑夜及其所有不安象征正要闯入这无序的生活。霍珀使用具体的社会文化场景传达内省的孤独感，以及脱离于主流经验的情绪。这幅画创作时，主流的经验素材是二战。我们也许会好奇，在其他人都穿上军装或以其他方式参战时，这些人在这里做什么。

电影

第一次世界大战后，商业电影在法国和美国如雨后春笋般涌现，被提供给公众。这时的电影是伴有现场管弦乐和舞台演出的无声电影。电影制作的下一个里程碑，将是首部有声故事片《爵士歌王》（1927 年）的出现。有声电影的出现缔造了电影的未来。

在 20 世纪 30 年代，巴斯比·伯克利的大部分音乐剧都只在室内舞台拍摄（图 18.21）。电影并未脱离之前的舞台。20 世纪 30 年代的音乐剧具有多罗西娅·兰格以及大萧条时期其他摄影师的照片中所不具备的一切：活泼、轻浮、轻松，甚至是俏皮。也许它们帮助美国人度过了艰难的时代。20 世纪 30 年代的一些音乐剧反映了脸颊红润的孩子在不夜街上玩耍。而其他一些作品则描绘了纯真年代少数富人想象中的恶作剧，在这种时代，好莱坞自认为可以为贫困的观众提供娱乐和灵感，供其消费，而不是通过描述炫耀性消费和轻浮激起社会矛盾。

视觉艺术家如超现实主义者达利也会涉足电影。达利与路易斯·布努埃尔合拍了电影《一条安达鲁狗》（图 18.22），讽刺了传统的秩序或意义。开场画面极其震撼，眼球的限制让视觉变得不正常。接下来呈现的是一系列不连续的梦幻场景。

图 18.22　**路易斯·布努埃尔和达利，《一条安达鲁狗》，1929 年。**本片制作人声明本电影不具有任何象征意义，但允许通过心理分析挖掘其中的象征意义。

图 18.23　**大卫·塞茨尼克，《乱世佳人》，1939 年。** 这部由克拉克·盖博和费雯·丽主演的电影，是好莱坞最早的史诗片之一。如果考虑到通货膨胀因素，它也是电影票房收入最高的影片之一。电影背景为内战时期的美国南部。

在一篇关于电影的文章中，布努埃尔声称其旨在唤醒观众对吸引或排斥本身的反应，但是电影不具备任何象征，优秀的电影摄影师常常写实地刻画自己脑海深处的画面并将其呈现在电影画面中。

20 世纪 30 年代出现了彩色电影。《绿野仙踪》是早期彩色电影的代表，堪萨斯州的农场世界是黑白拍摄的，而想象中的绿野之地则是用辉煌的、常常是表现主义的色彩拍摄的。根据玛格丽特·米歇尔《飘》改编的电影《乱世佳人》是最早的彩色史诗片或"大制作"。

除了全景拍摄内战战场的伤员以及亚特兰大的大火燎原，《乱世佳人》还包含克拉克·盖博扮演的男主瑞德·巴特勒和费雯·丽扮演的女主斯佳丽·奥哈拉之间的激情火焰的特写镜头（图 18.23）。

20 世纪 30 年代，迪士尼电影制片厂开始制作全彩动画和影像，其中一些角色早已深入人心。米老鼠、唐老鸭、小鹿斑比、白雪公主（图 18.24）和匹诺曹等都已被美国人视为"国宝"。米老鼠和唐老鸭也成了儿童漫画书中的经典形象。

宣传片

宣传是介绍某种观点以说服受众的活动。我们通常认为它属于政治领域。纵观历史，宣传者利用书籍、艺术以及音乐来宣传自己的思想，20 世纪初电影的兴起则为宣传者提

图 18.24　**迪士尼公司，《白雪公主和七个小矮人》，1937 年。** 这是动画电影史上最受欢迎的影片之一。根据迪士尼常规套路，女主角举目无亲，受到女巫婆的威胁，并被"白马王子"救出。和其他迪士尼影片一样，影片中也有几首配乐。图中就是白雪公主和七个小矮人（分别是害羞鬼、万事通、糊涂蛋、爱生气、开心果、瞌睡虫和喷嚏精）又唱又跳的画面。

供了作用不可估量的武器。在两次世界大战期间，随着集权政府依靠民众配合而崛起，人们开始了解电影在教育、说服以及塑造人们观点方面的作用。电影最成功地融合了宣传和艺术视野的尝试。

谢尔盖·爱森斯坦

谢尔盖·爱森斯坦（1898—1948年）是苏联电影制片人，也是电影史上最具影响力的艺术家之一。作为俄国革命的忠实拥护者之一，爱森斯坦认同列宁的看法，即电影将成为争取无产阶级加入革命的最重要的文化武器。从其早期作品《罢工》（1925年）到最后一部作品《伊凡雷帝》第一部（1944年）和第二部（1946年），爱森斯坦意识到了工人阶级的需求以及共产主义的必然胜利。他的作品《亚历山大·涅夫斯基》由谢尔盖·普罗科菲耶夫配乐，非常震撼人心，是音乐和视觉概念的一次成功融合。《伊凡雷帝》得益于对格列柯绘画的研究，爱森斯坦受到启发，从画布中探索电影的可能。

作为爱森斯坦最具影响力的影片，《战舰波将金号》（1925年）讲述了1905年海军波将金号战舰起义以及随后在敖德萨被沙皇警察镇压的故事。共产党人认为这一事件是1917年俄国十月革命的前奏，后者使布尔什维克登上历史舞台。

《战舰波将金号》中群众为敖德萨阶梯上的起义者欢呼以及随后被沙皇专制力量镇压的画面是电影史上的经典镜头。在这个片段中，爱森斯坦使用了影响深远的蒙太奇技法（通过影片剪辑将几个镜头并列的手法），并使这一场景成为后来电影人的标杆。

他的特写镜头快速向观众传达了整个场景：从受伤的妇女转换到紧握的手缓慢松开的特写镜头，在一瞬间讲述了生离死别。婴儿车的滑落暗指人群陷入慌乱四散逃离。而破碎的眼镜以及从一只眼睛中涌出的鲜血象征着沙皇对民众的压迫（图18.25）。

图18.25 谢尔盖·爱森斯坦，《战舰波将金号》，1925年。作为电影史上经典的镜头，这个敖德萨阶梯上的特写镜头反映了场景的恐怖。

图18.26　雷妮·瑞芬舒丹，《奥林匹亚》，1938年。这一跳水镜头表现了瑞芬舒丹独特的摄影角度。这个角度成为纪录片制作人的惯用角度。

雷妮·瑞芬舒丹

说到纯粹的宣传片，就不得不提到20世纪30年代纳粹德国时期由电影演员兼导演雷妮·瑞芬舒丹（1902—2003年）制作的两部纪录片。一部是名为《意志的胜利》（1935年）的纪录片，讲述了1934年在纽伦堡召开的纳粹党代表大会。为了颂扬纳粹党并震撼全世界，电影充分运用了在会中聚集的大量党内中坚分子。在纪录片中，这位年轻的电影制作人将该大会表现为高度程式化和仪式化的庆典，反映纳粹党的纪律、秩序和凝聚力以及党员中日耳曼精英的种族"优越性"。

瑞芬舒丹的另一部代表作即在1936年柏林奥运会上拍摄的超长纪录片《奥林匹亚》。为了制作这部影片，瑞芬舒丹使用了5名摄影技师、38名助理，并采用了通讯社摄影师拍摄的镜头。成片分为两部分，颂扬了古希腊的奥林匹克精神，用长篇幅记录了奥运圣火运至柏林的行程，记录了对希特勒的致敬并展示了大部分主要的体育竞赛。

作为一部电影，《奥林匹亚》在运用摄像机展现运动美感这方面极富想象力（图18.26）。令人纠结的是，除了对主办1936年奥运会的德意志第三帝国的明显致敬外，这部电影在多大程度上是政治性的？许多评论家注意到其精英主义态度，并以此证明它其实属于一种宣传，尽管质量颇高且很巧妙。运动员被描述成常人无法比拟的高等存在。他们竭尽全力并且仿佛就是神人。这部影片颂扬了英雄主义、征服和斗争，还歌颂了民众的仪式化纪律，并热衷于寻找柏林群众拥护纳粹领袖的例子。

第二次世界大战

虽然有一些早期的关于第一次世界大战的支离破碎镜头，但在第二次世界大战时，电影艺术已完全成熟。实际上，在很多美国演员奔赴欧洲和太平洋地区时，未来的美国总统罗纳德·里根正在为美国拍摄电影，描述同盟军的英勇以及敌军的凶残。

爵士时代的音乐

从非裔美国人的独特经历中诞生的爵士乐，是其对西方文化的特殊贡献。关于爵士乐的起源，尚无详细历史记录可考。总的来说，它结合了源自非裔美国人的非洲祖先和黑人灵歌传统的声调、节奏模式（尤其是重复）和曲调，此外，还借鉴了不可言喻的蓝调音乐及其特有的辨识度极高的布鲁斯音（旋律低了半音）。蓝调以口口相传的形式起源于19世纪的南部腹地农村，并在20世纪20年代初成为城市生活中流行的公众娱乐。20世纪20年代最流行的音乐家有威廉·克里斯多夫·汉迪（"蓝调之父"），歌手有玛米·史密斯、埃塞尔·沃特斯、玛·雷尼以及贝西·史密斯。最终，爵士改编了部分欧洲歌曲，尤其是法国的四重奏和波尔卡舞曲，形成了略有不同的音乐风格拉格泰姆。

拉格泰姆

尽管拉格泰姆音乐经历过多次复兴，且至今仍有创作和演奏，但其高峰是在19世纪最后十年到20世纪第二个十年的大约20年间。它最重要的特征是节奏切分：旋律重音与曲调节奏不一致。（实际上，很多人认为"拉格泰姆"这个叫法源于非裔美国人长期以切分或不规则节奏演奏音乐的传统。）典型拉格泰姆舞曲中，独奏钢琴家用左手弹出沉稳的低音伴奏，基本节拍和速度与进行曲相近，而用右手弹出变化无常的切分旋律，形成节奏的推拉，赋予这一流派独特的感觉。

斯科特·乔普林

斯科特·乔普林（1868—1917年）是无可匹敌的"拉格泰姆之王"。他最成功的作品是《枫叶拉格》，1897年作曲，1899年以活页乐谱形式发布，发行量超过100多万份，成为史上第一张白金唱片。即便是今天，仍能从简短强劲的旋律、钢琴高低音域的对比以及超凡的多样性中感受到其难以抗拒的吸引力：总长不超过3分半的乐曲中包含四个不同部分，每部分至少重复一次。

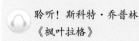
聆听！斯科特·乔普林《枫叶拉格》

这首曲子的录制历史本身就饶有意味。1916年，乔普林在去世前不久，将自己的拉格泰姆音乐记录在自动钢琴打孔纸卷上：该纸卷插入机械化的设备后，能让钢琴基本上实现自动演奏。我们因此能够听到乔普林对自己歌曲的演奏，但其保真度要比当时使用的标准录音技术高得多。

爵士乐的兴起

爵士乐于 20 世纪初在美国南部和中西部城市兴起。不过，毋庸置疑的爵士乐中心则是路易斯安那州的新奥尔良。这座城市丰富多样的音乐文化——包括非裔美国人、法国人、古巴人以及其他加勒比风格——使其成为先进的新音乐流派兴起的理想场所。这一流派在如今广受推崇，被称为"美国古典音乐"。这些非裔美国音乐家通常都即兴演奏，自学自唱，并常常以乐队形式在大街上和音乐餐厅中表演。到一战结束时，这些音乐家中很多都已向北迁移到芝加哥，20 世纪 20 年代初的芝加哥成了爵士乐的中心。爵士乐从芝加哥传到圣路易斯、堪萨斯城、纽约哈勒姆区以及东西海岸其他城市中心。

聆听！金·奥利弗
《西区布鲁斯》，路易斯·阿姆斯特朗和他的"热爵士五人乐队"

蓝调对早期爵士风格的影响非常大，以至于在首张真正的爵士合集上标上蓝调的名称也不为过。

在《西区布鲁斯》中，蓝调元素贯穿整首歌曲。开场是路易斯·阿姆斯特朗演奏的让人印象深刻的艺术性的小号表演：小号演奏不仅是新奥尔良爵士乐最突出的特征，还存在于 20 世纪最重要以及备受推崇的美国音乐家作品中。在开场后，阿姆斯特朗的热爵士五人乐队开始十二小节蓝调演奏，贯穿整首歌。在十二小节蓝调中，共十二小节的一系列固定和弦将始终贯穿演奏。这种看似重复的音乐形式仍具有魅力的关键在于持续的和弦变化；似乎每个系列的合奏都会让你耳目一新。

阿姆斯特朗的《西区布鲁斯》唱片最初由金·奥利弗作曲，克拉伦斯·威廉姆斯填词，共 12 小节，5 个乐章。第一乐章（0:15 开始）是合奏，阿姆斯特朗的小号独奏伴随着单簧管和长号之间生动的呼应，节奏组负责提供稳定的节拍。第二乐章中（0:49-1:23），阿姆斯特朗的小号引出了深情的蓝调长号独奏，这段独奏多次出现高音的滑动，频繁探求西方人习惯的高音与弹奏无数蓝调音符过程间的空间。

第三次对该形式的重复（1:23-1:57）转到了阿姆斯特朗和单簧管手之间的对唱结构——蓝调的另一个特点。在该部分，单簧管引领节奏，经过短暂的乐句表演，阿姆斯特朗用拟声唱法（即兴演奏没有实际意义的音节），开始模仿并润色，最终的乐句用两种声音以平行和声的方式演奏。随后以现场钢琴独奏的方式开始第四次对该形式的重复（1:57-2:30），然后整支乐队一同演奏最终的乐章（2:31），阿姆斯特朗再次领导演奏，以一个 16 节拍的高音开始，让人难忘。最终，钢琴以华丽的独奏将演奏引向最终旋律，整支乐队则以和声演奏。我们可以在相近的音乐选集中收听艾拉·费兹杰拉以拟声唱法演唱的歌曲《蓝天》。

聆听！艾拉·费兹杰拉
《蓝天》

摇摆式爵士乐

到 20 世纪 30 年代，爵士乐已大规模地影响美国的文化意识。在此时期，爵士通常被称为摇摆乐，而摇摆乐队通常会全国巡演。20 世纪 30 到 40 年代之间最流行的爵士乐团是摇摆乐或大乐团，通常由 12 到 25 名音乐家组成：小号组、长号组、萨克斯管组以及单簧管组（每个组大约有 3 到 4 名演奏家），此外还有一个节奏乐器组，包含鼓、低音乐器、钢琴以及吉他。与新奥尔良爵士乐即兴演奏的方式相反，摇摆乐时代的爵士乐通常由乐团队提前编好，并以活页乐谱或"乐表"形式呈现给乐团成员。该音乐类型编曲复杂而又丰富，具有适于跳舞的"摇摆"感。

聆听！比利·斯特雷霍恩
《搭乘 A 号列车》，艾灵顿公爵大乐团

乐曲《搭乘 A 号列车》无疑在大型爵士乐团时代产生的所有最流行、最具影响力以及最经典的乐曲中占有一席之地。乐曲名意为穿过纽约的布鲁克林、哈勒姆和曼哈顿的 A 号列车。爱德华·甘乃迪·艾灵顿公爵（1899—1974 年）是爵士历史上的一位巨人，在 20 世纪 20 年代哈勒姆的棉花俱乐部一举成名。这张唱片展示了他作为编曲家和乐团领队的才华，创造了一场生动的、有创意的、多样的器乐表演。该乐曲成为艾灵顿公爵及其大乐团的标识，被无数杰出的爵士乐名家演奏和录制。

在以钢琴（由艾灵顿演奏）和鼓声开场后，这首曲子奠定了其 AABA 形式：A（0:06-0:17），A（0:17-0:28），B（0:28-0:39），A（0:40-0:50）。开头为旋律与和弦的重复（即爵士乐的"头"），随后节奏组重复 AABA 演奏，伴有弱音小号的即兴演奏（0:50-1:35）。

在小号独奏之后，一组活泼的启应序列（铜管乐器与管乐器启应）中断了 AABA 模式，实施了调式变换（转换到新调）。在简短的间奏后，再次以新调重复 AABA 模式（始于1:41）。同时，管乐器与独奏小号交替进行演奏，直至乐章的尾声，尾声是一段精彩的交错的"终止"乐章（2:12-2:14），重复 A 旋律，逐渐减弱直至结束。

如今令艾灵顿闻名于世的不单单是他艺术大师般的管弦乐技能，更是他的作品，如《芳心之歌》，这首歌使他成为大型爵士乐团最重要的作曲家。艾灵顿也是将爵士的音乐风格拓展到更大舞台的第一人。艾灵顿在二战后创作了多首交响曲。其中代表作《黑—棕—米黄》首次演出是在 1943 年，地点是卡内基音乐厅。除本作品外，还有其他表现其音乐旨趣的作品，如《莎士比亚组曲》（1957 年）、《胡桃夹子组曲》（1960 年）、《培尔·金特组曲》（1962年）以及芭蕾舞剧《河流》（1970 年）。《河流》是他写给著名的非裔美国编舞家阿尔文·艾利的舞蹈公司的。

被称为"摇摆乐之王"的本尼·古德曼是一位才华出众的演奏家。1938 年，他在古典音乐的神圣殿堂——纽约卡内基音乐厅开展了摇摆乐和爵士演唱会，使音乐世界

为之侧目。此外，他还是首位将非裔美国音乐家引入著名欧美乐队的少数乐队领队之一。作为音乐家，他最为出众的才华是在单簧管演奏上。从最近的音乐选集《唱，唱，唱》（1936 年）中，可以发现古德曼的单簧管独奏为单簧管表演的速度、模式设定了标准，成为簧片演奏家争相模仿的完美演奏标杆。

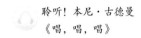

聆听！本尼·古德曼
《唱，唱，唱》

长号手兼领队格伦·米勒创作了一种与众不同的几乎可瞬间辨识的乐声。他的流畅而又带有节奏感的爵士乐融合了摇摆时代的浪漫感。原创歌曲《月光小夜曲》（1939 年）、编曲《燕尾服》（1939 年）以及音乐选集《好心情》（1940 年）让他的乐队声名大噪。加入空军后，他带队空军管弦乐队。1944 年，米勒因空难去世，结束了传奇的一生。

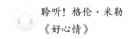

聆听！格伦·米勒
《好心情》

爵士乐的影响

第一次世界大战后，爵士乐作为一种音乐和文化现象，不再仅仅局限于美国。20 世纪 20 年代，爵士乐在巴黎受到推崇。代表人物有

非裔美国歌手兼舞者约瑟芬·贝克（图 18.27）。此外，正如毕加索在其绘画中借鉴了非洲雕刻风格，欧洲大陆的严肃音乐家也开始理解这种非裔美国人音乐为他们探索现代音乐带来的可能性。早在 1913 年，伊戈尔·斯特拉文斯（1882—1971 年）就在其开创性的芭蕾舞剧《春之祭》中使用了爵士的切分旋律。他的《大兵的故事》（1918 年）包含一首拉格泰姆歌曲，是根据他见过的拉格泰姆音乐乐谱创作的。欧洲其他前卫作曲家也受到爵士乐的影响。保罗·亨德密特（1895—1963 年）的钢琴组曲《1922》带有明显的爵士乐痕迹。由布莱希特作词的库尔特·魏尔的《三便士歌剧》（1928 年）明显受到爵士乐影响，主要体现在《刀锋麦克》这首歌中。

图 18.27　约瑟芬·贝克，巴黎，约 1925 年。约瑟芬·贝克出生于密苏里州圣路易斯，画中她穿着丝绸晚礼服，戴着钻石耳链，卧在老虎毯子上。她在圣路易斯街道一个名为布克·华盛顿剧院的非裔杂技院首次为公众献舞。她在巴黎的首个工作地点是富丽秀，在这里，她的绰号是"黑人维纳斯"。她在二战爆发前成为超级流行的爵士艺人。战争开始后，她宣布放弃美国公民的身份，并投身于法国抵抗运动。

🎧 聆听！罗蒂·兰雅
《刀锋麦克》

大多数音乐可归类到古典 / 流行类型中。莫扎特《G 小调第四十交响曲》（K.550）就是典型的古典交响乐；亚瑟小子的《爱在夜店》则属于流行音乐。但有很多艺术家尝试横跨这条界线：英国流行歌手斯汀的《迷城之歌》收集了文艺复兴作曲家约翰·罗兰的作品；古典大提琴大师马友友与知名提琴手马克·欧康诺、蓝草音乐家艾莉森·克劳斯以及歌手 / 作曲家詹姆斯·泰勒共同合作了《阿帕拉契之旅》。

许多流行摇摆乐时代的天才音乐人都有能力跨过音乐边界。1939 年，本尼·古德曼与布达佩斯四重奏团一同录制了《莫扎特的单簧管五重奏》。非裔美国爵士钢琴家胖子沃勒编写了《伦敦组曲》，成为让人印象深刻的城市颂曲。此类跨界仅是例外，并非常规，但凸显了爵士运动丰富的音乐广度。

乔治·格什温（1898—1937 年）是史上最富魅力的跨界音乐家之一。他力图将非裔美国人的风格融入当代美国古典音乐中。在创作美国歌剧《波吉与贝丝》（1935 年）之前，格什温就着迷于非裔美国人音乐，他的很多作品都借鉴了拉格泰姆、蓝调和爵士（后者在他 1924 年的《蓝色狂想曲》中最为著名）。不过，《波吉与贝丝》是格什温的代表作，也是传统的非裔美国人文化和音乐特点与古典音乐相结合的最雄心勃勃的尝试之一。该剧的剧本由南部小说家杜博斯·海沃德以及格什温的兄弟艾拉编写，并融合了爵士乐旋律以及卡罗来纳州沿海黑人教堂的"呼喊"灵歌。其中最著名的几首歌曲，如《夏日时光》和《未必如此》，都已成为标杆曲目。

聆听！乔治和艾拉
《夏日时光》，《波吉与贝丝》插曲

《波吉与贝丝》启用了全黑人演员，背景为虚构的鲇鱼街，即 20 世纪 20 年代南卡罗来纳州一个黑人街区。第一幕中，渔夫的妻子卡拉拉把歌剧中最受欢迎的曲子《夏日时光》作为摇篮曲唱给她的孩子听。剧本中极其乐观的文字（"生活舒适，鱼儿跳……家庭富裕，母亲漂亮贤惠"）与小调的半音体系间的张力，预示着深刻的张力将在这个关于贫穷、谋杀、毒品和背叛的悲剧故事中持续存在。这首歌曲的持久流行，尤其是后来的不同版本，也许证明了格什温在将流行与传统的非裔美国人习性融入歌剧媒介方面的成功。

事实上，大多数听众可能更熟悉这首曲子的各种爵士乐录音（从路易斯·阿姆斯特朗、艾拉·费兹杰拉、比莉·荷莉戴到约翰·克特兰），而不是音乐选段中卡米拉·威廉姆斯表演的全速歌剧版本。

《波吉和贝丝》在纽约并没有立即获得成功，但后来在 20 世纪 40 年代和二战后的复演中奠定了其声誉。1952 年，在米兰斯卡拉歌剧院连续一整周上演；1976 年，在休士顿大歌剧院上演了完整版本，带有早前删去的片段；随后，完整版本又在纽约大都会歌剧院上演。如今，该歌剧早已成为经典。

最终，如格什温的歌剧可能预示的那样，爵士乐将因含有舞蹈元素而偏离流行音乐，逐渐趋向古典乐。在二战后，迪兹·吉莱斯皮（原名约翰·博克斯·吉莱斯皮，1917—1993 年）和查理·帕克（菜鸟帕克）（1920—1955 年）将引领摇摆乐转变为比波普爵士乐和现代爵士乐，约翰·克特兰（1926—1967 年）和迈尔斯·戴维斯（1926—1991 年）随后将尝试新浪潮或酷派爵士乐，进一步拓宽爵士乐的定义和范围。

芭蕾舞剧

世界大战期间，芭蕾舞剧是最

容易将各种艺术精神融合的文化形式。谢尔盖·狄亚基列夫（1872—1929年）在巴黎进行了最富创新性的实践。作为俄罗斯的乐队指挥，狄亚基列夫创立了俄罗斯芭蕾舞团，并在1909年举办首个艺术节。狄亚基列夫为20世纪带来了两位著名的俄罗斯舞蹈家：瓦斯拉夫·尼金斯基（1890—1950年）和安娜·巴甫洛娃（1881—1931年）。

与歌剧一样，芭蕾舞剧也是一种有助于艺术融合的艺术形式。要欣赏芭蕾舞，必须去适当的环境，有一群训练有素的舞者，并配以戏剧性的布景和服装，聆听同时解释和指导舞者动作的乐谱，并遵循动作的叙述或"指南"。狄亚基列夫识人有术，他搜寻并培训其时代最有创造力的艺术家，借以编制芭蕾舞剧作品。多年以来，俄罗斯芭蕾舞团表演过伊戈尔·斯特拉文斯基、莫里斯·拉威尔、谢尔盖·普罗科菲耶夫、克劳德·德彪西和埃里克·萨蒂的作品。与此同时，布景、服装以及舞台幕布借用了巴勃罗·毕加索、乔治·鲁奥、瑙鲁·加博、乔治·德·基里科和让·谷克多的作品。

《巡游》

狄亚基列夫编制了一部名为《巡游》的独幕舞蹈，于1917年在巴黎首演。这部短剧（1981年在大都会歌剧院重新上演，由英国画家大卫·霍克尼负责布景）是狄亚基列夫所能企及的艺术合作水平的一个极佳范例。诗人让·谷克多编写了街头艺人与参战人员间的故事（1891—1963年），前卫作曲家埃里克·萨蒂负责配乐，包含街头声音、口哨声、喇叭声和其他城市生活的声音。毕加索设计了幕布、布景以及服装。《巡游》详细描述了音乐家、表演家以及街头艺人，毕加索对这几类人的兴趣众所周知，所以设计时可以说是手到擒来。这些重要人物的通力合作是毕加索艺术灵感的丰富源泉，毕加索钟爱这种工作，并多次进行创作。他设计了芭蕾舞剧《普钦奈拉》（1920年），由伊戈尔·斯特拉文斯基配乐；《水星》，由埃里克·萨蒂配乐；以及《安提戈涅》，基于让·谷克多对古希腊索福克勒斯悲剧作品的法语译本。

建筑

1919年，也就是德国在第一次世界大战后通过《魏玛宪法》的第二年，瓦尔特·格罗皮乌斯设计了包豪斯学校，一所集手工艺、艺术、工业设计以及建筑于一身的学校。

图 18.28 瓦尔特·格罗皮乌斯，包豪斯学校，1925—1927 年。德国，德绍。学校包含三条从中心延伸出去的支臂，每条支臂都成 L 形，分别用于不同的用途：工作室和宿舍、工作坊以及教室。

瓦尔特·格罗皮乌斯

瓦尔特·格罗皮乌斯（1883—1969 年）的基本理念表现为简易、合理以及功能性，反对浪漫主义。包豪斯是两次世界大战期间——与该学校（图 18.28）的实际使用年限几乎相同——最重要的艺术影响之一。该学校有艺术、制图、印刷以及生活和工业设计课程。让人意外的是，该校直到 1927 年才开始教授建筑学。教职员工设计了从工厂和公寓大楼到家具、字体和家庭用品的一切。格罗皮乌斯的继任者密斯·凡·德·罗是学校从魏玛搬迁到德绍时的管理人。瑞士人汉斯·梅耶，学校的临时董事，是活跃的共产党员。由于他的政治理念，20 世纪 30 年代初纳粹政府对这所学校展开了敌对性关注。1933 年学校被关闭时，梅耶逃到了苏联。包豪斯被认为是"颓废的"，在为共产主义活动打掩护。

瓦尔特·格罗皮乌斯彼时去往美国避难，定居于哈佛大学设计学院。密斯则搬到了芝加哥。这两位建筑师都以自己的方式对美国建筑后来的历史产生了巨大影响，为现代主义建筑打下了基础。而包豪斯学校的其他成员，例如马塞尔·布劳耶则在设计以及建筑领域发光发热。

包豪斯"风格"几乎等同于"现代"建筑和设计。这一运动如火如荼展开，在美国更是成为美国建筑史上重要篇章，其特点是集玻璃、钢架和简洁的线条于一体。它的影响一直持续到 20 的最后四分之一个世纪，并延续至今。

弗兰克·劳埃德·赖特

弗兰克·劳埃德·赖特在 20 世纪初独树一帜。其代表作考夫曼别墅（图 18.29），也被称为"流水别墅"，钢筋混凝土悬臂板从建筑中心向外延伸而出，并在与自然岩层平行的地层上相接。赖特的自然风格使建筑与自然环境融为一体。考夫曼别墅的钢筋混凝土和石头墙壁，与宾夕法尼亚州乡村的坚硬岩石相得益彰。

与包豪斯的建筑师不同，对于赖特而言，现代材料并不必然意味着简约，几何图形并不妨碍与自然

图 18.29　弗兰克·劳埃德·赖特，考夫曼别墅（"流水别墅"），1936 年。宾夕法尼亚州，熊跑溪镇。爱德华·考夫曼在第一次世界大战中衔至中尉，也是匹兹堡高端考夫曼百货公司的所有者，他委托建造了这一别墅。赖特的自然风格使别墅与风景如画的环境完全融合在一起。

场地的有机结合。一条似乎从宽大的白色石板下流出的小瀑布别具神秘色彩。结构的不规则性——混凝土、琢石、天然石材以及机械抛光面——则中和了树木茂盛环境本身的不规则性。

第二次世界大战

1937 年，日本全面侵华；在西方，1939 年，希特勒入侵波兰——这仿佛在说，上一次世界大战似乎并未给世人足够的警醒，也因此后来改称"第一次世界大战"。与波兰结盟的英国、法国两天后对德宣战。1940 年，德国对荷兰、比利时和法国发动闪电战：以大炮、坦克和空中力量发动势不可挡的突袭。希特勒想要通过英吉利海峡入侵英国，并认为这有望成功。为让英国毫无还手之力，德军对英国，特别是伦敦进行了无情的轰炸，试图让这个国家陷入消沉，但在不列颠战役中，以寡敌众的英国空军却成功阻挡了德军的进攻。

同样在 1941 年，希特勒犯下了可能是他在战争中的最大错误——入侵苏联。作为狂热的反犹主义者，希特勒开始全面屠杀犹太人，最终导致地球上每三个犹太人中就有一个受害。首字母小写的 holocaust 表示城市或森林火灾引起的巨大毁灭，而首字母大写的 Holocaust，则特指对犹太人的种族灭绝。

一开始，希特勒与其同盟军——罗马尼亚、匈牙利以及意大利对苏联发动了闪电入侵：北到列宁格勒（现今的圣彼得堡），东到斯大林格勒（现今的伏尔加格勒），但从未能到达首都莫斯科或者至关重要的克里米亚石油区。在斯大林格勒，苏联人以激烈顽强的抵抗和高昂的代价守住了阵地，困住了德军。随着时间流逝，苏联人暗中集结军队，最终包围并击败了斯大林格勒的入侵者，在 1943 年扭转了东部战线的局面。在随后的库尔斯克会战中，双方开展了史上最大规模的坦克战。苏军伤亡惨重，似乎付出了更高的战损比，但苏军战士前仆后继，战争物资也在国际援助下得到补充，军备不断升级。

几个"细节"就能反映出苏德战争的恐怖。大约 90000 名德国人及其盟军在斯大林格勒被俘，随后被送往战俘集中营。斯大林格勒一片废墟，上百万人死亡。德国人把斯大林格勒叫做 das Kesse[锅炉]。

1941 年 12 月 7 日，希特勒的东亚盟友偷袭夏威夷珍珠港，给予美国太平洋舰队沉重打击，随后，美

图 18.30　霍华德·米勒，《我们能做到》（又名《女子铆钉工》），1942 年。彩色平版印刷，236.2×304.8 厘米。华盛顿特区，史密森学会，美国国家历史博物馆。二战期间，成千上万男人穿上军装走上战场，工业界为了生产军事物资而重组，并号召女性加入生产线。《我们能做到》是号召女性为战争贡献力量的呼吁之一，也向传统主义者宣告，战时没有男女之分。

图 18.31　玛格丽特·伯克·怀特，《1945 年 4 月布痕瓦尔德的活死人》，1945 年。照片。该照片是 1945 年春天怀特和她的同学随同乔治·巴顿第三军团时拍摄的，刊登于《生活》杂志。为数不多的大屠杀幸存者带着怀疑的眼神看着解放他们的盟军。

国对日宣战。美国总统罗斯福称 12 月 7 日为"耻辱的一天"。尽管一开始美国在西海岸似乎对日军的进攻毫无抵抗之力，但美国的生产力（图 18.30）以及军事战略帮助其于 1942 年在中途岛决定性地击败了日军，虽然没有结束战争，但是终止了日军继续进攻或取得胜利的可能性。然而在同一年，希特勒加速了死亡集中营中对犹太人的屠杀，其中最臭名昭著的是德国攻占波兰后设立的奥斯威辛集中营，每天约有 17000 人在这里被毒气杀死和火化（图 18.31）。

北非也发生了战事，主要是由美国和英国组成的联盟军在大炮以及坦克战中战胜了德军。随后，他们在 1943 年击败了德国的盟友意大利。法西斯主义独裁者墨索里尼被赶下台，意大利投降并转而对德宣战。1944 年 6 月 6 日，盟军在诺曼

底海滩登陆，这是一个靠近英吉利海峡的受德军控制的法国区。德军疲于应对多线作战——苏联从东边进攻，美国、英国和其他盟军从西边进发，取道意大利以及法国南部逼近。德军已注定失败。同时，在太平洋地区，美军以高额代价攻占一个又一个日本占领的岛屿，一步步逼近日本本土。

1945 年是局势瞬息万变的一年。奥斯威辛集中营被解放，尽管只有少数幸存者。苏联攻克柏林。希特勒和他的许多亲信自杀，一位德国陆军元帅在 5 月 7 日代表德国投降。美国总统杜鲁门认为攻占日本耗资巨大，因此在广岛和长崎投下了原子弹。实际上，更多的日本人是在早些时候对东京的火力轰炸中丧生。局势已定。日本于 8 月 14 日投降（图 18.32）。

这次战争的伤亡人数是史无前例的。据估计，苏联伤亡人数约 2000-2500 万，德国约 600-900 万。中国约 1000-2000 万，日本约 200-300 万，印度约 100-300 万，以及数十万英国人、法国人和美国人。还有 600 万犹太男人、女人和儿童——只因是犹太人而被杀害。这些加起来，人数达 6-8 千万，包括士兵和平民。

美国占领日本。德国被分割成四个占领区，由美国、英国、法国和苏联分别占领，苏联占领了后来东德所在地区。尽管柏林处于德国苏占区，但同样被一分为四。战争结束后，资本主义西方与共产主义苏联之间迅速恢复了对抗。这是另一章的故事。

图 18.32　阿尔弗雷德·艾森斯塔特，《胜利之吻》，1945 年 8 月 14 日。照片。在对日作战胜利日，一名士兵在纽约时代广场亲吻一位护士。这幅标志性的照片与其他图片一起刊登于《生活》杂志第 12 页，名为《胜利之吻》。艾森斯塔特碰巧拍到了这幅照片。图片中的护士，由于吃惊而紧攥着裙子和手中的钱包。

总览　战争中的世界

语言和文学
— 第一次世界大战期间，出现了被称为"迷惘的一代"的诗人。
— 乔伊斯创作了《尤利西斯》(1922 年)等小说，他在其中使用了意识流手法。
— 刘易斯的小说《巴比特》（1922 年）控诉了中产阶级的脑袋空空和随大流。
— 休斯的作品（如《我，也歌唱美国》，1925 年）反映了哈勒姆文艺复兴运动。
— 卡夫卡小说中，人物被危险的、不可理解的力量所困（如《审判》，1925 年）。
— 海明威发表了一系列关于第一次世界大战和西班牙内战的小说（如短篇小说《在异乡》，1927 年）。
— 伍尔芙在小说《一间自己的房间》(1929 年)中抗议将妇女贬为二等人。
— 赫胥黎在《美丽新世界》（1931 年）中营造了一个稳定的机械化社会，其中对人类进行选择性繁殖，以使他们满足于低阶劳动。

美术、建筑和音乐
— 1919 年，格罗皮乌斯在德国领导了功能主义包豪斯运动。
— 拉格泰姆和爵士乐起源于非洲和欧洲的音乐风格，乔普林被称为"拉格泰姆之王"。
— 奥·吉弗和德穆斯是 20 世纪初美国抽象艺术的代表人物之一。
— 在第一次世界大战后，阿姆斯特朗普及了新奥尔良爵士乐。
— 夏加尔创作的抽象绘画和彩色玻璃作品常常反映犹太主题。
— 芭蕾舞剧兴盛于两次世界大战期间，尤其是法国和俄罗斯。
— 凡·杜斯堡和蒙德里安领导了风格派运动。
— 杜尚投身于达达主义，致力于用艺术摧毁艺术。
— 格什温的《波吉与贝丝》在 1935 年首演。
— 赖特设计了自然主义风格的建筑，包括 1936 年的《流水别墅》。
— 兰格和埃文斯等摄影师记录了经济大萧条期间平民的绝望。
— 德·基里科创建了奇幻艺术。

— 弗洛伊德的精神分析学说被作为超现实主义（和二战后的抽象表现主义）的灵感来源。
— 达利、马格里特、米罗和卡罗创作了超现实主义风格的艺术作品。
— 道格拉斯和劳伦斯的绘画代表了哈勒姆文艺复兴的兴盛。
— 苏联的爱森斯坦和德国的瑞芬舒丹都拍摄过宣传片。
— 1937 年毕加索画了《格尔尼卡》，抗议西班牙内战中对平民的轰炸。
— 伍德和霍珀在美国创作具象艺术。

宗教和哲学
— 一战后，幻灭情绪蔓延。
— 1917 年，俄国爆发社会主义革命。
— 20 世纪 30 年代，法西斯主义在德国、意大利和西班牙上台，1945 年，德国和意大利法西斯被打败。

图 19.1 马丁·克里马斯，《无题》（迈尔斯·戴维斯，《法老之舞》），2011 年。表面黏合工艺装裱，丙烯酸颜料，52×46 厘米。© 马丁·克里马斯惠允。

第十九章

现当代轮廓

导引

1950 年夏，威廉·怀特采访了当时家喻户晓的艺术家杰克逊·波洛克。仅在一年前，《生活》杂志——带有 50 页图片和浓缩新闻标题的周刊——以 4 页篇幅介绍了波洛克，标题为："他是美国最伟大的在世画家吗？"毫无疑问，他是最著名的。

1956 年夏，波洛克因车祸去世，《生活》杂志称他为"滴画师杰克"。他的标志性风格——画布平铺于地面，用棍子或画笔把珐琅颜料滴溅在画布上或洒成圈——人称"行动绘画"，是波洛克专注调用身体姿态进行动态编排的副产品。他背离了艺术家与画架的传统关系，摒弃传统资料，并优先考虑这一点："技巧只是实现某种表达的手段。"

2012 年，《纽约时报》杂志和《赫芬顿邮报》网络媒体都报道了马丁·克里马斯的故事，他被称为德国的"3D 版杰克逊·波洛克"。克里马斯提出一个问题："声音看上去是什么样的？"他将绘画、音乐、摄影和技术结合，创造出令人着迷的图像，其独特性不是由艺术家执笔的手决定的，而是由这些元素之间的关系决定的，而这些关系超脱于艺术家的直接控制（图 19.1）。瑞士科学家汉斯·詹尼关于波动现象以及振动对液体和粉末的作用的研究，影响了这位艺术家。据詹尼总结，这些作用不是无序的混乱，而是动态有序的结构。

克里马斯开始了一个实验项目，他将涂料直接喷洒到扬声器顶部的纱布上，然后调高音量播放特定歌曲（从迈尔斯·戴维斯的爵士小号到 20 世纪 60 年代地下丝绒乐队的摇滚乐以及发电站乐队的电子音乐）。音乐通过扬声器产生的振动创造了形形色色的爆炸性图案，被克里马斯通过哈苏相机以 1/7000 秒的快门速度捕捉到。他的一个项目产生了 212 张打印图片，每个镜头平均使用 6 盎司涂料，总计耗费了 18.5 加仑的涂料，用坏了两个扬声器。

克里马斯的作品离不开波洛克留下的遗产（参考图 19.4）。通过对材料和工艺的激进实验，波洛克撒下了一张充满可能性的大网，使克里马斯的作品成为可能。波洛克的绘画定义了他的时代，隶属于他的时代，就如同无法将克里马斯与其所处的数字时代分离。在对波洛克的访谈中，怀特问道："波洛克先生，关于您的绘画方法，存在很多争论和评论。对此，您想说些什么？"波洛克回答："我认为新的需求催生新的技巧。现代艺术家已找到表达自己想法的新方法和新途径。在我看来，现代画家无法以文艺复兴或任意其他过去文化的旧有形式表达这个时代，如飞机、原子弹和收音机。每个时代都有自己的技巧。"

走向全球化

进入 21 世纪，在 1945 年后发生的事件似乎已流入遥远的历史长河中。已经很难一一记清二战后的三代人中发生的种种文化事件。另一些事则可能依然太新，无法确定它们是否已永久地改变了我们。1969 年登月真的是人类意识的分水岭吗？评论家们在二战结束时如此自豪地预测的"美国世纪"是否已到了尾声？通信革命也即信息时代是否改变了我们的学习方式？微技术、新的通讯方式以及计算机是否

现当代轮廓

1945 年	1950 年	1960 年	1970 年	1990 年
1945 年，美国向广岛和长崎投放原子弹。	1950 年，朝鲜战争爆发。	1961 年，东德修建柏林墙。	1973 年，美国最高法院结束对米勒诉加利福尼亚州案的审查。	1990 年，东德和西德统一。
1945 年二战在欧洲和日本结束。	1952 年，美国试爆第一颗氢弹。	1961 年，苏联宇航员首次进入太空。	1975 年，美国从越南撤兵。1975 年，微软公司成立。	1991 年，苏联解体。
1946 年，联合国大会首次召开。	1953 年，朝鲜战争结束。	1962 年，一位美国人在太空中环绕地球飞行。	1976 年，苹果电脑公司成立。	1998 年，谷歌公司成立。
1947 年发明晶体管。	1954 年，美国最高法院宣布种族隔离不合法。	1962 年，电视信号通过卫星穿过大西洋。	1981 年，第一架航天飞机发射成功。	2001 年，恐怖分子袭击世贸中心和五角大楼。
1948 年，以色列成为独立国家。	美国南方爆发民权运动。	1963 年，美国总统约翰·肯尼迪遇刺。	1989 年，东欧发生剧变。	2001 年，美国入侵阿富汗。
1949 年，中华人民共和国成立，毛泽东任主席。	1957 年，苏联发射第一颗人造卫星。	1964 年，美国在越南投放军队。		2003 年，美国入侵伊拉克。
		1966 年，美国全国妇女组织成立。		2004 年，脸书创立。
		1968 年，马丁·路德·金和罗伯特·肯尼迪遇刺。		2011 年，美国从伊拉克撤兵。
		1969 年，美国宇航员登月。		

将迎来崭新的美好时代，抑或一个反乌托邦？

二战后的时代被准确地称为原子时代。二战中逃难的科学家开发的原子武器，为所有国际紧张局势和潜在的战争情况增添了不祥的阴影。这不仅仅是核弹是更大或更致命的武器的问题，尽管事实确实如此。核武器将对自然界以及爆炸中可能的幸存者带来长期的、尚不确定的后果。如今，和平尚不稳定，对核武器的真正恐惧在于流氓国家或恐怖主义组织对其的使用。

首先，现代战争已远超战后人类的智力想象极限，艺术家转而借助讽刺手法表达对战争的恐惧和憎恶。诸如约瑟夫·海勒《第二十二条军规》（1961年）和托马斯·品钦《万有引力之虹》（1973年）等小说概述了战争的荒谬、非理性及黑色幽默，而斯坦利·库布里克的《奇爱博士》（1964年）则严厉攻击张口闭口冷漠讨论"核战争百万人伤亡"和"保证相互毁灭"（MAD，军事术语）之人。这些艺术家似乎在说，任何单纯的现实主义尝试都无足轻重。

其次，二战结束时，美国一举成为世界经济大国及所谓"自由世界"的领导国家。这一地位既解释了该国的高生活水平，也解释了那些无法分享这种生活水平的人的不满情绪。但经济霸权并不允许一个国家脱离外界。能源危机、原材料需求、劳工需求及新的市场需求，将众多国家捆绑在微妙的经济和社会政治关系网络中。美国依赖于其他国家；北美、欧洲、发展中世界、中国、日本及中东石油生产国间的经济关系模式的转变，都提醒着我们这个网络的脆弱性。这也是我们能够谈及全球经济的原因。随着东欧剧变，新的文化模式缓慢成形。环太平洋国家爆发出活力。我们不知道新的世界秩序究竟将如何运作。但我们知道的是，我们的生活不是独立的，比如：美国的音响在马来西亚组装，蔬菜从墨西哥进口，牛仔裤产于孟加拉国，运动鞋则产于罗马尼亚。

权利要求

西方生活的物质满足引起了其他方面的不满。虽然我们可能是历史上吃得最好、穿得最好的公民，但对个人和社会意义的渴望仍然是我们生活中的常态。例如，美国的许多社会政治运动就是人类躁动的迹象，这种躁动无法仅靠面包来满足。这类运动不仅在北美洲出现，也在世界其他地区出现。

现代社会在迎来不可思议成就

的同时，也付出了代价。弗洛伊德在《文明及其不满》（1929 年）中明确指出，进步文化的代价是对个体的某种抑制，同时也是要求个体遵从共同体多数人意志的压力。北美人总是对国家的约束很是敏感，因为他们的历史就开始于对中央集权统治的反抗。

西方世界倾向于从社会而非政治的角度看待压制。现代生活的技术管理的复杂性，导致很多人抱怨说，我们正在成为数据库和计算机冷漠控制下的单纯的数字或密码。早在乔治·奥威尔二战后发表的政治小说《1984》（1946 年）中就出现了此类警告，而后有大卫·里斯曼关于 20 世纪 50 年代社会的小说《孤独的人群》，再到阿尔文·托夫勒在 20 世纪 70 年代发表的关于未来主义的预言《未来的冲击》。在新的千禧年，这样的分析肯定只多不少。

20 世纪 60 年代

在"摇摆的 60 年代"，美国人的态度和行为发生了戏剧性变化。在科学、政治、时尚、音乐、艺术、电影和性方面，社会处于重大社会动荡的边缘。许多所谓伍德斯托克一代，因商业主义和越南战争而心灰意冷，听从哈佛大学教授蒂莫西李

里的建议，"融入、开启、脱离"。也就是说，他们中的许多人融入（摇滚乐），开启（磕药），并脱离（主流社会）。嬉皮士和保守派之间的浪潮已经开始。男人开始留长发。喇叭裤流行。电影变得露骨。硬式摇滚吼出了反叛的信息。

20 世纪 60 年代也是性革命的中心。科学、社会、政治以及经济力量的交锋使得社会运动如性革命势头猛增。战争（越战）、核弹（核恐惧）、避孕药及大众传媒（尤其是电视）是四股推力。避孕药降低了意外怀孕的风险，使得年轻人在性方面更随意。流行心理学运动，如 20 世纪 60 年代和 70 年代的人类潜能运动（"唯我十年"）传达的信息是人们应该接触和表达他们的真实感受，包括性的感受。"做自己的事"成了一个标语，"如果内心真的想做某件事，那就遵从自己内心"则成为另一个标语。

电影中的性爱镜头变得如此普遍，以至于出台了电影分级制度以供父母参考。审查员已无法确保艺术中被禁的视觉艺术、表演艺术、文学以及音乐不被公开。

智识背景

二战后，最持久地抓住西方世

界智识想象力的哲学是存在主义。存在主义与其说是单一的哲学体系，不如说是一种态度。它可以直接追溯到提出其核心观点的 19 世纪丹麦神学家和宗教思想家克尔凯郭尔（1813—1855 年）。他对黑格尔（1770—1831 年）等哲学家开发的伟大的抽象哲学体系作出了强烈反应，支持深入调查个人在其世界的实际存在情况。克尔凯郭尔强调单一个体（"人群是不真实的"），他在历史特定时间以特定的意识存在于特定环境中。克尔凯郭尔曾经讽刺地指出，像黑格尔这样的哲学家回答了关于宇宙的每一个问题，除了"我是谁"、"我在这里做什么"和"我要去哪里"。

这种彻底的主观自我审视在 20 世纪被尼采等哲学家和陀思妥耶夫斯基等小说家继承，他们被视为现代存在主义哲学的先驱（图 19.2）。卡夫卡、德国诗人里尔克、西班牙评论家乌纳穆诺，尤其是德国哲学家海德格尔，更突显了存在主义信条的重点。

图 19.2　**存在主义传统作家**

克尔凯郭尔（1813—1855），丹麦
陀思妥耶夫斯基（1821—1881），俄国
克尼采（1844—1900），德国
乌纳穆诺（1864—1936），西班牙
别尔嘉耶夫（1874—1948），俄国
里尔克（1875—1926），捷克 / 德国
马丁·布伯（1878—1965），奥地利 / 以色列
雅克·马里旦（1882—1973），法国
雅斯贝尔斯（1883—1969），德国
卡夫卡（1883—1924），捷克 / 德国
加塞特（1883—1955），西班牙
海德格尔（1889—1976），德国
萨特（1905—1980），德国
加缪（1913—1960），德国

让 - 保罗·萨特

然而，战后最能阐明存在主义作为一种哲学和生活方式的作家是法国作家和哲学家萨特（1905—1980 年）。萨特认为，现代思想家有义务认真思考无神论的含义。如果没有上帝，就不存在一个人应该是怎样的蓝图，也不存在宇宙的终极意义。人们被扔进了生活，他们的孤独感迫使他们对自己是谁及将成为怎样做出决定。萨特写道："人注定是自由的。"存在主义试图帮助人们理解他们在一个荒谬世界中的位置，他们有义务面对自己的自由，以及在一个无绝对的世界中他们可以倚靠的各种伦理。萨特在 1930 年代末德国开始敌对行动时进入了他的成熟期。法国战败后，萨特生活在被占领的法国，积极参加抵抗运动，特别是作为《战斗报》的执笔者。萨特和波伏娃（1908—1986 年）是要求直面被战争蹂躏的欧洲的荒谬和恐怖的主要声音。如

果不是因为这些存在主义作家的工作环境，这种态度可能被认为是一种姿态。

存在主义的吸引力表现为思想与行动的结合、对现代社会焦虑的分析，以及通过戏剧、小说、电影和报纸论战等媒介表达思想的意愿。1945年战争结束后，存在主义戏剧（贝克特、哈罗德·品特、让·热内、欧仁·尤内斯库）和存在主义小说（加缪、萨特、波伏娃）在欧洲出现真正爆发。在美国，存在主义对焦虑

阅读材料 19.1 萨特

摘自《存在主义是一种人道主义》

无神论存在主义——我也是其代表人之———则比较能自圆其说；它宣称如果上帝并不存在，那么至少总有一个东西先于其本质就已经存在了；先要有这个东西的存在，然后才能用什么概念来说明它。这个东西就是人，或者按照海德格尔的说法，人的实在（Human Reality）。我们说存在先于本质的意思是指什么呢？意思就是说首先有人，人碰上自己，在世界涌现出来——然后才给自己下定义。如果人在存在主义者眼中是不能下定义的，那是因为在一开头人是什么也说不上的。他所以说得上是往后的事，那时候他就会是他认为的那种人了。所以，人性是没有的，因为没有上帝提供一个人的概念。人就是人。这不仅说他是自己认为的那样，而且也是他愿意成为的那样——是他（从无到有）从不存在到存在之后愿意成为的那样。人除了自己认为的那样以外，什么都不是。这就是存在主义的第一原则。而且这也就是人们称做它的"主观性"所在；他们用主观性这个字眼是为了责难我们。但是我们讲

主观性的意思除了说人比一块石头或者一张桌子具有更大的尊严外，还能指什么呢？我们的意思是说，人首先是存在——人在谈得上别的一切之前，首先是一个把自己推向未来的东西，并且感觉到自己在这样做。人确实是一个拥有主观生命的规划，而不是一种苔藓或者一种真菌，或者一棵花椰菜。在把自己投向未来之前，什么都不存在；连理性的天堂里也没有他；人只是在企图成为什么时才取得存在。可并不是他想要成为的那样。因为我们一般理解的"想要"或者"意图"，往往是在我们使自己成为现在这样时所做的自觉决定。我可以想参加一次宴会，写一本书，或者结婚——但是碰到这种情形时，一般称为"我的意志"的，很可能体现了一个先前的而且更为自发的决定。不过，如果存在真是先于本质的话，人就要对自己是怎样的人负责。所以存在主义的第一个后果是使人人明白自己的本来面目，并且把自己存在的责任完全由自己担负起来。还有，当我们说人对自己负责时，我们并不是指他仅仅对自己的个性负责，而是对所有的人负责。

[译注] 引自萨特，《存在主义是一种人道主义》，周煦良、汤永宽译，上海：上海译文出版社，2005。

时代的声音 ||||||||||||||||||||||||||||||

伍迪·艾伦的世界：存在、虚无和笑声

伍迪·艾伦的生活、存在主义焦虑以及作品的记录者亚当·科恩曾写道，艾伦在儿时可能受到过"哲学创伤"，他被告知宇宙是无边无际的。于是，他觉得做作业毫无意义。

但作为喜剧演员和电影制作人的艾伦，则沉浸在存在主义者的著作中，如《存在与虚无》的作者萨特，并逐渐迷上了生活是随机的、没有目的或意义的想法。艾伦将存在主义带入纽约的格林威治村的脱口秀。"如果一切都是幻觉，全都不存在，怎么办？"艾伦沉思道，"那样的话，我买地毯就绝对当了冤大头。"

电影《呆头鹅》（1972 年）中，艾伦的书呆子角色决定与一位在画廊中偶遇的年轻女士搭讪：

艾伦：这件波洛克作品多么迷人啊，不是吗？

女子：没错。

艾伦：你觉得它表达了什么？

女子：它重申了宇宙的否定性。存在所蕴含的可怕的孤独空虚感，虚无，人类被迫生活在荒芜的、没有上帝的永恒困境中，就像微弱的火焰在无限的空无中闪熠，除了荒废、恐怖和堕落，别无其他。在这黑暗的、荒谬的宇宙中形成一件无用的凄凉拘束衣。

艾伦；你周六晚上要干吗？

女子：了结自己。

艾伦：那周五晚呢？

机遇就是时机。

很多艾伦的喜剧都是基于用"如果"来挑战传统：如果我们在将来发现吸烟对身体有益，如果你可以为所欲为。如果"三个臭皮匠"——拉里、科雷、摩尔——一个喜剧团队，20 世纪中期的舞台和银幕上充斥着他们的闹剧——突然变成了忧郁的存在主义者，那会怎样？《三个臭皮匠》的走红不是因为大谈哲学，而是互相拧鼻子戳眼睛。在《只是混乱》（2007 年）的故事中，艾伦重温了"三个臭皮匠"，就仿佛他们在萨特研讨会上大获成功。

"冷静地、毫无缘由地用右手扯光头（科雷）的鼻子，并慢慢将它反时针拧长。一阵恐怖刺耳的声响打破宁静……'啊，我们受苦，'[摩尔]说，'人类境况的随机暴力带来的痛苦。'

"同时拉里[已经]莫名其妙地将头[卡进]了罐子里。当拉里在黑暗里盲目摸索房间时，一切都突然变得可怕而黑暗。他想知道是否存在神，或生命是否有任何目的，或宇宙是否经过设计，突然[摩尔]闯进来，找到一根马球棒，然后打开了卡头的罐子……内心的积愤掩盖了多年来对人类命运的空洞荒谬的焦虑，[摩尔]打破了这个容器。'我们至少还有选择的自由，'光头科雷哭着说。'虽然必有一死，但有选择的自由。'带着这个念头，摩尔用两根手指戳科雷的眼睛。'啊啊啊，'科雷恸哭，'宇宙是如此缺乏公道。'"

在电影《汉娜姐妹》（1986 年）中，艾伦的角色试图从快乐中领会痛

苦。在中央公园中观察慢跑者，他说："看看这些人，努力延缓身体的老化。"

同样地，在故事《扯平》（1971年）中，他问自己的叔叔："简单地说，我们孤独，没有目的，注定要在冷漠的宇宙中漫游，没有希望获救，除了痛苦、死亡和永恒虚无这些空荡荡的现实，没有任何前途，难道不是

这样？"他叔叔回答："你还纳闷为什么没有更多人邀请你去参加派对呢！"

虽然艾伦的思想有一定消极性，但他的怀疑论显然并非没有任何现实"益处"："你逃得过刀剑饥荒，也逃不过瘟疫，所以干吗还要劳神刮胡子？"

和异化的强调，吸引了一大批知识分子和作家热切投身于存在主义运动。

垮掉的一代

20 世纪 50 年代被称为"垮掉的一代"的作家，接受了一种相当粗俗化的存在主义风格，并通过爵士乐和非裔美国人的经验进行过滤。这些作家有杰克·凯鲁亚克（1922—1969 年）、威廉·巴罗斯（1914—1997 年）和艾伦·金斯伯格（1926—1997 年），他们接受了存在主义的异化理念，不过去除了同期欧洲作家的严肃基调。他们的异化感结合了对音乐、性以及化学起源的狂喜而增强的经验观念。垮掉的一代，至少在这个层面上，可以称得上是20 世纪 60 年代嬉皮士的前身。

杰克·凯鲁亚克的《在路上》可以称得上遵从了荷马《奥德赛》的传统。小说阐明了心灵的内在地理及其所航行之地的轮廓和族类。

《在路上》由维京出版社在 1957 年出版，是垮掉的一代的标志，主要讲述了在 20 世纪 60 年代社会和文化动荡之前的年代里，一群年轻的、无根的人沿着公路和小道旅行，其中掺杂着药物、爵士和诗歌。

阅读材料 19.2 杰克·凯鲁亚克
摘自《在路上》

我们兴高采烈，知道我们已经把迷茫和无聊抛到了身后，正在实现我们惟一的崇高职能，动起来。（第 2 部第 6 章）

我醒来时太阳发红；那是我一生中难得有的最最奇特的时刻：我不知道自己究竟是谁了——我远离家乡，旅途劳顿、疲倦不堪，寄身在一个从未见过的旅馆房间，听到的是外面蒸汽的嘶嘶声、旅馆旧木器的嘎吱声、楼上的脚步声以及各种各样凄凉的声音，看到的是开裂的天花板，在最初奇特的十五秒钟里我真的不知道自己是谁。（第 1 部第 3 章）

洛杉矶是美国最凄凉、最没有理性的城市。纽约的冬天冷得让人伤心，

但是某些街道的某些地方却有一种古怪的友好情谊感。（第 1 部第 13 章）

人们甜蜜的儿童时代，在父亲的庇护下，根本不懂得生活的艰辛。然后到了对世界感到冷漠的时代，你体会到了自己的苦恼，又穷又瞎，衣不蔽体，一副三分像人、七分像鬼的凄惨样子，哆哆嗦嗦地通过梦魇般的生活。（第 1 部第 13 章）

哥们，你去何方？你夜里坐着那辆金光锃亮的汽车要去何方？（第 2 部第 3 章）

于是，在美国太阳下了山，我坐在河边破旧的码头上，望着新泽西上空的长天，心里琢磨那片一直绵延到西海岸的广袤的原始土地，那条没完没了的路，一切怀有梦想的人们，……我知道今夜可以看到许多星星，你知不知道熊星座就是上帝？今夜金星一定低垂，在祝福大地的黑夜完全降临之前，把它的闪闪光点撒落在草原上，使所有的河流变得暗淡，笼罩了山峰，掩盖了海岸，除了衰老以外，谁都不知道谁的遭遇……（第 5 部）

[译注] 引自杰克·凯鲁亚克，《在路上》，王永年译，上海：上海译文出版社，2006。

阿尔贝·加缪

存在主义伦理主要通过加缪（1913—1960 年）的小说保持活力。在《局外人》（1942 年）、《鼠疫》（1947 年）和《堕落》（1956 年）中，加缪——他并不喜欢被称为存在主义者——继续用那些与世界的终极荒诞性作斗争的英雄给他的读者留下深刻的印象，他们清醒、执着、不抱幻想。今天，存在主义主要是欧洲和美国战后文化的一个历史时刻。然而，它的重要性在于它有能力提出现代性的一些最重要的思想：信仰的缺失、对意义的不断探索、个人的尊严、对人类主体性的关注。

视觉艺术

"如今成为艺术家就意味着探求艺术的本质。"约瑟夫·科苏斯如是说。

有一句话，曾被认为是中国话中骂人的用语：它说："愿你生活在有趣的时代。"不管它的来源是什么，它点出了刺激和新奇的价值，即便是以宁静为代价。谈到当代艺术，我们生活在一个有趣的时代。路易丝·布尔乔亚出生于 1911 年，一生热衷于创作，直到 98 岁去世，她指出，"无定式"，"无定法"。历史上，艺术家从未如此自由地尝试如此多样的媒体、如此不同的风格，以及如此丰富的内容。历史上也从未有如此多的人能够接触到艺术作品。打开图片搜索引擎，点击一下鼠标就能查看世界各地的艺术和艺术家。

本节中，我们将讨论二战后出

现的视觉艺术，即现当代艺术。

价值观念 ||||||||||||||||||||||||||||||||||||||||

解放

如果从深层社会角度将解放理解为实现个人完全潜力的自由以及脱离压迫结构的自由，就不得不说对解放的自由的需要和实现，是现代世界文化的一个印记。这尤其表现在 20 世纪下半叶。

数百万人从法西斯主义、纳粹主义的政权中获得了解放，也从印度和非洲等不同地区的殖民地国家中获得了自由。这些解放运动在为有色人种、妇女、被剥削的社会少数群体争取权利的斗争中，以及在为结束贫穷、饥饿和儿童剥削的斗争中，都有其镜像。

是什么激发了各式各样的自由和解放运动？部分原因可归结于大众传媒的力量，它让大众了解到自己是压迫的受害者。此外，在西方，还有源于古希腊哲学思想和圣经先知主义的某些基础观念的力量，这种力量转化为启蒙运动，提出了"生命、自由和追求幸福的权利"的承诺。争取社会和政治解放的斗争涉及众多群体，涌现出很多具有勇气和信念的代表人物。立即浮到脑海的有印度的甘地；美国的马丁·路德·金；非洲的曼德拉和德斯蒙德·图图；东欧的莱赫·瓦文萨，以及很多不惜牺牲生命追求自由生活的无名人士。

战后表现主义：视觉艺术中的存在主义

二战对艺术的早期影响之一，便是将存在主义带入艺术。欧洲受战争破坏的程度比美国大得多，因为美国有两个大洋的保护。愤世嫉俗和无神论逐渐盛行，许多人认为，对坏事为何发生在好人身上的解释已经走到了尽头，现在是在阴沟里。艺术家阿尔贝托·贾科梅蒂搭上了战后悲观主义的浪潮。

阿尔贝托·贾科梅蒂

瑞士雕塑家阿尔贝托·贾科梅蒂（1901—1966 年）是萨特的朋友，为他画了很多画。作为回报，萨特也把贾科梅蒂写到文字里，比如《探求绝对》——对于一个存在主义者来说，这是一项必定失败的事业，因为以存在主义哲学的视角，生活中没有什么是确定的。

也有人说，贾科梅蒂的作品没有随意或不感兴趣的观众，它的原始性触动了，嗯，原始神经。《指示者 5 号》（图 19.3）就是这样的情况。这个人是一个被雕塑家的手指粗暴地揉捏过的棍子。这个人物被不自然地拉长了，而且是骨骼，散发出想象中的死亡和毁灭的气味。这个人物至少是被疏远和孤独的，也许是指向战后世界的严重抽象化。

纽约画派：第一代

战后，几个原因使得艺术从久居中心的巴黎转到纽约。一大波艺术家从欧洲移民，包括为逃避纳粹而在纽约定居。其中就有马塞尔·杜尚、费尔南德·莱热、约瑟夫·亚伯斯和汉斯·霍夫曼。美国工程振兴局联邦艺术计划是富兰克林·罗斯福的一项新政，也在大萧条时期为艺术家群体提供了支持。杰克

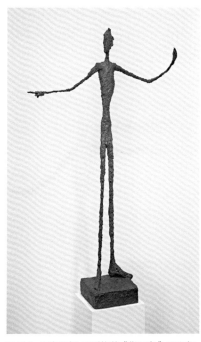

图19.3　阿尔贝托·贾科梅蒂，《指示者》，1947年。青铜，179×103.4×41.5 厘米。纽约现代艺术博物馆。©2013 阿尔贝托·贾科梅蒂/VAGA 和 ARS 授权，纽约。这个被艺术家充分揉捏的雕塑，似乎捕捉到了二战后的生存焦虑。

逊·波洛克、威廉·德·库宁和马克·罗斯科等构成了所谓第一代纽约画派。

早期非具象绘画的影响，表现主义、立体主义的多彩扭曲、超现实主义的自动主义过程，以及大量其他因素——包括对禅宗和荣格心理学的兴趣——似乎都交汇在一起。就是在这个艺术大熔炉中，抽象表现主义开花结果。与其他看似激进的艺术运动一样，评论家的反应是既好奇又怀疑。科茨（Robert M. Coates）在 1945 年 5 月 26 日的《纽约客》杂志上评论道："这个国家产生了［一个］新绘画流派。虽然尚处于萌芽中，犹如婴儿的纤细拳头，但如果你常去画廊，就会发现其早已扎根。虽然带有一点超现实主义，但更多的是表现主义；虽然它的主流未定，方向也不明确，但人们可以从中看到汉斯·阿尔普和胡安·米罗的影子，以及明显的毕加索风格和偶尔出现的［非裔美国人］雕刻家片段。它的表达方式是感性的而不是逻辑的，你也许不喜欢它（我自己也不喜欢），但很难不注意到它。

抽象表现主义的特点是自发性、手势风格笔触、抽象的意象和强烈的色域。许多画布相当大，看似能将任何距离的观众带入艺术家独特的绘画世界中。一些线条和形状似

乎参考了东亚的书法，但与中国和日本艺术家温和的、限定的笔触相比，它们的渲染是扩张和强健的。

杰克逊·波洛克

"波洛克的天赋是火山爆发式的。如火如荼，不可预测，不受约束。它在尚未结晶的矿藏中洋溢而出。它是奢华的、爆炸性的、凌乱的……我们需要的是更多这样的年轻人，他们遵从内心的冲动进行创作，而不去理会批评家或观众的感受——画家要冒着损坏画布的风险，以自己特有的方式表达一些东西。波洛克就是这样的画家。"在 1943 年纽约本世纪艺术画廊的波洛克展览名录简介中，克莱门特·格林伯格如是说。

杰克逊·波洛克（1912—1956年）可能是最著名的抽象表现主义画家。很多人都熟悉这位艺术家在巨大画布上充满活力地滴溅或泼洒颜料的照片或动态图。波洛克在创作时会在画布上穿行，就像被原始的冲动和无意识的想法所控制一样。意外成为其绘画过程的一个主要构成要素。艺术评论家哈罗德·罗森伯格在 1951 年创造了"行动绘画"这个术语，用来描述这样一种绘画过程的效果：画作表面蕴含着强烈的动态感，就像通过刷子刷出来或

颜料滴溅而成。

波洛克出生于美国怀俄明州的科迪镇，后前往纽约艺术学生联盟学习，师从托马斯·哈特·本顿。本节开头引用的克莱门特·格林伯格的评语，显示了波洛克早期的作品展览产生的影响。他在这个时代的画作经常描绘真实的或隐射的人物，让人想起毕加索的抽象作品，有时也会让人想起表现主义和超现实主义的作品。

波洛克在完成他伟大的滴水画时，正处于精神分析阶段。他坚信无意识的头脑、意外和自发性在艺术创作中的作用。他不仅受到自动主义超现实主义者的思想影响，还受到他与自己的无意识力量携手穿过艺术表达领域的印象主义影响。当被问及这类绘画的意义时，波洛克说："我的任何尝试都会破坏它……"

除了作为艺术作品本身的价值外，在 20 世纪 40 年代末和 20 世纪 50 年代初的滴水画中，波洛克还进行了一些创新，这些创新将在其他抽象表现主义艺术家的作品中得到反映和发展。其中最重要的是使用了一种几乎不受画布限制的整体手势模式。《一》（图 19.4）中的画面是一个未分割的统一整体领域。重叠的线条创造出动态的网络，从

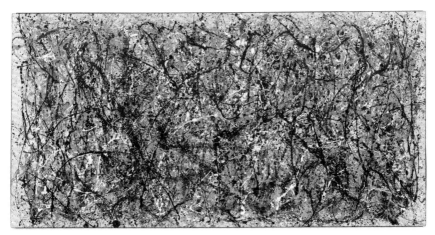

图 19.4　**杰克逊·波洛克**，《**一：第 31 号**》，1950 年。布画油彩、珐琅画，269.5×530.8 厘米。**纽约现代艺术博物馆**。©2013 波洛克－克拉斯纳基金会／艺术家版权协会，纽约。波洛克会在画布表面走过，将颜料滴溅和泼在画布上，完全凭原始的冲动和无意识的冲动。"意外"是其绘画的主要构成要素之一。

画面上投射出来，创造出一种无限纵深的幻觉。在波洛克最好的作品中，这些线网似乎蕴含着能量，推拉着画面上的不朽痕迹。在波洛克于 1956 年因车祸而英年早逝前，他又回到了以黑色为主的厚重油彩人物画中。人们不禁要问，如果这位艺术家活得更久一些，他可能还会给世界带来什么作品。

李·克拉斯纳

李·克拉斯纳（1908—1984 年）是抽象表现主义主流中少有的女性艺术家之一。然而，尽管她作为一个画家富有创造力和实力，但直到最近，她的作品在评论界仍掩盖在她著名的丈夫杰克逊·波洛克的作品之下。她曾说："我不是一个嫁给平凡画家的平凡女人。我嫁的是杰克逊·波洛克。往大了说，即使我个人没有被波洛克征服，整个艺术界也早已被他征服。"

克拉斯纳年少时便立志成为一名画家，并在美国最好的几家艺术学校进行学业培训。和波洛克以及抽象表现主义画派的其他成员一样，克拉斯纳接触了很多在 20 世纪三四十年代移居纽约的欧洲艺术家的作品。

波洛克和克拉斯纳都在 1945 年左右尝试过全幅式构图，但克拉斯纳的作品在规模上更小，表现出更多的控制力。即使在 1950 年以后，当克拉斯纳的作品变得更加自由和庞大时，波洛克风格的偶然性也从未在她的作品中扎根。相反，克拉斯纳的作品可以说是选择和意外的综合体。

图 19.5 李·克拉斯纳，《复活节百合》，1956年。棉布油画，122.655×152.7 厘米。私人收藏。©2013 波洛克 - 克拉斯纳基金会 / 艺术家版权协会，纽约。波洛克的行动绘画几乎都具备意外特质，而克拉斯纳的绘画似乎更具控制力。

《复活节百合》（图 19.5）创作于 1956 年，正是在这一年，波洛克遭遇了致命的车祸。锯齿形状和粗黑线的条衬托，搭配着浑浊的绿色和赭色背景，令构图散发出一种焦虑感；而在严酷画面正中央，是轮廓依稀可辨的百合花，它明亮的白色在焦虑笼罩下提供了一抹希望。克拉斯纳曾经这样谈及自己的作品："我的绘画的确是自传体性质的，如果有人肯费尽心机地不断去揣摩。"

威廉·德·库宁

威廉·德·库宁（1904—1997 年）出生于荷兰鹿特丹港，1926 年移居美国，随后加入戈尔基和其他抽象表现主义先驱的艺术圈。在 1940 年之前，德·库宁潜心于人物和肖像画。他在 20 世纪 40 年代的第一批抽象画，与戈尔基作品一样，让人想起毕加索的画作。随后，德·库宁的构图开始将生物形态、有机形状与粗糙的锯齿状线条相结合。到 20 世纪中叶，他的艺术已发展成抽象表现主义的一股支撑力量。

德·库宁最著名的作品是始于1950 年的一系列女性绘画。与早期富有吸引力的具象作品相比，他的许多抽象女性作品坦白说显得过于强势和令人不喜。面部常常分解为头骨状，体态仿佛生育状；她们从颜料松散的背景中给观众造成冲击。也许这些图画描绘了 20 世纪 50 年代的主要精神分析困境：女性如何可能同时性感、迷人和去势。在这个相对自由的时代，这种看上去骇人的女性或情欲概念，似乎是性别主义或不合时宜的。无论如何，在他的一些其他绘画中，抽象的女性给人不安甚至脆弱的印象。

《女人 I》（图 19.6）是这个系列中更偏情欲意味的作品。在磅礴的自发笔触中，曲线柔和的丰满胸部高高隆起，整个意象被笔触所模糊。结果就形成了漂浮的情欲。画面中散发着原始冲动。但德·库宁是抽象表现主义画家中少有的并未完全放弃具象绘画的艺术家之一。

德·库宁的作品似乎常常着迷于"焦虑年代"的暴力和激动。抽

象的背景似乎反映了现代旅行以及
商业模式召唤我们去外国城镇时体
验到的无根状态。

马克·罗斯科

对部分抽象表现主义画家来说，
创造脉动的色域，比笔触的手势风
格更加重要。他们的画布尺寸巨大，
仿佛要用颜色笼罩观众，颜色的微
妙变化营造出一种振动或共鸣的效
果。认同这种绘画的艺术家，如马
克·罗斯科和巴内特·纽曼，都喜
欢为系列绘画重新设计主题。即使
意象通常保持不变，但由于经常进
行激进的调色板调整，每幅画都有
明显不同的效果。

图 19.7 马克·罗斯科，《橘色中的洋红色、黑色和绿色（第 3 号 / 第 13 号）》，1949 年。画布油画。216.5×164.8 厘米。纽约现代艺术博物馆。©1988 普里泽尔（Kate Rothko Prizel）和克里斯托弗·罗斯科（Christopher Rothko）/ 艺术家版权协会，纽约。坐着或站着观看此类作品时，颜色的细微差别会产生脉动效果。

图 19.6 威廉·德·库宁，《女人 I》，1950—1952 年。布面油画，192.7×147.3 厘米。纽约现代艺术博物馆。©2013 威廉·德·库宁基金会 / 艺术家版权协会，纽约。画中的女人散发着情欲和力量感。

马克·罗斯科（1903—1970 年）
在 20 世纪 30 年代创作了城市背景
下的寂寞人物，在整个 20 世纪 40
年代初，则致力于创作有机超现实
主义油画。40 年代后期，他开始创
作大型的、浮动的、边界模糊的色域，
这也让他名声大噪。在 20 世纪 50
年代，其色域一贯表现为矩形形体，
上下飘浮在通过色调和笔触的微妙
变化营造的空气背景中。色域交替
出现并消失在画面中，比如《橘色
中的洋红色、黑色和绿色（第 3 号 /
第 13 号）》（图 19.7）。这些画布
的巨大比例将观众带入颜色的世界，

而常常显得模糊的矩形边缘给观众的眼睛带来一种振荡效果。

在职业生涯早期，罗斯科喜欢广泛的色域，从苍白的颜色到充满生机的高饱和度的色彩。但到了20世纪60年代，他的作品变得阴郁起来。早期浓烈、温暖和感性的红色被深黑和深棕色淹没，呈现一种残破感。橘色和黄色被灰色和黑色取代。早期的亮色光影如今被困于画布中。尽管罗斯科收获了大家的喝彩，但他在晚年罹患抑郁症，那段时期的绘画可能反映了这一点。

纽约画派：第二代

抽象表现主义运动某种程度上由其"恶棍"本性定义，浸透战争年代的文化和政治用语，有着英雄主义的尺度和盛气凌人的阳刚之气。艺术家身处城市之中，并以多种方式象征在贫困中创造艺术和在无情的城市世界中"成功创作"所需的真正勇气。第二代纽约艺术家继承了抽象表现主义的衣钵，较少受到格林威治村灯红酒绿社区文化的影响，而更多的是受到他们学习绘画的大学或艺术学院的影响。除了少数共同的特征外，他们的风格大相径庭。一些画家，例如琼·米切尔拓展了抽象表现主义的行动绘画方法，而其他画家如海伦·弗兰肯

尔则不再强调这一点。

琼·米切尔

毫无疑问，抽象表现主义圈子里多是男性画家。行动绘画要求的身体强度让这场运动偏男性化，而当时的艺术家宣言几乎无意于消除这种观念。例如，众所周知，波洛克将其画布称为"竞技场"。这种"男孩俱乐部"的形象在表象上更加突出。在琼·米切尔（1925—1992年）创作众多无题作品之一（图19.8）时，引领纽约画派的28名艺术家一同拍摄了一幅照片；其中仅有海达·斯特恩一名女性，尽管也是行动绘画，

图19.8 琼·米切尔，《无题》，1957。布面油画。239.1×222.6厘米。©琼·米切尔。琼·米切尔基金会和 Cheim & Read 画廊。这幅无名绘画充满劲道和力量，与几乎所有抽象表现主义画家一样，米切尔也致力于大尺寸画布。她重视材料和过程，但保持了主题的中心地位。她试图尽可能准确地描绘一种感觉，她常常将其绘画描述为"感觉的记忆"或"对风景的感觉或关于风景的记忆"。

图 19.9 海伦·弗兰肯特尔，《海湾》，1963 年。丙烯画。205.1×207.7 厘米。密歇根州，底特律美术馆。©2013 海伦·弗兰肯特尔产业／艺术家版权协会，纽约。在应用颜料前，弗兰肯特尔将其稀释，如同冲洗过一般。

但她的作品与同时期男性画家作品相比少了些气势汹汹的特质。米切尔并未在照片中摆姿势，但她被广泛认为是 20 世纪 50 年代抽象表现主义行动绘画最重要的女性画家。她的横扫式笔触、对颜色的自由使用，以及强烈的原始能量，营造出一股紧迫感和动荡情绪。

海伦·弗兰肯特尔

海伦·弗兰肯特尔（1928—2011 年）是一位色域画家，她的作品带有波洛克泼画以及罗斯科色域形式的特点，但完全抛弃了笔触。她简直就是将颜料泼到画布上，她认为画面除了颜料，别无其他。《海湾》（图 19.9）较少关注对画家内心世界的拓展，而更多关注美感画面

的创造。画布的颜色仿佛被浪冲刷过一样。广袤的颜料如同半透明的面纱渗到画布的纤维中，软化了漂浮着的彩色图案的边缘；间歇流动的线条、斑点以及泼溅的颜料使得观众的眼睛习惯于装饰性的画面。在这样的染色画中，开放、汹涌、抽象的图像，与画布简直合二为一。

极简艺术

虽然弗兰肯特尔从抽象艺术中抽离了笔触，但另一群艺术家则追求将想法简化为极简形式。他们用最少的形式要素，如最少的颜色和纹理，来创作几何图形或形状线条的递进。他们也不试图表现物体。这一艺术流派被称为极简主义。

弗兰克·斯特拉

在职业生涯中，弗兰克·斯特拉（生于 1936 年）创作过素描、绘画、雕塑和具有雕塑质感的建筑围墙。然而，他在很大程度上被认为是极简主义流派的主要创始人。他的很多作品并不反映任何现实世界的物体，而只是基本线条的重复，通过细条纹排列出几何图案的《Mas o Menos》（图 19.10）就是其中之一，这个词在西班牙语中意为"或多或少"。斯特拉只使用单一颜料。不过，其作品的设计倾向于"推拉"，因

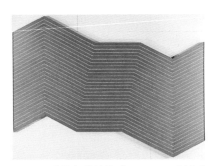

图 19.10 弗兰克·斯特拉，《Mas o Menos》(《或多或少》)，1964 年。丙烯酸乳液金属粉，布面。300×418 厘米。法国，巴黎，蓬皮杜国家艺术文化中心。©2013 弗兰克·斯特拉/艺术家版权协会，纽约。在作品中，斯特拉重复了单一的艺术形式要素——线条。

为存在图形—背景的颠倒。当凝视这幅特殊的作品时，"墙"看似离你越来越远，但可能猛然发生转向，越来越近。考虑一下左侧的两块"墙板"。这两块板间的纵轴是比"墙边"更靠后，还是更靠近画面平面？如果将这幅画完全看成平的，那这

两种解释都是可能的。我们注意到波洛克对抽象画问题的回应；而斯特拉就自己的作品评论道："你看到什么就是什么。"

除了《Mas o Menos》是抽象的这一事实外，它与抽象表现主义画家的作品可以说是天差地别。这里没有手势风格笔触。没有行动画笔。没有生存的焦虑感；整齐替代了原始冲动可能上升到意识表面的感觉。

唐纳德·贾德

雕塑家唐纳德·贾德（1928—1994 年）将极简主义带入三维空间。他通常选用纯色或简易的形状和材料，按照等同间距将其固定在墙上或放置在地板上。图 19.11 所示装置艺术《100 件轧制铝无题作品》，

图 19.11 唐纳德·贾德，《100 件轧制铝无题作品》，1982—1983 年。得克萨斯州，玛法镇。加工的铝框被放置在前美国军事基地的废弃建筑中（经过贾德整修）。艺术版权属于贾德基金会。VAGA 授权，纽约。极简抽象派艺术家将作品颜色和纹理等形式要素精简，以追求艺术的纯粹。

就是将 100 个相同的金属箱放置在两个废弃的军事炮兵棚里。贾德随机打开几块箱体面板，使得这些金属箱尽管外形相同，但整体却给人带来轻微变动感。当光线穿过玻璃并反射到地面时，箱子长短不一的投影映射在地面和箱子上。

贾德选用物料通常是在工厂里用工业或非传统材料制造。鉴于极简作品是由熟练工人（而非艺术家）按照艺术家要求生产的，如我们在概念艺术中所见，艺术理念与其字面意义上的"创作"之间的传统关系被颠覆了。

概念艺术

约瑟夫·科苏斯曾声言，在我们的时代，成为艺术家就意味着挑战艺术的内涵。从传统角度讲，无论选择雕塑、建筑或影片，艺术家都应能够掌控其工艺。然而据了解有很多画家弃用了画笔；弗兰肯特尔就直接将颜料泼到画布上。一些艺术家使用现成物进行创作；杜尚就曾利用小便池进行创作，他将尿壶背靠后放置，并标记《喷泉》，而艺术界普遍接受了这种艺术。米开朗琪罗曾坦露其将形象概念体现在很多块石头中，并借用凿子实现这些概念。但米开朗琪罗将艺术放在哪里了？放在艺术家的脑海里还是雕刻作品中？起源于 20 世纪 60 年代的概念艺术运动宣称艺术确实存在于艺术家的脑海中；看得见或听得到或可感知的产品仅仅是理念的表达。艺术家索尔·勒维特在阅读材料 19.3 中表达了他对概念艺术的看法。

阅读材料 19.3　索尔·勒维特

摘自《论概念艺术》

　　我将把我所从事的这种艺术称为"概念艺术"。在概念艺术中，想法或概念是作品中最重要的方面。当一个艺术家使用概念性的艺术形式时，这意味着所有计划和决定都是事先做出的，而其制作执行则成了例行公事。想法成了创造艺术的机器。这种艺术不是理论性的或对理论的阐发；它是直观的，涉及全部类型的心理历程，并且是无目的的。它通常不依赖于艺术家作为工匠的技能。关注概念艺术的艺术家，其目标是使他的作品在精神层面吸引观众，因此通常他会希望作品在情感上显得沉闷。然而，我们没有理由认为，概念艺术家是为了让观众感到厌烦。只有对情感的期待，也就是对表现主义艺术所惯有的期待，才会阻止观众对这种艺术的感知。

索尔·勒维特，《论概念艺术》，载《艺术论坛》，1967 年 6 月，第 79-83 页。

约瑟夫·科苏斯

　　科苏斯（生于 1945 年）以变更艺术的内涵为使命，创作出了如

《一柄和三柄锤子》（1965 年）和《一把和三把椅子》（1965 年；图19.12）等作品。这些作品都由三部

图 19.12 约瑟夫·科苏斯，《一把和三把椅子》，1965 年。木质折叠椅、椅子的装裱照片，以及"椅子"词典释义的放大装裱图片；椅子：82×37.8×53 厘米；相框：91.5×61.1 厘米；文本框：61×61.1 厘米。纽约现代艺术博物馆。©2013 约瑟夫·科苏斯/艺术家版权协会，纽约。科苏斯试图尽可能直接地传达他脑海中"椅子"的概念。

分构成：物体本身、物体照片及相关词典释义。艺术家将其脑海中的"椅子"概念展现出来。艺术的存在并不在于其制作过程。没有细致的绘画，甚至没有一个转化成艺术的现成物；椅子还是椅子，照片很普通，释义也只是关于……的释义。（正如斯特拉所说："你看到什么就是什么。"）

巴巴拉·克鲁格

巴巴拉·克鲁格（生于1945 年）在纽约东汉普顿工会大厅的墙壁和天花板展出了张贴的图形文字——《钱能生钱，有钱人的玩笑总是好笑的，你想要它。你需要它。你购买它。你忘了它。》（图 19.13）。虽然与科苏斯和勒维特的作品大相径庭，但它也将作品的理念置于实体之上，往往不强调传统的艺术技巧，而强调艺术家的思考。克鲁格的很多作品都是政治性的，他在《钱能生钱》中表达的文字视觉图案与充斥我们日常文化的广告牌、杂志以及商业广告相关，让人联想到生活中持续不断的媒体轰炸。从概念上讲，该作品促使人们思考我们这个时代的非个人化信息系统，以及我们受这些信息潜移默化影响的程度。在这幅作品中，克鲁格让观众联想到物质崇拜以及"金钱至上"的俗语。这类作品的规模以及几乎完全幽闭的设置，迫使人们不得不

图 19.13 巴巴拉·克鲁格，《无题》（"钱能生钱。有钱人的玩笑总是好笑的"）和《无题》（"你想要它。你需要它。你购买它。你忘了它"）。2010 年在纽约东汉普顿工会大厅名为"充盈"的装置的细节。粘接性乙烯丙烯酸墨水，尺寸不定。© 巴巴拉·克鲁格。纽约玛丽·布恩画廊惠允。克鲁格引导观众思考金钱在他们生活中的重要性以及有钱人的社会地位被夸大的方式。

直面自身与其道德以及生活方式。

场域特定艺术

场域特定艺术不同于其他通常在工作室内创作的没有特定空间背景的艺术，而是在一个地点或为一个地点创作的作品，不会被挪动（至少理论上如此）。场域作品的内容和意义通常都受到限制。根据这一描述，艺术历史中存在大量场域特定艺术，如帕特农神殿（图3.4）的雕塑装饰和米开朗琪罗的西斯廷教堂天花板（图12.12）。但直到20世纪60和70年代才开始使用"场域特定"这个术语，意为具体位置相关或在某一具体位置创建的艺术。这个位置可能是博物馆、画廊、公共场所或自然景观地。

罗伯特·史密森

罗伯特·史密森（1938—1973年）的《螺旋形防波堤》（图19.14）就属于被称为大地艺术的场域特定艺术。大地艺术由艺术家在自然环境中创造或标示。有时以大片的大地或陆地为背景进行雕刻创作。这类作品分临时性的和永久性的，如大战壕和沙漠上的图画，图画中清除了土壤和岩石，并巧妙放置了冰块、细枝和落叶。这些作品的共同点在于，艺术家使用本地材料创建了与当地景观风格相统一或呼应的作品。

《螺旋形防波堤》是在犹他州大盐湖使用推土机将玄武岩和土地

图19.14 罗伯特·史密森，《螺旋形防波堤》，1970年。黑色岩石、盐、泥土、水和藻类，457.2×4.6米。美国犹他州大盐湖。艺术版权属于罗伯特·史密森产业/VAGA授权，纽约。规模是《螺旋形防波堤》强有力的元素之一。从万米高空的飞机上仍轻松可辨。

推成螺旋形。防波堤的螺旋形则受漩涡以及湖边岩石上堆积的盐垢启发。码头建成后，长年位于水下。1999年，持续的干旱使得螺旋开始重新露出水面，如今它随着湖水水位时隐时现。

林璎

"我怕的是，一个完全属于我的想法不再是我头脑的一部分，而是完全公开。"当为美国国家广场设计的越战纪念碑方案在1421件应征方案中脱颖而出后，美籍华裔艺术家林璎（生于1959年）如是说。在国家广场，人们会为华盛顿纪念碑的宏伟方尖碑震惊，也会因林肯和杰斐逊纪念馆庄严的圆柱及熟悉的造型而感怀。但林璎的纪念碑让很多人无所适从，这是一堵200英尺长的V形黑色花岗岩墙，墙两端逐渐下陷入地面，占地两英亩（图19.15）。没有任何标签，仅有58000名阵亡者名字被刻在沉默的墙上。

图19.15　林璎，越战纪念碑，1982年。华盛顿特区。光滑的黑色花岗岩上刻有阵亡者名字，长150米。

为了阅读这些名字，必须逐渐下到地里，再慢慢爬上来。这个过程也许象征着美国的越战经历。

纪念碑简明的设计引起了争议，正如它所纪念的战争一样。《芝加哥论坛报》的建筑评论家保罗·盖普认为："这所谓的纪念碑让人匪夷所思……既非建筑也非雕塑。"一名越战老兵曾呼吁为一名军官建一座雕像。公众期待纪念碑有某种英雄气质，以发挥纪念意义，但林璎的作品是反英雄和反胜利的。大多数战争纪念碑诉说的是为某项事业而牺牲，但林璎的纪念碑则只诉说逝去本身。另有人评论道："当我们沿斜坡而下，望着两面黑亮的花岗岩墙体，我们仿佛踏足另一片埋葬着子女身体的土地。每个名字不仅刻在了石头上，高度光滑的表面也将名字映射到我们心里。我们不再是旁观者，而是参与者。我们抚摸碑上的名字，给挚爱的人写信，将思念留下。这是一个女人的愿景：交流，互动，与作品合作，以实现其表达潜力。"

克里斯托和珍妮·克劳德

仿佛有意算好了时间来打破冬日纽约的单调，沿着纽约中央公园37公里长的人行道，7503块色泽鲜艳的藏红色幔帘从近5米高的门框

比较与对比 ||||||||||||||||||||||||||||||||||||

**海泽的《裂缝 1 号》与里伯斯金
的《犹太人博物馆》**

　　1967 年，迈克尔·海泽（生
于 1944 年）在一个干涸的湖底创
造了《裂缝》（图 19.16），作为他
大地艺术系列《内华达的九个洼
地》之一。差不多 30 年后，丹

尼尔·里伯斯金（生于 1946 年）
在他的柏林博物馆扩建工程中使
用一个惊人相似的图形，专门用
于展示犹太人大屠杀和犹太人的
艺术及生活（图 19.17）。利伯斯金
的"之"字形设计是通过绘制在
大屠杀期间被杀害的犹太作家、

图 19.16　迈克尔·海泽，《裂缝 1 号》，1968 年。《内华达的九个洼地》1 号作品，1968—1972 年。
移动了 1.5 吨土壤。158×4.5×3 米。内华达干涸湖泊。迈克尔·海泽摄像。©2010 Triple Aught 基金会。

图 19.17　丹尼尔·里伯斯金（Daniel Libeskind），《犹太人博物馆》，1989—1996 年。德国柏林博物馆的拓建部分。钢筋混凝土与锌板墙面。照片版权属于施奈德（Gunter Schneider）。航拍照左侧是柏林博物馆的扩建部分，为锌制结构，呈锯齿状。

艺术家和作曲家的柏林地址而得出的。建筑的锯齿状被解读为它所在街区的痛苦裂缝；上面的空洞则象征着犹太人和文化在柏林的空缺。海泽的《裂缝》诉诸当地材料的移位，打断了景观的常态。对于海泽来说，这个过程也许更多涉及的是艺术元素而非象征意义。洼地体现了人与自然的相对比例；他对自己的作品随着时间的流逝被自然地分解，有着与最初的创作同样的兴趣。海泽的锯齿状的土地"伤痕"随着时间逐渐淡化并最终消失。里伯斯金是如何使用该形状确保柏林犹太人的故事不被淡化甚至消失的呢？在这些形状与周围环境的对比中，是否有一些内在的东西暗示着某种象征意义或引起某种情绪反应？内容和背景对我们分析具有如此视觉一致性的作品有多大影响？

上垂下。那是 2005 年 2 月 12 日清晨，这一天，艺术家克里斯托（生于 1935）和珍妮·克劳德（1935—2009 年）为他们所居住的城市设计的长达 26 年的宏大艺术项目漫游展，终于落下了帷幕。在短短 16 天的展览中，这些波浪般的尼龙幔帘随风飘动，噼啪作响，将纽约人最喜欢的公园景致遮挡住，框起来（图 19.18）。中央公园上下起伏、峰回路转、蜿蜒曲折的宏伟地貌（最初由弗雷德里克·劳·奥姆斯特德和卡尔弗特·沃克斯设计），在游人——参展者——沿着门框穿梭漫步时，才第一次被人们所观瞻（或重见）。这两位艺术家说："（我们）这件作品只做短期保留，这是一种美学上的决定"，这样能"为艺术作品赋予一种必须马上一睹为快的紧迫感"。

与克里斯托和珍妮·克劳德的其他环境艺术作品一样，《大门》项目的各种花费也是由二位艺术家本人自理的。这个项目使用了逾 9 万平方米的乙烯基材料和 5300 吨钢材，雇佣了数百名志愿者来组装、维护与拆除，用过的材料大都进行了回收利用。整个项目估计花费了 2000 万美元，全由艺术家自己承担。他们的其他环境雕塑也是自费的，包括创作于 1971—1995 年柏林的《包裹德国国会大厦》，创作于 1980—1983 年佛罗里达州迈阿密市比斯坎湾的《包裹群岛》，创作于 1972—1976 年加利福尼亚索诺玛和马林县的《飞奔的栏杆》，以及其他艺术作品——费用均由克里斯托拍卖初期设计稿和早期作品筹集。

图 19.18　克里斯托和珍妮·克劳德，《大门》，纽约中央公园，1979—2005 年。该装置用 7503 个挂着藏红色尼龙门帘的乙烯基塑料门框，组成一条长达 37 公里的走廊。拉瑟斯（Spencer Rathus）摄影，经克里斯托和珍妮·克劳德授权使用。雪后静景。

波普艺术

如果要选一种最令人吃惊、最饱受争议又令人愤慨的现代艺术运动，也许人们会选波普艺术。"波普"一词是英国批评家劳伦斯·阿洛威在 1954 年提出的，用于称谓席卷全球的"大众艺术"，主要包括电影海报、公告板、报刊照和广告。

波普艺术的选材一方面取自大众化和司空见惯的事物，另一方面也向人们关于艺术旨趣的传统观点提出了挑战。当很多艺术家力图描绘美的事物时，波普艺术则有意描绘平凡。当很多艺术家化身为高贵优雅、情绪丰沛或怪异恐怖的代表时，波普艺术却刻画普通甚至无聊的事物。当其他艺术形式对主题进行升华时，波普艺术却在追求真实。实际上，波普艺术的信条之一就是作品必须客观真实，不能反映作者的"个性特征"。这一准则与其他艺术形式，比如抽象表现主义高度个性化的手势笔触对比鲜明。

理查德·汉密尔顿

尽管人们普遍认为波普艺术纯粹发端于美国，但它实际上起源于 20 世纪 50 年代的英格兰。其创始人之一，英国艺术家理查德·汉密尔顿（1922—2011 年），深受杜尚"艺术的使命是破除艺术的常规含义和功能"的观点影响。

汉密尔顿的小型拼贴画《到底是什么使得现在的家庭如此不同，如此吸引人？》，是最早的也最具启发性的波普艺术作品之一。它是 1950 年代的一个时间胶囊，在这十年，科技的飞速发展使美国梦广为流行。什么是美国梦？漫画、电视、电影和录音机；罐装火腿和便餐；令人羡慕的身材、棒棒糖、吸尘器（"家庭主妇"终于可以快速清理所有楼梯）。从汉密尔顿的作品中你很容易读出讽刺和反讽，通过用艺术的手法进行拼接，他鼓励我们真切地审视这些物品，而不是和他们简单共存。

罗伯特·劳森伯格

美国波普艺术家罗伯特·劳森伯格（1925—2008 年）曾在巴黎就读，后在北卡罗来纳著名的黑山学院师从约瑟夫·亚伯斯等人。在形成自己的波普艺术风格之前，劳森伯格尝试过笔法随意而粗放的抽象表现主义绘画。然而他最为有名的是开创了一种名为融合绘画的作画形式，把毛绒玩具、瓶瓶罐罐、衣饰和家具配件以及照片碎片拼贴在画布上。

劳森伯格将泼洒了颜料的被子和枕头像画布一样挂在墙面上，创作了《床》（图19.19）。劳森伯格在这里玩弄了材料、形式和内容的传统关系。支撑这件作品的是它的内容，而不是画板上的画布，被子和枕头就是作画的材料，任由画家在其上滴溅喷洒颜料。劳森柏格更

图19.19　罗伯特·劳森伯格，《床》，1955年。组合画：在挂于木架上的枕头、被子和床单上创作的油彩及铅笔画，191.1×80×20.3厘米。纽约现代艺术博物馆。艺术版权属于罗伯特·劳森伯格/VAGA 授权，纽约，2013年。写意的笔触和滴落的颜料表达了艺术家的"个人特色"。

为大胆的作品也许当数1959年创作的《字母组合》，作品表现了一只身上套着汽车轮胎的人造山羊，安置在一块由图片和印刷品的碎片以及寥寥几笔画成的平铺底座上。

贾斯培·琼斯

贾斯培·琼斯（1930年生）是劳森伯格在黑山学院的同学，他们于同一时期在纽约艺术界崭露头角。他早期的作品也同样把抽象表现主义的概括性写意笔触和随手得到的物品组合在一起。但和劳森伯格不同的是，琼斯很快就将物品作为其构图的核心。他的作品常常表现我们熟悉的事物，比如数字、地图、彩色图表、靶子和旗帜，他通过厚重的手势笔触把这些东西整合成一个统一的领域。

波普艺术的一个"信条"就是要客观地呈现图像，消除艺术家的个性特征。若把劳森伯格和琼斯等人的作品归为此类，则需对这一原则进行修改，因为他们的很多作品透露着明显的表现主义绘画手法。琼斯的《三面旗》是在三张由上到下尺寸递增的叠放画布上用蜡画颜料（液态蜡和颜料的混合材料）和新闻纸创作的作品。此画营造了一种独特的表面质感，提醒着观赏者他们欣赏的并不是一幅画，也不是

真正的机器生产的旗帜。这幅作品要求观赏者用一种新的视角审视最常见的日常事物。

安迪·沃霍尔

安迪·沃霍尔（1928—1987 年）曾以设计包装和圣诞卡片为生，如今已是大众心目中波普艺术的代表人物。正如《金宝汤罐头》代表着平淡无趣的营养品，安迪·沃霍尔用名人的老套肖像、布里洛肥皂盒和可口可乐瓶（图 19.20）传达着这样一个观点：当代艺术已经变得平淡无趣、乏善可陈，没什么值得探

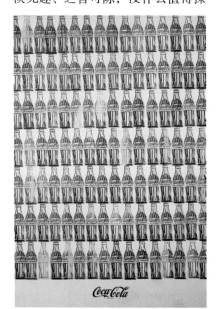

图 19.20　安迪·沃霍尔，《绿色的可口可乐瓶》，1962 年。合成聚合物、丝网油墨和布面石墨，209.2 × 144.8 厘米。纽约，惠特尼，美国艺术博物馆。©2013 迪·沃霍尔视觉艺术基金会 / 艺术家版权协会，纽约。沃霍尔的很多作品都是常见物品或老套名人肖像的重复。

讨的了。安迪·沃霍尔的地下电影也激起了各地人们的反感，在这些电影中，他用同样冷漠的态度来描绘睡眠和直白的情欲（《蓝色电影》）。即便是他被一个对他不再抱幻想的女演员枪击（但活了下来）一事，似乎也只能让群众打个哈欠，然后感叹一句"有什么好奇怪的"。

沃霍尔还创作了许多以非工业产品为主题的绘画和印刷品。1960 年代，他把报纸上刊登的诸多灾难照片进行了复制。他还制作了一系列公众人物肖像，如玛丽莲·梦露和杰姬·肯尼迪。这两位都是饱受折磨的美国人，她们的形象被过度使用，在 60 年代的美国无处不在。电影明星梦露是美国第一位"金发尤物"，先后嫁给知名人物，先是剧作家阿瑟·米勒，后又是纽约洋基队的棒球"英雄"乔·迪马吉奥。肯尼迪一家入主的白宫，被人唤作"卡米洛特"，即亚瑟王所居之地。特别是在 60 年代初，肯尼迪家族仿佛现代美国的皇室。肯尼迪总统于 1963 年 11 月在得克萨斯州达拉斯被刺杀。沃霍尔在 70 年代转而开始画毛泽东等政治领袖。尽管他的丝网画在技法上符合波普艺术隐去艺术家个人色彩的标准，他的构图方式以及在部分画面使用表现主义的技法仍然为他的作品烙上了个人印记。

图 19.21 克拉斯·欧登伯格，《软马桶》，1966 年。木材，聚乙烯，木棉纤维，铁丝网和树脂玻璃材质，金属支架和彩绘木座装置作品，144.9×70.2×71.3 厘米。纽约，惠特尼，美国艺术博物馆，©1966 克拉斯·欧登伯格。我们知道马桶是冰冷坚硬而不可折叠的，《软马桶》打破了这些常规的理念。

克拉斯·欧登伯格

克拉斯·欧登伯格（生于 1929 年）是瑞典裔美国艺术家，他最为世人熟知的作品当数公共场所的巨型雕塑，包括矗立在费城近 14 米高的《衣夹》，以及华盛顿特区国家美术馆雕塑园近 6 米高的作品《放大 X 倍的打字机橡皮》。这些巨型化的日常用品带来了巨大的影响。欧登伯格还有一些作品的冲击力在于对感官的颠覆，比如《软浴缸》和《软马桶》（图 19.21）。这些物品本是硬质、冰冷且位置固定的，而欧登伯格的浴缸和马桶则用乙烯基材料缝制而成，并用木棉这种天然丝质纤维进行填充。

超现实主义

超现实主义，或者说以清晰锐利、如相片般精准的表现方法刻画事物，牢牢地扎根于艺术中悠久的现实主义传统。但作为直到 1970 年代才受到广泛认可的艺术运动，其发展也同样得益于波普主义对日常事物的客观刻画。超现实主义在某种程度上也是对 20 世纪兴起的表现主义与抽象主义运动的回应。即是说，超现实主义在继承古老理念的同时，做出了视觉上的革新。

奥黛丽·弗拉克

奥黛丽·弗拉克（生于 1931 年）出生于纽约，先后在音乐艺术高中、库伯联盟学院和耶鲁大学研究生院就读。她曾在 20 世纪 50 年代展出人物画作品，却并未引起反响，部分原因是当时流行抽象表现主义画作，还有部分原因是当时女性画家没有像男性同行那样得到评论界的关注。然而多年以来，她一直坚持精准写实主义或错视画风格。她把彩色幻灯片投影到空白画布上，画出图案，然后再用喷枪和混有三原色的透明釉彩，仔细地为画表进行细节处理，完成了《朱莉太太》（图19.22）这样的精准技术画作。弗拉克对多种差异较大材质产生的反光效果十分着迷。但她不少静物画除了令人赏心悦目之外，还别具深意。在《朱莉太太》这幅画中，一系列精巧的饰品让人们不由得对社会对于美之标准的侧重产生了质疑。图中含有一些物品，比如高脚果盘中熟透的水果，剪切完美的长枝玫瑰，以及一块怀表，象征着如是之美的短暂特性。

艺术、身份和社会意识

长久以来，艺术反映着创造它的社会，但在个人似乎无比重要的今天，艺术家更喜欢用艺术来表达自己作为人、作为女性或不同种族

图19.22 奥黛丽·弗拉克，《朱莉太太》，1973年。丙烯布面油画，181.5×243厘米。澳大利亚国立美术馆。© 奥黛丽·弗拉克，纽约盖瑞·斯奈德艺术馆惠允。画家把珠宝、瓷器、水果和刚刚采摘的鲜花摆放在一起，鼓励观众沉思生命的脆弱与短暂本质。

之一员的身份，以及他们对所处世界的感受。

朱迪·芝加哥和米里亚姆·夏皮罗

1970年，一名来自美国中西部名叫朱迪·杰罗维兹（生于1930年）的艺术家，在加利福尼亚州立大学弗雷斯诺分校开设了一门女性主义艺术课程，不久后，她改名朱迪·芝加哥。次年，她和另一位艺术家米里亚姆·夏皮罗（生于1923年）合作，在瓦伦西亚的加利福尼亚艺术学院着手打造女性主义艺术项目。她们在好莱坞打造的《女人之屋》，是集二人兴趣与努力的巅峰之作。在这个项目中，朱迪·芝加哥和夏皮罗与加州大学的学生们一起，以女性经历为主题，重新规划翻新了一座废弃大厦的每个房间，里面的作品包括罗宾·韦尔奇设计的《厨房》和朱迪·芝加哥设计的《月经浴室》。《女人之屋》引起了人们对女性艺术家以及她们的欲望与需求的关注。从某种程度上说，它是对不公正的艺术界发泄的一场怒火，许多女艺术家都曾遇到过不公正待遇——缺少评论家、艺术馆馆长和历史学家的关注；在创作上被迫墨守成规。它用震撼与夸张向世界宣布，男性的主题不一定讨得女性欢心，女性的经历是非常重要的。或许最重要

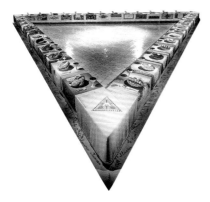

图 19.23　朱迪·芝加哥，《晚宴》1974—1979年。彩陶，织物，刺绣，1463×1463×1463×91.44 厘米。布鲁克林艺术博物馆，纽约。©2013 朱迪·芝加哥/纽约艺术家版权协会。每个盘子的表现内容都对应着一位应邀的女性嘉宾。

的一点，尤其是从参与者之后的艺术生涯来看，这次艺术展是对女性工作方式的歌颂。

朱迪·芝加哥后来凭借装置艺术《晚宴》（图 19.23）成名。在这个作品中，生与死、空间和时间的界限都暂时消失了。该作品使用了多种艺术媒介，旨在纪念历史上著名女性的不朽。作品的创意围绕着一场梦幻般的晚宴展开，尊贵的宾客在各自的餐位前会面，餐位的布置反映着她们的个性和成就。朱迪·芝加哥和众多女性艺术家付出了巨大的努力，唤醒大众关注女性在艺术和社会中扮演的重要角色。

辛迪·舍曼

摄影艺术家辛迪·舍曼（1954年生）以自己为拍摄对象，风格多样。

在她摄于 20 世纪 70 年代的很多相片里，她经常穿着围裙站在家中，隔着乱糟糟的厨房台面，眼神空洞地望着相机。她也把自己装扮成其他女性形象进行拍摄：如天真而丰腴，站在高高的书架上伸手取书的图书管理员；或是意大利范儿的时髦小明星，正在若有所思地从宾馆走到室外；再或是化身性感主妇，穿着内衣懒洋洋地躺在卧室里。

之后她开始拍摄新的系列。新拍摄手法的灵感源于她早期一个十分普通的想法，她回忆道："我有这些化妆品，我想看看化妆后的自己能变得有多不一样，这从某种程度上说如同画画。"随后她为自己精心准备了背景，穿上了无数不重

图 19.24　辛迪·舍曼，《无题 138 号》，1984 年。彩色合剂冲印，181.9×121.9 厘米。©辛迪·舍曼，大都会映画艺术画廊惠允。法国《时尚》杂志聘请辛迪·舍曼拍摄一组广告片，此幅照片便是作品之一。

样的服装。时装设计师开始邀请她穿自家的高档服装上镜，诸如《无题 138 号》（图 19.24）等作品实际上是为法国《时尚》杂志拍的广告。其结果与其说是一种营销，不如说是给时尚界带来了一道刺眼的风景。在作品中，舍曼头发蓬乱，表情不安。照片中有些地方很诡异：排列有致的条纹在大腿和膝盖处被绷得变了形；她的双手不自然地放在腿上，指尖涂着血一般鲜红的颜色；还有她的笑容——令人不安地侧目而视，透露出疯狂。

游击队女孩

20 世纪 80 年代，出现了反对将女性和少数族裔纳入艺术领域的逆流。比如，1981 年在伦敦举办的"绘画新精神"艺术展，没有展出任何女性艺术家的作品。1982 年在柏林举办的"时代精神"艺术展，40 位参展艺术家中只有一位是女性。1984 年现代艺术博物馆重修后，画廊的开幕展"全球当代绘画和雕塑一览"共展出了 165 位艺术家的作品，只有 14 位为女性艺术家。纽约艺术展"表现主义的形象：从波洛克到当今美国艺术"，展出了 24 位艺术家的作品，其中只有 2 位是女性。这种例子数不胜数。

为了与这种令人不安的趋势作斗争，一群匿名的女艺术家组成了一个名为"游击队女孩"的艺术团体。团体成员们总是戴着大猩猩面具出现在公共场合，并自称为"艺术界的良心"。她们在当今世界最活跃的艺术中心之一——曼哈顿苏豪区的高楼大厦墙面上张贴了大量海报，发起了一场广告宣传抗议。

图 19.25 是游击队女孩的一张海报。这张海报嘲讽地揭露了在倡导"解放"的后女性主义时代中仍然由男性统治的艺术界里，女性艺术

图 19.25 游击队女孩，《当种族主义和性别主义不再盛行，你们收藏的艺术品还值什么钱？》1989 年。招贴，17×22 英寸（43.2×55.9 厘米）。© 游击队女孩。你可以在本书中找到很多名单上出现的女艺术家。

家的"优势"所在。海报还呼吁人们关注男女艺术家作品在价格上的明显不公。这种不公直到本书编写时仍然存在。

罗伯特·梅普尔索普

摄影师梅普尔索普（1946—1989年）拍摄了很多黑白照，展现了因性别认同而被世界恶意对待者的挣扎。他扼住了世界的咽喉，并极力去撼动。他用摄影技法拍摄了很多人：他的艺术家、音乐家和社会名流友人；女子世界专业健美锦标赛第一届冠军得主丽莎·里昂；成人电影明星；以及一些特殊性癖者。1986年，他确诊艾滋，3年后去世。

罗马勒·比尔登

一些评论家曾认为抽象表现主义艺术基本上是白人男性艺术家的专属。与这场运动相关的家喻户晓的女艺术家和有色人种艺术家如果说有的话，也是凤毛麟角。不过还是有一些人借鉴了抽象表现主义的风格，学者和策展人重新发掘了他们的作品。

与其他许多纽约画派艺术家一样，非裔美国艺术家罗马勒·比尔登（1911—1988年）最初在公共事业振兴署画画，并在艺术学生联盟学习。二战期间服完兵役后，受惠

图 19.26　罗马勒·比尔登，《鸽子》，1964 年。纸面素材剪贴，水粉，铅笔和彩铅。33.8×47.5厘米。纽约，现代艺术博物馆。艺术版权属于罗马勒·比尔登基金会 /VAGA 授权，纽约。比尔登尝试过多种风格和媒介，但以拼贴画最为著名。

于《退伍军人权利法案》，他前往巴黎学习哲学。在 20 世纪 40 年代末到 50 年代，他由社会写实风格转向了抽象表现主义风格，不过直到 60 年代早期，他才形成了自己特有的艺术风格——绘画和拼贴画融合风格，这也将成为他艺术成熟时期的特色。从这一时期起，比尔登的作品开始涉及非洲生活和文化，这一主题贯穿了他整个艺术生涯。

像《鸽子》（图 19.26）这类作品，就是结合了立体主义和抽象表现主义，以非裔美国人的生活镜头构建而成。艺术家把比例和焦距不同的照片裁剪成大小不一、形状各异的片段，疏密不均地粘贴在立体派网格一般的规则画板上，使我们仿佛置身于哈莱姆的街景之中。图像均匀地分布于整个画面，没有特定的焦点——很有立体派网格的味道。正如在欣赏波洛克的作品时，

我们能感受到作品表面和纵深之间的张力：作品《壹》中重叠的线条把我们拉进压缩的画面空间里，之后我们的双眼又被画作表面所吸引。在《鸽子》这幅作品中，人物形象的清晰模糊，以及比例的各不相同，使我们感到这些人物的远近之别。形状和比例的变化产生了类似的表面和纵深之间的张力。《鸽子》这类作品反映了比尔登抓住记忆片段的渴望，这些片段就如一本意识和经历的剪贴簿，浓缩了他的生活和时代——从他北卡罗来纳州的童年时代到哈莱姆区的工作时期。作家、文艺评论家拉尔夫·埃里森这样评价比尔登的作品："比尔登做到了意义与表现手法的统一。他将多种技术融为一体，充分体现了令人信服的撕裂、意识跳跃、扭曲变形、悖论、颠倒、时间的聚缩，以及风格、价值观、希望和梦想的超现实融合，这些都是（非裔）美国人历史的特征之一。"

费思·灵戈尔德

费思·灵戈尔德 1930 年出生于纽约市哈莱姆区，就读于纽约市公立学校。她有感于社会良知，受到 60 年代的民权运动激发，画了不少壁画和其他作品。十年后，因纽约视觉艺术学院举办的一场画展排斥

图 19.27 费思·灵戈尔德，《沥青海滩》，1988 年。布面丙烯、印刷、彩绘、纺缝和布料拼贴镶边，189.5×174 厘米。纽约，古根海姆博物馆。©1988 费思·灵戈尔德。你认为这件织物为什么会被命名为《沥青海滩》？

女性艺术家，她愤而转向女性主义主题。灵戈尔德的母亲是位以缝纫为业的时装设计师，她回忆道，这段时期她开始采用刺绣、珠饰、丝带编织和织物缝纫等相关技法来创作软雕塑。

灵戈尔德因新近推出的叙事拼布画而闻名，比如《沥青海滩》（图 19.27），结合了非裔美国人和女性共有的传统——讲故事和缝纫。《沥青海滩》讲述了沥青房顶上的生活与梦想，是一部彩绘拼布作品，一针一线缝合着艺术家在哈莱姆的成长时代，关于家庭、朋友和情感的点点滴滴。灵戈尔德除了以使用与女性传统有关的材料和技巧而见长外，还因其叙事或讲故事的手法而受到关注，这是非裔美国家庭的强大传统。《沥青海滩》以画着灵戈

尔德、她的弟弟、父母和邻居的正方形彩绘为主图，四周用色彩明艳、绘有图案的布料镶边。顶部和底部有两排密密麻麻的字迹，是灵戈尔德亲笔书写的经历。这段天真无邪、充满童趣的独白开头写道："我永远忘不了星星坠落在我周围，把我带上天际，翱翔在乔治·华盛顿大桥上空时的情景……"

让·米歇尔·巴斯奎特

让·米歇尔·巴斯奎特（1960—1988 年）是一位海地裔西班牙艺术家，他 17 岁辍学，20 岁出头就名利双收，最后死于吸毒过量，年仅 27 岁。如今他被认为是他那一代人中最有才华的艺术家之一，也是美国 80 年代特有的"工作—成功—陨落"现象的受害者代表。

巴斯奎特的艺术生涯起初并不顺利。他作品中为人熟知的主题、象征和笔触最初以涂鸦的形式出现在纽约市区的墙壁上。在导师安迪·沃霍尔的指导下，他把自己复杂的剪贴画样式转移到画布上，并在复杂繁复的图层上辅以照片复印、手绘、彩绘等手段。在巴斯奎特所有的作品中，几乎都有复杂的人物形象出现。从奴隶制和种族歧视，到辛苦打拼得以成功的非裔美国人，比如爵士乐手查理·帕克或运动员

杰西·欧文斯，这些与非裔美国人经历有关的事物都以图像、符号和文本的形式涌现在画布上。巴斯奎特极度强调作画的过程，同时从未忽视过叙事的重要性（图 18.12）。

安塞姆·基弗

安塞姆·基弗（生于 1945 年）的出身背景和巴斯奎特截然不同。他是一位（白人）德国画家和雕塑家，深受大屠杀所带来的恐惧感与负罪感的折磨。基弗用叙事的绘画形式把表现主义的绘画风格和强烈的抽象元素结合起来，并融入了大量德国的历史文化。基弗的画作相当烧脑，晦涩而怪异。但与此同时，这些作品巨大的尺寸、非同凡响的主题，以及充满纹理的镶嵌表面，迸发出了强烈的力量感。

《你的金色头发，玛格丽特》（图 19.28）便是艺术家注重形式和文学

图 19.28　安塞姆·基弗，《你的金色头发，玛格丽特》，1981 年。纸上综合材料，35.6×47.6 厘米。© 安塞姆·基弗，纽约玛丽安·古德曼画廊惠允。画面中央，一辆德军坦克把金发和远方（画面顶端）烧焦的深发分隔开来。

的绝好例证。这幅作品以及其他此系列作品的标题，引自大屠杀幸存者保罗·策兰的一首诗中的句子——"你的金色头发，玛格丽特"——这首诗通过金色头发的德国女人玛格丽特和深色头发的犹太女人苏拉米斯的形象，描绘了欧洲犹太人的毁灭。在灰蓝色的背景下，基弗真的用稻草来比喻德国女人的金发，用厚厚的黑颜料在画布上方画出一团烧焦物与之形成对比，象征不幸的苏拉米斯的头发。她们之间有一辆主导这场人类灾难的德军坦克，隔绝于其所创造出来的废墟。基弗在这里也一如既往地在画布上潦草写下标题或其他单词，有时还会把字迹隐藏在用来作画的材料中。这些材料构成了作品的内容，它们所

图 19.29　大卫·史密斯，《立方体十九》，1964 年。不锈钢雕塑，286.4×148×101.6 厘米。英国，伦敦，泰特美术馆。艺术版权属于大卫·史密斯遗产/VAGA 授权，纽约。史密斯将钢铁擦亮，赋予其手势风格特征。

代表的含义让我们动容，值得我们深思。

雕塑

随着 20 世纪的到来，真正的雕塑介质实验出现了，前代艺术家对另类材料、技术和效果的接受和开拓，也为 20 世纪的艺术家奠定了基础。到这一时期，雕塑风格、内容、作品、材料以及规模，从 20 世纪中叶开始，全都可以自由发挥。

大卫·史密斯

美国艺术家大卫·史密斯(1906—1965 年)在 20 世纪 40 年代抛弃了具

阅读材料 19.4　保罗·策兰

摘自《死亡赋格曲》，28—35 行

清晨的黑牛奶呀我们夜里喝你
中午喝你死亡是来自德国的大师
我们晚上喝早上喝喝了又喝
死亡是来自德国的大师他的眼睛是蓝色的
他用铅弹打你打得可准了
有个人住在那屋里你的金发哟玛格丽特
他放狼狗扑向我们他送我们一座空中坟墓
他玩蛇他做梦死亡是来自德国的大师

[译注] 引自保罗·策兰，《保罗·策兰诗选》，孟明译，上海：华东师范大学出版社，2010。

象雕塑。20世纪50年代，他以极具线条感的钢条在空间伸展和来回穿插来创作雕塑。许多大型作品的雕塑家在完成设计后，会将制作分包给助理或铸造厂。但是史密斯一直以亲手制作金属雕塑而自豪。尽管他有些作品只是纯粹的几何形状（图19.29），但他热衷于将金属表面打磨得锃亮，赋予作品抽象表现主义绘画那般的整体手势风格特征。

亚历山大·考尔德

亚历山大·考尔德（1898—1976年）最初学的是机械工程，他创作出了靠空气流动推动的活动雕塑。活动雕塑是20世纪最受欢迎的雕塑类型之一。观众普遍喜爱其简单的

形状、纯净的色彩以及规律的大小序列，常常还会驻足观察，看看雕塑是否会运动以及如何运动。没有人在看过考尔德的活动雕塑之后会怀疑其作品蕴含深刻含义。作品《星星》（图19.30）将不同尺寸和颜色的花瓣状薄片悬吊在金属线上，微风吹过时，薄片可以沿轨道水平旋转。由于重心稳定，整件雕塑只需悬挂于一个支点上。随着气流和观察者角度的变化，雕塑的形态也会发生改变。各种运动的组合实际上是无限的，因此观察者永远不会以完全相同的方式看到这件作品。

路易斯·奈维尔森

出生于俄罗斯的美国雕塑家路

图 19.30　亚历山大·考尔德，《星星》，1960年，多彩金属薄片和钢丝雕塑。90.8×136.5×44.8厘米。肯塔基州，莱克星顿，肯塔基大学艺术博物馆。©2013考尔德基金会，纽约／艺术家版权协会，纽约。考尔德的移动装置是为了适应气流的变化而设计的。

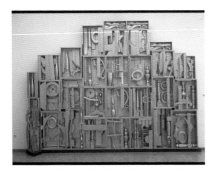

图 19.31　路易斯·奈维尔森，《皇家浪潮四号》，1960 年。喷金木制品。323×446×55 厘米。德国，科隆，路德维希博物馆。©2013 路易斯·奈维尔森遗产 / 艺术家版权协会，纽约。奈维尔森的装配艺术品经常使人在脑海中感受到一种共有的历史文化底蕴。

易斯·奈维尔森（1899—1988 年）将他发现的别具一格的木质物件组装成新的组合，使这一组合呈现出新的意义。这类组合有其特有的意义，大于各部分的简单叠加。《皇家浪潮四号》（图 19.31）是一件分区装配艺术品，由粗切割的几何体和经车床加工的木片（包括柱子和尖顶饰、木桶板和椅背横条）组成。这些木片代表着一个人或一个集体的过去，代表着缠结在维多利亚时代阁楼的蜘蛛网中的孤寂自省之旅。

尽管作品中包含常见而又容易辨认的物件，但奈维尔森对它们进行了统一涂色，使他们的独特特征显得不再突出。

珍妮·安东尼

珍妮·安东尼（生于 1964 年）曾经说过："对我来说，创造力就是解锁身体内的记忆。这也是关于用身体思考。"她的作品《咬》（图 19.32）也许是在向一位极简抽象派艺术家的几何形雕塑半开玩笑地致敬，但这件作品带有某些感官上的惊喜：作品以巧克力为材料，"雕刻"工具是自然所赋予她的东西——一组强有力的牙齿。这件雕塑的表面纹理记录了作品被打造出来的过程，安东尼别出心裁地将制作过程作为其艺术创作最重要的部分。

《咬》是三件套作品之一，其他两件分别是一块猪油和陈列柜中的口红——这些作品都经过安东尼的啃咬和咀嚼。

图 19.32　珍妮·安东尼，《咬》（局部），1992 年。由三部分组成：艺术家啃咬下的 300 千克巧克力；啃咬下的 300 千克猪油；130 支用颜料、蜂蜡和从猪油块上咬下来的猪油制成的口红，以及 27 个心形巧克力包装，由艺术家从巧克力块取下的，经过咀嚼的巧克力制成。每个立方体：61×61×61 厘米；整体尺寸可变。纽约现代艺术博物馆。© 珍妮·安东尼，纽约卢赫灵·奥古斯丁画廊惠允。安东尼这件作品的雕刻工具就是她的牙齿。

图 19.33 蕾切尔·怀特瑞德，犹太广场大屠杀纪念碑，2000 年。钢和混凝土，10×7×3.8 米。奥地利，维也纳。怀特瑞德采用了轻度可渗透混凝土，便于雨雪渗入，让雕塑外观产生破败感。

蕾切尔·怀特瑞德

英国艺术家蕾切尔·怀特瑞德生于 1963 年。她的雕塑经常是将液体倒入模具后凝固制成。怀特瑞德制作的铸模大多是普通物件，但她也时常填充空间，制作巨大的几何体。她的维也纳大屠杀纪念碑（图 19.33）就是一个难以超越的大规模几何雕塑范例。这座石制纪念碑既具有金字塔的庄严，又具有陵墓的质朴与肃静。它由混凝土制成，重达 250 吨，是一座反向的图书馆——"图书"雕刻在外墙上，用以突显学习对"书的民族"犹太人的意义。但进入"图书馆"的门被闩了起来，使得这些书触不可及。随着奥地利犹太社区被破坏，这些书籍失其用度。在这座雕塑的外墙上，按字母顺序刻着奥地利犹太人流亡的地方。在这个经历过杀戮、死亡、失去的地方，这座沉重的纪念碑散发出一种难以消散的悲伤。

建筑

二战后，建筑风格呈多元化发展。其中包括技术上的进步，使建筑师能够真正打造出如摩天大楼般的高层建筑，以及各种雕塑风格的建筑，如勒·柯布西耶设计的朗香教堂。数百万美国士兵回到他们的家园，建立新的家庭，不仅孕育了婴儿潮一代，还产生了大量像莱维敦一样的居住区。这些住宅区遍布郊外，取代了原来的农场、小镇或荒野。它们都是现代建筑的范例。

现代建筑

摒弃了古典传统的典范和原则，转而采用实验性的表达形式，是 19 世纪 60 至 70 年代许多艺术和文学风格的特点。现代主义也意味着领先于其时代的方法。一般而言，现代意味着一种颠覆过去的方法；根据这个定义，在每一时代推陈出新的艺术家都可以被视为他们那个时代的"现代"。

现代主义是一种艺术创作概念，它随着工业化、城市化以及资本主义和民主的发展而出现，基于描绘当代生活和事件而非历史的热望。现代派建筑师和现代派艺术家一样，在科技、心理学、政治、经济和社会意识的激发下，自由探索着全新的风格。

正如我们看到的那样，赖特的古根海姆博物馆、勒·柯布西耶的朗香教堂以及米斯与菲利普·约翰逊合作设计的西格兰姆大厦风格迥异，现代主义建筑绝不会只有一种风格。相反，它是一个包罗万象的词，涵盖各式各样的建筑风格。

弗兰克·劳埃德·赖特

弗兰克·劳埃德·赖特（1869—1959年）是路易斯·沙利文（1856—1924年）的弟子，也是20世纪最具影响力的美国建筑师之一。19世纪最后十年，沙利文在美国建造了世界上第一座摩天大楼。与沙利文一样，赖特秉持的建筑理念是建筑设计要服务于建筑的特定功能，同时建筑师要关注建筑所处的自然环境，并对建筑所要传达的内容保持敏感。"功能决定形式"便是沙利文对其理念的总结。对赖特及其弟子来说，把邮局设计得像希腊神庙，然后建在美国中西部城市的中心，是件荒唐可笑的事。赖特推崇的是有机的建筑：从所处环境中发展而来，而非加诸地点之上。

几十年来，赖特设计的私人住宅、大学校园、工业建筑和教堂都反映了这一基本理念。二战结束后，

图19.34　弗兰克·劳埃德·赖特，古根海姆博物馆，1943—1959年。纽约。该建筑为钢筋混凝土结构，外墙采用喷射混凝土（压力喷浆）施工法完成。

赖特完成了他于1943年开始设计构思的古根海姆博物馆（图19.34）。

这座建筑是赖特建筑理想的大成之作。赖特希望空间是流动的，而不是阻隔的（"民主需要的不只是个盒子"），因此古根海姆博物馆的内部设计尽可能消除了边边角角。它基本上是一个大房间，中井区域可通风，四面沿支撑墙修建了一道简约的螺旋状长斜坡，一直延伸到六层楼高。参观者可以一边沿斜坡走下来，一边欣赏展品，不会遭遇墙壁或隔板的阻碍。在这里观赏艺术品是一种流畅放松的体验。但也不乏批评的声音：有人认为这让建筑而非艺术品成了展品；还有些人认为把讲究水平感和垂直感的画作挂在坡面过道的墙上十分不妥。

古根海姆博物馆的整体形状充分证明了钢筋混凝土这种20世纪出现的建筑材料所具备的可能性。钢筋混凝土是在混凝土坯凝固前，在

最大应力点处插入钢条或钢丝网，或者将混凝土在钢铁周围浇筑成型。

钢筋混凝土具有石头和钢铁的诸多优点，而没有它们的一些缺点。钢条增强了混凝土的抗拉强度，使其不易撕裂或扯断。反之，混凝土又能防止钢铁生锈。钢筋混凝土的跨度比石头更大，又能够比钢铁承受更大的重量。它可以被做成弯曲的形状，这是单独使用钢铁或混凝土所无法做到的。弯曲的混凝土板可以呈蛋壳形、气泡形、贝壳形和其他有机体形状。古根海姆博物馆的表面也是用混凝土制成，即喷射混凝土，又叫做喷浆。

坐落在棱角方正的纽约建筑群中，古根海姆博物馆柔和的曲线和圆柱外形显得格外夺目，呈现出雕塑的质感。

勒·柯布西耶

瑞士建筑师查尔斯·爱德华·乔纳雷（1887—1965年）——更为人所知的是其笔名勒·柯布西耶——认为：建筑应该用钢筋混凝土塔架抬离地面；墙壁不应用于支撑建筑，这样就能让建筑师自由地塑造建筑的外观；平面图设计应尽可能开放（即墙壁要尽可能地少）；并且如果可能的话，建造屋顶花园来弥补因修建建筑而失去的草木。他的朗

图 19.35 勒·柯布西耶，朗香教堂，1950—1954年。混凝土和石材结构。法国，朗香。教堂屋顶由柱子支撑，因此建筑师可以随意地在墙上开凿窗户。

香教堂（图19.35）就遵循了这些原则。例如，屋顶是由混凝土柱支撑的，而非用墙，这样它看起来就像是浮在墙壁之上——这一点在许多带天窗的大教堂都有所体现。但朗香教堂没有屋顶花园。

朗香教堂的设计是"新野兽派风格"的一个范例。这一风格得名于法语 brut，意为"粗糙的、未经雕琢的或未加工的"。这座教堂采用了网状钢筋和现浇混凝土，将木制构件的外观完好地呈现在了建筑表面。其白色墙壁、深色屋顶和白色塔楼的唯一装饰，只有弧形钢筋混凝土墙的纹理。部分区域墙壁非常厚。各种形状和大小的窗户从狭小的裂缝和矩形洞孔中开凿出来，形成的光束神秘不已。比起窗户在教堂内部形成的光照效果，它们的外观对参观者更有吸引力。如此多的窗孔让人们想起史前宗教建筑中的巨大石块。

路德维希·密斯·凡·德罗和菲利普·约翰逊

西格拉姆大厦（图19.36）是加拿大酿酒厂约瑟夫施格兰公司美国总部的所在地，建于派克大街对面，与同样著名的现代主义建筑利华大厦为邻。密斯·凡·德罗和菲利普·约翰逊设计的西格拉姆大厦是现代主义信条"功能决定形式"的另一个鲜明范例。大厦没有任何装饰。垂直的镀青铜钢铁工字梁形成了一个

图19.36　密斯·凡·德罗和菲利普·约翰逊，西格拉姆大厦，1958年。纽约。西格拉姆大厦达到了现代美学的高度。

完美的规则图案，贯穿大厦所有楼层，增强了大厦的挺拔感。密斯不喜无规则的事物，甚至明确要求西格拉姆大厦的窗帘要统一，这样从外面看大厦的窗户绝不会显得凌乱。底层入口处的圆柱不仅与大厦的网格状外观形成互补，还与广场的树木和喷泉一起，形成了嘈杂的外界通往肃穆大厦之间的柔和过渡空间。

后现代建筑

至20世纪70年代中期，如西格拉姆大厦这种外观齐整的现代主义风格的大楼，成了都市最主要的景观。建筑评论家开始担忧这些大量涌现的矩形钢筋笼子，将使全国各个城市陷入无趣之中。正如约翰·佩罗特在1979年所说："我们都厌烦了冰冷的广场和'幕墙'式的摩天大楼。"

作为回应或反抗，到20世纪70年代末，建筑师们继续建造着钢筋笼子一样的建筑，但也从过去的装饰风格中自由取材，包括古典风格的柱式、山形墙、雕带和各种我们能从古埃及、古希腊或古罗马发现的元素。这一建筑运动被称为后现代主义，其理念是让建筑再一次活跃起来，与其历史相连，与心灵或精神的大街相连，即某种大规模的建筑怀旧。后现代主义建筑摒弃了

图 19.37　迈克尔·格雷夫斯，休曼那大楼，1985 年。肯塔基州，路易斯维尔。照片版权属于迈克尔·格雷夫斯建筑设计事务所。休曼那大楼令人联想到一位埃及法老坐在王座上。

现代主义建筑拘谨、简约和完美的外观处理，青睐于古怪的形状、颜色和图案。后现代主义建筑师让建筑学中的装饰概念再度流行，这种做法彻底背离了 20 世纪现代主义追求的纯粹。

迈克尔·格雷夫斯

迈克尔·格雷夫斯（生于 1934 年）的休曼那大厦（图 19.37）是对古埃及的历史借鉴。高大、密集的柱子（如仿埃及多柱大厅）和方形网格窗，减轻了牢牢托起大楼的矩形基底原本的沉重感。休曼那大厦的总体外观让人想起埃及神庙的大门，例如卡纳克神庙的大门（见图 1.33）。办公楼位于门厅之后，大楼的整体外形酷似古代雕塑中坐着的人像（见图 1.30）。大楼正面顶部的曲形楼体"装饰"着一块突出的矩形，使人回忆起古埃及法老王的头饰。

伦佐·皮亚诺和理查德·罗杰斯

巴黎蓬皮杜国家艺术文化中心（图 19.38）的建筑师是意大利人伦佐·皮亚诺（生于 1937 年）和英国人理查德·罗杰斯（生于 1933 年）。这一谱系或许是许多巴黎人最初对这座建筑持批判态度的原因之一，不同于现代建筑，它的框架结构暴露在外部。古板的现代建筑，如西格拉姆大厦，具备一个中央核心筒，带有空调、暖气和水电管道，当然还有电梯和楼梯。覆盖这些公用设施的各种管道有着不同的颜色标记，以便工人和维修人员能轻松地找到它们。蓬皮杜中心内——或者说，

图 19.38　伦佐·皮亚诺和理查德·罗杰斯，蓬皮杜国家艺术文化中心，1977 年。法国，巴黎。水电、供暖与制冷等不同公用设施的管道用不同颜色进行区分。

中心上——也遍布着这样的管道，它们是中心外观的一部分，为建筑增添了多样的色彩。甚至电梯也在建筑的外部——人们搭乘透明外观的运输机上行的时候，能看到这座城市更壮丽的风景。

解构主义建筑

我们所知的现代建筑，相对于现在来讲已经不再现代。如果按风格归类，它们甚至不属于后现代。当人类的历史迈入第三个千禧年时，建筑的世界似乎完全沉浸在了一种被称为解构主义的运动中。

解构主义运动起源于1960年代，建立在法国哲学家德里达的思想之上。德里达声称，文学文本可以从不同的角度进行解读，认为文学作品只有一种合理解释的想法十分荒谬。同样，在解构主义建筑设计中，部分比整体更重要。事实上，建筑物本来就该分开了看局部。传统建筑中熟悉的元素被拆开、丢弃或掩盖，这使得剩下的部分有时看起来似乎是随意组装起来的。

解构主义建筑师否认形式应当服从功能的现代主义格言。相反，他们倾向于使建筑简化为更纯粹的几何形式，并运用现代材料将其付诸实施，还自由地利用色彩来表达情感。

弗兰克·盖里

坐落于纽约市第五大道，由赖特设计的不朽杰作——古根海姆博物馆，一直位居设计的前沿。出生于加拿大的建筑师弗兰克·盖里（生于1929年），设计了一座毫不逊色的毕尔巴鄂古根海姆美术馆（图19.39），每年为西班牙这座工业城

图 19.39　弗兰克·盖里，毕尔巴鄂古根海姆美术馆，1970 年。西班牙，毕尔巴鄂。这座美术馆让毕尔巴鄂成了旅游景点。

图 19.40　弗兰克·盖里，斯塔塔夫妇中心计算机·信息·智慧科学楼，2005 年。马萨诸塞州，坎布里奇，麻省理工学院。虽然最令游客印象深刻的是中心的外观，但其也是一座绿色（节能）建筑：它收集并循环利用雨水，只有在必要的时间和地方才使用空调系统，部分建筑甚至由再生建筑材料建成。

市带来成千上万的游客。盖里现在正在为阿联酋的阿布扎比市设计另一座古根海姆博物馆。他将毕尔巴鄂古根海姆美术馆称为"金属花"。也有人认为美术馆波涛般的曲线形状令人想起船只，因此这座栖于水边、机器加工制造的美术馆便与毕尔巴鄂作为国际海港的历史相系了起来。这座美术馆的形状就像是一个自由漂浮的几何形在这一地点发生碰撞、朝四方弯曲后形成的；如果碰撞发生在其他时间，可能又会产生不同的形状。

　　盖里还接受委托为麻省理工学院设计了斯塔塔夫妇中心。这座大楼设有教室、研究室、礼堂、健身房和一个儿童保育中心。盖里的解构主义设计方案又一次以碎片和雕塑形状为特征（图 19.40）。毕尔巴鄂古根海姆美术馆呈现的是形状的

碰撞；而斯塔塔夫妇中心更有直线感，看上去好像成排房屋不知怎地向内坍塌，或是彼此间倒塌依靠。斯塔塔夫妇中心是一座绿色建筑，即其设计符合环保原则，比如使用循环雨水，尽可能地加大空气流动以减少供暖和制冷中使用的化石燃料，设计有效的自然通风窗户，重复使用其他项目的建筑废料，甚至设计了利用雨水的环境美化工程。

圣地亚哥·卡拉特拉瓦

　　西班牙建筑师圣地亚哥·卡拉特拉瓦（生于 1951 年）的建筑似乎在美国无处不在：亚特兰大市的一座交响乐中心；密尔沃基市的一座博物馆；30 座桥梁；2015 年开放的建于世界贸易中心原址的交通枢纽站（图 19.41）；还有纽约市的一栋住宅楼，这栋混凝土住宅楼从中心伸出 12 支立体悬臂，俯瞰着东河。2005 年，《时代》杂志将卡拉特拉

图 19.41　圣地亚哥·卡拉特拉瓦，世界贸易中心交通枢纽站，2016 年投用。纽约。自然光能穿过肋骨状的窗户，洒满地下 18 米深的站台。

瓦列为当年最具影响力100人之一。同年，美国建筑师学会也授予了他建筑师们梦寐以求的金奖。正如我们在交通枢纽站中所看到的，同时身为雕刻家和画家的卡拉特拉瓦抹去了建筑和雕塑之间的界限。沙里宁设计的环球航空公司航站楼像一只飞翔的鸟，卡拉特拉瓦的交通枢纽站也是如此（虽然它看起来也像剑龙的背脊），但枢纽站绝大部分位于地下。枢纽站地面部分的建筑体由玻璃和钢铁构成，还有两面向上伸展的天棚，就像一对翅膀。这一设计的实用目的是为地下18米深的列车站台带来充足的自然光。卡拉特拉瓦认为这座建筑的材料是钢铁、玻璃还有光。列车旅客到达枢纽站后就会沐浴在令人振奋的自然光中。

视频

视频技术是为电视而发明的，于1939年在纽约皇后区法拉盛草地公园举行的"世界博览会"上首次出现在大众面前。近75年以来，电视彻底改变了美国的国内文化，并使其走向世界。商业电视传播的图像反映和创造了共同的当代文化，这从音乐电视（MTV）的《泽西海岸》、福克斯（Fox）的《舞魅天下》

等真人秀节目，到家庭影院（HBO）的《黑道家族》《火线》《真爱如血》和美国经典电影有线电视台（AMC）的《广告狂人》等原创节目中都有所体现。孩子们看电视的时间和在学校学习的时间一样多，而国会委员会讨论着诸如儿童肥胖和电视暴力这样的不良影响。

电视屏幕还充斥着大量关于天灾人祸的现场报道，并且所产生的影响已经改变历史。数以百万计的人们坐在电视机面前惊恐地看到了约翰·肯尼迪在1963年遇刺，看到了1986年挑战者号航天飞机爆炸。有人认为是越南战争的电视画面，让人们憎恶战争，使得美国在1975年撤离了越南。那些被称为"海湾土豆"（"沙发土豆"[电视迷]的变相说法）的人指的是沉迷于看海湾战争报道的观众，海湾战争是美国第一场以现场画面进行报道的战争，开始于美国有线电视新闻网（CNN）在1991年对巴格达上空战斗轰炸机的直播描述。2001年，无论是身在纽约郊区还是芝加哥或洛杉矶的观众，都看到了世贸中心被毁灭。可以说，观众变成了一个通过无线广播和有线电视连接的群体。

在美国，商业电视节目由私营媒体公司播出，为观众提供各种各样的节目选择，包括新闻评论、体育赛事、情景喜剧、真人秀和电影。区别于电视机构的商业化努力，视频艺术作为一种媒介在 20 世纪 60 年代出现了。

比尔·维奥拉

比尔·维奥拉（生于 1951 年）的《穿越》（图 19.42）是一台感官沉浸式影音装置艺术，旨在将观众带入一种精神境界中。在这一作品中，艺术家比尔·维奥拉同时将两个视像投影到两面 4 米高的屏幕上，或者投射到同一屏幕的前后两面上。

屏幕的一面是一个像人一样的形体从远处黑暗中缓缓走近。当形体逐渐变得清晰，我们很快认出那是一个朝我们走来的男人，而且越变越大。当他的身体几乎占据整个屏幕时，他停下脚步站住不动，一言不发地注视着观众。接着一小团火苗出现在他脚下，然后骤然转化为耀眼的橙色火焰，蔓延到地板和男人身上。当他的身形很快被熊熊烈火完全吞没时，一阵巨大的咆哮声充斥整个空间。火势很快减弱，烧焦的地板上只剩下零星火焰在跳跃。这时男人的身影消失了。画面变成黑色，影像再次重复播放。

这两组互补的影片同时在屏幕的两边播放，观众必须转换位置才

图 19.42　比尔·维奥拉，《穿越》，1996 年。视频／声音装置艺术，版次：第 1 版（共 3 版），16 分钟。两道彩色视频投影从黑暗大厅相对的两个方向，投射到两个背对背的大屏幕上，这两个屏幕从天花板上垂下安装在地板上；四声道增强立体声，四个扬声器。房间大小：4.9×8.4×17.4 米。演员：菲尔·埃斯波西托。摄影：基拉·派罗芙。纽约，古根海姆博物馆。© 比尔·维奥拉工作室惠允。一个巨大的双面投影屏幕立于房间中央，其底边挨着地板。两个视频投影机安装在房间的两端，同时将影像投射到屏幕的正面和背面，呈现出人在火与水两种对立自然力量的暴力毁灭中终结的情节。

能看到这两组影像。比尔·维奥拉设定好影像的时序，让两个身形同时靠近，让极致的大火和激流同时出现，使影像完美地同步播放，极具冲击力的影像和咆哮的声音为空间注入了活力。火和水这两种传统自然元素在影像中不仅表现出了它们的破坏力，还展现了它们的宣泄、净化、转化和再生功能。通过这种方式说明自我毁灭是超越自己和解放自己的必要方法。

尽管评论家盛赞维奥拉作品的精神本质，但观众在观看作品时产生的感官体验也十分令人称道。

皮皮洛蒂·瑞斯特

皮皮洛蒂·瑞斯特（生于 1962

年）是瑞士一位视频表演艺术家，其最常见的主题是自己裸体漂浮在无尽的海洋中。瑞斯特的作品曾在不同的场地进行放映，如纽约的时代广场，在 2005 年威尼斯国际艺术双年展上，她的作品还被投放到意大利圣思塔教堂的巴洛克式天花板上进行播放。瑞斯特是第一个发掘音乐视频美学的艺术家，她创作的视频充满了迷幻色彩，并以自己的音乐作为背景（瑞斯特创建了一支全女子乐队 Les Reines Prochaines，意为下任女王）。瑞斯特的装置艺术是感性而快乐的。"墙壁也变成灵魂的浴缸冲刷着人们，让他们在里面漂浮起来。"纽约现代艺术博物馆委托她创作过一个特定场合装

图 19.43　皮皮洛蒂·瑞斯特，装置艺术《倾诉你的身体（7354 立方米）》中的景象，2008 年。由多频道视频（彩色有声）、投影机外壳、圆形座位和地毯组成，纽约现代艺术博物馆。©2013 皮皮洛蒂·瑞斯特，纽约市卢赫灵·奥古斯丁画廊及豪瑟沃斯画廊惠允。瑞斯特亲自设计了座位，以保证观众能从最佳角度观赏艺术品。

置艺术，将博物馆二楼中庭的几面墙用 7.6 米高的画像覆盖了起来（图 19.43）。在这里，随时都能看见三五成群的观众或信步走过中庭，或坐于投影下方的地板上，或躺卧在由瑞斯特设计的垫子上。

马修·巴尼

《纽约时报》电影评论家斯蒂芬·霍尔顿认为，马修·巴尼（生于 1967 年）是"他所属时代最重要的美国艺术家"。在当代艺术家持续向使用传统材料发起挑战时，巴尼也不例外，他设计了木薯布丁哑铃和凡士林运动凳。但是巴尼最有名的还是由 5 部影片组成的《悬丝》系列。电影中的角色有宁芙（希腊和罗马神话中的自然女神）、萨提尔（古典神话中半人半羊的怪物）和其他传说人物，这些人物有些能认出是谁，有些不能。电影围绕着各种各样仪式化的男子运动竞技和大量象征性的异教徒庆典进行叙述，并用兼收并蓄的背景音乐进行烘托。《悬丝 2》的很多场景发生在荒蛮西部的开阔空间，其间伴随着民歌、摩门圣幕合唱团的吟唱和其他音乐。其中一个场景把观众带到了 1893 年的世博会。在这个场景中，小说家诺曼·梅勒（1923—2007 年）扮演脱逃艺术家哈利·胡迪尼（图

图 19.44 马修·巴尼，《悬丝 2》，1999 年，剧照。©1999 马修·巴尼。迈克尔·詹姆斯·奥布赖恩拍摄。纽约和布鲁塞尔格莱斯顿画廊美术馆惠允。这一幕中的两人分别是巴尼（右）与小说家诺曼·梅勒。

19.44），巴尼则站在他的身旁，打扮成身着奇怪装束的盖里·吉尔摩（美国连环杀手）。

梅勒是积极评论小说《裸者与死者》（1948 年）的作者，小说取材于梅勒在二战中的军旅经历（他因此名声大噪），揭露了部队军官有时会在无聊时，将步兵当成棋子来游戏。1958 年，小说被拍成电影。梅勒还写过《刽子手之歌》，一本有关 1977 年被行刑队枪决的杀人犯盖里·吉尔摩的作品。与汤姆·沃尔夫、琼·迪迪翁和杜鲁门·卡波特等作家一样，梅勒也是纪实文学的创始人之一。纪实文学也称新新闻写作，是一种将真实故事与虚构技巧结合的体裁。无论如何，吉尔摩是不会像逃脱大师霍迪尼那样逃跑的。

《裸体和死者》开篇（阅读材料 19.5）描述的是美军在太平洋上乘船辗转于各个岛屿，打击日军的故事。

阅读材料 19.5　诺曼·梅勒

摘自《裸者与死者》，第 1 章

谁也睡不着觉。天一亮突击登陆艇就要放下水去，第一批部队就要驾着小艇，劈开浪花，冲上安诺波佩岛的海滩了。这运兵船上，这整个船队里，人人心里都很明白：再过几个小时，他们中间有一些人的死期就要到了。

比如船上就有这样一个士兵：他仰面躺在铺位上，闭上了眼，却全无半点睡意。只听见四下里像浪激波涌似的，呼呼之声此伏彼起，那是因为弟兄们不时也会打个盹儿。有个人还大声说了句梦话："我不干！我不干！"这一嚷，就引得那个士兵把眼睁了开来，他盯着这船舱慢慢打量了

一转，头脑里的幻境渐渐消散了，出现在眼前的那乱糟糟的一大堆吊床，是光赤条条的人形儿，是挂在那里晃啊荡的随身装备。不行，得上一趟厕所。他轻轻骂了一声，把身子往上耸了两耸，终于坐了起来，两腿刚一伸到床外，弓起的背就跟上面挂吊床的钢管撞了个正着。他叹了口气，伸手去把系在柱子上的鞋解了下来，慢慢穿上。铺位上下共有五层，他的铺位是往上数第四只，他就在昏暗之中犹犹疑疑爬下床来，生怕一不留神会踩着了下面吊床上的人。到了地上，便小心翼翼穿过横七竖八的包包囊囊，向舱壁门走去，半路上还让谁的枪绊了一下。又穿过了一个也是那样杂乱无章很难插足的舱间，这才到了厕所。

[译注] 引自诺曼·梅勒，《裸者与死者》，蔡慧译，南京：江苏凤凰文艺出版社，2015。

当代文学的一些趋势

到二战结束时，定义了现代主义文学特征的文学大师们，包括 T.S. 艾略特和詹姆斯·乔伊斯，要么已经故去，要么已经过了创作巅峰期。但是他们在疏离的世界中对生命意义的热忱探索依然激励着其他作家的创作。伟大的现代主义主题得到了来自其他传媒领域大师们的关注。瑞典电影制作人英马尔·贝里曼（1918—2007 年）从 1957 年的黑白电影《野草莓》开始，陆续拍摄了一系列经典电影。《野草莓》探讨了信仰的缺失和现代人的绝望。神秘的爱尔兰剧作家萨缪尔·贝克特（1906—1989 年）——居于法国，用法语和英语写作——创作了《等待戈多》（1952 年）等戏剧，这样的荒诞派文学探讨了一个没有逻辑、行为准则，甚至没有确定语言的世界。

塞缪尔·贝克特

《等待戈多》尽管看上去很简

单，实则是一部极难解读的作品。贝克特设置了两个角色：弗拉基米尔和埃斯特拉贡。这两人站在一个荒凉的无名十字路口等待戈多，在耐心等待的过程中，他们遇上了另外两个傻里傻气的角色。整部剧只有两幕，每一幕代表一天，每一天都有一个小男孩宣布戈多明天就会来。剧终时，尽管弗拉迪米尔和埃斯特拉贡短暂想过，如果戈多不来拯救他们，他们就离开或者自杀，但最终还是决定继续等待。

《等待戈多》的语言中掺杂着圣经典故和宗教双关语。戈多是上帝吗？这场戏剧是否想要阐明没有终极意义的荒诞世界的本质？贝克特没有明说，评论家们也意见不一，但他们一致认为《等待戈多》是对语言、人际关系和世界终极意义的经典（虽然可能显得晦涩）的表达。

埃利·威塞尔

当战争逐渐接近尾声时，控诉战争之残酷的其他声音开始为人所知。战争时期最令人发指的暴行，是纳粹集中营中600万犹太人、无数持不同政见者和反纳粹者遭受的灭顶之灾，许多人不遗余力地将其中的真相告诉世界。在幸存者的控诉中，最值得注意的是出生在罗马尼亚的埃利·威塞尔（生于1928年），他在纳粹集中营中幸免于难。威塞尔把自己描述成一个"讲故事的人"。威塞尔感到自己有责任让自己民族几近灭绝的记忆长存，这种责任超越了通常的艺术责任。有人认为威塞尔最伟大的作品是他的自传体回忆录《夜》（1960年），书中讲述了他在集中营里度过的几年。这是一本极其感人的书。其中一个主题是讲当威塞尔目睹了集中营惨状，认为上帝任由他"选中"的人民灭绝时，便失却了对上帝的信仰。

美国文学

在美国，全新一代的作家定义了美国生活经历的本质。阿瑟·米勒的戏剧《推销员之死》（1949年）探讨了以悲剧英雄威利·洛曼为代表的普通人，他们被生活打败，从而美国梦碎。杰罗姆·大卫·塞林格的《麦田里的守望者》（1951年）记录了一位美国青少年迷茫的成长过程，故事讲得如此令人信服，以至于此书一度成为年轻人的热门读物。尤多拉·韦尔蒂、威廉·斯泰伦、沃尔克·珀西和弗兰纳里·奥康纳等南方作家依旧像威廉·福克纳一样，思索着美国南部这片尝过失败滋味的土地。华莱士·史蒂文斯、西奥多·罗特克、威廉·卡洛斯·威廉姆斯和玛丽安·穆尔等诗人继续

阅读材料 19.6　埃利·威塞尔

摘自《夜》

大约有一万人前来参加这场庄重的仪式，包括楼长和囚头，还有为死神效力的大大小小的头目们。

"感谢万能的主……"

主持仪式的是一个囚徒，他的声音很低，只能勉强听到。一开始，我以为是一阵风。

"祝福上帝的名字……"

数千张嘴重复着祝辞，人们弯腰弓背，像被暴风雨打弯的树。

祝福上帝的名字？

为什么？我为什么要祝福他？我身上的每根纤维都要造反。因为他让数千孩子在他创造的巨大坟场里烧成灰烬？因为他让六座焚尸炉没日没夜地燃烧，包括安息日和神圣日？因为他法力无边，创造了奥斯维辛、伯肯诺、布纳以及大量死亡工厂？我怎能对你说："感谢你，万能的主，宇宙的主宰，你在所有民族中挑中了我们，

没日没夜地折磨我们，让我们亲眼看着自己的父亲、母亲和兄弟在焚尸炉里了却一生？我们赞美你的名字，因为你选中我们任人宰割，做了你祭台上的牺牲？"

……

我永远不会忘记那天夜晚，那是在集中营度过的第一个夜晚，它把我的整个一生变成了漫漫长夜，被七层夜幕严裹着的长夜。我永远不会忘记那些烟云。我永远不会忘记那些孩子们的小脸，他们的躯体在岑寂的苍穹下化作一缕青烟。

我永远不会忘记那些火焰，它们把我的信仰焚烧殆尽。

我永远不会忘记黑洞洞的寂静，它永远夺去了我的生存意愿。

我永远不会忘记那个时刻，它戕杀了我的上帝、我的灵魂，把我的梦想化成灰烬。我永远不会忘记这一切，即使我受到诅咒，像上帝一样永生不死。永远不会。

[译注] 引自埃利·维赛尔，《夜》，王晓秦译，长春：吉林文史出版社，2007。

歌颂着自然与人的美好和丑恶。

存在主义非常适合于战后的情绪。存在主义思潮的特点之一，就是坚持抗议和表达人的不满。这种存在主义式抗议是战后十分常见的景象。20 世纪 50 年代末和 60 年代初的民权运动成了各类抗议的一次范例，比如反对越南战争抗议，以及支持妇女、无产者、弱势群体和被歧视受害者的权利。抗议文学也

一直是权利呼吁的一部分。

约翰·厄普代克

约翰·厄普代克（1932—2009年）写过小说、诗歌和短篇故事。他最著名的作品集讲述了一名前高中篮球明星——"兔子"哈利·安斯特朗的故事。哈利身长 1.9 米，在人群中非常突出。退役后的哈利一直在适应着一个事实：自己的光

辉煌岁月已经一去不复返——正如所有人的辉煌和努力也终将成为过去。阅读材料 19.7 是作品集第一部《兔子，跑吧》（1960 年）的开篇，讲述了一群正在打篮球的年轻人，对看着他们打球的高大陌生人哈利·安斯特朗感到害怕，但他一点威胁也没有。小说中大多数时间里，哈利漫无目的地开着车在宾夕法尼亚郊区和农村游荡，似乎在寻找解开他未来的线索。厄普代克详细阐述了"兔子"驾车前行时，收音机里播出的歌曲和广告。这套小说集分为四部。其中之一发生在民权运动的鼎盛时期，"兔子"与一个非裔美国家庭扯上了关系。在另一部中，他因为拥有一家丰田经销店而变得异常富有，这是对美国和世界其他国家形成的新关系的说明，也是对美国昔日的敌人成为了美国人生活中重要角色的讽刺。毕竟，这个国家也从德国进口了没有上百万，也有几十万辆大众和奔驰汽车。

阅读材料 19.7　约翰·厄普代克

摘自《兔子，跑吧》

一根电话线杆上固定着一块木板，有一群男孩正围在这儿打篮球。他们跑着，叫着，"克兹"牌球鞋踩得小巷地面上的松散碎石"吱吱"作响，仿佛将孩子们的叫声高高弹起，越过电话线，抛上那潮湿的三月的蓝天。兔子安斯特朗西装革履地走进小巷，他虽然已经二十六岁，而且身高六英尺三，却止步观战起来。他身材太高，似乎与兔子的形象相去甚远，但那宽大的白脸，浅蓝色的瞳仁，以及将烟叼进嘴里时短鼻子下的神经质颤动，多少解释了这个绰号的由来——这是在他也还是个孩子时叫开的。他站在那里，心里想，小家伙们一个接一个地来到世上，真是挤得你够呛。

他就那样站在一旁，这帮真正的孩子不禁有些纳闷，不时地瞥他一眼。他们打球只是自娱自乐，可不是打给哪个穿着双排扣褐色西服满镇闲逛的大人看的。在他们看来，一个大人竟然走进这条小巷，未免有些滑稽。他的车在哪儿？他嘴里叼着烟，更给人一种不怀好意的感觉。难道他就是那种掏出烟或钱，要他们跟他到制冰厂后面去的人吗？他们听说过这种事，可并不怎么害怕，自己这边有六个人呢，而他只有一个。

[译注] 引自约翰·厄普代克，《兔子，跑吧》，刘国枝译，上海：上海译文出版社，2008。

爱德华·阿尔比

剧作家爱德华·阿尔比（生于 1928 年）以其话剧《动物园的故事》（1958 年）、《沙箱》（1959 年）以及《谁害怕弗吉尼亚·伍尔夫？》（1962 年）最为出名。在《谁害怕弗吉尼亚·伍尔夫？》中，一对博学的夫妇用童谣"谁害怕邪恶的大灰狼？"（英语"伍尔夫"和"狼"谐音）唱出了话剧的标题。1966 年，它被拍成了一部精彩的电影，由伊丽莎白·泰勒和理查德·伯顿（图19.45）领衔主演，他们此前刚刚主演了电影《埃及艳后》。这部电影中有一个关于文化的小细节，那就是在黑白色封闭的新英格兰大学城中，出现了彩色的古埃及和古罗马皇室影像。伯顿饰演了一位疲惫的历史系教授乔治，他的妻子玛莎（由泰勒扮演）嘲笑他是扶不上墙的烂泥，那么多年都没能成为历史系的头儿（即系主任）。在剧中，玛莎给他起了个绰号叫"淤泥"。这对时时争吵、剑拔弩张的夫妇邀请一对年轻夫妻——一位新来的教授和他的妻子——来家里共进晚餐。"共进晚餐"可以有不同含义，最后玛莎和乔治·西格尔扮演的年轻教授发生了关系，她的丈夫陷于焦虑，而桑迪·丹尼斯扮演的年轻妻子则茫然无所知。乔治和玛莎假装养育了一个孩子，但他们在描述孩子的时候错漏百出，例如称他是一个"碧发金眼"的孩子。与美国第一任总统乔治·华盛顿及其夫人玛莎不同，剧中的乔治和玛莎永远不会成为一个国家、一个孩子的父母。在这场无法避免的争吵之后，我们发现这

图 19.45　恩斯特·莱赫曼，《谁害怕弗吉尼亚·伍尔夫？》剧照，1966 年，改编自爱德华·阿尔比1962 年的话剧。玛莎（伊丽莎白·泰勒饰）与乔治（理查德·伯顿饰）争执不休。乔治是新英格兰大学城一所大学的教授，夫妻二人经常用言语诋毁对方。剧中充斥着酗酒、性和存在主义焦虑，我们最终也发现，这种相互毁灭的模式是这对夫妻打发无聊和生活下去的游戏（尽管不同于正常的生活）——几乎每天都会发生。

只是乔治和玛莎惯有的一个晚上。

非裔美国文学

首先，我们可以从非裔美国人创作的文学作品，特别是第一次世界大战后这段时期内的作品中，发现他们为尊严和平等而进行的斗争。以哈莱姆文艺复兴之名而松散归类的作家就是美国黑人文学的先驱。他们摒弃了对黑人的成见，用文学娓娓道出了对人性和公平正义的要求。这些作家的作品预示着记录非裔美国人在国内遭受种族歧视的小说将如洪水般涌现。其中理查德·赖特的《土生子》(1940 年)和拉尔夫·艾里森的《看不见的人》(1952 年)两部小说具备了"美国经典"的特征。詹姆斯·鲍德温的《高山上的呼喊》(1953 年)将哈莱姆区、爵士及宗教信仰的生动记忆，融合成不断壮大的非裔美国人的炽热肖像。艾丽斯·沃克在极具影响力的《紫颜色》(1982 年)中探索了她的南方根脉。

非裔美国女作家是当代文学中的重要声音，她们在诗歌、小说和传记中探讨了种族与性别不平等相互交织的问题。格温多林·布鲁克斯(1917—2000 年)与倡导哈莱姆文艺复兴的作家紧密联系，是第一位获得普利策诗歌奖(1950 年)的非裔美国女性。格温多林在芝加哥

的生活和遭遇的种族偏见，都反映在其作品中(参见阅读材料 19.8)。诗人兼活动家尼基·乔凡尼(生于1943 年)受民权运动和 20 世纪 60 年代"黑人权力"激进主义的影响，其作品是美国黑人历史和女性意识的诗意融合，也是对自己身为黑人和女性的自豪之情的赞颂。

阅读材料 19.8　格温多林·布鲁克斯
《艾米特·提尔叙事谣曲的最后一节四行诗》
在谋杀之后，
在下葬之后，
艾米特的妈妈有着一张美丽的脸庞；
肤色像是拉制后的太妃糖。
她坐在红色的房间里，
品尝着黑咖啡。
她亲吻自己被杀死的男孩。
她很悲伤。
喧嚣在灰暗的狂风中
穿过了一片红色的草原。

马娅·安杰卢(生于 1928 年)是当代美国黑人文学中最著名的人物之一，她的创作包括小说、诗歌和戏剧文学多个方面。她也是一名制片人、导演和直言不讳的民权倡导者。《我知道笼中鸟为何歌唱》(1969 年)是安杰卢自传体系列作品的第一部，书中安杰卢勇敢地探讨了美国黑人经历的现实情况——既有真实的经历，也有想象的情景——包括身为黑人女性的利弊、社会不公和机会不均的残酷现实，

以及身心受到禁锢产生的影响。

安杰卢的诗《笼中鸟》道出了

社会正义的缺乏、身心遭受的禁锢和挫折。

阅读材料 19.9 马娅·安杰卢
摘自《我知道笼中鸟为何歌唱》

黑人女性在年幼时受到所有那些常见的自然力量侵扰，同时又被卷入男性偏见、白种人不合逻辑的痛恨和黑人没有权力的三重争端。

表现出强大性格的美国黑人成年女性通常会遭受惊愕、厌恶甚至敌意。人们极少认为这是幸存者赢得斗争的必然成果，即便不欣然接受，也理应得到尊重。（第34章）

《我知道笼中鸟为何歌唱》中反复出现的一个主题，是安杰卢从非常幼小时起通过观察白人和黑人而产生的感知差异。这些视觉印象以她现在成年人的声音写成了诗：

在黑人社区和所有白色的东西之间，垂下一片阴影，但是人们可以看穿它，足以对白人的"东西"——白人的汽车、洁白并闪闪发光的房屋以及他们的孩子和妇女——产生一种从敬畏到羡慕再到蔑视的情感。但最重要的是他们拥有的财富任其挥霍，这是最令人羡慕的。（第8章）

本书的开篇有力地描述了一种可以伴有"差异"的疏离感或情感转移：

如果长大对于南方的黑人女孩来说是一种痛苦，那么意识到自己的情感转移就是威胁着喉咙的剃刀上的铁锈。这是一种不必要的侮辱（开场白）。

《我知道笼中鸟为何歌唱》也是安杰卢一首诗的标题，诗中美国黑人的境况以并存的笼中鸟和自由鸟为象征。类似地，在自传中安杰卢将她自己的新声音（直到五年后她才说出自己幼年时遭到虐待和强奸的事）与她的那些忍住发声、沉默不语的非裔诗人前辈深刻地联系在一起：

哦，有名和无名的黑人诗人们，你们拍卖掉的痛苦多久鼓舞我们一次？谁会去数那些因你们的歌而不太寂寞的寂寞夜晚，或是因你们的故事而不太悲惨的空虚日子？

如果我们是一个乐于透露秘密的民族，我们可以建造纪念碑、为纪念我们的诗人而祭献，但是奴隶身份却消除了我们这样的软弱。（第23章）

托妮·莫里森（生于1931年）创作了几部描写非裔美国人经历的小说，并在1993年获得诺贝尔文学奖。其新近创作的小说《家》（2012年）讲述了一个非裔美国男子在朝鲜战争后重返实行种族隔离制度的美国的故事。在莫里森第一部小说

《最蓝的眼睛》（1970年）中，一个名叫克劳迪娅·麦克蒂尔的小女孩有个朋友，她的朋友被自己父亲强奸并失去了自己的孩子。克劳迪娅讲述了孩子夭折前一年发生的故事，那一年，为孩子许愿而种的金盏花没有盛开。在阅读材料19.10中，

阅读材料 19.10　托妮·莫里森

摘自《最蓝的眼睛》，第 1 章

　　那种感觉是从圣诞节和娃娃礼物开始的。圣诞节最贵重、最特别、最动人的礼物总是蓝眼睛的大号娃娃。我从大人们啧啧的赞叹声中听出来，在他们的心目中，这样的娃娃代表着我最深切的渴望。我对这东西和它的模样感到不知所措。我该拿它怎么办呢？假装我是它的妈妈？……图画书里满是小女孩跟她们的娃娃睡觉的场景。往往都是些破烂安妮娃娃，根本不值一提。我对那白痴似的圆眼睛、扁脸盘和黄蚯蚓一样的头发有种生理上的厌恶，而且私下里对它们感到害怕。

　　满以为别的娃娃会给我带来巨大的快乐，结果却事与愿违。我带着娃娃上床睡觉时，它那僵硬的四肢抵着我的皮肉——带肉坑的手上那尖削的手指总在刮擦着我。如果我在熟睡中翻身，那骨骼般冰凉的脑袋总是和我的头相撞。它可说是最让人不舒服、公然侵犯别人的睡眠伙伴。抱娃娃的感觉也让人感到索然无味。浆过的薄纱或者棉裙上的花边让人在拥抱时万分恼火。我只有一个强烈愿望：把娃娃拆了。看看它到底是用什么材料做的，看看它哪里可爱，哪里美丽，哪里吸引人，但显然，只有我感觉不到它的魅力。大人、大女孩、商店、杂志、报纸、橱窗标志——全世界公认所有的女孩都会把那种蓝眼睛、黄头发和粉红皮肤的娃娃当作宝贝。"看呐，"他们说，"这个多漂亮，如果你今天'表现好'，就可以得到它。"我用手指触摸着娃娃的脸蛋，好奇地看着它那细细的眉毛，用指尖挑着帆脚索般的红唇间露出的仿佛琴键似的珍珠色牙齿。我摸摸它翘翘的鼻子，抠抠它亮晶晶的蓝眼珠，卷卷它的黄头发。我就是无法喜欢它。但我可以检查一下，看看到底是什么原因让全世界的人都说它漂亮可爱。扭断它的细手指，折弯它的平板脚，弄松它的头发，拧歪它的脖子，那东西只会发出一种声响——大家说那是甜蜜而哀伤地呼唤"妈妈"的声音，可在我听来却像垂死的小羊羔的叫声。或者更准确地说，像七月里我家冰箱门打开时生锈的铰链发出的呻吟。抠出那双冰冷又傻气的眼珠子时，它还在"啊啊啊"地叫唤。把头拧下来，把木屑抖出去，在铜床头架上打折它后背时，它还一个劲儿地叫个不停。撕开后面的绵纱网，我看见那块打着六个小孔的铁片，这就是它发声的秘密所在。一块圆形金属片而已。

[译注] 引自托妮·莫里森，《最蓝的眼睛》，杨向荣译，海口：南海出版公司，2013。

克劳迪娅讲述了她在圣诞节收到一个金发碧眼的洋娃娃礼物的经历。

女性主义视角

　　女性作家在作品中表达女性思想和社会政治立场的方式有千千万万种，简短的探讨甚至不能触及其皮毛。受玛丽·沃斯通克拉夫特、简·奥斯丁和弗吉尼亚·伍尔夫等女性先辈的鼓舞，当代女权主义者从多个角度对性别和性别问题进行了研究，包括其内容和形式。内容上从女性角度去展现女性的经历，形式上则被女权主义批评家伊莱恩·肖沃尔特定义为"用语言和文字刻下的关于女性身体和女性的铭文"。

女性主义视角的广度和多样性，只有在西尔维娅·普拉斯（1932—1963年）和安妮·塞克斯顿（1928—1974年）这两位既是同代人又是朋友的女性作家的两部文学作品上才得到了最大体现。两位作家都运用了传统男女的形象来审视男女地位的限制。普拉斯创作诗歌和散文；塞克斯顿则只写过诗。

普拉斯的自传体小说《钟形罩》创作于二战后的保守主义时期，这一时期妇女的角色、机会和性行为都受到了限制。普拉斯努力以一个作家的身份，揭示了女性的个人目标和社会对女性作为女儿、妻子和母亲的"预设"期望之间的微妙关联。这些问题产生的焦虑是小说的中心，也是普拉斯对自己遭受的精神疾病的认识和直言不讳的表述——她将她的精神疾病表述为"抓着我心脏的猫头鹰的利爪"。普拉斯在1963年2月的一个早晨自杀了，在此之前她或许不止一次地尝试过结束自己的生命。《钟形罩》讲述了她第一次服下她母亲为了不让她找到而藏起来的处方安眠药，尝试自杀的经过。

安妮·塞克斯顿的作品与西尔维娅·普拉斯的作品一样，被评论家们称为"披露隐私"的作品，即作品揭示了作者生活中私密的个人情况。塞克斯顿曾获普利策诗歌奖，她的作品描写了自己的精神疾病（她同样自杀身亡）以及与丈夫和孩子的关系。在诗歌《我的子宫盛典》中，塞克斯顿不仅提出了由即将接受的子宫切除术而想到的身体、心理和女性身份的问题，同时也号召所有的女性跟她一起"为自己是女人、拥有女性的灵魂而庆祝"，并肯定自己的身份。

音乐

二战后，随着越来越多新声音在音乐中的运用，许多前卫的作曲家开始探索越来越复杂的音乐编曲形式。同时，还有音乐家厌烦了同行对条理的过分关注，在音乐创作中引入了充满随机性甚至堪称混乱的元素。从这些发展方向可以看出，至少从表面上，现代"古典"音乐家或"严肃"音乐家已经与过去的音乐传统几乎完全决裂。此外，他们大部分作品似乎远离我们的实际经历。在我们的周围，各种形式的绘画或建筑发展我们每天都可以见到，现代作家们也探讨着影响我们生活的各种问题。但是，许多有创造力的音乐家，已经撤回到科学实验室，在那里他们利用机器，按照数学原理来构建自己的音乐片段。

另一方面，流行音乐离我们似乎并不遥远。摇滚歌剧、音乐剧、摇滚乐、嘻哈音乐和说唱对听众们诉说着当今的社会和经济问题。音乐家们既可能来自学院派，也可能出身草根。一如既往地，新的音乐形式成功与否将由下一代来评判。

结构主义

随着阿诺尔德·勋伯格创立了十二音列体系，严格的音乐组织原则在 20 世纪的音乐中已经变得十分重要。这种严格由十二个音符排成的序列组成的音高（即音乐的旋律与和声要素）秩序，已经由近来的作曲家扩展到了其他要素。例如，皮埃尔·布列兹（生于 1925 年）为他的《第二钢琴奏鸣曲》（1948 年）和《为双钢琴而作》（1952 年）构建了十二音符音长（每一个音符延续的时间长度）序列、十二级音量以及十二种敲击琴键的方法。在这种乐曲中，每一种要素（音高、音长、音量和起音）完全由作曲家按照事先设定的序列来排列和控制，这是

因为每一行十二个音的每一个音，都只能在所有其他的十一个音出现以后再重复出现。

 聆听！皮埃尔·布列兹
《第二钢琴奏鸣曲》

结构主义彻底摒弃了传统音乐中的旋律、和声和复调，随之消逝的还有音乐唤起的情感。相反，作曲家的目的在于创造一种纯粹而抽象的音乐结构，避免任何主观情绪的表达。但是在这些钢琴作品中还存在着一种连布列兹都不能完全控制的元素：人。无论作曲家的曲谱写得有多么精确，乐曲都必须由表演者理解和演奏；只要作曲家依靠表演者来诠释其作品，就无法避免主观表达。不同钢琴家必然会演奏出不同结果，甚至同一个钢琴家每次的演奏都不尽相同。

电子音乐

为了解决这一"问题"，20 世纪 50 年代，一些作曲家开始转向电子音乐。电子音乐的声音不是由传统乐器发出的，而是由电子振荡器——一种可以发出纯声波的机器产生的。作曲家可以用计算机来编曲，然后把编好的乐曲输送到录音带上以供播放。如今，操作电子声音的过程已经被音响合成器（一种

能产生任何声音效果的电子仪器）简化。音响合成器与计算机结合使用，可以创作原创电子音乐，也可以制作传统音乐的电子版本，如60年代很受欢迎的电子音乐专辑《时髦的巴赫》，就是将古典音乐制作成电子版本的一个例子。

电子音乐从早期开始就以其明显的人性缺失而震惊了许多听众。以哨子声、滴答声和嘶嘶声为特点的电子音乐或许恰巧适合于太空时代的神秘莫测，却对传统音乐的表达没有什么作用。电子音乐作曲家为组织自己可用的大范围声音而创作形式结构时，面临着相当大的困难。此外，受到普遍认可的电子乐曲编写系统尚不存在，大多数的电子乐曲只靠磁带记录。所以在这些情况下，作为电子音乐领军人物之一的卡尔海因茨·施托克豪森（1978—2007年）同样倾向于将电子声音与传统乐器结合起来，也就不难理解。例如他的作品《混合》（1964年）就是为五个管弦乐队、电子设备和扬声器而作。在表演中，管弦乐器发出的声音经过电子化处理，同时与乐器声和预先录制的音乐混合起来。通过这种方法，真人参与的要素被重新引入。

尽管《混合》在许多方面进行了彻底创新，但它仍保持了西方传统音乐的基本前提：作曲家根据一套既定的音乐逻辑规则，事先创作好作品，然后与听众交流。巴洛克复调法则、古典奏鸣曲式、施托克豪森的声音排列和转换模式，都是作曲家用以设计并创作音乐作品的体系。然而，在近来的音乐发展中，最具革命性的创造之一是偶然音乐（aleatoric music）的发明。这个名称源于拉丁词alea（一种掷骰游戏），指代以偶然要素为重要成分的音乐。

约翰·凯奇和偶然音乐

偶尔音乐的主要代表人物之一，是深受禅宗哲学影响的美国作曲家约翰·凯奇（1932—1992年）。禅宗思想认为人在生活中必须要超越逻辑，凯奇接受这种观点，认为音乐应该反映我们周围世界的纷乱，而非将秩序强加给音乐。他的《钢琴和管弦乐队音乐会》（1958年）包含一段钢琴演奏，由84个不同的"声音事件"组成。它们全都可以各自按随机顺序演奏或停止演奏。管弦乐伴奏部分由不同的乐章组成，任何乐器可以以任何顺序和组合，演奏或停止其中部分或全部乐章。很显然，《音乐会》的每一场演出都将是一场独一无二的活动，演出很大程度上取决于实际演奏中的纯粹偶然性。凯奇还在其他作品中，指示表演者用扔硬币等更随机的方法确定"事件"的顺序。

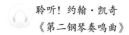

聆听！约翰·凯奇
《第二钢琴奏鸣曲》

相较于音乐的内在价值，这样的作品更关注对音乐本质的探求。凯奇一定程度上反对他视为过度组织的音乐，以及像布莱兹和施托克豪森等作曲家的刻板，但他也提出了一些重要想法：现代世界中艺术家的职责是什么？创作者与表演者的关系是什么？如果听众在乐曲创作中扮演着某种角色，那么是怎样一种角色？只能是被动的角色吗？虽然凯奇对这些问题的回答不能让所有人信服，但他至少以新奇的形式提出了这些问题。

新极简主义音乐家

在探索音乐风格的过程中，年轻一代的美国作曲家提出了一种十分不同的解决方案。

斯蒂夫·莱奇

斯蒂夫·莱奇（生于 1936 年）是最先开始重复使用简单和弦与节奏，来创作长篇乐曲的西方音乐家之一。评论家有时认为重复调子的目的是让人进入恍惚状态，从而达到催眠的效果。事实上，莱奇表示其目的恰恰相反，是为了让人进入高度集中的状态。

《沙漠音乐》是莱奇在 1983 年为合唱队和乐器演奏而作的一首乐曲，他选择的歌词有助于理解其音乐。乐曲的中心部分由美国诗人威廉卡洛斯·威廉姆斯（1883—1063 年）的一组文字谱曲构成：

> 这是一个音乐原则：
> 重复主题。重复
> 再重复，
> 随着节奏的。这个
> 主题是困难的
> 但是不会更困难
> 除了有待解决的
> 事实。

该乐曲从一系列分解和弦的跳动开始，它们以不同的方式——主要由槌调音——持续演奏。这种跳动，连同没有歌词的合唱声一起让乐曲具有复杂的节奏和丰富的声音，让人想起某些非洲音乐或巴厘岛音乐。

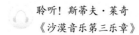

聆听！斯蒂夫·莱奇
《沙漠音乐第三乐章》

菲利普·格拉斯

菲利普·格拉斯（生于 1937 年）的作品更开放地吸纳着非西方音乐

的影响。格拉斯研究过印度塔布拉鼓，对西非音乐也很感兴趣，还曾与伟大的印度锡塔琴大师拉维·香卡合作。格拉斯的许多作品以源自印度古典音乐的节奏结构组合为基础。这些节奏形成重复的曲调，其效果被无情的听众比作是卡在唱片槽里的唱针。

格拉斯与美国剧作家罗伯特·威尔逊合作的歌剧以时间长为一大重要特点。威尔逊和格拉斯一样，对"明显的静止状态，以及人做梦与理解重大问题的无尽时间"非常感兴趣。1975 年到 1985 年间，他们一起创作了三部大型舞台剧作品：《海滩上的爱因斯坦》《非暴力不合作》和《埃赫那吞》。演出由导演、设计师和编舞等组成的团队合作完成；上演后收到了令人意外的结果。尽管这些作品的介绍听起来遥远又难懂，但是演出极其成功。即使在剧目选择较为保守的纽约大都会歌剧院，《海滩上的爱因斯坦》的两场演出票也一售而空。显然，不管格拉斯音乐理论的起源是什么，他的音乐都广为公众所接受。

 聆听！菲利普·格拉斯
《音乐的十二个部分》

现代音乐的传统方法

并非所有作曲家都放弃了传统的音乐表达方法。本杰明·布里顿（1913—1976 年）和德米特里·肖斯塔科维奇（1906—1975 年）等音乐家证明了用创新方法处理旋律、和声、节奏等传统元素，仍然可以产生激动人心、令人鼓舞的效果，并且他们的作品也丝毫没有脱离现代世界。布里顿的《战争安魂曲》（1962 年）声情并茂地呼吁着结束当代生活中的暴力。

聆听！德米特里·肖斯塔科维奇
《第十三号交响曲（娘子谷）第二乐章：幽默》

布里顿和肖斯塔科维奇都毫不犹豫地在音乐作品中引用人们熟悉的"曲调"。在肖斯塔科维奇创作的最后一部交响曲——《第十五交响曲》（1971 年）中，他引用了罗西尼的《威廉·退尔》序曲的主题（即人们耳熟能详的"独行侠"主题）以及瓦格纳的主题。这部作品简单易听、严肃深刻。和肖斯塔科维奇的大多数音乐一样，《第十五交响曲》涉及死亡的本质这一主题（他的《第十四交响曲》也对这一主题进行了探讨）。《第十五交响曲》的四个乐章渗透着肖斯塔科维奇的节奏感以及他对管弦乐色彩的感受，他证明了传统交响乐团的资源远未耗竭。《第十五交响曲》神秘的尾声部分使用了重复的节奏模式和简单的调子，这种常见的乐曲成分产生了不同寻常的效果，令人印象深刻。

如果说肖斯塔科维奇证明了像交响曲这样的古老音乐形式仍然可以用来创造杰作，那么布里顿对歌剧而言也是如此。布里顿取得巨大成功的首部作品《彼得·格赖姆斯》（1945 年）采用咏叹调、三重唱和合唱等传统歌剧手法来刻画主人公的悲剧命运——歌剧讲述了一个因疏离社会而遭到同胞迫害的人的故事。在其他作品中，布里顿效法许多杰出前辈，从早期的文学杰作中寻求灵感。《仲夏夜之梦》（1960 年）取材自莎士比亚的戏剧，而《威尼斯之死》（1973 年）则是根据托马斯·曼的小说改编的。在布里顿所有的歌剧中，他创作的音乐声声入耳（并且也是可以传唱的），但布里顿从来没有刻意迎合观众。他的每一部作品都在探讨人们熟悉的人类经历，并以恰到好处的音乐和戏剧形式将其呈现出来。

传统音乐流派的现代路径

虽然布里顿的《彼得·格赖姆斯》作于 1945 年，但这个故事发生在差不多一个世纪前。然而，当代歌剧的特点之一是它的时效性，许多歌剧的主题都取材于新近或相对新近的事件。例如，作曲家约翰·亚当斯的《尼克松在中国》是根据 1972 年美国总统历史性访华这一事件创作的，这次访问为打破美国和共产主义国家之间的外交僵局拉开了序幕。这部歌剧的配乐参考了菲利普·格拉斯的极简主义音乐，也借鉴了 19 世纪古典音乐作曲家瓦格纳和斯特劳斯的作品。亚当斯创作的歌剧主题还有第一颗原子弹的制造（《原子博士》），以及 1985 年美国残疾老人里昂·克林霍夫乘船度假时遭遇恐怖分子劫船并惨遭杀害事件（《克林霍夫之死》）。

摇滚歌剧

20 世纪 60 年代，许多摇滚音乐家创造了一个新的流派——摇滚歌剧。摇滚歌剧将当代的声乐和作曲与传统歌剧结构融合起来。第一部以摇滚歌剧为名进行宣传的歌剧是皮特·汤森和"谁人"乐队创作的《汤米》（1969 年）。《汤米》采用了古典歌剧的形式，尽管通篇有一些零散的台词，但基本上没有对白。两年后，安德鲁·劳埃德·韦伯的《耶稣基督超级巨星》在百老汇上演，这是一部没有对白只有歌唱的摇滚歌剧。《耶稣基督超级巨星》由蒂姆·赖斯作词，是一个结构松散的故事，杜撰了耶稣基督成为明星以及他心理上受到的影响的故事。剧中耶稣和犹大以及耶稣和抹大拉的马利亚之间的关系，比《圣经》中讲述的更复杂，强调了这些传说中的人物的人性。《耶稣基督超级巨星》是将人们耳熟能详的典故现代化，并改编为歌剧和舞台音乐剧的开拓之作。

 聆听！安德鲁·劳埃德·韦伯《超级巨星》，选自《耶稣基督超级巨星》

当代摇滚歌剧作曲家也向他们喜爱的歌剧致以敬意。《西贡小姐》（作于 1989 年，克劳德·米歇尔·勋伯格和阿兰·鲍伯利作曲，鲍伯利和理查德·迈特比作词）将近代发生的越南战争融入到贾科莫·普契尼的《蝴蝶夫人》的故事线中。《西贡小姐》讲述了美国中尉和天真且满怀希望的越南女孩的跨国婚姻，中尉最后离开女孩，回国后开始了另一段更传统的生活，故事以悲剧告终。在《西贡小姐》中，《蝴蝶夫人》的两位主角被替换成一个美国大兵和他在一家夜总会碰到的一个年轻的越南孤女。夜总会里的酒吧女郎们争夺着"西贡小姐"的头衔——海军陆战队士兵的"奖品"，也是女郎们被带离这个饱受战争蹂躏的国家然后在美国开始更好生活的梦想。剧中的曲目《热情荡漾在西贡》由大兵和酒店女郎在潮湿且充斥色情气氛的酒吧里演唱。它与曲目《电影里的印象》在调子上形成鲜明对比。《电影里的印象》是竞赛冠军吉吉带领着酒吧女郎所唱的一首悲伤的歌曲，唱出了她们渴望在"强壮的美国士兵"的保护下在美国生活（恐怕无法实现）的幻想。

 聆听！克劳德－米歇尔·勋伯格《热情荡漾在西贡》，选自《西贡小姐》

歌剧的结构和风格也成功运用到了音乐剧作品中。在百老汇上演的作品中，《波吉与贝丝》就是一个很好的例子，但是现在它被视为一部当代歌剧。《歌剧魅影》（也是安德鲁·劳埃德·韦伯的作品）、《埃维塔》（韦伯作曲、蒂姆·莱斯作词）或《理发师陶德》（史蒂芬·桑德海姆作曲、休·惠勒作词）等百老汇音乐剧采用了大量传统戏剧的惯例。

音乐剧

《歌剧魅影》虽然在感觉和音色上属于歌剧风格，但它其实是一部音乐剧，一部叙事音乐剧，有歌曲、舞蹈和表演。音乐剧演员常被称为"三面手"，因为他们在这三方面都有惊人造诣。正如我们所知，将音乐与戏剧结合起来的创作人，至少可以追溯到 19 世纪的吉尔伯特和沙利文等词曲作家，但叙事音乐剧从一开始就结合了表演才艺和戏剧故事，作为一种有别于歌剧的艺术形式在 20 世纪迅速发展起来。

音乐剧和社会意识

叙事音乐剧之丰富，名目繁多，篇幅不允许我们在这里将歌剧音乐剧、配乐剧、音乐喜剧等等音乐剧形式逐一探讨。但我们有意探讨一个非常有趣的子范畴——"社会意识"音乐剧，即以当代社会问题为主题的音乐剧。著名的音乐剧合作伙伴理查德·罗杰斯（作曲人）和奥斯卡·汉默斯坦（作词人）创作的《南太平洋》在 1945 年 8 月日本向同盟国投降后的第 4 个年头首次公演。这部音乐剧根据詹姆斯·米契纳 1947 年的小说《南太平洋的故事》创作，主线讲述了一位派驻到南平洋海军基地的美国护士（内莉·福布希）和一个法国种植园主（埃米尔·德贝克）的风流韵事，最终德贝克被揭露是个鳏夫，还是两个混血儿的父亲。故事强烈地暗

示了种族观念和偏见这一当代主题，同时支线故事讲述了一个小岛女孩（烈）和一个美军中尉（约瑟夫·凯布尔）的爱情故事，进一步强调了潜在台词。当德贝克和凯布尔因为种族偏见而陷入困境时，德贝克问凯布尔为什么美国人会有种族观念？凯布尔回答说这些观念并不是天生就有的，而是被教会的。在剧中的曲目《你必须仔细地受教》中，凯布尔告诉德贝克，孩子们被大人教导着去"憎恨和害怕"。

 聆听！罗杰斯和汉默斯坦
马修·莫里森，《你必须仔细地受教》，选自《南太平洋》

《西区故事》（作于 1957 年，伦纳德·伯恩斯坦作曲，史蒂芬·桑德海姆作词，亚瑟·劳伦斯编剧）这部音乐剧以种族偏见和社会问题为焦点，将莎士比亚笔下的罗密欧与朱丽叶以及家族世仇对这对年轻恋人造成的悲剧进行了现代化改编。20 世纪 50 年代中期，纽约市上西区一带是"喷气机"（工薪阶层的白人男孩）和"鲨鱼"（年轻的波多黎各移民）两个帮派争雄之地。正如《罗密欧与朱丽叶》的故事一样，"喷气机"帮的年轻人（托尼）爱上了"鲨鱼"帮领头人的妹妹（玛丽亚）。这两个帮派间的冲突不断

升级，竞争最激烈的时候，谋杀接连不断；而托尼犯下了杀害玛丽亚哥哥的罪过。音乐剧的曲目传达了双方种族猜疑和盲目仇恨的方方面面，但其中一些曲目用喜剧式的表达掩盖了社会问题，淡化了故事的悲剧走向。其中一首由"喷气机"帮演唱的《哇，克鲁克警官》，用揶揄的口气请求巡警和少年法庭饶恕他们这样的小混混，指出是社会环境导致了他们的不良行为。

《毛发：美国部落式爱摇滚音乐剧》（高尔特·迈克德莫特作曲）于 1967 年在外百老汇剧院上演，一年之后转至百老汇演出并轰动一时。这部音乐剧讲述了一群长头发嬉皮士的故事，他们具有 60 年代嬉皮文化的一切印记：性自由、滥用非法药物、反对越南战争和信奉社会自由主义。和《西区故事》一样，《毛发》的时间被设定为当下。这部作品旨在阐明美国国内主战派和反战派之间的巨大鸿沟，以及"建制派"和"反建制派"在爱国主义、权威和其他社会原则上的分歧。可以说，这两部音乐剧都有意促进宽容和引起社会变革。

> 🎧 聆听！高尔特·迈克德莫特《毛发》

《吉屋出租》（作于 1996 年，

强纳生·拉森作词作曲）也是如此，这是根据普契尼另一部于 1896 年（比《吉屋出租》上演早 100 年）首次公演的歌剧《波希米亚》改编的摇滚音乐剧。普契尼的歌剧讲述了生活在巴黎阁楼上一群几近挨饿的波希米亚艺术家的故事，其中一名艺术家的女朋友还因为肺结核而早逝。普契尼在创作这部歌剧时，肺结核被称作"白色瘟疫"，肆虐着人口密集和卫生条件差的内陆城市。与之类似，《吉屋出租》讲述的是在纽约下东区苦苦挣扎的一群艺术家，以及 20 世纪 80 年代末至 90 年代初在同性恋者和吸毒者之间流行的艾滋病。

就像 19 世纪肺结核造成的死亡无可避免一样，"在千禧年结束时"，艾滋病在这群人中的蔓延看似也不可避免。拉森改编了普契尼的歌剧，他笔下的男主角罗杰身患艾滋病，他的女友在得知两人都感染艾滋病后自杀，罗杰由此变得抑郁和孤独。作为一名音乐家和作曲家，罗杰的精神状态对他继续创作歌曲产生了巨大影响。即使面对死亡即将临近的残酷现实，罗杰仍不顾一切地想要留下自己的印记，这就是剧中曲目《一首歌的荣耀》的主题。《吉屋出租》因为对艾滋病感染者、患者、死亡者的突破性关注，获得了多项托尼奖以及普利策戏剧奖。

聆听！强纳生·拉森《一首歌的荣耀》，选自《吉屋出租》

流行音乐

摇滚流行乐

摇滚乐是一种主张平等的美国音乐流派，于20世纪30年代和40年代开始发展，并在50年代中期的文化和娱乐活动中快速蹿红。摇滚流行乐振奋人心、青春有力、充满欲念并大受欢迎。它的影响遍及电影、广播和电视、舞蹈甚至语言。电台音乐节目主持人在电台节目中放着摇滚流行乐的唱片，迪克·克拉克的电视节目《美国音乐台》中也有青少年随着摇滚流行乐的节奏起舞。电影《黑板丛林》（1954年）以摇滚歌曲《昼夜摇滚》为主题，有说法认为这是第一首真正的摇滚乐。同年，埃尔维斯·普雷斯利的第一首大热摇滚歌曲《我很好，妈妈》一夜之间引发轰动。

摇滚流行乐的风格基础是多元文化，它强调非洲人和非裔美国人的音乐传统。摇滚流行乐结合了黑人福音音乐的格调、布鲁斯、布基伍基乐钢琴乐和欧洲民间曲调。为了学习和理解这一综合性音乐，埃

尔维斯在录制第一批歌曲前拜访了密西西比州的黑人种族隔离酒吧和舞厅。摇滚流行乐的基本声音以节奏布鲁斯伴以小军鼓背景节拍为特点。此外典型的摇滚乐器还包括两把电吉他、一把低音吉他和一台架子鼓，通常还有一架钢琴和一把萨克斯。摇滚流行乐发自肺腑的激昂节奏吸引着年轻和叛逆的人们，并迅速席卷全球。

聆听！埃尔维斯·普雷斯利《伤心旅馆》

摇滚流行乐主张平等主义精神，许多女歌手纷纷跻身畅销排行榜。1952年，"胖妈妈"桑顿录制了非裔美国人的传统布鲁斯曲子《猎犬》，这首歌在节奏布鲁斯排行榜上大获成功，三年后埃尔维斯·普雷斯利将它改编为摇滚版，红极一时。许多"女子"乐团（当时的称呼）也为摇滚流行乐作出了贡献。第一支获得成功的黑人女子乐团名为Chantels，主唱是阿琳·史密斯，她们在1958年推出的《或许》登上了热门。20世纪60年代早期，罗尼·斯佩克特和罗奈特乐队的歌曲《做我的宝贝》和《走在雨中》让青少年为之痴迷。这两首歌的制作人是传奇人物菲尔·斯佩克特，他发明了"大型声墙"，这种回音室

效果让其唱片别具一格。早期的摇滚流行乐曲在美国推出后，很快就可以在欧洲、亚洲和非洲的电台上听到。摇滚流行乐是美国大众文化产生国际影响的第一批实例之一。

摇滚乐

摇滚是摇滚乐的基础，从 20 世纪 60 年代开始，摇滚乐产生了众多风格。1960 年在英国港口城市利物浦成立的甲壳虫乐队，是历史上最多才多艺、最具影响力和最富商业价值的乐队（之一）。甲壳虫乐队别名"披头四"，在短短几年内就成为国际明星。他们的人气遍及全球，以至于出现了"披头士狂热"一词来形容这个现象；乐队的音乐销量据估超过 10 亿。

甲壳虫乐队早期的曲风主要是摇滚流行乐，外加爵士乐、布鲁斯和民间音乐。他们第一首轰动世界的歌曲是约翰·列侬和保罗·麦卡特尼共同创作的《我想握住你的手》。这首歌后来收录于专辑《遇见甲壳虫乐队》，在美国发行后最终专辑销量超过单曲。1964 年 2 月 9 日周六晚，在美国电视节目《艾德苏利文秀》上，甲壳虫乐队为现场观众演唱了《我想握住你的手》和其他歌曲（包括《她爱你》《看见她站在那儿》和《我所有的爱》）。超过 7300 万的观众收看了乐队的电视直播首秀，这个数字占到美国拥有电视机家庭的 45.3%。甲壳虫乐队在美国的成功为所谓的"英国入侵"开辟了道路，随后比吉斯乐队、戴夫·克拉克五人组、忧郁布鲁斯、滚石乐队和谁人乐队等摇滚乐队纷纷登陆美国流行音乐排行榜，进入了利润丰厚的美国市场。

人们对甲壳虫乐队在《艾德苏利文秀》上的表现褒贬不一，有些人预测他们是昙花一现。乐队一直维持到 1969 年，在近十年的时间里，他们的音乐和歌词受 60 年代反主流文化的影响，越来越倾向于实验音乐。他们的作品渗透着其他流行乐风、东方音乐、迷幻摇滚乃至古典音乐风格，不断创造出令人意想不到的效果。《回到苏联》就是他们整合不同元素、独具匠心的作品。这首歌由麦卡特尼作曲，向美国摇滚乐队"沙滩男孩"及其歌曲《加利福尼亚女孩》（布莱恩·威尔逊作曲）半开玩笑地致敬。麦卡尼写这首歌时正值美苏冷战期间，人们对苏联的生活和文化一无所知，他只能想象沙滩男孩歌中的女孩与共产主义国家中的一样。

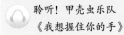

聆听! 甲壳虫乐队
《我想握住你的手》

聆听！甲壳虫乐队
《回到苏联》

来自加利福尼亚州南部的沙滩男孩虽然像大多数当代摇滚乐队一样，受到了"英国入侵"的影响，但却是一支地道的美国乐队，其歌曲独具美国风格，或更具体地说，独具加州风格。《美国冲浪》《冲浪姑娘》和《加利福尼亚女孩》等歌曲彰显了加利福尼亚州青年文化——汽车、冲浪和"无尽夏日"——的魅力。封闭式和声是这支乐队的鲜明风格，他们很快因此获得了国际知名度。然而，到20世纪60年代中期，海滩男孩和甲壳虫乐队一样，转向了用实验性器乐创作编排更复杂的乐曲。沙滩男孩最家喻户晓的歌曲之一《美好感受》是迷幻摇滚的开路者，这是一种由迷幻感觉激发出的音乐流派，迷幻药是60年代反主流文化的一部分。

聆听！海滩男孩
《加利福尼亚女孩》

嘻哈文化和说唱

20世纪60年代，"说唱"一词开始出现在非裔美国人的方言中，指代说话或交谈。今天，说唱代表着一个融合了演说、诗歌和歌曲的音乐流派。它通常包含着浓烈的城市气息，并经常出现社会政治内容。80年代初期，说唱开始变得随性，作品以"个人风格"为特色，也就是歌手的节奏、韵律和发音。其曲风变得越来越包罗万象，也催生了许多具有独特音乐观点的说唱歌手。

说唱是非裔美国人嘻哈次文化的核心要素，嘻哈起源于20世纪70年代纽约布朗克斯的街区聚会。嘻哈文化的要素还包括节奏口技beatbox（一种模仿打击乐器声音的发声技巧）、霹雳舞（一种街舞形式）和涂鸦。80年代最受欢迎和最具影响力的嘻哈表演者当数"Run-D.M.C."乐队，一支来自纽约皇后区霍利斯的三人音乐团队。2009年，Run-D.M.C.正式入驻摇滚名人堂，人们普遍认为他们代表着真正的嘻哈音乐，以及嘻哈的风尚：软毡帽、黄金铭牌、卡加尔眼镜和阿迪达斯白色无鞋带运动鞋。他们翻唱了由史蒂芬·泰勒和硬摇滚组合史密斯飞船成员乔·佩里合写的歌曲《这样走》，并破天荒地在摇滚中接入嘻哈，在全球大获成功。

聆听！Run-D.M.C.
《这样走》（"Walk This Way"）

流行音乐和音乐影片（MV）

音乐和动态影像的结合有着悠久的历史，从 20 世纪初的音乐短片（片长在半小时内的一到两卷音乐电影），到音轨上穿插对白、有着松散叙事的音乐长片。《劳碌一天的傍晚》（1964 年）和《救命》（1965年）这两部电影可以说是早期音乐故事片的代表作，它们的主演都是甲壳虫乐队。评论家们把我们所说

图 19.46　　迈克尔·杰克逊（中间）《颤栗》剧照，1983 年。约翰·兰迪斯导演。迈克尔·杰克逊为歌曲《颤栗》精心拍摄了极具创造性的同名音乐影片，为下一代人拍摄音乐影片树立了标杆。

的音乐影片的源头追溯到了这两部电影。

1981年，音乐电视频道（MTV）的推出，使音乐影片作为营销工具和艺术形式，取得了长足进展。麦当娜等唱片艺术家创作并出演音乐影片，其中一些以收录整张专辑的歌曲为特色，并作为家庭录像带销售，例如她的《无瑕精选》。最著名、最具影响力的音乐影片或许是迈克尔·杰克逊的《颤栗》（图19.46）。该音乐影片的巨额预算、标志性的编舞、电影拍摄技巧和片长（约14分钟），为业内几代唱片艺术家树立了标杆。

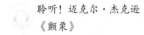

聆听！迈克尔·杰克逊《颤栗》

后现代情感注记

在过去一代人中，一些评论家多多少少地认为，当代艺术已经超越了现代主义对异化、神话、时间碎片和自我内在状态的关注。现在最有争议的问题是：究竟是什么使现代主义成了独特的后现代主义？它是否具备一种塑造精神？各个领域的艺术家有何共同特点，使得他们共同被归类为代表性的后现代主义者？

一些评论家认为，后现代主义者是将现代主义世界观推向极致的人。这很难成为一个令人满意的定义，因为它仅仅延伸了现代这一概念，以囊括更多相同的东西，却未能就一种新的情感给出定义。尽管后现代主义只能建立在现代主义已有的成就之上，但它必须找到自己的声音。

如今的绘画早已摆脱不了立体主义和抽象表现主义的影响，就如同如今的音乐创作也已摆脱不了斯特拉文斯基的影响。此外，我们也无法像相对论、原子武器和弗洛伊德对潜意识的研究不是我们的知识和社会环境的一部分那样去生活（甚至是看待生活）。如果说艺术是人类事业不可或缺的一部分，那么它必须体现自己的过去而不受制于过去，反映现在并指向未来。事实上，艺术领域中的大部分伟大成就恰恰就是做到了这一点；它们精于传统，而又发扬了传统。

描述当今艺术形势的关键词很可能就是多元主义：在这个即时通信和技术爆炸的时代，孕育出的多样化影响力、观点和运动。在这样一个买书、看电影、看电视、欣赏戏剧和音乐会、上网、听收音机、听苹果播放器（iPod），和数字影碟（DVD），的人比以往任何时候都多得多的时代，我们面临的仍是希腊哲学家在千年前写下的怪异谜题，一道关于我们所处世界的统一性和多样性关系的谜题：我们的世界是一中有多、多中有一的世界。

总览 现当代轮廓

语言和文学

— 1948 年，梅勒发表《裸者与死者》。

— 1949 年，剧作家阿瑟·米勒的《推销员之死》上演。

— 20 世纪 50 年代，凯鲁亚克发表《在路上》，伯勒斯发表《裸体午餐》，金斯伯格创作了《嚎叫》。

— 20 世纪 40 年代至 50 年代，加缪发表了《陌生人》《瘟疫》和《堕落》。

— 1952 年，贝克特创作了《等待戈多》。

— 1960 年，威塞尔发表了自传故事《夜》，讲述犹太人遭到的大屠杀。

— 1960 年，厄普代克以《兔子，跑吧》开始了他的"兔子"系列小说。

— 艾里森（《看不见的人》）、鲍德温（《高山上的呼喊》）、沃克（《紫颜色》）、安杰卢（"笼中鸟"）和莫里森（《最蓝的眼睛》）描写了美国黑人的经历。

— 里奇、普拉斯和塞克斯顿从女性主义视角进行创作。

美术、建筑和音乐

— 20 世纪 40 年代和 50 年代，贾科梅蒂和培根创作的艺术品揭示了存在主义者的焦虑。

— 20 世纪 40 年代末至 50 年代初，布莱兹创作了结构主义音乐。

— 20 世纪 40 年代和 50 年代，纽约画派艺术家们创作了抽象表现主义作品，其中最重要的艺术家是杰克逊·波洛克。

— 第二代纽约画派艺术家，包括米切尔和弗兰肯特尔，丰富了抽象表现主义艺术的主题。

— 20 世纪 50 年代，电子音乐开始发展。

— 20 世纪 50 至 60 年代，极简主义、概念艺术、场域特定艺术和流行艺术等艺术流派开始发展。

— 凯奇创作偶然音乐。

— 20 世纪 60 年代末，第一部摇滚歌剧（《汤米》）和摇滚音乐剧（《毛发》）问世。

— 20 世纪 70 年代，超现实主义得到主要发展。

— 20 世纪 70 年代，女性主义艺术开始发展并延续至今。

— 其他艺术家，包括比尔登、灵戈尔德和巴斯奎特，表达了他们对非裔美国人经历的感受。

— 二战后，雕塑家遵循不同的艺术方向，包括抽象艺术和具象艺术。

— 20 世纪 50 年代至 60 年代盛行现代主义建筑，20 世纪 70 年代和 80 年代盛行后现代主义建筑，之后至今盛行解构主义建筑。

— 1971 年，肖斯塔科维奇继续创作交响曲。

— 20 世纪 70 年代和 80 年代，格拉斯谱创作歌剧。

— 1983 年，莱奇创作了《沙漠音乐》。

— 过去的几十年中，视频艺术不断发展壮大。

宗教和哲学

— 1945 年 10 月，萨特发表演讲《存在主义是一种人道主义》。

— 20 世纪 50 年代，"避世运动"在美国作家中盛行。

— 解构主义成为现今许多建筑师的指导理念。

图书在版编目（CIP）数据

人文通史 /（美）坎宁安，（美）赖希，（美）菲奇纳－拉瑟斯著；朱婳玥译 . -- 上海：华东师范大学出版社，2023

ISBN 978-7-5760-3940-5

Ⅰ.①人… Ⅱ.①坎… ②赖… ③菲… ④朱… Ⅲ.①世界史—文化史 Ⅳ.① K103

中国国家版本馆 CIP 数据核字（2023）第 159682 号

审图号：GS（2022）4002 号
（书中插附地图系原书插附地图）

华东师范大学出版社六点分社
企划人 倪为国

本书著作权、版式和装帧设计受世界版权公约和中华人民共和国著作权法保护

人文通史

著　　者　（美）坎宁安 赖希 菲奇纳－拉瑟斯

译　　者　朱婳玥

责任编辑　王　旭

责任校对　徐海晴

装帧设计　刘怡霖

出版发行　华东师范大学出版社

社　　址　上海市中山北路 3663 号　邮编　200062

网　　址　www.ecnupress.com.cn

电　　话　021-60821666　行政传真　021-62572105

客服电话　021-62865537　门市（邮购）电话　021-62869887

地　　址　上海市中山北路 3663 号华东师范大学校内先锋路口

网　　店　http://hdsdcbs.tmall.com

印 刷 者　上海盛隆印务有限公司

开　　本　700×1000 1/16

印　　张　62.5

字　　数　750 千字

版　　次　2023 年 10 月第 1 版

印　　次　2023 年 10 月第 1 次

书　　号　ISBN 978-7-5760-3940-5

定　　价　298.00 元

出 版 人　王　焰

（如发现本版图书有印订质量问题，请寄回本社客服中心调换或电话 021-62865537 联系）